中国年鉴精品工程
High Quality Project of China's Yearbook

2020 BINZHOU YEARBOOK

滨州年鉴

中共滨州市委党史研究院
滨州市地方史志研究院 编

方志出版社
Publishing House of Local Records

图书在版编目（CIP）数据

滨州年鉴. 2020 / 中共滨州市委党史研究院，滨州市地方史志研究院编. -- 北京 : 方志出版社，2020.12
ISBN 978-7-5144-4632-6

Ⅰ. ①滨… Ⅱ. ①中… ②滨… Ⅲ. ①滨州－2020－年鉴 Ⅳ. ① Z525.23

中国版本图书馆 CIP 数据核字（2021）第 011412 号

滨州年鉴（2020）

编　　者：中共滨州市委党史研究院　滨州市地方史志研究院
责任编辑：冯　松

出 版 者：方志出版社
地址　北京市朝阳区潘家园东里9号（国家方志馆4层）
邮编　100021
网址　http://www.fzph.org
发　　行：方志出版社图书经销中心
电话（010）67110500
经　　销：各地新华书店
印　　刷：山东黄氏印务有限公司

开　　本：889×1194　1/16
印　　张：36
字　　数：1305千字
版　　次：2020年12月第1版　2020年12月第1次印刷
印　　数：0001～1500册

ISBN 978-7-5144-4632-6　定　价：300.00元

滨州市地方史志编纂委员会（2020）

《滨州年鉴（2020）》编辑部

序一

国务院办公厅2015年8月印发的《全国地方志事业发展规划纲要（2015—2020年）》（简称《规划纲要》）要求，到2020年要做到地方综合年鉴一年一鉴，公开出版，实现省、市、县三级综合年鉴全覆盖。《规划纲要》还要求，坚持存真求实，正确处理质量与进度的关系，将精品意识贯穿于年鉴编纂出版工作全过程。2015年12月，中国地方志指导小组办公室启动中国年鉴精品工程，将其与先期实施的中国志书精品工程视为姊妹工程，一道作为加强地方志质量建设的重要抓手。

实施中国年鉴精品工程有助于推动中华优秀传统文化传承发展。近年来，在党中央、国务院的高度重视和关心支持下，全国地方志事业发展迎来最好的发展时期。年鉴编纂发端于欧洲，鸦片战争后被引入我国，在我国走过了100多年的发展历史。在长期的编纂中，年鉴在内容和形式上不断发展，逐渐演变成为适合反映中国国情、具有鲜明中国特色的一种文化载体，并在改革开放后出现了快速发展的局面。2006年5月，国务院《地方志工作条例》颁布施行，明确将地方综合年鉴纳入地方志工作范畴，年鉴工作走上了有法可依的轨道。《规划纲要》出台，为从依法编鉴转变到依法治鉴指明了方向。2016年12月，中国地方志指导小组印发《全国年鉴事业发展规划（2016—2020年）》，更进一步明确了到2020年全国年鉴事业的任务书、时间表、路线图。经过多年的发展，年鉴工作已经成为地方志工作的重要组成部分，成为中华民族优秀文化传统的有机组成部分，其存史、育人、资政作用日益彰显。实施中国年鉴精品工程，是年鉴工作者紧扣时代脉搏、坚持创新发展的一项重要举措，对于坚定文化自信，传承弘扬好中华优秀传统文化意义重大。

实施中国年鉴精品工程有助于为全面建成小康社会提供更多智力支持和历史借鉴。党的十八大作出全面建成小康社会的战略部署。党的十八届五中全会提出到2020年如期实现全面建成小康社会的目标要求。完成《规划纲要》确定的目标任务是年鉴工作者的神圣使命，更是年鉴工作者以自身力量为全面建成小康社会献上的厚礼。一方面，可以更好地利用年鉴这种年度资料性文献，及时记录各地区在全面建成小康社会伟大征程中每年取得的新成绩和新经验、出现的新情况和新问题、涌现的优秀人物和典型事迹等；另一方面，可以更好地积累地情、国情资料，为推动经济社会发展和深化改革提供智力支持，为推进国家治理体系和治理能力现代化提供历史借鉴。

实施中国年鉴精品工程有助于全面推进地方志事业转型升级。地方志不是单纯修志编鉴工作，而是全体方志人“修志问道，以启未来”的一项事业，这项事业包含着巨大的时代担当与使命追求。地方志工作要在“五大建设”总体布局和“四个全面”战略布局中发挥与其自身价值、功能相匹配的作用，就要因时而谋、乘势而上、顺势而为，全面推进地方志事业转型升级。转型升级，当下最重要的目标就是完成“两全”目标，包括“年鉴全覆盖”目标；长远的目标就是基本形成地方志编修体系、理论研究和学科建设体系、质量保障体系、资源开发利用体系、工作保障体系“五位一体”的地方志事业发展综合体系，包括“五位一体”的年鉴事业发展综合体系。中国年鉴精品工程是一项探索工程，也是一项创新工程，是推进地方志事业转型升级的重要内容。通过实施中国年鉴精品工程，不仅有助于确保年鉴质量，不断编纂出版具有鲜明时代特征、年度特点和地域特色的精品年鉴，也有助于推动年鉴工作适应经济社会发展形势和时代需要，不断改革创新，与时俱进。

多年来，在中国地方志指导小组办公室的指导和全国各级地方志工作机构的共同努力下，年鉴种类数量快速增长，年鉴成果粲然可观，为实施中国年鉴精品工程奠定了坚实的基础。实施中国年鉴精品工程，就是要在全国地方志系统起到示范作用，进一步培育精品意识，打造精品年鉴，以点带面，在提高年鉴质量方面探索出一条切实可行之路，使这项探索工程和创新工程能够积累经验，发挥引领作用。

“万山磅礴，必有主峰；龙衮九章，但挈一领。”实施中国年鉴精品工程，是筑牢地方志事业特别是年鉴事业发展根基之举，其意义与价值不言而喻。但编修出年鉴精品佳作，绝非朝夕之功，需要付出长期艰辛的努力。希望通过实施中国年鉴精品工程，能够进一步推进年鉴质量建设，使年鉴真正成为传承中华民族优秀传统文化的重要载体，成为展示中国国情、地情的重要窗口，成为“为当代提供资政辅治之参考、为后世留下堪存堪鉴之记述”的资源宝库，在全面建成小康社会过程中作出更大贡献。

是为序。

中国社会科学院原副院长
中国地方志指导小组原常务副组长

序二

地方志是中华优秀传统文化的根与魂，积淀着中华优秀传统文化最深层的精神追求，代表着中华民族独特的精神标识。新时代坚持和发展中国特色社会主义，更加需要深刻把握人类发展历史规律，更加需要编修出传承不辍的精品志鉴，才能使后代在对历史的深入思考中汲取智慧、走向未来。伟大的时代，为地方志发展提供了取之不尽、用之不竭的源泉，同时也为全国年鉴工作提供了极大的机遇。

党的十九大报告中明确提出“质量强国”，“努力实现更高质量、更有效率、更加公平、更可持续的发展”，这为年鉴事业高质量发展指明了方向。按时、保质完成《全国地方志事业发展规划纲要（2015—2020年）》规定的“两全目标”任务，打造一批资辅当前、存鉴后世、经得起历史检验的精品佳作，不仅是一种法定职责，而且具有重要的政治意义、现实意义和历史意义。中国特色社会主义进入新时代，年鉴事业也进入新时代，呈现快速、稳步发展态势，在各方面都取得了新的显著成绩，包括年鉴编纂进度大大加快，年鉴编纂范围不断扩大，年鉴资源优势得到充分发挥，年鉴开发利用水平全面提升，而且年鉴质量保障机制逐步完善、质量持续提升。因此，在全社会关注质量发展的黄金时期，尤其是在完成“两全目标”任务的关键期，在狠抓进度的时候，实施中国年鉴精品工程更是恰当其时。年鉴工作者要投身于时代，为时代放歌，书写复兴华章，把出品更多的精品年鉴使命落实在实现中国梦的恢宏大业中。

习近平总书记说，精品之所以“精”，就在于其思想精深、艺术精湛、制作精良。中国年鉴精品工程紧扣时代脉搏，拓宽视野，围绕人民群众的美好生活，用精品记录新时代，为新时代新气象新作为留下真实、鲜活、生动、翔实的记录。实施中国年鉴精品工程，既是全面贯彻落实《全国地方志事业发展规划纲要（2015—2020年）》的重要举措，也是培育精品意识和精品年鉴、提高年鉴质量的重要手段；既是发挥年鉴存史、资治、教化功能的根基所在，也是年鉴工作者坚持创新发展、传承弘扬中华优秀传统文化的关键步骤。这不仅有助于坚定文化自信，讲述好中国故事，传播好中国声音，更有助于为决胜全面建成小康社会提供更多智力支持和更大精神动力。

实施中国年鉴精品工程顺应地方志进入新时代的历史潮流。“充实之谓美，充实而有光辉之谓大。”党的十九大报告指出，我国的社会主要矛盾已经转化为人民日益增长的美好生活需要和不平衡不充分的发展之间的矛盾。党章修正案、宪法修正案把习近平新时代中国特色社会主义思想确立为我们党和国家的行动指南，我国的发展进入到新的历史方位。为适应这些重大变化，党和国家随之出台更多重大的举措、推出更多有力的措施。年鉴如何全方位地、开创性地记述这些历史性变化，如何充分记述我们党领导人民进行的伟大斗争、建设的伟大工程、推进的伟大事业、实现的伟大梦想，是新时代地方志工作需要深入思考探究的问题。中国年鉴精品工程正是呼应新时代新变化新要求，致力于在全国地方志系统进一步培育精品意识、打造精品年鉴，从而以点带面，在提高年鉴质量方面探索出一条切实可行之路，充分发挥中国精品年鉴的辐射效应，引领带动全国范围内年鉴质量的全面提高，切实推动年鉴事业转型升级。

实施中国年鉴精品工程要全面把握以人民为中心的发展理念。以人民为中心，贯穿于改革开放以来我们党推进中国特色社会主义文化建设的全过程。新时代把握新机遇，年鉴作为记录新时代地方年度历史的重要载体，应当以习近平新时代中国特色社会主义思想为指导，牢固确立以人民为中心的理念。中国年鉴精品工程始终坚持人民是历史的创造者和改革开放事业的实践主体，始终坚持文化发展为人民服务、为社会主义服务，充分记录人民的首创精神，凸显人民在文化建设中的主体作用，不断满足人民的精神文化需求。年鉴工作要深深扎根于人民之中，坚持以事系人，记载人民群众中的先进典型，内容充分体现社会民生和为民服务的举措。在此基础上，实施中国年鉴精品工程还要建立精品长效机制，逐步推进精品年鉴传播最优化和效益最大化，使精品年鉴能够不断满足人民群众对美好生活的新需要新期待，在铸就中华文化新辉煌的过程中更好地构筑中国精神、中国价值、中国力量的方向上不断努力。

实施中国年鉴精品工程是坚定文化自信的体现。习近平总书记说，文化兴国运兴，文化强民族强。没有高度的文化自信，没有文化的繁荣兴盛，就没有中华民族的伟大复兴。中华优秀传统文化是中华民族的文化根脉，其蕴含的思想观念、人文精神、道德规范，不仅是我们中国人思想和精神的内核，对解决人类问题也有重要价值。地方志是中华优秀传统文化的精神之脉，是中华优秀传统文化基因的真正传承者和发展者。精品年鉴正是从中华民族世世代代形成和积累的优秀传统文化中汲取营养和智慧，记录传承的文化基因，记录思想精华，展现精神魅力。实施中国年鉴精品工程，以时代精神激活中华优秀传统文化的生命力，推进中华优秀传统文化创造性转化、创新性发展，把传承和弘扬中华优秀传统文化同坚定文化自信统一起来，有助于引导人民树立和坚持正确的历史观、民族观、国家观、文化观，不断增强中华民族的归属感、认同感、尊严感、荣誉感。

用精品记录新时代，用奋斗铸就新辉煌。地方志植根于历史，内涵于历史，镌刻于历史之上，是中华民族在漫长历史中形成的区别于其他民族的独特精神标识，精品年鉴是地方志的“守护者”“传承者”，是地方志成果创造性转化创新性发展的“探路者”“先行者”。习近平总书记强调，凡是传世之作、千古名篇，必然是笃定恒心、倾注心血的作品。希望全国年鉴工作者齐心协力，坚持历史唯物主义立场、观点、方法，立足中国、放眼世界，立时代之潮头，通古今之变化，发思想之先声，推出一批有思想穿透力的精品力作，培养一批年鉴专家，充分发挥存史、育人、资政作用，为推动全国年鉴事业转型升级作出新的更大贡献。

是为序。

中国地方志指导小组秘书长
中国地方志指导小组办公室主任

滨州市地图

东风港至烟台199海里
滨州港
山东鲁北高新技术开发区
北海经济开发区
新海工业园区
沾化经济开发区
滨州经济开发区
无棣县
沾化区
阳信县
河口区
垦利县
海兴县
庆云县
河北省
德州市
海丰街道
棣丰街道
富国街道
富源街道
信城街道
金阳街道
河口街道
六和街道
垦利街道
利津街道
渤海路街道
马山子镇
埕口镇
碣石山镇
柳堡镇
车王镇
水湾镇
佘家镇
西小王镇
信阳镇
小泊头镇
下洼镇
冯家镇
古城镇
黄升镇
大高镇
泊头镇
下河乡
滨海镇
利国乡
新户镇
义和镇
汀罗镇
盐窝镇
明集乡
胜坨镇
劳店镇
河流镇
水落坡镇
流坡坞镇
温店镇
翟王镇
商店镇
洋湖乡
辛集镇
常家镇
尚堂镇
小山乡
香坊乡
新村回族乡
赵毛陶乡
高湾镇
崔口镇
严务乡
杨集乡
张会亭乡
小营乡
朱集镇
东辛店乡

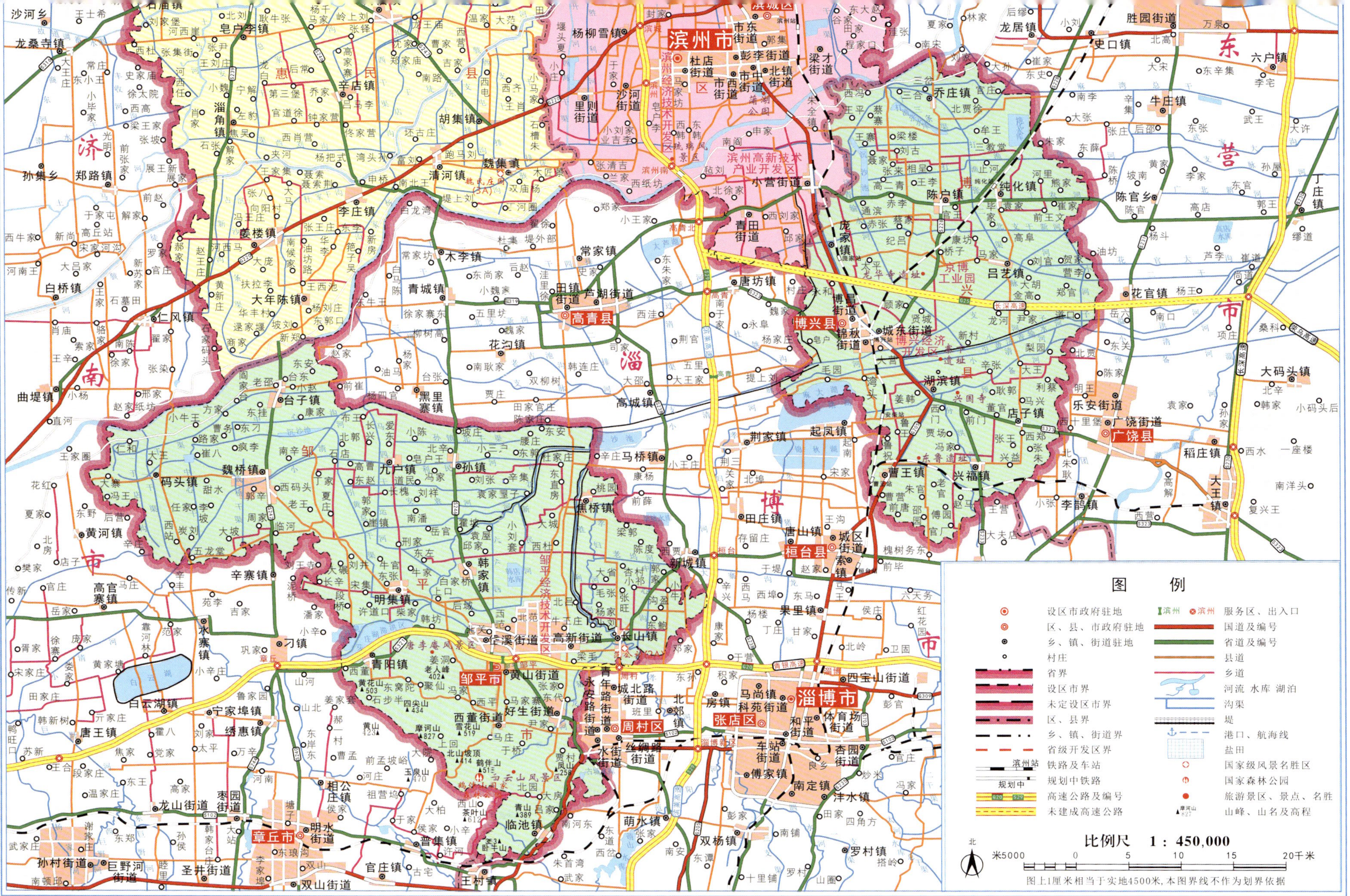

鲁SG（2020）053号

滨州市中心城区图

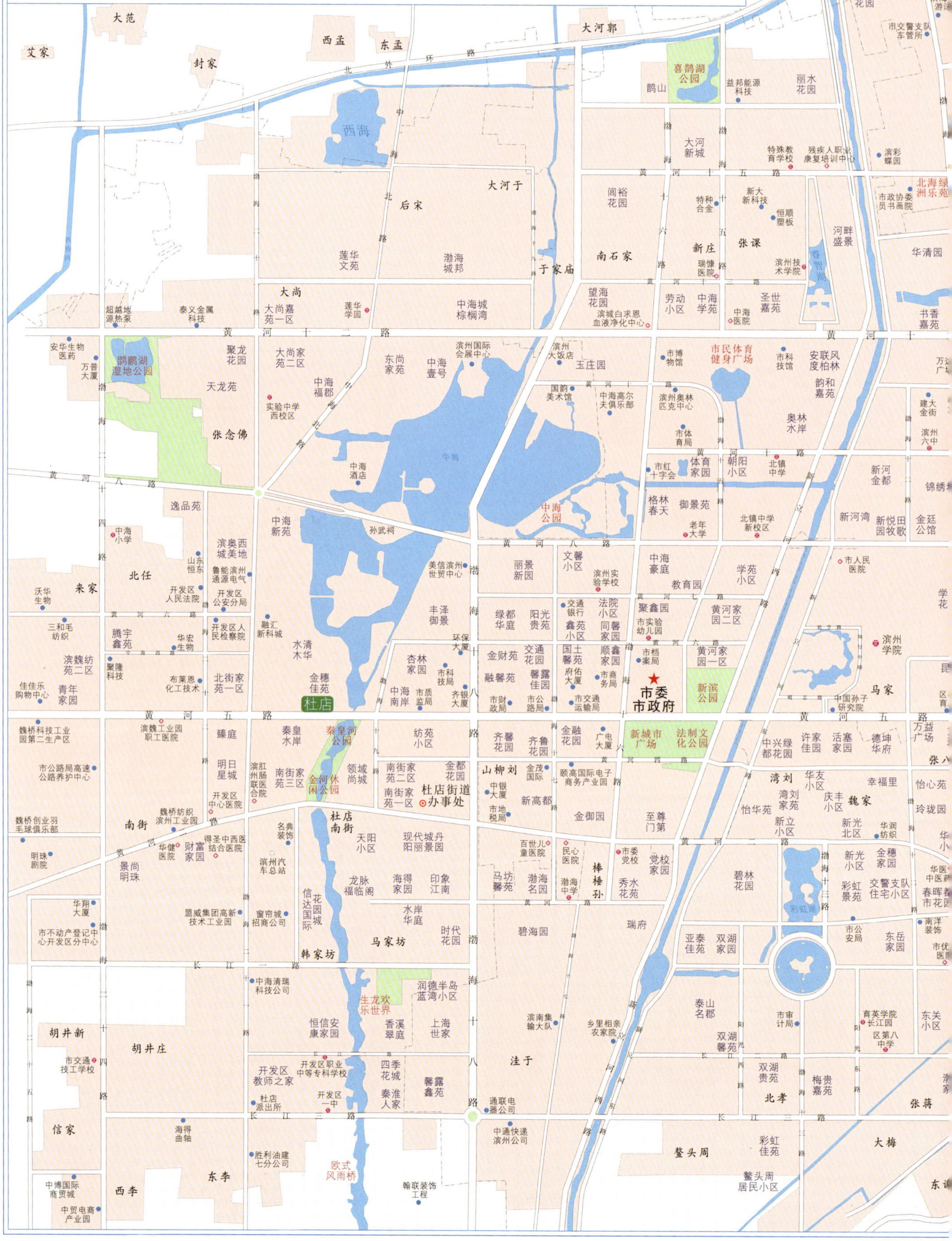

鲁SG（2020）053号

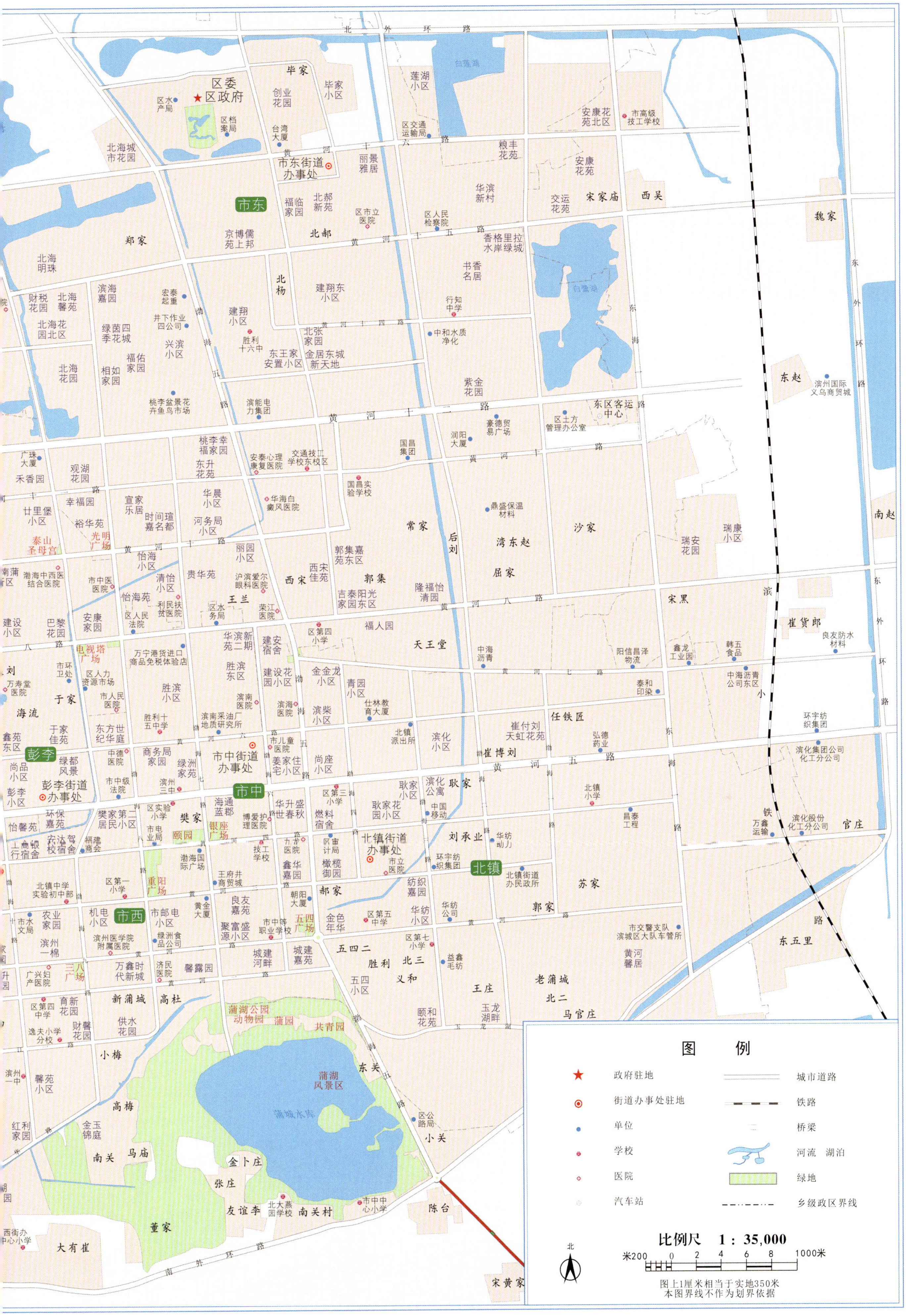

北外环路
区委
区政府
区档案局
毕家
创业花园
毕家小区
台湾大厦
莲湖小区
区交通运输局
安康花苑北区
市高级技工学校
北海城市花园
市东街道办事处
丽景雅居
粮丰花苑
安康花苑
市东
福临家园
北郝新苑
区市立医院
华滨新村
交运花苑
宋家庙
西吴
魏家
郑家
京博儒苑上邦
北郝
区人民检察院
黄河五路
香格里拉水岸绿城
北海明珠
书香名居
财税花园
北海馨苑
滨海嘉园
宏泰起重
北杨
建翔东小区
建翔小区
行知中学
北海花园北区
绿茵四季花城
井下作业四公司
兴滨小区
胜利十六中
北张家园
中和水质净化
北海花园
相如家园
福佑家园
东王家安置小区
金居东城新天地
紫金花园
东赵
滨州国际义乌商贸城
桃李盆景花卉鱼鸟市场
滨能电力集团
黄河十二路
豪德贸易广场
区土方管理办公室
东区客运中心
广珠大厦
观湖花园
禾香园
桃李幸福家园
东升花苑
安泰心理康复医院
交通技工学校东校区
国昌集团
润阳大厦
黄河十一路
廿里堡小区
幸福园
宣家乐居
时间瑄嘉名都
华晨小区
河务局小区
华海白癜风医院
国昌实验学校
鼎盛保温材料
常家
湾东赵
后刘
沙家
瑞康小区
瑞安花苑
南赵
泰山圣母宫
裕华苑
光明广场
怡海小区
丽园小区
渤海中西医结合医院
市中医医院
清怡小区
贵华苑
沪滨爱尔眼科医院
西宋
西宋佳苑
郭集嘉苑东区
郭集
屈家
怡海苑
利民扶贫医院
区人民法院
王兰
区水务局
荣江医院
吉泰阳光家园东区
隆福怡清园
黄河八路
宋黑
崔货郎
良友防水材料
建设小区
巴黎花园
安康家园
华滨新苑二期
建安宿舍
区第四小学
福人园
天王堂
中海沥青
阳信昌泽物流
鑫龙工业园
韩五食品
电视塔广场
万宁港货进口商品免税体验店
市环卫处
区人力资源市场
胜滨东区
建设花园小区
金金龙小区
青园小区
黄河七路
泰和印染
中海沥青公司东区
万寿堂医院
于家
市人民医院
胜滨小区
滨南医院
渤海医院
滨柴小区
仕林教育大厦
海流
胜利十五中学
滨南采油厂地质研究所
任铁匠
环宇纺织集团
鑫苑东区
于家佳苑
东方世纪华庭
市儿童医院
北镇派出所
滨化小区
崔付刘天虹花苑
弘德药业
滨化集团公司化工分公司
彭李
绿都风景
中德医院
商务局家园
市中街道办事处
姜家住宅小区
尚座小区
崔博刘
黄河五路
尚品小区
彭李街道办事处
市中级法院
绿洲家苑
滨州三中
市中
华升盛世春秋
区第三小学
耿家小区
滨化公寓
耿家
北镇小学
昌泰工程
彭李小区
区实验小学
海通蓝郡
樊家第二居民小区
樊家
燃料宿舍
耿家花园小区
中国移动
铁
万鑫运输
滨化股份化工分公司
官庄
怡馨苑
环保嘉苑
博爱护理医院
市电业局
颐园
银座广场
北镇街道办事处
刘承业
华纺动力
技工学校
渤海国际广场
九如医院
计局
市立医院
环宇纺织集团
北镇
苏家
北镇中学实验初中部
区第一小学
重阳广场
王府井商贸城
鑫华嘉园
橄榄御园
纺织嘉园
北镇街道办民政府
市水文局
农业家园
机电小区
市西
市邮电小区
黄金大厦
良友嘉苑
朝阳大厦
郝家
华纺公司
郭家
市交警支队滨城区大队车管所
滨州一棉
滨州医学院附属医院
绿洲食品公司
聚富盛源小区
市中等职业学校
五四广场
金色年华
区第五中学
华纺小区
区第七小学
黄河馨居
东五里
广兴妇产医院
三八广场
万鑫时代新城
济民医院
馨露园
城建河畔
城建嘉苑
五四二
胜利
北三
益鑫毛纺
义和
王庄
老蒲城
区第四中学
育新花园
新蒲城
高杜
五四小区
北二
马官庄
颐和花苑
玉龙湖畔
逸夫小学分校
财馨花园
蒲湖公园
动物园
蒲园
共青园
供水花园
小梅
东关
滨州一中
馨苑小区
蒲湖风景区
蒲城水库
高梅
区公路局
小关
红利家园
金玉锦庭
南关
马庙
金卜庄
张庄
陈台
西街办中心小学
大有崔
董家
友谊李
北大燕园学校
南关村
市中中心小学
南外环路
宋黄家
图例
政府驻地
街道办事处驻地
单位
学校
医院
汽车站
城市道路
铁路
桥梁
河流 湖泊
绿地
乡级政区界线
比例尺 1：35,000
北
米200 0 2 4 6 8 1000米
图上1厘米相当于实地350米
本图界线不作为划界依据

2019 · 数字滨州

- 土地面积 9660 平方千米
- 年末常住人口 392.30 万人
- 地区生产总值 2457.2 亿元
- 第一、二、三产业构成占比 9.37 ：42.37 ：48.26
- 地方一般公共预算收入 242.96 亿元
- 规模以上工业增加值增长 3.2%
- 进出口总额 873 亿元
- 实际利用外资额 2.17 亿美元
- 全市金融机构本外币存款年末余额 2957.96 亿元
- 全市金融机构本外币贷款年末余额 2682.70 亿元
- 城镇居民人均可支配收入 37378 元
- 农村居民人均可支配收入 17480 元
- 高端铝产业集群主营业务收入 3708.4 亿元
- 高端化工产业集群主营业务收入 1891 亿元

- 高效生态纺织产业集群主营业务收入 1567.6 亿元
- 食品加工产业集群主营业务收入 1502 亿元
- 高端装备制造业主营业务收入 187.42 亿元
- 新材料产业主营业务收入 319.69 亿元
- 氧化铝境内产能 1800 万吨
- 电解铝境内产能 646 万吨
- 烧碱产能 155 万吨
- 年加工原棉 150 万吨
- 年加工布 30 亿米
- 粮食产业年加工转化量 1583 万吨

（市统计局）

2019 · 滨州荣誉

◆ 荣誉称号
◆ 获得荣誉单位或项目
◆ 荣誉颁发部门或单位

2019 年世界 500 强企业（第 273 位）
山东魏桥创业集团有限公司
美国《财富》杂志

2019 年中国企业 500 强
山东魏桥创业集团有限公司（第 70 位）
山东京博控股股份有限公司（第 328 位）
山东西王集团有限公司（第 379 位）
山东渤海实业股份有限公司（第 411 位）
山东创新金属科技有限责任公司（第 427 位）
滨化集团有限公司（第 444 位）
中国企业联合会、中国企业家协会

2019 年中国民营企业 500 强
山东魏桥创业集团有限公司（第 14 位）
山东京博控股集团有限公司（第 134 位）
西王集团有限公司（第 168 位）
山东渤海实业股份有限公司（第 185 位）
山东创新金属科技有限公司（第 198 位）
滨化集团（第 211 位）
香驰控股有限公司（第 299 位）
山东永鑫能源集团有限公司（第 331 位）
全国工商联

2018 中国最佳乡村旅游示范城市
滨州市
亚太旅游发展研究会等 6 单位

2019 年中国最具幸福感城市（第 20 位）
滨州市
中外城市竞争力研究院

新时代中国最美乡村休闲旅游目的地
滨州市
中国互联网新闻中心

2018 年重新确认国家卫生城市
滨州市
全国爱国卫生运动委员会

2018 年“中国外贸百强城市”（第 57 位）
滨州市
海关总署

第九批（2018 年度）国家节水型城市
滨州市
住房和城乡建设部

全国“七五”普法中期先进市
滨州市
全国普法办

全国民族团结进步模范集体
阳信县
国务院

全国“四好农村路”示范县
无棣县
交通运输部

2019 年全国电子商务进农村综合示范县
惠民县
国务院扶贫办、财政部、商务部

2019 年度中国企业营商环境（案例）十佳城市
博兴县
中国企业联合会等 4 单位

第一批“节水型社会建设达标县（区）”
邹平市
水利部

紧密型县域医疗卫生共同体建设试点县
滨城区、沾化区、邹平市、惠民县、博兴县、阳信县、无棣县
国家卫生健康委、国家中医药局

2018 年度先进集体
滨州经济技术开发区
中国开发区协会

全国“人民满意的公务员集体”
市民政局
中共中央组织部、中共中央宣传部

全国首批“枫桥式公安派出所”
彭李派出所
公安部

2019（第二届）营商环境执行力奖
滨州市营商环境建设监督局
中国社会科学院信息化研究中心、北京国脉互联信息顾问有限公司、清华大学国家治理研究院

国家级外贸转型升级基地
博兴县金属型材基地
商务部

（市地方史志研究院）

2019 年 4 月 28 日，世界高端铝业峰会·2019 在滨州国际会展中心开幕 （滨州日报社 供图）

2019 年 8 月 29—31 日，第七届中国淘宝村高峰论坛在惠民报告厅举办 （滨州日报社 供图）

2019 年 8 月 14 日，台风“利奇马”肆虐滨州，图为邹平市基干民兵在焦桥镇抢险救灾现场

（刘振波 摄）

2019 年 8 月 16 日，“2019：渤海英才·博士故乡行”活动在滨州国际会展中心举行

（市人力资源和社会保障局 供图）

2019 年 4 月 21 日，第八届黄河三角洲绿化苗木交易博览会在惠民县皂户李镇中国北方花木博览园开幕

（市政府办公室 供图）

2019 年 9 月 12 日，第十一届海峡两岸（滨州）孙子文化论坛在惠民县开幕　（刘刚　摄）

2019 年 9 月 30 日，第二十一届滨州沾化冬枣节暨首届沾化文化旅游节在沾化区冬枣城开幕（“中国沾化”网　供图）

2019 年 11 月 30 日，长深高速高青至广饶段通车活动在博兴县庞家镇长深高速高青至广饶段博兴收费站举行（市交通运输局　供图）

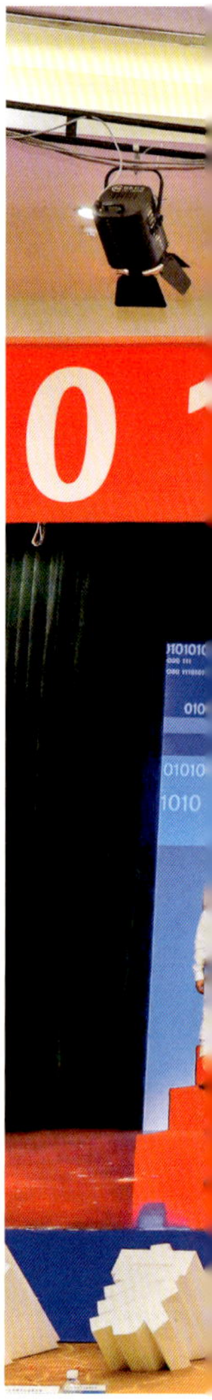

2019年9月12日，2019滨州市企业家大会在滨州国际会展中心召开，图为全体获奖者与参会领导（市领导站第二排）合影 （滨州日报社 供图）

2019年7月20日，“渤海学子·青鸟计划”在滨州国际会展中心启动 （团市委 供图）

1983 版总体规划

（1983–2000 年）

城市性质

惠民地区政治、经济、文化、科技中心，以发展轻纺工业为主的小城市。

城市用地发展方向

城市以向北发展为主。

城市规模

2000年人口为 **13.1** 万人

城市建设用地 **15.52** 平方千米

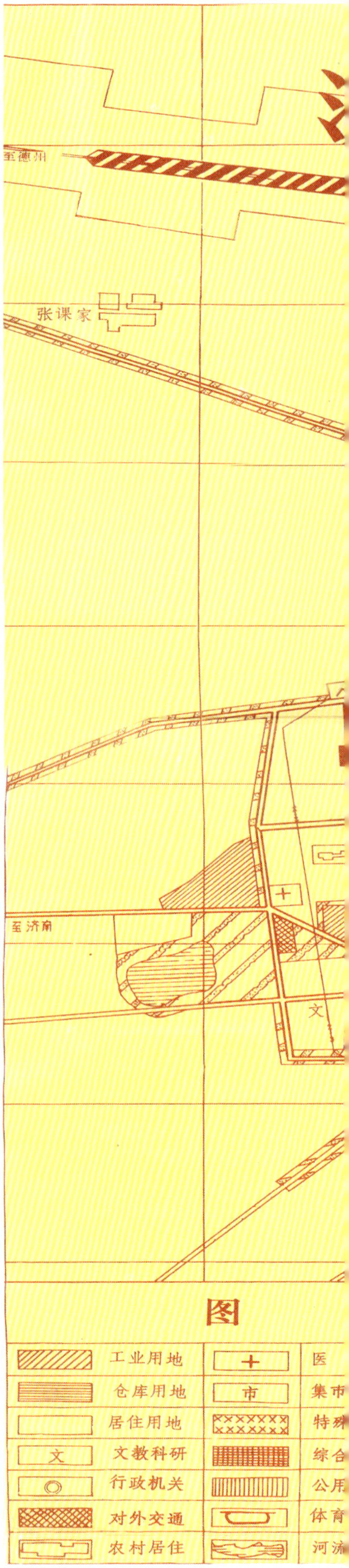

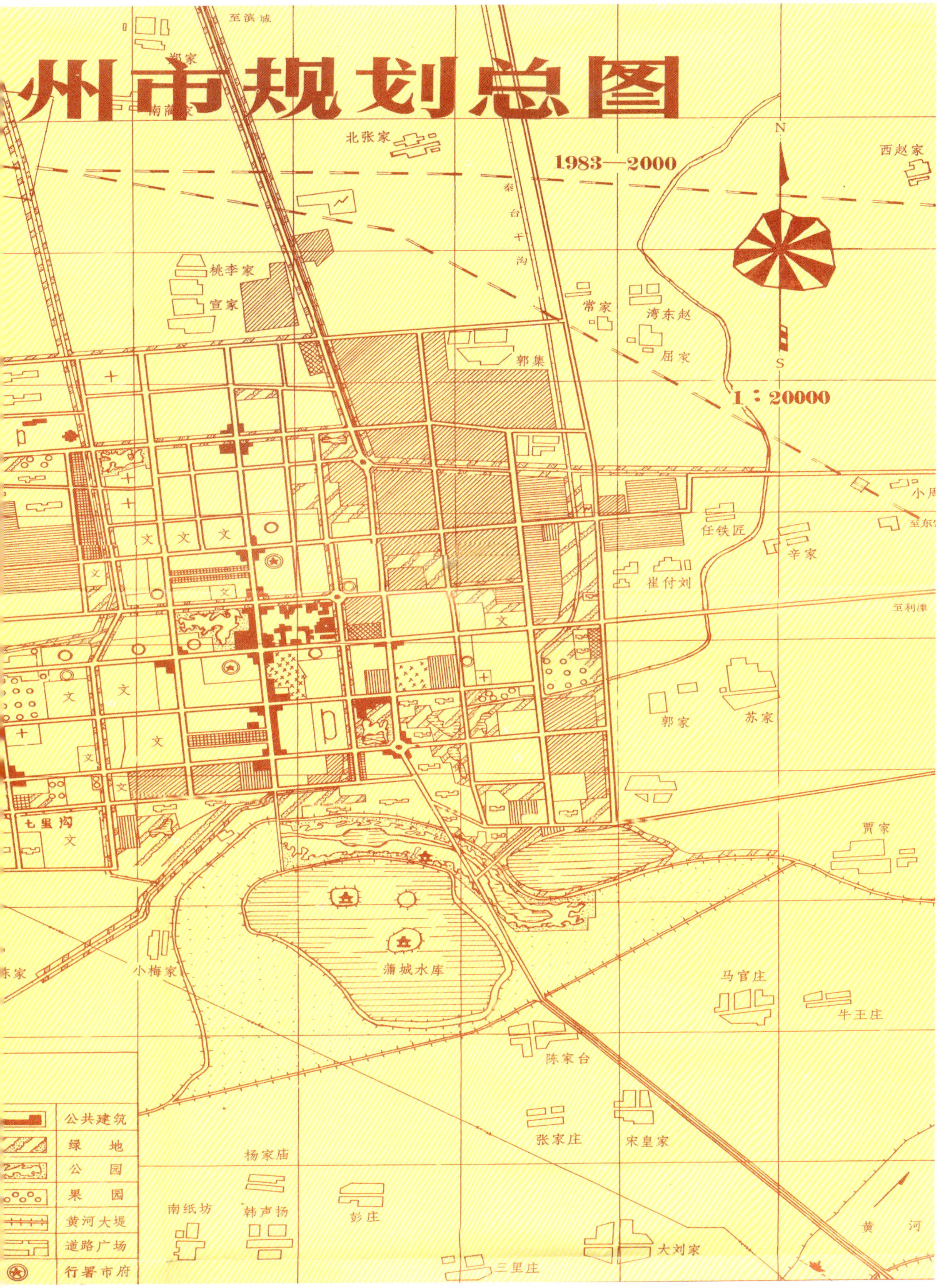
州市规划总图
1983—2000
1：20000
N
S
至滨城
北张家
西赵家
秦台干沟
桃李家
宣家
常家
湾东赵
郭集
屈家
小唐
至东
任铁匠
辛家
崔付刘
至利津
郭家
苏家
贾家
七星沟
小梅家
蒲城水库
马官庄
牛王庄
陈家台
张家庄
宋皇家
杨家庙
南纸坊
韩声扬
彭庄
大刘家
三里庄
黄　河
公共建筑
绿　地
公　园
果　园
黄河大堤
道路广场
行署市府

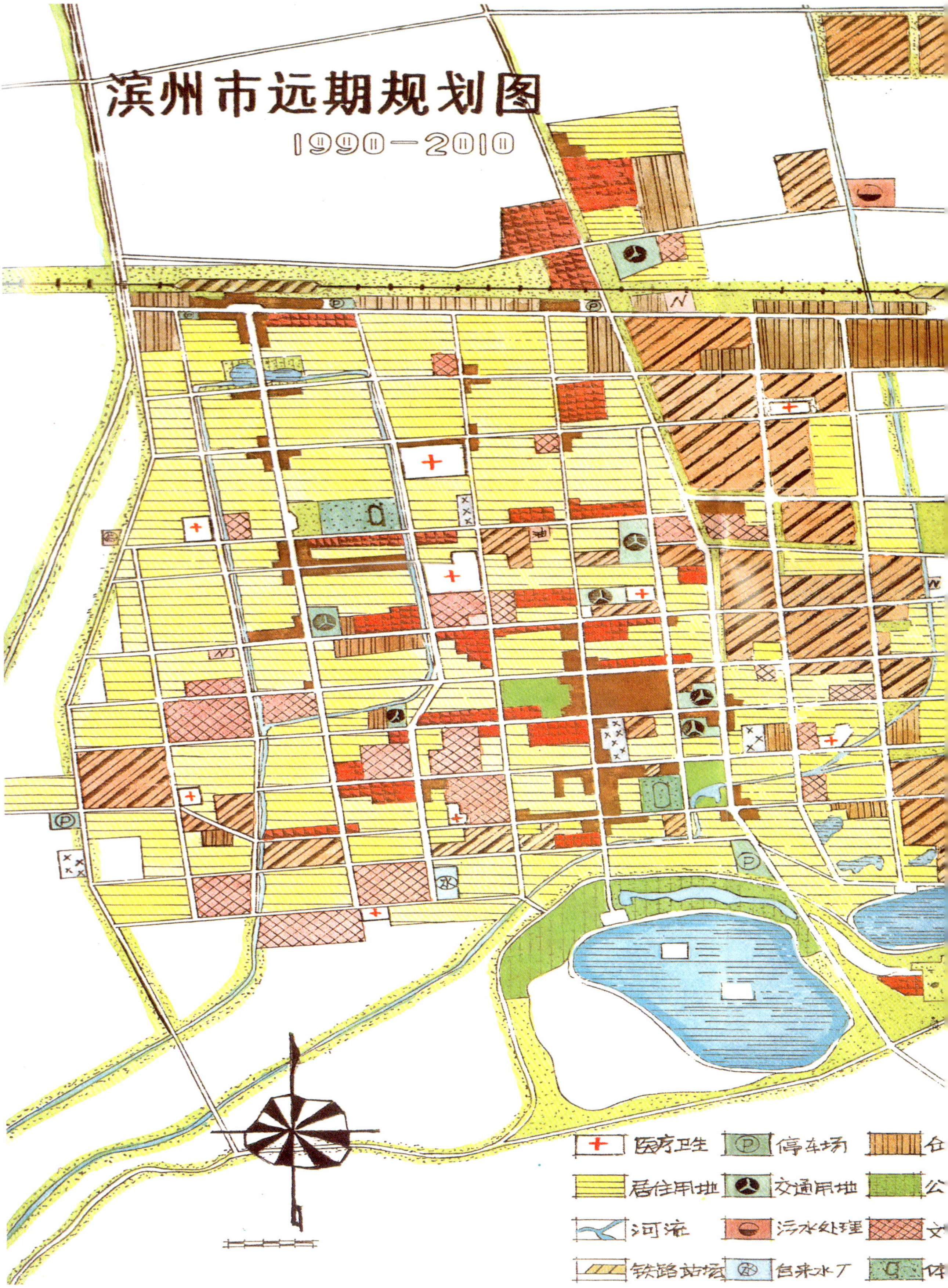
滨州市远期规划图
1990—2010
医疗卫生
停车场
居住用地
交通用地
河流
污水处理
铁路站场
自来水厂

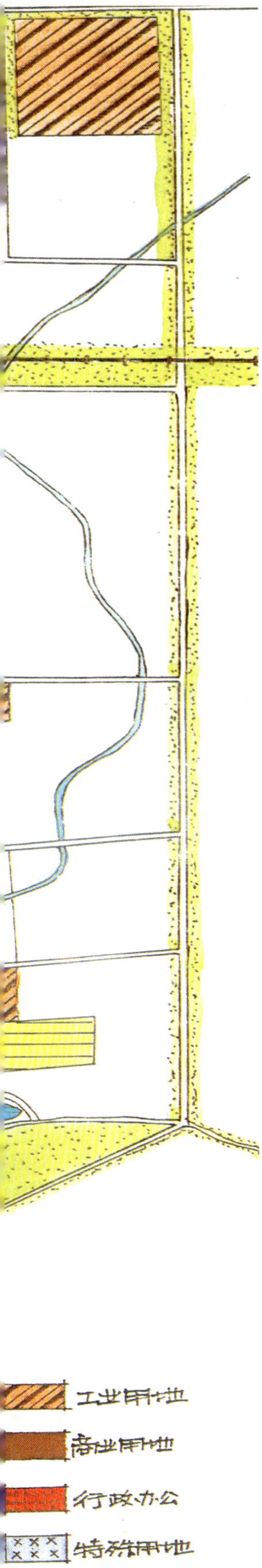

1990 版总体规划

（1990–2010 年）

城市性质

以发展机械、纺织、石化工业为主的黄河尾闾地区综合性中心城市。

城市用地发展方向

城市以向北、向西发展。

城市规模

2010年人口为 **25** 万人

城市建设用地 **31.63** 平方千米

1995版总体规划

（1995–2010年）

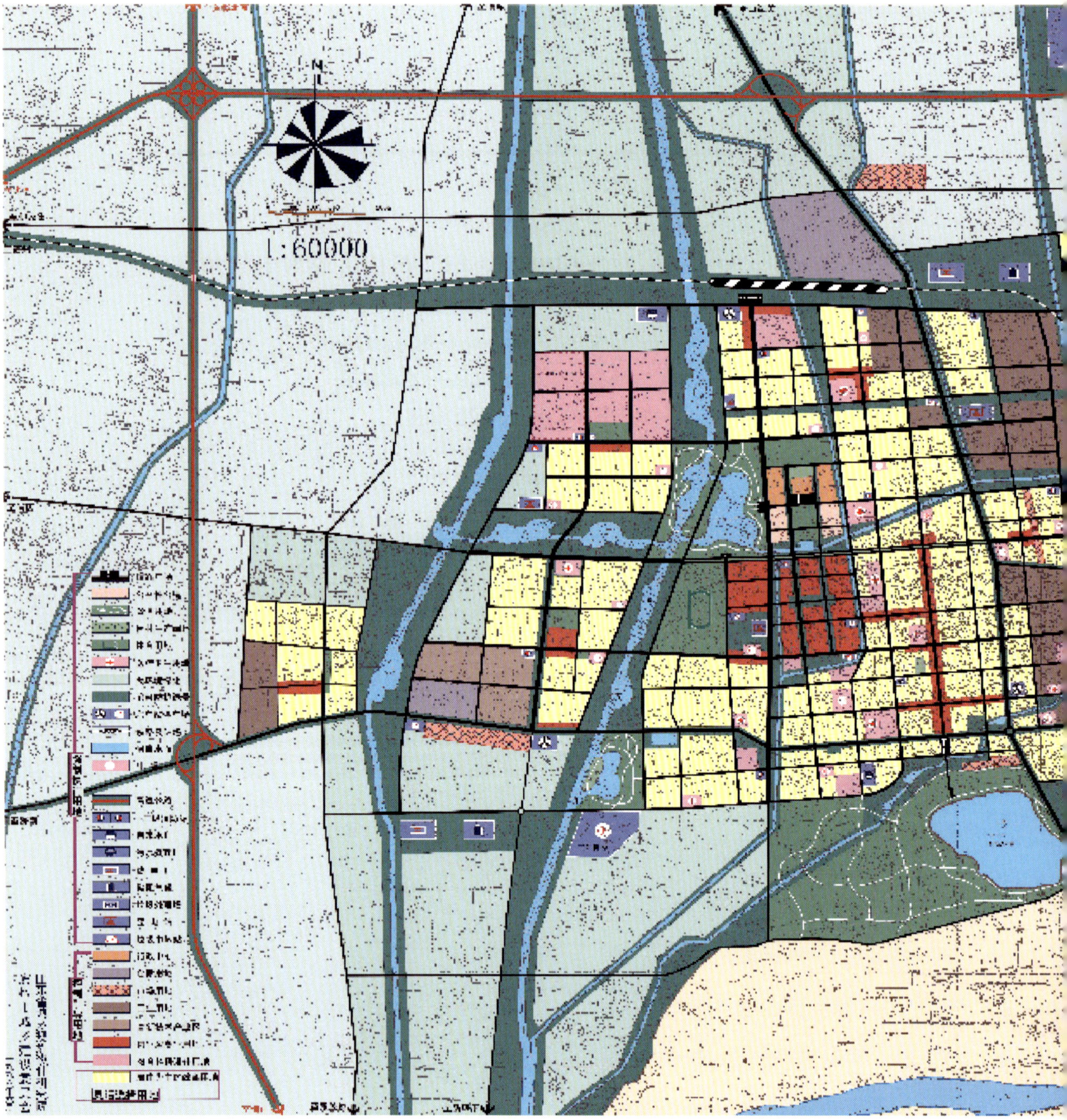

城市性质 黄河三角洲的开发基地，以化工、机械、纺织工业为主的鲁北地区中心城市。

城市用地发展方向 城市以向北、向西发展。

城市规模 2010年人口为 **40** 万人 城市建设用地 **45.5**平方千米

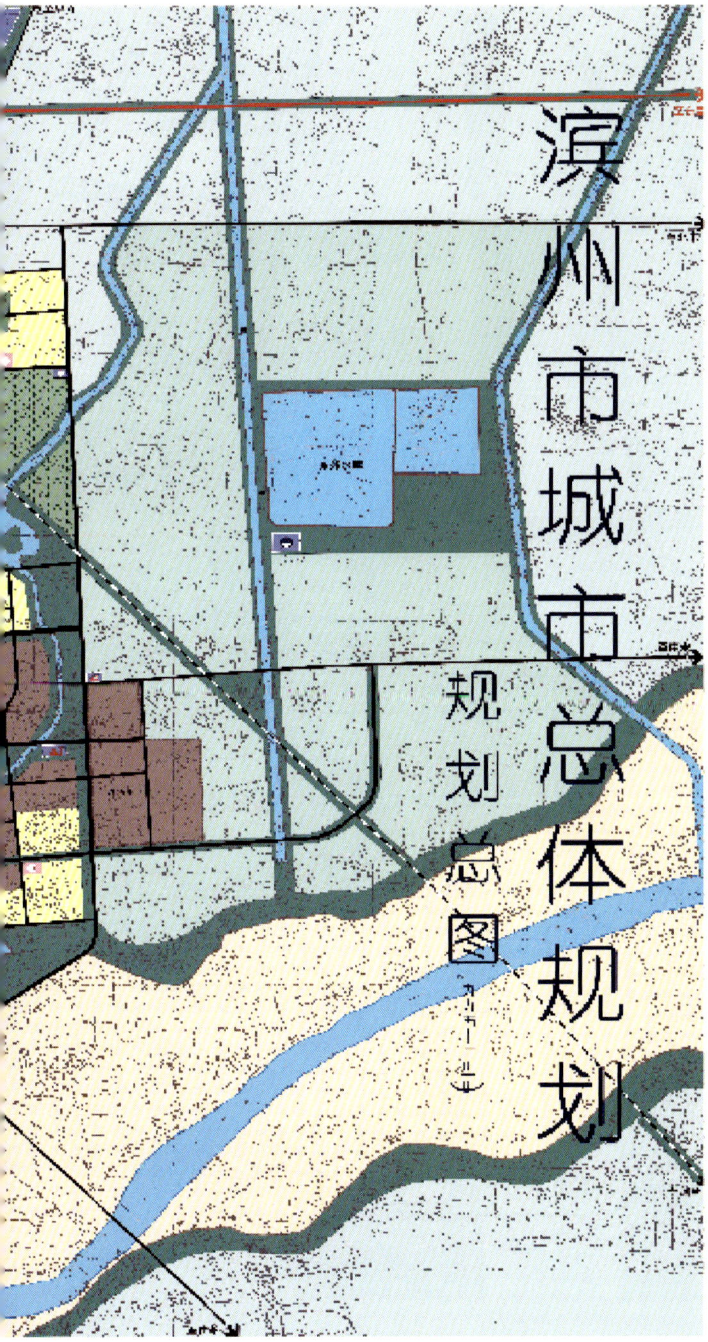

2001 版总体规划

（2001–2010 年）

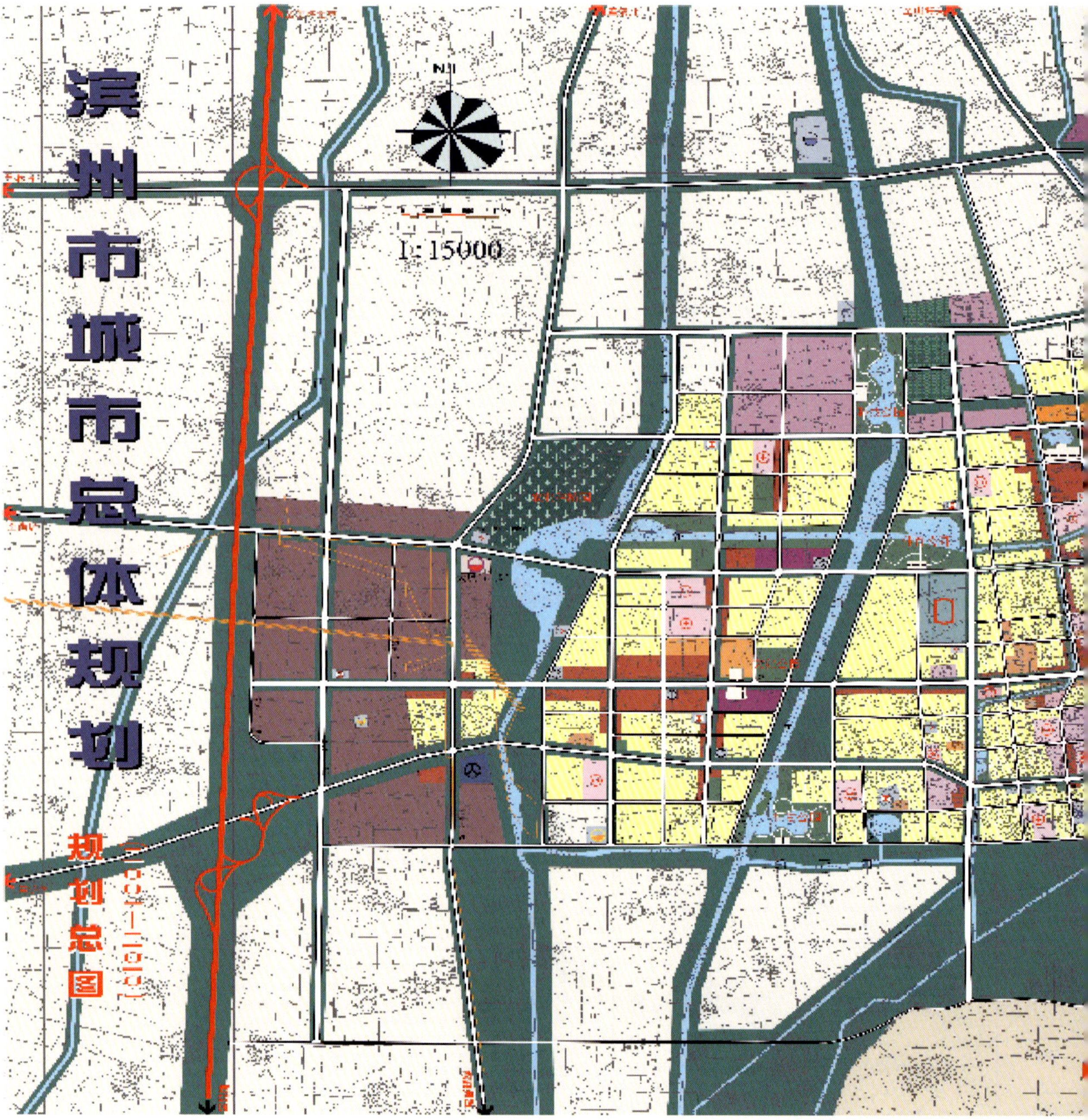

城市性质 黄河三角洲的开发基地，以化工、机械、纺织为主的鲁北地区中心城市。

城市用地发展方向 城市集中向北、向西发展。

城市规模 2010年人口为 **40** 万人 城市建设用地 **47.72** 平方千米

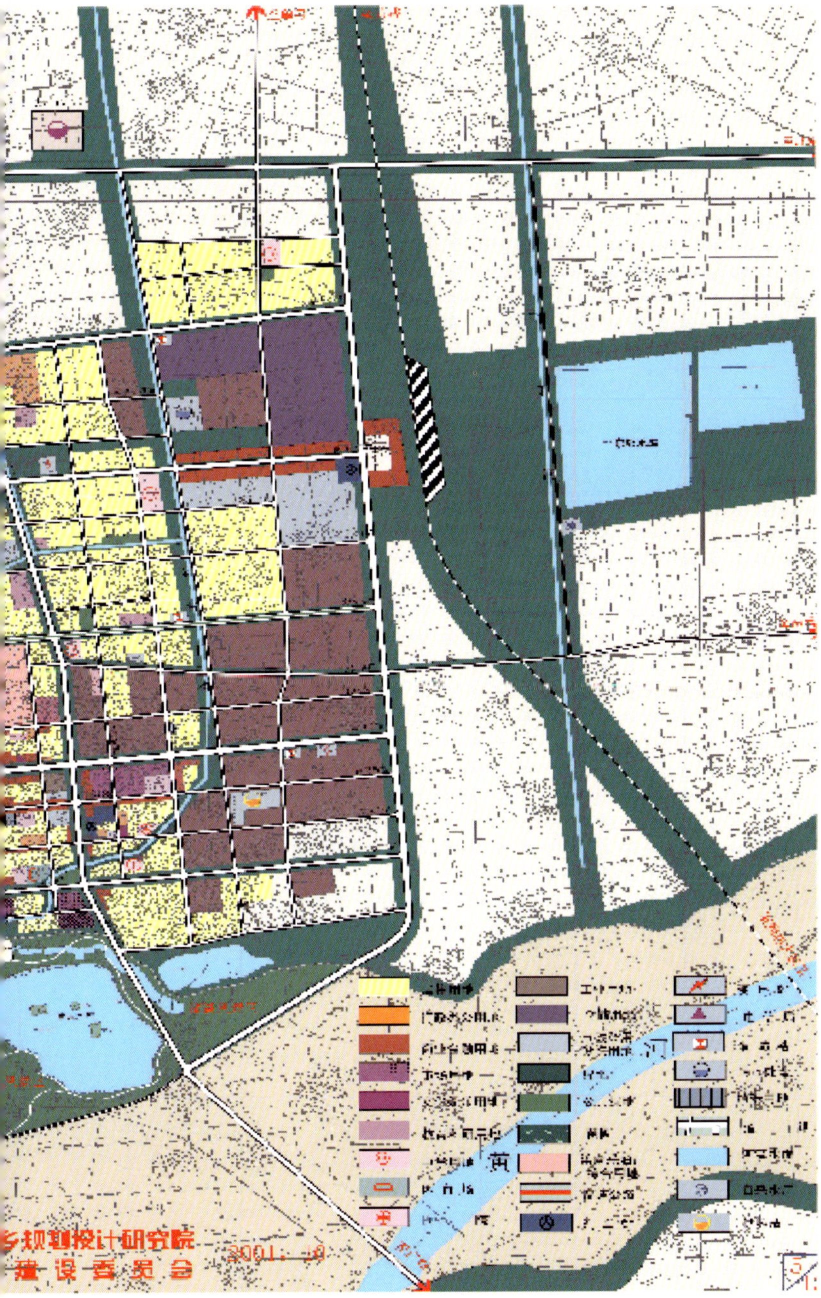

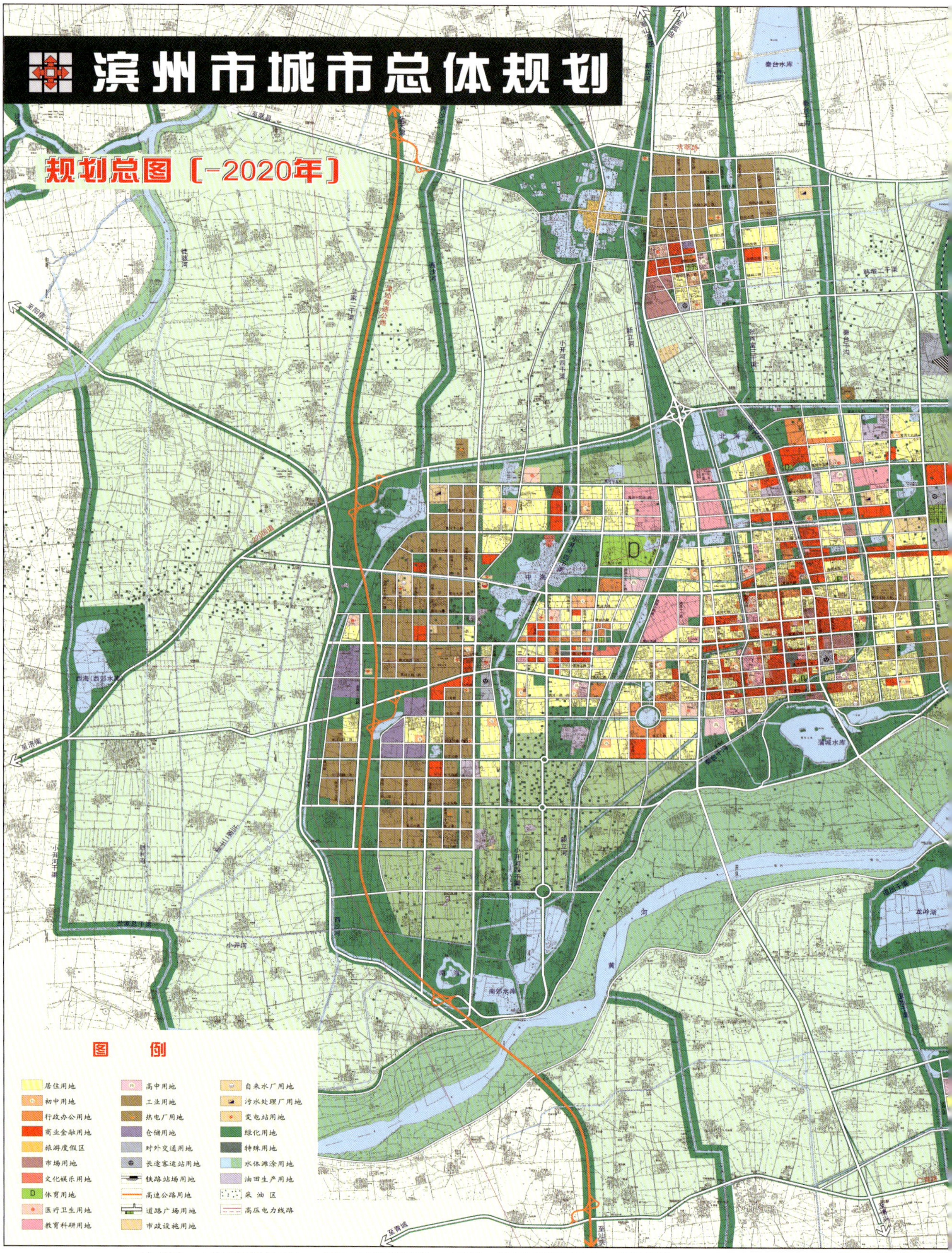

THE GENERAL PLANNING OF BINZHOU CITY

2005 版总体规划

（2005–2020 年）

城市性质

环渤海地区的重要节点城市

黄河三角洲的开发基地

鲁北地区中心城市

城市规模

2020年人口为 **90** 万人

城市建设用地 **108** 平方千米

2015版总体规划

（2015-2035年）

2016年8月26日，滨州入围山东省新的大城市试点名单，到2020年，滨州将培育成100万人口以上的大城市。

城市性质

黄河三角洲中心名城，渤海湾南岸的新兴产业增长极，以黄河地域文化为特色的亲水宜居城市。

发展目标

世界级高端铝产业基地，国家生态文明示范区，区域性综合交通枢纽。

城市发展战略

按照“西延、北连、东优、南跨”的城市发展战略，形成“一核、三心、四轴、多板块”的空间结构。

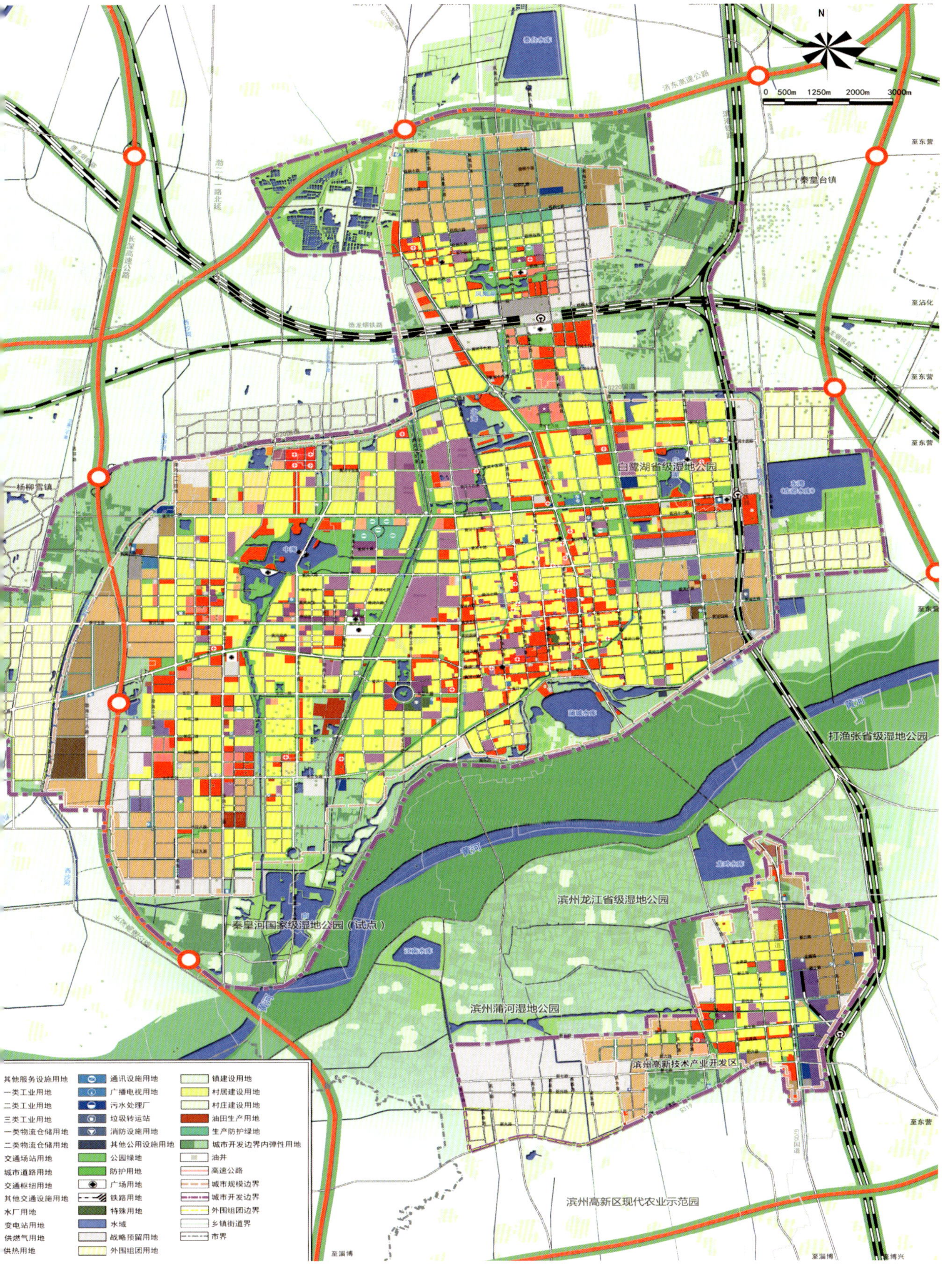
N
0 500m 1250m 2000m 3000m
秦皇台镇
杨柳雪镇
白鹭湖省级湿地公园
打渔张省级湿地公园
滨州龙江省级湿地公园
秦皇河国家级湿地公园（试点）
滨州蒲河湿地公园
滨州高新技术产业开发区
滨州高新区现代农业示范园
至东营
至沾化
至淄博
至博兴
其他服务设施用地
一类工业用地
二类工业用地
三类工业用地
一类物流仓储用地
二类物流仓储用地
交通场站用地
城市道路用地
交通枢纽用地
其他交通设施用地
水厂用地
变电站用地
供燃气用地
供热用地
通讯设施用地
广播电视用地
污水处理厂
垃圾转运站
消防设施用地
其他公用设施用地
公园绿地
防护用地
广场用地
铁路用地
特殊用地
水域
战略预留用地
外围组团用地
镇建设用地
村居建设用地
村庄建设用地
油田生产用地
生产防护绿地
城市开发边界内弹性用地
油井
高速公路
城市规模边界
城市开发边界
外围组团边界
乡镇街道界
市界

（张新华 供图）

2006 年 5 月 18 日，滨城区彭李街道张八棍村，是以平房为主的城中村　（赵立军 摄）

2018 年 4 月 28 日，滨城区彭李街道张八棍村，平房变楼房　（赵立军 摄）

2006 年 5 月 18 日，滨州学院体育馆北临田野　　（赵立军 摄）

2018 年 4 月 29 日，滨州学院体育馆北临高楼林立　　（赵立军 摄）

2017 年 6 月，滨州市市政大楼，市委、市政府现址　　（李健生 摄）

2004 年 4 月，滨州市政府旧址　　（市地方史志研究院 供图）

1950 年 5 月，惠民地委、行署机关在惠民县城的驻地　　（市地方史志研究院 供图）

1952 年 10 月，惠民地委、专署机关迁入滨县北镇后的驻地　　（市地方史志研究院 供图）

2000 年 10 月，滨州地区行署旧址　　（市地方史志研究院 供图）

2019年7月16日，滨州黄河楼，位于市城区最早的引黄水库——蒲湖景区内

（李健生 摄）

2019年10月，国家级水利风景区——中海景区，滨州市区最大的引黄蓄水水库

（李健生 摄）

2019年6月，滨州黄河滩区麦收 （李健生 摄）

2019年8月，滨州市首座黄河大桥——滨州黄河大桥

2019 年 8 月 20 日，G205 国道滨州黄河大桥　　（赵利军　摄）

（李健生　摄）

2019年7月，滨州黄河段第一个引黄工程——打渔张引黄工程渠首

2019年7月3日，小开河引黄工程一角

（李默 摄）

（张凤珍　摄）

2019 年 4 月 21 日，黄河清淤工程现场

（李健生　摄）

2019 年 10 月 5 日，黄河古镇——惠民县魏集镇魏集古村落正门　　（李健生 摄）

2019 年 2 月 8 日，黄河古堡——魏氏庄园（中国三大地主庄园之一）冬景

2019 年 4 月 23 日，黄河古村——西纸坊民宿一瞥　　（滨州经济技术开发区 供图）

（张磊 摄）

2019 年 3 月 8 日（农历二月初二），惠民火把李庙会一角（张凤珍 摄）

2019 年 2 月 15 日（农历正月十一），2019“中国·胡集灯节书会”在惠民县胡集镇开幕，图为书会现场一角（惠民县地方史志研究中心 供图）

2019 年 9 月 17 日，“中国民间草柳编艺术之乡”博兴县湖滨镇草柳编织

（张凤珍 摄）

2019 年 1 月 20 日，滨州市文化馆非遗传习坊举办滨县剪纸传习活动

（滨城区地方史志研究中心 供图）

2019 年 9 月 21 日，滨州黄河风情带文化艺术季系列活动之“千人黄河大合唱”在黄河岸边举行（徐志强　摄）

2019 年 8 月 25 日，“走进魅力黄河　献礼七十华诞”巾帼同唱一首歌活动在滨城区十里荷塘景区举行（市妇联　供图）

2019 年 11 月 3 日，“韵动黄河 奔跑滨州”2019 滨州黄河风情带马拉松比赛鸣枪开跑

（市体育局 供图）

2019 年 9 月 24—25 日，“愉悦杯”环滨州黄河风情带国际公路自行车赛开赛

（市公安局 供图）

大提花机

粗细联机

魏桥绿色智能纺织一体化生产线是世界500强、世界最大棉纺织企业——魏桥创业集团2019年12月9日投产的新旧动能转换重点项目。项目智能化车间采用“互联网+”、产品自动检验、机器人应用、自动运输工具应用、节能设备使用等措施，从棉纱到产品入库全自动化运输，自动包装，整个流程无任何人工直接参与。

（邹平市地方史志研究中心 供图）

粗纱机

络筒机

精梳机

编辑说明

一、《滨州年鉴》创刊于1997年，是由中共滨州市委、滨州市人民政府主办，中共滨州市委党史研究院、滨州市地方史志研究院编纂的年度资料性文献，旨在全面、系统、翔实地介绍滨州市自然、政治、经济、文化、社会、生态建设等方面的发展情况，是宣传滨州的阵地和了解滨州的窗口。本卷为第24卷。

二、《滨州年鉴》的编纂出版坚持以马克思列宁主义、毛泽东思想、邓小平理论、“三个代表”重要思想、科学发展观、习近平新时代中国特色社会主义思想为指导，坚持辩证唯物主义和历史唯物主义的立场、观点和方法，紧紧围绕市委、市政府中心工作，全面客观地反映各级党委、政府的主要工作和各县（市、区）、各部门、各行业取得的重大成就，力求做到观点正确、框架科学、资料翔实、记述准确、编写规范、特色鲜明，突出时效性，讲求实用性。

三、《滨州年鉴》采用分类编辑法，以类目、分目、条目组成框架结构的主体部分。在少数分目中，增加二级分目。全书条目标题统一用黑体加【 】表示，个别包含多方面资料的条目则在段首加插楷体标题提示，方便读者查阅。

四、《滨州年鉴（2020）》着重反映2019年度滨州市经济社会发展的基本情况，本卷共设有：特载、专记、大事记、滨州概览、中共滨州市委、滨州市人大、滨州市政府、滨州市政协、滨州市纪委监委、民主党派·工商联、群众团体、法治、军事、经济管理、产业集群、农业、工业、新兴产业、建筑业、商贸服务业、旅游业、金融业、房地产业、开放型经济、区域发展、交通·电力、水利、城乡发展、生态环境、科学技术、教育、文化、卫生健康、体育、社会生活、应急管理、县（市、区）概况、人物、附录、索引，共有40个类目、232个分目、67个子分目、1848个条目、70个图表（示意图）、362幅随文照片。卷首设“壮丽70年”“黄河流域生态保护和高质量发展”“魏桥绿色智能纺织”彩页专题，图文并茂展示滨州经济社会发展所取得的新成就。

五、全书稿件、图片大部分为市直各部门、各县（市、区）、中央和省驻滨各单位提供，撰稿人和图片提供单位署名于各条目和图片之后。本年鉴有关的综合性数据均与市统计局公布的数据进行了校核。统计部门未涉及的均用部门或单位提供的数据。文中数据比较均写明年份。正文中“党的”均指中国共产党。市直属各单位和相关单位名称根据有关文件规定使用规范化简称。文中货币单位，除特殊说明以外，均为人民币元。内文农田土地面积沿用“亩”为计量单位。

六、全书前有详细目录和英文要目，后有索引，具有比较完善的检索系统。

目　录

滨州市人大

滨州市政府

滨州市政协

滨州市纪委监委

民主党派·工商联

群众团体

法　治

军　事

经济管理

产业集群

农　业

工　业

新兴产业

建筑业

商贸服务业

旅游业

金融业

房地产业

开放型经济

区域发展

交通·电力

水　利

城乡发展

生态环境

科学技术

教　育

文　化

卫生健康

体　育

社会生活

应急管理

县（市、区）概况

人　物

附　录

索　引

CONTENTS

Special Records

Special Notes

Chronicles of Events

Overview of Binzhou

Binzhou Municipal Committee of the Communist Party of China

Binzhou Municipal People's Congress

Binzhou Municipal People's Government

Binzhou Committee of the Chinese People's Political Consultative Conference

Binzhou Municipal Commission for Discipline Inspection and Supervision Committee

Democratic Parties and Federation of Industry and Commerce

Mass Organizations

Rule of Law

Military Affairs

Economic Management

Industrial Cluster

Agriculture

Industry

Emerging Industries

Construction Industry

Business and Trade Service Industry

Tourism

Financial Industry

Real Estate Industry

Open Economy

Regional Development

Transportation and Electricity

Water Conservancy

Urban and Rural Development

Ecological Environment

Science and Technology

Education

Culture

Hygiene and Health

Sports

Social Life

Emergency Management

Overview of Counties (Cities or Districts)

Figures

Appendix

Index

滨州市 70 年经济社会发展成就综述

1949 年 10 月 1 日，中华人民共和国成立，伴随着祖国前进的脚步，滨州市委、市政府带领全市 390 多万人民，不忘初心、砥砺奋进，解放思想、改革创新，探索符合滨州市情的发展道路。70 年历程，滨州经济社会发展取得辉煌成就，逐步实现由传统的计划经济体制向社会主义市场经济体制的转变；由封闭的、内向型经济向开放的、外向型经济的转变；以供给侧结构性改革为主线，推动经济发展质量变革、效率变革、动力变革三大变革。综合经济实力显著增强、开放型经济取得长足发展、城乡面貌发生巨大变化、人民生活水平显著提高、社会事业建设全面推进。

一、经济实力显著增强，产业结构更趋协调

（一）经济总量连上台阶，综合实力显著增强

1949 年到 2018 年的 70 年间，全市生产总值由 1949 年的不到 2 亿元，增加到 2018 年的 2640.52 亿元，增长 1319.3 倍，在 1993 年提前 7 年实现生产总值比 1980 年翻两番的战略目标；人均生产总值由 1949 年的 56 元提高到 2018 年的 67405 元。财政实力快速发展壮大，1952 年地方财政收入 2512 万元，发展到 1978 年，全市地方财政收入 1.5 亿元，2018 年，全市一般公共预算收入 240.54 亿元，较 1952 年增长 961 倍；人均公共财政预算收入由 1978 年的 49 元，提高到 2018 年的 6140 元，增长 124.3 倍。财政支出结构不断优化，农业、科技、教育、卫生等重点支出得到较好保证，有力支持全市经济和社会事业的发展。

（二）产业结构优化升级，三次产业更趋协调

1. 农林牧渔业结构进一步优化。农业比重不断减少，林业、畜牧业、渔业所占比重不断上升。2018 年，农业、林业、畜牧业、渔业在农业总产值中的比重分别为 42.93%、2.40%、25.32%、2.01%，与 1949 年的 92.84%、1.29%、4.63%、1.23% 相比，农业所占比重下降 49.91 个百分点，林业、畜牧业和渔业则分别上升 1.11、20.69，0.78 个百分点。

种植结构不断改善。十一届三中全会后，随着科技水平提高，全市粮食生产有较大发展。2005—2013 年，粮食产量稳定在年产 200 万吨以上；2014 年，突破 300 万吨大关，产量达 305.71 万吨；2014—2018 年，粮食年产稳定在 300 万吨以上。改革开放初期到 20 世纪 90 年代，全市种植结构极不合理，突出强调粮食种植，忽略经济作物和其他作物种植，农业生产效益不明显。1995 年后，结合农业发展新思路，滨州种植业结构显著调整，由“粮经”二元结构为主转变为“粮经饲”三元结构为主，粮食播种面积稳中趋降，经济作物面积不断增加，农民生产要素不断丰富，高产田增多，低产田减少。

2. 工业经济占比日趋合理。1949 年至改革开放初期，滨州是典型的农业区，工业占国民经济份额偏低。1978 年，工业增加值仅占地区生产总值的 17.84%，只及第一产业的四分之一。随着对工业企业的一系列改革，工业经济发展步伐迅速加快，到 1992 年工业比重首次超过第一产业，达到 34.81%；进入 21 世纪，全市实施“工业兴市”战略，到 2006 年底，工业比重达 55.41%，达到历史最高水平；2007 年后，工业占比略有下降；到 2018 年，工业增加值占地区生产总值比重 41.1%，仍发挥着重要支撑作用。

工业结构向轻重平衡和高新产业化发展。高新技术产业发展壮大，2018 年全市高新技术产业总产值占全部规模以上工业总产值比重的 29.71%。改革开放初期，技术水平不高、附加值低的轻工业企业在全市工业中占据绝对优势，随着全市工业总体规模的不断扩大，重工业发展步伐不断加快，轻重工业结构不断优化。2018 年规模以上工业总产值中，轻、重工业分别占 42.4%、57.6%。改革开放后，滨州逐步形成高端铝业、新型化工、粮食加工、家纺纺织等支柱产业，四大产业支撑作用日益凸显，在改造中实现结构不断调整升级。

3. 第三产业发展迅速，新兴产业迅速崛起。随着第一、第二产业

经济份额的逐渐下降，第三产业迅速崛起，所占比重持续上升。2002年，第三产业占地区生产总值比重首次突破30%，达到30.84%；2015年，占比首次突破40%，达到41.27%；2017年滨州市第三产业实现增加值1153.45亿元，按可比价格计算是1978年的229.4倍；拉动整体经济增长3.0个百分点，高于同期二产0.1个百分点；到2018年，三产占比首次超过二产，超出1.37个百分点，"三二一"产业结构正式形成。批发零售业增加值占全部第三产业增加值比重由1978年的48.4%下降为2018年的18.0%；房地产业、金融业、交通运输仓储和邮政业占第三产业比重分别为7.3%、12.2%、24.6%，发展势头良好。在第三产业内部，交通、商业等传统产业不断壮大，金融、保险、房地产信息、社会服务业等产业迅速发展，形成与社会经济发展相适应的较为完备的第三产业体系。三产逐渐成为国民经济第一大产业和拉动经济增长的主要动力。

二、体制改革不断深入，经济活力持续迸发

1949年后，尤其是改革开放后，全市体制改革不断取得突破：商品定价权以行政决定向市场决定的方向突破；资源配置上，从行政无偿调拨向以市场为基础转变；管理模式上，由计划管理、政府控制向市场化经营，逐步放开各种要素市场突破；市场主体由单一公有制形式向多种经济成分、多种经营方式突破。

（一）金融体制改革不断深入。改革开放后，滨州市不断对金融体制、信贷管理体制和经营方式进行改革。金融体制由单一的银行体制向多种金融机构并存的多元化体制转变。1978年之前，原惠民地区金融机构只有中国人民银行惠民地区中心支行和中国人民建设银行惠民地区中心支行两家。1978年，两家金融机构共有机构网点136个，从业人员1042人。经过40年发展，滨州市形成以人民银行为核心，国有商业银行为主体，政策性银行、农村合作金融机构、邮政储蓄银行、保险公司、证券公司等较全面的金融组织体系。信贷资金管理体制由高度集中的计划体制向市场体制转变，信贷规模持续扩大。2018年末，全市金融机构本外币合计存款余额2875.12亿元，比年初增长4.05%，广义政府存款余额比年初增长13.92%；本外币合计贷款余额2615.63亿元，比年初增长3.91%。其中住户贷款余额637.37亿元，比年初增长18.37%。证券市场不断完善，多层次资本市场建设稳步推进。2018年全市有美罗福、卓佳电子、恒嘉高纯3家企业登陆新三板；中国宏桥、西王食品、西王特钢、渤海汽车等上市公司实现定向增发、发行公司债，证券市场再融资总额103.7亿元；海瓷文化、十里香、玖辰农业等11家中小企业在齐鲁股权交易中心挂牌。保险业平稳发展，服务民生能力增强。2018年实现保费收入105.89亿元，比2017年增长4.95%；全年共支付赔款与给付32.24亿元，比2017年增长5.16%。民生灾害救助保险正式启动，全年补偿救助金805.7万元；农业保险支付赔款7600余万元，试点开展小麦大灾保险业务；大病保险支付医疗费1.5亿元，14类报销药品纳入保障范围；保险扶贫工作不断深入，服务民生能力增强。

（二）住房体制改革影响深远，房地产业快速崛起。随着国家住房制度改革的深化，房地产业经历起步、快速、过热、平稳发展阶段。1984年，滨州市房地产管理局设立商品房公司，从事小规模的商品房建设和出售；1992年，滨州市制定《滨州市房地产开发管理暂行条例》，地区建委成立地区房地产开发总公司，各县均成立隶属建委系统的房地产开发公司；1995年10月，省政府下发《城市房地产开发经营管理条例》，要求企业的注册、开发项目确立和建设要确保质量；1996年，滨州市耿家、康家、彭家、六街等居委会按照城市规划进行拆迁，建商品楼，剩余的黄金地段建成大型农贸市场；2000年9月，行署下发《滨州地区房地产开发经营管理办法》。同年，全区拥有房地产开发企业15家，注册资金1.2亿元；至2018年，房地产开发完成投资165.87亿元，比2017年增长48.45%。其中住宅141.06亿元，比2017年增长54.12%。商品房竣工面积236.86万平方米，商品房销售面积298.45万平方米。

（三）流通体制改革成效显著，消费品市场走向繁荣。流通体制改革成果，分改革开放前和改革开放后两个时期。从中华人民共和国成立初期至改革开放，是传统的计划经济时期，农副产品实行统购统销，由国合商业部门统一收购后，统一调拨给零售商店；日用工业品大多数实行计划分配，通过地、县二、三级批发站，层层调拨给基层零售店，整个商品流通要经过购、销、调、存四个环节，流通环节过多，市场灵敏度较低。改革开放后，流通体制逐渐打破国有商业独家经营为主的局面，多元化、开放式、竞争性的市场体系逐渐形成并迅速发展。1997年党的十五大提出"公有制经济为主体、多种所有制经济共同发展"的基本经济制度，确认非公有经济是社会主义市场经济的重要组成部分。这是消费品市场从短缺匮乏、凭证限量走向商品丰富、供给充足的重要转折点；2001年，滨州社会消费品零售总额首次突破50亿元，达到55.38亿元，成为消费市场的一个分水岭；到2018年，滨州实现社会消费品零售总额993.69亿元，比1979年增加323.74倍，2002—2018年，年均增速达17.06%。

商业经营模式从单一化向多元化迈进。百货商场品类逐步完善齐全，整体上规模、上档次；同时，大型超市、购物中心、专卖店、便利店、折扣店、厂家直销中心等多种业态遍地开花，自动售货、电子商务、网上购物等现代化营销方式相继涌现，流通业呈现多样化的发展态势，市场氛围活跃。居民消费热点持续升级。从20世纪80年代的"老四件"（自行车、缝纫机、手表和收音机）到20世纪90年代的"新三件"（彩色电视、电冰箱和洗衣机）到进入新世纪后，汽车、住宅装饰装修、

通讯等，居民的生活质量向发展型和享受型转变，消费结构持续升级。

三、城镇化步伐加快，城乡面貌焕然一新

中华人民共和国成立 70 周年，投资作为拉动经济增长的“三驾马车”之一，对城镇化步伐的加快产生极大推动作用，基础设施投入不断加大，城市公用设施日臻完善，重点民生项目的实施，人民生活质量快速提升。

（一）投资规模扩大，结构在调整中优化。固定资产投资“六五时期”为 4.3 亿元，年均增长 28%；“七五时期”为 21.4 亿元，是“六五时期”的近五倍，年均增长 61.2%；“八五时期”投资量达到 93.3 亿元，是“六五”和“七五”两个时期总和的 3.6 倍，年均增长 38.3%；“九五时期”投资量达到 260.1 亿元，是“八五时期”的 2.8 倍，年均增长 18.7%；“十五时期”投资总量达 1197 亿元，是“九五时期”总量的 4.6 倍，年均增长 49.2%。1949 年至 1978 年的 30 年间，由于经济工作中过分强调生产，忽视人民生活条件的改善，致使滨州非生产性投资大幅减少。十一届三中全会后，重新调整生产性建设与非生产性建设的关系，不断加大第三产业投资力度，到 2018 年，全市第一、二、三产业投资占全市投资比重分别为 3.3%、51.3%、45.4%。

（二）城建投入不断加大，城镇化进程加速推进。改革开放后，全市把发展经济与提升城市品位有机结合，城市建设力度不断加大，“十五”期间，全市基本建设投资累计达到 622.7 亿元，平均增长 86.4%，是“六五”时期的 346 倍。“十二五”期间，城区基础设施累计投资 66.9 亿元，比“十一五”增长 67.6%，修改建道路 290 千米，桥梁 51 座，打通城市道路 18 条。到 2018 年，基础设施投资 30.6 亿元；新增道路面积 92 万平方米，建成区绿地面积 63.3 公顷。年末常住人口 392.25 万人，其中城镇常住人口 226.09 万人，常住人口城镇化率 57.64%。

（三）城市公用设施日臻完善，承载能力有效加强。2008 年末，全市供水管道总长度 1527.5 千米，比 2000 年增长 2.7 倍；人均公共绿地面积 13.3 平方米、人均拥有道路面积 21.6 平方米、万人拥有公共交通车辆 17.3 标台，比 2000 年分别增加 5.8 平方米、11.5 平方米、5.8 标台。到 2018 年，全市供水管道和排水管道长度分别新增 21.5 千米和 77.7 千米，污水集中处理率达到 97% 以上，用气普及率 99%，用水普及率 100%。全市新增城市集中供热面积 467 万平方米，完成中海片区、蒲湖片区海绵城市建设，全市海绵城市建设累计完成 51.1 平方千米，超额完成省定任务目标。

（四）重点民生项目成效显著。2018 年，全市棚户区改造新开工 36854 套，开工率 100.02%，基本建成 21269 套，基本建成率 141.3%；政府投资公租房累计开工 6782 套，分配 6545 套，分配入住率 96.5%；健全完善农村厕所管护机制，后续管护工作实现全覆盖。全市共改造农村危房 4122 户，完成清洁取暖改造 7.3 万户，农村中小学等公共场所和农村新型社区全部实现清洁取暖。

四、进出口实现新跨越，对外经济跃上新台阶

（一）对外贸易实现新跨越，进出口商品结构不断改善。一是外贸进出口规模和水平不断提升。中华人民共和国成立初期，滨州利用土地辽阔、资源丰富的优势，发展和收购农副产品等出口物资。1953 年曾收购十万双草拖鞋供货出口；1960 年建立畜牧良种繁育场 2673 亩，出口收购额达到 874.44 万元；1976 年“文革”结束，经济逐渐恢复，商品收购额逐年增长，1978 年达到 2693.7 万元；十一届三中全会后，外贸收购供货进入快速发展时期，1987 年全市出口收购值达 3.64 亿元；1993 年达到历史最高水平，出口收购额 6.81 亿元。1997 年全市进出口总额 2.15 亿美元，发展到 2018 年的 123.6 亿美元，总额和增幅分列全省第九位和第三位。培植起魏桥创业集团、华纺股份公司、山东亚光集团、西王集团等一批外向型骨干企业集群，在全国乃至全球的同行业中处于重要地位，与世界 140 多个国家和地区建立长期经贸合作关系，入选全国外贸百强市，进出口对全市经济的拉动作用不断增强。二是进出口商品结构不断改善。纺织品出口比重在 1997 年占比 90%，到 2016 年下降到 35% 左右，工业制成品、机电产品和终端产品比重迅速上升。2018 年，滨州钢材制品出口 69 亿元，比 2017 年增长 11.8%；化学制品出口 49.8 亿元，比 2017 年增长 24.9%；铝材制品出口 26.2 亿元，比 2017 年增长 74.9%；机电高新技术产品出口 31.4 亿元，比 2017 年增长 7%。

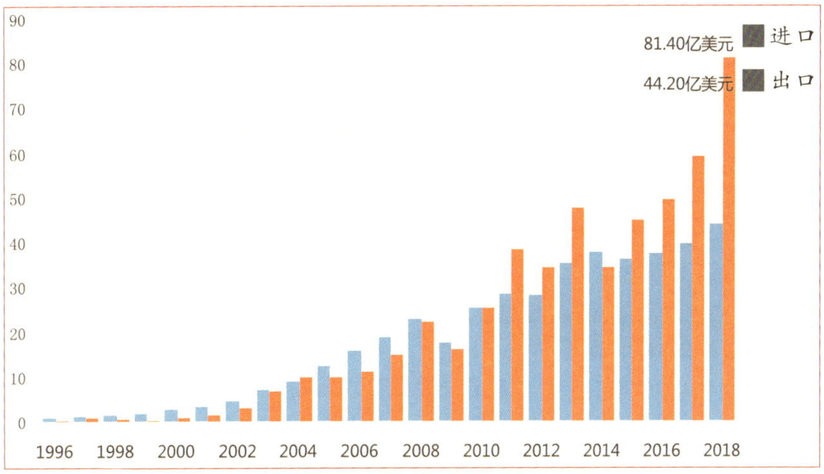

图 1　1996—2018 年滨州市进出口总额变化图

（二）“走出去”战略成效显现，利用外资跃上新台阶。以劳务输出、境外资源开发和境外经营公司三个重点为突破口，“走出去”到境外发展，受到企业重视，全市劳务输出实现零突破，境外企业不断壮大，每年均有 3～5 家企业在境外设点，逐步构筑

起滨州经济强大的海外军团。中资外资经济交流深度不断加大，全市利用外资水平不断提高，对滨州经济增长的拉动作用显著。2007年，滨州实际利用外商直接投资额首次突破2亿美元，达到2.52亿美元，比五年前增长5倍多，年平均增幅达到56%。2011年，合同外资、实际到账外资均超10亿美元，合同外资实现12.07亿美元，比2010年增长169.3%，全省排名第五；2018年，全市新设外商投资企业14家，实际使用外资13.4亿元人民币，外商直接投资1.1亿美元，境外投资9.88亿元，总额全省第八位。魏桥创业取得几内亚22亿吨高品质铝矾土矿采矿权。愉悦家纺在乌克兰投资建设“中国—乌克兰亚麻植物资源开发与利用国际科技产业园区”。西王集团并购世界上最大的运动营养品供应商加拿大Kerr公司。开泰集团收购荷兰爱博特等4家欧洲公司。

五、民生持续改善，城乡居民由贫穷走向小康

（一）城乡收入稳步增长，居民财富迅速增加。中华人民共和国成立初期，由于多种原因，滨州居民生活在前30年提高缓慢。1978年，农村居民平均每人年可支配收入仅为64元。1978年实施改革开放后，城乡居民收入大幅增长，生活水平发生质的飞跃。工资性收入、家庭经营净收入、财产性收入成为居民收入的主要来源。1985年后，国家多次调整、改革机关和事业单位工作人员的工资制度（企业实行职工工资总额同经济效益挂钩的办法），职工工资结构更加合理，工资水平大幅提高。1986年，城镇居民平均每人年可支配收入785元；随着改革开放的不断深入，城镇个体私营经济在市场经济体制中的重要作用逐步显现，2008年，滨州城镇居民人均家庭经营净收入685元，占家庭总收入比重达3.9%，改变改革开放前居民家庭经营收入空白的历史；此外，资本市场和金融市场健康快速发展，人们投资渠道逐步拓宽，理财意识逐渐增强，很长一段时期内，存款利息成为居民财产性收入的主要来源。到2018年，滨州市居民人均可支配收入为26371元，比2017年增长7.4%。滨州城镇居民人均可支配收入35049元，是1986年的44.6倍，四项收入均成增长态势，工资性收入增长6.2%，经营净收入增长6.5%，财产净收入增长7.5%，转移净收入增长7.1%；农村居民人均可支配收入为16061元，是1978年的251倍。

（二）就业水平提高，民生之本稳固。职工队伍不断壮大。中华人民共和国成立初期，由于滨州工商业薄弱，职工人数只有2万人；十一届三中全会以后，就业管理体制深化改革，对扩大就业产生重要影响，1978年职工队伍迅速扩大，达到12.8万人；随着经济进一步发展，城镇及农村就业之路打开，第三产业不断壮大，从业人数大量增加，2008年职工人数达到35.5万人，比1949年增长16.8倍。就业结构不断优化。改革开放前，全市职工就业以国有单位为主，所占比重达85.5%；改革开放后，国内合营、中外合营、外商独资企业纷纷出现，开始吸纳小部分劳动力就业，就业渠道拓宽；进入21世纪，滨州响应党中央号召，在坚持公有制经济为主体的前提下，发展外资和个体私营经济，拉动就业结构多元化发展，全市就业渠道由传统的国有集体经济为主向私营个体经济为主转变，且后者逐步占据主体地位。到2018年，全市累计创建省级创业示范平台6家，省级创业型街道4个，省级创业性社区12个。全年实现城镇新增就业41514人，完成年度目标任务的116.9%；城镇登记失业率控制在2.62%，均低于目标范围。

（三）城乡社会保障体系更加完善。居民住房条件不断改善，改革开放前，滨州多数城镇居民居住的是公房，居住条件简陋，多数房屋为平房，室内无自来水，靠火炉取暖。1978年后，随着住房制度改革，城镇居民逐渐拥有自己的住房，1986年，城镇居民人均住房建筑面积10.5平方米；2018年达到42.4平方米，面积大幅度增长，且配套设施日趋完善。同时，城镇居民的养老、失业、医疗保障制度不断完善，离退休人员当期养老金按时足额发放。2018年，居民基本养老保险参保人数达到190.62万人，社会保险待遇水平持续稳步提高，企业退休人员养老金连续十四次上调；全面实施民生灾害救助综合保险。2018年共赔付保险救助金791.28万元，打造“阳光低保”精准救助，有效增强困难家庭的风险抵御能力。

（路来军）

“六问八策”富强滨州建设

2019年，滨州市委、市政府按照中央决策部署和省委工作要求，以“六问”谋篇、“八策”布局，实施“757”工作方案，全面开启富强滨州建设，经济社会发展呈现“趋稳起势”良好态势。

确立高质量发展新思路。按照习近平总书记对山东工作“走在前列、全面开创”的指示要求和省委八大发展战略部署，引发梦想、发展、改革、创新、落实、担当“六问”深思，明晰实业、民生、品牌、改革、开放、创新、诚信、服务“八策”路径，全面启动“富强滨州”建设。聚焦聚力破痛点、疏堵点、补短板，对标泰州、湖州提出“七个提升工程”（实施审批效能、金融服务、“标准地”改革、标准厂房、城市品质、营商环境、能力作风提升工程），应对复杂多变经济局面提出“五个发力”（在“双招双引”、提高产业效益、增信服务、资源优化配置、责任担当上发力），加快高端铝业发展提出“七项承诺”（提供最专业的载体支撑、最有力的科技保障、最有效的制度供给、最完备的要素资源、最优质的政务服务、最肥沃的创业土壤、最开放的发展空间），形成“757”工作方案，真诚团结的政治生态、绿色协调的经济生态、活力迸发的社会生态、同生并存的自然生态逐步形成。

迈出趋稳起势新步伐。科学预判全年经济运行走势，稳步推进“一季度止滑、二季度趋稳、三季度起势、四季度冲刺”的工作举措，靶向精准、综合施策，主要经济指标呈现稳步回升、位次前移、结构优化的趋向变化。全市地区生产总值实现2457.2亿元，增长4.1%，增幅列全省第9位；固定资产投资连续7个月降幅收窄，增幅列全省第12位；规模以上工业增加值增长3.2%，列全省第7位；规模以上工业实现利润182.1亿元，增长1.5%，增幅列全省第3位；完成一般公共预算收入243亿元，增长1%，增幅列全省第9位。在2019年度全省经济社会发展综合考核中位列第12位，较2018年提升4个位次，实现“保三争二”的预期目标。

开辟企业创新创业新局面。以落实省委提出的企业家“四问”为契机，倡树企业家的家国情怀、社会责任和担当精神。召开企业家大会，颁授优秀企业家金、银、铜狮奖；出台建设高素质企业家队伍的“新政10条”，建成优秀企业旗帜广场，设立“滨州企业日”活动机制，尊重企业家、厚待投资者、服务纳税人。

点燃创新发展新引擎。按照“产学研金服用”的理念，实施渤海科创城、渤海先进技术研究院、魏桥国科研究院“一城两院”等产学研平台建设。渤海先进技术研究院半年内完成规划设计、挂牌成立、开

2019年8月16日，“2019：渤海英才·博士故乡行”人才项目签约仪式在滨州国际会展中心举行

（滨州日报社　供图）

工建设。魏桥国科研究院、国科大科技园强势开工，渤海科技大学、山东第一医科大学滨州分校全力筹备推进，初步构筑起科技企业基于当今、开辟未来的重要支撑和创新生态，产教融合新格局逐步形成。推出含金量高、保障服务广的人才新政，实施万名大学生、千名硕博士进滨州“双进工程”，“青鸟计划”工作模式在全省推广，人才引进总量、质量相较往年翻倍增长，首次达到滨州高端人才流入流出基本平衡。

顺应群众对美好生活新期待。树立以人民为中心的发展思想，全年民生支出300.2亿元，增长10.1%，占比达79.4%；城镇居民和农村居民人均可支配收入分别增长6.6%和8.8%。优质教育大班额问题有效缓解，紧密型县域医共体国家试点全省唯一全覆盖；市民政局获评全国“人民满意的公务员集体”；阳信县被国务院表彰为“全国民族团结进步模范集体”。探索“全科大网格”基层社会治理体系，信访形势持续平稳向好。“蓝天、碧水、清废”行动扎实开展，空气优良天数206天，比2018年增加8天，是全省唯一增加的市。深化对口支援和扶贫协作，信息化管理入选“联合国全球110个减贫原创案例”。高铁、高速公路、国省道、港口、机场、内河复航等重大项目有序推进，城市品质不断提高、城乡面貌持续改善，创城活动深入开展，文化体育、社会保障等各方面工作实现新发展。

激发干部担当作为的新状态。结合“不忘初心、牢记使命”主题教育，落实省委“七赛七比”，开展“富强滨州”解放思想大讨论，实施“全生态改革创新、全领域流程革命”，推进31项重点改革事项，按照“事业工程化、工程责任化、责任数字化”要求，实行一线工作法、专班推进法，开展“三亮”（年初亮目标，年中亮进度，年终亮结果）活动，推进“三评”（政府部门自评、企业家满意度测评、第三方评估评价）工作，用实绩对标先进，用数字检验落实，全市干部职工干事创业激情高涨，良好政治生态日益巩固。

（李迎滨）

市县党政机构改革

滨州市市县党政机构改革自2018年8月全面启动，至2019年5月验收结束。该轮机构改革在充分摸底调研、吃透情况基础上，组织召开会议动员部署，工作推进中统筹抓好“规定动作”落实，并结合实际做好“因地制宜”文章。2019年3月底前完成市县两级304个党政机构组建挂牌、领导班子配备、人员转隶、内设机构“三定”制定、限额外行政机构清理、承担行政职能事业单位改革等任务。2019年4月29日全省机构编制工作会议安排滨州市进行典型交流发言。2019年5月中旬，滨州市通过省委机构改革调研评估验收。对县（市、区）和市直部门机构改革调研评估情况显示，该轮市县党政机构改革认真贯彻上级党委机构改革决策部署，严格执行机构改革方案，推进工作有力、措施落实到位、改革成效显现，市县两级初步建立起系统完备、科学规范、运行高效的机构职能体系。

一、基本情况

（一）市级机构改革。2019年3月下旬，市直45个党政部门（除市公安局、市财政局）“三定”规定制定印发。市直各部门按照“三定”规定，认真做好职责划转、科室设置、干部调整和人员配备，推进开立户头、变更账户、印章刻制、资产划转和档案移交，及时以新机构名义对外开展工作。市级党政部门内设机构减少66个，科级领导职数减少33个。根据职能变化，各党政部门对划出职责，与相关部门密切协作，妥善进行移交；对新增职责，细化落实到具体科室和人员，确保工作“不断档”。2019年5月底前各部门党组（党委）明确班子成员分工，健全科室协调配合机制，完成科级以下干部优化调整，实现职能运转顺畅、科室人员到位。推进承担行政职能事业单位改革，完成撤销事业单位人员转隶，规范化设置保留事业单位，界定主要职责进行，并制定“九定”方案。

（二）县级机构改革。各县（市、区）强化组织领导，县（市、区）委成立深化机构改革协调小组，组成工作专班集中办公，严格把握时间节点，牵头抓总强力推进。2019年3月底前，县（市、区）直245个工作部门“三定”规定制定完成，按“三定”核定职数配备干部、设置机构。党政部门职能保持与市级机构职能基本一致，对因受机构限额未能对应设置的实体机构，采取挂牌方式，保障职责划转上下衔接有效。全面清理规范限额外行政机构，各县（市、区）清理限额外行政机构236个。其中正科级166个、副科级70个，有16个纳入限额内机构、220个并入机关综合设置。推进承担行政职能事业单位改革，减少正科级单位127个、副科级单位58个，改为纯公益类事业单位230个，完成涉改事业单位撤并整合、名称变更、隶属调整、班子配备和人员转隶等工作。

（三）乡镇管理体制改革。乡镇（街道）行政管理体制改革与县级机构改革同步谋划、整体推进，落实落地，初步构建起符合基层事务特点的职能体系。除邹平市长山镇、博兴县兴福镇两个经济发达镇和沾化区海防办事处外，全市89个乡镇（街道）统一设置党政办公室、经济发展办公室等7个党政工作机构和便民服务中心、财经综合服务中心等5个事业单位，横向对“七站八所”职责整合分配，纵向梳理对口联系单位及职责边界，实现业务整合、系统归类、人员集聚。结合实际，梳理明确行政审批、行政处罚等157项放权指导目录，将能够有效承接的部分县级经济社会管理权限赋予乡镇政府。统筹推进编制资源向乡镇（街道）倾斜，充实编制员额，为全市92个乡镇（街道）核增事业编制1415名。

二、主要做法及取得的成效

（一）全方位加强党的领导。建立健全党对重大工作领导体制机制，市县两级对应新组建和调整优化财经、军民融合等党委议事协调机构，陆续出台工作规则和完善工作运行机制，发挥党委对重大工作领导作用。对设在市政府工作部门的市委议事协调机构办事机构，设置秘书科或在部门科室加挂牌子，加强统筹协调。理顺组织、宣传、统战等党委部门统一归口、协调管理职能24项，强化党在各领域各方面领导。在部门“三定”职责中，对贯彻中央决策部署、落实省委工作要求作出明确规定，对部门单独核定机关党组织专职副书记职数，加强党建工作编制配备。

（二）优化协同高效配置职能。调整优化发改、商务、农业农村等方面职责，对市场监管、规划建设、乡村振兴等涉及21个部门及83个职责事项，逐一在“三定”规定中明确职责边界和主次责任，建立协调配合机制。研究制定机构改革后落实统一领导、统一管理和归口领导、归口管理及代管有关要求的意见，理顺代管工作部门与被代管事业单位关系，在机制上预防职责不清、推诿扯皮等问题。成品油流通监督管理职责，分别赋予发展改革、工业信息化、公安、生态环境、交通运输、商务、应急管理、市场监管、税务等部门。市水利局及时将水资源调查、编制水功能区划、农田水利建设项目管理、水旱灾害防治等多项职责，划转到“三定”规定明确的市直有关部门。在老年事业、食品安全、医疗保障、口岸传染病和公共卫生事件方面，市卫生健康委明确与市民政局、市市场监管局、市医疗保障局、滨州海关等部门职责分工，避免职责交叉、边界不明、权责脱节等问题。市人力资源和社会保障局、市住房城乡建设局等12个承担行政职能事业单位改革，在完成行政职能剥离基础上，理顺与被代管事业单位之间关系，明确行政职能与事业单位公益属性边界。

（三）因地制宜突出地方优势。结合工作实际，对县（市、区）整合设置且工作运行较好的综合执法、城乡水务等机构继续保留，在规定限额内确定机构数量、名称和排序，宜大则大、宜小则小，既允许“一对多”，也允许“多对一”。7个县（市、区）均组建教育和体育局，统筹发挥教育、体育领域综合优势。邹平市设立范公文化研究中心，负责范公文化研究和历史文化传承保护工作，并在镇（街道）综合文体健康中心加挂新时代文明实践分中心牌子，负责新时代文明实践试点工作。惠民县设立林木产业发展中心，发挥县域苗木产业优势。沾化区组建海洋与渔业局，提升海洋高质量发展能力，将沾化冬枣产业办公室更名为沾化冬枣产业发展中心，将原林业局所属冬枣研究院调整为沾化冬枣产业发展中心管理，推动冬枣产业做大做强。

（四）体制供给务实发展保障。突出服务高质量发展，创新组建市海洋发展和渔业局、粮食和物资储备局、大数据局和地方金融监督管理局，为海洋经济科学布局、粮食产业提质增效、数字经济引领示范、金融风险防范化解提供体制支撑。突出优化营商环境，组建市行政审批服务局、市场监督管理局，并将营商环境建设职责明确到部门，健全营商环境建设监督体制。整合6个县级事业单位组建市公用事业服务中心、市城市建设服务中心，完善城市管理服务保障功能。将市级25支执法队伍整合为13支，县级由52支整合为43支，规范执法行为，提高执法效能。

（五）高效便民提升管理水平。全市92个乡镇（街道）均设立便民服务中心，推进审批服务便民化，为民服务全程代理，协助办理行政审批事项和公共服务事项，打通服务群众“最后一公里”。落实基层党建职责，在明确乡镇（街道）落实党建工作责任制同时，92个乡镇（街道）统一设立党建工作办公室，加强城乡社区和村级等各领域基层党组织建设，改进党员队伍教育管理。博兴县兴福镇作为经济发达镇，承接县直部门委托下放59项管理事项，全部进驻镇便民服务大厅，实现“一站式服务”。惠民县对15个镇（街道）不同类别60余个站所职责重新梳理整合，科学配置到7个党政机构和5个事业单位，确保权责匹配、有序衔接。

（高 迪）

1 月

1 日 《滨州市城镇容貌和环境卫生管理条例》正式实施。

同日 《关于推进城市管理领域失信联合惩戒工作的实施意见》正式施行，将失信联合惩戒引入城市管理。

2 日 滨州市行政审批服务局正式运行，并颁发首张营业执照，相对集中行政许可权改革正式进入“一枚印章管审批”时代。

同日 国家发改委等 5 部门联合公布第 25 批新认定及全部国家企业技术中心名单，博兴县京博农化科技有限公司第 25 批认定获批，实现博兴县国家级创新平台零的突破。

3—4 日 副省长于杰带领检查组到滨州市检查教育考试安全工作。

7 日 省政府正式批复《滨州市城市总体规划（2018—2035 年）》，将滨州市城市定位为黄河三角洲中心城市、渤海湾南岸新兴制造业基地、以黄河地域文化为特色的生态文明城市。

12 日 第十三届中国旅游品牌发展高峰论坛暨中国旅游品牌颁奖盛典在滨州举行，滨州市获评“2018 中国最佳乡村旅游示范城市”。

15 日 山东省金融资产管理股份有限公司与滨州市财金投资集团有限公司合作框架协议签约仪式举行。

同日 首届“滨州最美警察”颁奖晚会举行，无棣县公安局交警大队副大队长刘国锋等 11 人获首届“滨州最美警察”称号。

16 日 省政府副秘书长、省第三批援青干部领队、海北州委常委、副州长耿涛和海北州委常委、祁连县委书记韩向晖带领考察团到滨州市对接援建工作。

18 日 首届山东优质韭菜产销论坛在惠民县举行。

19 日 在 2019 鲁皖经济合作发展高层论坛政府投资环境（项目）推介会系暨第二届“贡献山东”财经领袖峰会上，博兴县兴福镇获“山东厨具产业百亿大镇”称号，是大会评选出的“四大百亿大镇”之一。

23 日 滨州经济技术开发区被中国开发区协会表彰为 2018 年度先进集体。

23—24 日 省委副书记杨东奇带领检查组到滨州市检查全面从严治党主体责任落实情况。

24 日 “健康滨州”高峰论坛活动在北京举办，4 个医疗及健康产业项目签约，总投资额 111.1 亿元。

26 日 博兴县成为全省首批 12 个省级外贸转型升级试点县（市、区）之一。

2019 年 1 月 2 日，滨州市行政审批服务局颁发首张营业执照

（市行政审批服务局　供图）

2 月

2 日 全市领导干部会议召开，宣布省委关于市委主要负责人调整的决定。省委决定，佘春明任中共滨州市委委员、常委、书记兼市委党校校长；张光峰不再担任中共滨州市委书记、常委、委员和市委党

校校长职务，另有任用。

4日 无棣县14名在校小学生主持并参与“同根同梦·少年中国”2019全国少儿春节联欢晚会，滨州小学生首次登上全国少儿春晚主持舞台。

14日 省委常委、政法委书记林峰海到滨州代表团审议省政府工作报告。

同日 市委书记佘春明在审议省政府工作报告时，发出开启“富强滨州”建设的号召。

15—21日 2019年“中国·胡集灯节书会”举办；16日，2019年“中国·胡集灯节书会”曲艺论坛举办。

20日 滨州移动首个5G实验基站开通；3月28日，滨州联通公司举办“联通（山东）产业互联网有限公司滨州办事处揭牌仪式和5G应用展示会”，在市政大楼及滨州港首家开通5G试商用网络，滨州市正式进入5G网络试商用阶段。5月15日，滨州移动首个5G电话接通，滨州正式进入5G时代。

23—27日 中国人民政治协商会议第十一届滨州市委员会第三次会议举行。会上，市委书记佘春明连发“梦想”“发展”“改革”“创新”“落实”“担当”六问。

24—27日 滨州市第十一届人民代表大会第四次会议举行。大会选举佘春明为滨州市第十一届人民代表大会常务委员会主任，张月波为滨州市监察委员会主任。会上，市委书记、市人大常委会主任佘春明提出“实业之策、民生之策、品牌之策、改革之策、开放之策、创新之策、诚信之策、服务之策”八策，回应“六问”。

28日 《全国爱卫会关于2018年国家卫生城市（区）和国家卫生县城（乡镇）复审结果通报》中，滨州市被重新确认为国家卫生城市；并成为全国9个之一、山东省唯一受到通报表扬的市。

同日 市政府举行年初亮目标、年中亮进度、年终亮成果“三亮”政务公开活动，18个市政府工作部门主要负责人公开述职“亮目标”，向社会公布2019年工作目标、推进措施；3月2日，其余17个政府工作部门进行“三亮”政务公开活动。

同日 中国技能大赛“三一杯”首届全国装配式建筑职业技能竞赛（学生组）全国总决赛举行，滨州职业学院代表队获“团体一等奖”。

3月

2—3日 在京专家建言献策助力“富强滨州”建设座谈会在滨州驻北京联络处召开。100余名在京滨州籍博士专家围绕“六问”“八策”和政府工作报告，就五大千亿级产业集群转型升级、“双招双引”等工作建言献策。

6日 全省纺织服装产业集群高质量发展暨全国纺织产业集群试点地区复评工作座谈会在滨州召开。

8—9日 市长宇向东带队到北汽集团、中海油集团和北京东升博展股份经济合作社考察对接工作。

10日 全市首期“e盏茶事”举办，市长宇向东与5位企业家面对面交流。

14日 市委书记佘春明会见美国科恩集团高级顾问、中国美国商会名誉主席蔡瑞德，诺力昂全球执行委员会成员、表面化学事务部全球总经理高希一行。

21日 山东省铝业协会成立大会在邹平市举行，魏桥创业集团董事长张波当选为理事会会长。

22日 阳信县被授予“北方农村清洁取暖典型模式示范基地”。

24—31日 市长宇向东率滨州市代表团参加“2019日韩山东商务周”活动并开展招商引资活动。

28日 “滨州城市主题曲《滨州我的家》暨滨州保利大剧院儿童艺术团童声合唱团成立仪式新闻发布会”在市文化中心群星剧场举行。

4月

1日 全国海关首票降税后税单在滨州海关打印放行。

3日 “富强滨州”建设专题研讨班举行。市委、市政府主要领导作专题辅导报告。

同日 全国首个省级绳网行业标准化技术委员会——山东省绳网标准化技术委员会在惠民县李庄镇成立。

5日 张成朋烈士安葬仪式在邹平市烈士陵园举行，省委书记刘家义、省长龚正、市委书记佘春明、市长宇向东分别向张成朋烈士敬献花圈。张成朋烈士是邹平市孙镇大陈村人，生前为四川省凉山州森林消防支队西昌大队四中队一班消防员，在凉山森林火灾中牺牲，年仅20岁。

同日 滨城区获批全国社区治理和服务创新实验区。

10—13日 市委书记佘春明率考察团，先后到江苏省泰州市、浙江省湖州市、安徽省合肥市，就公共服务平台、全程代办等进行考察学习。

11日 副省长刘强带领省住建、发改、能源等部门相关人员到阳信县调研生物质清洁取暖及旱厕改造使用工作。

同日 北海裕能化工有限公司超净高纯微电子溶剂（NMP）及配套项目现场办公会议在北海经济开发区召开，试行“拿地就开工”审批新模式，全市“拿地就开工”审批全面推行。

13日 《财富》杂志“2019最具影响力的50位商界领袖”榜单发布，魏桥创业集团原董事长张士平入选，位列榜单第15位。

19日 滨州学院地方立法研究院成立。

25日 渤海湾水域内河船非法涉海运输整治现场推进会在滨州召开。

28—29日 世界高端铝业峰会·2019在滨州市举办。国务院发展研究中心党组书记、副主任马建堂，省委常委、常务副省长王书坚，省人大常委会副主任、省工商联主席王随莲等领导出席28日开幕式。峰会签约项目24个，总投资631.4亿元。开幕式上，魏桥国科（滨州）研究院揭牌，中国（滨州）铝业云平台启动。

5 月

6 日　滨州信用法治研究院成立。

7 日　年产 30 万吨再生铝暨环保科技项目落户邹平市。

8—10 日　省政协副主席王艺华率调研组到滨州调研“培育农产品品牌创建主体”工作。

10 日　山东省 2019 年“中国品牌日”品牌发布会暨品牌高端论坛在济南举行，滨州市的魏桥创业集团居榜首，京博控股集团、滨化集团、香驰粮油、愉悦家纺上榜。

15 日　滨州首个供港澳蔬菜基地——山东博华高效生态农业科技有限公司完成海关备案。

22 日　市政府与五矿证券有限公司举行山东省滨州五矿新旧动能转换母基金及投资项目签约仪式，全市首支新旧动能转换基金设立，总规模 50 亿元，重点支持全市五大千亿级产业集群转型升级和五大新兴产业做大做强。

23 日　山东魏桥创业集团创始人、原党委书记、董事长张士平逝世，享年 73 岁。

29—31 日　市长宇向东率团到珠三角开展招商活动，签约项目 12 个，合同投资金额 190 亿元。

31 日　渔鼓小戏《老邪上任》获第十八届中国文化艺术政府奖——群星奖。此剧目为山东省选送参赛唯一戏剧类作品，是山东省首次获得“群星奖”戏剧类作品，填补全省小戏作品在全国“群星奖”空白。

31 日—6 月 2 日　第三届全国中小学生创·造大赛总决赛在北京举行。滨州实验学校 2 个小组进入总决赛，获得大赛唯一的院士奖，以及金奖、最佳创意奖等奖项。

6 月

1 日　京博物流与中铁铁龙合作沥青专列首发西藏。

3 日　全市首个“公改铁”项目——阳信县汇宏新材料有限公司铁路专用线开通运营。

5 日　市长宇向东会见南非阿马朱巴市市长穆萨·格里菲斯·古班尼一行。

6—9 日　第七届中国环渤海城市国际象棋精英赛在滨州举行。全国 54 个代表队 361 名棋手参赛，滨州代表队获得 3 个组别冠军。

10 日　市长宇向东会见率团到访的澳大利亚塔斯马尼亚州克莱伦斯市市长道格拉斯·奇普曼。

14 日　全市“万名大学生进滨州、百名硕博士进事业单位”部署启动暨就业创业工作会议在滨州学院召开。山东大学、山东农业大学、滨州学院 3 家“滨州市引才工作站”授牌成立。

15 日　滨州海警局挂牌成立。

17—18 日　市长宇向东带队到河南省开封市、郑州市开展招商考察。

19—20 日　2019 年中国铝加工产业年度大会暨中国（邹平）铝加工产业发展高峰论坛在邹平市举行。

20 日　滨州市政府与恒丰银行签署战略合作协议，恒丰银行党委书记、董事长陈颖，市委书记佘春明出席签约仪式并致辞。

25 日　市民政局获全国“人民满意的公务员集体”称号，成为全市首个赢得公务员奖励最高荣誉集体。

同日　省政府公布最后一批化工园区和专业化园区名单，滨州市以 7 家化工园区上榜，位列全省第 2 位（全省共分 4 批认定 75 家化工园区、10 家专业化工业园区）。

28 日　“富强滨州”产业交流会议召开，市长宇向东向华文产业集团董事局主席史泽华颁发“滨州市政府智库专家”聘书，向广东省智能装备制造协会执行会长王宏伟颁发“滨州市政府产业发展顾问”聘书。

7 月

4 日　副省长凌文就落实全省铝业高质量发展专题会议精神、推动铝产业发展到滨州市调研。

同日　省政协副主席韩金峰一行就包保的重大项目、非公企业联系点等工作到滨州市调研。

同日　市委书记佘春明会见国网山东省电力公司董事长蒋斌一行，探讨深化合作共赢。

6—8 日　首届海峡两岸（滨州）护理高峰论坛在滨州举办。

8 日　全省创建人民满意窗口工作现场推进会议在滨州召开。

9—13 日　市委书记佘春明带队到上海参加 2019 中国国际铝工业展

2019 年 6 月 25 日，市民政局获全国“人民满意的公务员集体”称号

（市民政局　供图）

2019 年 7 月 19 日，滨州首部渤海革命老区革命题材现代吕剧《烈烈渤海红》在滨州大剧院排演（田海滨 摄）

览会并举行系列经贸洽谈。

10 日　滨州市“证明材料不用跑”改革工作上线，首份不用群众跑证明材料由市公安局开出。

11 日　市政府与中国标准化研究院签署标准化战略合作协议。

同日　滨州 10 家企业上榜 2019 年山东省民企百强，魏桥创业集团居百强之首。

16 日　市政府举行工作部门年中“亮进度”、直属事业单位“亮任务亮措施”政务公开活动，市长宇向东、各分管副市长分别进行点评。

17 日　滨州市被列为全省全领域无差别“一窗受理”改革试点。

18 日　全市组织招商引资路演，市委书记佘春明参加，市委副书记、市长宇向东主持并点评。

19 日　滨州首部渤海老区革命题材现代吕剧《烈烈渤海红》排演启动仪式在市文化馆举行。

20 日　滨州市招才引智平台——“渤海学子·青鸟计划”在滨州国际会展中心启动。

22 日　生态环境部召开环渤海 8 城市入海排污口现场排查工作启动会。会上，启动对滨州市入海排污口现场排查工作。

25 日　省政府驻京办组织企业家到滨州考察，市长宇向东向代表团介绍滨州市经济社会发展情况。

30 日　2019 中国烯烃高峰论坛暨滨州高端化工产业对接会在上海举行，签约项目 15 个，签约额 164.1 亿元，市长宇向东出席。

31 日　滨州市资产管理公司揭牌暨重点企业发展基金战略合作协议签约仪式在滨州举行，全省规模最大的重点企业发展基金落地滨州。鲁信投资控股集团党委书记、董事长李玮，市委书记佘春明出席活动。

同日　滨州市上榜 2018 年“中国外贸百强城市”，列第 57 位。

同日　博兴县被认定为国家外贸转型升级基地（金属型材）。

8 月

1 日　中国福利彩票“天仙配”即开型彩票在博兴县首发。

10 日　2019 滨州对接京津冀项目恳谈会暨项目签约仪式在北京举行。会上签约项目 16 个，总投资 120 亿元。

10—13 日　强台风“利奇马”过境滨州，全市普降大暴雨、局地特大暴雨。全市平均降水量 277.8 毫米，最大降水量 584.2 毫米，出现在邹平市西董街道。全市受灾人口 161.29 万人，紧急转移安置人口 8.78 万人；农作物受灾面积 24.20 万公顷；倒塌房屋 6129 间，严重损坏房屋 8755 间；因灾造成直接经济损失 118.43 亿元。

11 日　省委副书记杨东奇到滨州检查指导防汛防台风工作。

同日　无棣县西小王镇、滨州市沾化区下洼镇入选全国农业产业强镇建设名单。

14 日　滨州·奉节东西部扶贫协作工作联席会议在滨州召开。

14—17 日　天津至潍坊（烟台）铁路（京沪高铁二通道）可行性研究报告评审会在天津召开，滨州设站争取工作达到预期目标。

同日　“2019：渤海英才·博士故乡行”活动在滨州国际会展中心举行。

18—25 日　市委书记佘春明率团到德国、瑞士等国家开展产业对接和招商洽谈。

19 日　市委、市政府印发《关于建设渤海先进技术研究院推动创新发展的实施意见》。渤海先进技术研究院项目位于长江四路至长江五路、渤海二十路至渤海二十一路之间，总面积约 85 公顷。

26 日　省长龚正到滨州检查指导灾后恢复重建工作。

27 日　滨州首个二轮电动自行车号牌在沾化区益民机动车检测中心挂出，全市电动自行车挂牌工作开始。12 月 1 日，全市电动自行车集中登记挂牌工作正式启动，设挂牌点和代办点 65 个。

29—31 日　“淘宝惠民·数智乡村”第七届中国淘宝村高峰论坛在惠民县举行。副省长孙继业、阿里巴巴集团董事局主席马云出席开幕式，并为中国淘宝村“十年十人”颁奖。

31 日　中国科学院大学、魏桥创业集团、中信信托战略合作签约仪式在北京举行，滨州渤海科创城研发基地共建协议签约。省委书记刘家义，中国科学院院长白春礼，中信集团董事长常振明，中国科学院副院长、中国科学院大学党委书记、校长李树深，省委常委、秘书长孙立成等出席签约仪式。

同日　公安部副部长、国务院打击治理电信网络新型违法犯罪工作部级联席会议召集人杜航伟到滨州调研指导公安工作。副省长、省公安厅厅长范华平陪同调研。

9 月

3 日　滨州市“双招双引”重点建设工程集中开工仪式举行，全市总投资 667.8 亿元的 86 个项目集中开工。

同日　邹平货运铁路专用线 ppp 项目开工仪式举行，项目为山东省单体投资最大的铁路专用线项目。

4 日　渤海先进技术研究院正式挂牌成立。

6 日　京东（滨州）数字经济产业园揭牌启动，并进行首批企业签约。

10 日　滨州市“不忘初心、牢记使命”主题教育工作会议召开。

12 日　第十一届海峡两岸（滨州）孙子文化论坛在惠民县开幕。

同日　滨州市企业家大会在滨州国际会展中心召开，授予张波等 20 位优秀企业家“金狮奖”，授予褚兴民等 29 位优秀企业家“银狮奖”，授予韩洪亮等 30 位优秀企业家“铜狮奖”，授予国家税务总局滨州市税务局等 19 家单位“富强滨州”建设“金星奖”。

16 日　2019 首届沿黄现代农业论坛暨“食域滨州”区域公用品牌发布会在惠民县举行。

同日　滨州市第 19 届运动会在博兴县体育中心开幕。

19 日　省人大常委会党组副书记、副主任王良带领立法调研组到滨州就《山东省养老服务条例（草案）》进行立法调研。

20 日　副省长、省公安厅厅长范华平到滨州检查指导中华人民共和国成立 70 周年庆祝活动相关工作。

21 日　红色吕剧《烈烈渤海红》在滨州保利大剧院首演。

23 日　市委书记佘春明会见中油燃气集团有限公司董事局主席兼 CEO 许铁良一行。

24 日　全省农村改厕规范升级和后续管护长效机制工作现场会议在滨州召开，与会代表实地观摩无棣县改厕工作现场。省长龚正出席会议并讲话，副省长于国安、刘强出席会议。

同日　省政协主席付志方到邹平市调研产业发展情况。

26 日　全市优秀企业旗帜广场升旗仪式在渤海十八路南首的旗帜广场举行。79 面获金狮、银狮、铜狮奖的企业旗帜被放置在新建成的旗帜广场。

27 日　阳信县政府获“全国民族团结进步模范集体”称号。

同日　滨州方志馆开馆运行。

30 日　第二十一届沾化冬枣节暨首届沾化文化旅游节开幕。

同日　24 点，收费 23 年的 G220 国道滨州胡集收费站停止收费。

10 月

8 日　省委常委、政法委书记林峰海到惠民县参加省人大代表惠民阳信小组座谈会。

12 日　庆祝中国农民丰收节暨首届中国博兴乔庄白对虾节在博兴县乔庄镇打渔张森林公园举办。博兴县被授予“中国白对虾生态养殖第一县”称号，乔庄镇被授予“中国白对虾生态养殖第一镇”称号。

12—13 日　滨州市“十四五”规划编制工作专家恳谈会召开。国务院发展研究中心党组书记、副主任马建堂，市委书记佘春明，市委副书记、市长宇向东出席会议。

14 日　淄博市—滨州市扶贫协作联席会议第四次会议暨项目签约仪式在滨州举行。淄博市委书记江敦涛、市长于海田，市委书记佘春明、市长宇向东参加会议，两市在产业协作等方面签订 31 个扶贫协作协议。

15 日　2019 乡村振兴齐鲁样板高峰论坛在阳信县召开。

16 日　由中国炭素行业协会和山东京阳科技股份有限公司主办的中国（阳信）炭素新材料国际高峰论坛在滨州大饭店举行。

同日　滨州港首次同时靠泊两艘三万吨级原油货轮。

2019 年 9 月 30 日 24 点，G220 国道滨州胡集收费站停止收费　（市公路事业服务中心　供图）

18 日 滨州市技术学院开出金额为 600 元的非税收入通用票据（电子），成为山东省首张市级非税收入电子票据。

19 日 跨国公司领导人青岛峰会滨州城市路演在青岛国际会议中心举行，省委书记刘家义等省领导参观青岛展洽会滨州展区。20 日，青岛峰会嘉宾滨州行项目签约仪式举行，17 个项目签约，签约金额 124.67 亿元。

21 日 2019 年“赢在滨州”高层次人才创新创业大赛启动仪式举行，九次方大数据信息集团与渤海先进技术研究院、融智齐鲁人才基金与渤海高层次人才创业园、山东省留学人员协会与渤海高层次人才创业园签约。

23—25 日 山东省曲艺传承发展工作现场会暨“非遗助力脱贫、推动乡村振兴”培训班在惠民县召开。

26—28 日 第十四届中国（博兴）国际厨具节暨中国八大菜系名厨大师邀请赛在博兴县兴福镇中国智慧厨都国际会展举行，吸引全国各地参展企业 3000 余家，参会客商超过 16 万人次，达成意向交易额超 150 亿元。

30 日 山东港口“滨州—威海—青岛”“滨州—烟台”集装箱航线首航仪式在滨州港举行。

同日 “数聚赋能·智享未来”全国移动互联创新创业大赛大数据专项赛暨滨州 2019 大数据和人工智能研讨交流大会在滨州举行。

11 月

3 日 “韵动黄河 奔跑滨州”2019 滨州黄河风情带马拉松比赛举办。赛事分全程马拉松、半程马拉松、健康欢乐跑和迷你马拉松 4 组，参赛运动员达 5000 人。

5 日 第二届中国国际进口博览会在上海国家会展中心开幕，全市 240 余家企业参会，市委书记佘春明率团观展，并为邹平纸皮包子代言。

6 日 省委副书记杨东奇到滨州市调研海洋产业和海洋科技工作情况，听取滨州市“湾长制”工作情况汇报。

2019 年 11 月 5 日，第二届中国国际进口博览会在上海国家会展中心开幕，市委书记佘春明（右二）为邹平纸皮包子代言 （王健 摄）

7 日 邹平《曲冬梅》《三亩半》微电影获第七届亚洲微电影金海棠奖。

同日 济滨高铁预可行性评审会在北京召开。

7—8 日 山东省总商会会长年度会议在滨州召开，其间举行滨州推介会。

8 日 2019（第四届）国际铝产业链发展高峰论坛在海南三亚举行。论坛由中国宏桥集团、山东创新集团联合主办，中国国际经济交流中心副理事长黄奇帆出席论坛并作专题报告，市委书记佘春明出席论坛并作主旨演讲，全球 20 多个国家和地区的 200 余家企业、500 余位铝行业精英参会。

同日 山东省绳网商会在惠民县成立。

10 日 滨州市原创大型古装京剧《游百川》在第十六届中国戏剧节舞台上演出，滨州剧目首次入选中国戏剧节。

12 日 滨州市打造“世界纺织家纺服装产业基地”座谈会在邹平市召开。

13 日 2019 中德轻量化技术年会（邹平）论坛举行，德国巴登符腾堡州轻量化局局长席利格博士、市长宇向东等出席开幕式。

同日 全省测绘地理信息工作会议暨业务管理培训班在滨州举办。

15 日 首次“滨州企业日”活动举行，市委、市政府将每单月第三个周五设为“滨州企业日”。

16 日 第五届北京大学—宾夕法尼亚大学联合睡眠医学论坛暨 2019 欣悦健康国际睡眠论坛在滨州开幕，首次在北京之外城市举办。市委书记佘春明会见与会嘉宾代表，并出席论坛开幕式。

同日 中国·滨州第三届“沿着黄河去码头”全国自行车精英赛暨山东省第五届沿海骑行大赛开幕式在滨州高新区龙江湿地公园举行。

18 日 市委书记佘春明会见日本住友商事常务执行役员东亚区总代表、中国住友商事集团 CEO 御子神大介一行。

同日 滨州市滨城区、博兴县入围全国第二批节水型社会建设达标县（市、区）。

20 日 山东省财金投资集团有限公司与市政府举行战略合作协议签约仪式。双方达成“1+7”战略合作体系，签约协议总额达 200 亿元。

25 日 全省“智慧矫正”建设现场推进会在阳信县召开。

26 日 博兴县复审通过成为全市首个国家现代农业示范区。

28 日 滨州市被授予 2019 年度

“家校社共育”优秀实践区奖，成为全国获该荣誉的4个城市之一。

29日 2019年山东省“高层次人才鲁西行”滨州专场活动正式启动，海内外40余名专家与全市“十强”产业骨干企业一起共话合作、共商发展。

30日 长深高速高青至广饶段通车，滨州市实现县县通高速。

同日 沾化至临淄高速公路工程施工暨启动仪式举行。

12月

2日 山东省乡村文化振兴京剧送戏下乡试点基地在惠民县揭牌。

4日 “宪法在我心中”——2019年滨州市首届“以案释法十佳案例”颁奖暨“12·4”国家宪法日法治晚会在滨州大剧院举行。

5日 市委书记佘春明会见瑞士R&D Carbon公司董事长沃纳·费舍尔一行，探讨合作事宜，推动落实双方达成的合作意向。

9—10日 滨州市第六届资本对接大会举行，现场签约项目25个，签约金额1069.85亿元。

11日 滨州市获评全国“七五”普法中期先进城市。

12日 省委常委、常务副省长王书坚到滨州市调研“六稳”及经济运行情况。

14日 “赢在滨州”高层次人才创新创业大赛决赛暨人才项目对接大会举行。最终评审出创新类一等奖1个、二等奖2个、三等奖3个，创业类一等奖2个、二等奖3个、三等奖5个、优胜奖15个；落地滨州项目10个，确定落地项目16个，其中现场签约项目6个。

17日 全国第7个家庭教育研究与实践试点基地落户滨州妇女儿童中心。

18日 魏桥创业集团云南绿色铝创新产业园暨200万吨绿色水电铝项目开工仪式在云南省文山州砚山县举行。云南省委书记陈豪、省长阮成发，山东魏桥创业集团董事长张波等共同为项目开工培土。

同日 市政府与三峡新能源集团公司新能源产业深化合作协议签约仪式举行。

同日 北京滨州企业商会成立。

20日 市政府与山东第一医科大学签署战略合作协议暨山东第一医科大学附属滨州市人民医院揭牌仪式在济南举行。

21日 中国改革（2019）年会在吉林长春举行，滨州市“以体制机制创新推动铝产业高质量发展”获“2019中国改革年度十佳案例”，是山东省唯一入选案例。

22日 新时代·中国品质旅游营销峰会暨2019锦绣中国榜发布盛典在北京召开，滨州市获“中国最美乡村休闲旅游目的地”称号。

23日 滨州市营商环境建设监督局获“2019（第二届）营商环境执行力奖”。滨州市“让诚信一路绿灯，失信寸步难行”案例被纳入《第二届（2019）中国营商环境特色50强评选报告》。

26日 滨州职业学院士官学院揭牌成立。

30日 市政府与生态环境部环境工程评估中心战略合作框架协议签约仪式举行。

同日 滨州市消防救援支队挂牌。

31日 滨州市召开会议部署安排市属开发区职能移交工作。会上，移交、承接双方签订《剥离社会事务管理职能移交书》，将滨州经济技术开发区12个领域58项社会事务管理职能，移交给滨城区及相关街道和市直有关部门；将北海经济开发区12个领域50项社会事务管理职能，移交给无棣县及马山子镇和市直有关部门；从2020年1月1日开启新体制机制管理运行模式。

同日 滨城区秦皇台乡段李村、沾化区黄升镇堤圈村、惠民县皂户李镇康家堡村、阳信县水落坡镇吴家坊村入选全国乡村治理示范村。

同日 24点，建于2007年的G205国道鲁冀界鲁北收费站取消。

同日 G228国道丹东线滨州段公路PPP项目启动建设。

（张莲莲）

自然地理

【位置面积】 滨州市位于山东省北部、黄河三角洲腹地、渤海湾西南岸，北通大海、东临东营市、南连淄博市、西南与济南市交界、西与德州市接壤、西北隔漳卫新河与河北省沧州市相望。全市境域横跨黄河南北，位于北纬36°41′19″～38°16′14″，东经117°15′27″～118°37′03″。南北最长纵距175千米，东西最大跨径120千米，总面积9660平方千米。

【地质】 滨州市处于华北新生代沉降区东南部的济阳拗陷中。新生代的下覆基岩是古生代的沉积地层和前震旦纪变质岩系，由数条北东东向断裂分割成几个小的断块，基本无中生代地层，新生代地层直接覆盖于古生代地层之上，断块凹陷形成新生代凹陷盆地，沉积全套巨厚的新生代地层，地层为海相、湖相和冲积相碎屑的互层沉积，含大量有机物，有利于石油生成。除邹平市南部山区外，全市表层大部为第四纪沉积覆盖，小清河以南处于鲁中山区北麓冲积平原的中尾部，是洪积和冲积平原的叠交地带，洪积冲积地层厚度一般在100～200米。小清河以北属黄河冲积沉积，厚度多在200～400米之间，其中小清河与黄河之间最厚达400米。济阳拗陷区属沉降地带，地壳一直处在一面下陷，一面为河流冲积物填充的状态，尤其是黄河的多泥沙河流的冲积作用占优势，冲积速度大于地壳沉降速度，形成广大冲积平原。

【地貌】 滨州市地势南高北低，大致上由西南向东北倾斜，渐次过渡到大海。以小清河为界，全境呈现南北两种不同类型的地貌特征。小清河以南的邹平市南部长白山脉属泰沂山区北麓的低山丘陵区，地势高峻，其主峰摩诃顶海拔826.8米，是全市最高点，其余均为山前倾斜平原，地势平缓，间有缓岗与洼地，海拔高程一般在8～800米。小清河以北为黄河冲积平原，海拔高程一般在1～20米，总体上地势低平，由于历史上黄河多次改道和决口泛滥，造成沉积物交错分布，加上河流冲刷、海潮内浸、自然侵蚀和人类活动影响，形成低岗、缓坡、浅洼相间，微地貌差异明显的大平小不平的地貌特征。海拔低于3米的潮间带主要在北部秦口河、马颊河口，面积约300平方千米。

（市地方史志研究院）

【气候】 2019年，滨州市年平均降水量622.7毫米，年平均气温14.6摄氏度，日照2390.5小时。综合全年气候条件对农业生产的影响，应属正常年份。

降水。境内年平均降水量622.7毫米，较常年偏多70.7毫米，较2018年偏少150.6毫米。各县（市、区）年降水量在437.9～797.6毫米。冬季（2018年12月至2019年2月，下同）平均降水量7.6毫米，较常年偏少9.6毫米，较2018年偏多3.2毫米。春季（3月至5月）平均降水量46.7毫米，较常年偏少39.7毫米，较2018年偏少138.9毫米。夏季（6月至8月）平均降水量522.9毫米，较常年偏多162.4毫米，较2018年偏少0.9毫米。秋季（9月至11月）平均降水量40.1毫米，较常年偏少47.8毫米，较2018年偏少15.2毫米。

气温。境内年平均气温14.6摄氏度，较常年偏高1.5摄氏度，较2018年偏高0.4摄氏度。极端最高气温39.2摄氏度，出现在5月23日（邹平市）；极端最低气温零下14.9摄氏度，出现在12月31日（阳信县）。冬季平均气温为零下0.4摄氏度，较常年同期偏高0.5摄氏度，较2018年偏高0.4摄氏度。春季平均气温15.6摄氏度，较常年偏高1.9摄氏度，与2018年持平。夏季平均气温26.9摄氏度，较常年偏高1.1摄氏度，较2018年偏低0.7摄氏度。秋季平均气温15.4摄氏度，较常年偏高1.6摄氏度，较2018年偏高1.1摄氏度。

光照。境内年平均日照2390.5小时，较常年偏少150.4小时，较2018年偏少70.4小时。各县（市、区）日照在2279.6～2573.1小时。冬季境内平均日照为454.5小时，较常年偏少67.0小时，较2018年偏少48.5小时。春季平均日照763.5小时，较常年偏多34.8小时，较2018年偏多69.9小时。夏季平均日照657.9小时，较常年偏少22.7小时，较2018年偏少29.6小时。秋季平均日照为546.6小时，较常年偏少57.3小时，较2018年偏少39.7小时。

2019 年滨州市日照、气温、湿度和降水统计表

表 1

	日照（小时）	平均气温（摄氏度）	相对湿度（%）	降水量（毫米）
滨城	2279.6	14.6	58.1	706.6
沾化	2573.1	14.0	62.6	622.2
邹平	2325.1	15.5	55.4	797.6
惠民	2383.6	14.2	62.3	437.9
阳信	2372.5	14.1	60.1	488.5
无棣	2515.1	14.5	57.1	535.0
博兴	2284.5	15.3	57.1	771.2
平均	2390.5	14.6	58.9	622.7

气象灾害。2019 年，滨州市主要灾害性天气是台风、干旱和大风冰雹。8 月 10 日上午始，受 2019 年第 9 号台风“利奇马”影响，境内自南向北出现强降水，全市平均降水量 277.6 毫米，最大降水量 584.2 毫米，出现在邹平市西董街道。全市 10 个县（市、区）遭受大风和暴雨袭击，导致农田积水，部分棉花、玉米等农作物出现倒伏，工矿商贸企业、基础设施、公益设施、家庭财产损失严重。全市受灾人口 1612910 人，紧急转移安置人口 87768 人；农作物受灾面积 241973.08 公顷，其中成灾面积 147168.27 公顷、绝收面积 56129.17 公顷；倒塌房屋 6129 间，严重损坏房屋 8755 间，一般损坏房屋 9882 间；15700 公顷虾池被大水漫灌；因灾造成直接经济损失 1178688.89 万元，其中农业损失 297313.48 万元、工矿商贸企业损失 766629.32 万元、基础设施损失 70398.25 万元、公益设施损失 4273.47 万元、家庭财产损失 40074.37 万元。

1 月 1 日至 6 月下旬，境内平均降水量 60 毫米，较历史同期偏少 32%，较 2018 年同期偏少 80%。6 月平均降水量 22.7 毫米，较历史同期偏少 70%，较 2018 年同期偏少 84%。因降水量偏少，阳信县等 4 个县区的玉米、棉花、冬枣、鸭梨、中药等作物遭受旱灾。7 月 5 日始，境内时有雷雨和较强降雨，旱情得到有效缓解；7 月 29 日后，因旱受灾统计数据基本稳定。全市受灾人口 595940 人，农作物受灾面积 76855.56 公顷，其中成灾面积 41353.62 公顷、绝收面积 1542.24 公顷，因灾造成直接经济损失 40466.86 万元。

7 月 5 日夜间至 7 日，受强对流天气影响，境内大部分地区出现雷雨天气过程，局地伴有大风、冰雹和短时强降水。雷雨天气过程，造成沾化区、无棣县、高新区受灾。全市受灾人口 7119 人；农作物受灾面积 518.33 公顷，其中成灾面积 98.33 公顷、绝收面积 5 公顷；因灾造成直接经济损失 1393.3 万元。7 月 14 日，受对流云系影响，全市出现大风、强降雨并伴有雷电天气，局部地区遭受冰雹袭击，造成惠民县、阳信县、无棣县 6 个乡镇（街道）的玉米、棉花、蔬菜、冬枣、梨树等农作物受灾。经统计，受灾人口 7681 人，农作物受灾面积 587.19 公顷、其中成灾面积 254.85 公顷、绝收面积 23.66 公顷，因灾造成直接经济损失 632.94 万元。

（刘　锋）

【水文】 河流湖泊。境内河流比较发达，按流域分属黄河流域、海河流域（黄河以北）、淮河流域（黄河以南）。黄河自邹平市西北部入境，横贯全市中部，境内长度 94 千米。淮河流域主要有小清河、杏花河、胜利河、孝妇河、支脉河、北支新河、三号支沟、预备河等河流。海河流域有徒骇河、马颊河、德惠新河、漳卫新河 4 条过境河道，市内有秦口河、潮河 2 条主要排涝河道。境内有芽庄湖、青沙湖、麻大湖 3 个平原湖泊。

降水。境内多年平均降水量为 573.1 毫米（1956 年至 2016 年系列），其中年最大降水量 1098.9 毫米（1964 年）、年最小降水量 291.0 毫米（2002 年）。丰水年降水量 662.7 毫米，平水年降水量 563.5 毫米，枯水年降水量 469.3 毫米，特枯水年降水量 326.5 毫米。降水量年际变化大，年内分配不均匀，6 月至 9 月，降水量约占全年降水量的 75.6%。各地降水量略有差异，总趋势自西南向东北递减，黄河南多于黄河北。

蒸发。境内多年平均蒸发量 1214.0 毫米，年际变幅相对较小，一般不超过 20%，年内各月差异悬殊，月最大蒸发量多发生在 5、6 月份，月最小蒸发量多发生在 12 月至翌年 1 月，年蒸发量是降雨量的 2.2 倍。

径流。境内多年平均径流量 5.54 亿立方米，最大 26.03 亿立方米（1964 年），最小 0.40 亿立方米（1981 年）。径流量主要集中在汛期（6 月至 9 月），汛期径流量占全年径流量 85% 以上。径流年内分配高度集中，水资源开发利用困难。

暴雨洪水。境内暴雨一般发生在 5 月至 10 月，以 7 月中旬至 8 月中旬最为集中。多年平均暴雨日数在 1.5 ～ 2.7 天。以短历时暴雨居多，长历时暴雨较少，在短历时暴雨中，主雨多集中在 6 小时以内，平均暴雨强度在 60 ～ 90 毫米 / 天。洪水多发生在 7 月中旬至 8 月中旬，主要是暴雨洪水。

河流泥沙。境内土质多为壤土或轻壤土，河流泥沙粒径较细，多年平均侵蚀模数为 28.7 吨 / 平方千米，由西南部到东北部依次增大。泥沙主要来源于流域产沙和引黄客沙。

冰情。河流冰期大致分为结冰期、封冻期和解冻期 3 个阶段。结冻期一般在 12 月初至翌年 2 月底；封冻期多在 12 月中下旬至翌年 2 月中旬，约 60 天。

河流水质。境内河流天然水化学成分主要有钾离子、钠离子、钙离子、镁离子、氯离子、硫酸根、碳酸根、碳酸氢根等，其含量占天然水盐含量 95% 以上。境内各河流

pH 酸碱度值为 7.5 ～ 8.5，略偏碱性，总硬度评价除黄河属中等硬水外，均属极硬水（大于 450 毫克 / 升），矿化度除黄河小于 1000 毫克 / 升外，其余均大于 1000 毫克 / 升。

（论　攀　常　成）

【土地资源】 至 2019 年底，全市土地总面积 96.60 万公顷。其中，农用地 64.45 万公顷，占总面积 66.72%；建设用地 17.21 万公顷，占总面积 17.82%；未利用地 14.94 万公顷，占总面积 15.46%。人均耕地面积 0.13 公顷。

【矿产资源】 至 2019 年底，境内发现各类矿产 32 种（含亚矿种）。包含能源矿产 5 种，分别为煤、石油、天然气、地热、页岩气；金属矿产 7 种，分别为铁、铜（共伴生钼、金、银、锌、铅）；非金属矿产 17 种，分别为磷、硫铁矿、石膏、重晶石、铸型用砂（石英砂）、建筑用砂、贝壳砂、高岭土、耐火黏土、砖瓦用黏土、建筑用玄武岩、饰面用玄武岩、建筑用花岗岩、麦饭石、岩盐、天然卤水、砖瓦用砂；水气矿产 3 种，分别为矿泉水、地下水、二氧化碳气。探明资源储量矿产 20 种，占全市已发现矿种的 62.5%。探明各类矿产地 99 处（不含地下水），其中大型矿产地 18 处、中型矿产地 12 处、小型矿产地 69 处。备案铜金属量 3.24 万吨，伴生金 0.54 吨，伴生银 15.42 吨，钼 598 吨，硫 41099 吨，地热矿产资源储量 30.15×10^{16}焦耳。

（高连新）

【水资源】 2019 年，滨州市境内水资源由当地地表水、地下水、内河客水和黄河客水和长江客水五部分组成。全市多年平均水资源总量为 30.67 亿立方米，其中多年平均当地水资源量 10.16 亿立方米（地表水 5.55 亿立方米，地下水 6.53 亿立方米，重复计算量 1.92 亿立方米）；多年平均客水资源量 20.52 亿立方米（引黄水资源量 8.57 亿立方米，过境河流水资源量 11.95 亿立方米）。人均水资源占有量 265 立方米。滨州市多年平均降水量为 575.4 毫米，折合水量为 54.91 亿立方米。全市平均降水量为 583 毫米，较 2018 年偏少 21.95 %，较历年偏多 2.41 %，属平水年。全市通过蓄、引、提、水井四类工程对地表水和地下水开发利用，满足工业、农业、生活、生态环境用水，全年总供水量 16.686 亿立方米，其中当地地表水、黄河水资源、长江水资源、地下水资源（包含浅层水、深层承压水及微咸水）、其它水源供水量（主要为污水处理回用）分别占总供水量的 19.36%、66.07%、1.32%、10.38%、2.87%。全年总用水量 16.686 亿立方米，其中农业灌溉用水、林牧渔畜用水、工业用水、城镇公共用水、城镇及农村居民生活用水、生态环境用水分别占总用水量的 59.28%、10.55%、17.90%、2.55%、7.74%、1.98%。

（王贵霞）

2019 年 5 月，高新区龙江湿地鸟瞰图　（刘刚　摄）

【林草资源】 2019 年，滨州市有各类林地 129116.46 公顷。按照林地使用权划分，其中国有 9794.96 公顷、集体 118493.94 公顷、个人 827.56 公顷。按照地类划分，其中有林地 94890.31 公顷（乔木林 94890.31 公顷，竹林 0 公顷）、疏林地 49.38 公顷、灌木林地 1069.95 公顷（国家特别规定灌木林 25.25 公顷，其他灌木林 1044.70 公顷）、未成林造林地 17419.17 公顷（人工造林未成林地 17419.17 公顷，封育未成林地 0 公顷）、苗圃地 1429.12 公顷、无立木林地 848.66 公顷（采伐迹地 154.93 公顷、火烧迹地 0 公顷，其他无立木林地 693.73 公顷）、宜林地 7619.47 公顷、辅助生产林地 5790.40 公顷。全市年度中央财政森林抚育补贴项目 3800 公顷全部完成。据第二次全国湿地资源调查，境内共有湿地 176317.19 公顷。建有滨州贝壳堤岛与湿地国家级自然保护区 1 处，引黄济青渠首鸟类县级自然保护区 1 处；山东黄河岛国家湿地公园、山东麻大湖、山东滨州秦皇河、山东滨州小开河国家湿地公园 4 处；滨城区三河湖和白鹭湖、沾化区思源湖、邹平市黛溪河、惠民县月亮湖和刘黄沟、阳信县白杨河、无棣县饮马湖和秦口河、博兴县打渔张双台、高新区蒲河和龙江、北海经济开发区北海 13 处省级湿地公园。至年底，境内湿地保护率 47.54%。湿地植物以野大豆类、草麻黄、白刺等野生草本植物为主，湿地鸟类 210 种，国家 I 级保护鸟类有东方白鹳、大鸨、丹顶鹤、中华沙秋鸭等 7 种，国家 II 级保护动物 35 种。

（高连新）

【生物资源】 滨州市主要农作物品种（系）品种繁多，有 1000 多种。小麦、棉花、玉米等栽培最广。主要木本植物有 60 科 124 属 268 种，其中乡土树种66种。在南部山丘地区，主要有油松、香椿、柿、杏等；大部平原地区主要是杨、柳、国槐等；沿海地方多枣、梨、刺槐。主要灌木种类则为杞柳、桑条、紫穗槐、柽柳等。境内约有80余种饲用植物，有经济价值野生植物约48科200余种，植物药材118科376种。主要水生植物为芦苇、藕、香蒲等，沿海有多种浮游、底栖类海藻植物。境内有中小型兽类23种，陆栖无脊椎动物922种，土壤动物38种，两栖动物7种，陆栖和淡水爬行动物3目5科8属12种。鸟类种类丰富、生态类型多样，境内已知鸟类17目56科104属285种，分别约占全国、全省鸟类总种数的21%、58%，湿地鸟类16目38科210种。海洋水产动物6门147种，盛产中国毛虾、对虾和脊尾白虾。经济鱼种类和经济贝类种类较多，是山东主产区。海滩和盐田初级制卤区丰年虫资源开发量初具规模。淡水鱼类查明有9目17科59种，常见有鲤、鲫、鳅、鳝等。家畜、家禽种类较多，列为国家畜禽品种的有渤海黑牛、德州驴和鲁北白山羊，具有一定特点和保存、推广价值的畜禽品种7个，是境内重要的种质资源。

（市地方史志研究院）

【海洋资源】 滨州市地处渤海湾南岸，数条河流穿境入海，是多种鱼、虾、蟹、虫、藻等水产品和海洋化工、盐化工生产基地。全市海岸线长126.44千米，约占山东省的3.8%；负5米浅海面积20万公顷；滩涂17万公顷，占山东省的31%；平均岸线滩涂711.30公顷/千米，远高于全国平均岸线滩涂131.59公顷/千米。探明近海水域浮游植物116种，浮游动物147种，底栖动物222种，鱼类58种，虾蟹类14种，贝类23种等，是全国四大渔场之一。石油和天然气储量丰富，石油总储量约6亿吨，天然气总储量约164亿立方米；油气田主要集中在无棣县马山子镇，沾化区套儿河油区、邵北油区和草桥油区。沾化区东北部地下蕴藏煤层，埋深约2000米，储量约25亿吨。境内宜盐面积9.6万公顷，地下卤水储量丰富，分布广、储量大、产量高，是山东省第二大海盐生产基地。贝壳砂资源，分布面积广，储量大。境内可供养殖的内陆水域面积1.6万公顷，淡水鱼虾15种；南美白对虾养殖规模居山东省首位，年产量占全省60%以上。

（张振华　李　贞）

历史简况

【历史】 滨州在8500年前的后李文化时期，原始人类就在此生活。此后，在大约5000年时间里，滨州境内的史前人类活动足迹经历一个由南向北逐步发展延伸的过程，即从南部山区山前丘陵地带向北逐步推进，到达北部沿海地区，经历后李、北辛、大汶口、龙山、岳石文化五个大的发展阶段。到龙山文化时期，境内聚落遗址数量显著增加，出现带有夯土墙体的大型聚落丁公城。邹平丁公村出土的陶文证明，早在龙山文化时期，滨州就具备高度的文明。周朝建立，姜尚封齐，自西向东沿济水而下，至薄姑国故地，滨州是齐国的北部边疆，通渔盐之利，成为齐文化的发祥地。齐文化的符号之一是稷下学宫，其中的於陵学派就以於陵城命名。秦灭六国，建立大一统的封建国家，包括滨州在内的齐国是最后被兼并的诸侯国。秦始皇多次巡游全国各地，在滨州留下大量与其东巡相关的地名、古迹以及民间故事。汉唐以来，历朝历代，滨州都有文化高峰占据历史的一席之地。

【人文】 滨州历史悠久，传统文化底蕴深厚，地灵人杰，英才辈出。春秋时期伟大军事家、“兵家鼻祖”《孙子兵法》作者孙武，秦朝时儒学博士、“尚书再造”者伏生，汉朝时著名文学家东方朔，孝子楷模董永，三国时著名数学家、《九章算术注》作者刘徽，著名经学家、“东州大儒”孙炎，南北朝时著名建筑家、建造北魏都城洛阳的总设计师蒋少游，隋朝时绘画大师、《游春图》作者展子虔，宋朝时杰出思想家、政治家、文学家，“先天下之忧而忧，后天下之乐而乐”思想的倡导者范仲淹，诗词名家李之仪，明朝时散曲大家刘效祖，清朝时咸丰帝师杜受田，著名金石和考古学家吴式芬，都诞生或生长生活在滨州。

滨州具有长期的革命斗争历史和光荣传统。革命战争年代，滨州是渤海革命老区的中心区和渤海区党委机关驻地。渤海区是中国共产党开展建党活动和革命斗争较早的地区之一，在抗日战争时期是重要革命根据地，在解放战争时期是华东战场的重要后方基地。王尽美、邓恩铭、陈毅、邓子恢、粟裕、张云逸、肖华、宋时轮、景晓村、杨国夫等革命先辈先后在滨州战斗工作过。渤海区1000万军民，为实现民族独立和人民解放，进行英勇斗争，做出巨大贡献。解放战争时期，渤海区18万人参军，80多万民工支前，运送军粮1.35亿公斤，占山东全省同时期全部支前用粮的38%。55308名革命烈士英勇献身。培育创造的“不屈不挠、艰苦奋斗，顾全大局、无私奉献”老渤海精神，是中国共产党人革命精神的重要组成部分，是中华民族的宝贵精神财富。

（市地方史志研究院）

建置区划

【建置沿革】 滨州市境内夏朝时为青州、兖州地。商朝时为蒲姑国。西周至春秋战国时为齐国地。秦朝时分属齐郡和济北郡。西汉时由千乘、济南、平原三郡分治。东汉时分由乐安国、济南国和平原郡管辖。三国时属魏地。西晋时承魏。南北朝初期北为魏治，南为宋地，后统属北魏，分由冀、青、齐三州治，再后由东魏、北齐相承。隋朝时北属渤海郡，西南、东南分属齐郡和北海郡。唐朝时北属棣州、沧州，东南、西南分属青州、淄州。五代梁、唐、晋、汉时大部属棣州，后周显德三年（956）置滨州，境内分属棣州和滨州。宋朝时分属河北东路沧州及京东东路青州、淄州分治。金时分属河北东路沧州及山东东路滨州、棣州、淄州和益都府管辖。元朝时分属济南路、益都路、般阳路、河间路。明朝时分属济南府和青州府。清朝时分属武定府、青州府和济南府。中华民国初期属济南道。1925年10月分属武定道、济南道、淄青道。1928年废道制，境内各县直隶于山东省。1936年10月，境内大部分县属第五行政区，其余县直隶于省。1937年“七七事变”后，境内逐步形成国共两党和日伪统治三种建置并存的局面。1940年5月，中国共产党领导的清河区行政专员公署成立，境内分属清河区和冀鲁边区。1944年1月至1949年5月，属渤海区。1949年6月，分属渤海区的清河、垦利专区。

中华人民共和国成立后，1950年5月建立惠民区行政督察专员公署，境内各区县属惠民地区。1958年10月30日，惠民专区与淄博市合并为淄博专区。1961年1月，撤销淄博专区，复置惠民专区。1967年2月27日，中共惠民地委与惠民专署被惠民地区革命委员会替代。1978年7月10日，惠民地区革命委员会改为惠民地区行政公署。1992年3月，惠民地区更名为滨州地区。2000年，撤销滨州地区，改设滨州市，县级滨州市改为滨城区。2001年、2009年、2010年，先后设立滨州经济技术开发区、滨州高新技术产业开发区、北海经济开发区。2014年，沾化县改为沾化区。2018年，邹平撤县设市。至2019年底，滨州市辖滨城、沾化2区，邹平1市，惠民、阳信、无棣、博兴4县，以及滨州经济技术开发区、滨州高新技术产业开发区、北海经济开发区3个市属开发区。

（市地方史志研究院）

【行政区划】 至2019年底，滨州市辖滨城、沾化2区，邹平1市，惠民、阳信、无棣、博兴4县；街道29个，镇58个，乡4个，海防办事处1个。

滨城区：12个街道（杜店街道、沙河街道、市中街道、市西街道、彭李街道、小营街道、里则街道、北镇街道、梁才街道、市东街道、滨北街道、青田街道），2个镇（三河湖镇、杨柳雪镇），1个乡（秦皇台乡）。其中小营街道、青田街道由滨州高新区管理。

沾化区：2个街道（富国街道、富源街道），7个镇（古城镇、泊头镇、下洼镇、冯家镇、大高镇、黄升镇、滨海镇），2个乡（利国乡、下河乡），1个海防办事处。

邹平市：5个街道（黄山街道、黛溪街道、高新街道、好生街道、西董街道），11个镇（焦桥镇、九户镇、明集镇、码头镇、韩店镇、孙镇、青阳镇、台子镇、临池镇、长山镇、魏桥镇）。

惠民县：3个街道（孙武街道、武定府街道、何坊街道），12个镇（姜楼镇、石庙镇、李庄镇、清河镇、胡集镇、魏集镇、淄角镇、麻店镇、桑落墅镇、大年陈镇、辛店镇、皂户李镇）。

阳信县：2个街道（信城街道、金阳街道），7个镇（河流镇、翟王镇、温店镇、流坡坞镇、商店镇、水落坡镇、劳店镇），1个乡（洋湖乡）。

无棣县：2个街道（海丰街道、棣丰街道），9个镇（水湾镇、埕口镇、小泊头镇、碣石山镇、马山子镇、车王镇、柳堡镇、佘家镇、信阳镇），1个乡（西小王乡）。

博兴县：3个街道（博昌街道、锦秋街道、城东街道），9个镇（曹王镇、吕艺镇、兴福镇、店子镇、陈户镇、纯化镇、庞家镇、湖滨镇、乔庄镇）。

（苏章田）

人口方言

【人口】 2019年，全市人口保持平稳增长态势。年末常住人口392.30万人，其中城镇常住人口228.43万人、城镇化率58.23%，比2018年提高0.59个百分点。

（胡雪苒）

【方言】 滨州方言属于汉语北方方言华北、东北次方言的冀鲁官话区。从山东省方言的分区情况看，滨州方言属于中北区，除无棣县属于北陵片以外，其他地区都属于中济片。滨州方言大致可分为“三区两话”，即阳沾区、惠民区、博兴区、无棣话、邹平话。无棣话属于北陵片，邹平话因为靠近淄博市而具有非常突出的淄博方言特点。典型的滨州方言大致以黄河为界，分为黄河以北的阳沾区——包括阳信县和沾化区，以沾化话为代表；黄河两岸的惠民区——包括滨城区、博兴县紧靠黄河的少数地区和惠民县，以惠民话为代表；黄河以南的博兴区——包括滨城区郊区和博兴县，以博兴话为代表。“三区两话”划分的主要依据是：古庄组声母今读舌尖前音是无棣话的显著特征；大量阳平字今归去声是惠民区的显著特征；古清声母入声字归阴平的属于阳沾区，归上声的属于博兴区；没有儿化是邹平话的显著特征。

（市地方史志研究院）

民族宗教

【民族】 2019年，全市有少数民族45个，常住人口2.6万人，其中回族2.2万人，主要分布在阳信县、无棣县、滨城区、邹平市、惠民县。回族、满族、蒙古族、彝族、壮族、土家族、苗族、白族、朝鲜族、傈僳族人口在100人以上，其他少数民族人口不足100人，分散居住在各县（市、区）。

【宗教】 2019年，全市有佛教、道教、伊斯兰教、天主教、基督教五大宗教，至年底，全市有爱国宗教团体17个，其中市级宗教团体4个，分别是市佛教协会、市伊斯兰教协会、市天主教爱国会、市基督教三自爱国运动委员会，县级宗教团体13个。

（王　琼）

经济社会发展

丰富的土地资源和濒海临水的区位优势，为滨州地区人类生存与经济社会发展提供了得天独厚的自然条件。自久远的新石器时代开始，史前人类就在此定居，并一代代繁衍生息，古代滨州多次繁荣发展，近代滨州逐渐衰落动荡，中华人民共和国成立后，现代滨州经济社会发展取得巨大飞跃，创造了灿烂的黄河三角洲文明。

古代滨州发展

先秦时期。从距今8500年前开始至距今3000年前，境内史前人类活动足迹经历一个由南向北逐步发展延伸的过程，即从南部山区山前丘陵地带向北逐步推进，进而跨过现在的小清河、黄河、徒骇河，到达北部沿海地区，直至覆盖整个滨州大地。夏商之交，滨州境内的东夷人与商人联盟，共同灭夏。包括滨州在内的河济下游、渤海西南岸地区成为整个商朝境内人口最为密集，经济社会最为发达的地区之一。境内的薄姑国成为商代东方最发达强势的方国之一。武王灭商，建立周朝，姜子牙就封齐国。此后，滨州一带长期处于齐国的疆域之中。

原始社会末期至夏商时代，滨州的农业生产发展到相当的水平。春秋战国时期，境内土地垦辟和农作物种植面积不断扩大。齐国鼓励植桑养蚕，滨州成为齐国重要的桑蚕产地。东周时期，滨州农业经济相当发达，足以供应庞大的都市人群生活消费需求。商周时期，制盐业一直是滨州经济的支柱产业。商晚期，滨州成为商朝重要的盐业生产区，商朝不断加强对滨州一带的统治。姜太公封齐后，大兴渔盐之利。齐国的盐业生产主要在渤海湾沿岸的渠展地区，滨州一带沿海区域是渠展重要的组成部分。齐桓公时，滨州的盐业生产规模惊人，为齐国的强盛做出重大贡献。殷商时期，至少到商代晚期，形成三条横贯中原与海岱地区的东西古道，滨州成为三条古道的重要节点之一。其中东西陆路古道，即在今滨州南部的邹平及邹平礼参、长山等地经过；另外两条东西水路，即古黄河及其支津古济水。便利的交通条件和富饶的渔盐之利，使滨州一带成为先秦时期经济社会繁荣之地。

秦汉魏晋南北朝时期。公元前221年秦始皇派军从齐北境攻齐，滨州境内纳入秦的版图。秦始皇不断地巡游全国各地，在滨州一带，留下大量与秦始皇东巡有关的地名、古迹。两汉时期，国家在思想层面力求统一。到西汉后期，在文化层面形成以儒学为核心的传统文化。公元189年后，进入“三国魏晋南北朝”时期，滨州一带是南北的交通要冲，成为战争各方争夺的重点，经济社会发展和人民生活，均受到较大干扰和破坏。

秦汉魏晋南北朝时期，滨州的纺织业、制盐业和冶铁发展较快。制盐业是滨州的优势手工业部门，公元前120年，实行盐业官营，全国共设盐官35处，其中滨州所属的千乘郡即有一处。北魏时期，沧州（滨州一带）的煮盐灶数居于全国前列。山东长期作为秦汉以来重要的冶铁基地，汉武帝把冶铁权力收归官营，全国共设铁官48处，其中山东有12处，有1处在滨州境内。东汉时期，伴随黄河决溢而产生的滩涂和在入海口不断淤积的新增土地，成为滨州吸引外来人口和开发的重要动力。汉代滨州在经济、人口、城市和文化方面达到较高的水准。在多元文化的影响下，滨州形成空前的思想大繁荣、学术大繁荣的局面，涌现出一大批思想、文化巨匠和世家大族。魏晋南北朝的混战为佛教发展带来契机。该时期，滨州修建许多寺庙，建造大量佛像和寺庙。

隋唐五代时期。隋唐王朝结束中国长达三百多年的分裂混战局面，建立疆域辽阔的帝国，接连出现“开皇之治”“贞观之治”和“开元盛世”等盛世局面，开创中国古代社会的鼎盛时期，滨州的发展也达到前所未有的高度。

隋唐五代时期，滨州濒临渤海，控扼黄河下游海口，是南北陆路和直通海上的交通要道和纵深基地。政治秩序较为安定，社会经济获得较大发展，呈现出历史上少有的盛世景观，文化思想异常繁荣，滨州籍的“唐画之祖”展子虔、“小说翘楚”段成式、万珰高中“龙虎榜”“儒学宗师”田敏等各领风骚、名家辈出。博兴龙华寺、无棣开元寺、邹平醴泉寺《志公碑》等则见证滨州中外交流的频繁和佛教文化的兴盛。

滨州在行政区划上始终保持渤海郡、棣州、乐安郡、滨州等州、郡的地方一级建置。隋朝始开棣州之名，地跨黄河，域分青、齐、德、沧等州。五代后周又因榷盐务、赡国军始置滨州新域。棣州与滨州的先后设置，奠定后世滨州的地域范围和发展基础。由于滨州地理位置重要，经济上既有黄河、清河、无棣沟等水利之便，又有蛤垛盐池等丰厚的鱼盐之利，以致唐朝后期，成为淄青、成德、幽州等藩镇竞相争夺的目标。

滨州还是隋末和唐末农民大起义的标志地域。王薄在长白山点燃反隋烽火；格谦、高开道称王割据，成农民军重要分支；晚唐洪霸郎棣州起义，响应黄巢大起义，动摇李唐统治。

宋金元时期。赵匡胤建宋后，滨州长期作为宋、辽对峙的战略要冲，杨延昭、张凝等名将长期在该地据守，工部尚书牛保奉诏督修棣州城留下众多掌故和“三寨十八营”旧迹。宋联金灭辽后，金趁机南下，夺取宋半壁江山。面对金兵入侵，滨州人民顽强的抗争，组成以葛进“义兵”“红袄军”等为代表的各路抗金武装。宋金议和后，社会逐渐安定。金朝末年，蒙古勃兴，随着蒙古人占领山东全境，并实现全国统一，结束长期的分裂局面。滨州作为元代的“腹里”重镇，朝廷在该地驻有重兵。1265年，元平章于保保重建滨州城，使其成为山东北部的军事重镇之一。

宋金元时期，滨州经济获得较大发展。尤其是北宋，社会稳定，百姓安居乐业，生产力水平有大幅度提高。金元时征战不断，再加之女真族、蒙古族不善耕种，农业受到一定影响，但工商业一度繁荣。盐业生产成为当地最富盛名的产业，除北宋灭亡以及金末动乱所遭受的短期破坏之外，盐业在大部分时间里都保持着稳定的生产格局和较高的产量。随着政权的稳定，尤其元统治者先后采取一系列重视并发展农业生产的政策，并兴修水利、发展交通、减免税赋等多措并举，滨州一度呈现出农业与工商业以及与之相关城镇化及市民文化蓬勃发展的局面。

金初，伪齐刘豫政权将济南以东的古济水故道进行疏挖，将济南的泉水东注于海，形成流经邹平、博兴的小清河。小清河的开挖，从地理上、人文上、经济上、历史上对滨州产生重大影响，使因黄河改道而停运的滨州航运重现生机，滨州沿海因为黄河改道而积压的大量海盐获得新的航运通道，为滨州经济发展注入新的活力。民族交流、民族融合，是宋金元时期滨州社会发展的又一鲜明特色。长期的军事对峙和社会动荡，造成大量的流动人口，滨州地区成为外地流民、移民拥入的一个重要地区。由于北方女真族、蒙古族先后入主中原，使当地成为女真猛安谋克户迁居和元镇戍军定居、屯田军留居、任职官员及其家属的滞留的主要地区之一。滨州的人口增长，长期处于各地的前列。

作为宋、辽、金、元等政权对峙的主要区域，滨州地区战乱频仍，但并未妨碍其在经济、文化、科技等各方面取得发展。教育发达，官学、私学、书院广受重视，科举取士成绩斐然。北宋胡旦被钦点为状元，元王文烨摘取左榜状元、普颜不花登右榜状元，皆名动一时。同时，在文学、史学、农学、医学、水利科技等各个领域，取得较大进步，涌现出李之仪、康进之、周起、周越兄弟、张临等名家。滨州文化发展史上，迎来以范仲淹、李之仪等文坛巨匠为主导的又一次昌隆。

明清时期。滨州社会与宋元时代相比较，经济发展加快。虽然在明末清初出现短时期战乱局面，出现过几次农民起义或战争，但没有像宋金对峙和元末明初那样，对社会经济发展造成空前的大破坏。加上明清两朝都采取一系列恢复和发展经济的措施，使滨州人口迅速增长，经济获得较快的发展。尤其是明代中后期，商品经济获得较快发展，在城镇中出现包括商人、手工业者在内的市民阶层。在农村，由于明清两朝政策比较得力，赋税较轻，加上重视水利建设，农业经济发展较快，农业科技水平有所提高，垦荒面积超过前代。清代农村出现经营地主和农业资本主义的萌芽。

明清时期，今滨州地区各府州县均先后设立书院、官学的机构，出现许多民间社学、书院、义学、私塾等教育机构。投身各级科举并中式的人数较前代大大增加，出现一批以科举起家、历经数代而不衰的仕宦大家族。

在文化和学术领域，明清时期的滨州呈现出大家辈出的新面貌。史学家马骕、成瓘，金石学家和考古学家吴式芬，音韵学鼻祖、数学家、教育家劳乃宣；科学家、中国铁路的奠基人陈西林；文学家刘效祖、刘世伟、邢慈静、李修行、李呈祥等，都是领一时风骚的代表人物。明清时期，滨州还出现一大批政治家、军事家，政治家袁化中、丁汝夔、杨巍、李之芳、宋景云、杜受田，军事家董邦政、李化龙，都在风云际会的历史大背景上留下清晰地背影。

明清时期，滨州境内发生过若干影响山东乃至全国的重大事件。如移民大量涌入，明朝永乐年间唐赛儿起义，宣德元年的汉王朱高煦叛乱，明末清初清军对滨州的劫掠等。

近代滨州发展

晚清时期。鸦片战争后，受资本主义和封建主义的双重挤压，滨州经济、社会和风俗等各个领域都受到不同程度的冲击，发展逐渐迟缓，与其他区域的距离慢慢拉大。清后期捻军过境滨州、义和团在滨州的兴起，特别是清咸丰五年（1855），黄河决口河南兰阳铜瓦厢，夺大清河入而渤海，重回阔别700多年的滨州，对滨州的经济社会发展和人民生产生活均带来巨大影响。1905年，清朝开始实行宪政改革，废科举，兴学校，创办警察所，建立农会、议事会等，一系列新政、新科技改变人们的思想。

随着西方资本主义的入侵，晚清滨州传统的自给自足的经济模式逐渐解体，被动地卷入资本主义世界市场的漩涡。晚清的滨州农业，由于黄河淤地的增加，和移民迁入与开垦，以及水利工程的兴修，较以往有较快发展。但伴随着帝国主义在中国掠夺农产品原料，农业生产在艰难中前进。鸦片战争，改变滨州手工业赖以生存的外部环境，手工业生产中的优势部门有的衰落，有的因改革而获得新生。黄河改道后，使滨州传统的制盐业受到严重的冲击，逐渐丧失其地位和市场。大量西洋棉制品的输入，冲垮滨州棉纺织业发展的原有轨道与秩序，使棉纺织业急剧衰落，为摆脱困境，棉纺织业被迫进行顺应时势的改组，使得织布生产效率成倍增长，土布不再只为满足生产者的自身需要，而是更多地被投放市场。随着中国与西方经济交流的深化，滨州出现新的手工业门类——草缏业。同时，农产品商品化、庙市的普遍化、牙行的发展和商埠的增多，市场和城镇取得较大发展。

民国时期。进入民国，各种新思想蔚然成风。各个县城开办图书馆，成立演讲会，逢集日向群众演说，在一些重要的集镇也陆续有了阅报所。特别是三十年代，梁漱溟在邹平县进行的乡村建设运动影响全境。1937年10月后，日寇侵占盐山后兵分两路，一路攻乐陵，一路经过庆云、阳信，合围惠民，滨州开始陷入日寇铁蹄之下。日军以惠民县为中心，日伪政权统治稳固的区域包括惠民、滨县、阳信、沾化、无棣、蒲台，同时，国民党政权则统治着上述各县的乡村地带，共产党政权的建立和发展则以黄河以南地区为主。滨州人民在共产党、八路军的组织带领下，开展广泛而坚决的敌后抗日战争，1945年6月，将日寇驱逐出滨州。同年9月12日至17日，渤海军区主力及各地方部队发起解放无棣战役，无棣城的解放，标志着境内完全成为解放区。此后，滨州一直作为大后方，有力地支援全省、乃至全国的解放战争，为中华人民共和国的建立做出特殊贡献。

民国时期，自然经济仍然是滨州社会的主要经济形态，但是近代化的浪潮也日益波及到昔日封闭的黄河尾闾，农业、手工业的商品化程度较之晚清有很大发展，大机器生产开始零星出现。民国中晚期，受抗日战争的影响，滨州经济一度凋敝。中国共产党领导渤海区军民，积极发展农业、手工业、商业，并广泛开展大生产运动，实行减租减息、互助合作，开展货币斗争、土地改革等，滨州经济逐渐恢复并有较快的发展。

民国时期，滨州农学会、农桑学会以及苗圃等陆续设立，从日本留学归来的学生日渐增多，外出求学的也日渐增多，滨州城乡带来新的生活方式。民国开始，对外交往和各种新生事物日新月异，经济活动打开面向国外的窗口，进出口贸易开始影响到普通百姓的日常生活，如发网、草辫等的出口拉动就业，煤油、布匹等的进口在冲击土特产品生产的同时，也提高和改善人民生活。轮船、汽车、自行车、照相、电影、西医等的出现，开阔人民的视野，改善人民的生活条件。政权的更迭和政策不稳定带来社会不稳的本身，也带来经济领域的活跃，众多的富商大户快速产生又瞬间消失，如滨县所谓的三大家族，除老牌的杜家外，刘家、张家都是在民国初年产生，又在抗日战争时期没落。邹平县的几大商号，如六元亨等，都是迅速兴起，又快速败落。在传统农业生产方式发生巨大变化，良种、化肥的引进，合作社、农民互助社的产生，虹吸黄河水浇灌等新举措，改变农民的传统思维。一些具有新思想和不安于现状的农民外出打工，如到唐山挖煤、参加津浦铁路建设和闯关东、卖华工等，农民走出封闭的空间，获得外界的知识，带回先进的生产生活方式。

现代滨州发展

1949年10月1日，中华人民共和国成立，滨州市逐步实现由传统的计划经济体制向社会主义市场经济体制的转变；由封闭的、内向型经济向开放的、外向型经济的转变；以供给侧结构性改革为主线，推动经济发展质量变革、效率变革、动力变革三大变革。综合经济实力显著增强、开放型经济取得长足发展、城乡面貌发生巨大变化、人民生活水平显著提高、社会事业建设全面推进。

经济恢复和改造发展时期（1949年—1957年）。中华人民共和国成立后，滨州人民恢复经济、发展生产。1949年农业总产值1.6亿元，工业总产值280万元，经过三年的国民经济恢复时期及第一个五年计划，到1957年，工农业总产值达到4.0亿元，平均每年增长5.1%；工业总产值平均每年增长59.8%；粮食总产量达到58.4万吨，比1949年增长15.7%。

“大跃进”及调整发展时期（1958年—1966年）。第一个五年计划完成后，滨州对建设社会主义缺乏经验，经济建设上的急于求成，加之自然灾害影响，滨州经济出现1949年后的第一次负增长。通过贯彻中共中央关于“调整、巩固、充实、提高”的方针，实行按劳分配，工业关停并转，缩短基本建设战线，国民经济主要比例关系得到调整。1961年农业生产开始回升；到1965年，工农业总产值达到3.8亿元，比1962年增长一倍半，与1957年基本持平；社会商品零售额达到1.6亿元，比1962年增长42.6%；主要工农业产品产量指标达到1949年后最好年份水平。

“文化大革命”曲折发展时期。1966年开始的“文化大革命”，使社会生产力遭到严重破坏，工厂关门、学校停课、商业萧条。由于人民群众对极左路线的反对和抵制，滨州经济在动荡和曲折中仍有一定的发展。“文化大革命”期间，粮食产量平均每年增长3.5%，农业基础进一步加强；工业总产值平均每年增长11.5%，发展形成一批石油、电力、化工、机械、轻工、纺织等工业企业，交通运输、科技、邮电、教育、卫生等社会事业也有发展。

改革开放及社会主义现代化建设时期。第一阶段：（1978年—1984年），改革重点在农村。十一届三中全会后，1979年，滨州根据中央关于“调整、改革、整顿、提高”的方针，对农业内部、工业内部等主要比例关系，以及投资规模和商品流通进行调整，产生良好效应。突破人民公社制度，在农村全面推行家庭联产承包责任制。1984年同1978年相比，全市生产总值年均递增16.9%，高于1952年至1978年年均5.0%的增长速度；六年间，农林牧渔业总产值年均增长18.5%，成为全市经济增长的重要推动因素；1984年，全市粮食总产115.6万吨，比1978年增长32.8%，年均递增4.8%，为1949年至1978年年均增速的2.6倍，粮食等主要农产品供求由长期短缺转变为“总量基本平衡，丰年有余”的格局；棉花生产结束多年徘徊局面，总产创下18.1万吨的历史最高记录，比1978年增长17.7倍。

第二阶段：（1984年—1991年），改革重点由农村转移到城市。以党的十二届三中全会作出的《中共中央关于经济体制改革的决定》为标志，全市改革进入计划经济与市场经济相结合的新阶段，改革重点由农村转向城市，以改革企业经营机制、增强企业活力为中心环节，重点推行企业的所有权与经营权相分离，并且广泛推行企业承包经营责任制，长期留存的“大锅饭”“铁饭碗”被打破，多年单一的高度集中的计划经济体制逐步转变为有计划的商品经济体制，市场机制在经济运行中的作用增大，促进经济的较快发展。1991年与1984年相比，全市生产总值增长78.2%，年均递增8.6%，社会消费品零售总额增长1.3倍，年均递增12.9%，农民收入增长42.3%，年均递增5.2%，1991年与1986年相比，城镇居民收入增长1.1倍，年均增长15.5%，该时期，第一产业在全市生产总值中所占比重迅速下降，第二产业所占比重迅速上升。1991年与1984年相比，工业生产总值增长1.9倍，年均递增16.5%。

第三阶段：（1992年—2002年），滨州由计划经济体制向社会主义市场经济体制转型。1992年，邓小平南方谈话和党的十四大正式确立社会主义市场经济体制的改革目标，解决长期束缚人民思想的一些重要理论问题，滨州以经济建设为中心，集中力量发展生产力，全面推进“工业兴市”战略，工业化特征非常明显。到2002年，滨州全部工业总产值达到496.9亿元，是1978年的124.61倍；2002年同1991年相比，全市生产总值、工业总产值年均递增14.7%、24.3%。1993年，党的十四届三中全会提出要建立符合市场经济的现代企业制度，实现产权清晰、权责明确、政企分开、管理科学目标，按照这一精神，对国有企业实施改革、改造、改组和加强科学管理。2002年，全市纯国有工业企业完成增加值34.61亿元，占全部规模以上工业增加值的比重下降到35.96%；具有现代企业制度的股份制企业完成增加值36.07亿元，在全部规模以上工业增加值中的比重达到37.49%。

第四阶段：（2003年—2008年），改革不断推进，向全面小康迈进，经济实现跨越式发展。全市继续贯彻和落实“工业强市”战略，抓招商引资工作，加大工业投入力度，开始全面的追赶和赶超，逐步形成以十大产业链为载体，纺织、化工、农副食品加工等优势行业为支撑，行业较为齐全的工业体系，一批有实力的工业企业集团迅速崛起，大量中小企业得到快速发展。2008年末，全市规模以上工业企业达到1358个，是2002年的3.53倍；规模以上工业企业增加值660.55亿元，是2002年的6.86倍。这一时期，是改革开放后，全市经济增长最快、最好的时期。2008年，全市生产总值、规模以上工业增加值、地方财政收入，分别是2002年的3.6倍、6.9倍和4.9倍，年均递增16.7%、37.9%和30.4%。人均生产总值、人均地方财政收入由2002年的全省第12位、第11位均上升到2008年的第8位。

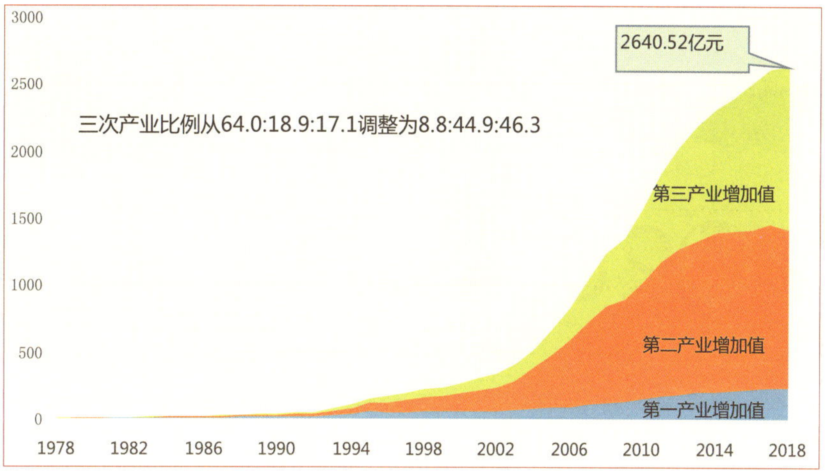

图2　1978—2018年滨州市三次产业增加值总量及结构变化图

第五阶段：（2009年—2019年），第三产业快速发展。十年间，全市第一产业比重稳定在9%～10%之间，第二产业比重逐年下降，第三产业比重逐年提高。服务业作为调整经济结构和转变发展方式的重要举措。2019年，全市三次产业对经济增长的贡献率分别为1.6%、37.3%和61.1%，三次产业结构由2009年的10.03∶56.34∶33.63，调整为9.37∶42.37∶48.26，产业结构实现由“二三一”到“三二一”的历史性转变，滨州经济由工业拉动转向二三产业均衡发展，第三产业引领经济稳步发展。

（李汰阳　路来军）

05 中共滨州市委

Binzhou Municipal Committee of the Communist Party of China

综　述

【概况】 2019年，中共滨州市委加快推进“富强滨州”建设，做出“六问八策”的决策部署，实施“757”工作方案，逐步形成真诚团结的政治生态、绿色协调的经济生态、活力迸发的社会生态、同生并存的自然生态。

“不忘初心、牢记使命”主题教育。制定“1+5”工作方案，主题教育相关做法和成效得到中央、省委巡回指导组和群众肯定。部署开展“9+1+N”专项整治，上下联动、协同配合，查处侵害群众利益问题。通过媒体向社会公布整改情况，让群众监督、由社会评价。开展“我整改、您评价”活动，群众对全市主题教育满意度达99.5%。

高质量发展。践行新发展理念，经济社会发展呈现“趋稳起势”良好态势。全年实现地区生产总值2457.2亿元、比2018年增长4.1%；一般公共预算收入243亿元、比2018年增长1%；城镇和农村居民人均可支配收入分别比2018年增长6.6%和8.8%。

“三大攻坚战”。防范化解金融风险，推进“3511”工程，金融生态环境不断修复。深化对口支援和扶贫协作，加强项目资产管理，信息化管理入选“联合国全球110个减贫原创案例”。推进污染防治，环境空气质量、主要污染物年度削减率、农村生活污水治理等考核情况，位居全省前列。

重点领域改革。确定体制机制创新走在前列的目标定位，实施“全生态改革创新、全领域流程革命”，承接省级以上改革试点100余项，3项创新经验获党和国家领导人批示肯定。开展“放管服评”改革百日攻坚，出台惠企“十条意见”，为贡献突出企业家颁发金狮、银狮、铜狮奖，设立优秀企业旗帜广场，开展“滨州企业日”活动，成立企业家协会，举办“e盏茶事”政企交流，广大企业家发展信心和投资意愿不断增强。

产教融合。强化“产学研金服用”理念，围绕“一城两院八校”总体布局，规划建设渤海科创城，强化渤海先进技术研究院、魏桥国科（滨州）研究院“双核”驱动，全面推进渤海科技大学、山东第一医科大学滨州校区等8所高校建设提升工作。推动渤海先进技术研究院建设并挂牌；快速推进魏桥国科（滨州）研究院建议，省委书记刘家义出席项目签约仪式并称赞科学家、实业家、金融家“握指成拳”，支持创业魏桥成为新兴魏桥并迈向科技魏桥。

“双招双引”。将“双招双引”作为“一号工程”，构建“10+5+N”招商模式，制定出台系列政策措施，举办世界高端铝业峰会、中国国际铝工业展览会、对接京津冀项目恳谈会、跨国公司领导人青岛峰会滨州城市路演、第六届资本对接大会等活动。开展“万名大学生、千名硕博士进滨州”等活动，在全省推广“青鸟计划”工作模式，实施人才引进总量、质量相较往年翻倍增长，首次达到滨州高端人才流入流出基本平衡。

群众幸福指数提升。树立以人民为中心发展思想，全年民生支出300.2亿元，比2018年增长10.1%，占全年财政支出的79.4%。有效缓解优质教育大班额问题，紧密型县域医共体国家试点全省唯一实现全覆盖；市民政局获全国“人民满意的公务员集体”称号；阳信县被国务院表彰为“全国民族团结进步模范集体”。探索“全科大网格”基层社会治理体系，信访形势持续平稳向好。

（陈方明）

【市委督查】 2019年，市委督查室践行市委“三化”工作标准，加强督查力度，督查效果明显提升。

决策督查。2019年，市委督查室贯彻落实市委主要领导对督查工作新指示、新要求，对“757”工作方案需落实事项、市委重要会议决定事项、市委主要领导调研期间指示要求落实事项及市委市政府公开承诺事项等市委决策部署建立工作台账，逐项明确主办单位、配合单位及责任领导，压实工作责任，确保工作落实。年内，组织开展各类立项督查活动348次，市委“757”工作方案需落实事项完成17项；市委主要领导县（市、区）调研期间需落实事项完成29项；市委重要会议需落实事项完成12项，其他各项工作任务均按照序时进度扎实推进。

专项查办。2019年，市委督查室围绕城市扬尘治理、严肃会风会纪、断头路桥及省市重点建设项目等重点工作开展专项督查24次。督查期间，坚持高标准、严要求，不做表面文章，不搞“花架子”；撰写督查专报时，坚持开门见山点不足、点名道姓指问题，杜绝“有的”“部分”字眼。10月中旬，对全市86个集中开工项目逐一实地过筛，拿出一份全市重点开工项目“体检报告”。

批示件办理。2019年，市委督查室月均办理市委领导批示事项50余件，做到“已经办完的报结果，正在办理的报进度，没有完成的找原因，出现问题的究责任”，批示问题全部做到及时反馈。年内，办理省委领导批示件10件，办结率100%，并进行100%回访核查；办理市委领导批示件623件，办结率100%；上报《市委主要领导批示件办理专报》76期，《市委主要领导批示件办理月报》9期，《督查专报》28期，其他各类报告200余期。

协助市委履行全面从严治党，落实主体责任。5月始，市委督查室承担中央巡视反馈意见整改落实和省委巡视整改“回头看”反馈意见整改落实，先后完成整改方案、整改台账、整改报告的起草工作。统筹做好调查问卷发放回收、领导干部个别访谈、协助查阅相关资料、对外协调联络等工作。11月中旬始，市委督查室做好省委对滨州市2019年度全面从严治党主体责任监督检查的迎查工作。12月底，组织开展各县（市、区）全面从严治党主体责任落实情况年终检查，对各县（市、区）主体责任落实情况进行考评打分。

（陈　晨）

2019年滨州市委重要文件一览表

表2

时间	文件名
2月21日	《中共滨州市委、滨州市人民政府关于印发〈“健康滨州2030”规划纲要〉的通知》
3月20日	《中共滨州市委关于进一步加强市委常委会自身建设的意见》 《中共滨州市委、滨州市人民政府印发〈关于落实省委、省政府“担当作为狠抓落实”重点任务的实施方案〉的通知》
4月26日	《中共滨州市委印发〈关于激励干部干事创业的若干规定〉的通知》
4月30日	《中共滨州市委、滨州市人民政府印发〈关于加快经济高质量发展的若干政策〉的通知》
7月3日	《中共滨州市委、滨州市人民政府关于进一步全面推进预算绩效管理的实施意见》
8月17日	《中共滨州市委印发〈关于推动开发区体制机制改革创新促进高质量发展实施方案（试行）〉的通知》
8月19日	《中共滨州市委、滨州市人民政府印发〈关于建设渤海先进技术研究院推动创新发展的实施意见〉的通知》
8月28日	《中共滨州市委关于印发〈滨州市社会治理“全科大网格”实施意见〉的通知》
9月9日	《中共滨州市委关于加强新时代公安工作的实施意见》
9月16日	《中共滨州市委关于在全市开展“不忘初心、牢记使命”主题教育的实施方案》
10月1日	《中共滨州市委、滨州市人民政府印发〈关于弘扬企业家精神建设高素质企业家队伍的意见（试行）〉的通知》
10月14日	《中共滨州市委关于印发〈省委第七巡视整改“回头看”组关于滨州市巡视整改回头看发现问题的整改落实工作方案〉的通知》
10月30日	《中共滨州市委印发〈关于贯彻《2018—2022年全国干部教育培训规划》的实施细则〉的通知》
11月18日	《中共滨州市委、滨州市人民政府关于举全市之力加快滨州高新区高质量发展的意见》
11月20日	《中共滨州市委印发〈关于学习宣传党的十九届四中全会精神工作方案〉的通知》

（王　超）

重要会议

【市委全体会议】　市委九届九次全体会议。2019年8月16日举行。出席全会的市委委员39人，候补市委委员4人。市纪委常委、有关方面负责人列席会议。全会由市委常委会主持，市委书记佘春明作讲话。全会传达学习中共山东省委十一届九次全会精神，听取和讨论佘春明受市委常委会委托所作的工作报告，审议通过《关于建设渤海先进技术研究院推动创新发展的实施意见》《滨州市社会治理“全科大网格”实施意见》《滨州市推动开发区体制机制改革创新促进高质量发展实施方案》。

市委九届十次全体会议。12月30日举行。出席全会的市委委员42人，候补市委委员4人。市纪委常委和有关方面负责人列席会议。市第九次党代会代表中的部分基层人员列席会议。全会由市委常委会主持。市委书记佘春明作讲话。全会听取和讨论佘春明受市委常委会委托所作的工作报告，审议通过《中共滨州市委关于深入贯彻落实党的十九届四中全会精神的实施意见》《中共滨州市委关于提升干部队伍专业知识、专业思维、专业能力的意见》。

【市委常委会议】 2019年，市委常委会召开会议26次。

1月8日，市委召开常委会议，研究部署市“两会”、市委经济工作会议筹备工作情况。

1月15日，市委召开常委会议，传达省委十一届八次全体会议精神，听取全省农村工作会议和全省扎实推进农村人居环境整治工作会议、全省扶贫开发工作会议精神，研究贯彻落实意见。

1月18日，市委召开常委会议，听取市人大常委会、市政府、市政协党组，市纪委监委，市法院、市检察院党组工作情况汇报，听取市委常委和市人大常委会、市政府、市政协、市法院、市检察院党组书记关于履行全面从严治党责任情况汇报，听取十九届中央纪委三次全会精神、省纪委十一届四次全会精神及全市贯彻落实意见和市纪委九届四次全会工作报告起草情况的汇报。

1月23—24日，市委常委会召开2018年度民主生活会。省委副书记杨东奇、省委组织部副部长刘树军等到会指导。

2月3日，市委召开常委会议，学习贯彻中央和全省关于防范化解重大风险工作的有关会议精神。

2月11日，市委召开常委会议，听取全省组织部长会议、全省老干部局长会议。全省宣传部长会议、全省新时代文明实践中心试点和县级融媒体中心建设工作会议、全省文明办主任会议，全省统战部长会议，省委政法工作会议，全省退役军人事务局局长会议等会议精神及全市贯彻落实意见汇报。

2月20日，市委召开常委会议，传达学习贯彻省“两会”精神，对市“两会”筹备工作进行安排。

3月13日，市委召开常委会议，听取《中共滨州市委常委会2019年工作要点》《关于进一步加强市委常委会自身建设的意见》和《关于坚持农业农村优先发展，做好“三农”工作的实施意见》起草情况汇报，传达全省打造乡村振兴齐鲁样板重点工作推进视频会议精神和生态环境部有关会议精神，听取全市生态环境有关工作情况汇报。

4月19日，市委召开常委会议，听取浙苏皖学习考察情况汇报，安排部署“七大提升工程”。

4月29日，市委召开常委会议，听取全省党校工作座谈会精神及贯彻落实意见、全市禁毒工作情况汇报。

5月9日，市委召开常委会议，听取关于全国文明城市创建工作的汇报。

5月22日，市委召开常委会议，审议通过《滨州市招商引资激励办法》。

6月6日，市委召开常委会议，听取全省“不忘初心、牢记使命”主题教育工作会议精神及全市贯彻落实意见汇报。

6月21日，市委召开常委会议，听取全省推进乡村振兴暨脱贫攻坚现场会议精神及全市贯彻落实意见汇报，听取创建全国双拥模范城工作进展情况及下一步工作安排，听取《关于推进高质量“双招双引”的若干措施》起草情况汇报。

7月5日，市委召开常委会议，听取全国、全省公安工作会议精神及全市贯彻落实意见汇报，传达贯彻省委常委、组织部部长王可到滨州调研时的讲话精神。

7月17日，市委召开常委会议，传达学习省委十一届九次全体会议精神、省委省政府关于空气质量反弹严重问题约谈会议精神。

7月20日，市委召开常委会议，听取全省农村无害化卫生厕所改造后续管护工作现场会筹备情况汇报。

7月31日，市委召开常委会议，传达山东省党政代表团到北京、上海、雄安新区学习和总结会议精神，听取全省加强乡村治理体系建设工作会议精神及全市贯彻落实意见的汇报。

8月15日，市委召开常委会议，听取全省信访工作有关会议精神及全市贯彻落实意见、关于全市政府性融资担保体系建设有关情况、关于滨州产融综合有限公司和滨达实业有限公司注册资本金安排建议的汇报。

9月5日，市委召开常委会议，听取《中共滨州市委关于加强新时代公安工作的实施意见》起草情况的汇报，听取全省干部教育培训工作会议精神、全省党的建设暨机关党的建设工作会议精神、全省推进改革举措落实落地工作会议精神及全市贯彻落实意见汇报。

9月9日，市委召开常委会议，听取全省“不忘初心、牢记使命”主题教育第一批总结暨第二批部署会议精神和全市“不忘初心、牢记使命”主题教育有关情况汇报。

9月25日，市委召开常委会议，传达省委“不忘初心、牢记使命”主题教育第三巡回指导组座谈会会议精神，听取省委人大工作会议精神及全市贯彻落实意见、《关于加强受处理处分干部教育管理使用工作的实施意见（试行）》起草情况的汇报，传达学习习近平总书记在黄河流域生态保护和高质量发展座谈会上的重要讲话精神和省委贯彻落实意见。

11月11日，市委召开常委会议，传达学习党的十九届四中全会精神。

12月4—5日，市委常委会召开“不忘初心、牢记使命”专题民主生活会。省委常委、政法委书记林峰海，省委第三巡回指导组组长卢保民等到会指导。

12月19日，市委召开常委会议，听取对口支援和扶贫协作、安全生产和应急管理、食品安全等工作情况汇报。

12月29日，市委召开常委会议，传达省委十一届十次全体会议精神和省委经济工作会议精神，听取党内法规执行情况、全市扫黑除恶专项斗争工作情况、省人大设立常委会40周年座谈会会议精神及全市贯彻落实意见的汇报。

（梁　帅）

【全市重要工作会议】 全市领导干部会议。2019年2月2日召开，宣布省委关于市委主要负责人职务调整决定。

市委政法工作会议暨全市扫黑除恶专项斗争工作会议。2月20日召开，市委书记佘春明在讲话中指出，要以庆祝中华人民共和国成立70周年重大活动相关工作为主线，确保政治安全保卫和社会稳定工作万无一失，推动扫黑除恶专项斗争、基层社会治理体系建设、改革创新、法治滨州建设走在前列，实现政法队伍群众满意度、司法公信度、社会认可度稳中向好，努力为建设富强滨州提供坚强法治保障。

全市教育大会。2月22日召开，会议旨在学习贯彻全省教育大会精神，总结工作，分析形势，加快推进全市教育事业高质量发展，努力办好人民满意的教育。

高质量发展现场调度会。3月14日召开，推进全年目标任务落实落地。

全市打好污染防治攻坚战推进会议。3月18日以视频形式召开，分为两个阶段进行。第一阶段邀请中央生态文明研究与促进会执行副会长、原环境保护部人事司司长李庆瑞作《以习近平生态文明思想为指导坚决打好污染防治攻坚战—中央〈意见〉解读》辅导报告。第二阶段书面传达国家、省生态环境保护有关会议精神，市生态环境局、市住房和城乡建设局、邹平市、无棣县主要负责人作发言。

市委召开专题会议研究招商引资工作。3月29日召开，听取各县（市、区）党（工）委书记汇报招商引资工作进展情况。

全市庆祝"五一"国际劳动节大会。4月30日召开，弘扬劳模精神、劳动精神、工匠精神，激励全市上下以先模为榜样，投身富强滨州建设。

全省农村改厕规范升级和后续管护长效机制工作现场会议。9月24日在滨州市召开，深入学习贯彻习近平总书记关于"厕所革命"的重要指示精神，坚定践行初心使命，总结交流农村改厕工作。

2019年4月30日，全市庆祝"五一"国际劳动节大会在市政大楼召开

（滨州日报社　供图）

全市经济运行分析暨第四季度冲刺工作会议。9月25日召开。贯彻落实全省经济运行分析专题会议精神，研判形势、查找问题、部署任务，动员全市上下提振信心、抢抓机遇、鼓足干劲，全力冲刺第四季度，推动经济实现平稳健康运行，为建设"富强滨州"积蓄力量。

滨州市"十四五"规划编制工作专家恳谈会。10月12—13日召开，邀请国家发改委、国务院发展研究中心、省发改委等12位专家学者对全市"十四五"规划编制工作出谋划策。

全市退役军人工作会议。11月1日召开，传达全省退役军人工作会议精神，宣读《关于表扬滨州市优秀退役军人、退役军人工作先进集体和先进个人、双拥工作先进集体和先进个人的决定》和《关于表扬"滨州市好军嫂""滨州市最美兵妈妈"的决定》，通报全市获全国模范退役军人、山东省优秀退役军人、退役军人工作先进集体和先进个人名单，并为受表彰、表扬的先进集体和先进个人代表颁奖。

市委务虚会议。12月6日召开，分析经济形势，研究探讨2020年经济工作的思路目标、主要任务和具体措施。

（郑　超）

全面深化改革

【概况】 2019年，中共滨州市委深化改革领导小组（简称市委深改组）瞄准"体制机制走在前列"目标定位，落实经济、政治、文化、社会、生态"五位一体"改革统筹推进工作思路，实施"全生态改革创新"，推动产业转型、科创赋能、要素支撑、治理提升等"全领域流程革命"。全市深化改革呈现出全面发力、多点突破、蹄疾步稳良好态势。坚持问题导向，全领域流程再造引领发展企稳起势。年内，市委召开2次全委会，研究审议开发区体制机制创新、渤海先进技术研究院、全科大网格、"三专干部建设"、贯彻落实党的十九届四中全会精神等5项议题；市委改革要点确定121项任务，完成119项，完成率98.3%，其中31项重点改革事项全部完成。注重顶层设计，围绕建设"富强滨州"总体目标，市委坚持经济、政治、文化、社会、生态"五位一体"，系统谋划改革，先后明确"五个一"的工作要求，提出"757"工作方案，研究确定加快经济高质量发展、激励干部担当作为、开发区管理体制、社会治理“全科大网格”等年度改革任务和重点改革事项，按照“事业工程化、工程责任化、责任数字化”三化工作法明晰改革路径，明确时间表、路线图；在全省率先创新成立滨州改革创新研究中心，谋划和指导改革创新工作。突出高效协同，国企改革、开发区改革等一批深层次、创新性、颠覆性的体制机制改革任务务实高效推进，产业扶贫、粮食经济、农村清洁取暖等一批事关基层利益、群众获得感的小切口改革探索得到党和国家领导人批示肯定，全科大网格基层社会治理和服务创新等一批创新实事在全国全省走在前列；围绕经济高质量发展出台20条总纲，围绕第一大主导产业转型升级出台建设世界高端铝业基地11条，围绕增加投资出台“双招双引”20条，围绕优化金融环境出台实施“3511”工程，围绕优化发展环境出台攻坚行动17条，围绕激活发展载体出台开发区改革18条，围绕创新驱动出台渤海先进技术研究院6条意见建设魏桥国科研究院，围绕激发动力出台激励干部干事创业15条，系统谋划、创新发展政策和要素，真正让改革工作与国家战略接轨，融入滨州发展大局，提升治理效能，满足人民群众对美好生活的新期待。

【经济领域改革】 2019年，滨州市聚焦经济转型，重塑催生最佳效益的经济生态。出台《加快经济高质量发展的若干政策》，配套制定20项具体政策和30个实施细则，设立50亿元的新旧动能转换母基金、30亿元的重点企业发展基金、100亿元高端铝产业及园区发展基金，争取政府专项债券137亿元，聚焦高端铝、精细化工、家纺纺织、食品加工、畜牧水产“五大千亿级产业集群”转型升级，五大千亿级产业集群全年实现主营业务收入近万亿元。出台《打造世界高端铝业基地的若干政策》，举办世界高端铝业峰会；将200万吨电解铝产能转移至云南，在滨州重新布局200多万吨再生铝生产项目，布局建设魏桥铝产业深加工产业园、魏桥轻量化基地、中德轻量化小镇，在价值链上再造一个新魏桥。年内，全市铝产业中高端铝制品比例达到35%，比2018年提高10.3个百分点，以体制机制创新推动铝产业高质量发展案例，入选“2019中国改革年度十佳案例”。在金融领域精准实施“3511”工程，帮助50家“白名单”企业全额快速融资，分类处置50家“黑名单”企业，帮扶50家企业推进无还本续贷业务，公布惩治1批逃废债典型案件，建设1个产业金融综合服务平台，提供多元化融资、增信服务，金融生态大幅好转。规划“渤海科创城”，建设“魏桥国科（滨州）研究院”、渤海先进技术研究院、魏桥国科研究院、国科大科技园强势开工，渤海科技大学、山东第一医科大学滨州分校全力筹备推进，“一城两院八校”创新格局构筑成形。组建滨州市财金投资集团有限公司、山东滨达实业集团有限公司等7大企业集团，实现国有资本集约化、规模化发展。在全省率先启动开发区体制机制改革。按照“一区多园”模式进行整合，强化开发区主责主业，剥离社会事务管理职能，整合管理机构，培育专业化园区公司、城建公司、投融资公司、科创公司等运营市场主体，推动开发区回归本位、聚焦主业、重塑优势。推进全领域、无差别“一窗受理”改革试点，设立代办帮办中心，推行“一网通办、容缺办理、并联审批、多图多测联审”等模式，为企业投资营造低成本、便利化环境。召开企业家大会，出台建设高素质企业家队伍的“新政10条”，建成优秀企业旗帜广场，设立“滨州企业日”活动机制，尊重企业家、厚待投资者、服务纳税人。年内新登记市场主体7.07万户，增长19.1%。

【政治领域改革】 2019年，滨州市聚焦转变作风，重塑心无旁骛干事的政治生态。围绕“富强滨州”建设，制定“757”具体工作方案，建立“全周期落实机制”，确保工作落地。结合“不忘初心、牢记使命”主题教育，在全市开展“富强滨州”大讨论活动，开展以赛“双招双引”实绩、比“五个一”创建为主要内容的“大竞赛、大比武”。市委主要领导主动带头抓推进，亲自点题、研究、推进重大改革任务和特色体制机制改革事项，14位市级领导领衔推动121项改革事项。滨州在营商环境、医共体建设、粮食产业经济发展、农村清洁取暖、校园足球发展等10项改革创新经验走在全国前列，为全省、全国改革难题提供解决方案。用有效制度激发干劲。出台《关于激励干部干事创业的若干规定》，营造心无旁骛干事业的良好氛围。组织两批、80多人次到“对标”城市进行跟班培训，在浙江大学举办全市制度创新骨干培训班，全面营造领导干部抓改革创新、抓流程再造的氛围。阳信县帮扶对口的内蒙古兴安盟科右中旗，探索草原扶贫肉牛产业新模式，获习近平总书记以及汪洋、黄坤明等党和国家领导人批示肯定；刘鹤、胡春华副总理对《推广“滨州经验”加快粮食产业高质量发展》作出圈阅；在全省率先建立区域性教育质量评价标准体系，“红色基因传承”工程得到省委主要领导批示。制定《滨州市市管领导干部考核评价办法（试行）》《加快经济高质量发展专项考核办法》，明晰路径、明确责任、结果评价开展年初亮目标、年中亮进度、年终亮结果“三亮活动”，以及半年“三评”活动，看数字、看变化、看形象进度，营造崇尚实干的良好氛围。

【文化领域改革】 2019年，滨州市聚焦激发动力，重塑独具滨州特色的文化生态。挖掘黄河文化资源。利用黄河流经滨州段“河宽滩大、风情秀美、宜居宜游”生态特色，打造“蒲城水乡、秀林虾塘、九曲玉带、千里画卷”美丽景象。打造集生产生活、旅游、休闲、健身、观光、乡村振兴为一体的黄河风情带。加快黄河文体旅融合发展，开展黄河主题文体活动，举办千人黄河大合唱、环滨州黄河风情带万人骑行、环滨州黄河风情带国际公路自行车赛等赛事。开展“企业增信行动”，实施“3511”工程，推进50家白名单、50家黑名单、50家待增信名单落实，公布惩治1批逃废债典型案件，建设1个产业金融综合服务平台，提供多元化融资、增信服务，重构诚信文化生态。发挥各类基金杠杆效应，引导、撬动更多金融和社会资本，纾解企业融资难、融资贵问题。全市不良贷款额、不良贷款率实现近6年首次“双降”，不良贷款率较年度最高时下降2.59个百分点。放活文化服务、文化产业等方面体制机制，发挥市场在文化资源配置中作用，营造有利于文化发展良好氛围。推进文化公共服务体系建设，实施文化惠民工程，市县乡村四级公共文化服务设施实现全面覆盖，涌现出吕剧《兰桂飘香》《杨广和》、东路大鼓《太师训徒》等一大批优秀艺术作品。制定《滨州市文明行为促进条例》，推动文明礼仪、文明交通、文明出行、文明旅游，引领“文明滨州”社会新风尚。

【社会领域改革】 2019年，滨州市聚焦首创实践，重塑治理有效高效的社会生态。年内，全市居民人均可支配收入28517元，比2018年增长8.1%。城镇居民人均可支配收入37378元，比2018年增长6.6%，民生支出占财政支出的比例提高到79.4%。推进基层社会治理“全科大网格”机制，支持彭李街道先行先试，利用现代信息化手段，建设社会治理“智慧彭李联社联亲网格化大数据平台”，涵盖城管、安全、消防、计生、环保、综治、维护稳定等领域，并在全市推广。探索推广农村改厕后续管护模式，鼓励无棣县探索规模化管理、整体化提升、智能化运行、资源化利用“四化”管护模式，实现维修管护、收集清运、无害化处理全链条衔接、无缝隙管理，为滨州乃至全省农村改厕后续管护问题提供解决方案，全省现场会在滨州召开，省委副书记、省长龚正给予充分肯定。探索推广“为民、爱民”民政工作经验，鼓励市民政局建设全国一流民政机关，实施党建“灵魂工程”、业务“基础工程”、服务“品牌工程”、文化“聚力工程”，在全市开展向全国“人民满意的公务员集体”学习活动，树立起新时代奋斗者价值导向。各类民生事业稳步发展。优质教育大班额问题有效缓解，紧密型县域医共体国家试点全省唯一全覆盖。阳信县被国务院表彰为“全国民族团结进步模范集体”；脱贫攻坚扎实推进，深化对口支援和扶贫协作，信息化管理入选“联合国全球110个减贫原创案例”；高铁、高速公路、国省道、港口、机场、内河复航等重大项目有序推进，城市品质不断提高，城乡面貌持续改善，创城活动深入开展，文化体育、社会保障等各方面工作实现新发展，群众生活更方便、更舒心、更幸福。

【生态领域改革】 2019年，滨州市聚焦保护环境，重塑蓝天绿水青山的自然生态。开展生物质能源推广示范应用，探索低碳环保、生态循环、集约惠民清洁取暖新路径，为打造乡村振兴齐鲁样板提供有力支撑。阳信探索生物质能源取暖模式，获中共中央政治局常委、国务院副总理韩正批示肯定。对暴露出的环境问题，以刀刃向内的决心抓整改，“蓝天、碧水、清废”行动扎实开展，可入肺颗粒物改善幅度列全省第3位，空气优良天数206天，比2018年增加8天，是全省唯一增加的市。以有效制度再造倒逼绿色发展，立足保障区域生态安全和人居环境健康，科学规划产业布局，明确产业发展方向和空间布局，提高项目准入条件特别是环保门槛，有效防止“两高一资”项目落地。建立“市委常委包县（市、区）、分管副市长包行业领域”制度，压紧压实责任、层层传导压力，确保环保工作落实。加快推进生态环境机构监测监察执法垂直管理制度改革，进一步健全环境保护“守信激励、失信惩戒”机制，全面提升环境质量科技监管水平。连续10年实施林水会战，累计投入资金200多亿元，完成合格造林184万亩，新增蓄水能力2.3亿立方米，通过国家水生态文明城市建设试点验收。把水资源、水生态、水环境承载能力作为刚性约束，改善沿黄生态气候，促进城市与黄河的共生共荣，加快推进沿黄生态修复，逐步修复湿地生态系统，为更多野生动物提供良好栖息地和繁殖场所。推进节水型社会建设，加强灌区节水改造，全面提升黄河水资源节约集约利用水平，让黄河更好地造福人民群众。

（魏书涛）

组　织

【概况】 2019年，全市组织部门坚持守初心担使命，践行“两个维护”更加坚定自觉，实施“习近平新时代中国特色社会主义思想教育培训工程”，组织开展“富强滨州”解放思想大讨论，高质量开展“不忘初心、牢记使命”主题教育。制定并抓好激励干部干事创业、系列考核办法等文件落实，开展“三亮三评”活动，高标准完成市级机构改革，实施万名大学生、千名硕博士进滨州“双进工程”，首次实现人才流入流出基本平衡。开展干部政治素质档案省级试点，牵头完成试点开发区体制机制改革，实施“干部专业能力提升工程”，实施“归雁计划”，出台推进高质量“双招双引”二十条措施等制度文件，滨州“人才新政”含金量不断提升。加大关心关爱基层干部力度，激励干部安心干事创业；深化县（市、区）干部选拔任用监审工作，严格执行个人有关事项报告制度，组织开展村“两委”班子成员适岗能力评估，加大软弱涣散村（后进村）党组织整顿力度。带头深入开展“不忘初心、牢记使命”主题教育，开展全市组织系统“守初心担使命，服务企业见行动”主题党日，创新开展“七进”“双学”活动，提高组工干部知大局、懂本行、干实事能力。年内，全市辖中国共产党地方委员会8个，其中市委员会1个、设县（市、区）委员会7个。基层党组织13185个，其中基层党委316个、党总支部984个、党支部11885个。党员总数240930人。其中，女党员49410人，占党员总数的20.51%；少数民族党员704人，占党员总数的0.29%；35岁以下党员41676人，占党员总数的17.30%。

2019年9月10日，滨州市"不忘初心、牢记使命"主题教育工作会议在市政大楼召开

（市委组织部　供图）

【习近平新时代中国特色社会主义思想学习贯彻】 2019年，市委组织部实施"习近平新时代中国特色社会主义思想教育培训工程"。连续举办3期"不忘初心、牢记使命"主题教育读书班，3期十九届四中全会精神专题学习班，组织县处级以上领导干部集中学习、交流研讨。年内，全市开展习近平新时代中国特色社会主义思想培训90期，培训干部12962人次。把学习贯彻习近平新时代中国特色社会主义思想作为各级党校教学主体课程，在主体班次中，专门设置"习近平新时代中国特色社会主义思想"专题教学板块。指导有关市直部门举办的培训班次，将习近平新时代中国特色社会主义思想作为重要课程，整理习近平总书记有关重要论述，汇编成册印发学员。持续推进"五学"活动，组织师资力量重新修订《滨州市党员干部"五学"知识导学读本》，将习近平新时代中国特色社会主义思想、党的十九届四中全会知识列为读本重要内容。用好"学习强国""灯塔——党建在线"等信息化平台，让党员干部随时学、随地学。各党（工）委牵头轮训党支部书记1.09万名；依托共产党员"淬火工程"，集中培训农村（社区）党员10.7万名，人民日报《内部参阅》刊发相关做法。

【"不忘初心、牢记使命"主题教育】 2019年9月10日，按照中央精神和省委部署要求，滨州市召开"不忘初心、牢记使命"主题教育工作会议，对全市主题教育作出全面部署，1388名县处级以上领导干部、1.28万个基层党组织、23.7万名党员全部参与主题教育。在中央电视台《光明日报》《大众日报》、山东电视台等省市主要新闻媒体刊发报道评论385篇，专栏刊发新闻233条，在中央和省委主题教育工作简报刊发经验做法10次。坚持及早谋划。4月始，在全市开展"富强滨州"解放思想大讨论，深化学习讨论、查摆问题、整改落实等措施，着力解决党员干部境界标准、推动发展等6个方面问题，为开展主题教育打好基础。坚持分类指导。注重分类施策，出台全市实施意见和机关、农村（社区）、"两新"组织、事业单位、国有企业等5个领域指导方案，构建"1+5"总体框架。坚持学以致用。集中举办3期读书班、3期十九届四中全会精神专题学习班；举办国防教育、"赢在战略"、老干部讲传统讲党课、全国"人民满意的公务员集体"——市民政局先进事迹等报告会；编排反映渤海区革命历史的吕剧《烈烈渤海红》《马耀南》；以"初心永恒"为主题，深入挖掘50名先进典型，制作一部电视系列片、编辑一套光盘、编纂一套图书、组织一次巡回展；组织党员干部到滨州市廉政教育基地开展警示教育；围绕8个方面专题，市委常委会带头，县处级以上领导班子开展集中研讨552次。坚持改字当头。全市各级班子检视问题2716项，制定整改措施4398项，全市各级查摆即知即改问题2222项，制定整改措施3636项；市委常委带头精准确定调研课题、制定调研方案，深入一线调研，10月23日，市委常委会召开调研成果交流会，通过调研发现各类问题93个，县处级以上领导班子成员确定调研课题694个；按照"学习教育反思公示一批、调查研究发现公示一批、民主生活会查摆公示一批"的思路，市委带头确定3批35项即知即改问题，由市级领导干部牵头推动落实，整改完成24项；部署开展"9+1+N"专项整治任务，逐项制定实施方案，抓好整改落实；开设"整改进行时"专栏，开展"我整改、您评价"活动，推动真刀真枪抓整改、抓落实。坚持干在当下。将富强滨州建设作为实践载体，将主题教育与中心工作深度融合、一体推进；全市党员干部队伍的作风和精神状态发生明显变化，各项工作稳步推进，特别是全市经济逐渐扭转下行态势，呈现"趋稳回暖、稳中向好"的态势，经济增长实现由负转正。坚持领导带头。市委常委会发挥示范带动作用，先后召开7次市委常委会会议，第一时间召开巡回指导组工作会议、主题教育工作推进会议等，作出安排部署；市委常委带头参加主题教育，每人联系指导1个县（市、区）；

市县两级派出巡回指导组105个，明确30项指导任务清单，确保主题教育质量。

【“富强滨州”解放思想大讨论】2019年4月始，市委部署开展“富强滨州”解放思想大讨论。大讨论着眼于学习贯彻习近平新时代中国特色社会主义思想和破解制约滨州发展突出问题。各级党组织开展学习研讨1769次，查摆整改境界标准、推动发展等6个方面问题1.2万个，搭建11个“大竞赛、大比武”实践平台，为开展“不忘初心、牢记使命”主题教育奠定基础。

【党的十九届四中全会精神干部培训】2019年11月28日至12月18日，市委组织部举办3期滨州市领导干部党的十九届四中全会精神专题学习班，市委书记佘春明带头到滨州职业学院宣讲，推动党的十九届四中全会精神落实落地。组织领导干部围绕党的十九届四中全会公报、习近平总书记关于坚持和完善中国特色社会主义制度、推进国家治理体系和治理能力现代化的重要论述等内容开展自学和分组研讨，深入学习领会党的十九届四中全会精神，指导具体工作落实。

【领导班子和干部队伍建设】2019年，市委组织部探索开展市管干部“政治体检”，深入考察干部政治表现，做法被中组部《组工信息》和中国组织人事报刊发推广。开展干部政治素质档案省级试点，探索形成政治素质考察“1+5”工作模式。完成市级机构改革，22个涉改单位、6批632名领导干部全部到位。高质量完成市级机构改革人员转隶，划转行政编制408个、事业编制2288个，转隶在编人员2522人。制定并抓好激励干部干事创业、系列考核办法等文件落实，开展“三亮三评”活动，全年提拔重用市管干部202名，调整交流市管干部167名，全市晋升职级干部992人。实施“习近平新时代中国特色社会主义思想教育培训工程”，制定干部教育培训规划实施细则，全市举办各类培训班90余期，培训干部1.3万余人。新提拔重用“70后”班子正职9人，“80后”市管干部16人，“90后”科级干部32人，选聘滨州“英才计划”59人。实施“干部专业能力提升工程”，出台提升干部“三专”水平意见，选派71名干部到先进地区和上级有关部门跟班学习锻炼。加大干部交流，市直机关关键、重点岗位工作满5年的99名干部全部调整到位。做好全省干部监督信息系统研发试点任务。探索“四步信访工作法”，严肃查处涉组涉干信访举报问题。开展档案遗留问题清理工作，全市消化处理遗留问题610个。对43个市直单位开展选人用人专项检查，做好省委巡视、市委巡察反馈意见整改工作，121项问题得到有效整改。严格执行个人有关事项报告制度，10名干部因不如实报告予以诫勉，不如实报告率较2018年下降23%。开展“万名干部下基层”活动。加大关心关爱基层干部力度，实现乡镇干部收入高于县级机关同职级干部10%以上，出台解决干部夫妻两地分居问题的意见办法，全面清理“一票否决”事项，加快推进乡镇“五小设施”建设，激励干部安心干事创业。牵头完成试点开发区体制机制改革，聚焦主业、瘦身强体，工作机构减少86%，人员减少65%，先后两次在省里介绍经验做法，开发区体制机制改革工作专班被评为全省“勇于创新奖”先进集体。

2019年12月16日，滨州市领导干部党的十九届四中全会精神第三期专题学习班在市委党校开班 （市委组织部 供图）

【党组织体系建设】2019年，市委组织部抓好“双规范双提升”工作机制落实，深化实施村级集体经济发展“清零·倍增”计划，集体经济3万元以下村比省定目标提前2年完成“清零”任务，省委书记刘家义对《滨州市党建引领发展壮大村级集体经济的做法和启示》批示肯定。推进党支部标准化规范化建设，完成涉及机构改革单位324个党组织调整理顺工作。全面提升农村党组织带头人素质，建立村党组织书记县级党委备案管理、日常调整任职资格联审、履职情况定期评估等制度，新调整村党组织书记254人，平均年龄下降3.5岁，高中（中技）以上学历的占比达到55%。开展村“两委”班子成员适岗能力评估，对11名年龄偏大、能力偏弱、工作长期打不开局面村党组织书记进行调整撤换。实施农村优秀人才“回引计划”，出台《关于实施“归雁计划”鼓励优秀人才到村任职村党组织书记的十条措施》，从机关干部、退役军人、离职退休人员和回乡创业优秀人才中选配村党组织书记169名。加大410个软弱涣散村（后进村）党组织整顿力度，清理撤换受过刑事处罚村干部44人。指导推动城市社区管理体制理顺，构建城乡社区治理“全科大网格”，规划建设城市社区84个，市县两级674个部门单位、3.5万名党员到95个社区报到，确定共驻共建项目719个。市人力资源和社会保障局“政策送到家门口”经验做法入选全省“双报到”典型案例（全省仅有6例）。深化“千名干部联千企”活动，安排1026名干部联系997家企业，解决企业需求1275项，争取各类资金1.01亿元。研发“宜企壹策”政策推送平台，推送政策1139条。选派400名干部组成41个服务队到基层开展为期2年服务工作。推进“两新”组织党建集中攻坚，全市选派党建指导员1341名，指导“两新”组织2181家。推进420所中小学校党组织关系理顺到市县两级教育工委，完成51家国有企业“党建入章”工作。做好党内激励关怀帮扶工作，制定《滨州市党内激励关怀帮扶实施办法（试行）》《滨州市党内关怀帮扶资金管理使用暂行办法》，结合庆祝建党98周年，对100名优秀共产党员、100名优秀党务工作者和99个先进基层党组织进行通报表彰，对中华人民共和国成立前老党员、生活困难党员、因公牺牲党员家庭等进行走访慰问，推进关心关爱基层党员常态化制度化。做好在京流动党员、退役军人党员和流动人才党员教育管理服务工作。深化共产党员“淬火工程”，培训党支部书记1.09万名、农村和社区党员10.7万名，做法在《人民日报·内部参阅》刊发。

2019年12月14日，2019年“赢在滨州”高层次人才创新创业大赛决赛颁奖仪式在滨州大饭店举行
（市人力资源和社会保障局　供图）

【人才战略实施】 2019年6月14日，全市“万名大学生进滨州、百名硕博士进事业单位”部署启动暨就业创业会议在滨州学院召开，“双进”工程启动实施。年内，市委组织部坚持以万名大学生、千名硕博士进滨州“双进”工程为统领，先后制定出台高质量“双招双引”二十条、开展“双进”工作2个综合性政策，以及人才医疗保健、大学生生活和租房补贴等15个配套性文件和操作细则。8月15—17日，“2019：渤海英才·博士故乡行”活动在滨州国际会展中心举行。全国28所高校、科研院所相关负责人，海内外的70多名专家学者、500多名优秀学子参加活动。11月28—30日，开展山东省“高层次人才鲁西行”滨州专场活动，举办山东省高层次人才发展促进会现代农业专委会年会，分产业组织专家与滨州企业开展人才项目对接。海内外的40余名专家齐聚滨州，与全市“十强”产业骨干企业对接桥谈，现场签约人才项目6个。以省级以上重点人才项目申报为抓手集聚领军人才，培养入选和全职引进省级及以上人才工程39人，比2018年增长21.9%，柔性引进省级及以上领军人才比2018年增长15%。10月21日，“赢在滨州”高层次人才创新创业大赛，首次设立北京、上海、济南、滨州4个分赛区，面向全国遴选高层次人才、高科技项目。开展“万名大学生进滨州”高校行活动，市领导分别带队到齐鲁工业大学、中央财经大学宣讲政策。市县两级举办各类招才活动130余场，引进本科以上大学生近1.1万人，其中硕博士近1500人，分别是2018年的1.9倍、2.8倍，首次实现人才流入流出基本平衡。选派15名高层次人才挂任科技副县（市、区）长。与中智（山东）、智联招聘（山东）等建立合作关系。7月1日，全市事业单位选聘硕博士工作启动开展，通过发布公告、个人报名、资格审核、面试评议、体检、考察等环节，一次性引进聘用硕博士245人。9月20日，市直机关事业单位选调市外滨籍工作人员工作启动，选调滨籍在外工作人员14人。与全国20多所高校合作成立“校地战略合作联盟”，在山东大学、江南大学、东华大学等11所高校设立“引才工作站”。实施“渤海英才”培育工程，评选“渤海英才·杰出贡献专家”33名，“渤海英才·N十佳”优秀人才140名。发放“渤海英才服务卡”，为人才提供24个方面精细化服务事项。制定出台《组织部门服务企业发展十项承诺》，每季度开展一次企业人才需求调查，助力企业招才引智。

【经济社会发展综合考核】 2019年，市委组织部制定出台《滨州市市管领导干部考核评价办法（试行）》《2019年度滨州市经济社会发展综合考核办法》《2019年度滨州市“双招双引”高质量发展专项考核办法》，发挥考核“指挥棒”作用，引导全市各级各部门坚持“事业工程化、工程责任化、责任数字化”，答“六问”践“八策”，深入实施“757”工作方案，推进2019年度市政府工作报告122项重点工作。在全省各市经济社会发展综合考核中，滨州市列第12名，比2018年上升4个位次。

【公务员管理】 2019年，市委组织部稳妥推进公务员职务与职级并行工作。印发《滨州市公务员职务与职级并行制度实施方案》，7月全面完成全市各级机关公务员职级套转工作。印发《滨州市公务员职级晋升工作实施方案》，全面启动全市公务员职级晋升工作。高标准维护公务员“阳光考录”品牌，全年考录公务员93人，其中面向本土优秀人才招录基层公务员10名。稳步推进全国全省“人民满意公务员集体”和“人民满意公务员”推选工作。

【庆祝中国共产党成立98周年大会召开】 2019年7月1日，市委召开庆祝中国共产党成立98周年大会。市委组织部按照党内有关规定和市委要求，集中1个多月时间，严把政治、实绩、廉洁、程序“四道关”，通过自下而上、逐级筛选推荐、实地考察等，确定滨州市优秀共产党员100名、优秀党务工作者100名、先进基层党组织99个。择优选取15个先进典型，在滨州电视台、《滨州日报》等媒体进行集中宣传报道，组织到部分单位进行宣讲，发挥榜样示范带动作用。

【干训工作顶层设计】 2019年，市委组织部出台指导文件，做好干部教育培训工作顶层设计。起草出台《关于贯彻〈2018—2022年全国干部教育培训规划〉的实施细则》《关于实施“干部专业化能力提升工程”的意见》《关于提升干部队伍专业知识、专业思维、专业能力的意见》3个制度文件，做好顶层设计，针对中央、省干部教育培训工作部署，市委市政府中心工作和高素质专业化干部队伍建设要求，对各县（市、区）和市直部门（单位）提出具体化实操性要求，并明确工作推进时间节点和原则标准，指导全市严格落实好中央、省市各项部署任务。

（张岩春）

2019年7月1日，滨州市庆祝中国共产党成立98周年大会在市政大楼召开

（市委组织部　供图）

宣　传

【概况】 2019年，全市宣传思想战线贯彻落实《中国共产党宣传工作条例》，守正创新、担当作为，各方面工作取得新进展、新成效。深入学习宣传贯彻党的十九届四中全会精神。市委宣讲团开展宣讲49场，开展“书记第一讲”；市委理论学习中心组集体学习21次，县级以上党委（党组）中心组学习1700余次，并进行巡听督学；加强基层理论宣讲，开展“中国梦·新时代”百姓理论宣讲200余场。做好庆祝中华人民共和国成立70周年工作。主要媒体开设“壮丽70年·奋斗新时代”专栏，举办红色故事讲解大赛、“时代新人说——我和祖国共成长”演讲比赛等50余项主题活动；创作演出弘扬老渤海精神大型吕剧《烈烈渤海红》《马耀南》，举办“辉煌七十年　富强新滨州”主题广场文化活动、“祝福祖国　唱响滨州”合唱会演、庆祝中华人民共和国成立70周年“黄河大合唱”等群众文化活动。严格落实意识形态工作责任制。市委常委会2次专题研究意识形态工作并向省委报告和通报情况，召开市委意识形态和宣传思想工作领导小组会议和4次会商研判会议，研究部署工作；统筹协调意识形态工作责任制落实，营造建设“富强滨州”浓厚舆论氛围。组织开展主题宣传，在省以上主流媒体刊稿1780余篇，“学习强国”平台刊稿2300余篇；开展舆论监督引导，组织开展“三亮”政务公开活动，播出《问政滨州》19期，举办例行新闻发布会35场；开展城市形象宣传，制作推出10部城市形象宣传片。培育和践行社会主义核心价值观。加强和改进典型宣传，5人入选“中国好人榜”、4人入选“山东好人之星”、35人入选“山东好人榜”、4人入选第七届全省道德模范，评选宣传第七届滨州市道德模范35名、“滨州好人”60人；全面推进新时代文明实践中心建设，建成中心（分中心、站）1690处，邹平市升级为国家级试点，滨城区新增为省级试点。加快推动文化高质量发展。开展文艺作品创作生产，2件作品入围省第十三届“文艺精品工程”，京剧《游百川》获第十六届中国戏剧节优秀剧目奖，渔鼓戏《老邢上任》获第十八届群星奖。推进乡村文化振兴，组织举办群众文化活动1721场、送戏下乡4556场。参展深圳文博会和山东文博会，获“优秀组织奖”“优秀展示奖”。聚力帮扶科右中旗脱贫攻坚和乡村振兴，创新实践农牧区融合发展肉牛产业扶贫新模式。

【党的十九届四中全会精神学习宣传贯彻】 2019年，市委宣传部把学习宣传贯彻党的十九届四中全会精神作为首要政治任务，印发《关于认真学习宣传贯彻党的十九届四中全会精神的通知》，制定《滨州市学习宣传党的十九届四中全会精神工作方案》，结合滨州实际，部署宣传贯彻党的十九届四中全会精神有关工作。开展精神宣讲，综合运用学习研讨、专题培训、理论报告会、集中宣讲等多种形式，先后邀请省委宣讲团领导到滨州宣讲，组织30余名领导干部和专家教授组成市委宣讲团，开展“书记第一讲”活动，把十九届四中全会精神学习引向深入。利用“学习强国”等载体平台创新宣讲方式，将全会精神内容推送到党员干部手中。持续营造浓厚氛围，发挥传统媒体、网络媒体及“两微一端”新媒体宣传效应，在重要版面和时段统一开设“学习贯彻落实十九届四中全会精神”“学习贯彻落实十九届四中全会精神·滨州在行动”专栏，组织刊发系列评论言论，将全会精神与滨州实际有机融合、深度耦合，营造学习宣传贯彻十九届四中全会精神浓厚氛围。

【庆祝中华人民共和国成立70周年群众性主题活动】 2019年，市委宣传部制定《滨州市庆祝中华人民共和国成立70周年活动工作方案》，组织开展形式多样、内容丰富的群众性主题宣传教育活动。举办缅怀革命先烈、红色故事讲解大赛、“中国梦·新时代·祖国颂”百姓宣讲、党史国史知识竞赛、理论研讨会、系列报告会等主题教育宣传活动。举办“庆祝新中国成立70周年”文学征文、书法精品展、大型摄影展、美术作品展等主题作品征集展示活动，开展庆祝“新中国成立七十周年——寻找共和国同龄人”等网络主题活动。举办“辉煌七十年　富强新滨州”主题广场文化活动、“千人黄河大合唱”合唱会演和“滨州市庆祝新中国成立七十周年‘黄河大合唱’交响音乐会”等群众文化活动。创作演出弘扬老渤海精神的大型吕剧《烈烈渤海红》《马耀南》，倡导国庆新民俗、打造爱国活动周活动，激发爱国热情，凝聚奋斗力量。

【理论学习】 2019年，市委宣传部印发《关于认真做好全市县级以上党委（党组）理论学习中心组2019年度理论学习工作的通知》，指导全市各级党委（党组）在学懂弄通做实上下功夫，推动习近平新时代中国特色社会主义思想落地生根。市委中心组带头严格落实中心组学习制度要求，年内，先后围绕习近平总书记系列重要讲话、党的十九届四中全会精神和中央重要决策部署等主题，通过研讨交流、举办各类报告会、读书班和进行党性教育、警示教育等形式，开展集体学习21次，其中专题学习研讨12次。组织全市10个（县、区）、市直部门单位和驻滨高校1500余名县级以上党员领导干部，集中观看学习中宣部内部警示教育片，并围绕“增强底线思维、做到居安思危”主题开展学习研讨。深入学习宣传党的十九届四中全会精神，组织举办省委宣讲团四中全会精神报告会，组建市委宣讲团，市委常委带头宣讲，在全市范围内开展“书记第一讲”活动，把四中全会精神学习引向深入。推进党委（党组）理论学习中心组巡听督学工作，年内巡听县（市、区）、市直部门单位、市属高校和大中型企业理论学习中心组49个。推介用好“学习强国”学习平台，建立起横向到边、纵向到底的市、县、乡、村四级学习组织架构，全市党员覆盖率100%，参与度45%；抓好学习平台宣传推广工作，组织开展“学习之星”“优秀管理员”评选、“学习达人”观影等系列活动；组建2个市级供稿工作室，针对平台特点、栏目定位和网络传播规律订制稿件，全年在“山东学习平台”发稿2100余篇，全国平台采用近200篇。发挥媒体、网络学习平台作用，打造《滨州日报》理论版和“理响滨州”微信公众号，全年理论版刊发20期，“理响滨州”公众号推送理论文章260余篇。开展“中国梦·新时代·祖国颂”百姓宣讲活动，全市各级举办巡回宣讲200余场，直接受众4万余人次。

【新闻舆论引导】 2019年，全市新闻舆论工作以做好庆祝中华人民共和国成立70周年宣传为主线，将新闻宣传、新闻发布、对外宣传等工作融入富强滨州建设大局，为全市经济社会发展提供坚强舆论支持。对上宣传，年内全市各级在省以上主流媒体刊发重点新闻稿件突破1780篇；完成省市“两会”宣传报道工作，在省级以上媒体刊发稿件50余篇；《新华通讯社·国内动态清样》第251期编发的《山东阳信探索在农村采用生物质燃料清洁取暖》，先后被中共中央政治局常委、国务院副总理韩正和省委书记刘家义批示；《新华社山东要情动态》第14期编发的《“榜样的力量是无穷的”——记“换肾书记”沈兴光和他的为民团队》，先后被省委书记刘家义和省委常委、组织部部长王可批示。重点宣传，做好庆祝中华人民共和国成立70周年、抗日战争胜利纪念日、“不忘初心、牢记使命”主题教育等重要活动宣传报道；围绕党委政府中心工作、全力做好抗击台风“利奇马”、全市企业家大会等重大活动宣传报道。宣传推介，拍摄制作《我爱滨州》《新动能、新铝程》《选择滨州、共创共赢》等10部专题片，策划印制《滨州老么好》外宣画册，编纂完成《中国国家人文地理》滨州卷，全面展现滨州历史文脉、地理风貌、人文资源、经济社会发展成就；持续办好《天南地北滨州人》外宣刊物，做好微信平台维护运营。舆论监督，研究制定《关于加强新闻舆论监督工作的实施意见》，建立起全市新闻舆论监督工作机制；组织新闻媒体对“年初亮目标、年中亮进度、年底亮成果”政务公开活动进行现场直播，“三亮”内容在重要媒体公开发布；开办“舆论监督类”问政节目《问政滨州》，全年播出19期。新闻发布，围绕党委政府中心工作，全年举办新闻发布会28场次，重点对《滨州市招商引资激励办法》《改善医疗服务、增进群众看病就医获得感》等体制机制创新等各项工作进行权威发布和深度解读。

【社会主义核心价值观宣传】2019年，市委宣传部以培养担当民族复兴大任的时代新人为着眼点，把社会主义核心价值观融入社会发展各方面。强化公益广告宣传。报纸、电台、电视台、网站按照全国文明城市测评标准要求在重要版面、重要时段、首页固定位置刊播公益广告；地名牌、公交站点、建筑工地围挡、垃圾箱、户外LED屏等实现公益广告全覆盖。抓好典型宣传。修改编辑全市庆祝改革开放40周年40人40事画册，滨城区税务局孙海林获评全省岗位学雷锋标兵，广泛开展“最美人物”系列推荐学习活动。深化爱国主义教育。举办滨州市红色故事讲解大赛，1人获省红色故事讲解大赛优秀奖；深入挖掘整理本地红色故事，4个故事入选省红色故事集；在滨州传媒网设置专题网页“滨州市优秀红色故事展播”，充分发挥爱国主义教育基地、纪念场馆教育功能，进一步加强讲解员队伍建设。开展“时代新人说——我和祖国共成长”演讲比赛，围绕“大国重器”等8个主题广泛发动各县（市、区）、市直部门推荐选手讲述与祖国共奋进的光荣奋斗故事，2人获省决赛三等奖、1人获优秀奖。加强企业思想政治工作，推荐的4名高级政工师和1名教授级高级政工师通过省级评审。

【全国文明城市创建】2019年，市委高度重视全国文明城市创建工作。市委116次常委（扩大）会议专题研究创城工作，先后两次召开高规格会议部署推进，16位市级领导参与对创城工作进行创城包保督导。继续深入实施小区、路段单位包保机制，进行“网格化”管理机制创新。全面摸清点位信息，建立测评点位信息库。对39种2000余个点位信息进行摸底，形成《2019年实地考察信息表》。全面开展实地督导，通过下发督导单（白色、黄色、红色）开展常态化督导工作，下发白色督导单1990份，黄色督导单99份；督导点位6268个，销号点位5914个；督导问题21253个，销号问题19962个，委托江苏某第三方机构分别于7月下旬、9月下旬、10月下旬进行三次模拟测评，对创建工作进行一次全方位体检。营造浓厚创建氛围，报道各类重要创城会议、创建活动等稿件近百篇，其中《余春明“点赞”创建全国文明城市志愿者》引起良好社会反响。以舆论监督推进工作整改，在滨州日报/滨州网、滨州电视台开设《创城红黑榜》《创城曝光台》等栏目曝光工作中发现问题。入户发放文化衫、志愿马甲、手提袋、拉杆箱等创城宣传品5万余份，致市民一封信20万份。

【乡村文明行动和移风易俗】2019年，市委宣传部坚持问题导向，围绕城乡环卫一体化工作和移风易俗工作联合相关部门召开推进会议，加强农村环卫运行机制建设，加强农村红白理事培训和宣传力度，对农村红白理事会成员进行登记备案，按照统一制式在村显著位置对红白理事会成员及职责进行公示。先后两次对县（市、区）乡村文明行动开展工作进行督导调研，提高乡村文明行动群众满意率。开展突出问题专项整治，针对群众反映强烈的恶俗闹婚问题，开展集中整治活动，有效遏制恶俗闹婚现象。9月，组织对各县（市、区）移风易俗、城乡环卫一体化群众满意度电话调查；10月，开展优秀红白理事组织和会长评选活动，网上群众参与率突破2亿人次。开展文明村创建活动，先后两次通过第三方对全市县级以上文明村达标情况进行实地测评。

【身边好人和道德模范推荐评选】2019年，市委宣传部推报入选“中国好人榜”3人、“山东好人之星”4人、“山东好人榜”38人、“滨州好人榜”60人，经初步筛选、召开评审会、征求意见、公示等程序，确定第七届滨州市道德模范35名。举行滨州市第七届道德模范颁奖典礼，表彰道德模范，4人入选第七届全省道德模范，为历年入选人数之最。在《滨州日报》、滨州文明网、滨州电视台等媒体开设道德模范事迹展示专栏，对各类典型人物进行集中宣传报道，利用微博、微信公众号等新传播方式广泛宣传道德模范先进事迹。组织市级道德模范进行免费健康查体，春节前走访慰问生活困难道德模范30名，每人慰问金2000元。

【志愿服务】2019年，市委宣传部利用“山东志愿服务网”系统平台加强志愿组织和志愿者统计、注册和记录等事项管理，至年底，64万余名志愿者完成注册。市直及滨城区13万余人次参加环境卫生整治志愿服务活动，4万余人次参加文明交通劝导志愿服务活动。推动新时代文明实践中心试点志愿服务工作，印发《关于成立滨州市新时代文明实践中心志愿服务总队的通知》，成立市新时代文明实践中心志愿服务总队，各县（市、区）均成立志愿服务队，围绕“习近平新时代中国特色社会主义思想”“乡村振兴战略”等内容开展多次基层宣讲，围绕“关爱空巢老人”“关爱留守儿童”“我们的节日”“学雷锋”等主题，开展助老扶弱、帮助留守儿童、节日文化等志愿服务活动。评选表彰2019年度“最美志愿者、最佳志愿服务项目、最佳志愿服务组织、最美志愿服务社区”，调动群众参与志愿服务积极性。

【文明单位建设管理】2019年，市委宣传部推进全市文明单位、文明校园创建管理工作。建设滨州市文明校园网上管理平台，实现文明校园管理考核常态化、规范化；制定出台《滨州市文明校园创建管理办法》《滨州市中小学文明校园测评细则》；开展2019年度省市级文明单位、文明村镇、文明社区及第二届省市级文明校园推荐评选工作，抓好354个省级文明单位，207个省级文明村镇，75个省级文明社区，11个省级文明校园；403个市级文明单位，1065个市级文明村镇，71个市级文明社区，50个市级文明校园常态化管理。

2019年6月20日，滨州市第六届"国学小名士"经典诵读电视大赛在滨州电视台演播大厅举办
（市委宣传部 供图）

【未成年人思想道德建设】 2019年，市委宣传部着力加强未成年人思想道德建设工作，创新深化中国梦和社会主义核心价值观教育，在全市范围内部署开展"扣好人生第一粒扣子"主题教育实践活动，包括"新时代好少年"学习宣传、"传承红色基因"系列教育、中华优秀传统文化传承、学雷锋志愿服务、"劳动美"社会实践、"阳光成长"心理健康教育等系列思想道德教育实践活动。持续开展"新时代好少年"学习宣传活动，评出2019年滨州市"新时代好少年"20名，其中邹平一中韩俊喆获评山东省"新时代好少年"。通过新闻媒体、校园媒体等对好少年先进事迹进行广泛宣传，组织广大未成年人进行学习。举办全市第六届"国学小名士"经典诵读电视大赛。组织开展全市优秀童谣征集推广和传唱活动。组织全市未成年人广泛开展"我们的节日"主题系列活动。年内，争取中央专项彩票公益金支持乡村学校少年宫项目资金210.7万元，新建邹平市孙镇第二小学等3所乡村学校少年宫，为农村孩子打造课外活动阵地。推进全市文明校园创建工作，起草制定《滨州市文明校园创建管理办法》《滨州市文明校园测评细则》，组织开展第二届省市级文明校园推荐评选表彰工作，评选表彰第二届市级文明校园20所，全市13所学校被评为第二届省级文明校园。

【新时代文明实践中心建设试点】 2019年，全市建成邹平市、沾化区、博兴县、惠民县4处县级新时代文明实践中心，三河湖、彭李街道等新时代文明实践分中心81处，玉龙湖社区、祥虹社区等文明实践站（所）1605处。邹平市由省级试点升级为国家试点，滨城区新增为省级试点。

【增强"四力"教育实践】 2019年，市委宣传部在全市宣传思想战线组织开展增强"四力"教育实践工作。4月12日，制定出台《全市宣传思想文化战线增强"四力"教育实践工作实施方案》，全面启动增强"四力"教育实践工作。至年底，重点围绕政治站位、视野眼界、工作作风、改革创新、能力本领等5个方面存在的突出问题，着力加强政治理论学习、改进调查研究、深化改革创新、开展业务大练兵，集中开展"磨砺'四力'强本领 守正创新促发展"大调研活动，开展党委（党组）理论学习中心组学习巡听督学，创新建立闭环式、扁平化舆情管理模式。

【县级融媒体建设】 2019年，市委宣传部印发《关于加强县级融媒体中心建设的实施方案》，明确县级融媒体中心建设目标任务、实施路径和时间节点。年内，全市7个县（市、区）融媒体中心全部挂牌成立。搭建起滨州党媒指挥调度中心，实现市级传媒集团新闻资源"一次采集、一键发布、多元呈现、多媒传播"的媒体管理格局。

（侯月亮）

统一战线

【概况】 2019年，全市统战部门和统一战线各领域、各界开展"不忘初心、牢记使命"主题教育，凝聚力、向心力、战斗力进一步增强。创新打造"e盏茶事"品牌，全年邀请14位市级领导及20余位部门主要负责人到"e盏茶事"开展活动，市民企商会招商专班开展各类"双招双引"活动26次，实际洽谈、签约、落地项目9个，超额完成招商引资任务。"百企帮百村"活动帮扶的100个贫困村全部脱贫；在东西扶贫协作中，企业帮扶投资总额达到6189万元，受帮扶村和帮扶人数增幅均居全省第一。依法管理宗教事务，深化宗教活动场所"四进"（国旗、宪法和法律法规、社会主义核心价值观、中华优秀传统文化进场所）活动。阳信县人民政府被国务院表彰为全国民族团结进步模范集体。党外干部配备有较大突破，新提拔党外干部正县级4名、副县级4名，新增1名党外正职，市政府组成部门党外正职达到3人。6个民主党派市委会秘书长、工商联1名副主席均兼任市人大、政协副秘书长或专门委员会副主任。统战工作效能增强，市县统战部门机构改革完成，市委统一战线工作领导小组工作制度和运转机制更加完善，党委统一领导、统战部牵头协调、有关方面各负其责的大统战工作格局巩固。

【服务经济发展】 2019年，中共滨州市委统一战线工作部（简称市委统战部）成立市民企商会招商专班，带领市工商联、异地商会、民营企业家开展“走出去”“请进来”等招商活动26次，通过路演推介、交流洽谈、考察对接等方式，实际洽谈、签约、落地项目9个，超额完成8亿元招商引资任务。市工商联开展“百企帮百村”振兴行动，帮扶的100个贫困村（省定88个、市定12个）全部脱贫；在东西扶贫协作中企业帮扶投入总金额达到6189万元，增幅全省第三，受帮扶村和帮扶人数增幅均居全省第一。各民主党派发挥资源丰富、联系广泛优势，参与统一战线争先创优活动，广泛开展社会服务和品牌创建。年内，开展捐资助学、送医下乡、关爱留守儿童、精准扶贫、法律下乡、公益讲座、特色帮扶等社会服务活动80余次，涉及文化、经济、法律、环境、医药卫生等多个领域。打造“同心关爱”“同心助力”“同心课堂”等一系列品牌，助力统一战线服务社会工作向纵深推进。

【非公有制经济领域统战工作】 2019年，市委统战部协助市委、市政府完善“开门决策”和联系服务经济组织制度。推动民营企业家进入政府智库，起草《促进非公有制经济发展联席会议制度》《完善支持民营经济发展若干政策的落实机制》《市级领导干部联系服务企业和商协会组织制度》等支持引导非公有制经济发展政策文件，成立促进非公有制经济发展工作专班，发挥各级工商联组织、协会商会在沟通政府和企业方面的桥梁纽带作用，开展送政策上门精准对接服务民营企业活动，助推非公有制经济健康发展。

【多党合作】 2019年，滨州市有6个民主党派市委会，1个省属总支部，下设支部67个，成员1135人，年度发展新成员78人。全市各民主党派、工商联和无党派人士“两会”期间上交提案211件，全市重点提案16件，民主党派提案12件，占75%，其中“一号提案”1件；市人大建议22条，重点建议1条，被列为“一号建议”。一批提案议案得到市委、市政府主要领导批示并督办。参与政党协商，按照《2019年度政党协商计划》安排，组织政党协商活动20余次，及时通报全市重大决策部署，就全市重大事项安排听取各民主党派、工商联和无党派人士意见建议。发挥“e盏茶事”联谊交友、政企互动、议政建言、人才智库作用，搭建党内外人士联系桥梁，14位市级领导和20余位部门主要负责人先后15次到“e盏茶事”开展协商，7个民主党派市委会（总支部）主委、市工商联主席、知联会会长、新阶联会长，83位民主党派人士代表和专家，25位民营企业家和港澳台侨人士代表参与，提出意见建议106条，其中优化营商环境建议21条、招商引智建议18条、民生建议28条。市各民主党派围绕“双招双引”、新旧动能转换、乡村振兴、脱贫攻坚、社会治理、民生保障、优化营商环境等深入一线调研，提交调研报告17篇，得到市委书记佘春明、市长宇向东批示。各民主党派参与全市重大决策部署、重点改革任务事项督察，提升民主监督实效，年内开展专项监督35次，市检察院、市教育局等17个部门聘任109名特约人员。组织40个部门、30名特约人员召开全市特约人员工作会议，下发《关于进一步加强和规范特约人员工作的实施意见》。全市各民主党派分别开展专项监督，民主监督职能得到有效发挥。

2019年滨州市各民主党派组织和成员情况统计表

表3

党派名称	组织（个）			成员（人）	
	县（市、区）委员会	总支部（基层委员会）	支部	新成员	总数
民革滨州市委	0	1	14	8	174
民盟滨州市委	0	0	12	20	242
民建滨州市委	0	1	12	12	168
民进滨州市委	0	1	8	17	149
农工党滨州市委	0	0	8	9	152
致公党滨州市总支部	0	1	5	5	83
九三学社滨州市委	0	0	8	7	167

2019年滨州市各民主党派参政议政情况统计表

表4

党派名称	担任人大代表（人）				担任政协委员（人）				滨州人大建议（个）	滨州政协提案（个）
	全国	省	市	县（市区）	全国	省	市	县（市区）		
民革滨州市委	0	1	2	0	0	1	16	18	2	48
民盟滨州市委	0	2	2	0	0	2	24	18	0	40

续表 4

党派名称	担任人大代表（人）				担任政协委员（人）				滨州人大建议（个）	滨州政协提案（个）
	全国	省	市	县（市区）	全国	省	市	县（市区）		
民建滨州市委	0	1	4	2	0	1	23	14	5	50
民进滨州市委	0	0	2	1	0	1	13	18	1	25
农工党滨州市委	0	0	1	1	0	0	12	19	0	48
致公党滨州市总支部	0	0	1	0	0	0	10	8	1	7
九三学社滨州市委	1	1	3	0	0	1	12	12	11	28

【党外知识分子和新的社会阶层统战工作】 2019年,市委统战部开展“百名专家教授联百企”活动，滨州学院专家教授成立专题小组解决东方地毯技术难题，学院实验室加挂企业实验室牌子，企业建立学院实习基地，开展校企长期合作。设立滨州市留学人员建言献策小组，成立“泛海扬帆山东大学生创业行动·滨州帆友会”，建设社员之家，加强党外知识分子队伍建设。引导新的社会阶层人士开展“慈善情·送光明”贫困眼病患者救治、“反校园欺凌宣传月”等活动，发挥新阶联会员服务社会作用。

【党外代表人士队伍建设】 2019年，市委统战部制定政协委员进退流转制度，确保政协委员党外比例达到考核标准。召开党外干部座谈会、举办第七期党外中青年干部培训班，对全市830余名党派成员进行集中轮训。推荐1名党外干部到省党外代表人士实践锻炼基地挂职锻炼，做好省派第7批1名到省党外代表人士实践锻炼基地挂职锻炼和市派第8批4名挂职锻炼党外干部的跟踪了解和考核。新提拔党外干部正县级4名、副县级4名，新增1名党外正职，市政府组成部门党外正职达到3人（市文化旅游局、市农业农村局、市医保局）。7个民主党派市委会秘书长、工商联1名副主席均兼任市人大、政协副秘书长或专门委员会副主任。

【港澳人才工作】 2019年，市委统战部做好人才调查工作，掌握滨州籍香港高端人才信息52人，其中硕士研究生23人、博士生17人、本科在读3人、经商人士7人、香港居民2人。通过香港山东商会联合总会会长王殿杰、香港山东商会联合总会滨州分会会长李风葳邀请香港高端人才、商界人士参加滨州市“2019渤海英才·博士故乡行”活动，了解滨州“双招双引”优惠政策和企业对高端人才的需求，宣传国家对港澳方针政策。

【侨务工作】 2019年，市委统战部参与“2019渤海英才·博士故乡行”活动，邀请俄罗斯山东同乡会、法国山东同乡会会长、副会长到滨州考察对接。建立海外人才信息库，收录1200余名海外人才信息、30余个海外社团信息，其中海外留学硕士研究生581人、博士以上学历314人。结合走访侨企、侨属、侨眷等时机，宣传党的侨务工作政策，做到《归侨侨眷权益保护法》进社区、进侨企、进侨户。指导、协助山东省中华文化传承基地无棣县李山美术馆和惠民县孙子兵法城做好相关涉侨活动，推荐滨州职业学院争取山东省华文基地。

【“e盏茶事”品牌建设】 2019年，市委统战部牵头协调投资300余万元，建成使用面积350平方米、全媒体覆盖的“e盏茶事”。邀请市委书记佘春明、市长宇向东等14位市级领导及20余位部门主要负责人先后15次到“e盏茶事”开展活动，7个民主党派市委会主委、83位民主党派代表人士和专家、25位民营企业家和港澳台侨代表人士参与其中，提出意见建议106条，其中优化营商环境建议21条、招商引智建议18条、民生事业建议28条。梳理汇总出的意见建议均汇报给市委、市政

2019年4月20日，市委常委、组织部部长曾晓黎（右三）参加“e盏茶事”人才工作座谈会

（市委组织部　供图）

府，并转交有关部门和县（市、区）落实。“e 盏茶事”被写入 2019 年市政府工作报告，9 月被确定为全市改革创新项目参加全省评选，11 月得到省委统战部主要领导批示，作为典型经验全省推广，并在《联合日报》《大众日报》《山东统一战线》《中国统一战线》上刊登。《搭建“e 盏茶事”常态化政企沟通平台》获评全省统战工作实践创新成果。

【“不忘合作初心、继续携手前进”主题教育】 2019 年，市委统战部纪念中华人民共和国成立 70 周年，政协成立 70 周年和多党合作制度确立 70 周年，支持各民主党派开展“不忘合作初心、继续携手前进”主题教育，在全市广大党外知识分子中深入开展“弘扬爱国奋斗精神、建功立业新时代”活动，举办各民主党派和无党派人士暑期研讨班、各民主党派成员集中培训班，培训 830 余人、2000 余人次。各民主党派分别组织到延安、西柏坡、临沂、威海等地接受红色教育。开展中华人民共和国成立 70 周年“我和我的祖国——党派人物风采展”，协助各民主党派举办中华人民共和国成立 70 周座谈会、茶话会、书画展、摄影展、文艺演出、朗诵、系列征文、情景剧等一系列活动。

【统战机构改革】 2019 年，市委统战部和市民宗局、台办、侨办 14 个科室重新整合为 10 个科室，并成立机关党委，市委统战部统一管理对台工作、民族宗教工作、侨务工作，统战工作力量进一步整合。市委统战工作领导小组全年召开会议 3 次，建立《市委统战工作领导小组成员单位工作职责》《统一战线工作领导小组办公室工作细则》等制度机制，统战工作领导小组作用得到更好发挥。

（王　琼　商　月）

政策研究

【概况】 2019 年，中共滨州市委滨州市人民政府政策研究室（简称市委市政府政研室）围绕服务大局“一个中心”，聚焦调查研究项目化、决策咨询科学化、政策供给精准化、改革创新品牌化“四化目标”，强化党建引领、人才支撑、激励约束“三大保障”，着力实施“十九项重点任务”，各项工作都取得新进展、新成效。年内，起草市委各类会议重要文稿 86 篇、市委文件 34 篇、报省委省政府各类工作报告 37 篇，组织撰写 51 篇调研报告，呈报《决策参考》32 期，编发《富强滨州》4 期，省市领导作出批示 32 条。在省级以上报纸刊物刊发各类署名文章、理论文章 35 篇。聚焦“精准精细”起草重要文稿。领会和把握领导思路和讲话风格，高站位高标准起草和审核市委文稿，力求每一篇文稿都高度够、表达准、特色明、有新意，用数据支撑、事例论证，发挥服务决策以文辅政作用。聚焦“富强滨州”建设深入调查研究。发挥牵头抓总作用，研究确定全市 60 个重点及专项调研课题，形成一批含金量高的调研报告。聚焦“参谋助手”深入服务决策咨询。全面研判滨州市经济社会发展形势，深入分析发展现状、趋势和存在问题，发挥决策咨询参谋作用，为市委提出“757”工作方案等一系列重要决策提供重要参考，推动“富强滨州”建设。

【综合文稿】 2019 年，市委市政府政研室围绕市委、市政府中心工作，高站位做好重要会议文稿起草、高标准做好综合报告撰写、高质量做好重要文件制定等工作，发挥好以文辅政、参谋助手作用。年内，撰写市委主要领导在市“两会”、市委九届九次全会、市委九届十次全会等重要会议上讲话稿 86 篇，起草上报省委、省政府各类报告 37 篇，撰写制定市委文件及报告 34 篇。特别是在深入讨论、集思广益基础上，协助市委书记佘春明在市“两会”提出“六问”“八策”，引起强烈反响。起草世界高端铝业峰会欢迎辞、全市企业家大会讲话等多篇讲话文稿，引发各方面关注。发挥文稿服务作用，选派 4 人参与市委“不忘初心、牢记使命”主题教育领导小组办公室工作，起草各类重要文稿 50 余篇。选派 2 人参加全市“担当作为、狠抓落实”工作专班，完成文件制定、调度督导、梳理总结等工作任务。选派 1 人参加“开发区体制机制改革”专班工作，组织筹备 2 次开发区改革推进会议，编制施工图及任务分解表。选派 1 人参加中央、省级环保督察反馈问题整改工作领导小组工作，起草完成市领导讲话 15 篇、环保督察反馈问题整改进展情况报告 48 篇。

【调查研究】 2019 年，市委市政府政研室立足调研工作制度化、常态化，建立统筹全市大调研工作机制，牵头构建起上下联动、左右互动、多方参与、资源共享的全市一盘棋“大调研”格局，完成 18 个由市级领导牵头的重大调研课题和 42 个由县（市、区）、市直部门牵头的专项调研课题。由单位各班子成员牵头，围绕“富强滨州”建设重点工作，分别组织调研专班，分专题在市内和到发达地区学习考察，形成调研成果 51 项。年内，呈报《决策参考》呈阅刊 22 期、改革刊 10 期，编发《富强滨州》6 期，省市领导作出批示 32 条。在省级以上报纸刊物刊发各类署名文章、理论文章 35 篇。《大数据“引擎”传统产业转型升级——以滨州市“大数据助推传统产业发展”为例》调研成果，在省政府研究室《决策参阅》刊发，并呈报省四大领导班子。向省推送申报山东省政府系统 2019 年度优秀调研成果 12 项，其中市委市政府政研室（市委改革办）《关于乡村振兴工作的调研与思考》获一等奖。

【决策咨询】 2019 年，市委市政府政研室切实做好参谋助手，开展研究、提出对策，做好决策咨询服务工作。突出“内脑”和“外脑”相结合，在凝聚全市政研系统智慧力量同时，筛选和聘请一批市外具有较高威望和较大影响力的党政领导干部、教授专家，聚焦会商探索“富强滨州”建设新路径、新模式、新机制。全面研判全市经济社会发展形势，深入分析发展现状、趋势和存在问题，对全市经济社会发展重要数据等进行研判预测，提出有针对性建议。“富强滨州”建设“757”具体工作方案、“3511”工程，以及推动高质量发展、服务企业发展、“双招双引”等一系列含金量高的政策，都是通过调研、论证，协助市委提出的。

【《富强滨州》创刊】 2019年4月，《富强滨州》创刊。《富强滨州》是由市委市政府主管主办、市委市政府政策研究室负责编辑发行的机关刊物，为双月刊。该刊物以“解放思想的前沿阵地、深化改革的宝贵智库、政策调研的标杆典范、信息解读的学习平台、联系各界的桥梁纽带”为办刊宗旨，主要栏目包括重要工作部署、专题策划、调查研究、政策解读、改革实践、县（市、区）（部门）论坛、镇办阵地、经济动态、学思践悟、魅力滨州等。年内，编辑出版6期，总文字量达到60万字、图片500余幅，得到市委市政府领导及社会各界的广泛认可。刊物面向省委省政府有关部门、在职及退离休市级领导、市直部门单位及驻滨单位、各县（市、区）、市属开发区和乡镇（街道），以及全国有刊物交流关系的地市和“地方全面深化改革”调研基地市等，进行发行交流，发行量为2800份，对内凝聚起富强滨州建设的共识和合力，对外宣传推介滨州，提升滨州的影响力和美誉度。

（李迎滨）

机构编制

【概况】 2019年，中共滨州市委机构编制委员会办公室（简称市委编办）贯彻执行中央、省关于机构编制管理各项政策规定，强化担当、聚力攻坚、狠抓落实，各项工作取得新进展新成效。全面完成市县两级304个党政机构组建挂牌、领导班子配备、人员转隶、“三定”制定、限额外行政机构清理、承担行政职能事业单位改革等任务。根据中央、省关于事业单位改革部署要求，区分事业单位不同情况科学推进改革。牵头负责开发区机构设置、人员编制情况摸底、管委会职能剥离、开发区权责清单编制四项任务，取得阶段性成果。规范“属地管理”工作取得阶段性成效，责任清单呼叫乡镇（街道）、呼叫事项基本达到“两个全覆盖”，责任清单每周呼叫数量和办结质量实现“双提升”。编制公布市县权责清单，其中市级权责事项5193项、县级权责事项33460项。结合部门“三定”规定，推进部门领域内、跨领域、跨部门综合执法改革。整合部门内部执法职责、机构和队伍，市级由26支整合为13支（副县级10支，正科级3支），县级由52支整合为43支，并实行一支执法队伍、一个职能科室对外执法。

2019年7月12日，市委市政府政研室举办“改造我们的能力”——“富强滨州”解放思想大讨论活动

（市委市政府研究室　供图）

【事业单位改革】 2019年，市委编办根据中央、省关于事业单位改革部署要求，区分事业单位不同情况科学推进改革。根除“事业局”。将事业单位承担行政职能划归机关，根除“事业局”；市级承担行政职能科级事业单位全部剥离行政职能，县级事业单位取消行政职能后，由62个（正县级27个、副县级35个）减为24个，县（市、区）撤、降承担行政职能科级事业单位185个。对职责交叉、力量分散事业单位，进行清理、撤并和整合，事业单位职责更加清晰明确。破局攻坚“事改企”。市属从事生产经营活动事业单位24家，符合转企条件7家，原滨州公路工程处、滨州公路工程监理处、市公路勘察设计院、公路养护处4家单位转企改制整合组建为滨州市交通发展集团有限公司。原市粮油批发市场、市建筑设计研究院、市水利勘测设计研究院3家单位转企方案市政府完成批复。规范界定涉改事业单位职责。按照“突出重点、统筹兼顾”原则，组织工作专班，全面完成承担行政职能涉改的35个县级事业单位主要职责、内设机构及科级领导职数界定工作。同步推进业务范围清单化管理，将市直全部347家事业单位业务事项以清单形式固定，全面印发并向社会公开。

【开发区体制机制改革】 2019年，市委编办牵头负责开发区机构设置、人员编制情况摸底、管委会职能剥离、开发区权责清单编制四项任务，均取得阶段性成果。统筹优化机构设置。以“优化协同高效、聚焦主责主业、管理转向服务、取消机构规格”原则，实行“大部门、扁平化”管理，尤其对实行“一区多园”开发区加大整合归并力度，从严控制管理机构和派驻机构数量。在充分沟通、详细研究基础上，4个试点开发区管理机构和派出机构于10月21日全部设置完毕，并挂牌运行。稳步剥离管委会职能。承接省委编办安排，分类编制国家级开发区和县属省级开发区管委会的职能剥离目录，至10月20日，4个试点开发区均完成目录编制及审核工作；经审核，滨州经济技术开发区剥离社会事务管理职能88项，开发运营职能19项；高新区剥离社会事务管理职能39项，开发运营职能8项；北海经济开发区剥离社会事务管理职能92项，开发运营职能17项；邹平经济技术开发区剥离社会事务管理职能12项，开发运营职能6项。编制管委会权责清单。按照“解放思想、大胆探索、先粗后细、协同推进”的工作思路，采取“先粗后细”“三上三下”的工作方式，进行多轮精准梳理；在反复沟通、研讨论证的基础上，突出主责主业、因地制宜，对权责事项逐项精准分析商定，形成市属开发区管委会权责清单，确定滨州经济技术开发区权责事项78项、高新区368项、北海经济开发区236项。

【综合执法改革】 2019年，市委编办推进部门领域内、跨领域、跨部门综合执法改革。按照精简高效原则，结合部门“三定”规定，整合部门内部执法职责、机构和队伍，市级由26支整合为13支（副县级10支，正科级3支），县级由52支整合为43支，并实行一支执法队伍、一个职能科室对外执法。组建综合执法平台工作专班，开展综合执法平台建设实地调研，到广西南宁市和北海市学习智慧城市管理系统和北海E眼综合执法平台建设经验，会同市城管局研究形成工作方案，将交通运输、市场监管、文化市场、自然资源和规划、城乡建设与人防工程、城市管理等执法事项纳入市级综合执法平台，并设立市城市管理综合执法调度中心，配齐工作力量，实现对全市行政执法队伍有效指挥、调度和监督，进一步提升执法效能水平。

【市县权责清单】 2019年4月29日，全省规范和完善权责清单制度工作会议后，滨州市组建工作专班，制定实施方案，统筹推进市县两级权责清单编制公布工作。创新实施先线下、后线上，先面后点、集中攻坚，试点先行、并联审核，以干代训、上下联动等工作模式，攻难点、疏堵点，逐项梳理审核，厘清职责边界，有效避免职责交叉、监管空白、落实不力等问题。市县两级分别于7月20日和8月9日完成权责清单编制公布工作，比省规定时限分别提前11天、22天，其中市级权责事项5193项、县级权责事项33460项。为推动部门依法依规履职、权责无缝衔接提供有效依据。

【党委政府协调机构清理规范】 2019年，市委编办加强对市委市政府议事协调机构规范管理，理顺权责关系，提高行政效能。按照“严格口径清存量、严格条件提质量、严格要求控增量”原则，在市县两级同步开展议事协调机构清理规范工作。清理规范后，233个市级议事协调机构，保留177个，撤销56个。县级议事协调机构1032个，保留907个，撤销125个。

【机关事业单位精细化管理】 2019年5月始，市委编办按照“以企业管理思维抓政府管理，学习现代企业管理模式”和“全领域流程革命”要求，探索实施机关事业单位精细化管理改革。通过深入调研、学习考察，研究起草《关于实施机关事业单位精细化管理推进流程再造的意见（讨论稿）》。借鉴企业管理思维和模式，运用大数据技术支撑，在机关事业单位实施精细化管理，推进工作流程再造和岗位精准管理，构建“工作流程优化、岗位职责明细、绩效考核准确、职能监管实时、编制管理动态”智能评价分析系统，为提升政府效能、激励考核干部、科学管理编制提供精准参考依据。机关事业单位精细化管理平台初步搭建，系统开发全面启动。

【乡镇属地管理规范】 2019年，市委编办成立工作专班，围绕自然资源和规划领域，深入7个县（市、区）和14个乡镇（街道）进行实地调研。针对违法占地，农村宅基地、承包地所有权和使用权争议纠纷等方面有关的权责事项不清晰、协调机制不完善、考核指标不合理、追责依据不充分等问题，多次召开专题会议研究，形成自然资源规划领域9项县乡主体责任和配合责任清单目录，及时上报省委编办，为进一步落实“乡呼县应、上下联动”提供实践支撑。责任清单呼叫乡镇、呼叫事项基本达到“两个全覆盖”，责任清单每周呼叫数量和办结质量实现“双提升”。夯实工作基础，做到蹄疾步稳。组建由市委常委、组织部部长任组长的工作专班，制定时间表、路线图、责任状，精心组织实施，有序有力推进工作，9月全面完成以“一张责任清单、一幅流程图、一个运行平台、一套保障机制”为主要内容的“四梁八柱”。采取以会代训、现场交流、一线指导等形式对乡镇（街道）、相关职能部门主要负责人和业务骨干业务进行全部培训，培训人员达8000多人次。营造舆论氛围，组建县（市、区）微信交流答疑群，及时回应解答疑惑，吸纳意见建议20余件，印发各类制度图片、流程说明等宣传资料1.5万份。把握关键环节，做到有序有力。平台运行初期，针对呼叫数量少、乡镇覆盖面窄情况，采取“四不两直”方式深入全市六分之一乡镇（街道）进行实地督促指导；县级层面派人到辖区所有乡镇（街道）进行“一对一”指导，呼叫量由全市每周不到10个，增加到每周40个左右。明确对平台转来的呼叫事项回应办理程序与时限，建立起跨部门配套联动机制，强化清单事项履职情况监管。培植典型，每个县（市、区）选择1～2个条件好、基础强的乡镇（街道）作为工作样板，每个乡镇（街道）选择1～2个呼叫事项作为素材，演练操作规程。10月，组织筛选违建整治、成品油监管、扬尘防治等10个不同类型的典型案例，在全市层面进行推介，提供更加具体务实参照遵循。探索对平台载体建设、呼叫方式内容以及工作流程进行流程再造，加快同社会治理全科大网格平台融合步伐，打造规范“属地管理”工作升级版。强化制度保障，做到落地见效。各县（市、区）均召开党委常委会议就强化机制运行提高“呼应”质量水平议题作研究安排，对规范“属地管理”工作进行再动员、再部署，明确要求县级领导干部负责做好所联系乡镇（街道）、所分管部门规范“属地管理”工作落实与推进。将规范“属地管理”情况列入重点督查事项、市县巡察、审计监督重要内容和“不忘初心、牢记使命”主题教育即知即改内容，限时整改到位，定期通报进展情况，有力推动各项工作任务落实落地。

【机构编制日常管理】 2019年，市委编办与市委组织部联合起草《2019年度滨州市经济社会发展综合考核办法》，制定《2019年度市直事业单位绩效考核实施方案》，在考核总分值设置上由百分制调整为200分制，党的建设情况由定量指标调整为定性指标，新增承担省级指标、对上争取加分项和负面清单扣分项，考核导向作用更加明确。高层次人才引进突出更加优惠、更加务实、更加管用，按10%比例调剂97名财政拨款事业编制，纳入高层次人才编制“蓄水池”，及时下达648名用编进人计划，满足“英才计划”“百名硕博士进事业单位”等专项行动用编需求。研究起草《机构编制动态调整管理办法（试行）》，寻求破解编制“一定终身”“部门所有”、余缺调剂难等制度障碍有效路径，保重点、保民生、保一线、保基层。严格出入编手续办理程序，做到编制台账、信息系统、电子台账、实名制管理手册“四统一”。及时分解下达追加用编进人计划，下达县（市、区）公务员追加计划15名，下达县（市、区）事业单位追加计划719名，保障重点领域及基层一线使用编制的需求，无超编进人和超计划用编行为。市委编办组织5个评估组对7个县（市、区）和36个市直部门全面开展机构改革实地调研评估。通过实地调研、座谈交流、随机走访、查阅资料、数据汇总等方式，摸清、摸透、摸实工作情况，总结经验做法和取得成效，挖掘亮点典型，研究分析改革后续过程遇到的难点问题，形成总结调研报告和解决方案，推动各项改革举措落地生效。市委编办会同市财政、市人力资源和社会保障以及县（市、区）对口部门抽调17人组成3个联合调研组，对全市乡镇（街道）编外用人情况进行全覆盖式调研核实。针对进入方式、经费来源、用工形式、岗位类别进行情况梳理、原因分析，并从正确界定编外人员、合理确定范围、科学核定员额等方面提出对策建议。

（高　迪）

对台工作

【概况】 2019年，市委统战部贯彻中央、省委、市委对台工作决策部署，服从服务于两岸关系和平发展与全市经济社会发展大局，打造对台交流“品牌”，突出“双招双引”，积极作为，务实创新，强化措施，各项工作取得明显成效。全市新增台资企业4家，总投资6.21亿元，合同台资6.08亿元，到位台资3540万元。全年接待到滨团组9个139人次，到滨台胞139人次，办理应邀赴台团组30项73人次。第十一届海峡两岸（滨州）孙子文化论坛、滨台现代农业产业合作推介洽谈会、中国台湾青年助力富强滨州建设暨2019滨台项目对接座谈会三项活动被评为“全省优秀对台交流项目”。

【对台经贸】 2019年，市委统战部通过以商招商、产业招商和举办节会等措施，围绕滨台互补产业，开展“双招双引”活动，取得显著成效。中国台湾新格集团总投资6亿元的30万吨再生铝暨环保科技项目落户邹平，滨州新格有色金属有限公司成立，到位资金3500万元。9月，总投资100万元的青禾坊商贸有限公司成立，主营进口食品、保健品贸易，到位台资40万元。山东紫海健康产业有限公司和山东紫海佐根科技有限公司总投资2000万元，12月完成公司注册。阳信长威电子有限公司年增资4200万元用于技术改造和升级。第十一届海峡两岸（滨州）孙子文化论坛期间，举办“两岸艺术家海瓷文化交流汇”、“游芝麻生态园、品台湾麻油鸡”休闲娱乐农业游园活动、“富强滨州”产业交流会；第25届鲁台会期间，举办“2019年滨台现代农业产业推介洽谈会”和“台湾青年助力富强滨州建设暨2019年滨台项目对接座谈会”等活动，拓展对台交流平台，丰富对台经贸成果。

【对台交流】 2019年，市委统战部加大岛内社会团体与滨州各行业、各领域和社会各界交流力度。规范应邀赴台工作流程，制作流程图，明确提交材料及办理时限，为组团单位做好说明沟通、做好服务。加强赴台交流成果、洽谈项目跟踪落实，定期调度项目进展情况，增强交流实效。举办第十一届海峡两岸（滨州）孙子文化论坛开幕式、主题论坛、第十届海峡两岸（滨州）青年学生孙子兵法辩论赛、首届海峡两岸（滨州）护理高峰论坛、“两岸一家亲·共圆中国梦”联谊活动、中国台湾师生齐鲁文化体验行、乐安孙氏后裔祭拜典礼、孙子文化书画交流展等系列活动。滨州职业学院在滨州与台北成立“滨台产学研交流中心”基础上，组织师生赴台开展教育培训，滨台教育机构在办学经验、教学理念和前沿学科研究等方面实现优势互通、融合发展。

【对台宣传】 2019年，市委统战部邀请中央广播电视总台、《人民日报》等主流媒体对第十一届海峡两岸（滨州）孙子文化论坛、中国台湾青年助力“富强滨州”建设暨2019滨台项目对接座谈会进行专题报道。在央视4套《海峡两岸》栏目播出《台湾青年创业协会一行到滨州参访考

2019 年 7 月 6—8 日，首届海峡两岸（滨州）护理高峰论坛在滨州职业学院举办
（市委统战部　供图）

察》（5 月 5 日）、《两岸孙子文化论坛在山东滨州开幕》（9 月 17 日）2 条新闻，总时长 1 分钟。中国台湾《旺报》6 月 12 日整版刊登《滨州惠台 76 条，强化孙子文化交流》。运用中国台湾网、华夏经纬网、山东台办网、山东统一战线、滨州统一战线等网络平台，刊登涉台信息 100 余条。

【台胞台商服务】 2019 年，滨州市出台《关于促进滨台经济文化交流合作的若干措施》，为滨州台胞在滨州学习、创业、就业、生活提供与滨州居民同等待遇。机构改革后第一时间召开在滨台商座谈会，通报机构改革情况。举办"月圆滨州 2019 中秋招待会"，开展惠台措施"三进"（进台企、进机构、进窗口）活动。制定对台服务流程图，从主动服务和受理投诉两个横向角度，从在滨台商、到滨台商两个纵向角度为台胞台企提供规范化服务。受理台商投诉案件 3 起，结案 3 起，最大限度保障台商台企合法权益。

【2019 滨台项目对接交流活动】 2019 年 4 月 26—30 日，中国台湾青年创业考察团一行 16 人到滨州参访考察。考察团一行对现代农业、海洋养殖深加工、养老产业等方面进行实地考察。到滨人员中，90% 是"青年首来族"，有一定的家庭背景、创业经历和行业经验。通过推介、考察、座谈、交流等活动，提升滨州在台知名度和美誉度。中央电视台在《海峡两岸》新闻时段播放中国台湾青年创业考察团到滨考察情况，省委统战部微信公众号发布活动信息，点击量达 3.9 万次；山东省台办网、中国台湾网、华夏经纬网等媒体相继发布中国台湾青年创业考察团到滨考察信息。

【滨台现代农业产业合作推介洽谈活动】 2019 年 9 月 4—5 日，中国台湾现代农业考察团一行 12 人到滨州市考察，考察采取实地考察和座谈交流两种形式，台商对中裕集团一、二、三产融合发展，以及闭环生产模式给予肯定。中国台湾企业家在精致农业、农产品加工、农业生产技术创新、农业产供销一体化、农业经营专业化等方面给予滨州技术指导和理念嫁接，弥补滨州农产品品牌、农业企业品牌、地理标志品牌较少，农产品附加值较低的短板。

（胡　建　孔令芝）

机关党建

【概况】 2019 年，中共滨州市委市直机关工作委员会（简称市直机关工委）贯彻习近平总书记在中央和国家机关党的建设工作会议上的重要讲话精神，突出党的政治建设，着力抓好"不忘初心、牢记使命"主题教育、"富强滨州"解放思想大讨论活动，深入开展机关党组织标准化创建提档升级、标杆党支部创建、"党建引领、窗口点亮"行动等各项工作，机关党的建设取得新进展。11 月，通过创建省级试点党组织标准化验收，成为全省首个党组织建设地方性标准。在国家级刊物《机关党建研究》刊发经验做法并在全省机关市县工委书记座谈会上作典型发言。举办第十七届市直机关运动会、"百日健步走，相聚梁家河"万名党员健步走等健身活动，市直部门 74 个代表队 5000 多名党员干部参加。举办市直机关"祝福祖国　唱响滨州"庆七一文艺会演、"亲近黄河　情系滨州"音乐会等机关文化活动。至年底，市直机关工委有直属党组织 87 个。其中直属党委 51 个、直属党总支 12 个、直属党支部 24 个，市直机关有党支部 613 个、党员 12354 名。

【政治建设】 2019 年，市直机关工委树立政治机关理念，落实全面从严治党主体责任，制定《2019 年度市直部门单位机关党组织书记落实党建工作目标责任清单》《关于指导督促部门单位党组（党委）履行机关党建主体责任的意见（试行）》《2019 年市直机关纪检监察工作要点》等规范性文件，进一步明确工作任务，压实工作责任。严格落实"三会一课"（支部大会、支部委员会、党小组会，党课）、主题党日、民主生活会、组织生活会等各项党内政治生活，全年召开全委会 32 次、书记办公会 41 次。严格落实意识形态工作责任制，定期召开会议专题研究意识形态工作，每半年向市委报告意识形态工作情况，在《滨州机关建设》刊物和网站、微博、微信等新兴媒体对先进典型和先进事迹进行宣传报道，唱响主旋律，壮大正能量，牢牢把握意识形态工作主导权和话语权。

【思想建设】 2019 年，市直机关工

委开展“不忘初心、牢记使命”主题教育，研究制定实施方案，推动主题教育走深走实。组织市直机关各级党组织开展“富强滨州”解放思想大讨论活动，组织部分领导干部到广州、深圳、珠海等先进地区对标学习。活动期间，市直部门单位通过多种形式征求意见建议1419条；开展集中学习研究384次，外出对标学习234次，参加人数1813人次。组织党的十九届四中全会精神宣讲、全市机关党务干部培训、基层党支部书记培训等理论培训，进一步提升理论修养，坚定理想信念。

【基层组织建设】 2019年，市直机关工委有序推进党组织“标准化”创建，梳理政治建设、思想建设等6个方面、细化量化67项工作标准，制定印发《市直机关标准化指引（试行版）》，完善“六有阵地”建设和基层基础工作规范，形成目标科学、标准统一、规范有序、量化管理党建标准化体系，全市2512个基层党支部三年实现全覆盖。11月11日，省市场监管局专家组一行对全市标准化党组织创建进行实地验收，滨州市以92分的优异成绩通过，完成省级试点任务。部署开展标杆党支部创建，以“领导班子好、党员队伍好、工作机制好、工作业绩好、服务群众好”为建设标准，以标杆党支部创建为统领抓实抓牢机关党建工作。

【作风建设】 2019年，市直机关工委组织开展“党建引领　窗口点亮”行动，发挥党员先锋模范作用，提升为民服务质量水平。开展“聚力扶贫——党员在行动”，打出党员旗帜、亮出党员身份，发挥先锋作用，助力脱贫攻坚，近50个单位、1500多名党员志愿者，走访困难群众500余户，捐款捐物，奉献爱心。指导85个机关党组织推进“双报到”工作，推动机关党建资源向社区下沉，组织开展党员志愿服务活动，认领“微心愿”，贡献“微力量”，实现机关党建与社区党建共联共建、机关党员与基层党员互促共进。

【纪律建设】 2019年，市直机关工委严格落实全面从严治党主体责任和班子成员“一岗双责”，层层签订《2019年度党风廉政建设责任书》。健全完善纪检监察机构，推动部门单位机关党委设置机关纪委19个，专兼职纪检委员66名。坚持把纪律挺在前面，综合运用监督执纪“四种形态”，抓早抓小，防微杜渐。利用主题党日活动，组织党员干部观看警示教育片、集中学习违法违纪案件相关文件，以案释纪、以案明纪；组织观看廉政豫剧《九品巡检暴式昭》，开展课堂＋基地教育活动，筑牢拒腐防变思想防线。

【市直机关党的十九届四中全会精神宣讲】 2019年，市直机关工委为深入学习宣传贯彻党的十九届四中全会精神，帮助党员干部全面准确理解其精神实质和丰富内涵，推动理论学习入脑入耳入心，按照市委统一部署，在市直机关开展党的十九届四中全会精神宣讲活动。成立市直机关党的十九届四中全会精神宣讲团，自12月25日起，分10个宣讲组到各单位开展宣讲报告，市直88个机关党组织、近8000名党员干部参加。

【全市机关党务干部培训】 2019年4月15—26日，市直机关工委组织全市机关党务干部到“红色闽西、圣地古田”举办“学党史、强党性、提素质、增本领”机关党务干部专题培训班，开展理想信念和党性教育。培训课程以专题教学、现场教学、体验教学为主，融入视频教学、讨论交流等教学模式，创新载体，丰富内容。市直各部门单位机关党务干部、各县（市、区）直机关工委书记100人参加培训。

【机关基层党支部书记培训】 2019年10月29日和11月6日，市委市直机关工委按照市委“不忘初心、牢记使命”主题教育有关要求，分两期组织举办市直机关基层党支部书记培训班，学习习近平新时代中国特色社会主义思想，推动全面从严治党向基层延伸。培训班邀请省委党校、市委党校的专家教授及市工商联领导进行授课，课程以习近平新时代中国特色社会主义思想为主线，设置《中国共产党支部工作条例（试行）》解读、“不忘初心、牢记使命”主题教育专题报告和民族宗教政策法律法规辅导等内容，对提升基层党支部书记政治理论素养和业务能力具有很强的针对性和实效性。市直机关近600名基层党支部书记参加培训。

【“党建引领、窗口点亮”行动】 2019年，市直机关工委与市委组织

2019年9月6日，全市“党建引领　窗口点亮”启动仪式在市政务服务中心举行
（市行政审批服务局　供图）

部联合开展“党建引领、窗口点亮”行动，以设置评价器、调查问卷、网上评价等形式，在135个政务服务窗口、720辆出租车等领域试点先行的基础上，市县统筹部署，一体推进，以党员示范引领、群众监督评价倒逼服务质量提升，推进流程再造，优化营商环境。9月6日，“党建引领、窗口点亮”活动启动仪式在市政服务大厅举行。自活动开展始，市政务服务大厅每月办件数由17135件增至22754件，群众参评率由49.02%上升至97.6%，满意率达100%。11月8日，全市机关“党建引领 窗口点亮”服务群众满意服务企业发展动员会议召开，在全市机关全面部署实施“党建引领、窗口点亮”行动，服务群众、服务企业，全力助推“富强滨州”建设。

【标杆党支部创建】 2019年，市直机关工委部署开展“标杆党支部”创建三年行动，以“领导班子好、党员队伍好、工作机制好、工作业绩好、服务群众好”为建设标准，全市统筹谋划、上下联动、市县联创，以标杆党支部创建为统领抓实抓牢机关党建工作，对首批申报的135个党组织进行集中验收，对评选出的64个首批“标杆党支部”和“标杆党支部”书记进行表彰，并利用市级重要展示平台对创建成果进行展示。

（张新叶 高猛猛）

老干部工作

【概况】 2019年，市委老干部局围绕市委中心大局，按照市委“五个一”要求，答“六问”践“八策”，秉持“开放、融合、共享”理念，突出“渤海银辉”离退休干部工作品牌建设，推进老干部工作精准化、规范化、信息化建设，推动老干部工作高质量发展。离退休干部社区党建、党建带关建等多项工作走在全省前列，形成可总结、可复制、可推广的“滨州模式”。市委书记佘春明到任后，第一时间走访看望离休干部和市级老领导代表，听取老干部工作专题汇报、出席重要会议和重大活动，作出系列指示批示。市级机构改革将市委老干部局调整为市委工作机关，主管全市离退休干部工作。3月10日，全市老干部局长会议召开，对全年老干部工作安排部署。7月23—25日，市委老干部局举办全市老干部局长读书班。年内，张峰云获“全国离退休干部先进个人”称号，3个离退休干部先进集体、4名先进个人以及5个老干部工作先进集体、5名先进个人获省级表彰。至年底，全市离休干部1224人，平均年龄89.8岁；退休干部33323人，平均年龄70.6岁；离退休干部党员21740人，党支部1116个；全市专职老干部工作人员725人，市直单位249人，县（市、区）476人，兼职552人；全市有老干部活动中心（室）、老年大学、干休所318处。

【政治建设】 2019年，市委老干部局组织离退休干部党员开展“不忘初心、牢记使命”主题教育，举办离退休干部学习习近平新时代中国特色社会主义思想示范班、离退休干部党组织书记培训班和市直离退休干部“渤海银辉”大讲堂，整理编印主题教育学习材料《中国共产党历次全国代表大会资料汇编》2500册，发放给离退休干部研读学习，持续推动习近平新时代中国特色社会主义思想入脑入心，引导广大离退休干部增强“四个意识”、坚定“四个自信”、做到“两个维护”。各级老干部工作部门全面落实离退休干部阅读文件、参加重要会议和活动、情况通报、参观考察等制度，引导广大离退休干部关注时事热点、关心社会发展。

【组织建设】 2019年，离退休干部党建工作经费保障制度落实，为全市单建离退休干部党支部发放工作经费，支部书记、委员发放工作补贴。选优配强支部班子，健全完善在职党员担任党建指导员工作机制，促进离退休干部党组织建设标准化、规范化、制度化。市委老干部局印发《关于进一步加强和改进城市社区离退休干部职工党的建设工作、打造“渤海银辉”党建品牌的指导意见》，推进离退休干部社区党建。总结推广沾化区经验，实施“党建带关建”“三职合一”组织模式，实现组织共建、资源共享和多方共赢。

【服务保障】 2019年，市委老干部局落实老干部“两项待遇”，将市直离休干部医药费统筹金提高到6.05万元，并按每年10%比例调增。为离休干部增发护理补贴，分类为市直机关事业单位204名离休干部增发护理费，落实补助资金221万元。完善困难离休干部及遗属困难帮扶机制，年内帮扶市直离休干部2人、遗属69人，发放帮扶救助金18.3万元。分两批组织市级老领导到青岛疗养院开展健康疗养。

【作用发挥】 2019年，市委老干部局组织市级老领导到广东学习考察，对标先进地区，建言“富强滨州”建设。向全市离退休干部发出“优化营商环境、银龄增添动力”倡议书，组织开展“‘提升服务效能、优化营商环境’我来献一策”主题党日活动，收集意见建议200余条。“不忘初心、牢记使命”主题教育期间，市级老领导、离退休干部党组织书记和先进典型共为各级党员领导干部讲党课、讲传统、作报告42场。市关工委组织“五老”宣讲团进学校、进社区、进农村、进家庭，讲述光荣传统，帮助青少年“扣好人生第一粒扣子”。无棣县退休干部张峰云获“全国离退休干部先进个人”荣誉称号，并作为全省离退休干部助力乡村振兴优秀代表在全省作报告。

【文化活动】 2019年，市委老干部局加强老干部文化活动阵地基础建设，利用省级奖补资金，加强县级老年大学规范化建设。依托市老年大学，滨州市创建“全国老年远程教育实验区”，老年远程教育教学点开设数量居全省第一，新开设多家分校、教学点，着力解决“一座难求”问题。市老干部活动中心成立山东

2019年7月17日，"'辉煌七十年　富强新滨州'滨州市老干部庆祝新中国成立七十周年文艺晚会"在市政府文化广场举行　　（市委老干部局　供图）

剪纸文化研究中心实践基地，建成老干部"红色影院"。组织承办第八届全省老干部艺术节第二片区文艺会演，连续三届获团体金奖；多名老干部在全省书画、摄影比赛中获奖。开展庆祝中华人民共和国成立70周年系列活动，组织全市离退休干部以举行文艺演出、书画摄影展、主题活动等多种形式抒发爱国情怀，举办"'辉煌七十年　富强新滨州'滨州市老干部庆祝新中国成立七十周年文艺晚会"，编发《渤海魂诗选》，出版书画集，举办书画摄影展，弘扬主旋律，共筑中国梦。

【"渤海银辉"品牌建设】 2019年，市委老干部局以"渤海银辉"品牌为引领，加强离退休干部党建工作。开展社区调研，联合市委组织部制定出台《关于进一步加强和改进城市社区离退休干部职工党的建设工作、打造"渤海银辉"党建品牌的指导意见》，推动离退休干部职工党组织覆盖向社区扩展，教育管理、服务保障向社区延伸，正能量发挥向社区聚焦。11月6日，社区离退休干部职工党建暨"渤海银辉"品牌建设座谈会召开，广泛征求街道、社区和离退休干部党支部书记代表的意见建议。该项工作得到中组部老干部局和省委老干部局认可，并对此进行报道和推广。

【"党建带关建""三职合一"组织模式】 2019年4月22日，市委组织部、市关工委、市委老干部局等部门印发《关于坚持"党建带关建"推广"三职合一"组织模式全面推进全市关心下一代工作深入发展的意见》。6月14日，全市"党建带关键""三职合一"组织模式工作现场会在沾化区召开，学习推广"三职合一"（"三职合一"即指，由离退休干部党支部书记同时担任关工委组织和"五老"志愿者队伍负责人，实现组织共建、资源共享和多方共赢）工作经验，推动党建工作、关心下一代工作与老干部工作同频共振、融合发展。此项工作经验分别在全省关工委基层组织和"五老"队伍建设工作经验交流会以及全省老干部局长会议上作典型发言。

【第八届全省老干部艺术节文艺会演】 2019年6月25日，第八届全省老干部艺术节文艺会演（第二片区）在滨州举办。该届全省老干部艺术节文艺会演由省委组织部、省委老干部局主办，市委老干部局、市文化和旅游局承办。演出在市文化中心群星剧场举办，并通过市文化馆在线直播平台进行现场网络直播。济南、枣庄、菏泽等8个市代表队24个文艺节目，760余名老干部参加会演，节目紧扣革命、建设、改革、复兴这条主线，真实再现中华人民共和国成立70年的奋斗历程，充分展示老干部艺术水平和精神风貌。济南、滨州、泰安、德州市委老干部代表队获得团体金奖，济宁、枣庄、菏泽、聊城老干部局代表队获得团体银奖，《泰山挑山工》《有朋自远方来》《又唱包楞调》《回家的路》《田园畅想曲》节目获创新奖。

（吕雪晴）

【滨州市老干部活动中心】 2019年，市老干部活动中心开展形式多样的文体娱乐活动。举办歌友会、文化笔会、摄影展、书画团扇展，在市档案馆开展"深耕细润待秋来"书画作品展、"我看滨州发展新成就"系列参观考察活动，组织"我们的节日"情满中秋月饼制作活动、老干部"迎国庆·走进魏集古村落"采风活动。举办"红歌唱党恩 晚霞映初心"庆七一文艺汇演和"滨州市老干部庆祝新中国成立七十周年诗词艺术联欢会"。新成立八段锦、柔力球、卡拉OK、台球4个兴趣小组，3月成立山东剪纸文化研究中心实践基地，10月老干部影院开播。开展社团活动。组织老干部艺术团、老干部京剧团、老干部自行车队、老干部诗词学会等老字号社团开展活动。年内，活动中心协助诗词学会出版发行《渤海魂诗选》，老干部民乐团应邀参加"亲近黄河 情系滨州"音乐会；老干部京剧团开展红色文化经典系列演唱活动，在老干部自行车队、老干部京剧团和老干部台球联谊会中相继成立党支部，开展公益宣传和主题教育活动。

（刘　晓）

【滨州市老年大学】 2019年，市老年大学开设专业49个、11个系、178个教学班，任课教师71人，在校学员4978人次。先后开设泰山社区、为民社区、惠民县孙武街道王道仁村、黄河社区、兴业银行吉泰阳光、玉龙湖、创优陶艺培训学校、滨城区福鑫日间照料中心、惠民县、碧林花园社区、奥肯教育综合体学校等多家分校、教学点。联合市民

2019 年 6 月 15 日，“牢记使命担当 聚力富强滨州”滨州市老年大学首届校园文化节在市老年大学举办（市老年大学 供图）

政局发动农村幸福苑、养老服务中心等开设老年远程教育教学点，申报山东省老年大学协会远程教育教学点 45 个。至 12 月底，全市远程教育教学点开设 71 个，位列全省第一。年内，组织参加省市各类重大文体活动 20 次。参加山东省第九届全民健身气功比赛暨山东省 2019 年健身气功站点联赛（西部赛区），获规定套路健身气功“大舞”总分第一，自编套路“气舞”一等奖和“体育道德风尚奖”。参加滨州市音乐家协会合唱联盟“五月的花海”大型合唱展演，获最佳风采奖。参加市第四届老运会乒乓球比赛，获团体（市直组）男一队第一名。参加滨州市首届模特大赛获最佳表演奖。4 月始，组织开展游学 22 批，1200 人次参与，游学地点遍布天津、西安、济南、淄博、聊城、青州等地。5 月，带领邹平、博兴、惠民等市县老年大学参加第二届世界老年旅游大会，学校书画、摄影等作品参加展览，将牛骨雕、布老虎等地方特色的手工艺品推向世界。6 月，首届校园文化节期间，举办书法、绘画、篆刻及摄影作品展，收集作品 350 余幅，展出作品 200 余幅。9 月，在滨州大剧院举办“喜迎国庆·欢度重阳”文艺演出。10 月，学校体育舞蹈学会走进魏集古村落表演的体育舞蹈；市老年大学学苑社区摄影实践基地在彭李街道学苑社区揭牌成立；市老年大学二胡学会快闪《我和我的祖国》《金蛇狂舞》，在滨州电视台滨州综合、图文频道连续播出 20 余天。

（胡　磊）

党校教育

【概况】 2019 年，市委党校坚持质量立校工作主线，贯彻落实《中国共产党党校（行政学院）工作条例》，全面推进党校干部培训、教学科研、队伍建设、机关党建、行政后勤等工作。突出强化教学科研中心基础地位，抓好主业主课，优化创新教学内容和教学布局，实施师资双向流动“名师工程”，深化科研创新，加强新型智库建设，创新培育“红绿蓝紫”四色品牌现场教学基地、探索建立学员跟踪问效机制，全面加强校风学风建设力度和水平，全年举办“富强滨州”建设专题研讨班、第 8 期科级干部“五学”培训班、第 10 期县处级干部“五学”培训班、第 2 期中青年干部培训班二班等各类培训班次 21 类 26 期，培训轮训党员领导干部 5800 余人次；业教工作平稳运行，全年录取在职研究生 111 人；深入市直部门、县（市、区）、乡镇（街道）企业开展宣讲 120 余场次，受众达万人次；编印《建设富强滨州》辅导教材；挂牌成立滨州信用法治研究院和北京创新与发展战略研究会渤海推动中心。

【干部培训】 2019 年，市委党校严格落实《中国共产党党校（行政学院）工作条例》对党的理论教育和党性教育课程比重的明确要求，创新教学内容、优化教学布局，抓好“党性教育与党性锻炼”“经典著作与基本理论”“习近平新时代中国特色社会主义思想”等基本教学板块课程质量，着眼滨州高质量发展和“富强滨州”建设所需，开设《体制机制创新》《防范和化解金融风险》《打造良好营商环境》等全新专题，及时编印《建设富强滨州》辅导教材满足学员学习所需。严格落实党政领导干部到党校讲课制度，全年 10 位市委常委先后 17 次到党校为学员授课，市直有关部门领导 30 余人次为学员作专题辅导，加强学员对市情政情民情的了解和把握。实施“名师工程”，与中央党校、浦东干部学院和省委党校知名专家学者建立长期合作关系，定期到滨州为学员面对面授课答疑。先后组织举办全市党校系统骨干教师高级研修班、全市党校系统学习党的十九届四中全会精神专题培训班，市委党校全年累计 30 余人次参加各类党校教师高端培训。市委党校青年教师在全省党校系统精品课比赛中获二等奖，为历年最好成绩。加强制度建设，修订出台《党校教师外出宣讲管理办法》《主体班次教学业绩量化考核办法（试行）》《中共滨州市委党校在职研究生班次工作量统计办法（试行）》等规范性制度。

【理论研究】 2019 年，市委党校坚持深化科研创新，加强新型智库建设，发挥参谋咨政作用。印发《咨政参考》12 期，出版校刊《滨州发展论坛》4 期，有 10 篇调研报告获 11 位市领导签批，获省市优秀成果奖 9 项、入选理论研讨会论文获奖 14 项；发表论文、调研报告近 50 篇，各级各类课题立项 60 余项，结项 50 余项。

2019年5月6日，2019滨州信用法治论坛暨滨州信用法治研究院揭牌仪式在市委党校举行 （市委党校　供图）

智库建设取得实质性突破，滨州信用法治研究院和北京创新与发展战略研究会渤海推动中心先后在市委党校挂牌成立。滨州信用法治研究院是山东省首家在市级城市设立的专业咨询机构，北京创新与发展战略研究会渤海推动中心重点以滨州市创新与发展战略为主要研究方向，助推市委党校校逐步发展成为环渤海区域具有相当影响力的智库中心。3月，市委党校举办滨籍在京专家“教学科研咨政携手发展行动座谈会”，聘请6位国内一流专家学者为市委党校客座教授。5月，市委党校就选派知名专家到滨授课、选派滨州市人员到沪插班学习和共同设立滨州调研课题联系点等一揽子工作与浦东干部学院方面达成一致意见。

【改革创新】 2019年，市委党校融合滨州经济社会发展实践，创新培育并推动建成16处“红绿蓝紫”四色品牌现场教学基地，实现党的创新理论与滨州工作实践生动结合，挖掘培育出一批具有代表性、具滨州特色的现场教学课程，四色品牌现场教学基地成功运作得到省委党校主要领导的高度评价，主要经验做法在全省党校系统推广。市委党校强化干部培训结果运用，创新探索建立学员跟踪问效机制，研究出台《中共滨州市委党校关于对主体班次学员建立跟踪问效机制的意见》《主体班次学员跟踪问效工作实施方案（试行）》，先后对中青年干部培训班3名学员实施跟踪问效，达到预期目标，强化组织部门对培训结果使用；以沾化区委党校作为试点，推动学员跟踪问效工作对象正主体班次学员向基层党员和农村党支部书记培训延伸扩展。省委党校常务副校长徐闻、副校长孙建昌先后对市委党校探索建立跟踪问效长效机制做法作出批示并予以肯定。

【师资队伍建设】 2019年，市委党校以素质提升工程为抓手，实施人才强校战略，加强人才队伍建设。年内，完成42名以教师系列为主的专业技术人员职称岗位评聘工作和22名科级及以下干部职务职级调整晋升工作；2人分别获全省党校系统先进工作者和优秀教师荣誉称号，3名教师分别入选“十佳滨州文化英才”“青年学术技术带头人”和“渤海英才N十佳优秀人才”；信息工作实现历史性突破，全年被各有关部门单位发表采用30余篇；选派1名正科级干部担任惠民县淄角镇焦吴村第一书记，协助完成旧村拆迁和土地复垦工作；选派1名县级干部担任高新区民营企业高质量发展服务一队队长，为5家企业协调解决实际困难8项、引进人才27人。

（王　娜）

06 滨州市人大

Binzhou Municipal People's Congress

综　述

【概况】 2019年，滨州市人大常委会围绕全市工作大局，履行法定职责，各项工作迈出新步伐、取得新成效。紧扣全市中心工作和群众重大关切开展监督，听取审议“一府两院”工作报告17个，开展视察和执法检查9次，专题调研15项，专题询问2次；根据市委财经委员会第一次全体会议有关安排部署，组织开展全市“十三五”规划执行和“十四五”规划编制工作的专题调研，形成高质量调研报告。围绕重点领域推进立法工作，审议通过地方性法规4部，推进成立全省首家设区市人大与高校合作的地方立法研究院，得到省人大常委会和市委主要领导肯定。规范行使重大事项决定权和人事任免权，贯彻落实中央和省、市委健全人大讨论决定重大事项制度决策部署，推进落实法律任前考试、任职表态发言、颁发任命书、宪法宣誓等制度，依法任免国家机关工作人员80名，对7个市政府工作部门主要负责人，2名市中级人民法院法官和2名市人民检察院检察官开展述职评议。激发代表履职活力，推动建立列席常委会会议的代表座谈会机制，与列席会议代表座谈5次，征集意见建议82条，推进开展市级领导干部带头到原选举单位走访群众、联系代表工作，组织5名省十三届人大代表首次向市人大常委会作履职报告，接受评议。注重代表建议办理落实。年内市县乡三级人代会收到代表议案建议1367条，均办结并答复代表；解决城区中小学大班额、打通城区断头路、强化住宅物业管理、加快高端铝业发展等一批人民关切、事关发展大局建议在工作中得到有效落实。制定出台《深入推进新时代人大工作和建设的意见》，成为全市加强人大工作和建设纲领性文件。落实市委工作部署，结合每月主任办公例会制度，定期向市委书面报告工作；围绕答“六问”践“八策”，开展“怎么看、怎么办、怎么干”主题集中学习研讨活动。逐项推动“五个一”要求落实，“1+2+8”人大智库体系更加完善，作用发挥更加突出；推动民生实事项目代表票决、街道居民议政会制度、地方性法规“四入”、建立地方立法研究院、人大会议电子表决全覆盖等一批实践成果。12月22日，省人大设立常委会40周年座谈会在济南举行，滨州市作为全省唯一设区市党委作典型发言。2月，滨州市十一届人大四次会议召开时，市十一届人民代表大会实有代表373人，其中滨城代表团63人、沾化解放军代表团44人、邹平代表团69人、惠民代表团61人、阳信代表团45人、无棣代表团41人、博兴代表团50人。山东省十三届人大二次会议开幕时，滨州代表团有省十三届人大代表34人。至年末，在滨十三届全国人大代表3人。

【重大事项决定】 2019年，市人大常委会探索行使重大事项决定权工作机制，研究制定《滨州市人民代表大会常务委员会讨论决定重大事项的规定》。依法听取审议《关于滨州市2018年财政决算和2019年上半年预算执行情况的报告》《关于滨州市2018年度市级预算执行和其他财政收支的审计工作报告》，审查批准2018年市级财政决算。听取审议市政府《关于2019年滨州市市级预算调整方案的报告》，审查批准2019年市级预算调整方案。稳步推进人大预算联网监督系统建设及应用工作，强化数据共享，提升监督实效。听取和审议市政府关于2019年新增政府债务限额调整方案，作出批准执行决议。

（何娜娜　王美健）

【人事任免】 2019年1月11日，市第十一届人民代表大会常务委员会第17次会议：接受李元忠辞去滨州市监察委员会主任职务的请求，报滨州市第十一届人民代表大会备案。免去刘淑华的滨州市人民检察院检察员职务。

2月2日，市第十一届人民代表大会常务委员会第18次会议：决定接受张光峰辞去滨州市第十一届人民代表大会常务委员会主任职务的请求，报滨州市第十一届人民代表大会备案。

2月20日，市第十一届人民代表大会常务委员会第19次会议：决定接受张宪强辞去滨州市人大常委会委员、内务司法委员会委员职务，接受臧伟辞去滨州市人大常委会委员职务，报滨州市第十一届人民代表大会备案；接受张宪强辞去滨州市人大常委会代表资格审查委员会委员职务。

4 月 18 日，市第十一届人民代表大会常务委员会第 20 次会议：决定任命邱延忠为滨州市人民代表大会监察和司法委员会副主任委员。接受吴声辞去滨州市中级人民法院院长职务的请求，报滨州市第十一届人民代表大会备案。任命王俊民为滨州市人民检察院副检察长、检察委员会委员、检察员，王宁为滨州经济技术开发区人民检察院检察长。免去刘富金的滨州市监察委员会委员职务，周新华的滨州市中级人民法院审判员职务，免去扈炳刚的滨州经济技术开发区人民检察院检察长、检察委员会委员、检察员职务。批准任命陈学敏为滨州市滨城区人民检察院检察长、扈炳刚为博兴县人民检察院检察长。批准滨州市滨城区人大常委会接受王俊民辞去滨州市滨城区人民检察院检察长职务的请求、博兴县人大常委会接受陈学敏辞去博兴县人民检察院检察长职务的请求。

4 月 25 日，市第十一届人民代表大会常务委员会第 21 次会议：决定撤销马荷滨的滨州市中级人民法院执行局一庭庭长、审判员职务，接受吴声辞去滨州市中级人民法院审判委员会委员、审判员职务的请求。

6 月 27 日，市第十一届人民代表大会常务委员会第 22 次会议：决定任命张丙文为滨州市人民代表大会财政经济委员会副主任委员、王道臣为滨州市工业和信息化局局长、李荣舜为滨州市人力资源和社会保障局局长、商立波为滨州市商务局局长。决定免去赵春良的滨州市工业和信息化局局长职务、郑令健的滨州市人力资源和社会保障局局长职务、张丙文的滨州市商务局局长职务、王道臣的滨州市人民政府国有资产监督管理委员会主任职务。

8 月 29 日，市第十一届人民代表大会常务委员会第 23 次会议：根据滨州市人民检察院检察长赵霞的提请，免去魏凯的滨州市人民检察院检察员职务。决定任命李军为滨州市中级人民法院副院长、审判委员会委员、审判员，决定滨州市中级人民法院副院长李军为滨州市中级人民法院代理院长。

9 月 23 日，市第十一届人民代表大会常务委员会第 24 次会议：决定任命张宝亮为滨州市副市长。任命张秀峰为滨州市中级人民法院民事审判第一庭庭长、景晨光为滨州市中级人民法院民事审判第二庭庭长、王忠民为滨州市中级人民法院民事审判第三庭副庭长。免去焦其胜的滨州市监察委员会副主任职务，景晨光的滨州市中级人民法院民事审判第一庭庭长职务，张秀峰的滨州市中级人民法院民事审判第三庭庭长职务，王忠民的滨州市中级人民法院民事审判第二庭副庭长职务，陈勇的滨州市中级人民法院执行局执行一庭副庭长职务。

11 月 1 日，市第十一届人民代表大会常务委员会第 25 次会议：决定任命李茂生为滨州市人大常委会副秘书长、王庆霞为滨州市发展和改革委员会主任。任命贾恒武为滨州市中级人民法院副院长、审判委员会委员。免去李茂生的滨州市发展和改革委员会主任职务、刘卫忠的滨州市住房和城乡建设局局长职务、李子超的滨州市地方金融监督管理局局长职务、马明海的滨州市中级人民法院审判员职务。

12 月 19 日，市第十一届人民代表大会常务委员会第 26 次会议：决定任命王景军为滨州市医疗保障局局长，任命王军为滨州市监察委员会副主任，毕玉海、王文柱为滨州市监察委员会委员，张玉珍、郑乃群、赵海永、于明辉为滨州市中级人民法院审判委员会委员，唐贵学为滨州市中级人民法院审判委员会委员、执行局执行一庭庭长、审判员，张万旺为滨州经济技术开发区人民法院副院长、审判委员会委员，王体功为滨州市人民检察院副检察长、检察委员会委员、检察员。决定滨州市人民检察院副检察长王体功为滨州市人民检察院代理检察长。接受赵霞辞去滨州市人民检察院检察长、检察委员会委员、检察员职务的请求，报滨州市第十一届人民代表大会备案。决定免去何兆胜的滨州市人民代表大会民族侨务外事委员会副主任委员职务。免去：董洪喜的滨州市医疗保障局局长职务，侯清峰的滨州市监察委员会委员职务，唐贵学的滨州经济技术开发区人民法院副院长、审判委员会委员、审判员职务，马肃之的滨州市人民检察院检察委员会委员、检察员职务，李爱军、生寿禄、陈利民、车国华、刘治发、孙臻、周超凡、王军、王永建、杨丽、郑斌、刘龙强、李占勇、王树喜、高学超、李延波、杨阳、杨宗、王红艳、王中秀的滨州市人民检察院检察员职务。

（侯学利）

重要会议

【市十一届人大第四次会议】 2019 年 2 月 24—27 日举行。会议听取审议市长宇向东作的滨州市人民政府工作报告、市人大常委会党组副书记、副主任王文禄作的滨州市人民代表大会常务委员会工作报告、市中级人民法院副院长赵永金作的滨州市中级人民法院工作报告、市人民检察院检察长赵霞作的滨州市人民检察院工作报告。大会表决通过市十一届人大四次会议关于政府工作报告的决议、关于滨州市 2018 年国民经济和社会发展计划执行情况与 2019 年国民经济和社会发展计划的决议、关于滨州市 2018 年预算执行情况和 2019 年预算的决议、关于滨州市人民代表大会常务委员会工作报告的决议、关于滨州市中级人民法院工作报告的决议、关于滨州市人民检察院工作报告的决议。表决通过关于接受有关人员辞职请求的决定、关于增设滨州市第十一届人民代表大会社会建设委员会和滨州市第十一届人民代表大会内务司法委员会更名为滨州市第十一届人民代表大会监察和司法委员会的决定、通过市十一届人大社会建设委员会、监察和司法委员会组成人员和有关专门委员会组成人员补充人选名单。大会选举佘春明为滨州市第十一届人民代表大会常务委员会主任，张月波为滨州市监察委员会主任；补选滨州市第十一届人民代表大会秘书长和委员。

【市人大常委会会议】 2019年，滨州市第十一届人民代表大会常务委员会召开会议10次，即市十一届人民代表大会常委会第17次会议至第26次会议。

第十一届人大常委会第17次会议：1月11日举行。会议听取审议并表决通过市人大常委会代表资格审查委员会关于个别代表的代表资格变动情况的报告；听取审议市人大常委会主任会议关于滨州市第十一届人民代表大会第四次会议筹备工作情况的汇报；审议通过滨州市人大常委会工作报告稿，决定提请滨州市第十一届人民代表大会第四次会议审议；审议通过滨州市第十一届人民代表大会第四次会议主席团和秘书长名单（草案），决定提请滨州市第十一届人民代表大会第四次会议预备会议选举；审议通过滨州市第十一届人民代表大会第四次会议议程（草案）、议案审查委员会名单（草案），决定提请滨州市第十一届人民代表大会第四次会议预备会议通过；审议决定列席滨州市第十一届人民代表大会第四次会议人员范围及名单；听取审议市人大财政经济委员会关于滨州市2018年国民经济和社会发展计划执行情况与2019年国民经济和社会发展计划草案的初审报告、关于滨州市2018年预算执行情况和2019年预算草案的初审报告；审议通过市人大常委会关于市十一届人大二次会议以来代表建议、批评和意见办理情况的报告，决定书面报告滨州市第十一届人民代表大会第四次会议；会议补选山东省第十三届人民代表大会代表，报省人大常委会代表资格审查委员会确认其代表资格；审议市人大常委会主任会议关于提请审议李元忠辞去滨州市监察委员会主任职务的请求的议案，表决通过滨州市人民代表大会常务委员会关于接受李元忠辞去滨州市监察委员会主任职务的请求的决定；书面印发市人民政府对《关于检查〈山东省食品小作坊小餐饮和食品摊点管理条例〉实施情况的报告及审议意见》研究处理情况的报告。

第十一届人大常委会第18次会议：2月2日举行。会议审议滨州市人大常委会主任会议关于提请审议张光峰辞去滨州市第十一届人民代表大会常务委员会主任职务的请求的议案，表决通过滨州人民代表大会常务委员会关于接受张光峰辞去滨州市第十一届人民代表大会常务委员会主任职务的请求的决定、关于调整滨州市第十一届人民代表大会第四次会议时间的决定，补选山东省第十三届人民代表大会代表，报省人大常委会代表资格审查委员会确认其代表资格。

第十一届人大常委会第19次会议：2月20日举行。会议听取审议滨州市第十一届人民代表大会常务委员会代表资格审查委员会关于个别代表的代表资格变动情况的报告；审议滨州市第十一届人民代表大会第四次会议关于增设滨州市第十一届人民代表大会社会建设委员会和更名滨州市第十一届人民代表大会内务司法委员会为滨州市第十一届人民代表大会监察和司法委员会的决定（草案），决定提请滨州市第十一届人民代表大会第四次会议审议；审议滨州市人大常委会主任会议关于提请审议张宪强、臧伟辞去滨州市人大常委会委员等职务请求的议案，并作出相应决定。

第十一届人大常委会第20次会议：4月17—18日举行。会议听取市人大法制委员会关于《滨州市住宅物业管理条例（草案）》审议结果的报告，市人民政府关于滨州市2017年度市级预算执行和其他财政收支审计查出问题整改情况的报告、关于中央和省环保督察反馈意见整改情况、2018年度全市环境状况和环境保护目标完成情况的报告，市监察委员会关于提请免去滨州市监察委员会委员职务的报告，市中级人民法院关于提请免去市中级人民法院审判人员职务的报告，市人民检察院关于提请批准县（市、区）人民检察院检察长职务的报告、关于提请任命滨州市人民检察院检察人员职务的报告和关于提请任免滨州经济技术开发区人民检察院检察人员职务的报告，市人大常委会主任会议关于提请审议吴声辞去滨州市中级人民法院院长职务请求的议案等。听取审议并表决通过市人大常委会代表资格审查委员会关于个

2019年4月17—18日，滨州市第十一届人大常委会第20次会议在市政大楼举行
（市人大　供图）

别代表的代表资格变动情况的报告。会议对市人民政府关于中央和省环保督察反馈意见整改情况、2018年度全市环境状况和环境保护目标完成情况的报告进行满意度测评。会议审议市人大常委会主任会议关于提请审议有关人员辞职请求的议案，表决通过滨州市人民代表大会常务委员会关于接受有关人员辞职请求的决定。书面印发《滨州市住宅物业管理条例（草案修改稿）》，市人大有关专门委员会对市政府有关专项工作报告的初审意见，市人大城乡建设与环境资源保护委员会调研组关于渤海滨州沿岸海洋污染防治情况的调研报告，市人民政府关于2018年度法治政府建设工作情况的报告，市人民政府、市人民检察院关于市十一届人大常委会第14次会议、第15次会议有关审议意见研究处理情况的报告。

第十一届人大常委会第21次会议：4月25日举行。会议审议相关报告、议案，表决通过关于许可对市十一届人大代表翟云堂采取行政拘留措施的决定，关于撤销马荷滨的滨州市中级人民法院执行局执行一庭庭长、审判员职务的决定和关于接受吴声辞去滨州市中级人民法院审判委员会委员、审判员职务请求的决定。

第十一届人大常委会第22次会议：6月26—27日举行。会议听取市人大法制委员会关于《滨州市住宅物业管理条例（草案修改稿）》修改意见的报告，表决通过《滨州市住宅物业管理条例》，按程序报省人大常委会批准；审议《滨州市城市绿地管理条例（草案）》和《滨州市扬尘污染防治条例（草案）》，以及市人大城乡建设与环境资源保护委员会关于两个条例（草案）审议情况的报告；听取审议并表决通过市人大常委会代表资格审查委员会关于个别代表的代表资格变动情况的报告；听取审议市人大常委会执法检查组关于检查《中华人民共和国大气污染防治法》《山东省大气污染防治条例》实施情况的报告、关于检查《中华人民共和国水污染防治法》实施情况的报告、关于检查《中华人民共和国禁毒法》《山东省禁毒条例》实施情况的报告、关于检查《滨州市渤海老区革命遗址遗迹保护条例》实施情况的报告；听取审议市人民政府关于全市旅游工作情况的报告，以及市人大民族侨务外事委员会关于报告的初审意见；审议市人大常委会主任会议关于提请审议有关人员辞去滨州市人大常委会委员职务请求的议案，表决通过相应的决定；书面印发市人大农业与农村委员会调研组关于全市精准脱贫工作情况的调研报告，市人民政府关于市十一届人大常委会第15次、第16次会议有关审议意见研究处理情况的报告。

第十一届人大常委会第23次会议：8月28—29日举行。会议传达学习习近平总书记对地方人大及其常委会工作重要指示精神；审议《滨州市海岸带生态保护与利用条例（草案）》；听取审议并表决通过市人大常委会代表资格审查委员会关于个别代表的代表资格变动情况的报告；听取审议市人大常委会执法检查组关于检查《滨州市城区道路管理条例》《滨州市文明行为促进条例》实施情况的报告、关于检查《中华人民共和国安全生产法》《山东省安全生产条例》实施情况的报告、关于检查《宗教事务条例》实施情况的报告；听取审议市人民政府关于《滨州市文明行为促进条例》等六部地方性法规实施情况的有关报告，并结合审议有关报告，开展专题询问；听取审议市人民政府关于市政府系统办理市十一届人大四次会议以来代表建议、批评和意见情况的报告，关于滨州市2019年上半年国民经济和社会发展计划执行情况的报告，关于滨州市2018年财政决算和2019年上半年预算执行情况的报告，关于滨州市2018年度市级预算执行和其他财政收支的审计工作报告，关于全市安全生产工作情况的报告；审议市人民政府关于提请审议2019年滨州市新增政府债务限额调整方案（草案）的议案；听取审议市中级人民法院关于全市法院金融审判工作情况的报告；听取审议市人民检察院关于全面加强法律监督工作情况的报告；审议市人大有关专门委员会关于以上有关报告、议案的初审意见或者审查结果报告；表决通过滨州市人民代表大会常务委员会相应的决议；书面印发全市网络订餐质量安全和劳动密集型厂矿企业周边小餐饮、食品小摊点质量安全情况调研报告、市人民政府关于市十一届人大常委会第20次会议有关审议意见研究处理情况的报告。

第十一届人大常委会第24次会议：9月23日举行。会议审议并表决通过有关人事任免事项。向会议决定任命的国家工作人员颁发任命书。根据滨州市实施宪法宣誓制度办法的规定，会议决定任命的国家工作人员进行宪法宣誓。

第十一届人大常委会第25次会议：10月30日至11月1日举行。会议传达省委人大工作会议和全省人大代表工作座谈会精神，听取市人大法制委员会作关于《滨州市扬尘污染防治条例（草案）》审议结果的报告、关于《滨州市海岸带生态保护与利用条例（草案）》审议结果的报告；听取市人大常委会代表资格审查委员会关于个别代表的代表资格变动情况的报告，市人大常委会执法检查组关于检查《中华人民共和国动物防疫法》《山东省动物防疫条例》实施情况的报告，市人大常委会视察组关于视察市政府系统办理市十一届人大四次会议以来代表建议、批评和意见情况的报告；听取市人民政府关于2018年度全市及市级行政事业性国有资产管理情况的专项报告、关于支持全市民营经济健康发展工作情况的报告、关于全市学前教育深化改革规范发展工作情况的报告、关于全市退役军人事务工作情况的报告，书面印发市人民政府关于2018年度全市国有资产管理情况的综合报告及市人大有关专门委员会的初审意见；听取市人大常委会主任会议关于《滨州市人民代表大会常务委员会讨论决定重大事项的规定（草案）》的说明、关于《滨州市人民代表大会常务委员会关于全面推动地方法规进入执法纳入监察融入司法列入普法工作的决定（草案）》的说明。会议对市科技局、公安局、民政局、财政局、农业农村局、审计局、体育局等7个部门主要负责人，市中级人民法院两名法官和市人民检察院两名检察官开展述职测评。会议举行联组会议，对支持经济发展政策落实情况开展专题询问。表决通过《滨州市扬尘污染防治条例》《滨州市海岸带生态保护与利用条例》，按程序报请省人大常委会审批；表决通过市人大常委会代表资格审查委员会关于个别代表的代表资格变动情况的报告，通过《滨州市人民代表大会常务委员会讨论决定重大事项的规定》和《滨州市人民代表大会常务委员会关于全面推动地方性法规进入执法纳入监察融入司法列入普法工作的决定》。

第十一届人大常委会第26次会议：12月18—19日举行。会议听取审议市人大法制委员会关于《滨州市城市绿地管理条例（草案）》审议结果的报告、关于《滨州市城市绿地管理条例（草案修改稿）》修改意见的报告，表决通过《滨州市城市绿地管理条例》，按程序报省人大常委会批准；听取审议市人民政府关于2019年滨州市市级预算调整方案的报告，关于推进依法行政、建设法治政府工作情况的报告，关于全市深化医药卫生体制改革情况的报告，审议市人大有关专门委员会对三个报告的初审意见；听取部分驻滨省人大代表履职情况的报告，对其履职情况进行测评；审议并表决通过滨州市人民代表大会常务委员会关于批准2019年滨州市市级预算调整方案的决议、关于召开滨州市第十一届人民代表大会第五次会议的决定；审议市人大常委会主任会议关于提请审议有关人员辞职请求的议案，并做出相应的决定；决定滨州市人民检察院代理检察长；书面印发关于农村立法情况的调研报告，关于全市乡村产业振兴工作情况的调研报告，关于2019年市级部门预算备案审查结果的报告，关于市县（市、区）跨预算级次拨款情况的调研报告，市人民政府关于市十一届人大常委会第22次会议有关审议意见研究处理情况的报告。

【市委人大工作会议】2019年11月20日，市委人大工作会议召开。市委书记、市人大常委会主任佘春明出席会议并讲话，对深入学习贯彻习近平总书记关于坚持和完善人民代表大会制度的重要思想、落实省委人大工作会议要求、做好新时代人大工作提出要求。市人大常委会党组副书记、副主任王文禄传达省委人大工作会议精神，对重点工作作具体安排。

（张岩凯）

立法工作

【概况】2019年，市人大常委会坚持走精细化立法道路，突出地方特色，高质量、高效率推进立法工作，取得丰硕成果和显著成效。聚焦重点领域、坚持问题导向，紧盯全市经济社会发展需要，围绕事关人民群众利益的问题，抓重点、补短板、填空白，区分轻重缓急，统筹安排、精心谋划好立法项目，把有限的立法资源用在"刀刃"上，使制定的每一部法规符合滨州实际、体现滨州特色、契合人民群众意愿。年内审议通过地方性法规四部，为历年最多。完善法规起草和立法工作协调机制，探索多元化法规起草方式，发挥人大主导作用，健全人大相关委员会与有关部门之间的工作协作机制，开展立法协商，把握立法方向，保证法规草案的起草质量，防止和克服"行政权力部门化、部门权力利益化、部门利益法定化"现象。注重整合利用各方资源，完善公众参与地方立法的相关制度，在立法调研、审查、论证、听证等活动中更多地邀请人大代表、人民群众参与其中，有效汇聚民意，科学民主决策。4月，市人大常委会与滨州学院合作，推动成立滨州学院地方立法研究院，是省内第一家高校与设区市合作成立的立法研究机构。继续健全以基层立法联系点、立法顾问和地方立法研究服务机构为主的立法智库。

【立法工作机制创新】2019年，市人大常委会创新设立地方性法规意见建议网上征集平台，拓宽公众参与立法互动新途径。坚持民主立法，开展多层次、多渠道立法调研，实地调研与委托调研相结合，发挥县（市、区）人大常委会参与立法调研作用，深入了解广大群众立法诉求。坚持科学立法、民主立法、依法立法，完善党委领导、人大主导、政府依托、各方参与的立法工作格局，立改废释并举，不断提高立法质量和效率。年内，市人大常委会制定《关于地方立法中涉及的重大利益调整论证咨询的工作规范》《关于地方立法争议较大的重要事项引入第三方评估的工作规范》《滨州市地方性法规草案起草工作导则》《滨州市地方性法规实施情况报告办法》《滨州市审议地方性法规案通用工作流程》等制度规范，为法规案起草、审议和落地实施提供明确制度依托，确保依法立法。加强立法队伍建设，提升专业素养，提高立法业务水平。依托滨州学院学科优势和科研力量，成立全省首家设区市人大与高校合作地方立法研究院，得到省人大常委会和市委主要领导肯定。

【法治监督审查】2019年，市人大常委会听取审议市政府关于推进依法行政、建设法治政府工作情况报告，加快创建全国法治政府建设示范市。听取审议市人民检察院关于全面加强法律监督工作情况报告，维护社会公平正义。对禁毒"一法一条例"进行执法检查，督促严厉惩治毒品犯罪活动，推动加快构建毒品治理体系。落实普法责任，加强对《中华人民共和国宪法》宣传贯彻，以"弘扬宪法精神，推进国家治理体系和治理能力现代化"为主题，召开国家宪法日座谈会。推进规范性文件备案审查信息平台建设，严格执行审查制度，坚持“有件必备、有备必审、有错必纠”。全年审查市政府和县（市、区）人大常委会报备的规范性文件13件。

（徐清涛　宋　菲）

人大监督

【听取审议工作报告】 2019年，市人大常委会听取审议“一府两院”报告17个。听取审议市政府关于中央和省环保督察反馈意见整改情况、2018年度全市环境状况和环境目标完成情况报告，全市旅游工作情况报告，全市安全生产工作情况报告，全市行政事业性国有资产管理情况专项报告和全市国有资产管理情况综合报告，支持全市民营经济健康发展工作情况报告，全市学前教育深化改革规范发展工作情况报告，开展扫黑除恶专项斗争工作情况报告，退役军人事务管理综合情况报告，推进依法行政、建设法治政府工作情况报告，全市深化医药卫生体制改革情况报告，关于《滨州市文明行为促进条例》等六部地方性法规实施情况有关报告，市人民政府关于市政府系统办理市十一届人大四次会议后代表建议、批评和意见情况报告；听取和审议计划、预算执行情况和审计工作报告，审查和批准市级决算；听取审议市中级人民法院关于全市法院金融审判工作情况报告，市人民检察院关于全面加强法律监督工作情况报告等。

【执法检查】 2019年4月22日，市人大常委会大气污染防治“一法一条例”执法检查组全体会议召开，对《中华人民共和国大气污染防治法》《山东省大气污染防治条例》贯彻实施情况开展执法检查做动员部署。4月23—28日，在聘请专家进行明察暗访基础上，市人大常委会各位副主任、党组成员分别带领7个执法检查小组，采取“四不两直”方式，对7个县（市、区）和3个市属开发区开展重点检查，实地检查46个企业、单位，召开座谈会12次。6月26—27日，市十一届人大常委会第22次会议听取审议关于检查《中华人民共和国大气污染防治法》《山东省大气污染防治条例》实施情况报告，原则同意执法检查报告及意见建议。会后，市人大城乡建设与环境资源保护委员会整理成审议意见，并对执法检查报告进行修改完善，报告及审议意见经市十一届人大常委会第54次主任会议审议通过后，印发给市人民政府及有关部门研究办理。

开展《中华人民共和国水污染防治法》贯彻实施情况检查。5月16—24日，市人大常委会执法检查组对全市贯彻实施《中华人民共和国水污染防治法》情况进行执法检查，执法检查是第一次全国、省、市、县四级人大“联动”开展的监督工作。执法检查组实地检查全市7个县（市、区）和3个市属开发区46个点位，实现执法检查全覆盖。实地检查后，召开执法检查座谈会，围绕水污染防治法执法检查重点问题，全面准确深入了解全市水污染防治相关法律责任落实情况，法律制度执行情况和普法宣传等情况。6月26—27日，市十一届人大常委会第22次会议听取审议关于检查《中华人民共和国水污染防治法》实施情况报告，原则同意执法检查报告及意见建议。会后，市人大城乡建设与环境资源保护委员会整理成审议意见，并对执法检查报告进行修改完善，报告及审议意见经市十一届人大常委会第54次主任会议审议通过后，印发给市人民政府及有关部门研究办理。

开展《滨州市城区道路管理条例》和《滨州市文明行为促进条例》贯彻实施情况执法检查。7月30日，市人大常委会召开《滨州市城区道路管理条例》《滨州市文明行为促进条例》执法检查组全体会议，听取市政府关于贯彻实施《滨州市城区道路管理条例》《滨州市文明行为促进条例》情况的汇报，对执法检查工作进行安排部署。会后，执法检查组根据随机抽取的结果，分成两个小组到滨城区、滨州经济技术开发区有关现场和市交警支队指挥中心进行实地检查。8月28—29日，市十一届人大常委会第23次会议听取审议滨州市人大常委会执法检查组关于检查《滨州市城区道路管理条例》《滨州市文明行为促进条例》实施情况的报告。市人大常委会组成人员在审议时提出的意见和建议，市人大教育科学文化卫生委员会、城乡建设与环境资源保护委员会、常委会研究室整理成审议意见，并对执法检查报告进行修改完善。执

2019年4月22日，滨州市人大常委会大气污染防治“一法一条例”执法检查组全体会议在市政大楼召开

（市人大　供图）

法检查报告及审议意见经市十一届人大常委会第58次主任会议审议通过后，印发给市人民政府及有关部门研究办理。

市人大常委会委托有关专门委员会开展执法检查。分别开展《禁毒法》《山东省禁毒条例》《滨州市渤海老区革命遗址遗迹保护条例》《安全生产法》《山东省安全生产条例》《宗教事务条例》《滨州市城区道路管理条例》《滨州市文明行为促进条例》《动物防疫法》《山东省动物防疫条例》贯彻实施情况检查。

【专题询问】 2019年8月28日，市十一届人大常委会第23次会议举行联组会议，就《滨州市文明行为促进条例》等六部地方性法规实施情况进行专题询问，系全省首个本市制定实施的实体性法规实施情况开展专题询问。11月1日，市十一届人大常委会第25次会议举行联组会议，对支持经济发展政策落实情况开展专题询问。

【专题调研】 2019年，市人大常委会对渤海滨州沿岸海洋污染防治情况，全市精准脱贫工作情况，全市网络订餐质量安全和劳动密集型厂矿企业周边小餐饮、食品小摊点质量安全情况，全市乡村产业振兴工作情况，全市跨预算级次拨款情况，“十三五”规划执行和“十四五”规划编制等开展专题调研。

（张岩凯）

代表工作

【与人大会议列席代表座谈机制建立】 2019年，市人大常委会对标全国人大常委会做法，自4月17日市人大常委会第20次会议始，建立与列席常委会会议代表座谈机制，拓宽常委会直接联系人大代表渠道和范围。年内，市人大常委会组织召开座谈会5次，参会代表提出意见建议82条，建议被及时汇总并转交有关部门限期办理。

【全省人大代表工作座谈会经验介绍】 2019年10月17—18日，全省人大代表工作座谈会在德州市召开。会上，市人大常委会就做好新时代人大代表工作作交流发言。市人大常委会民生实事代表票决、电子表决、专业代表小组和网络信息化建设工作得到省人大常委会党组书记、副主任于晓明肯定，在全省推广。

【“为人民履职，做合格代表”主题实践活动】 2019年4月29—30日，市人大代表学习班暨2019年度“为人民履职　做合格代表”主题实践活动动员会议在滨州举行，邀请专家教授就新时期如何发挥代表作用，参与滨州经济建设，参与“双招双引”、打赢三大攻坚战、乡村振兴、推动高质量发展等课题进行辅导。确定活动主题为“聚焦‘六问八策’、建设富强滨州，人大代表在行动”。引导全市人大代表聚焦“六问八策”，自觉解放思想，大胆创新创业，坚持依法履职，强化责任落实，担当作为。活动重要内容是开展“五个一”活动，即每一名人大代表都要读一本习近平新时代中国特色社会主义思想方面书籍，强化理论武装；每一名人大代表都要力争引进一个项目或者提供一条有价值的招商信息，助力滨州经济建设；每一名人大代表都要力争为企业或者村居、选民办一件实事，发挥引领作用；每一名人大代表都要围绕“富强滨州”建设撰写一篇有深度的调研报告或者提出一件高质量的代表建议，为滨州发展增添动力；每一名人大代表都要为脱贫攻坚做一件力所能及的实事，助力乡村振兴。

【代表建议办理情况评选】 2019年3月28日，市十一届人大四次会议以来代表建议交办会议召开。市十一届人大四次会议后，共收到市人大代表所提建议、批评和意见138件，8件代表建议作为2019年度重点建议，由市人大有关专门委员会重点督办。市人大常委会对2018年市人大代表优秀建议和代表建议办理先进单位进行评选表彰，19件建议被评为优秀建议，8个单位被评为代表建议办理先进单位。

【人大代表报告履职情况】 2019年12月，市人大常委会首次组织5名省人大代表在市十一届人大常委会第26次会议上作履职报告，接受评议；市、县（市、区）、乡镇人大代表向原选举单位或选区选民报告履职情况工作，年底前全面展开。

【驻滨全国和省人大代表集中视察活动】 2019年12月3日，市人大常委会组织部分驻滨全国人大代表和省人大代表开展集中视察活动。参与活动代表先后到渤海先进技术研究院、魏桥国科（滨州）研究院、黄河风情带、大高航空高新产业园、高铁滨州站等在建或规划中的项目现场进行实地视察；集中学习省委人大工作会议、市委人大工作会议和全省人大代表工作座谈会精神。听取副市长郝吉虎关于2019年全市经济社会发展情况汇报，并进行座谈交流。

滨州市十一届人大四次会议代表建议办理情况表一览表（A类）

表5

编号	标题	领衔代表	代表团	分类	主办单位	协办单位	办理结果
114002	关于发展滨州健康旅游产业的建议	成爱华	滨城代表团	教育科学文化卫生	市文化和旅游局	市卫生健康委	A
114007	关于规定驻滨单位在清明节期间开展纪念烈士活动的建议	成爱华	滨城代表团	社会建设	市退役军人局		A

续表 5

编号	标题	领衔代表	代表团	分类	主办单位	协办单位	办理结果
114008	关于推进医养结合加快社会养老事业发展的建议	蔡建峰	滨城代表团	教育科学文化卫生	市卫生健康委	市民政局 / 市医保局	A
114010	关于培育扶持滨州“科技小微企业”发展的建议	成爱华	滨城代表团	财政经济	市工业和信息化局	市委编办 / 市科技局 / 市财政局 / 市市场监管局	A
114018	关于做大做强全市铝产业的建议	张立军	阳信代表团	财政经济	市工业和信息化局		A
114021	关于加快补齐农村老年服务短板的建议	高子美	沾化·解放军代表团	社会建设	市民政局	市财政局 / 市人力资源和社会保障局	A
114023	关于居民小区防火的建议	郭凡美	沾化·解放军代表团	社会建设	市应急局	市住房城乡建设局 / 市住房城乡建设局	A
114032	关于加大对县（区）级医院扶持力度的建议	支洪波	无棣代表团	教育科学文化卫生	市卫生健康委	市财政局	A
114034	关于年轻人结婚前先修学分再领证的建议	徐沛琦	无棣代表团	社会建设	市民政局		A
114037	关于帮助解决广交会展位绳网企业难申请的建议	周忠梅	惠民代表团	财政经济	市商务局		A
114039	加大对党政“一把手”养老培训的建议	高子美	沾化·解放军代表团	其他	市委组织部		A
114040	关于规范我市农村公益性公墓建设和管理的建议	石道友	惠民代表团	社会建设	市民政局		A
114041	关于农村离退休村级主要干部的待遇问题的建议	翟云堂	惠民代表团	其他	市委组织部	市民政局 / 市财政局	A
114045	关于加强基层公立医院党务工作者党建知识培训的建议	赵国忠	惠民代表团	教育科学文化卫生	市卫生健康委		A
114054	关于进一步加强和规范社区工作的建议	董建合	沾化·解放军代表团	社会建设	市民政局	市委组织部 / 市委编办 / 市人力资源和社会保障局	A
114059	关于大货车夜间违法使用远光灯和长时间占用快车道专项治理的建议	郭凡美	沾化·解放军代表团	监察和司法	市公安局		A
114060	关于市区及公路大雪清理问题的建议	谷玲玲	沾化·解放军代表团	城乡建设与环境资源保护	市城管局		A
114062	关于加强市区城乡规划管理的建议	董建合	沾化·解放军代表团	城乡建设与环境资源保护	市自然资源规划局		A
114067	关于加大财政科技投入增强科技供给促进新旧动能加快转换的建议	沈志强	滨城代表团	财政经济	市财政局	市科技局	A
114068	关于 2019 年尽早推进清洁取暖工程的建议	张光玲	惠民代表团	城乡建设与环境资源保护	市住房城乡建设局	市发展改革委	A
114069	关于支持惠民县打造“孙子故里惠民”文化旅游品牌的建议	张　丽	惠民代表团	教育科学文化卫生	市文化和旅游局		A
114073	关于解决转业士官（历史遗留）安置实施	李　滨	滨城代表团	社会建设	市退役军人局		A
114075	关于增加滨城区棚改和黄河滩区迁建专项债券额度的建议	韩云勇	滨城代表团	财政经济	市财政局		A
114080	关于解决城镇普通中小学“大班额”问题的建议	王树林	滨城代表团	财政经济	市财政局	市教育局	A
114083	关于永久基本农田保护问题的建议	吕明涛	博兴代表团	城乡建设与环境资源保护	市自然资源规划局		A
114085	关于加大一般性转移支付力度，补充县级财力的建议	周建军	博兴代表团	财政经济	市财政局		A

续表 5

编号	标题	领衔代表	代表团	分类	主办单位	协办单位	办理结果
114091	关于表彰诚信企业、诚信企业家的建议	耿庆东	博兴代表团	其他	市委宣传部	市发展改革委 / 市工业和信息化局 / 市市场监管局	A
114092	关于积极支持民营经济发展的建议	王　宁	博兴代表团	财政经济	市工业和信息化局	市司法局 / 市商务局	A
114094	关于尽快实施供热计量工作的建议	王世润	博兴代表团	城乡建设与环境资源保护	市住房城乡建设局		A
114095	关于加快推进实体企业信息化建设的建议	王洪英	博兴代表团	财政经济	市工业和信息化局	市大数据局	A
114096	关于充分发挥文物价值，让我市文物活起来的建议	冯玉珍	博兴代表团	教育科学文化卫生	市文化和旅游局		A
114097	关于年度新增建设用地计划指标的建议	吕明涛	博兴代表团	城乡建设与环境资源保护	市自然资源规划局		A
114098	关于政府各部门统一精准推送政策的建议	王洪英	博兴代表团	财政经济	市工业和信息化局	市发展改革委 / 市财政局 / 市商务局	A
114099	关于加大对烈士家属补贴的建议	高子美	沾化·解放军代表团	社会建设	市退役军人局		A
114108	关于加大建筑管理人员培训力度的建议	张道震	邹平代表团	城乡建设与环境资源保护	市住房城乡建设局		A
114112	关于弘扬红色文化重视对青少年教育引导的建议	毛雪琴	滨城代表团	教育科学文化卫生	市委宣传部	市退役军人局	A
114113	关于推进农村幸福院建设的建议	赵金成	滨城代表团	社会建设	市民政局		A
114115	关于推广安装暖气流量表促进节能减排的建议	张玉岭	邹平代表团	城乡建设与环境资源保护	市住房城乡建设局		A
114120	关于加强我市城市社区建设的建议	杨玉国	滨城代表团	社会建设	市民政局	市委组织部	A
114121	关于在滨州市北外环博翱高级中学学校门口增设公交站点的建议	齐民超	滨城代表团	城乡建设与环境资源保护	市交通运输局		A
114122	关于失地农民养老防老新途径的建议	杨玉国	滨城代表团	社会建设	市民政局	市自然资源规划局 / 市住房城乡建设局 / 市农业农村局 / 市卫生健康委	A
114125	关于黄河大桥限速及黄河三路渤海十八路丁字路口设置交通红绿灯的建议	李艳芳	滨城代表团	城乡建设与环境资源保护	市公安局、市交通运输局	市财政局 / 滨州经济技术开发区 / 市住房城乡建设局	A
114130	关于增加新增债券额度的建议	周建军	博兴代表团	财政经济	市财政局		A
114131	关于落实工业强市战略支持工业经济发展的建议	张红霞	邹平代表团	财政经济	市工业和信息化局	市委宣传部 / 市自然资源规划局 / 市市场监管局 / 市地方金融监管局	A
114134	关于调整完善市与滨城区财政体制缓解滨城区财政运转困难的议案	周克宏	滨城代表团	财政经济	市财政局	市税务局	A
114137	关于推进农村产业融合发展示范园建设的建议	韩小锋	博兴代表团	财政经济	市发展改革委	博兴县政府	A
114138	关于法院认定失信被执行人名单应增强严肃性的建议	苏文华	邹平代表团	监察和司法	市中级人民法院		A

（侯学利）

07 滨州市政府 Binzhou Municipal People's Government

综　述

【概况】 2019年，滨州市政府按照市委确立富强滨州建设奋斗目标，提出“企业园区化、产业集群化、品牌高端化”发展路径，形成“757”工作方案，实施“3511”工程，推进“7+3”重点改革攻坚任务，构建更高层次、更高水平发展格局，富强滨州建设全面起势。年内实现地区生产总值2457.2亿元、比2018年增长4.1%；一般公共预算收入243亿元、比2018年增长1%；规模以上工业增加值增长3.2%；进出口总额873亿元、比2018年增长6.8%，实际利用外资2.2亿美元、比2018年增长95.5%；民生支出300.2亿元、比2018年增长10.1%；城镇和农村居民人均可支配收入37378元和17480元、分别比2018年增长6.6%和8.8%。

动能转换。举办世界高端铝业峰会，设立100亿元高端铝产业及园区发展基金，中高端铝制品占比达35%；7个化工园区、9个重点监控点获省政府批准；魏桥绿色智能纺织一体化项目实现五项“世界首创”，滨州市被授予“世界级家用纺织品产业集群先行区”；举办第七届中国淘宝村高峰论坛；京东黄河三角洲云计算大数据中心基本建成；中裕食品在全国率先研发出高品质小麦膳食纤维；邹平市再次入选全国百强县。五大千亿级产业集群主营业务收入首次突破万亿大关、比2018年增长11.2%，五大新兴产业主营业务收入近1200亿元、比2018年增长35.6%。渤海先进技术研究院、魏桥国科研究院超常规加快建设；新认定高新技术企业73家，20家企业入选山东省高端品牌培育名单；魏桥集团位列全省民营企业品牌价值100强首位；京博石化获第十八届全国质量奖。

改革开放。构建形成“10+5+N”招商模式，举办中国国际铝工业展览会、跨国公司领导人青岛峰会滨州路演；组织“双招双引”重大项目集中开工仪式，87个项目完成投资107.5亿元；深入实施“双进”工程和“渤海学子·青鸟计划”，引进本科以上大学生1.27万人。深化市属国有企业改革，8户大型国企集团组建改建；全面推行开发区“管委会+公司”改革，“一区多园”管理模式入选全省开发区改革十大典型案例，省级开发区亩均税收考核列全省第1位；实施“拿地就开工”项目93个，完成“标准地”供应427.2公顷，建成标准厂房166.4万平方米，“标准地”改革、“多测合一”、耕地保护工作均列全省第1位，滨州市获评全国首批土地储备项目预算管理改革试点地区。新注册外资企业21家，跻身中国外贸百强市；惠民获批全国电子商务进农村综合示范县；博兴县金属型材基地入选国家级外贸转型升级基地。

城乡融合。市级以上农业龙头企业达386家，土地流转率达50.5%；沾化冬枣入选全国地标产品100强，阳信被认定为山东省乡村振兴示范县；启动黄河生态保护与修复工程，实施林水会战第二个十年行动；完成清洁取暖改造23.3万户；农村改厕后续管护“无棣模式”在全省推广。实施城市品质提升三年行动，主城区打造精品示范街10条，打通断头路11条，新增口袋公园58处、绿地146万平方米。获批“国家节水型城市”。滨港铁路二期主体完工，黄大铁路滨州段全线贯通，京沪高铁二通道、济滨高铁前期工作快速推进，济青高速改扩建滨州段、长深高速高青至广饶段建成通车，秦滨高速埕口至沾化段、沾临高速沾化至临淄段、济南至高青高速邹平段加快建设；滨州黄河大桥建设全面铺开；无棣县获评全国“四好农村路”示范县；滨州港开通集装箱航线3条，完成吞吐量5343万吨。

三大攻坚战。开展金融风险化解百日集中攻坚，不良贷款余额和不良贷款率实现首次“双降”；产融综合服务中心建成投用，解决融资需求46.4亿元；举办第六届资本对接大会，签约1069.9亿元、到位率57%；召开全省金融助力滨州高质量发展座谈会，项目签约259.8亿元。做好中央和省环保督察及“回头看”反馈问题整改，深入开展“利剑2019”打赢污染防治百日攻坚，细颗粒物平均浓度53微克/立方米，完成省下达的55微克/立方米控制指标，改善幅度全省第4位；优良天数增加8天，全省第1位；省控以上地表水考核断面全部达标，提升幅度全省第1位；获省级生态补偿资金全省第1位。8.4万脱贫享受政策群众脱贫质量稳步提升；黄河滩区外迁安置工程1个搬迁入住、2个主体封顶，21个旧村台改造提升工程全部开工。

社会民生。高质量完成第四次经济普查；10件民生实事全部完成；城镇新增就业4.9万人、登记失业率控制在1.8%；改造老旧小区65个；建成市县乡村全覆盖的“五有”退役军人服务保障体系；解决“大班额”604个，滨州职业学院入选国家“双高”计划；“三院”项目主体完工，滨州市成为全省唯一紧密型县域医共体国家试点全覆盖市。举办市第19届运动会、黄河风情带国际自行车赛、第三届马拉松全国邀请赛；阳信县获评全国民族团结进步模范集体，彭李派出所被命名为全国首批“枫桥式公安派出所”；全面战胜“利奇马”超强台风灾害。

政府效能。出台2部规章，行政诉讼应诉率达到100%；获全国“七五”普法中期先进市，成为全国法治政府建设示范市候选城市。严格执行政府投资项目审核制度，压减“三公”经费等一般性支出10.9%；办理人大代表建议129件、政协提案290件，答复率均为100%；受理“12345”政务服务热线事项59.3万件，按时办结率98.2%，群众满意率94.2%。完成公共资源交易项目3780宗、节支增收37.3亿元；实施“放管服评”改革百日攻坚，营商环境评价列全省第6位、提升8个位次，获得2019中国营商环境执行力奖。

（李晓钰）

【10件民生实事】 2019年，滨州市政府确定完成十件民生实事。

1. 巩固提升脱贫成果。全市8.4万脱贫享受政策群众脱贫质量稳步提升，探索解决相对贫困长效管理机制，精准识别1.2万市标相对贫困人口。各级投入财政专项扶贫资金3.1亿元，产业扶贫项目年度收益1.06亿元，人均收益1200元以上。

2. 持续改善办学条件。完成全市19所中小学新建、改扩建任务，实际新增面积55.5万平方米，完成投资16.8亿元；全市74处幼儿园建设任务全部完成，新增面积13.5万平方米，投入资金1.9亿元。

3. 残疾人精准康复行动。全市全年共为35795名残疾人提供基本康复服务，实现有康复需求的821名残疾儿童和10827名脱贫享受政策建档立卡贫困残疾人基本康复服务全覆盖。

4. “智慧城市”建设。6月完成城市云计算平台一期建设；9月开展政务信息资源整合共享百日攻坚行动，部门政务信息资源共享率达到90%。全市业务系统上云率90%。主城区120个路口智能交通信号控制系统建设项目于12月通过验收并投入运行。8月28日在滨州市公共资源交易中心进行招标，9月10日正式开工，至11月30日承建方试运行完毕后系统投入整体运行，项目工期历时81天，12月16日通过专家评审验收。

5. 实施棚户区改造。滨州市棚户区改造计划新开工6418套，年初将任务分解至各县(市、区)。至年底，全市棚户区改造新开工6418套。

6. 实施清洁取暖改造。全年全市完成农村地区清洁取暖改造203045户，改造数量居全省第二位。

7. 农村土坯房整治。全年全市完成土坯房整治11145户，超额完成既定的10000户任务目标。

8. “五河同治”工程。年内完成潮河、孝妇河、徒骇河、马颊河、德惠新河5条骨干河道治理120千米，工程实施后，潮河、徒骇河沾化段达到“61雨型”防洪、“64雨型”除涝标准，孝妇河达到20年一遇防洪标准，全面增强河道防洪、排涝、灌溉综合能力。

9. 农村公路提升工程。路网提档升级工程，完成951.9千米，占年度目标的120.2%；养护大中修工程完成1109.9千米，占年度目标的100.8%；危桥改造工程完成48座，占年度目标的102.1%。完成投资15.2亿元。完成601个客运站点建设。完成3224千米重点县乡道路智能交通安全系统建设任务。

10. 提升城乡环卫一体化工作水平。全市90个乡镇（街道）、4184个行政村庄配备垃圾桶（箱）20余万个，保洁人员1.4万名，各类环卫车辆676台，转运站115个，垃圾处理厂（场）6座，实现“户集、村收、镇运、县（市、区）处理”城乡环卫一体化体系全覆盖、常态化、可持续运转，在全省城乡环卫一体化工作群众满意度调查中，群众满意度为95.8%。年初制定的“农村环卫基础设施配备率100%，城乡生活垃圾无害化处理率达93%，群众满意度达90%以上”目标全部实现。

2019年5月，治理后的徒骇河　　（市水文局　供图）

【政务督查】 2019年，全市政务督查各项工作任务全面完成。全年下发《滨州市人民政府重要事项督办通知单》38期，编发《滨州政务督查》25期、《督查专报》52期、《周反馈情况》50期、转办督办市政府领导批示件256件，办理答复代表建议政协提案419件，答复率100%。围绕市委、市政府重大决策部署抓落实。完成2018年度《政府工作报告》100项重点工作挂旗标识工作，对2019年度政府工作报告细化分解形成122项重点工作，完成建章立册、挂图上墙。把122项重点工作落实作为工作主线，按照“三化”要求，坚持挂图作战、标旗推进，定期调度通报。会同市委督查室及时分解“757”工作方案，定期调度通报。对市委市政府各项重大决策部署及时立项分解，到一线、摸实情，通过“四不两直”等多种方式进行调研督导。突出全市改革发展重点难点抓落实。按照全市改革重点事项工作部署，4月底牵头起草《关于加快经济高质量发展的若干政策》以市委市政府名义印发实施；6月底，督促各部门制定加快经济高质量发展若干政策实施细则，编印成册。对省市惠民惠企政策落实情况进行“回头看”专项督查。对各部门年中“亮进度”工作情况进行综合评估。对全市企业家大会精神进行细化分解，制定实施方案，对116家企业进行调研。会同有关部门对全市固定资产投资、棚户区改造、清洁取暖改造、拖欠农民工资、环保重点问题治理等进行实地督查。紧盯领导批示件上级转办件抓落实。办理市委市政府领导批示件256件，对重点问题进行现场督办核实。起草《市政府办公室关于对部分重点事项实行“马上就办、限时办结”的通知》。跟踪督办国务院“互联网+督查”平台反馈问题29件、《问政山东》反馈问题29件，全程参与《问政滨州》并对反馈问题跟踪督办。牵头做好中央、省委巡视反馈整改以及审计问题整改中政府承担事项调度落实。筹备国务院大督查、省委省政府重点工作督导、省提升社会事业发展水平综合督查等重要督查事项迎查工作。强化人大、政协建议提案落实，印发《关于进一步提升市人大政协交办事项办理质量效率的通知》《市人大政协工作相关制度规范资料汇编》，组织政府工作部门人大、政协交办工作提质提效专题会议，对重点建议提案进行实地核实。全年政府系统承办市人大代表建议129件、政协委员提案290件，涉及承办部门、单位46个，答复率100%。

（范国龙　赵荣新）

2019年滨州市政府重要文件一览表

表6

文号	文件名
滨政发〔2019〕1号	《关于全力抓好2019年度〈政府工作报告〉重点工作事项的通知》
滨政发〔2019〕3号	《关于2019年第一批衔接落实行政权力事项的通知》
滨政发〔2019〕4号	《关于印发滨州市2019年国民经济和社会发展计划的通知》
滨政发〔2019〕5号	《关于印发打造世界高端铝业基地若干政策的通知》
滨政发〔2019〕6号	《关于印发〈滨州市招商引资激励办法〉的通知》
滨政发〔2019〕7号	《关于印发〈滨州市人民政府规范性文件制定程序规定〉的通知》
滨政发〔2019〕8号	《关于印发滨州市深入推进工程建设项目审批制度改革实施办法的通知》
滨政发〔2019〕9号	《关于2019年第二批衔接落实行政权力事项的通知》
滨政发〔2019〕10号	《关于印发〈滨州市市级地方金融稳定资金管理使用办法〉的通知》
滨政发〔2019〕11号	《关于深化市级预算管理改革的实施意见》
滨政发〔2019〕12号	《关于2018年度滨州市科学技术奖励的决定》
滨政发〔2019〕13号	《关于建立残疾儿童康复救助制度的实施意见》
滨政发〔2019〕15号	《关于印发〈在国际全国全省重大比赛中取得优异成绩及输送体育人才有功人员奖励办法〉的通知》
滨政发〔2019〕17号	《关于印发滨州市加快推进政务服务“一网通办”工作实施方案的通知》
滨政发〔2019〕18号	《关于印发〈滨州市科学技术奖励办法〉的通知》
滨政发〔2019〕19号	《关于在市场监管领域全面推行部门联合“双随机、一公开”监管的实施意见》
滨政发〔2019〕20号	《关于印发〈滨州市水土保持管理办法〉的通知》

续表 6

文号	文件名
滨政发〔2019〕21 号	《印发关于加强质量认证体系建设促进全面质量管理实施方案的通知》
滨政发〔2019〕22 号	《关于印发〈滨州市灌区管理办法〉的通知》
滨政发〔2019〕23 号	《关于加快全市技术转移体系建设的实施意见》
滨政办发〔2019〕1 号	《关于印发为烈属军属和退役军人等家庭悬挂光荣牌工作实施方案的通知》
滨政办发〔2019〕2 号	《关于印发〈滨州市人民政府 2019 年立法工作计划〉〈滨州市人民政府 2019 年规范性文件制发计划〉的通知》
滨政办发〔2019〕3 号	《关于印发对县级人民政府履行教育职责开展评价工作实施方案的通知》
滨政办发〔2019〕4 号	《关于印发滨州市推进运输结构调整工作实施方案的通知》
滨政办发〔2019〕5 号	《关于改革完善全科医生培养与使用激励机制的通知》
滨政办发〔2019〕6 号	《关于印发 2019 年滨州市政务公开工作要点的通知》
滨政办发〔2019〕7 号	《关于提高全市社会救助标准的通知》
滨政办发〔2019〕8 号	《关于印发滨州市职业技能提升行动实施方案 (2019—2021 年) 的通知》
滨政办发〔2019〕9 号	《关于印发滨州市完善建设用地使用权转让、出租、抵押二级市场实施方案的通知》
滨政办发〔2019〕10 号	《关于印发滨州市生育保险和职工基本医疗保险合并实施方案的通知》

（刘晓阳）

重要会议

【市政府常务会议】 11 届 36 次。1 月 7 日，研究 2019 年全市主要计划指标安排的意见，讨论《政府工作报告（征求意见稿）》。

11 届 37 次。1 月 29 日，审议《滨州市新旧动能转换基金管理办法》，研究滨州一中足球进校园暨场地建设项目超规划超预算、增加审判法庭建设项目投资预算、滨州实验学校南校区操场建设涉及 4S 店房屋征收补偿款、2019 年市级城市基础设施建设项目计划、山东广播网络有限公司滨州分公司部分职工身份选择和安置去向以及贯彻落实全省统计工作会议、全省政府秘书长和办公室主任会议、全省深化“一次办好”改革现场推进会议精神的意见。

11 届 38 次。2 月 21 日，审议《滨州市人民政府 2019 年立法计划（草案）》《滨州市人民政府 2019 年规范性文件制发计划（草案）》，研究审计署、省审计厅重大政策措施落实跟踪审计项目，贯彻落实全省退役军人事务局局长会议精神、全省高速公路建设工作调度会议精神的意见，学习《统计违纪违法责任人处分处理建议办法》《防范和惩治统计造假、弄虚作假督察工作规定》。

11 届 39 次。3 月 17 日，审议《滨州市人民政府 2018 年度法治政府建设工作情况报告》《关于深化市级预算管理改革的实施意见》《2019 年市级财政激励奖补资金管理办法》《关于进一步全面推进预算绩效管理的实施意见》《关于坚持农业农村优先发展做好“三农”工作的实施意见》《关于进一步加强招商引资工作的意见》和《滨州市招商引资激励办法》等草案。研究贯彻落实中央及省领导对审计工作重要批示及贯彻落实情况、2019 年乡村振兴重大专项资金预算安排、潮河治理工程市县配套资金筹措、贯彻落实全省打造乡村振兴齐鲁样板会议和农村人居环境整治会议精神、完善治理拖欠农民工工资问题联席会议暨建立联防联控长效机制、2019 年清洁取暖建设、贯彻落实全省解决部分退役士兵社会保险问题培训工作会议精神、到西安学习考察营商环境建设监督有关情况、《政府工作报告》任务分解等工作的意见。

11 届 41 次。4 月 9 日，审议《滨州市市级地方金融稳定资金管理使用办法（草案）》《滨州市医养健康产业发展规划（草案）》，研究 2017 年度市级财政预算执行和其他收支审计查出突出问题整改、市直机关事业单位高级技师和技师津贴补贴标准设置、信访积案攻坚化解、禁毒等工作的意见。

11 届 42 次。5 月 8 日，研究一季度安全生产及应急管理、“证明材料不用跑”改革、贯彻落实全省四经普工作座谈会议精神及全省民营经济统计监测试点等工作的意见，审议《滨州市人民政府规范性文件制定程序规定》草案。

11 届 43 次。6 月 10 日，审议《滨州市培育新兴产业“白名单”企业实施办法（试行）》《滨州市生态环境机构监测监察执法垂直管理制度改革工作方案》《滨州市城市绿地管理条例（草案）》，研究开展全国违建别墅问题清查整治专项行动，征缴防空地下室易地建设费，开展全领域无差别“一窗受理”改革试点，制定中央生态环境保护督察“回头看”及大气污染防治专项督察反馈问题整改方案，创建全国、全省双拥模范城（县），贯彻落实全省调解工作会议精神等工作的意见。

11 届 44 次。6 月 23 日，审议《滨州市扬尘污染防治条例（草案）》。

11 届 45 次。7 月 5 日，审议《关于邀请市民、企业家、投资者等第三方代表列席市政府常务会议工作制度（试行）》《关于在国际全国全省重大比赛中取得优异成绩及输送体育人才有功人员的奖励办法》等文件草案；研究实施学生饮用奶计划，《滨州市黄河沿岸概念性总体规划》等规划编制所需经费，申报智慧城市时空大数据平台建设国家试点城市，建立粮食收购贷款信用保证基金，终止滨海化工产业园申报省级化工园区补偿事宜，对口支援和扶贫协作，理顺居民用天然气价格、核定配气价格和建立居民用天然气价格上下游联动机制，贯彻落实全省全面推行行政执法“三项制度”电视会议精神等工作的意见。

11 届 46 次。7 月 19 日，审议《滨州市加快推进政务服务“一网通办”工作实施方案（草案）》，研究 2019 年新增政府债务限额分配、滨州产融综合有限公司和滨达实业有限公司注册资本金安排、政府性融资担保体系建设、市驻京联络处在京新租办公场所暨搭建“双招双引”三大平台、贯彻落实全省 2019 年煤炭消费压减工作专班第一次会议和全省信访工作有关会议精神、市城区不动产登记历史遗留问题处置、港口资源整合等工作的意见。

11 届 47 次。8 月 20 日，审议《滨州市城市供水管理办法》《市属国有企业投资监督管理办法》《滨州市新材料产业发展规划(2019—2023 年)》《滨州市高端装备制造产业发展规划（2019—2025 年）》《深化“放管服评”改革推进流程再造优化营商环境的实施意见》《滨州市湾长制工作方案》等文件，研究全市企业家大会筹备、2019 年上半年国民经济和社会发展计划执行等工作的意见。

11 届 48 次。9 月 6 日，传达学习山东省纪委关于枣庄“问题水泥”事件相关文件，审议《滨州市财金投资集团有限公司对外投资管理规定》《滨州市科学技术奖励办法》《滨州市知识产权专利导航实施细则》《滨州新一代信息技术产业专项规划（2019—2023）》等文件草案，研究贯彻落实全省灾后建设会议精神等工作的意见。

11 届 49 次。9 月 27 日，研究拉平县乡机关事业单位工作人员工资津贴补贴差距和推进镇街“五小”建设，2018—2019 年度黄河河道外生态水水费落实，2019 年度新增市级城市基础设施建设项目计划，列席市政府常务会议的市民、企业家、投资者等第三方代表征集、考察公示等工作的意见。

11 届 50 次。审议《滨州市大数据产业发展规划（2019—2023 年）》等 3 个规划，以及《滨州市招商引资服务办法（试行）》《滨州市水土保持管理办法》《滨州市实施道路交通安全责任制规定》《滨州市工程建设项目区域综合评估实施办法》《关于举全市之力加快滨州高新区发展的意见》《关于在全市开展亩产效益评价改革指导意见》等文件草案，研究贯彻落实全省退役军人工作会议、全省全面依法治省培训班精神和《山东省人民政府关于在市场监管领域全面推行部门联合“双随机、一公开”监管的实施意见》，法治政府建设示范创建工作、2019 年全市食品安全工作暨市食安委调整情况、重点水利工程和林水会战方案等工作的意见。

11 届 51 次。11 月 12 日，审议《滨州市城市养犬管理办法（草案）》《关于进一步规范市政府对外签署协议审批及用印的通知》《关于进一步规范重要工作事项即时报告的通知》《关于做好财政收支预算管理支持落实减税降费政策的通知（送审稿）》，研究创建全国主要农作物生产全程机械化示范市、2019 年部分省级财力性转移支付分配、滨州魏桥国科科研成果转化示范园项目奖补资金、2019 年部分乡村振兴重大专项资金分配、滨州武警支队训练场地建设经费、成立山东滨港管理运营有限公司、市网格化服务管理联动平台建设等工作的意见。

11 届 52 次。12 月 8 日，审议《市民企业家投资者代表列席市政府常务会议工作规范及工作流程》《滨州市园区产业发展规划》《滨州市烟花爆竹燃放管理办法》《关于全面深化新时代教师队伍建设改革的实施意见》《滨州市打击整治食药环假违法犯罪专项行动方案》《关于加快全市技术转移体系建设的实施意见》《关于加快创建国家创新型城市支撑经济高质量发展的意见》《滨州市灌区管理方法》《滨州市退役士兵专项公益性岗位开发管理实施办法》《滨州市黄河生态保护与修复工程建设三年行动方案》；研究山东魏桥铝电有限公司 203 万吨电解铝产能转移，市妇幼保健院新院项目投资预算调整，2019 年度法治政府建设，市政府规范性文件清理，滨州市免疫无口蹄疫区和无高致病性禽流感区建设，成立市投资促进处，市属开发区管委会权责清单及赋权，贯彻落实全省基础教育工作会议及城镇居住区配套幼儿园治理工作会议、全国国土空间规划培训会议、全省部分退役士兵保险接续工作推进会议、全国全省安全生产电视电话会议精神，全市安全生产和应急管理等工作的意见。

【市政府第三次廉政工作会议】 2019 年 7 月 24 日，市政府召开第三次廉政工作会议。会议以视频形式召开，市长、副市长、市政府其他党组成员、市政府副秘书长，市政府各部门、直属事业单位负责人，中央、省驻滨单位主要负责人在主会场参加会议，各县（市、区）及市属开发区设分会场。会议贯彻落实国务院和省政府第二次廉政会议精神，总结2018年政府系统党风廉政建设和反腐败工作，市民政局、市财政局、市审计局和滨城区政府作发言，市长宇向东出席会议并讲话。宇向东要求全市政府系统进一步树牢纪律、改革、市场、问题、实干五个导向，规范行政权力运行，加强重点领域监管，优化政务服务环境，加大正风肃纪力度，强化政府廉政建设。会议邀请市纪委监委负责人，市委、市人大、市政协有关部门负责人，市法院、市检察院、人民团体、民主党派负责人参加会议。

【市政府2019年工作务虚会议】2019年11月24日，市政府召开2019年工作务虚会议，就2020年的思路、目标、工作重点和推进措施等进行研究谋划。市长宇向东主持会议并讲话。宇向东指出，各级各部门要相互借鉴、取长补短，进一步把工作思路再理清、目标再明确、任务再量化细化、推进措施再精准管用，形成更加完善的工作思路和举措。关于2020年的政府工作，宇向东要求，要突出抓好重大战略实施、重大工作落实、重大项目建设、重大工程推进、重大改革事项、重大事项落实、重大平台建设、重大活动筹备、重大民生事业、重大保障等十项重点工作。会上，各县（市、区）及市属开发区、市直有关部门作发言，各副市长作总结发言。市长、副市长，市政府秘书长、市政府副秘书长，市政府办公室副主任，各县（市、区）政府负责人、各市属开发区管委会负责人，市直有关部门单位负责参加会议。

（刘树洪　谷　丰）

政务公开

【政府信息主动公开】2019年，滨州市累计公开信息近10万条，在“政务公开看山东”专栏发布信息量居全省第二名，在全省考核中获优秀等次，有力推进法治政府、创新政府、廉洁政府和服务型政府建设。做好信息公开目录编制。根据修订后的《中华人民共和国政府信息公开条例》（简称《条例》）明确的法定主动公开内容，组织编制印发《滨州市政府信息主动公开基本目录（试行）》，形成29个一级目录、192个子目录、近2万字的市政府信息主动公开基本目录体系，明确目录名称、公开内容、责任主体、公开时限，推动各级各部门逐项对照抓好信息公开，各县（市、区）、多数市政府部门相应编制主动公开基本目录。抓好公文类信息公开属性源头认定和政策性文件的发布解读。推进政府公文公开属性源头认定，各级各部门在制发公文中主动标注公开属性步入规范化轨道。凡是标注“此件公开发布”的一律主动公开，需要解读的全部配发解读材料，规范性文件全部予以图文解读。全年累计公开以市政府、市政府办公室名义印发各类文件132件，其中规范性文件13件、其他文件119件、需要解读的19个文件全部解读，17个在文字解读基础上采取“一图看懂”等多种形式进行解读，解读率100%。部分政策文件通过新闻发布会等方式进行深入解读，年内，市级共举办新闻发布会35场，其中政策类文件解读新闻发布会8场。

【政府信息依申请公开】2019年，修订后的《条例》正式施行后，重新制定滨州市人民政府（市政府办公室）政府信息公开指南，重点对政府信息公开申请进行再规范，进一步明确和完善公开申请渠道，公开办理机构、办理时限、是否收费等关键环节工作要求，为公众申请公开政府信息提供清晰指引，并对全市所有县（市、区）和市直部门相关工作进行安排部署，确保渠道畅通、程序规范、答复及时，依法做好依申请公开受理、答复和登记转办工作。年内，市政府办公室共办理公民、法人及其他组织向市政府及市政府办公室提交的政府信息公开申请22件（含2018年度结转1件），其中依法按时办结20件、结转下年度继续办理2件，没有政府信息公开行政复议和行政诉讼案件。年内全市共办理公开申请537件。

【行政权力运行信息公开】2019年，市政府全面推行决策公开。市级62项重大决策向社会公开征集意见，收到意见建议137条，采纳26条。推进重要会议公开。公开市政府常务会议16次，市政府专题会议59次，对公开的常务会议同步进行一图看懂解读，建立市民、企业家、投资者代表列席市政府常务会议制度，会议开放工作步入制度化、常态化轨道。推进管理和服务公开。编制公开市级权责清单，其中权利事项4867项、服务事项314项、责任事项27450项。公开“双随机、一公开”监管相关信息184条，建设“信用滨州”网站，设置“双公示”目录，全年公开行政许可信息41000余条，行政处罚信息3900余条，进一步健全社会信息体系建设。公开2019年度行政事业性收费目录、滨州市经营服务性收费目录清单（政府定价或政府指导价部分）和政府性基金目录，发布证明事项目录清单、“一次办好”事项清单和政务服务办事指南。推进执行和结果公开。完整公开政府工作报告和政府工作报告任务分解和落实情况，按季度通过政府网站、《滨州日报》等多种渠道公开全市重大建设项目、十件民生实事进展情况。公开本级预算执行审计报告和其他财政收支情况、专项审计报告。对涉及公共利益、公众权益和社会广泛关注的建议提案复文，同步通过中国滨州门户网“建议提案办理”专栏及时主动公开，全年公开建议提案办理信息325条。

【财政信息公开】2019年，滨州市全面推进财政预决算公开，组织各级各部门及时公开财政预算、决算和三公经费信息公开。清华大学发布的《中国市级财政透明度研究报告》滨州市财政透明度全国排名第12位，全省第2位。

【重大建设项目信息公开】2019年，滨州市按照批准结果、招标投标、土地征收、重大设计变更、施工信息、质量安全监督、竣工信息7个环节，市级公开北外环景观提升改造工程、新立河两岸绿道建设项目等15个与公众密切相关的重大建设项目信息。

【公共配置领域信息公开】2019年，滨州市加大公共资源交易信息公开力度，依托全市统一的公共资源平台，将全市交易公告、资格审查、交易过程、成交结果等信息进行全程统一公开，累计发布交易信息1.3万余条，实现公共资源交易全过程阳光透明。

【公益事业领域信息公开】2019年，滨州市全面加强水、电、气、热、医院、学校、交通等与公众切身利益密切相关公共企事业单位信息公开，根据各行业职能特点，建立专栏。市级对28家公共企事业单位按照标准目录进行公开，发布信息200余条。

【公共监管信息公开】2019年，全市国资国企信息公开进一步深化，按月对市管企业财务、重要人事变动、改革重组、国有资产保值增值情况、业绩考核与年度薪酬、国有产权交易、国有资本整体运营情况、履行社会责任重点工作、“僵尸”企业处置和亏损企业治理等信息进行公开，全年公开相关信息40余条，公开市场监管与安全生产信息90余条。

【回应社会关切】2019年，市政府组织开展市政府各部门年初亮目标、年中亮进展、年底亮结果“三亮”政务公开活动，全市35个市政府工作部门、18个县级事业单位主要负责人将单位全年工作计划、工作目标、工作进展、工作成效通过电视等多种媒体向社会公开，让公众知道政府全年准备干什么、干得怎么样，主动回应公众关心关切，增强政府决策过程和结果的透明度，强化公众监督。中国滨州政府网站“热点回应”专栏全年发布信息23条，对供暖、幼儿入学、公积金办理等事关人民群众切身利益热点问题进行回应，增强政务舆情回应主动性、针对性、有效性。

【政民互动】2019年，市政府部门开展与企业发展、民生利益密切相关“电视问政”活动，全年直播19期，涉及18个大类、160余个重要经济社会及民生问题，大部分得到解决或基本得到解决。栏目从前期线索征集到直播现场、后期督办到信息发布，均以融媒体方式进行，传播效果几何式扩散。每期通过滨州电视台、消息牛手机客户端、滨州传媒网、户外LED大屏四屏同步直播。四屏同步直播在山东省尚属首创。直播当日手机客户端受众超过100万人、留言互动超过20万人，问题整改措施部署不过夜，创下滨州新闻舆论监督史上第一。办好各类群众直通交流平台，完善办理工作机制，做到件件抓落实、事事有着落，全年接收办理国务院“互联网+督查”、人民网、市长信箱等群众反映事项近2373件，“12345”政务服务热线接听群众电话379132件，滨州政务微信群众咨询投诉47件。继续举办“政府开放日”活动，邀请47名社会各界代表参观渤海先进技术研究院，就政府开放和企业发展进行座谈，增进公众对政府工作理解和支持。

（方第政）

营商环境建设

【“放管服评”改革】2019年，市营商环境建设监督局瞄准实现“一窗受理、一网通办为标准，并联审批、帮办代办是底线”的工作目标，牵头制定《深化“放管服评”改革推进流程再造优化营商环境的实施意见》，研究提出27项重点改革任务，并对10个重点事项开展百日集中攻坚。滨州市成为全省第一批完成政务服务事项标准化梳理并实现上网试运行的单位。全市政务服务事项可网办率为94.4%，列全省第6位。数据汇集率达到90%，户籍、不动产登记等高频数据均实现共享。

【营商环境工作体系构建】2019年，市营商环境建设监督局立足解决营商环境工作目标、工作遵循、工作标准、工作路径的问题，制定出台《滨州市2019年优化营商环境考核评价工作方案》，将国家18个共性考核指标（含87个二级指标）逐一分解到各县（市、区）和市直有关部门，紧扣全市营商环境重点工作，确定针对42个市直部门的85项个性考核指标，建立覆盖各县（市、区）、市直各部门的营商环境指标体系、评价体系，并将评价结果纳入全市科学发展综合考核。成立滨州市推进政府职能转变和“放管服”改革协调小组，为营商环境工作开展提供组织保障。

【简政放权】2019年，市营商环境建设监督局顺应开发区体制机制改革要求，坚持先行先试，会同市委编办精准编制市属开发区权责清单，12月20日，在全省率先赋予滨州经济技术开发区、高新区、北海经济开发区市级管理权限分别为106项、363项、239项，推动开发区回归本源初衷，促进经济高质量发展。年内市级共分两批衔接落实行政权力事项62项，其中对应取消17项、调整25项、承接20项。

【优化营商环境攻坚提升行动】2019年，市营商环境建设监督局对照2018年省级营商环境评价反馈短板问题，制定出台《滨州市2019年优化营商环境攻坚提升行动工作方案》，对企业开办、不动产登记等17个便民服务事项进行攻坚提升。企业开办按照企业需求可当天办结；不动产登记由5个工作日压缩至3个工作日；水、气、暖报装时限分别压缩6个、11个、12个工作日；取消市县自行设定证明事项17项，公布上级取消的证明事项60项。

【营商环境问题整治】2019年，市营商环境建设监督局抓住“风岐茶社”类问题整改，将营商环境突出问题自查自纠工作贯穿全年。查摆问题625个，整改完成600个，整改完成率96%，解决一批企业发展中的实际问题。征求105家效能监测点企业反映各级行政机关、事业单位及其工作人员在履行职责、工作作风、服务发展等方面存在的问题，帮助企业解决实际困难。畅通政企沟通渠道，组织开展政企面对面活动，多渠道搜集涉企诉求问题、梳理并做好问题整改，及时回应和解决企业合理诉求。组织开展企业家满意度测评，抽取样本企业5100家，收回有效问卷2610份，整理形成《2019年滨州市企业家满意度评价总体分析报告》，以企业家真实感受传导工作压力和动力。

【营商环境考核评价】2019年，市营商环境建设监督局建立“1+3”考核评价体系，构建以营商环境考核评价为主线，部门惠企工作自评价、惠企政策落实评价、企业家满意度评价为核心内容的“1+3”营商环境考核评价体系，聚焦市场期待和诉求，以评促改、以评促优。周密部署迎接省级营商环境评价，先后4次组织召开动员会议、调度会议，聘请第三方机构模拟省评价环境，为各指标牵头部门进行培训、提供咨询，组织全市44个部门157人参加全省营商环境评价集中填报，指导各县（市、区）做好企业问卷调查服务工作。组织开展营商环境自评价，聘请第三方开展营商环境重点指标测评、惠企政策落实测评等评价工作，发布《2019年滨州市营商环境重点指标测评总体分析报告》《2019年滨州市惠企政策落实情况总体分析报告》，查找全市在打造一流营商环境方面存在的薄弱环节、突出问题，提出针对性、科学化意见建议。

（杨正伟）

人事人才

【人才政策扶持】2019年，滨州市全面升级大学生引进政策，补贴标准向全省最高看齐，对到滨大学生发放生活、租房补助，购房补助，实训补助，创业补助等。凡到滨州市企业就业创业、取得学历和学位的全日制博士、硕士研究生、大学本科生，每月分别给予5000元、2000元、1000元生活租房补助；在滨落户首次购房的全日制博士、硕士研究生分别给予20万元、5万元购房补助；到滨州市企业开展实训活动的全日制本科以上在校大学生和校方带教人员，给予每人每月1000元生活补助，补助期限不超过6个月；大学生毕业后三年内被实训企业招用的，按每人2000元标准给予企业一次性用工补助。年内，完成审核发放2018年度全市博士硕士就业创业生活补贴200.07万元；组织申报全市博士硕士研究生购房及实训补助，发放实训补助22.8万元。

【人才引进对接】2019年，市人力资源和社会保障局会同市委组织部举办“2019:渤海英才·博士故乡行”，与全国20多所高校合作成立校地战略合作联盟，设立11家引才工作站。举办“赢在滨州”高层次人才创新创业大赛，6个项目现场签约，10个项目落地。开展“万名大学生进滨州”高校行等活动，先后组织1100余家次企业参与招才活动，市、县两级开展政策推介和招聘活动130余场，帮助企业引才5600余人。深化选人用人体制机制改革，探索高层次、紧缺人才专业测试、面谈交流等招聘方式，发布选聘硕博士进事业单位、选调市外滨籍人员等公告。发布《人才智力需求目录》4期，重点推介“5+5”十强产业高层次人才需求，通过滨州市人力资源和社会保障局官网、就业人才网、高校校园网站、专业人才招聘网站等进行宣传推介。落实“百名专家服务基层”活动，开展活动30余场，邀请335人次省级以上专家到滨研讨对接。

（王　琪　李树田）

【人才培育评价】2019年，滨州市完善人才评价培养机制，构建领军人才、拔尖人才、后备人才合理分布的人才结构。1人入选省有突出贡献的中青年专家，6人入选2019年度齐鲁首席技师。评选出十佳滨州专业技术带头人20名，十佳滨州首席技师20名，十佳滨州创业明星20名，青年学术技术带头人100名，滨州市突出贡献技师30名，认定滨州市技术能手62名。建设人才平台载体，获批3家博士后创新实践基地、2家齐鲁技能大师特色工作站、1家省级专家服务基地、1家省级乡村振兴专家服务基地、1家省专业技术人

2019年8月16日，滨州——校地战略合作联盟在滨州国际会展中心成立

（市人力资源和社会保障局　供图）

员继续教育基地。开展全省职业农民职称评审试点，将工程技术职务资格中级评审权限下放至各县（市、区）人力资源和社会保障部门和各市属开发区，下放的中级职称评审权扩大至2个系列。加强技能型人才队伍建设，全面推开企业新型学徒制培训、企业自主评价，全年新增高级工以上高技能人才1026人，其中技师387人、高级技师317人。

（王　琪　付　峰）

【人才管理服务】 2019年，滨州市畅通高层次人才服务"绿色通道"，设立高层次人才服务窗口，依托山东省高层次人才服务信息系统，为97名高层次人才办理《山东惠才卡》，为符合市级高层次人才条件的120人发放《渤海英才服务卡》，组织高层次人才进行免费健康查体、外出休假考察，为人才提供24个方面的精细化服务事项，提升高层次人才服务质效，打通高层次人才服务"最后一公里"。评选6家市级专家服务基地和6家乡村振兴专家服务基地；山东省生态纺织技术创新中心被评为省级专家服务基地，阳信县借箭良种肉牛繁育示范园基地被评为省级乡村振兴专家服务基地。

（王　琪　李树田）

【事业单位人事管理】 2019年，滨州市继续深化事业单位人事制度改革，增强事业单位活力。创新事业单位高层次、急需紧缺人才招聘形式，探索先面试后笔试、专业测试、面试评议、校园招聘等多种方式，招聘各类人才1497人。改进基层事业单位公开招聘工作，破解引不进、留不住人才难题，支持县乡事业单位放宽学历、年龄、专业等岗位条件以及简化招聘程序招聘工作人员；支持省财政困难县招聘具有本县户籍人员，合计发布面向本地户籍的招聘岗位183个。改革乡镇基层事业单位岗位管理制度，印发《关于改革完善乡镇基层事业单位专业技术岗位管理制度的实施意见》，专业技术高级岗位设置比例提高5个百分点；创新专业技术岗位设置办法，以乡镇（街道）为单位实行总量管理，岗位设置核准备案权限下放至县（市、区）；创新专业技术岗位聘用办法，对3类人员可使用特设岗位予以聘用。

（张　彤）

【市直事业单位工资管理】 2019年，全市市直事业单位和机关工勤10688名人员工资薪级正常晋升、623名职务晋升、1112名岗位等级变动、246名岗位变动；260名进入到机关事业单位工作的大中专毕业生转正定级；19名军转干部、6名退役士官和1名军转家属落实工资待遇。4月印发《关于进一步落实市属事业单位绩效工资有关工作的通知》，全市事业单位绩效工资制度全面推开，年内，完成市直50个主管部门240个事业单位的绩效工资总量核定工作。

（杨　磊）

【人事考试】 2019年，滨州市执行国家和省市关于人事考试制度要求，深入推进考务管理精细化、考场建设标准化、命题工作科学化、考试信息化、考试队伍专业化"五化"建设，全年完成国家（省、市）35项、56424人、108836科次的考试报名和资格审查工作，完成19项、54604人、99809科次的考试考务工作，发放各类证书12062本。全年完成45个工种、225个等级、11236人次的职业技能鉴定报名、资格审查及考务工作，发放各类职业技能鉴定证书10255本。推行严格报名审核、严格考务组织、严格考务培训、严抓考风考纪、严打考试作弊"五严工作法"，创新"铃声+语音"提醒方式，全面实行"人脸识别"进场，考风考纪治理取得新成效。

【企业技能人才自主评价】 2019年，滨州市落实"放管服"改革要求和国家、省关于技能人才评价机制改革部署精神，指导山东京博控股集团有限公司、山东魏桥创业集团有限公司完成企业技能人才自主评价的相关工作，两家企业均被省人力资源和社会保障厅公布为全省首批企业技能人才自主评价试点单位，滨州市作为全省三个市之一被省人力资源和社会保障厅点名参加全省首次企业技能人才自主评价工作的备案审核和经验讲解、宣传工作。11月，全省首家民营企业京博控股集团有限公司技能人才自主评价考核工作完成，京博控股集团化工总控工张亚南获得山东省民企颁发的第一张职业技能等级证书，京博职工成为民营企业开展技能人才自主评价试点的首批受益者。12月，京博控股集团有限公司被省人力资源和社会保障厅邀请参加全省首次企业技能人才自主评价试点工作座谈会并作典型发言。

（张雯雯）

智慧滨州建设

【概况】 2019年，全市大数据部门落实"数字山东"战略，推进新型智慧城市建设、数据资源归集共享、发展数字经济、开展数据应用、夯实数字基础设施等方面工作，为全市大数据工作开好局、起好步打下坚实基础。编制四个规划，完善工作机制，编制智慧城市运行管理中心建设方案，沾化区被列入2019年全省四星新型智慧城市建设县级试点名单，市本级和博兴县分别被列入省四星新型智慧城市建设2020年市级和县级预试点名单。统"云"、并"网"、聚"数"，推进数据资源归集共享。开展"数据赋能"专项行动，为部门企业提供数据支持，推进电子证照共享应用，推动形成一批基层典型应用。

【新型智慧城市建设】 2019年，市大数据局坚持规划引领，编制《滨州市新型智慧城市建设顶层设计（2019—2023年）》《滨州市新型智慧城市建设行动计划》《滨州市大数据产业发展规划（2019—2023）》《滨州市新一代信息技术产业发展专项规划（2019—2023）》4个规划，科学定位和布局新型智慧城市建设和大数据产业发展，建立工作机制。出台《促进滨州市新型智慧城市建设的实施意见》，成立以市政府主要领导为组长的新型智慧城市建设领导小组，在市大数据局设立办公室。试点工作取得突破，争创新型智慧城市省级试点示范，沾化区列入2019年省级四星新型智慧城市建设试点县，滨州市和博兴县分别列入省级四星新型智慧城市建设试点市、县。

【数据资源归集共享】 2019年，市大数据局落实统“云”、并“网”、聚“数”工作要求，全力推进数据资源归集共享。推进系统上云，规范政务信息资源目录，根据机构改革情况，对全市2万余条政务信息资源目录逐条确认、梳理，厘清数据归属；修订完善《政务信息系统项目管理办法》，出台《政务信息系统项目管理办法实施细则》，完成市直48个单位145个业务系统迁移上云，上云率达到90%，位居全省前列。优化网络平台，扩大电子政务外网覆盖范围，“纵向到底，横向到边”，逐步实现市县乡村四级全覆盖，与各部门对接专网整合工作，专网整合率达92%；优化政务协同办公平台，完成发文管理、会议管理、领导干部请销假等模块和手机、平板电脑客户端升级改造，政务协同办公平台实现发文、收文全程网上流转；部署“山东通”平台应用工作，完成三大通信运营商山东通VPDN线路测通工作，通过三大运营商将移动办公APP上线山东通。强化数据安全，明确云平台安全责任，签订安全责任落实表，启动云灾备体系和城市云安全平台建设，完成城市云平台三级等保测评，保障上云系统数据安全，规范全市统一数字证书应用。打破数据孤岛，在全省率先出台《政务数据更新管理办法》《安全管理暂行办法》，纵向上实现与国家、省共享平台互联互通，实现跨层级资源网上申请、调用，横向上实现市县两级所有政府部门接入，打通数据共享经脉；全市所有政府部门接入大数据管理服务平台，基本建成全市人口、法人数据库，数据项由200个扩展至670个；户籍、不动产登记、房产交易、完税信息、社保、婚姻、殡葬、企业注册登记等高频数据均实现共享，汇集数据由5亿条增长至11.4亿条，数据汇集率达90%，居全省前列。

【数据应用服务】 2019年，市大数据局围绕“一网通办”“放管服评”改革，强化数据应用，提升数据支撑能力。强化数据支撑。开展政务数据资源现场供需对接，提供数据库资源3800个，文件资源36000个，数据查询接口3000个，累计为各个部门单位提供数据共享服务1000万次；为部门企业提供数据支持，住房公积金实现10个部门43项数据调用，精简办事材料75项，实现21类业务网上“秒批秒办”。提供数据服务。市大数据局围绕全科大网格、智慧环保、智慧金融、智慧教育、数字应急等项目建设，提供方案评审、数据支撑、运维保障等服务，开展“智慧交通”项目建设，完成主城区120个主要路口智能交通信号控制系统建设任务，通行效率提升10%以上。推进电子证照共享应用。印发《关于开展电子证照库建设应用工作的通知》，初步建立市级电子证照库及管理平台，实现不动产登、社保、公积金等十余类证照共享应用；推动“网上一窗”，配合市行政审批服务局，持续完善一体化在线政务服务平台，市级自建政务服务类业务系统完成与全省统一身份认证对接，打造政务服务统一入口。推动形成一批基层典型应用。建设完善“爱山东”APP滨州分厅，在全省率先实现30项高频政务服务事项“掌上办”，接入各类移动服务应用118个；滨城区彭李街道网格化治理大数据平台、惠民县孙武街道智慧社区APP、辛店镇“三资”大数据管理平台等，有效提升基层治理能力，得到省大数据局肯定并在全省推广。

（刘青林）

2019年10月30日，全国移动互联创新大赛大数据专项赛暨滨州2019大数据和人工智能研讨交流大会在滨州大饭店召开　　（市大数据局　供图）

【智慧滨州时空大数据平台建设试点项目设计通过评审】 2019年7月12日，自然资源部批复同意滨州市开展智慧滨州时空大数据平台建设国家试点工作。市委市政府成立工作专班，按自然资源部批复时间要求加快推进，选定中国测绘科学研究院作为平台建设设计书的编制单位。编制期间，市自然资源规划局到外省市进行专题调研学习，吸收外地先进工作经验，与市直10余家单位沟通了解需求意见，按计划完成项目设计书编制。12月21日，自然资源部国土测绘司组织专家在滨州召开智慧滨州时空大数据平台建设试点项目设计书评审会，听取智慧滨州时空大数据平台国家试点工作情况介绍，中国地质大学（北京）、自然资源部信息中心、北京市测绘科技研究院、山东科技大学以及河北省自然资源厅、山东省自然资源厅有关领导和专家从数据采集更新维护、网络平台融合等方面进行质询和讨论，提出意见和建议。专家组一致同意智慧滨州时空大数据平台建设试点项目设计通过评审。评审会后，市政府按照专家组意见对项目设计书进行修改和完善，设计施工图，制作工期表，加快推进试点建设工作任务，创建智慧城市时空大数据平台建设“滨州模式”。

（高连新）

信访工作

【概况】 2019年，市信访局由市委工作部门调整为市政府工作部门，由市政府办公室统一领导和管理，同时承担市委信访相关工作，为正县级单位。全市信访工作突出为中华人民共和国成立70周年庆祝活动营造良好环境工作主线，开展人民满意窗口创建工作，践行“最多访一次”改革，督促问题在基层和属地解决，减少信访上行，全力以赴维护大局和谐稳定。年内，全市登记到省、进京上访数量之少分列全省第一位和第二位，进京登记非访保持为零，是全省唯一“非访”零登记市。7月7—8日，全省人民满意窗口现场推进会议在滨州召开。全国、全省“两会”，中华人民共和国成立70周年大庆等重大活动期间，均未发生有影响的问题，阳光信访、责任信访、法治信访、满意信访建设再上新台阶。年内，全市信访案件及时受理率、按期办理率均为100%，群众参评率达91%、满意率达99%，均居全省前列。

【组织领导】 2019年，市委常委会、市政府常务会4次专题研究信访工作，市委书记佘春明、市长宇向东带头值班接访、包保疑难案件，先后25次作出批示指示，31位市级领导主动包保化解信访积案。各级调整充实信访工作联席会议，明确党委副书记为总召集人，政法委书记和政府分管领导为召集人；市委九届十次全委会进一步明确党委副书记牵头分管，政法委书记和政府分管领导分工负责的信访工作领导体制。各县（市、区）信访局局长均由党委或政府办公室副主任兼任，为信访工作提供有力保障。

【矛盾化解工作】 2019年，市信访局坚持市内和北京、济南三线联合作战，减少信访上行，维护大局稳定。开门接访，除工作日正常接待群众到访外，节假日期间，实行班子成员带班和机关干部值班制度，及时协调有关责任单位靠上化解工作。严格落实省信访局关于精减驻京人员和严禁违反“两个一律”部署要求，进一步调整规范县（市、区）驻京值班力量，继续落实市信访局一名班子成员常年在京带队值班、一名中层干部在省带队值班制度，组织县（市、区）信访等工作力量，常态化抓好值班工作。重点敏感时期，成立专门工作组，抽调精干力量，市县领导带队坐镇指挥，做好化解工作。市信访局相继被省委、省政府和市委、市政府表彰为中华人民共和国成立70周年相关工作先进集体，1人被省委、省政府表彰为中华人民共和国成立70周年相关工作先进个人，10人被市委、市政府表彰为中华人民共和国成立70周年相关工作先进个人。

【基层建设】 2019年，市信访局按照“有场所、有人员、有机制、有效果”四有标准，在全省率先开展人民满意窗口创建工作，滨州市、阳信县、无棣县、惠民县4个来访接待中心被评为2019年度全省信访系统“人民满意窗口”单位。坚持和发展新时代“枫桥经验”，深化信访矛盾排查调处，加强风险预警，及时预测苗头性、倾向性问题。落实公开接访制度，重点敏感时期，组织市级领导到市级接访中心值班接访，每月组织一次公开下访活动。县（市、区）委书记、县（市、区）长和市直部门负责人在县（市、区）信访接待中心接待上访群众，乡镇（街道）党（工）委书记每周至少1天时间走进信访大厅，基层干部登门入户

2019年7月8日，全省创建人民满意窗口现场推进会议在滨州召开，省政府副秘书长、省信访局局长王金城（前排左二）及参会人员参观市人民来访接待中心

（市信访局　供图）

化解信访问题。加强基层信访工作队伍建设，强化干部教育培训，6月11日，组织市、县、乡三级200余名专兼职信访干部举办信访系统化机制培训班。

【积案化解】 2019年，市信访局在全市组织开展信访积案攻坚化解行动。市委书记佘春明、市长宇向东等31名市级领导带头包案，县乡和有关部门落实主体责任，通过值班接访、带案下访、上门回访、专题会议等形式全力推进案件化解。市信访联席办建立调度、通报、督导、问责等制度；推行联合接访，设立联合接访室，组织相关部门按需进驻，集中办公，组织律师、心理咨询师等社会力量参与信访工作。810件积案得到解决，化解一起20年信访积案。10年以上积案全部化解，5年以上积案化解率99%，5年以下积案化解率98%，超额完成攻坚化解任务。省委常委、政法委书记林峰海，副省长、省公安厅厅长范华平等省领导对滨州信访工作作出批示给予充分肯定，中央信访工作联席会议办公室总结推广滨州积案化解做法。

【信访联席会议机制和信访工作责任制创新】 2019年，市信访局健全完善信访联席会议机制和信访工作责任制。调整信访工作联席会议，市委副书记任总召集人，政法委书记、常务副市长、公安局局长为召集人。设立信访工作联席会议群，各县（市、区）党委（党工委）书记全部入群，每天发布上访信息，推动有关责任单位主动认领，化解大批疑难问题。贯彻“最多访一次”改革，出台“最多访一次”工作方案，提速增效办理信访事项，简单问题马上办，复杂疑难问题跟踪监督办。抓实约谈问责，出台关于进京访办理督导问责制度化意见，对督导通报和末位分级约谈明确量化要求。抓好“五个一”工作落实，建立80余人的信访听证智库、搭建市县两级数据平台、推出“最多访一次”模式、打造非访治理滨州模式，推动全市信访工作健康发展。

【渠道畅通】 2019年，市信访局推行“信、访、网、电、微”五种信访模式，信访群众可以自主选择诉求渠道，就地就近信访。打造24小时不打烊网上信访，在全市每个接访中心公开微信公众号、设立109个网上信访自助服务区、完善网上信访受理平台，群众足不出户就可以反映问题，查询进展情况，做出评价。年内，受理网上信访6665件，占信访总量60%以上。组织领导干部公开接访，市几大班子领导工作日期间常态接访，全国“两会”等重大活动期间重点接访，面对面协调处理复杂疑难问题。年内，市级领导102人次轮流到市信访局公开接访，接待到访群众181人次。组织市直部门下访和县（市、区）委书记公开接访，坚持领导干部每月一次公开接访，组织市直部门下访活动10次，17个市直部门负责人409人次到县（市、区）下访，县（市、区）党政主要负责人每月公开接访同步进行，乡镇（街道）党委（党工委）书记每周至少一天时间走进信访大厅接待群众来访。

【全省创建人民满意窗口现场推进会议在滨州召开】 2019年7月8日，全省创建人民满意窗口工作现场推进会议在滨州召开。与会人员观摩市人民来访接待中心、市公安局群众来访接待大厅、无棣县群众来访联合接待中心、滨城区杨柳雪镇为民服务中心；省纪委省监委信访室及部分市、区信访局作交流发言。

（刘　敏）

外事工作

【概况】 2019年，滨州市人民政府外事办公室（简称市外办）贯彻落实因公临时出国管理规定，统筹上报全市省管干部出访计划，审核提报县处级及以下人员出访计划。对出访团组实行分类管理，推动友城合作和民间外交。滨州市与韩国高阳市签订加强友好交流合作备忘录，开展公务员交流；与澳大利亚克拉伦斯市举办投资说明会，服务京博集团在澳投资项目；与芬兰罗凡涅米市举办滨州青少年看友城项目、与法国萨维尔纳市正式建立友好合作关系城市。突出“双招双引”工作，要求所有因公出访团组增加“双招双引”任务，定目标、定任务，每半年对成果落实情况进行评估。深入县（市、区）、企业调研对外交流合作需求，实行外事联络员制度，建立数据库。4月底，滨州市翻译中心成立；7月，公开招聘1名英语高级翻译，1名日语翻译，1名西班牙语翻译；12月，公开招聘1名法语翻译，1名英语高级翻译；完成市人代会工作报告、“六问八策”、滨州外宣材料等文本翻译工作。针对企业需求，推动博兴厨具俄罗斯海外仓、博华农业俄罗斯投资、无棣县企业南非投资等项目进展。建立海外资源库，为全市开展对外交流合作奠定坚实基础。

【因公出国管理】 2019年，市外办严格按照因公出国管理规定审核审批因公出国团组，落实好计划管理、行前教育、因公护照管理、出访成果跟踪问效等制度。要求所有因公出访团组增加“双招双引”任务，定目标、定任务，每半年对成果落实情况进行督导评估，量化评分，将评估结果报送市领导审阅。全年共受理出访申请62批170人次，办理护签手续59批161人次，厅级领导出访6人次。开展27次因公出访团组行前教育培训。

【涉外服务】 2019年，市外办推动APEC商务旅行卡计划实施，与2018年同期相比，申办人数增加159%。成立全省首家APEC商务协会，开展海外领事保护知识培训、发布企业合作需求信息、海外预警信息等，组织企业交流互鉴，携手开拓海外市场，省外办在全省发文推广滨州经验。深入县（市、区）

企业调研对外交流合作需求，实行外事联络员制度，建立企业对外交流合作数据库，摸清工作底数。市外办协调妥善处置印度尼西亚新娘 RIKA SUSANTI 事件，为滨州当事人追回部分损失，该案成为全国15起涉印尼新娘案件中唯一彻底结案案件。

【国际交流合作】 2019年，市外办服务市长宇向东出访日韩友城，与韩国高阳市签订《滨州市与高阳市加强交流合作备忘录》，完成公职人员交流项目。组织40余名师生访问芬兰，推动教育文化交流。在澳大利亚克拉伦斯市召开投资说明会，推进京博袋鼠湾项目。法国萨维尔纳市代表团参加省友城大会并签署友好协议。融入"一带一路"倡议，推动南非阿马朱巴市与无棣县建立友好城市关系。精准服务"走出去"与"引进来"，与南非商会对接，推动无棣企业在南非投资合作项目等。

【重要出访与到访】 2019年8月18—25日，市委书记佘春明率团到德国、瑞士进行产业对接和招商洽谈，开启滨州高端产业与德国、瑞士著名企业全方位交流合作。该次境外招商洽谈，主要包括铝制品精深加工、轻量化研发制造、高端装备、新材料新能源等22个项目，尤其把高端铝轻量化研发制造作为重点，选择世界交通、汽车领域轻量化研发制造最前沿、前尖端和配套领域最广泛、最先进的德国和瑞士，顺着产业链条延伸图、高端企业布局图，开展"点对点""链接链"考察招商。实质性推进京博集团与德国常青藤公司多用途新型橡塑材料项目，魏桥创业集团与瑞士AM基金、瑞士R&D碳素公司配套金融、产业合作等一批在谈项目合作、见证签约；加速推进惠民县与汉诺威生命科学中心合作建设生命科学园区项目，卢斯得机械股份有限公司在汽车制动盘OEM和AM市场与泰明顿集团合资项目，加强德国巴登符腾堡州轻量化局交流合作，商定2019年中德轻量化年会有关事项，与德国高端数控机床项目进一步合作；洽谈推进与德国TRIMET公司、克虏伯公司、瑞士ABB集团，在高端铝、轻量化汽车零部件产业方面一批产业匹配项目达成合作愿景和交流平台。

2019年3月24—31日，市长宇向东率团参加省政府在日本、韩国举办的山东商务周活动。活动期间，代表团围绕新旧动能转换，聚焦"双招双引"重点任务，密集走访会见日本、韩国各界知名人士，全面宣传推介滨州。参加和组织拜访、会见、洽谈、考察等政务商务活动28场次，签署交流合作备忘录1项、经济合作协议3项，投资额约7亿美元。该次出访，深化与日本纪之川市的合作，与韩国高阳市签订交流合作备忘录，明确双方在教育、公职人员培训、医疗、养老、健康、旅游、经贸合作等方面拓展空间，加强合作。西王集团与日本住友会社签署联合收购澳大利亚艾莫德粮食公司备忘录，项目总投资5亿美元，西王集团计划持股80%，计划3年内达到800万吨粮食贸易规模；推动日本圣利特工业公司到邹平市投资建设铝深加工项目进展；韩国载元株式会社与滨州裕能化工有限公司计划在北海经济开发区设立合资公司，生产高纯电子级溶剂，项目总投资5.3亿元人民币，签署合作备忘录；韩国Q0OTEN公司计划与新华锦滨州公司在高新区联手打造封闭式跨境电商平台，签署合作备忘录。

（赵 阳）

2019年9月4日，市长宇向东（右一）在滨州市政大楼会见韩国载元株式会社客人

（市政府办公室 供图）

机关事务

【概况】 2019年，市机关事务管理服务中心突出服务和保障主责主业，强化党建引领，集中统一管理，高效完成各项保障任务。为60多个市直单位调配办公用房3.59万平方米，为各种工作专班调配办公用房近2000平方米，审批市级党政机关、事业单位办公用房大中型维修项目17个，组织实施办公用房修缮、会议室改造等维修项目19个。为市直37个部门（单位）配备更新公务用车38辆。完成公车保障任务3000余次，安全行驶30多万千米。服务保障各种会议2000余场。

【机关办公用房管理】 2019年，市机关事务管理服务中心贯彻落实《党政机关办公用房管理办法》，不断提高办公用房管理水平和保障能力。完成6家单位7处房产权属统一工作。组织开展全市党政机关办公用房信息统计报告工作，建立市级党政机关办公用房使用管理台账，并将相关数据信息填报全国党政机关办公用房管理系统，实现办公用房管理“全国一张网”。以机构改革为契机，对市级党政机关办公用房进行全面调整，统筹调剂办公用房面积3.59万平方米，涉及部门（单位）60余个，改善市直各单位办公条件，优化市级党政机关办公用房使用格局。及时为市招商专班、市营商环境专班、扫黑除恶工作专班、渤海技术研究院专班以及市委“不忘初心、牢记使命”主题教育工作组、市金融监管局招商项目光大银行滨州分行筹建办等调配办公用房，累计调配面积近2000平方米。协调2000万元办公用房维修资金，为11家机构改革涉改单位进行办公用房修缮，实施市政大楼8—19楼空调水系统维修改造、市政大楼和档案综合楼楼顶防水、部分会议室升级改造等工程项目。配合国有企业改革，将6处出租房、5处沿街房划转至滨达公司，应划尽划，支持国有企业做优做大做强。

【机关公共机构节能】 2019年，全市公共机构人均综合能耗、单位建筑面积能耗和人均用水量比2018年分别下降2.5%、2.0%和3.5%，完成年度目标任务。市机关事务管理服务中心以“低碳行动，保卫蓝天”为主题组织开展节能宣传活动，展出展板12块，发放节能倡议书300余份。组织各县（市、区）和市直单位共13名优秀节能管理人员参加公共机构节能管理远程培训。强化能耗数据统计，全年全市公共机构能耗数据上报率达到95%。市政大楼能耗监测系统不断完善，实现水电同步监测。推广合同能源管理，在全市公共机构征集2012年始采取合同能源管理模式实施的节能改造项目，并选取阳信政务中心地源热泵、沾化行政大厦中央空调改造及市政大楼空调和灯具改造等5个项目进行推广。阳信县成为省级合同能源管理试点县。践行“垃圾分类就是新时尚”理念，鼓励、引导公共机构垃圾分类投放、分类处置。市直机关共配置分类垃圾桶140套，产生有害垃圾单位与具有处理资质专业机构签约。市直56家公共机构与市环境卫生清运大队签约，实现餐厨垃圾无害化处理。近20家公共机构联系备案企业回收报废资产2000余件。年内，组织创建3家国家级节约型公共机构示范单位、4家省级节约型公共机构示范单位、1家省级能效领跑者单位和4家省级节水型单位。

【公务用车管理】 2019年，市机关事务管理服务中心贯彻落实《党政机关公务用车管理办法》，规范公务用车管理和使用。完成全市事业单位公车改革涉改车辆处置工作，处置公务用车184辆，上缴财政资金377.57万元，调剂使用公务用车2辆，节约财政资金36万元。严格公务用车配备、处置审批，为市直37个部门（单位）办理公务用车审批手续，配备更新公务用车38辆，公开处置88辆，调剂使用18辆，上缴市财政资金95.36万元，节省财政资金180万元。与市财政局密切配合，贯彻落实《关于做好市级机构改革中经费资产划转管理工作的通知》要求，以“车辆随职能走”为原则，为市行政审批服务局、市退役军人事务局、市住建局审批新增公务用车编制3个，过户审批市自然资源规划局、市司法局公务用车5辆，保障机构改革后各单位公务用车需求。推进公务用车“定点”管理，公开招标5家保险企业，作为市级党政机关、事业单位公务用车定点保险单位。公务用车管理平台建设初见成效，全市一般公务用车1092辆，执法执勤车辆166辆纳入平台管理，其中452辆公务用车实现与山东省公务用车管理平台数据对接。

【机关后勤保障】 2019年，市机关事务管理服务中心贯彻落实《党政机关厉行节约反对浪费工作条例》，突出以人为本和过紧日子思想，为党政机关高效运转和干部职工正常工作提供有力支持和保障。强化物业监督管理，规范市政大楼出入管理，严格设施设备运行管理，从严落实各项安全生产制度。升级改造视频会议系统，提高视频会议质量。完成市“两会”、高端铝业峰会、招商引资路演大会等全市2000余场会议服务和保障任务。保障滨州参加跨国公司领导人青岛峰会、全省农村改厕规范升级和后续管护长效机制工作现场会、全省新旧动能转换观摩、高端铝业峰会、“双招双引”观摩、市“两会”以及市领导接待调研等3000多场公务活动。修订周转房管理办法，严格周转房、公租房入驻和管理，保障市级交流干部和市直部门在滨州城区无房干部职工住宿问题。改善干部职工就餐环境，提高服务标准。

（孟丹丹）

综　述

【概况】 2019年，中国人民政治协商会议第十一届滨州市委员会（简称市政协）学习贯彻习近平总书记关于加强和改进人民政协工作重要思想，围绕全市中心工作，聚力“展现新气象、实现新作为”“两新”实践活动，突出“加强和改进”，推动政协整体工作实现高质量发展。坚持政治为先，夯实共同奋斗思想基础，市委市政府领导多次对政协履职成果给予肯定和鼓励并作出批示；坚持协商为要，聚力重心倾向，围绕实施营商环境攻坚、提升科技创新能力两大主题开展专题议政，以履职核心产品为新旧动能转换献良策添动力；坚持民心为上，畅通民意诉求，全力奉献人民群众实现对美好生活的向往，围绕垃圾分类、提高居民饮用水质量等一系列民生问题开展调研视察活动，助推有关问题解决；坚持和合为贵，加强与市各民主党派、工商联、无党派人士和有关团体联系与合作，鼓励和支持在政协平台更好实现政治参与；坚持创新为源，丰富履职载体，重点在提案工作和民主监督方面加强探索和实践，进一步激发政协事业发展创新活力；坚持固基为本，突出党建引领，打牢干事创业根基，加强纪律作风建设和政协机关党建，弘扬“包容、向善、真诚、友爱”的政协机关文化。至年底，十一届市政协有常委52名，委员346名，28个界别，委员中中共27名、民革7名、民盟10名、民建9名、民进7名、农工党7名、致公党5名、九三学社9名、无党派6名、共青团5名、工会9名、妇联12名、青联8名、工商联23名、科协6名、侨联8名、文化艺术界13名、科技界13名、经济界37名、农业界23名、教育界14名、体育界6名、新闻出版界10名、医药卫生界13名、社会福利和社会保障界16名、少数民族界8名、宗教界9名、特邀26名。

【建言献策】 2019年，市政协抓住答“六问”、践“八策”关键问题，立足主责主业，发挥专门协商机构作用，深度调研、重点攻关、科学协商。首次组织多个专委会合作，围绕“实施营商环境攻坚，聚力‘富强滨州’建设”协同调研，并在市政协十一届十四次常委会议上进行专题议政，从营造崇商亲商社会“大氛围”、以数据信息共享倒逼形成行政效率提升“新格局”、构筑高质量发展和“双招双引”“真优势”、形成优化营商环境长效“硬机制”等四个方面提出25条具体建议。市委书记佘春明、市长宇向东充分肯定，批示市委市政府两办转发。聚焦“创新之策”献良方。抓住实施科技“创新之策”事关全市“十四五”和未来发展重大关键问题，把“提升科技创新能力、促进经济高质量发展”列为市政协十一届十五次常委会议专题协商议题，组织15位常委、委员以及政协参加单位围绕主题在常委会上发言，形成从加快构建“强力引擎”、厚待“领头雁”、增强引领力、促进投入多元化、营造浓厚氛围等方面提出37条建议，形成《建议案》，市委书记佘春明批示肯定，要求列入重点工作。聚焦“实业之策”集众智。按照市委书记佘春明点题，聚焦“实业之策”，围绕破解企业主体地位不彰、内生动力不强影响“富强滨州”建设的重大课题，对113家政协委员所在企业进行问卷调查，深入企业了解诉求建议，广泛宣传滨州服务实体经济发展政策措施，激发新时代企业家精神，并向市委提交专题调研报告，其中多条意见建议被吸收进企业家大会相关文件中。聚焦“品牌之策”出实招。突出加强农产品质量品牌建设，从叫响“滨州沿黄生态高效农业”区域品牌、构建农产品质量品牌价值共同体“滨州矩阵”、健全“一核两翼”品牌管理运营体系等8个方面，为打造滨州特色乡村振兴齐鲁样板贡献“政协智慧”。年内，市政协召开1次全体会议，2次专题议政性常委会议、12次对口协商会、20余次提案办理协商会、50余次调研座谈会，举办委员接待日12次，录播《委员关注》12期，形成建议案2件、调研报告19篇、协商纪要7件、信息专报17件。

【协商民主】 2019年，市政协坚持把加强思想政治引领、广泛凝聚共识作为履职中心环节，肩负起“落实下去、凝聚起来”的政治责任。重视发挥各民主党派、工商联和无党派人士骨干作用。年内，党派团体参与调研视察35次、大会发言12次，提交集体提案63件，其中民建滨州市委《关于加快实施乡村振兴战略推进“富强滨州”建设的建议》被确定为“一号提案”。开展联企帮扶等各项工作，帮助企业和基层破解难题，在抗击台风和洪涝灾害中贡献力量。参与举办第十一届海峡两岸（滨州）孙子文化论坛，促进孙子文化进社区、进企业、进校园，助力打造“孙子故里”文化品牌。专题调研少数民族实施乡村振兴战略，增进与各界人士密切联系，为促进民族团结、宗教和睦、社会和谐营造氛围、献计建言。持续打磨独具滨州特色的履职精品工程。委员接待叫响品牌。委员接待站和委员接待日成为全省政协系统品牌，在实现线上与线下、有主题与无主题、因题而约与委员自愿参加、协商座谈与现场调研、建言献策与督促落实“五个结合”基础上，逐渐成为履行“更好凝聚共识”重要职能有效载体。年内，围绕12个主题接待委员75人次，自启动累计举办委员接待日活动32次，210名委员到访“委员之家”。创新拓展常委会议发言主体范围和组稿形式，将专委会、县（市、区）政协、不是常委的政协委员纳入发言范围，组织开展十四次、十五次常委会议专题议政发言，9个单位和20位常委、委员提交发言材料，口头发言11人次，会后分别形成协商议政情况报告，以《政协工作·建言议政》报市委、市政府，编印《展现新气象实现新作为——十一届滨州市政协全体会议和常委会议发言集萃（一）》。提案工作创新提升。注重从源头把好提案质量关，创新举行集体提案征集暨“一号提案”和重点提案培育座谈会，探讨提高提案质量措施；提案交办会议精简范围，多数提案通过网络转交承办部门办理；首次在全会期间召开提办双方沟通见面会，邀请市公安局主要领导及机关负责人与27名市政协委员在提案交办前进行面对面沟通；常委会评议提案办理工作实现信息化，使评议工作更加客观高效；修订《提案工作条例》《优秀提案、先进承办单位和先进承办个人评选表彰办法》等，制定出台《提案公开办法（试行）》《提高提案质量的办法》，进一步健全完善提案工作制度体系。

【政协机构改革】 2019年，市政协设置农业和农村委员会。将市政协经济委员会联系农业界、研究“三农”问题等职责调整到市政协农业和农村委员会，主要负责组织委员学习宣传党和国家农业农村方面方针政策和法律法规，就全市“三农”问题开展调查研究，提出意见、建议和提案，团结联系农业和农村界委员反映社情民意。市政协文史资料委员会更名为市政协文化文史和学习委员会。将市政协科教文卫体委员会承担的联系文化艺术界等相关工作调整到市政协文化文史和学习委员会。市政协科教文卫体委员会更名为市政协教科卫体委员会。

（李　超）

重要会议

【政协十一届三次会议】 2019年2月23—27日召开。会议应到委员347名，实到319名。会议审议通过十一届市政协常务委员会工作报告和提案工作报告、市政协十一届三次会议提案审查情况报告和会议决议。举行大会发言，2个县政协、8个市政协参加单位和5名市政协委员进行口头发言，30名政协委员进行书面交流。与会委员列席市十一届人大第四次全体会议，听取并讨论政府工作报告和市中级人民法院、市人民检察院工作报告，讨论其他有关报告。会议收到提案339件，立案302件。立案提案中，委员提案237件，各民主党派市委、市工商联等集体提案65件。会议选举李勇为市政协秘书长，补选马云霞、王惠强、巩红梅、吕迎春、刘志涛、杜建民、吴国华为十一届市政协常务委员。张兆宏主持闭幕会议并讲话。

【政协常务委员会会议】 十一届十次常委会议　1月11日召开。会议应到59人，实到54人。会议学习习近平总书记在庆祝改革开放40周年大会上重要讲话精神，听取关于政协第十一届滨州市委员会第三次会议筹备工作情况汇报，审议通过关于召开市政协十一届三次会议的有关事宜和有关人事事项，审议通过关于设置、更名政协滨州市委员会有关专门委员会的决定以及关于授权主席会议审议决定市政协十一届十次常委会议未尽事宜的决定。市长宇向东到会作《政府工作报告（征求意见稿）》起草情况说明。

十一届十一次常委会议　1月24日召开。会议应到56人，实到44人。会议审议通过有关人事事项、市政协十一届三次会议秘书长、副秘书长名单和常委轮值名单。

十一届十二次常委会议　2月26日召开。会议应到55人，实到53人。会议听取会议秘书处关于各委员组审议、讨论、酝酿情况综合汇报，审议政协第十一届滨州市委员会提案委员会关于市政协十一届三次会议提案审查情况报告（草案）、会议决议（草案），审议通过有关人事事项。

十一届十三次常委会议　3月27日召开。会议应到63人，实到50人。会议传达学习全国“两会”精神，对2018年度“两新”实践活动和“悦读滨州·委员先行”读书活动进行表彰，听取市发展改革委关于《政协滨州市委员会常务委员会关于加快推进我市社会信用体系建设的建议案》落实情况通报，审议通过《市政协2019年度重点协商监督工作计划》《政协滨州市委员会2019年度工作要点》《政协滨州市委员会委员履职工作规则》。

十一届十四次常委会议　7月29日召开。会议应到63人，实到52人。会议传达学习省政协十二届常委会第八次会议精神，听取市发改委关于《政协滨州市委员会常务委员会关于精准发力助推新旧动能转换重大工程实施重点突破的建议案》落实情况通报，举行大会发言，

2019 年 12 月 13 日，市委政协工作会议在市政大楼召开

（张传忠　摄）

审议通过《政协滨州市委员会常务委员会关于实施营商环境攻坚　聚力“富强滨州”建设的建议案》和有关人事事项。市长宇向东到会通报 2019 年上半年全市经济社会发展情况。

十一届十五次常委会议　11 月 14 日召开。会议传达学习中央政协工作会议和省委政协工作会议精神、省政协十二届常委会第九次会议精神，听取市委宣传部关于《政协滨州市委员会常务委员会关于勠力打造“孙子故里”文化品牌　构建高质量发展新动能的建议案》落实情况通报，举行大会发言，民主监督性评议市民政局、市水利局、市农业农村局、市文化和旅游局、市审计局、市国资委、市城管局，民主评议 2019 年度提案办理工作，审议通过《政协滨州市委员会常务委员会关于提升科技创新能力　促进经济高质量发展的建议案》《政协滨州市委员会提案工作条例》和有关人事事项。副市长贾善银到会通报市政协十一届三次会议后政府系统提案办理情况。

【市委政协工作会议】 2019 年 12 月 13 日，市委政协工作会议召开。会议传达学习中央和省委政协工作会议精神，邹平市委、滨城区政协、市工商联、市公安局主要负责人和市政协委员张志军作大会发言。市委书记、市人大常委会主任佘春明出席会议并讲话，市长宇向东主持会议。市委副书记张凯出席会议，市政协主席张兆宏出席会议并传达中央和省委政协工作会议精神。市委常委，市人大常委会党组副书记，市中级人民法院、市检察院主要负责人，市政协副主席，市政府、市政协秘书长，市政协其他党组成员，各县（市、区）委书记、政协主席、统战部部长，市政协常委等参加会议。

（滕　洁）

重要活动

【提案办前沟通见面会首次召开】 2019 年 2 月 25 日，市政协提案办前沟通见面会首次召开。副市长、市公安局局长赵永生带领市公安局有关负责人与 27 名市政协委员面对面座谈交流，共同研究解决办法。

【“一号提案”督办】 2019 年 5 月 29 日，市政协主席张兆宏带领调研组对“一号提案”办理进行调研督办。调研组一行先后到惠民县胡集镇西董美丽乡村示范片区和现代农业食用菌扶贫产业园进行实地调研，围绕“一号提案”办理落实情况进行协商座谈，听取各承办单位在全市乡村振兴战略实施工作中主要做法及提案者意见建议。

【“五河同治”工程视察】 2019 年 6 月 4 日，市政协对“五河同治”工程进展情况进行视察，实地视察徒骇河、潮河河道清淤疏浚、堤防加固、建筑物配套和维修改造、防汛管理道路建设情况，并对工程存在的困难和问题提出意见建议。“五河同治”工程为 2019 年度十件民生实事之一，计划年内治理潮河、孝妇河、徒骇河、马颊河、德惠新河 120 千米，基本恢复河道引洪除涝能力，至 6 月初，完成治理河长 116.1 千米。

【市政协工作培训班】 2019 年 6 月 17—29 日，市政协在武汉大学举办 2019 年度滨州市政协工作培训班。培训班分为两期，每期 7 天，围绕加强政协委员和政协机关干部两支队伍建设，提升履职能力，开阔视野、创新思维，推进“两新”实践活动向纵深发展等进行培训。市政协机关人员、部分委员 160 人参加。

【政协委员跨县（市、区）视察】 2019 年 7 月 10 日，市政协开展年内第一次驻滨省政协委员和驻县（市、区）市政协委员跨县（市、区）视察活动，先后到滨州经济技术开发区、惠民县、邹平市进行视察。12 月 4 日，市政协开展年内第二次驻滨省政协委员和驻县（市、区）市政协委员跨县（市、区）视察，视察组一行先后到滨城区、沾化区、高新区、博兴县进行视察。每到一处，委员们都同县（市、区）和项目负责人沟通了解情况，聚焦视察中存在的短暂问题，发挥聪明才智，建言献策。

【“庆祝新中国和人民政协成立 70 周年”文史资料成果展】 2019 年 9 月 24 日，市政协“庆祝新中国和人民政协成立 70 周年”文史资料成果展开展仪式在滨州政协文史馆举行。成果展共征集到文史资料选辑和专题史料图书近 1000 部、计 1.5 亿字，

2019 年 10 月 15 日，市政协委员到山东滨澳电线电缆有限公司调研

（张传忠　摄）

共展出文史资料成果近 800 件、照片和音频资料 50 余件，集中展示 20 世纪 80 年代始的全市政协文史资料优秀成果。

【民主监督性评议部门视察】 2019 年 11 月 1 日，市政协组织市政协常委会议组成人员对市民政局、市水利局、市农业农村局、市文化旅游局、市审计局、市国资委、市城管局 7 个部门进行民主监督性评议视察。视察组先后到市民政局党建文化中心、滨州干部政德教育基地、沿黄农业开发建设项目、华纺—东华智慧纺织实验室、壮里堡闸除险加固工程、市文化馆、植物园二期工程现场视察，听取部门服务对象的意见，了解被评议部门履职和服务情况。

【“习近平总书记关于加强和改进人民政协工作的重要思想”专题读书会】 2019 年 11 月 4—5 日，市政协举办学习“习近平总书记关于加强和改进人民政协工作的重要思想”专题读书会。会议学习中国共产党第十九届中央委员会第四次全体会议精神，参观市民政局党建文化中心，聆听全国“人民满意的公务员集体”——市民政局先进事迹报告，各县（市、区）政协主席交流学习体会。市政协党组书记、主席张兆宏参加读书会并作“不忘初心、牢记使命”主题教育专题党课。省委第三巡回指导组成员刘新萍到会指导。

（滕　洁）

专委会工作

【提案委员会】 2019 年，市政协十一届三次会议始，广大政协委员和政协各参加单位运用提案履职尽责，提交提案 363 件，立案 324 件。其中委员提案 259 件，党派、团体和政协专委会提案 65 件。经 61 家承办单位认真办理，所有提案均办复。市政协提案委探索召开“一号提案”和重点提案培育座谈会，培育一批精品提案；创新开展提案交办前协商，首次在全体会议期间组织提办双方召开座谈会；创新提案交办方式，只邀请“双重点”提案承办单位参加会议，其他提案通过网络及时交办，提高工作效率；开展提案督办，及时对“一号提案”、15 件重点提案及其他提案进行督办；完善常委会议评议提案办理工作，评议打票实现信息化；完成市委改革任务，修订市政协《提案工作条例》《优秀提案、先进承办单位和先进承办个人评选表彰办法》，制定市政协《提案公开办法（试行）》《提高提案质量的办法》，提案工作制度体系更加完善；研究制定市政协提案办理工作考核办法，对市直 40 余个承办单位进行考核，纳入年度考核总成绩。

（张岩辉）

【文化文史和学习委员会】 2019 年，市政协文化文史和学习委员会编辑出版《滨州援建援助纪实》一书，收录征文 143 篇、70 万字。为《山东概览》撰写报送滨州市概况资料，为《山东改革开放亲历记》供稿并入选 18 篇。《见证滨州》获全省政协“优秀文史书刊”、“2019 滨州市第二十八届社会科学优秀成果”一等奖，向全省新旧动能转换项目落地现场观摩会到滨领导、“滨州第二届阅读节”等提供《滨州故事》《见证滨州》100 余本，市政协在全省政协文史工作会议上作经验介绍。制定《特聘文史专家服务管理办法（试行）》，举办文史人员培训班。完成“加强和推动我市民营企业文化建设”对口协商、“区域特色文化的挖掘、培育和利用”专题调研，提交集体提案 1 件，开展社情民意日活动 3 次，收集报送社情民意信息 31 条。

（胡　冰）

【经济委员会】 2019 年，市政协经济委与社会法制委组织部分委员，围绕“营商环境攻坚”进行专题调研，形成《实施营商环境攻坚　聚力“富强滨州”建设》建议案，被市领导批示。组织《关于精准发力　助推新旧动能转换重大工程实施重点突破建议案》转化落实情况“回头看”工作，多次进行现场督导、座谈交流。组织委员参加“第六届黄河三角洲经济论坛”讲座培训，与滨澳电缆开展“校企合作，创新驱动”协商活动，在融汇实业开展社情民意信息专题培训。参加市政协“发挥企业主体作用，增强发展内生动力”专题调研，发放调研问卷 113 份，组织 14 家委员企业参加省政协问卷调查。参与 3 期《问政滨州》栏目现场直播，组织参与“委员接待日”。年内，组织专委会活动 12 次，参与委员 112 人次。

（杨玉奎）

【农业和农村委员会】 2019年，市政协农业农村委员会制定农业农村委《工作简则》《2019年工作要点》《任务清单责任分工表》。围绕加强农产品质量品牌建设进行专题调研，形成《关于加强农产品质量品牌建设的建议》，得到市领导批示，被收录在省政协《今朝更好看——打造乡村振兴的齐鲁样板调研报告》中。围绕“小农户和现代农业有机衔接”开展调研，形成调研报告上报省政协。与市海洋发展和渔业局就滨州对虾优质如何优价进行对口协商，录制“滨州对虾优质如何优价”《委员关注》电视栏目。组织市政协主席会议组成人员对“五河同治”民生实事进行视察。开展社情民意日活动2次，收集报送社情民意信息35条。在《联合日报》头版头条发表《人心齐 有活力 成果实》文章，被评为滨州市“政协好新闻”一等奖；《重视和发挥农业界别的优势作用》征文，被省政协评为优秀奖，农业农村委被市政协评为优秀组织奖。

（姚振霞）

【教科卫体委员会】 2019年，市政协教科卫体委员会围绕“提升科技创新能力 促进经济高质量发展”开展专题调研，形成《建议案》，得到市领导批示。组织科技界部分委员针对滨州国家农科园定位不准、体制机制不顺、园区事权与职责不匹配等问题进行深入调研，形成《政协工作（建言议政）》专报，得到市委主要领导充分肯定并亲自到园区调研。针对基层医疗卫生机构建设数量少、档次低，专业人员极度缺乏等情况，开展“加强基层医疗卫生机构标准化建设”对口协商；组织部分委员视察全市全民健身工作开展情况，提出意见建议；结合黄河文化遗产保护工作，组织部分委员及有关专家，对提升挖掘“老北镇”文化进行调研，提出意见建议。

（丁乐民）

【社会法制委员会】 2019年，市政协社法委与经济委共同开展营商环境攻坚调研，形成《实施营商环境攻坚 聚力“富强滨州”建设》建议案，得到市领导批示，全省政协社法委工作会议对市政协建议案起草工作进行表扬。对《关于加快推进我市社会信用体系建设的建议案》落实情况进行专项视察，连续三年发力助推社会信用体系建设；主动拉伸调研成果链，结合营商环境攻坚调研，及时提出《推行企业分类管理 促进新旧动能转换》建议，得到市领导批示。参与立法协商工作，年内分别围绕《滨州市住宅物业管理条例》《滨州市城市绿地管理条例》《滨州市扬尘污染防治条例》《滨州市海岸带生态保护与利用条例》组织委员开展协商，提出意见建议。组织委员开展“平安滨州、法治滨州”建设界别视察，开展“委员接待日”。创新工作方式，率先组织专委会全体委员开展届中述职，继续督导“助力新旧动能转换法律服务团”开展送法进企业、现场办公等活动。录制《委员关注》栏目1期，组织委员参与《问政滨州》栏目录制2期，开展社情民意日活动4次。

（王建新）

【人口资源环境委员会】 2019年，市政协人资环委组织委员围绕“提升我市居民饮用水质量 满足居民用水需求”问题开展对口协商，形成《协商纪要》报市委市政府领导参阅。围绕推动国家级森林城市创建工作开展调研，形成调研报告，提出意见建议。对生物质能源开发利用工作开展界别协商，形成《协商纪要》。开展“社情民意日”活动，征集社情民意信息40余篇。发挥职能部门作用，吸收职能部门负责人参加调研视察和协商活动。创新调研方式，将调研工作任务分配到调研组全体委员，每人都提交3000字调研报告，不断提升委员参政议政能力。创新开展“委员接待日”，实现实地考察和座谈交流相结合，提升活动实效。

（周 红）

【台港澳侨和外事委员会】 2019年，市政协台港澳侨和外事委组织开展主题为“坚定文化自信 打造孙子文化品牌”“委员接待日”活动，助推弘扬孙子文化。围绕“我市外资侨资企业运营情况”进行调研，组织委员到滨州亚光纺织集团、滨州三元生物科技有限公司、滨州市黄河公铁路桥有限公司实地调研，与企业负责人座谈交流。组织委员开展外资企业情况调研，了解外商投资企业发展经营情况及存在问题，帮助协调解决。针对黄河公铁路桥有限公司历史遗留问题，协调撰写情况报告，帮助企业解决问题。举办社情民意信息专题培训班，帮助委员提升信息写作水平，收集报送社情民意信息25篇。

（张满堂）

【民族和宗教委员会】 2019年，市政协民宗委围绕“实施乡村振兴战略 促进少数民族村居建设健康发展”进行专题调研，形成调研报告，报市委市政府领导参阅。围绕“坚持我国宗教中国化方向开展‘四进’活动”进行界别协商，提出意见建议，形成《协商纪要》。组织少数民族界、宗教界、医药卫生界、民盟界委员到惠民县开展无主题“社情民意日”活动，收集报送信息20余条。完成主题为“加强青少年安全教育防止溺亡事故发生”《委员关注》录播工作；举办主题为“发展少数民族特色经济 助力‘富强滨州’建设”“委员接待日”活动。

（商 军）

【委员联络工作委员会】 2019年，市政协委员联络工作委员会围绕党委政府重点工作，突出营商环境攻坚、发挥企业内生动力、加强和改进政协工作、乡村振兴战略、海洋产业发展、平安滨州法治滨州建设等主题，开展“委员接待日”12次，形成《政协工作（信息专报）》12期，接待委员75人次。起草市政协《委员履职工作规则》《委员履职积分规则（试行）》《委员视察考察办法》等制度。组织驻滨省政协委员和驻县（市、区）政协委员跨县（市、区）

视察活动2次，协助督办重点提案《关于吕剧艺术的保护与发展》。首次运用滨州市政协委员履职考核系统对全体市政协委员履职进行量化考核，应邀联系推荐政协委员担任特邀监督员、参加监督评议等活动90余人次。做好驻滨省政协委员活动组服务工作，协助组织驻滨省政协委员活动组参加会议、培训、开展活动。

（张　婧）

2019年滨州市政协“一号提案”和重点提案目录一览表

表7

序号	案号	提案者	案由	备注
1	会196	民建滨州市委	《关于加快实施乡村振兴战略　推进“富强滨州”建设的建议》	一号提案
2	会013	张君卿	《关于治理城区交通拥堵及停车难问题的建议》	重点提案
3	会028	何建华	《关于对滨州高铁站片区进行控制性详细规划的建议》	重点提案
4	会052	崔艳贞	《关于滨州吕剧持续发展的建议》	重点提案
5	会057	刘金杰	《关于多措并举促进我市新老城区融合发展的建议》	重点提案
6	会074	民进滨州市委	《关于加强外卖及快递车辆道路交通安全监管的提案》	重点提案
7	会106	孔宪军	《关于网络餐饮食品安全的提案》	重点提案
8	会149	致公党滨州市总支部	《关于提升医疗保障绩效的建议》	重点提案
9	会157	李保国、周胜军	《关于全面实施“乡村连片治理”擦亮美丽乡村新名片的建议》	重点提案
10	会165	农工党滨州市委	《关于不断优化营商环境 扶持民营经济健康发展的建议》	重点提案
11	会202	九三学社滨州市委	《关于提高我市幼教质量的建议》	重点提案
12	会230	宋月雁	《关于多渠道加强滨州全科医生培养的建议》	重点提案
13	会244	民盟滨州市委	《关于完善长效机制 创建国家食品安全示范城市的建议》	重点提案
14	会266	法制委	《关于加快老旧小区改造升级的提案》	重点提案
15	会299	民革滨州市委	《关于聚力“双招双引”新突破 促进五大千亿级产业集群转型升级的建议》	重点提案
16	平010	张志军	《关于做好品牌农业培育 促进高质量发展的建议》	重点提案

（张岩辉）

09 滨州市纪委监委

Binzhou Municipal Commission for Discipline Inspection and Supervision Committee

综　述

【概况】 2019年，全市各级纪检监察机关围绕推动纪检监察工作高质量发展和服务保障“富强滨州”建设两条主线，正风肃纪，全力协助党委推动全面从严治党向纵深发展，纪检监察各项工作迈上新台阶。践行“两个维护”，查处“七个有之”，深化治理圈子文化、码头文化；加强对党中央重大决策部署、习近平总书记对山东重要指示批示精神贯彻落实情况监督检查，加强对“富强滨州”建设各项重要决策推进情况监督检查，坚决纠正有令不行、有禁不止问题；深化述责述廉工作，范围扩大到部分市直单位党委（党组）主要负责人。探索设立27个纪检监察协作区，配备村级纪检监察工作联络员5076名，推进纪检监察职能向基层延伸；实施纪检监察信访举报乡镇提升工程，市纪委监委班子成员每人带头包保3～5起疑难信访案件，抓好基层信访源头治理；开展漠视侵害群众利益问题专项整治，持续扩大扫黑除恶专项斗争战果。纠治“四风”，全年查处形式主义、官僚主义问题266起；宣传政商交往“两个清单”，从严查处损害营商环境问题；联合制定问责会商制度，严查诬告陷害案件并及时澄清正名，对受处理处分干部开展回访教育，激励干部担当作为。建立党员干部和监察对象电子廉政档案，贯通运用监督执纪“四种形态”，持续加强日常监督；深化派驻机构改革，探索建立派驻机构提级交叉或指定谈话机制，强化派驻监督；开展市委第五、第六轮巡察，深入推进巡视巡察整改，增强巡察监督威力。全年处置反映问题线索7911件，做好监督执纪“后半篇文章”；升级改造市警示教育基地，组织党员干部现场接受警示教育。打造过硬队伍，开展“不忘初心、牢记使命”主题教育，全面实施能力提升工程。至年底，市纪委监委机关共设置16个内设机构，另设机关党委、离退休干部科，下设1个正科级事业单位；综合派驻纪检监察组10家，另设驻市中级人民法院、市检察院、市公安局、市教育局、市住房和城乡建设局、市卫生健康委员会6家纪检监察组。

【警示教育基地升级改造】 2019年，全市首个综合性市级党员干部廉政教育基地升级改造，占地面积800多平方米，分序厅、光辉历程、以案为鉴、筑牢底线、崇廉尚洁五个部分，使用高清投影设备32台，电子屏36处，收集典型违纪违法案例、职务犯罪案例320余个。运用声、光、电等现代化手段，配合各种模拟场景，系统展示中国共产党一以贯之推进全面从严治党历程，深入解析违纪违法人员的诱因、轨迹和危害，促进广大党员干部自重、自警、自醒。在“不忘初心、牢记使命”主题教育期间，100多个单位的党员干部到场接受警示教育。

【市监委特约监察员聘请】 2019年4月25日，市监委第一届特约监察员聘请会议召开，聘请19名全市不同领域、行业的代表为特约监察员。聘请特约监察员是国家监察体制改革后，推动纪检监察机关依法接受民主监督、社会监督、舆论监督的一项重要制度性安排，是充分发挥具有广泛代表性“群众监督”重要载体和形式。市纪委监委专门制定出台《滨州市监察委员会特约监察员工作办法》，规定特约监察员主要从市以上党代表、人大代表、政协委员，党和国家机关工作人员，各民主党派成员、无党派人士，企业、事业单位和社会团体代表，专家学者，媒体和文艺工作者，以及一线代表和基层群众中优选聘请。特约监察员上岗后，对纪检监察机关及其工作人员履行职责情况进行监督，对制定纪检监察法律法规、出台重大政策、起草重要文件、提出监察建议等提供咨询意见。

（毕卫涛）

重要会议

【市纪委九届四次全体会议】 2019年2月12日召开，市委书记佘春明出席会议并讲话，副市级以上领导干部出席会议。市纪委委员，各县（市、区）委书记、各市属开发区党工委书记，市有关部门、单位党委（党组）书记参加会议。市纪委常委会主持会议。全会传达十九届中央纪委三次全会、省纪委十一届四次全会精神，总结2018年全市党风廉政建设和反腐败工作，部署2019年任务。审议通过张月波代表市纪委常委会所作的《践行“两个维护”忠诚履职尽责　努力实现新时代纪检监察工作高质量发展》工作报告。

【滨州市巡察工作会议】　2019年5月21日召开，传达学习习近平总书记在听取2018年中央巡视工作领导小组重点工作和脱贫攻坚专项巡视情况汇报时的重要讲话精神、赵乐际在全国巡视工作会议上的讲话精神、陈辐宽在全省巡视巡察工作会议上的讲话精神以及市委关于巡察工作要求。会议对2017年开始的全市市县巡查工作给予肯定，并分析提出市县巡察工作中存在的差距和不足，对下一步发挥市县巡察政治监督作用，服务中心大局，护航“富强滨州”建设提出明确要求。

【全市纪检监察系统纪律作风整顿会议】　2019年9月29日召开，市委常委、市纪委书记、市监委主任张月波出席并讲话。会议要求，要提高境界标准，旗帜鲜明讲政治，永远做让党放心、人民信赖的忠诚卫士。要筑牢防线守纪律，永葆清正廉洁干净的淳朴本色。要履职尽责作表率，在维护大局、执纪问责、狠抓落实、开拓创新上勇于担当。要坚持从严从实，严格干部任用，打造一支忠诚干净担当的纪检监察干部队伍，为推动“富强滨州”建设提供更加坚强有力保障。

【全市加强受处理处分干部教育管理使用工作座谈会】　2019年10月18日召开，市委常委、市纪委书记、市监委主任张月波出席并讲话。会议指出，要深刻认识全面从严治党的形势任务要求，在把握大势中剔除思想杂质、校正行为偏差，知敬畏、存戒惧、守底线。受到处理处分的干部要以更加积极的心态正确看待、理性对待组织给予的处理处分，放下思想包袱，重整行装再出发，以实际行动展现党员干部的新气象、新担当、新作为。要充分认识市委激励担当作为的鲜明导向，对受处理处分后，在实际工作中勇于担当、干出实绩的干部要大胆使用，在全社会营造鼓励改革创新、支持干事创业的良好氛围。

（毕卫涛）

2019年2月12日，中共滨州市纪委九届四次全体会议在市政大楼召开

（李默　摄）

纪检监察

【政治监督】　2019年，全市纪检监察机关把握政治机关定位，自觉担负起“两个维护”历史使命和政治责任。坚持把政治纪律挺在前面，从严查处违反政治纪律问题49人，深化治理“圈子文化”“码头文化”，立案审查调查25人，坚决肃清恶劣影响，政治生态进一步优化。对党中央重大决策部署、习近平总书记对山东重要指示批示精神贯彻落实情况开展5轮监督检查，发现问题98个并责成整改；列出强化监督执纪服务保障“富强滨州”建设3大项38条“任务清单”，坚决纠正有令不行、有禁不止问题；对加快经济高质量发展20项政策涉及的14个牵头部门工作情况开展监督检查，对发现的31个问题督促整改，着力维护政令畅通。

【管党治党责任落实】　2019年，全市纪检监察机关深化各级党委书记向上一级纪委全会、县级党政班子成员向同级纪委全会述责述廉工作，2018年度述责述廉会议范围扩大到部分市直单位党委（党组）主要负责人，增加现场点评和“两代表一委员”评议环节，达到红脸出汗效果。市纪委常委与7个县（市、区）、3个市属开发区、4个市直部门共19名党政正职进行廉政谈话，面对面指问题、压责任。坚持精准有力问责，倒逼全面从严治党、党风廉政建设和反腐败工作责任落实，全年精准开展党内问责204起，问责党组织140个，处理党员领导干部143人，党纪处分18人。

【日常监督】　2019年，全市纪检监察机关坚持把监督挺在前面，突出监督重点，创新监督方式，推动监督全面从严、常态常在。持续加强日常监督，对党员领导干部、所有监察对象建立电子廉政档案11358份。制定出台《关于建立巡察监督与纪律监督、监察监督和派驻监督贯通融合机制的实施办法（试行）》《问题线索管理处置工作办法（试行）》《加强谈话函询工作暂行办法》。贯通运用监督执纪“四种形态”，运用“四种形态”教育帮助和处理9099人次，分别占比74.8%、18.5%、3%、3.6%。强化派驻监督，深化派驻机构改革，赋予4家市管国有企业和3家市属高职高专院校纪委监察权限。探索建立派驻机构提级交叉或指定谈话机制；参加驻在部门“三重一大”等各类会议，参与或自主开展系列专项监督检查；推行“一问一谈三对照”工作法，覆盖76个市直部门单位，累计谈话970余人次，发现问题430余条。开展市委第五、第六轮巡察，常规巡察43个市直单位，提级交叉巡察12个乡镇及其全部村居，发现问题2664个，创新村级巡察高质量发展经验做法在全省市县巡察工作推进会上作经验交流。

【作风建设】 2019年，全市纪检监察机关坚持从严正风肃纪不动摇，推动作风建设持续巩固深化。紧盯“四风”隐形变异新动向，深挖细查，露头就打，全年查处享乐奢靡之风问题171起，处理275人，党纪政务处分157人；查处形式主义、官僚主义问题266起，处理462人，党纪政务处分143人；集中开展解决形式主义突出问题为基层减负专项监督检查，检查部门、乡镇（街道）271个，发现问题67个，全部整改完毕。出台《全市纪检监察机关在优化营商环境中积极作为的十条措施》；分别致信1500余名市管干部和2500余家企业负责人，宣传政商交往“两个清单”；在《滨州日报》和滨州电视台开设《优化营商环境，构建亲清政商关系》专栏，刊播5期；从严查处损害营商环境问题，通报曝光典型问题10批20起42人次。联合市委组织部制定问责会商制度，避免问责泛化、简单化；查处5起诬告陷害案件，为14名党政干部澄清正名；出台《关于加强受处理处分干部教育管理使用工作的实施意见（试行）》，对1586名受处理处分干部开展回访教育。

【惩治腐败】 2019年，全市纪检监察机关坚持惩治腐败高压态势不动摇，以惩治警示巩固反腐胜势。全年接受信访举报5929件次（含上级转办），处置问题线索7911件，立案2379件，处分2229人，采取留置措施87人，涉及党政、司法、国企、人防、金融等各个领域。深化以案促改，对每个典型案例及领域性、行业性、系统性问题，剖析背后制度机制漏洞，查找共性规律及个性成因，督促有关部门单位建章立制、补齐短板，强化源头预防，全年部署开展以案促改80项，发出纪检监察建议312份。对每起典型案例实行跟进通报曝光、跟进编写忏悔录、跟进拍摄警示教育片“一案三跟进”制度，通报曝光典型案例57起72人，拍摄完成9部警示教育片并组织党员干部观看；升级改造市警示教育基地，组织100余个单位3000多名党员干部现场接受警示教育。

（毕卫涛）

巡察工作

【概况】 2019年，市委巡察工作坚持提高政治站位，突出“两个维护”根本任务，围绕中心、服务大局，着力推动巡察整改，全力保障“富强滨州”建设。年内开展两轮巡察，采取上下联动、“提级交叉”、巡察“回头看”等方式，对64个单位党组织、12个乡镇及所辖村级党组织进行巡察监督，覆盖机关、事业单位、国企、医院、学校、乡镇、村居7大领域，发现问题2664个，反馈立行立改事项740个，推动巡察监督向基层延伸，发挥市委巡察推动改革、促进发展作用。

【市委巡察机构建设】 2019年3月，滨州市印发“三定”规定，明确市委巡察办为正县级市委工作机关。5月31日，市委巡察办出台《推进巡察机构党组织规范化建设的实施意见》，围绕党组织建立、工作开展、制度运行、保障落实4个方面13项内容，明确规范化开展教育培训、党内生活、谈心谈话、调查研究和日常监督管理等工作。8月26日，市委巡察办制定《滨州市巡察机构“设岗定责”工作办法（试行）》，设立督查指导、联络综合、问题线索等12类岗位，细化职责要求，增强干部担当作为意识，提高巡察工作规范化建设水平。年内，对标中央和省委巡视，结合滨州实际，编印、修订2册《巡察组工作流程》，印发巡察监督发现突出问题表现清单，严格巡察业务标准流程，规范巡察工作依规依纪开展。

【九届市委第四轮巡察】 2019年2月14日，市委巡察工作领导小组听取、研究市委第四轮巡察5个巡察组情况。2月26日，市委书记专题会议听取市委第四轮巡察工作综合汇报，市委书记佘春明强调，市县巡察是巡视制度重要组成部分，必须站在“两个维护”高度，担当作为、狠抓落实，推动巡察监督。3月4日，市委第四轮巡察向市人民医院、市科协等10个被巡察党组织反馈巡察情况。12月13日，市委第四轮巡察10个被巡察单位整改情况通过市纪委监委网站“巡察专题”向社会公开。

【九届市委第五轮巡察】 2019年3月12日，九届滨州市委第五轮巡察工作动员会议召开，统筹组建15个市委授权巡察组，其中5个市委巡察组对市科技局、市文化和旅游局等15个市直部门（单位）开展常规巡察，从10个县（市、区）整建制抽调巡察组授权为市委巡察组对10个县（市、区）21个直属单位、12个乡镇（街道）及所辖村居开展“提级交叉”巡察，并对部分单位开展巡察“回头看”。其间，配合山东省委第十五巡视组对沾化区、惠民县和阳信县开展巡视巡察联动。7月29至8月6日，市委巡察工作领导小组分别听取、研究市委第五轮巡察15个巡察组情况。8月17日，市委书记佘春明召开专题会议听取市委第五轮巡察工作汇报，佘春明指出，一些部门在工作中还存在思想认识不到位、履行职责不到位、整改落实不到位、纪律监督不到位、制度执行不到位等问题，要持之以恒抓好整改落实，压实整改责任，传导整改压力，全员抓整改。8月22—29日，市委第五轮巡察向被巡察单位分别反馈巡察情况。

【九届市委第六轮巡察】 2019年9月20日，九届滨州市委第六轮巡察工作动员会议召开，授权7个市委巡察组，采取“一托四”方式，对28个市直部门（单位）开展常规巡察，紧盯部门职能职责和重点人重点事，从政治高度查找阻碍改革发展难点堵

2019 年 9 月 20 日，九届市委第六轮巡察动员部署会暨全市巡察干部培训会在市政大楼召开 （刘真 摄）

点痛点，为“富强滨州”建设保驾护航。其间，根据省委第十二巡视组要求，对无棣县、博兴县部分乡镇（街道）开展巡察联动。12 月 26 日，市委巡察工作领导小组分别听取、研究市委第六轮巡察 7 个巡察组情况。

【巡视巡察整改】 2019 年 7 月 31 日，根据市委要求，市委巡察工作领导小组对履行巡察工作主体责任不力的阳信县委主要负责人进行约谈、提出具体工作要求，推动阳信县委落实主体责任。9 月 27 日，按照市委书记专题会议精神，市纪委监委对 5 起落实整改不力典型问题快速追责问责，面向社会公开通报曝光。9 月，根据市委要求，市委巡察工作领导小组召开巡察整改工作推进会，将 2017 年始市委巡察发现的全部问题以“问题清单”形式反馈给 13 个职能部门，在全市范围开展集中整改。10 月，市委巡察办对部分单位整改情况实地督导，推动整改落实。11 月，根据市委要求，部署全市层面对省委巡视滨州市及有关县（市、区）反馈问题集中整改，以清单形式列出 10 大类 32 项共性、突出问题，推动各级各部门主动认领问题、举一反三整改。12 月 29 日，市委召开常委会议专题听取市委前五轮巡察整改情况，提出做好巡察整改“后半篇文章”五项原则，即倒逼责任落实、清单交办督办、明确选任导向、堵塞制度漏洞、推动制度创新，推动发现问题逐项销号、系统整改。至年底，市委前五轮巡察共发现问题 1950 个，整改完成 1876 个，完成率 96.2%。12 月 30 日，市委巡察工作领导小组就巡察发现的普遍性、倾向性问题，约谈市财政局、市住建局、市机关事务管理服务中心 3 个部门（单位）主要负责人，督促其抓好本系统、本行业内举一反三整改。

【巡察体制创新】 2019 年 12 月，市委巡察办探索建立市委巡察工作领导小组派员列席县级党委书记专题会议、听取巡察工作情况汇报机制。12 月 27 日，市纪委副书记、市监委副主任王军代表市委巡察工作领导小组列席阳信县委书记专题会议，就县委扛牢主体责任、推动巡察工作高质量发展提出要求。探索建立市委书记专题会议分类督办机制，市委巡察办按照市委书记专题会议要求，以督办单形式通报各职能部门，督促其抓好行业领域性问题整改。年内，共向 21 个职能部门反馈督办 23 个方面 203 项具体问题，推动部门（单位）问题整改。

【村级巡察】 2019 年 8 月 20 日，市委巡察办出台《关于推动村级党组织巡察工作高质量发展暂行办法》，建立“一书一图一表”村级巡察工作模式（以“四张清单”为核心内容的村级巡察“任务书”、以“听查访谈”为主要方式的村级巡察“路线图”、以“五保障”为要点的村级巡察“流程表”），推动解决一批影响基层群众切身利益、民生政策落实问题。9 月 10 日，市委常委、市纪委书记、市监委主任、市委巡察工作领导小组组长张月波在全省市县巡察工作推进会上，作《坚持目标导向、问题导向、效果导向，创新村居高质量发展新模式》典型发言。至年底，全市村级巡察覆盖率达到 97.99%。

【警示教育】 2019 年 10 月，市委巡察办精选巡察发现的 20 类 56 个典型案例，编印《应警应戒》案例选编（第一辑），印发市直部门（单位）主要负责人，各县（市、区）委常委，市属开发区、高新区党工委委员，乡镇（街道）党（工）委书记，市县两级巡察机构人员等共计 500 余份，督促全市各级党组织，特别是主要负责人对照反思、检视问题、抓好整改。《滨州日报》、市纪委监委网站设置“巡察警示专栏”，先后刊发《领导干部要带头执行民主集中制》《要坚决刹住违规公务接待不正之风》等 5 篇评论文章，指明巡察发现问题危害，深刻剖析根源。

（李吉浩 刘真）

民革滨州市委

【概况】 2019年，中国国民党革命委员会滨州市委员会(简称民革滨州市委)贯彻落实全市统战部长会议精神，突出坚持和发展中国特色社会主义学习实践活动，立足建设示范支部，加强自身建设，围绕市委市政府的中心工作，紧扣建设“富强滨州”，聚焦全面深化改革、保障和改善民生，提高建言献策履职能力，全面做好全市民革各项工作。市委会机关在年度全市绩效考核中被评为“优秀”等次。民革滨州市委获民革省委“定点帮扶工作先进集体”，被团结报社授予《团结报》发行“先进集体优秀奖”，滨州青年支部获“民革全国示范支部”荣誉称号。党员赵文鑫被共青团中央、农业农村部评为“第十一届全国农村青年致富带头人”。

【思想建设】 2019年，民革滨州市委开展“不忘合作初心，继续携手前进”主题教育活动。制定民革滨州市委《“不忘合作初心，继续携手前进”主题教育活动实施方案》。5月24日，民革滨州市委社情民意信息培训班在市政大楼举办，民革省委参政议政部部长周梅作《社情民意是政治问题的晴雨表》辅导报告。9月4日，民革滨州市委会与民革天津南开区委会开展示范支部创建交流活动。对全市14个支部进行组织建设督查，查找问题15项，全部整改落实到位。

【参政议政】 2019年，民革市委会紧扣建设“富强滨州”，选准课题深入调查研究，形成一批研究成果。市委会继续聚焦“双招双引”，调研全市五大千亿级产业集群转型升级；开展“法律援助进村居一村一法律顾问制度调研报告”，对全市铝产业发展和研发中心建设开展调研；市直一支部开展重视家庭教育，营造良好社会环境调查研究。向市人大和市政协提交议案、提案30余篇。指导督促党内各级人大代表、政协委员提交议案和提案20余篇，向各级各部门提交社情民意信息33件。《关于聚力“双招双引”新突破 促进五大千亿级产业集群转型升级的建议》被评为全市“重点提案”，并选作政协大会口头发言，《关于完善校园乡土传统文化课程体系的建议》和《关于配备正规保安人员 坚决遏制校园恶性伤害发生的建议》由市领导亲自督办。《关于落实习近平总书记对垃圾分类工作重要指示的建议》《关于正确处理两岸民间企业间纠纷 消除两岸关系反作用力的建议》《农村劳动力老龄化研究》《关于尽快为民营企业法律工作者职业定位的建议》等多篇社情民意信息被民革中央、省市政协、中共市委统战部等部门采用。

【服务社会】 2019年，民革滨州市委社会服务工作主要任务是捐献特殊党费支援贵州纳雍县左鸠戛乡工作。按照省委《关于动员全省民革党员通过缴纳“特殊党费”助力对口帮扶贵州纳雍县左鸠戛乡工作的通知》要求，民革滨州市委鼓励党员将党费，作为“特殊党费”缴纳并捐出，专项用于改善贵州纳雍县左鸠戛乡教育和医疗卫生设施，全

2019年5月24日，民革滨州市委社情民意信息培训班在市政大楼举办

（民革滨州市委 供图）

市民革党员捐献特殊党费近4万元。6月13日，民革滨州市委“同心助力·公益义诊”大型送医送健康进社区活动在市东办事处老年公寓举行，民革党员中的滨州市人民医院、滨州医学院附属医院、中医医院、滨城区人民医院等各大医院以及滨州市疾控中心肿瘤科、神经外科、皮肤科、耳鼻喉科、预防科的8名专家大夫为100多名老人开展爱心健康义诊活动。

【示范支部创建】 2019年，民革滨州市委发展8名新成员。创建高标准示范支部，4月17日，民革滨州市委（扩大）会议暨创建示范支部工作推进会议召开。会议制定印发《民革滨州市委2019年工作计划》《关于成立创建示范支部工作领导小组的通知》。滨城区总支部、沾化区支部、滨州经济开发区支部、市直三支部、青年支部、滨州学院支部、法律支部，作为7个首批创建示范支部的基层组织，年内全部完成达标支部创建工作。6月17日，民革滨州青年支部在全省示范支部创建工作大会上作《发扬支部特色，深入开展示范支部建设》交流发言，获得与会人员广泛好评。12月底，经民革中央评选，滨州青年支部获评“全国示范支部”。

（郑　珂）

民盟滨州市委

【概况】 2019年，中国民主同盟滨州市委员会（简称民盟滨州市委）深化政治交接，发扬民主，团结协作，带领全市盟员履行参政党职能，提高参政议政、社会服务和民主监督能力，各项工作稳步推进。民盟滨州市委组织各类传统文化进校园、关注留守儿童、法律下乡、义诊帮教等社会服务活动15次，扶贫慰问活动5次，参加创建全国文明城市督查、志愿者活动17人次。全年新发展盟员20人。“中国民主同盟传统教育基地”在梁漱溟纪念馆揭牌。民盟滨州市委2个支部被民盟省委评选为先进基层组织，1位盟员被民盟中央评选为先进盟务工作者，8位盟员被民盟省委评选为先进盟务工作者。

【主题教育】 2019年，民盟滨州市委以市委会、各支部领导班子成员和代表人士为重点，覆盖全体盟员，引导盟员深入学习习近平新时代中国特色社会主义思想，传承民盟优良传统。开展“典型就在身边”为主题宣传活动，收集盟员典型事迹21篇。开展中华人民共和国成立70周年书画展、音乐鉴赏、座谈等系列庆祝活动。领导班子成员到基层调研20余次。市委会、各支部开展主题教育相关活动30余次。

【参政议政】 2019年，民盟滨州市委提交市委会集体提案6件，个人提案34件，平时提案4件，大会发言5篇，其中《关于全面实施“乡村连片治理”擦亮美丽乡村新名片的建议》《关于多措并举促进我市新老城区融合发展的建议》《关于完善长效机制　创建国家食品安全示范城市的建议》3件提案被市政协评为重点提案。12名市政协委员参加委员接待日活动，15名市政协委员参加《问政滨州》节目录制，6名市政协委员参加《委员关注》节目录制。全年报送社情民意信息36件，民盟省委采纳6件，民盟中央采纳1件，并报全国政协。配合民盟省委完成民盟中央“渤海环境综合治理对策”联合调研课题，完成“现代海洋产业海水淡化”调研、“健全现代农业经营体系，支持新型农业经营主体健康发展”调研、“切实优化营商环境，着力培育四新中小民企”调研。

（盛全城）

民建滨州市委

【概况】 2019年，中国民主建国会滨州市委员会（简称民建滨州市委）引领全体会员以政治建设为统领，继续开展好“不忘合作初心、继续携手前进”主题教育活动，开展“探寻红色记忆，践行延安精神”活动；以思想建设为基础，加强组织建设、作风建设和能力建设，修订《民建滨州市委基层组织考核办法》。民建滨州高新技术产业开发区支部筹备组成立。年内，民建滨州市委提报市人大建议5件，市政协提案50件。组织开展贫困家庭走访慰问，送医送药，义诊，健康讲座，“我爱祖国的蓝色海洋”研学实践，“六一慰问贫困儿童，爱心传递暖人心——为贫困儿童送爱心捐赠”，“关爱环卫工，夏日送清凉”等系列活动。

【思想建设】 2019年，民建滨州市委继续开展“不忘合作初心，继续携手前进”主题教育活动。5月，组织市委会班子成员、支部主委、专委会负责人和骨干会员，到延安革命圣地开展“探寻红色记忆，践行延安精神”主题教育活动。聆听《延安精神及其时代价值》讲座，实地参观梁家河、杨家岭、宝塔山、枣园革命旧址及延安革命纪念馆。8月9日，出台主题教育活动方案，20日部署主题教育活动，班子成员轮回宣讲。12月14日，召开民主生活会，班子成员深刻检视问题，开展批评与自我批评。市委会机关干部参加中共滨州市委统战部主题党日活动，并通过“学习强国”“灯塔在线”等APP开展好学习活动。两名干部分别参加民建省委“不忘合作初心、继续携手前进”培训班、民建中央市级党派机关干部培训班、民建省委骨干会员培训班、滨州市县人大代表及人大工作培训班等。1月8日，周恩来总理逝世43周年纪念日，民建直属六支部会员到黄河岸边瞻仰周恩来总理骨灰撒放地纪念碑，敬献花篮。

【组织建设】 2019年5月31日，民建滨州高新技术产业开发区支部筹备组成立，为滨州高新技术产业开发区民建会员搭建起参政议政新平台。5月15日，直属五支部与民建延安市委四支部两个全国优秀支部共结友好支部。3月2日，民建遵义市委办公室主任雷世忠带领民建遵义直属七支部一行5人，到民建

2019 年 5 月 15 日，中国民主建国会延安市直四支部、滨州市直五支部缔结友好支部签字仪式在延安市举行 （民建滨州市委 供图）

滨州直属五支部调研交流工作。五支部介绍支部建设理念和创建全国民建先进基层组织做法，民建遵义市委领导及其七支部主委介绍民建遵义市委工作以及七支部“齐心向善，永远在路上”活动等情况。双方支部计划建立友好支部，加强交流，增进友谊。年内，民建滨州市委确定 9 名入会积极分子为上半年发展对象，将 9 名发展对象分配到各个支部，参加支部活动对其进行培养和考验。

【参政议政】 2019 年，民建滨州市委提报市人大建议 5 件，市政协提案 50 件。民建会员、市人大代表商建文《关于调整构建我市金融体系 服务实体经济发展的建议》被列为市人大“1 号建议”；在市人大 2017—2018 年度优秀代表意见、建议表彰的 19 位市人大代表中，民建会员高子美、商建文受到表彰。民建会员、市政协委员许光辉《关于加快实施乡村振兴战略 推进富强滨州建设的建议》作为市委会集体提案，被列为“一号提案”；另有民建会员、市政协委员张君卿《关于治理城区交通拥堵及停车难问题的建议》，民建会员、市政协委员何建华《关于对滨州高铁站片区进行控制性详细规划的建议》被确定为重点提案。在市政协确定的 2019 年度 15 件重点提案中，民建市委共有 3 件入选，占 20%。4 月 17 日，中共滨州市委常委、统战部部长李家良邀请 8 位民建会员做客“E 盏茶事”，以“双招双引，精准发力，打造滨州发展新引擎”为主题进行交流。6 月，市政协《委员关注》栏目，由民建市委承办，节目主题是构建和谐家庭。年内，民建滨州市委共提交市政协、民建省委社情民意 20 件，其中 3 件被民建省委采用。

【企业服务】 2019 年 1 月 7—22 日，市政协副主席、民建滨州市委主委吴国瑞带领市委会部分班子成员、滨州民建企业家联谊会成员，先后到高新区山东鸿星新材料股份有限公司、滨州天悦生态农业开发有限公司、滨州市博桐创意产业科技有限公司，沾化区山东齐鲁浩华食品科技有限公司、沾化子梅养护院，滨州经济技术开发区山东华宏生物工程公司、山东滨州建工集团有限公司，滨城区百一·春风十里地产项目等会员企业走访调研，对企业生产经营情况进行实地考察，召开座谈会，为企业破解难题支着，争取当地党委政府对企业支持，关爱会员企业发展，提升会员企业发展信心。5 月 24 日，吴国瑞带领滨州民建企业家联谊会、沾化区支部部分会员到泰安考察学习养老产业发展、物流园区建设、民营企业科技创新等情况并座谈交流。

（商建文）

民进滨州市委

【概况】 2019 年，中国民主促进会滨州市委员会（简称民进滨州市委）以“不忘合作初心、继续携手前进”主题教育活动和“基层组织建设主题年”活动为契机，加强自身建设，履职尽责。全年发展 17 名新会员。年内，参与政治协商 7 次，提出意见建议 10 条。在市政协十一届三次会议上，提交集体提案 10 件，2 件提案做大会发言，2 件被评为优秀提案，1 件被重点督办。滨城区一支部被民进中央评为“全国先进基层组织”，郭云洲被评为“全国组织建设工作先进个人”。

【思想建设】 2019 年，民进滨州市委集中开展“不忘合作初心、继续携手前进”主题教育活动，先后组织会员集中轮训、参观“我心永恒——滨州市优秀共产党员先进事迹展”、全市新旧动能转换优秀项目考察等主题教育活动，开展“我身边的民进”主题宣讲，推出孙永生先进事迹。组织民进滨州市委建立 15 周年系列庆祝活动，制作专题片《在正道上行——民进滨州组织十五周年发展纪实》，印制《在正道上行——中国民主促进会滨州组织成立 15 周年纪念册》；开展“滨州民进 15 年文艺会演”。开展庆祝中华人民共和国和人民政协成立 70 周年征文及展播活动，制作 MV《我和我的祖国》，《70 天、132 人接力唱响〈我和我的祖国〉》《孩子遇到校园欺凌怎么办》《海燕：不忘来时路，坚持追梦行》3 篇文章被省委统战部刊发；先后获得山东民进“网络春晚”一等奖作品 1 件，获市政协“好新闻”二等奖 1 件。《如何发挥政协界别作用》课题报告，获省政协理论研究成果优秀奖。

【参政议政】 2019 年，民进滨州市

委参与政治协商7次，就进一步解放思想、"双招双引"、营商环境改进、"十强"产业发展等问题提出意见建议10条。在市政协十一届三次会议上，提交集体提案10件，2件提案做大会发言，2件被评为优秀提案，1件被重点督办，《关于加强低速电动车管理的建议》被市长签批。年内，向民进山东省委、中共滨州市委统战部、市政协提交社情民意信息60余件，40余件被采用。民进滨州市委参政议政专委会成立，开展参政议政专题培训1次。完成《我省纺织业发展现状的调研报告》《邹平市纺织业发展现状的调研报告》。录制第49期《委员关注——如何促进我市文旅产业融合发展》。

【"基层组织建设主题年"活动】2019年，民进滨州市委开展"基层组织建设主题年"活动，基层组织建设短板进一步弥补。10月18日，民进中央常务副主席刘新成到山东督导调研基层组织建设工作时，主委刘庆敖作为全省2个市级组织代表发言；滨城区一支部被民进中央评为"全国先进基层组织"，郭云洲被评为"全国组织建设工作先进个人"。探索推行领导班子民主生活会制度，开展批评与自我批评。全年发展17名新会员，其中副县级干部1人、副教授3人、博士1人。1名会员被提拔为副县级领导干部，1名优秀年轻会员担任支部主委。1位支部主委作为中共山东省委统战部选派第七批党外干部到济南市市中区挂职锻炼，1位支部主委参加全市中青年干部培训班学习，3位会员参加全市党外干部培训班。

【"同心·走进"品牌建设】2019年，民进滨州市委开展"家庭教育进校园"活动2次，参与师生2000余人。助力脱贫攻坚，先后到枣庄市山亭区、博兴县王平村、滨城区市东街道郭集村慰问困难群众230余户，捐款捐物3万余元。在惠民县石庙镇康家园子村建立"4点半学堂"，为留守儿童定期提供课业辅导、兴趣培养和拓展服务。开展"反校园欺凌宣传月"活动，分别走进8所学校，参与师生2000余人。开展"春联万家"活动，为群众书写春联近1000余幅。开展"关爱儿童，让爱相伴"公益活动，先后为市儿童福利院、惠民县石庙镇康家园子村、滨城区三河湖镇第四小学捐款捐物3万余元。开展"同心送温暖，关爱在眼前"活动，为滨州经济技术开发区沙河街道何家集村153位60岁以上老人免费配镜。继续开展"民进同心课堂"建设，先后在春晓社区、文汇社区开展医疗专家讲座、书画艺术交流、就业指导活动4次，参与群众300余人次。

（郭云洲）

农工党滨州市委

【概况】2019年，中国农工民主党滨州市委员会（简称农工党滨州市委）学习贯彻习近平新时代中国特色社会主义思想，按照"四新""三好"工作要求，围绕市委、市政府中心工作，履行参政党职能，全面加强自身建设，各项工作取得新进展。年内，向市政协提交集体提案8件，各级人大代表、政协委员提交议案、提案40余件，被各级政协评为重点提案（十佳提案）3件。6名党员被市中级人民法院、市市场监管局等单位聘为特约人员，一名副主委被推荐为列席市政府常务会议市民代表。

【思想建设】2019年，农工党滨州市委围绕中华人民共和国成立70周年、人民政协成立70周年、多党合作制度确立70周年等节点，开展主题征文比赛、摄影展、微视频大赛等系列活动，党员报送征文被省委会评为一、二、三等奖。市委会《加强政协民主党派界别建设，彰显履职特色优势》获省政协征文活动二等奖。

【参政议政】2019年，农工党滨州市委6名党员被市中级法院、市市场监管局等单位聘为特约人员，一名副主委被推荐为列席市政府常务会议市民代表。围绕"乡村振兴""医养健康产业"等进行专题调研，市委会向市政协提交集体提案8件，各级人大代表、政协委员提交议案、提案40余件，被各级政协评为重点提案（十佳提案）3件。围绕"构建和谐劳动关系，建设富强滨州"录制《委员关注》节目，在滨州电视台播出。年内向省委会报送高质量社情民意信息30余篇，多篇被省政协和农工党省委采用。

【公益服务】2019年，农工党滨州市委与中共滨州市委统战部联合在安置小区举办义诊服务，为100余名小区老人进行健康查体并赠送药品。滨州医学院滨州支部、滨城支部、沾化支部分别开展妇女保健知识讲座、世界哮喘日宣教义诊、市儿童福利院义诊、慰问环卫工人健康服务、疾病预防进幼儿园等活动。滨城支部和市人民医院支部联合为贫困人群举办糖尿病防治知识讲座并捐赠血糖仪。滨城支部在助残日、六一儿童节分别为残疾人、贫困儿童进行捐资救助，党员黄红旗为滨北街道部分贫困家庭捐资3万元。市直二支部举办农业技术现场观摩及培训会，为100余户种粮大户提供技术指导。创办益众讲坛带动文化传播，党内专家学者面向市民开展多期公益讲座。

（李淑艳　游文娟）

致公党滨州市总支部

【概况】2019年，中国致公党滨州市总支部（简称致公党滨州市总支部）着力做好思想宣传、参政议政、组织发展、社会服务、机关建设等工作，各项工作取得优异成绩。总支部获致公党山东省委"参政议政工作先进集体""对外联络工作先进集体"荣誉称号；王赫、王方正、付志强、周庆坤、顾山、高芳、黎添妍7人获评"致公党山东省委优秀党员"；《关于加快推进沿海港口资源整合，建设世界一流港口的建议》获评“参政议政优秀成果奖”；李子婷开展的“教育扶贫捐款捐物20余万元”、刘峰开展的“同心扶贫活动”获评“致公党山东省委社会服务贡献奖”；武燕获评“致公党山东省委优秀机关工作者”。及时宣传报道总支部及各级组织重要工作、重大活动和党员先进事迹。继续做好“一刊一微一网”宣传阵地建设。全年推送展示总支部工作动态、全市致公党员履行职能等文章20余篇。

【参政议政】 2019年，致公党滨州市总支部聚焦山东高质量发展，聚焦市委、市政府中心工作，聚焦社会发展热点、难点问题，实施“汇聚智力参政议政工程”。2月，总支部向市政协提交集体提案3篇，其中1篇作为大会口头发言、1篇被列为重点提案。全年向省委会提交社情民意36篇，向市政协提交社情民意70篇。3月，按照省委会要求，做好与参政议政骨干党员沟通工作，提交参政议政调研成果5篇。按照中共滨州市委统战部要求，提交调研成果2篇。《关于加强农产品质量品牌建设的建议》受到市政协主席张兆宏批示，《改善营商环境扩大对外开放》得到中共滨州市委书记佘春明批示。

【境外联谊】 2019年，致公党滨州市总支部聚焦市委、市政府“双招双引”工作要求，发挥智力密集、联系广泛优势，以机制建设和平台建设为抓手，凝聚侨海正能量，对外联络工作实现新拓展。12月29日，联合市海联会、市海归协会、市侨商协会共同举办2019年“侨海圆梦”主题晚会。总支部委员李子婷牵头引进UWEE欧美亚教育联盟、国家外专局中国国际人才交流基金会、“一带一路”国际人才专项基金；助力滨州职业学院建立孙武国际学院，帮助联络并引进法籍外教一名，开展各类国际交流活动8次；协助市科技局建立国际人才交流协会，举办“2019年高层次外国专家齐鲁行——渤海英才·科创滨州暨一带一路科教融合发展对接活动”。

【公益服务】 2019年，致公党滨州市总支部立足自身优势，以助力脱贫攻坚为重点，整合资源，选准切入点，找准结合点，增强针对性，倾情投入，不断提升社会服务工作影响力。开展“同心送教”“同心送诊”等社会服务活动4次，服务群众25358人；开展慈善捐赠3次，累计捐款捐物64548元；购买致公党中央结对帮扶地区重庆市酉阳县农产品2万余元。发挥党派人才智力优势，以“婚姻家庭与继承”为主题，组织律师界党员走进社区活动中心，开展“致公党公益大讲堂”第6期。助力乡村脱贫攻坚工作，组织党员向滨城区秦皇台乡文化站捐赠图书300余册。

【组织建设】 2019年，致公党滨州市总支部贯彻致公党中央“人才兴党”战略，落实《民主党派代表人士队伍建设规划（2018—2027）》《关于新时代组织发展工作座谈会纪要》精神，全面推进高素质人才队伍建设，筑牢组织建设根基。10月，召开党员代表会议，完成总支部委员会委员增补工作，经过选举，市卫健委副主任杜长亮全票当选总支部委员会委员。10月，参政议政工作委员会成立。按照省委会要求，严格控制党员发展数量，全年发展新党员5名。

（武　燕）

九三学社滨州市委

【概况】 2019年，九三学社滨州市委员会（简称九三学社滨州市委）开展“不忘合作初心，继续携手前进”主题教育活动，聚焦重点领域和关键环节，开展调查研究、建言献策，开展社会服务，各项工作均取得好成绩。年内，九三学社滨州市委发展社员7名，其中2位具有硕士以上学位、2位具有高级以上职称。九三学社滨州市沾化区支社获九三学社省委2017—2019年度社会服务工作先进基层组织，社员窦守席获评九三学社中央2019年度组织工作先进个人，社员李江涛获评九三学社省委2019年度参政议政工作先进个人，社员于红燕、张红霞获评九三学社省委2017—2019年度社会服务工作先进个人，社员赵春海、吴淑华获评2019年“滨州最美科技工作者”。

【思想建设】 2019年，九三学社滨州市委有序推进“不忘合作初心，继续携手前进”主题教育活动。8月23日，召开四届十二次市委（扩大）会议，对主题教育活动进行广泛动员和全面部署。9月8日，召开四届十三次市委（扩大）会议，学习社中央、社省委主题教育活动实施方案，传达学习九三学社山东省七届八次常委（扩大）会议精神。8月21日，举办首届“不忘合作初心，继续携手前进”主题教育青年论坛。9月21日，组织36名社员到临沂孟良崮战役纪念馆、红嫂纪念馆等地参观学习，并举办“九三学社滨州市委庆祝新中国成立70周年红歌会”。10月13日，组织青年社员到渤海革命老区纪念园和杜受田故居开展主题教育活动。年内，各支社组织相关主题教育活动8次。

【参政议政】 2019年，九三学社滨州市委成立“加快赤泥固废研发应用，破解铝产业发展瓶颈”（中共滨州市委统战部重点课题）“关于加强沿黄休闲农业发展的建议”（社省委重点课题）两个课题组，高质量完成调研报告。向全国“两会”提交建议3件，向省“两会”提交建议1件、提案1件，向市“两会”提交建议11件、提案30件。其中，2件提案被市长宇向东批示，被确定为重点提案；1件提案在市政协大会上作专题发言；提案得到职能部门高度重视，并全部办复。10月30日，以《加强医疗人才队伍建设，破解基层看病难》为题承办一期《委员关注》。年内，提报各类社情民意信息32件。

【科普宣讲】 2019年，九三学社滨州市委聚焦社会关心关注重点，开展各类社会服务活动。4月9日，承办九三学社中央院士专家科普山东行滨

2019年8月21日，九三学社滨州市委青工委成立大会在市政大楼召开

（九三学社滨州市委　供图）

州报告会，两名专家分别到滨州学院、滨州市技术学院开展科普宣讲活动，800余名师生参加报告会。4月4日，到滨城区梁才街道办事处和市城区开展“关爱健康，关注帕金森”主题公益活动，发放宣传材料900余份，义诊100余人。12月13日，到市儿童福利院开展献爱心、送温暖活动，为孩子们捐赠日用品及常用物品。年内，各支社组织义诊送药、扶贫济困等社会服务活动8次。

【组织建设】 2019年8月21日，九三学社滨州市委青工委成立大会召开，选举青工委主任、副主任及秘书长。11月13日，组织110名社员参加中共滨州市委统战部在中共滨州市委党校举办的各民主党派成员及党外人士培训班。11月20日，3名社员参加第七期党外中青年干部培训班。12月28日，举办新社员培训班，以“参政议政”“多党合作理论”为主题对新社员进行培训，社员综合能力和素质不断提高。

（刘　菲）

滨州市工商联

【政治建设】 2019年，滨州市工商业联合会（简称市工商联）实施新生代企业家引航工程，以新生代企业家商会为载体，开展老一辈企业家和年轻一代企业家交流互动活动，举办两期“大手拉小手民企大讲堂”活动，邀请市总商会副会长刘慧兰、王雪征分别为年轻企业家分享创业创新故事。3月和9月，分别组织民营企业家和商会负责人到中国人民大学参加“明德讲堂”企业管理公益讲座。8月，组织新生代企业家和各直属党支部书记到西柏坡开展“传承红色基因、牢记初心使命”理想信念教育活动，到渤海革命老区纪念园开展“弘扬老渤海精神，不忘初心携手前进”活动，集体过“政治生日”。

【议政建言】 2019年，市工商联利用“e盏茶事”搭建市级领导与企业家“面对面”交流平台。3月始，市委书记佘春明、市长宇向东等14位市级领导，先后与22位民营企业家“面对面”交流，共同探讨优化营商环境、推动企业高质量发展良药妙方，共收集意见建议23条，落实11条。建立市级领导与企业、商协会沟通交流常态化机制，出台《建立完善市级领导联系服务企业商会组织制度》，市级领导联系服务走访商会22人次。邀请企业家列席重要经济会议，起草《优秀企业家担任市政府经济顾问推荐及管理办法》，向市政府办公室推荐19名企业家、投资者作为第三方代表列席市政府常务会议。

【经济服务】 2019年，市工商联抽10名调精干力量，成立市民企商会招商专班，“走出去”“请进来”，内引外联、招商引资。引进的总投资10亿元、占地10.34公顷的中国蓝田（沾化）农产品国际博览园项目签约，项目土地审批报省自然资源厅，实际到位资金2800万元。引进的总投资2亿元的惠民装配式建筑推广应用项目正式签约。拟引进的总投资40亿元、占地34.4公顷的（滨州）北大科教创新园项目，滨城在与北大培文投资集团就规划、土地等磋商。对接安义（北京）商会，沾化区与安义（北京）商会签订战略合作框架协议书，商会计划引领部分涉铝企业由北京转移到沾化；安义（北京）商会5家企业与惠民县初步达成占地24公顷、总投资5亿元的铝深加工项目意向书。

【社会服务】 2019年，市工商联联合滨州职业学院共同举办“2019年毕业生就业暨顶岗实习供需见面会”，现场参与招聘企业500余家，近6000名毕业生现场求职，达成招聘意向1200余人。联合市委政法委印发《关于开展服务民营经济系列活动的通知》，联合市检察院设立“滨州市人民检察院派驻市工商联（总商会）检察工作站”，联合市司法局设立“滨州市法律援助中心市工商联工作站”，对接重点项目80多个，为60余家企业开展“法律体检”服务，实地解决法律问题120多个，处理重要经济问题20余起。组织“亲商润企·助力新旧动能转换法律服务团”到无棣县开展送法律进企业活动，5名律师现场调研、集中答疑释惑。做好对口帮扶重庆市奉节县工作，5家企业与奉节县5个省定贫困村结对帮扶、捐款21万元，帮助3000余名贫困劳动力参加滨州市就业招聘活动。上海市滨州商会、青岛市滨州商会、滨州市温州商会、滨州市湖北商会和有关企业先后为关爱儿童活动、台风“利奇马”灾后重建，捐款捐物58.23万元。教师

2019年11月7—8日，山东省总商会会长年度会议在滨州大饭店召开

（市工商联　供图）

节前夕，滨州市江西商会为城区内教师一次捐赠价值300多万元的眼镜。滨州市福建商会动员会员企业在“情暖滨州”捐赠现场一次捐款14.5万元，帮助近30名寒门学子圆大学梦。动员企业参与“千企帮千村”扶贫攻坚行动，企业帮扶投入总金额达6189万元，增幅全省第二，受帮扶村数和受帮扶人数增幅均居全省第一。

【基层建设】 2019年，市工商联推动各类商会建设，淄博市滨州商会、滨州市代理商商会、南京市滨州商会、青岛市滨州商会、滨州市潍坊商会、山东省绳网商会相继成立。北京滨州企业商会被北京市民政局批复，筹备召开成立大会；天津市山东滨州商会进入报批程序。推进商会改革赋能试点，博兴板材行业商会、惠民李庄绳网商会、沾化冬枣协会承接政府下放的人才、科技、金融、政策等职能，带动产业高质量发展。新华社以《不断强化行业商会的桥梁纽带作用—解读“板材之乡”博兴县“品牌之策”》为题在《高管信息（山东）》对博兴板材行业商会做法进行详细报道。市工商联联合市民政局、市行政审批服务局出台《关于滨州市商会协会登记管理工作有关问题的通知》；联合市委组织部、市委编办、市民政局等部门出台《滨州市社会组织归口管理暂行办法》，市工商联一次性增加工商类商协会22家。加强乡镇商会建设，惠民县、无棣县实现乡镇商会注册全覆盖。

【非公党建】 2019年，市工商联开展非公有制经济组织党支部书记述职评议考核工作，提升商会组织和非公有制企业党支部制度化水平。召开“不忘初心、牢记使命”主题教育工作会议。举办市非公有制经济组织党支部书记“不忘初心、牢记使命”主题教育读书班，到青州市华邦集团、尧王集团，邹平市开泰集团考察，并集中交流研讨。年内，市非公综合党委确定培养4名入党积极分子，指导8个直属党支部陆续开展换届工作。

【滨州市被确定为全省商会改革试点单位】 2019年，省工商联确定滨州市为“推进商会依法登记工作”试点单位，“积极争取政府为商会赋能”试点单位，推动工商联所属商会改革工作。市工商联就商会注册问题与市民政局、市行政审批局召开三次协调会，联合下发《关于滨州市商会协会登记管理工作有关问题的通知》，指导县以下商会协会登记管理工作，为县（市、区）、乡镇（街道）提供政策依据。惠民县、无棣县实现乡镇（街道）商会全部注册。市工商联到市直多家商会、协会调研，多次到博兴县工商联金属板材商会指导试点工作，促成政府为商会赋能。博兴县工商联金属板材商会承接行业运营分析、参与金融风险化解、组织行业自查自纠、参与投资项目论证、承办行业展会、行业自律等六项职能。

【市级领导干部联系服务企业商会制度】 2019年，市工商联代市委起草《关于建立市级领导干部联系服务企业和商协会组织制度的通知》，建立起市级领导干部联系服务企业、商会制度，四大班子市级领导干部每人联系1家企业、1家商协会组织，通过座谈调研、参加企业商会活动、走访看望等形式，了解所联系企业、商协会遇到问题，为企业排忧解难。在市级领导带头示范下，市直相关部门及各县（市、区）分别建立联系企业、商协会制度，为政商交往提供制度化保障，构建阳光下运行的“亲”“清”新型政商关系，为企业营造良好发展环境。

（董兆瑞）

11 群众团体

Mass Organizations

滨州市总工会

【概况】 2019年，滨州市总工会（简称市总工会）坚持以职工为中心工作导向，履职尽责、担当作为、狠抓落实。举办滨州市职工职业技能大赛，工友创业园吸收吸纳农民工就业30816人，扶持创业1421人，技能培训带动3482人致富。开展集体协商“深化提升年”和全市集体协商集中要约暨集中签订“1+3”集体合同活动，覆盖全市514家企业。开展“尊法守法·携手筑梦”服务农民工法治宣传公益法律志愿服务行动，建立职工法律援助工作站，成立全市心理健康服务专家团，开展心理健康公益巡讲，建设职工心理健康检测中心和劳动人事争议仲裁委员会工会派出庭，并开通“齐鲁工惠”APP在线免费法律、心理咨询服务。发放中央、省、市帮扶资金920余万元，完成全国级在档困难职工脱困368户，脱困率94.6%。建设劳动者户外驿站44家，建成投入使用“妈妈小屋”158家、在建12家，新命名2家全国职工书屋，12家市级职工书屋。职工医疗互助会发放互助金6628.19万元。开展庆祝中华人民共和国成立70周年大型系列活动，继续开办“职工大讲堂”、职工公益性培训活动。新发展农民工会员41259人，新建工会组织263家（涉及职工23513人），实现全市703家百人以上企业建会和“齐鲁工惠”APP导录全覆盖，在全省率先出台《滨州市社会化工会工作者队伍管理办法（暂行）》，新招聘99名工会社工。滨州市工会第六次代表大会召开。赵淑美获全国五一巾帼标兵。滨州市工会经审规范化建设工作连续五年被省总工会评为特等奖。至年底，滨州市总工会下辖2区1市4县总工会，3个开发区工委，27个局工委（产业工会）和市总工会经费审查委员会办公室、市工人文化宫2个直属事业单位。年内，市总工会经费审查委员会办公室撤销事业单位建制，人员编制划入市工人文化宫。5月25日，市总工会办公室加挂经费审查委员会办公室牌子。至10月31日，全市有基层工会组织2926家，涵盖法人单位5268家，职工439330人，工会会员424134人。

【职工思想建设】 2019年，市总工会组织开展“不忘初心、牢记使命”主题教育和“富强滨州”解放思想大讨论活动。加强职工职业道德建设，全市新命名全国职工书屋2家，市级职工书屋12家。开展第十一届全市职工职业道德建设标兵单位（个人）命名活动，营敏、吕明被命名为全省职工职业道德建设标兵个人，市科技馆、滨城区党员干部红色教育管理中心被命名为全省职工职业道德建设标兵单位。

【宣传教育】 2019年，市总工会组织“我和天安门合个影”照片征集和“大美黄河·魅力滨州”黄河风情摄影采风等庆祝中华人民共和国成立70周年大型系列活动。智慧工会建设和“齐鲁工惠”APP上线率取得新进展，工会组织数2292家，工会组织采集率71.31%；实名采集会员数353474人，实名会员采集率77.45%。宣传工作实现新突破，发挥《滨州工人》、“滨州工会”微信公众号等宣传阵地作用，加大工会宣传工作，在各级报刊发稿145篇。工人文化宫整治提升、职工服务中心建设、工友创业助力乡村振兴、工资集体协商、女职工工作、职工心理健康服务、农民工入会等七项工作被《山东工人报》头版头条予以刊发。

【工友创业】 2019年，全市工友创业园吸收吸纳农民工就业30816人，扶持创业1421人，技能培训带动3482人致富。在全市范围内命名44家滨州市“工友创业园”，命名41名优秀农民工为滨州市“农民工之星”。推荐参加省级工友创业园评选，最终11家市级创业园被省总工会命名为“省级工友创业园”，10名农民工获评“省级农民工之星”。开展农民工技能培训，依托市级农民工培训基地，整合培训资源，组织农民工、农村转移劳动力开展有针对性的技能培训，年内全市各级农民工培训基地共组织开展培训10批次，培训农民工1063人，省级工友创业园开展农民工培训1245人次。滨州技术学院被省总工会命名为“省级农民工培训基地”。

【职工技能竞赛】 2019年，市总工

2019 年 7 月 16 日，山东省滨州市职工职业技能大赛开幕式在滨化集团举行（市总工会 供图）

会围绕新旧动能转换、“双招双引”、市委“757”工作方案和全市重点建设工程等重大工作部署，在全市 20 个系统 82 个项目中组织开展各种竞赛活动。举办全市职工职业技能大赛，4 个项目近 200 人参加决赛。评选表彰全市职工优秀技术创新成果 15 项，获评省级创新成果 1 项，获评省级创新型班组 5 个，获评省级创新能手 5 名，获评省级示范性劳模和工匠人才创新工作室 1 个。

【职工权益维护】 2019 年，市总工会开展集体协商“深化提升年”和全市集体协商集中要约暨集中签订“1+3”集体合同活动。活动期间，全市共有 514 家企业签订“1+3”集体合同。推动全市机械制造加工行业集体协商工作。签订全市机械制造行业工资集体合同涵盖 30 家企业，覆盖职工 11000 余人。同时，各县（市、区）均完成 2 个行业 / 区域性集体协商工作，提高签约率。在全市选取不同类型企业作为劳动关系监测点，建立市县两级企业劳动关系状况动态监测报告制度。指导完成全市 85 家企业监测点注册工作及各季度、全年的劳动关系信息录入工作。法律援助普法宣传实现零距离，开展“尊法守法·携手筑梦”服务农民工法治宣传公益法律志愿服务行动。活动期间，全市共组成服务分队 10 个，志愿服务队员 200 余名，现场发放宣传资料 21000 余份。市总工会聘用的两名律师接访 98 件次，涉及劳动者 199 人次。

【职工普惠服务】 2019 年，全市共建立 51 户全国级、61 户市级困难职工档案，发放中央、省、市帮扶资金 920 余万元。经救助，完成全国级在档困难职工脱困 368 户，脱困率 94.6%。工会四季品牌服务内容不断深化，“春送岗位”活动期间，举办招聘会 25 场次，为 3.8 万余人提供就业创业服务，开展就业技能培训 4500 余人次。“夏送清凉”活动共购买价值 16 万余元防暑降温物品，对 870 余名交警、重点项目建筑工人、环卫工人等一线职工走访慰问，开展送疗休养、送教育宣传、送健康查体和送法律服务等送清凉系列活动。“金秋助学”活动发放助学资金 47.59 万元，资助困难职工子女 115 人。“冬送温暖”活动发放送温暖资金 428 余万元，走访慰问困难职工和一线职工 3142 人。“妈妈小屋”全市建成投入使用 158 家，在建 12 家，累计投入资金 119 万元。职工医疗互助广受好评，全市入会单位达 1763 个，入会职工 15.83 万人；互助金申领单位 1921 个，互助金申领职工共计 46641 人次，领取互助金 6628.19 万元。

【劳模评选关爱】 2019 年，市总工会开展全国、省、市级先进模范人物和集体选树工作，获评全国工人先锋号 1 个，富民兴鲁劳动奖状（章）15 个，省工人先锋号 8 个，齐鲁工匠 2 名。授予 11 个单位滨州市五一劳动奖状，141 人滨州市五一劳动奖章。选树 17 名“滨州工匠”，59 个班组（科室、工段、车间）被选树为“滨州市工人先锋号”。

【职工文化建设】 2019 年，市总工会以繁荣职工文化为重点，举办好各类职工公益性艺术培训活动，培训项目 21 类，培训班次 39 个，市直 220 多家机关企事业单位 1676 名职工参加培训活动。市总工会贯彻落实省总工会关于工人文化宫整治提升工作部署和力争建设一类文化宫目标，年内全部完成文化宫出租房屋回收工作，推动市工人文化宫服务提档升级。“滨州工运史”展馆项目提出“概念设计方案”，施工设计及监理单位公开招标工作完成，工运史文史资料征集整理编纂工作积极推进。继续壮大“百师志愿团”队伍，完善职工文体服务体系。职工服务中心“规范提升行动”全面展开，印发《滨州市职工服务中心规范化建设意见》，加强六大平台建设，建设高标准职工心理健康检测中心和劳动人事争议仲裁委员会工会派出庭。推动 50 名挂职工会工作指导员工作并完成年度考核。

【滨州市工会第六次代表大会】 2019 年 6 月 26—27 日，滨州市工会第六次代表大会召开。大会选举产生市总工会第六届委员会委员、经费审查委员会委员，通过关于滨州市总工会第五届委员会工作报告决议、关于滨州市总工会第五届委员会财务工作报告决议、关于滨州市总工会第五届经费审查委员会工作报告决议。市总工会六届一次全委会议选举产生市总工会第六届委员会主席、常务副主席、副主席、常务委员，商玉昌当选市总工会第六届委员会主席。市总工会六届一次经审委会议

2019年6月26日，滨州市工会第六次代表大会在滨州国际会展中心开幕
（市总工会　供图）

选举产生市总工会第六届经费审查委员会主任、副主任。

【首届滨州市本土作家作品朗诵大赛举行】 2019年，市总工会举办“喜迎建国七十周年·滨州大地展新颜”首届滨州市本土作家作品朗诵大赛，活动历经过初赛、预赛层层选拔出29组选手进入决赛。最终评出一等奖2组、二等奖4组、三等奖8组、优秀奖15组，滨城区总工会、沾化区总工会、阳信县总工会、滨州市公安局工会工作委员会、滨州职业学院工会、滨城区法院工会获优秀组织奖。

【全市职工演讲比赛】 2019年，市总工会举办“中国梦·劳动美——争做新时代奋斗者”全市职工演讲比赛，初选出23名选手参加决赛。最终评出一等奖1名、二等奖3名、三等奖6名、优秀奖13名。

【全市首届职工乒乓球比赛】 2019年4月24—25日，滨州市首届职工乒乓球比赛在滨州乒乓球馆举行，比赛历时2天，设立混合团体、男子单打、女子单打三个项目，各县（市、区）总工会、市属开发区工会、市直基层工会等34个单位200余名运动员按分组展开比赛。滨城区代表代活得团体总冠军，传媒集团高静雅和滨城区夏冰分获女单和男单冠军。

【滨州市职工书画摄影展】 2019年9月20日，“颂伟大时代·为祖国喝彩”滨州市职工书画摄影展开幕式暨获奖作者颁奖仪式在市工人文化宫举行。书画摄影展以书法、绘画、摄影等艺术表现形式，展示全市广大职工群众爱岗敬业、奋发向上、勇于创新精神风貌。活动征集书画摄影作品249幅，特邀作品50幅，评选出一等奖9名、二等奖15名、三等奖30名、优秀奖195名。

【“庆祝新中国成立70周年”文艺晚会】 2019年9月25日晚，市总工会“光辉足迹——庆祝新中国成立70周年”文艺晚会在滨州大剧院举行。晚会共分为“不忘初心”“砥砺前行”“筑梦未来”三个篇章，各行各业近千名职工参加、观看演出。

【“走近黄河·情系职工”采风活动】 2019年8月10日，由市总工会主办，市职工作协、《滨州工人》编辑部承办的“走近黄河·情系职工”采风活动启动。采风活动为期1天，重点对十里荷塘、打渔张森林公园、陈户革命纪念园、博兴董永文化园博华社区（吕艺镇养老中心）、京博集团展馆、博物馆进行采风。市作协、市书协、市美协、市摄协以及博兴县摄协、美协、书协领导等30名文艺创作者参加文艺采风活动。

（李花英　杜一昕）

共青团滨州市委

【概况】 2019年，中国共产主义青年团滨州市委员会（简称团市委）实施“青鸟计划”，开展乡村好青年“双培双进”工程，助力“双招双引”、夯实基层基础、服务乡村振兴。团市委树立“全团抓思想政治引领”意识，开展“青春心向党·建功新时代”“我的中国梦”“红领巾心向党”系列主题团队日活动。创新实施“青鸟计划”，全力建设“一库四平台”，探索出依托大数据服务招才引智新经验、新做法，实现“引凤还巢”。推动“村村都有好青年”选培计划，开展乡村好青年“双培双进”工程，主动融入党的工作，全面推动党建带团建试点工作。依托“智慧团建”系统，全面掌握全市16.7万名团员分布情况，新建3个直属团工委和4个市直团组织，建立起团的领导机关、团工委、基层团组织三级立体化组织网络体系，创新成立驻京团工委、驻沪青工委等2个驻外组织。持续深化“牵手关爱”“金晖助老”“百号助百家”“青春扶贫送岗位进乡村、进校园”品牌活动。出台《关于进一步深化预防青少年违法犯罪工作的实施意见》，建成“青少年维权岗”149家，广泛开展法治教育和自护教育活动。台风“利奇马”影响滨州期间，全市90余支志愿者队伍、3000余名志愿者参与受灾村庄群众转移、安置点服务等工作，募集资金20余万元，开展救援300余次，协助排查隐患500余处，协助50余个受灾村庄、20000余名受灾群众安全转移。邹平团市委、邹平应急救援队获团省委颁发“防灾救灾青年突击队”称号。统筹推进市县乡共青团改革，“基层四缺”难题逐步破解。推进少先队改革，团教协作、全团带队和基层建设取得新进展。至年底，全市有团组织8021个，团员16.5万名，有基层团组织8014个，包含团委290个、团工委34个、团总支451个，团支部7239个（不含毕业生团支部），其中城市社区和农村团支部4523个、社会组织团支部10个。

【青年思想引领】 2019年，团市委深入推进“青年大学习”行动。广泛发动团员青年参加“青年大学习”网上主题团课，连续十期参与率位列全省第一，全年学习总人次超过93万人次；深入实施“青马工程”，100余名大学生骨干成为青年马克思主义者；组建50余人的“青年讲师团”队伍开展宣讲活动12场，直接参与青年7200余人；组织“青春心向党·建功新时代”主题团日活动，举办集中性活动121场，1万余名团员参加。创新组织情景式主题党课。结合“不忘初心、牢记使命”主题教育，排演“守初心、担使命，红色基因代代传”情景式主题党课，200余名团员青年参与演出，市委“不忘初心、牢记使命”主题教育第三期读书班学员和中青班学员等近400人现场观看，在线直播关注人数2万余人。全力打造双微宣传矩阵。成立“青春工作室”新媒体阵地，“青春滨州”微信公众号订阅人数达到18.8万人，微博粉丝数2.4万，“青春滨州”微博全年阅读量2080万人次；先后在《中国共青团》《中国青年报》《中国青年》报纸杂志刊发多篇文稿；推出《筑梦滨州》《为人民军队点赞》等网络文化产品，其中《山东滨州：青年志愿者活跃在抗台风救灾一线》视频被团中央微博转发，浏览量达406万人次。

【基层基础建设】 2019年，团市委加强基层组织建设。逐级开展组织整理整顿，摸清组织底数，录入到智慧团建系统，重点做好团支部整理整顿工作，全市7121个团支部完成整顿7044个，完成率98.9%。用好智慧团建系统。将新发展团员及时录入系统，加强学社衔接，在每个乡镇、街道建立学社衔接临时团支部，非升学转出团员7028人、转入16585人，学社衔接率96.6%。集中开展非公企业团建。对当地规模以上企业和青联、青企协会员单位建团情况进行摸底，率先安排团建工作，通过党建带动和指派团建指导员等方式，推动非公企业团建。加强青年之家建设。推荐2家青年之家获得团省委经费支持10万元。推动青年之家活动提升，全市89家“青年之家”入驻青年之家云平台，发布活动939个，活跃度达10.55。

2019年10月14日，“守初心·担使命 红色基因代代传”情景式主题党课在市文化中心群星剧场举办
（团市委 供图）

【乡村振兴服务】 2019年，团市委深入推进“村村都有好青年”选培计划，扩容农村青年人才储备库。年内，累计选树9900名扎根农村沃土、助力乡村振兴的乡村“好青年”。搭建培训平台，10月，“滨州市出彩好青年”培训班在省团校举办，提升乡村好青年综合素质。搭建推优平台，11月，3名好青年代表获第十一届“全国农村青年致富带头人”称号，1人获“全国农村青年致富带头人标兵”，数量居全省第一位。搭建培养平台，实施乡村“好青年”发展党员计划单列，优选210名被吸纳为党员发展对象，推选34名好青年进入乡镇（街道）团（工）委。青春扶贫行动持续推进，“青春扶贫 益暖齐鲁”送温暖活动筹集爱心物资117万元。137个市级以上青年文明号“百号助百家”捐赠助贫助学资金物资34万元。希望工程“圆梦行动”筹集善款88万余元，资助家境贫困大学新生231名，争取无偿资金125万元，援建希望小学5所。

【青少年合法权益维护】 2019年，团市委健全青年工作联席会议机制。全市7个县（市、区）及市本级均完成青年工作联席会议机制建立，成为全省6个实现全覆盖市之一。深化青少年法治教育工作。联合7部门印发《关于开展全市青少年法治教育集中行动的通知》；联合市检察院、市法院、市教育局等部门走进学校开展法治教育讲座、走进“庭审现场”开展“模拟法庭”活动，受益学生800余名；联合民进滨州市委开展校园防欺凌讲座，走进学校10所，受益青少年达600余名；联合市教育局开展全市中小学生“学宪法讲宪法”知识竞赛和演讲比赛；联合市禁毒办、市防艾办在“禁毒日”“防艾日”等重要时间节点开展集中宣传活动。增强青少年自我保护意识。联合7部门印发《关于成立滨州市防溺水巡防队伍的通知》，成立乡镇一级巡防队伍91支、村级巡防队伍5248支，实现镇（乡）、村两级巡防队伍全覆盖；下发滨州市《致全市学生家长的一封紧急信》，

2019 年 10 月，滨州市建立“团小虎”青年志愿者驿站　（团市委　供图）

转发至 480 所学校、9566 个班级、407932 个学生，通知率实现 100% 全覆盖。防溺水宣传海报张贴 4742 个村（社区），9000 余张，覆盖率达 90%；通过乡镇“村村响”平台每天滚动播放《中小学生防溺水“六不准”“四不要”》，村级覆盖率达 90%。

【青年志愿服务】 2019 年，团市委累计招募 320 名大学生志愿者，先后服务世界高端铝业峰会、滨州市第六届资本对接大会等 4 场高规格赛会；高标准组建滨州市小语种青年志愿服务队，17 名队员可提供涵盖日语、韩语、朝鲜语、西班牙语、德语、法语、阿拉伯语 7 类语种的语言类志愿服务工作。4000 余名青年志愿者服务牵手关爱行动、金晖助老行动、暖冬行动等项目，持续时间长，参与人数多，示范效应显著。“团小虎”青年志愿者驿站与 10 支志愿服务组织结对，招募 88 名常驻志愿者，年内常态化运行 43 天，服务人数 860 人，累计服务时长 13640 小时。

【少先队工作】 2019 年，滨州少先队注重青少年思想政治引领，强化组织建设、阵地建设和制度建设，培育和践行社会主义核心价值观。年内，全市 400 余个少先队大队组织、32 万少先队员相继开展“争做新时代好队员”“小手拉大手”“国学达人挑战赛”及庆祝六一节、建队节等系列活动。3 月 9 日，“小手拉大手　共筑碧水蓝天”全市青少年植树活动在滨州经济技术开发区沙河街道码头村举行。5 月 31 日，“共享书香·爱暖童心”——“共青希望图书室”揭牌仪式在阳信县水落坡镇中心小学举行。10 月 11 日，“感恩成长追梦未来，争做新时代好队员”庆建队 70 周年十岁成长礼活动在滨城区学院附小举行。10 月 21 日，滨州市学习习近平总书记致中国少年先锋队建队 70 周年贺信精神座谈交流会在滨州实验学校召开。11 月 25 日，团市委联合市教育局、市人力资源和社会保障局出台《关于进一步加强全市少先队工作的意见》文件，为全市少先队工作制度化、专业化、时代化、系统化发展提供保障。12 月 4—5 日，全市骨干少先队辅导员培训班举办，省少先队总辅导员张燕及全国著名少先队专家到班授课，全市 100 名大中队辅导员及县（市、区）少先队工作者参加培训。

【市青少年活动中心作用发挥】 2019 年，滨州市青少年活动中心校外教育工作突出主责主业、发挥阵地作用，各项校外教育工作有序开展。11 月 8 日，在中国青少年宫协会六届四次理事会上，滨州市青少年活动中心当选为中国宫协会员单位，并增补为理事单位。全年开设艺术普及培训公益课四期，涉及语言、美术、舞蹈、器乐、跆拳道、武术、声乐、人工智能、少儿编程、健美操、围棋、亲子课堂等近 20 余个门类，共有 1500 余名学员走进中心，接受为期两个月的公益艺术普及培训，总课时达 24000 课时。开展“传承红色基因，争做新时代滨州好少年”活动 10 余期，免费素质拓展青少年 500 余人。年内，渤海之星艺术团先后举办“纪念·五四运动 100 周年汇报演出”“渤海之星艺术团献礼新中国成立 70 周年暨礼赞黄河文艺会演”“不忘初心，童心同行汇报展演”等展演。开展公益大讲堂 5 期，参与家长及学生近 500 人。组织百余名滨州青少年参加由省青联、省少工委、省宫协组织的“山青音乐奖”和“山青美术奖”大型赛事，山青音乐奖获 3 金 4 银，山青美术奖一等奖 5 人、二等奖 16 人，滨州市青少年活动中心获得 2 项赛事优秀组织单位奖。

【滨州市第五次团代会召开】 2019 年 7 月 20—21 日，共青团滨州市第五次代表大会召开，共青团山东省委书记刘天东，市委书记佘春明，市长宇向东出席开幕式。大会通过《共青团滨州市第五次代表大会关于共青团滨州市第四届委员会工作报告的决议》，选举产生共青团滨州市第五届委员会。共青团滨州市第五届委员会第一次全体会议上，选举产生第五届团市委常委和书记、副书记，张亚东当选为团市委书记。

【“青鸟计划”实施】 2019 年，团市委结合自身工作优势，创新建设“一库四平台”，坚持引才关口前移，以数据管理为支撑、平台搭建为依托、活动项目为抓手、人文关怀为保障，深入开展“青鸟计划”工作，有效填补大学生就业服务工作空白，趟出用大数据赋能招才引智新经验、新做法，实现“引凤还巢”。10 月 25 日，团省委十四届五次全委（扩大）会议上介绍滨州工作模式，并在全省推广“青鸟计划”。11 月 29 日，共青团山东省委、山东省人力资源和社会保障厅印发《关于印发〈山东省“青鸟计划”实施方案〉的通知》，在全省部署开展“青鸟计划”工作。至年底，海内外滨州籍青年人才数据库达18129人，实现全国116所985、211高校全覆盖。全国路演成效显著，在海内外重点高校建设“青鸟驿站”135所，在清华大学、北京大学等18所重点院校开展全国路演及人才专场招聘活动，吸引周边84所高校3000余名学生参与，就业签约数达675人，清华大学、北京大学硕博士16人达成签约意向。人才项目相继落地，与山东大学、西安交通大学合作，设立“青鸟计划”训练营，与大连理工大学签署研究生培养基地合作协议，与北京大学光华管理学院签订“沃土计划”合作意向书等，为校地企三方共同育才、强力引才做出有效探索。

【乡村好青年“双培双进”工程】 2019年，团市委联合市委组织部出台《关于进一步加强党建带团建全面推进新时代党的青年工作的实施意见》《滨州市开展乡村好青年“双培双进”工程的实施意见》，主动融入党的工作，全面推动党建带团建试点工作。联合市委组织部深入推进乡村好青年“双培双进”工程，选树5425名乡村“好青年”，选举产生农村社区团总支573个，覆盖率100%，1077名乡村“好青年”进入社区团干部队伍。乡村好青年“双培双进”工程经验做法在山东共青团简报2019年第21期刊发。

【市青联第三届委员会全体会议召开】 2019年12月28日，滨州市青年联合会第三届委员会全体会议和滨州市学生联合会第二次代表大会开幕。团市委书记、第二届市青联主席张亚东代表市青联第二届委员会常务委员会作《凝聚共识 集聚智慧 汇聚力量 在富强滨州建设征程中谱写新的青春篇章》工作报告，大会听取并审议工作报告，选举产生市青联第三届委员会主席、副主席、常务委员会委员，通过市青年联合会工作细则和市青联第三届委员会全体会议关于二届常委会工作报告决议。

（王佩珍）

滨州市妇联

【概况】 2019年，滨州市妇女联合会（简称市妇联）深入开展巾帼心向党、巾帼建新功、巾帼传家风、巾帼暖人心、巾帼夯根基系列行动，聚焦主责主业，深化改革创新，答“六策”践“八问”，团结带领广大妇女群众服务“富强滨州”建设。市妇联被授予全国维护妇女儿童权益先进集体，在2018年度全市科学发展综合考核中列群团序列第一名。滨州市妇女第六次代表大会召开，选举产生新一届妇联领导班子。实施基层妇联组织建设“细胞工程”，建立比学、轮值、五联、项目领办、述职考核五项制度，创新实施基层妇联执委“十百千培优计划”，被《中国妇女报》头版头条、新华网、大众网、省妇女儿童工作简报等媒体刊发。市妇联主席郑玉梅作为山东省市级代表参加全国妇联“县级妇联改革破难行动”座谈会，作典型发言。“美丽庭院”创建工作超前超额完成省定目标任务，创建示范户39732户，建成率8.58%；全市4208个村参与创建，建设比例88.11%。“幸福护航”婚姻家庭辅导服务深入开展，为4872对离婚夫妻进行辅导，辅导率50.5%，劝和率25.6%。妇女创业担保贷款覆盖面扩大，为400名女性争取创业担保贷款4734万元，带动妇女就业1500人。“两癌”免费检查提质扩面，救助贫困“两癌”患病妇女101人，为7.2万余名妇女办理安康保险。“爱心驿站”募集社会资金122万元救助孤困儿童2600余名。常态化推进“最美家庭”和好媳妇、好婆婆等评选活动，表彰市级典型190人（户），涌现出省级以上“最美家庭”9户。创新实施“警释法·她说理”反家暴联合调处机制，联合调处家暴类案件8件。争取中国儿童中心家庭教育研究与实践试点基地落户市妇女儿童活动中心，成为全国第七家、全省第二家试点基地。创新建立家庭教育“2411”工作机制，组建滨州市家庭教育智库。市妇女儿童活动中心举办少儿公益托管班3期，珠心算培训班4个班次，推出涵盖婴幼儿游泳、少儿舞蹈、成人瑜伽等系列公益课程，为760多名妇女儿童提供服务。年内，滨州市妇女儿童工作委员会办公室更名为滨州市妇女儿童事业发展中心。至年底，滨州市妇女联合会下辖市妇女儿童事业发展中心、市妇女儿童活动中心2个直属事业单位，滨城区、沾化区、邹平市、惠民县、阳信县、无棣县、博兴县7个县（市、区）妇联和高新区妇工委。滨州市直机关和企事业单位成立妇委会98个，全市91个乡镇（街道）妇联、4095个村（社区）妇联组建率100%，“妇女微家”建成1万个。

【妇女思想引领】 2019年，市妇联围绕让党的创新理论“飞入寻常百姓家”时代课题，创新载体，灵活方式，依托市妇联“一网两微四号”新媒体矩阵、各级妇联微信公众号、微信群等平台和妇女儿童家园等阵地，线上线下联动开展“巾帼心向党 礼赞新中国”主题教育，组织“我和我的祖国”快闪活动，举办“新农村新生活新农民”“舞前十分钟”培训等156期，培训1.3万人。在全市城乡社区妇女之家开展“绽放巾帼风采 畅享黄河赞歌”联动活动。开展“孝亲敬老、情暖夕阳”、环境卫生整治和交通疏导等志愿服务活动。培树身边榜样，涌现出全国三八红旗手1名，市级三八红旗手和三八红旗集体70个。

【妇联基层组织改革】 2019年，市妇联在群团改革中加强基层妇联组织建设，推进“细胞工程”，全市乡镇（街道）、村（社区）妇联组建率100%，“四新”组织中建妇联组织近2000个，建立妇女微家9879个，妇

2019年9月12日，淄博·滨州“巾帼脱贫行·点亮微心愿”活动发放仪式在滨州市沾化区住建局举办 （市妇联 供图）

联组织覆盖面扩大。全面推行“亮牌”服务，完成率100%。在全省妇联系统率先实施“基层妇联执委十百千培优计划”，在全省率先完成3万余名基层妇联执委档案录入核实工作。发挥妇联基层执委“领头雁”作用，举办“改革大轮训”185期，培训基层妇联执委2.5万余人次。建立“执委工作站”，落实执委轮值；建立“五联工作法”、《执委领办项目清单》、执委分级述评机制，各级执委通过“阵地＋社会组织＋公益项目＋执委工作站”等多种方式，领办或联办服务项目307项。做法被《中国妇女报》头版头条、《新华社山东高管信息》、新华网等媒体刊发，被省妇女儿童工作简报推广。市妇联作为山东省市级妇联代表，在全国妇联“县级妇联改革破难行动”座谈会上作典型发言。

【巾帼建功行动】 2019年，市妇联深入实施“创业创新巾帼行动”“乡村振兴巾帼行动”“巾帼脱贫行动”“新旧动能转换巾帼行动”。联合市人力资源和社会保障部门开展“春风行动”女性专场招聘会。办理妇女创业担保贷款400笔，为400名女性争取创业担保贷款4734万元，带动妇女就业1500人。开展巾帼电商创业技能培训26期，新型职业女农民培训、农村妇女带头人技能培训23期，为乡村振兴提供人才智力支持。争取省市资金30万元，扶持省市级大姐工坊、脱贫示范基地17个，带动妇女居家创业就业。召开女企业家协会年会，举办滨州市家政服务业提质扩容及信用体系建设培训班，全市共开展家政技能培训105期，培训妇女6310人次，评选“最美家政服务员”10名、“优秀家政服务员”19名，推动家庭服务职业化、诚信化、规范化发展。举办淄博—滨州“巾帼脱贫行 点亮微心愿”活动，为500名建档立卡贫困妇女家庭实现微心愿。

【家庭文明建设】 2019年，全市表彰“最美家庭”和好媳妇、好婆婆等市级典型190人（户），涌现出省级以上“最美家庭”9户。举办“传家训、立家规、扬家风”主题宣讲活动100余场。举办滨州市“好家风、好家训、最美家书、最美家风故事”征集和“我和父母立家规”“我家最美一瞬间”短视频征集等活动。实施“母亲素质提升工程”，举办“新时代 新征程”魅力女性专题讲座，线上开展“家·优站”婚姻家庭微课堂31场次，线下开展“母亲素质提升工程”讲座、婚姻家庭大讲堂及巡讲活动70余期，受益群众达3万余人。

【妇女儿童权益维护】 2019年，市妇联推动“两个规划”实施，开展“贯彻男女平等基本国策·拒绝家庭暴力”主题宣传月活动。拍摄并播放滨州首部反家暴公益宣传片《情伤》。创新实施“警释法·她说理”反家暴联合调处机制，联合调处家暴类案件8件，接待到访到电及公安系统转交家暴案件13余件，婚姻家庭辅导志愿者共介入6件。依托“12338”妇女维权热线，市县两级妇联接待信访案件179人次，其中市妇联59人次、办结率100%。深化“建设法治中国·巾帼在行动”活动，举办“进社区、进家庭、到身边”巡讲60场。推进“幸福护航”婚姻家庭辅导服务深入开展，为4872对离婚夫妻进行辅导，辅导率50.5%；劝和2470对，劝和率25.6%。

【妇女儿童关爱救助】 2019年，全市“两癌”免费检查进一步提质扩面，为10.6万余人进行“两癌”免费检查，其中城镇低保贫困妇女500余名，确诊宫颈癌54例，乳腺癌45例，争取资金80多万元救助贫困“两癌”患病妇女101人。与市人寿保险公司深化“关爱女性 精准扶贫”合作，继续开展“女性安康工程”，为7.2万余名妇女办理安康保险。开展爱心驿站系列活动，组织“助力精准扶贫 关爱留守儿童”第三届暑期夏令营、冷冬暖童心等活动，募集社会资金122万元救助孤困儿童2600余人。

【滨州市妇女第六次代表大会】 2019年7月9—10日，滨州市妇女第六次代表大会召开。大会通过郑玉梅代表市妇联第五届执行委员会《激扬巾帼之志 勇于担当作为 为建设“富强滨州”而努力奋斗》工作报告，选举产生新一届市妇联领导班子，郑玉梅当选为市妇联主席，李云、宋建婷、王琳琳（挂）、李梅生（兼）、刘丽霞（兼）、王爱华（兼）当选为市妇联副主席。

（王茜茜）

滨州市科协

【概况】 2019年，滨州市科学技术协会（简称市科协）围绕“富强滨州”建设大局，突出“责任科协、专业科协、品牌科协、智慧科协、人文科协”“五个科协”建设，重点实施“科技凝心聚力”“创新驱动助力”“科普多元供给”“改革创新提升”“四大工程”，科学事业发展开创新局面。7月14—15日，滨州市科学技术协会第五次代表大会召开，会议选举产生市科协新一届领导机构，市委书记佘春明出席会议并讲话。举办2019年“全国科技工作者日”活动和首届“滨州最美科技工作者”学习宣传活动，举办全市科协系统学习贯彻十九届四中全会精神培训班，为“富强滨州”建设汇聚科技力量。创新举办“渤海科技论坛”18场，实施“1+N”重点联系制度，推选惠民县为省科协创新驱动工程协同创新基地，争取省科协现代高效农业学会集群服务地方产业发展试点工作落地滨州，柔性引进高端智库人才16人。研究制定《2019年滨州市全民科学素质工作要点》，调整全民科学素质工作领导小组，打造“全国科普日”滨州主场活动等品牌科普活动和科普品牌产品，组建滨州市科普联盟。争取滨州市成为中国科协全国科技工作者状况调查站点，承接省科协三项改革试点工作，推出多项体制机制改革创新工作。至年底，市科协有市级学会、协会、研究会38个，企事业（园区）科协63个，县（市、区）科协7个，乡镇（街道）科协91个，市科技馆1个，县科技馆1个，校园科普馆32个，青少年科普组织225个。

【“全国科技工作者日”活动】 2019年5月30日，市科协提前谋划、精心部署，开展第三个“全国科技工作者日”系列庆祝活动。节日前期，精心制作并在多个平台发布《凝聚科技力量 建设富强滨州》宣传片和宣传海报，在《滨州日报》开辟《凝聚科技力量 建设富强滨州——全市优秀科技工作者风采录》专栏，全方位、立体化宣传优秀科技工作者先进事迹17篇，在全社会营造尊重科技工作者浓厚氛围。节日期间，邀请多位市领导分别走访慰问全市优秀科技工作者代表，市科协领导班子成员走访慰问多位一线基层科技工作者。“全国科技工作者日”当日，市委书记、市长在《滨州日报》头版刊发《致全市科技工作者的一封信》，全市广大科技工作者倍受鼓舞。“滨州市‘全国科技工作者日’活动”获评“山东省科协改革品牌项目”。

2019年7月14日，滨州市科学技术协会第五次代表大会在滨州国际会展中心开幕

（市科协 供图）

【“全国科普日”滨州主场活动】 2019年9月16日，2019年“全国科普日”滨州主场活动启动仪式在市科技馆举行，启动式上进行市科普教育基地授牌、市科普联盟志愿服务队授旗、致敬“新时代优秀科普工作者”“滨州最美科技工作者”、《身边的科学》（2019版）首发暨赠书仪式等活动，启动“录制最美科学声音”“今天你科学了没科普影像”“等你来战科普答题”三大线上科普活动上线仪式。科普日期间，各县（市、区）、各相关单位开展主题为“礼赞共和国、智慧新生活”的系列科普活动50余场。市科协被中国科协表彰为全国科普日优秀组织单位，滨州主场活动被评为全国科普日优秀活动；市科协、市科技馆、滨城区科协被省科协评为优秀组织单位，滨州主场活动启动仪式、大手拉小手科普报告希望行、三大网上科普活动上线、科普大篷车巡展等4项活动被省科协评为优秀活动。

【市科技馆运营】 2019年，滨州市科技馆自主更新改造展品展项11件，引进解说机器人“优友”，提升科技馆公众吸引力。组织开展“奇思妙想科学堂”、“妙想科学秀”、“亲子嘉年华”、科普剧等一系列品牌展教活动34期，提升展教活动质量。组织参加省科技辅导员大赛，4个参赛项目分获一等奖3项、二等奖1项。加强与有关市直机关单位、学会合作，承办市科技活动周启动仪式、市全民营养周启动仪式等各类科普宣传活动，实现资源共享，城市科普之窗作用日趋明显。全年接待社会公众达25万人次，创历年新高。

【3项省科协改革试点工作】 2019年，市科协争取省科协提升基层科协组织力“3+1”、基层科协组织标准化建设、“智慧科协”建设三项改革试点工作，强化基层科协组织赋能，推进全市科协系统深化改革进程。提升基层科协组织力“3+1”试

点工作确立的阳信县、无棣县、博兴县等3个试点县的10个试点乡镇全部完成换届工作，将医院院长、学校校长、农技站站长等“关键人物”纳入乡镇科协领导机构，并充分发挥作用。作为全省基层科协组织标准化建设唯一试点市，试点工作取得阶段性进展，获省科协领导签批肯定。

【“滨州最美科技工作者”学习宣传活动】 2019年5月15日，市委宣传部、市科协、市科技局联合印发《关于开展“滨州最美科技工作者”学习宣传活动的通知》，“滨州最美科技工作者”宣传发布活动正式启动。活动评选出“滨州最美科技工作者”10名，并在9月16日“全国科普日”滨州主场活动启动仪式上正式发布。市科协在《滨州日报》、“科普滨州”等媒体对“滨州最美科技工作者”先进事迹进行专题报道，并择优向上推荐“齐鲁最美科技工作者”候选人2名。

【渤海科技论坛】 2019年，市科协围绕新旧动能转换，“5+5”十强产业，防范化解重大风险、精准脱贫、污染防治三大攻坚战以及滨州经济社会各项事业发展，创新打造“渤海科技论坛”。联合相关单位，主办层次高、规模大、影响力广的学术交流活动18场。市委书记、市人大常委会主任佘春明出席国际睡眠论坛并讲话，副市长曹玉斌出席第六届动物疫苗与免疫佐剂技术沙龙并讲话。第四届黄河三角洲精神卫生国际论坛、滨州医养健康结合新模式国际论坛等多场活动邀请国外专家学者到场交流论坛影响力明显提升。

【科技助力乡村振兴】 2019年，市科协开展“精准扶贫专家服务行动”，开展科技“三下乡”服务活动，指导9名科普专家服务14个省级贫困村。实施基层科普行动计划，12个单位入选省基层科普行动计划，9个单位入选省科普示范工程，争取项目资金259万元。深入博兴县乔庄镇、无棣县小泊头镇、沾化区冯家镇等地开展调研，改善基层科普资源缺乏问题。

【“1+N”重点联系制度实施】 2019年，市科协创新实施“1+N”重点联系制度，市县科协联动，筛选出43家重点企业、6个重点项目、25个重点学会、40名重点专家作为联系对象，市科协和县（市、区）科协科级以上干部有针对性地开展联系服务工作，深入联系点调研，了解联系对象在科技方面的发展需求和制约瓶颈，形成调研报告7篇，帮助联系对象解决科技发展难题，通过多层次的联系服务，助力企业产业升级。

【人才智库建设】 2019年，市科协在组建滨州市人才智库的基础上，柔性引进与全市经济社会发展和产业定位密切相关的高层次专家，先后聘任中国矿业大学、中国科学院东北地理与农业生态研究所、清华大学、南开大学等国内知名高校、科研院所的16名专家教授为人才智库专家，征集科技工作者建议5篇，获市长批示1篇。

【多层次科普体系建设】 2019年，市科协发挥市科技馆科普主阵地作用，探索企业、高校等社会科普资源向公众开放的有效途径，形成多层次的科普阵地体系，实现全市科普资源使用效益最大化。加强科普阵地建设，新命名全市科普教育基地31家，编制《滨州市科普教育基地导览图》，向公众免费发放，扩大科普教育基地的辐射面和影响力。壮大科普宣传队伍，举办青少年科技辅导员高级培训班，高科技辅导员专业能力和个人素养。成立滨州市科普联盟，首批成员单位37家，整合社会科普资源，组建志愿服务队39支，科普志愿体系不断完善。

【科普红色基因工程】 2019年，市科协探索红色教育与科普活动的契合点，开拓“热点科技事件+科普+爱国主义教育”的新模式，创新开展科普红色基因工程系列活动。依托市科技馆，先后举办“我们生活的太阳系”“大国工匠建筑篇”“70年航空强国路”等专题展教活动40余期，制作“科普红色基因工程”展板，在全市范围内展览22场，着重介绍国家科技发展成就，建立将爱国主义教育纳入科普教育长效机制，典型做法在全省科技场馆协会理事会上作典型发言。

【《身边的科学》出版发行】 2019年9月16日，由市科协与《山东科技报》共同编印的《身边的科学》（2019版）科普丛书首发。该书邀请市委书记、市长作序，以贴近时代生活、贴近百姓需求为宗旨，围绕群众关心的卫生健康、食品安全、科技智造、智慧生活等领域，知识容量更多、服务针对性更强，为方便阅读，同时推出电子版本，是一套融科学性、趣味性、实用性、便捷性为一体的科普丛书，获“山东科普创作大赛科普出版物类一等奖”。

【第34届滨州市青少年科技创新大赛举行】 2019年3月3日，第34届滨州市青少年科技创新大赛在滨城区第八中学体育馆举行。全市各县（市、区）475件作品参加比赛，经公开展示、实物初审、封闭问辩、封闭评审，大赛最终评选出一等奖117名、二等奖171名、三等奖187名，创历年之最。其中科协技辅导员教案项目《种出香椿芽》获推参加第34届青少年科技创新大赛，成绩优异。市科协获评“第34届青少年科技创新大赛基层赛事优秀组织单位”。

【2019年滨州市青少年机器人大赛举行】 2019年5月12日，2019年滨州市青少年机器人大赛在无棣职业中专举行，全市186支代表队、482名参赛选手及175名教练员参赛。大赛共设VEX机器人工程挑战赛、教育机器人工程挑战赛、FLL机器人挑战赛、机器人综合技能比赛、机器人创意比赛等8个项目。大赛评选出的部分优秀项目和选手代表滨州市参加第19届山东省青少年机器人竞赛。

【“滨州市科普大篷车巡展”活动】2019年，市科协在全市范围内开展“滨州市科普大篷车巡展”活动。活动行程5000多千米、63场次，足迹遍布各县（市、区）的偏远中小学、社区、农村，受益群众达3.7万人次，是市科协外出开展科普宣传行驶里程最长、时间最久、受众最多、效果最明显的一次。科普大篷车搭载26件科技展品，涵盖机械、力学、电磁、声光、生命等基础科学，裸眼3D等前沿科技和VR穿戴设备等虚拟科技，满足全市偏远地区青少年和人民群众的科普需求。

【中国科协大手拉小手科普报告希望行】2019年9月23—27日，由省科技馆和市科协共同承办的“大手拉小手科普报告希望行”巡讲活动走进山东，30场科普报告全部落地滨州。中国科普作家协会常务理事、副秘书长焦国力等6名教授、专家到各县（市、区）30所学校，为1.2万名中小学生和教师开展科普报告。

（孙　潇）

滨州市文联

【概况】2019年，滨州市文学艺术节联合会（简称市文联）深化改革，调整优化内设机构和人员配备。探索“互联网+”新模式，推动“滨州文联网”上线，打造“网上文艺之家”。完成市书法家协会、美术家协会、曲艺家协会等5个协会换届工作，推动协会建设制度化、规范化、科学化。抓实抓细文艺品牌塑造，建成杜受田故居、高杜美术馆、惠民鑫诚农业等创作基地6个，指导拍摄《信阳古城》《法律援助在行动》《北镇味道》等微电影5部。围绕庆祝中华人民共和国成立70周年、富强滨州建设等主题，举办“青岛银行杯”滨州首届钢琴音乐节青少年钢琴大赛、“庆祝新中国成立70周年大型摄影展、美术作品展”等活动。开展文艺下乡、文艺扶贫，以“到人民中去”文艺志愿服务活动启动仪式为契机，陆续在10个县（市、区）组织开展慰问演出、文艺培训、文艺讲堂、文艺扶贫、文艺采风等活动。

【主题文化活动】2019年，市文联围绕庆祝中华人民共和国成立70周年和“富强滨州”建设，聚焦经济社会全面发展进步，举办书法展、美术展、摄影展等系列主题文化活动。6月28日，“庆七一·滨州市书协历届名誉主席、顾问作品展”暨作品集首发式在市工人文化宫开幕。9月28日，滨州市第二届书法精品展开幕式暨作品集首发式在时杰美术馆开幕，展出书法、篆刻、刻字优秀作品10幅，入展84幅。9月17—27日，庆祝中华人民共和国成立70周年“光辉历程·滨州市美术作品展”在滨州市美术馆举办，活动收到参评作品电子照片350余张，48件作品获创作奖。市文联举办“辉煌七十载，富强新滨州”庆祝中华人民共和国成立70周年大型摄影作品展、纪念五四运动100周年“青岛银行杯”滨州首届钢琴音乐节青少年钢琴大赛、走进民营企业系列摄影大赛、“走进黄河，大美滨州”摄影大赛等主题文化活动。

【协会规范管理】2019年，市文联组织市书法家协会、市美术家协会、市曲艺家协会完成换届工作，推动市作家协会等启动协会换届。4月13日，市书法家协会第六次会员代表大会召开，会议选举产生市书法家协会第六届理事会和主席团，高景林当选为主席，陈杰当选为常务副主席，赵雪松、王奎强、于江、刘立华、郭庆利、徐延波、李晓光当选为副主席，李亮等13人当选为主席团委员，郭庆利任秘书长（兼）。6月25日，市曲艺家协会第四次会员代表大会召开，大会选举产生市曲艺家协会第四届理事会理事、理事会主席团、理事会监事委员会，并提名主席团秘书长、副秘书长人选。8月27日，市美术家协会第六次会员代表大会召开，大会选举产生新一届理事会和主席团，李玉泉当选为第六届协会主席，张家会、张光彩、张向军、孙兆俊、董海涛、魏梅峰、赵清彬、周保全当选为副主席。9月5日，市美术家协会第六届代表大会第二次主席团会议召开，研究成立评审、学术创作、教育培训、展览、文化产业、女画家、对外交流、宣传、青少年、系列活动等十个委员会。

【文艺作品创作】2019年，市文联加强规划引领，在杜受田故居、高杜美术馆、鑫诚农业等建立起一批基层文学艺术创作基地。加快推进魏集古村落创作采风基地、惠民蛙声小镇创作采风基地创建。市文联组织广大文艺工作者深入基层采风创作，开展主题文艺实践活动，推出反映时代精神、有筋骨有道德有温度的文艺精品。5月23日，市戏剧家协会主席王新生创作、沾化渔鼓戏剧团排演的渔鼓小戏《老邪上任》入选第十八届戏剧类“群星奖”，是戏剧类评奖改革后，山东省第一次获该奖项。8月13日，赵雪松诗集《我参与了那片叶子的飘落》获山东省第四届泰山文艺奖（文学创作奖）诗歌类第一名。8月31日，在第十一届山东省“泰山文艺奖”颁奖典礼暨第十二届山东国际大众艺术节开幕式上，邹平市吕剧团吕剧《长白寒儒》获戏剧类二等奖，张国梁隶书《东观读未见书》获书法类三等奖。年内，市美术家协会30位作者72次入选省以上展览。

【文艺志愿服务下基层】2019年，市文联组织文艺小分队赴基层开展文艺志愿服务活动。5月23日，“到人民中去”文艺志愿服务活动启动仪式在小营街道办事处举办，全市10个县（市、区）同步开展活动。启动仪式之后，市文联陆续在全市组织开展下基层慰问演出、文艺培训、文艺讲堂、文艺扶贫、文艺采风、群众性文艺活动等。市美术家协会艺术名家走进黄升镇堤圈村进行采风创作，描绘农村新貌。市戏剧家协团体会员到邹平市长山镇开展“送戏下乡”惠民演出。市摄影家协会

2019 年 8 月 31 日，吕剧《长白寒儒》获第十一届山东省“泰山文艺奖”戏剧类二等奖
（张明军　摄）

走进鑫诚农业实地采风。市曲艺家协会到阳信县商店镇开展“欢乐到基层”曲艺慰问演出。市作家协会到惠民县开展文学采风活动，举办第二届阅读节和伏生诗会。市书法家协骨干作者到无棣县棣丰馨安社区开展送书法进万家文化惠民活动。市宝玉石协会举办收藏鉴赏专题知识讲座及鉴宝活动。

【滨州文联网上线】 2019 年 11 月 9 日，滨州文联网在滨州群星剧场上线。市政协副主席吴国瑞，市委宣传部、市文联、市直有关部门、各县（市、区）文联、各文艺家协会负责人及文艺家代表 200 余人参加上线仪式。滨州文联网作为市文联官方网站，包含文联工作、线上展厅、文学园地、网上剧院、会员文综、文艺评论、会员平台、县（市、区）文联等板块，通过全方位消息推送，对外展示全市文艺创作成果，提供各类文艺资讯，扩大文艺工作传播力、引导力、影响力、公信力，形成全市文艺发展网上网下同心圆。

【“中国·宜兴梁祝戏剧节”参评获奖】 2019 年 4 月 28 日至 5 月 2 日，中国田汉研究会、宜兴市人民政府共同主办的第五届“中国·宜兴梁祝戏剧节”在江苏省宜兴市举行。滨州市戏剧家协会会员刘军章执导的剧目《拆》，获得“优秀导演奖”。博兴县吕剧团选送的吕剧剧目《圣贤楼》获优秀剧目奖。阳信县非遗中心李双印创作的小品《自己挖坑自己跳》，获剧目二等奖。演员孙娟娟、高东华、鲍学铭、吴艳菊、董志霞在艺术节系列活动——中国戏曲红梅荟萃比赛中，获得个人“金花”称号。

【王长征翻译诗集获首届汉城国际诗歌奖】 2019 年 9 月 9 日，在“第一届汉城国际诗歌、国际小说奖”颁奖仪式上，滨州诗人王长征翻译诗集《诗经笔记》被选为“第一届汉城国际诗歌奖”获奖作品。王长征是汉语词根追踪者，提出“本源写作”观念，守住当代而回溯源头，打通以西方翻译语言为主的当代汉语诗歌与中国古传统的脉络，使作品成为有根的中国诗歌。

（李建辉）

滨州市贸促会

【概况】 2019 年，中国国际贸易促进委员会滨州市委员会（简称市贸促会）落实贸易投资促进、商事法律服务、“双招双引”等重点任务，放大贸促系统职能作用，提升服务企业能力水平。促进国内外经贸交流合作，组织企业参加境内外经贸活动，组织相关企业参加中国香港经贸考察活动、第十五届中国会展经济国际合作论坛、第二届进口博览会等 20 多次经贸活动，组织企业参加国内外展览活动 18 次，为 66 家企业申请参展面积 1044 平方米，达成意向合同金额 4.1 亿美元。落实“双招双引”战略部署，联系推动清洁能源开发利用和生物乙醇项目落户阳信，其中清洁能源开发利用项目计划投资 1.5 亿元、乙醇生物燃料项目估算成本为 1.65 亿美元。创新招商联络机制，建立首个市贸促会驻外代表机构——滨州市贸促会驻上海代表处（与滨州市人民政府驻上海联络处合署办公）。做好商事证明及法律服务工作，年内新增原产地注册企业 60 余家，办理一般原产地证明书 1.30 万余份，指导辖区内进出口企业申请优惠原产地证明书 655 份，代办国际商事证明书 581 份，代办国际领事认证 226 份，举办 1 期全市外贸企业法律业务培训班，为 68 家企业和县（市、区）商务部门近 200 人进行法律业务知识培训。

【境内外展览】 2019 年，市贸促会发挥投资贸易促进主渠道作用，巩固传统市场和拓展新兴市场并重，推动企业开拓国际市场，扩大产品出口。组织企业参加法兰克福国际时尚消费品展览会、中日韩产业博览会等境内外展览活动 18 次，为 66 家企业申请参展面积 1044 平方米，达成意向合同金额 4.1 亿美元。10 月 19—21 日，“2019 新动能·青岛展览洽谈会”举办期间，发挥展牵头单位作用，高标准定位，打造精品工程，组织 7 家企业参展，接待参观人员万余人，其中外宾 100 余人、意向合作客户 80 多个、意向合作金额 2.2 亿元，爱琴海城市综合体项目、山东铸友精密机床产业园项目、年产 16.8 万吨磷酸酯阻燃剂系列产品项目等 17 个项目落地滨州，签约总金额 124.67 亿元，参展企业展位数量、参展面积居全省前列。

【招商引资】 2019年，市贸促会加大联络力度，推进招商引资。持续联系跟踪清洁能源开发利用和生物乙醇项目，8月30日，中石化新星山东新能源有限公司、SINOWWIND新能源启能风力技术有限公司与阳信县就清洁能源开发利用项目签订合作协议，项目计划投资1.5亿元，乙醇生物燃料项目估算成本为1.65亿美元。带领山东安基克生物科技发展有限公司到陕西科技大学，就“招才引智”及与滨州市企业合作等进行对接洽谈，帮助企业与陕西科技大学签订《专利权转化合同》和《科研合作协议》；对接引进基因港（中国香港）生物科技有限公司，帮助其与山东康和医药包装材料科技有限公司合作生产高科技保健产品NMN项目。

【法律服务】 2019年，市贸促会贯彻《中华人民共和国出口货物原产地条例》，向全市进出口企业提供贸易便利化出证认证服务。全年新增原产地注册企业60余家，办理一般原产地证明书1.30万余份，指导辖区进出口企业申请优惠原产地证明书655份，代办国际商事证明书581份，代办国际领事认证226份。深化“一次办好”改革，推进贸易便利化，推广企业端自助打印及提供免费邮寄服务，推动全市注册企业选用自主打印原产地证书功能，实现业务全程网办。年内，向企业推送相关国家进出口法规、出口商品召回信息、关税信息、经贸摩擦预警等外贸服务信息120余条，为出口企业提供政策资讯，助力企业“走出去”。10月29日，举办第十一期全市外贸企业法律业务培训班，邀请省贸促会调解中心、山东中国国际经济贸易仲裁委员会山东分会有关专家分别就出证认证业务、自贸区政策、对外贸易合同中有关法律事务及风险规避问题等进行授课，68家企业和县（市、区）商务部门200人参加培训。

【服务企业】 2019年，市贸促会打造“企业服务队”，建立全市重点外贸企业贸易投资情况数据平台，组建滨州市贸促会贸易促进工作专家委员会，满足企业发展新需求。11月15日，与滨州海关签订党建共建联建协议书，达成数据共享协议，建立滨州市重点外贸企业贸易投资情况数据平台。在全市贸促、商务、海关、金融机构、高等院校等部门机构吸纳10名熟悉外经贸业务的人才。邀请国家总会、省贸促会2位专家，组织市“五大千亿级”产业集群代表等5家企业（中国宏桥集团、山东京博控股集团、滨州渤海活塞有限公司、愉悦家纺有限公司、香驰控股有限公司）熟悉外经贸业务的人员加入专家委员会。12月27日，召开滨州市贸促会贸易促进工作专家委员会成立会议，建立并完善滨州市服务外贸企业专家委员会工作机制。全面贯彻费用减免政策，全年免收企业签发一般原产地证明书、优惠原产地证明书等费用47万元，减轻企业负担。组织山东魏桥创业集团、山东京博控股集团有限公司、渤海汽车系统股份有限公司等32家企业加入山东国际商会，并成为商会会员。12月12日，经山东国际商会第六次会员代表大会选举，山东魏桥创业集团董事长、山东京博控股集团有限公司董事长当选轮值主席团成员，山东鲁北企业集团总公司董事长当选监事，愉悦家纺等3家企业负责人当选常务理事，其他26名企业负责人分别当选理事、会员代表。

2019年10月29日，全市外贸企业法律业务培训班在滨州大饭店举办

（市贸促会　供图）

【市贸促会驻上海代表处设立】 2019年，市贸促会结合滨州经济发展实际，主动争取市委、市政府支持，在上海市设立滨州市贸促会驻上海代表处（与滨州市人民政府驻上海联络处合署办公），主要负责长江三角洲区域企业、科研院所到滨州市投资合作、技术和人才引进的联络和服务，加强与国外经济贸易团体的友好交往，借助驻地外向型资源优势促进滨州市对外贸易，吸引外来投资合作和技术交流；在市委、市政府领导下，协助县（市、区）、市直单位和经济社会组织开展促进经济贸易交流与合作活动，做好服务工作。

（张　璐）

滨州市残联

【概况】 2019年，全市各级残联融入“富强滨州”建设大局，答六问、践八策，突出抓好残疾人脱贫攻坚、残疾人精准康复和残联改革等重点工作，积极谋划、主动作为，顺利完成全年工作任务。在全省率先出台市残联改革方案，巩固18692名脱贫享受政策残疾人的脱贫攻坚成果。为35795名残疾人提供基本康复服务，实现有康复需求的821名残疾儿童和10827名有康复需求的脱贫享受政策建档立卡贫困残疾人基本康复服务全覆盖。为1742名筛查出的符合办证条件的贫困残疾人办理残疾人证，整改各类扶贫问题2854个，为1419户贫困残疾人进行家庭无障碍改造，为23560名残疾人购买意外伤害保险，为845名残疾学生提供教育资助，为1027名残疾人提供托养服务。1457名残疾人（包含贫困残疾人269名）通过参加盲人按摩、皮革护理、新娘彩妆、电子商务、SYB创业培训、种植养殖等各类培训，提升就业创业能力。扶持奖励省级残疾人就业示范基地1处、残疾人自主创业标兵和致富能手29名、盲人按摩机构5家。残疾人就业培训、残疾人数据动态更新、资金绩效第三方评估和残疾人事业宣传工作等全面起势。至年底，全市有残疾人26.59万，占全市总人口的7.13%。10.8万残疾人申领第二代残疾人证，其中视力残疾7623人，占7.01%；听力残疾5999人，占5.52%；肢体残疾68706人，占63.19%；智力残疾10599人，占9.75%；精神残疾9413人，占8.66%；多重残疾5390人，占4.96%。

【市残联改革】 2019年12月30日，市政府印发《滨州市残疾人联合会改革实施方案》，对市残联改革工作进行部署，滨州成为全省第一个出台改革方案的市。实施方案要求，市残联执行理事会增设挂职副理事长1名、兼职副理事长2名；村（社区）“两委”班子明确1名成员负责残疾人工作。

【残疾人权益保障】 2019年，市残联进行改版滨州市“12385”微信平台，加强与残疾群众交流，通过平台解决残疾人问题咨询452人次，平台固定人数突破2200余人。年内接待到访残疾群众15余人次，协调解决实际困难5件，办事效率和服务态度均得到群众认可。参与省残疾人福利基金会发起的腾讯99“脑瘫儿童欢乐包”项目网上捐赠活动，全市捐款1460.77元；接收省残疾人福利基金会捐赠项目4个，包括鸿星尔克成人冬衣280余件、菲诗小铺“LG”化妆品300箱、福建龙头山粮油发展公司捐赠橄榄香花生调和食用油150箱，向全市建档立卡贫困重度残疾人捐赠1600毫升食用油2万余瓶。

【残疾人社会保障】 2019年，市残联梳理残疾人两项补贴政策落实中存在的问题，细化残联和民政部门职责分工，印制《残疾人两项补贴政策问答》发放到贫困残疾人手中。年内全市享受困难残疾人生活补贴的有19818人，享受重度残疾人护理补贴的有43409人，两项补贴同时享受的有11999人，残疾人两项补贴基本实现应享尽享。开展助力脱贫攻坚“大回访”和残疾人扶贫领域专项整治行动，分类整改问题2854个，举一反三就残疾人政策宣传不到位、残疾人证办理不及时和家庭无障碍改造不到位等问题进行专项整治。为全市10万余名残疾人发放《惠残政策清单》，为1742名筛查出的符合办证条件的贫困残疾人办理残疾人证，为1419户贫困残疾人进行家庭无障碍改造。为23560名残疾人购买意外伤害保险，为845名残疾学生提供教育资助，为1027名残疾人提供托养服务。

【残疾人康复服务】 2019年，市残联为35795名残疾人提供基本康复服务，其中为821名残疾儿童提供康复救助，为10827名脱贫享受政策建档立卡贫困残疾人提供基本康复服务。出台《滨州市人民政府关于建立残疾儿童康复救助制度的实施意见》，从服务内容、工作流程、保障措施、监督管理等方面建立和完善全市残疾儿童康复救助制度。出台《关于进一步做好脑瘫、孤独症等残疾儿童医保保障工作的通知》，将残疾儿童医疗康复纳入门诊慢性病管理，报销年龄扩大到18周岁以下，报销范围扩大到所有残疾类别，报销标准分别为脑瘫100元/日、其余残疾60元/日，从保障范围、报销标准、管理方式、机构监管等四个方面实现突破。制定下发《滨州市残疾人精准康复服务行动服务目录》（2019年），明确2019年精准康复服务的内容及标准。出台《滨州市残疾人家庭医生签约服务实施方案》，明确签约对象，规范服务内容、工作流程和结算方式，全年签约家庭医生近2000人，为2.5万名残疾人提供家庭医生签约服务。开展“市派第一书记村”“乡村振兴服务队帮扶村”辅助器具适配服务活动、辅助器具流动服务党员志愿活动等辅助器具适配工程，为12026名残疾人提供辅助器具适配服务。对821名残疾儿童进行康复救助，其中为81名贫困聋儿安装人工耳蜗或免费适配助听器并安排康复训练，为283名肢体（脑瘫）儿童、193名智障、29名视障、235名孤独症儿童提供康复训练。加强对残疾儿童康复救助机构监管，对全市24家残疾儿童康复救助机构进行审核认定，公布第一批全市残疾儿童定点康复机构15家、第二批3家。无棣县政府投入700余万元支持无棣爱心医院软硬件建设，成为全省康教融合工作标兵。市级康教融合教室投入使用，60余名残疾儿童受益。

【残疾人创业就业】 2019年，全市就业年龄段残疾人新增就业1393人，就业年龄段城镇残疾人新增就业任务完成率和就业年龄段残疾人就业状况录入率均位居全省第2位。市残联联合市人力资源和社会保障局、市财政局印发《滨州市用人单位超比例安排残疾人就业奖励实施办法（试行）》，对安排残疾人就业人数比例超过1.5%但小于25%的用人单位，每超比例安排一名残疾人就业，按照每人每月1000元的标准给予奖励，完善全市残疾人就业扶持政策体系，初步形成按比例安排残疾人就业、超比例安排残疾人就业、集中安排残疾人就业三位一体的完整的残疾人就业扶持政策链条。对全市92个企事业单位残疾职工就业情况进行审核认定。深入实施“共享阳光·残疾人就业创业工程”，认定山东星苑科技有限公司为省级残疾人就业示范基地并获得省残联一次性奖励30万元，扶持奖励残疾人自主创业标兵和致富能手29名、盲人按摩机构5家。举办滨州市第十届残疾人就业创业洽谈暨相亲会，200余名残疾人与30余家企业达成就业意向。启动实施“扶残助企·就业服务直通车”计划，印制《安排残疾人就业惠企政策汇编》，举办2场残疾人专场招聘会，发放《关于征集就业助残爱心企业的倡议书》400余份，征集爱心企业20家，实现对残疾人和安排残疾人就业企业的“两个精准对接”。

2019年5月31日，2019年滨州市残疾人精准康复服务行动推进会暨残疾人证到期换证工作动员会议在市残疾人职业康复培训中心召开　（市残联　供图）

【残疾人培训】 2019年，市残联对接企业、市场和残疾人“三大需求”，开展盲人按摩、皮革护理、新娘彩妆、快手网络直播、种植养殖等各类培训班，1457名残疾人接受培训，其中贫困残疾人269名。组织4期盲人按摩培训班，60余名盲人接受SYB创业培训和推拿按摩技能提升培训；举办首期残疾人快手直播营销训练营，56名残疾人参加培训，组成全市第一个残疾人快手自媒体团队。滨州市技术学院特教系招收残疾新生25人。

【残疾人数据动态更新】 2019年，市残联通过政府购买服务、跟踪培训等方式对全市102635名持证残疾人进行调查登记。全市手机移动端信息采集率达99%，系统录入率达到100%，聘请高校出具调查分析报告，为政府决策提供数据支撑。邹平市发动爱心公益组织600余人提供无偿调查服务的做法得到省残联肯定，在全省工作会议上作典型发言。在第三方评估中，全市工作成绩位列全省第5名，进入全省第一方阵。

【残疾预防综合实验区试点创建】 2019年，市残联将滨城区、沾化区纳入全省残疾预防综合试验区创建范围。市政府残工委下发《关于加快推进山东省残疾预防综合试验区试点创建工作的通知》，向试验区主要领导致信，强化政府对试验区创建工作的领导；组织沾化区到浙江、江苏、重庆考察学习，加强顶层设计，科学谋划布局，推动残疾预防工作深入开展。沾化区委区政府出台《滨州市沾化区创建全省残疾预防综合试验区试点工作实施方案》等系列文件，创新性针对孕产妇、0～6岁儿童和65岁以上患易致残疾病老年人等重点人群，制定专项补助办法，典型经验得到省残联的高度评价，并在第17期《山东残疾人工作简报》刊发。

【补助资金绩效第三方评价】 2019年，全市各级残联组织严格按照资金用途和支出进度表，花好每一分钱，确保资金全部用到残疾人身上。在全省2019年度中央和省级转移支付残疾人事业发展补助资金绩效评价中，滨州市成绩优秀，从全省倒数第一上升为全省第八名。

【残疾证更换】 2019年，第二代残疾人证面临大面积到期换证，全市各级残联对照残疾人人口基础数据库所推送到期换证残疾人信息数据，先急后缓，有序推进到期换证工作，为36395名二代残疾人证到期的残疾人完成换证。落实残疾人证办理“最多跑一次腿”要求，联合市卫健委、市扶贫办下发《关于成立评残专家委员会的通知》《滨州市〈残疾人证〉到期换证工作实施方案》和《全市残疾人评估、办证不及时问题专项整治实施方案》，通过集中换证与分散换证相结合，定点换证与入户（机构、企业）换证相结合，实现残疾人证换证申请、受理、评定“只进一扇门”“只跑一次腿”。鼓励各县（市、区）在乡镇（街道）及村（社区）设立集中换证评残点，让到期换证残疾人及其亲属少跑路。举办“全市残疾评定医生师资培训班”和“全市残疾人证乡镇评估医师培训班”，培训评残专家108人、乡镇全科医师87人。通过发放残疾标准明白纸、到期换证通知书以及媒体宣传等，发动到期换证残疾人按期按要求参加换证，自愿接受审验核查，由评残医师按照残疾标准和各类别残疾检查方法重新进行残疾评定，根据评定结果重新认定残疾类别和等级。

（张玉波　王学强）

滨州市红十字会

【概述】 2019年，滨州市红十字会牢牢把握“围绕中心、服务大局”的工作定位，积极担当、主动作为，发挥党和政府在人道领域的助手作用，取得显著成效。全年筹集款物827.07万元，救助因灾、因病致贫困难群众33372人。将造血干细胞捐献纳入全市见义勇为表彰奖励机制，全年采集造血干细胞血样418份，实现造血干细胞捐献12例，实现角膜捐献4例，遗体捐献1例。新成立6支应急救护志愿服务队，新建2处应急救护培训工作站，全年开展应急救护普及培训3.5万人次，培训救护员1036人。以造血干细胞捐献志愿者、救助贫困大学新生、蓝天救援队无偿救援事迹为内容，录播《情暖滨州》节目3期，红十字工作社会影响力不断扩大。在全省红十字应急救护比赛中，滨州市代表队获2019年山东省红十字应急救护比赛团体奖一等奖。滨州市红十字会获中国红十字总会《中华人民共和国红十字会法》暨红十字青少年自救互救知识竞赛单位组织一等奖。

【项目建设】 2019年，滨州市红十字会各类项目持续开展。继续实施“天使阳光”“小天使”“眼底病光明工程”“甘霖计划”“爱心接力”“红十字博爱送温暖”6个救助项目。争取到香港福建工程基金会、志媚基金会捐赠55万元港币，专项援建红十字博爱小学项目——香港福建希望工程基金会正心希望小学（原博兴县锦秋街道湾头中心小学）。投资30万元，在沾化区下洼镇东平村援建红十字综合服务中心。推进“博爱家园”项目“三个延伸”，在滨城区北镇办事处、沾化区下洼镇北陈村分别援建1处红十字博爱卫生站；无棣县信阳乡城后吴村红十字修建文化墙196平方米，整修路边沟160米，“无棣县信阳乡城后吴村博爱家园项目”获“中国红十字会博爱家园助力脱贫攻坚优秀项目”，是全省唯一获奖项目。

【人道救助】 2019年，滨州市红十字会开展人道救助工作，全年筹集款物827.07万元，救助因灾、因病致贫困难群众33372人。推进项目扶贫，实施“全心救助”项目，实现建档立卡贫困先心病患儿手术零自费。组织开展“天使阳光”“小天使”“眼底病光明工程”等救助项目，救助先心病儿童、白血病儿童、大病患者、眼底病老人等困难群众64人，救助金额83.6万元。筹集“红十字博爱送温暖”项目款物38.66万元，救助困难家庭1837户，受益人数3481人。实施产业脱贫，沾化冬枣团队获全国红十字系统第二届众筹扶贫大赛“红品”项目，沾化冬枣团队负责人获全国比赛优秀脱贫带头人称号。

【三大捐献】 2019年，滨州市红十字会深入开展“三大捐献”［造血干细胞捐献、遗体器官（捐献）、无偿献血］工作，将造血干细胞捐献纳入全市见义勇为表彰奖励机制，造血干细胞捐献数量为历年最多。全年完成418份造血干细胞血样采集工作，实现造血干细胞捐献12例，为历年捐献数量最多，位列年度全省第二；角膜捐献实现4例，遗体捐献实现1例。与市委政法委、市见义勇为基金会联合发文，授予实现捐献的31名造血干细胞捐献者“见义勇为群体”称号，每人给予5000元“见义勇为奖金”。1月28日，副省长、省红十字会会长孙继业探望全省第700例、滨州市第26例造血干细胞捐献者冯美，对冯美的捐献行为给予高度赞扬。10月15日，市委书记佘春明、市长宇向东接见第21～30名造血干细胞捐献者，并为其颁发“人道奉献模范人物”荣誉证书及5000元奖金。滨州市造血干细胞捐献群体获“情暖滨州”2018感动人物奖。

【志愿服务】 2019年，滨州市红十字会以志愿服务队为主力军，组织开展各类红十字志愿服务活动。新成立“滨州红十字星之光应急救护志愿服务队”等6支应急救护志愿服务队，开展应急救护培训活动，提升群众自救互救能力。台风“利奇马”受灾期间，1400余名红十字志愿者坚守在抗洪抢险、安置服务点一线，承担起救灾物资装卸、转运、分发任务，与受灾群众一起抗灾自救，志愿服务时长累计超过5万小时，为抗洪救灾贡献出坚强的红十字力量。邹平红十字甘霖志愿服务队组织开展无偿献血、无偿捐献血小板、关爱残疾人、重阳节看望百岁老人、冬至日为环卫工人送温暖、帮助困难农户采摘销售果蔬、服务重大赛事、帮扶救火英雄家庭等志愿服务活动。

【赈灾备灾】 2019年8月，滨州市红十字会在“利奇马”台风灾害后，迅速启动灾害应急预案，及时上报灾情，积极争取物资。出动救灾车辆12部次，连续7天到受灾严重的博兴县吕艺镇、邹平市焦桥镇、博兴县湖滨镇，实地查看灾情，连夜调拨救灾物资，用于受灾群众的安置工作，争取到省红十字会4批次紧急调拨救灾帐篷、棉被、家庭包、睡袋、充气垫、服装、食品等救灾急需物品12190件，总价值140.38万元。组织全市15个街道、学校等单位的中小学生参与全国“防灾避险知识竞赛”并获奖，滨州市红十字会获中国红十字总会《中华人民共和国红十字会法》暨红十字青少年自救互救知识竞赛单位组织一等奖。

【应急救护培训】 2019年，滨州市加强应急救护培训工作。新成立6支应急救护志愿服务队，新建2处应急救护培训工作站，普及培训3.5万人次，培训救护员1036人，新增师资16人。在山东省红十字会、省直机关工委和省总工会联合举办的全省应急救护比赛中，滨州市红十字会代表队获2019年山东省红十字应急救护比赛团体奖一等奖第一名。开展应急救护培训“四进”活动，全年进机关培训18场次，进学校幼儿园21场次，进企业17场次，进农村社区9次，举办救护员培训班29期。在市直机关首次开展“党员志愿服务应急救护知识技能救护员培训”活动，为全市80余家机关单

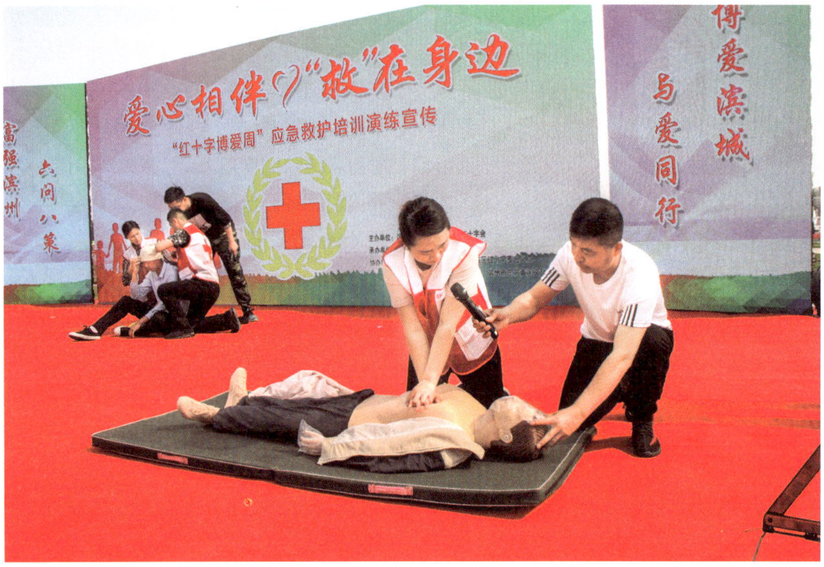

2019年5月4日，"爱心相伴'救'在身边"——"红十字博爱周"应急救护培训演练宣传活动在十里荷塘景区举行

（市红十字会　供图）

位155人进行培训，发放红十字应急救护员证书。在"5·8"世界红十字日期间，举办"爱心相伴'救'在身边——'红十字博爱周'应急救护培训演练活动"，副市长、市红十字会会长潘青为新成立的6支应急救护志愿服务队授旗。与北镇中学联合开展"传承红色基因、践行红十字精神"主题教育活动，将北镇中学高一学生李正旭应急救护救人成功的模范事迹编成情景剧搬上舞台，路演13场次。

【《情暖滨州》节目录播】 2019年，滨州市红十字会以提升节目品质为重点，录播《情暖滨州》节目3期，社会各界反响良好。为造血干细胞捐献志愿者制作专题片《夜空中最亮的星》，宣传造血干细胞捐献者李岩、翟广艳、刘彬等人捐献救人的感人故事，普及造血干细胞捐献知识；以救助贫困准大学生为主题，录播《最好的未来》，募集善款37万元，救助学生42人；以红十字蓝天救援队无偿救援为内容，录播《托起生命的蓝天》。3月26日，《中国红十字报》头版头条刊发文章《让群众点赞　让社会动情——山东省滨州市红十字会打造"情暖滨州"救助品牌侧记》，对《情暖滨州》公益救助栏目进行专题报道，对取得的社会效果给予充分肯定，通过《中国红十字报》向全国推广，文章获中国红十字总会报刊社2019年度优秀新闻作品奖一等奖。

【全国优秀红十字志愿者刘彬】 刘彬，男，邹平红十字甘霖志愿服务队、滨州市红十字会造血干细胞捐献志愿服务队队长。刘彬热心公益，2012年采集造血干细胞血样，主动加入中华骨髓库，2014年9月捐献造血干细胞，挽救一名白血病患者的生命，是滨州市第12名造血干细胞捐献者。2014年加入公益团队，2017年初组织成立"邹平红十字甘霖志愿服务队"并担任队长，志愿服务队有魏桥分队、长山分队和邹平红十字雷锋车队等7个分队、志愿者1800多名。刘彬利用工作之余，组织参与各类红十字公益活动，带领团队开展扶弱济困、助老敬老、关心关爱弱势群体、服务重大赛事、道路救援等志愿服务活动300余次，累计参与志愿者9000多人次，录入出勤8.6万多小时，行程超过2.1万多千米，个人服务时长超过3200小时。2018年5月，"滨州市红十字会造血干细胞捐献志愿服务队"成立，刘彬担任队长，组织参与无偿献血、造血干细胞宣传、志愿者再动员、捐献者陪护等志愿服务活动，并承担滨州市红十字会"志愿者保留"项目实施，完成造血干细胞志愿者回访工作6320例，达到回访总量的80%。刘彬每年定期参加无偿献血，坚持献血18年，累计献血量1万多毫升。组织志愿服务队队员参与无偿献血、捐献血小板活动21次，累计参与500余人，捐献血小板100余个治疗量，无偿献血量达3万多毫升。2016年12月获2014—2015年度全国无偿捐献造血干细胞奖奉献奖。2018年1月被中国红十字总会授予"优秀红十字志愿者"。2018年10月被中国红十字总会评为"五星级红十字志愿者"。2018年2月被评为"全省造血干细胞捐献工作优秀志愿者"。

（毕燕君）

滨州市社科联

【概况】 2019年，滨州市社会科学界联合会（简称市社科联）坚持"以人民为中心"理论研究导向和工作理念，围绕拓展社科阵地、壮大社科队伍、繁荣社科成果3项任务，重点做好课题研究、载体建设、社科普及、素质提升工作，被评为2018—2019年度山东省社会科学普及工作先进集体。重点推介的2项社科成果获山东省社会科学优秀成果奖。守正创新，理论成果研究服务"富强滨州"建设，遴选出2项委托课题，8项重点课题，32项一般课题；多措并举，滨州新时代文明实践社科普及志愿服务工作成为全省典型样板，《山东省社科界》刊载《滨州市新时代文明实践社科普及志愿服务工作亮点纷呈》，专题片推荐在"学习强国"专栏播放；整合资源，创新方式方法，在内容、队伍、平台、制度建设上下真功、求实效，开展多形式社科普及活动，省级社科普及教育基地21家，市级社科普及教育基地54家，山东剪纸文化研究中心在全国建立教学基地17处、实践基地22处、创新中心1处，经常性举办民俗艺术学术研讨会、"助力乡村传统剪纸文化振兴"等科普活动。

【社科普及】2019年5月14日，市社科联与邹平市共同举办山东省暨滨州市第十六届社科普及周开幕式。在科普周的引领辐射下，市直及各县（市、区）、高校新时代文明实践社科普及志愿服务队开展众多服务项目，内容涵盖理论传播专题、政策解读专题、主流价值观弘扬专题、文化涵育专题、移风易俗专题、应用对策专题等150余项活动。年内，组织开展庆祝中华人民共和国成立70周年新时代文明实践社科普及志愿服务专家宣讲活动，指导各县（市、区）、高校专家服务队围绕"讲国史·颂党恩"主题，进机关、进社区、进农村、进企业、进学校开展宣讲，开展专家宣讲50余场，惠及群众3000余人次。

【成果评选】2019年初，《滨州市社会科学优秀成果评选工作实施意见》修订印发，大幅减少奖项，增设"决策咨询奖"，体现优秀成果精品导向；大幅提高奖金数额；大幅提高评选标准要求，评选程序更严格，评选经费60万元，为2018年评选奖励经费的6倍。社科成果评选以精品意识为引领，打造社科优秀成果品牌，评出决策咨询奖3项、一等奖20项、二等奖41项、三等奖70项，社科理论研究成果整体水平提高。

【社科研究】2019年，市社科联围绕"六问""八策"开展应用性课题研究。3月，开展"思发展、献智策"应用研究课题工作，收到129项申报课题，经过专家评审，围绕"富强滨州"建设，遴选出2项委托课题、8项重点课题、32项一般课题。借势引智，发挥域外高端智库服务本地作用。主动联系引进中国社科院工业经济研究所、南开大学等高端智库研究机构对博兴县庞家镇乡村振兴路径进行课题研究，为"富强滨州"建设贡献社科智慧。组织申报2020年度滨州市社会科学规划研究课题，征集253个课题，通过组织专家评审出109项予以立项。增加"政法类""思想政治教育"专项课题，"政法类"申报19项，"思想政治教育"专项申报125项课题，申报数量397项。经组织专家评审，评出思政类（基础教育、高等教育、高职教育）61项立项，政法专项18项。

【社科普及基层建设】2019年，市社科联推动社科普及"十百千"行动示范体系建设。年内，命名滨城区市西街道办事处等14个单位为社会科学普及示范乡镇（街道），滨城区三河湖镇石家社区等59个单位为市级社会科学普及示范村（社区）。通过推荐，1个县、6个镇、31个村获山东省第六批"十百千"示范单位。全市省级社科普及教育基地21家，市级社科普及教育基地54家；省级社科普及示范县4个，示范乡镇（街道）16个，示范村（社区）61个；市级示范乡镇（街道）30个，示范村（社区）90个。强化教育基地建设，滨州城市规划展示馆、滨州学院创业模拟基地被评为"山东省第十二批社科普及教育基地"。山东剪纸文化研究中心、梁漱溟纪念馆获评"2019年度山东省优秀社科普及教育基地"称号。

【新时代文明实践社科普及志愿服务活动】2019年，省社科联在全省范围对滨州市新时代文明实践社科普及志愿服务工作进行通报表扬，并在《山东省社科界》刊载《滨州市新时代文明实践社科普及志愿服务工作亮点纷呈》。6月，全省社科工作交流会上对滨州的专题片作专题推介，是全省16市唯一的市级经验介绍，经省委宣传部批准，将专题片推荐在"学习强国"专栏播放。省社科联专门委派调研组对滨州市进行专题调研，将"滨州经验"纳入全省新时代文明实践社科普及活动经验总结课题中专门给滨州拨付支持经费2.5万元（全省最多）。12月，在济南召开的全省社科联工作创新发展研讨会上，邹平市社科联作为全省新时代文明实践试点先进市进行典型发言，邹平市被确定为全国2020年建设新时代文明实践中心试点市。

【"庆祝新中国成立70周年"理论研讨会举办】2019年7月，市社科联与市委党校共同举办"庆祝新中国成立70周年理论征文"评选活动。活动收到社科理论专家与学者撰写理论文章46篇，评出一等奖7篇、二等奖14篇、三等奖25篇。9月26日，组织部分获奖作者与专家评委举办"庆祝新中国成立70周年"理论研讨会，推动理论研究向深里走、向实里走。

【2019山东省暨滨州市第十六届社会科学普及周开幕】2019年5月

2019年5月14日，2019山东省暨滨州市第十六届社会科学普及周开幕式在邹平市举行

（市社科联　供图）

14日，2019山东省暨滨州市第十六届社会科学普及周开幕式在邹平市开幕，省社科联副主席张宏明，市委常委、宣传部部长王晓娟等领导出席。张宏明为滨州市新时代文明实践社科普及志愿服务队授旗并宣布社科普及周开幕，王晓娟讲话。开幕式上，为滨州市市级社科普及教育基地新时代文明实践社科普及志愿服务队授牌；为滨州市新时代文明实践社科普及志愿服务专家代表颁发聘书。与会人员观看邹平市社科普及周主题文艺演出，参观“壮丽七十年，阔步新时代”中华人民共和国成立70周年主题图片展。在邹平市高新街道新时代文明实践分中心、好生中学和新华书店，分别举办3场新时代文明实践社科普及志愿专家专题讲座。市社科联、市各高校社科联、各县（市、区）社科联，省、市级社科普及教育基地负责人，省新时代文明实践社科普及志愿服务专家，邹平市有关单位和小溪志愿服务队、七彩黄山志愿服务队等单位和志愿组织1200余人参加活动。

（宗　丽）

滨州市关工委

【概况】 2019年，滨州市关心下一代工作委员会（简称市关工委）突出抓好红色基因教育、青少年普法教育、中小学生课后服务等工作，着力为青少年健康成长办实事、好事，各项工作取得显著成绩。至年底，全市建立各级关工委组织6444个，形成“横到边、纵到底”的关工委组织网络，2.2万名“五老”志愿者活跃在关心下一代工作战线。红色基因教育、“党建带关建”等多项工作经验在全省推广，《中国教育报》《大众日报》对滨州市的中小学生课后服务等工作给予点赞，省关工委主任高新亭、市委书记佘春明、市长宇向东分别对全市关心下一代工作给予批示肯定。

【红色基因教育】 2019年，市关工委持续推进“传承红色基因，争做时代新人”主题教育活动，在全市507所各级各类学校实现全覆盖，受益青少年达50多万人。联合市教育局、市委老干部局等单位印制3.6万册《“传承红色基因，争做时代新人”主题教育活动简明读本》，全部免费发放给全市各级各类学校。联合市委统战部筹资40余万元，印制《中华民族一家亲》系列丛书10000套、80000册，作为红色基因教育的读本之一，向中小学校和社区免费发放，供青少年学习和阅读。市、县（市、区）关工委分别成立“传承红色基因”宣讲团，组织成员到学校、社区、农村宣讲122场，受益青少年46800人。组织“五老”艺术团到各职业院校开展“传承红色基因”巡演活动14场次，1.2万余名师生观看演出。联合市教育局在春季、秋季开学期间，在全市507所学校开展“开学第一课”传承红色基因教育活动，组织传承红色基因国旗下讲话活动2600余场次，播放红色电影6000余场次，参观红色教育基地400余场次，受益青少年达100万人次。探索建立红色基因的百分考核评价机制，制定《滨州市“传承红色基因”工作评选细则》，推动红色基因教育长效开展。5月29日，联合市委教育工委、市教育局召开全市职业院校“传承红色基因，争做时代新人”主题教育活动现场会议，在全市推广市技师学院、市高级技工学校的先进经验。联合市教育局、市委教育工委、市文明办表彰20个“滨州市传承红色基因工作先进集体”、129名“滨州市传承红色基因工作先进个人”。

【青少年普法教育】 2019年，市关工委广泛开展“法律四进”活动，即法律读本进课堂、法治教育进基地、“五老”宣讲进学校、法律知识进试卷。联合市教育局、市司法局表彰全市青少年普法教育工作先进个人48名、优秀教师144名、优秀学生559名、先进班级82个，激发社会各界做好青少年普法教育工作的积极性和主动性。5月，联合市委政法委等部门成立由全市政法系统精通法律知识、宣讲经验丰富的在职人员组成的青少年普法教育宣传团。“12·4”国家宪法日期间，组织青少年普法教育宣传团成员开展“关爱明天　普法先行”法治宣传周活动，31名宣讲团成员深入30多所学校和社区参加宣讲活动40场，受益学生1.8万人次。9月18—19日，联合市教育局等部门举办2019年度滨州市中小学生“学宪法讲宪法”知识竞赛

2019年8月26日，“传承红色基因　培育时代新人”滨州市第四届“小群星奖”老少同乐文艺晚会在市政文化广场举办　（市委老干部局　供图）

2019 年 12 月 2 日，滨州市老年大学关工委到渤海中学开展法治宣讲

（市老年大学　供图）

和演讲比赛，7 名学生获得特等奖，64 名学生分别获一、二等奖。在第四届全国学生“学宪法讲宪法”山东赛区决赛中，滨州选送的选手包揽小学组、初中组、高中组第一名。邹平市第一中学和滨州经济技术开发区第一中学姚仁佳在第四届全国学生“学宪法讲宪法”活动全国总决赛中，代表山东省分别夺得全国总决赛知识竞赛团体亚军和演讲比赛个人三等奖。据司法机关统计，未成年犯罪人数由 2010 年的 118 人到 2019 年的 52 人，下降 55.93 个百分点。

【中小学生课后服务工作】 2019 年，全市课后服务工作实现突破性发展，有 423 所中小学校开展课后服务，受益学生约 24 万人。366 所小学全面开展，覆盖率 100%，小学生参与率达到 67%；83 所初中学校中有 57 所开展，覆盖率达 68%，初中生参与率达 56%。全市课后服务工作投入财政资金 1133 万元。滨州市课后服务工作入选 2019 年度全省基础教育改革 25 个典型案例。市关工委联合相关部门出台《滨州市教育局等 5 部门落实〈山东省教育厅等 4 部门关于全面推进小学课后服务工作的指导意见〉实施方案》，对中小学生课后服务工作进一步细化、规范、完善。市关工委多次到各县（市、区）针对课后服务开展情况进行专项调研督导，推动课后服务工作落实。

【“三项活动”】 2019 年，市关工委继续深化“诗文诵读”“感恩教育”“才艺培养”“三项活动”。联合市教育局等单位表彰“诗文诵读小名士”265 人、“感恩小明星”93 人、“才艺小能手”352 人、优秀教师 83 人，“三项活动”形成制度化、规范化、常态化长效机制。联合市委宣传部等单位开展第四届“小群星奖”才艺大赛，1.3 万中小学生踊跃参加，历时 4 个月，历经宣传发动、初赛、复赛、决赛四个阶段收官，分别于 8 月 26 日和 9 月 28 日在市政文化广场和滨州电视台举办两场“传承红色基因”主题的第四届“小群星奖”才艺展演活动。

【教育基地建设】 2019 年，市关工委集中命名一批市级关心下一代教育基地，各县（市、区）相应命名一批关心下一代教育基地。至年底，全市各级各类关心下一代教育基地达 174 个，其中省级 18 个、市级 92 个、县（市、区）级 54 个、县（市、区）级以下 10 个。年内共有 19 万人次青少年教育基地参观学习，基地的生命力进一步增强。10 月 18 日，市关工委在惠民县召开全市关心下一代教育基地工作现场会议，推广先进典型，推进工作规范开展。

（刘　鹏）

12 法 治

Rule of Law

人大立法

【概况】 2019年，市人大常委会共制定四部地方性法规，全部依法审议通过。制定《滨州市住宅物业管理条例》，于10月1日起实施，着力破解物业管理工作中的难点、堵点问题，设立物业管理委员会制度和业主小组制度，创设物业纠纷协调解决机制，维护各方合法权益，对老旧小区改造提升和配套设施建设进行规范，切实保障改善民生。制定《滨州市扬尘污染防治条例》，建立巡查机制、视频监控和在线监测及投诉举报制度，明确各级组织污染防治要求，改善大气环境。制定《滨州市城市绿地管理条例》，科学划定城市绿线，实行城市永久性绿地保护制度，明确绿地管理责任，推进生态园林城市建设。根据省人大统筹安排，制定《滨州市海岸带生态保护与利用条例》，坚持生态环境保护优先原则，在经略海洋战略实施中统筹利用海岸带资源。

【《滨州市住宅物业管理条例》审议通过】 2019年6月27日，《滨州市住宅物业管理条例》经滨州市第十一届人民代表大会常务委员会第22次会议审议通过，7月26日经山东省第十三届人民代表大会常务委员会第13次会议审查批准。条例共9章59条，对本市行政区域内住宅物业管理、使用、维护、服务及其监督管理活动作出规范。条例就物业管理区域划分、物业管理配套设施建设、车库车位管理和专业经营设施设备建设、维护、管理、收费等新建物业与前期物业管理事项，以及既有住宅区专业经营设施管理方面事项，结合滨州实际做创新性制度规范。在物业使用与维护、物业服务方面，条例就业主或者物业使用人使用物业、物业管理区域内禁止性行为、住宅装饰装修、物业长期空置、利用物业共用部位（共用设施设备）等进行经营、专项维修资金缴存、维修程序应急启动、物业服务合同示范文本编制、物业服务信息公示、物业沟通协调机制建立、物业服务企业禁止性行为、物业费收缴等事项作出明确和操作性强的规定。条例自2019年10月1日起施行。

【《滨州市扬尘污染防治条例》审议通过】 2019年11月1日，《滨州市扬尘污染防治条例》经滨州市第十一届人民代表大会常务委员会第25次会议审议通过，11月29日经山东省第十三届人民代表大会常务委员会第15次会议审查批准。条例共26条，不分章节，禁止性、义务性条款后紧跟法律责任条款，更加方便群众理解和执法单位（部门）在执法活动中作为依据。在《滨州市扬尘污染防治条例》中，明确扬尘污染防治的内容和各级组织职责。要求对扬尘污染防治负有监督管理职责部门建立日常巡查制度，加强日常监督和现场检查。要求被列为重点扬尘污染源各类生产经营场所和施工现场，应当在主要扬尘产生点安装视频监控和扬尘在线监测系统，并与县级以上人民政府监督管理部门和生态环境部门联网，保证其正常运行和数据真实有效、实时传输。对石材木料加工等企业、建设单位、施工单位、监理单位的扬尘污染防治责任作出具体规定。对建设工程施工防尘、待开发建设用地防尘除尘、市政公用设施施工防尘除尘、拆除作业防尘、临街建（构）筑物施工防尘除尘、运输车辆扬尘污染防治、停车场防尘、物料堆场和商混拌和站扬尘污染防治、公共场所和道路保洁防尘除尘、养护绿化工程防尘除尘等方面要求予以细化，增强地方性法规的可操作性。条例自2020年1月1日起施行。

【《滨州市海岸带生态保护与利用条例》审议通过】 2019年11月1日，《滨州市海岸带生态保护与利用条例》经滨州市第十一届人民代表大会常务委员会第25次会议通过。11月29日山东省第十三届人民代表大会常务委员会第15次会议审查批准。条例包括总则、规划、保护、利用、监督管理、法律责任、附则，共7章42条。对适用范围、海岸带概念、保护与利用原则、各级政府（部门）职责、海岸带生态保护与利用专项规划和严格保护区域、限制开发区域、优化利用区域及保护要求；自然岸线保护要求和保有率标准、沿海防护设施整治和养护、外来物种排查防控、水产养殖和畜禽养殖、农药化肥使用要求、海洋环境监测和灾害观测监测体系、港区开发、产业园区建设、旅游项目开发、水产养殖活动、海岸带生态保护与利用管理协调机制、监督巡查制度、协作配合机制、信息共享网络平台以及其他涉及海岸带生态保护与利用诸多问题，结合滨州市实际，作出具体规定。条例自 2020 年 3 月 1 日起施行。

【《滨州市城市绿地管理条例》审议通过】 2019 年 12 月 19 日，《滨州市城市绿地管理条例》经滨州市第十一届人民代表大会常务委员会第 26 次会议审议通过。条例包括总则、规划与建设、保护与管理、法律责任和附则，共 5 章 34 条。条例明确制定目的、适用范围、各相关部门管理职责，确定“以人为本、生态优先，政府主导、社会参与，因地制宜、突出特色”城市绿地管理原则。为提升城市生态建设水平，条例规定市、县（市、区）人民政府应当科学安排城市绿地建设、养护和管理资金，推行市场化养护管理服务。鼓励单位和个人通过投资捐资、认建认养、绿地冠名、志愿服务等形式，参与城市绿地的建设、保护和管理工作。对于损害城市绿地的行为，条例规定任何单位和个人都有权劝阻、制止、投诉和举报。城市绿化行政主管部门应当向社会公布投诉、举报方式，及时向投诉、举报人反馈处理结果。条例自 2020 年 3 月 1 日起施行。

（徐清涛　宋　菲）

政法委与综治

【概况】 2019 年，全市政法系统落实《中国共产党政法工作条例》，围绕重大活动安保，发挥政法机关主力军作用，完成各级“两会”、国庆等相关工作任务。落实各级书记抓扫黑工作机制，紧盯重点行业领域，扫黑除恶和“打伞破网”同向发力。打造立体化、信息化社会治安防控体系，在惠民县开展警务协作区试点，全市社会治安形势持续向好。整合政法、城管、卫健等 8 个部门原有网格，因地制宜纳入其他部门社会治理事项，打造“全科大网格”，推进综治中心（网格化服务管理中心）标准化升级，推动社会治理流程再造。研发“综治雪亮掌上通”移动端系统，整合公共安全视频，研发全省首个刑事案件信息共享平台，大幅缩短办案周期。推动调解主体、调解领域、调解方式多元化，开展社会稳定风险评估，筑牢预防不稳定因素的“防火墙”。发挥市委全面依法治市委员会重要作用，法治政府、法治社会建设同步推进。组建滨州政法智库，成立法律服务团，为市场主体提供优质法律服务。在全市政法系统部署开展“三打”“三治”“三清”专项整治（即依法打击非法集资等“涉众型”经济犯罪、恶意逃废金融债务违法犯罪、电信网络诈骗违法犯罪、组织开展虚假诉讼专项治理、涉企案件执行难专项治理，法律服务行业专项治理，开展涉企涉法涉诉信访案件专项清理，久拖不结、久办未果积案专项清理，与现行开放政策不符的法规规章、规范性文件专项清理），营创法治营商环境。围绕“3511”工程，成立“黑名单”企业处置领导小组，55 家“黑名单”企业全部处置完成或进入破产程序。创新开展现场督导查执法、信访督导查办案“双督双查”活动，查摆全市基层政法单位一线执法场所和服务窗口纪律作风、服务态度等问题，评查各级及群众反应强烈信访案件，对所有问题逐一整改落实。年内，省委书记刘家义，省委常委、政法委书记林峰海和市委、市政府主要领导多次对市委政法委工作作出批示予以肯定，中央媒体多次报道市委政法委经验做法。2019 年度全市经济社会发展综合考核中，市委政法委被评为优秀等次，并获“承担省级指标贡献单位”“落实‘五个一’创先争优单位”两个单项奖。群众安全感满意率为 97.28%，满意度为 95.17 分，达到近年最高值。

【扫黑除恶】 2019 年，全市政法系统紧盯侵蚀基层政权、欺压百姓的农村黑恶势力和建筑工程、物流市场、交通运输等重点行业领域，“打黑帮”与“打黑财”齐头并进，扫黑除恶与“打伞破网”同向发力。年内，全市共打掉涉黑社会性质组织 8 个、恶势力犯罪集团 12 个、恶势力团伙 95 个，破获刑事案件 1758 起，刑事拘留 638 人，查获涉案资产 10.37 亿元；提起公诉 232 人，判决 292 人，查处涉黑涉恶腐败和“保护伞”97 人。1 月，中央政法委《长安》杂志刊发滨州市做法。

【平安滨州建设】 2019 年，全市政法系统完成各级“两会”、人民海军成立 70 周年多国海军活动、第二届“一带一路”国际合作高峰论坛、庆祝中华人民共和国成立 70 周年等重大安保任务。在惠民县探索警务协作区改革，在不改变派出所原建制基础上，由警务协作区统筹警力，警情集中处置、案件集中侦办，得到省委常委、政法委书记林峰海，副省长、省公安厅厅长范华平批示肯定，经验做法在央视《平安中国 2019》播出。开展重点行业、重点领域、重点部位专项整治，提升护路护线联防水平，维护铁路运营安全。全市社会治安不断向好，刑事发案比 2018 年下降 4.71%，破案率比 2018 年提升 3.82%，八类严重暴力犯罪发案比 2018 年下降 18.63%，破案率达 90.96%。

【法治滨州建设】 2019 年，市委政法委推进全面依法治市，滨州市作为全省 3 个市之一被依法治省办推荐参评全国法治政府示范市，《法制日报》刊发“创新助力滨州法治政府建设全面提速”，推介滨州经验。公共法律服务实体平台和“一村（社区）一法律顾问”实现全覆盖，成立 5 个法律服务团，联系服务 26 家民营企业。围绕“3511”工程，成立全市“黑名单”企业处置领导小组，市委常委、政法委书记孟晓雷任组长，研究确定 55 家“黑名单”企业，“黑名单”企业全部处置完成或进入破产程序。全市法院系统共审结涉银行贷款案件2063件、贷款本金116.47亿元。全市银行机构累计处置不良贷款136.04亿元。加强涉企产权保护，制定《关于加快高端铝业发展完善产权保护工作方案》，成立专班，建立台账，推动落实。支持审判机关依法独立履行审判权，审理青岛啤酒商标侵权案等知识产权案件463件，发布产权保护白皮书，公布6起产权司法保护典型案例。

【社会治理体系建设】 2019年，“全科大网格”列入全市体制机制创新重点改革项目，市委九届九次全会审议通过《滨州市社会治理“全科大网格”实施意见》，坚持党建引领、网格化管理、组团式服务、信息化支撑、机制性保障，建立一网统筹的社会治理体系。全市共设置网格7301个，建立网格党组织6441个，配备网格员16036人，其中专职网格员6121人、兼职网格员9915人。省委书记刘家义，省委常委、政法委书记林峰海均作出批示予以肯定，央视《平安中国2019》、新华社《半月谈》等推介滨州经验。推进综治中心标准化升级、规范化运行，整合治理资源，市县乡三级中心全部设立实体机构。落实社会稳定风险评估机制，开展稳评项目4073项，其中第三方中介机构评估267项，简易评估3806项，暂缓实施2项，筑牢预防不稳定因素“防火墙”。

【执法司法督查】 2019年，市委政法委创新开展“现场督导查执法、信访督导查办案”双督双查活动，对全市基层政法单位一线执法场所和服务窗口进行明察暗访，查摆纪律作风、服务态度等问题8大类41项。梳理重点信访案件1000余件，评查案件573件、卷宗1578册，发现较大瑕疵和明显问题案件11类17件，逐一整改落实。省委常委、政法委书记林峰海作出批示予以肯定。

【市法学会工作】 2019年，全市共有法学会个人会员2298人，团体会员70个。参与法治实践，市法学会与市工商联制定出台《关于开展服务民营经济系列活动的实施方案》，联合市法院、市检察院、市公安局、市司法局，成立5个法律服务团，服务26家民营企业；7个县（市、区）全部设立法学会基层工作站，开展送法律进企业活动。组织法治宣传，印发《2019年滨州市青年普法志愿者齐鲁法治文化基层行活动实施方案》，推动齐鲁法治文化建设深入开展。制定《2019年滨州市“百名法学家百场报告会”法治宣讲活动实施方案》，市直单位开展“双百”活动11场。繁荣法学研究，依托刑事、民事、行政、商事四个专项研究会，举办研讨、征文活动，提升学术研究水平。在内蒙古举办的第十四届“环渤海区域法治论坛”上，王连民《环渤海经济区环境污染之刑事附带民事公益诉讼应对》论文获二等奖；搭建法学研究平台，增设社科“政法类”专项成果奖。

【滨州政法智库成立】 2019年12月，滨州市在全省率先成立“滨州政法智库”。从中央和省市县有关单位、高校、律师事务所中优选30名专家学者、领导干部作为智库成员。从法学研究、公共管理、法律服务等专业角度，为政法工作提供决策咨询、工作咨询，开展法学研究、法治宣传教育培训，为富强滨州建设贡献法治智慧。

【法治营商环境建设】 2019年，全市政法系统部署开展“三打”“三治”“三清”专项整治活动。法院系统编撰4万字的《企业法律风险提示手册》，超18个月长期未结诉讼案件全部清结，涉企执行案件到位资金24.17亿元。检察系统久拖不结、久办未果积案全部清理完毕。公安系统对非法集资等“涉众型”、恶意逃废金融债务、电信网络诈骗等违法犯罪案件立案1622件，其中电信诈骗违法犯罪发案比2018年下降4.04%，群众损失比2018年下降26.88%。司法行政系统办理“不用跑”证明材料3243件、证明事项告知承诺制试点事项2.6万余件，清理与现行开放政策不符地方性法规5部、规章4部、规范性文件328件。

（杜志超）

法治政府建设

【概况】 2019年，市政府深入推进法治政府建设，坚持问题导向，通过开展法治政府建设示范创建活动，开展法治化营商环境、法治政府建设全面自查和督查，补齐问题短板。不定期开展学法活动，召开市政府党组理论学习中心组（扩大）集体学习。配齐配强法治队伍，全市配

2019年12月19日，全市法学会工作会议暨“滨州政法智库”成立大会在滨州大学饭店召开 （市委政法委 供图）

备法制审核人员610人。自主开展“证明材料不用跑”改革，建立线上线下协查机制。实施“3511”工程，加强市场监管，设立企业征信“白名单”。坚持良法善治，出台《滨州市人民政府办公室关于进一步加强政府立法实施工作的通知》，制定出台《滨州市城市绿地管理条例》《滨州市扬尘污染防治条例》地方性法规2部，制定《滨州市城市养犬管理办法》《滨州市烟花爆竹燃放管理办法》政府规章2部。严格规范性文件管理，公布46个市级规范性文件制定主体，开展规范性文件专项清理。严格规范重大行政决策，完善政府常务会议议题法制审核“五关、四要素、三全、三不”工作机制。深化行政执法体制改革，市直保留13支执法队伍，加强涉企执法监督，制定出台《滨州市涉企行政执法备案管理办法》，促进严格规范公正文明执法。建立滨州市行政争议审前和解中心，机关负责人出庭应诉成为新常态，行政机关负责人出庭应诉率超过98%，稳居全省前列，履行法院生效裁判文书率达100%。开展“三亮”政务公开活动，开通首档融媒体直播问政栏目《问政滨州》。创新推动市民、企业家、投资者等第三方代表列席市政府常务会议。依法有效化解社会矛盾纠纷，坚持“府院联动”，建立行政争议审前和解中心，全市化解矛盾纠纷调处成功率98%，行政复议综合纠错率67.6%。开展行政裁决试点工作，仲裁工作实现新发展，完成10年以上信访积案清零任务。加强领导干部“重点对象”学法用法，实行领导干部日常学法、年度述法、年度考法、任前考法、守法普法“五法并举”。全面落实国家机关“谁执法谁普法”普法责任制，开展“点单式”普法。开展“以案释法十佳案例”评选，“三长送法进校园”等活动，建立首批10个“青少年法治教育实践基地”。

【规范性文件审查和重大行政决策法制审核机制】 2019年，市司法局根据机构改革情况，出台《关于公布市级行政规范性文件制定主体进一步做好行政规范性文件“三统一”工作的通知》，公布全市46个市级规范性文件制定主体，明确“三统一”工作程序，严格限定制发主体，开展事前合法性审查。修订出台《滨州市规范性文件制定程序规定》，完善规范性文件制定程序。制定《2019年规范性文件制发计划》，对规范性文件实行目录化管理。对规范性文件反复论证，确保科学，年内完成9件市政府规范性文件出台，51件市政府一般性文件合法性审查。实行规范性文件专项清理和集中清理机制，年内组织对与营商环境不符、与市场竞争不符等专项清理5次，开展2017—2019年现行有效112件规范性文件全面清理，以市政府文件公布清理结果。及时开展规范性文件事后审查，对县（市、区）政府及市直部门报备的25件规范性文件进行备案审查，审查中发现问题及时进行反馈修改，实现备案审查全覆盖。对年内出台9件市政府规范性文件按时向省政府和市人大进行备案。印发《2019年重大行政决策事项目录》，创新决策程序流程再造，建立政府行政决策法制审核机制，年内完成10件市政府重大行政决策合法性审核，在全省会议作典型发言，被市委改革办推报到全省参加改革案例评选。按照市政府常务会议规则，明确合法性审查是常务会议最后一道关口，增强合法性审查刚性和执行力。全年审核常务会议议题106件，实现议题全审核，议题否决率达14.2%。

【行政执法监督】 2019年，市司法局推行“三项制度”与执法监督相结合，编制三项制度“施工图”、工作指引和三张清单，细化任务39项，明确推行标准，开展执法监督精准化、执法流程规范化、执法队伍专业化、案卷评查常态化、执法过程信息化“五化”建设，提升执法水平。开展专项监督，检查市级行政执法部门33个，下发整改意见书14份，检查县级执法部门190个。至年底，各级行政执法机关执法信息基本实现公示，配备执法记录仪5800余部，配备法制审核人员610余名，较好地完成改革任务。在全省行政执法监督座谈会上，滨州市就三项制度推行作典型发言。探索开展“证明材料不用跑”改革，取消证明事项17项，公布告知承诺制试点事项129项、“不用跑”改革事项13项，通过告知承诺方式，减少各类证明2.6万余件次，开出“不用跑”证明6600余件次，创新举措被确定为全省首推。做好执法监督主业，全面清理行政执法主体和行政执法人员，公布确认市级执法主体63个。培训执法人员3498人，组织3136人参加执法人员资格考试。开展专项执法监督4次，对17个存在问题单位下发监督意见书责令整改。开展执法案卷评查12次，评查案卷100余宗。起草《滨州市涉企行政执法备案管理办法》，制定落实涉企执法惠企政策，规定涉企执法检查计划、检查过程、重大执法决定“三备案”等一系列惠企政策。办法出台后，发放涉企行政检查备案表三联单3万余份。

【行政复议】 2019年，市司法局狠抓复议信息化系统应用，以信息化实现更高层次规范化。完善信息系统，修改完善集体议案流程，提升案审会效果。年内，全市受理行政复议案件446件，市政府收到复议申请230件，受理220件，结转2018年20件，审结213件，综合纠错率67.6%。省政府复议案件无败诉。发挥行政复议监督、纠错功能，全年市政府受理的行政纠纷，复议后诉讼率低于1%。行政复议工作实现新突破，印发《关于开展复议案前调解快速处理行政争议工作的通知》，年内复议案前调解化解矛盾93起，平均办理时限6.3个工作日；与市中级人民法院共同筹建行政争议审前和解中心，调配装修1间办公室、1间调解室和重大案件审理室，满足审前和解中心工作办案使用。受理争议35件，化解纠纷21件，涉及当事人396人，获市长宇向东批示表扬。《中华人民共和国行政复议法》20周年活动广泛开展，在党组中心理论组学习会上集中学习《中华人民共和国行政复议法》，先后到惠民县清河镇美集社区和滨城区政通社区开展复议宣传工作。发放复议案件选编、复议申请明白纸等材料，提升群众对行政复议知晓度。《6年来集中复议职权工作》宣传稿件获得众多媒体刊载；重新高标准设置复议受理室、审理室、听证室等7个功能室，办案场所面积超过400平方米。配齐办案设备设施和高标准档案室，保障办案需要。

【行政应诉】 2019年6月，市司法局设立行政应诉科，具体承担市政府行政应诉各项工作及全市行政裁决工作指导等工作，将行政应诉工作作为推进法治政府建设重要抓手。创新建立“3632”（明确三方职责，即明确人民法院职责、明确被诉行政机关职责、明确司法行政机关职责；落实六项制度，即落实行政应诉工作沟通协调制度、落实“两报告一备案一通报”制度、落实行政应诉能力提升制度、落实行政应诉工作定期通报制度、落实行政应诉督导考核和责任追究制度和落实行政争议预防和化解制度；强化三项措施，即强化工作督导、强化工作通报和强化工作考核；促进两化建设，即促进行政应诉工作规范化和促进行政应诉工作具体化）行政应诉工作机制，取得显著成效。年内，全市各级法院开庭审理行政案件377件（含2018年结转24件），行政机关负责人出庭应诉371件，出庭率达到98.4%，位居全省前列。各县（市、区）机关负责人出庭率实现100%，“民告官不见官”在滨州成为历史。

【《滨州市城市养犬管理办法》印发】 2019年11月12日，市政府第51次常务会议审议通过，12月2日正式印发，2020年5月1日起实施。办法共设七章四十八条，分别为总则、免疫与登记、养犬行为规范、经营与诊疗、收容、救助与处置法律责任、附则。

【《滨州市烟花爆竹燃放管理办法》印发】 2019年12月8日，市政府第52次常务会议审议通过，12月17日正式印发，2020年1月20日起实施。办法共二十六条，涵盖立法目的、适用范围、部门职责、燃放规定、法律责任。主要规定在落实大气污染防治要求前提下，尊重民俗习惯，在限制燃放烟花爆竹区域内，农历除夕至正月初五、正月十五，可以燃放，其余时段禁止燃放。

【“证明材料不用跑”改革】 2019年，滨州市以持续开展“减证便民”行动为契机，在主动承担全国证明事项告知承诺制试点基础上，立足实际、大胆探索，开展“证明材料不用跑”改革，变群众和企业跑证明，为机关工作人员跑证明，为群众和企业减负。自7月改革运行始，为群众和企业查询“不用跑”证明材料6600余件次，办理证明事项告知承诺制试点事项2.6万件次。通过在“小证明”上做文章，帮群众和企业解决“大问题”，提升政务服务效率、优化全市营商环境。

【《滨州市涉企行政执法备案管理办法》印发】 2019年12月21日，市政府办公室出台《滨州市涉企行政执法备案管理办法》，对涉企执法行为进行统一管理，规范涉企行政执法行为，特别是破解涉企行政检查过多、扰企问题，切实减轻企业迎检负担。

【行政决策法制全审核】 2019年，滨州市在落实政府行政决策五大程序、五项制度基础上，探索政府行政决策流程再造，创新性推出政府常务会议议题法治审核“五关、四要素、三全、三不”工作机制，简称“5433”政府行政决策法制审核机制。“五关”即市政府常务会议议题提报上从内容、程序、格式、文字和政策法规等五方面进行严格筛选；“四要素”即议题审核上从上会必要性、起草和审查过程、起草依据和事项主要内容、情况说明和实施建议等四方面严格把控；“三全、三不”即关键环节上创新实行政府决策法制全审核、重大审核政府法律顾问全参与、常务会议司法局局长全列席，确保不经市政府分管副秘书长审签不审核、不经司法局合法性审核不上会、不按司法局审核意见修改不研究，在全省乃至全国属首创，实现重大决策、重大合同签订全部经过法律专家调研论证和审核把关，让政府决策全部纳入法治化轨道。“5433”法制审核机制运行，市政府常务会议议题审核率由不到20%提高至100%，年内审核议题106件，提出意见200余条，平均每个议题提出意见3条，采纳意见180余条，因意见未采纳而未上会议题12个，议题否决率达14.3%，全市合法性审核率在全省排名第一，行政诉讼败诉率全省最低，市政府连续三年无败诉案件，决策程序和制度保障真正成为决策机关担当作为“助推器”

2019年5月31日，滨州市“证明材料不用跑”改革工作会议在市政大楼召开

（市司法局　供图）

和履职尽责“安全网”。

（高海芳）

公 安

【概况】 2019年，全市公安机关突出抓好中华人民共和国成立70周年系列安保活动，全力护航全市“双招双引”和高质量发展，主动将公安工作融入“富强滨州”建设大局，维护社会稳定。市公安局获全省中华人民共和国成立70周年大庆相关工作突出贡献奖、全省抗击台风抢险救灾先进集体、省级文明单位、全省政法系统新媒体建设示范单位，获评全省人民满意政法单位，是获该荣誉唯一市级公安机关。市人大述职评议获得全部满意票，市政协提案办理评议第一。“平安行·你我他”行动考核连续三年全省第一。鲁冀界荣乌高速公安检查站被公安部记集体一等功。出入境服务窗口是市政务服务中心唯一全年“红旗窗口”。开展“枫桥式公安派出所”创建活动，提升工作标准，滨城区公安局彭李派出所获评全国首批“枫桥式公安派出所”，邹平市公安局黛西派出所、惠民县公安局胡集派出所获评全省首批“枫桥式公安派出所”。省委常委、政法委书记林峰海对惠民警务协作区机制建设作出批示，予以肯定。市委、市政府印发通报充分肯定公安工作，对全市公安机关和公安民警予以表扬。61个集体和406名民警记功嘉奖，涌现出用生命捍卫忠诚的烈士张亚峰、“齐鲁最美警察”徐胜利等先进典型。全警全力抓中华人民共和国成立70周年系列安保。创造良好治安环境，护航经济社会发展，破获刑事案件4679起，抓获刑事作案嫌疑人3308人，打掉涉黑组织8个、恶势力犯罪集团12个、抓获在逃犯罪嫌疑人537人，连续4年命案现案全破，刑事案件破案率比2018年提升3.82个百分点，刑事发案比2018年下降4.71%，主城区创造26天零发案新纪录。侦办经济案件379起，挽回直接经济损失24.2亿余元，打逃债抑制不良贷款率2.16个百分点。禁毒指标完成率112.35%。破获黄赌假案件160起、涉食药环林案件185起。全市道路交通事故起数、死亡人数、受伤人数，比2018年分别下降4.82%、5.77%、6.83%，无重大影响公共安全事故发生。推动出台城市养犬、烟花爆竹燃放管理办法。台风“利奇马”期间，协助转移81个村6.9万名受灾群众。

（杨 涛 杨琳琳）

【治安管理】 2019年，市公安局强化社会面打防管控各项举措，提升治安行政管理服务水平，筑牢“环京、环鲁、环济”防控圈，完成中华人民共和国成立70周年庆祝活动、海军节活动等相关工作，完成各级“两会”等50场次大型活动安保工作，全市社会大局持续安全稳定。组织各地开展治安基础要素大排查、大管控、大整治活动，发现查处各类违法违规行为，建立打击整治枪爆违法犯罪市级联席会议制度，开展惩治整治枪爆违法犯罪专项行动，加大易制爆、剧毒等危险化学品管控力度。查处黄赌案件160起，刑事拘留29人，治安处罚407人，取缔20家，停业整顿22家。部署“护校安园”专项行动，惩治涉医违法犯罪专项行动，处置涉校、涉医案（事）件，全市校园、医院及周边治安秩序持续平稳。深化输油管道和“三电”设施治安秩序整治，发现整改安全隐患40余处。加强治安管理“放管服”改革，持续推进公章刻制行业改革，推进增点降费，深化保安监管，取消县域保安公司数量限制。服务大项目大工程建设，对全市121个重点项目和12个市重大前期项目，明确安保工作具体责任单位和责任民警，设立由民警担任的警务联络员。推动出台《滨州市城市养犬管理办法》《滨州市烟花爆竹燃放管理办法》，并组织好两个办法实施工作。

（张洪星 王朝娜）

【刑事犯罪侦查】 2019年，市公安局持续组织开展扫黑除恶专项斗争。组织开展“山东战役”“滨州战役”，打好“攻坚战”“破袭战”。将惩治重点向行业领域聚焦，实施纵深作业。深入落实“问政山东”暴露问题整改措施，组织开展严打非法“带路”、车匪路霸黑恶势力“扫雷”专项行动。全市连续四年实现命案现案全破，侦破命案积案3起。严重暴力犯罪破案率为90.96%；抓获潜逃31年陈某才被杀案犯罪嫌疑人陈某林、肖某云；抓获网上逃犯16年故意杀人在逃人员赵某洪以及省公

2019年8月29日，“滨州市公安局国庆70周年安保誓师大会”在滨州市公安局机关驻地举行

（市公安局 供图）

安厅悬赏督捕逃犯顾某瑞、公安部督捕逃犯胡某国、公安部“A”通故意杀人逃犯卢某河。“云剑”行动追逃工作第一阶段战果列全省第一名。7个县（市、区）建成食药环快检实验室和毒品快检实验室、四级以上法医解剖室，邹平市、阳信县达三级。全市10个分县（市、区）局在原物证保管室基础上，按照标准完成装修改造。加强县（市、区）技术室建设和资质认定，惠民县、滨城区、邹平市按照一级技术室标准建设，沾化区、无棣区、博兴县、阳信县按照二级标准建设，并通过现场评审。刑事技术综合应用管理系统进入试运行，系统各模块运行良好。

（赵雪生　曹培杰）

【经济犯罪侦查】 2019年，全市公安机关深化对恶意逃废银行债务犯罪惩治力度。成立“一把手”任组长的领导小组，制定具体进度表。年内立案67起，破案54起，逮捕24人，涉案金额14.98亿元，追缴现金21.86亿元，消除不良贷款55.5亿元，完成年初制定不良贷款率下降两个百分点的目标。一对一“定向约谈”企业1219家，约谈不良贷款人1961人，通过约谈消除不良贷款39.4亿元。稳妥处置涉众型经济犯罪，市公安局成立打击涉众型经济犯罪专项行动领导小组，成立工作专班，落实属地稳控责任。对涉众型经济犯罪加大惩治力度，采取有效措施，立足“有序刺破、慢撒漏气”，有序“排雷”除险。开展非法集资“零发案”辖区创建，对问题隐患的重点企业和人员，逐一建立风险台账，做好动态监控。年内共立查非法集资、传销等涉众型经济犯罪案件43起，破案35起，逮捕犯罪嫌疑人76人，重大涉众型经济犯罪破案率达100%。开展涉税“百城会战”行动，打好遏制涉税犯罪攻坚仗。坚持“情报导侦”，以“暴力虚开”重点籍人员为突破口，深入推进云端惩治主战模式，发起全国性集群战役13起。

（刘文明　陈雯雯）

【禁毒工作】 2019年，全市破获涉毒案件88起，其中破获部省级重大涉毒目标案件4起，移送起诉毒品犯罪嫌疑人124人，强制隔离戒毒107人，各项指标完成率达112.35%，惩治战果超额完成省公安厅任务。在全省市级公安机关绩效考核中获优秀等次。在全国青少年禁毒知识竞赛排名中位居全省第一位。

（赵大勇　刘建霞）

【出入境管理】 2019年，市出入境接待大厅连续12个月被评为“红旗窗口”，是市政务服务中心唯一每月均被评为“红旗窗口”单位。市出入境管理部门精心打造出入境管理服务流程，建设功能区域清、信息事项清、办事流程清、服务导引清“四清”服务窗口，推行高智能一体化主动服务模式，将咨询、填表、申请材料预检等多环节进行流程再造，整合为“一站式”办理；服务方式由“自行找”变为“有人引”、由“被动迎”变为“主动办”。为办事群众提供“陪跑”服务，设立“学雷锋服务站”，开展“学雷锋志愿者”活动，对老弱病残孕等特殊群众，实行全程陪同“保姆式”服务。在全市10个县（市、区）全部设立出入境证件受理点，实现出入境“网格化”服务，让群众切实享受到“家门口”出入境服务。研究出台《滨州市公安局出入境服务企业绿色通道制度》《滨州市公安局出入境服务滨州高科技人才制度》两项便民利企制度，为在滨企业、人才办理出入境证件提供便利，得到企业及人才一致认可。在市政务服务中心和8个县（市、区）公安局相继建成集自助办理签注、照相、缴费、发证、证件办理进度、出入境记录查询等出入境业务于一体的24小时自助服务大厅，有效弥补办事窗口8小时外和节假日等非工作日服务盲点。完善自助服务功能，在开通微信、支付宝、现金、银行卡等缴费方式基础上，新增刷脸支付功能，申请人无须再持银行卡、手机，整个缴费过程用时不到10秒。推出上门办证服务，购置移动服务设备，探索建立移动服务窗口，对有特殊需求服务对象，提供上门服务。全面推行出入境证件“多拍优选”“满意拍”新举措，实现出国境证件照片人像采集由“被动、合格”到“自主、满意”；推出证件领取提醒和免费邮寄服务，对超期存放证件拨打提醒领证电话，为因特殊原因不能到大厅领取证件申请人提供免费邮寄服务；在大厅显著位置张贴大厅区域导视图，方便申请人了解大厅功能区域设置；开通“双向速递”服务，申请人可通过“双向速递”申请办理往来港澳台旅游签注业务，只需动动鼠标，即可完成签注申请工作，实现“零跑腿”。

（杨淑萍　董　莉）

【户政管理】 2019年，市公安局持续开展户口清理整顿，严密户口登记管理。先后在全市范围内组织开展惩治贩卖户口身份证犯罪、深化户口登记管理清理整顿、疑似重复户口问题线索核查等专项行动，共清理核查应销未销户口7000余个，核查处理问题线索6000余条，核销重复户口300余人。全面加强对实有人口实有房屋深入摸排、信息采集和数据更新。至年底，采集标准地址信息193万条，实有人口信息390万条，实有房屋信息150万条，实有单位信息7.6万条。推进“放管服”改革，全市投资400余万元，对窗口硬件设施进行升级改造，群众无须提供复印件，实现临时身份证“全市通办”，临时身份证、居住证“立等可取”。下放审批权限，除更正出生日期和跨省迁入之外，其他业务全部下放到派出所，近60项户籍业务“一次办好”。全面推行“1+6”服务模式，将8类书面申请和12种表格合并为“一表申请”，表格中当事人基本信息智能填充，实现“填表”变“审表”。拓展应用“互联网+民生警务平台”，研发公安户政社会数据资源应用系统，强化数据关联复用，实现让数据多跑路、让群众少跑腿。制定户籍窗口建设服务规范，统一全市户籍业务所需材料“一张清单”，举办全市户籍民警大练兵大比武，开展“亮窗口、惠民生、创满意”活动，建立定期回访制度，实现基础设施更完善、窗口服务更规范，服务质量和效能得到全面提升。

（刘敬玲　徐　帅）

【监所安全管理】 2019年，全市办理异地羁押124人次；市临时强制医疗所收治被强制医疗人员26人。全市公安监管部门以中华人民共和国成立70周年安保为主线，以确保监所安全为核心，持续开展队伍纪律作风集中整顿活动，完成悬挂点安全隐患验收工作，深入开展重点关注监所挂牌整治活动，全面落实各项监管措施，推进“智慧监管”“铁桶工程”“智慧磐石”建设，提升监所安全防范能力，连续14年全市监所安全无事故。

（张　欣　邵前震）

【食药环侦领域违法犯罪惩治】 2019年，全市公安机关食药环侦部门以专项斗争为抓手，深入开展集中惩治食药环假违法犯罪“昆仑”行动。行动期间，全市公安机关食药环侦部门侦破食药环假领域刑事案件121起，其中公安部督办案件1起，省公安厅督办案件19起，根据公安部协查线索立案16起，涉恶类案件2起。抓获犯罪嫌疑人658人，移送审查起诉292人，捣毁窝点73处，打掉涉案团伙73个。年内，全市食药环侦部门先后受公安部通令嘉奖1次，公安部贺电1次，省公安厅贺电2次。

（陈元敏　孙晓玉）

【网络基础管控】 2019年，市公安局网安部门深入开展网络安全执法检查工作，全面摸清全市重点网站、重要信息系统和关键信息基础设施底数，指导各单位开展网络安全自查，提升网络安全管理水平。强化网络与信息安全信息通报预警，发挥全市网络与信息安全信息通报机制作用，对全市网络安全状况进行及时通报预警，发布定期情况通报和紧急预警通报，督促各单位做好网络安全应急处置工作，及时发现、通报、处置网络安全隐患，年内共通报安全隐患80余次。

（徐　梁　田　原）

【海岸管控】 2019年，市公安局海岸警察部门坚决拥护改革，所属干部、士兵划转入公安机关，营房资产、部队车辆、枪支弹药等完成移交。持续深化沿海地区缉枪治爆、扫黑除恶专项斗争，严厉惩治渔霸、海霸等黑恶势力犯罪，联合涉海部门开展码头、航道治安整治，查破多起寻衅滋事、故意伤害等恶势力违法犯罪案件。“出海船舶户口簿”“出海船民证”“两证”取消后，狠抓基础信息报备和动态管控。完成“十三五”海防基础设施建设任务，新建海防监控站和海防监控设施。

（曲小林　李胜月）

【执法规范化建设】 2019年，全市公安机关完成案管中心建设，完成基层基础攻坚目标。推进在市县级公安机关建设一体化执法办案管理中心。自主研发，建成执法音视频管理系统，10月在全市公安系统推广应用。建立执法白皮书制度，发布《全市公安机关执法办案工作状况》一期，对执法数据进行全面综合分析。组织警情清零、积案清仓执法“双清”专项行动，3502起警情清零，清理行政案件6920起，清理刑事案件5770起。办理刑事复核案件42起，评查全市案件322起，2起案件被评为全市第一届“以案释法十佳案例”。完成市级公安机关676项权责清单编制和录入工作。

（王树声　岳文静）

【警务督察】 2019年，全市公安机关警务督察部门围绕“中华人民共和国成立70周年大庆”“海军节”及各级“两会”安保任务和市公安局党委重大决策部署，及时跟进督察措施，强化督查问效，先后组织开展督察活动310余次，检查重点单位场所4800余个，基层单位230余个，发现问题隐患620余处，督办整改事项110余项。开展“两所两队两无一零”专项督察活动，深入查找基层执法服务中存在问题，狠抓整改落实，研究制定具体《实施方案》《计分办法》，对近年“12389”公安机关和民警违纪违法举报热线、“12345”政务服务热线及“9600110”民生警务热线等各类投诉举报线索梳理分析，列出涉及队伍执法服务方面11项“问题清单”，有针对性开展明察暗访6次，发现问题30余项，及时督促整改，推动全市公安机关队伍管理和执法服务工作水平提升。

（李发勤　宋　新）

【基层基础建设三年攻坚战完成】 2019年是省委、省政府及省公安厅

2019年5月，滨州市公安局启用融媒体中心　　（市公安局　供图）

2019年1月15日，首届“滨州最美警察”颁奖晚会在滨州大剧院举行

（田海滨　摄）

部署开展公安基层基础建设三年攻坚战收官之年，滨州市印发《关于加强和改进新形势下公安基层基础工作的意见》等指导性文件4份，先后制定印发《滨州市公安机关基层基础建设三年攻坚战实施方案》等文件12份，指导各县（市、区）党委、政府出台政策文件35份，各县（市、区）公安（分）局制定出台配套文件92份。组织多次督导调研，了解掌握基层实际和民警思想动态，形成完善督导整改机制。开展“回头看”行动，明确任务完成时限，挂图“清零”。组织开展“三个一”亮点活动，印发实施方案。组织开展攻坚任务示范创建活动，树立“攻坚标杆”，形成“头雁效应”。惠民县公安局警务协作区机制改革创新做法解决派出所接处警警力严重不足困难。

（宋军波　张启源）

【道路交通安全管理】 2019年，全市公安交警部门以防事故、保安全、保畅通为核心，完成中华人民共和国成立70周年系列安保任务，全市没有发生较大道路交通事故，道路交通安全形势持续稳定。打防并举维护路面平安稳定，发动整治行动110余次，查处交通违法行为180.7万起。源头隐患清零保持常态，全市“两客一危”（从事旅游包车、三类以上班线客车和运输危险化学品、烟花爆竹、民用爆炸物品的道路专用车辆）重点车辆“四率”均超99%，79处市级交通安全隐患整改率100%。全力护航经济社会发展大局，27项车管业务随时“网办”，“学法消分”惠及18万人次，网办通行证3.8万辆次，“警保联动”快速处理事故9800起，电动自行车免费挂牌53万辆。警务实战效能全面提升，32个公巡中队提档升级，主城区120个路口完成信号系统改造，3224千米县乡道智能交通安全系统建设完成。公安交警队伍面貌焕然一新，开展“不忘初心、牢记使命”主题教育，常态正风肃纪，筑牢规矩意识，擦亮“安畅滨州·一流交警”品牌形象。年内，滨州市在全省深化道路交通“平安行·你我他”行动考核中获第一名，连续六年获评全省先进市。滨州交警“放管服”改革经验做法，被《人民公安报》头版头条报道。

（张建滨　刘言景）

【高速公路交通事故预防】 2019年，市公安局高速交警部门以中华人民共和国成立70周年大庆安保为主线，统筹推进各项任务措施落实落地，辖区高速公路事故预防工作成效明显，事故起数、死亡人数等主要指标实现双下降，辖区高速公路事故总起数、总死亡人数较2018年分别下降21.25%、14.81%，未发生较大以上交通事故及长时间长距离交通拥堵，辖区高速公路交通安全形势持续平稳。

（泥金儒　尹海峰）

【“平安行·你我他”行动】 2019年，全市各级各有关部门以做好中华人民共和国成立70周年安保工作为主线，狠抓道路交通“平安行·你我他”行动，聚焦重点领域，强化协同共治，防范风险隐患，统筹推动各项工作有序开展。全市道路交通事故起数下降0.39%，死亡人数下降0.96%，没有发生一次死亡3人以上较大道路交通事故。市城区打通23条断头路、拓宽改造23处路口。完成120个路口和3224千米县乡道智能交通安全防控体系建设。全面整改国省道、县乡道路安全隐患。推动健全“政府领导、部门监管、单位负责、社会参与”的道路交通安全责任制，市公安局联合市应急管理、市交通运输等部门，深入“两客一危”重点运输企业开展源头安全隐患大检查。全年共排查企业1500余家次，征求意见近200条，下达隐患整改通知书100余份，约谈存在较大安全隐患企业100余家次。加大农村交通管理服务站、村居交管服务室建设，配备交通协管员，设置交通安全劝导站，有效减少农村地区常见违法行为，全市农村道路交通安全管理水平位居全省前列。滨州市连续三年以考核总分第一名成绩获2019年深化道路交通“平安行·你我他”行动先进市称号。

（周国辉　吕　律）

检　察

【概况】 2019年，全市检察机关坚持“讲政治、顾大局、谋发展、重自强”总要求，履行职责使命，更新司法理念，服务中心大局，推动“四大检察”全面协调充分发展，聚力深化检察改革创新，各项检察工作实现新发展。年内，全市检察机关共批捕各类刑事犯罪嫌疑人 1733 人、起诉 4319 人。对不构成犯罪或证据不足的依法不捕 327 人、不诉 37 人，监督立案、撤案 46 件，纠正漏捕、漏诉 176 人，提出刑事抗诉 25 件，法院采纳 15 件。监督纠正刑事执行活动违法 72 件，监督纠正减刑、假释、暂予监外执行提请或裁定不当 27 件，对不应当、不必要、不适宜继续羁押的犯罪嫌疑人、被告人，建议释放或变更强制措施 201 人。办理民事行政裁判结果监督案件 115 件，依法提请或提出抗诉 15 件，发出再审检察建议 13 件，法院再审改判 7 件。提出公益诉讼诉前检察建议 100 件，提起公益诉讼 10 件。深化司法责任制改革，严格落实员额检察官办案要求，两级检察院入额院领导带头办理案件 685 件，比 2018 年增长 26%。承担民行检察重点培育、自行补充侦查等 6 项最高检察院、省检察院改革试点任务，建立工作机制 11 项。全市两级检察院内设机构改革完成，机构精简 53%。

【刑事检察】 2019 年，全市检察机关履行批准逮捕、提起公诉职责，全年共批捕各类刑事犯罪嫌疑人 1733 人、起诉 4319 人。批捕故意杀人、抢劫、绑架等严重暴力犯罪嫌疑人 147 人，起诉 112 人；批捕抢夺、盗窃、诈骗等多发性侵财犯罪嫌疑人 417 人，起诉 553 人；批捕制造贩卖毒品、非法买卖枪支弹药等严重危害公共安全和秩序犯罪 332 人，起诉 289 人。深化扫黑除恶专项斗争，批捕涉黑涉恶犯罪案件 46 件 113 人，起诉 38 件 254 人。聚焦高端铝产业、新型化工等重点产业集群发展，起诉合同诈骗、生产销售假冒伪劣商品、阻挠破坏项目建设等犯罪案件 134 件 301 人。推进惩治金融犯罪防范金融风险专项工作，起诉骗取银行贷款、票据诈骗、非法吸收公众存款等犯罪案件 76 件 213 人。依法保障污染防治攻坚战，起诉污染环境类犯罪案件 31 件 70 人，督促关停整治污染企业 6 家。支持民营经济改革发展，加大对侵犯知识产权、职务侵占、强迫交易等犯罪惩治力度，起诉相关案件 46 件 106 人，对 6 名涉案民营企业负责人依法作出不捕不诉决定。聚焦群众财产安全，起诉电信网络诈骗、网络传销、“套路贷”等犯罪 117 件 181 人。落实食品药品安全监督有关要求，起诉制售假药劣药、有毒有害食品等犯罪 67 人。加强特殊人群司法保护，严惩恶意欠薪、非法克扣等违法犯罪，帮助 163 名农民工讨回工资 70 万元；起诉侵害妇女、儿童、老人、残疾人犯罪 296 人，使欺老虐幼者受到法律制裁。

【刑事诉讼监督】 2019 年，全市检察机关秉持客观公正履职立场，坚持在办案中监督、在监督中办案，严厉追诉犯罪，切实保障人权。对不构成犯罪或证据不足的依法不捕 327 人、不诉 37 人，监督立案、撤案 46 件，纠正漏捕、漏诉 176 人，提出刑事抗诉 25 件，法院采纳抗诉意见 15 件。强化刑事执行监督，运用派驻、巡回、机动等检察方式，监督纠正刑事执行活动违法 72 件，监督纠正减刑、假释、暂予监外执行提请或裁定不当 27 件。加强羁押必要性审查，对不应当、不必要、不适宜继续羁押的犯罪嫌疑人、被告人，建议释放或变更强制措施 201 人，维护在押人员合法权益，保障刑事诉讼活动进行。

【民事检察】 2019 年，全市检察机关受理各类民事监督案件 217 件。裁判结果监督案件 110 件，提出抗诉 6 件，提请上级院抗诉 9 件；提出再审检察建议 13 件，法院裁定再审 10 件，法院再审改判 7 件。办理虚假诉讼案件 11 件，虚假仲裁执行案件 4 件。受理民事执行监督、审判程序监督案件 90 件，发出检察建议 68 件，法院采纳率 100%。市检察院提出抗诉的李某等民间借贷纠纷一案中，原告李某提交 40 万元的银行转账回单，骗取法院的生效判决。经鉴定，该回单中的银行印章系伪造。市检察院依法向市中级人民法院提出抗诉，市中级人民法院最终裁定撤销原判，驳回李某的全部诉讼请求。

【行政检察】 2019 年，全市检察机关受理行政裁判结果监督案件 6 件，结案不支持监督申请 5 件；受理行政审判程序违法案件 5 件，发出检察建议 5 件，法院采纳 3 件；受理行政非诉执行违法案件 25 件，发出检察建议 25 件，法院采纳 26 件（含 2018 年结转 1 件）。滨城区、惠民县检察院针对县（区）法院审理过程中存在违反法定审理期限、超期送达起诉状副本等情形，依法向县（区）法院发出检察建议 5 件。滨城区、阳信县、博兴县检察院针对县（区）法院、县（区）卫生健康部门不依法追缴社会抚养费的情况，依法发出检察建议督促其追缴社会抚养费用。

【公益诉讼检察】 2019 年，全市检察机关立足保护国家和社会公共利益，聚焦环境保护、食品药品安全、国有资产保护等重点领域，提出诉前检察建议 100 件，比 2018 年增加 66.7%；提起公益诉讼 10 件。树立双赢多赢共赢理念，把诉前实现维护公益目的作为最佳状态，90% 以上问题通过诉前程序解决，对提起诉讼后有关机关积极整改到位的 2 起案件，依法撤回起诉。滨城区检察院办理的一起行政公益诉讼案件被评为全国检察机关精品案例。博兴县检察院办理的“非法提炼海绵铜”污染环境刑事附带民事公益诉讼案，入选全省检察机关生态环境和资源保护领域十大公益诉讼典型案例。

【职务犯罪检察】 2019 年，全市检察机关坚决扛起政治责任、法律责任，成立专门办案团队，在提前介入、信息通报、补充调查等方面加强与监察机关衔接配合，共受理监察委移送职务犯罪案件 62 件 67 人，提起公诉 49 件 57 人，其中科级干部 15 人、县级干部 6 人，法院判决 25 件 30 人。审查起诉烟台市中级人民法院原副院长梁某、市仲裁办原主任董某某等贪污贿赂犯罪大案要案，为反腐败斗争贡献检察力量。

【未成年人犯罪检察】 2019年，全市检察机关严厉惩治侵害未成年人犯罪，共批捕74人、起诉180人，对造成恶劣社会影响的3起杀害未成年人案件，及时介入引导侦查，依法从快批捕起诉。对未成年人犯罪，依法批捕32人、起诉101人，不捕不诉32人，注重保持必要的司法惩戒，贯彻教育感化挽救方针，助其回归社会。开展“检察长担任法治副校长暨开学季普法进校园”活动，市县院检察长上法治课27场次。持续推进最高检察院“一号检察建议”落实，加强与教育部门对接，检校合力共护孩子健康成长。

【控告申诉检察】 2019年，全市检察机关打造“枫桥经验”检察版，优化“12309”检察服务中心工作流程，为群众提供“一站式”服务，助推市域社会治理现代化。牢固树立办信访就是办民生理念，实行“7日内程序性回复，3个月内办理过程或结果答复”，推行律师参与化解和代理涉法涉诉信访案件，妥善处理群众来信到访1147件，办理刑事申诉28件、国家赔偿4件。开展信访积案去库存、除隐患、促和谐专项活动，检察环节5年以上信访积案全部清零，持续保持涉检非正常上访零纪录。

【案件管理】 2019年，全市检察机关加强办案流程监控和案件质量监管，对38个办案节点、96个重点事项自动预警，对异常问题及时督促纠正。常态化开展案件质量评查，坚持常规抽查、重点评查、专项评查相结合，共评查案件551件，对发现的问题严肃督促整改，进一步提升规范司法水平。在省检察院组织的案件质量评查中，成绩位居第一。优化改进业务工作评价办法，指标体系设置和权重划分更加突出办案质量、效率、效果导向，引领和推动全市各项检察业务工作实现高质量发展。扩大检务公开，启用网上网下“检察服务大厅”，依托“12309”网站公开案件程序性信息6628条，应公开法律文书100%公开，达3498份。

【检察体制改革】 2019年，全市检察机关着眼节约司法资源、促进社会和谐，适用认罪认罚从宽制度审结刑事案件1831人，精准提出量刑建议，被采纳率达96.6%。严格落实员额检察官办案要求，完善随机轮案机制，明晰办案职权，压实办案责任，做到“谁办案谁负责、谁决定谁负责”。召开检委会、检察官联席会议228次，权力运行更加规范。贯彻中央政法委和最高检察院、省检察院要求，全市两级检察院入额院领导带头办理案件685件，比2018年增长26%。承担民行检察重点培育、自行补充侦查等6项最高检察院、省检察院改革试点任务，建立工作机制11项，积累滨州经验。探索的刑事案件讯问合法性核查机制被省检察院领导批示肯定，并在《检察日报》刊发。两级检察院内设机构改革完成，机构精简53%，通过整合机构、优化职能，促进专业化建设。

【自行补充侦查工作机制获全省创新成果奖】 2019年1月，山东省检察院下发2018年度全省检察机关工作创新评选结果，市检察院报送的《健全刑事案件自行补充侦查工作机制，强化法律监督、提高案件质效》获评创新成果一等奖。2017年始，市检察院探索建立刑事案件自行补充侦查工作机制，激活并大胆运用检察机关补充侦查权。制定《全市检察机关自行补充侦查工作实施办法》，明确适用范围和对象，规范启动程序和工作方式，通过自行侦查收集固定证据、完善证据链条，提升办案质效。2018年8月，山东省检察院在滨州召开研讨会听取经验介绍，并指定滨州检察机关作为全省试点，全面推广应用。

【选送案例入选全市首届“以案释法十佳案例”】 2019年12月4日，滨州市首届“以案释法十佳案例”颁奖暨“12·4”国家宪法日法治晚会在滨州大剧院举行。滨州检察机关选送的3个案例获奖。滨州市公安局和滨城区检察院选送的“王某然领导、组织黑社会性质组织案”，博兴县检察院选送的“非法提炼海绵铜污染环境刑事附带民事公益诉讼案”获评全市首届“以案释法十佳案例”；滨州经济技术开发区检察院报送的“张某等人虚开增值税专用发票不起诉案”获评全市首届“以案释法优秀案例”。

2019年4月24日，“我将无我”奋斗，不负人民重托——共和国建设者走进检察机关开放日活动在市检察院举行（市检察院 供图）

【“检察护航民企发展”检察开放日活动】 2019年8月27日，市检察院举办“检察护航民企发展”检察开放日活动，并召开服务民营经济高质量发展座谈会。市政协副主席、市工商联主席侯学锋及6位民营企业家代表应邀参加活动。座谈会上，“滨州市人民检察院派驻市工商联（总商会）检察工作站”揭牌仪式举行，6位民营企业家代表从不同角度畅谈对检察工作认识，并结合企业经营实际，对检察机关充分发挥监督职能、强化产权司法保护、营造良好金融环境、加强法治宣传等工作提出意见建议。

（张 顺）

法 院

【概况】 2019年，全市法院系统围绕市委“富强滨州”建设战略部署，确定“全面工作整体推进，特色审判走在前列”工作思路和目标，担当作为，承压前行，总体指标位次前移，部分核心指标走在前列。年内，全市法院受理各类案件63186件，办结69596件，比2018年分别上升5.05%和20.55%。其中市中级人民法院新收6357件，办结6885件，比2018年分别上升20.97%和35.11%。两级法院收结案、人均结案均创历史新高。9—12月，全市法院开展审判执行集中攻坚活动，结案率增至93.54%，从8月末全省第16位上升至第5位，增长24个百分点。结收比110.14%，居全省第2位。一审服判息诉率90.39%，居全省第4位。

【刑事审判】 2019年，全市法院系统审结涉黑涉恶案件51件，判处310人，判决人数全省第五，其中判处五年以上有期徒刑80人。刘某云等37人、郭某波等26人黑恶犯罪案件，首犯刘某云、郭某波分别被判处20年、25年有期徒刑。坚持“打财断血”，对11名罪犯依法判处没收个人全部财产，对153名罪犯依法判处罚金1312万元。坚持“打伞破网”，审结保护伞案件1人。坚持“深挖根治”，参与涉黑涉恶线索核查百日会战行动，推进扫黑除恶专项斗争向纵深开展。依法惩治故意杀人、故意伤害致死等严重暴力犯罪，审结130件，判处162人。依法惩治破坏经济秩序犯罪，审结非法吸收公众存款、传销等涉众型经济犯罪35件，判处72人，涉案金额33.75亿元。遏制毒品犯罪蔓延态势，审结各类毒品案件32件，判处51人。推进法治反腐，审结贪污、贿赂、渎职等职务犯罪案件44件，判处89人，其中被告人原为县处级的6人。依法惩治泄露公民个人信息、电信诈骗、校园欺凌等犯罪，保护隐私、财产安全，净化网络空间，保障校园平安。深化以审判为中心的刑事诉讼制度改革，推动“四类人员”出庭，落实律师辩护全覆盖，依法审查排除非法证据，控方撤回起诉5件，对2人宣告不负刑事责任，141人免于刑事处罚。坚持教育与挽救相结合，审结未成年人犯罪案件57件，判处92人，其中三年以下有期徒刑70人。

【民事审判】 2019年，全市法院系统依法妥善审结就业、医疗、教育、社会保障等民事案件13717件。推进家事审判改革，妥善审结婚姻、继承等家事纠纷5911件，调解撤诉率53.22%。最大化保障劳动者合法权益，审结劳动争议等民事案件1400件，审结工伤认定等行政案件133件，帮助追回农民工工资1.96亿元。保护正常商品房交易关系，制裁违约行为，审结商品房预售、销售等房屋买卖纠纷案件839件，促进房地产市场规范有序发展。审理消费者权益纠纷案件，制裁消费欺诈、设置陷阱、霸王条款等行为，促进诚信有序健康消费市场环境形成。减缓免经济困难当事人诉讼费1226.5万元，向133名特困当事人发放司法救助金203.2万元，让法律更有温度，让司法更有温情。

【商事审判】 2019年，全市法院系统推动困难企业资产重组和经济转型升级，新收破产案件68件，审结93件，分别为2018年总量的1.5倍和4倍，居全省第二位和第四位。全面分析甄别“生病企业”资产、经营状况，量身订制“腾笼换鸟”“移花接木”等处置方案。53家“黑名单”企业有序退出市场，48家企业实现重整，释放土地资源1.7万亩，化解银行不良贷款555.6亿元，配合政府有序分流安置职工1.1万人。深入开展金融风险化解百日攻坚行动，全年审结金融借款案件2283件，标的额133亿元。运用调解、撤诉方式结案494件，促进银企携手合作、共渡难关。履行审判职能，防止和遏制金融资本“脱实向虚”，审结骗取贷款等刑事案件104件。严守法定利率红线，制裁高利盘剥，审结民间借贷、小额借款案件5521件，标的额22.7亿元。强化最严格的知识产权保护理念，对重复侵权、恶意侵权等行为，依法适用惩罚性赔偿，审结著作权、商标权和特许经营等案件455件。推进平等全面依法保护，促进市场交易公平，审结买卖合同等纠纷案件6590件。加大对股东权利保护力度，促进公司规范治理，审结股东资格、股权确认等涉企纠纷案件224件。慎用查封、扣押、冻结措施，最大限度地减少司法活动对涉案企业不利影响。全市法院通过公布产权保护典型案例、开展“亲商润企”活动、向企业赠阅《法律风险提示手册》等形式，不断营造加强产权保护和尊重企业家氛围。

【行政审判】 2019年，全市法院系统审结行政案件709件，审查非诉执行案件1499件。深化行政诉讼案件跨区划集中管辖改革，有效保护行政相对人诉讼权利。加强沟通协调和法律释明，妥善解决政府机构改革后“应告谁”“谁应诉”问题。巩固行政机关负责人出庭制度成果，全市行政机关负责人出庭应诉率97.14%，居全省前列。发挥监督作用，判决确认行政行为违法、履行法定职责86件。加强对群众生命财产安全保护，审结涉及河道违建行政案件29件，为抗击台风洪涝灾害提供有力保障。注重行政争议实质性化解，市县两级全部设立行政争议和解中心，受理案件152件，和解61件，促进官民关系和谐。9月，化解101户群众养老保险金行政给付案，有效兼顾社会公共利益和相对人合法权益。

【环境资源审判】 2019年，全市法院系统顺应滨州沿黄生态保护和高质量发展新形势新要求，制定环境保护司法意见，成立环境资源审判团队。审结破坏环境资源犯罪案件33件，环境资源民事、行政案件312件，环境公益诉讼案件10件。探索承担劳务、补植复绿、增殖放流等生态修复方式，让破坏生态者受到惩罚、受损者获得补偿、生态损害得以修复。许某某盗窃河坝土方案入选全省法院环境资源审判十大典型案例。山东金岭化学有限公司污染环境罪刑事附带民事公益诉讼案入选全省优化营商环境、净化社会环境十大典型案例。12月19日，市中级人民法院在第二次全省法院环境资源审判工作会议上作典型发言。

【案件执行】 2019年，全市法院系统执结案件15944件，实现胜诉权益49亿元。综合运用各类网络查控平台，查询房产、车辆285万次，冻结款项4.1亿元。网络司法拍卖成交5.77亿元，平均溢价率25.5%，为当事人节省佣金1766.58万元。坚决惩治抗拒执行行为，判处拒不执行判决裁定罪11人，拘留601人次，罚款89.8万元。加强信用惩戒，曝光失信被执行人信息3425条，在融资信贷、出国出境、乘坐飞机高铁等方面进行限制，使其“一处失信、处处受限”，766名被执行人迫于压力主动履行义务。深入开展专项执行活动，执结涉民生案件2782件，执行到位3.24亿元；执结涉金融案件1273件，执行到位12.83亿元；执结涉党政机关案件78件，执行到位1.53亿元。12月始，全市法院系统组织开展“暖心冬日”执行会战，集中执结案件3120件，为申请执行人送去司法温暖。

【审判监督】 2019年，全市法院系统推进减刑假释案件阳光审理，落实公开听证及公示制度，审结案件827件。贯彻全国人大常委会特赦决定、国家主席特赦令，准确把握适用条件，依法特赦73人。加强审判流程、庭审活动、裁判文书、执行信息四大公开平台建设，网上公布裁判文书60957份，庭审直播2816场，推送流程节点信息23万余条。广泛开展“法律十进”活动，运用微博、微信、头条、门户网站发布各类信息1100余条，举办新闻发布会5次、“公众开放日”活动23场。

【诉讼服务】 2019年，全市法院系统深化“一次办好”改革，建立“一站式诉讼服务中心”，运用诉讼服务网、“12368”诉讼服务热线，实现一站通办、一网通办、一号通办、一次通办。制定《关于一站式多元解纷机制一站式诉讼服务中心建设走在前列的实施方案》，实施集约化诉讼服务，发挥发挥立案指引、便民服务、诉讼辅助、纠纷解决、审判事务等综合功能。推进审判流程再造，实现案件繁简分流、轻重分离、快慢分道。当事人和律师可在网上办理立案、查询等20余项事务，全市法院网上立案率98.06%，实现“让数据多跑路，让群众少跑腿”。推进“一站式多元解纷机制”建设，加强人民调解、行政调解、司法调解“三调联动”，主动与劳动、保险、医疗等行业调解组织对接，诉前调解纠纷3116件。加强交通事故案件一体化平台应用，法院、交警、保险公司、调解组织等集约对接，解决纠纷828件。加强舆论宣传，参与市委政法委“亲商润企”法律服务活动，为企业提供优质司法服务。

【审判体制改革】 2019年，全市法院系统深化“智慧法院”建设，强化智审系统应用，推动电子卷宗随案同步生成和深度应用，智能辅助法官办案。推进智慧执行，被执行人房产车辆、工商登记、证券交易等信息实现网上查询，微信支付宝余额、银行存款实现网上查询、冻结、扣划。加强司法大数据应用，关键节点全程留痕，质效数据实时生成，办案全程可视化监督。推行网上开庭、视频接访、电子送达，群众诉讼更加便捷。推进司法责任制改革，基层法院内设机构改革全部完成，管理效能大幅提升。员额动态管理有序开展，全市法院增补员额14个，退出员额10个。人员分类管理改革推进，市中介人民法院19名法官按期晋升法官等级，82名行政人员、法官助理实施职务职级并行。院庭长办案实现常态化，入额院庭长办结案件27599件，占结案总数39.7%。实施简案快审，民商事简易程序适用率78.56%，适用速裁程序4351件；刑事认罪认罚案件863件，当庭宣判475件，当庭宣判率55.04%，适用速裁程序刑事案件213件，平均审理天数7天。实施类案专审，设立建设工程等类型化案件专业审判团队，打造特色审判品牌。实施繁案精审，集中力量资源，精心审理重大疑难复杂案件。

【全省法院国家赔偿和司法救助工作座谈会在滨州召开】 2019年10月30日，全省法院国家赔偿和司法救助工作座谈会在滨州召开，省高级人民法院党组成员、副院长张成武出席会议并讲话，市中级人民法院代院长李军到会致辞。各市分管国家赔偿和司法救助工作负责人参加会议。会上，张成武传达最高人民法院院长周强在第三次全国法院国家赔偿审判工作会议暨第一次全国法院司法救助工作会议上批示，集体学习最高人民法院副院长陶凯元《牢记初心使命勇于担当作为谱写新时代人民法院国家赔偿和司法救助工作新篇章》工作报告。济南、青岛、淄博、烟台等市中级人民法院在会上作交流发言。

【“12·4国家宪法日”主题宣传】 2019年12月4日是全国第六个国家宪法日。市中级人民法院举行“国家宪法日”法官宣誓仪式。14名全

2019年12月4日，市中级人民法院举行“国家宪法日”法官宣誓仪式

（市法院 供图）

国、省人大代表、市政协委员，10名滨州学院学生代表、4名社区群众以及12家新闻媒体共同见证宣誓仪式。宣誓仪式结束后，市中级人民法院召开座谈会，从充分向人大代表、政协委员发挥审判职能、深入推进司法改革、坚持全面从严治院三个方面，通报2019年全市法院工作情况，并征求意见建议。活动当天，市中级人民法院开展公众开放日活动。人大代表、政协委员、新闻媒体记者以及部分学校师生、社区居民代表先后参观诉讼服务中心、审判法庭、安检备勤室、模块化数字机房等场所，现场接受普法宣传。

（王连民）

司法行政

【概况】 2019年，市司法局围绕“一个统筹、四大职能”（着力加强依法治市统筹协调，开展行政立法、行政执法监督、刑事执行和公共法律服务工作）工作布局，立足“八个人”（依法治市工作的谋划人、制度建设的牵头人、政府重大决策的法治把关人、行政执法监督人、社区服刑人员的监管人、法律知识普及人、矛盾纠纷的化解人、法治难题的解决人）角色定位，开拓创新、主动作为，各项工作取得突破性进展。依法治市统筹推进，市委全面依法治市委员会和办公室第一次会议召开，建立完善联络员联系机制和专家决策咨询机制；法治宣传精准有效，完善“谁执法谁普法”责任机制，搭建平台、创新形式，提高法治宣传工作覆盖面和工作实效，滨州市被评为全国“七五”普法中期先进城市；人民调解工作机制逐步健全完善，加强专职人民调解员配备，强化人民调解员培训，提升基层治理能力；公共法律服务实现全覆盖零距离，全市市县乡村四级公共法律服务实体平台实现全覆盖；完善法律援助制度，试点开展法律援助案件指派和点援双结合制度；社区矫正工作扎实开展，开展“智慧矫正”试点工作，社区矫正对象信息化监管水平不断提升。

【公共法律服务体系建设】 2019年，市司法局在公共法律服务市县乡村实体平台全覆盖基础上，全面提升平台应用、运行和规范化水平。实施群众调查统计和群众批评意见分析报告常态机制、全市公共法律服务大厅领导带班制度、多渠道听取群众意见制度三项新制度。推进公共法律服务信息化，各服务中心公共号、触摸屏、“法律小管家”服务一体机等模式，开启智慧司法惠民新模式。指导基层公共法律服务，7月，市司法局组成暗访组，对各县（市、区）乡镇公共法律服务中心作用发挥情况进行抽查暗访，提出整改意见，进行反馈整改，开展省级县（市、区）公共法律服务中心示范基地复评工作，提高规范化水平。

【普法依法治理】 2019年，市司法局健全完善守法普法工作体制机制，加大普法宣传力度，深化开展“宪法七进”活动。12月4日，“宪法在我心中”——2019年滨州市首届“以案释法十佳案例”颁奖暨“12·4”国家宪法日法治晚会在滨州大剧院举办。围绕新旧动能转换、乡村振兴战略、扶贫开发、扫黑除恶、营造法治化营商环境等市委市政府重点工作，加强重点领域普法宣传。组织开展“普法进乡村 法治惠村民”“服务大局普法行”等普法活动，结合“3·15”消费者权益保护日、“12·4”国家宪法日等节点开展普法活动2300余场次。制定出台《关于进一步完善全市领导干部学法、用法、守（普）法、考法、述法工作的意见》。命名滨州禁毒教育体验馆等10个首批“青少年法治教育实践基地”，组织开展全市中小学生“学宪法讲宪法”知识竞赛和演讲比赛。全面落实国家机关“谁执法谁普法”普法责任制，在全省第一家将“谁执法谁普法”工作纳入市委全面依法治市委员会议题进行专题审议，并以市委依法治市办公室1号文件印发《关于在全市国家机关中进一步落实“谁执法谁普法”普法责任制的实施方案》，组织召开市政府新闻发布会，下发《滨州市国家机关“谁执法谁普法”普法责任清单》，加强普法责任制督导考核，并将其纳入全市“市直党群机关政府部门绩效考核指标”内容。加强法治乡村建设，完成14个国家级民主法治示范村、66个省级民主法治示范村（社区）复核，提升农村基层治理法治化水平。加强法治文化阵地建设，推进市县乡村四级法治文化阵

2019年9月18日，滨州市2019年度“学宪法讲宪法”知识竞赛和演讲比赛在滨州实验学校举办（市司法局 供图）

地提档升级，开通“滨州法治”抖音公众号，推送作品60余件，创作动漫形象“滨小法”，组织开全市庆祝中华人民共和国成立70周年主题普法征文比赛、“我与宪法”微视频创作评选活动、优秀法治短剧（曲艺作品）征集等系列活动。

【律师工作】 2019年，市司法局开展律师行业党建规范化建设年活动，推动律师行业党建工作全覆盖、全规范、全统领。山东民杰律师事务所律师王宝军被评为全国律师行业优秀党员律师和滨州市优秀共产党员，山东志城律师事务所律师王爱华当选新一届市妇联副主席。做好律师行业扫黑除恶专项斗争，全年办理涉黑涉恶案件备案136件，参与旁听17次，4次到县（市、区）调研指导扫黑除恶工作。村（社区）法律顾问覆盖率继续保持在100%。开展律师服务民营企业专项行动，与市工商联一起开展“亲商润企法律服务团”走进无棣县“面对面”服务活动，与市商务局举办涉外企业法律服务需求座谈会，全年开展法治体检246次，法治宣讲120场。代市政府起草《关于政府购买法律服务落实惠企政策工作的实施细则》，帮助广大企业了解和享受有关惠企政策。继续开展律师在公、检、法、信访局值班工作和律师调解试点工作，在全市实现刑事案件律师辩护全覆盖。组建全市志愿律师库，1名律师选派到甘肃省进行法律援助。9月5日起，在市政务服务中心设立行政审批受理窗口，全年办理行政审批事项160多件。年内，全市共有律师事务所67家，执业律师694人、公职律师27人、公司律师2人、法援律师5人，全年办理刑事、民事、行政、非诉、调解、仲裁、法律援助案件13677件，接待各类法律咨询5万余次。

【法律援助】 2019年，全市受理法律援助案件5356件，比2018年增长36.6%。市法律援助中心以及无棣县、阳信县等法律援助中心创新实行“法律援助案件指派与点援双结合”制度，效果良好。领导机制作用彰显，8月，滨州市法律援助委员会全体会议召开。法律援助网络体系遍布城乡，市级法律援助工作站点建设推进会议召开，19家市直单位设立法律援助工作站。所有乡镇司法所、村（居）、律师事务所设立法律援助联系点，开启法律援助网络新格局。“一窗办理”“一次办好”服务流程，提高服务效能，全市“法律援助便民服务示范窗口”全部达标。市法律援助中心双律师值班，做好“12348”热线解答和到访接待工作。年内开展两次案卷质量评查，确保服务质量。法律援助标准化试点开展，提高规范化水平。中彩金法律援助项目成绩突出，中彩金案件量和资金争取使用率实现翻番。全年上报中彩金案件457件，比2018年增长96%。争取使用上级中彩金71.02万元，资金争取使用率上涨153.6%。市法律援助中心被评为全国中彩金法律援助项目贡献突出实施单位，成为全省受表彰五家中心之一。举办2019年度法律援助业务培训，法律援助工作影响力大大提高。微电影《法律援助在行动》获上级领导和社会各界点赞。全省法律援助会上，滨州三项工作受到省司法厅领导表扬，惠民县作典型发言。至年底，全市有法律援助机构8家。

【人民调解】 2019年，全市共有人民调解委员会4466个，其中村3973个、社区305个、乡镇63个、街道28个、其他调解委员会97个，7个县（市、区）成立县级调解中心。市司法局下发《充分发挥司法行政职能作用全力做好矛盾纠纷大排查大调处的工作通知》《坚持发展“枫桥经验”实现矛盾不上交三年行动方案》，对矛盾纠纷排查工作做出总体部署。市政府第43次常务会议研究全市调解工作，市长宇向东做出批示。市委全面依法治市委员会办公室与市委政法委联合出台《关于推进市域社会治理现代化试点项目的实施方案》，在全市部署“守好矛盾纠纷‘入口关’‘调处关’‘出口关’，完善多元化解主体联动机制、方式衔接机制、依法终结机制”三关三制工作。完成全国“两会”期间、庆祝中华人民共和国成立70周年矛盾纠纷排查调处工作。市司法局和六县（市、区）被中华人民调解员协会评为人民调解宣传工作先进单位。与滨州电视台合办《百姓调解》栏目累计拍摄32期，播出28期。邹平市调解员王守德被聘为第二届十名省级人民调解专家之一。全市两个集体和5名个人被司法部评为“大排查、早调解、护稳定、迎国庆”专项活动表现突出集体和个人。全面启用“智慧调解系统”，累计录入全市97%以上调解组织、调解员和年度人民调解案件2422起。年内，全市调解矛盾纠纷近11363件，调解成功率99%以上。

【社区矫正】 2019年，全市社区矫正系统突出做好中华人民共和国成立70周年相关工作，成立工作督导检查组，对全市社区服刑人员监管情况进行拉网式排查，完成对全市所有县（市、区）和20个司法所的督导检查。指导各县（市、区）对2700余名社区矫正对象开展三次“大摸排”，在全省率先完成社区矫正对象特赦工作。联合开展在逃人员网上追逃，抓获归案8人，收监10人。创新做好“智慧矫正”工作，11月25日，全省“智慧矫正”建设现场推进会在阳信县召开，“社区矫正滨州智慧”在全省推广。

【安置帮教】 2019年，市司法局下发《关于国庆期间进一步做好刑满释放人员安置帮教工作的通知》，做好近3年刑满释放人员中肇事肇祸等严重精神障碍患者排查工作，完成特殊人群管控任务。做好在监服刑人员信息核查和预释人员回执发送工作，核实率和回执率均为100%，继续保持全省第一位。年内，全市刑满释放人员累计衔接人员8786人。

【基层建设】 2019年，市司法局开展司法行政基层“强基固本”工程，通过在司法所安置退役军人岗位、协调乡镇政府调剂增加人员，增加辅助人员35人，全市司法所工作人员达到283人，举办司法所业务培训班，130余人参训。

【基层法律服务】 2019年，市司法局完成基层法律服务年度考核工作，54家基层法律服务所，273名基层法律服务工作者通过年度考核。结合“问政山东”曝光问题，督导基层法律服务行业进行自律自查，指导市基协召开理事扩大会，落实全市围绕乡村振兴战略加强基层法律服务措施。出台全市基层法律服务队伍发展规划（2019—2022年）。全年办理许可事项33件。

【司法鉴定】 2019年，市司法局发挥监督管理职能，组织召开全市司法鉴定管理部门、鉴定机构推行服务标准化工作会议，制定《滨州市司法局关于在全市司法鉴定机构推行服务标准化工作的实施方案》，组织司法鉴定人参加省司法鉴定行业警示教育视频会议，在全市范围内开展规范执业检查活动，完成省司法厅第四检查组检查验收工作。组织全市司法鉴定机构负责人及工作人员38人到全省四家标准化建设示范单位考察学习。年内，全市办理各类司法鉴定案件2563件，其中法医类鉴定2468件，占业务总数96%。业务收费总额785.62万元。全市共有司法鉴定机构9处，从业人员89人，全市司法鉴定文书采信率达98%以上。全市司法鉴定机构办理司法鉴定援助案件10件，减免鉴定费用1.60万元。沾化区、惠民县加快申请设立司法法医鉴定机构。

【公证服务】 2019年，市司法局发挥监督管理职能，引导全市公证行业服务为民，规范化、高质量发展。指导公证协会召开二届二次理事会，成立投诉处理和惩戒委员会，8月、11月组织开展全市、全省公证案卷质量集中检查。组织各公证处主任参加全省公证管理干部和公证处主任培训班，1名公证员参加涉外公证业务培训。印发关于《严格落实有关公证服务政策、文件的通知》，转发《关于进一步推动新时代全省公证工作改革创新的意见》，探索开展公证参与人民法院司法辅助事务试点工作，完成公证机构体制改革和机制创新研究课题。组织开展公证开放日、“普法”征文、公证故事征文、青年公证人风采展示等活动。至年底，全市有公证机构8处，从业人员38人。全年办理公证10063件。

【法律职业资格考试】 2019年，全市法律职业资格考试报名人数1123人。市司法局与市委网信办等8个单位联合出台《关于进一步做好全市国家统一法律职业资格考试工作的意见》，建立滨州市国家统一法律职业资格考试协调机制，科学制定工作方案和应急预案，精心组织实施，实现两次法考安全、平稳、顺利、有序。

（高海芳）

【鲁北监狱管理】 2019年，鲁北监狱严格规范公正文明执法，五级合议、两级公示落实到位，依法处理服刑人员减刑假释、暂予监外执行、申诉控告等工作。年内，组织提请减刑案件818件次，审核办理罪犯释放手续869人。依法开展狱务公开工作，通过网络平台、会见室、狱务公开栏等多种渠道，依法向公众、服刑人员家属、服刑人员公开刑罚执行相关工作。依法公开审理三类罪犯减刑案件50件次，接受人大、政协现场监督。持续深入开展扫黑除恶专项斗争，严厉惩治违法违纪行为，净化改造环境，整肃改造风气，1名民警被评选为全省监狱系统扫黑除恶专项斗争先进个人。推进“智慧监狱”建设，整合资源、升级改造，强化科技保障，10月，监狱通过司法部“智慧监狱”审核验收。强化食品安全管理，抓好源头管控，落实罪犯伙食实物量标准，科学合理配制菜谱，确保食品安全。严格按被服实物量标准配发被服和日常生活用品。完善服刑人员疾病诊疗、防控工作，定期进行全员健康查体，与滨州医学院附属医院、滨州市优抚医院、滨州市疾控中心等建立合作关系，确保服刑人员身体健康。鲁北监狱坚持以政治改造为统领，将每月第一个教育日设为政治教育日，开展法制、道德、形势、政策、前途教育，将五大改造融入服刑人员日常生活。探索形成以传统节日为依托开展教育改造活动，被司法部监狱管理局在全国推广；利用不同传统节日所蕴含的特殊意义，在春节、元旦开展给亲属一封信、集体会见等亲情教育，清明节召开“传承·2019清明祭先烈”专题教育大会，五一劳动节进行劳动观教育，重阳节进行感恩教育，国庆节进行爱国主义教育等。组织开展“等你回家”六一儿童节亲情帮教活动，联合中央电视台12频道拍摄制作教育改造罪犯案例专题片《拯救》，展现鲁北监狱教育改造成果。举办2019年服刑人员就业推介会，103名即将刑释人员与用工企业签订《就业意向协议书》；联合滨州职业学院开展即将刑释人员职业技能培训，拓宽即将刑释人员就业渠道，助力服刑人员改造。年内，鲁北监狱被山东省委政法委表彰为人民满意政法单位。

（徐　娜）

2019年12月4日，“宪法在我心中”——2019年滨州市首届“以案释法十佳案例”颁奖暨“12·4”国家宪法日法治晚会在滨州大剧院举行　（市司法局　供图）

【滨州市获评全国“七五”普法中期先进城市】 2019年11月，全国普法办对“七五”普法中期先进集体和个人进行通报表扬，滨州市被评为全国“七五”普法中期先进城市。“七五”普法以来，全市普法依法治理工作，落实全市“十三五”发展规划和“七五”普法规划，重点突出宪法宣传教育，实施“法律六进”，落实“谁执法谁普法”普法责任制，推动新媒体普法，坚持法治城市、法治政府、法治社会三位一体共同推进，弘扬法治文化，开展法治创建，为富强滨州建设营造良好法治环境。

【全省“智慧矫正”建设现场推进会召开】 2019年11月25日，全省“智慧矫正”建设现场推进会在阳信县召开，会议贯彻习近平总书记网络强国战略思想，省司法厅副厅长李端卫、副市长赵永生等领导出席会议，各市司法局分管局长、社区矫正科（处）长、“智慧矫正中心”试点单位县（市、区）司法局分管领导、社区矫正科长、省司法厅社区矫正工作处有关工作人员100余人参加会议。会上，阳信县、东营市垦利区、烟台市、淄博市临淄区、滕州市司法局作交流发言。社区矫正“滨州智慧”在全省推广。

【首届“以案释法十佳案例”颁奖晚会举行】 2019年12月4日晚，“宪法在我心中”——2019年滨州市首届“以案释法十佳案例”颁奖暨“12·4”国家宪法日法治晚会在滨州大剧院举行。晚会对全市首届“以案释法十佳案例”和“以案释法优秀案例”颁奖，全面落实国家机关“谁执法谁普法”普法责任制，推进行政执法“三项制度”落地落实，展示各部门各单位以案释法优秀成果，全面深化法治滨州建设。

滨州市首届“以案释法十佳案例”一览表

表8　（共10个，排名不分先后）

案例名称	报送单位	案例类型（司法类、行政执法类、法律服务类、其他类）
王某然组织、领导黑社会性质组织案	滨州市公安局、滨城区人民检察院	司法类
“9·8”特大制售假冒贵州茅台酒案	滨州市公安局	司法类
孙某诉由某、孙某借款纠纷案	滨州市中人民级法院	司法类
刘某非法制造注册商标标识案	滨州市中级人民法院	司法类
非法提炼海绵铜污染环境刑事附带民事公益诉讼案	博兴县人民检察院	司法类
陈某琪网络传销案	滨州市滨城区市场监管局	行政执法类

续表 8

案例名称	报送单位	案例类型 （司法类、行政执法类、法律服务类、其他类）
随意倾倒建筑垃圾被处罚案	无棣县综合行政执法局	行政执法类
55 名农民工追讨劳动报酬提供法律援助案	滨州市法律援助中心	法律服务类
代书遗嘱程序及效力问题案	山东民颂律师事务所	法律服务类
上访别任性　非访或判刑案	滨州市信访局	其他类

滨州市首届“以案释法优秀案例”一览表

表 9　（共 10 个，排名不分先后）

案例名称	报送单位	案例类型 （司法类、行政执法类、法律服务类、其他类）
某化工有限公司非法经营 2、4—二硝基氯苯案	滨州市应急管理局	行政执法类
利用虚开增值税发票偷逃税款案	邹平市税务局	行政执法类
北京某检验认证有限公司减少认证程序案	滨州市市场监管局	行政执法类
邹平某油棉公司骗取贷款、金融票证案	滨州市公安局	司法类
“2·26”生产、销售假药案	惠民县公安局	司法类
涨价未成解除合同　违反诚信终遭败诉案	博兴县法院	司法类
金融机构怠于删除客户不良信息案	中国人民银行滨州市中心支行	司法类
张某等人虚开增值税专用发票不起诉案	滨州经济技术开发区人民检察院	司法类
张某与某手足外科医院医疗纠纷调解案	博兴县医调委	法律服务类
卡车司机外出期间意外猝死的工伤认定案	山东众成清泰律师事务所	法律服务类

（高海芳）

仲　裁

【概况】2019 年，滨州仲裁委员会办公室（简称市仲裁办）落实中央两办意见，在全省率先完成仲裁委员会换届；履行仲裁职能，全年仲裁案件 370 件，比 2018 年增长 11%；案件标的额 34 亿元，比 2018 年增长 47%，列全省第四；调解和解率达 40.3%，比 2018 年增长 8%。聚焦案件质量，抓流程再造。全年梳理各项制度 73 项，其中继续沿用 22 项，修订 31 项，新建立 20 项，工作机制进一步健全。建立以五级核阅为核心的案件管理体系，强化对案件结果监管；列出仲裁员正负两个方面行为规范清单，督促仲裁员勤勉公正履行职责。聚焦办案效率，抓智慧仲裁。创新建立网上办案系统，实现网上立案、网上监管；在全省仲裁系统率先使用语音庭审录入系统，大幅度提高庭审的录入效率以及案件记录规范性和完整性。聚焦重点行业，抓精准服务。分别联合市工商联及市铝行业协会、建筑业协会、个体私营协会出台服务行业发展文件，成立建筑行业仲裁服务中心等多个服务中心，举办首期仲裁法律大讲堂；围绕“降不良，打逃废”工作成立专门机构，完善“金融特别规则”，全年办理金融案件 136 件，有效化解金融风险。聚焦仲裁能力，抓人才引进。落实“招才引智”政策，引进外地高端人才 23 名进入仲裁员队伍，其中博士 8 名、硕士 8 名。通过换届，仲裁员队伍结构发生显著变化，47 人具有高级职称，其中包括全国知名学者和法律行业专家。

【仲裁案件审理】2019 年，市仲裁办共受理各类仲裁案件 370 件，所涉纠纷主要分布在金融（136 件）、房地产（87件）、保险（28件）、买卖租赁（21件）、股权转让（20件）、物业（16件）及建设工程（14件）等商事合同领域。其中金融仲裁工作受理案件最多，继续领跑全省仲裁机构。全年结案335件，其中调解和解结案135，调解和解率达40.3%，创历史最好成绩；仲裁庭组成后一个月内结案134件，快速结案率达40%；年内未发生仲裁裁决被人民法院撤销和不予执行案件。10月起，开展积案清理工作。针对梳理出的24件历史积案，制定化解方案，实行销号管理，分管领导负责，案件落实到科，责任到人，年内妥善化解8件。仲裁案件质量效率保持在高水平运行。

2019年12月24日，第四届滨州仲裁委员会第一次会议在市政大楼召开
（市仲裁办　供图）

【仲裁业务拓展】 2019年，全市仲裁业务不断拓展，开展领导干部认领行业抓宣传推广活动，走访调研有关行业协会及骨干企业；与市工商联及市建筑业协会、市铝行业协会等联合印发文件推广仲裁制度；成立市仲裁委建筑行业仲裁服务中心，根据行业特点开展特色仲裁服务；举办仲裁法律大讲堂，建成仲裁调解中心仲裁文化宣传长廊、调解室、法律服务室等。加强宣传工作，利用网站、微信公众号等平台，发布各类仲裁信息；滨州电视台播发报道7条，《滨州日报》《鲁北晚报》等刊发报道4次；参加滨州人民广播电台仲裁法律知识专访1次，提高仲裁法律普及度，扩大仲裁机构影响力。

【市仲裁委员会换届】 2019年12月24日，第四届滨州仲裁委员会第一次会议在市政大楼第三会议室闭幕，滨州仲裁委员会换届工作完成。省司法厅二级巡视员、省仲裁发展促进会秘书长孙成文莅临会议并致辞；副市长、第四届滨州仲裁委员会主任赵永生代表市政府为第四届滨州仲裁委员会组成人员颁发聘书后发表讲话。市政府副秘书长、第四届滨州仲裁委员会副主任尹月林主持会议并宣布第四届滨州仲裁委员会组成人员名单。新成立的第四届滨州仲裁委员会由15人组成，其中法律、经贸专家超过三分之二；聘任182名仲裁员，其中引进外地23名高端人才进入本地仲裁员队伍；对章程、仲裁规则等制度进行修订。第三届滨州仲裁委员会于2018年8月届满，因故经批准延期至2019年换届。

（刘　冰）

13 军　事

Military Affairs

滨州军分区

【概况】 2019年，滨州军分区各级学习贯彻习近平强军思想，突出铸魂固本，抓练兵备战，聚焦国防动员建设主责主业，持续打牢基础，严守底线红线，部队全面建设稳中有进、向上向好。军分区各级思想政治建设富有新成效，维护核心听党指挥思想根基牢固；战备训练持续加强，应急应战新能力有效提升。在抗击台风“利奇马”行动中，完成抢险救灾任务；国防动员建设实现新突破，完成兵员征集任务；部队基础设施加快升级改造，部队安全基础进一步巩固；综合保障效能建设有新提升，为应急应战做好保障准备；严格落实党管武装各项制度，党管武装工作开创新局面；狠抓“不忘初心、牢记使命”主题教育，全面从严治党呈现新气象。年内，军分区被省军区表彰为“保障工作先进单位”；军分区在征兵工作中面向大学生精准宣传做法被省军区转发；博兴县委书记李守江被山东省委、省军区党委授予“党管武装好书记”。

【思想政治建设】 2019年，滨州军分区学习贯彻习近平新时代中国特色社会主义思想和强军思想，严格落实党委中心组理论学习制度，同步参加省军区“铸魂强能”理论读书班。抓好军委主席负责制学习教育和“传承红色基因、担当强军重任”主题教育，采取“领导领学、集中自学、教育促学、活动助学”等方式抓实理论学习，各级领导干部带头上党课，组织参观杨柳雪周恩来纪念馆，观摩“富强滨州”建设发展成果，组织7次集中观看党史军史辅导录像和红色电影；抓好经常性思想教育，举办中华人民共和国成立70周年系列庆祝活动，安排参加国庆阅兵人员作体会交流。常态关注意识形态领域复杂斗争形势，定期与驻地宣传、网信、公安、国安等部门互通信息、研判形势、跟进教育。

【战备训练】 2019年，滨州军分区严格党委议战议训，持续纠治和平积弊，先后召开军事工作研讨会，研究解决战备训练重难点问题。组织战备值班业务培训考核，严格检查通报机制，每季度组织军地情报会商，多次组织民兵应急分队战备拉动演练，战备水平得到有效提升。高标准完成省军区赋予的战备库室规范化建设试点和教案教材编写任务。组织首长机关封闭式集训，抓好民兵应急分队轮训备勤，完成专业民兵骨干、基干民兵训练任务，组织第二届渤海尖兵岗位练兵比武竞赛，指导博兴县人武部完成黄河防汛课目拉动考核，得到上级考核组肯定。在抗击台风“利奇马”行动中，邹平市、博兴县等人武部，出动民兵3000余人次，完成抢险救灾任务。加快推进市县两级应急机动指挥系统建设和民兵训练中心升级改造，指挥手段和训练保障条件得到改善。惠民县人武部完成保障国防大学国际防务学院防务与战略研究英语班现地教学任务。

【国防动员建设】 2019年，滨州军分区协调召开全市国动委第七次全体会议，研究推动国防动员8类16项重点任务落实。开展国防动员潜力调查工作，完成多条潜力数据调查更新。推进深化民兵调整改革工作，召开军地联席会议，推动民兵编组向高新企业和行业领域拓展。滨城区人武部深化民兵调整改革检查考评位列全区第一。将民兵应急装备纳入地方应急管理体系统一保障，加大资金升级改造民兵应急营基础设施。组织基层武装部部长集训和专武干部资格认证，发放基干民兵证，加大资金投入整修库室、补充装备器材，无棣县人武部常态落实基层专武干部例会，滨城区人武部加大投入抓好基础设施改造。军地联合出台事业单位定向招聘大学生退役士兵实施办法，以政策红利吸引大学毕业生应征入伍，大学生征集比例达84%，大学毕业生征集比例达22.3%。沾化区、无棣县实现零退兵。

【部队基层建设】 2019年，滨州军分区贯彻军委基层建设会议精神，制定《军分区党委帮抓人武部、干休所实施方案》，深入开展帮建基层、帮带干部、帮抓骨干活动。结合蹲点调研、民主生活会、工作总结、考核班子等时机，军分区党委领导深入一线“解剖麻雀”，研究解决问

2019 年 5 月 30 日，滨州市大学生征兵宣传月启动仪式在滨州学院举行

（军分区 供图）

题，加强帮抓帮建。着力加强人才队伍培养帮带，组织 2 期党委（支部）书记培训，抓好转改文职人员适岗训练，建立“周三夜校”学习制度，常态抓好法规制度学习宣讲，干部队伍能力素质加强。做好老干部服务保障工作，指导干休所高标准完成应急呼叫系统升级、医疗器械采购补充、从地方购买服务等工作，服务保障水平提升。持续抓好百日安全活动，抓好安全管理和保密骨干培训，严密组织安全大检查、保密专项检查和作风纪律教育整顿，部队安全基础进一步巩固。加快基础设施升级改造，博兴县和阳信县人武部完成独立营院建设。邹平市人武部、滨州军人干休所被省军区表彰为基层建设先进单位。

【后勤保障能效建设】 2019 年，滨州军分区落实省军区保障工作会议精神，做好应急应战保障准备，修订完善保障方案预案，指导开展应急保障专业训练。严格党委理财，重新修订财务管理规定，推进取消家底经费工作，纠治整改报销手续不齐全、落实公务卡结算不严格、固定资产增减不及时等 39 个财经管理方面问题，财务管理秩序进一步规范。沾化区人武部预算执行率达 91.6%，为全分区最高。严格武器装备管理，推进新式军车号牌悬挂工作，完成枪支弹药清查，保障年度训练任务。拓展民兵调整改革装备保障领域，及时签订军民通用装备预征预储协议。坚持向备战打仗和向基层官兵聚焦，加大资金投入，完成民兵装备仓库信息化升级改造、整修官兵公寓住房及勤务队食堂。开展清理纠治，整改办公用房 4 套，妥善解决分区机关土地扩界确权、地方商场占用军用土地等遗留问题，惠民县人武部克服困难、协调沙窝林场土地确界返还，后勤管理秩序进一步正规。滨州军分区被省军区表彰为保障工作先进单位。

【党管武装】 2019 年，滨州军分区严格落实党管武装各项制度，组织召开县（市、区）人武部党委第一书记述职会，强化各级政治责任和使命担当。协调召开市委常委议军会议，研究解决驻滨部队建设发展难题和官兵实际困难，将随军家属未就业补助提高至 1730 元，安置随调家属 3 名，驻地官兵、文职人员反映强烈的子女入选优质学校问题得到解决。推动国防教育纳入市县两级党校培训和党委中心组理论学习内容，邀请省军区战备建设局领导为全市党政领导做国家安全形势报告，安排 2 名军分区常委到市委党校进行授课辅导，各级开展国防教育活动 10 余次。助力滨州打赢脱贫攻坚战，各级先后投入扶贫资金 150 余万元，8 个挂钩帮扶贫困村全部脱贫。开展“为灾区献爱心”活动，军分区慰问受灾严重的 2 个县市 60 万元，官兵职工自发捐款 4 万余元。

【队伍党建】 2019 年，滨州军分区狠抓“不忘初心、牢记使命”主题教育，以团以上党委班子和领导干部为重点，突出抓实学习教育、专项整治和问题整改，先后 3 次召开推进会，军分区党委 4 个方面 20 个问题全部整改，各人武部、干休所教育评价满意率均在 95% 以上。推进“两学一做”学习教育常态化制度化，严格“三会一课”（支部大会、支部委员会、党小组会，党课）落实，严肃党内政治生活，2 次召开师团级党委民主生活会，抓好党的领导和党的建设问题“总台账”回炉整治，组织功能不断强化。突出抓好军委巡视和军委国防动员部巡察反馈问题整改，制定整改路线图，全区各级自查发现 381 个问题，全部按要求完成整改。开展党的纪律教育，各级党委、纪委领导带头上专题党课，常态抓好党纪条规学习考核，官兵法纪观念进一步增强。常态开展作风建设检查督查，做好地方考评奖金、家属随军未就业补贴、留存名贵特产类物品专项清理，有效传导正风肃纪压力。

【省军区黄河防汛抗洪演练】 2019 年 6 月 27 日，省军区在黄河乔庄段对博兴县民兵应急分队进行防汛抗洪演练拉动。演练活动共动员民兵应急分队千余人，编成险情巡查队、抢险突击队、工程机械队、城市排涝队、综合救援队、医疗防疫队、综合保障队、机动预备队共 8 支队伍。演练制定各种预案，计划完备，演示预报、决策、调度、抢险等防汛抗洪抢险实战演练全过程，博兴县民兵应急分队主要完成黄河险工段巡护抢险，协助专业抢险队，发现险情立即处置；参加封堵决口、爆破分洪、疏浚河道、清挖堰塞等抢险行动；组织转移滩区及可能受灾群众，解救、转移或疏散受困人员，抢运重要装备物资器材，在打渔张森林公园开设400人规模安置点，协助民政部门和公安机关做好后续保障及秩序维护工作；城区排涝清淤，组织民兵协助进行排涝清淤工作，尽快恢复正常秩序；协助开展医疗救护和疫情防控工作；保护重要目标和军事设施安全；协助市防汛指挥部在打渔张开设前线指挥所。

【博兴民兵抢险救灾】 2019年8月，受台风“利奇马”冲击，博兴县受灾严重。博兴县民兵发挥抗险救灾突击队作用，165名突击队员、千余名基干民兵分布在全县各处，进村入户，巡查危房，救济受灾群众，安置群众生活，搬运沙土900吨、近8万个沙袋，筑防水坝900多米。8月11日夜，锦秋、博昌、城东街道民兵应急分队巡查小清河岸堤和城区主要街道，发现重大险情隐患多处，及时进行排除补救。是日晚9时，县人民医院外科大楼负一楼被洪水淹没，水深达4米，部分群众被困。接到县防汛抗旱指挥部增援命令后，县人武部抽调各镇办民兵应急排165名队员，投入县人民医院外科大楼被淹抢救工作，组织对负一楼和地下车库三处决口实施封堵，昼夜搬运沙袋7万袋，使险情得到控制，最终抢救出受困群众8人，生还6人。

（马光俭）

2019年8月，博兴县民兵搬运沙袋，封堵缺口抗击台风“利奇马”

（马光俭 摄）

武警滨州支队

【概况】 2019年，中国人民武装警察部队滨州支队（简称武警滨州支队）深入贯彻习近平强军思想，坚决落实武警部队和山东总队党委决策部署，凝神聚力抓经常，严格落实党委中心组理论学习制度，深入开展“牢记训词、践行使命”教育和“不忘初心、牢记使命”主题教育；扎扎实实打基础，开展“条令年”活动、安全重难点问题专项整治和暑期百日安全竞赛，部队安全底基更加牢固，武警滨州支队三级安全员工作做法被总队推广；瞄准一流抓建设，开展群众性大练兵，1人被总队表彰为训练标兵，组织首届执勤业务比武，10次受到武警部队和总队通报表扬；担当作为谋发展，修订完善4大类12种后装保障方案和专业保障计划，形成全方位后装保障体系，广泛开展群众性后装专业大练兵和专业能力检验评估，部队基础进一步厚实，各项任务完成，全面建设持续发展进步、稳步上升。召开支队党代表大会，选举产生新一届党委常委。全年研究使用46名干部，发展28名党员，上下公认，官兵服气。年内，在上级多次考核中，民主测评满意率保持100%。武警滨州支队连续19年实现“四无”，连续8年被总队表彰为“基层建设先进支队”。

【思想政治建设】 2019年，武警滨州支队坚持把学习贯彻习近平强军思想作为首要政治任务，落实党委中心组理论学习制度，采取党委带机关、机关带基层、干部带战士方式，推动理论武装走深走实。以“牢记训词、践行使命”教育开局，以“不忘初心、牢记使命”“传承红色基因、担当强军重任”两大主题教育牵引，严格落实总队教育“五步法”，探索“翻转课堂”教育模式，加大“三课”督教力度，全面推广“互联网+”、教育“4小载体”，不断打牢“三个绝对”思想根基。持续加强思想、文化和舆论管控，开展“向建国70周年献礼”系列文化活动，打造以忠诚为主题训词墙、宣传栏、英模雕塑，组织5次参观见学，举办4场文艺演出，推动政治工作创新发展。1人在总队“四会”政治教员评比竞赛中获十佳，1名士官休假期间主动参与灭火、1名退伍战士见义勇为被军地媒体广泛报道。

【练兵备战】 2019年，武警滨州支队把练兵备战作为中心工作，紧盯短板弱项抓提高，集智聚力推进反恐怖训练场建设，广泛开展群众性大练兵，建立训练帮扶对子，刚性落实“日训练、月考核”制度，强化监督检查，训练质量不断提升，1人被总队表彰为训练标兵。常态突出执勤重心，强力推进“智慧磐石”工程建设；严密组织首届执勤业务比武，提升实战化执勤能力，处置3起执勤险情；施行全时段执勤隐患排查治理，10次受到武警部队和总队通报表扬，连续19年执勤无事故。围绕国庆安保主线展开战备工作，先后担负武装押解、警戒设卡和联勤巡逻等临时勤务；完成抗击台风“利奇马”抢险救援任务，打赢本领得到实战检验。

【基层建设】2019年，武警滨州支队紧盯抓基层、防风险、治“五多”、办实事四个重点，用好纲要联评、蹲点帮建、挂钩帮带、在岗培训、轮岗锻炼等有效载体，巩固深化季度难题破解成果，解决影响制约基层发展矛盾难题。全年11批次下部队精准帮建，帮助2名干部家属对口随调，协调随军未就业家属地方补助金由每月600元增至1730元，官兵子女首次实现自主择校。开展“条令年”活动、安全重难点问题专项整治和暑期百日安全竞赛，常态落实“六个过一遍”、安全工作“八个规范”，集中开展“七网”问题专项治理，常态组织“四不两直”检查，支队三级安全员工作做法被总队推广。执勤二大队、执勤中队分别被武警总队表彰为“基层建设先进大队”“标兵中队”；博兴中队、惠民中队、阳信中队、警勤中队被总队表彰为“基层建设先进中队”。

【综合服务保障】2019年，武警滨州支队坚持聚焦打仗建队伍、精准服务搞保障、从严施管促规范。修订完善4大类12种后装保障方案和专业保障计划，细化支队、大队战勤编组、编携配装，形成全方位后装保障体系。开展群众性后装专业大练兵和专业能力检验评估，组织7批84人次集中培训、以工代训，后装人员综合素质明显提升。落实军队经费管理规定，推进基层单位结算卡办理使用和账户撤销工作，统筹抓实后勤领域“清仓归零”和行业领域整肃治理“回头看”活动，逐个问题制定解决措施，确保见底归零。实行伙食网格化管理，开展“伙食帮扶”活动，抓好新调整伙食费标准落实。投入330余万元用于营房维修整治、采购生活设施和训练场地改造，推进3个单位新营房建设，博兴中队搬迁。

（徐　斌）

滨州海警局

【概况】2019年，中国人民武装警察部队海警总队山东支队滨州大队（简称滨州海警局）坚定“努力建设一支强大的现代化海警部队”目标，围绕“改革整编，练兵备战”工作主线，树立“忠诚担当、艰苦坚守”导向，全体人员强化主责主业意识，始终保持辖区海域治安管控高压态势，实现队伍内部、管辖海域双稳定。滨州海警局按照边整编边发展方式，5月入驻，6月挂牌，按时完成营房定点部署。年内，累计接处警21起，查处行政案件6起，处理刑事案件3起，惩治处理违法犯罪嫌疑人21人；出动船艇59艘次，航时1137.5小时，航程2742海里；累计走访涉海部门9个，建立协作执法机制3个，破获“7·04非法采矿案”。

【执法执勤】2019年，滨州海警局以执法执勤为中心主业，在滨州辖区海域内开展海上执法工作，对辖区内海上发生的刑事案件行使侦查权，有效整肃滨州海上治安环境。滨州海警局抓住伏季休渔期和“净海一号”惩治走私专项行动等有利时机，针对伏季休渔、海上走私、非法采砂等问题深入开展基础信息摸排，并组织一线工作站深入辖区，逐一走访船舶停靠点，确保“底数摸清、人员摸实、动态摸准”。滨州海警局本着“围绕中心、服务大局，以民为本、紧密协作，相互尊重、平等协商，依法依规、及时高效”协作原则，年内累计走访涉海企业、码头35次，走访涉海部门9个，建立协作执法机制3个，为海上执法工作进行打下坚实基础。

【滨州海警局成立】2019年6月15日，滨州海警局挂牌成立。按照《深化党和国家机构改革方案》和《武警部队改革实施方案》决策部署，组建滨州海警局，统一履行滨州海上维权执法职责，包括执行惩治海上违法犯罪活动、维护海上治安和安全保卫、海洋资源开发利用、海洋生态环境保护、海洋渔业管理、海上缉私等方面执法任务，协调指导地方海上执法工作。滨州海警局的成立，标志着滨州市海上执法力量形成全新格局。

【“7·04”非法采矿案】2019年7月1日晚，胡某在未取得海砂开采海域使用权证和采矿许可证的情况下，指使汤某等人操作自吸自卸式采砂船在辽宁绥中海域盗采海砂8000余吨，涉嫌非法采矿罪。7月4日，该船在滨州港外海域锚泊时被滨州海警局查获，现场查获涉案人员13人，

2019年6月15日，滨州海警局挂牌成立　（滨州海警局　供图）

涉案海砂8100吨，涉案价值25万余元。

（张　毅）

人民防空

【概况】 2019年，滨州市人民防空办公室（简称市人防办）推进人防审批制度改革，推进“放、管、服”改革，实施人防审批流程再造，提高行政审批服务效率。推进人防工程质量安全监督属地管理，质量与安全监督管理机制不断完善。举办全市第21次防空警报试鸣暨机关防空防灾应急疏散演练活动，开展市人防系统跨区机动训练演练。深入推进人民防空宣传教育工作，开展五场“人防、消防安全知识进社区消夏晚会”活动，建成两个人防教育电教室，人防科普教育体验馆完成竣工验收并试运行。

【人防指挥体系建设】 2019年，滨州市人防无线宽带集群传输专网通过竣工验收，在全省率先实现市县两级互联互通。举办全市第21次防空警报试鸣。跨区机动训练演练，市县两级在河北省石家庄市共同参与训练演练。

【人防工程建管】 2019年，《滨州市城市人民防空建设规划2018—2035》编制完成，通过市政府批复实施，纳入城市总体规划。人防工程防护体系更趋完善，竣工人防工程面积比2018年增长17%。开展人防工程设计质量抽查，促进人防工程设计质量水平提升。履行人防工程安全生产监管责任，组织开展“安全生产月”宣传活动，印发《全市单建人防工程安全生产专项整治活动实施方案》，加强隐患排查整改，安全形势稳定。加强人防工程维护管理，落实单建人防工程管理责任单位，组织开展人防工程维护管理全面检查，提高人防工程管理水平。

2019年9月18日，滨州市第二十一次防空警报试鸣暨机关人员疏散演练在市住房城乡建设局举行　（张婷　摄）

【人防宣传教育】 2019年，市人防办共开展5场“人防、消防安全知识进社区消夏晚会”活动，建成2个人防教育电教室。开展“5·12防灾减灾日”宣传活动，通过设立展板、发放资料开放滨州人防低空预警系统等形式宣传人民防空和防灾减灾有关知识。9月18日，全市第21次防空警报试鸣后，举办住建系统国防知识讲座。

【人防科普教育体验馆建成试运行】 2019年，市人防科普教育体验馆完成竣工验收，先后被国家、省人防办批准命名为“国家人民防空宣传教育滨州基地”“山东省人民防空宣传教育基地”，同时挂牌“滨州市消防科普教育基地”。7月，市人防科普教育体验馆被市关心下一代工作委员会、市教育局联合命名为“滨州市青少年安全教育基地”。年内，体验馆接待省内外参观批次289批次，其中市内社会团体及中小学生参观244批次，共1.70万余人。

（张　婷　罗文通）

14 经济管理 Economic Management

宏观经济管理

【概况】 2019年，全市发展改革部门启动“十四五”规划编制工作，筛选上报申请列入国家和省“十四五”规划重大事项129项，将打造世界级高端铝业基地纳入省“十四五”制造业发展规划，《滨州市新能源产业发展规划》印发实施。推进项目建设，完善“六个一”推进体系，抓实25项重点任务，设立基金50亿元，储备市新旧动能转换重大项目557个，争取省优选项目33个，数量居全省第七位；加快新动能青岛展览洽谈会滨州主题展馆设计布展和重大项目推介工作，17个项目集中签约，金额124.67亿元。加快“双招双引”，绘制新能源新材料产业招商“三张图谱”，签约项目16个、总投资122亿元，开工建设项目10个；承办首届世界高端铝业峰会，签约项目24个、金额631亿元。加大向上争取力度，全年争取无偿资金11.6亿元，完成年度任务的232%；争取政府专项债券137亿元，列全省第三位；争取棉花配额18万吨、小麦和玉米配额17万吨，均居全省第一位；西王集团5亿美元债券展期、融鑫集团5.5亿元债券获国家批复，宏桥集团3亿美元债券发行；13家企业获评省创业投资企业，居全省第二位。加快改革创新，争取省级以上创新平台12个，认定市级81家；鲁北高新区增量配电改革、大宗固体废弃物综合利用基地被列入国家试点，单位能耗产出效益、公共资源交易一体化平台纳入省试点；在全省率先建立中小企业“白名单”制度，认定企业61家，为34家授信14.2亿元、贷款9.9亿元，争创省市创新平台23个。建立“红黑名单”管理办法，开展信用联合奖惩和专项治理，在省考核中获满分；4个县市成为省重点事权综合改革试点。提升服务民生成效，黄河滩区迁建工作考核获全省优秀等次，惠民县滩区群众安置完成，21个旧村台提升项目开工。1县、5镇、54个村入选省级乡村振兴“十百千”示范名单，1个镇入选国家级农村产业融合发展示范园区。

（伊善强　游风岐）

【规划编制】 2019年4月29日，滨州市组织召开“十四五”规划编制工作会议，启动“十四五”规划编制工作。5月8日，市发展改革委印发《关于开展“十四五”规划编制工作的通知》，明确规划编制的总体要求、步骤节点、重点工作和保障措施，成立“十四五”规划编写小组。7月2日，市发展改革委组织召开“十四五”规划基本思路座谈会，组织市直20个部门、单位座谈研讨。7月29日，市发展改革委组织召开“十四五”规划重大事项座谈会，就拟纳入国家和省“十四五”规划重大事项，征求科技、工业和信息化等部门意见。10月12—13日，市委市政府召开“十四五”规划编制工作专家座谈会，邀请17名专家进行专题恳谈和现场考察。经过分层次、分专题调研探讨和征集筛选，《滨州市“十四五”规划调研思路框架（初稿）》起草完成，分11章44节，约2.9万字。市发展改革委完成市级重大调研课题《滨州铝产业高质量发展路径初探》，上报省发展改革委；征集提报“十四五”规划前期重大调研课题71项、重大政策38项、重大工程项目300项。

（郭玉冰）

【经济运行监测】 2019年，市发展改革委每季度对全市经济运行情况进行分析研判，定期到基层、企业，调查掌握经济运行中的问题，加强对经济运行的预警、监测，提出工作建议。抓实经济运行情况分析，落实经济运行月调度制度，定期形成专题分析报告，服务领导决策。

【项目资金争取】 2019年，滨州市围绕国家和省重点支持方向，加大项目储备、申报力度，向国家、省发展改革委筛选申报一批优质项目。全年争取中央、省预算内投资11.6亿元，涉及健康保障、黄河滩区居民迁建、生态文明建设专项、重大水利工程、经贸流通等20个领域，107个项目受益。市发展改革委做好专项债券项目争取工作。年内，全市5批地方政府专项债项目通过国家发改委审核84个，申请债券资金额度135.5亿元，争取项目个数和债券资金额度均居全省第三位；其中43个债券项目到位76.01亿元，主要涉及交通基础设施、能源、农林水利、生态环保、社会事业、冷链物流、市政和产业园区基础设施建设。

【固定资产投资】 2019年6月始，全市固定资产投资降幅连续收窄；9月后，单月投资实现连续正增长，全年固定资产投资比2018年下降23.5%，列全省第12位，完成“保三争二”年度目标任务，结束2018年固定资产投资全省垫底局面。建立投资500万元以上项目库，每个项目明确“手续进度图”和“施工进度图”；按月调度500万元以上项目进展情况和全市新立项项目，形成投资形势分析研判，为领导决策提供依据。建立重大项目落地机制、服务项目流动专班，制定项目问题“四张清单”，全年协调解决项目困难问题235项，省市重点项目全部开工，超额完成年度投资计划。落实省委、省政府“四个一批”（一批技改项目提升、一批开工建设项目、一批竣工投产项目、一批对接引进项目）要求，建立滨州市“四个一批”项目库，入库项目915个，总投资7215亿元，实施季更新、月调度，加强项目督导推进。系统梳理国家、省、市出台的产业、项目、价格、收费等惠企政策，形成政策汇编，开展“送政策进企业”活动，面对面为企业解读政策、答疑解惑。

（伊善强　游凤岐）

【重点项目建设】 2019年，全市争取省重点项目7个，总投资82亿元，年度计划投资27.25亿元，年内完成投资27.5亿元，完成年度计划的101.1%。经市政府确定的年度市级重点项目116个，项目总投资额1684.2亿元，其中建设项目107个、重大前期项目9个。107个建设项目总投资1099.4亿元，年度计划投资268.6亿元，年内完成投资283亿元，完成年度计划的105.3%。强化省市重点项目管理服务，落实“月调度、月分析、半年督导、年终考核”管理制度，把握重点项目进展情况。对省市重点项目进行中期调整，京博集团15万吨/年溴化丁基橡胶项目列入调整后省重点项目，是全省5个新调入的省重点项目之一；取消4个未开工和进展缓慢的市重点建设项目，同步补充4个项目。强化土地指标争取，7个省重点项目争取新增用地指标767亩，比2018年增长87.9%；年内，市重点建设项目安排新增用地指标1028亩。加强重点项目宣传，在《滨州日报》开辟“滨州发改重点项目巡礼”专栏，对重点项目进行连续宣传报道。

（杜成霞）

【新旧动能转换】 2019年，全市推进新旧动能转换重大工程实施，基本完成全面起势目标。储备新旧动能转换重大项目557个，争取省优选项目33个，参加新动能青岛展览洽谈会集中签约项目17个、金额124.67亿元。印发《2019年度滨州市新旧动能转换综合试验区建设工作要点》，编制高端铝、高端化工、新一代信息技术等12个产业中长期发展规划；与省财金集团签署“1+7”战略合作协议，设立50亿元新旧动能转换基金、30亿元重点企业发展基金。举办首届世界高端铝业峰会，推介总投资1200亿元的涉铝项目50个，现场签约项目24个，签约金额631亿元；中国铝谷云平台启动运行，设立100亿元铝业发展基金。临港化工产业园区等6个园区获批省化工园区，滨华新材料碳三碳四综合利用项目、京博中聚新材料溴化丁基橡胶项目等一批重大高端化工项目加快推进，京博石化获第十八届“全国质量奖”，山东宏桥、滨化集团获评国家行业能效领跑企业；滨州市被中纺联授予“世界级家用纺织品产业集群先行区”。三大国家粮食加工产业技术创新中心基本建成。中科院山东综合技术转化中心滨州中心、山东渤海技术交易市场正式成立，渤海科创园、渤海先进技术研究院、魏桥国科（滨州）研究院等重大创新载体工程建设推进。年内，全市组织新能源新材料招商引资活动22次，签约项目15个，签约金额102.31亿元。“中国淘宝村高峰论坛”在惠民县举办；全年乡村旅游消费超120亿元，网络零售额实现近百亿元。争取省级以上人才载体平台13家，其中国家企业技术中心1家、省级企业技术中心7家、省级工程实验室5家；认定市级人才载体平台81家，其中市级工程实验室54家、市级企业技术中心27家。出台“万名大学生进滨州、百名硕博士进事业单位”实施意见，新设6家引才工作站，引进高校毕业生2514名。

（伊善强　游凤岐）

【社会信用体系建设】 2019年，全市推进社会信用体系建设，市公共信用信息平台在全省首批实现省、市平台信息共享，归集信用信息山

2019年4月12日，全市新旧动能转换“三个一批”重大项目推进会议在市政大楼召开

（市发展改革委　供图）

2000 万条提升至 1.3 亿条，数量为全国平均值两倍多，居全省前列。开展信用承诺公开工作，全市市场主体公开承诺 7500 家，占比由 0.02% 提高至 0.65%。加强诚信文化宣传，在滨州电视台播放诚信文化公益广告，组织参加首届“信用山东”微视频大赛，报送作品 19 件，数量居全省首位，市发展改革委获“优秀组织奖”。组织开展有奖征文，诚信人物、诚信企业评选，社区宣传等诚信宣传活动，上传“诚信建设万里行”宣传案例 50 多条。11 月，滨州市全国城市信用状况监测排名由 211 名提升至 160 名。加快“诚信滨州”建设，年内完成 1356 个失信被执行人治理工作，占比由 3.2% 降至 1.9%；完成政府与企业纠纷案件治理 73 件，在全省率先完成“清零”任务。完成公共资源交易信用管理体系建设试点工作，省政府办公厅在全省范围内发文推广。印发《滨州市信用“红黑名单”管理办法（试行）》，全年归集红名单信息 4036 条，黑名单信息 4338 条。依托市公共信用信息平台开发联合奖惩系统，在 28 个相关部门（单位）安装试运行；举办联合奖惩系统应用培训，形成联合奖惩案例 300 多个。印发《关于明确滨州市信用修复流程的通知》，明确行政处罚信息信用修复制度和修复流程，举办全市首期行政处罚信息信用修复专题培训班；通过“信用中国协同工作平台”为 57 家企业进行信用修复。

（杨召龙）

【调研谋划】 2019 年，市发展改革委研究制定“飞地经济”实施细则、推进扩权强县改革促进县域经济高质量发展实施方案、低效工业企业改造提升实施意见、深化产教融合推动新旧动能转换实施方案等，筛选确定市政府经济顾问 10 名。开展全员大调研活动，形成“滨州市经济发展突出问题及对策建议”“五大高耗能行业高质量发展实施方案”等多项调研成果。市发展改革委到浙江省湖州市、江苏省泰州市调研考察，形成《关于浙江湖州、江苏泰州发展经验的启示与思考》专题报告，报市领导审阅；研究制定《滨州市“对标先进”活动实施方案》，为全市“对标先进活动”提供遵循依据。参与专题调研活动，对全市经营效益下滑严重的 23 家重点工业企业进行调研，调研成果被市政府《领导参阅》采用。代市政府起草《加大力度抓紧抓实经济运行工作方案》，提出 17 项重点任务。围绕黄河流域生态保护和高质量发展，多次到国家发展改革委、宏观经济研究院和省发展改革委汇报沟通，多次召开县（市、区）和相关部门会议专题研究，上报重大项目、工程、政策 122 项。

（游风岐）

【油区协调服务】 2019 年，市发展改革委与油田单位加强协作联系，服务全市重点项目建设。在魏桥国科（滨州）科技园、渤海先进技术研究院、京东黄河三角洲云计算大数据中心等重点工程建设中，对接协调各个项目指挥部，解决油田设施封停迁移等事项；提前介入津潍铁路、高铁片区等重大项目，对涉及的油田设施全面摸底，提前申请油田企业迁移合并。加强油区工农协调服务，市发展改革委按照“政出一门”原则，完善工农纠纷排查化解工作机制，开展“超前、跟踪、善后”服务，推进油田开发建设；年内，油田新开发油气井 157 口，架设输电线路 9.1 千米，铺设油气管线 16.8 千米，配合油田在无棣县、博兴县 11 个乡镇进行三维地震勘探，放炮 3.20 万多响，勘探面积 1000 多平方千米；处置油田原油泄漏事件 2 起，办理市长热线 26 件、办结率和群众满意率达 100%。坚持推进管道完整性管理，对 528 千米管道中的 55 处高后果区实施科学管控，要求管道企业制定高后果区“一处一案”，实行分级分类管控，指导企业做好油气管道检测检验和风险评价工作，建立预防第三方施工损坏安全管理长效机制。全年开展 5 次油气长输管道安全隐患专项整治行动，发现安全隐患问题 47 项，全面落实整改。强化执法监管，10 月，联合博兴县执法局依法强制拆除济青二线 1 处管道违法构筑物；11 月，查处 1 起私接套管气行为。建立完善权责清单制度，在单位网站对 8 项权责清单主动公开，初步实现网上运行。加强现代媒体宣传，在滨州电视台新闻频道播放管道保护公益宣传片，在单位门户网站开辟管道保护专栏，在主要路口设立 2 块油地共建大型广告牌。

（游风岐）

国有资产监管

【概况】 2019 年，全市推进国资国企改革发展。完善国资国企改革顶层设计。出台《关于深化市属国有企业改革的若干规定》及 6 个配套文件，完善“1+ N”国资国企改革制度体系，全省首创出资人监督、外部董事监督、财务监督、审计监督、纪检监察监督“五位一体”国资监督体系。推进国企改革发展。组建改建市属企业集团，推进市属国有企业混合所有制改造，加快“僵尸”企业清理退出工作，完成全市国有企业职工家属区“三供一业”维修改造。推进“双招双引”。开展国企央企招商，多次到北京、西安、无锡等地央企国企进行推介路演和招商洽谈；建立市属企业经营管理人员人才库和市国资委专家智库；央企国企招商工作专班全年引进招商项目 10 个，其中过亿元项目 7 个。加强国资国企监督管理。滨州市人民政府国有资产监督管理委员会（简称市国资委）组织召开国企发展质量审计整改工作会议，规范完善企业财务管理工作；落实企业降杠杆目标要求，推进监管企业兼并重组、完善现代企业制度；开展拖欠民营企业中小企业账款清理工作，加强经济运行动态监测，提前 2 个月完成县（市、区）属经营性国有资产集中统一监管。强化企业人才建设。制定印发《滨州市市属国有企业领导人员管理办法（暂行）》《关于推进市属国有企业市场化选聘高级管理人员工作的指导意见（试行）》；组织市属企业参加“滨州市2019夏季校园招聘会”和“万名大学生进滨州”专场招聘会，全年招聘全日制大学生521名。加强国有企业安全、环保生产，所属企业全年未发生重大安全生产责任事故、环保违法事件；开展系统企业破产下岗职工稳定工作，维护职工合法权益；为全市各级各类企业符合条件人员，发放庆祝中华人民共和国成立70周年纪念章448枚，获省国资委通报表扬；完成系统内企业18个市城区老旧小区卫生城复审和文明城市创建工作。至年底，全市正常生产经营的一级国有企业91户（国有独资74户、控股12户、参股5户），资产总额1520.38亿元，比2018年增长5.37%；国有资本及权益总额561.87亿元，国有资本保值增值率100.73%。年内，正常经营的一级国有企业实现营业收入309.55亿元，比2018年增长6.12%；实现利润9.86亿元，比2018年下降22.65%；上缴税金15.45亿元，比2018年下降11.06%；实现利税25.31亿元，比2018年下降11.22%。市属正常生产经营的一级国有企业40户（包括国有独资30户、控股6户、参股4户），资产总额780.26亿元，比2018年增长13.83%；国有资本及权益总额234.6亿元，国有资本保值增值率101.44%。

【国资国企改革】 2019年，全市推进国资国企改革，优化国有资本布局，实施国有企业“三个一批”方案（培植壮大一批、实施混合所有制改革一批、清理退出一批），组建改建市属企业集团。根据市委国企改革座谈会精神，市国资委代市委市政府制定国有资本优化整合实施意见，加快7大市属企业集团组建改建工作，推进市属国有企业混合所有制改革。至年底，11户市属企业中，3户企业混改实施方案经市政府批准，进入实施阶段；8户企业混改框架方案获市政府批准。推进市属“僵尸”企业清理退出，至年底，23户市属“僵尸”企业中，22户企业清理退出实施方案、工作方案报经市政府批复，3户完成退出，4户进入法律退出程序，3户完成清产核资、制定退出方案，12户退出工作实施开展。

【国资监管机制完善】 2019年，市国资委加强国有资产监管，执行市委“无税不投、对外不投”工作要求，对国有企业投资项目建立审批制度，将“两不”要求形成制度文件。修订出台重大事项、权责清单、工资总额、企业投资等制度文件，规范完善国资监管工作。加强经济运行动态监测，每月对县（市、区）国有企业、市财政局监管企业、市国资委监管企业、市属国有企业、全市国有企业5个层面企业进行全面运营情况分析。突出重点指标、钩稽关系、树形结构审核，对主要财务指标变化进行分析，及时掌握数据变化原因，强化企业财务监督。

【国资国企“五位一体”监督体系构建】 2019年，市国资委代市委市政府拟定出台《关于深化市属国有企业改革的若干规定》，构建以管资本为主，出资人监督、外部董事监督、财务监督、审计监督和纪检监察监督的“五位一体”国资监督体系。加强出资人监督，落实出资人监管主体责任，对国有企业财务预决算审核、公司章程管理等出资人权利和责任实行清单式管理。加强外部董事监督，向市属国有企业全部派入挂职外部董事，外部董事按程序参加公司董事会，代表股东进行决策，列席企业相关会议。加强财务监督，向市属国有企业派入财务总监，对财务状况进行日常监督，财务总监依法进入董事会，参与企业经营管理，企业规定限额的资金支取调拨由总经理和财务总监联签。加强审计监督，在全省率先向市属国有企业派入审计总监，对国有企业、国有资本、境外国有投资和国有企业领导人员履行经济责任情况实施审计监督；在市属国有企业内部设立总审计师，加强企业内部控制和风险防范。加强纪检监察监督，在设立党委的国有企业设立纪委，纪委书记担任企业党委委员，市属国有企业纪委接受企业党委和上级纪委双重领导。

【引导国企履行社会责任】 2019年，市国资委引导国有企业履行社会职责，加大脱贫攻坚工作力度，组织企业到重庆市奉节县对接东西部扶贫协作工作。4家企业捐助19万元，帮助贫困村发展特色农业、改善基础设施。1家企业开展消费扶贫，购买40吨脐橙。

【县（市、区）属经营性国资集中监管】 2019年，全市在实现市属经营性国

2019年5月17日，滨州市市属国有企业混合所有制改革推介路演在济南举行

（市国资委 供图）

有资产集中统一监管的基础上，对各县（市、区）分散在部门管理的国有企业实施集中统一监管。市国资委对县（市、区）属企业开展摸底调查、清产核资、产权划转等工作，10月实现集中统一监管，提前2个月完成省定目标任务，结束各县（市、区）多年国有资产分散监管局面。

【央企国企招商】 2019年，市国资委成立招商专班，多次到北京、上海、西安、合肥、无锡等地，与国务院国资委及20余家央企、国企、大专院校、科研机构进行推介路演和招商洽谈，多次参与大型博览会、论坛、峰会活动。全年引进招商项目10个，其中过亿元项目7个、到位资金14.36亿元，超额完成全年招商引资任务。持续跟进中核集团与双峰石墨合作项目、滨化临港高端石化产业园项目、浪潮集团与国资公司合作等项目，做好服务对接。

【市属国企混改推介路演】 2019年5月17日，市国资委在济南山东大厦举办滨州市市属国有企业混合所有制改革推介路演。3家中央企业、31家省属企业参加，12家省级及以上新闻媒体参与报道。推介路演有17家市属国有企业参与，包括现代服务业、勘探设计、工程建设、投资运营、基础设施建设、生态农业等领域。推介路演介绍全市经济社会发展及“十强”产业发展情况，推介市属国有企业混合所有制改革情况。

（刘建国　李大鹏）

公共资源交易管理

【概况】 2019年，市公共资源交易中心完成公共资源交易诚信体系建设、政府采购融资服务平台、建设工程招投标评审制度改革3项重点任务。开展市县“一体化”公共资源交易诚信体系建设。3月，在全省率先启动市县“一体化”公共资源交易诚信体系建设，实行不良行为“抄告单”制度，被省发展改革委列为“公共资源交易信用管理体系建设”全省试点。推进政府采购融资服务。建立政府采购融资服务平台，16家金融机构入驻。实施建设工程招投标评审制度改革。征求住建、交通、水利等行政监督部门意见，修改调整全市工程建设项目招标投标评标办法。加强公共资源交易平台科技建设。推动人工智能、大数据分析、云计算等技术研发应用，重新开发设计、勘察、材料等范本，完成与省政府采购信息公开平台端口对接。加强“滨采商城”功能建设。增加在线议价和计算机集中采购专区、特产专区等功能，清退所有在库诚信供应商的保证金，完成诚信供应商合同续签、补充征集工作。加强数据分析工作。推进大数据分析平台系统建设，整理交易数据，引入外部数据，提升公共资源交易大数据统计分析能力。扩大包保服务范围。对79家单位实行包保责任制，提前介入招标程序，合理简化办事手续。年内，全市完成交易项目3013宗，交易额493.67亿元，节支增收30.14亿元。

【公共资源交易】 2019年，市公共资源交易中心完成滨城区滩区水系综合治理工程、滨城区棚户区改造项目——滨河新苑A区、黄河十九路地下综合管廊工程PPP项目社会资本方采购、滨州黄河大桥PPP项目工程施工监理采购、渤海先进技术研究院（一期）EPC+F总承包项目等重大工程、民生项目。四大类公共资源交易活动突出科技创新，实现公共资源交易平台提档升级。

2019年滨州市公共资源成交情况统计表

表10

项目类别		交易数（个）	交易金额	节支情况		增收情况	
				节约金额	节支率	增值金额	增值率
合计		3013	493.6676	11.9562	13.28%	18.1863	87.77%
市	小计	1084	229.4333	4.2003	4.09%	1.3583	55.41%
	工程建设	130	126.8212	3.41	2.46%		
	政府采购	663	47.7127	0.7903	1.63%		
	土地交易	83	54.7575			1.2830	2.34%
	产权交易	208	0.1419			0.0753	53.07%
县（市、区）	小计	1929	264.2343	7.7559	9.19%	16.9199	32.36%
	工程建设	205	71.0082	4.6621	6.16%		
	政府采购	1350	99.0533	3.0938	3.03%		
	土地交易	265	93.5332			16.8280	17.99%
	产权交易	109	0.6396			0.0919	14.37%

说明：交易金额、节约金额、增值金额单位为亿元

2019 年 8 月 6 日，全市公共资源交易工作会议在市公共资源交易中心召开

（采阳　摄）

工程建设类，全年完成建设工程项目 130 宗，交易金额 126.82 亿元；重新开发设计、勘察、材料、设备、公路监理、水运施工及监理 7 套新范本；根据《关于优化滨州市工程建设项目招标投标评标办法的通知》要求，对相应 6 套文件范本进行修改。政府采购类，全年完成政府采购项目 663 宗，交易金额 47.71 亿元；推进中标（成交）通知书在线打印、采购合同和验收报告在线签订功能开发工作，完成与省政府采购信息公开平台的端口对接。土地交易类，全年审核市本级及三区土地出让材料 99 宗，发布出让公告 24 期，成交地块 83 宗，交易金额 54.76 亿元；优化交易流程，实现土地竞买保证金在线退付功能。产权交易类，完成产权交易项目 208 宗，交易金额 0.14 亿元；做好“滨洁”商标转让等 33 项产权交易项目；完善产权交易平台系统，全市事业单位公车拍卖、商标权转让等项目平稳运行。

【市县“一体化”公共资源交易诚信体系建设】 2019 年 3 月，滨州市率先在全省启动市县“一体化”公共资源交易诚信体系建设工作，建设公共资源交易市县“一体化”诚信评价系统，市县两级公共资源交易平台同步实行不良行为“抄告单”制度。市公共资源交易中心与市发改、财政、住建、交通、水利等部门联合印发《滨州公共资源交易诚信评价管理暂行办法》等相关文件，该项工作被省政府办公厅列为全省唯一省级试点，被省发展改革委列为全省“公共资源交易信用管理体系建设”试点。

【政府采购融资平台建设】 2019 年 4 月，市公共资源交易中心启动政府采购融资服务平台建设工作，被列入“2019 年滨州市优化营商环境攻坚提升行动”。市公共资源交易中心对接相关责任单位及金融服务机构，保障融资服务平台运行切合金融服务机构业务实际，符合企业发展市场规律。10 月 25 日，政府采购融资服务平台完成“一网一平台一制度”建设，上线试运行。沾化区、惠民县、无棣县、博兴县各分中心同时开展试点工作，至年底，全市有 16 家金融机构入驻，授信放贷 3473 万元，其中博兴县分中心融资全国建行系统额度最大的政府采购合同贷款、合同金额 2700 万元。

【建设工程招投标评审制度改革】 2019 年，市公共资源交易中心规范公共资源交易活动，减少评委自由裁量权，建设公开、公平、公正的公共资源交易平台。4 月 4 日，市公共资源交易中心征求市住建、交通、水利等部门意见，印发《关于优化滨州市工程建设项目招标投标评标办法的通知》，对全市工程建设项目招标投标评标办法作出修改调整。

【“滨采商城”建设】 2019 年，市公共资源交易中心完善“滨采商城”功能建设，增加在线议价和计算机集中采购专区、特产专区等功能，突出地方特色，提高商城采购便捷性、易用性和实效性。年内开通铝制家具、厨具、纺织品、农产品、绳网 5 个特产专区，入驻企业 38 家，上架产品 236 件，完成订单 150 个，订单金额 190.42 万元。按照《山东省财政厅关于取消政府采购投标保证金等有关事项的通知》要求，清退所有在库诚信供应商保证金，做好诚信供应商合同续签、补充征集工作，征集 119 家具有本地化服务能力的诚信供应商入围。至年底，“滨采商城”有 6 家电商和 505 家实体供应商进驻，更新上架产品 15.18 万件，全市完成订单 7544 笔，成交额 2.14 亿元。

【“优化提升、流程再造”集中专项行动】 2019 年，市公共资源交易中心坚持“突出平台定位、突出流程再造、突出效率提升、突出自我革命”，启动为期百天的“优化提升、流程再造”集中专项行动。年内，市公共资源交易中心对工程建设、政府采购、土地交易、产权交易流程进行逐一梳理、逐条分析、逐项研判，建立工作台账，梳理流程再造问题 20 项，制定整改措施 24 项，完成措施整改 23 项。

【公共资源交易“标准化”管理】 2019 年，市公共资源交易中心加强公共资源交易规范化、标准化、法制化建设，集中出台《滨州市公共资源交易中心金融机构服务行为管理暂行办法》《滨州市公共资源交易中心代理机构管理办法》等规范文件，坚持用制度管人、管事、管权。加强对招标（采购）代理机构的培训、考核、管理力度，全年组织完成 9 期招标代理机构培训，培训 310 家、

650人次。对代理机构考核打分，年内5家代理机构被扣分9个减分项；奖励代理机构28家，195个加分项。

（枭　阳）

财　政

【概况】 2019年，全市各级财政部门推进预算管理改革，调整支出结构，创新财政投入方式，实施预算绩效管理，落实减税降费政策，各项工作有序推进。助推新旧动能转换。落实财政支持新旧动能转换“1+5”政策体系政策，与省财金集团签订“1+7”战略合作协议；设立专项基金，支持企业发展和产业转型升级；组建滨达实业有限公司，打造市政府重大项目建设“滨达模式”；设立滨发融资担保有限公司，加快政府性融资担保体系建设；落实减税降费政策50.2亿元，支持实体经济发展。推动民生事业进展。优化支出结构，民生支出比重达79.4%；加快政策性农业信贷担保体系建设，加大对上转移支付争取力度，16项基本公共服务领域重大民生政策补助每年增加9200万元；台风“利奇马”发生后，争取省级救灾补助2.92亿元，争取金额列全省第一位；保障重点民生项目建设，市人民医院西院区、市妇幼保健院、市中医院新院主体结构封顶。加强财政监管。提升财政透明度，设立财政预决算信息公开平台；深化预算管理改革，优化预算管理权责配置；实施预算绩效管理，对32个重点项目进行评价；加强地方债务管理，政府债务率压减到88.8%；建立政府投资项目等重大事项审核机制，规范项目预算管理流程；推动财政工作流程再造体系建设，全省第一张非税收入电子票据在滨州开出；加强公务卡制度督查，全市开卡率100%。年内，全市一般公共预算收入243.0亿元，比2018年增长1.0%（剔除减税降费因素比2018年增长11.4%），列全省第九位，其中税收收入175.7亿元、税收比重达72.3%；完成一般公共预算支出378.1亿元，比2018年增长9.5%。

2019年滨州市一般公共预算收入主要项目完成情况统计表

表11

序号	项目	收入额（万元）	同口径比2018年增长（%）	序号	项目	收入额（万元）	同口径比2018年增长（%）
1	增值税	748120	-5.3	12	契税	111092	48.8
2	企业所得税	204099	-17.6	13	环境保护税	28866	24.1
3	个人所得税	28755	-41.9	14	专项收入	107420	-12.9
4	资源税	24772	9.6	15	行政事业性收费收入	188072	15.2
5	城市维护建设税	102691	-11.2	16	罚没收入	165865	57.2
6	房产税	64216	5.4	17	国有资本经营收入	35152	
7	印花税	34364	-5.7	18	国有资源（资产）有偿使用收入	145700	5.2
8	城镇土地使用税	210539	-12.4	19	捐赠收入	4983	-54.0
9	土地增值税	76722	69.5	20	政府住房基金收入	10903	26.2
10	车船税	28018	0.8	21	其他收入	16477	24.7
11	耕地占用税	92803	-14.5				

2019年滨州市一般公共预算支出主要项目完成情况统计表

表12

序号	项目	支出额（万元）	比2018年增长（%）	序号	项目	支出额（万元）	比2018年增长（%）
1	一般公共服务支出	351894	8.7	9	节能环保支出	114840	12.4
2	国防支出	7426	-18.0	10	城乡社区支出	415909	33.1
3	公共安全支出	197385	4.4	11	农林水支出	447565	9.9
4	教育支出	616861	2.1	12	交通运输支出	122482	42.2
5	科学技术支出	130977	28.5	13	资源勘探信息等支出	39758	-34.4
6	文化体育与传媒支出	44440	-1.3	14	商业服务业等支出	8995	-37.6
7	社会保障和就业支出	575235	14.2	15	金融支出	3823	96.3
8	医疗卫生与计划生育支出	379845	4.0	16	援助其他地区支出	3661	-11.0

续表 12

序号	项目	支出额（万元）	比 2018 年增长（%）	序号	项目	支出额（万元）	比 2018 年增长（%）
17	自然资源海洋气象等支出	36041	-2.0	20	其他支出	5310	-1.5
18	住房保障支出	120356	-25.2	21	债务付息支出	136198	33.6
19	粮油物资储备支出	26450	56.7				

2019 年滨州市分县（市、区）财政收支统计表

表 13

级次	一般公共预算收入			一般公共预算支出		
	收入额（万元）	占预算（%）	同口径比 2018 年增长（%）	支出额（万元）	占预算（%）	比 2018 年增长（%）
全市合计	2429629	100.6	1.0	3785451	102.9	9.6
市级	138730	107.2	9.9	795410	110.7	26.8
滨州经济技术开发区	167669	98.3	0.2	130973	99.8	-6.0
高新区	59119	101.9	11.4	60531	100.5	1.3
北海经济开发区	116730	97.1	-30.7	93255	89.0	-38.2
县区小计	1947381	100.6	3.0	2705282	101.6	9.3
滨城区	349371	99.9	0.4	370037	115.6	21.0
沾化区	151006	100.0	30.1	293237	108.5	27.1
邹平市	694778	100.0	-2.5	694135	92.6	7.8
惠民县	144888	100.0	13.0	352582	103.6	1.0
阳信县	135001	100.0	10.3	278061	100.0	2.9
无棣县	169188	100.1	10.1	321227	103.1	8.8
博兴县	303149	103.9	-2.0	396003	100.8	3.8

【财政政策落实】 2019 年，滨州市研究出台支持新旧动能转换“1+5”等系列财政政策，强化财政政策引导，用好 5000 万元新旧动能转换专项资金、6000 万元新旧动能转换财政体制激励资金，形成“动能转换越快、成效越大、得实惠越多”激励机制。设立 50 亿元的滨州五矿新旧动能转换母基金、30 亿元的重点企业发展基金，基金招商孵化项目协议投资额超过 60 亿元。设立 100 亿元高端铝产业及园区发展基金，发行 20 亿元纾困专项债券，支持重点企业发展和产业转型升级。落实新跨越民营企业奖励资金 400 万元，智能制造“1+N”标杆企业项目 200 万元，服务型制造“1+N”示范企业项目 100 万元，单项冠军培育企业 200 万元，新材料首批次应用保费补贴资金 384 万元。建立政府投资项目等重大事项审核机制，规范政府投资项目预算管理流程。加大对上争取转移支付力度，全市争取转移支付 125.4 亿元，比 2018 年增加 7.6 亿元、增长 6.4%，占财政收入比重 51.6%。

2019 年 5 月 22 日，山东省滨州五矿新旧动能转换母基金合伙协议签约仪式在滨州举行

（市财政局　供图）

【民生政策落实】 2019 年，全市民生支出 300.2 亿元，比 2018 年增长 10.1%，民生支出占比 79.4%，涉及非营利性服务业 GDP 核算的财政八

项支出完成277.9亿元，比2018年增长11%，高于年初预期目标6.6个百分点，落实各项民生提标扩面政策。基本公共卫生服务补助标准由人均55元提高至69元，居民基本医疗保险政府补助标准由190元/人提高至220元/人，城乡居民低保标准分别由555元/月、380元/月提高到560元/月、408元/月，人均补助标准由360元/月、235元/月提高到370元/月、245元/月，农村特困人员基本生活标准、照料护理标准由6000元/年、960元/年提高至6400元/年、1200元/年。对全市65～74岁、75岁以上的老年人分别按5元/月、10元/月标准加发养老金，全市47.4万老年人受益。预算安排和库款拨付等优先用于“保工资、保运转、保基本民生”支出。开展普惠性、基础性、兜底性民生建设，实验学校南校区建成投入使用，市人民医院西院区、市妇幼保健院、市中医院新院主体结构封顶。规范推进政府和社会资本合作，推进黄河大桥、主城区水环境提升工程、城区南部污水处理厂及配套管网工程项目等民生PPP项目建设。

【财税体制机制改革】 2019年，市财政局坚持问题导向、目标导向，实施系列财政改革。推进预算管理改革，出台《关于深化市级预算管理改革的实施意见》，优化预算管理权责配置，将专项资金分配权交至部门，把具体项目确定权交至基层，财政部门抓实预算编制、支出政策审核和预算绩效管理，提高财政管理效能和体制运行效率。加强和规范预决算公开工作，设立财政预决算信息公开平台，在清华大学发布的年度市级财政透明度报告中，滨州市财政透明度列全国第十二位、全省第二位。加强政府债务管理，落实新增政府债务事前审批管理、单独编列政府债务收支计划等制度，对超出财政承受能力、未落实资金来源和制定融资平衡方案的项目，不予立项，年内政府债务率压减到100%以内，政府债务风险等级由橙色降为黄色。市财政局跟进对接、向上争取，全市新增政府债务限额52.42亿元，比2018年增长52.9%，争取再融资债券39.5亿元，债券发行居全省前列。

【财政监管方式创新】 2019年，市财政局加快制度机制创新，聘任金融资产管理、债务发行、预算绩效管理等方面专家，组建财政智库。强化支出管理，压减一般性支出，市级“三公”经费执行数下降11%。推进公务卡制度改革，修订《市级预算单位实施公务卡制度监督管理办法》，将水费、电费、邮电费、公务接待费列入公务卡强制消费目录，减少预算单位现金结算，开展公务卡制度执行情况专项治理，规范问题整改，全市公务卡数量7.5万张，开卡率100%。推进放管服改革，编印《滨州市惠企政策汇编（财税政策）》，向企业发放、向社会公开。提高代表委员建议提案办理工作质量和效率，按期答复人大代表建议37件，政协委员提案19件。

【行政事业国有资产管理】 2019年，市财政局推动山东滨达实业有限公司组建，确定28家单位的18.7万平方米房产面积、18.1万平方米土地面积等资产划转至滨达实业有限公司，由公司统一盘活运营，加快市场化运作，变低效资产为优质资产，推进渤海先进技术研究院建设，形成市政府重大项目建设“滨达模式”。推动滨州港建设，配合完成渤海湾港口整合工作，港区年度吞吐量1300万吨。推行国有资产报告制度，规范市直行政事业单位国有资产处置管理，提升资产管理水平，规范审批手续。

【预算绩效管理】 2019年，市财政局开展部门整体绩效管理试点工作，构建“全方位、全过程、全覆盖”预算绩效管理体系。研究制定“一个意见，两个办法”（《关于进一步全面推进预算绩效管理的实施意见》《滨州市市级部门单位预算绩效管理办法》《滨州市市对下转移支付资金预算绩效管理办法》），形成预算绩效管理政策制度框架，实现部门预算资金和项目绩效目标同步申报、同步审核、同步批复下达、同步信息公开。3月，组织召开全市全面实施预算绩效管理推进暨培训会，研究部署全面实施预算绩效管理工作。8月，召开部门整体绩效管理试点工作培训会，启动全市部门整体绩效管理试点工作。滨州作为全省6个部门整体绩效管理试点市之一，试点部门整体绩效目标指标体系初步建成。预算执行过程中，开展部

2019年3月26日，滨州市全面实施预算绩效管理推进会议在市政大楼召开

（市财政局　供图）

门项目支出绩效运行监控，将市级部门及所属单位一般公共预算、政府性基金预算、国有资本经营预算100万元及以上项目支出纳入绩效监控范围，审核项目绩效目标392个，牵头组织开展重点绩效评价项目32个，涉及资金6.16亿元。将市直单位绩效运行监控、绩效自评抽评情况与年度预算安排结合，压减预算2233万元，奖励80万元。

【土地储备项目预算管理】 2019年，全市财政推进全国土地局储备项目预算管理改革试点工作。4月，召开全市市级机关事业单位房产土地核查部署会议，对市级机关事业单位房产和土地情况调查摸底。7月，成立市土地经营工作专班，强化市域土地资源运作，做好土地储备项目筛选工作。9月，印发《滨州市土地储备项目预算管理改革试点工作实施方案》，按照“先易后难、分步实施”原则，配套制定《滨州市土储试点工作分阶段目标》，推进试点工作有序开展。市财政局会同有关部门，共同研发土储项目预算管理信息平台，平台集地块管理、项目管理、土储项目、业务报表及数据分析等功能于一体，实现土地储备项目预算管理数据采集、地块业务全过程管理。

【财政支持乡村振兴战略】 2019年，全市加大涉农资金统筹整合力度，将中央、省级乡村振兴重大专项资金与市级乡村振兴重大专项资金合并管理，整合资金超过33亿元，支持乡村振兴战略实施。加快政策性农业信贷担保体系建设，安排农业保险专项资金市级预算700万元，争取中央和省级农业保险保险费补贴资金5500万元、2900万元。建立政府性融资担保体系，支持小微企业和“三农”主体健康发展，省农担公司在滨州设立管理中心，并与各县（市、区）签订战略合作协议，实现服务机构全市覆盖。至年底，全市在保余额2.13亿元，列全省第四位。市财政局支持精准脱贫攻坚，财政扶贫投入连续4年只增不减，财政专项扶贫资金较2018年增长5%。

【财政流程再造】 2019年，市财政局创新制度供给，推进财政领域流程再造。优化预算单位“会议费”支付流程，针对原流程审核环节多、办理效率低等问题，调整市级国库集中支付系统“会议费”支付流程，改为预算单位根据会议费规定，通过授权支付流程自行支付，强化预算单位主体责任，实现高效办理。推进代建制改革，修订《滨州市政府投资项目代建制管理办法》，对代建机构管理、代建管理流程、投资控制、代建权责界定等环节流程再造，理顺政府投资项目参建各方的责权利关系，逐步形成“权责分明、制约有效、市场运作、管理规范”代建管理工作机制。年内，市本级政府投资代建项目12个，项目总投资21.7亿元。实施财政电子票据改革，对非税收入缴款流程再造，将缴款人持纸质票据在执收单位和银行间往返“分散式”流程，调整为“一体化”缴款流程，全省首张市级非税收入电子票据在滨州开出。

【会计管理】 2019年，滨州市加强会计人才培养，做好会计无纸化考试工作，全市会计专业技术初级资格报名人数9145人，比2018年增长11.7%，考试合格1408人，合格率23.31%；会计专业技术中级资格考试人数1921人，合格464人，合格率24.15%；会计专业技术高级资格考试人数62人，合格34人，合格率54.84%。全市完善会计人员信息，对取得会计专业资格证书人员和在岗会计人员进行信息采集，完成信息采集23607条、信息变更553条。开展全市行政事业单位内部控制督导评价工作，收集928个单位内控报告，掌握全市单位内控建设情况，由第三方中介机构进行报告核查并反馈意见建议，督促各单位推进内控建设，全市内控报告得分70分以上的单位437家，占总数47.09%，居全省前列。

【市财政保障中心成立】 2019年，根据市委编办《关于市直承担行政职能事业单位（县级）调整事项的通知》要求，市国库集中支付中心、市政府投融资管理中心、市政府投资项目代建管理中心、市财政预算评审中心、市政府采购管理办公室（挂市政府购买服务办公室牌子）整合组建为市财政保障中心，作为市政府直属正县级事业单位，由市财政局代管。6月30日，市财政保障中心挂牌成立。

【市政府与省财金集团签署战略合作协议】 2019年11月20日，市政府与省财金集团签署战略合作协议。签约达成“1+7”战略合作体系，总额200多亿元。据协议省财金投资集团有限公司与市政府签署战略合作协议，省新动能基金管理公司与市财金投资集团有限公司签署战略合作协议；双方除设立100亿元滨州高端铝产业及园区发展基金之外，另设立滨州市新旧动能转换基金、医养联合体项目基金、应急转贷基金，签署滨州城建PPP项目、邹平市货运铁路专用线PPP项目意向投资协议。

【财政预算评审管理】 2019年，市财政保障中心按照科学合理、运转高效原则优化评审流程，开展评审工作。年内，完成市级政府投资项目评审185个，评审额56.12亿元，审定额50.61亿元，节约资金5.51亿元，审减率9.82%。完成滨州实验学校南校区年度内部设施建设、市人民医院西院区、滨州黄河大桥等重点项目评审；完成城区五条道路排水新建工程、主城区水环境提升、棚户区改造工程以及市级党政信息化项目等民生项目预算评审。

【棚户区改造项目资金管理】 2019年，市财政保障中心研究制定《滨州市市城区老旧小区棚户区改造项目资金管理办法》，加强棚户区改造项目资金管理，实现资金封闭运转，专款专用，发挥资金使用效益。年内，棚户区改造建设资金支出7.38亿元，配合市财政局发行棚改专项债券 5.49 亿元。控制建设成本，加强资金管理，通过完善招投标办法，节约建设成本 4882.5 万元、材料成本 2734.2 万元；将棚改项目纳入财政预算评审，节约财政资金。

【代建项目管理】 2019 年，市财政保障中心聚焦流程再造，推进代建制改革，修订完善《滨州市政府投资项目代建制管理办法》。市本级代建项目 12 个，其中建成项目 6 个、在建项目 5 个、筹建项目 1 个。市妇幼保健院（市儿童医院）和市中医院市级重点项目分别于 11 月 7 日和 12 月 23 日主体封顶。

【基金管理】 2019 年，市财政保障中心引导社会资本支持滨州企业发展，解决企业资金困难。至年底，设立 15 只基金，认缴规模 259.04 亿元，实缴到位 76.98 亿元，累计对外投资 70.60 亿元。市财政保障中心发挥基金招商引资作用，招引投资 3 项 60 亿元；争取省新旧动能转换基金支持，设立京博中聚 15 万吨 / 年溴化丁基橡胶、鑫诚现代农业、裕能化工、愉悦家纺医养联合体 4 个项目基金，16.4 亿元。

（王树华　巴忠源）

税　务

【概况】 2019 年，滨州市推进减税降费，成立市县两级政府主导的减税降费工作领导小组，落实省市重点项目税收优惠，减轻企业负担。全市税务部门做好税费征收工作，开展重点税源管理、欠税清理、地方税种精细化管理等专项行动，建立动态化土地税源台账，查补土地使用税 1.6 亿元。提升税收治理能力，加强税收监管体系建设，升级上线动态信用监控预警系统，实现动态化积分、差别化管理。做好督查内审，开展经济责任审计，加强内控机制建设，分级分类查管互动新模式，建立警税联动机制。优化税收营商环境，拓宽“一次办好”事项范围，优化办理程序，建立办税延伸点和社会化便民服务中心；提升出口退税办理效率，加强“税银互动”服务。全年组织各项收入 454.5 亿元，比 2018 年增长 11.1%，增收 45.6 亿元。国内税收收入 357.12 亿元，比 2018 年增长 2.07%，增收 7.23 亿元。市及以下级收入完成 177.4 亿元，组织非税收入 10.7 亿元，社保费 34.6 亿元，办理出口退（免）税 37.1 亿元。年内，新增全国巾帼文明岗 1 个，获全省大比武综合排名全省第一。

【减税降费政策落实】 2019 年，滨州市成立市县两级政府主导的减税降费工作领导小组，建立一盘棋统筹、一张表推进、一竿子到底的“三个一”工作机制，强化节点督导。全市税务局加强政策辅导培训，通过线上辅导、线下培训等形式，全年组织专题培训 216 场次，“面对面”辅导纳税人 7.1 万人（次）。服务重点企业，推行“一户一档”“一企一册”服务，落实省市重点项目税收优惠 8.2 亿元，落实高新技术、研发费用加计扣除等税收优惠 5.8 亿元，减轻企业负担。全年落实减税降费 50.2 亿元，支持实体经济发展。

【税收“最多跑一次”改革】 2019 年，全市税务部门推进“放管服”和“一次办好”改革，推行“承诺制”容缺办理，拓宽“一次办好”事项范围，优化办理程序。建立办税延伸点和社会化便民服务中心，建设“半小时办税服务圈”。优化网上办税，推广非接触式办税，实体办税量比 2018 年下降 27.3%，加快“厅转网”进度，优化税收营商环境，提升纳税人获得感、满意度。

【税收征管】 2019 年，全市税务部门面对经济下行、减税降费等减收压力，坚持依法依规征收税费。按行业、税种、层级加强经济税收分析，及时报告税收情况。针对“占地多、纳税少”问题，建立动态化土地税源台账，新增纳税人 1033 户、应税土地 1755 万平方米，查补土地使用税 1.6 亿元。与财政部门联合开展重点税源管理、欠税清理、地方税种精细化管理等 6 个专项行动，促使地方级增收 14.8 亿元。

【税收服务】 2019 年，全市税务部门加快办理出口退税工作，平均办理时限 2.8 个工作日；加强“税银互动”，签约 10 家银行，推动发放贷款 41.1 亿元；落实省税务局助力企业灾后重建 22 条政策措施，办理缓缴 6544 万元。加强政策支持，做好政策解读和政策支持服务。做好社保费征缴和非税治理工作，建设征缴服务体系。落实非税降费政策，3.8 万户次小规模纳税人享受优惠。推进机关事业单位残保金自助申报，核实疑点数据、排查税收风险，制定废旧物资行业税收管理模板、房地产行业指标模型，靶向施策、精准管理。完善快反机制，升级发票管理，强化评估职能，加大防骗税、打虚开等工作力度。

【税务监管体系】 2019 年，国家税务总局滨州市税务局（简称市税务局）升级上线动态信用监控预警系统，推行“信用 + 风险”管理模式，实现动态化积分、差别化管理。筛选常用业务、重点行业、主要税种和关键岗位，制定场景式、标准化流程。探索组建税收监管指挥中心，全省税收监管体系现场推进会在邹平市召开，得到省税务局和市委主要领导的批示肯定。发挥一级稽查优势，实行“区域办案 + 优先选择”方式，探索分级分类查管互动新模式，建立警税联动机制。全年组织各类检查 262 户，查补税款 6.6 亿元。

【山东省税务系统协定磋商应对专项研讨会在滨州召开】 2019 年 3 月 20—22 日，山东省税务系统协定磋商应对专项研讨会在滨州召开。研讨会是按照国家税务总局部署，为应对比利时王国政府税务部门来函举行的专项研讨座谈会。会议期间，省税务局国际税收管理处 7 名专家听取滨州市税务局、经济技术开发区税务局关于比利时籍人员劳务个人所得税缴纳案件处置情况的汇报，

2019年10月23—25日，全省税收监管体系试运行工作推进会议在邹平市召开
（市税务局　供图）

围绕相关情况进行分析研讨。会议明确来函涉及的比利时籍人员征税权及征税额。

【山东省税收监管体系试运行工作推进会议在滨州召开】 2019年10月23—25日，全省税收监管体系试运行工作推进会议在邹平市召开。省税务局相关领导，各市税务局分管领导及部门负责人参加会议。会议总结全省税收监管体系前期试点工作开展情况，对后期工作任务进行部署。会议期间，参会人员观看动态信用监控预警系统的操作演示，查看试点工作展板及相关资料。会后，省税务局参会领导到魏桥创业集团开展实地调研，了解税务部门支持企业灾后重建和落实减税降费政策情况。

（武　鹏）

审　计

【概况】 2019年，全市审计部门创新工作机制，强化结果运用，提升审计监督成效，服务全市经济社会发展。推进审计全覆盖。全年开展8项重大政策跟踪审计，对市本级年度预算执行及财政收支情况进行审计，对80亿元以上重大项目跟踪或决算审计；建立任前告知、任中报告、任中或离任审计、结果运用等制度体系。配合全市重点工作审计。配合市委市政府成立“滨达实业公司”，对市直78个机关事业单位的闲置办公用房、闲置土地进行全面审计；配合优化营商环境，开展“一次办好”和减税降费审计；配合国有企业改革，对4家国有企业进行审计调查；按照省审计厅要求，对人防系统进行专项审计。推进审计工作创新。滨州被确定为省审计厅国家审计署数据采集校验工具应用试点市；出台《滨州市内部审计工作协作机制实施办法》，将市直机关和企事业单位、社会团体等纳入管理范围，被列为省审计厅制度创新试点。年内，全市完成审计单位276个，查出问题金额101.35亿元；审计发现非金额计量问题685个；损益（收支）不实金额5.23亿元；审计发现侵害人民群众利益2.67亿元；出具审计报告和专项审计调查报告474篇。审计处理处罚金额6.48亿元；移送司法机关、纪检监察机关和有关部门处理事项15件，移送处理人员16人，移送处理金额1.12亿元。审计促进整改落实有关问题金额2.55亿元；审计后挽回（避免）损失1598万元；核减投资额4251万元。市审计局连续3年在全市9个综合管理服务单位中列第一位，获全省审计系统先进集体称号。

【政策跟踪审计】 2019年，市审计局将重大政策贯彻落实作为工作重点，全年开展保障性安居工程、“一次办好”和减税降费、新旧动能转换、财政政策支持“十强”产业集群、国有企业发展质量、清欠民营企业中小企业账款、农商行服务实体经济、国外贷援款偿还8项重大政策跟踪审计，推动中央和省重大决策部署落实。抽调业务人员参加国家审计署、省审计厅重大审计项目，做好相关审计协调配合和沟通对接工作。

【财政审计】 2019年，市审计局围绕23.15亿元涉农资金、5.85亿元污染防治资金、1.77亿元扶贫资金和1.1亿元的新旧动能转换资金的管理、使用、绩效情况，对市本级2018年度预算执行及其他财政收支情况进行审计，对各县（市、区）、市属开发区以及21个市直部门进行全面审计调查，延伸审计133个项目、8.15亿元资金。在预算执行审计中，对150个一级预算单位的财务数据进行大数据分析全覆盖。

【经济责任审计】 2019年，市审计局对42名市管领导干部实施经济责任审计，对30名领导干部实行离任交接审计。加强经济责任审计制度体系建设，会同组织部门印发系列制度办法，形成任前告知、任中报告、任中或离任审计、结果运用等制度体系。根据国家审计署、省审计厅“5年轮审一遍”要求，对审计项目实行计划式刚性管理，以任中审计为主，确定审计年度48个经济责任项目计划，推进审计资源科学调配、经济责任审计全覆盖。

【政府投资审计】 2019年，市审计局推进政府投资审计提质增效，对人民医院西院区、黄河四桥、潮河和孝妇河治理、实验学校南校区、市城区道路管网、北海大街、北海鸟馆、秦台河黑臭水体治理、对口援助青海、中医院新院建设等投资80多亿元的重大项目，进行跟踪或决算审计。以市委审计委员会文件印发《关于加强和创新政府公共投资项目审计监督的实施意见》，确定“创新发展、加快发展、规范发展”三原则，推动政府投资项目早落地、早开工、早受益。

【内部审计】 2019年，市审计局围绕二级预算单位财务管理不规范问题，出台《滨州市内部审计工作协作机制实施办法》，将市直机关和企事业单位、社会团体等全部纳入管理范围，被列为省审计厅制度创新试点。全市有62个单位提交基本资料，13个单位申请参加国家审计项目，17个单位新成立专兼职内审机构，新增内审工作人员45人。

【大数据审计】 2019年，滨州市被确定为全省唯一的审计署数据采集校验工具应用试点市。试点工作主要是运用大数据审计，对市本级和一级预算单位进行审计全覆盖，为全省乃至全国提供可复制的操作模式。市审计局成立领导小组，建立5项工作制度，组织召开审计方法交流研讨会，采集各县（市、区）、市属开发区、2035个预算单位的财务数据及15个部门行业数据，形成60个全新审计思路和方法，在全省会议上作经验介绍。

【权力运行监督】 2019年，全市审计部门重点关注腐败易发多发重点领域、重要部位和关键环节，市本级移送问题线索11起，其中移送纪检监察机关9起、移送主管部门2起，涉及8人、金额7952万元，纪检部门给予2人留党察看、1人党内严重警告，主管部门对2名人员通报批评。出台《滨州市审计局整改工作规程》，建立审计查出问题整改台账、移送台账、领导批示整改台账，将整改工作抓实抓细。按照省委审计委员会要求，组织开展十八大后审计查出问题整改“回头看”，完成问题整改11154个、整改率99.7%，列全省第一位。

【审计服务中心工作】 2019年，市审计局围绕全市发展重点，配合重点工作审计。配合市委市政府成立“山东滨达实业集团有限公司”工作，对市直78个机关事业单位的闲置办公用房、闲置土地进行审计，支持滨达公司整合运转。配合优化营商环境，开展“一次办好”和减税降费审计，每季度报告进展情况，推动完善修改《滨州市深入推进工程建设项目审批制度改革实施办法》。配合国有企业改革，对滨印集团、国有资产经营公司、石油燃气公司、鲁北集团4家国有企业进行审计调查，延伸审计14家子公司，关注企业资产质量、盈利能力等8个方面，推动企业深化改革，提高经营管理水平。加强对监督薄弱环节审计，对市属3所职业院校进行财政资金绩效专项审计调查，拓宽审计监督范围。按照省审计厅要求，对市人防系统进行专项审计。

【全国优秀审计项目争创】 2019年，市审计局实施水利资金专项审计项目，查出问题金额12.8亿元，移送问题线索21起，提报要情专报10篇，促进建章立制16个，审计质量、审计成果列全省第一名，被省审计厅作为地市级唯一项目推荐参加审计署全国优秀项目评选，实现滨州审计局建局35年审计项目评选突破。

（王　娇）

2019年11月，滨州审计警示教育基地一角　　（市审计局　供图）

统　计

地方调查统计

【概况】 2019年，市统计局坚持党建统领，建立“大党建”工作机制，实行党建、业务工作融合发展。提升统计数据质量。市政府印发《关于清查违反统计法精神文件和做法的通知》，考评办将“统计造假”列为对县（市、区）、部门考核“负面清单”；开展第四次经济普查，加强登记演练和专项督导，市县乡三级同步审核，多部门联合数据审查；实行GDP统一核算，实现地区生产总值汇总数与全国数在总量、速度和结构上的基本衔接；编制完成《统计监测报表制度（试点）》。提升统计服务。加强经济形势解读，全年发布信息、分析600余篇条；加强统计监测预警，开展统计调研；丰富统计产品，编印《“四上”单位入库指南》《主要统计指标诠释和使用指南2019》等资料；分专业建立“数海同行　服务企业”微信群、QQ群，提升企业服务。加强基层基础建设。与组织部等部门联合印发《滨州市基层统计人才培育工程实施办法》，建立固定资产投资部门联合监测机制；联合有关部门举办专题培训班9期，培训基层统计人员6000余人次；

编制列统标准企业“两张清单”，编印《四上单位入库指南》。加强统计法治宣传。开展“双随机”执法检查；举办“统计论坛”3期，与滨州日报社合办《滨州统计论坛》专栏。

【统计服务】 2019年，市统计局加强分析研判，监测预警经济运行态势，定期发布主要经济数据，科学引导社会预期；全年撰写信息、分析1200余篇（条）。规范民生调查，开展文明城市创建、公安工作、扶贫工作、城乡环卫一体化、美丽庭院建设等8类15项民意调查，访问各类调查样本5万多个，收集2000余条意见和建议，辅助政府、部门决策。完善统计产品，编发《统计专报》《统计月报》《统计公报》《统计手册》《统计年鉴》等常规统计产品，新编印《主要统计指标诠释和使用指南2019》《奋进的历程 辉煌的成就——新中国成立70周年滨州发展成就》。拓展服务渠道，统筹发挥统计调查、统计分析、统计监督职能，提升监测预警水平；《工业效益运行情况》等24篇分析材料获市领导批示；开通“滨州统计”微信公众号，建立“数海同行 服务企业”微信群、QQ群。

【统计改革创新】 2019年，市统计局扩大统计监测范围。围绕全市重大决策部署，制定《“5+5”十强产业统计监测方案》，建立新旧动能转换投资项目档案制度，开展“双招双引”项目审核评估。坚持问题导向，服务企业发展，全年开展基层调研150余次。对创新金属、魏桥集团、愉悦家纺等重点企业进行专题调研，解决企业关心、领导关注问题。完成民营经济统计监测省级试点工作，上升为省委改革办年度重点任务和国家统计局试点工作。编制《滨州市海洋及相关产业统计调查工作方案》，开展海洋单位名录库认定，进行海洋及相关产业增加值核算，反映“经略海洋”“海洋强市”工作成效。落实《市级生产总值统一核算改革方案》，推进全市县级生产总值统一核算工作，修订历史数据。

【普查调查】 2019年，滨州市开展第四次经济普查工作。普查中，市统计局实行普查机构、人员、经费、设备和办公场所“五落实”，印发工作细则和“明白纸”等方案材料，开展登记演练和四轮专项督导，开展多渠道媒体宣传。建立问题清单“日通报”制度，保证普查数据质量。7115名普查员和普查指导员开展拉网式登记，摸清全市二、三产业规模和结构。省经济普查办公室多次到滨州检查指导工作，市统计局获评“第四次全国经济普查先进集体”，11人获第四次经济普查省级先进个人。

【统计基层基础】 2019年，全市加强统计基层基础建设，市统计局对全市重点耗能企业煤炭消费情况进行两轮核查，摸清全市煤炭消费量，据实调整煤炭消费基数。组织各专业进行数据质量核查，依法依规修订数据，消除风险隐患。推进贸易专业一本制度、一本台账、一个档案“三个一”建设。加强制度建设，市统计局联合市委组织部、市财政局、市人力资源和社会保障局印发《滨州市基层统计人才培育工程实施办法》，到10个统计站（所）现场观摩交流统计基层基础规范化建设。加强部门统计，指导部门做好行业增加值核算，开展部门联合调研，提高部门统计能力和数据匹配性。与发展改革等部门建立联合监测机制，跟进服务固定资产投资项目开工列统。开展业务培训，与厦门大学联合举办统计能力提升培训班；联合市工业和信息化局、市交通运输局等部门举办培训班9期，培训企业统计人员5000余人次。

【依法治统】 2019年，市政府印发《关于清查违反统计法精神文件和做法的通知》《领导班子及其成员和统计人员防范和惩治统计造假弄虚作假责任制实施办法（试行）》《统计造假专项整治工作方案》，市考评办将“统计造假”列入县（市、区）、部门考核“负面清单”，建立领导干部违规干预统计工作记录台账。市委常委会、市政府常务会议专题学习《统计违纪违法责任人处分处理建议办法》《防范和惩治统计造假、弄虚作假督察工作规定》。年内，市统计局开展“双随机”执法抽查及多项监督检查，全市执法检查企业192家，其中“双随机”抽查161家。查处统计违法案件34起，立案31起，结案27起；给予5家统计违法企业警告处理，给予21家统计违法企业警告并罚款，共处罚金200万元，5家严重失信企业在失信平台公示，处分处理统计违法责任人员20人。提升列统服务层次，市统计局编印《“四上”单位入库指南》，开展“一套表”单位核查，对“四上”单位进行梳理摸排，清退不达标企业；在全省率先推行《统计法律事务告知书》《确定一套表统计调查关系告知书》制度。

（秦景敏　田　野）

国家调查统计

【概况】 2019年，国家统计局滨州调查队加强管理，优化服务，推进依法统计，完成各项调查任务。强化党建与调查业务融合发展。制定“充分发挥党员辅助调查员示范引领作用进一步提升住户调查数据质量”主题活动实施方案，在调查小区设立党员示范岗；到渤海水产海洋牧场和“渤海粮仓”科技示范项目核心基地，开展“走进乡村振兴”主题活动。加强依法依规调查。制定《领导干部违规干预统计工作记录台账》，与市委组织部、市纪委建立定期移交机制；实现《统计法律事务告知书》发放“全覆盖”；完善各专业数据采集、审核、评估等制度，加强全过程数据质量管控；审议通过“双随机”抽查方案，开展统计执法“双随机”抽查。加强数据质量管控。常态化开展无人机飞行测量，完全自主导航，扩大无人机使用范围；启用畜禽监测调查新样本，推进住户收支调查电子记账，全市国家样本城乡电子记账户比例分别为88.4%、62.4%；加强培训稳步推进农民工监测E调查，直接调查样本 E 调查推广率 100%；开展手持 PAD 入户直采，做好劳动力调查；完成采购经理调查、新设立小微企业和个体经营户跟踪调查和住宅销价调查。提升调查服务水平，开展多个重点调研课题，撰写分析信息 42 期。

【调查评估】 2019 年，国家统计局滨州调查队依托预产数据、遥感数据、历史资料、部门情况、调研信息、各县（市、区）报送情况说明等，建立数据信息档案，完善粮食数据评估方法。面对部分地区旱情和台风“利奇马”影响，开展旱情和台风灾情评估，分区域进行长势研判，保证抽样调查数据客观准确。经核定：2019 年，滨州粮食播种面积 877.7 万亩，单产 409.5 公斤 / 亩，总产 359.4 万吨。夏粮播种面积 420.6 万亩，比 2018 年下降 1.65%；单产 429.5 公斤 / 亩，总产 180.7 万吨，比 2018 年分别增长 3.19%、4.92%；秋粮播种面积 457.1 万亩、单产 391.1 公斤 / 亩，总产 178.8 万吨，比 2018 年分别下降 5.69%、9.54%、14.69%。

【数据质量管理】 2019 年，国家统计局滨州调查队依法开展统计调查，执行统计报表原始记录、台账、档案报送和管理制度，建立统计数据分析解读机制，形成“事前、事中、事后”全方位监测，实行分专业数据质量跟踪。制定《领导干部违规干预统计工作记录台账》，如实记录领导干部违规干预统计工作情况，与市委组织部、市纪委建立定期移交机制。提升统计法律事务告知效用，实现《统计法律事务告知书》发放“全覆盖”。配置执法记录仪、便携式打印机，提高执法能力。将 2016 年后发放的法律事务告知书按照档案整理标准梳理汇编，便于查询利用。推行菜单式普法，供调查对象按需选择。6 月，成立统计执法“双随机”抽查工作领导小组，到邹平市开展执法检查，抽选住户收支与生活状况调查和畜禽监测调查，开展执法检查工作，对 1 家执法检查对象责令改正。

【调查服务】 2019 年，国家统计局滨州调查队对接党委政府和社会各界对统计调查分析实际需求，走村访户，进区入企，为经济社会发展提供量化依据和信息支撑，为各级党委政府决策提供预警预判和咨询建议。年内，开展“三夏”生产、农民工就业、农村低收入家庭增收脱贫情况等农业农村专题调研，开展纺织企业运行情况、小微企业融资情况、企业用工情况、海洋经济制约瓶颈、中美贸易摩擦对纺织类企业的影响、增值税改革政策执行情况以及减税降费政策实施情况等专题经济调研，开展政务服务、居民消费、省界收费站取消条件、高校毕业生就业意向等专题社会调研。撰写分析信息 42 期，被国务院办公厅采用 2 篇次、《中国信息报》采用 3 篇、省两办采用 7 篇次，其中《滨州：纺织企业用棉面临四大难题制约企业生产经营亟待关注》《滨州市前三季度纺织行业运行情况分析》被国务院办公厅采用，《滨州加快构建现代农业生产经营体系》被《中国信息报》采用。

【农作物对地调查】 2019 年，国家统计局滨州调查队以提高源头数据质量、完善审核评估流程为重点，开展农作物对地调查工作。定期开展基层基础工作检查和“双随机”抽查，常规调查与分析研究并行开展。推进直接调查，形成县队直接调查、市队联合县局直接采集的调查工作机制。推动遥感技术运用常态化，推广使用无人机飞行调查。执行秋冬播实地调查、现场录入，对各县（市、区）秋粮实割实测工作进行实地巡查。年内，全市部分区域作物种植结构出现变化，农户适当调减粮食种植面积，果蔬、苗木、药材等经济类作物占比扩大。全市夏粮播种面积比 2018 年减少 7.1 万亩；受气候条件等因素影响，全市夏粮单产实现恢复性增长，比 2018 年增加 20.1 公斤 / 亩；全市夏粮总产首次突破 180 万吨，创历史新高，比 2018 年增加 5.6 万吨，增幅 3.19%。受部分地区旱情影响，全市秋粮播种面积 457.1 万亩，比 2018 年减少 27.6 万亩，降幅 5.69%；因旱情导致中北部县区秋粮生长迟缓，受台风“利奇马”影响，秋粮单产比 2018 年减少 41.2 公斤 / 亩；年度秋粮总产 178.8 万吨，比 2018 年减少 30.8 万吨。受此影响，滨州全年粮食播种面积、单产、总产均低于 2018 年，降幅分别为 3.80%、2.86%、6.55%。

【畜禽监测】 2019 年，国家统计局滨州调查队关注畜牧产业发展，全年

2019 年 10 月 18 日，国家统计局滨州调查队到沾化区利国乡调研畜牧业生产（张玉冰 摄）

多次与市农业农村局等相关单位座谈交流，完善部门协作机制，定期联合检查。结合畜牧业生产特点及周期规律，全面评估数据质量，明确畜禽监测调查主要风险点和防范重点。实时监控辖区内各县（市、区）联网数据录入进度，做好全市99家大型养殖场和38个中小规模村全部数据的审核、验收和质量管控工作。根据行业发展趋势和政策变化，对畜牧业发展热点问题跟踪调查、分析，提出对策建议。年内，滨州市畜牧产业整体稳定安全。生猪产能下降，价格大幅上涨；牛羊生产相对稳定，肉牛特色养殖优势明显；台风“利奇马”严重影响家禽养殖业，行业恢复生产速度较快，产生负面影响可控，产业发展整体稳定。

【70年居民生活专题分析】 2019年，国家统计局滨州调查队开展中华人民共和国成立70周年居民生活专题分析。结果显示：滨州城乡居民收入连续实现跨越。1949—1978年，居民收入总体增长。20世纪50年代初，滨州居民收入来源单一。经过三年国民经济恢复和“一五”计划完成，工农业得到恢复发展。1958年至1966年及“文化大革命”期间粮食产量平均每年增长3.5%，农村居民收入增长。1978年，全市农村居民人均可支配收入64元，比1961年增长1.78倍（名义增长、未扣除物价因素，下同），年均增长6.2%。1979—1991年，农村居民收入水平提高。1991年，全市农村居民人均可支配收入616元，是1979年70元的8.8倍，年均名义增长19.9%。1986年，全市职工平均工资超千元，带动城镇居民收入增长。1991年，滨州城镇居民人均可支配收入1612元，是1986年785元的2.05倍，年均增长20.0%。1994年、1998年，滨州农村居民人均可支配收入连续突破1000元、2000元，2002年达2591元，是1992年537元的4.82倍，年均名义增长17.0%。1992年，全市第二产业比例首次超过第一产业，1999年，第三产业比例超过第一产业，二、三产业吸收职工人数不断增长，城镇居民人均可支配收入从1992年1957元增长到2002年6956元，增长2.55倍，年均增长13.5%。2003—2012年，居民收入跨越提升。农村居民人均可支配收入从2003年2861元增长到2012年9263元，年均名义增长13.9%。2012年，滨州城镇居民人均可支配收入达22070元，是2003年7544元的2.93倍，年均增长12.7%。2018年，滨州农村居民人均可支配收入达16061元，是2013年10472元的1.53倍，年均增长8.9%。2018年，滨州城镇居民人均可支配收入突破3.5万元，达到35049元，是2013年24253元的1.45倍，年均增长7.6%。

【70年粮食生产专题分析】 2019年，国家统计局滨州调查队开展中华人民共和国成立70周年粮食生产专题分析，结果显示：70年间，滨州粮食总产增长7.6倍，亩均产量增长7.8倍，人均粮食产量增长4.1倍，粮食产量在波动中增长。1956年，滨州粮食总产量62.4万吨，较1949年增长23.6%。1957—1964年，粮食大幅减产，1961年全市粮食总产量17.4万吨，为70年产量最低年份。1966年始，全市粮食生产十年间始终在徘徊中前进。1978年，粮食产量连年大幅提高，到1983年突破100万吨，基本解决农民温饱问题。1991年粮食产量186.5万吨，较1978年增长114.37%，较1949年增长269.3%，结束粮食短缺时代。滨州粮食产量在1993年突破200万吨后，1997年下滑至182.7万吨，经过短暂恢复，由于卖粮难问题，2002年跌至173.6万吨。粮食产量在调整中攀升，2011年达272.1万吨，是1992年的1.79倍，滨州成为重要的粮食生产及供给基地，被誉为“黄河粮仓”。中共十八大后，滨州市把握农业供给侧结构性改革总基调，推进“乡村振兴”战略实施，2018年滨州粮食总产384.62万吨，创历史新高。

（程士彬　王希德）

物价管理

【大宗商品价格监测】 2019年，市发展改革委价格认证中心贯彻落实市政府“六稳落地见效30条”工作任务，设立14个监测点，对37种大宗商品数据进行汇总，经市县两级审核，保障检测数据及时、准确。完成国家和省价格监测中心下达的常规、应急价格监测任务，报送价格监测报表1245次、监测数据万余项，上报率和准确率均达100%。与卓创资讯公司合作，利用第三方监测信息，编印《滨州市价格周报》50期。启动编制《生猪及相关商品价格监测报告制度》《能源价格监测报告制度》，关注生猪存栏、出栏变化及市场生猪、猪肉价格波动情况，在网站发布价格信息，引导市场预期。开展夏粮、秋粮、生猪、粮油肉蛋预期等系列专项调查，分析价格变动原因，对后期走势合理性预测，提出科学建议对策。

【绳网价格指数编制】 2019年，市发展改革委价格认证中心探索推进惠民绳网价格指数编制工作，与绳网协会相关负责人座谈研讨，指导成立绳网价格指数编制领导小组；邀请省发改委领导到惠民县绳网企业进行考察调研，就绳网价格指数编制提出意见、建议；组建绳网价格指数编制专家团队，推进指数模型建立工作，加快将“滨州绳网价格指数”打造成市场价格和经济运行的“风向标”，推动滨州绳网产品从市场占有率优势转化为产业链优势和权威的定价优势。

【电力价格调整落实】 2019年，市发展改革委降低一般工商业电价，减轻小微企业用能负担，全年减轻一般工商业用电用户电费负担9500万元。清理规范转供电环节加价，与市市场监管局、滨州供电公司联合成立清理规范工作专班，到县（市、区）开展随机抽查和不定期回访，相关工作获省发展改革委、省市场监管局通报表彰。落实电动公交汽车集中式充换电设施用电价格政策，配套出台《关于完善电动公交汽车集中式充换电设施用电价格政策的通知》，明确到2020年底电动公交汽车集中式充换电设施用电给予电量奖励，降低电动公交汽车用电成本，推动全市公共交通事业低碳发展。

【电价补贴争取】 2019年，市发展改革委落实燃煤发电机组环保电价政策，从政策补贴角度鼓励企业加强环保设施投入。申报农林生物质发电项目电价精准补贴，为6家符合条件企业提交申报材料，申报成功后可为企业提供1800万元补贴资金。申请垃圾发电补贴，对以生活垃圾为原料的垃圾焚烧发电项目给予发电电价补贴，2家发电企业获得1555万元补贴。对两部制电价的污水处理企业用电免收需量（电容）电费，全年为执行大工业用电的污水处理企业减轻电费负担1000万元。

【天然气价格理顺调整】 2019年，市发展改革委理顺天然气价格，建立居民用天然气价格上下游联动机制。8月，出台《关于理顺滨州市城区居民用管道天然气销售价格的通知》《建立居民用天然气价格上下游联动机制》，减轻全市天然气经营企业价格压力，保障全市民生用气量，督促经营企业提升服务质量。调整市城区非居民管道天然气最高销售价格，通过制定最高限价标准，允许供需双方在最高限价内协商销售价格，保障市城区供暖季非居民用管输天然气供应。

【猪肉和车用天然气价格监管】 2019年，市发展改革委推进全市冻猪肉储备和元旦、春节期间猪肉市场“保供稳价”工作，全年收储冻猪肉700吨；督促相关部门组织实施元旦、春节期间冻猪肉投放，保障市场供应。加强车用天然气市场价格监测，汇总全市车用天然气市场价格情况，每周向省发改委报送。结合滨州实际，完善车用天然气价格稳定应急预案，保障车用天然气价格稳定、出租车等相关行业平稳运营。

【污水排放差别化收费】 2019年，市发展改革委落实“利剑2019”工作要求，强化多污染者多付费政策导向，启动建立企业污水排放差别化收费机制，探索实施多种污染物差别化收费政策。组织相关单位座谈研讨，到企业实地调研，会同相关部门拟定《关于滨州市城区实行污染物因子分类分档差别化计收工业污水处理费的通知》，会签后形成完整材料报市政府审议，相关工作有序推进。

【成本监审】 2019年，市发展改革委对主城区2018—2019年供热年度进行供热成本集中监审。按照国家《政府制定价格成本监审办法》，通过公开招标方式确定四环五海会计师事务所参与监审；组织召开2家供暖企业（滨州鑫谊热力有限公司、鑫诚热力有限公司）、2家热源企业（大唐滨州发电有限公司和黄河三角洲滨州热力有限公司）及会计师事务所参与的专题研究会议；到有关企业实地调研，了解生产经营情况，掌握数据资料；会同财政、住建等部门就监审结果进行商讨，提出向供暖企业补贴的合理数额；进行污泥处理定价成本监审，推进污泥处理企业价格成本倒挂问题解决。

【农产品成本调查】 2019年，滨城区、惠民县、无棣县入选全国农产品成本抽样调查地，市发展改革委对3个县区涉及的54个农户，分20余批次进行冬小麦、玉米、棉花、冬枣等专项调查，了解农户种植意向、存售粮、农资购买情况等，通过精准测算，实时向省上报具体农产品数据，反映多种农产品成本和收益情况，为国家确定农产品最终收购价、调整农业生产结构以及农民增产增收提供重要数据。

【涉纪涉刑财物价格认定复核】 2019年，市发展改革委价格认证中心配合市纪检监察、司法机关，对涉纪、涉刑价格不明或价格有争议的财物进行价格认定，全年办理涉案财物价格认定案件691件，认定涉案金额6034万元。其中，涉纪检监察案件18件，认定金额2568万元；涉刑事案件525件，认定金额2659万元。

（游凤岐）

行政审批服务

【概况】 2019年，市行政审批服务局（市政务服务管理办公室）树立“一窗受理、一网通办是标准，并联审批、帮办代办是底线”工作理念，推进工作开展。实施制度改革。印发“多审合一”“多测合一”“一网通办”等13个实施方案，开展机构组织形式改革，实施工作专班法和大科室制，由改革任务牵头科室负责人担任专班支部书记，保障制度创新落实到位。推进效能提升。制定流程再造实施方案，完善分级审批、容缺受理办法，优化全部行政审批事项流程，形成《行政审批流程再造专辑（一）》。创新服务体系，推进政务服务事项标准化梳理及上网运行，成立全市“一网通办”工作专班，分类分步推进事项上网、一网通办；在全省率先成立市级行政审批帮办代办中心，建立帮办代办服务网络；推进全领域无差别“一窗受理”，加强“中介超市”服务平台建设。提升服务质量。规范中心进驻窗口标准，设立9个“找茬”窗口，启动“党建引领、窗口点亮”行动，推行一键评价模式，评价率97.6%，好评率100%。年内，市政务服务中心接待办事群众67.71万人次、办件23.99万件。

【行政审批机构改革】 2019年3月22日，市委办公室、市政府办公室印发《滨州市行政审批服务局职能配置、内设机构和人员编制规定》，明确市行政审批服务局12项工作职责。6月5日，市委编办印发《关于设立滨州市行政审批帮办代办中心等机构编制事项批复》，同意设立市行政审批帮办代办中心、市政务服务中心、市为企服务中心、市政务服务档案管理中心、市政务服务网络中心、市投资建设联审中心、市投资建设联测中心7个市行政审批服务局所属正科级公益一类事业单位。

【企业开办服务】 2019年，市行政审批服务局以网上办、就近办、延时办、一窗办等“七办”推进企业开办实现无纸化、前移化、链条化、精简化等“七化”，材料、环节、时间均压缩一半以上，营业执照、公章备案、税务登记等事项均可即到即办、即时办结，部分县（市、区）实现政务大厅内银行现场开户。年内，全市新设立企业25797家，比2018年增长24.64%，其中全程电子化登记企业15441家、占比59.86%、比2018年增长53%。企业开办指标在全省年度营商环境评价考核中列第八位。

【工程建设项目审批制度改革】 2019年，市行政审批服务局突出“实、减、并、联、帮”，以流程再造为核心，对标先进，制发《滨州改革实施办法》“1+5”系列文件，开展多审（图）合一、审批豁免清单、主观审查负面清单制度等9个方面工作创新。梳理优化83个与投资项目审批相关事项，审批环节、事项及申报材料均下降60%以上，全程压缩办理时间170天。推行部门无理由限时办结、无条件并联审批和告知承诺制，土地、立项、规划、环保等14个机构入驻中心。建立联审联测中心，实施“多审合一”“多测合一”，上线运行审图系统，推动图审数字化。全年审查市县两级“多审（图）合一”项目334个，实施“多测合一”项目83个。市行政审批服务局承担的17项改革任务全部完成。“拿地就开工”模式成型推广，全市50个项目采用该模式完成审批。工改审批系统上传审批项目121个，实现与20个相关业务系统互联互通，对接业务系统数居全省第二位。11月6日，滨州市作为全省4个典型市之一，在全省工程建设项目审批制度改革工作现场会作典型发言。建筑许可指标在年度全省营商环境评价考核中列第三位。

【“一窗受理”改革推进】 2019年5月，省政府办公厅全领域无差别“一窗受理”改革试点工作在滨州市政务服务中心开展，市行政审批服务局4次对中心窗口进行优化调整，窗口精简35.7%，各版块基本实现“跑一窗、全办成”，提升办事效率约32.5%。11月20日，省政府办公厅验收组完成改革试点验收。年内，优化全部行政审批事项流程，梳理“容缺受理”材料75份，印发第一批高频事项“最多跑一次”目录清单112项。

【“一网通办”推进】 2019年，市行政审批服务局推进政务服务事项标准化梳理及上网运行，按照“三级十同”原则，精细化政务服务事项。以“服务同源”为原则，推动线上线下一套标准、一套流程，建立从办事到评价全链式线上线下服务体系。成立全市“一网通办”工作专班，制定《滨州市加快推进政务服务“一网通办”工作实施方案》，分类分步推进事项上网、一网通办。年内，公布第一批50项和第二批60项行政审批事项“一网通办”清单，上线试运行“滨州审批助手”，试点部署“滨州远程审批”社区办工作。调用省、市接口32个，婚姻、殡葬、单位参保等信息用于材料核验，市县两级政务服务事项网上可办率达80%以上。

【“12345”政务服务热线】 2019年，39条市县热线整合完成，实现一个号码24小时服务，“12345”政务服务热线“一线连通”服务质量提升。市行政审批服务局与各行业主管部门联合开展8期话务员业务培训，提升即办件比例。全年受理群众诉求39.18万件，其中群众来电37.91万个、市长信箱群众来信2190封、人民网市长留言板群众留言146条、微信公众号群众留言2949条、政商直通车12件、国务院互联网+督查事项37件；批转相关承办单位办理16.58万件，直办事项17.63万件，接通率100%，按时办结率98.91%，群众满意率95.32%。按时编发月报12期、季度通报4期、工作动态19期，呈请市政府领导签批重点事项32件并印发专报12期。在“中国滨州”门户网站公开群众诉求办理情况1105件，在微信公众号公开209件，在《滨州日报》《鲁北晚报》公开月度通报12期。年内，市长公开电话办公室受理省热线转办件7364件，按时办结率100%，无超期办结情况。

2019年8月22日，市政务服务中心举行图审、测绘单位和市政公用服务机构入驻仪式

（市行政审批服务局 供图）

【帮办代办服务】 2019年，市行政审批服务局在全省率先成立市级行政审批帮办代办中心，建立“市县联动、分级服务、全面覆盖”的帮办代办服务网络。明确宗旨，强化规范，制定《帮办代办申请表》《服务承诺书》等整套工作表格和规范性文书，推动管理标准化，为项目单位提供“店小二”式服务。至年底，市县两级帮办代办队伍增至106人，全市受理帮办代办项目771件、办结686件，均达到企业满意结果。

【“中介超市”建设】 2019年，市行政审批服务局加强“中介超市”服务平台建设，全国首创自主谈判、邀请谈判选取方式，印发全省首部“中介超市”监督管理制度规范《滨州“中介超市”不良行为记录和黑名单制度管理办法（试行）》，上线星级评价、微信报名等功能，建立全市统一的“中介超市”标准化服务模式，落实中介服务提质减时降费，年内完成电话回访及网上星级评价项目164个，满意率100%。平台入驻中介机构1062家，较成立初期增长8倍。

（张　振）

【规划用地流程再造】 2019年，市自然资源和规划局全面推进“多审、多证、多测、多验合一”的“四合一”改革落地实施，合并规划选址和用地预审，合并建设用地规划许可和用地批准，将规划核实、土地核验、不动产测绘等合并为竣工验收1个事项，除法定的批准文书和证书以外，其他材料一律取消。实行项目用地手续“四个一日办结”，发布工程建设项目规划联合审查“三个清单”（审批豁免清单、主观审查负面清单、内部审批下放清单），实施容缺办理，审查时限由原来的25个工作日压缩到10个工作日。继续为企业开辟不动产登记绿色通道，即到即办。

【“互联网+不动产登记”服务】 2019年，市自然资源和规划局推进“互联网+不动产登记”，实现与税务、住建、市场监管、民政、公安等部门的数据互推共享，取消婚姻审查、房源核验等环节，开展手机APP部分线上登记业务，为群众企业提供“24小时不打烊”服务，实现“数据多跑路，群众少跑腿”。在市政务服务中心大厅窗口设立党员示范岗，实行帮办代办、延时服务、免费邮寄，实施“一次受理、并联办理”，实现一般登记3个工作日办结，一般抵押登记当日办结，查封、解押登记即时办结，抵押、解押登记“不见面审核”，在全省不动产登记工作经验推进会上作交流发言。年内，全市办理不动产登记13.35万件，完善民营企业用地手续38宗、254.6公顷。与市发改、住建等7部门联合起草《滨州市市城区不动产登记历史遗留问题处置意见》，加快解决不动产登记历史遗留问题，不动产登记信访量大幅减少，解决32个小区3297户49.56万平方米不动产登记历史遗留问题。全市不动产登记机构开展为期3个月的业务大练兵，获全省不动产登记技能大赛团体第二名、个人第一名。市本级在滨南采油厂设立受理网点，集中办理油田改制住房登记，支持“油地共建”。年内服务大厅获得红旗窗口7次、先进个人151人次。

（高连新）

市场监督管理

【概况】 2019年，滨州市加强市场监督管理力度，实施“消费安全、品牌建设、标准引领、助企强企”工程，推进各项工作有序开展。深化“放管服”改革。实施“证照分离”“一网通办”，工业产品生产许可证由24类压减到15类，全市通过知识产权、股权质押和动产抵押等助企融资777.98亿元，动产抵押主债权金额连续3年居全省第一，落实专利、标准化和质量品牌奖补资金1013万元。加强安全监管。开展食品药品安全专项整治，推进学校食堂全部实现“明厨亮灶”，开展市县两级食品安全监督抽检2.20万批次，建立药品监管网格310个，实现零售药店全覆盖监管。推进质量品牌建设。市政府与中国标准化研究院签署全面战略合作协议，“百城千业万企”对标企业数量位列全国第二、全省第一；主导制定国家标准1项，企业主导制定国际标准1项，实现全市国际标准零突破；组织完成国家级标准化试点3项，省级标准化试点18项。加大监管执法力度，市县两级市场监管部门立案1625件，案件总值726万元，实现公平竞争审查制度市县两级全覆盖，维护消费者合法权益，全年处理消费投诉1.5万件。提升市场监管保障能力。成立滨州市特种设备安全与节能协会，完善“滨州标准云”公共服务平台建设，国家商用厨具产品质量监督检验中心（山东）获批筹建，世通国际检验检测认证落户滨州。

【市场监管法治建设】 2019年，市政府出台《滨州市知识产权专利导航办法（试行）》《滨州市液化石油气安全管理办法》，启动《滨州市电梯安全条例》立法工作。市市场监督管理局出台《行政处罚案件审理规则》《行政执法监督管理办法》等9项制度，组织全市市场监管系统行政执法监督检查，开展全市市场监管系统行政执法案卷评查。全年处理行政复议2件、行政应诉5件，负责人出庭应诉率100%；召开行政应诉专题会议2次，组织行政应诉当事人约谈1次；召开法制专班专题会议3次、案审会3次、法律顾问专家座谈会1次；组织法律知识业务培训11次，培训执法人员1000余人次。年内，获评山东省市场监管法律知识竞赛团体一等奖，两件典型案例获评全市首届“十佳以案释法优秀案例”评选十佳和优秀案例。

【市场主体登记】 2019年，全市实有市场主体34.84万户，比2018年同期增加4.72万户，比2018年增长15.67%，增幅居全省第6位。实有民营经济市场主体34.4万户，比2018年增长15.93%；实有各类企业10.19万户，比2018年增长21.25%；实有内资（非私营）企业3927户，比2018年下降5.14%；实有私营企业9.74万户，比2018年增长22.53%；实有外资企业560户，比2018年增长38.27%；实有个体工商户23.55万户，比2018年增长14.11%；农民专业合作社1.11万户，比2018年增长2%。年内，全市新登记市场主体7.07万户，比2018年同期增加1.13万户，比2018年增长19.01%，增幅居全省第11位。新登记民营经济市场主体7.04万户，比2018年增长18.8%；新登记企业2.45万户，比2018年增长37.12%；新登记内资（非私营）企业258户，比2018年增长108.06%；新登记私营企业2.42万户，比2018年增长36.59%；新登记个体工商户4.57万户，比2018年增长15.6%；新登记农民专业合作社458户，比2018年下降76.34%。

【商事制度改革】 2019年4月28日，市市场监管局组织各县（市、区）市场监管局、行政审批服务局开展企业便利注销和实名身份验证业务视频培训，推进全省企业注销“一网通办”系统和全省市场监管综合业务系统线下企业设立登记实名身份验证系统上线运行。年内，市市场监管局配合行政审批服务部门持续开展“多证合一”改革，推进经营场所承诺制改革，配合市政府出台《滨州市市场主体住所（经营场所）登记管理暂行办法》，自2019年2月1日起施行。

【企业信用监管】 2019年，市市场监管局制定《2019年度“双随机、一公开”抽查工作计划》，印发《“双随机、一公开”监管工作规范》，对省市场监管局抽取的7442个市场主体开展“双随机、一公开”抽查，对分管负责的396家市场主体实施检查100%公示检查结果，实现系统内“双随机、一公开”监管全覆盖。加强经营异常名录管理，优化受理、修改、公示等流程，采用实地核查、现场咨询等方式引导企业提高年报意识、诚信意识，全年列入经营异常名录市场主体810条，移出53家，协助4家企业移出严重违法失信名单，提供电话咨询2600多次。推进失信联合惩戒工作，向相关部门提供企业信用信息，全年提供企业信用信息核查服务2300多户次。

【企业主体年报工作】 2019年，全市加大年报宣传资金投入，多渠道、多方式开展年报宣传，完成2018年度市场主体年报信息公示工作。全市市场主体中企业应报79572户，按时年报75249户，企业年报率94.57%，居全省第3位。个体户应报200003户，按时年报146272户，年报率73.13%。农民专业合作社应报10741户，按时年报9457户，年报率88.05%。

【反垄断工作】 2019年，市市场监管局印发《滨州市市场监督管理局公平竞争审查内部审核工作制度》，建立健全内部公平竞争审查机制，规范公平竞争审查流程，实现市县两级公平竞争审查制度落实全覆盖。在市级市场监管部门中率先启动对增量政策措施文件进行复核审查咨询事项研究论证工作，对生产企业按指标综合评价为四类企业并实行要素差别化配置政策等内容进行复核评估论证。市市场监管局根据《2019年山东省公平竞争审查督导工作方案》，组织市公平竞争审查工作联席会议成员单位参加山东省公平竞争审查工作督导座谈会，清理政策措施2511件，其中继续有效2471件、应废止29件、失效10件、修改1件。组织开展150余人全市反垄断执法和公平竞争审查工作培训班。

【反不正当竞争】 2019年，市市场监管局开展“保健品”市场乱象专项整治行动，重点对群众日常消费相关行业和领域“保健”违法行为进行整治；召开34家直销企业参加的座谈会，指导在滨直销企业规范经营，鼓励其他直销企业进入滨州市场，采取行政提示、行政告诫、行政建议等方式，指导企业规范整改。开展服装领域专项打假活动，从生产源头、流通渠道、消费终端入手，加强对服装生产企业、销售市场、农村集贸市场、小作坊、小商铺执法检查。开展全市市场监管系统违法物品集中销毁活动，销毁各类物品2.6万余件，货值123余万元。4月，市市场监管局查办全市首起社交电商网络传销案件，罚没420余万元。7月，在全省率先构建政企联合打假机制，组织召开政企联合打假维权战略协作会议，制定工作方案，签订政企打假维权战略协作协议。开展知识产权执法“铁拳”专项行动，查办涉嫌侵权假冒案件81件，罚没款61.8万元。

【价格监督检查】 2019年，全市市场监管系统加强节日市场价格行为监管，在元旦、春节、“五一”等重要节点，对各大商场、超市、景区开展价格提醒告诫和市场巡查，维护节日市场价格秩序。聚焦减税降费，开展落实小微企业收费优惠减免政策专项抽查和违规涉企收费清理规范工作，市市场监管局检查31家行政事业性单位，降低企业经营制度性成本。开展口岸收费专项检查，指导全市16家口岸服务单位完成收费目录清单并公示。开展转供电环节加价清理规范工作，规范转供电单位364家，规范口岸收费和转供电价秩序。开展医疗服务价格专项检查，检查医疗机构17家，没收违法所得1460.48万元，罚款162.11万元。开展教育收费专项检查，规范教育收费行为。开展生猪及猪肉市场价格监管及巡查检查，关注猪肉价格投诉举报。对国网滨州供电公司高于政府定价制定价格案、市人民医院超规定差价率销售药品和一次性材料案进行调查处理和行政处罚，没收违法所得179.25元。根据台风“利奇马”灾后全市应急保障工作要求，对建材和群众生活必需品开展常态化价格监管，派出人员387人次，对281个经营主体进行市场巡查，保障灾后市场价格稳定。

【网络交易监管】 2019年，全市市场监管系统以《电子商务法》实施为监管重点，开展网监专项行动及定向监测工作。年内，监测经营主体4348户，责令改正182户，查处各类网络交易违法案件22件，罚没1777.6万元，罚没金额创历年新高。11月，滨城区市场监管局在全省网监专项行动现场观摩会上作典型发言。市市场监管局与“美团点评”“饿了么”网络交易平台签订电子商务领域政企共治合作协议，对转让、倒闭、单证、三小证、套证的网络餐饮用户进行后台批量处理，“美团点评”下线商户743家，“饿了么”下线商户775家，解决基层监管力量不足问题。

【合同监管】 2019年，市市场监管局制定《全市重点领域合同格式条款违法行为专项整治工作方案》，开展专项整治工作。全市检查经营主体574户，检查各类具有合同性质材料578件，下达责令整改通知15份，立案8起，结案5起，罚没金额2.1万元。开展“守合同 重信用”企业公示活动，确定、公示市级“守合同 重信用”企业491户。

【助企融资】 2019年，全市办理动产抵押登记991件，主债权金额534.95亿元，超额完成年初制定的全年400亿任务目标，连续3年主债权金额居全省第一位。年内，市市场监管局实施助企强企工程，推进股权出质工作，全市股权出质助企融资金额239.53亿元。全市知识产权质押融资总额3.5亿元，专利质押项目28项。

【商品交易市场监管】 2019年，市市场监管局完成全市专业交易市场、拍卖市场和307个城乡大集基本情况统计，做好全国百强市场评选推荐工作，博兴县兴福镇黑白铁市场获评“中国商品市场百强”称号，列第66位。6—11月，全市市场监管部门与自然资源规划部门联合开展野生动物保护专项整治行动，市场监管部门出动检查人员536人次，检查各类生产经营单位633户次，规范野生动物经营行为。

【消费者权益保护】 2019年，市市场监管局畅通渠道、提升效能，做好消费维权工作。运用全国“12315”平台做好线上线下接诉工作，保障“12315”互联网平台运行。在大型商场超市设立“12315”消费维权服务站，建立消费维权“绿色直通车”，全年受理消费咨询、投诉及举报15242件，处理“12345”政务服务热线转办单58件，消费投诉举报信26件，办结率均为100%，为消费者挽回经济损失230余万元。市市场监管局开展放心消费示范单位创建工作，全市“放心消费在滨州”创建示范单位369家。制发21个行业的《滨州市放心消费示范单位创建评估标准》，牵头19个部门（单位）调整市消费者权益保护工作联席会议制度。举行“3·15”国际消费者权益日纪念广场宣传活动，召开“3·15”消费维权行政约谈暨“放心消费在滨州”创建工作推进会议，组织200余家单位参加放心消费承诺践诺活动，行政约谈企业单位100余家。开展为期3个月的农村消费市场专项整治和重点投诉举报专项督导，出动执法监管人员1037人次，检查农村消费市场经营主体1275个，开展行政指导36次，指导农村消费市场经营者1500余人，开展消费宣教67次，发放消费教育明白纸5108张，设置假货展台16个，开展消费维权讲座2次，通过电视台、电台、微信公众号等媒体宣传31次（篇），发布消费警示30条。

2019年7月12日，滨州市市场监督管理局政企联合打假维权战略协作签约仪式在滨州中海酒店举行 （市市场监管局 供图）

【广告监管】 2019年，市市场监管局通过广告监管大数据平台实时监测全市广告市场，对违法量大、违法率高、违法排名靠前的媒体和属地县级市场监管局进行督查约谈。年内，各监测平台的查看率、处理率均为100%。全年对7县（市、区）级媒体广告发布情况进行两次抽查监测，发现违法广告19条。加强对重点媒体重点类别广告监管，加大安全药品、医疗、食品等传统五类违法广告查处力度，全市查处广告违法案件64件，罚没款53.16万元。开展全市互联网广告专项整治，查处案件24件，罚没款16.89万元。开展户外广告专项整治行动，出动执法车辆258车次，执法人员1831人次，检查户外广告2434条次，发现违法广告81条次，停止发布、责令整改8件。开展非法使用、变相使用国家武装部队标识或名义生产销售商品专项执法打假行动，检查生产经营主体982户，出动执法人员1642人次、执法车辆539车次。开展“规范清理借国庆70周年商业炒作行为”专项整治，出动执法人员260余人次，检查广告380余条次。开展规范公务员培训考试广告活动，出动执法车辆56车次，执法人员 124 人次，检查培训机构 73 户次。

【助力个体私营经济发展】 2019 年，市市场监管局推进小微企业“双升”工作开展，印发《滨州市小微企业“双升”战略联席会议办公室关于强力推进滨州市小微企业治理结构和产业结构“双升”战略工作的通知》，明确工作责任，加强指导督导。至年底，全市“个转企”3530 户，完成目标任务的 110.76%。全市加强个体私营企业党建工作，推动应建未建的个体私营企业建立党组织 96 个，成立联合党支部 51 个；新查找党员 728 名，建立省级党建工作联系点 4 家、市级党建工作联系点 10 家；至年底，全市个体私营企业党组织 1351 个、党员 1.30 万名。出台《个体私营企业开展“不忘初心、牢记使命”主题教育指导方案》，市市场监管局到 30 家企业实地调研，指导主题教育开展。举行全市个体私营企业党建工作现场观摩会暨党组织书记培训班，70 多家企业参训。组织京博集团、愉悦家纺等企业在省级以上媒体刊发企业党建稿件 7 篇。

【质量强市品牌战略】 2019 年，全市市场监管部门加大政策引导力度，印发《滨州市品牌培育市级专项资金使用管理办法》《2019 年全市品牌建设工作目标任务》和推进工作方案等配套文件，加强全市品牌建设工作。市市场监管局将每年设立 2000 万元市级品牌培育专项资金写入《关于加快经济高质量发展的若干政策》；建立《滨州市品牌库目录》，向部门推送 282 条信息，给予政府采购、项目投资、进出口贸易、金融信贷等方面支持；与山东电视台联合举办三期《品牌山东之声》滨州专辑，与滨州电视台联合推出《化解品牌之痛滨州行动》《滨州品牌企业展示》栏目，扩大“滨州品牌”影响力；年内，全市 9 家企业获评“省制造业高端品牌培育企业”，新认定“山东优质品牌”“山东知名品牌”98 个，8 家企业入选全国行业品牌价值榜；“魏桥”入选“世界品牌 500 强”，“京博”入围“中国 500 最具价值品牌”，沾化冬枣、惠民化纤绳网获评“省优质产品基地”。实施“万千百十”质量培训工程，推荐全市 200 家企业纳入省“万千百十”质量培育计划。实施政府质量奖奖励制度，完成第六届市长质量奖评审，召开全市质量发展座谈会，落实奖励资金 170 万元。1 家企业和 2 人获得第七届省长质量奖提名奖，1 家企业获评第十八届全国质量奖。

【产品质量安全监管】 2019 年，全市市场监管部门以产品质量监督和环保督查问题整改为重点，开展监督抽查和专项整治，创新生产、流通一体化监管方式。年内，开展再生塑料、特种劳动防护用品、水泥等产品质量专项整治 15 次，检查生产企业和商户 200 余家，约谈企业 10 家，查处违法违规行为 12 起。组织监督抽查，制定抽查目录和计划，全年抽查产品 432 批次，依法处理不合格企业 16 家。加强成品油质量监管，全年抽检车用汽柴油样品 4626 批次，合格率达 99.83%。完成全省成品油快速检测能力建设试点工作。

【食品安全监管】 2019 年，全市加强食品安全监管。市市场监管局对 725 家食品生产企业实施风险分级分类分层动态监管，日常督查企业 1031 家次，飞行检查企业 40 家次，责令改正 26 家，检查率和问题整改率均达 100%；开展“食品工厂规范化”行动，培育 100 家规范化企业和 15 家标杆企业；开展企业食品安全自查，自查率 92.2%；推进在产企业追溯体系建设，建设率 100%；开展食品生产环节专项整治，检查企业 249 家次，抽检 16 批次；推进小作坊“一坊一档”登记建档，建档率 100%；年内，全市获证食品生产企业 803 家，登记小作坊 1931 家。加强食品流通监管，对校园及周边食品经营者逐户核查，实施分级分类网格化监管；印制校园周边食品安全承诺书及“三高”食品风险警示标识 2719 份；开展食品摊点、流动摊贩专项整治百日行动，划定疏导点 120 个，摸底 3410 户，出动执法人员 5574 人次，立案查处 34 户；全市 2 家农贸市场通过全省规范化农贸市场验收，阳信县农村大集管理列为全省试点。开展非洲猪瘟督导检查，出动执法人员 2.72 万人次；开展专项生猪产品市场检查暗访，暗访 5 个县（市、区），8 家市场，100 家业户。加强餐饮环节监管，全市餐饮服务单位量化分级 1.47 万家，餐饮单位“明厨亮灶”3777 余家，学校食堂、中央厨房、集体用

2019 年 9 月 6 日，“落实品牌之策 建设富强滨州”2019 年滨州市“质量月”活动启动仪式在滨州大饭店举行
（市市场监管局 供图）

餐配送单位全部实现“明厨亮灶”；组织校园绿色餐饮行动，学校食堂季度检查覆盖率100%；进行校外托管机构登记、公示，春秋两季分别公示450家、486家；4月，开展净化网络订餐专项整治行动，全市约谈平台26家，发现问题2352家次，责令改正836家次，下线5208家，对平台立案11家，入网餐饮单位立案5家，罚款15.8万元；9—11月，开展全市餐饮环节双随机一公开检查，至年底，全市持证餐饮服务单位1.41万家，登记小餐饮1.51万家，登记并公示学生小饭桌353家。加强特殊食品监管，全市检查特殊食品和食盐生产经营单位3123家(次)，组织特殊食品监督抽检和非法添加专项抽检60批次、食盐质量安全抽检30批次，合格率均为100%；召开全市特殊食品和食盐监管警示教育工作会议，组织企业自查整改。

【特种设备安全监管】 2019年，全市市场监管部门检查特种设备使用单位3696家，下发安全监察指令书487份，发现隐患问题1123项。开展“迎接新中国成立70周年安全生产专项整治”，对八大类特种设备“全覆盖”检查，出动1779人次，检查企业740家，发现隐患363项。开展“两会”等重点时段、重大节日特种设备安全检查，出动516人次，检查单位517家。加强日常监督检查，检查企业509家，发现隐患122项。修订《滨州市液化石油气安全管理办法》，理清职能部门职责，对液化石油气储存、经营、消防安全职责履行进行督查抽查。开展电梯安全隐患排查，督查183家电梯使用单位，排查1571台电梯，对部分重点场所54台电梯进行安全技术检查，发现隐患24项，全面整改。开展全市特种设备安全双重预防体系建设工作培训，130余人参训。推进特种设备安全生产集中整治，检查企业124家，发现隐患86项，下发指令书49份。抓好特种设备定期检验工作，全市61131台特种设备纳入监管系统，在用50897台，定检率97.73%，居全省前列。

2019年5月20日，滨州市市场监管局在中石化滨州第三加油站开展“5·20世界计量日”宣传活动暨“诚信滨州 放心加油”活动 （市市场监管局 供图）

【计量管理】 2019年，市市场监管局联合市人力资源和社会保障局、市总工会分别举办市场监管系统职业技能竞赛活动和全市计量检定人员岗位技术竞赛活动，150余人次参赛。开展“诚信计量 服务民生”衡器免费检定，免费检定电子秤120余台，发放宣传资料200余份。开展“5·20”世界计量日宣传活动暨“诚信滨州 放心加油”活动，对289家加油站监督检查。开展“播种知识 守护未来”六一专题活动，邀请小学生参观民生计量实验室，开设“安全消费”“餐饮安全”“爱眼护眼”知识讲座。开展计量“双随机、一公开”监督检查，监督单位159家。开展眼视光产品计量监管工作，检查单位180家。印发《滨州市市场监督管理局关于进一步做好2019年能源资源计量服务工作的通知》，组织各县（市、区）加强能源资源计量服务队建设，对辖内纳入《山东省拟列入“百千万”行动计划用能单位名单》的企业开展能源计量审查。举办全市市场监管系统能源计量审查业务培训，全市能源资源计量服务队队员40余人参加培训。全年完成强制检定74023余台件，其中安全防护计量器具17859台件、社会公用计量标准286项、可开展检定项目355项。

【标准化工作】 2019年，市政府与中国标准化研究院签署标准化战略合作框架协议，全市组织落实年度市级标准化财政资金补贴243万元。在全国“百城千业万企对标达标提升专项行动”中，滨州对标企业326家，列全国第二位、全省第一位。山东开泰集团有限公司主导制定的《钢丝切丸》国际标准发布，实现滨州企业参与制订国际标准零突破。全国内燃机标准化技术委员会活塞工作组落户滨州。山东省绳网标准化技术委员会获批成立，填补全市省级标委会的空白。3项国家级试点通过考核评估，18个省级试点（示范）项目建设完成，涵盖服务业、农业农村、工业、社会管理和公共服务多个领域。年内，滨州市主导制定国家标准1项，主导制修订行业标准5项。

【认证认可工作】 2019年，《滨州市人民政府关于加强质量认证体系建设促进全面质量管理的实施方案》印发，明确全市质量认证事业发展方向、方法和路径。市市场监管局开展滨州铝产业高端认证检测平台招引工作，加强认证和资质认定检验检测机构证后监管。京博石化海韵牌石油沥青获“泰山品质”认证，全市获“泰山品质”认证企业3家，居全省第五位。加强资质认定检验检查机构信息化管理，组织开展检验检测机构统计直报工作，督导全市136家机构纳入平台系统，实现信息化管理。在全省率先开展跨部门"双随机 一公开"联合监督检查，与市公安局、市交通运输局、市生态环境局联合开展机动车检测机构"双随机 一公开"联合监督检查，检查机构8家。开展认证认可监督检查，抽查资质认定检验机构24家，认证机构19家。

【知识产权管理】 2019年，市政府印发《滨州市知识产权专利导航实施细则（试行）》，启动全市知识产权专利导航工作，申报专利导航项目10个；组织"滨州市专利奖评"审表彰，评出重大专利奖2项、一等奖10项、二等奖22项、三等奖36项；推进滨州知识产权学院建设，建设知识产权学院专用机房1处，引进专任教师1名，完成知识产权管理专业申报工作，知识产权管理专业9月开始招生；组织开展市级知识产权质押融资贴息工作，补助资金143.56万元；实施专利资助，全市兑现资助经费322.69万元。年内，市市场监管局开展知识产权执法保护、蓝天行动等执法专项行动，查处商标侵权案115件，假冒专利案255件，查处专利案件量居全省第二位。调处专利纠纷案件10起，检查专利代理机构4家、商标代理机构2家，责令整改1家，建议列入异常名录1家。围绕博兴中国智慧厨都国际酒店用品博览会做好知识产权侵权行为预防、调解和处理工作，全年培育申报驰名商标认定保护5件，其中山东九环图形商标、金海钛业图形商标、山东十里香"鲁誉"注册商标获国家知识产权局商标局认定。至年底，全市新增国家知识产权局认定驰名商标3件，有驰名商标认定保护24件，地理标志保护产品3件；全市专利申请7003件，授权专利3473件，申请量、授权量比2018年增长3%；全市有效注册商标34389件，比2018年末增长36.4%；全市新增马德里商标国际注册申请40件，马德里国际注册商标有效量80件，比2018年增长185.7%。山东鲁北企业集团总公司"一种化学分解废硫酸和石膏综合利用的联合工艺及装置"获第二十一届中国专利银奖，实现滨州参评中国专利奖新突破。

【药品监管】 2019年，市市场监管局加强药品生产监管，配合省药监局对全市药品生产企业认证检查3家次，跟踪检查2家次，品种核查1家次，各企业均通过现场检查；至年底，检查药品生产企业32家次，覆盖率168%。全年完成药品生产环节基本药物抽样25批次、医疗机构制剂专项抽样10批次、药品生产环节评价性抽样20批次、药包材抽样4批次，抽样完成率100%，无不合格报告。全市开展医疗机构制剂专项整治，出动执法人员11人次，发现一般缺陷5项，责令限期整改。市市场监管局开展特殊药品监督检查，检查特殊药品经营企业6家，使用单位90家。印发《滨州市中药饮片质量集中整治工作实施方案》，开展中药饮片专项整治。开展执业药师"挂证"集中整治行动，自查阶段全市执业药师首次注册45人，再次注册55人，变更注册48人，注销注册38人。联合市卫生健康委开展疫苗使用管理专项监督检查；开展零售药店违法违规行为专项整治行动，检查药品零售企业1400家，给予警告616家，责令限期整改1149家，立案63家，罚款4.027万元，撤销GSP证书7家；开展药品零售环节损害群众利益问题和药品安全领域漠视侵害群众利益问题专项整治工作，全市检查药品零售企业2561家次，警告209家，限期整改932家，立案248起，罚款70.98万元，通报卫生健康部门1家，收回GSP证书3张、撤销GSP证书18张。至年末，全市有药品生产企业11家，医药工业年产值15亿元，未发生重大药品安全事故；全市有药品经营企业1551家，药品使用单位2783家，疾控机构和接种单位151家，全市药品经营使用单位检查覆盖率100%。

【医疗器械监管】 2019年，市市场监管局印发《2019年滨州市医疗器械生产企业监督检查计划》《2019年滨州市医疗器械经营企业和使用单位监督检查工作计划》，开展专项检查。全市医疗器械生产企业17家，3家企业未生产，7家企业停产，剩余7家企业完成现场检查。全市三类医疗器械经营企业396家，检查单位410家次，检查覆盖率100%。市市场监管局会同市行政审批服务局对59家新开办的三类医疗器械经营企业现场验收，对辖区7家三级医疗机构进行监督检查。年内，完成医疗器械国抽7批、省抽40批、应急抽验10批，其中医疗器械国抽完成率100%，省抽完成率90.9%，应急抽验完成率100%。全市开展无菌和植入性医疗器械专项检查，检查经营企业160家，实现检查全覆盖，检查使用单位668家。组织20家网络销售企业进行培训并签订《网络销售诚信经营承诺书》，对市区17家医疗器械网络销售企业进行检查，发现问题23条，责令限期整改。全年查处违法违规案件14起，罚没款40.26万元。

【化妆品监管】 2019年，全市有化妆品生产企业4家，为滨州彩吉尔商贸有限公司、山东省盐业集团东方海盐有限公司、博兴县俪波日用品厂、无棣盐业公司，年产值30余万元。全市化妆品经营企业1600余家。年内，市市场监管局明确《滨州市化妆品市场监管规范化建设现场检查验收标准》，检查化妆品生产单位8家次、经营单位59家次，提出整改意见200余条并督促完成整改。完成330个品种备案后现场核查工作。完成国家级化妆品29个批次、省级化妆品65个批次监督抽检工作，检出不合格报告7份，发现率列全省第三名。开展基层化妆品市场监管规范化建设三年提升工程，确定博兴县博昌街道办事处为市级示范乡镇（街道），各县（市、区）确定1个乡镇（街道）为县级示范乡镇（街道）。

【市场监管执法】 2019年，全市市场监管部门立案1625件，案值726

万元，罚没款2800万元。全市食品类案件883起，罚没款371.6万元，移送司法机关案件6起，责令停产停业13户，发出外地市协查函5件，依规兑现投诉举报奖励6400元。全市药品类案件170件，市市场监管部门立案查处“邹平市中医院涉嫌配制使用假药牛黄抗感片案”等重点案件；完成送检300余批次产品涉案假药，出具假药认定书12份；联合市公安局转发《严厉打击制售假劣药品专项行动方案》，组织专项执法行动；履行市禁毒委成员单位职责，参与易制毒化学品管控工作和902专项行动。市市场监管局对滨州医学院附属医院医疗器械使用及计量检定（校准）情况进行督导检查；配合湖北天门、浙江宁波、江苏盐城市场监管部门对滨州3家企业进行协查；完成全市52条机动车检测线调查。全市办理广告、消费者权益保护等案件215件，开展“守护消费”暨打击侵害消费者个人信息违法行为专项执法行动，开展集中宣传3次，发放法律文本、明白纸等宣传材料300余份。全市加大商标、专利、地理标志等领域群体、恶意侵权行为整治力度，知识产权类立案69件。全市价格类案件立案11件，开展不正当价格行为专项检查、滨州妇幼保健院价格专项检查行动。

【技术能力建设】 2019年，市食品药品检验检测中心收到检品3885批，比2018年增长32%；食品类接收2480批次，较2018年增加547批次；药品类接收1355批次，较2018年增加344批次；承接《栀子金花丸》探索性研究课题，为中心首次承担全省药品风险监测；化妆品类接收省监督样品50批，合格率92%，为中心首次承担省级化妆品抽检。年内，市药品不良反应监测中心审核评价药品不良反应报告5664份，通过5229份；审核评价医疗器械报表805份，审核评价化妆品报告429份，上报药物滥用监测报表402份。市计量测试检定所建立社会共用计量标准117项，全年检定计量器具8.7万台件；筹建大质量比较仪实验室，对魏桥纺织、中海沥青和部分县（市、区）计量所大砝码进行检定；参与起草《山东省内置温度转换装置燃气表地方检定规程》；参与工信部11项行业技术规范审查。市特种设备检验研究所检验特种设备2.84万台（套）、压力管道159.03千米；完成特种设备作业人员考核4500余人；申报3项实用新型专利，1项科研项目列入年度山东省重点研发计划，获15万元专项资金。市纺织纤维检验所受理检验999批次，国家棉花公证检验实验室完成1495批5.3万吨棉花检验任务。市产品质量监督检验所完成检验5280批次，争取工业产品省抽任务197批次，食品省抽任务449批次；承担市级监督抽查442批次，配合县级市场监管部门抽检1448批次；对食品、化工、轻工等领域产品申请扩项。市标准信息所在全省物品编码工作年度综合评比中连续四年居全省前列；“滨州标准云”公共服务平台国内外标准文本和标准题录超73万项，实现免费检索、在线下载；全市商品条码系统成员保有量764家，比2018年增加191家。市厨具产品质量检验中心完成产品委托检验1326批次，承担监督抽查220批次，承担3项国家级风险监测任务；国家商用厨具产品质量监督检验中心（山东）获国家市场监管总局同意筹建；通过省市场监管局评审组实验室资质认定现场评审（CMA）；《DY状态下非马氏体不锈钢在商用厨具生产中的应用和研究》获得国家市场监管总局立项，获省市场监管局配套支持资金13.5万元。

【市政府与中标院签署战略合作框架协议】 2019年7月11日，市政府与中国标准化研究院签署标准化战略合作框架协议，滨州成为全省唯一与国家最高层次标准化研究机构签署合作协议的地级市。双方在标准制修订、标准化项目研究、“百城千业万企对标达标”行动以及实施标准化技术培训与人才交流等方面开展交流合作。中国标准化研究院隶属国家市场监管总局，是全国从事标准化研究的最高科研机构，协议签署为全市新旧动能转换重大工程实施提供标准支撑。

【成品油快速检测试点建设】 2019年，市市场监管局承担全省成品油快速检测能力建设试点工作。年内，利用快速检测技术抽查全市加油站446家，抽检车用汽柴油样品1170批次，快速检测合格率99.9%。组织全市成品油质量快速检测现场观摩会，承办全省成品油质量快速检测启动仪式等活动，新华网、中国质量报、山东卫视等媒体进行宣传报道。12月20日，省市场监管局印发《关于进一步加强油品质量快速检测能力建设的通知》，在全省推广滨州成品油快检工作经验。

（高鑫磊　蔡　磊）

15 产业集群

Industrial Cluster

高端铝产业集群

【概况】 2019年，滨州市以打造世界高端铝业基地为目标，创新体制机制，推动铝产业发展。加强组织带动。成立打造世界高端铝业基地工作专班，市委市政府主要领导担任组长、副组长，建立“六个一”工作推进机制（制定一个《打造世界高端铝业基地的若干政策》、组建一个专家智库委员会、设立一支高端铝产业发展引导基金、打造一批科技创新及公共服务平台、建立一个行业协会、成立一个工作专班），完善高端铝产业基地建设考核体系。加强招引推动。以长三角、珠三角等产业聚集区为重点，组织开展产业路演，实施专班招引。加强政策促动。出台《加快经济高质量发展的若干政策》等文件，加强政策保障和奖励；构建“一基地多园区”铝产业“生态圈”；争取并落实省级技改综合奖补及产业集群培育资金1200万元。加强创新驱动。与国内20余所著名高校院所建立合作关系；调整能源结构和产业结构，向外省转移203万吨电解铝产能，年减少煤炭消费1000万吨以上；铝原料就地转化为中高端铝制品的比例达35%，比2018年提升10.3个百分点。加强要素联动。设立100亿元世界高端铝业基地发展基金，50亿元的新旧动能转换母基金，30亿元的重点企业发展（纾困）基金，建设“中国铝谷”金融资产管理中心；落实“一窗受理、一网通办”，推行“容缺办理、拿地即开工、不见面审批”模式。至年底，全市规模以上涉铝企业73家，比2018年增加11家，高端铝产业集群实现营业收入3708.4亿元，比2018年增长12.2%。铝原料就地转化为中高端铝制品比例达35%，比2018年提升10.3个百分点。滨州市以体制机制创新推动铝产业高质量发展改革经验获“2019中国改革年度十佳案例”，为山东省唯一入选案例。

【铝产业“双招双引”】 2019年，滨州市将“双招双引”作为推动铝产业高质量发展重点措施，以长三角、珠三角等产业聚集区域为重点，推进铝产业链条延伸、高附加值产品开发、生产研发企业分布研判，组织开展产业路演，派出专班进行产业招引。4月28—29日，举办2019世界高端铝业峰会，签约项目24个、合同金额631.4亿元。5月29—31日，到珠三角开展招商推介，签约项目12个、合同金额190亿元，其中外资3.6亿美元。全年9个项目到位资金20.8亿元，其中到位资金过亿元项目4个。

【铝产业政策】 2019年4月28日，滨州市出台《加快经济高质量发展的若干政策》20条措施；6月20日，出台《打造世界高端铝业基地的若干政策》11条措施，为高端铝产业发展提供制度保障。对吨铝增值率高于1.5的企业，按新增地方财政收入50%给予奖励，每提高0.5，增加奖励5个百分点，最高奖励80%。构建“一基地多园区”铝产业“生态圈”，鼓励县（市、区）规划建设高水平铝产业园区、建设高标准工业厂房，激励龙头企业领办工业园；支持铝板替代钢板，对整体使用铝板建设的，给予30元/平方米奖励，单个企业最高奖励300万元。魏桥集团领办的邹平长山铝精深加工产业园引进项目15个，投资129亿元，年内11个项目投产运行。全年争取落实省级技改综合奖补及产业集群培育资金1200万元，支持5个转型升级涉铝项目。

【铝产业创新】 2019年，滨州市加强与高校科研院所合作，建立铝材料国家重点实验室，建设科技创新平台。至年底，全市有3家国家级技术平台、15家省级技术平台，与国内20余所高校院所建立合作关系，全国唯一国家级铝业工业设计中心启动建设，魏桥国科（滨州）研究院挂牌成立，“中国铝谷”云平台启动运行。推进渤海科创城、渤海先进技术研究院、魏桥国科（滨州）研究院、渤海科技大学建设，打造产教融合型城市，建设展示交易、学术交流、创意设计、检验检测、数据咨询、设备共享、人力资源、商务服务8个中心，为高端铝业及各类企业创新提供全周期、全程化、全定制服务。

【《打造世界高端铝业基地的若干政策》出台】 2019年4月26日，市委市政府印发《打造世界高端铝业基地的若干政策》，对高端铝业基地建设的目标定位、支持重点进行系统规划和安排。文件分为11项内容。打造世界高端铝业基地，规划建设铝产业园区，每个县（市、区）至少规划建设一个铝产业园区，打造“一基地多园区”铝产业集聚载体。支持铝产业价值链提升和完善，加大科技创新支持力度。支持企业开拓国内外市场，每年举办世界高端铝业峰会和中国（滨州）国际铝工业博览会。支持企业争创知名品牌。加大高端涉铝企业招引力度，对重点涉铝招商项目，以“一事一议”方式给予扶持。建设高素质员工队伍，支持市内高校、中职开设涉铝专业。强化金融服务支持，支持龙头企业牵头设立20亿元世界铝业基地发展基金。选树优秀企业家典型。提升综合服务能力，加快建成全国区域交通枢纽城市，加快建设国际化社区、国际化医院、国际学校，入驻园区涉铝企业享有招商引资、市场准入、土地等普惠政策，出台支持铝产业园区招商扶持政策，支持更多铝制品进入政府采购目录。

【铝业发展政策解读】 2019年4月28日，市政府在“中国滨州”门户网站政务信息公开专栏对《关于打造世界高端铝业基地的若干政策》进行政策解读，涉及政策出台背景、主要内容和特色亮点等内容。4月29日，在世界高端铝业峰会高峰论坛上，市工业和信息化局对高端铝业基地建设的目标定位、支持重点进行系统规划和解读，世界高端铝业基地总体布局发挥滨州铝水、铝锭资源优势，以价值链为核心，重点围绕汽车、轨道交通、航空航天、船舶、建筑、家具等领域，推动产业向价值链中高端发展。

【世界高端铝业峰会】 2019年4月28—29日，世界高端铝业峰会·2019在滨州市举行。峰会主题为“新动能、新智造、新铝程”，由滨州市委市政府主办，国际铝协、中国有色金属协会支持，山东省铝业协会承办。美国、俄罗斯、德国等十几个国家的涉铝生产加工企业，以及涉铝工商、科技、金融、行业协会等在内的700多位铝行业领军人物、专家学者、商界精英参加峰会。峰会期间，举行滨州国际铝业展、魏桥国科（滨州）研究院揭牌仪式、中国（滨州）铝业云平台启动仪式和重大项目签约仪式，签约项目24个，总投资631.4亿元。峰会每年举办一届，闭会期间设立秘书处常设机构，保持对参会嘉宾持久联络。

【中德轻量化技术年会召开】 2019年11月13日，中德轻量化技术年会在邹平市召开。市、县相关领导，山东省铝协、苏州大学（魏桥）新材料研究院、山东省铝协部分会员企业参会。会上，德国巴符州轻量化局长席利格博士作主题报告，与会人员参观现场展出的汽车轻量化部件。邹平市人民政府与德国德赢技术有限公司签署中德汽车轻量化部件产业园合作协议，推动新能源汽车及其轻量化技术产业化发展。

【国际铝产业链发展高峰论坛举行】 2019年11月8日，2019（第四届）国际铝产业链发展高峰论坛在海南三亚举行。论坛主题为“共创共享合作共赢”，由中国宏桥集团和山东创新集团联合主办，20多个国家和地区200余家企业、500余位铝行业从业者参会，中国国际经济交流中心、中国有色金属工业协会、山东省铝业协会相关领导及专家，滨州市、烟台市主要领导，山东省发展改革委、工业和信息化厅及相关部门、县（市、区）有关领导参加活动，市委书记佘春明以“共创黄金链　共拓新蓝海”为主题作主旨演讲。高峰论坛设威海市铝精深加工产业发展和轻量化产业应用发展两个分论坛。

【魏桥云南绿色铝创新产业园开工】 2019年12月18日，云南省人民政府、山东魏桥创业集团有限公司在云南省文山州砚山县举行云南绿色铝创新产业园暨200万吨绿色水电铝项目开工仪式，云南省委书记陈豪宣布项目开工。云南省以及省直部门相关领导，项目合作银行及企业代表等出席开工仪式。云南绿色铝创新产业园暨200万吨绿色水电铝项目，由魏桥创业集团领建，引入水电铝材一体化项目，进行铝全产业链布局，利用云南绿色能源及区位、开放优势，建设绿色铝工业基地。

【山东省铝业协会成立】 2019年3月21日，山东省铝业协会成立大会在邹平市召开。会议选举产生山东省铝业协会第一届理事会和监事会组成人员，魏桥创业集团董事长张波当选为首任会长。国际铝业协

2019年4月18日，“世界高端铝业峰会·2019”新闻发布会在滨州举行

（王健　摄）

2019 年 3 月 21 日，山东省铝业协会成立大会在邹平市召开

（市工业和信息化局　供图）

会、中国有色金属工业协会、省有关部门单位、其他省市有关行业协会、省内重点铝业企业代表 220 余人参加成立大会。国际铝协秘书长罗恩·耐普出席会议并致辞。协会由魏桥铝业、南山铝业等 7 家企业发起，全省 50 余家规模以上涉铝企业入会。

（张丙忠）

高端化工产业集群

【概况】 2019 年，滨州市设立 6 个化工专项行动工作组，开展化工专项行动，推进新型化工产业发展。加强园区规范建设。开展化工园区和化工重点监控点申报认定工作；加快省级化工园区智慧化建设，主动对接省办实训基地建设工作。提升产业发展质量。开展化工生产企业、道路危化品运输企业、危化品仓储经营企业评级评价和分类处置工作，完成城镇人口密集区 5 家危化品企业搬迁改造工作；推进“双招双引”，组织 2019 中国烯烃高峰论坛暨滨州高端化工产业对接会，签约额 164.1 亿元。强化安全环保。开展化工行业和化工园区安全生产专项整治，市级层面未发现任何问题；做好台风“利奇马”园区及企业安全应对工作，减低产业损失。推动高耗能行业发展。加强地炼整合工作，3 家企业与裕龙石化项目签约，整合产能 970 万吨；成立产业升级和防范化解金融风险工作专班；制定细化“一企一策”转型升级和风险评估防控工作方案，强化县（市、区）属地管理责任，推进地炼企业产能整合转移退出。年内，全市高端化工产业集群全面发展实现主营业务收入 1891 亿元，占全市规模以上工业主营业务收入的 26%。石油化工、煤化工、盐化工 3 个系列、200 多个品种，其中环氧丙烷产能 88 万吨/年，约占全国 31%；针状焦产能 6 万吨/年、锻后石油焦产能 75 万吨/年，均占全国20%以上；沥青 470 万吨/年，约占全省 25%；焦化产能 850 万吨/年、烧碱产能 234 万吨/年，均占全省 20%。至年底，全市有规模以上化工企业 166 家，以京博集团、滨化集团、鲁北集团、中海沥青等企业为代表。

【石油化工行业】 2019 年，全市有规模以上炼化企业 6 家（央企炼化企业 1 家、地方炼化企业 5 家），取得进口原油指标 967 万吨（博兴京博 331 万吨、成达新能源 210 万吨、无棣鑫岳 240 万吨、沾化中海精细化工 186 万吨），全市原油一次加工能力 2060 万吨（中海沥青 500 万吨、博兴京博 350 万吨、成达新能源 300 万吨、无棣鑫岳 240 万吨、沾化中海精细化工 230 万吨、阳信滨阳燃化 440 万吨）。全年实现主营业务收入 822 亿元，占全市规模以上工业的 11%。产品由常减压燃料油延伸到高品质清洁油品、高等级道路沥青、高档润滑油、变压器油、环氧丙烷、化工新材料等上百个品种。

【焦化行业】 2019 年，全市有焦化企业 5 家，分别是邹平市铁雄冶金科技有限公司、山东广富集团有限公司、邹平福明焦化有限公司、山东邹平金光焦化有限公司以及博兴县胜利科技有限公司。焦炭产能 850 万吨/年（铁雄冶金 280 万吨/年、胜利科技 200 万吨/年、广富集团 190 万吨/年、福明焦化 120 万吨/年、金光焦化 60 万吨/年），为全省最大。全市焦化企业根据节能及环保政策要求，进行技术改造和环保升级，达到超低排放标准，全年实现主营业务收入 315 亿元。

【海洋和精细化工行业】 2019 年，全市氯碱产能 231 万吨/年，约占全省的 20%，农药 16 万吨，主要产品有烧碱、二氯乙烷、环氧丙烷、农药、表面活性剂、溴素等。海洋和精细化工产业代表企业有滨化集团股份有限公司、滨州裕能化工有限公司、诺力昂（博兴）公司、山东滨农科技有限公司等。滨化集团氯碱生产技术世界领先，吨碱能耗强度 295.5 千克标准煤，烧碱电耗、综合能耗水平全国最低；裕能化工自主研发的 NMP 生产装置为国内首套同类型产能最大联合生产装置，以环己胺、甲基吡咯烷酮和丁内酯为代表电子级化学品，诺力昂脂肪胺生产规模全国最大。

【化工园区和化工重点监控点申报认定】 2019 年，滨州市加强化工园区规范建设，完成化工园区和化工重点监控点申报认定工作。7 家园区通过全省四批化工园区认定，总数列全省第二位；全市推荐 11 家企业材料申报省级重点监控点，其中滨化

2019年7月30日，中国烯烃高峰论坛暨滨州高端化工产业对接会签约仪式在上海举行　（市商务局　供图）

集团、铁雄冶金、京阳科技、胜利科技、阿克苏诺贝尔5家企业通过全省第一批化工重点监控点认定。

【滨州高端化工产业对接会】2019年7月30日，2019中国烯烃高峰论坛暨滨州高端化工产业对接会在上海举行。各大院校、研究机构、行业协会和有关企业代表260余人参加对接会。对接会上，市工业和信息化局进行高端化工产业招商路演，对滨州高端化工产业发展目标及惠企政策进行政策解读；北海经济开发区进行化工产业及项目推介；清华大学、中国石化联合会、石油化工研究院及相关企业的专家学者发言。对接会举行项目签约仪式，签约项目15个，签约额164.1亿元；其中合同签约8个、合同额98.6亿元，意向签约7个、意向额65.5亿元。

【京博石化获第十八届全国质量奖】2019年8月14日，山东京博石油化工有限公司获评第十八届全国质量奖，实现山东省炼化行业“全国质量奖”零突破。8月28日，以“全面质量管理助力高质量发展”为主题的“全面质量管理推进暨中国质量协会成立40周年纪念大会”在北京国际会议中心举行，京博石化公司代表到会领取证书及奖杯。2018年至2019年，中国质量协会以“卓越引领——迈入高质量发展新时代”为主题，开展第十八届全国质量奖评审工作，经过资格审查、资料评审、现场评审、评审委员会审议、网上公示、审定委员会审定并征集相关部委意见，授予17家组织“全国质量奖”。

【滨化股份获全国石化行业能效“领跑者”标杆企业】2019年7月25日，2018年度石油和化工行业重点耗能产品能效“领跑者”标杆企业名单和指标发布，涉及20种33个产品。滨化集团股份有限公司离子膜烧碱单位产品综合能耗以295千克标煤/吨位居第一，再获2018年全国重点耗能产品“领跑者”标杆企业称号，连续5年获得该奖项。滨化集团股份有限公司依托新旧动能转换，加快公司主业改造提升，推进企业节能减排和绿色制造工作，向先进材料和新能源方向转型，烧碱等重点产品单位能耗持续下降。

（张彦明）

高效生态纺织产业集群

【概况】2019年，全市持续改善纺织产业结构，提高纺织行业竞争力，推动传统产业、劳动密集型产业向科技产业、时尚产业、先进制造产业转变。完善制度保障。印发《关于加快推进高效生态纺织产业集群化发展的实施细则》《打造世界纺织家纺服装产业基地的若干政策》等文件。强化项目建设。引导企业加强智能化改造，推动项目实施；魏桥集团一期智能纺织生产线12月9日投产，愉悦家纺18.6亿元的新型健康材料产业化及应用建设项目开工，东方地毯工业4.0示范工厂项目试运行。加强科技创新。华纺集团承担科技部“数字化印染关键技术”课题研发，愉悦家纺与日本东京大学、美国康奈尔大学、华东大学等国内外30余所高校建立产学研合作关系。拓展交流市场。组织企业参加上海纺织产业五大联展、全国纺织服装工作交流座谈会等活动。提升招商能力。成立全市高效生态纺织产业招商专班，制作《招商手册》，举办全市“10＋5＋N”专班路演、滨州高效生态纺织产业北京推介会等活动，全年签约项目10个，总投资约35.28亿元，到位资金10.05亿元。至年底，全市纺织企业近500家，其中规模以上企业178家，上市纺织企业2家，从业人员30万余人，全年纺织产业集群实现主营业务收入1567.6亿元，比2018年增长7.2%，滨州市被中国纺织工业联合会授予“共建世界级家用纺织品产业集群先行区”称号，“中国纺织产业基地市”、惠民县“中国绳网名城”通过复审。

【高效生态纺织产业“双招双引”】2019年6月，高效生态纺织产业“双招双引”工作由市工业和信息化局划归市市场监管局承担。市市场监管局按照“抓两头、带中间”的产业发展思路，开展高效生态纺织产业“双招双引”，发展纺织产业链上游、下游前后两端，带动产业链中间印染环节适度集约发展。9月10日，举办全市纺织品国际贸易应对策略培训班，60余家纺织企业负责人参训。市市场监管局制定重点产业链条延伸图、高附加值产品图、生产研发企业分布图，制作项目管理库、机构联络库、市县载体资源库及《滨州市高效生态纺织产业招商手册》。7月22日，在北京举办“滨州高效生态纺织产业北京推介会”；11月29日，在Better Cotton（良好棉花）供需见面会开展路演招商推介。加强外宣推介，3次到北京与中国纺织工业联合会及下属分会对接，10次派出招商小分队参加纺织服装等协会活动，宣传推介滨州纺织产业“双招双引”政策。至年底，签约项目11个，总投资约43.48亿元，市商务局统计到位资金11.36亿元；相关单位引进大学生及研究生216名。

【滨州市通过“中国纺织产业基地市”复审】 2019年12月5日，全国纺织产业集群复查工作总结大会在北京国家会议中心举行。会上，中国纺织工业联合会为197个纺织产业集群试点地区授牌。滨州市和惠民县通过中国纺织工业联合会复查，分获“中国纺织产业基地市”和“中国绳网名城”称号。复评工作每3年开展一次，2019年为第三次复评工作。纺织产业是滨州市传统支柱产业和重要民生产业，全市形成棉纺、染整、家纺、地毯、服装服饰、化纤等门类较齐全的工业体系，先后被中国纺织工业联合会授予“中国纺织产业基地市”“全国超千亿产值纺织产业集群地区”“中国家用纺织品产业示范区”“全国纺织行业创新示范集群”“共建世界级家用纺织产业集群先行区”等称号。

【滨州市打造“世界纺织家纺服装产业基地”座谈会召开】 2019年11月12日，滨州市打造“世界纺织家纺服装产业基地”座谈会在邹平市召开。中国纺织工业联合会会长孙瑞哲、滨州市委书记佘春明出席座谈会并讲话，中国纺织工业联合会、中国纺织建设规划院、中国纺织经济研究中心、省工业和信息化厅、省纺织服装行业协会等专家领导出席会议。会上，副市长曹玉斌介绍滨州市纺织产业发展情况，中国纺织建设规划院专家解读《滨州市家纺纺织产业中长期发展规划》，魏桥纺织、愉悦家纺、华纺股份、亚光家纺、东方地毯等企业在座谈会上发言。

【华纺院士工作站揭牌】 2019年8月2日，华纺股份有限公司与中国工程院院士周翔合作建立的院士工作站，在华纺公司举行揭牌仪式。中国工程院院士、东华大学教授周翔，副市长曹玉斌为华纺院士工作站揭牌。市科技局、东华大学、华纺工程技术研究院、滨城区及华纺股份有限公司相关领导及专家出席仪式。中国工程院院士、东华大学教授周翔是全国阻燃剂、功能整理研究应用与自主产业化方面专家，致力纺织品功能整理、染整加工与环境方向研究，完成科研项目50多项，获得国家发明专利9项。

【愉悦家纺入选“2019年纺织行业智能制造试点示范企业”】 2019年9月3日，中国纺织工业联合会公布“2019年纺织行业智能制造试点示范企业”名单，愉悦家纺有限公司入选。愉悦家纺有限公司是具备纤维、纺纱、织布、印染、缝制等完整纺织产业链条的国家高新技术企业，企业推进柔性化智能纺纱生产线、生态纺织品面料智能制造生产线、生态纺织品视觉检测与自动化包装生产线及生态纺织制品自动化系统生产线建设，打造生态纺织品智能工厂示范项目，提高了产品质量、减少了染料助剂浪费和能源消耗、降低了单位产品用工量。

【全市纺织品国际贸易应对策略培训班】 2019年9月10日，全市纺织品国际贸易应对策略培训班举办。培训班由市高效生态纺织产业“双招双引”专班主办，市纤检所承办，邀请天津天祥质量技术服务有限公司3位专家授课，各县（市、区）及市属开发区高效生态纺织产业“双招双引”专班成员及纺织企业负责人90余人参加培训。培训班上，专家分别围绕“中美贸易摩擦和当前中国纺织业面临的宏观环境”“一带一路”倡议及对策和“国际纺织品市场的技术性贸易措施（法规、政策、标准）及客户需求分析”进行授课，并结合滨州纺织产业面临的实际问题，提出针对性解决方案和建议。

（张忠莹）

2019年12月5日，全国纺织产业集群复查工作总结大会在北京召开，滨州市通过复审，获“中国纺织产业基地市”称号

（市工业和信息化局　供图）

食品加工产业集群

【概况】 2019年，全市粮食产业营业收入指标列入全省经济社会发展省对市考核差异化指标。年内，全市食品加工产业实现主营业务收入1502亿元，比2018年增长13.2%，完成省对市考核目标任务。全市粮油加工企业226家，其中规模以上企业160家、销售收入过100亿元企业4家、全国500强企业2家、中国民营企业500强3家。2月，市政府印发《进一步细化责任分工全面打造国家级粮食产业融合循环经济示范区的通知》，将53项重点任务分解到各县（市、区）。“滨州模式”效应放大，市长宇向东在“加快推进全国粮食产业经济发展第三次现场经验交流会”作典型发言。《关于推动粮食产业高质量发展“滨州模式”研究的调研报告》经国家发展改革委签批，以专报形式呈报国务院。至年底，3个国家粮食加工创新中心完成投资1.58亿元，研发并申报专利61项，解决企业发展急需科研难题12项。推进2018—2019年度“中国好粮油”行动计划项目，至年底实际完成投资9.59亿元，占计划投资额103.6%。实施2019—2020年度“中国好粮油”项目，无棣县入选“中国好粮油”示范县，7家企业入选“中国好粮油”示范企业，总投资6.82亿元，其中争取中央和省财政补助资金1.63亿元、占全省的22%，列全省第一位。加大粮食产业“双招双引”力度，全年粮食产业市外到位资金7.47亿元，完成市政府年度任务的125%。

【粮食加工产业专班建立】 2019年，滨州市按照事业工程化、工程责任化、责任数字化“三化”要求，成立粮食加工产业专班，专班办公室设在市粮食和储备局，市政府分管副市长任组长、市粮食和储备局主要领导任副组长。市政府将粮食产业主营业务收入年度目标分解落实到各县（市、区），按月调度，半年总结，年终根据结果进行考核。按照省政府把滨州打造为国家级粮食产业融合循环经济示范基地的目标，2月，市政府印发《进一步细化责任分工全面打造国家级粮食产业融合循环经济示范区的通知》；成立市政府分管副市长任组长，15个部门为成员的打造国家级粮食产业融合循环经济示范区工作专班，将53项重点任务分解到县（市、区），制定路线图、时间表，规范落实。

【《打造国家级粮食产业融合循环经济示范区三年行动计划》实施】 2019年，全市推进《打造国家级粮食产业融合循环经济示范区三年行动计划》（简称《三年行动计划》）实施。市政府将《三年行动计划》中53项重点任务层层分解到年度季度，分解到各有关部门和县（市、区）。全年对30个重点项目实行分管领导牵头负责、责任科室具体负责的帮包责任制，按月调度督导，实行半年初评、年终总评，纳入粮食安全责任考核和全市经济社会发展综合考核。

【“粮油金三角”品牌打造】 2019年，滨州市按照“齐鲁粮油”品牌战略规划，加快“粮食加工”向“食品加工”转型发展，在全省打造第一家市级粮油区域公共品牌。市粮食和物资储备局推进食品加工产业发展，开展滨州粮油食品区域公共品牌创建工作，完成品牌名称、标志设计，并登记注册备案。12月10日，在山东粮油产业联盟成立大会上，举行滨州粮油区域公共品牌发布仪式，为滨州粮油区域公共品牌“粮油金三角”揭牌。至年底，全市有中国驰名商标8个、中国名牌3个、山东名牌10个、山东著名商标10个。

【国家级食品产业基地建设】 2019年，全市开展国家级食品生产基地建设工作。12月2日，全市举办加快食品加工产业发展专题培训班，邀请中国农业科学院、河南工业大学专家就食品加工产业发展进行专题培训；12月16—17日，2019国际粮食食品营养改善经验交流研讨会在滨州举行，邀请美国、加拿大、新西兰、日本等国家及国内专家学者，开展讲座和交流研讨，分享营养改善政策推行经验。粮食部门加强粮食食品产业规划，明确发展路径和工作重点，年内启动《滨州市粮食食品产业发展规划》编制工作。

【粮食产业重点项目建设】 2019年，滨州市加快产业转型升级和新旧动能转换，在全省率先建立粮食

2019年12月10日，山东粮油产业联盟成立大会在济南召开，省粮食和物资储备局党组书记、局长王伟华（前排左一）和副市长贾善银（前排右一）为滨州粮油区域公共品牌“粮油金三角”揭牌　　（市粮食和储备局　供图）

系统项目储备库，多个项目入列省新旧动能转换重大工程和优选项目名单。市粮食和储备局确立30个重点项目，实行党委班子成员包保责任制，分解落实到各县（市、区），按季度进行调度督导，推进项目落实；至年底，30个重点项目完成投资27亿元。中裕集团年产20万吨花色营养挂面生产线、玉杰全谷物营养健康食品科技产业园、御馨生物30万吨大豆精深加工项目、十里香芝麻综合产业园等项目相继建成或取得进展。

【全省优质粮食工程现场推进座谈会】 2019年12月20日，全省优质粮食工程现场推进座谈会在滨州召开。会前，参会人员到滨州中裕食品有限公司快餐店、法兰卡1876烘焙店、黄河三角洲小麦产业馆、中裕食品智能化花色营养挂面生产车间、黄河岸蔬菜基地等优质粮食工程及滨城区产后服务体系项目现场进行观摩。会议学习传达"优质粮食工程"三个子项全国典型经验交流会精神，滨州市、广饶县及中裕食品等7个市、县、企业在会上作交流发言。

【全市粮食产业招商引资推介会】 2019年7月9日，全市粮食产业招商引资推介会在北京召开。中国农科院、中粮集团、中竞同创、中国粮食经济杂志社等30余家科研院所、相关企业及新闻媒体负责人、"中国好粮油"企业负责人80余人参加活动。会议播放滨州市招商引资宣传片，对滨州粮食产业招商项目进行路演推介，山东玉杰面粉有限公司、北京四方方园食品有限公司等12家企业进行现场项目签约。

（董观利）

畜牧水产产业集群

【概况】 2019年，滨州市推动畜牧水产产业做深加工、做宽销售、做强品牌，重点围绕产品升级、精深加工、品牌提升等业态融合实施全球合作，打造国家级优质畜牧和水产品基地，畜牧水产总产值1267亿元，其中畜牧业产值1100亿元、水产业总产值167亿元。全市畜牧业综合生产能力稳中向好。成立畜牧招商专班，加强县（市、区）督导考核，推动畜牧千亿级产业集群发展。引入正邦、牧原、环山等国家重点企业，调整畜牧产业布局。开创"滨州牛企连内蒙"模式，推广产业扶贫模式，在内蒙古自治区科右中旗进行肉牛规模化养殖示范推广。绿色发展持续发力，大型规模养殖场粪污处理设施配建率100%，初步形成新旧动能转换，高质高效发展的新格局。中华人民共和国成立70周年阅兵式部队官兵所有制式皮鞋均由阳信生产牛皮制作。年内，获得山东省知名农产品区域公用品牌3个、知名农产品企业产品品牌5个，全市存栏肉牛、肉羊、生猪、家禽分别为36.76万头、42.89万只、92.05万头、5120.36万只，肉蛋奶总产量78.3万吨，出栏肉牛42.4万头、肉羊92.0万只、生猪180.6万头、肉禽2.06亿只。畜牧产业集群产值达1100亿元，比2018年增长6.29%。全市水产业围绕"打造国家级优质水产品基地"战略目标，实施沿海高效生态渔业产业带和沿黄高效健康渔业产业带"两带"开发，做优"虾贝虫"经济，水产产业集群主营业务收入169亿元，比2018年增长7%。繁育优质对虾苗种320亿单位，远销广东、江苏、河北、辽宁等地，对虾总产量11万吨，占全省的60%以上。全市丰年虫卵年加工量3000吨、产值12亿元，占全国市场份额的70%。正海海洋牧场自升式服务平台建成启用，投放牡蛎礁1万亩、吊养牡蛎2万亩，实现近海养殖的历史性突破，年新增产值12亿元，吸纳当地120名近海捕捞渔民"弃捕转养"。推进水产业"双招双引"工作，成立水产产业招商专班，围绕虾、贝、虫、藻四大优势品种，制作产业链条延伸图、高附加值产品图和龙头企业分布图，开展对外招商引资活动，组织招商路演，全年举办主题招商活动8次，签约合作项目8个，到位市外资金7.2亿元。召开海洋发展招才引智会议，年内新成立水产院士工作站1处、建设研究生联合培养基地2处，认定省级海洋工程技术协同创新中心3处，签订科技合作协议12项，友发公司引进美国马里兰大学奥迪教授、鲁东大学邹宁教授，实施微藻培养与卤虫增养殖试验取得成功，成虫与虫卵亩产量翻倍增长。加强水产品牌建设，举办"首届中国博兴乔庄白对虾节"、盐田虾品鉴会等活动，中国水产流通与加工协会在滨州召开卤虫分会理事会议。推荐滨州水产品申报国家地理标志证明商标、国家农产品地理标志产品登记保护、品牌有机认证等，提升滨州水产品牌的社会影响力。

（赵　泳　张莲莲）

【千亿级畜牧产业集群建设】 2019年，市委市政府把畜牧产业千亿级产业集群建设作为年度重点工作考核目标，对县（市、区）年底完成情况进行督导考核。成立市畜牧招商专班，推进集群发展。市农业农村局细化招商责任目标，分解落实到各县（市、区），定期督导推进。举办2019年度畜牧实用性人才招聘大会，畜牧专班开展招商活动16次，达成招商合作意向项目12个，计划总投资165亿元，其中过10亿元项目6个、中国500强项目2个；开工项目6个，实际到位资金6.5亿元，完成年度招商任务目标的108%。年内，全市畜牧一产产值199.84亿元、二产产值816.44亿元、三产产值157.47亿元，实现三产融合发展。

【畜牧产业转型升级】 2019年，全市畜牧产业以招商引资为重点，结合畜牧产业高质量发展、转型升级，优化畜牧产业布局。年内，江西正邦、河南牧原等全国民营企业五百强和环山、傲农等国家级产业化重点企业落户滨州，并与新希望六合、浙江温氏等五百强企民营业签订合作协议，生猪养殖由传统小规模养殖向大型规模化、现代化、标准化、科技化转变，形成生猪产业链。总投资30亿元的牧原年产100万头生猪全产业链项目惠民县项目区完成土地流转3000余亩，开工建设四个养殖场区，实际到位资金2.55亿元；总投资20亿元的正邦生猪全产业链项目在沾化区完成投资1.57亿元，建成1万头母猪繁育基地、存栏20万头的生猪育肥场开工建设。加快惠民和美食品公司等本地企业发展，提升肉禽产业屠宰加工能力，提高深加工水平，形成肉禽产业链。总投资5亿元的亚天和美食品全产业链项目实际到位资金1.5亿元，建成后可年屠宰2500万只成体肉鸭，年产6万吨全鸭熟制品。

【“滨州牛企连内蒙”模式】 2019年，滨州市创立“滨州牛企连内蒙”模式，通过出饲料基地、技术指导、务工就业、托管养牛、集体经济、订单合作6种产业扶贫模式，在内蒙古自治区科右中旗进行肉牛规模化养殖示范推广。“滨州牛企连内蒙”模式采取“舍饲+放牧”繁育、规模化育肥，将过去一家一户传统散养繁殖母牛，变为实施养殖合作社或嘎查集体经济托管养殖，带动农牧民通过“粮改饲”玉米种植、肉牛养殖实现增收脱贫，带动当地养殖效益提升，为滨州提供优质牛源，解决滨州屠宰加工企业原材料问题。

（张 涛）

【水产产业招商专班成立】 2019年，滨州市组织成立水产产业招商专班队伍，市海洋发展和渔业局主要领导任队长，局党委班子成员任副队长，各科室负责人为成员，下设综合组、信息组、服务保障组和专业招商组。产业专班明确“双招双引”年度任务目标、责任人和月度推进计划，制定首批总投资123亿元的33个重点建设项目台账，实行动态管理。以市渔业协会为依托，组织成立市海洋渔业科技创新团队，聘请国家、省涉海涉渔科研院校57名专家、教授为顾问，全市36名专业技术人员、34家涉海涉渔企业和渔民专业合作社加入团队。

【滨州水产产业招才引智】 2019年3月8日，滨州海洋发展招才引智暨市海洋渔业科技创新团队工作会议召开。中国工程院院士包振民，中国渔业协会会长赵兴武等学者专家出席会议。会议邀请20所涉海涉渔科研院校专家顾问52人，到滨州开展技术指导和科技合作。会议授予山东省友发水产有限公司等18家企业滨州市渔业科技创新示范单位，开展滨州海洋经济发展主题研讨，专家学者围绕经略海洋、海洋渔业科技创新、海洋经济高质量发展等方面开展学术研讨。年内，全市新成立水产院士工作站1处，建设研究生联合培养基地2处，认定省级海洋工程技术协同创新中心3处，签订科技合作协议12项。滨州市与中科院海洋大科学研究中心、青岛农业大学等5家科研院所达成合作意向，与中国工程院院士包振民、中科院海洋研究所研究员相建海等4名专家签订合作协议。

【水产业大型招商路演】 2019年，市海洋发展和渔业局围绕水产产业特色，组织招商路演。5月30日，“2019海峡（福州）渔业周·中国（福州）国际渔业博览会”期间，组织召开“2019滨州现代渔业招商推介会”，30余名外地客商参加推荐会；6家滨州企业负责人依次招商推介演讲。7月18日，在全市招商引资路演大会上组织水产产业专班招商路演演练。8月29—31日，到海南海口参加蓝色经济大会暨“一带一路”国际渔业推介会，组织开展水产产业招商推介路演，2家滨州企业作为山东省企业代表进行推介招商。9月4日，参加“滨台现代农业产业推介洽谈会”座谈交流，进行水产产业招商推介路演。

【水产业主题招商活动】 2019年，市海洋发展和渔业局组织多次主题招商活动。5月6—21日，组织渤海水产等6家企业到日照、青岛、广州、海南等地开展现代海洋渔业定向招商。5月29—31日，组织6家企业到福建参加国际渔业博览会，举办滨州现代渔业招商推介会。6月20—23日，组织美高美、博华、科勒海等企业参加合肥中国国际现代渔业暨渔业科技博览会，推介滨州南美白对虾、红螯螯虾等特色品种；到安徽小老海实业集团考察，寻求特色养殖和休闲渔业合作项目。7月12—13日，到福建省莆田市、湖北省潜江市开展水产产业招商活动，考察福建中海源集团、武汉潜网集团、华山科技等企业，洽谈花蛤生态养殖与深加工、水产品冷链物流和电子商务等项目。7月26—27日，潜网集团董事长康民彪一行到北海、博兴实地考察，洽谈投资建设水产品冷链物流基地项目。8月29—31日，组织渤海水产等5家企业到海

2019年3月8日，滨州海洋发展招才引智暨市海洋渔业科技创新团队工作会议在滨州大学饭店举行

（市海洋发展和渔业局 供图）

南海口参加蓝色经济大会暨“一带一路”国际渔业推介会，开展水产产业招商推介路演，并到广东省开展水产产业招才引智和招商引资洽谈。10 月 15—17 日，组织企业参加深圳中国海洋经济博览会，对接学习海洋渔业信息化、智能化产业发展。10 月 18—20 日，参加 2019 新动能·青岛展览洽谈会。11 月 15—18 日，到浙江舟山远洋渔业基地、水产品精深加工基地及水产品交易市场进行考察对接，到江苏省盐城市考察对接河蟹标准化、规模化、品牌化经营。

2019 年 10 月 12 日，首届中国博兴乔庄白对虾节在博兴县乔庄镇举行

（市海洋发展和渔业局　供图）

【水产业招商引资成果】 2019 年，全市开展招商活动 8 次，签约项目 8 个，签约金额 16.6 亿元。开工项目 3 个，到位市外资金 7.2 亿元，超额完成年度任务目标。海南三亚科勒海海洋生物科技有限公司投资 4199 万元，在沾化区科勒海现代渔业园区建成对虾工厂化育苗车间 3 万平方米，开展苗种繁育；广东海茂投资有限公司投资 598 万元，在北海经济开发区海缘养殖科技有限公司开展凡纳滨对虾苗种培育。通威股份有限公司投资 13.8 亿元，联合汇泰控股集团股份有限公司成立滨州通汇海洋科技有限公司，开展“上光下渔 渔光互补”现代渔业项目。福建中海源集团与正海集团签订合作协议，计划总投资 15 亿元在滨州建设花蛤生态养殖与深加工基地。年内，与青岛英豪集团、广州香雪制药、广东海茂集团达成初步合作意向，开展海马养殖、对虾育种及高档海珍品深加工等方面合作；与广东海兴农集团有限公司、广东饶平县宇傑水产食品有限公司、三亚科勒海海洋生物育种有限公司等 5 家企业签订协议，开展对虾苗种繁育及健康养殖、饲料开发、鲈鱼养殖等合作。

【渔业品牌打造】 2019 年，全市加强渔业品牌建设，召开“滨州对虾”地理标志证明商标启用新闻发布会；举办“首届中国博兴乔庄白对虾节”、盐田虾品鉴会等活动。博兴县及博兴县乔庄镇、高新区分别被中国渔业协会评为“中国白对虾生态养殖第一县”“中国白对虾生态养殖第一镇”“中国黄河鲤孝文化之乡”。全市推进“三品一标”认证服务，“滨州对虾”“滨州文蛤”“滨州金蚝”等 5 个产品申报国家地理标志证明商标；“博兴对虾”“麻大湖毛蟹”“汪子岛鳎麻鱼”“无棣卤虫卵”4 个产品通过国家农产品地理标志产品登记保护；渤海水产天然盐田牧场获全球水产标杆 ASC 认证，“脊岭岛”盐田虾通过国际标准化组织（ISO）、危害分析临界控制点（HACCP）及有机认证。

【海洋产业发展】 2019 年，市海洋发展和渔业局立足全市海洋资源和产业基础，优化提升海洋渔业等传统产业，培育壮大海水淡化、生物医药等新兴产业，建设滨州特色现代海洋产业体系。年内新认定省级底播型海洋牧场 1 处，总数 3 处。无棣新创海洋牧场自升式服务平台建成启用，投放牡蛎礁 1 万亩、吊养牡蛎 2 万亩，实现近海养殖历史性突破。渤海水产大宗商品网上交易平台建成运营，注册用户 858 人，实现交易额 1.4 亿元，逐步改变传统的水产品“塘边议价”销售模式。渤海水产天然盐田牧场获全球水产标杆 ASC 认证，盐田虾通过 ISO、HACCP、有机认证，年出口日本 800 吨。总投资 9 亿元的鲁北碧水源 10 万吨 / 日海水淡化工程启动建设，正海集团成为国内最大的 DHA 生产基地，海忠软管复合软管生产技术世界领先。年内全市实现海洋经济总产值 770 亿元，比 2018 年增长 11%，实现海洋生产总值 294.72 亿元，比 2018 年增长 7.9%。

【首届中国·博兴乔庄白对虾节】 2019 年 10 月 12 日，首届中国博兴乔庄白对虾节在博兴县乔庄镇打渔张森林公园举行。对虾节主题为“鱼米之乡，生态乔庄”，包括开幕式、博兴白对虾病害防控技术交流会、博兴县农特产品展示、首届乔庄白对虾厨艺大赛、首届中国博兴白对虾产业发展助推乡村振兴论坛、乔庄白对虾品鉴宴、博兴观光考察 7 部分内容。中国渔业协会、中国农业农村部渔业渔政管理局、省农业农村厅等相关领导，以及中国水产科学院、中国科学院海洋研究所、山东农业大学、青岛农业大学、山东省淡水渔业研究院等专家出席活动。开幕式上，中国渔业协会为博兴县授牌“中国白对虾生态养殖第一县”，为乔庄镇授牌“中国白对虾生态养殖第一镇”；山东农业大学在乔庄镇挂牌成立特色产业基地、分布式服务站、综合服务示范基地；山东千乘产业技术研究院在博兴县成立，并在乔庄镇挂牌成立渔业产业分院；发布《乔庄镇白对虾产业发展规划》。

（张振华　李　贞）

16 农业 Agriculture

综　述

【概况】 2019年，全市农业农村系统推进一、二、三产业融合和农村人居环境整治，促进全市农业增效、农民增收和农村增绿。抗击“利奇马”台风，粮食生产保持稳定发展，全年实现粮食总产359.4万吨；全市农业农村系统系统开展台风“利奇马”抗灾救灾工作，派出10个农业抗灾工作服务队进行农业保险灾情核查。下乡3.35万人次，对2.47万灾区群众进行农业救灾技术培训，调度、调剂农业生产物资和排涝机械，降低农业损失；实施“千牛万羊进山东”“滨州牛企联内蒙”等项目；在全省率先开展农业产业化联合体创建，首批认定30家；建设农村产业融合样板，滨城区创建国家级农村产业融合发展示范园；实施电子商务进农村综合示范工程，全年农村网络零售额实现47.8亿元。加强农产品品牌建设，“食域滨州”区域公用品牌完成设计并发布；优质农产品进入粤港澳大湾区“菜篮子”供给平台；实施化肥减量行动，全年推广测土配方施肥852万亩，水肥一体化13.7万亩;在全国首创“土壤保育院”建设。推进科技兴农，构建农技人员签约服务基层长效机制，参与签约农技人员692人，指导农户5万余户；开展农民科技培训，全年培训2036人；组建现代农业智库。推进农村改革和政策落实，加快农村承包土地流转，农村承包土地流转率居全省前列；落实耕地地力保护补贴、棉花目标价格补贴、农机购置补贴等；统筹整合涉农资金，累计纳入乡村振兴资金池内资金33.56亿元（含省直管县）；开展农资打假专项活动，保障农民利益。

【强农惠农政策落实】 2019年，全市农业农村系统落实强农惠农政策。开展农村集体产权制度改革，全市完成清产核资6120个村（组）；落实耕地地力保护补贴资金5.2亿元，涉及种粮农户48.2万户；落实棉花目标价格补贴4558万元，涉及棉农5.6万户；落实农机购置补贴资金7944万元，补贴机具6878台（套）；推进“双招双引”，引进市外工商资本涉农项目27个，合同金额79亿元，实际到位资金9.8亿元，创历史新高。应对“利奇马”台风灾情，争取并落实上级受灾补助资金1.31亿元，督促各级保险公司发放理赔资金9300万元。

【农业新型经营主体培育】 2019年，全市农业农村系统培育壮大新型经营主体，年内，新增国家级龙头企业1家，新认定市级重点农业龙头企业34家，总数为386家；认定市级农民合作社示范社25家、市级家庭农场示范场15家，全市农民合作社、家庭农场分别达8800个、1800家。

【农业科技创新推广】 2019年，全市农业农村系统推进科技兴农。发展现代种业，实施种子工程，6个玉米新品种和1个小麦新品种通过省级审定，通过数量为历年最多。抓好农业科技队伍建设，聘请全国、省知名专家和滨州籍北京农业专家组建滨州现代农业智库。新增农业科技创新团队2个，全市总数达11个。构建农技人员签约服务基层长效机制，制发《构建农技人员签约服务基层工作机制的实施意见》《管理办法》《服务手册》，全市692名农技人员签约村4328个、乡镇（街道）77个、新型经营主体568个，开展下乡活动1.13万人次。开展农民科技培训，全年培训2036人，超出任务目标13.1%。推进农机农艺结合。开展“两全两高”农业机械化示范创建，实施棉花全程机械化生产，开展北斗导航无人驾驶技术进行分层施肥、机械播种等实验示范，农作物综合机械化率达89.3%。

【农业信息化建设】 2019年，全市农业农村系统全面开展益农信息社建设，学习借鉴河南等省经验，制定益农信息社建设方案，落实建设经费，将1450万元中央经费拨付各县（市、区）。建成4个县级中心社、320个标准示范社，1200个简单易行示范社。年内，开展农民电商培训，培训100余人。

【高效生态农业】 2019年，全市农业农村系统推广农业绿色生产模式。实施化肥减量行动，全年推广测土配方施肥852万亩，水肥一体化13.7

万亩，全市农用化肥总量连续3年实现负增长。国家秸秆资源与利用平台建设完成，全市农作物秸秆综合利用率达92.7%，超额完成年度目标，居全省第一。在全国率先开展"土壤保育院"建设，采用"1+1+4"工作模式，即在全市建立"耕地质量监测系统"，在博兴县进行全域试点，同时确定博华、中裕和鑫诚3个试点园区。至年底，系统软件和信息平台建设完成，初步具备运行条件。该项工作得到全国人大常委会副委员长吉炳轩批示肯定。

【产业融合发展】 2019年，全市农业农村系统推进农村产业融合样板建设，滨城区创建国家级农村产业融合发展示范园，获批创建国家现代农业产业园，惠民县、博兴县、阳信县创建省级现代农业产业园，全市新认定市级现代农业产业园6家，争取省以上财政补助资金1.8亿元。培育壮大新型经营主体，在全省率先开展农业产业化联合体创建，首批认定30家。实施电子商务进农村综合示范工程，惠民县入选山东省淘宝直播村试点县、国家电商进农村综合示范县。至年底，全市有淘宝镇9个、淘宝村48个，淘宝村总数量居全省第二位。全年农村网络零售额实现47.8亿元，比2018年增长23%。8月31日，2019年第七届中国淘宝村高峰论坛在惠民县举办。

【现代高效农业"双招双引"】 2019年，全市现代高效农业招商项目32个，签订合同金额102.29亿元，实际到位资金19.74亿元，其中省外项目合同金额85.38亿元，实际到位资金16.84亿元，为历年最高。河南牧原、江西正邦等畜牧生产企业在滨州投资建厂（场），全市畜牧产业逐步实现转型升级高质量发展。组建滨州现代农业"智库"，市政府聘请长江学者、泰山学者等15位专家，在"土壤保育院"、食用菌等现代农业产业发展方面答疑解惑1000多项。

（高立逸　刘沙沙）

种植业

【概况】 2019年，全市农业农村部门立足资源优势，以"确保粮食安全、增加农民收入"为中心任务和年度目标，围绕"稳定面积、增加产能、提升质量、加强保障"，推动农业供给侧结构性改革，调整优化农业产业结构，发展高效特色农业，促进农业增效、农民增收。粮食生产保持稳定发展，全年实现粮食总产359.4万吨，较前三年平均产量增长0.85%，确保粮食安全。优化品种结构，扩大优质粮食特别是优质强筋小麦的种植面积，带动全市粮食生产提质增效。继续推广国际良好棉花种植模式，创建国际良好棉花示范市，全市植棉34万亩，总产2.31万吨，其中良好棉花30万亩。发展标准化、智能化、精细化蔬菜产业种植模式，改善设施及生产条件，建设精品蔬菜生产基地。发展现代种业，推动农业科技贡献率不断提高，实施种子工程，6个玉米新品种和1个小麦新品种通过省级审定，为历年最多。

【粮食生产】 2019年，全市粮食面积877.7万亩、单产409.5千克、总产359.4万吨，较2018年分别减少34.7万亩、12.1千克、25.2万吨。夏粮总产创历史新高，种植面积420.6万亩，较2018年减少7.1万亩；单产429.5千克，较2018年增加20.1千克；总产180.7万吨，较2018年增加5.6万吨。秋粮受前期特大干旱和中期特大洪涝影响，产量出现大幅减产，种植面积457.1万亩、单产391.1千克、总产178.8万吨，较2018年分别减少27.6万亩、41.2千克、30.8万吨。玉米种植面积445.8万亩、单产393.9千克、总产175.6万吨，较2018年分别减少29.7万亩、42千克、31.7万吨。

【棉花生产】 2019年，全市棉花种植面积34万亩，亩产皮棉68公斤，总产2.31万吨，其中种植良好棉花30万亩。争创国际良好棉花示范市，在滨城区杨柳雪镇挂牌成立全国首家瑞士良好棉花协会专家工作站（滨州站）。年内，争取省财政资金1.6亿元，用于全市棉花产业发展。推进建设滨城区杨柳雪镇棉花一、二、三产业融合发展特色园区、无棣县西小王镇棉花一、二、三产融合发展特色产业小镇。西小王镇入选农业农村部2019年棉花产业强镇。

【蔬菜瓜果食用菌生产】 2019年，全市蔬菜播种面积100万亩，其中设施蔬菜面积40万亩，蔬菜总产420万吨。食用菌投料量30万吨，产量达28万吨。实施特色经济林果示范基地工程，惠民县鑫诚"优质果园"基地示范项目、沾化区现代高效农业发展冬枣产业项目基本建设完成，经济效益良好，全市果业产量75万吨，直接产值49.2亿元，其中果树设施大棚2.2万亩，较2018年增长22.2%。

【病虫害防控】 2019年，全市病虫草害发生面积3650万亩次，防治面积3543万亩次，挽回粮食作物产量损失505924吨，病虫危害损失控制在经济允许水平之下。制定病虫害防治技术意见10期；控制草地贪夜蛾迁入危害，确保东亚飞蝗"不起飞、不成灾"。进行专业化统防统治，引导和推进统防统治向全程机械化作业和全程承包服务模式目标升级发展；推广植保无人机等先进植保机械。至年底，建立各类专业化防治合作社（组织）190个，从业人员3094人，2家合作社获评全国统防统治星级服务组织；拥有植保无人机236架，比2018年增加61架。年内实现作业面积266.1万亩次，比2018年增加130万亩次。推广病虫害绿色防控，推广应用生物、物理等措施防治病虫害；在滨城区、邹平市开展韭菜全程病虫害绿色防控技术，推广面积1000亩以上。

【种子质量监管】 2019年，市农业农村局做好种子质量监管工作，对全市9万亩小麦、棉花繁种田进行田间检验，保障大田用种安全。开展种子市场检查，协助省站、执法支队对种子企业、种子市场进行全面清查，出动执法车辆800车次、执法人员2400人次，规范种子市场秩序，保护农民合法权益。做好品种选育及参审工作，自主开展玉米、小麦预备试验，在滨城区、博兴县、经济技术开发区安排试验点3处，其中小麦品种10个、玉米品种23个；推荐新品系参加省品种试验，培育的7个玉米、小麦品种通过省级审定。开展新品种试验，承担国家和省安排的小麦、玉米、棉花、大豆品种试验，包括区域试验、生产试验、特殊用途试验、联合体试验、引种备案试验65项，涉及品种品系近3200个。开展新品种展示示范，安排新品种展示示范点11处，其中小麦展示品种35个、玉米展示品种50个、棉花展示品种12个、水稻展示品种23个。

【测土配方施肥】 2019年，全市推广测土配方施肥面积852万亩，完成取土化验580个，田间试验23个，制定配方肥配方40个，推广配方肥面积284万亩，建立2.5万亩的耕地质量提升和化肥减量增效示范区，在示范区开展物化补贴171万元，建立耕地长期定位监测点156个，其中滨城区、沾化区、邹平市、阳信县的国家级检测点被省土肥站确定为标准化提升耕地质量监测点。

（邢承军）

特色林果产业

【概况】 2019年，滨州市制定印发《滨州市果业高质量发展指导意见》《滨州市冬枣产业高质量发展指导意见》《滨州市梨产业高质量发展指导意见》，提出建设“一带三片区”果业空间布局，推进果业高质量发展。推进果品包装、储藏加工业发展，推广冬枣醋、冬枣啤酒、鸭梨汁等200多个产品。发展果园观光旅游业，形成5处大型自然观光区。发展果品物流配送业，与淘宝网、京东商城等电商平台合作销售冬枣等果品，30多家快递公司参与运销。年内，组织4个产品参加北京世园会优质果品大赛。获批省级经济林标准化示范园10个、山东省十佳观光果园1处、“齐鲁放心果品”品牌2个。至年底，全市果树面积71.6万亩，其中冬枣40.5万亩、梨11万亩、苹果5万亩、桃3万亩、水杏1.5万亩。全市果品产量75万吨，其中冬枣39万吨、梨16.8万吨、苹果10.7万吨、桃3.3万吨、葡萄1.1万吨、杏1.2万吨；产业产值49亿元。

【果品储藏加工】 2019年，全市加快果品包装、储藏加工行业发展，全市贮藏保鲜能力15万吨，有各类果品贮藏保鲜库5820余座，有齐鲁浩华食品科技有限公司、阳信华星果菜有限公司、山东鑫诚现代农业科技有限责任公司等40余家规模仓储企业。全市果品加工业主要原料为冬枣、小枣、鸭梨、葡萄等，以齐鲁浩华食品科技有限公司、恒庆堂食品有限公司、山东金丝食品有限公司等为代表企业，年加工量能力20万吨，开发出冬枣醋、冬枣啤酒、鸭梨汁、鸭梨醋、枣酒等产品，产品销往全国25个省市及美国、日本、韩国、俄罗斯、马来西亚等20多个国家。

【果园观光采摘旅游业】 2019年，全市接待果园观光采摘游客150余万人次，果园观光旅游业年收入2.5亿元，形成阳信万亩梨园观光区、无棣和沾化万亩枣林观光区、邹平万亩杏林观光区、惠民大年陈万亩桃园观光区5处大型自然观光区。全市林果产业有1家“国家AAAA级旅游景区”（沾化冬枣生态旅游区）、2家“国家AAA级旅游景区”（阳信鸭梨生态旅游景区、无棣千年古桑园景区）、1条“全国休闲农业与乡村旅游十大精品路线”（无棣千年古桑园景区）。沾化区培育重点旅游采摘园38处、标准化冬枣采摘园300多处、旅游采摘长廊180千米。齐鲁浩华科技食品有限公司出品的沾化冬枣入选首批“山东好礼·一城一品”旅游商品名单。

【果品物流配送业】 2019年，全市果品物流配送业实现产值10亿元，建成沾化下洼冬枣、无棣水湾红枣、阳信牛王堂鸭梨等8处大型果品批发市场，20余处中型市场，数百处小型市场和交易点，在全国100多个大中城市建立起600多个冬枣专卖销售网点。年内，与淘宝网、京东商城等电商平台合作销售果品0.95亿千克/年以上，顺丰、申通、中通、韵达等30多家快递公司参与滨州果品运销。

【全省冬枣绿色高质量发展技术培训】 2019年6月27日，山东省果茶站、市农业农村局在沾化区下洼镇举办全省冬枣绿色高质量发展技术培训班。省果茶站、市农业农村局、沾化区相关领导出席活动，各县（市、区）农业农村局分管副局长、站长及果品生产示范基地、合作组织、家庭农场大户负责人或技术员等200余人参训。培训班上，山东农业大学、省果树研究所、市农科院专家分别就果品产业转型升级技术途径与对策、冬枣提质增效关键技术及主要病虫害绿色防控技术等方面授课。

【全市果树产业高质量发展培训】 2019年11月25日，市农业农村局举办全市果树产业高质量发展培训班。各县（市、区）农业农村局（无棣县枣业服务中心）分管领导、高新区农工办分管领导，果树站长（果树业务负责人）；重点乡镇（街道）果树业务负责人；龙头企业（园区）、合作社、家庭农场、生产大户等新型经营主体100余人参训。省果茶技术推广站、山东农业大学专家分别解读全省果业高质量发展现场会议精神、果树产业提质与节本增效关键技术。

【第十二届沾化冬枣大赛】 2019年9月27日，第十二届沾化冬枣大赛决赛在滨州市沾化区行政大厦举行，经过预赛筛选，60名枣农进入决赛。

2019 年 9 月 27 日，第十二届沾化冬枣大赛在滨州市沾化区行政大厦举办

（市农业农村局　供图）

决赛现场，专家对冬枣果形、果实色泽、果实口感进行品评打分，对冬枣硬度、糖度等理化指标检测打分，评选出特等奖 4 名、一等奖 8 名、二等奖 16 名、三等奖 32 名，其中包括“沾冬 2 号”特等奖 2 名、一等奖 4 名、二等奖 8 名、三等奖 17 名。9 月 30 日，第二十一届冬枣节开幕式现场向获奖者颁发奖杯、证书及奖金。

（张小娣）

畜牧业

【概况】 2019 年度，滨州市成立畜牧水产招商专班，加强县（市、区）督导考核，推动畜牧千亿级产业集群发展；引入正邦、牧原、环山等国家重点企业，调整畜牧产业布局。加强畜牧养殖污染治理，提升全市畜禽粪污综合利用率，落实畜禽规模养殖环评制度，推广清洁养殖工艺及实用技术，从源头削减畜禽养殖污染量。启动无疫区创建工作，开展春季、秋季重大动物强制免疫，加强非洲猪瘟防控，严控调运监管、防疫审查、检疫申报等环节，联合公安部门开展执法，全年无重大动物卫生事件发生。加强畜产品质量安全监管，开展“瘦肉精”专项整治、养殖环节监管、奶站清理整顿、生猪屠宰资格审核清理。加强饲料兽药生产监管，开展饲料与饲料添加剂专项整治、兽药专项整治、兽药监督抽检。支持生猪养殖，落实财政系列奖补政策，联合相关部门落实养殖用地、禁养区重新划定调整政策，招引生猪产业项目，稳定猪肉市场供应。开创“滨州牛企连内蒙”模式，推广产业扶贫模式，在内蒙古自治区科右中旗进行肉牛规模化养殖示范推广。年内，全市获得山东省知名农产品区域公用品牌 3 个、知名农产品企业产品品牌 5 个，完成粮改饲面积 22.93 万亩。存栏肉牛 36.76 万头、肉羊 42.89 万只、生猪 92.05 万头、肉禽 5120.36 万只，出栏肉牛 42.4 万头、肉羊 92.0 万只、生猪 180.6 万头、肉禽 2.06 亿只。肉蛋奶总产 78.3 万吨。畜牧及相关产业产值达 1173.39 亿元，比 2018 年增长 6.29%。

【畜牧养殖污染治理】 2019 年，全市农业农村部门通过强化畜禽粪污资源化利用整县推进项目建设、推广畜禽粪污资源化利用模式等措施，提升全市畜禽粪污综合利用率。依托农业农村部畜禽规模养殖场直联直报信息系统，对畜禽粪污资源化利用项目实施、畜禽粪污综合利用情况等进行动态监测；推动有条件的畜禽规模养殖场（小区）配备视频监控设施，记录粪污处理、运输和资源化利用等情况。推进科技兴牧、绿色兴牧，推广节水、节料等清洁养殖工艺和干清粪、微生物发酵等技术，实现源头削减畜禽养殖污染量。落实畜禽规模养殖环评制度，推动畜禽规模养殖企业履行环评手续，大型规模屠宰场办理排污许可证。年内，全市畜禽粪污综合利用率 79%，畜禽粪便处理率 88%，污水处理率 62%，完成年度目标，种养结合、农牧循环的可持续发展格局基本成型。

【重大动物疫病防控】 2019 年，全市开展春季、秋季重大动物强制免疫，免疫猪 189.46 万头、牛 80.51 万头、羊 268.7 万只、肉禽 6860.18 万只，做到应免尽免，免疫密度 100%。全年检疫调出牛 3.67 万头、羊 0.4 万只、禽 5.52 亿只（含雏鸡、雏鸭）、猪 132.66 万头及畜禽产品 161.55 万吨，未发生重大动物卫生事件。开展疫情监测和流行病学调查，春季集中检测抽检 107 个养殖场，检测血清学样品 1747 份，病原学样品 1428 份；秋季集中检测抽检 60 个养殖场，检测血清学样品 1095 份，病原学样品 665 份；完成禽流感、小反刍兽疫、非洲猪瘟和口蹄疫 4 项流行病学专项调查。

【非洲猪瘟防控】 2019 年，全市采取流行病学调查，做好非洲猪瘟防控工作。建设洗消中心，杜绝传播隐患；监测屠宰场，避免相互传播；加强无害化处理厂监管，避免病死猪进入餐桌；农业农村部门与公安部门联合，惩治私屠滥宰、注水注胶等违法行为。落实产地检疫、检疫申报制度。合理布局动物检疫申报点 70 个。对 14 家生猪定点屠宰场、59 家畜禽规模屠宰企业实行驻场兽医监管，实施动物及动物产品监管。严格调运监管，对 191 辆生猪运输车辆备案管理，加快洗消中心（点）建设；严格动物防疫条件审查，落实各项防控措施；严格养猪场户防疫监管，督促完善养殖档案，提高生物安全防护水平。联合公安部门，捣毁多个生猪私屠乱宰窝点，逮捕6名私屠乱宰违法嫌疑人。开展非洲猪瘟监测排查，严格落实重点环节、重点区域监测排查措施，对养殖场、屠宰场、病死畜禽无害化处理厂等实行“车轮式”监测排查，排查场点8.26万个次，排查猪只3153.58万头次，检测样品7653份。

【畜产品质量安全监管】 2019年，全市农业农村部门开展“瘦肉精”专项整治行动。加强养殖环节监管，查处非法添加瘦肉精行为。开展对生猪、肉牛、肉羊抽查监测，依法查处不合格产品。开展生鲜乳专项整治行动。开展奶站清理整顿工作；惩治在生鲜乳中添加三聚氰胺等有毒、有害物质的违法行为。按照属地管理原则和“谁审批、谁监管”原则，市级开展生猪屠宰资格审核清理活动，关停不符合设立条件的屠宰场点。全年承担农业农村部、省局各类监督抽检、风险监测981批次，县级完成抽检929批次，投入约50万元，全市监测合格率99.4%。

【饲料兽药生产】 2019年，全市有饲料生产企业124家，兽药生产企业12家，其中绿都、华宏、沃华等兽用生物制品企业3家，年产兽用疫苗360亿羽份，居华北地区地级市首位。年内，针对全市产量低、管理不规范、能耗低、安全隐患多的饲料、兽药加工企业，开展饲料与饲料添加剂专项整治行动。配合相关部门开展饲料、兽药、畜牧产品等质量抽检和安全生产检查，对管理部门、生产企业进行突击检查。做好安全生产应急预案和应急演练，实现饲料、兽药行业全年稳定生产。加大对饲料及饲料添加剂抽检范围和频次，全年抽检50批次；对全市28家饲料生产企业进行“双随机、一公开”检查，惩治违法违规饲料企业，取缔无生产许可证、无产品批准文号、无产品标签的“三无”饲料生产企业。开展兽药专项整治行动，加大兽药生产企业监管力度，对GSP企业监督检查，全年抽检40批次；加强兽用生物制品监管，惩治经营重大动物疫病疫苗行为；加强兽药监督抽检，开展非法生产假劣兽药、过期失效产品清查行动；加强兽药使用监管、安全用药宣传指导，完善用药记录和休药期制度。

【生猪养殖】 2019年，全市应对非洲猪瘟影响，稳定猪肉市场供应。市政府召开全市防控非洲猪瘟稳定生猪生产会议部署全市非洲猪瘟防控工作，举办非洲猪瘟防控技术培训班，落实国家一级种猪场财政奖补资金798.82万元、中央预算内资金生猪养殖项目700万元、屠宰企业与生猪养殖贷款贴息379.33万元等一系列奖补政策。市农业农村部门联合自然资源规划部门落实用地政策，与生态环境部门推进禁养区重新划定、政策调整，支持养殖户发展养殖项目，支持生猪养殖企业恢复生产。通过“双招双引”，引进江西正邦100万头生猪全产业链项目、河南牧原100万头生猪全产业链项目、托佩克2万头母猪繁育项目，年内均开工建设。

【养殖异味专项治理】 2019年6月26—27日，市农业农村局组织各县（市、区）、市属开发区畜牧兽医部门工作人员到临沂市费县、沂南县进行考察，现场学习临沂市养殖异味治理工作经验。惠民县作为滨州试点，完成水线改造136户、雾线改造236户，减少养殖污水产生量，减轻养殖臭味浓度，减少疫病发生率，降低料肉比，增加养殖场户效益。11月21日，“全市畜禽养殖异味治理现场会”“全市畜禽养殖异味治理技术交流会”在惠民县召开，对全市畜禽养殖异味治理工作进行安排部署。

（张　涛）

水产业

【概况】 2019年，市海洋和渔业部门突出“一二三四五”渔业总体发展思路，围绕服务渔业经济高质量发展一条主线，推进沿海、沿黄两带开发，锁定2022年建成3.33万公顷底播增殖、3.33万公顷标准化池塘、50万平方米工厂化车间三大目标；渔业经济总产值200亿元；二、三产业占渔业经济总产值的80%；强化科技引领、项目带动、三产融合、督导评估四项措施；实施繁育养殖提升、加工流通拓展、海洋牧场建设、渔业经济综合体示范、优势品牌培育五项重点工程。成立海洋产业发展专班，加快渔业转型升级，推进全市“畜牧水产千亿级产业集群”建设。坚持绿色发展理念，科学划定禁养区、限养区和养殖区，做好水生生物资源养护、海洋渔业增殖放流和渔业领域渤海区域环境整治攻坚战三项重点工作，推进渔业生态文明建设。发挥渔业重大项目示范带动作用，提升滨州对虾“南苗北育”知名度，巩固“虾贝虫藻”特色渔业经济模式，推动渔业高质量发展。坚持品牌引领，创建滨州特色水产品牌。坚持科技兴渔，发展高效生态渔业，引进优良养殖品种，加大渔业技术培训，增强科技支撑力。强化行业管理，加大水产品质量安全整治力度，开展安全生产专项执法行动，严防渔业安全生产责任事故和涉外渔业事件发生。年内，全市水产养殖面积8.73万公顷，水产品产量48万吨，渔业经济总产值171亿元，渔民家庭人均纯收入2.3万元，对虾养殖保持优势主导地位，实现南美白对虾产量11万吨，占全省60%，居全省第一。水产品质量合格率连续5年保持100%，无渔业安全生产责任事故发生。

【淡水养殖】 2019年，全市淡水养殖面积15387公顷，实现水产品产量155413吨，产值302936.70万元，养殖品种以草鱼、鲤鱼、鲫鱼、南美白对虾等为主。

【海水养殖】 2019年，全市海水养殖面积75080公顷，产量27.63万吨，产值40.01亿元，养殖品种有蛤、南美白对虾、蛏等。其中南美白对虾养殖面积 4.32 万公顷。

【渔业捕捞】 2019 年，全市投入生产作业各类捕捞渔船 367 艘，完成海洋捕捞产量 4.76 万吨，产值 7.76 亿元，淡水捕捞产量 3310 吨，产值 3483 万元。主要捕捞品种有毛虾、贝类、对虾、梭鱼等。

【水产品加工】 2019 年，全市拥有水产加工企业 23 个，水产加工能力 16.26 万吨 / 年，其中规模以上加工企业 7 个。

【水产养殖绿色发展】 2019 年，全市推进水产养殖业绿色发展，市县两级《养殖水域滩涂规划》经政府批复实施，划定禁养区、限养区和养殖区，完成贝壳堤岛与湿地国家级自然保护区核心区养殖活动退出，拆除违法养殖面积 879.13 公顷。组织开展水产健康养殖示范场创建工作，2 处部级、1 处省级水产健康养殖示范场通过验收，完成全市 12 家养殖单位、25 个无公害水产品的复查换证工作；全市省、部级水产健康养殖示范场 45 家。加强政策、项目、资金扶持，推动渔业基础设施建设。博兴县提升改造现代渔业园区 400 公顷，入选山东省现代农业产业园项目；沾化区建成对虾工厂化育苗车间 3 万平方米；无棣县建设贝类工厂化育苗车间 1.2 万平方米、循环水养殖车间 1.4 万平方米和贝类清洁生产基地；全市改造标准化池塘 2133.33 公顷，新建工厂化养殖车间 7 万平方米，繁育优质对虾苗种 320 亿尾，为全省最大对虾苗种供应地。

【水产品质量监管】 2019 年，全市规范行业管理，在无棣县、沾化区、博兴县和北海经济开发区开展海参、对虾质量安全追溯试点建设，建立市、县、企业三级水产品质量可追溯管理体系，完成水产品快速检测 540 批次，全部线上录入。完成省级风险监测、捕捞水产品风险监测、贝类划型风险监测等抽检合计 487 个批次，水产品监督抽查合格率连续 5 年保持 100%。

【渔业科技】 2019 年，全市推进渔业科技创新。正海集团投资 1500 万元的海洋牧场自升式服务平台建成启用。“渤海水产大宗商品交易平台”建成运营。友发公司对虾工厂化循环水高位池养殖试验成功，亩产 1500 千克。总结内陆南美白对虾“135”分级接续二茬养殖技术，亩产提高 30%，推广养殖面积 1600 公顷，被省农业农村厅和省科技厅确立为全省 7 项渔业主推技术之一。首届中国南美白对虾自主选育创新论坛暨新品种推介会在滨州召开。开展海马养殖、稻田养虾、冷水鱼养殖、小龙虾养殖等系列新品种、新技术引进试验，取得成效。实现鱼病医院常态化疫病实时检测，免费为养殖企业和虾农开展对虾病毒虾病检测 12 次。开展基层渔技推广体系建设和职业渔民培训，各县（市、区）开展渔业关键技术培训，培训养殖户 1430 人。

【渔业安全生产】 2019 年，全市强化渔业安全监管，加强应急值守和部门间应急协作，开展“冬春季节渔业防火安全检查”“渔业安全生产隐患大排查集中行动”“汛期、伏休期渔业安全专项检查行动”“迎接建国 70 周年安全生产集中行动”“渔业安全生产月”“主题宣传教育”等专项活动，派出检查组 30 余个，检查渔港码头和渔船集中停泊点 50 余处次，检查渔船 1100 余艘次，查销一般隐患 71 处，督办 3 个重点隐患单位 6 项典型问题，全年渔业安全生产形势稳定。

【渔政执法】 2019 年，全市推进涉渔“三无”船舶整治，拆解报废小型渔船 16 艘，引导捕捞渔民转产转业，完成海洋捕捞渔船减船转产任务指标。加强黄河禁渔、海河禁渔、海洋伏季休渔管理，开展“亮剑”“清网”等专项执法行动 20 余次，查处违规案件 28 起，收缴地笼等违规禁用网具 2360 套并集中销毁。开展陆地和海上集中执法行动，组织和配合开展集中执法行动 7 次，出动执法船艇 100 余航次，航程 6000 余海里，查获违规渔船 20 艘。开展水产品质量安全执法监督，参加各级水产品产地监督抽检 249 个批次；市海洋和渔业部门先后与公安、市场监督、交通等部门开展 6 次水产品市场联合执法检查，从源头管控捕捞渔获流通和交易。

（张振华　李　贞）

农机管理

【概况】 2019 年，全市落实“两全两高”（全程、全面、高质、高效）农机化发展要求，实施主要农作物全程机械化示范推广，推动农机装备结构优化，提升作业水平，增强科技支撑，加强安全管理。加快农机服务业发展，发挥农机专业合作社引领作用，提升农机社会化服务水平。加强农机技术推广力度，各农机农艺融合技术指导组开展技术指导，举办农机专业培训班。加强农机安全管理，规范开展农机年检、牌照挂发等工作，推进“平安农机”示范乡镇、示范合作社建设，全年无农机安全事故发生。提升农机维修服务水平，组建农机维修网点、农机检修服务队，重点做好“三夏”“三秋”期间农机维修服务。全市农作物耕种收综合机械化率达 90.24%，落实农机购置补贴资金 9445 万元，补贴各类机械 8592 台（套），受益农户 6649 户；完成农机深松整地作业 99.97 万亩，完成省下达任务的 105.23%；创成 4 个全省“两全两高”农业机械化示范县，创建比例居全省第一；创成 2 个全国主要农作物生产全程机械化示范县。

【农机社会化服务】 2019 年，全市发挥农机合作社作用，提升当地农机社会化服务水平。全市农机专业合作社 452 家，其中国家级示范社 11 家、省级示范社 17 家、市级示范社 40 家，农机合作社有效整合农机资源，提升全市农业机械化作业服务水平，促进农机服务业发展。9月下旬，组织各县（市、区）合作社负责人到德州市、济宁市、潍坊市考察学习，提升农机社会化服务水平。

【农机技术推广】 2019年，滨州市印发《关于调整全市农机农艺融合技术指导组的通知》，对全市8个农机农艺融合技术指导组进行完善，各指导组细化工作方案，规范提升技术指导，安排各县（市、区）继续开展农机农艺融合基地建设。2019年“三夏”期间，全市投入麦收的联合收割机达1.2万台（套），玉米播种机1.5万台（套）。全市机械化收获小麦415.51万亩，机收率99.8%，机播玉米389.88万亩，机播率99.4%。“三秋”期间，投入玉米联合收获机1.1万台（套），机收玉米381.67万亩，玉米机收率97.9%；投入小麦播种机1.96万台（套），完成小麦播种面积408.14万亩，其中机播率99.8%。建设。11月15—17日，举办全市农机农艺融合技术培训班，邀请省农机推广站和山东农业大学机械与电子工程学院专家授课，加快全市农机农艺融合进度，推广农机农艺融合技术，推动农林牧渔等农村各业生产机械化水平提升。

【农机安全管理】 2019年，全市年检拖拉机、联合收割机1477台，挂发拖拉机、联合收割机号牌1307副，新核发驾驶证477个。订发拖拉机、联合收割机材料号牌2776副，检验合格标志800个，证芯3000个、证夹3500个，塑封模5000个，拖拉机、联合收割机合格证3000个。举办全市农机法规知识培训班，组织各县（市、区）40人参加培训，邀请山东省农机监理站专家授课讲解农机法规和业务知识。年内，创建省级“平安农机”示范乡镇5个，省级平安农机示范合作社9个，全市未发生农机安全生产责任事故。

【农机维修服务】 2019年，全市建立农机维修网点167家，“三夏”“三秋”期间组织农机检修服务队21支，出动维修服务车52辆，设置维修服务站20个，检修各类农业机械1.6万台套，其中大型拖拉机2500余台、小麦联合收割机1900余台、玉米联合收割机1700余台、其他配套农业机械9900台套，各类农业机械正常作业。组织13人参加农业农村部和省农机职业技能考评员培训班，全年完成农机维修工资格培训鉴定129人。

【农机补贴】 2019年，全市落实农机购置补贴资金9445.17万元，补贴机具8592台（套），受益农户6649户。年内，完成报废更新机具11台，报废更新补贴资金合计16.35万元；完成深松整地作业99.97万亩，其中补助作业面积37.1万亩，落实补助资金1113万元，完成省下达任务。

【农机科研】 2019年，全市建立200亩棉花试验示范基地，制定棉花机械化生产技术规范和配套装备作业质量标准，优化棉花生产全程机械化技术体系。年内，争取省重点研发计划（公益类专项）1项，主持、参与申报省重大科技创新工程项目各1项，项目经初审入库；参与申报省农业重大应用技术创新项目2项并立项，参与申报省重点研发计划（科技特派员行动计划）项目1项并立项。申报省地方标准3项获立项。年内，获发明专利授权2项、实用新型专利授权11项；《工程索引》（EI）收录期刊发表论文2篇，核心期刊发表论文7篇；与农业农村部南京所合作制定的国家农业行业标准《黄河流域棉区棉花全程机械化生产技术规范》通过审定。选派1名科研人员到农业农村部南京农业机械化研究所跟班学习，选派15名科研人员到2019中国国际农机展参观学习。

【农机化示范创建】 2019年，博兴县、邹平市、无棣县、阳信县创建全省“两全两高”农业机械化示范县，创建比例居全省第一。滨城区和惠民县创成全国主要农作物生产全程机械化示范县。市政府第51次常务会议审议通过《关于创建全国主要农作物生产全程机械化示范市的报告》议题，成立市创建全国主要农作物生产全程机械化示范市领导小组，推动农机化示范创建工作进行。

【黄河三角洲棉花智能化管理技术研讨会】 2019年11月22—23日，黄河三角洲棉花智能化管理技术研讨会在滨州召开，会议由滨州市农业机械化科学研究所主办，山东农业大学协办。中国农业科学院棉花研究所、农业农村部南京农业机械化研究所、中国农业大学、国际良好棉花组织的专家学者，各县（市、区）相关部门负责人、合作社带头人等参会。会议要求发展棉花智能化管理，推进物联网等现代信息技术在植棉生产中的应用，在滨州建设高标准基地样板。会上，中国农科院棉花所、山东农业大学专家作棉花智能化管理技术专题报告，滨城区农喜棉花专业合作社进行智慧棉花基地建设方案汇报，与会专家围绕棉花高品质产需研究、智慧植棉技术等进行交流探讨。

【3项农机装备研发创新计划项目通过验收】 2019年7月26日，市农业机械化科学研究所召开科技项目鉴定验收会议，研究所承担的省农机装备研发创新计划项目“基于FPGA控制技术的精准固体有机肥施肥机研制”“棉田残茬废膜收集打捆机研究开发”和省重点研发计划项目“基于压缩流变特性的硬质秸秆压捆关键技术及其设备的研究”分别通过省农业农村厅、省科学技术厅鉴定验收，3项目综合水平均达到国内领先，其中“基于FPGA模块化控制的施肥量多级联动精准调控技术”达到国际先进水平。

（郭燕坤）

农产品质量建设

【农产品质量安全】2019年，全市农业农村系统推进农产品质量安全市建设。实施主要农产品生产主体全覆盖监测，各级抽检合格率均达98%以上。全市推进监管追溯体系建设，实现省市县三级平台互联互通，专用二维码追溯韭菜捆扎带在全省推广。开展农资打假专项活动。组织开展春耕备耕农资市场检查、农药管理“百日攻坚”，“秋冬季专项行动”，“漠视侵害群众利益问题专项行动”等，出动执法人员82余人次，检查农资生产、经营企业门店298家次，现场责令整改22个，为农民挽回经济损失80余万元。

【农产品品牌培育】2019年，全市农业农村系统强化农业品牌建设，提升农产品竞争力。“食域滨州”区域公用品牌完成设计，并于9月16日全市第二届农民丰收节暨沿黄现代农业论坛上对外发布。组织认定市级十佳农业品牌，推出“九珍宝”系列农产品，提升农业品牌知名度。年内，新增省知名农产品区域品牌1个、企业产品品牌4个，新认证“三品一标”38个，全市“三品一标”总数累计495个，省知名农产品品牌累计20个。成立现代农业产业发展协会，发展农业经营主体会员100家。

【农产品进入粤港澳大湾区“菜篮子”平台】2019年12月30日，粤港澳大湾区“菜篮子”全国行起步，城际合作签约暨配送中心集中开业仪式在广州举行，滨州市作为合作城市参加签约活动，博华坤靓果菜科创园和汇泰渤海水产两家企业被认定为粤港澳大湾区“菜篮子”直供生产基地。

【省级农产品质量安全市创建完成】2019年，滨州市沾化区、无棣县获评“国家级农产品质量安全县”，惠民县、滨城区、邹平市、阳信县和博兴县获评“省级农产品质量安全县”，7个县（市、区）全部创建成为国家级或省级农产品质量安全县，达到整建制创建省级农产品质量安全市的标准要求。在全省率先试点推行韭菜专用二维码追溯捆扎带，韭菜全程监管的“滨州经验”在全省推广。

（高立逸　刘沙沙）

2019年12月30日，粤港澳大湾区“菜篮子”全国行起步、城际合作签约暨配送中心集中开业仪式在广州市举行，滨州市入选第五批城际合作签约城市　（市农业农村局　供图）

17 工 业

Industry

综 述

【概况】 2019年，滨州市持续加快重点产业转型升级步伐，推动工业结构调整，优化营商环境，全市工业经济呈现缓中趋稳、稳中有进的态势。全市规模以上工业企业（年主营业务收入2000万元及以上的工业法人企业）1136家，其中世界500强1家、中国企业500强6家、中国民企500强8家。6月始，全市规模以上工业增加值实现由负转正，扭转全市连续17个月持续下降、全省长期排名倒数局面。年内规模以上工业增加值比2018年增长3.2%，比全省平均水平（1.2%）高2个百分点，列全省第7位，比年初上升10个位次，居全省第二方阵。规模以上工业实现利润182.11亿元，总量列全省第八位，增长1.5%，列全省第三位。工业技改投资增幅高于全省平均水平6.2个百分点，列全省第五位。

（彭庆光）

【服务企业发展】 2019年，全市工业和信息化系统推行“说YES不说NO，说NO必汇报”服务企业发展理念，实行“首问负责制”，全面提升工业和信息化系统服务效能。持续做好项目建设服务工作，发挥好工业运行专班作用，梳理建立工业技改项目清单，制定解决方案，推动项目投产达效。落实《山东省化工行业投资项目管理规定》《山东省企业投资项目核准和备案办法》等文件，依法依规、大胆细致为项目建设服务。举办企业统计业务工作专题培训班，对全市1674家企业、3300余人进行培训，全面提升企业统计业务能力，解决企业数据管理上报不规范问题。通过“宜企壹策”政策推送平台，采用政府与企业双向互动以及政策与企业精准匹配方式，实现政策“点对点”精准推送。

（刘福磊　房冬梅）

2019年滨州市规模以上工业增加值增长速度统计表

表14

指标名称	比2018年增长（%）
规模以上工业增加值	3.2
#轻工业	-9.3
重工业	6.0
#制造业	1.3
#国有企业	4.9
集体企业	
股份制企业	3.8
外商及港澳台商投资企业	-16.6
其他经济类型企业	32.6
#国有控股企业	2.9
#非公有制企业	3.5
#私营企业	0.2
#大中型工业企业	4.5

【工业招商引资】 2019年，滨州市工业和信息化局（简称市工业和信息化局）制定《滨州市开展以商招商工作实施方案》，建立协调推进机制，与10个县（市、区）及110家重点企业建立畅通联络机制，定期汇总整理企业招商信息，并及时跟进。建立招商项目储备库，以重点企业作为基础，收集重点招商引资项目和正在洽谈合作项目，统筹推进，年内收集整理再谈和签约项目25个。开展招商推介，制作宣传推介材料和以商招商宣传PPT，赴外地召开招商推介活动。9月1日，向第25届鲁台经贸洽谈会中国台湾企业家作《选择滨州　共创未来》招商路演。10月15日，在青岛大学国际学术中心举行工业企业以商招商推介路演。10月19—20日，组织30家企业参加跨国领导人青岛峰会，与国内外参展商进行项目对接洽谈。开展精准招商。5月13—16日，组织全市制造业企业赴长沙参加“全

2019年5月11日，滨州市企业发展大讲堂在市委党校举办

（市工业和信息化局　供图）

球高端制造业大会”，与国内外机械制造企业进行精准对接。7月7—13日，组织企业赴上海参加国际铝展并开展经贸洽谈活动。7月25—26日、8月13—14日，分别邀请宁波民营科技投资有限公司、上海食韵智能科技有限公司到滨州考察，就医药中间体、印染等项目进行合作洽谈。先后组织企业参加2019第十四届中国（山东）国际装备制造业博览会、第二十七届中国西部国际装备制造业博览会暨中国欧亚国际工业博览会、第19届中国哈尔滨国际装备制造业博览会等各类展会。年内，全市工业企业以商招商专业招商队伍共引进招商引资项目23个，经商务部门认定到位资金14.84亿元，其中在谈项目3个意向投资金额70亿元；签约项目20个，合同金额247.71亿元，超额完成年度以商招商任务目标。

（王　涛）

【企业家培训】 2019年，市工业和信息化局征集企业家培训需求，制定《滨州市市级企业家培训方案》，对全年企业家培训情况进行统筹安排，并将企业家培训列入全市干部教育培训课程中统一推进。首次向财政申请拨付200万元企业家培训经费，年内组织企业家培训6期，其中市内培训2期，国内培训4期；组织企业家参加全省培训9期，其中国外培训4期。全年全市累计培训各类企业家1500人次。5月11日和6月30日先后组织开展2期市内企业家培训班，聘请中央民族大学、北京大学教授进行授课，累计培训企业家440人。10月14—17日、10月22—28日、11月2—8日、11月22—28日、12月22—26日分别组织两期综合培训班（浙江大学培训班、复旦大学培训班）和3期行业对标培训班（青岛对标培训、华为对标培训班、宁波对标培训班），培训企业家170人。组织企业参加省级培训，6月24—29日，7月22—26日，7月22—25日，9月3—7日，11月12—15日，11月26—29日，12月16—19日分别组织71名企业家参加华为对标培训、智能制造培训、阿里巴巴对标管理培训培训、人工智能培训班、智慧园区建设培训班、企业数字化转型专题班，12月组织12名企业家赴德国、日本、法国参加出国培训班。统筹推进县级开展培训，制定《县市区企业家培训工作考核办法》，将企业家培训任务分解到各县（市、区），共同推进，年内5个县（市、区）开展自主培训，累计培训企业家587人次。

【企业家环境建设】 2019年9月12日，2019滨州市企业家大会召开，对79名优秀企业家进行表彰，分别授予“金狮奖”“银狮奖”和“铜狮奖”。9月30日，市委、市政府出台《关于弘扬企业家精神建设高素质企业家队伍的意见（试行）》，从为企业家成长营造优越的社会环境、良好的法治环境、一流的市场环境、宽松的创业环境、卓越的创新环境、健康的金融环境、优质的教育环境、和谐的政商环境、可预期的发展环境和奋进的文化环境等10个方面制定一系列政策措施，保障企业家各项权益。在渤海十八路南首显著位置设立优秀企业旗帜广场，9月26日举行首次升旗仪式。11月15日，首次“滨州企业日”活动举办，推动企业家大会公开承诺事项兑现落实，加强政企交流，在全市营造“尊重企业家、厚待投资者、服务纳税人”氛围。

（雷　灿）

工业运行监测

【概况】 2019年，全市规模以上工业增加值比2018增长3.2%，各县（市、区）全部实现正增长，高新区、无棣县和沾化区分别比2018年增长16.3%、15.6%和15.5%。全市规模以上工业实现营业收入7256.59亿元，比2018年下降2.21%。实现利润182.11亿元，比2018年增长1.50%，列全省第三位。全市规模以上工业37个行业大类中，18个行业增加值比2018年增长，增长面为48.65%。化学原料和化学制品制造业、电力热力生产和供应业、农副食品加工业、纺织业增加值累计增速分别为34.5%、19.3%、8.5%、0.8%。有色金属冶炼和压延加工业比2018年下降1.8%、石油加工炼焦加工业比2018年下降15.2%。全市重点调度的百户企业累计实现总产值4840.68亿元，比2018年下降12.57%；营业收入6424.89亿元，比2018年下降4.75%；利润114.82亿元，比2018年下降26.64%。累计工业用电量1126.39亿千瓦时，比2018年下降

2019年滨州市规模以上工业增加值增长速度统计表

表15

产品名称（单位）	产量	比2018年增长（%）
饲料（万吨）	174.6	4.2
精制食用植物油（万吨）	160.1	5.9
纱（万吨）	61.3	-8.9
布（亿米）	10.6	-9.4
服装（万件）	1239.5	-5.8
轻革（万件）	1474.8	-29.9
家具（万件）	116.1	75.4
烧碱（万吨）	146.5	3.5
化学农药原药（万吨）	7.2	-7.7
水泥（万吨）	379.0	21.3
生铁（万吨）	696.9	-4.6
粗钢（万吨）	803.0	-2.3
钢材（万吨）	838.2	-0.7
氧化铝（万吨）	1704.1	5.9
电解铝（万吨）	565.7	-11.5
铝材（万吨）	550.8	5.7
数控金属成形机床（台）	—	—
金属密封件（万件）	1496.1	-2.4
半导体分立器件（亿只）	57.5	-15.1
原油加工量（万吨）	1100.4	25.0
汽油（万吨）	103.0	-49.3
石油沥青（万吨）	466.3	-2.3
焦炭（万吨）	659.7	1.5
发电量（亿千瓦小时）	1098.3	-9.7

7.46%。全市工业品产销率99.9%。

【工业运行分析】 2019年，市工业和信息化局指导企业应对经济下行压力，每月18日前后，定期召开由分管副市长召集的工业经济运行分析会，分析研判当月工业经济，提出相关对策建议，形成专报报市委市政府主要领导，着力解决企业和工业经济运行中的实际问题。年初，市工业和信息化局组织开展停产企业摸底调查，排查出40户停产企业，逐一列出停产原因，推动企业复产复工，10家企业恢复生产，其余企业中除11家企业因市场因素暂时不生产以外，其他企业通过资产重组、行业转型等方式，实现土地、厂房等生产要素盘活。年内，市工业和信息化局加强对工业企业调度，创新改版工业经济特刊，加强运行分析，将工业经济特刊编发时间提前10天。强化统计培训，5月31日召开全市工业经济运行分析暨重点工业企业统计培训会议，对全市100家重点企业负责人和统计员进行培训。年内，市工业和信息化局到各县（市、区）、企业走访调研20余次，掌握企业情况，帮助企业分析原因，推动企业生产经营。

【工业安全生产】 2019年，市工业和信息化局成立安全生产工作领导小组，制定印发年度企业安全生产工作要点，对全市企业安全生产工作进行部署。加强民爆行业安全监管，起草印发《关于做好岁末年初民爆行业安全生产的通知》《全市民爆行业安全生产隐患大排查集中行动工作方案》《全市民爆行业迎接建国70周年安全生产专项整治行动实施方案》，加强对民爆生产、销售企业排查力度，年内市县两级共组织排查民爆排查整治活动30次，无民爆行业安全生产事故发生。加强安全生产宣传教育，开展“安全生产月”宣传咨询日活动，通过在万达广场设置咨询台、发放安全宣传资料、摆放展板等形式开展安全知识和法律法规宣传咨询，共发放各类安全宣传资料500余份，接受群众咨询30余人次。做好全市工业企业防范超强台风“利奇马”工作，市工业和信息化局印发《关于进一步做好当前全市工业防汛防台风工作的通知》《关于全力开展全市工业企业灾后自救恢复生产的通知》，各级工业和信息化部门指导督促辖区工业企业加大对重点薄弱环节检查力度，及时排除隐患和防范应对，确保安全度汛；受台风影响，全市164家工业企业受灾停产，直接经济损失77.91亿元，全市各级工业和信息化部门加强应急调度，帮助企业尽快恢复生产，除2家因市场原因不再生产外，其余162家企业及时恢复生产。

（雷　灿）

工业转型升级

【概况】 2019年，滨州市工业发展抓产业带动，改变过去“单打独斗、同质竞争”模式，以价值链为核心，重塑产业链、供应链，推动产业向价值链中高端发展。设立50亿元的新旧动能转换母基金、30亿元重点企业发展基金、100亿元高端铝产业及园区发展基金，做大传统产业集群，推动新兴产业发展。铝产业中高端铝制品比例达34.9%，比2018年提高10个百分点。加快体制机制创新，推动铝产业发展，改革经验获“2019中国改革年度十佳案例”。7个省级化工园区和9个重点监控点获省政府批准。魏桥纺织绿色智能纺织一体化项目实现5项“世界首创”。京博石化获第十八届“全国质量奖”，实现山东省炼化行业“全国质量奖”零突破。

【重点产业转型升级】 2019年，滨州市重点产业加快转型升级步伐加快。高端铝产业，参与举办世界高端铝业峰会，出台《打造世界高端铝业基地的若干政策》，启动中国铝谷云平台，山东省铝业协会在滨州成立；向上争取，有效破解“铝水不落地”模式受新增铸造产能政策影响，铝原料就地转化为中高端铝制品比例达35%，超出年初目标5个百分点，比2018年提升10.3个百分点；年内，高端铝产业集群实现主营业务收入3708.4亿元。高端化工产业，围绕打造世界级高端化工基地，在上海举办2019中国烯烃高峰论坛暨滨州高端化工产业对接会，对标学习上海化工产业园；高端化工招商专班实现到位资金25.6亿元，完成率196.9%；工业企业以商招商实现到位资金14.8亿元，完成率185.5%；7个省级化工园区和9个重点监控点获省认定，总数分别列全省第三位、第四位；化工产业转型升级，逐步向“油头化中材料尾”方向发展，年内高端化工产业集群实现主营业务收入1891亿元。高效生态纺织产业，“全国纺织产业基地市”通过复审，全省纺织服装行业智能化技术改造现场会在滨州召开，中纺联授予滨州“共建世界级家用纺织品产业集群先行区”称号；获“2019年度山东省纺织服装行业产业集群转型升级优秀案例”；组织召开打造世界纺织家纺服装产业基地工作座谈会；年内，高效生态纺织产业集群实现主营业务收入1567.6亿元。高端装备制造、新一代信息技术、新材料3个新兴产业均编制印发中长期产业发展规划；5件产品列入“山东精品装备”；1个项目获批省重大短板装备创新突破项目；4个项目入选“省现代优势产业集群+人工智能试点示范”；认定省企业上云标杆企业和优秀体验中心各1家。企业上云达577家，超额完成年初目标任务；9家企业成功申报省新材料产业领军企业库；3家企业获得新材料首批次产品保险补偿；年内，高端装备制造、新一代信息技术、新材料产业集群分别实现营业收入187.42亿元、28亿元、319.69亿元，均超额完成全年目标任务。

（张丙忠）

工业技术改造

【概况】 2019年，全市工业和信息化系统按照“四个一百”（围绕加快推进新旧动能转换，实施100个传统产业重大投资和技改项目、100个新兴产业项目、100个过5亿元以上重大招商项目、100个科技研发平台建设和提升项目）落地分工要求，坚持“围着项目转，盯着项目干”，加快上项目、增投资、促转型。全年投资过千万元技改项目192个，总投资912亿元。全市实施82个传统产业重大投资和技术改造项目，涉及总投资498.4亿元，年内投资133.4亿元。9月始，全市技术改造投资逐月回升，全年工业技术改造投资增幅高于全省平均水平5.1个百分点，列全省第五位。

【全市百项传统产业重大投资和技改项目推进】 2019年，市工业和信息化局负责100个传统产业重大投资和技术改造项目。重点围绕优势产业培植、自主创新、改造提升、产业链延伸等方面，筛选出100个投资较大、带动力强、发展前景好的重点项目，建立百项技改项目库，加强项目调度督导和指导服务，推动项目快建设、早见效，涉及总投资730亿元，2019年完成投资208亿元，占总投资的28.5%。项目投产达产后预计可新增销售收入1750亿元、利润177亿元、税金125亿元。3月29日，全市百项传统产业重大投资和技改项目推进会议召开，帮助企业拓宽融资渠道，确保百项重点项目快推进、早完工、早投产。

【技改支持政策争取】 2019年，市工业和信息化局帮助东方地毯争取2019年技术改造专项中央预算内投资3510万元。组织帮助山东新美达有限公司申报省级技改重大项目，争取支持资金210万元。落实省技改综合奖补政策，5个符合条件的项目获得资金146.93万元。落实高端铝、新型化工等产业集群支持政策，16个项目获得资金支持3853.07万元。深化“放管服”“一次办好”改革要求，简政放权，优化流程，创优发展环境，落实《山东省企业投资项目核准和备案办法》《山东省化工投资项目管理规定》要求，为20个化工技改项目办理备案手续，推动化工产业上项目促升级。

（张丙忠）

工业创新驱动

【概况】 2019年，全市工业和信息化系统围绕“富强滨州”建设主线，以创新驱动、项目拉动和示范带动为抓手，培育优质企业，推动工业企业能力建设，5家企业入选省技术创新示范企业；308个项目列入省级技术创新项目计划；1家企业入选省工业企业质量标杆；3位专家入选传统产业创新类泰山产业领军人才；1家制造业创新中心获得省级认定；7家企业入选第三批省制造业单项冠军。启动渤海科创城、渤海先进技术研究院、魏桥国科研究院“一城两院”建设，建设展示交易、学术交流、创意设计、检验检测、数据咨询、设备共享、人力资源、商务服务八个中心，魏桥国科（滨州）研究院挂牌成立，“中国铝谷”云平台启动运行，推动优势产业集群发展技术创新体系逐渐形成。

【高端铝合金材料制造业创新中心获得省级认定】 2019年12月，山东省工业和信息化厅下发通知，山东魏桥铝电有限公司和山东南山铝业股份有限公司共同牵头创建的山东省高端铝合金材料制造业创新中心获得省级认定。山东省高端铝合金材料制造业创新中心由魏桥铝电、南山铝业强强联合，采用“公司+联盟”组建方式，成立法人实体公司山东智铝高性能合金材料有限公司，搭建由企业、科研院所等22家单位组成的“山东省铝合金材料研发应用技术创新联盟”。

（房冬梅　杨建刚）

两化融合

【概况】 2019年，滨州市引导企业加快信息化建设，推进两化深度融合，全市工业转型升级步伐加快。通过运用信息技术、高新技术对传统产业改造提升，纺织家纺、油盐化工、粮油果蔬、装备制造等传统产业链逐步向高端延伸，年内全市新认定省级两化融合管理体系贯标试点7个，总数达到23个，完成任务目标。博远重工基于物资大数据租赁共享平台项目入围2019年度国家制造业与互联网融合试点示范项目，该模式得到省委主要领导肯定性批示，获“2019年度山东省两化融合推进工作先进单位”。

【企业上云工程】 2019年，市工业和信息化局推进两化融合、实施企业上云工程，上云企业突破500家，培育省、市产业互联网平台3～4家。7月，市工业和信息化局组织企业申报2019年度国家制造业“双创”平台试点示范项目，并组织企业参加2019年世界工业互联网大会。8月，市工业和信息化局联合市财政局，制定出台《滨州市产业互联网平台培育及奖补办法》和《滨州市信息化应用场景企业和项目认定及奖补办法》；组织召开全市企业上云云服务商座谈会，对上云工作进行部署动员。9月，市工业和信息化局组织开展市级产业互联网平台及信息化应用场景标杆的申报工作，经企业申报、县（市、区）推荐、专家评审，认定12个项目作为市级平台和标杆项目；组织参加无锡物联网大会。11月，市工业和信息化局组织举办云行齐鲁滨州站活动。12月，市工业和信息化局组织举办2019企业数字化峰会暨第十二届会计文化节。全年组织各信息服务业企业开展各类活动14场。至年底，全市在山东省企业上云公共服务平台上注册企业577家，其中1家企业被省工业和信息化厅认定为上云标杆企业、1家企业被认定为优秀体验中心，完成全年既定任务。

【山东省两化融合深度行滨州站活动】 2019年6月26日，2019年山东省两化融合深度行滨州站活动在大学饭店举行。活动由山东省工业和信息化厅指导，山东省两化融合促进中心、市工业和信息化局主办，中国电信山东分公司、中国电信滨州分公司协办。活动旨在提升全市企业信息化应用水平，加快工业经济新旧动能转换，推动滨州两化融合工作向更高层次迈进。活动中，滨化集团、渤海实业集团、中国电信、深信服科技、北京永洪商智科技、奇安信集团的8位专家围绕信息化管理、工业互联网、数据灾备、数字化转型、网络安全、5G技术、智慧企业等方面作专题演讲。在活动中召开的企业座谈会上，参会企业热烈讨论两化融合中存在的困难、问题，为全市两化融合工作建言献策。

【两化融合深度行博兴站暨网络安全进企业活动】 2019年9月20日，市工业和信息化局在博兴县召开“两化融合深度行博兴站暨网络安全进企业启动仪式”。渤海活塞、浪潮集团、天融信科技集团及中国联通公司的4位专家，围绕两化融合、传统企业如何实现安全防御及数字化转型等方面，为与会企业作专题培训，助推全市工业互联网、人工智能和实体经济深度融合，增强企业网络安全意识。

【全市软件与信息服务业工作座谈会】 2019年7月17日，全市软件与信息服务业工作座谈会在市工业和信息化局召开。山东省软件行业协会专家，各县（市、区）工业和信息化局、软件与信息服务业重点企业相关负责人参加会议。座谈会上，省软件行业协会秘书长刘灿军、发展部主任傅拥军做专题培训，讲解软件和信息服务业企业能够享受到的相关优惠政策，并现场解答企业在政策争取及申报过程中遇到的具体问题。参会企业围绕2019年近半年业务发展情况、软件产品评估标准、软件企业评估流

2019年6月26日，2019年山东省两化融合深度行——滨州站活动在大学饭店举行

（市工业和信息化局　供图）

程等问题，与专家进行深入交流和咨询。年内，山东智维信息工程有限公司、山东博信爱德网络科技有限公司、滨州市蔚蓝信息技术有限公司3家软件企业纳入工业和信息化部运行监测平台，新增软件产品2件。

（刘建波　李龙潇）

中小企业

【概况】 2019年，滨州市高度重视中小企业发展，贯彻国家、省关于促进中小企业发展各项部署，优化发展环境、培育壮大市场主体、加快新旧动能转换，挖掘培育新技术、新产业、新业态、新模式企业，突出示范引领，提升中小企业可持续发展能力，推进企业创业创新。年内，3家企业获“山东省优秀企业”称号，1人获“山东省优秀企业家”称号。6家企业获“山东省诚信建设示范企业”称号，4人获“山东省诚信建设示范企业领军人物”称号。7家企业入选滨州市培育新兴产业第一批“白名单”。

【创业兴业帮扶】 2019年，市政府印发《滨州市促进中小工业企业升级为规模以上企业奖励实施办法》，对首次纳入规模以上工业企业统计范围的企业，给予10万元奖励。市工业和信息化局印发《滨州市专精特新“小巨人”企业认定管理办法》，评选认定10家市级专精特新“小巨人”企业，给予每家企业10万元奖励。市工业和信息化局印发《滨州市小微工业企业示范园区认定管理办法》，评选认定2家市级小微工业企业示范园区，给予每家园区50万元奖励。市工业和信息化局印发《滨州市隐形冠军、瞪羚企业和独角兽培育企业认定办法》，认定20家市级隐形冠军，16家市级瞪羚企业、3家市级独角兽培育企业。市工业和信息化局印发《滨州市中小企业公共服务示范平台认定管理办法》，4家平台被认定为滨州市中小企业公共服务示范平台，4家平台被认定为山东省中小企业公共服务示范平台。1家企业入选国家级小型微型企业创业创新示范基地，1家企业入选省级小型微型企业创业创新示范基地，3家企业被认定为市级小型微型企业创业创新示范基地。13家企业被认定为省级“专精特新”中小企业。认定市级一企一技术研发中心10家、“一企一技术”创新企业6家、市级“专精特新”企业21家。

【政策服务】 2019年，市工业和信息化局搭建“宜企壹策”政策推送平台，采用政府与企业双向互动以及政策与企业精准匹配方式，实现政策“点对点”精准推送。纳入市、县部门单位234个，科室687个，平台使用企业2256家，实现全市规模以上企业全注册。通过单位门户网站、《滨州日报》、《鲁北晚报》等渠道宣传惠企政策平台，印制发放2600余份平台注册使用手册，扩大平台知晓率。组织市财政局、市税务局、市科技局等9个部门召开民营经济中小企业政策宣讲员座谈会，赴各县（市、区）开展政策宣讲活动，累计参加人员1650余人次；邀请省民营经济宣讲团到邹平市开展政策宣讲活动，累计参加人员450余人次。市工业和信息化局印发《关于开展“送政策上门精准对接”服务民营企业活动的实施方案》，梳理财政、科技、人才等促进民营经济发展的重要政策，印制80000余册各部门政策汇编集中发放至企业，解决民营企业政策操作性不强、获得感不强等问题。协调市移动公司对已出台的惠企政策，通过手机短信，向全市66949家民营企业主要负责人或联系人进行短信提醒，“点对点”告知其了解政策全文途径。组织600余家企业参与民主评议管理服务部门，发挥企业民主监督作用，促进各部门改进工作方法、转变工作作风、提升服务水平，构建“亲”“清”新型政商关系。

【融资服务】 2019年，市工业和信息化局、市财政局印发《滨州市小微企业融资担保业务降费奖补政策实施细则》，争取中央小微企业融资担保降费奖补资金，鼓励融资担保机构进一步扩大小微企业融资担保业务规模，降低小微企业融资担保成本和担保费率。帮助全市服务机构或企业加入省应急转贷服务体系，为中小企业解决资金周转困难。

【清理拖欠民营企业中小企业账款】 2019年，滨州市全力做好清理拖欠民营企业中小企业账款工作，成立清欠工作协调推进小组，建立调度、监测、通报和监督等机制，印发通报7份，转发各类文件20余份，起草下发各类通知30余份，累计接听电话200余个，办理转办各类投诉30余件，督导县（市、区）10余次。上报省清欠工作专班工作台账、投诉台账、民营上市企业台账等50余次，上报真实性核查材料200余份。配合完成国务院大督查清欠工作，组织收听收看电视电话会2次，组织召开全市清欠会议、清欠推进会议、清欠约谈会议等4次。

（房冬梅）

18 新兴产业
Emerging Industries

新材料产业

【概况】 2019年，全市推进新材料产业发展。加强规划及项目建设。市工业和信息化局组织编制《滨州市新材料产业发展规划（2019—2023年）》，经市政府常务会议通过，召开新闻发布会进行发布、解读；制发《关于加快推进新材料产业集群化发展的实施细则》；建立新材料产业重点项目库，实施动态管理并重点对外推介；组织企业参加山东省创新驱动发展院士恳谈会新材料产业发展论坛；推进重点新材料应用示范保险机制工作。建立新材料产业招商工作专班，7月12日在上海举行“智慧新材料 打造新动能”新材料产业路演，5个新材料产业项目签约，总投资75.2亿元，实际到位资金2.31亿元；在谈项目2个，总投资约8亿元。构建产学研用结合的技术创新体系，5家企业入选年度省技术创新示范企业，数量居全省并列第八位；魏桥纺织入选省工业企业质量标杆，省高端铝合金材料制造业创新中心获得省级认定；7家企业入选省第三批制造业单项冠军。加强产业平台建设。魏桥铝电和南山铝业牵头创建山东省高端铝合金材料制造业创新中心，建设22家单位组成的“山东省铝合金材料研发应用技术创新联盟”，通过省级认定。年内，全市新材料产业实现主营业务收入319.69亿元。

【《滨州市新材料产业发展规划》发布】 2019年9月5日，市政府印发《滨州市新材料产业发展规划（2019—2023）》，对发展规划正式批复，同意实施。2018年11月，市工业和信息化局按照市委市政府要求，聘请省新材料产业协会相关专家，编制滨州市新材料产业发展规划。经前期调研、起草初稿、征求意见、修改、专家评审论证、合法性审查等基础上，《滨州市新材料产业发展规划（2019—2023年）》（简称《规划》）于7月完成编制。8月20日，市政府第47次常务会议原则同意《规划》实施。《规划》分7部分，分析滨州新材料产业现状，规划产业战略定位、实现路径、重点任务、保障措施等内容，确定新材料产业发展目标。

【9家企业入选2019年度山东省新材料领军企业培育库】 2019年12月19日，山东省工业和信息化厅公布《2019年度山东省新材料领军企业培育库入库名单（第二批）》《2019年度山东省新材料领军企业50强名单》。滨州市9家企业入选山东省新材料领军企业培育库，分别为山东宏桥新型材料有限公司、金刚新材料股份有限公司、邹平宏发铝业科技有限公司、山东康和医药包装材料科技有限公司、山东欧亚化工有限公司、山东海容电源材料股份有限公司、山东日科橡塑科技有限公司、滨州市良友防水材料有限责任公司、滨州双峰石墨密封材料有限公司等。山东宏桥新型材料有限公司入选山东省新材料领军企业50强名单。

2019年8月28日，滨州市沾化区人民政府、中建材行业生产力促进中心有限公司新型材料产业示范区签约仪式在滨州举行 （市政府办公室 供图）

【三星集团入选省“十强”产业集群领军企业储备库】 2019年12月16日，山东省新旧动能转换综合试验区建设办公室公布纳入省“十强”产业集群领军企业库重点培育支持的60个领军企业名单，以及纳入省“十强”产业集群领军企业储备库动态培育支持的43个领军企业名单。山东三星集团入选“十强”产业集群领军企业储备库拟入库新材料领军企业名单。全省每年在“十强”产业遴选培育约50家领军企业，入库动态考核管理。山东三星集团作为中国航天事业合作企业，推进轻质高强、节能环保绿色铝发展，研发7系铝合金工业型材、电池托盘、手机排材等产品，导电轨产品技术指标达国际先进水平，质量达国际最高标准，国内市场占有率70%以上。

（周文锋）

新能源产业

【概况】 2019年，滨州市新能源产业作为全市重点培育的五大新兴产业之一，保持较快发展。加快淘汰落后煤电机组，关停拆除原齐星集团2台煤电机组总计规模12万千瓦并通过省能源局验收，占全省年度关停规模一半以上。制订30万千瓦以下非唯一不可替代热源煤电机组淘汰计划，全市11台机组63.5万千瓦被列入省里关停计划。实施燃煤锅炉改造电能替代专项行动，开展全市摸排统计，对多批次电能替代用户名单进行公示并上报能源局享受电价奖补政策。推进魏桥集团5台60万机组启运，替换小机组全部停运。魏桥集团31.3万吨600千安先进电解槽在内的54.2万吨先进产能完成置换。京博石化年产5000吨芳纶纸项目，作为全省12个增强制造业核心竞争力中央预算内投资备选项目之一上报国家发展改革委。市发展改革委综合分析全市汽油生产、供应状况，形成黄河两岸分别布局一处乙醇汽油配送中心建设方案报省发展改革委。至2019年底，全市新能源并网容量达176.14万千瓦，比2018年增长20%，新能源发电装机规模在全市发电装机总规模中占比达6%以上。

【新能源规划】 2019年，滨州市坚持规划引领，推进新能源产业高质量发展。全力做好“四个一”，即“一个产业规划、一个工作方案、一个集群化发展细则和一个建设管理通知”。编制完成并印发《滨州市新能源产业发展规划》，针对光伏产业、风电产业、生物质产业、地热产业、新能源汽车产业等8个重点领域，细化产业发展路径、目标和方向。制定《新能源产业“双招双引”工作实施方案》《关于加快推进新能源产业集群化发展的实施细则》《关于进一步加强风电光伏建设管理的通知》等新能源产业发展指导文件，明确“上大压小”“上优压劣”“上实压虚”的新能源产业发展原则，坚持资源换产业、资源换基础设施，优先支持能引进先进产业制造项目的企业到滨州开展新能源开发，实现新能源开发和产业协同发展。

【新能源产业“双招双引”】 2019年，滨州市全力开展新能源产业“双招双引”工作，超额完成年度目标。加强组织领导，成立市委常委、常务副市长任组长的新能源新材料招商专班，市发改委、市工信局等部门为成员单位，形成招引合力。完善新能源产业招商三图三库，制定新能源招商工作方案，制作完成新能源产业招商PPT，明确新能源产业建链、补链的关键环节。年内开展新能源各类招商对接活动20余次，签约项目11个，项目总投资47.11亿元，在建项目8个，实际到位资金9.26亿元，超额完成市委市政府确定的工作目标。在谈项目7个，重点推进与中海油、三峡集团、大唐集团等企业洽谈，派出专人直引安佰瑞能源科技有限公司高安全固态锂离子电池项目，总投资20亿元，到位资金7900万元；争取万华生态板业在阳信县建设试点项目，计划投资30亿元，建设300亿级绿色大家居产业集群；12月18日与三峡集团签订新能源产业深化合作协议，力争引进高端装备制造及建设新能源开发基地等重大项目。

【新能源重点项目建设】 2019年，滨州市加快推进新能源重点项目建设，务实推进新能源产业规模化发展。加快推进已纳入方案的风电、光伏等项目建设。全年全市新增风电并网装机规模4.8万千瓦，有10个风电项目在建或者进行开工前准备工作，装机规模总计69.4万千瓦。鼓励全市光伏开发企业申报光伏平价上网、竞价上网项目，年内全市共有5个光伏发电项目纳入国家补贴竞价项目，装机规模6.2兆瓦。支持魏桥集团在屋顶厂房建设30万千瓦分布式光伏发电项目，部分项目建成投运。重点对接三峡集团、金风科技、大唐集团、华能集团、清华工研院等行业重点企业及研究机构，计划年内签订合作协议，引进先进制造项目的前提下，在无棣县、沾化区、北海经济开发区等北部土地资源富集的区域打造百万千瓦级风电光伏基地。阳信县温店镇、惠民县李庄镇立足丰富的生物质、地热等资源成功申报山东省首批绿色能源示范村镇（全省10个），滨州市为全省唯一有2个绿色能源示范镇的市，全市绿色能源示范镇数量全省第一。

【渤中19-6凝析气田项目落户滨州】 2019年，滨州市全力争取渤中19-6凝析气田项目落户。2月，获知中国海油集团在渤海湾勘测发现渤中19-6特大凝析油气田后，立即与中国海油集团开展对接争取工作。在省委省政府的关心支持和大力推动下，经争取协调，12月19日，省政府与中国海油集团签订《深化全面战略合作协议》，明确渤中19-6凝析油气田开发项目选择滨州市登陆，并配套建设油气处理终端设施。项目投产后预计高峰年产天然气30亿立方米，凝析油300万吨，对滨州市、山东省优化能源结构和产业结构调整意义重大。

【氢能源发展】 2019年，滨州市深入推进能源结构优化调整，氢能源成为能源发展新领域。滨州风能、太阳能资源丰富，利用风电、光伏发电电解水制氢潜力巨大。同时全市工业副产氢气资源丰富，至2019年底，全市副产氢气产能16.57万吨/年。全市克服传统能源体系短板，推动氢能与燃料电池核心技术突破。滨化集团依托丰富的工业副产氢气资源，2017年与清华工研院合作开发氯碱副产氢气净化工艺技术，2019年5月建成投产1500标准立方米/小时氢气净化、压缩、充装装置和全指标分析中心。铁雄冶金加氢母站，氢能城际物流及氢能公交示范专线，国家级临氢材料检测、评价标准实验室，氢能汽车制造、储氢设备研发及制造等一批用氢项目加快推进，委托高水平机构编制全市氢能产业发展规划并形成初稿，同时申报氢能示范城市群建设，相关工作正在加快推进，氢能产业成为全市新能源重点发展新方向。

（崔　超　游风岐）

高端装备制造业

【概况】 2019年，滨州市推进高端装备制造产业规划布局，市政府印发《滨州市高端装备制造产业发展规划（2019—2025年）》《滨州市园区产业发展规划（2019—2025年）》，明确产业发展任务目标，对高端装备制造业发展进行园区化布局。推进重点项目实施。15个项目被列为年度全市重大投资和技改项目，规划储备67个支撑产业发展重点项目。推进企业技术创新。组织召开全市装备制造产业创新融合发展暨智能制造现场推进会议。加强招商交流。市工业和信息化局组织装备制造企业参加国家和省级交流洽谈活动10余次。至年底，全市高端装备制造业主营业务收入187.42亿元，比2018年增长50%以上；高端装备制造产业主要包含汽车及零部件产业、海洋工程装备产业、通用航空装备产业、风电装备产业和智能制造装备产业，代表企业为渤海活塞、西王特钢、亚泰雅德、开泰科技、盟威集团等。

【产业发展“六个一”推进体系建设】 2019年,滨州市建立产业发展“六个一”推进体系：一名市级领导牵头，明确由分管副市长为专班领导；一个专班推进，成立市高端装备制造产业专班；一个智库支持，确定15名专家组成市高端装备制造产业智库；一个联盟（协会）助力，印发《关于征集装备制造产业协会单位会员的通知》，征集协会单位会员；一只基金保障，市财政局会同有关部门负责基金设立工作。市工业和信息化局设立高端装备制造产业专班，推进产业发展。

【产业发展规划编制】 2019年，市政府编印《滨州市高端装备制造业发展规划（2019—2025年）》（以下简称《规划》），明确全市高端装备制造业发展任务目标。市工业和信息化局按照市委市政府要求，聘请省机械设计研究院，编制滨州市高端装备制造产业发展规划。经调研、起草初稿、征求意见、修改、专家评审论证等环节，《规划》于8月完成编制。8月20日，市政府第47次常务会议原则同意《规划》内容。9月5日，市政府印发《关于〈滨州市高端装备制造产业发展规划（2019—2025）〉和〈滨州市新材料产业发展规划（2019—2023）〉的批复》，对高端装备制造业发展规划正式批复，同意实施。《规划》内容包括行业现状分析、产业战略定位、实现路径、重点任务、保障措施等7部分内容。

【产业发展重点项目】 2019年，全市装备制造产业5个项目被列入年度山东省企业技术改造重点项目导向目录；7个项目被列入省新旧动能转换重大项目库第二批优选项目名单；7家企业被列入省高端装备制造领军（培育）企业库；12个项目被列为年度市重点建设项目；15个项目被列为年度全市重大投资和技改项目，储备67个支撑产业发展重点项目。

【产业发展创新驱动】 2019年，滨州市鼓励高端装备制造企业技术创新，1个项目入选省短板装备创新突破项目；9件产品申报“山东精品装备”；1个项目列入全省年度重点领域装备技术研发转化项目公示范围。至年底，全市有装备制造业国家级企业技术中心3家，国家级制造业单项冠军培育企业2家，国家级工业设计中心1家，省级工业设计中心4家，省级企业技术中心19家，高新技术企业25家，初步形成支撑推动产业发展的技术创新体系。

【高端装备制造业“双招双引”专班工作会议】 2019年7月11日，全市高端装备制造业“双招双引”专班工作会议召开。会上，市工业和信息化局汇报前期工作情况及《高端装备制造业招商工作实施方案》《滨州市高端装备制造业发展规划实施细则》，演示路演幻灯片（PPT）；各县（市、区）、市属经济开发区汇报交流高端装备制造业“双招双引”工作开展情况；市直成员单位作交流发言。会议研究讨论“双招双引”专班工作机制和成员单位责任分工方案（征求意见稿）。

【5件产品入选“山东精品装备”】 2019年11月，山东省工业和信息化厅发布《山东精品装备名录（2019年）》，全省有154件装备产品入选，山东开泰大型摆动连续通过式抛丸清理机、高度集成一体化抛丸清理机，邹平伟瑞制冷材料有限公司的微通道集热器，山东京博装备制造安装有限公司的混空轻烃燃气发生装置，滨州博海精工机械有限公司的BHT-35高负荷连杆异形孔镗床5件装备产品入选。“山东精品装备”是指山东省企业生产的技术指标国内领先或国际先进，产品性能国内一流，外观设计精致美观，质量安全稳定可靠，具有自主知识产权和品牌，能代表行业先进水平和工匠精神、创新成果的“专精特新”装备。

【博海精工机械获批省重大短板装备创新突破项目】 2019年4月25日，

博海精机头研发的 BHT-35 高负荷连杆导形销孔床被列入年度山东省重大短板装创新突破项目，全省 4 家项目入选。高负荷连杆导形销孔床采用比例液压控制，利用阀自反馈功能构成液压系统的半闭环控制，通过变形体变形位移的伺服控制，实现镗削刀具补偿控制。设备开发专用人机交互系统，实现模拟量与数字量插补，以及特殊复杂曲线编程。3 月 28 日，山东省重大短板装创新突破项目成果评价会议中，与会专家认为该设备达到国内领先水平。

（王　涛）

数字产业

【概况】 2019 年，全市大数据产业快速发展，数字产业化初具规模，浪潮、滨创、九次方等 14 家大数据公司正式注册，广东乐源智能穿戴设备、黄河三角洲云计算大数据中心等 16 个项目开工建设。产业数字化亮点纷呈，博远重工“紫莱云”基建物资装备大数据平台，支持企业数字化转型，得到省委书记刘家义批示。强化要素保障。编制印发《滨州市大数据产业发展规划（2019—2023）》，明确全市大数据产业发展目标定位、实施路径等。惠民县绳网数字经济园区获评 2019 年度省级数字经济园区，博兴县数字经济园区列入省级名录库，市大数据局评选出 4 家市级数字经济园区、4 个数字小镇。成立由 65 位专家组成的专家咨询委员会，为全市大数据产业提供智力支撑。成立由 48 家企业为会员的滨州大数据产业协会，举办全国移动互联创新创业大赛大数据专项赛暨滨州 2019 大数据和人工智能研讨交流大会。引进到位资金 5 亿元的云商大数据产业基金。开发滨州新一代信息技术公共服务线上平台，为企业提供大数据、信息咨询等服务。落实国家、省、市出台的一系列支持大数据产业发展政策，结合滨州实际，出台《滨州市支持数字经济发展的若干政策》。成立以市政府分管领导为组长的招商专班，以招商促进产业发展，到位资金 9.8 亿元，超额完成招引任务。

【数字经济新动能培育】 2019 年，全市结合各县（市、区）资源禀赋，推动大数据赋能传统产业，建设以“大数据 + 工业”“大数据 + 农业”“大数据 + 服务业”“大数据 + 海洋”等为主要特征的融合产业聚集区。统筹产业基础、要素资源和发展潜力，组织各县（市、区）申报省级示范数字园区（试点）和省级成长型数字园区（试点）。邹平“铝谷”大数据平台、博远重工基建物资大数据共享平台、棣州智汇物流港项目、曹王乐创电商生态城项目等大数据产业平台和项目初见成效，盟威戴卡、愉悦家纺等智能化生产模式成型，电商小镇、淘宝村等电子商务聚集区显现出规模优势。加快“一网通办”进程，启动电子证照库建设，完成 35 个市直部门证照目录梳理。深化“一次办好”，推进“不填表”服务，全面取消公积金业务复印件，网上业务办理达 21 项，实现 9 个部门 16 项数据调用，数据共享覆盖面位居全省前列。

【滨州新一代信息技术产业在京招商路演】 2019 年 6 月 13 日，“产数融合　智创未来”滨州新一代信息技术产业路演活动在北京举办。活动是滨州市“5+5”十强产业系列招商路演活动的第一场，也是第一站，由市大数据局、经济技术开发区、京东云主办，滨州京东云盟信息技术有限公司承办。活动主要围绕滨州发展新一代信息技术产业进行路演推介、企业对接、项目介绍，宣传滨州市区位优势，吸引新一代信息技术相关企业落户滨州，京津地区 70 余家企业、150 余人参加活动。活动现场，滨州市与北交联合云计算股份有限公司、众微致成（北京）信息服务有限公司等 7 家企业签订投资意向协议，项目内容涉及大数据、云计算、人工智能、物联网等。另外，30 余家企业对到滨州投资产生浓厚兴趣，其中独角兽企业 5 家。

【新一代信息技术专家咨询委员会成立】 2019 年 6 月 28 日，滨州市新一代信息技术专家咨询委员会成立暨产数融合创新发展交流大会在滨州大饭店举行。市委书记佘春明、市长宇向东分别向大会致贺信。九次方大数据学院副院长马志军代表专家作发言，副市长曹玉斌致辞。会上，曹玉斌向 12 位专家代表发放聘书。华为、联通、电信、国脉互

2019 年 10 月 30 日，全国移动互联创新大赛数字经济发展交流会在滨州召开

（市大数据局　供图）

联、杭州安恒、青苔数据等企业专家围绕城市数字化转型、政务数据安全、互联网＋人工智能、工业互联网、智慧城市、5G等课题，结合案例进行详细讲解、分享经验。同时为滨州市信息技术产业发展把脉支着、建言献策。

【市大数据产业协会成立】 2019年9月29日，滨州市大数据产业协会成立大会暨第一次会员代表大会召开。副市长曹玉斌出席会议并致辞，市大数据局、市行政审批服务局相关负责人出席会议，42个会员单位代表参加会议。会议宣读《关于同意成立滨州市大数据产业协会的批复》，选举产生理事、副秘书长、秘书长、副会长、会长和监事、监事长，表决通过《滨州市大数据产业协会章程》和《滨州市大数据产业协会会费管理办法》。滨州市大数据产业协会的成立，对推动滨州数字经济发展、培育数字经济新动能、推动大数据产业发展具有重要的意义。会议期间举办以“智慧城市和数字园区建设”“大数据产业发展规划”为主题的数字经济培训班。

【全国移动互联创新创业大赛大数据专项赛在滨州举行】 2019年10月30日，“数聚赋能·智享未来”全国移动互联创新创业大赛大数据专项赛暨滨州2019大数据和人工智能研讨交流大会在滨州举行。大会由全国移动互联创新大赛组委会、市政府共同主办，市大数据局、滨州职业学院、市大数据产业协会、北京青苔数据科技有限公司承办。大会设主会场和3个分会场，各会场分别围绕“大数据和人工智能”“新型智慧城市建设”“数字经济发展”和“大数据人才培养”开展洽谈交流活动。南京、常州、郑州、邯郸和滨州的10所高校、104个作品参赛。部分兄弟市大数据局、市直部门单位、县（市、区）大数据局、企业代表参会。会议特邀高校和企业围绕创业创新进行交流发言，国脉互联、阿里云、杭州海康威视的专家、学者、企业投资人、企业代表围绕与新型智慧城市建设相关的规划设计、物联网、产业基金、人工智能和云计算进行主题演讲。其间，市大数据局就滨州新一代信息技术产业进行招商路演，市人力资源和社会保障局进行招才引智政策推介。滨州职业学院参赛队伍的“分布式事务框架”等多个大赛获奖的优秀作品进行现场展示。经过洽谈，会议促成杭州海康威视数字技术股份公司、青岛大快搜索计算技术股份有限公司、邯郸职业技术学院等11家公司、参赛高校与滨州市现场签订合作协议。

（刘青林）

2019年9月6日，京东（滨州）数字经济产业园项目签约暨揭牌仪式在滨州中海大厦举行

（滨州经济技术开发区　供图）

【京东（滨州）数字经济产业园揭牌启动】 2019年9月6日，京东（滨州）数字经济产业园揭牌启动，首批企业签约。滨州经济技术开发区分别与沃云科技（沈阳）有限公司、天津天缆集团有限公司、黄骅市鑫茂肉类食品有限公司签约。依托京东黄河三角洲云计算大数据产业中心，滨州经济技术开发区联合京东，共建数字经济产业园。整合京东电商、物流、金融和技术等资源，围绕云计算大数据中心、电商产业园、产业创新中心等板块，与滨州特色产业资源优势有机结合；通过渠道支持、品牌推广、运营培训等，构建地方特色产业发展新模式，促进产业转型升级，提升全市电子商务发展水平，发展数字经济。

（张　强　李小富）

通用航空产业

【概况】 2019年，沾化区成立由区委书记臧伟任组长、副书记王守泽任常务副组长的推进大高航空高新产业园加快建设工作组，下设招商组、债权清收组、运输机场手续组、安全稳定组4个专项组。大高航空高新产业园管委会以推进通用航空产业高质量发展为目标，优化营商环境，全年实现税收138万元。推进重点项目建设，完成滨航科技无人机项目厂房改造，进入试生产阶段；飞行员培训全年飞行27万小时，6万架次，累计培训人数494人。开展“双招双引”工作，招商引资4751.65万元。按照市委《关于推动开发区体制机制改革创新促进高质量发展实施方案（试行）》通知要求，根据区委、区政府安排部署，有序推进园区体制机制改革。

【大高机场管理运营权接收】 2019年，因滨州大高通用航空城有限责任公司实际控制人——天津领先集团牵扯贷款挪用资金案，致大高航空城公司及其大高机场分公司处于失管失控状态，并影响沾化区通用航空产业发展，沾化区委、区政府决定成立区政府直属国有企业——滨州翔云机场有限公司。经数次与天津领先集团及滨州大高通用航空城有限责任公司洽谈，通过租赁其有效资产方式，接收机场管理权运营权，保持大高机场持续稳定运行。

【招商引资】 2019年，大高航空高新产业园通过“走出去、引进来”和“一事一议”等方式开展招商引资，到北京、天津、浙江、济南、上海等地外出招商10余次，落地项目2个，签订合作框架协议项目3个，联系在谈项目4个，实现招商引资4751.65万元。大高航空高新产业园“双招双引”工作，落地滨航科技无人机制造、山东寰宇航空学校有限公司2个项目；与北京华谷减振器设备制造、北京海精高创科技有限公司核苷酸合成制造仪制造、北京蓝拓泽宇科技有限责任公司智能道路安全主动防控相关产品制造3个项目签订合作框架协议；在谈俄苏霍伊100支线客机、天津汉海科技无人机、水上救援机器人、水下探测鱼雷、水下清洗机器人制造、日食喷气式公务机制造项目等项目。

【基础设施建设】 2019年，大高航空高新产业园推进重点项目建设，完成滨航科技无人机项目厂房改造，进入试生产阶段。根据园区规划，启动园区污水雨水管网、污水处理厂项目，投资200余万元进行园区办公楼整修

2019年1月7日，大高航空高新产业园管委会与山东滨航科技有限公司在滨州市沾化区签署无人机教育培训基地合作项目 （滨州网 供图）

和环境综合整治，对投标建设的路灯、道路两旁绿化和部分排污口进行全面验收，完善园区基础设施配套，强化园区载体功能。

【安全生产环境保护】 2019年，大高航空高新产业园管委会部署落实安全生产和环境保护工作，完成与市安全科学技术服务中心《安全技术及管理咨询服务合同》续签，为园区安全生产工作提供技术支持；组织安全生产培训活动2次，培训50余人次，开展现场安全大检查活动3次，排查隐患下达安全生产重大事项督导（整改）指令书12份。加强环保工作规范化管理，出台《大高航空高新产业园环保管理制度》等工作制度；完善园区环保基础设施建设，启动园区污水处理厂和污水管网配套项目。

【无人机教育培训基地合作项目签约】 2019年1月7日，大高航空高新产业园管委会与山东滨航科技有限公司签署无人机教育培训基地合作项目。项目总投资500万元，将建设具备青少年航空航天教育、航模培训、无人机驾驶员培训、消费级和工业级无人机制造研发等一站式无人机服务基地，包括建有无人机驾驶员理论培训教室、无人机室内模拟飞行训练场、无人机室外飞行训练场、航模组装教室、航模室内飞行训练场、无人机研发生产车间等。

（皮月芬）

勘察设计

【概况】 2019年，全市有勘察设计单位31家，其中甲级资质8家，乙级资质15家，丙级资质8家，涉及建筑、市政、水利、化工等行业。从业人员2638人，其中高级职称246人、中级职称438人、初级职称269人。全行业勘察设计注册人员411人。年内，完成工程勘察合同额3721万元，工程设计合同额2亿元；全市勘察设计企业营业收入17.14亿元，其中工程勘察收入2185万元，工程设计收入2.12亿元，工程总承包收入12.24亿元，其他收入259万元。全市勘察设计单位强化科技专利投入、专业人才引进、技术装备水平和勘察设计质量建设，推动行业发展。

【抗震设计防护】 2019年，全市继续贯彻落实《关于进一步加强房屋建筑和市政工程抗震设防工作的实施意见》，强化加强对砌体结构房屋抗震设防的施工图审查监管，执行概念设计准则，杜绝存在严重结构缺陷的砌体结构设计。开展学校、医院、幼儿园等建筑工程专项审查，全市审查133项工程，建筑面积约103.09万平方米。组织开展“5·12防灾减灾日”宣传活动，设立防灾减灾咨询服务台，开放滨州人防低空预警系统，宣传防灾减灾知识。

（范宜卿　李文慧）

建筑工程

【建设工程质量监督管理】 2019年，滨州市将市直辖区139个新开工程全部纳入建设工程质量监督范围。开展工地检查422次，发现问题301个，完成监督检查记录414份，发放隐患整改通知书8份，问题均整改完毕。全年受理质量投诉95件，质量投诉处结率100%。市住房城乡建设局对11家检测机构的资质延期和资质申报材料审核备案，制定《滨州市工程质量检测项目不合格率公示试点工作方案》，对各季度试点机构检测项目不合格率进行公示；组织开展建设工程质量监督检查2次，抽查县（市、区）79项在建工程、机构，下发整改通知单29份，执法建议书15份，提出整改意见176条，抽查钢筋原材195组；受理消防验收项目85个，备案项目10个，验收项目80个，开展现场验收130余次，抽查备案项目3个，出具问题整改通知书80余份，验收合格意见书56份，备案登记表8份；跟踪质量监督在建项目23处，质量监督70余次，人防建筑面积约17万平方米，对2处项目下达整改通知单；牵头制定《关于进一步提高建设工程项目联合验收工作效率的实施方案（暂行）》，调整联合验收环节。

【房屋建筑工程安全管理】 2019年，全市开展安全隐患排查治理，按季度组织拉网式检查、暗访督察和专项检查，抽查检查建筑工地165个次，涉及单体工程123个，建筑面积231.3万平方米，下发整改通知书151份，查处安全隐患1628条，对33个次工程责令停工整改；开展以高大模支撑、深基坑、起重机械为重点的建筑施工安全专项整治，加强危大工程规范化管理；加强建筑施工企业标准化建设和动态考核，安全生产条件评定为不合格的企业，不予办理安全生产许可证延期等事项；实行“绿、黄、红”三色监管，实施安全生产条件审查与现场安全生产条件动态考核相结合的联动机制；将企业安管人员和特种作业人员配备情况作为企业和工程安全条件审查，达不到要求的立即整改；组织安管人员开展集中继续教育，未参加的不予延期复审；严格理论和实践考核方式，规范特种作业人员考核基地考核和发证等工作。

【装配式建筑】 2019年，全市贯彻落实省、市关于推进装配式建筑发展的实施意见，重点推进政府投资项目采用装配式建造。举办全市装配式建筑技术培训班，邀请专家授课，通过理论授课与现场教学相结合，提高勘察设计、施工组织、工程验收等各方面技术能力；组织住建部门主管领导和业务科室主要负责人到青岛市黄岛区专题培训，宣传贯彻装配式建筑和绿色建筑发展理念。年内，全市新开工装配式民用建筑面积20.03万平方米，其中邹平鲁帆建设的住宅产业化A30实践项目装配率100%；民安鹊华苑确定采用装配式建造，为全市首个达到《装配式建筑评价标准》DB37/T5127-2018的棚改项目。

【全市首个100%装配式建造项目通过论证】 2019年4月26日，省住房城乡建设厅在济南召开“鲁帆建设——住宅产业化A30项目”技术审查会。该项目位于邹平市，面积3165.23平方米，地上六层，总高度20.45米，由山东鲁帆建设有限公司投资建设，中国建筑标准设计研究院有限公司及清华大学设计研发。项目主体结构采用新型矩形钢管半刚性节点连接钢框架——柔性支撑体系，外墙采用单元式幕墙体系，内墙采用ALC墙板及轻钢龙骨隔墙，楼板采用预制装配式钢筋混凝土楼板，应用管线分离技术，集成卫生间、集成厨房、全装修设计，是全市首个100%装配式建造的钢结构住宅项目。论证会专家组听取研发和设计单位汇报，查阅有关技术文件资料，经过现场答辩讨论，形成专家论证意见。

（范宜卿　李文慧）

建筑市场管理

【工程监理行业管理】 2019年，全市在监监理项目155余项，建筑面积500余万平方米，其中市本级项目51项、建筑面积180余万平方米。从事监理业务的市内监理企业10家、市外监理企业6家，全市有监理从业人员1300余名。年内，开展项目监理机构监理工作质量检查26项次，下发告知书、责令改正通知单5份，对存在问题跟踪整改；按照山东省监理协会相关文件要求，完成全市监理从业人员监理员初始教育、继续教育培训、审核转报及考试63人，完成专业监理工程师初始和继续教育的组织工作。

【建设工程招投标管理】 2019年，全市开展建设工程招投标监督管理工作，完成28场次市政府投资项目招投标。施工招投标22场次，总中标金额10.36亿元；监理招投标6场次，总中标金额440.19万元；强化招投标事中、事后监管，下发整改通知书15份，提出监督整改意见57条；受理招投标活动投诉3起，依法开展投诉调查处理，均未产生行政复议和行政诉讼。放开民间投资工程招标限制，由投资单位自主确定发包方式，简化工程发包程序，完成5项民营企业投资工程直接发包登记管理工作，合同金额1.05亿元，总建筑面积7.34万平方米。出台《关于简化招标申报手续，加快建设工程项目招标的通知》《关于对招标代理机构开展信用评价的通知》等文件，优化建筑市场环境。建立重点项目快速通道、“帮办代办”制度，简化招标申报手续。年内，完成全省营商环境评价“招标投标”指标填报工作。

【标准与造价管理】 2019年，全市有16家工程造价咨询企业，其中甲级企业6家、乙级企业10家；工程造价咨询企业专职专业人员472人，其中一级注册造价工程师155人。完成全市14家工程造价咨询企业的《2016—2018年全市工程造价咨询企业信用等级评价》组织申报和评价工作，出台《关于加强房屋建筑和市政基础设施工程招标控制价备案管理的通知》，全年办理招标控制价50项，备案金额37.2亿元，完成工程造价咨询合同备案502项。出台滨州市建设工程“环境保护税”等规费费率及相应计算规则。发布建设工程材料市场指导价格信息12期，建设工程材料市场指导价格5万余条。开展《建设工程造价咨询服务规范》《山东省建筑、安装工程消耗量定额》宣传贯彻培训工作，培训500余人次。组织全市工程造价行业土建、安装工程造价职业技能竞赛，在全省工程造价行业土建工程造价职业技能竞赛中获“团体三等奖”。推行“双随机、一公开”监管，全市抽查工程项目40个、工程造价咨询企业5家、执业注册造价工师39名。

【装饰装修市场管理】 2019年，全市新增装饰装修资质企业2家，注销装饰资质企业2家，变更资质信息52项，装饰装修企业达93家，其中一级资质企业15家。新办“安全生产许可证”1家，延期8家，延期重审1家，变更12家。新培训三类人员120人，延期230人，变更60人，继续教育147人；特种作业人员新考150人，延期240人，变更36人。年内，全市城乡住建部门开

2019年2月28日，中国技能大赛“三一杯”首届全国装配式建筑职业技能竞赛（学生组）全国总决赛在北京举行，滨州职业学院代表队获“团体一等奖”

（市住房城乡建设局　供图）

2019 年 11 月 27 日，滨州市住房城乡建设局对市直管区在建项目开展房屋建筑工程违法分包转包检查（刘亚坤　摄）

展安全生产隐患排查、施工现场综合执法检查及“双随机一公开”检查，对市直企业做到全覆盖，县（市、区）企业抽查比例不小于 30%，下发隐患整改通知书 13 份，整改内容 32 项。开展行业“争先创优”活动，全年获得国家级装饰奖 8 项，省装饰“泰山杯”奖 4 项，市级装饰“建滨杯”20 项。

【建筑业科技创新和人才培养】2019 年，滨州市组织专家对全市建筑业群众性质量管理成果进行集中评审，评出市级优秀质量管理成果 55 项，其中一等奖 10 项、二等奖 19 项、三等奖 26 项。4 项成果获得省级以上 QC 小组成果称号，其中滨州城建集团公司完成的《提高大面积 PVC 塑胶地板混凝土垫层的施工质量合格率》获“2019 年度中国建筑业优秀 QC 小组成果”称号。6—7 月，组织专家进行工程复查评审，评出“建滨杯”全市建设工程质量奖 37 项。年内，全市获得山东省“泰山杯”奖 4 项、“华东杯”奖 1 项。

【建设执法】2019 年，滨州市推进综合行政执法体制改革，经市委编办批复，原市建设工程项目监察大队、市人防建设管理监察大队、市人防工程质量监督站 3 个事业单位撤销重新组建市住房城乡建设与人防管理综合执法大队，为全省唯一市级住建与人防领域综合执法事业单位，负责全市住房城乡建设与人防管理领域行政执法的监督指导、统筹协调、重大案件查处和跨区域执法的组织协调工作，集中行使法律法规明确由市级承担的执法职责。综合执法大队重组后，开展建设执法行政执法检查，立案查处行政处罚案件 17 起，罚款 216.27 万元，追缴未履行行政处罚案件 4 起，追缴罚款 107.10 万元。开展住建领域重点行业专项整治、异地交叉执法、县（市、区）督查，排查治理建筑业安全隐患。

【建筑业农民工工资保证金管理】2019 年，全市加强建筑业农民工工资保证金管理工作，足额收缴 2 个在建项目工资保证金 1031 余万元；加强工资保证金返还服务工作，全年返还 27 个建设项目工资保证金 1273.12 万元。

【房屋建筑工程违法施工行为惩治】2019 年，滨州市对市直管区项目开展 7 次月度检查和 2 次县（市、区）督导，检查在建项目 49 个次，下发书面隐患整改通知书 15 份、检查记录 11 份、督办函 5 份。对部分管理人员不到位和管理不规范项目，督促整改；对现场管理较混乱的项目，约谈企业法人和项目经理 10 人次；对 3 个涉嫌违法违规项目，1 例处罚 1 万元，2 例涉嫌工程转包案件进行取证，约谈企业法人和项目经理。

（范宜卿　李文慧）

20 商贸服务业

Business and Trade Service Industry

综　述

【服务业载体建设】 2019年，全市推进服务业载体建设。重点城区邹平市实现服务业增加值258.5亿元，比2018年增长3.5%，占地区生产总值比重为44.3%，比2018年提高2.3个百分点，预计完成投资25.5亿元，占全社会固定资产投资的比重为50%；博兴经济开发区现代物流园区、冯家海产品批发交易园区等4家省级重点服务业园区实现营业收入286亿元；山东京博物流股份有限公司、山东滨州交运集团有限责任公司、西王物流有限公司、鲁滨集团有限公司、山东圣豪商业有限公司、阳信亿利源清真肉类有限公司等8家重点企业实现营业收入67.14亿元，上缴利税1.39亿元，创造就业岗位7000多个。

【服务业综合改革试点】 2019年，市发展改革委指导滨城区政府完成“十三五”服务业综合改革试点中期评估报告，并上报省发展改革委。9月11日，省发展改革委对“十三五”服务业综合改革试点进行中期评估，省调研组评估认定相关工作达到预期效果，滨城区服务业综合改革试点通过省发改委组织的中期验收。

【服务业重点项目储备】 2019年，滨州市按照“前期谋划类、实施推进类、双招双引类、争取资金类”4个类别，建立全市服务业项目储备库。储备218个市级重点项目，累计完成投资185亿元，完成年度投资计划的90%，超出预定计划5个百分点。建立服务业重点项目库，储备项目213个，年内完成投资218亿元。

【省级服务业创新中心申报】 2019年，全市推广服务业新业态、新模式，推荐山东玉杰功能型健康食品创新中心、李德发院士工作站、京博智慧物流研究中心申报省级服务业创新中心。其中山东玉杰功能型健康食品创新中心申报省级服务业创新中心。

【省级服务业重大项目申报】 2019年，全市推进服务业园区建设，组织申报省级服务业重大项目，山东博昌仓储物流有限公司山东博昌仓储物流园项目、阳信翰墨文化创意发展有限公司三阳翰墨文化园项目、山东中一厨具电商物流产业园有限公司山东中一厨具物流产业园二期项目入选省级服务业重大项目库，逐步提升全市服务业产业层次和创新能力。

【服务业特色小镇创建】 2019年，滨州市培育服务业特色小镇，建设服务业特色小镇项目储备库，完成全市100个服务业特色小镇的储备工作。根据省发展改革委《关于开展2019年度省级服务业特色小镇培育工作的通知》部署，组织各县（市、区）材料，向上级主管部门推荐，博兴县曹王中一厨具特色小镇、惠民县魏集古镇被评为“山东省服务业特色小镇培育单位”。

（苗艳婷）

商贸流通

【概况】 2019年，全市推进商贸流通发展，争取省级物流标准化试点和山东智慧新零售示范工程（滨州试点项目），博兴县入选山东省城乡高效配送示范县。全市社会消费品零售总额比2018年的993.68亿元增长6.8%，增幅列全省第八位，比2018年前移9个位次。按地域分，城镇社会消费品零售总额比2018年增长6.7%，乡村社会消费品零售总额比2018年增长7.1%。按行业分，批发和零售贸易业比2018年增长8.2%，住宿和餐饮业比2018年增长6.6%。按规模分，限额以上比2018年下降1.2%，限额以下比2018年增长8.6%。

【老字号品牌创建】 2019年，滨州市推荐4家企业成功申报第五批“山东老字号”，全市国家级、省级老字号企业达18家。市商务局指导老字号企业参与老字号溯源计划，通过全省老字号溯源计划信息管理平台，录入企业信息，维护老字号企业品牌，规避各类假冒行为。组织企业参加第三届中华老字号（山东）博览会及“山东品牌中华行”各站活动，提高滨州老字号企业知名度，拓宽企业市场覆盖面。推荐老字号企业——纸皮包子参加上海中国国际进口博览会，市委书记佘春明为纸皮包子代言。

【批发零售业】 2019年，全市限额以上批发零售业360家，其中批发业201家、零售业159家。批发和零售业从业人员期末人数20043人，其中批发业5756人、零售业14287人。年内，批发业和零售业实现商品销售额1411.66亿元，比2018年增长16.3%。批发业1220.19亿元，比2018年增长17.8%；零售业实现商品销售额191.46亿元，比2018年增长6.8%。

【住宿业】 2019年，全市限额以上星级住宿业26家，星级住宿业从业人员期末人数1656人，星级住宿业实现营业额2.19亿元，比2018年增长13.9%。节假日消费、旅游消费和商务会展消费对住宿业市场拉动作用明显。

【餐饮业】 2019年，市商务局争取省《鲁菜》拍摄策划组到滨州调研取材，发掘、宣传滨州鲁菜及地方美食资源。为庆祝中华人民共和国成立70周年，倡导国庆新民俗，市商务局、市饭店烹饪餐饮协会向全市餐饮企业发出“国泰民安　吃国庆面”倡议活动。联合相关部门举办乔庄白对虾节餐饮大赛、营养配餐培训及技能大赛等活动，提升全市餐饮行业管理水平。至年底，全市限额以上餐饮企业28家，餐饮业从业人员期末人数2086人，餐饮业实现营业额2.25亿元，比2018年下降6.3%。

【拍卖业】 2019年，全市完成拍卖290场次，成交总额8.20亿元，佣金额232.45万元，分别较2018年下降85.3%、增长23.5%、下降56.7%。

【报废机动车回收拆解】 2019年，滨州市以山东电视台《问政山东》曝光的报废机动车回收拆解行业监管系列问题为导向，开展全市报废机动车回收拆解行业专项整治活动。全年回收拆解各类报废汽车6132辆，较2018年增长27.8%。

【市场运行和促进消费】 2019年，全市商务部门围绕商贸流通行业供给侧结构性改革，推进扩大消费行动，促进特色消费、绿色消费、安全消费。开展促销活动，“十一”、春节等节日策划举办产品展销会、年货长廊、特卖巡展、让利酬宾等促销活动，带动节庆消费。对全市15家规模以上商场、超市创建国家文明城市督导检查工作，提升商贸行业文明服务水平。加强消费宣传，与新闻媒体合作，宣传报道优惠促销信息。对全市140余家重点生活必需品、生产资料、重点流通企业进行监测，掌握市场商品供需变化、价格波动、经营情况。做好猪肉供应工作，元旦春节期间，组织开展“政府合作平价猪肉销售”活动，满足市场消费。保障全市商贸流通行业安全稳定，落实安全生产责任制，完善监管体系。年内，全市商贸领域无重特大事故发生。

（苗艳婷）

粮食物资管理

【概况】 2019年，市粮食和物资储备局开展《三年行动计划》组织实施、三大创新中心作用发挥、“优质粮食工程”、粮食产业新旧动能转换、品牌培育及惠民工程“五大载体”建设，推进20项重点工作和30个重点项目（“152030”工程），完善粮食流通体系。成立5000万元市级粮食收购贷款信用保证基金；启动小麦最低收购价执行预案，与市农发行、中储粮滨州直属库联合上报并获批2个最低收购价委托收储库点；完成夏粮收购工作，全市累计收购新小麦80万吨，完成增储5.1万吨、轮换1.7万吨工作任务。年内，全市粮食购销总量2867万吨，比2018年下降7.0%。粮食产业实现主营业务收入1502亿元、利税49亿元，比2018年分别增长13.2%、-18.6%，均列全省第一位。全市粮油食品加工企业完成面粉产量241万吨、油脂产量98万吨、淀粉产量402万吨，分别列全省第三位、第一位、第一位。获得全省粮食安全责任考核第一名。年内，市粮食和物资储备局推进粮食安全保障、粮食物资管理、粮食行政执法等工作，加强物资储备，保障民生，做好应急救灾物资储备供应工作。推进粮食行政执法，成立滨州市粮食和物资储备局重大行政执法决定法制审核工作领导小组，组织粮食库存大清查问题整改暨粮食行政执法“双随机”抽查应用系统培训班，按照“双随机一公开”原则开展粮食执法检查，按照“有仓必到、有粮必查、有账必核、查必彻底、全程留痕”原则全面清查，在全省粮食安全责任考核中获第一名。创新粮食监管方式，联合中储粮滨州直属库、农发行滨州市分行在全省率先开展政策性粮食三方监管，采取“驻库监管、巡查监管、网络监管”三位一体监管模式，完成政策性粮食库存大清查任务，执行储备粮轮换管理，保障粮食数量质量安全。开展救灾物资储备设施升级改造，申请财政支持，在滨州国家粮食储备库建设2900平方米应急物资储备库。

【粮食收购】 2019年，全市粮食和物资储备部门做好夏粮收购工作，夏粮集中收购期间，收购小麦56.2万吨。做好收购仓容、器材、人员、资金等准备，落实夏粮“托市”收购工作部署，即“把握好一个政策、准备好两个市场、确保三个到位”。全社会粮食企业用于夏粮收购空仓83.9万吨，其中国有及控股粮食企业夏粮收购腾空仓容38.8万吨，满足夏粮收购仓容需要。协调市农发行认定粮油收购资金贷款客户21家，备足资金20亿元，支持夏粮收购。创新粮食市场化收购资金融资方式，建立5000万元市级粮食收购贷款信用保证基金，支持中裕食品有限公司与滨城粮食批发市场合作进行市场化粮食收储，市农发行发放信贷资金2.5亿元，市场化收购小麦15.5万吨。布设滨州国家粮食储备库有限公司、滨城国家粮食储备库2个最低收购价收储库点，7月31日，启动小麦最低收购价执行预案，收

2019年8月20日，省政府夏粮收购调研组到滨城国家粮食储备库调研夏粮收购工作

（市粮食和物资储备局 供图）

购“托市”小麦10.3万吨，保护种粮农民利益。

【粮油市场供应】 2019年，全市粮食和物资储备部门开展粮油市场供应体系建设。8月底，按照机构改革职责变化情况，对《滨州市粮食安全应急预案》进行修订，提报市政府。全市组织各县（市、区）粮食和物资储备局（发改局）、市属开发区经发局、滨州粮食仓储经济园区，进行应急预案培训和模拟演练，学习宣讲新修订《滨州市粮食应急预案》，按照市粮食应急预案市Ⅱ级粮食应急响应程序实战方案进行模拟演练。结合“优质粮食工程”企业建设情况，明确粮食应急加工、供应、储备运输企业名单，落实粮食应急体系建设责任。全市纳入统计范围企业183家，建立国家、省、市粮食价格监测点30个，城乡居民粮油情调查户361个。贯彻落实粮食调控政策，加强粮食市场价格监测，保障全市粮油市场供应充足和粮价基本稳定。

【优质粮食工程】 2019年，全市实施“优质粮食工程”，按照第一轮“优质粮食工程”三年建设计划，2018—2019年“中国好粮油”行动计划项目包括中裕食品、香驰控股、西王集团等9个示范企业，至年底，项目实际完成总投资9.59亿元，占计划投资额103.6%，发展优质粮食订单（基地）种植面积95.5万亩，完成优质粮食采购量45万吨。推进2019—2020年“中国好粮油”行动计划项目，无棣县入选“中国好粮油”示范县，中裕食品、西王集团、三星集团、香驰控股等7家企业入选“中国好粮油”示范企业，总投资6.82亿元，其中争取中央和省财政补助资金1.634亿元，占全省总额的22%，列全省第一位。

（郭丰奎 董观利）

【粮食行政执法】 2019年，市粮食和物资储备局推进法治粮食建设。年内，完成系统内权力责任清单梳理、规范性文件审核备案及清理、行政执法三项制度制定发布等工作，成立重大执法决定法制审核机构，健全完善依法管粮行政制度体系，开展粮食库存大清查问题整改暨粮食行政执法“双随机”抽查应用系统培训班。按照国家、省粮食和物资储备局统一部署，组织开展政策性粮食库存数量和质量清查，严格自查、普查、整改落实。按照“双随机一公开”原则，开展粮食执法检查，全年开展检查53次，出动检查人数116人次，检查收购主体215个，警告4例。

【物资储备】 2019年，全市加强物资储备工作，充实救灾物资储备。按照自然灾害应急三级响应最低5000人紧急转移或救助要求，10月，市粮食和物资储备局向市政府提出充实完善救灾物资储备请示，经签批同意后，向市财政局提报购置资金预算，数额434.5万元。开展救灾物资储备设施升级改造，申请国家预算内资金580万元，在滨州国家粮食储备库有限公司建设2900平方米应急物资储备库。“利奇马”台风期间，紧急调拨救灾棉被8800床、折叠床3000张、折叠桌椅70套、自发电大手电192只，连夜送往邹平市灾区，保障受灾群众安全和正常生活。

【粮食流通监管】 2019年，市粮食和物资储备局梳理完善粮食“互联网+监管”事项清单、全市粮食流通监管清单和普法责任清单等工作，履行粮食流通监管职责。开展粮食流通专项检查活动，不断强化夏、秋粮收购市场监管和政策性粮食出库监管，建立政策性粮食库存消化协调机制。结合“世界粮食日”和粮食科技活动周等活动，开展粮食法制宣传教育，开展《粮食流通管理条例》等规范性文件的学习宣传，推动“谁执法谁普法”落实。多形式宣传“12325”粮食流通监管热线，畅通粮食监管举报渠道，实现粮食流通市场全民监管。

【粮食安全保障机制】 2019年，全市将粮食安全责任落实与考核作为保障粮食安全的重点，坚持抓实落细，滨州市粮食安全责任制考核获全省第一名。市粮食安全责任考核工作组结合机构改革情况，对工作组组成人员进行调整公布。加强政策性粮食三方（市粮食和物资储备局、中储粮滨州直属库、农发行滨州市分行）监管工作，三方监管办公室对政策性粮食监管贯穿“收、存、出”环节，实现“驻库监管、日常监管、巡查监管”结合，规范辖区内政策性粮食库存监管，落实“三方监管”责任和“四个共同”机制，采取突击检查方式，保障全市政策性粮食数量、质量及储存安全。

【节粮减损】 2019年，全市粮食和物资储备系统开展多种形式的爱粮节粮宣传活动。10月16日，举行“世界粮食日”和全国粮食安全宣传周活动；组织开展好粮油进社区、进农村等系列宣传活动，通过发放宣传材料等方式宣传科学储粮技术，推进百姓科学消费，促进粮食消费升级。全市总投资150万元，制作科学储粮示范仓5836个，全部发放到示范乡镇，为农户减少储粮损失240吨，增收57.6万元。

【地方储备粮扩容】 2019年，全市提升粮食安全工作重视度，增加地方储备粮规模，提前2年完成“十三五”规划目标任务。年内，新增地方储备规模3.2万吨，其中沾化区0.6万吨、惠民县1.1万吨、博兴县0.7万吨、无棣县0.8万吨，保障全市粮食供求，稳定粮食市场。

（李福月　郭丰奎）

供销合作

【概况】 2019年，滨州市供销合作社（简称市供销社）按照“求发展、保稳定，打基础、上水平”思路，加强综合改革，建设为农服务体系。年内，全市供销系统销售总额837.5亿元，实现利润32.6亿元，资产累计662.8亿元，上缴税费14.2亿元。加强为农服务中心建设，全市提升为农服务中心20个，建成和在建98个，实现涉农乡镇全覆盖。开展农业社会化服务，服务面积191.7万亩，7个县级社承接深耕深松、植保飞防等政府购买服务项目，服务面积161万亩。推进农作物参保，完成小麦和玉米补充商业保险2.7万亩、大豆农业保险1150亩，其中投保玉米补充商业保险面积列全省第一。实施供销外联助推服务能力提升工程，市供销社与滨州联通合作“滨州供销e家”项目，项目依托政务钉钉平台建设“滨州供销e家”平台，使用支付宝作为结算方式，实现平台线上销售和县（市、区）电商平台对接，4月18日项目启动。在全省率先出台《关于进一步加强全市供销合作社文化建设的意见》及配套实施方案。5月14—17日，市供销社依托山东农业大学在泰安市举办2019年滨州市供销系统管理人才培训班。市供销社获全省供销合作社系统综合业绩考核一等奖。

【综合改革】 2019年，全市供销系统实施土地托管，推进现代农业服务规模化；加快为农服务中心建设；开展“党建带社建、村社共建”创新工程，形成协同为农服务机制；实施H型双线运行机制，构建综合性规模化为农服务体系。年内，启动滨州供销外联助推服务能力提升工程，组建市供销服务乡村振兴协会，新建政务钉钉“滨州供销e家”平台。与气象部门联合开展农业气象问卷调查和专题调研，在为农服务中心建立气象信息服务站，为农民和其他新型经营主体提供直通式和专项订制化服务。

【实体性合作经济组织】 2019年，全市供销系统推进线下实体网络提档升级。开展收入“保险+期货”试点，8月23日签出全省首张玉米收入“保险+期货”保单。全年完成小麦和玉米补充商业保险2.7万亩、大豆农业保险1150亩，其中投保玉米补充商业保险面积位列全省第一。争取市地方金融监管局支持，推进信用互助，劝停17家无证合作社的信用互助业务，清理2家挂靠供销社开展信用互助业务的农民合作社。与金融机构联合设立乡镇以下便民金融服务站点21处，邹平市供销社与中国银行对接，设立中国银行助农取款服务点，推荐办理中行供销联名卡。至年底，全市有国家级基层社标杆社18个、农民专业合作社示范社8个、农村综合服务社星级社268个。

【农业全程社会化服务】 2019年，市供销社争取市级改革发展专项资金600万元、省乡村振兴土地指标28亩，督促无棣县、博兴县84亩土地指标落实，推进为农服务中心建设。8月，全市为农服务中心建设现场推进会在博兴县召开，按月调度情况，加快为农服务中心建设。到外地考察学习农业社会化服务经验，出台《市级标杆型为农服务中心创建办法》。协调市财政局、市农业农村局，争取“农业生产社会化服务补贴供销社承担任务量不低于15%”政策支持，指导系统承担服务任务、争取补贴资金。年内，7个县级社承接深耕深松、植保飞防等政府购买服务项目，服务面积161万亩。

2019年9月27日，全省供销社乡镇（街道）商超规范化建设培训班在邹平市举办

（市供销社　供图）

【农村现代流通】 2019年9月，“全省供销社乡镇（街道）商超规范化建设培训班”在邹平市举办。惠民县供销社推广“供销e家”微商城，开展智慧社区建设，销售额200万元；沾化区供销社运营“供销e家”“供销大集”、政务钉钉“滨州供销e家”3个电商平台，冬枣节线上线下销售近2000万千克，销售额1.2亿元；邹平市供销社推广“互联网+超市”模式，实现同城购。滨城区、沾化区、邹平市、惠民县、无棣县5个县级供销社在建、建成仓储物流项目8个，推进沾化区、邹平市、惠民县3处“中央厨房”试点工作。

【为民服务协同体系】 2019年，全市供销系统按照发展壮大一批、改造提升一批、清理退出一批的思路，指导系统农民专业合作社规范化建设。邹平市社被全国总社评为“百强社”第一名，获全国供销合作社系统“金扁担改革贡献奖”，惠民县惠龙粮棉种植专业合作社被评为示范社。完成系统36家企业农行财务挂账，回购债务本息1.19亿元。实施就业帮扶、入社帮扶、扶贫项目帮扶、农业服务帮扶、钱物走访帮扶和其他措施帮扶“5+1”项措施，帮助贫困群众节支增收。10月，省社抽查综合排名全省第二。加强工作督导，沾化区、惠民县、阳信县、无棣县4个县社建成的12个省重点扶贫村级综合服务网点全部达标。

【内引外联服务】 2019年，滨州市供销系统实施供销外联助推服务能力提升工程，开发完成政务钉钉“滨州供销e家”合作项目。市供销社与市气象局联合为农民提供气象“直通式”服务。组建供销服务乡村振兴协会，吸收会员单位60个。联合山东农业大学举办“滨州市供销系统管理人才培训班”，到江苏省泰州市供销社对标学习，实现农村电商等方面信息互通。

【全省供销社乡镇（街道）商超规范化建设培训】 2019年9月27日，全省供销社乡镇（街道）商超规范化建设培训班在邹平市举办。全省各市、县、镇供销社负责人和超市店长150人参加培训。培训班为期1天，参训人员到邹平市供销社礼参配送中心、礼参供销超市、孙镇供销超市、九户供销超市及石店为农服务中心现场观摩，并召开经验交流会，邹平市联华超市、沾化区新合作超市作典型发言。

【滨州供销外联助推服务能力提升工程】 2019年4月18日，滨州供销外联助推服务能力提升工程签约仪式暨政务钉钉“滨州供销e家”合作项目启动仪式举行。签约现场，市供销合作社与山东大学文化科技重点实验室、市气象局、滨州职业学院、滨州畜牧兽医研究院、中国银行滨州分行、中国联通滨州分公司、市海归协会7家单位签订战略合作协议。“滨州供销e家”是市供销社与滨州联通战略合作项目，项目依托政务钉钉平台建设“滨州供销e家”平台，使用支付宝作为结算方式，实现平台线上销售和县（市、区）电商平台对接。“滨州供销e家”设置滨州绿色优质农产品、农家小菜园、中央厨房、第一书记专区、品质生活、供销精选6大板块，重点发展促进农产品网络销售和满足居民消费需求的电商业务。

（付元新）

石油销售

【概况】 2019年，全市521家加油站销售各类汽柴油92.6万吨，销售额8.08亿元，比2018年分别增长24.59%和16.08%。市商务局牵头市成品油监管联席会议办公室工作，推进成品油市场秩序整治百日行动。6—10月开展成品油市场秩序整顿百日行动，共联合执法443次，出动检查人员2854人次，检查企业904家次。年内，受国际原油市场总体仍呈供给过剩态势影响，全国6次联动下调成品油价格，根据成品油定价机制，全市年度石油价格整体下降，柴油、汽油价格分别比2018年下降6.3%和6.0%，拉动居民消费价格下行约0.14个百分点。成品油价格下调直接或间接影响多类相关工业产品价格下降。

（苗艳婷）

【石油公司“5·20世界计量日”宣传活动】 2019年5月20日，中国石化销售股份有限公司山东滨州石油分公司（简称滨州石油分公司）联合市市场监督管理局开展“5·20世界计量日”宣传活动暨“诚信滨州，放心加油”活动启动仪式，公司代表全市加油站参加活动。活动

2019年10月25日，滨州石油分公司举办社会公众开放日活动，图为工作人员讲解油品鉴别知识 （姚彧慧 摄）

现场，滨州石油分公司作遵守计量法规、规范计量管理、确保诚信计量等6个方面承诺，加油站工作人员向消费者科普加油机使用、电子秤管理等知识，讲解加油与消费维权方式与方法，并向消费者发放诚信计量管理规定、成品油专项整治知识等宣传彩页。

【石油公司防汛防台护站安全】 2019年，滨州石油分公司采取多项防汛防台措施抗击台风“利奇马”，确保员工和库站安全，保障油品供应。成立公司领导带领，由安全储运部、督查队、零售部等多个职能部门组成的抗台应急指挥调度小组，各县（市、区）公司分别成立应急小组，指挥调度小组成员24小时在应急指挥中心轮流值班，逐站检查监控运行状况及库站现场积水情况。提早做好库站罩棚、品牌柱、加油区、罐区、非油品仓库及安全用电等检查，张贴安全警示标志、加固围墙、畅通排水渠道，向员工普及灾害预防知识，公司领导到库站查看防范情况。公司领导、职能部门负责人、县（市、区）经理等分别到站查看、督导防汛防台情况，并帮助处理加油站积水、用电、损坏等突发状况，为员工送去雨衣、雨鞋、食品等。加油站增强值班力量，及时排除加油现场要害部位积水。引导客户安全加油，提供加油服务，保障客户需求。

（赵　阳）

【石油销售公司企地共建】 2019年，中国石油山东滨州销售分公司有序推进混合所有制改革，统筹油源、油库、客户、物流、网络等要素，以品牌建设为工作重点，与滨州市属国有企业、地方民企达成合作意向，9月签订合资合作框架协议，三方成立合资公司开展成品油销售业务，初期拟纳入6座新规划加油站。

【石油销售公司管理】 2019年，中国石油山东滨州销售分公司创新管理模式，配套激励措施，优化形成“并站、团队、承包、竞标夺标”4种管理方式，引导员工从“被动等待发工资”到“主动积极挣工资”转变；先后制定完善《滨州公司横纵向沟通联动汇报》等制度9项，建立加油站问题沟通反馈与反向追责机制，制定《滨州公司工作方法手册》，推动工作高效化、系统化、科学化；推进“6S管理和创新管理”双引擎，贴近现场建设“四优示范站”，全年收集创新项目5175项，落地推广优秀项目241项，78项获省公司奖励。

（王文芹）

专项经营

【烟草现代零售终端建设】 2019年，市烟草专卖局（公司）推动现代零售终端建设。实施“百、千、万”终端提升工程，调动烟草工业企业、烟草商业企业、卷烟零售户、银行金融系统等积极性，推动商业零售终端提质升级，投入资金716万元，建设品牌店71家、精品店2277家、标准店4930家；推广云POS店铺管理系统，实现全商品扫码、全店铺管理、全渠道支付，发展店铺4158户，推广使用率26%，发展消费者会员26万人。推进网上订货和实时电子结算，网上订货率96.85%，实时结算开通率90.53%。建设零售客户诚信互助小组之家，组建963个诚信互助小组。以满足零售客户需求为目标，创建“真情惠滨”流通服务品牌。年内，全市零售户户均卷烟毛利3.08万元。

【卷烟市场治理】 2019年，市烟草专卖局（公司）坚持“国家利益至上、消费者利益至上”行业价值观，依法行政，依法管理。加强涉烟案件联合执法协作机制建设，联合公安部门组织开展“齐鲁利剑”（2019）专项行动，全年查获涉烟案件1588起、其中破获符合公安部、国家烟草专卖局标准的涉烟网络案件5起，查扣非法卷烟1005万支，案值603万元，移送公安刑事拘留14人、逮捕15人、判刑18人。压缩行政许可事项办结时限，推行行政许可事项网上办理，简化审批流程，实现申请人由“最多跑一次”到“零跑腿”。

【食盐专营职能改革】 2019年，根据《中共滨州市委办公室、滨州市人民政府办公室关于印发〈滨州市工业和信息化局职能配置、内设机构和人员编制规定〉的通知》规定，市工业和信息化局负责全市食盐专营管理工作和盐业行业管理工作。市、县工业和信息化局履行盐业主

2019年2月26日，阳信县烟草专卖执法人员向农村零售客户讲解烟草专卖法律法规知识

（董胜勇　摄）

管部门职责，加强食盐专营管理工作，指导制盐企业转型升级，发展盐化工和水产养殖业。

【盐业集团食盐供应】 2019年，全市落实食盐专营政策，保持区域内3个月左右销量的食盐储备，预防食盐应急事件发生。根据区域内碘含量分布和居民消费需求，合理确定加碘盐与无碘盐销售比例，保障加碘食盐覆盖率。做好食盐供应，加强内部食盐质量安全卫生监督管理，严格进货渠道、仓库保管、运输配送等各环节管理，确保食盐安全卫生。盐业集团销售食盐3111.50吨，其中小包装食盐414.48吨。开展食盐专营政策和科学选购、健康用盐知识宣传，协助有关职能部门维护食盐市场秩序，惩治不法食盐经营行为。

（李　侃　姜　浩）

邮　政

【概况】 2019年，市邮政管理局围绕“强监管、保安全、提质效、促发展”工作思路，保障全市邮政行业保持稳中有进的发展态势。持续推动邮政行业高质量发展，市级快递园区签约落地，打造“快递+冬枣”“快递+老粗布”服务品牌，推进行业绿色环保，探索快递末端配送新路径，邮政行业服务社会普惠民生，消费者申诉处理工作满意率100%。加强行业管理，严格快递市场监管，抓好企业寄递安全主体责任落实，联合公安部门发文规范快递三轮车辆管理，开展末端网点违规收费整治活动，完成国庆期间寄递渠道安全服务保障工作，全年累计开展监督检查289次，实施行政处罚25起，处罚金额10.8万元。加强邮政普遍服务和特殊服务监管，对全市18个普服网点进行升降级动态管理，举办扫黄打非、机要通信专题培训及普遍服务工作座谈会，开展党报党刊投递情况专项检查、建制村通邮专项调查及平信寄递测试。注重行业文明建设，推进快递员关爱工程，评选全市快递“勤劳小蜜蜂”20名、“快递安全卫士”10人。全市邮政业务总量20.74亿元，比2018年增长48.24%，增幅列全省第五位，高于全省平均增幅12.37个百分点，超额完成市委市政府下达的45%增速目标；业务收入（不包括邮政储蓄银行直接营业收入）11.41亿元，比2018年增长29.18%，增幅列全省第四位，高于全省平均增幅5.49个百分点。快递业务量7606.24万件，比2018年增长45.67%，增幅列全省第五位，高于全省平均增幅13.59个百分点；业务收入6.61亿元，比2018年增长38.14%，增幅列全省第四位，高于全省平均增幅11.89个百分点。快递支撑社会消费品零售总额超100亿元，全市邮政行业贡献税收1100万元。全市开通省内邮路8条，省际邮路3条，区内邮路71条，邮路年行驶里程492万千米。全市有127处邮政网点，其中农村邮政网点94处，建制村通邮率100%。全市有县级邮政仓储7处、镇仓29处，全市党报党刊投递点5.1万多个，便民服务站1129个，覆盖全市21.13%的村庄，建设代投自提点4073处。全年投递3200多万份党报党刊，建制村党报征订服务覆盖率达100%。设置专门的机构、车辆和人员，为党政军提供机要通信的特殊服务，年收寄机要邮件3.06万件，服务满意度100%。

【寄递安全保障】 2019年，市邮政管理局落实邮政快递企业寄递安全主体责任及“三项制度”（收寄验视、实名收寄、过机安检），加强寄递渠道安全监管，强化监督检查，对“三项制度”执行不到位的企业，依法从严从快处理。年内，累计开展监督检查289次，明察暗访192人次，实施行政处罚25起，处罚金额10.8万元，企业受教育人数3000余人；完成国庆70周年庆祝活动期间寄递渠道安保工作，在全市范围内开展专项检查，检查企业64家，出动检查人员140余人次，立案查处企业7家，下达责令改正通知书6份；与东营市邮政管理局开展联合执法，对沾化区等县（市、区）快递企业进行重点检查，对生产营业场所监控设备不能完全覆盖、公示制度不全面等问题下达责令改正通知书5份；推进邮政快递专用电动三轮车规范管理，联合市公安局交警支队出台《滨州市关于邮政快递专用电动三轮车规范管理的实施意见》，指导快递企业购置符合国家标准、能上牌照的电动三轮车200辆，全部挂牌，283名快递员分批考取D证驾驶证。

【邮政普遍服务】 2019年，市邮政管理局坚持监管与保障并举，强化邮政普遍服务和机要通信监督检查力度。年内，组织开展法定业务开办及达标情况、机要通信保密安全、邮票发行等专项检查，检查普遍服务网点47个、机要通信营业处理场所7处、接发转运场所1处、纪特邮票发行网点25处，检查安全隐患13处，下发责令改正通知书10份，检查通报1份。举办扫黄打非、机要通信专题培训及普遍服务工作座谈会，引导邮政企业切实提升政治意识，强化内部管理，履行邮政普遍服务义务。组织开展建制村通邮专项调查及平信寄递测试。按照乡镇全覆盖的原则，向500个建制村邮寄《滨州市建制村通邮情况调查函》，全市建制村通邮率为100%，投递日戳加盖清晰规范率为99.5%，收寄日戳加盖清晰规范率为96.8%，信件全程时限为次日送达的比例为85.9%、2天内送达的比例为97.8%。强化社会监督管理，召开邮政特邀监督员座谈会，指导监督员强化责任意识，提高业务能力，年内开展社会监督活动53人次，走访消费者78人。

【快递市场管理】 2019年，市邮政管理局落实快递业务许可“放管服”改革要求，开展快递业务经营许可行政指导和分支机构增设、变更等审核工作，严格审批流程，明确责任到人，做到“一次性告知”，依法规范行政许可。全市新增独立许可企业2家、分支机构6家、末端网点51处，EMS、顺丰、中通、圆通、韵达、百世、申通、天天、D速、宅急送、DHL、UPS、速尔、优速、德邦、京东16个品牌在滨州获得经营许可或备案，在册企业113家，全市备案快递末端网点567处，其中包括摩西管家15处、菜鸟驿站3处，综合服务中心（快递吧）347处，智能快件箱895组，快递从业人员4000余人，服务车辆（含派送车辆）1600辆。

【全市首家智慧快递运营中心签约】 2019年8月7日，滨州圆通、中通、韵达、百世等快递企业与滨州市交运集团签约，投资2000余万元，开发建设全市首家智慧快递运营中心。建设软硬件基础设施齐全、现代化物流信息系统完善、安全防护设施先进，货物集散、仓储、配送、中转等功能完备的现代化快递产业园区，逐步打造市区高效便捷的配送体系。园区建成后，可新增就业岗位300余个。

【邮政业消费者申诉处理满意率达100%】 2019年，消费者申诉中心通过省邮政管理局"12305"邮政行业消费者申诉电话和网站申诉等渠道受理消费者申诉1281件；申诉中涉及邮政服务问题的23件，占总申诉量的2%；涉及快递服务问题1258件，占总申诉量的98%。处理申诉中有效申诉(确定企业责任的)35件，均为快递服务问题。经调解，消费者申诉全部妥善处理，为消费者挽回经济损失15.97万元。消费者对邮政管理部门有效申诉处理工作满意率为100%，对快递企业有效申诉处理满意率为100%。

【"溪鸟共配"服务】 2019年9月，市邮政管理局指导惠民县3家快递企业合作成立"溪鸟共配"合资公司，开展末端共配试点，探索解决末端配送问题新路径。惠民中通、申通、韵达3家快递企业利用快递园区现有资源共同出资建立2000平方米的分拨中心，整合车辆和人力资源，集中仓储、统一分拣、统一配送，并整合全县城乡末端运输和派送网络，在全县各乡镇及村居设立共配点，多网合一，降低流通成本，提升乡村末端派送效率。至年底，"溪鸟共配"服务覆盖惠民县13个乡镇、553个自然村，日均派件量达1.60万余件。

【"惠枣农，助电商，百家快递进枣乡"活动】 2019年9月27日，市邮政管理局联合沾化区政府开展"惠枣农、助电商，百家快递进枣乡"活动，EMS、顺丰、京东、韵达、天天、百世、中通、申通、圆通等省、市、区多家品牌快递企业参加，通过打造"快递＋冬枣"品牌，助力快递服务乡村振兴战略，帮助基层枣农抢占冬枣市场"鲜"机，实现助农富农。年内，沾化冬枣项目寄递业务量1213万件，占冬枣总产量的20%，带动产品产值超10亿元，枣农人均增收2000余元。冬枣寄递业务量连续3年突破1000万件，连续2年被国家邮政局评为"全国快递服务现代农业金牌项目"。

【"快递＋"项目】 2019年，在"快递＋冬枣"金牌项目的带动、示范作用下，滨州老粗布、厨具、惠民李庄绳网、博兴草柳编等项目提速增效。行业数据显示，2019年"老粗布"项目寄递业务量1125万件，带动产值4.5亿元；"绳网"快递业务量553万件，带动产值4.8亿元；"草柳编制"品快递业务量508万件，带动产值1.3亿元；"厨具"快递业务量113万件，业务收入超1.2亿元，带动产值超10亿元。

【"双十一"快递业务量达200余万件】 2019年，市邮政管理局在"双十一"快递业务旺季期间，提前部署，靠前指挥，累计督导各快递企业增加人员150人，增加车辆96部，确保全市寄递渠道安全平稳运行。11月11—23日，全市快递业务量（收件量）292.29万件，比2018年增长54.92%，投递量458.90万件，比2018年增长155.3%；11月11日当天，全市快递总发件量50.2万件，比2018年增长33.5%，是平时日均发件量的2.5倍。

【滨州首所"山东省青少年集邮活动示范基地"开营】 2019年9月2日，滨州市高新区福生小学"山东省青少年集邮活动示范基地"开营，成为滨州市第一所青少年集邮基地。基地开营拓宽青少年的文化知识覆盖面，帮助学生学到课本以外的知识。

【"快递快呼"APP推出】 2019年"双十一"期间，市邮政管理局与市电信公司合作推出"快递快呼"APP，在

2019年9月2日，山东省青少年集邮活动示范基地开营典礼在滨州高新区福生小学举行
（市邮政管理局 供图）

全市200名快递员中先行使用，有效缓解末端投递难题，提高末端投递效率和服务水平。“快递快呼”APP集群发短信、群呼语音、智能拨打电话、通话记录保存留证等功能于一体，快递员可一次性拨打多个客户电话，电话接通后，客户通过语音提示选择“马上下楼”“直接放云柜或前台”“留言”等，快递员可根据客户需求分类处理快件，所有群呼电话均有呼叫记录可查，可以做到随时查看每个客户需求，做到不重复、不遗漏，解决快递员投递时需逐个拨打客户电话的难题。其间，使用“快递快呼”APP的快递员每天节省投递时间约1小时，提高派件效率20%。

【快递“勤劳小蜜蜂”年度评选】2019年12月，市邮政管理局与市快递行业协会联合开展的2019年度快递“勤劳小蜜蜂”评选结果揭晓，全市有20名快递从业人员被评选为“勤劳小蜜蜂”。评选活动自10月份启动，面向全市快递行业从业者，采取个人自荐与企业推荐相结合、以企业推荐为主的方式，按照“推荐报名—筛选公示—宣传表彰”程序进行。评选出来的20位快递“勤劳小蜜蜂”来自不同的企业和县区，代表了快递产业链不同的岗位和工种。活动旨在挖掘、树立、宣传一批最基层、最感人的先进代表人物，用典型的力量激励和带动全行业安全规范、优质高效的服务。

【快递行业协会组织会员企业到日本考察交流】2019年5月21—26日，市快递行业协会组织圆通、中通、申通、韵达、天天、百世等21家快递企业负责人到日本考察学习。考察团先后到大和运输黑猫宅急便、韵达快递大阪分公司、中通快递大阪分公司、申通快递东京分公司参观考察，就企业管理、人员管理、工作流程、收派管理、分拣操作、先进服务理念及先进设备等进行考察、交流和学习。

（魏帅帅　王诗坤）

通信业

中国联合网络通信有限公司滨州分公司

【经营服务】2019年，中国联合网络通信有限公司滨州分公司（简称滨州联通公司）围绕“网络强国”目标，开展“党员服务进万家”主题活动，为农村群众入户测速，组织1000余场业务服务活动，参与人数4万人次。规范入户装维服务，开展营业厅服务质量明察暗访活动。装移机履约率、修机当日通率较2018年均提升8个百分点。开展“百倍用心　十分满意”服务活动，维护消费者权益，处理市长热线等各类转办事项1000余件。落实行风建设，开展各类客户维权活动，维护企业形象。

【网络建设】2019年，滨州联通公司依据全市网络建设要求，编制三年滚动规划。完成5G共建共享初期商用目标建设，全年新增光纤宽带端口4万余线，实施主干光缆工程，解决主干光缆纤芯需求。推出“SD—FAST”智慧光网，开展VOLTE业务及亲情智能网业务规模商用。

【5G试商用】2019年3月28日，滨州联通公司举办“联通（山东）产业互联网有限公司滨州办事处揭牌仪式暨联通5G应用展示会”，在市政大楼及滨州港首家开通5G试商用网络，市、县相关领导以及华为、中兴、爱立信、海康等5G产业厂商200余人参加活动。

【项目保障】2019年9月3日，全市“双招双引”重点项目暨重点建设工程集中开工仪式在滨州经济技术开发区举行，滨州联通公司作为唯一为开工仪式提供通信保障、现场视频会议系统服务以及电视转播信号传输的运营商，完成现场任务，保障开工仪式举行。

【联合护线】2019年，滨州联通公司加大境内通信干线巡查维护力度，推进军警民联合护线。对接公安部门和相关部队，在“两会”、上合峰会、国庆节等重要节点及重大节日期间，加强网络安全保障工作，与市委网信办等相关单位联合开展护线教育、加强宣传，召开联合护线协调会，保障全市通信线路零阻断。

（宋　鹏）

中国移动通信集团山东有限公司滨州分公司

【网络管理】2019年，中国移动通信集团山东有限公司滨州分公司（简称滨州移动公司）加强网络管理，提升价值区域网络覆盖，开展“网络质量攻坚战”和竞赛活动，解决问题点1011个。加强通信基础设施建设，实现快速扩容和资源动态调整，全年通信基础设施投资3亿元，推进“宽带滨州”“互联网+”建设。9月25日，惠民县李庄镇归仁村成为全市第一个千兆宽带示范村。

【客户服务】2019年，滨州移动公司践行“客户为根，服务为本”理念，加强服务过程管控，落实服务前置工作，开展总经理驻厅接待活动12期，完成144次服务通报，现场调研48次，暗访检查12期。每月召开满意度改善提升推进会，加强客户沟通，了解客户需求，建立问题快速响应处理机制，提升客户满意度。

【5G开通运用】2019年，滨州移动公司开展5G产业创新合作，加快5G在工业制造等领域的产业研究和应用，建设“政产学研金服用”创新创业综合体；实施“5G+”计划，加快技术、网络、应用、运营和生态升级，推广5G应用。2月20日，滨州移动公司开通全市首个5G基站；2月23日，市“两会”在国际会展中心召开，5G+VR直播技术首次在会场运用；5月15日，打通全市第一个5G电话。

【通信服务保障】2019年，滨州移动公司按照市委市政府统一调度，抗

2019年9月25日，滨州移动千兆宽带示范村发布会在惠民县李庄镇举行

（滨州移动公司　供图）

击台风“利奇马”，出动3000余人次、应急车辆2000余台次、油机1000台次，发送抗击台风公益短信1500万条。救灾过程中，第一时间恢复政府防汛抗旱指挥部、临时安置点通信，集中市县公司全部力量，3天内将100余处阻断基站、2800余处停电基站及受损光缆全部维修完毕，恢复通信。落实“提速降费”要求，手机上网流量综合单价较2018年下降50%，推进千兆宽带网络提速，具备百兆入户、千兆接入能力。做好“两会”、淘宝大会、资本对接大会、马拉松国际赛等重大活动通信保障工作。

（苏代军）

中国电信股份有限公司滨州分公司

【业务服务】 2019年，中国电信股份有限公司滨州分公司（简称滨州电信公司）提升服务质量，建设以客户为中心的“三全”服务体系。实施“市县横纵一体服务联席会制度”，开展“全员服务在行动”“总经理讲服务”“服务攻坚”全渠道服务触点提升工作。推进宽带无忧受理、当日装当日修工作。在未脱贫用户归属涉及的7个支局93个服务网点基础上，完成全渠道受理“致富包”政策；全市统一制作通信业务扶贫宣传台卡，在自有受理渠道进行展列，方便“未脱贫”用户了解相关优惠政策和办理手续；全年办理扶贫政策用户221户。推出家庭信息化解决方案，提供电信级全屋WiFi、天翼看家、小翼管家等业务应用。推进“智慧金融”建设，8月7日，市委网信办主办、滨州电信公司承办的“融云创新　智慧金融”研讨会召开，全市30余家金融机构参会，会议要求本地金融机构加强网络安全、风控防控，提升信息化应用水平。

【5G站点建设】 2019年，滨州电信公司承建4个5G站点，年底全部投入使用。2个室外站位于滨城区黄河五路渤海十九路中海南岸、博兴县京博控股集团公司办公楼；2个室分站位于博兴县京博控股集团公司办公楼、原市审计局办公楼。9月，与京博控股集团公司签订5G战略合作协议；12月，京博工业园区5G信号开通，标志着滨州“5G+”智慧园区启动建设。

【网络智能化】 2019年，滨州电信公司与联通公司滨州分公司实现市到县、县到县纤芯共享，实现宽带、移动业务的热备保护，提升汇聚层网络安全性。OLT脱网率环比2018年平均脱网率下降8.08PP；光衰达标率由1月份95.7%提升至97.8%。开展资源摸查专项整改，摸排7.2万个分光器，整改18万条接入网数据，提升光宽网络资源数据准确性。

【新旧动能转换服务】 2019年6月26日，山东省两化融合促进中心、滨州市工业信息化局主办，滨州电信公司承办的“2019年山东省两化融合深度行滨州站”活动举行。活动围绕信息化管理、工业互联网、数据灾难备份、数字化转型、5G技术等专题，为全市150余家企业提供两化融合的经验和案例，服务全市新旧动能转换。年内，滨州电信公司配合博远重工、雅美科技、鑫岳化工等企业实现“企业上云”，加快企业转型升级。

（张　晖　徐文静）

中国铁塔股份有限公司滨州市分公司

【移动通信基础设施建设】 2019年，中国铁塔股份有限公司滨州市分公司（简称滨州铁塔公司）按照“政府主导、铁塔统筹、开放共享、服务社会”原则，提升行业价值，服务经济社会发展。年内，按期完成联通4G普遍服务、L900网络覆盖、电信LTE八期工程、FDD二批三批建设等多项工作任务，建设、改造铁塔类通信基础设施481个，减少土地占用20余亩，完成4G农村广覆盖、2G网络升级改造等重点工程，服务滨州“互联网”经济及信息化发展。

【通信保障】 2019年，滨州铁塔公司加强通信现场保障工作。4月28日世界高端铝业峰会、8月30日淘宝村高峰论坛、9月3日“双招双引”开工仪式、9月21日环滨州风情带万人骑行沿线、国庆期间高铁高速沿线等重大节会及节点，滨州铁塔公司均到现场开展通信保障服务，并做好后台监控工作，全年完成25次重大活动保障，出动人员512人次，车辆311车次，排障145处、发电102处，其中高端铝业峰会及“双招双引”开工仪式通信保障实现全程零故障。8 月 10 日起，受台风“利奇马”影响，全市停电站址 1488 处，退服站址 423 处，水淹基站 61 处；滨州铁塔联合维护联盟成立“竹石突击队”，日夜抢修，8 月 17 日，全市受灾站址全部完成抢通。

【农村网络维护专项整治】 2019 年 10 月，工信部组织开展“关于漠视侵害群众利益问题的专项整治工作”，滨州铁塔公司根据市委市政府“民生之策”工作要求，在全市范围开展农村网络维护专项整治。梳理全市 723 处农村站址，将站址包站到人，明确故障抢修原则，制定细化工作方案，实施升级督办。进行资源倾斜，将相关设备优先用于农村站址隐患整治。经 3 个月集中整治，农村站址故障率降低 42.2%，单次故障历时降低缩短至 41.8 分钟，农村高等级保障站址实现零退服。

（夏　睿）

无线电管理

【概况】 2019 年，市无线电监测站做好常规、专项及特殊时段监测工作，依规查处有害无线电干扰，维护空中电波秩序。加强重大节日及重要会议、活动期间无线电安全保障工作，“海军成立 70 周年多国海军活动”“中华人民共和国成立 70 周年国庆阅兵”等重大政治活动期间无线电安全保障工作，派出技术人员到北京参加现场保障任务，相关人员受到国家及省工业和信息化厅表彰。完成全市重要考试期间无线电安全保障任务，防范和惩治利用无线电设备作弊工作。宣传、推进无线电法律法规贯彻落实。10 月 10 日，滨州市业余无线电协会成立，为业余无线电爱好者提供交流平台，开展无线电法规、制度宣传，惩治违法犯罪行为，保障公众信息安全。

【无线电监测检测】 2019 年，市无线电监测站按照国家、省无线电管理办公室下达的监测计划，完成监测任务 7.82 万小时。在重大节庆、活动期间做好无线电安全保障工作；加强航空导航、铁路、公众移动通信、广播电视等无线电频率监测保护，查处非法广播 2 起、排查不明信号 143 起。

【考试安全保障】 2019 年，市无线电监测站完成省公务员考试和全国普通高校招生考试等 25 次重要考试期间无线电安全保障任务，集合人员 81 人次，启用各类技术设备 108 台（套），监测时长 253 小时，完成各项考试期间无线电安全保障工作。

【无线电监测技术设施建设】 2019 年，市无线电监测站配合省监测站完成市边海无线电监测网 2 个边海固定监测站建设工作，并投入试运行。监测站建成投用，实现全市港口、水道无线电监测网覆盖，实现省内、省际（沿渤海）、国际间频率协调，提高海上无线电监测、频谱保护和干扰查找能力。

【业余无线电台技术能力操作验证考试】 2019 年 8 月 24 日，市工业和信息化局组织开展年度 A 类、B 类业余无线电台技术能力操作验证考试，57 人报名参加考试，参考人员全部免费。市工业和信息化局成立“全市业余无线电台操作证考试领导小组”，负责考务工作。考试采用纸质试卷闭卷答题，试题自中国无线电协会专用计算机程序题库中随机提取，考试过程全程录像。经考试，14 人 A 类考试合格、2 人 B 类考试合格。考试合格人员向中国无线电协会上报操作技术能力验证信息，申报中国无线电协会业余电台操作证书。

【“黑广播”取缔】 2019 年，市工业和信息化局加强对调频广播、民航、铁路、水上等重要无线电频率监测。5 月 22 日，技术人员发现 90.5MHz 频点出现异常信号，经研判，怀疑该频点存在“黑广播”信号。5 月 23 日，90.5MHz 频点不明信号再次出现，技术人员利用网格化无线电监测网进行监听监测，确定该信号为播放粗俗药品广告的“黑广播”，随后启用多站联合测向定位，锁定该信号位于滨城区黄河 12 路与新立河西路附近。技术人员利用移动监测站和便携式监测设备前往查找，锁定信号源，查获“黑广播”主机及发射天线。公安执法人员调查取证后，将该设备断电拆除，案件移交公安机关调查处理。

（毕晓明　谢伟思）

【5G 建设】 2019 年，全市加强 5G 建设。8 月，市工业和信息化局调整全市加强移动通信网络基础设施规划建设工作领导小组成员及职责；10 月，启动 5G 建设专项规划修编工作，年内完成专项规划初稿；草拟全市 5G 产业发展实施意见，经市政府常务会通过。5 月，组织各县（市、区）及相关企业参加山东省 5G 产业生态峰会暨 5G 产业发展座谈会；7 月，组织企业参与山东省 5G 产业试点示范企业及项目遴选申报；10 月，组织企业参加全国通信展；11 月，组织企业参加山东省移动互联网及 5G 应用创新技能大赛。年内，愉悦家纺有限公司基于 5G 专网的家纺行业设备综合管理平台项目、中国联合网络通信有限公司滨州市分公司基建物资运营物联网平台入选省 5G 产业试点示范企业及项目。

（刘建波　李龙潇）

电子商务

【概况】 2019 年，滨州市优化全市电子商务发展环境，推进电子商务发展。全市监测统计平台纳入重点网络零售企业 2900 家，网络零售店铺 59954 家，全市网络零售额实现 95.1 亿元，列全省第 12 位，比 2018 年增长 37%，农村网络零售额实现 58.2 亿元，比 2018 年增长 20.9%。滨城区、博兴县、邹平市、惠民县、沾化区、无棣县、阳信县网络零售额分别实现 31.1 亿元、28.2 亿元、19.7 亿元、5.9 亿元、5.7 亿元、2.8 亿元、1.7 亿元，分别比 2018 年增长 38.8%、31.1%、17.2%、11.3%、

11.7%、21.7%、30.7%。推进第七届中国淘宝村高峰论坛在惠民县举办，惠民县获批国家电子商务进农村综合示范县和山东省淘宝直播试点县，争取国家专项补助资金2000万元。新增淘宝镇4个、淘宝村17个，全市淘宝镇、淘宝村分别达9个和48个，淘宝村数量全省第二位。全年实现网络零售额95.1亿元，比2018年增长37%。

【电商人才培训】 2019年，全市推进电子商务助力乡村振兴战略实施，制发《滨州市农村电子商务职业提升“千人培训”计划通知》，组织电商人才培训1483人次，培养一批本地网红和主播，推进全市直播电商发展。3月，滨州跨境电商产业园、华拓跨境电商商学院主办的跨境电商高级人才培训班开班，培训为期3天，42家企业以及跨境电商120余人参加培训。4月23日，滨州跨境电商产业园到滨州职业学院进行高级跨境人才培训，从全球化市场入手，介绍跨境电商平台主要特色及行业前景，有45家企业参与培训。

【电商进农村示范创建】 2019年，全市加强电子商务进农村示范创建工作，加大淘宝村发展力度，推进农产品销售线上线下融合发展，服务脱贫攻坚和乡村产业振兴。全年培育淘宝镇9个、淘宝村48个，较2018年分别增加4个、17个，淘宝村总数量居山东省第二位。惠民县获批国家电子商务进农村综合示范县和山东省淘宝直播村播试点县。

【第二届淘宝五金行业中国绳网名城电商大会】 2019年4月17日，第二届淘宝五金行业中国绳网名城电商大会在惠民县召开。阿里巴巴集团、省电子商务促进会、省电商服务中心、市商务局、惠民县各镇、街道及电商办、绳网企业等相关负责人600余人参会。会议期间，举行“淘宝惠民绳网数字化产业带项目”启动仪式。该项目是惠民县与淘宝网合作项目，对加入产业带内的商家，淘宝网提供流量扶持、活动推广等系列优惠政策。

【第四届沾化冬枣电商节】 2019年9月27日，第四届沾化冬枣电商节暨“新合作”产销对接洽谈会、政务钉钉“滨州供销e家”上线开通启动仪式在滨州市沾化区冬枣城举行，全国各地300多家电商平台和超市采购商参加活动。活动期间，采购商到沾化冬枣主产区，与种植户、专业合作社进行对接，200多家采购商和枣农达成销售协议，预订沾化冬枣1500万千克。

（苗艳婷）

物流业

【概况】 2019年，滨州市重视发展现代物流业，完善物流基础设施，推进物流高效配送体系建设，物流业发展态势良好，规模稳步提升。年内，全市规模以上交通运输、仓储和邮政业实现增加值168.2亿元，比2018年增长6%，占第三产业比重达14.2%，占地区生产总值比重为6.8%。全市规模以上交通运输、仓储和邮政企业共142家，其中道路运输企业120家、水上运输企业6家、天然气管道运输企业1家、出口运输代理企业2家、装卸搬运和仓储业10家、邮政快递企业3家，10亿以上1家、亿元以上23家、AAA级以上物流企业6家。全市规模以上交通运输、仓储和邮政企业资产149.66亿元，实现营业收入103.15亿元、比2018年增长4%，期末用工人数1.83万人。

【物流基础设施建设】 2019年，滨州市加快发展物流基础设施建设，着力提供物流发展基础支撑。全市交通运输投资80.2亿元，比2018年增长78.2%。公路通车里程达16990千米，其中高速公路和国省公路通车里程分别达313千米、1316千米。长深高速高青至广饶段等2条高速建成通车，沾化至临淄高速等2条高速开工建设，实现“县县通高速”。国道G228丹东线滨州段开工建设，滨州黄河大桥进入实质性建设阶段。全市ETC发行安装71.32万辆，取消国道G18荣乌高速省界收费站，实现省界不停车快捷通行。全市铁路通车里程达252千米，京沪高铁二通道、济滨高铁等4条高铁取得新突破，黄大铁路、滨港铁路二期等4条货运铁路项目建设取得新进展，阳信汇宏新材料铁路专用线等4条“公改铁”专用线建设走在全省前列。滨州港2个5万吨级油品泊位主体、配套工程完工，套尔河港区航道综合整治项目前期进展顺利，小清河复航工程在全省率先开工。全市177家涉粮仓储企业总仓容达313.8万吨，总罐容达21万吨，其中国有粮食仓储企业16家、总仓容94.03万吨，非国有企业161家、总仓容219.77万吨。市级快递园区签约落地，新增独立许可快递企业2家、分支机构6家、末端网点51处。

【港口物流快速增长】 2019年，滨州港海港港区、套尔河港区、大口河港区三大港区运营泊位36个，年内完成吞吐量3882万吨、比2018年增长23.62%，港口货物周转量4.77亿吨千米、比2018年增长15.63%。海港港区2个3万吨级散杂货泊位主要货种为铝矾土、氧化铝、集装箱、铁矿石、散盐、粮食、焦炭等。2个3万吨级液体化工泊位设计年吞吐量540万吨，主要货种为燃料油、原油、柴油和醋酸等，为滨州炼化企业服务。

【物流高效配送体系建设】 2019年，滨州市争创山东省城乡高效配送示范城市和示范企业，推进城乡互联互通的高效配送体系建设。先后出台相关政策文件，确定“完善配送网络、加强资源整合、优化配送方式”的建设目标，强化物流网络衔接，推动配送模式创新，鼓励配送骨干企业发展，城乡配送效率得到有效提高。12月12日，省商务厅公示山东省城乡高效配送示范县

（区、市）、示范企业评审结果，全省共评选出10个城乡高效配送示范县（区、市）和30家城乡高效配送示范企业。博兴县获评山东省城乡高效配送示范县，山东京博商联商贸有限公司、博兴县大万商贸有限公司获评山东省城乡高效配送示范企业。

【省级物流标准化试点市建设】 2019年7月，滨州市被省商务厅确定为省级物流标准化试点市。试点期限1年，2020年6月底前完成。获得200万元省级财政资金，重点支持标准托盘（或周转箱）使用量大、上下游关联企业多、带板运输比例高的骨干企业。试点工作以标准托盘、周转箱及其循环共用为切入点，重点在商业零售、农产品、快消品（含酒水）、药品等领域，推动跨区域带托运输，推进物流链各环节高效运作，全程“不倒盘、不倒箱”。通过企业申报、县区初审、第三方评审的方式，全市最终选定滨州海王黄河医药有限公司、山东京博商联商贸有限公司、博兴县大万商贸有限公司3家企业为试点项目单位。市商务局牵头制订实施方案，与3家试点企业签订《物流标准化试点项目责任承诺书》，建立企业进度档案，强化对试点工作的监督检查和跟踪问效。

【京博物流加快多式联运建设】 2019年，山东京博物流股份有限公司（简称京博物流，拥有自有车辆450余辆，可调动社会危险品运输车辆3000余辆，自主产权的铁路专用线8条，公路配送中心2处，油品罐区119万立方米，危化品综合物流服务能力位居山东省前列。）整合企业及社会资源，加快推进京博特色的多式联运建设。3月22日，青岛港滨州（博兴）内陆港开港仪式在京博物流铁路专用线举行，实现多式联运工程高效运作。6月1日，京博物流铁路专用线首批铁龙沥青集装箱发运西藏，开创京博物流多式联运建设新局面。7月11—13日，在安徽合肥召开的第十一届中国物流与供应链信息化大会上，京博物被评为“2019年中国物流与供应链信息化十佳应用企业”，公司的“智慧物流供应链一体化项目”被评为“2019年智慧供应链优秀案例”。年内，“滨新欧－滨州号”国际货运班列发送运量11.68万吨，“滨海欧”海铁联运国际货运班列发送运量22.93万吨。

（耿庆惠）

会展业

【概况】 2019年，全市会展业发展总体平稳。加强品牌建设，增强带动作用。举办第十四届中国（博兴）国际厨具节、第八届黄河三角洲（滨州·惠民）绿化苗木博览会、第三届中国（滨州博兴）国际金属板材工业展览会等固定品牌展会，带动交通、旅游、餐饮、宾馆、商贸、广告等不同行业发展。拓宽会展领域，增强区域影响力。黄河三角洲（滨州·惠民）绿化苗木博览会专业化、市场化水平提升，成为中国北方地区行业龙头展会；中国（博兴）国际厨具节品牌影响力提升，被业内人士评价为“中国最专业的不锈钢厨房设备展览会”，继广州、上海展会之后，排名第三大商用厨具展。推进主体发展，强化市场运作。壮大会展市场主体，展会由政府主导发展为多元化主体承办，建立政府引导、多方联合、市场运作发展模式，形成较完善展会管理、服务流程。

【黄河三角洲（滨州·惠民）绿化苗木博览会】 2019年4月20—22日，第八届黄河三角洲（滨州·惠民）绿化苗木博览会在惠民县皂户李镇举办，苗博会主题为“同聚苗木之乡，共建美丽中国”。会场设置展位197个，其中特装展位37个、标准展位160个，天津、河北、河南、江苏及新疆等地的190余家苗木展商和园林上市企业、设计公司、绿化工程施工单位参展。至年底，惠民县育苗面积16万亩，发展苗木专业合作社1000余家，苗木营销经济人1万余人，从业人员超4万人，苗木物流运输经营业户1.2万余个，发展异地合作苗木配货站200余处，惠民县苗木销往北京、天津、河北、内蒙古、新疆、甘肃等20多个省市（自治区），年产值超20亿元。

【无棣县第八届千年古桑旅游文化营销活动】 2019年5月19日，2019年“中国旅游日”滨州市主题活动暨无棣县第八届千年古桑旅游文化营销活动在无棣县车王镇千年古桑园举行。市县相关领导、中国林产工业协会桑产业分会专家、媒体记者及各镇街分管文化旅游负责人共计700余人参加开幕式。旅游文化营销活动举办期间，游客可游园采摘桑葚；可在景区茶社观景品茶，感受桑文化；可体验桑茶制作，熟悉桑产品加工流程；可在桑宝宝乐园领养幼蚕、购物以及品尝特色美食。千年古桑树园位于无棣县车王镇，是鲁北地区仅存的一处古桑树群，共有桑树2000余株，其中千年以上桑树300余株。

2019年滨州市会展活动一览表

表16

序号	展会名称	举办地	举办时间
1	邹平樱花山第六届樱花节	邹平市樱花山	3月16日
2	第三十届梨花会暨第九届黄河三角洲民俗文化节	阳信县	4月1—15日

续表 16

序号	展会名称	举办地	举办时间
3	第八届黄河三角洲（滨州·惠民）绿化苗木博览会	惠民县皂户李镇	4 月 20—22 日
4	2019 中国智慧厨都国际酒店用品博览会暨首届制冷节	博兴县兴福镇中国智慧厨都国际会展中心	4 月 26—28 日
5	世界高端铝业峰会·2019	滨州市国际会展中心	4 月 28—29 日
6	2019 年“中国旅游日”滨州市主题活动暨无棣县千年古桑旅游文化营销活动	无棣县车王镇千年古桑园	5 月 19 日
7	“淘宝惠民　数智乡村”第七届中国淘宝村高峰论坛	惠民县	8 月 29—31 日
8	第二十一届沾化冬枣节暨首届沾化文化旅游节	沾化冬枣城	10 月 1—7 日
9	第十四届中国（博兴）国际厨具节暨中国八大菜系名厨大师邀请赛	博兴县兴福镇中国智慧厨都国际会展中心	10 月 26—28 日
10	第三届中国（滨州博兴）国际金属板材工业展览会、金属板材国际产能合作论坛暨产业链发展论坛	滨州市国际会展中心	11 月 13—15 日

（苗艳婷）

家庭服务业

【概况】 2019 年，全市推进家庭服务业发展。市家庭服务业协会联合山东现代家庭服务产业发展促进中心，建设滨州家政服务信用平台，入驻企业 33 家，审核人员 2235 人。市商务局、财政局联合印发《滨州市家政服务业信用体系建设实施方案》，指导滨州好帮手、好大姐、惠民大姐家政等企业在商务部家政服务平台录入企业及家政服务员信用记录，为近 2000 余名家政服务员建立诚信档案。市商务局指导市家庭服务业协会完成换届，组织重点家政企业参加“全省家政日”录播，推荐 1 人获评“山东省家庭服务业感动人物”。开展“家政服务业提质扩容”行动，举办全市家政服务业提质扩容及信用体系建设培训班。市家庭服务业协会实施家政企业助力脱贫攻坚行动，全市近百家家政企业参与，助力脱贫近千人。出台《滨州市创业带动就业扶持资金管理暂行办法》《滨州市家庭服务职业培训市级示范基地实施细则（试行）》，确定滨州市好大姐职业培训学校、山东省阳信春晖物业管理有限公司、滨州市纳言职业培训学校 3 家单位为 2019 年“滨州市家庭服务职业培训市级示范基地”。至年底，全市家庭服务企业超过 200 家，年度新增就业 2500 余人，年度培训家庭服务人员 3000 余人。

【医养结合健康养老服务】 2019 年，滨州市落实“医养结合示范省”创建要求，探索打造政府兜底保障与满足个性化需求相结合的医养结合养老服务模式。至年底，全市 65 岁及以上老年人口 58.3 万人，占总人口的 15.04%。全市运营的养老机构 69 处、日夜照料中心 80 处、农村幸福院 553 处，通过签约、嵌入、设立医疗机构等方式全部能够提供医疗服务，居家 65 岁以上老年人签约服务 42.4 万人，签约率达 72.9%。76.5% 的二级医院和三级医院设置老年病科或康复科，老年病床 248 张，康复病床 525 张。一批社会办养老公寓与就近诊所签约巡查，与二、级三级医院签约开通绿色转诊通道；二级以上医院均为老年人就医开通绿色通道。印发实施《滨州市医养结合示范创建工作方案》《关于将医养结合机构纳入基本医疗保险和长期护理保险定点管理的通知》，重点推广一批特色鲜明、示范性强的医养结合试点项目。博兴县吕艺镇老年公寓探索“土地流转合村并居集中医养”的农村居民医康养新模式，养老公寓与当地二级医院共建医养康复中心，直接服务入住公寓老人 1900 人，面向社区服务 1.20 万人，为入住老人提供医疗、康复和健康指导服务，成为山东省规模最大、功能最全的综合性健康养老机构，作为山东省重点考察点接受卫健委对山东省创建医养结合示范省中期评估，得到卫健委领导和专家认可；滨州杏林医养健康管理中心率先采用“医养融合”养老模式、整体照护失智老人做法 12 月入选首次全国医养结合典型经验；阳信县龙兴养老服务中心、博兴县京博养老服务中心均设立单独核算的医疗机构，组成养老、医疗运营服务共同体；沾化富源街道敬老院与卫生服务中心共建共营，发挥中医治未病优势，理清医养边界协同发展；邹平怡佳养老服务公司创办县域连锁养老服务机构，实现区域内养老机构标准化、同质化。

【健康养老重点项目建设】 2019 年，滨州市加快健康养老重点项目建设。规划建设高标准滨州国际智慧健康养老产业园，占地 2000 多亩，设计综合医疗、中医医疗、康复护理、养老、健康养生等功能板块。机构养老服务项目建成使用，医疗项目市妇幼保健院新院、市人民医院西院、市中医医院新院主体结构完成 90%。滨城区紫海康复休闲养老社区项目、沾化区国昌怡心园高端医养结合体项目、邹平市白云岱顶医养田园综合体项目、高新区医养联合体项目等“医康养体游”新业态加快建设或部分建成,“电视医生进家”项目在全省率先启动,年底二级医院全部实施。

（周　彦）

【市家庭服务业协会换届大会】 2019年12月16日，滨州市家庭服务业协会召开第一届第五次会员大会、第二届第一次会员大会，总结审议第一届协会工作，按程序完成换届选举工作。市商务局、市民政局、市妇联等部门分管领导，市家庭服务业协会会员单位负责人出席会议。大会选举王俊卿为第二届滨州市家庭服务业协会会长，选举7名副会长，以及常务理事单位、理事单位；聘任秘书长、副秘书长。会上，参会领导为新当选的家庭服务业协会会长、副会长授牌，家政公司代表宣读《滨州家政　诚信有我》倡议书；市商务局、市民政局、市妇联、滨州职业学院等相关职能部门就平台利用、促进全市家政服务行业发展交流意见、建议。

（苗艳婷　杨兆明）

【滨州市养老产业协会成立】 2019年4月9日，滨州市养老产业协会成立暨会员大会在市民政局举行。大会表决通过《滨州市养老产业协会章程》，选举产生理事、常务理事、秘书长、副会长和会长。沾化区子梅养护院院长高子美当选协会会长，滨城区居家养老服务中心、山东韩霞养老服务有限公司、惠民大爱养老有限公司、阳信龙兴养老康复服务中心、滨州欣悦康复医院当选为副会长单位。大会选举出滨州市社会养老服务中心等11个常务理事单位，滨州市老年人养护中心等35个理事单位。养老产业协会旨在发挥政府与会员之间沟通的桥梁纽带作用，组织专家、学者开展调查研究和学术研究，为政府和有关部门制定和完善养老保障政策提供决策依据，为会员单位提供有关政策咨询和养老服务信息。同时开展管理、服务等方面培训工作，组织养老服务方面学术交流、学习考察等。

（刘振虎）

2019年12月16日，滨州市家政服务业提质扩容及信用体系建设培训班在滨州职业学院举办

（市商务局　供图）

【全市家政服务业提质扩容培训】 2019年12月16日，市商务局、市妇联、市家庭服务业协会在滨州职业学院联合举办滨州市家政服务业提质扩容及信用体系建设培训班。市县商务、妇联部门分管领导，市家庭服务业协会会员单位负责人近70人参加培训。培训班邀请山东省现代家庭服务产业发展促进中心主任对家政诚信体系建设政策及家政服务标准化、品牌化发展进行解读，邀请台湾康宁大学教授就家政产业发展趋势授课；市妇联、市民政局、市人力资源和社会保障局相关负责人结合职能，就家政服务政策进行解读。

【2019年滨州市“最美家政服务员”评选】 2019年，市妇联为展示滨州巾帼家政服务从业人员职业风采，深化“巾帼创业创新行动”“巾帼脱贫行动”，引导全社会关注家政、尊重家政、支持家政，在全市范围内组织开展最美家政故事征集暨寻找滨州“最美家政服务员”活动，寻找活动10月开始，到12月底结束，活动通过网站、报纸、广播电台、公众号等媒体广泛宣传，各级妇联组织发动，家政公司推荐，社会群众参与。经过初步筛选、专家评审、网络投票等环节，评选出魏素华等“最美家政服务员”10名、刘翠欣等“优秀家政服务员”20名。至年底，滨州巾帼家政机构发展联盟发展至28家，从业人员1.80万余人。

（苗艳婷　杨兆明）

21 旅游业
Tourism

旅游接待

【概况】 2019年，全市接待国内外游客2003.61万人次，比2018年增长8.99%；实现旅游总收入181.4亿元，比2018年增长13%。其中接待入境游客5.2万人次，比2018年下降7.94%；实现入境游客消费2171万美元，比2018年增长14.47%，其中外国游客49407人、中国港澳台游客2568人；接待国内游客1998.41万人次，比2018年增长9.04%；实现国内旅游收入179.9亿元，比2018年增长12.99%；本地居民年人均出游3.84次，比2018年增长8.17%。惠民县创建国家全域旅游示范区。博兴县、惠民县、阳信县、邹平市、无棣县5个乡村旅游集群片区规划全部编制完成。整合乡村旅游资源，通过各级媒体平台及文旅展会，在全国推广“忆乡愁，看滨州”旅游品牌，滨州市获评“中国最美乡村休闲旅游目的地”。

【春节黄金周游客接待】 2019年2月4—10日，春节黄金周期间，全市接待游客66.65万人，比2018年增长20.72%；实现旅游消费3.33亿元，比2018年增长23.13%。旅游市场供需两旺，探亲游、近郊游、民俗游等旅游线路受到游客欢迎，各景区结合地域特色和年节特点，推出多项主题活动，展现滨州旅游资源。全市文化和旅游部门加强监管，开展旅游市场经营主体巡查，各景区规范经营，春节假日未发生旅游安全事故。

【中秋和国庆黄金周游客接待】 2019年，全市国庆黄金周、中秋假期接待游客456.5万人次，比2018年增长17%；实现旅游消费22.3亿元，比2018年增长18%。乡村休闲旅游受众度高，自驾游成为假日出游主流。其中魏集古镇、西纸坊村、贝壳堤岛等景区游客众多，黄河古村风情带、大地香坊、打渔张花朝园等民宿均客满。第21届沾化冬枣节开幕，“冬枣采摘、黄河风情游”等形成滨州特色旅游品牌，吸引京津冀区域大量游客。

（燕　鹏）

旅游资源

【概况】 滨州地处黄河下游、渤海湾西南岸、鲁北平原，是渤海革命老区中心区、渤海区党委机关驻地，古代著名军事思想家孙武、汉孝子董永、宋代著名政治家范仲淹、清代帝师杜受田出生或成长地，文化旅游资源丰富，是山东吕剧的发源地，滨县民间剪纸和惠民胡集书会，孙子兵法城、魏氏庄园等景区享誉海内外。2019年，滨州市依托黄河自然资源和孙子人文资源，重点打造黄河风情带和孙子文化综合体，形成“7+2”文旅模式。7种共性模式为：以鹤伴山、樱花山、碣石山、麻大湖、三河湖、贝壳堤岛、黄河岛等一批自然风景为主要体验内容的观光休闲游；以范公祠（政治文化）、魏氏庄园（庄园文化）、孙子兵法城（兵学文化）、杜受田故居和吴式芬故居（家风家教文化）、无棣古城、魏集古村落等一批人文资源为主要体验内容的研学游；以文艺展演和体育赛事为主要体验内容的文体娱乐游（滨州拥有博兴吕剧、阳信鼓子秧歌、惠民胡集书会、沾化渔鼓戏等一批体验性很强的国家级非物质文化遗产资源，每年举办50多项省级以上的体育赛事，拥有两支乒超队伍，让游客“观体育赛事，游滨州风光”）；以西纸坊、狮子刘等一批乡村风光、精品民宿为主要体验内容的美丽乡愁游（中国第二届古村镇大会在滨州举办，“忆乡愁、看滨州”成为滨州的乡村旅游品牌，2018年滨州市获评全国乡村旅游示范城市）；以中裕小麦馆、愉悦家居世博馆、湖滨草柳编展览馆等载体为主要体验内容的康养游；以鲜花观赏和果蔬采摘为主要体验内容的城市后花园游（滨州春天有300万株的郁金香、千亩玫瑰园、十里荷塘、十里樱花、20万亩梨花等等。秋天有50万亩的冬枣、20万亩的鸭梨、几万亩的红富士、蜜桃和水杏，以及高科技农业示范园的有机果蔬采摘，成为济青乃至京津的后花园）；以渤海革命文化为主要体验内容的红色游［滨州是渤海革命老区的中心地带，拥有渤海革命纪念园、渤海革命旧址、怀周祠、博兴高渡村纪念馆（滨州第一个农村党支部）等130多处红色遗址遗迹，成为重要的红色旅游基地］。2种特色模式为：阳信水落坡民俗文化产业园的古玩淘宝游（古玩界素有“北有高碑店,南有阳信县”的说法）；沾化大高航空城的低空飞行旅游。

【新增景区】 2019年，全市新增国家旅游资源A级旅游景区12家。其中AAAA级景区1家，为博兴县麻大湖旅游区；AAA级景区3家，分别是阳信县瑞鑫地毯文化艺术博物馆旅游景区、滨城区渤海革命老区红色教育基地、惠民县孙子故里森林公园景区；AA级景区8家，分别是惠民县孙武街道蛙声小镇、姜楼镇人民公园、沾化区九牛农牧生态示范园，阳信县秧歌人家民俗文化旅游景区、七星四季小镇旅游景区、王集春晓田园旅游景区、牛天齐中医药康养文化旅游景区、裕丰绿色果蔬产业园旅游景区。

（孙连庆　张　艺）

【魏集古村落】 魏集古村落位于惠民县魏集镇。景区于2016年9月28日投入运营。魏集古村落为仿古建筑，村内河道交织，古街错落，古镇古码头再现唐朝重要驿站永安古镇风貌。景区占地总面积1265亩，分三期工程，一期工程包括风味小吃街、手工作坊街、民俗主题街、酒吧文化街、缘定街五大街巷景观。景区融合特色美食、手工作坊、民俗风情、观光游水、民宿等元素，内有200多家小吃店，以及绣楼、剧场、文化馆、游乐场等20多个小型景点，景区穿插上演扭秧歌、舞龙舞狮、皮影戏、杂技、说书、篝火晚会等文娱节目。

【杜受田故居】 杜受田故居位于滨城区滨北街道办事处南街，为国家AAAA级旅游景区、重点文物保护单位、到山东不可不去的100个地方。杜受田是清朝咸丰皇帝的老师，曾任左都御史、上书房总师傅，工部、刑部、吏部尚书。以杜受田为代表的杜氏家族在明清时期，中秀才347人、中进士12人、入翰林5人、举人8人，文官知县以及武将千户以上官员39名。杜受田故居是滨州杜氏家族的旧居，大院占地约25亩，有28个院落，208间房屋。建筑风格简单、朴实，具有典型的明清鲁北建筑特色。杜家大院东南西北不仅有大门，而且有过道，四通八达。大院内，各个小套院之间开后门、开侧门，门道相接，廊厦相连，大院内没有一处封闭，空间上相对独立，开放通畅是杜受田故居的典型特点。

【西纸坊·黄河古村】 西纸坊·黄河古村度假区总投资5.8亿元，占地面积4050亩。2017年5月1日一期开业，度假区设有鲁北精品民宿16座，房间50间，每座院落房间主题鲜明、风格各异。民宿区配套有主题特色餐饮，2个主题酒吧，满足游客饮食休闲需求。7座千年古窑和12个传统手工作坊让游客体验手工艺制作和学习陶艺。度假区设有油菜花田、七彩花海、黄河风情景观绿道等自然景观。儿童游乐区配备28个游乐设施、球幕电影和丛林CS对战等项目。

2019年6月8日，魏集古村落一角　　（李健生　摄）

【孙子兵法城】 孙子兵法城位于惠民县孙子文化区内，分为八大景区，主体建筑仿秦汉式建筑风格。孙子兵法城坐北朝南，占地面积17.33公顷，南北长999米，东西宽88米。兵法城由十五组四合院及南北广场组成。整个建筑由高合立柱、歇山重檐秦汉式殿宇和北方传统四合院组成。十五座大殿中第一殿序殿介绍孙子其人，第十五殿泽世殿介绍《孙子兵法》对后世之影响，中间的十三座大殿按照《孙子兵法》一至十三篇的顺序，采用一篇一殿方式分别命名，院落东西厢房展示三十六计内容。

【武定府衙风景区】 武定府衙景区是国家AAA级旅游景区，总面积85亩，以宋代的古城墙为依托。府衙始建于大中祥符八年（1015），历经宋、金、元、明、清五代，均为州府治所。明洪武六年（1373）改棣州为乐安州。永乐帝朱棣次子朱高煦叛乱被平定，改乐安州为武定州，州衙府迁原址。雍正十二年（1734）升州为府，领九县一州。武定府署、汉王宫坐落于惠民县城北部，主要建筑包括中路的大门、仪门、德政堂、退思堂、昌华堂、怡然堂，展示知府判案和明代汉王及家眷的后宫生活场景。东路建筑有财神庙、土地庙、同知署、寅宾馆，其中土地庙、同知署、寅宾馆现为渤海老区革命机关旧址。西路建筑有通判厅、西花厅以及亭台水榭等汉王宫后花园，建筑风格为仿明清建筑。

【沾化冬枣生态旅游景区】 沾化冬枣生态旅游景区位于沾化区下洼镇，

下洼镇辖62个行政村，总人口5.9万，版图面积149.5平方千米，耕地面积10.3万亩，是沾化冬枣的发源地和主产区，建有大型冬枣交易市场，配有大型冬枣气调库群，是全国规模最大的冬枣集散地。2005年，沾化区下洼镇依托冬枣资源优势，筹资200多万元创建以东平冬枣示范园为主体的沾化冬枣生态旅游景区，同年10月，景区获评为国家AAA级旅游景区；2006年12月，获评“全国农业旅游示范点”；2008年12月，获评“山东省最具成长力景区”；2014年5月，获评国家AAAA级旅游景区。

【大高航空城】 沾化区大高航空旅游景区位于大高航空产业园，由领航通用航空有限公司运营管理。2018年，景区获评国家AAA级旅游景区，先后获得“山东省工业旅游示范基地”“滨州市青少年航空教育科普基地”“航空科普教育基地”“山东省航空科普教育研学基地”“山东省十大旅游目的地品牌”等称号。大高航空旅游景区主体包括滨奥飞机展厅、滨奥飞机生产线、飞行科普大讲堂、航空休闲服务体验区。

【万亩梨园风景区】 万亩梨园风景区是国家AAA级旅游景区，由阳信县金阳街道办事处梨园郭村周边6万亩梨园组成。景区内集中分布的万亩梨园形成天然氧吧，园内有“山东省农民科技状元”朱万祥塑像、仙女授梨雕塑、观花台、鸭梨之乡纪念碑等景点，景区先后被评定为“山东省农业旅游示范点”“全国休闲农业与乡村旅游示范点”“山东省自驾游示范点”。

【水落坡民俗文化旅游区】 水落坡民俗文化旅游区是国家AAA级旅游景区，位于阳信县水落坡镇。水落坡镇获评“中国古典家具之乡”“中国首个收藏文化名镇”“山东省首批特色小镇”“中国明清家具、木雕、石刻集散基地”“中国古典家具文化产业基地”“山东省最佳休闲乡镇”“山东省文化产业示范基地”。水落坡民俗文化旅游区由五个民俗文化产业园区组成，分别为鼎龙、盘古、意象、桃源、泰易文化园，主要经营古典家具、瓷器、玉器、古玩字画、民俗老物件等数百个品种，是国内最大的古玩市场之一。在古典家具行业内，形成“北有高碑店，南有阳信县”的格局。

【黄河岛国家湿地公园】 黄河岛国家湿地公园位于黄河三角洲腹地，滨州北部渤海湾畔。公园四面环水，风光旖旎，生态自然，是世界上暖温带保存最广阔、最完善、最年轻的新生滨海滩涂湿地生态系统。公园被命名为国家级AAAA级景区、国家级水利风景区、首批国家级野外科学观测研究基地、国家级湿地公园。黄河岛国家湿地公园有黄河古道、天然苇荡、沼泽湿地、浅海滩涂等自然景观，丹顶鹤、白天鹅、黑鹳、白琵鹭、金雕等珍禽鸟类到此嬉戏。

【贝壳堤岛】 贝壳堤岛与湿地国家级自然保护区位于无棣县最北部、渤海湾西南岸。在世界上发现的三大古贝壳堤（美国路易斯安那州古贝壳堤、南美苏里南古贝壳堤）中，无棣贝壳堤是规模最大、纯度最高且唯一新老堤并存的贝壳堤，贝壳堤总储量3.6亿立方米，随着海水潮汐作用每年增加10万吨以上。贝壳堤岛之间的湿地，以及向海的潮间湿地与潮下湿地组成世界罕见的贝壳堤岛与湿地系统，拥有种类繁多的海洋资源、丰富的湿地动植物资源和人文资源。

【碣石山旅游风景区】 碣石山旅游风景区位于无棣县城以北30千米处，碣石山镇人民政府驻地，是国家AAA级旅游风景区，被山东省政府列为省级地质遗迹自然保护区。景区于2003年开发建设，2004年9月30日正式对游人开放。碣石山得名于曹操东临之碣石，海拔63.4米，方圆0.39平方千米，是73万年前火山喷发形成，同时也是鲁北平原唯一的山体，被誉为“京南第一山”。

【鹤伴山国家森林公园】 鹤伴山国家森林公园是全市唯一一处国家级森林公园，占地总面积480公顷。公园内森林覆盖率97%，被誉为“鲁中生态明珠”。鹤伴山山势峻拔巍峨，环境优美，人文景观独特丰富。鹤伴山国家森林公园先后开辟九瀑涧、水帘洞、九潭溪、鹤翔岭、鹤鸣谷5条游线，线路总长6000余米。公园建有集宗教祭祀、养生健康于一体的道观——长生院，院内建有长白山人殿、彭祖殿和长生殿，分别以医、道、神为主题。

2019年10月31日，鹤伴山国家森林公园景色 （李健生 摄）

【兴国寺丈八佛造像】 丈八佛造像位于博兴县湖滨镇丈八佛村北兴国寺遗址上，1992年被山东省人民政府公布为省级重点文明保护单位。造像为青石立式圆雕造像，通高7.1米、像高5.6米，雕造于东魏天平元年（534）。丈八佛石造像是全国平原地区发现的最大一件北朝时期单体圆雕石造像。造像保存较完整，雕造精美，线条流畅，是北朝时期石刻艺术珍品及东魏时期北方佛教造像典型代表。北齐天保年间（550—559），建造丈八佛大殿，隋、唐、宋皇统及天眷、明成化及万历都重修过。清道光年间（1821—1850），寺院布局有正殿（丈八佛殿）、三佛殿、关圣帝君殿。清末寺废，仅存正殿。民国初年正殿坍塌。“文化大革命”时，造像头部被拉下，20世纪70年代末村民又将其按上。2001年在国家、省文物部门引荐帮助下，县文化文物部门接受深圳欧通国居士捐款400万元建成丈八佛保护院，面积9450平方米，由大门、丈八佛保护殿、后殿及左右厢房组成。

【樱花山风景区】 樱花山风景区位于邹平市西董街道办事处境内，总面积3600亩，最高海拔421米，森林覆盖率95%，是国家级水土保持科技示范园区、国家级水利风景区、国家AAA级风景区、国家级摄影创作基地、国内一流赏樱基地、省级环境教育基地。景区栽植5万株樱花，依山傍水，风景怡人。景区有5大湖面，总面积400亩，库容量200万立方米，最深处18米。湖面周边大部由麦饭石矿石组成，能够释放人体所需微量元素。

【醴泉寺旅游景区】 醴泉寺位于邹平市青阳镇醴泉村，是国家AAA级旅游景区。醴泉寺始建于南北朝时期，原名龙台寺，由庄严法师创建。唐中宗时，又由寺僧仁万重修扩建。据《邹平县志》记载，当寺庙重建完成之日，寺东山岩上忽有泉水喷涌而出，泉水甘洌，唐中宗得闻赐名为“醴泉”，龙台寺也由此更名为醴泉寺。因当时所在地隶属于济南府，醴泉被列入济南七十二名泉之一，也是七十二泉中海拔最高的泉。醴泉寺景区占地2万平方米，建筑面积5400平方米，寺内有天王殿、大雄宝殿和范文正公祠，建筑布局继承明代风格。

（李　斌）

旅游项目建设

【概况】 2019年，市文化和旅游局以文旅产业“双招双引”工作为中心，以文旅融合发展为主线，开展项目建设工作。完成签约项目2个，立项项目1个，签约立项项目总金额79.45亿元，文旅项目到位资金8.8亿元。梳理汇总各县（市、区）23个有招商需求的项目纳入招商项目库，筛选17个重点项目编印《滨州市文旅重点项目招商手册》，重点对外招商宣传推介。争取惠民县魏集古村落风景区、阳信县翰文创意研学旅行田园综合体和惠民鑫诚旅游休闲小镇3个项目纳入年度山东省文化旅游重点项目名单，其中惠民县魏集古村落风景区和惠民鑫诚旅游休闲小镇项目获得省级文化旅游项目贷款贴息资金238万元。指导博兴县京博集团、高新区愉悦家纺创建山东省第二批工业旅游示范基地。

【规划编制】 2019年，《滨州市全域旅游发展总体规划》《滨州市文化产业发展规划》编制完成。全市整合乡村旅游资源，打造乡村旅游集群片区，编制完成博兴县、惠民县、阳信县、邹平市和无棣县5个乡村旅游集群片区规划。

【旅游招商引资】 2019年，市文化和旅游局制定《关于促进文化旅游业集群化发展的实施细则》《文化旅游产业“双招双引”工作方案》《文化旅游产业主题招商活动方案》，编印《文化旅游重点招商项目手册》，建立招商项目库，制作招商路演PPT，在各类招商推介活动进行路演。参加2019山东（济南）国际旅游交易会、北京国际旅游博览会、首届精品旅游产业博览会等各类主题招商推介活动。沾化区与港中旅集团签订“全旅通”项目，项目计划投资5亿元；阳信县与深圳中瑞投资集团有限公司签订中国水落坡收藏艺术小镇项目，项目计划投资66.25亿元。到广州、深圳、天津、上海等地专场推介，对点招商。参加跨国公司领导人青岛峰会，参与第六届资本对接大会，8个文旅项目融资信息编入大会项目手册。举办

2019年11月19日—21日，滨州市2019文旅产业投融资大会在滨州大饭店举行

（市文化和旅游局　供图）

滨州市2019文旅产业投融资大会，签约意向投资金额约106.4亿元。持续跟进福建中辉投资集团有限公司拟打造的中辉文旅城项目（计划投资157亿元）和上海水木动画有限公司拟打造科技科幻主题小镇项目（计划投资10亿元）。对接曲阜尼山圣境集团、景域集团洽谈孙子文化项目，对接北京全景大观旅游规划设计研究院、山东城市印象广告传媒有限公司、山东大学文化产业重点实验室等洽谈黄河生态保护工程核心区项目开发工作。山东魏集古村落旅游文化有限公司惠民魏集古镇项目（二期）立项，项目总投资8.2亿元。全年签约立项总金额79.45亿元。年内，文旅项目到位资金8.8亿元，完成全市"双招双引"考核目标任务。

（孙连庆　张　艺）

乡村旅游

【概况】 2019年，滨州市以创建全域旅游示范市为重点，发展乡村旅游，推进乡村旅游工作与新型城镇化、农业现代化、生态文明建设、美丽乡村建设等相结合，全年实现乡村旅游消费总额120.52亿元，比2018年增长3.52%。完成惠民县、阳信县、无棣县、邹平市和博兴县的乡村旅游集群片区规划编制，推动乡村旅游集群化发展。整合乡村旅游资源，形成乡村旅游一日游、两日游旅游线路，包括南部山区游、黄河风情游，徒骇河休闲游、沿海拾贝游等旅游项目。利用各级媒体平台及各大文旅节会活动，推广"忆乡愁，看滨州"品牌。探索研究乡村旅游点状供地政策，到浙江考察学习经验。对各县（市、区）文旅企业点状供地需求进行调研，汇总14个试点项目，面积367.06亩，与市自然资源和规划局到试点项目单位实地检查，山东鑫诚现代农业科技有限责任公司惠民旅游休闲小镇项目、魏集古村落二期三期项目、博兴县麻大湖景区综合开发项目等8个乡村旅游项目获批点状供地试点单位，面积178亩，解决乡村旅游项目建设用地问题。滨州市被中国互联网新闻中心授予"新时代·中国最美乡村休闲旅游目的地"。

【乡村旅游培训】 2019年，市文化和旅游局注重开展乡村旅游培训。9月23—27日，全市乡村旅游、旅游扶贫和黄河风情带开发工作培训班在滨州银茂大酒店举办。9月26—27日，组织培训班学员到潍坊市临朐县九山薰衣草小镇、五井隐士村和青州市王府街道井塘村、王坟镇侯王村、弥河镇赤涧村进行学习考察。通过培训讲座和现场学习交流，规范提升全市乡村旅游经营及从业人员的理论政策应用能力、经营管理水平和服务基本技能，推进旅游扶贫，加快黄河风情带项目开发。

2019年1月12日，第十三届中国旅游品牌发展高峰论坛在北京举办，滨州市获评"2018中国最佳乡村旅游示范城市"　（市文化和旅游局　供图）

【滨州市获评"2018中国最佳乡村旅游示范城市"】 2019年1月12日，亚太旅游发展研究会、中国休闲生态旅游发展促进会、中国全域旅游发展战略联盟、全国文化旅游发展促进会、中国旅游产业投资协会、品牌时报社共同举办的第13届中国旅游品牌发展高峰论坛暨中国旅游品牌颁奖盛典在北京召开，滨州市获"2018中国最佳乡村旅游示范城市"。滨州市发展乡村旅游，拥有中国双优古村、山东省休闲农业和美丽乡村示范点西纸坊，全国休闲农业与乡村旅游示范点魏集古村落，中国乡村旅游特色村狮子刘村等一批乡村旅游典型代表，滨州推出的"忆乡愁，看滨州"品牌效应在全国初步体现。

【滨州市获评"中国最美乡村旅游目的地"】 2019年12月22日，新时代·中国品质旅游营销峰会暨2019锦绣中国榜发布会在北京召开，峰会由国家级新闻机构中国互联网新闻中心主办，汇集全行业、全产业、全领域的中国旅游产业资源，地方政府、景区、文旅企业等共同参与。根据"创新、协调、绿色、开放、共享"发展理念，通过"新闻检索、提名入围、材料申报、专家评审、网络投票、舆情监测"等评议程序，峰会评选出40个地区授予"中国最美乡村休闲旅游目的地"称号，滨州市名列其中。滨州是中国优秀旅游城市，全国十佳生态休闲旅游城市和中国最佳乡村旅游示范城市。古代著名军事思想家孙武、宋代著名政治家范仲淹、汉孝子董永在此出生或成长，域内8处AAAA级景区、44处AAA级景区，旅游资源丰富。惠民胡集书会、滨州剪纸、博兴吕剧、沾化渔鼓戏等被列入国家级非物质文化遗产名录。

（孙连庆）

旅游营销

【概况】 2019年，滨州市强化文旅宣传营销，以文旅融合形象推广为主体，以产品落地营销为目标，以展会活动为载体，推进“7+2”文旅模式，提升“渤海之滨 黄河之州”文旅品牌的知名度和影响力。在多家合作媒体开展宣传推介，建立滨州市文旅营销平台，实现全年覆盖式整体形象宣传。加大新媒体营销，丰富全域旅游。对接融入京津冀协同发展，组织文旅企业到客源地市场开展精准推介，参加重大文旅展会。年内，阳信县水落坡镇获评“山东省购物旅游示范乡镇”，博兴县锦秋街道办事处湾头村获评“山东省购物旅游示范村”，山东省博兴县蒲姑印记商贸有限公司、山东海瓷文化股份有限公司、山东省十里香芝麻制品股份有限公司、阳信寰宇盛大骨雕工艺品有限公司、山东植染工坊纺织有限公司5家企业获评“山东省旅游商品研发基地”。

【文旅产业投融资大会】 2019年11月19—21日，滨州市2019文旅产业投融资大会举行。全国30多家文旅重点企业，包括投资商、运营商、二次消费策划机构参会，大会分为实地考察、政府推介、项目路演、资源对接、贵宾晚宴5项主要内容。会上，市文化和旅游局对全市18个项目的资源优势、人文风情、基础条件以及项目业态、政策服务等进行介绍，各县（市、区）分别推介重点文旅项目。现场7家文旅集团与滨州市8个文化旅游投融资重大项目集中签约，意向投资金额106.4亿元，涵盖特色小镇、民宿、娱乐拓展、文创商品、景区开发运营等多种业态。

【文旅产品亮相第八届山东省文博会】 2019年9月19日，第八届山东文化产业博览交易会在济南开幕。滨州展区主题为“‘渤海之滨 黄河之州’滨州欢迎您！”，展区以实物展示、图片展示、多媒体展示、现场表演等为主要展示方式，集中展现“黄河文化”“孙子文化”，展示全市文化和旅游产业发展新成果。滨州展区分为旅游商品、非遗产品、企业宣传、文创产品、风景带、LED大屏6大展示区，博兴布老虎、博兴草柳编、苗家老粗布、无棣海瓷、沾化枣木雕刻、阳信水落坡古家具、滨城葫芦雕刻等一批代表滨州特色的文化旅游产品集中展出不同区域摆放与之对应的各类特色展品。省委常委、宣传部部长关志鸥，副省长于杰等省领导参观滨州展区。

2019年12月22日，新时代·中国品质旅游营销峰会暨2019锦绣中国榜发布盛典在北京举办，滨州市获评“中国最美乡村休闲旅游目的地”

（市文化和旅游局 供图）

【对外旅游营销】 2019年，滨州市加强文化旅游营销引导作用，开发客源市场，对接融入京津冀协同发展，组织文旅企业到天津市西青区，河北省廊坊市、沧州市及省内济南市、德州市、威海市、烟台市等客源地市场举办滨州文化旅游专场推介会。组织参加第八届山东国际文化产业博览交易会、北京国际旅游博览会、西安丝绸之路国际旅游博览会、山东国际旅游交易会、青海旅游节暨西北旅游大会、北京国际旅游商品和旅游装备博览会、中国国际旅游交易会等重大文旅展会，参加2019巴州文化旅游宣传交流活动及第二届世界老年旅游大会，推介滨州旅游资源、精品线路及优惠政策，拓展客源市场。

【会展节庆活动】 2019年，全市结合域内旅游资源，推进文化旅游会展节庆活动开展，举办“中国旅游日”滨州市主题活动暨无棣县千年古桑文化旅游营销活动，组织承办“2019滨州市文旅产业投融资大会”，开展千家旅行社进惠民营销活动。组织参与“远东·远东——俄罗斯当代油画作品交流展”。举办第二十一届滨州沾化冬枣节、邹平市樱花山第六届樱花节、阳信县第三十届梨花、邹平黄河旅游文化节暨第三届海棠花节等文化旅游会展节庆活动。

（贾淑兰）

【旅游宣传推广】 2019年，滨州市在央视戏曲频道、央视音乐频道、山东卫视、山东广播电台、滨州电视台、滨州电台、滨州日报、齐鲁晚报等媒体建立文旅营销平台，实现全年覆盖式整体形象宣传。在全省市级文旅管理机构抖音号影响力指数排名第二，多次进入清博大数据微博传播力BCI周榜前十，在全省市级文旅管理机构微博影响力指数排名第七，在全省文化和旅游宣传营销信息采集排名第四。开发客源市场，对接融入京津冀协同发展，组织文旅企业到周边客源地举办专场推介会。参加展会活动，开展系列宣传推介。组织“2019滨州市文旅产业投融资大会”，7家重点文旅集团与滨州市8个文化旅游投融资重大项目集中签约，意向投资金额约106.4亿元。

（王　湛　董晓冬）

旅游管理

【概况】 2019年，全市加强旅游行业管理，推进文明旅游，开展旅行社市场专项检查、春季旅游市场监管专项行动、严格出境游旅行社资质管理落实退出机制专项行动等专项检查，强化旅游市场监管，维护市场秩序，提升服务质量。全市68家旅行社全部签订《旅行社规范经营责任承诺书》，践行不捆绑销售两条线路以上旅游套餐产品、不违规发行单用途预付卡、不做非法集资、不合同诈骗等在内的各项旅游承诺。加强出境社监管，落实旅行社和导游意识形态管理，开展文明旅游和理性消费宣传。建立质量保证金动态监管和长效监管机制，把加强旅行社质量保证金管理作为事中监管工作重点。加强全国旅游监管服务平台推广应用，实时掌握旅游团活动轨迹，预警导游擅自变更行程行为，通过合同价格监测预防“不合理低价游”，实现事中事后监管智能化。年内，全市检查旅行社及其分支机构134家，检查导游38人次，受理“12301”旅游投诉36件、其他渠道投诉53件，结案51件，赔偿金额0.7万元。

【行业管理推进】 2019年，全市新增国家A级旅游景区12家，其中AAAA级景区1家、AAA级景区3家、AA级景区8家。开展A级景区质量提升行动，强化景区安全管理。出台《红色遗迹产业游服务体系指导性意见》，形成4条红色旅游线路。举办培训班，提高文化旅游管理水平，推进文化和旅游产业高质量发展。

【旅游市场规范】 2019年，市文化和旅游局组织开展春季旅游市场专项整治、暑期文化市场秩序专项整治、文化和旅游市场整治、防范非法集资宣传教育“筑网行动”4次专项行动。消除安全隐患，规范旅游市场秩序。加强旅游服务质量保证金管理，落实旅行社退出机制，规范导游资格审核，提升导游专业化水平和旅行社服务质量。开展星级饭店复核，2家四星级旅游饭店、2家三星级旅游饭店通过三年期评定性复核。全市落实《旅游饭店星级的划分与评定》，加强星级饭店、绿色饭店动态管理，提升星级饭店服务质量。开展全市旅游市场经营主体巡查，全年无旅游安全事故发生。年内，滨州市在全省饭店服务品质提升技能大赛中获得服务技能大赛三等奖2个、山东省金牌旅游小吃称号3个、山东省名优小吃称号1个。

（王　湛　董晓冬）

【景区管理】 2019年，全市开展A级景区质量提升行动，文化旅游部门指导国有景区开展景区降价工作，指导A级景区开展高层次人才“山东惠才卡”、退役军人优惠等工作；加强景区安全管理，开展景区玻璃栈道、违规墓地、高风险项目等排查工作，指导景区加强防汛抗旱、防灭火工作等；规范景区进入退出机制，开展景区复核暨体验式检查工作，对达不到等级标准的14家A级景区进行相应处理，通过创建复核工作，提高景区环境质量和管理服务水平。

【饭店业消防安全交流培训】 2019年12月6日，滨州市饭店业消防安全暨服务技能提升交流培训班举办。各县（市、区）文化和旅游局分管领导、星级饭店总经理、部分全市规模以上酒店总经理及相关从业人员150余人参加培训。培训班包括服务技能交流、食品安全讲座、消防安全讲座及消防演练等内容，强化旅游从业人员服务意识、质量意识和标准意识，加强特色化、亲情化、细微化服务品牌建设。

【星级酒店管理】 2019年，市文化和旅游局组织全市星级饭店复核组对无棣县海顿餐饮有限公司、邹平市大家之家商务酒店2家三星级饭店进行复核，配合省四星级饭店星评委对滨州市贵苑大酒店、邹平市雪花山大酒店2家四星级酒店的设施设备及其维修保养、服务项目、服务流程、管理制度、清洁卫生、食品安全、消防、煤气安全等事项进行检查，提升星级饭店基础设施和服务质量。

【安全生产管理】 2019年，市文化和旅游局落实省文化和旅游厅、市委市政府各项安全生产部署，强化相关部门及单位责任意识，完善包括监督检查、预警提示、应急处置在内的安全保障体系，开展“新中国成立70周年安全生产专项整治行动”“双随机一公开”安全检查、道路交通安全“平安行·你我他”行动等安全检查，在春节黄金周、清明节、国庆节等重要节点对全市旅游市场经营主体开展巡察，杜绝旅游安全事故发生。年内，市县两级文化旅游部门开展安全生产检查100余次，查处并整改安全隐患200余处，旅游企业自查自改隐患30余处。

（董晓冬）

综　述

【概况】 2019年，全市金融部门围绕“富强滨州”建设目标，落实“增信贷、降不良、打逃债、防风险”工作要求，提升金融服务实体经济能力。推进“企业增信行动”，实施“3511”工程，为企业提供多化融资服务；制定出台《滨州市“待增信”帮扶企业名单管理及帮扶办法》，落实“一企一策”帮扶方案，全年为“待增信”企业协调续贷47.51亿元。实施金融风险化解“百日集中攻坚”行动，压降不良贷款，推进金融风险化解，全市累计处置银行不良贷款206亿元。推进产融平台建设。12月9日，滨州市产融综合服务中心线上综合服务平台投入运营，全年注册企业497家，解决融资6.12亿元，线下平台建设同步推进。开展现代金融业“双招双引”，全市引入招商项目8个，到位资金9亿元；建立25人的高端金融专家智库，7人入选省“齐鲁金融之星”。拓展实体融资渠道，13家企业在区域股权交易中心挂牌，全市直接融资113.89亿。12月，滨州市第六届资本对接大会召开，推进本地产业与金融资本融合，开启金融服务实体经济新模式。

【“3511”工程】 2019年，滨州市发挥政府引导资金作用，开展“企业增信行动”，实施“3511”工程。“3511”工程五项重点工作为：将50家企业纳入“白名单”，全额快速融资；50家企业纳入“黑名单”，加快分类处置；对50家企业进行帮扶，推进无还本续贷业务；公布一批惩治逃废债典型案件，维护保障金融经济秩序；建设企业融资综合服务平台，提供多元化融资、增信服务。年内，全市推进“待增信”企业帮扶工作，出台《滨州市“待增信”帮扶企业名单管理及帮扶办法》，召开“待增信”企业恳谈会，“一企一策”落实帮扶方案，全年为50家“待增信”企业协调续贷420笔、47.51亿元，其中128笔、15.19亿元贷款享受利率优惠，新增贷款21笔、5.11亿元。开展“白名单”“黑名单”企业评选认定工作，55家“黑名单”企业全部进入处置程序，其中6家企业处置完成；全市各银行机构对50家“白名单”企业授信12.22亿元，累计发放贷款11.56亿元。

【企业增信行动】 2019年，全市落实11项企业增信措施，制定出台《市级地方金融稳定资金管理使用办法》《小微企业贷款风险补偿资金管理办法》，新增市级直担公司1家；18家银行无还本续贷存量169.93亿元，全年累放金额106.8亿元；办理再贷款、再贴现25.63亿元；银税互动贷款31.29亿元；关税保证保险推广额度11亿元；应收账款融资26.31亿元；启动实施风险补偿和民营小微企业首贷培植行动，发放科技成果转化贷款3200万元；首贷企业数量2189户，累计贷款金额23.39亿元，利率5.74%。年内，全市本外币贷款余额2686.7亿元，较年初增长2.56%；考虑不良贷款核销等因素，全年贷

2019年12月9日，滨州市智慧产融综合服务平台启动运营
（市地方金融监管局　供图）

款实际增长9.5%。

【金融风险防范化解】 2019年，全市实施金融风险化解“百日集中攻坚”行动，全面压降不良贷款。齐星集团司法重整执行计划裁定终结，10家风险企业加快推进司法重整程序，1家企业退出省级风险企业名单，1家上报退出申请。至年末，全市不良贷款233.41亿元，较年初减少22.87亿元；不良率8.7%，较年初下降1.1%，居全省第14位，较年初提升一个位次。相关部门依法惩治逃废金融债务行为，约谈企业1243家，不良贷款人1984人，立案68起，逮捕24人，移诉案件50起67人，协助消除不良贷款55.5亿元。

【现代金融业“双招双引”】 2019年，滨州市编制现代金融业发展规划，到北京、青岛等地开展路演招商活动18次，达成合作意向10余项。建立高端金融专家智库，聘请专家25人（其中在京专家15人）。建立125人的全市金融人才储备库，7人入选省“齐鲁金融之星”。到中央财经大学等高校开展“万名大学生进滨州”宣讲活动，各驻滨金融机构招聘大学生371人。现代金融产业招商8个项目，到位资金9亿元。市政府与五矿证券签订新旧动能转换母基金50亿元，与山东省金融资产管理公司签订重点企业纾困发展基金30亿元，光大银行滨州分行获批筹建。

【地方金融组织监管】 2019年，市地方金融监管局组织开展行业年审、分类评级和从业人员排查整改工作，规范整顿，加强分类监管。全市小额贷款公司贷款余额20.98亿元，典当行典当余额3.42亿元，融资性担保机构在保余额36.94亿元，民间融资机构对外投资余额5.57亿元。推进依法行政工作，梳理权责清单，规范执行执法三项制度，推动行政处罚、行政强制网上运行。按照全省统一标准，重新修订自由裁量基准、服务指南、一次性告知、行政许可事项公开及操作规范和流程图。落实重大行政决策法制审核制度，把公众参与、专家论证、风险评估、合法性审查和集体讨论作为本部门重大决策必经程序。坚持“统一登记、统一编号、统一发布”原则，健全规范性文件制定程序。

【第六届资本对接大会】 2019年12月9—10日，滨州市第六届资本对接大会举办。省内外150余家金融机构参会，参会人数超1000人。大会期间，市产融综合服务中心线上平台正式启动，6个市直部门和3个市属开发区进行重点项目和政策推介路演，发放项目书1200余套（6000余本），经济金融专家黄奇帆到会举办讲座，9名国内金融界专家开展3个平行论坛活动，齐鲁股权交易中心为滨州12家企业集中挂牌，30余家金融机构现场洽谈，25个项目现场签约，金额1069.85亿元。省内外转载媒体数278家，搜索引擎收录数375家，阅读量突破600万人次。

（赵　曦）

银　行

【概况】 2019年，中国银行保险监督管理委员会滨州监管分局（简称滨州银保监分局）发挥党建工作引领作用，抓实信用风险防控，做好敏感时点应急风险处置工作，加快不良贷款处置，牵头制定银行机构核销激励机制，开展农商银行风险化解、网贷风险整治。规范金融监管工作。开展“行业规范建设年”，提升银行业标准化程度和服务质量，开展便捷获得信贷行动，督导银行机构做实内控管理。做好服务实体工作，督导辖区银行业整合办贷流程，加强外部对接合作，参与台风“利奇马”灾后重建；引导辖区银行开展“铝谷”供应链金融业务，推出“铝易贷”等特色信贷产品。加强金融消费者权益保护，开展侵害消费者权益乱象整治，组织“金融知识普及月 金融知识进万家 争做理性投资者 争做金融好网民”活动，推进落实银行业金融机构销售行为检查整改“回头看”。至年末，辖区银行业各项存款2942.86亿元、比2018年增幅2.97%，各项贷款2682.69亿元、比2018年增幅2.56%；全市有33家银行机构，光大银行滨州分行获批筹建，辖区银行业新设县域机构3家。

【供给侧引导】 2019年，滨州银保监分局引导辖区银行业金融机构整合信贷资源，服务地方实体经济发展。督导银行机构整合办贷流程，加强外部对接合作，接入抵押登记系统，平均缩短银行业办贷时限2天以上，提升群众获得信贷便捷性。参与“利奇马”灾后重建，辖区银行业办理灾后转贷续贷3552万元。配合开展生猪供应保障政策调控，指导银行机构投放信贷资金2.48亿元，维持平稳物价。引导辖区银行加强政银企合作，开展“铝谷”供应链金融业务，13家机构推出“铝易贷”等特色信贷产品；推动市级产融综合服务中心建设，搭建服务平台，提升银保服务实体经济能力。

【银行业改革】 2019年，滨州银保监分局推进行业规范建设。规范机构行为，加强日常监管。督导机构开展便捷获得信贷行动，辖区银行业累计办理无还本续贷业务83.79亿元；引导银行业机构服务“三农”、落实小额扶贫信贷政策。督导银行机构加强内控管理、风险防控。督导辖区法人机构完善公司治理，加强高管管理，强化贷款入股问题整改，将党建引入农商行公司治理，推进弥合法人机构治理主体关系。

【金融风险防控】 2019年，滨州银保监分局贯彻中央“打好防范化解金融风险攻坚战”要求，开展重点企业和重点机构风险防控化解，推进辖区银行业信用风险防控，配合地方政府化解企业流动性风险。推动债委会及债权人主席行作用发挥，防范和处置重点企业风险。推进农商行风险处置攻坚工作，加强流动性风险、案件风险、P2P网络借贷等

2019 年 9 月 4 日，中国银行业协会到滨州调研打击恶意逃废债、金融服务行业创新发展等经验做法，图为调研组召开调研座谈会 （滨州银保监分局 供图）

重点管控，推动市委市政府开展全市银行业不良贷款清收处置“百日攻坚战”行动，压降不良贷款。组建债委会 91 家，8 家企业退出省级风险企业名单，8 家企业推进司法重整程序，全市省级风险企业户数降至 27 户，不良贷款处置 6 年来实现首次“双降”。

【金融保护】 2019 年，滨州银保监分局开展侵害消费者权益乱象整治工作，提升金融消费者权益保护水平。开展“金融知识普及月 金融知识进万家 争做理性投资者 争做金融好网民”活动，组织辖区银行保险机构开展金融知识宣传。部署银行业金融机构销售行为检查整改情况“回头看”工作，重点排查辖区银行机构自有理财产品和代销产品中存在的问题，及 2018 年销售检查发现问题的整改情况。加强辖区银行业金融机构监管，加大行政处罚力度，遏制违规经营和违法犯罪。

【“行业规范建设年”活动】 2019 年，滨州银保监分局开展“行业规范建设年”活动，推出“5 个 1”工作方法，要求各银行保险机构开展不少于 1 次集中学习培训、不少于 1 次全员“四规范”测试、不少于 1 次主题宣传周、不少于 1 次主流媒体宣传报道、每月不少于 1 次活动信息总结。至年底，组织辖区银行保险业开展全员合规知识测试 1209 次、主题教育宣传周活动 345 次，在各媒体宣传报道 156 次，受众 95523 人次。

【“巩固治乱象成果 促进合规建设”活动】 2019 年，滨州银保监分局成立“巩固治乱象成果 促进合规建设”工作领导小组，开展乱象整治工作。结合辖区实际，坚持问题和风险导向，研究制定《滨州银保监分局“巩固治乱象成果 促进合规建设”工作方案》，明确开展问题整改问责“回头看”、加强重点领域问题整治、开展强内控促合规建设 3 项任务。围绕商业车险财务业务数据不真实、违规支付手续费、恶性竞争等市场乱象，坚持机构和高管“双罚”原则，查实违法违规问题，规范商业车险市场秩序。

（任绍丰）

【中国人民银行滨州市中心支行】 2019 年，中国人民银行滨州市中心支行（简称市人行）立足基层央行职责，加强金融政策传导，完善风险监测分析、多层次信息交流工作机制，防范化解金融风险。深化金融“放管服”改革，落实深化“一次办好”改革要求，提升本外币政策协调服务效率。服务供给侧结构性改革，做好风险监管信息的共享，开展执法检查与行政处罚体制改革试点，对高风险地方法人机构开展资产质量管理协调，开展借贷平台排查治理、法人机构现场检查和洗钱风险评估工作。推进本外币政策协调，强化资金流动均衡监管，构建跨境资本流动常态化监测核查体系，指导 8 家企业运用跨境人民币双向资金池业务。为全市经济社会发展提供金融支持。持续推进金融供给侧结构性改革。至年末，全市本外币存款余额 2958 亿元，较年初增加 81.9 亿元、增长 2.85%。全市本外币贷款余额 2682.70 亿元，较年初增加 45.00 亿元、增长 1.70%。除贷款核销等因素，全市贷款实际较年初新增 246.10 亿元、增长 9.41%。

2019 年 12 月滨州市金融机构本外币信贷收支统计表

表 17　　　　单位：亿元

	本期余额	比上月增减		比年初增减	
		2019 年	2018 年	2019 年	2018 年
一、各项存款	2957.96	18.30	19.17	81.86	111.94
（一）境内存款	2956.98	18.22	19.12	81.50	112.31
1. 住户存款	1707.19	22.23	14.16	184.81	138.08

续表 17

	本期余额	比上月增减		比年初增减	
		2019 年	2018 年	2019 年	2018 年
（1）活期存款	607.95	24.27	16.29	69.11	29.03
（2）定期及其他存款	1099.25	-2.04	-2.13	115.70	109.05
2. 非金融企业存款	882.33	27.12	13.24	-70.95	-70.01
（1）活期存款	393.06	3.69	12.74	-61.57	37.63
（2）定期及其他存款	489.27	23.44	0.50	-9.38	-107.64
3. 机关团体存款	348.28	-17.16	6.70	-26.36	39.66
4. 财政性存款	15.08	-13.95	-14.28	-2.12	8.09
5. 非银行业金融机构存款	4.10	-0.03	-0.69	-3.87	-3.52
（二）境外存款	0.97	0.08	0.05	0.36	-0.37
二、各项贷款	2682.70	-43.08	-47.48	45.01	98.48
（一）境内贷款	2681.54	-39.34	-50.00	48.35	93.97
1. 住户贷款	780.71	12.75	7.05	121.29	98.93
（1）短期贷款	218.02	0.89	-0.72	25.43	20.74
消费贷款	79.60	0.19	-0.44	8.13	3.77
经营贷款	138.42	0.70	-0.28	17.30	16.97
（2）中长期贷款	562.69	11.86	7.77	95.86	78.18
消费贷款	528.14	11.32	7.23	90.69	77.08
经营贷款	34.55	0.54	0.54	5.16	1.10
2. 非金融企业及机关团体贷款	1900.83	-52.09	-57.05	-72.94	-4.95
（1）短期贷款	1295.12	-34.50	-25.74	-166.25	-44.56
（2）中长期贷款	502.75	-3.21	-14.52	85.07	11.07
（3）票据融资	70.69	-5.53	-17.34	13.53	9.95
（4）融资租赁	0.00	0.00	0.00	0.00	0.00
（5）各项垫款	32.28	-8.85	0.56	-5.28	18.59
3. 非银行业金融机构贷款	0.00	0.00	0.00	0.00	0.00
（二）境外贷款	1.16	-3.74	2.53	-3.34	4.50

货币政策服务新旧动能转换。2019 年，市人行推出“央行货币政策直通车”“企业融资政策直通车”“重点票据直通车”服务，贯彻“三档两优”存款准备金优惠政策，办理再贴现 24.8 亿元、再贷款 1.2 亿元，开展“重大项目集中走访对接月”活动，制定《支持重点项目建设服务指引》，建立市县协调联动的重大项目信贷支持推进机制，引导全市金融机构围绕省市重点建设项目、新旧动能转换优选项目和“儒商大会”签约项目做好信贷支持工作。全市 41 个省级重点项目中，5 个项目获得授信 14.60 亿元，2 个项目获得贷款 1.47 亿元，为 4 家发债企业上报奖励申请 264.1 万元。

企业“增信贷”工作。2019 年，市人行开展“银企同舟促发展”行动，以及全市民营和小微企业首贷培植行动，全市培植企业数量 2628 家，经过培植首次贷款企业数量 2189 家，累计贷款金额 23.39 亿元。推进“线上 + 线下”金融服务对接，依托山东省企业融资服务网络系统对接融资需求 2401 条、金额 754.8 亿元，推动银行机构加强对 50 家新兴产业企业、50 家“待增信”企业的金融支持。开展金融服务乡村振兴“一县一品”活动，推出“冬枣贷”“银虾海产贷”“养虾贷”“厨具贷”“大棚贷”等信贷产品。

金融风险监测处置。2019 年，市人行牵头协调市地方金融监管局、市银保监局，签订《滨州市金融风险管理合作备忘录》，建立金融机构一线风险监测员制度，对 5 家重点风险企业建立定期、动态、全面排

2019 年 6 月 18 日，滨州市跨境人民币业务政策培训暨经验交流会在市人行举行

（市人行　供图）

查工作机制，编发《滨州金融风险监测周报》39 期。开展“央行评级 + 存款保险”组合监管，完成 14 家机构央行评级，对 4 家机构开展早期纠正工作，向高风险机构下发《早期纠正通知书》2 次、《风险警示函》2 次，约谈高风险机构高管 8 人次。对接市政府金融增信“3511”工程，配合开展金融风险化解“百日攻坚”行动，帮助各银行争取不良贷款“控新化旧”政策支持。

金融“放管服”改革。2019 年，市人行推进支付惠民行动，落实取消企业账户许可改革，提高企业开办效率。举办现金业务技能竞赛，创建现金服务区示范区。推进县级国库集中支付电子化，小微企业普惠性税收减免退库工作居全省前列。推进“征信 3 公里自助查询圈”建设，提前完成应收账款融资工作目标。开展执法检查与行政处罚体制改革试点，选报典型案例获得“2018 金融消费者保护十佳案例”。

涉外经济稳增长服务。2019 年，市人行推进外汇服务进万企活动，举办企汇讲堂、政策宣讲，实地走访企业 546 家，推动外汇管理重点领域改革。落实跨境资本流动“宏观审慎 + 微观监管”管理，对 26 家企业开展非现场检查分析、2 家企业开展现场检查。指导 8 家企业运用跨境人民币双向资金池业务，调剂境内外资金。

（梁　珍）

【中国农业发展银行滨州市分行】2019 年，中国农业发展银行滨州市分行（简称市农发行）调整信贷结构，提升发展质量，加强合规管理，防控金融风险，服务乡村振兴。年内新增贷款投放 44 亿元，居全市金融机构首位，年末贷款余额 193.42 亿元。存款日均余额 63.66 亿元，实现账面利润（拨备后利润）3.13 亿元，在全省绩效考评中获评 A+ 级，排名第三位。促成市政府同省农发行签订政策性金融支持滨州市乡村振兴暨黄河流域生态保护和高质量发展战略合作协议。

信贷服务。2019 年，市农发行推进实施粮棉油信贷，服务滨州粮、棉千亿级产业集群，支持储备、购销以及龙头主题入市收购，年内投放夏收贷款 10.38 亿元，完成省行任务的 115%；支持收购小麦 8.82 亿千克，完成省行任务的 176%；建立全市首笔市级粮食收购贷款信用保证基金 5000 万元，带动投放贷款 2.5 亿元。粮棉油收储客户 35 家、贷款余额 62.24 亿元，居全省农发行前列。开展“全产业链”“养牛贷”“合村并居”“对接帮扶”等扶贫业务，产业扶贫贷款余额 44.24 亿元，居全省农发行首位。开展供应链金融工作，锁定并营销小微企业 7 家、金额 3700 万元。

“三项贷款”营销。2019 年，市农发行支持水利、农村人居、生态环保项目，推进“三农”基础设施建设。全年审批项目 8 个，金额 52.7 亿元，投放贷款 28.24 亿元。探索“土地 + 乡村振兴”业务，审批农地信贷项目 7 个、金额 20.48 亿元，带动新增城乡建设用地指标 346.67 公顷、新增耕地面积 666.67 公顷。

国际业务。2019 年，市农发行坚持本外币一体化经营理念，提升国际业务量和管理质量。年内，市农发行国际业务结算量 5.9 亿美元、

2019 年 12 月 10 日，滨州市人民政府、山东省农发行签署实施乡村振兴暨黄河流域生态保护战略合作协议

（市农发行　供图）

国际结算收入540.11万元，均列全省农发行首位（结算量居农发行系统二级分行首位）；持续保持“执行外汇管理规定考核”A级行等级。

风险防控。2019年，市农发行开展“风险化解攻坚年”活动，全年化解不良贷款0.7亿元，现金清收风险贷款2.58亿元，退出潜在风险0.1亿元，继续保持“无逾期、无欠息、无不良”成绩。

（邢建国）

【中国工商银行股份有限公司滨州分行】 2019年，中国工商银行股份有限公司滨州分行（简称工行滨州分行）服务实体经济，防范金融风险，推进改革创新。至年末，各项贷款余额366亿元，居全市同业第一；投向实体经济领域贷款近195亿元。

实体经济服务。工行滨州分行加强与全市新旧动能转换重点项目对接，发挥金融服务作用。全年投放项目贷款6亿元，储备项目6个，金额102亿元，贷款行业主要集中在先进制造业、基础设施、新能源等领域。民营企业贷户345户，贷款余额183亿元，占全行公司贷款余额86%。

小微企业支持。工行滨州分行拓展普惠金融业务领域，支持小微、“三农”“双创”、精准扶贫领域工作。全年为1090户小微客户发放贷款29.41亿元；与省农业发展信贷担保有限责任公司合作，为阳信县5户肉牛养殖户发放740万元“惠农贷”贷款；为2户小企业客户发放“青贮贷”340万元。

金融风险防范。工行滨州分行加快清收处置，强化信贷基础管理，结合市委市政府风险化解“百日集中攻坚”行动，以“增信贷、降不良”为切入点，化解重点企业风险。全年处置不良贷款29.27亿元。

营商环境优化。工行滨州分行开展“便捷获得信贷行动”专项活动，围绕流程再造、机制创新等，精简流程环节、缩短办理时间、减少申请材料，制作“明白纸”“告知书”，实现“一次性告知”，提高服务和办贷效率。

金融服务提升。工行滨州分行开展网点服务达标和服务提升百日行动，全辖40个网点全面达标；开展星级网点创建，获得“2019年滨州市银行业文明规范服务礼仪大赛”一等奖；落实消保投诉“一把手”工程，压降投诉，全年未发生重大服务消保投诉事件；落实“员工为本”服务文化理念，完成6家网点原址装修，迁址装修2家，完成40家网点“工行驿站”建设。

（沈　腾）

【中国农业银行滨州分行】 2019年，中国农业银行滨州分行（简称农行滨州分行）服务乡村振兴、新旧动能转换、精准扶贫、普惠金融，推进“富强滨州”建设。至年末，各项存款余额503.68亿元、各项贷款余额337.1亿元，分别居全市商业银行第一位、第二位。

实体经济支持。农行滨州分行向上级行争取信贷政策和规模，加大信贷支持实体经济力度，投放各类贷款209亿元；签发银行承兑汇票142亿元，开立信用证32.35亿元，办理贸易融资29.41亿元；表内外用信达450亿元，增幅居全省农行系统前列；第五届资本对接大会资金到位283.81亿元，到位率121.26%。对接全市新旧动能转换重大项目库，逐一制定金融服务方案，落实限时办结制度，优先匹配贷款计划，提供优惠利率；围绕市级重点项目，年内实现有效投放项目7个、涉及贷款14亿元。推进“便捷获得信贷行动”，对4类重点信贷业务实行“一次补充＋限时办结”，提升信贷运作效率。办理“无还本续贷”业务2.01亿元，余额5.02亿元，解决企业还本续贷问题。

乡村振兴服务。农行滨州分行落实金融服务乡村振兴战略合作协议，制定《金融服务乡村振兴发展规划》，编制《金融服务乡村振兴生态图谱》，推出“乡村振兴贷”六大产品线，新发放乡村振兴领域贷款61亿元。推出“惠农e贷”等系列线上融资产品，建立“一县一产品”“一行一特色”金融服务模式，至年底，“惠农e贷”余额9.61亿元，较年初增加7.46亿元。推进光伏扶贫贷款业务发展，发放光伏精准扶贫贷款7983万元，带动1614户贫困户脱贫；发放产业扶贫贷款1.73亿元，带动1293户贫困户脱贫。加强与省农业信贷担保公司合作，执行基准等优惠利率，发放“鲁担惠农贷”3980万元；为全市肉牛、粮食等9个重点产业集群预授信19.52亿元。

小微企业服务。农行滨州分行设立普惠金融事业部，配置专项信贷规模，推进普惠金融服务。改进小微业务信贷流程，为457户小微

2019年1月30日，“乘梦飞翔·再创辉煌”中国农业银行滨州分行2019年新春联欢晚会暨表彰大会在滨州大剧院举办　（田海滨　摄）

企业发放贷款10.14亿元。加快产品和服务模式创新推广，针对小微企业金融需求，推出“数据网贷”“微捷贷”等线上贷款产品；促进“银税互动”，对经营2年以上、纳税信用评级B级以上的“待增信”企业推出纯线上、纯信用、免担保的“纳税e贷”，累计发放1.14亿元。对小微企业减免费用、优惠利率，年末，监管口径普惠贷款余额15.07亿元，较年初增加7.24亿元；普惠贷款加权平均利率较2018年降低90个基点（BP），为小微企业节省利息支出1512万元。

金融稳定维护。农行滨州分行坚持分级化解、重点挂包、重点处置，加强与市地方金融监管局、市银保监分局、市银行业协会和金融同业的联系沟通，利用债委会平台，推动大额信用风险化解；对具备发展前景但资金链紧张的企业，在“风险敞口不扩大、担保不弱化、操作不违规”前提下，通过收回再贷、无还本续贷、调整承贷主体等方式，对10家企业、20.2亿元贷款实施风险化解。

（李玉杰）

【中国银行股份有限公司滨州分行】2019年，中国银行股份有限公司滨州分行（简称中行滨州分行）加强惠普金融建设，防控金融风险，提高金融服务实体经济能力。

实体经济服务。中行滨州分行以服务供给侧结构性改革为主线，加大基础设施、高端装备、高端化工、新一代信息技术、新能源新材料、乡村振兴、民生等领域信贷投放，提升服务实体经济质效。至年末，公司贷款余额181.69亿元，占本地市场份额26%，较年初提升1.69个百分点，份额提升居全省系统第二位。

金融风险防控。中行滨州分行加强重点风险管控，加快大额授信风险处置，推动重点企业风险化解进程；合理确定差异化处理目标，争取处置资源，加大处置力度。全年实现表内不良处置32.54亿元，不良化解额居全省系统内第一位；不良余额压降到9.49亿元，不良率控制在4%。

普惠金融建设。中行滨州分行提高中小微企业金融服务质效。至年末，普惠金融重点领域贷款余额5.91亿元，较年初新增0.63亿元，增速11.93%；普惠金融贷款利率4.16%，较年初下降0.68个百分点。加大对科技型企业、出口型企业、银税互动企业、政府白名单、“百行进万企”企业支持，全年投放普惠新客户33户，金额1.50亿元。

对外业务提升。中行滨州分行开展“外贸政策送万企”活动，推进“稳外贸”“稳外资”工作；加强对滨州当地受中美贸易摩擦影响较大的重点行业的动态分析，制定风险预警机制，提升企业应对关税冲击和汇率风险能力，提高进出口客户服务效率。至年末，实现国际收支量33.55亿美元，跨境人民币结算业务量68.4亿元。

（孙云轩）

【中国建设银行股份有限公司滨州分行】2019年，中国建设银行股份有限公司滨州分行（简称建行滨州分行）坚持党建引领，支持地方经济建设。至年末，一般性存款实现385.57亿元，各项贷款221.04亿元。

经济支持。建行滨州分行围绕五大千亿产业集群、新旧动能转换项目、普惠金融，加大信贷投放力度，支持重点项目建设。省分行与市政府签署《全面战略合作协议》，全年投放各类信贷资金176亿元，市人民医院西院区建设项目累计投放6亿元，中标山东梁邹铁路建设PPP项目25亿元。发展普惠金融贷款业务，小微快贷授信客户1016户，贷款余额12.3亿元。支持“三农”领域，与市农业农村局签署合作协议，推进“两权抵押”信贷支持。

内控合规。建行滨州分行加大不良处置力度，管控信贷资产质量。至年末，不良贷款额3.72亿元，不良率1.68%，全年处置不良贷款41亿元，推进金融风险化解“百日攻坚行动”，参与全市资产质量管控。

金融扶贫。建行滨州分行服务全市“村级人社服务平台”建设，实现“裕农通·村村通”全覆盖。服务产业扶贫，发放扶贫贷款6.02亿元，实施电商扶贫，发挥“善融商务”平台作用，联合省乡村振兴服务队、沾化区下洼镇政府，启动“一颗冬枣树，足以来扶贫”善融扶贫工作方案，实现冬枣交易5348件，交易额26.13万元。

（董志刚）

【交通银行股份有限公司滨州分行】2019年，交通银行股份有限公司滨州分行（简称交通银行滨州分行）提升发展质效，防控金融风险，服务实体经济。

新旧动能服务。年内，交通银

2019年7月6日，建行滨州分行“红旗裕农通”揭牌仪式在杨柳雪红色教育基地举行
（建行滨州分行　供图）

行滨州分行为渤海汽车系统股份有限公司增信1亿元，为华纺股份有限公司新增0.3亿元授信，为滨州城建投资集团有限公司发行2亿元债券；储备并申报市城区南部污水处理厂及配套管网工程PPP项目、山东环沃环保有限公司危废处理二期工程，推进沾临高速项目、山东欣悦健康有限公司新型健康材料产业化及应用建设项目、滨化集团股份有限公司北海新区高端石化产业园项目等。

不良贷款处置。交通银行滨州分行把保持资产质量基本稳定作为年度工作重点，提高风险缓释能力，推进不良资产处置，推进诉讼追索程序管理，拓展保全工作，加强前瞻管理，争取省行政策支持。全年处置不良贷款金额2.95亿元，超额完成处置计划0.42亿元。

营运转型提效。交通银行滨州分行结合网点厅堂服务模式转型要求，完成营业部厅堂改造，封堵高柜，完善智易通、现金循环机、小钱箱、手持终端等智能设备配备和使用指导，提升网点综合化和机动化服务水平。营运人员走出柜台，为客户提供服务，发挥网点客户服务经理效能，提升网点综合化经营能力。

小微企业服务。交通银行滨州分行推出保理业务、线上税融通、线上抵押贷、快捷抵押贷、供应链项目制等信贷新品，为小微企业定制信贷产品，满足企业多元化信贷需求。全年单户授信1000万元以下小微企业贷款余额2.2亿元，较年初增加1.5亿元，贷款客户63户，较年初增加48户。

（王华龙）

【中国邮政储蓄银行股份有限公司滨州市分行】 2019年，中国邮政储蓄银行股份有限公司滨州市分行（简称邮储银行滨州市分行）践行普惠金融，服务“富强滨州”建设。至年末，全行资产规模241.84亿元，比2018年增加25.36亿元，增幅10.49%；各项存款余额245.56亿元，比2018年增加26.21亿元，增幅11.94%；各项贷款余额141.12亿元，比2018年增加18.64亿元，增幅13.21%。

2019年11月29日，邮储银行滨州市分行与黄河大桥建设管理有限公司签署滨州黄河大桥PPP项目放款协议 （邮储银行滨州市分行 供图）

金融服务质效提升。邮储银行滨州市分行围绕“富强滨州”建设，加大信贷支持，全年投放信贷资金94亿元，年增18.64亿元，新增贷款占全市比重超41%；降低融资成本，全年贷款利率较2018年平均降低60基点（BP），为实体经济减少费用支出7000余万元；延伸服务范围，金融服务覆盖238万户城乡居民及小微企业。

新旧动能转换推进。邮储银行滨州市分行围绕全市五大千亿级产业集群规划，提升金融服务质量，为全市优秀企业家金狮、银狮、铜狮奖获奖企业投放资金23.6亿元；为全市民生、基础设施、交通运输、能源、生态保护等行业及企业提供资金支持100多亿元，重点推进滨州黄河大桥和南部污水处理厂PPP项目，授信43.81亿元，实现放款3.28亿元。

普惠小微企业助力。邮储银行滨州市分行进企业、进社区、进市场，开展各类金融宣传活动百余次；推出“科信贷”“退役军人担保贷”等新业务，实现放款1亿余元；引入省农担、省供销担保，发放核心企业上下游担保贷款8500万元；普惠小微贷款给予30基点（BP）减点支持；办理无还本续贷业务金额6000万元。全年小微信贷投放22亿元，余额20亿元，年增2.67亿元，监管考核计划完成率143%，增速15.43%，高于各项贷款增速0.21%；小微贷款投放利率较年初下降26基点（BP），小微企业融资成本降低。

乡村振兴战略助推。邮储银行滨州市分行服务精准扶贫，确定“政策、资金、智力、渠道”金融扶贫举措，发放扶贫贷款2.5亿元，带动100余个贫困家庭脱贫，帮扶建档立卡贫困户千余人次。投放种养殖大户等新型农业经营主体贷款4亿元，惠农1500人次；涉农贷款年增5亿元，余额34亿元。发放再就业贷款1亿元，扶持860余人就业创业。开展送金融知识下乡入村活动20余次，提高公众金融知识。开通居民养老、医保、交通罚没款等代收付业务，全年代收付101万人次，金额25亿元。

金融营商环境优化。邮储银行滨州市分行推进“一次办好”改革，业务流程向客户公示，推进“无纸化”作业，上线“信贷工厂”；与市及沾化区不动产中心联网，直接在银行网点为客户办理抵押登记，节省抵押办理时限2天；小额贷款平均业务时限由7个工作日缩减至5个工作日；抵押类消费贷款平均时限由15个工作日缩减至7个工作日。

金融风险防控。邮储银行滨州市分行推进“百日集中攻坚”活动，活动期间信贷净增7.17亿元，计划完成率 143.4%。推进“污染防治攻坚战”，加大绿色信贷投放，为北控固废项目、中信危废项目、光大垃圾焚烧发电项目提供授信 4.86 亿元，放款 2.11 亿元，全行绿色信贷余额 7.98 亿元，年增 1.04 亿元，完成绿色银行建设三年规划目标 130%。加强风险防控管理体系建设，至年末，全行不良余额 5300 万元，不良率 0.38%。

（王书群）

【招商银行滨州分行】 2019 年，招商银行滨州分行加快转型发展，加大信贷投入，化解金融风险。至年底，设有分行营业部、邹平支行、博兴支行、滨城支行 4 个综合性经营机构和公司客户一部 1 个业务直营团队。年内，分行获取 12 项机构业务资格。举办多场客户推介会，与小微企业主动对接，超百余家中小企业高管人员参加银企交流。

资产负债。至年末，招商银行滨州分行自营贷款余额 30.5 亿元，其中一般性对公贷款 15.2 亿元、票据融资 1.83 亿元，受客户提前还款、压缩退出等因素影响，对公资产有所回落。零售贷款增长，个人贷款余额 13.5 亿元，较年初增加 3.2 亿元，增幅 30%。普惠型小微贷款余额 2.2 亿元，完成全年计划新增任务。对渤海汽车、滨化集团等重点客户，协助改变融资架构、发行债券，降低企业融资成本。至年底，自营存款余额 35.0 亿元，较年初增加 1.7 亿元，增幅 5.1%。储蓄存款余额 14.5 亿元，较年初增加 4.0 亿元；对公存款余额 20.5 亿元，较年初减少 2.3 亿元。

经营利润。2019 年，招商银行滨州分行实现营业净收入 1.55 亿元，经营利润 1.06 亿元，资产减值准备回吐 0.87 亿元，实现净利润 1.74 亿元。压降风险，加大处置力度，实现质量、效益、规模同步增长，扭亏为盈，全年缴纳各项税款 1166 万元。

系统建设。2019 年，招商银行滨州分行推进便民服务及缴费（党费）场景建设。试点成功电子社保卡签发服务，电子社保卡签发量超 1 万张，列全行系统二级分行首位。与不动产中心签订查询合作协议。上线闪电贷业务系统，缴纳公积金客户可以在招商银行以优惠利率申请贷款。完成 ETC 安装推广工作，完成率在济南下辖 6 家二级分行中排名第一位。人民银行征信系统上线，实现人行征信一键查询打印功能。举办“金葵花投资策略报告会”“财富相伴、保障常青”投资者教育活动等系列客户活动。

不良防控。2019 年，招商银行滨州分行对不良资产实施分类管理，以名单制落实重点客户处置策略；推进“淘金行动”，落实财产调查，利用网络平台，聘请专业律师，适时通过司法途径，开展现金清收，全年实现不良贷款现金清收 0.85 亿元。开展不良资产核销，压降表内外不良，年内核销不良资产 4 户，金额 1.17 亿元。至年底，不良贷款余额 2.9 亿元，较 2018 年下降 0.2 亿元。

（王家琪）

【兴业银行滨州分行】 2019 年，兴业银行滨州分行支持地方社会经济发展。至年底，全市设有 7 处网点，正式员工 112 人。总资产、总负债分别达 194.76 亿元、196.60 亿元，较年初分别增加 27.49 亿元、25.36 亿元，增幅分别达 16.43%、14.81%。

信贷投放。兴业银行滨州分行加快信贷投放进度，年底贷款余额 192.21 元，较年初增加 24.91 亿元，增幅 22.19%。在全市区域贷款新增量占比 77.55%，市场份额 7.16%，较年初提高 1.2 个百分点。与宏桥集团、京博集团和鑫岳集团合作，带动先达农化、鲁北化工、佳化化学、裕能化工等中型客户合作，提升华纺股份、愉悦家纺、泰义金属、久盛铝业等存量客户授信，敞口授信实现新增近 160 亿元，带动表内资产投放增长约 105 亿元，非标投放 15 亿元。至年底，服务集群内企业超 50 家，政府类项目贷款等信贷投放余额超 25 亿元。

风险防控。兴业银行滨州分行坚持全流程风险管控，加强合规内控和不良处置。年内，发布风险提示 15 份，开展专项排查 22 次；分层负责、“一户一策”推进不良处置，采取诉讼、转让、核销等措施，倒排进度、定期调度，形成集中化运行模式，主动加大与各级政府、监管部门、法院及经侦部门联动。全年起诉立案 55 户，金额 5.27 亿元；完成执行立案 39 户，涉及金额 7.96 亿元。办理仲裁案件 3 个，金额 0.61 亿元；公证执行 3 个，金额 1.94 亿元。处置表内不良贷款 6.31 亿元；压缩潜在风险客户 28 户，金额 4618 万元；

2019 年 8 月 26 日，滨州市退役军人事务局、兴业银行滨州分行签署拥军优抚金融服务合作框架协议

（兴业银行滨州分行　供图）

退出潜在风险客户13户，金额4830万元；年底不良贷款余额4.65亿元，较年初微增0.13亿元，不良率2.42%，较年初下降0.45个百分点；关注类贷款3.20亿元，较年初下降4.93亿元，关注率1.67%，较年初下降3.5个百分点。

金融服务。兴业银行滨州分行创新产品，优化服务，全年办理FICC业务3.91亿美元。各类贷款实际执行利率4.86%，比2018年下降0.12个百分点。扶持小微企业，年底监管考核口径贷款余额2.57亿元，增长14.73%。与市退役军人事务局签订拥军优抚协议，为退役军人及近亲属提供金融服务；配置专项资源，开展公益活动，为邹平市老年大学上线运行校园管理系统；发挥"安愉人生俱乐部""安愉学院"教学点作用，为老年客户提供服务；依托各网点及周末"社区行"活动，志愿服务队定期开展金融知识沙龙、公益讲座以及主题节日活动120余次；启动"服务质量提升年"活动，市行营业部获评中银协"五星级网点"，获评总行文明示范网点创评大赛优秀网点。

秩序维护。2019年，兴业银行滨州分行配合当地政府有效处置齐星集团、邹平市供电公司等重大风险客户。配合推进"打逃废"专项行动，梳理、分析、上报嫌疑企业名单，配合公安机关、监管部门提报各类材料，将老赖企业列入黑名单。全年坚持不抽贷、不压贷、不断贷，制定无还本续贷相关政策文件，至年底，无还本续贷余额1.07亿元，较年初增加4291万元，办理无还本续贷金额1.79亿元。

（刘军伟）

2019年6月20日，滨州市人民政府、恒丰银行签署"服务实体经济 建设富强滨州"战略合作协议

（恒丰银行滨州分行 供图）

【恒丰银行滨州分行】 2019年，恒丰银行滨州分行以"做实主业、做大零售、做强本土"为导向，开展各类金融业务。至年末，投放授信敞口159.97亿元，上缴地方税收1900万元。通过核销、资产转让等方式处置不良资产24.48亿元。11月，恒丰银行滨州博兴支行开业。

实体经济服务。恒丰银行滨州分行支持重大基础设施建设、新旧动能转换项目及重点企业发展，为市财金集团、滨州城建集团、惠众财金、魏桥集团、渤海活塞等新增信贷投放约30亿元，对全市313户金融重点支持企业授信36户，授信金额71.79亿元。落实建筑工人实名制管理，完成建筑工地实名制及工资分账管理平台建设，全年对接工地30余个，为1000多名农民工办理工资代发。

乡村振兴推动。恒丰银行滨州分行服务涉及"土地流转—园区建设—种植、养殖—加工、深加工—冷链物流—商超消费"产业全链条，通过"惠农贷""订单贷"等产品解决产业链小微企业融资难问题。至年底，对中裕、亿利源等全市农业重点企业及上下游客户投放资金超8亿元；与市农业农村局联合发文开展"宜农惠农金融助农"活动，推进信息进村入户工程，发展普惠金融服务点11家。

社会责任践行。恒丰银行滨州分行组织辖内网点多次、多点举办金融知识普及活动。到学校、社区、企业、工地进行义务金融宣传，针对农民工重点开展反假币知识、防范非法集资等宣传讲解。组织开展系列扶贫慰问活动，与市民政局、滨城区扶贫办对接，制定贫困户走访慰问方案，分批开展走访慰问。与团市委对接，开展"恒爱牵手·关爱留守儿童"帮扶、"希望工程·助学圆梦"爱心捐款活动；组织开展"环保公益行""绿色恒丰"公益植树等活动。

（徐文娟）

【华夏银行滨州分行】 2019年，华夏银行滨州分行突出质量管控和规模增长，加强精细管理，丰富服务手段，提高综合服务能力，加快经营转型，实现安全运营。至年末，全行一般性存款余额31.10亿元，各项贷款余额33.60亿元，其中个人贷款余额3.09亿元，较年初净增6285万元。

客服营销服务。华夏银行滨州分行加大战略客户营销服务力度，建设跨条线、跨部门营销协同工作机制，配置专项业务资源，开辟绿色服务通道，快速响应客户需求。坚持"以客户为中心"和"存款立行"，在规模增长基础上提升发展质量，通过分解维护责任、明确提升目标、推进交叉销售、加强过程管理、定期通报评价等措施，综合提升存量客户。

客户集群拓展。华夏银行滨州分行进行重点目标客户系统开发，建立客户集群，推进基金托管、产业项目融资、投贷联动、险资撮合、资本市场投融顾信等营销服务；对小微客户等基础客群，运用"链式开发、板块开发、源头开发”模式，推进上下游及关联客户系统开发，开展ETC业务营销，加强团队合作，提升客户数量。

金融服务提升。华夏银行滨州分行提升综合化金融服务能力，加强与信托、证券、基金等机构的业务合作，增强金融资源整合能力，提升个性化和综合化服务能力；推进网点智能化改造，提升人工智能服务替代率；树立“二线为一线，全行为客户”服务理念，厅堂管理由交易型向服务型转变。

（张　建）

【中信银行滨州分行】 2019年，中信银行滨州分行坚持“平安中信、合规经营、科技立行、服务实体、市场导向、创造价值”经营理念，立足当地，提供金融产品及服务。至年末，资产总额20.77亿元，较2018年增加7.97亿元；各项贷款余额20.54亿元，较2018年增加7.98亿元，增幅63.46%；各项存款余额11.62亿元，较2018年增加2.95亿元，增幅34.03%。

2019年，中信银行滨州分行加强星级网点创建，提升团队服务、规范服务、创新服务，以党建工作强化合规文化教育、公众教育、消保制度完善工作，提升全员服务意识和服务水平，获评“2019年银行业文明规范服务五星级网点”。年内，参与慈善事业，帮助台风“利奇马”受灾地区安置灾民、重建家园、恢复生产，在全行范围内组织开展“情系灾区”慈善募捐活动，募捐3.23万元善款。

（韩　磊）

【齐商银行滨州分行】 2019年，齐商银行滨州分行依法合规经营，支持地方社会经济发展。至年底，资产总额75.35亿元，负债总额73.74亿元，各项存款余额57.37亿元，各项贷款71.22亿元，授信总额约110亿元，授信户数约500户。年内，加强风险管控，提升资产质量，参与惩治逃废债活动，推进金融稳定资金、应急转贷基金等业务，为符合准入条件的企业提供周转资金支持。

工作流程简化。齐商银行滨州分行根据“便捷获得信贷行动”整改提升工作要求，成立工作专班，统筹提高信贷获得便捷性相关工作，制定推进工作方案，精简环节、缩短办理时间、减少申请材料，采取多环节“并联办理”，精简内外部程序和资料，制作“明白纸”或“告知书”，实现“一次性告知”，提高服务质量和办贷效率。

银企沟通合作。齐商银行滨州分行对接地方经济发展战略，整合信贷资源，优化信贷结构，分类分策，加大对国家战略和产业结构调整的信贷支持，将信贷资源向战略新兴产业、传统产业技术改造、省市重点项目、小微企业、农业龙头企业等领域倾斜。为企业提供符合准入的信贷支持；通过资本对接大会，加强政银企三方沟通，推动合作共赢。

小微金融推进。年内，齐商银行滨州分行重点发展单户1000万元以下小微客户。通过知识产权质押贷款，加大对科技型小微企业发展支持力度，全年为科技型小微企业投放8900万元。发展供应链金融，加大对中小企业上下游客户金融支持力度，在淄博—滨州第四次扶贫协作联席会议上，再次与中裕食品签约，支持三农经济发展。至年底，小微企业贷款余额53亿元。

（曾　洵）

【东营银行滨州分行】 2019年，东营银行滨州分行服务小微企业，推动普惠金融，提升服务水平，践行社会责任。至年底，各项存款余额77.08亿元，较年初增加7.46亿元，增幅10.71%；各项贷款余额50.23亿元，较年初增加0.95亿元。

小微服务。东营银行滨州分行执行倾斜政策，落实办贷新模式。完善小微企业融资模式，对小微企业申贷开放“绿色通道”。降低小微企业融资成本，全部收费标准对外公开，接受客户监督。通过“进社区、进单位、进村庄”等方式，开展网格化营销，变“客户跑银行”为“银行上门送服务”。至年底，小微企业贷款余额36.20亿元，较年初增长0.59亿元，增幅1.65%。

普惠金融。东营银行滨州分行创新金融服务模式，服务普惠金融客户。在全市范围内设立助农取款服务点，为百姓提供便捷金融服务。至年底，普惠型小微企业贷款余额7.92亿元，比2018年增加2.01亿元，增幅34.01%，高于各项贷款比2018年增幅32.09个百分点。

金融服务。东营银行滨州分行落实“百行进万企”活动要求，认领客户数398户。围绕“便捷获得信贷”指标，缩短办理时限，实施限时办结承诺；简化、取消非必要材料，拟定贷款资料清单，除特殊事项外，对未纳入清单范围的资料不得擅自添加；优化信贷流程，业务受理与调查结合，缩短审批时间。

（张博森）

【德州银行滨州分行】 2019年，德州银行滨州分行为企业增信服务，加强信贷投放，提升金融服务，防控信用风险。至年底，分行资产23.24亿元，较年初增长1.6亿元；负债21.46亿元，较年初增长1.61亿元；各项存款余额18.51亿元，各项贷款余额23.2亿元，较年初增加4.2亿元。组织进企业、社区、学校、农村普及金融知识、开展金融宣传，提高消费者权责意识及风险防范能力，实现全年零投诉。

信贷投放。德州银行滨州分行对接全市五大千亿级产业集群和新旧动能转换项目，支持重点产业转型升级，为万通金属、宏创铝业等企业提供授信资金6.22亿元。全年新增授信企业13家，授信金额5.77亿元；授信支持企业客户75家，授信额度32亿元。

小微支持。德州银行滨州分行支持普惠性小微企业，制定小微企业营销名单、细分任务目标、调整考核办法、开展营销活动，利用“快易贷”“自主贷”等产品为客户设计融资方案，准入后提高信贷审批效率，适当降低贷款利率，为辖内小微企业解决融资需求。全年完成1000万元以下小微企业贷款2.75亿元，较年初增加4553万元；完成户数250户，较年初增加113户。

（姚延敏）

【潍坊银行滨州分行】 2019年，潍坊银行滨州分行坚持“稳增长、调结构、保质量、拓发展”工作思路，推进机制建设，强化基础管理，加强风险管控，提高经营质量与工作效率。至年末，资产总额34.69亿元，负债总额32.98亿元；本外币存款余额32.14亿元，较年初增加7.21亿元，增幅28.94%；本外币贷款余额22.77亿元，较年初增加4.87亿元，增幅27.23%；不良贷款余额1769.96万元，不良占比0.78%；实现经营利润6918.61万元。

信贷投放。潍坊银行滨州分行坚持差异化管理，调整信贷结构，加强分类准确性考核，从行业、区域、客户、产品四方面加大授信投向引导，分类施策；加大对新旧动能转换信贷支持，推进绿色金融，提升信贷支持民营经济能力，重点支持高成长性、在细分市场中居领先地位的民营企业，支持与大型企业、重大项目配套的制造型民营企业；健全服务民营经济政策落实机制，提高民营企业金融服务时效。至年底，各项贷款余额22.77亿元，较年初新增4.87亿元，增幅27%。

金融服务。2019年，潍坊银行滨州分行设立金融助农点22家，服务金融扶贫、金融支农。开展全国星级服务网点创评，分行营业部代表潍坊银行参与全国星级网点创评，获评全国三星级网点。推进落实第六届资本对接大会签署的战略合作协议，创新业务品种、服务模式、服务手段，提升服务实体经济发展水平。3月28日，潍坊银行滨州阳信支行开业。

（韩　瑜）

【青岛银行股份有限公司滨州分行】 2019年，青岛银行股份有限公司滨州分行（简称青岛银行滨州分行）做好内部管理、服务提升和业务经营等工作，服务小微企业和实体经济，支持滨州经济社会发展。年内，青岛银行滨州分行营业部通过国家银行营业网点服务认证。

信贷投放。至年底，青岛银行滨州分行各项贷款余额37.28亿元，较年初增加1.81亿元。短期贷款5.46亿元，较年初增加4060.30万元；中长期贷款30.29亿元，较年初增加3.70亿元；贴现业务余额1.53亿元，较年初减少2.29亿元。贷款主要投向房地产业、水利、环境和公共设施管理业及制造业等行业。房地产贷款合计16.36亿元，其中房产开发贷款9.56亿元、个人住房贷款6.80亿元。

2019年3月28日，潍坊银行滨州阳信支行开业（潍坊银行滨州分行　供图）

业务服务。青岛银行滨州分行以政策为导向，创新产品及服务，优化业务流程，提高业务办理质效。推出“惠营贷”“惠商贷”“云链保理”等惠及民营小微企业的业务品种；制发《青岛银行滨州分行关于做好深化“一次办好”改革工作有关事项的方案》，简化手续，缩短审批时限，提高企业满意度，提升信贷获得便捷性；制定《关于优化特定银行承兑汇票质押项下小微企业贷款操作流程和规范的补充通知》等多项业务操作指导文件，提高业务办理质效。完善服务管理制度，修订服务管理考核办法。

普惠金融。青岛银行滨州分行将发展普惠金融业务作为年度重点工作。创新融资产品，开展普惠金融业务拓展和市场营销，加强核心客户开发，利用供应链金融业务，对小微客户群体进行营销，年内发放普惠业务38笔，金额1.77亿元，解决小微企业融资难问题。全年实现现金清收1335.36万元，信贷资产实现“零不良”。

（刘　敏）

【齐鲁银行滨州分行】 2019年，齐鲁银行滨州分行坚持“本土化银行”定位，立足滨州实际，增强服务实体能力，优化营商环境，推进普惠金融，防控金融风险。至年底，各项存款余额27.8亿元，较年初新增9.5亿元；各项贷款余额19.3亿元，较年初新增12.3亿元，新增存贷比129.47%；全年发放各类贷款49亿元，上缴地方税收592.48万元。

经济支持。齐鲁银行滨州分行加大对全市重点企业、政府重点项目支持力度，在风险可控前提下，创新合作模式，拓宽融资渠道，推进政银、银企合作。年内，与市财金集团、博兴县财金集团、邹平市国投公司等合作7个项目，累计授信金额4.9亿元；与京博石化、香驰粮油、愉悦家纺等全市重点企业保持合作；支持全市重点企业项目，投放敞口授信6亿元；明确绿色信贷支持方向和重点领域，绿色贷款余额较年初增加1.1亿元。

2019 年 5 月 21 日，齐鲁滨州分行、滨州城建集团公司签署战略合作协议

（齐鲁银行滨州分行　供图）

普惠金融。齐鲁银行滨州分行推进“平台化、智能化、线上化、县域化”四位一体的小微金融模式，建立“敢贷、愿贷、能贷”工作体系。加强税融 e 贷等线上产品推广；修订授信政策，优化贷款审批流程，精简环节，提高放贷效率；推进银担合作，支持县域、乡镇重点项目建设，加大“三农”信贷业务投放；运用风险补偿、分先分担、财政贴息等优惠政策，降低小微企业融资成本。至年底，1000 万元以下小微企业贷款（含经营性微贷）余额 4.4 亿元，较年初新增 2.3 亿元。

风险防控。齐鲁银行滨州分行完善风险管理机制，加强风险防控。严格授信准入，强化授信业务第二还款来源，全年不良率 0.0083%；加强重点环节、重点领域、关键岗位监控，提高问责标准，形成合规经营长效机制。

社会服务。齐鲁银行滨州分行加大金融扶贫力度，全年发放个人光伏贷 25 笔，金额 189.36 万元；惠农贷 23 笔，金额 875 万元。践行社会责任，参与全市创建文明城市工作，组织开展慰问孤寡老人、金融知识进校园等活动。

（李嘉慧）

证　券

【概况】 2019 年，全市有证券公司营业部 16 家，累计证券交易账户 24.42 万户，全年实现股票交易额 1840.7 亿元。

【企业上市融资】 2019 年，全市证券市场融资总额 54.9 亿元。魏桥铝电、西王集团、三星集团、滨州城建集团等 4 家公司发行公司债、定向工具等 9 支；中国宏桥发行 2 期优先债，融资总额 5 亿美元。

【区域股权交易市场挂牌】 2019 年 11 月，山东金太阳锆业有限公司、山东圣澳医疗科技股份有限公司、山东看世界信息科技股份有限公司等 10 家中小企业在齐鲁股权交易中心集中挂牌。年内，全市有 14 家企业在齐鲁股权交易中心或蓝海股权交易中心挂牌。

（孟庆安）

保　险

【概况】 2019 年，全市保险业加快行业转型发展，加强风险防控，提升服务水平。全市加强保险行业规范建设，开展“行业规范建设年”活动，围绕“道德规范、行为规范、服务规范、管理规范”，压实主体责任，强化制度建设，提升保险行业规范水平和服务效能。推进监管机制建设。滨州银保监局对保险行政许可事项服务指南、办事流程进行梳理和优化，统一名称、类型、法律依据，统一清单标准化和办事指南；加强许可事项事中事后管理，制定行政许可台账，完善行政事中事后监管机制。强化风险监测工作。滨州银保监局编制全市财险、人身险机构主要经营指标情况表，按月分析运行情况，强化风险预判预警，对经营指标异常变动的 3 家机构采取约谈、调查等监管措施。规范业务开展。根据机动车险“报行合一”执行情况，开展车险投保人实名缴费和短信验证工作；提升人身险业务销售品质，促进保险机构依法合规经营；丰富保险宣传形式和内容，拓宽投诉维权渠道，提升保险消费者满意度；做好市场风险清理整顿工作。全年保费收入 116.40 亿元，比 2018 年增长 9.34%，比 2018 年增幅列全省第四位。全市有 48 家保险机构，年内辖区保险业新设县域机构 2 家。

【保险服务】 2019 年，全市保险业服务保障水平提升，支付赔款与给付 32.5 亿元，比 2018 年增长 0.8%。全行业做好“利奇马”台风应对及灾后理赔服务工作，启动大灾应急预案，查勘理赔。开展财产险理赔服务规范测评，围绕件数结案率、结案周期、客户投诉率等重要指标对所有财产险公司理赔服务规范评分，督促公司提升理赔服务质量。开展总经理接待日活动，了解保险消费者诉求，运用道交网上一体化平台处理道路交通事故案件纠纷机制，推进诉调对接工作，提升保险服务水平和纠纷调处能力。

【农业保险】 2019 年，全市承保种植险 37.93 万公顷，养殖险 61.66 万头，支付赔款 2.2 亿元。各农险经办机构落实农业保险政策要求，做好政策性农业保险和新增补贴品种业务，将服务网点向农业生产和农民生活第一线延伸。针对农村区域贫困户推出保费减半政策，为3500余户贫困户提供风险保障1000余万元。试点推进“保险+期货”业务模式，由“保产量”向“保收入”转变，拓展农业保险发展空间，服务全市乡村振兴。

【居民大病保险】 2019年，全市居民大病保险补偿205002人次，支付医疗金1.81亿元，居民使用特药费用起付线补偿比例由40%提升至60%。患病群众实际报销比提升11.01%，大病保险有效开展，降低居民就医费用。

【行业创新】 2019年，全市各类责任险业务保障领域扩大，推进职工长期护理保险，实现全市覆盖，各经办保险机构为长期失能人员基本生活照料和医疗护理提供资金和服务保障。推进养老机构责任保险。调整民生灾害救助保险，人员保障由12万元提高到15万元。首批次应用新材料综合保险，承担风险保障3.2亿元。

【灾后理赔】 2019年，台风“利奇马”登陆滨州期间，全市保险业启动应急预案，为辖区重点企业开展风险提示及现场风险隐患排查，开启绿色理赔通道，压缩时限、简化流程、强化保障。在连片灾区内不再要求逐一报案，采取主动上门协助“施救+报案”模式，保险业理赔4487.62万元。组织开展行业调研，滨州银保监分局组织保险协会以及部分保险公司到博兴县察看台风灾情，开展灾后保险理赔调研。

2019年7月8日，“7·8”保险扶贫公益跑活动在秦皇河公园举行

（市保险协会　供图）

全行业开展灾后救援服务，投入灾后志愿行动1247人次，为灾区群众提供临时安置点38个，参与转移群众3005人次，为灾区捐献物资21.7万元。

【“保险监管基础建设年”活动】 2019年，滨州银保监分局调整部门人员配置，制发《滨州银保监分局保险监管基础建设年实施方案》，开展保险业务和监管知识学习培训，建立35岁以下青年组成的保险监管业务学习小组5个，通过集体学习等形式开展学习交流17次，组织召开分局保险知识大讲堂5期。编制全市财险、人身险机构主要经营指标情况表，按月分析运行情况，开展风险预判预警，对经营指标异常变动的3家机构采取约谈、调查等监管措施，提高综合防控风险意识和能力。

【“7·8保险扶贫公益跑”活动】 2019年7月8日，市保险协会在秦皇河公园举行“7·8保险扶贫公益跑”活动，驻滨48家保险机构千余名保险从业者、社会公众参加活动。活动主题为“爱国爱家，从一份保障开始；爱岗爱业，从规范自我开始”。全市保险公司员工通过公益跑活动，捐赠公益跑步数，形成以地区为划分的保险扶贫项目，由保险机构认领生成扶贫项目，向内蒙古贫困人口赠送一定保障额度保险。活动捐献近1500万步。

【行业规范建设年集中测试】 2019年10月16日，市保险协会组织开展滨州保险业“行业规范建设年”集中测试。全市各保险公司、部分保险中介机构抽取460余人参加测试，测试全程闭卷，分为人身险及财产险测试两场，测试平均得分77分，及格率93.53%。全市保险业通过集中测试，强化合规知识学习，提升保险服务质量。

（梁鹤亭）

23 房地产业

Real Estate Industry

房地产市场

【概况】 2019年，滨州市规范房产行业，做好房地产市场调控管理工作，加强部门间协作沟通，实现数据信息共享，强化房地产市场数据监测分析，市县两级完成全国房地产市场监测系统联网工作，排名全省第一名。加强房地产中介市场监督管理，为房地产中介机构备案登记，开展房地产中介市场专项整治。加强存量房网签合同备案及交易资金监管，使用统一防伪合同纸打印网签合同。发展住房租赁市场。贯彻市政府办公室《关于加快培育和发展住房租赁市场的实施意见》，指导行业协会出台《滨州市住房租赁行业居间服务规范》，制定《房屋买卖居间合同示范文本》，规范住房租赁市场管理。扩大住房租赁补贴覆盖面，印发《滨州市城镇住房保障家庭租赁补贴实施方案》，将城镇中等偏下收入住房困难家庭、新就业无房职工、稳定就业外来务工人员等群体纳入补贴范围。实施存量房（二手房）网签权改革，变一窗受理为多窗服务，构建以房屋网签备案制度为基础的房地产市场管理模式。2019年，全市商品住房销售均价5708元/平方米，较全省均价低1870元左右，在全省16地市中居第15位；全市商品房销售面积比2018年增长28.3%，房地产从业人员比2018年增长8.1%，从业人员劳动报酬比2018年增长21.8%。

【土地市场】 2019年，全市供应国有建设用地562宗、2064.69公顷。其中，出让385宗、1298.30公顷，出让价款143.94亿元；划拨161宗、720.81公顷；出租16宗、45.58公顷、年租金0.14亿元。按用途分，出让工矿仓储用地191宗、782.71公顷、出让价款16.29亿元，出租工业用地16宗、45.58公顷、年租金0.14亿元；出让商服用地74宗、70.58公顷、出让价款10.27亿元；出让普通商品住房用地137宗、367.29公顷、出让价款105.53亿元，出让经济适用住房用地8宗、36.63公顷、出让价款10.03亿元，出让公共租赁住房用地1宗、2.70公顷、出让价款43.13万元，出让租赁型商品住房1宗、0.58公顷、出让价款0.31亿元；出让其他用地14宗、41.12公顷、1.52亿元。与上3年年均国有建设用地供应情况相比，供应土地面积基本持平；出让土地面积减少86.44公顷，出让价款增加72.75亿元。

【房地产开发】 2019年，全市房地产开发完成投资192亿元，比2018年增长16.2%。全市房地产开发企业数量发展到323家，其中三级以上资质规模企业39家。碧桂园、融创、中梁、恒大等一线房企进驻滨州，为市场发展注入新动力，企业逐步向规模化、品牌化、专业化发展转变，整体实力和水平明显提升。

【商品房销售】 2019年，全市商品房销售面积466万平方米，比2018年下降3.96%；房地产业完成税收31.78亿元，支柱作用显著；上市销售的山钢碧桂园·翡翠城、恒大·悦珑湾、秦皇丽景等高品质住房受市场欢迎。商品房库存面积186.17万平方米，去化周期为15个月，处于合理区间。房地产市场房价基本稳定、库存结构持续优化、市场秩序整体规范。

【房产交易（不动产登记）】 2019年，全市办理不动产登记53589件，颁发不动产权证书19759本，发放不动产登记证明36988份，向公检法及社会公众出具信息查询证明36106份，收缴不动产登记费462.68万元、出让金3967.25万元。回复为民服务热线群众咨询881件，处理上级转来信访案件12件，应诉行政案件39起。解决遗留问题小区32个，面积49.5万平方米，3297户。

【存量房（二手房）网签权改革】 2019年，滨州市推进存量房(二手房)网签权改革，创新管理方式，依托“互联网系统+平台”，将服务大厅网签窗口变成靠近群众家门口的便民服务点，由一窗受理变多窗服务，利用数据支持，加强动态管理，逐步构建以房屋网签备案制度为基础的房地产市场管理模式，避免房地产中介市场存在的侵害当事人合法权益问题。

【二手房交易监管】 2019年，全市加强房地产中介市场监督管理，为120家房地产经纪机构、7家房地产估价机构备案登记并发放备案证明，开展房地产中介市场专项整治活动，检查房地产中介机构405家，受理投诉75起，查处并上报8起典型案例，实现检查全覆盖。全市加强存量房网签合同备案及交易资金监管，规范使用统一防伪合同纸打印网签合同，年内签订合同4254份。

【住房租赁市场发展规范】 2019年，滨州市推进《关于加快培育和发展住房租赁市场的实施意见》贯彻落实，全年办理房屋租赁合同备案1343份，租赁面积20.02万平方米。2月，印发《关于提报住房租赁企业名单的通知》，确定扩大培育住房租赁企业范围，由国有企业向私营住房租赁企业、物业服务企业、租赁中介机构扩展。5月，确定2家房地产中介机构为全市住房租赁试点中介机构。推行实施《山东省住房租赁合同示范文本》，6月始，全市使用统一防伪合同专用纸打印住房租赁备案合同。6月27日，房地产行业协会出台《滨州市住房租赁行业居间服务规范》。8—11月，开展住房租赁中介机构乱象专项整治，保障租赁双方合法权益。

（李艳茹　丁云松）

【房产信息化管理】 2019年，滨州市加快推进房屋网签备案系统全国联网工作，多次召开专题会议，制定推进计划，住建部门联合建设银行滨州分行成立工作专班，建立联网工作协调调度机制，开展房屋网签备案全国联网数据转换系统研发、前置机部署、数据采集上传工作。9月17日，市城区及各县（市、区）相关数据通过省住建厅专家组核验上报住建部，滨州提前完成房屋网签备案系统全国联网工作，与枣庄市、聊城市并列全省第一。

（丁云松　张　镇）

【房地产开发管理系统升级】 2019年，滨州市聘请专业机构研发商品房预售资金监管系统，5月1日正式运行。预售资金监管系统投用，实现商品房预算资金存放、拨付使用等全过程信息化管理。年内，全市升级商品房网签备案系统，实现商品房买卖合同网签、备案同步办理。

【房地产开发管理事权调整】 2019年，滨州市理顺市区房地产开发管理职责，将市城区房地产开发管理事权调整至区级，各县（市、区）人民政府住建部门负责本行政区域内商品房销售管理工作，滨州经济技术开发区、高新区、北海经济开发区按照赋予的职责开展辖区内商品房销售管理相关工作，形成权责清晰、责任明确的房地产开发管理机制。根据行政审批制度改革要求，自1月1日始，滨州市房地产开发企业资质、商品房预售许可2项房地产开发行政审批事项由住建部门调整至行政审批部门。

（范宜卿　李文慧）

物业管理

【概况】 2019年，滨州市提升物业行业服务管理水平，创建“党建+数字化”物业管理模式，建设智慧物业管理平台，推进物业行业标准化建设。配套完善物业行业规章制度，出台首部规范全市住宅物业服务地方性法规《滨州市住宅物业管理条例》。加强条例宣传贯彻，组织召开宣传培训会议，解读《滨州市住宅物业管理条例》，推进实施。至年底，全市物业服务企业535家，企业从业人员2.42万人；物业服务项目1488个，其中住宅项目1029个；物业服务面积8740万平方米，其中住宅项目6860万平方米。

【行业服务管理】 2019年，滨州市开展物业行业文明创建活动，推行社区服务、社会管理、业主大会、物业服务“四位一体”物业管理体制，加快物业行业标准化建设。加强党建引领，规范提升物业管理服务，实施“党建+数字化”物业管理模式，建设智慧物业管理平台，滨城区成立物业服务行业党委；各县（市、区）推进物业管理安全稳定工作，开展物业行业扫黑除恶专项治理，健全群众投诉、舆情信息处理机制，集中排查物业行业突出问题。

【行业规则政策】 2019年，滨州市加强物业管理法治建设。6月，《滨州市住宅物业管理条例》经市人大常委会审议通过，10月1日正式施行，滨州市为全省第四个出台物业管理地方性法规的地市。《滨州市住宅物业管理条例》出台后，市住房城乡建设局制定宣传贯彻方案，开展系列宣传和学习培训；市住房城乡建设局起草《滨州市老旧小区整治改造实施意见》《滨州市城市基础设施配套费征收使用管理办法》《滨州市城区既有住宅小区专业经营设施设备改造移交方案》多个配套文件，提报市政府印发。

【《滨州市住宅物业管理条例》宣传贯彻培训会议】 2019年8月30日，市住房城乡建设局组织召开《滨州市住宅物业管理条例》宣传贯彻动员暨培训会议，全市物业管理行政主管部门、物业管理执法联动相关行政主管部门、街道办事处、社区居委会工作人员，以及物业服务企业、建设单位、专营单位主要管理人员和项目经理、部分业主委员会成员参加培训。邀请专家学者对《滨州市住宅物业管理条例》制定背景、起草过程、条款内容、实施落实等方面进行解读，并同与会人员进行互动。

（丁云松　李军帅）

投资促进

【概况】 2019年，全市在招商行动上提速、加力，全市新签约、立项项目266个，计划投资总额1905.8亿元，其中合同金额5亿元及以上项目103个，引进中信集团、光大集团等世界500强投资项目10个。全市有到位资金的新建、续建项目325个，实际到位市外资金490亿元，完成全年目标计划的134.25%，比2018年增长41%。全年实际利用外资2.17亿美元，比2018年增长95.5%，实现翻番，总量列全省第11位，增速列全省第7位。年内加强工作调度考核力度，每月印发《滨州市招商引资工作动态》，对市级领导、专班和各县（市、区）的招商活动及全市招商引资工作情况进行全面展示。根据省、市“双招双引”考核办法，制定《全市招商引资考核操作规范》并组织考核。

【招商政策】 2019年，市商务局先后研究出台《滨州市招商引资激励办法》《关于推进高质量“双招双引”的二十条措施》等一系列政策意见。组建政策研究团队，梳理掌握省市在土地、税收、人才引进等方面的优惠政策，印制《滨州市招商引资优惠政策摘编》《滨州市招商引资优惠政策汇编（一）》，开展主动推送。出台《滨州市招商引资服务办法（试行）》，加强项目统筹服务和动态管理，做好项目跟踪服务和监督保障，抓好招商引资和项目落地。细化流程、明确标准、加强管理，有效规范商务接待工作。

【招商方案确立】 2019年4月26日，全市经济形势分析会议提出“10+5+N”招商模式，要求建立“十强”产业招商专班、5个专业化招商队伍，并开展招商路演；印发《“10+5+N”招商工作实施方案》，明确“10+5+N”目标任务、重点工作，并提出具体保障措施。年内，各专班明确招引路线图、施工图，提升精准招商能力，开展系列招商路演和洽谈对接。探索开展市场化招引，与上海市滨州商会签订招商委托协议，挂牌成立滨州市驻上海招商联络处。修订编印全市招商引资中英文宣传画册、招商宣传片，制作全市“十强”产业招商推介PPT，利用各类招商活动、推介会、展会，宣传滨州市投资环境、合作项目和优惠政策，提高滨州市知名度，增强对客商的吸引力。健全招商信息网络，广泛及时收集各种投资信息，统筹安排信息共享和项目布局。加强招商业务培训，提升专职专业招商队伍业务能力，从洽谈、跟踪、签约、落地4个环节精准发力，向投资客商提供优质、高效服务。

【“拿地就开工”审批新模式试行】 2019年，滨州市以韩国载元与裕能化工合作的NMP（超净高纯微电子溶剂）及配套项目作为案例，试行“拿地就开工”审批新模式，由市行政审批部门在土地招拍挂“时段”即成立服务专班，启动相关审批流程，并依法按规取消、合并大量审批环节，由串联审批改并联审批，让企业从原来一对多个部门，变成只对一个牵头单位，材料从逐一递交变成内部流通。从项目立项到竣工验收，主环节由14个减为4个；主环节审批服务事项由42个减为17个；需要项目单位申报的材料由182份减为70份，其中60份实现部门间内部运转。

【招商引资路演】 2019年7月18日，全市组织招商引资路演。市委书记佘春明参加活动，市长宇向东主持活动并点评，市委副书记张凯，市政协主席张兆宏，各市委常委，市人大常委会副主任王文禄，市政府副市长，市政协副主席，市人大、市政府、市政协秘书长及其他党组成员等在主会场参加活动。活动采取视频方式举行，用时1天，观看12个“十强”产业招商专班、5个专业化招商队伍路演展示。最后，市长宇向东进行点评，肯定路演展示成效，对增强路演的精准性、专业性、互动性、技巧性、高效性，提升招引实效提出进一步要求。

【招商活动】 2019年，市商务局相继组织企业参加日韩山东商务周、世界高端铝业峰会选择滨州经贸洽谈会、2019中国国际铝工业展览会、2019滨州对接京津冀项目恳谈会暨项目签约仪式、跨国公司领导人青岛峰会及嘉宾滨州行等系列招商促进活动；组织到珠三角、长三角、京津冀及日韩、德国、瑞士等重点地域开展小分队精准对接招商洽谈活动；组织企业参加“双招双引”现场观摩暨加快高质量发展大会、招商引资路演大会和全市“双招双引”重点项目暨重点建设工程集中开工仪式、“月圆滨州”2019仲秋招待会等推进活动。

【重点产业招商】 2019年，市商务局指导各县（市、区）通过梳理主导优势产业，精准制定招商引资路线图，并围绕“十强”产业建立推介项目库，重点策划推出高端铝产业重点合作项目，编制印发《2019世界高端铝业峰会项目册》《滨州投资项目简介》。同时，对项目库实行动态管理，根据各县（市、区）产业发展需求和项目推进落地情况，及时对重点项目库进行补充完善。全市“十强”产业招商专班牵头绘制重点产业链条延伸图、高附加值产品图、生产研发企业分布图，形成“产业图谱”，同时制作项目管理库、机构联络库、市县载体资源库，主动出击、精准对接。2019年省考核认定滨州市“十强”产业和交通运输基础设施内资到位资金193.55亿元，其中“十强”产业内资到位资金160.34亿元，交通运输基础设施内资到位资金33.21亿元，比2018年增长1094%。

【利用外资及港澳台资】 2019年，全市引进外国及港澳台投资项目21个，签约额91.64亿元，实际使用15.08亿元。其中，第一产业项目2个，签约额8540万元，实际投资额502万元；第二产业项目10个，签约额55.30亿元，实际投资额6.99亿元；第三产业项目7个，签约额33.50亿元，实际投资额8.03亿元。年内，4个国家（地区）在滨州市投资，投资额大小排列分别是中国香港地区、荷兰、美国、韩国，合计投资项目19个，签约额89.66亿元，实际投资额15.08亿元。至年底，全市实有外商投资企业106家，投资总额668.37亿元。

【全市“双招双引”现场观摩会议】 2019年11月18—19日，全市“双招双引”现场观摩暨加快高质量发展会议召开，对全市“双招双引”发展成果进行“回头看”，对“双招双引”工作进行再谋划、再动员、再部署。现场观摩分三个组同时进行，市委书记佘春明，市长宇向东，市委副书记张凯分别带队观摩。18日，观摩县（市、区）的37个项目，为全市“双招双引”集中开工86个项目中推进建设顺利、示范带动性强的项目，及未列入集中开工范围，但属于2019年度开工、推进建设速度快或者示范带动作用强的项目。19日下午，以视频形式召开集中会议，评价点评现场观摩项目，全市“双招双引”各专班汇报招商引资成果，并进行表态发言。

【首届跨国公司领导人青岛峰会招商】 2019年10月19日，首届跨国公司领导人青岛峰会举行。滨州主展区以“生态滨州、科技滨州”为主题，利用科技树、孙子兵法、高端铝材等元素，向世界展示一座“科创之城、实业之城、幸福之城”。在产业展区，滨州有中国宏桥集团有限公司等5家企业参展，并邀请奥斯龙明士克集团、诺瑞集团2家跨国企业参展。19日下午，省委书记刘家义等省领导参观青岛展洽会滨州展区，市委书记佘春明陪同。在青岛期间，佘春明参加峰会开幕式和开幕论坛，出席“选择滨州，共创共赢”滨州市城市路演和“战略机缘，铝创未来”魏桥创业集团专场论坛并作主旨演讲；出席2019年度化工学会年度颁奖典礼，为获得“化工与材料京博博士论文奖”金奖获得者颁奖。10月20日上午，市长宇向东参观青岛展洽会滨州展区。

【珠三角招商】 2019年5月29—31日，市长宇向东率队到珠三角开展招商活动。其间，组织洽谈活动17场、洽谈项目21个，其中世界500强3个、中国500强2个、行业领军及龙头企业3个；签约项目12个，合同投资金额190亿元，其中外资3.6亿美元。在深圳期间，宇向东会见中油燃气集团董事局主席许铁良，洽谈对接在滨清洁能源供应事宜；在香港铜锣湾深圳办事处，与铜锣湾集团主席陈智进行洽谈，见证滨城区城市综合体项目签约；在正威集团深圳总部，与正威集团投资主席江道群就铝深加工、文化旅游等进行对接洽谈；在光大国际，与总裁王天义就工业危废处理、城市污水处理等进行洽谈交流，见证市政府、阳信县分别与光大国际战略合作和生活垃圾焚烧发电项目签约；到前海自贸区展示厅、深港青年梦工厂、E站通服务中心以及中国招商引资第一实战平台参观考察。在广州期间，宇向东会见广州财金集团董事长卢恩健、信基集团董事长张汉泉、全国工商联厨具业商会会长钟建民；参观考察广州和德轻量化成型技术有限公司、广州金邦液态模锻技术有限公司、广东鸿邦金属铝业有限公司、广州海大集团研究院、华文产业集团、南方电网综合能源有限公司，在汽车轻量化、再生铝、泡沫铝、渔业水产、文化旅游、智慧交通等方面进行对接交流。在佛山期间，举办2019珠三角滨州高端铝业精准对接洽谈会，深圳、广州、佛山、珠海等珠三角地区60余家企业参会，广东省有色金属学会副理事长、滨州市高端铝产业集群专家委员会主任卢继延出席会议；会上集中签约高端铝型材、铝深加工、文化旅游、渔业基地等招商引资项目9个，计划总投资132亿元；会后，与会人员参观考察德邦物流顺德枢纽中心、广东华昌铝业有限公司和广东坚美铝型材厂集团。

【“世界高端铝业峰会·2019”招商】 2019年4月28—29日，“世界高端铝业峰会·2019”在滨州市举办，700多位铝行业专家学者、商界精英应邀参加峰会。国务发展研究中心党组书记、副主任马建堂，山东省委常委、常务副省长王书坚，中国有色金属工业协会党委书记、会长陈全训出席峰会并致辞；省人大常委会副主任、工商联主席王随莲，国家发改委产业协调司巡视员夏农，

2019年5月29日，滨州市人民政府与香港铜锣湾集团项目合作签约仪式在深圳举行

（市政府办公室　供图）

工信部原材料司副司长常国武，省科技厅厅长唐波等参加开幕式。市委书记佘春明在开幕式上发出邀请：给滨州一个机会，还世界一个奇迹；并庄重承诺：提供最专业的载体支撑，提供最有力的科技保障，提供最有效的制度供给，提供最完备的要素资源，提供最优质的政务服务，提供最肥沃的创业土壤，提供最开放的发展空间。开幕式上，滨州市对外发布50个涉铝项目，推介项目计划总投资约1200亿元，北汽集团滨州汽车轻量化生产研发基地、山东金来铝业铝包装材料和滨州高端铝加工产业基金等5个项目进行集中签约，项目总投资189.32亿元。在“选择滨州”经贸洽谈活动中，各县（市、区）有对接需求的企业与参加峰会的嘉宾客商就具体招商项目洽谈交流，19个项目进行集中签约，项目总投资442.08亿元。

【2019中国烯烃高峰论坛招商】2019年7月30日，2019中国烯烃高峰论坛暨滨州高端化工产业对接会在上海举行，中国国际跨国公司促进会副会长季晓南，市长宇向东，中国石油和化学工业联合会副会长、党委副书记傅向升出席对接会；有关大学、研究机构、行业协会和企业代表260余人参加对接会。清华大学、中国石化联合会、石油化工研究院、有关企业的专家学者围绕中国化工产业的发展做发言；滨州市工业和信息化局进行滨州市高端化工产业招商路演，北海经济开发区进行产业及项目推介。对接会举行项目签约仪式，签约项目15个，签约额164.1亿元。其中合同签约8个、合同额98.6亿元，意向签约7个、意向额65.5亿元。

【“2019日韩山东商务周”招商考察】2019年3月24—31日，市长宇向东率团到日本、韩国参加“2019日韩山东商务周”活动，密集走访会见日本、韩国知名人士，参加组织拜访、会见、洽谈、会议、会谈、考察等政务商务活动28场次，签署交流合作备忘录1项、经济合作协议3项，投资额7亿美元。其间，代表团在日本和歌山县参加山东省与和歌山县的缔结友好省县35周年纪念活动，到日本长野县上田市实地考察日本最大的活塞制造企业——日本雅德株式会社，与社长石原光章就加强汽车配件、汽车轻量化等领域合作进行探讨交流。代表团参加山东省与日本住友会社专题交流会，山东省省长龚正与中村邦晴会长共同见证西王集团和住友会社举行的合作收购澳大利亚艾莫德粮食公司签约仪式。参加山东—韩国经贸合作交流会，宇向东先后拜访首尔议会和韩国HIHO金属株式会社，实地考察韩国载元株式会社、Q0010公司、韩星株式会社等企业，为“滨州高新区驻韩国经贸代表处”揭牌。

【2019中国国际铝工业展览会招商推介】2019年7月9—13日，滨州市组队到上海参加2019中国国际铝工业展览会并举行经贸洽谈，市委书记佘春明参加活动。其间，参加2019中国国际铝工业加工论坛开幕式，向与会专家、企业作专题推介；参加2019中国国际铝工业展览会开幕式、上海新材料项目精准对接会，与企业进行商务洽谈，到嘉兴科技城、浙江清华长三角研究院等处考察；与励展博览集团签订《战略合作协议书》，与苏州奥杰汽车技术股份有限公司、上海辐劲威集团、正威资产管理有限公司、锐嘉科投资控股等企业签订合作协议。7月11日上午，佘春明带队实地考察上海国际铝展布展、展会运行情况，并看望滨州市参展企业；佘春明与励展博览集团大中华总裁郑智生进行洽谈，见证滨州市政府与励展博览集团签订《战略合作协议书》。下午，佘春明与苏州奥杰汽车技术股份有限公司、上海辐劲威集团负责人进行商务洽谈，见证邹平市政府与苏州奥杰汽车技术股份有限公司、上海辐劲威集团与山东魏桥铝电有限公司签订合作协议。7月12日上午，佘春明带队实地考察张江人工智能岛、张江高科技园区开发股份有限公司，参加上海新材料项目精准对接会。对接会上，滨州市新能源新材料专班负责人推介滨州新材料产业情况并进行互动交流，邹平市政府与正威资产管理有限公司签订新材料产业园合作协议，与九鼎新材料、隆华科技等企业签订合作协议。下午，佘春明一行实地考察浙江嘉兴科技城、浙江清华长三角研究院。7月13日，佘春明一行考察移动智地产业园，与上海市滨州商会部分企业家座谈，见证滨城区与锐嘉科投资控股等企业签订合作协议；副市长曹玉斌在2019中国国际铝工业加工论坛开幕式上向与会专家、企业作专题推介。

【第六届资本对接大会重点项目及金融支持政策推介活动】 2019年12月9日，滨州市第六届资本对接大会重点项目及金融支持政策推介活动举行。活动中，市地方金融监管局、市商务局、市发展改革委、市工业和信息化局、市科技局、市财金集团分别进行重点项目推介，包括重大科创平台类项目、重大基础设施类项目、高端铝产业、高端化工、高效生态纺织类项目及新能源新材料、新兴产业、现代农业、社会民生类等项目。活动设置政策推介环节，滨州经济技术开发区、滨州高新区、北海经济开发区分别围绕园区项目和政策进行推介；现场进行两次互动，邀请银行机构、投资机构嘉宾进行经验分享和交流，并解答现场提问。

【“选择滨州，共创共赢”城市路演】 2019年10月19日，“选择滨州，共创共赢”滨州市城市路演和“战略机缘，铝创未来”魏桥创业集团专场论坛在跨国企业领导人青岛峰会主会场——青岛国际会议中心举行，国际铝业协会秘书长罗恩·耐普出席，嘉能可铝事业部副总裁山姆和韩国载元株式会社董事长沈载元分别致辞，市委书记佘春明出席并作主旨演讲。印度尼西亚工业部金属工业司副司长斯里·比莫·普拉托莫，中国有色金属工业协会党委副书记、中国有色金属加工工业协会理事长范顺科，力拓铝业中国销售总经理周盛，伊藤忠商事株式会社董事池添洋一，印度尼西亚哈利达集团总裁林继盛，新加坡韦立国际集团总裁孙修顺，嘉能可铝事业部副总裁山姆和格雷格，韩国载元株式会社董事长沈载元，诺力昂化学品有限公司全球供应链总监马库斯，烟台港总裁纪少波，中油燃气集团有限公司董事长许铁良，巴基斯坦萨达尔集团公司总经理萨吉德·拉提夫·谢赫等出席活动。与会人员还共同观看《选择滨州》宣传片。

【德国瑞士产业对接招商洽谈】 2019年8月18—25日，市委书记佘春明率团到德国、瑞士等地进行产业对接和招商洽谈。其间，佘春明一行考察拜访和洽谈对接政府、银行、企业22家，聚焦滨州高端铝、新材料、装备制造等产业升级和新旧动能转换领域，向外商详细推介路演滨州的资源禀赋和产业比较优势，以及招商引资重点政策。推进在谈项目实质性签约合作：拜访汉诺威市政府，与代市长Mareike Mletzko就城市间全面合作进行探讨，双方就拟合作的范围和领域交换意见，见证山东京博集团和德国常青藤公司双方签订合作意向书，在多用途新型橡塑材料项目方面成立合资公司，分两期投资10亿元建设8万吨多用途新型橡塑材料项目；在瑞士期间，访问R&D碳素电极材料公司，见证魏桥创业集团与瑞士AM基金的全面合作签约，双方共同寻找欧洲的产业合作机会，并提供配套金融服务；推进和见证魏桥创业集团跟瑞士R&D碳素公司达成全面合作意向，共同致力于产业提升及绿色发展。推进产业匹配项目考察洽谈：在埃森期间，访问德国TRIMET公司和世界500强企业——克虏伯公司，在推动高端铝、轻量化汽车零部件产业以及其他相关合作领域，开展考察洽谈和探讨；专程考察世界500强企业——朗盛化学公司，对公司多领域技术创新和工艺流程进行深入了解，尤其对朗盛化学公司所属工业园区的管理运营模式进行详细考察；在斯图加特期间，围绕推动与舒贝尔公司3D打印铝合金零部件合作项目，详细了解铝合金制品立体成形加工、3D打印等情况；在洛桑的兰科莱查电池公司，双方围绕汽车轻量化发展急需研发的稳定电源和分布式电源布局进行合作交流；在瑞士Hocoma公司，分别就康复机器人制造及康复中心项目进行洽谈；与世界500强企业——瑞士ABB集团进行招商洽谈，在电力自动化、半导体和应用机器人领域进行深入探讨和合作交流。推进有合作愿景的项目加快进展：在汉诺威期间，调研汉诺威Maker Faire会和汉诺威科技园技术中心，围绕惠民县与汉诺威生命科学中心合作建设生命科学园区项目进行对接；在杜塞尔夫期间，考察卢斯得机械股份有限公司在德国项目情况，详细了解汽车制动盘OEM和AM市场，以及与泰明顿集团合资建厂事宜；在德国巴登符腾堡州轻量化局，与局长Wolfgang Seeliger博士等商谈2019年中德轻量化年会以及双方在组织轻量化类企业交流平台、铝制品研发加工等方面的合作，初步达成共识；访问柯博斯设计公司，与格朗

2019年10月19日，“选择滨州　共创共赢”跨国公司领导人青岛峰会滨州市城市路演在青岛举行
（市商务局　供图）

2019年9月16日，滨州市人民政府与浪潮集团战略合作协议签约仪式在滨州中海酒店举行　（市商务局　供图）

吉斯（上海）公司负责人座谈，重点对接汽车轻量化设计项目，探讨在滨州成立设计公司事宜；在斯图加特，与德国高端数控机床项目方及国内收购方负责人等就合作业态进行交流，确定进一步合作的形式和内容。

【市政府与浪潮集团签订战略合作协议】 2019年9月16日，市委书记佘春明、市长宇向东会见浪潮集团董事长兼CEO孙丕恕一行，见证市政府与浪潮集团战略合作协议签约仪式。佘春明在签约仪式上致辞，孙丕恕介绍浪潮集团发展情况。双方签订战略合作协议是合作共赢的新起点，浪潮集团将发挥云服务、大数据等优势，深化合作交流，推动协议内容不断落实，为滨州经济社会发展作出贡献。

【青岛峰会嘉宾滨州行项目签约】 2019年10月20日，青岛峰会嘉宾滨州行项目签约仪式举行，市委书记佘春明、市长宇向东、市委副书记张凯，载元（山东）新材料科技有限公司董事长李京来、科恩集团中国区首席代表王英华、滨州亚泰雅德动力配件有限公司总经理清水裕生、韩国羲德株式会社社长朴准哲、诺力昂集团公司中国政府事务经理龙凤出席仪式。宇向东在签约仪式上致辞，红星美凯龙集团发展总区域经理史帅和万华生态板业股份有限公司董事长郭兴田分别致辞。仪式上，17个项目签约，签约金额124.67亿元。

【红星美凯龙爱琴海城市综合体项目开工】 2019年10月27日，红星美凯龙爱琴海城市综合体项目开工仪式举行，市委常委、常务副市长张宝亮，副市长郝吉虎参加活动。红星美凯龙爱琴海城市综合体项目，计划总投资20亿元，占地107.5亩，总建筑面积约27.7万平方米。该项目于4月签订初步框架合作协议，8月完成公司注册，9月27日摘牌。项目的开工建设，实现"当年洽谈、当年签约、当年摘牌、当年开工建设"。该项目主要建设有爱琴海购物公园、玫瑰天街、商务酒店等新型商业业态，计划2021年底前正式投入运营。将与万达广场一起，成为滨州购物、娱乐、休闲的城市中心。

（刘沛沛　李　敏）

外贸外经及港澳台贸易

【概况】 2019年，滨州市再次入选"中国外贸百强城市"，列第57位。着力抓外贸新业态，3家省级外贸综合服务企业带动中小微企业近380家，实现进出口11.24亿元。博兴县获批首批省级外贸转型升级试点县，金属板材基地入选新一批国家级外贸转型升级基地。着力抓外贸基础，全市进出口额超1亿元以上骨干企业68家。板材出口、原油进口等外流货源实现回流45亿元。原油进口实现208亿元。采取积极措施应对中美贸易摩擦，大豆、原油、铝矿砂、金属板材等大宗进出口产品保持稳定。着力抓市场开拓，组织123家企业参加8个境内展会、39家外贸企业参加30个境外展会，先后组织550余人次参加政策、业务、应对贸易摩擦等各类培训；争取各级外贸专项资金1970余万元，126家企业及部门受益。全年实现进出口873亿元，比2018年增长6.8%，总量为全省第九，增幅为全省第十，增幅高出全省平均增幅1个百分点。境外投资18.93亿元，增长91.5%，总额为全省第八位，增幅为全省第五位。

【外贸进出口及港澳台贸易】 2019年，全市实现进出口总额873.01亿元，比2018年增长6.8%，其中进口561.37亿元、比2018年增长9.7%。其中初级产品进口502.81亿元，占进口总额的89.57%；工业制成品进口58.56亿元，占进口总额的10.43%。进口商品来自68个国家（地区），从10大主要进口来源进口469.37亿元，占进口总额83.6%。出口311.64亿元，比2018年增长2%，占全省出口总值2.8%。其中初级产品出口134.58亿元，占出口总额的4.32%；工业制成品出口297.97亿元，占出口总额的95.68%。出口商品销往174个国家（地区），对10大主要市场出口140.58亿元，占出口总额的45.14%。服务贸易实现进出口61.90亿元，比2018年增长0.2%，其中进口58.80亿元、出口3.10亿元。

2019年滨州市对外贸易情况统计表

表18

项目	2019年出口（万元）	2018年出口（万元）	出口比2018年增减（%）	2019年进口（万元）	2018年进口（万元）	进口比2018年增减（%）	2019年进出口总额（万元）	2018年进出口总额（万元）	比2018年增减（%）
合计	3114244	3038907	2.48	5613658	5144964	9.11	8727902	8183871	6.65
按企业性质划分									
国有企业	418240	432628	-3.33	635585	684317	-7.12	1053825	1116945	-5.65
三资企业	240633	300812	-20.01	1527007	1360760	12.22	1767640	1661572	6.38
民营企业	2139565	1935330	10.55	3091836	2499006	23.72	5231401	4434336	17.97
集体等其他企业	315806	370137	-14.68	359230	600881	-40.22	675036	971018	-30.48
按贸易方式划分									
一般贸易	2793528	2722518	2.61	4702640	4567436	2.96	7496168	7289954	2.83
加工贸易	320584	315949	1.47	90020	153939	-41.52	410604	469888	-12.62
其他贸易	132	440	-70.00	820998	423589	93.82	821130	424029	93.65

2019年滨州市进口商品结构情况统计表

表19

项目	2019年进口（万元）	占比（%）	2018年进口（万元）	占比（%）	比2018年增减（%）
总值	5613658	100.00	5144964	100.00	9.11
一、初级产品	5028067	89.57	4553261	88.50	10.43
0类　活动物及动物产品	2555	0.05	3196	0.06	-20.06
1类　植物产品	1157063	20.61	1275023	24.78	-9.25
2类　动植物油、脂、蜡及相关产品	32294	0.58	33776	0.66	-4.39
3类　食品、饮料、酒醋及烟草相关	364	0.01	4641	0.09	-92.16
4类　矿产品	3835790	68.33	3236625	62.91	18.51
二、工业制品	585592	10.43	591703	11.50	-1.03
5类　化学成品及有关产品	87037	1.55	74060	1.44	17.52
6类　按原料分类的制成品	450528	8.03	449508	8.74	0.23
7类　机械、仪器及运输设备	47996	0.85	67123	1.30	-28.50
8类　杂项制品	22	0.00	178	0.00	-87.64
9类　未分类的商品	9	0.00	834	0.02	-98.92
其中：机电产品	48490	0.86	68997	1.34	-29.72

2019年滨州市出口商品结构情况统计表

表20

项目	2019年出口（万元）	占比（%）	2018年出口（万元）	占比（%）	比2018年增减（%）
总值	3114244	100.00	3038907	100.00	2.48
一、初级产品	134580	4.32	154003	5.07	-12.61
0类　活动物及动物产品	5983	0.19	6090	0.20	-1.76
1类　植物产品	12558	0.40	12640	0.42	-0.65
2类　动植物油、脂、蜡及相关产品	201	0.01	251	0.01	-19.92
3类　食品、饮料、酒醋及烟草相关	115695	3.72	129706	4.27	-10.80
4类　矿产品	142	0.00	5316	0.17	-97.33
二、工业制品	2979665	95.68	2884904	94.93	3.28
5类　化学成品及有关产品	545692	17.52	498123	16.39	9.55
6类　按原料分类的制成品	2220132	71.29	2177494	71.65	1.96
7类　机械、仪器及运输设备	136124	4.37	135536	4.46	0.43
8类　杂项制品	77697	2.49	73735	2.43	5.37
9类　未分类的商品	19	0.00	15	0.00	26.67
其中：机电产品	204569	6.57	181319	5.97	12.82
纺织服装产品	988136	31.73	1062513	34.96	-7.00
高新技术产品	160850	5.16	172275	5.67	-6.63
农产品	177802	5.71	185886	6.12	-4.35

2019年滨州市主要进口商品统计表

表21

商品名称	进口金额（万元）	所占比重（%）	金额增幅（%）
铝矿砂	1716310.00	30.57	-2.55
大豆	1155480.00	20.58	-7.38
原油	2080459.00	37.06	43.45
铁矿石	0.00	0.00	—
机械设备	47980.00	0.85	-28.52
原棉	144926.00	2.58	15.04
化学制品	141960.00	2.53	33.22
生皮及皮革	29061.00	0.52	-44.06
纸浆	154370.00	2.75	-19.38

续表 21

商品名称	进口金额（万元）	所占比重（%）	金额增幅（%）
动植物油	32294.00	0.58	-4.39
合计	5502840.00	98.03	9.27

2019 年滨州市主要出口商品统计表

表 22

商品名称	出口金额（万元）	所占比重（%）	金额增幅（%）
纺织品和服装	988136.00	31.73	-7.00
其中：纺织品	936707.00	30.08	-7.04
服装	51429.00	1.65	-6.18
钢材及制品	719915.00	23.12	4.32
化学制品	545692.00	17.52	9.55
电器设备及元件	122276.00	3.93	-0.42
铝材及制品	275957.00	8.86	5.20
糖（葡萄糖）	40927.00	1.31	-4.35
家具	67034.00	2.15	-1.05
饲料	61780.00	1.98	-19.61
草柳编制品	21448.00	0.69	2.48
餐具	11423.00	0.37	36.23
合计	2854588.00	91.66	0.07

2019 年滨州市前十位进口国家或贸易往来地区统计表

表 23

国别代码	国家（地区）	2019 年进口（万元）	2018 年进口（万元）	比 2018 年增减（%）
410	巴西	1751230	1181790	48.18
221	几内亚	1305784	1353686	-3.54
601	澳大利亚	415186	401586	3.39
344	俄罗斯	312289	197052	58.48
445	委内瑞拉	282315	141788	99.11
122	马来西亚	213637	56257	279.75
501	加拿大	151105	80631	87.4
502	美国	93224	429736	-78.31
202	安哥拉	84654	133627	-36.65
213	刚果	84239	274699	-69.33

2019 年滨州市前十位出口国家或贸易往来地区统计表

表 24

国别代码	国家（地区）	2019 年出口（万元）	2018 年出口（万元）	比 2018 年增减（%）
502	美国	300425	352911	-14.87
112	印度尼西亚	170628	112975	51.03
141	越南	166182	178263	-6.78
133	韩国	164240	175544	-6.44
110	中国香港	128233	86724	47.86
116	日本	115749	98580	17.42
136	泰国	105423	92247	14.28
127	巴基斯坦	89043	63993	39.14
111	印度	84861	72247	17.46
304	德国	80998	82935	-2.34

2019 年滨州市前十位进口企业统计表

表 25

企业名称	2019 年进口（万元）	2018 年进口（万元）	比 2018 年增减（%）
山东香驰集团有限公司	521120	588911	-11.51
山东魏桥创业集团	355474	591513	-39.90
山东亚光集团	25542	37693	-32.24
滨州愉悦家纺有限公司	20282	13358	51.83
阳信长威电子有限公司	12941	26396	-50.97
山东华润博信油脂有限公司	11448	15849	-27.77
滨州滨海皮业有限公司	8562	13449	-36.34
山东盟威集团	5839	5855	-0.27
滨州鲁牛皮业有限公司	3830	5796	-33.92
山东滨化集团公司	2809	1305	115.25

2019 年滨州市前十位出口企业统计表

表 26

企业名称	2019 年出口（万元）	2018 年出口（万元）	比 2018 年增减（%）
山东魏桥创业集团	302281	321947	-6.11
华纺股份有限公司	243834	271035	-10.04
滨州愉悦家纺	199112	207560	-4.07
山东亚光集团	125714	134594	-6.60
山东滨农科技有限公司	104532	115605	-9.58
山东先达农化股份有限公司	79685	72810	9.44
山东隆成进出口有限公司	78387	65163	20.29
山东京博集团	51969	30404	70.93
山东滨化集团	48925	51968	-5.86
山东瑞宸工贸有限公司	47564	35911	32.45

2019 年滨州市外国及港澳台地区投资情况统计表

表 27

外商投资方式	签约情况			实际使用情况	
	项目数（个）	签约额（万元）	增长（%）	金额（万元）	增长（%）
中外合资	11	111321	144.2	53880	135.5
外商独资	10	805090	2246.9	96885	96.4
合计				150765	108.8

【经济技术合作】 2019 年，全市创办境外企业 5 家，总投资 12803 万元，滨州方投资 12782 万元。主要投资方为瑞士、德国、乌兹别克斯坦和中国香港等，主要投资企业包括山东先达农化股份有限公司在中国香港设立香港德胜实业有限公司、山东魏桥创业集团有限公司在瑞士设立魏桥控股公司、山东国创风能装备有限公司在德国并购设立希斯机床制造厂有限责任公司、滨州市胜英水产有限公司在乌兹别克斯坦设立阿拉尔海丰年虫卵有限公司、滨州戴森汽车配件有限公司在中国香港新设成立东升国际贸易有限公司。

（苗艳婷）

开发区建设

滨州经济技术开发区

【概况】 滨州经济技术开发区东临滨州市区中心，西接滨州市惠民县，南与淄博市高青县相望，北与滨州市滨城区相连，2001 年启动建设，2013 年 11 月经国务院批准升级为国家级经济技术开发区。

2019 年，全区实现生产总值 147.81 亿元，比 2018 年增长 3.1%。第一产业增加值 3 亿元，第二产业增加值 88.32 亿元，第三产业增加值 56.49 亿元。一般公共财政预算收入 16.77 亿元，公共财政预算支出 13.10 亿元。社会消费品零售总额 39.19 亿元，进出口总额 15.6 亿元。规模以上工业增加值 73.7 亿元，比 2018 年增长 0.2%，实现主营业务收入 505.72 亿元，实现利润 17.06 亿元。固定资产投资 57 亿元，比 2018 年下降 26.8%。实际利用外资 3000 万美元。城镇化率 63.17%，城市基础设施建设完成投资 0.92 亿元。取得重要科技成果 4 项，获得市级及以上科学技术奖 2 项，专利申请量 273 件，授权专利 206 件。中等职业学校 1 所，在校生 1561 人。普通中小学 15 所，在校生 17765 人。城镇居民人均可支配收入 38177 元，农村居民人均纯收入 19551 元。

重点项目。突出抓投资规模大、产业支撑能力强的重点项目，落实领导包保责任制，加快 84 个 500 万元以上的固定资产投资项目建设，全年完成投资 39 亿元。其中渤海先进技术研究院建筑面积 37 万平方米的一期工程全面进入基础施工，光刻胶、医药物流园两个项目进行基础施工，北京凌天智能机器人项目试生产。由魏桥创业集团、国科大、中信信托三方联合，总投资 85 亿元、总建筑面积 150 万平方米的魏桥国科（滨州）科技园项目快速推进。按照 11 月 11 日市委常委会（扩大）会议安排部署，成立工作专班，下设 8 个工作组，从滨州经济技术开发区、滨城区、市直相关部门抽调 200 多人集中办公，并与魏桥国科指挥部协作，推进各项准备工作。项目所涉 5 个村 1086 户全部拆迁，安置小区及配套的渤海 21 路开工建设，长江六路、长江八路完成招标，9 个油田二级单位签订拆迁协议，油田 38 栋楼房及地上设施春节前完成拆除迁移，项目建设快速推进中。突出精准招商，韩国大林汽车零部件、北新建材等项目进入实质性洽谈阶段，气凝胶、酚醛纤维、多晶氧化铝纤维、中电华强等多个项目进行对接。围绕承接项目

2019 年 1 月 18 日，滨州经济技术开发区举行医养健康产业园暨区人民医院（滨州市中心医院开发区医院）启动仪式　　（滨州经济技术开发区　供图）

落地，规划266.67公顷的汽车产业园、133.33公顷的新能源新材料产业园、200公顷的高端装备制造产业园及新一代信息技术产业园。拓展项目建设空间，推进中小企业园“腾笼换鸟”，87.73公顷建设用地获省批复。对苏州三基汽车零部件、华茵功能性玻璃、弘阳城市综合体等23个在谈项目，搞好跟踪洽谈，做到签约一批、落地一批、储备一批。招商引资到位资金完成39亿元，实际利用外资3000万美元，完成市级年度目标任务。引进培育高层次人才，新引进省级以上人才4人，入选泰山产业领军人才、齐鲁首席技师各1人，“渤海英才·杰出贡献专家”和“渤海英才·N十佳”优秀人才6人。通过“双进”工程，累计引进本科以上大学生401人，其中博士2人，硕士36人。

三大攻坚。全区推进蓝天保卫战，开展扬尘综合治理，中央环保督察及“回头看”反馈开发区的30项问题，整改完成28项，另外2项推进中；省环保督察反馈问题11项，完成9项，另外2项任务整改中。巩固脱贫成果，强化动态管理，脱贫享受政策贫困人口1549户2670人，人均收入全部稳定达到4200元（市定返贫标准线为低于3777元）以上，实现贫困人口稳定脱贫不返贫任务目标。防控金融风险，对有融资需求的5家“白名单”、3家“待增信”企业实行一企一策一专班帮扶。建立企业风险化解联席会议制度，推进海得曲轴、裴森动力依法破产，推进远洋塑胶及关联企业破圈解链。

【开发区人民医院开工奠基】 2019年1月18日，滨州经济技术开发区人民医院开工奠基仪式举行。滨州经济技术开发区人民医院（滨州市中心医院开发区医院）是经市政府批准设立的一所二级甲等综合性医院，位于渤海三十一路西、黄河五路南，规划占地面积150亩，设置床位1500张。分二期建设，一期拟投资5亿元，主要建设门诊、医技、病房、保障用房等设施，建筑面积8.50万平方米，床位700张，绿化面积3.50万平方米，建筑密度40.9%，停车位1000个及2个自行车棚；二期建设病房楼、立体停车楼等，建筑面积57万平方米，床位800张。医院建成后，作为开发区医养健康产业园重要组成部分，加快滨州人民医院西院区、市中医医院、市妇幼保健院、市精神卫生中心为主体的“三院一中心项目”进程，为开发区构建三级医院为龙头、二级医院为支撑、基层医疗机构为网底的“大卫生、大健康”医疗服务体系提供支撑，为辖区群众提供优质医疗卫生服务。

【《我和我的祖国》快闪形象片录制】 2019年3月23日，“学习强国”平台发布《山东省滨州市经济技术开发区：黄河岸边滨州古村 唱响〈我和我的祖国〉》，以5万多浏览量列滨州网3月18—24日周新闻热读排行榜第一。为庆祝中华人民共和国成立70周年，展现开发区美丽乡村建设成果，弘扬时代精神，助力“富强滨州”建设，滨州经济技术开发区联合《滨州日报》《滨州网》在西纸坊摄制《我和我的祖国》快闪形象片。

【全市“双招双引”重点建设工程集中开工仪式】 2019年9月3日，全市“双招双引”重点建设工程集中开工仪式在滨州经济技术开发区举行。滨州经济技术开发区有8个新开工项目，除渤海先进技术研究院外，其余7个项目总投资97亿元，其中“双招双引”项目5个、铝精深加工及配套设施各1个。开发区围绕项目抓招商，利用北京、上海、深圳等招商工作站，实行产业招商和区域招商相结合，推进威盛集团人工智能示范基地等10余个项目尽快落地。围绕项目抓推进，实行专班负责、领导包保和帮办代办服务相结合，抓进度、抓协调、抓督导，强力推进。围绕项目抓落实，对在谈及新开工的27个重点项目，明确施工图、时间表，集中公示，促进在谈项目落地、在建项目建设。

【渤海先进技术研究院挂牌成立】 2019年9月3日，总投资33.44亿元的渤海先进技术研究院（一期）EPC+F总承包项目在滨州经济技术开发区开工建设；9月4日，渤海先进技术研究院有限公司挂牌成立。项目位于长江四路至长江五路、渤海十八路至渤海二十一路，总用地面积69公顷。渤海先进技术研究院按照“要素资源化、资源平台化、平台公司化”理念、“边建设、边运营、边招商、边开展相关业务”思路进行建设，并在探索中建设、在建设中完善，在遴选市内研发机构入驻基础上，对接引进知名企业、

2019年9月3日，渤海先进技术研究院揭牌成立（滨州经济技术开发区　供图）

高校院所的研发机构。成立渤海先进技术研究院，将各行政区域、各行业系统以及市内外各类科技创新资源纳入全市统一平台，实现创新带动创业、创业促进创新的良性循环，为“富强滨州”建设提供科技支撑。

【魏桥国科（滨州）科技园项目开工】 2019年9月3日，魏桥国科（滨州）科技园项目开工建设。项目位于滨州经济技术开发区，由中国科学院大学、魏桥创业集团、中信信托三方合作建设，总投资85亿元，占地1943亩，总建筑面积约150万平方米，主要建设魏桥国科滨州科教园、魏桥国科科技成果转化产业园、服务配套区三个板块。科教园包括魏桥国科滨州研究院和渤海科技大学，服务配套区包括人才社区和K12学校。渤海科技大学项目，是魏桥国科（滨州）科技园核心板块，总投资40亿元，将按照“7+1”模式，设置智能制造、新能源、金属材料、纺织材料、环境、化学、设计营销和企业管理学院，探索产教融合新模式。项目全部建成后，可同时容纳50个研发项目办公和中试，落地10余家高新技术企业进行成果转化，培训各类人才6000人。8月31日，三方战略合作签约仪式在北京举行，省委书记刘家义、中国科学院院长白春礼出席仪式并讲话。

【开发区体制机制改革启动】 2019年12月17日，滨州经济技术开发区体制机制改革动员会议召开，改革全面启动。改革坚持市场化改革取向和去行政化改革方向，推动开发区回归本位、聚焦主业、重塑优势。改革打破公务员、事业人员“铁饭碗”，从领导到职员全部改为“合同制”，所有人员重新竞聘上岗，坚持企业优先原则，凭实绩论英雄，让有为者有位子、让实干者得实惠。改革确立以市场化为导向的开放灵活用人机制，实行全员聘任制、聘期制，统一签订合同。三年聘期结束后，所有人员全部重新竞聘上岗。

（张　强　李小富）

滨州高新技术产业开发区

【概况】 滨州高新技术产业开发区（简称高新区）2009年8月正式挂牌成立，是省政府批准设立的省级高新区，位于黄河南岸、市主城区南部，版图面积156.6平方千米，辖小营、青田两个街道办事处，18个农村社区、1个城市社区，154个村（居），2019年末常住人口6.56万人，年人口自然增长率4.6‰。

全年实现生产总值39亿元，比2018年增长8.1%。第一产业增加值3.70亿元，第二产业增加值16.60亿元，第三产业增加值18.70亿元。固定资产投资29.20亿元，公共财政预算收入5.90亿元，公共财政预算支出6.10亿元。社会消费品零售总额15.50亿元，进出口总额23亿元。年末金融机构本外币存款余额19.86亿元，其中居民储蓄存款余额15.08亿元。

全区粮食播种面积0.97万公顷，粮食总产6.44万吨。水产品总产0.30万吨，肉、蛋、奶总产0.46万吨。全年新增造林面积0.04万公顷，林木绿化率32%。全区拥有农业机械总动力5.80万千瓦。规模以上工业企业31家，实现增加值11.40亿元，实现主营业务收入132.60亿元，实现利润3.10亿元，实现利税5.30亿元。全年建筑业实现增加值2.90亿元，实现利税0.60亿元。

农村公路通车里程356.38千米，货物运输量380万吨。全区城镇化率56.4%。城市空气质量良好率81.7%。AAA级及以上旅游景区1家。

中等职业学校1所，在校生3490万人。普通中小学6所，在校生5795人。获得市级及以上科学技术奖2项，专利申请量192件，授权专利161件。有科技馆1个，广播、电视人口综合覆盖率分别为100%和93%。医疗卫生机构47所，有床位70张，卫生技术人员172人。新建公共健身工程18个。

城镇居民人均可支配收入3.71万元，农村居民人均纯收入1.81万元。居民基本养老保险参保人数2.91万人，新型农村合作医疗参合人数5.88万人。城镇最低生活保障人数12人，农村最低生活保障人数1191人。全区各类福利院床位500张，收养130人。

“双招双引”。结合全市“5+5”十强产业，把“双招双引”作为“一号工程”，确定医养健康、高端装备制造、新材料三大主导产业，开展产业招商、精准招商活动，全年洽谈对接项目56个，签约落地项目17个，计划总投资241.76亿元，实现市外招商引资到位资金25.9亿元。实施存量企业培育工程，鸿星新材料、奥纳尔制冷科技2家企业获评省“专精特新”中小企业。申报省级人才专家服务基地1个，引进“泰山产业领军人才”3名，上海国仟新旧动能创新联动基地、加拿大海外人才和科技项目工作站挂牌成立，增强发展智力支撑。11月27日，滨州高新区管委会与中建五局合作框架协议暨总投资176亿元的欣悦大健康产城融合示范园区一期工程签约。围绕黄河流域生态保护与高质量发展战略，规划储备黄河截渗河提升改造等16个项目。争取政府专项债券12亿元，约占全市1/3，为高新区后续发展注入动力。

改革创新。高新区立足创建国家高新区，对接中央、省、市科技部门，战略规划和产业规划报送科技部，“以升促建”进度持续加快。聚焦经济发展、科技创新、改革开放等主责主业，体制机制改革工作有序推进。推进农村集体产权制度改革，完成农村集体产权制度改革系统与市级平台对接，实现辖区农村集体经济股份合作社全覆盖。深化“一次办好”改革，整合15个部门审批事项入住审批服务中心，实现大厅之外无审批。全面完成“双随机、一公开”省级试点工作，试点经验在全市推广。推进创新平台建设和高企培育，申报省级技术创新示范企业、省级企业技术中心、省级专精特新中小企业4家，列入科技型中小企业库企业12家。

乡村振兴。编制完成《滨州高新区乡村振兴战略规划（2018—

2022年)》，成立工作专班，推进乡村全面振兴。发展现代农业产业，友稻农业申报市级农业产业化联合体，新增市级农业龙头企业、农民专业合作社示范社和市级家庭农场各1家，新增农业投融资1.1亿元。实施林水会战，完成合格造林349.8公顷，发展林下经济240公顷，大道王灌区节水配套改造项目、北支新河贺家和蝎子王危桥拆除及贺家闸维修工程全部完成。推进美丽乡村建设，1个省级示范村、6个市级示范村和14个提档升级村建设稳步推进。创建“中国黄河鲤孝文化之乡”国家区域品牌，高标准建设淡水鱼养殖基地40公顷。实行河(湖)长制，河道管护员全部纳入省级河长制信息管理平台，实时掌握河道巡查动态。

优化环境。主动服务重大项目建设，滨州黄河大桥沿线迁占工作顺利推进，长深高速东青连接线通车。加快标准厂房建设，完成10万平方米改建标准厂房工程。实施“标准地”供地模式，3宗标准地全部完成出让。盘活闲置低效用地37.93公顷。全面推行企业登记“全程无纸化不见面审批”和“一窗受理”服务，审批材料精简20%，审批时间缩短40%以上。协调省新旧动能转换基金完成对欣悦健康股权投资3.35亿元，成为省基金在滨州首个投资项目，滨州五矿新旧动能转换母基金落户。推进“打逃废，降不良”，不良率较年初下降1.3%，持续低位运行。推进安全生产“双重预防体系”建设，安全生产形势持续稳定。完善社区治理服务模式，排查化解矛盾纠纷，完成中华人民共和国成立70周年庆祝活动等重大活动相关工作任务。

民生事业。实施高校毕业生就业促进计划，城镇新增就业900人，城镇登记失业率控制在2%以内。推进教育优质均衡发展，加快青少年校园足球改革实验区建设，鲁能足球青训基地正式揭牌启用。组建“第五支帮扶队伍”，实施精准扶贫、精准脱贫，巩固脱贫成效。推进棚户区改造，旧镇社区、龙禧御苑二期工程完成主体建设，黄河滩区居民迁建工程16栋安置楼全部封顶。开展环保综合整治攻坚，全面完成省环保督察“回头看”、中央大气强化督查反馈问题整改工作。推进城乡环卫一体化、清洁取暖改造、旱厕改造后续管护工作，实现新增违建“零”增长。

【《关于举全市之力加快滨州高新区高质量发展的意见》出台】 2019年，市委市政府成立市级层面的国家高新区创建工作专班，出台《关于举全市之力加快滨州高新区高质量发展的意见》，确立滨州高新区“一核多点”发展模式，以高新区为核心区，辐射滨北工业园、沾化大高航空产业园、惠民高效经济区、阳信电子信息产业园等特色园区。年内，《滨州高新技术产业开发区发展战略规划》和《滨州高新技术产业开发区产业发展规划》报送至科技部，科技馆改造升级方案和布展设计基本完成，山东联创大学科技园申报材料上报省科技厅。

【滨州黄河大桥南岸第一根钻孔桩开钻】 2019年3月21日，滨州黄河大桥64#墩首根钻孔桩开钻，黄河南岸开始施工。滨州黄河大桥北接滨城区渤海十一路，南连高新区后至滨州淄博界。滨州黄河大桥建设项目是2020年山东省重点项目和滨州市重大民生基础工程，由中铁大桥局承建。年内，市交通运输局协调处理工程中的重难点问题，推动南岸作业面尽快施工。

【愉悦家纺项目被列入全省重点研发计划】 2019年，愉悦家纺“多功能纳米碳素复合纤维与制品研发及产业化示范项目”被列入全省重点研发计划名单，获省、市项目资金1400万元。项目的实施，将突破中国在导电、远红外线发射、抗菌、保暖等功能纤维及制品领域关键技术瓶颈，引领山东省纺织产业尽快从普通民用纺织品向军用、医用、航空航天、农业用和高端民用功能纺织产品转化，建立在高附加值纺织品方面的先发优势，提高纺织产业盈利和创新能力，促进纺织产业新旧动能转换。

【欣悦大健康产城融合示范园区项目签约】 2019年11月27日，滨州高新区管委会与中建五局合作框架协议暨欣悦大健康产城融合示范园区一期工程签约仪式举行。中国建筑股份有限公司的全资骨干企业中建五局，与健康居家用品供应商山东齐悦科技有限公司共同建设滨州高

2019年11月27日，滨州高新区管委会与中建五局合作框架协议暨欣悦大健康产城融合示范园区一期工程签约仪式在滨州高新区举行 (高新区 供图)

新区智慧健康产业园暨欣悦大健康产城融合示范园区。项目总投资176亿元，其中一期项目总投资20亿元，项目建设范围及内容包括新型健康材料及制品研创园“一馆三院”、新型健康材料及制品研创园、颐养小镇、愉悦四季项目等。

【高新区8个骨干支撑项目集中开工】 2019年9月3日，高新区8个骨干支撑项目集中开工，计划总投资41.50亿元。愉悦家纺新型健康材料产业化及应用建设项目，总投资18亿元，年内完成固定资产投资8.5亿元；医养健康产业板块中的欣悦康复医院完成主体建设，医养健康产业园区建设全面铺开。金毅设备智能特种工程机械项目、滨瑞精密机械高速电机项目、北京久泰真空设备项目、北京诺亚商用空调项目4个装备制造产业项目，总投资16.20亿元，年内完成固定资产投资6亿元。北京康普锡威3D打印材料项目、滨州明厚德食品级包装材料项目、山东鸿星新型净化材料项目3个新材料产业项目，计划总投资7亿元，年内完成固定资产投资3亿元。

【5个高端项目铝业峰会签约】 2019年4月29日，在“世界高端铝业峰会·2019”经贸洽谈会上，滨州高新区签约5个高端项目。项目分别为年产5000吨高温新材料项目、超高真空分子泵及真空设备生产制造与销售项目、滨州汽车轻量化组件研发制造基地项目以及与武汉科技大学汽车交通工程学院、湖北汽车工业学院材料科学与工程学院2个校地战略合作项目。

【2项目资本对接大会签约】 2019年12月9—10日，滨州市第六届资本对接大会在滨州国际会展中心举行，滨州高新区签约项目2个，分别为邮政储蓄银行滨州市分行同滨州黄河大桥建设管理有限公司签订25.2亿元黄河大桥PPP项目、山东省财金创业投资有限公司同欣悦健康签订8.35亿元新型健康材料产业化及应用建设项目，签约资金33.55亿元。

【2019年“到人民中去”“5·23”文艺志愿服务活动启动】 2019年5月23日，以“建设富强滨州　我们在行动”为主题的滨州市2019年“到人民中去”“5·23”文艺志愿服务活动启动仪式在小营街道安康路商业步行街广场启动，多个文艺团体进行文艺巡演，数名知名书画家在龙城社区举行书画笔会。

（陈文康）

北海经济开发区

【概况】 北海经济开发区位于滨州市东北部，渤海湾西南岸，总面积504平方千米。2010年，山东省人民政府批准成立滨州北海经济开发区。2019年，全区实现生产总值95.40亿元，比2018年增长6.9%。第一产业增加值4.18亿元，第二产业增加值68.91亿元，第三产业增加值22.30亿元。公共财政预算收入11.67亿元，公共财政预算支出8.92亿元。社会消费品零售总额2.90亿元，进出口总额1.02亿元。年末金融机构本外币存款余额18.78亿元，其中居民储蓄存款余额10.01亿元。全区粮食播种面积0.46万公顷，粮食总产1.83万吨。水产品总产2.90万吨，肉、蛋、奶总产1.25万吨。全区规模以上工业企业25家，实现增加值65.21亿元，实现主营业务收入391.98亿元，实现利润24.49亿元。全年建筑业实现增加值3.71亿元。公路通车里程478千米。公路旅客运输量154.97万人次，货物运输量369.32万吨。全区城镇化率62.07%。城市基础设施建设完成投资16.82亿元。普通中小学4所，在校生0.31万人。取得重要科技成果4项，获得市级及以上科学技术奖4项，专利申请量57件，授权专利27件。医疗卫生机构1所，有床位44张，卫生技术人员55人。城镇居民人均可支配收入38433元，农村居民人均可支配收入18101元。居民基本养老保险参保人数2.30万人，居民医疗参保人数2.75万人。城镇最低生活保障人数18人，农村最低生活保障人数311人。全区各类福利院床位44张。

“双招双引”。年内新签约、立项项目9个，其中外资项目1个；市外到位资金13.85亿元，到位外资525.15万美元，外资利用实现“零”的突破。在上海举办中国烯烃高峰论坛暨滨州临港高端化工产业对接会，签约项目15个。引进1名“泰山产业领军人才”带资金、带项目落户北海渔港经济区，1人获省高层次人才创新创业大赛优胜奖，机关招录2名硕、博士；组织重点企业开办各类专场招聘会20余场，引进本科以上高校毕业生210余人。推进重大项目，现代海洋渔业生态产业园入选全省新旧动能转换重大项目库和乡村振兴重大项目库第一批入库项目，华枫航空工业有限公司年产260架通用飞机及直升机、金盛海洋科技有限公司30万吨/年真空法提取精制盐升级改造、裕能化工超净高纯微电子溶（NMP）及配套3个项目入选全省新旧动能转换第二批优选项目。投资128亿元的碳三碳四综合利用项目和投资5.3亿元的载元裕能超净高纯微电子溶剂及配套项目开工建设，投资8700万元的岔尖渔港建成投用。争取6个项目地方专项债券资金17.60亿元。

改革创新。按照市委《关于推动开发区体制机制改革创新　促进高质量发展实施方案（试行）》通知要求，推进开发区体制机制改革，推行党工委领导下的“管委会+公司制”模式。工作机构由25个压减到6个，80%以上人员充实到“双招双引”和开发建设一线。确定高端铝、高端化工、现代海洋3个主导产业和高端装备制造1个特色产业，组建北海国有资产管理运营公司、北海开发建设集团、北海科技孵化器有限公司3个国有公司平台，成立高端铝、高端化工、现代海洋、高端装备制造4个园区公司。实行全员聘任制，打破身份界限，对开发区人员全部实行竞争上岗。推动科技创新，山东裕能化工百级洁净实验室投入使用，争取国家赤泥综合利用创新中心。推行“拿地就开工”审批模式，以北海裕能化工项目作为全市首个“拿地就开工”试点项目，实施“并联审批”，审批环节由14个压减至4个，审批服务事项由42个环节压减至17个环节，减少60%；报送材料从182份压减至70份，压缩61%；审批时限从235个工作日缩短至65个工作日。

三大攻坚战。7个扶贫项目总收益59.47万元，全部分配到建档立卡的119户281人，人均年收入1.23万元，居全市首位；实施雨露计划，按照每生每年3000元标准给予补助。防范惩治非法金融活动，贷款不良率0.06%，不良率全市最低；为中小微企业提供地方金融稳定专项资金14笔9590万元。整改中央环保督察反馈问题24项、省环保督察反馈问题10项、2019年蓝天保卫战重点区域强化监督反馈问题6项。北海汇宏新材料和北海信和新材料公司投资9050万元完成氧化铝焙烧炉烟气除尘、脱销技术改造，投资1.08亿元建设3套电解烟气脱硫设施。全区二氧化硫、可吸颗粒物指标较同期分别改善0.5%、3.6%。

【北海高端化工产业招商路演】2019年7月30日，2019中国烯烃高峰论坛暨滨州高端化工产业对接会在上海举行。活动围绕滨州高端化工产业发展进行园区推介、项目对接、企业洽谈，发挥滨州产业、区位及市场优势，吸引高端化工产业链上下游相关企业落户滨州。对接会上，清华大学、中国石化联合会、石油化工研究院、有关企业的专家学者围绕中国化工产业的发展发言。北海经济开发区、市工业和信息化局进行滨州高端化工产业招商路演，有关大学、研究机构、行业协会和有关企业代表260余人参加对接会。对接会举行项目签约仪式，签约项目15个，签约额164.1亿元。其中合同签约8个、合同额98.6亿元，意向签约7个、意向额65.5亿元。

【“活力北海·智引未来”高层次人才峰会举行】2019年8月6日，北海经济开发区举行“活力北海·智引未来”高层次人才峰会暨高端化工产业招才引智洽谈会。北海经济开发区管委会为张傑、郭晓俊等6位专家颁发“滨州北海经济开发区高端化工产业发展智库专家”聘书。北京化工大学、河北工业大学、青岛科技大学、滨州学院4所高校分别与滨州裕能化工有限公司签署产学研合作协议。活动旨在邀请国内化工领域部分顶尖学者专家走进北海经济开发区、了解北海经济开发区，为北海经济开发区高端化工产业发展和未来高点定位出谋划策。

2019年7月30日，中国烯烃高峰论坛暨滨州高端化工产业对接会签约仪式在上海举行 （北海经济开发区　供图）

【滨州北海中学投用】2019年9月1日，滨州北海中学新生开学典礼暨军训动员大会召开。学校正式投入使用。北海经济开发区结束没有高中的历史，北海板块小学、初中、高中教育实现全覆盖。北海中学设有体育馆1栋，实验楼1栋，综合楼1栋，宿舍楼2栋，餐厅1栋，教学楼3栋，以及变电站、设备用房等配套设施及篮球场、排球场、400米环形跑道标准塑胶田径运动场及停车场等辅助设施。规划总投资约2亿元，开设36个教学班，招收高中生1800余人。滨州北海中学作为北海第一所全日制普通高级中学，主要承担全区普通高级中学阶段适龄青少年教育教学任务。

【北海经济开发区体制机制改革动员会议召开】2019年12月23日，北海经济开发区体制机制改革动员会议召开，正式启动全员聘任。会议决定，干部职工全员竞聘，80%人员推向主责主业。会议号召，北海经济开发区要发挥先行先试政策优势，立足“经济发展高地、改革开放前沿、“双招双引”火线、培养干部摇篮”定位，全面启动以“管委会＋公司”模式的体制机制改革工作，以“大部制、聘任制、绩效制”激发活力，以“市场化、园区化、集约化”聚焦主业，再造体制机制新优势，激发创新发展新活力，形成加快发展新动力，建成全市深化改革样板区、创新发展示范区、新动能培育核心区。

【全市首个“拿地就开工”审批模式项目落地北海】2019年，滨州裕能化工有限公司超净高纯微电子溶剂（NMP）及配套项目作为全市探索“拿地就开工”审批模式的首个试点项目在北海落地。项目是山东省新旧动能转换重大项目库第二批优选项目、2019年市重点项目，由滨州裕能化工有限公司和韩国载元株式会社共同出资5.30亿元建设，占地111亩，亩均投资530万元。项目建

2019 年 6 月 6 日，滨州市 2019 年“全国放鱼日”暨“世界海洋日”活动在北海经济开发区举行

（北海经济开发区　供图）

设包括 3 万吨 / 年高纯 γ- 丁内酯（GBL），6 万吨 / 年高纯 N- 甲基吡咯烷酮（NMP），5000 吨 / 年 TDS 导电浆料、1 万吨 / 年面板剥离液、稀释液再生及 1.50 万吨 / 年环己胺。项目建成后，将建成国内最大规模 NMP 生产基地，超净高纯技术实现突破，产品填补国内空白，推动国家集成电路基础材料国产化，带动滨州相关产业发展。

【渤海水产公司入选粤港澳大湾区“菜篮子”生产基地名单】 2019 年，北海经济开发区渤海水产股份有限公司建成鲁北地区最大的专业水产加工冷藏及冷链物流基地，公司强化质量管理，实现全产业链可检测、可跟踪、可追溯，产品全部通过无公害以及绿色产品、产地认证。公司入选粤港澳大湾区“菜篮子”生产基地，是鲁北地区唯一一家海产品出口日本的企业。渤海水产股份有限公司是市农业产业化重点龙头企业，主要从事南美白对虾及海参的海水养殖、水生植物养殖、对虾苗种繁育、饲料生产及冷藏加工业务。公司入选粤港澳大湾区“菜篮子”生产基地，可为大湾区提供优质丰盛、安全放心的水产品。粤港澳大湾区“菜篮子”生产基地建设以产品产销信息可追溯、物流通关便利、实现点对点生鲜直供、确保质量安全可靠为基础，直供粤港澳大湾区主要城市市场供应体系，逐步在粤港澳大湾区主要农贸市场、超市开设粤港澳大湾区“菜篮子”品牌专档，并将合作范围从粤港澳大湾区辐射到国内其他地区。

【首届中国南美白对虾自主选育创新论坛举办】 2019 年 12 月 31 日，首届中国南美白对虾自主选育创新论坛暨新品种推介会在北海经济开发区举办。论坛以“立足行业 · 自主创新 · 融合发展”为主题，汇集全国涉足对虾育种的科研单位、种企以及近百家育苗、标粗企业和近百名养殖户代表。论坛通过整合行业资源，完善“育—繁—推”体系，为国产种虾的商业化、市场化提供推广平台，合力打造具有良好运行机制的现代对虾种业。北海经济开发区南美白对虾养殖面积 1.13 万公顷，年产南美白对虾 7000 吨，成为“环渤海地区优良苗种繁育基地”。

【2019 年“全国放鱼日”在北海启动】 2019 年 6 月 6 日，滨州市 2019 年“全国放鱼日”暨“世界海洋日”活动在北海经济开发区启动。活动现场，工作人员共同在岔尖渔港乘船到近海区域，现场放流半滑舌鳎苗种 20 万尾。增殖放流是利用生态学原理进行的生态操控方法，在净化水质方面成本低廉、操作简便、效果明显，北海先后在经济技术开发区近海区域进行过多次增殖放流活动。

【市行政审批服务局北海分局挂牌】 2019 年 10 月 21 日，滨州市行政审批服务局北海经济开发区分局正式挂牌。揭牌后，滨州市行政审批服务局北海经济开发区分局将构建起优质、高效、统一、便捷的审批工作体系，推进招商引资和项目建设、促进北海经济发展。

（袁小光　范宜纲）

县属省级以上开发区

【滨州工业园区】 2019 年，滨州工业园区实现规模工业总产值 230 亿元，主营业务收入 226.21 亿元，利润 5.17 亿元，税收 5.51 亿元。园区建成 82.60 千米道路及配套雨污管网 130.67 千米，安装路灯 2115 盏。污水处理厂日处理污水 6 万吨，城区污水收集率 98%。园区建有小学、初中学校 10 处，建有县级医院、社区卫生服务中心，建成住宅区、商业街面积 62.30 万平方米，公共绿地面积 106.67 公顷，生活设施完善。园区内有工商银行、农业银行、建设银行、邮储银行、东营银行、农商行等金融机构。建成 1400 万立方米的秦台水库，日供水能力 10 万立方米。园区供电网络现状整体比较完善，供电可靠率高，建成 110 千伏变电站 3 座、220 千伏变电站 1 座、500 千伏变电站 1 座，具备实现双电源供电条件，并能满足一级负荷和特别重要负荷企业供电需求。建成 3 座热电厂，年发电量 42 亿千瓦时，年供热量 998 万吉焦，集中供热中心除满足现状企业工业用汽以及采暖用汽外，仍有富余供汽能力。

招商引资。围绕全省十强产业、全市五大千亿级产业集群，结合园区产业基础和发展潜力，确定重点发展高效生态纺织、高端装备制造和新能源新材料三个主导产业。3 月 4 日，印发《滨州工业园区关于

2019年9月3日，滨城区"双招双引"重点建设工程山东科臻环保科技有限公司危险废物综合处置中心项目开工仪式在滨州工业园区举行 （滨州工业园区 供图）

成立"双招双引"工作领导小组的通知》，加强对"双招双引"工作的领导。结合省市区招商引资有关政策，5月29日，制定《滨州工业园区招商引资政策（暂行）》，对达到标准要求的项目在用地、税费、融资、创新、房屋租赁、引荐人等方面给予支持奖励。组建专业招商团队，到北京、天津、长三角、珠三角及省内搜集投资信息；与深圳康振机械、天津均凯化工等展开洽谈。利用企业资源优势，有针对性开展以商招商，安排专人到江苏省南通市通州区、宿迁市宿城区挂职学习，并开展招商洽谈。江森自控、中裕食品代表滨州市迎接全省新旧动能转换项目落地现场观摩会议。投资7亿元的河南日昇源新型太阳能光热供暖系统项目、投资4.68亿元的科臻环保危废处置中心项目、投资2.21亿元的安琪酵母年产4万吨新型酵母制品项目、投资3.11亿元的佳化化学（滨州）有限公司10万吨/年聚合物多元醇及配套环保设施项目完成签约，年内完成招商到位资金25.84亿元。

重点项目。成立项目落地服务小组，在区行政审批服务局设立项目代办中心，针对项目推进中的困难问题，以"店小二"精神解决项目手续办理、规划、用地、配套设施等问题。中裕食品花色营养挂面生产线及综合服务中心建设项目、骏马物流生猪屠宰及食品加工配送冷链物流建设项目、惠众财金预应力混凝土桩项目投产运营。三元生物2万吨/年赤藓糖醇生产线项目基本建成，加快调试运行。荣华化学、科臻环保、佳化化学、安琪酵母4个项目集中开工。凤凰湖滨湖景观带配套工程完成投资1.10亿元，完成总工程量的80%。投资4000万元加快园区污水管网配套二期工程建设，新建污水管网13.70千米、泵站1座。投资3600余万元完成西部片区居民冬季供暖供热站扩建及主管网改造工程，新建供热站1座，并对园区内凤凰三路以东主管网进行升级改造。投资300余万元完成秦台河岸800余米沿线治理、绿化升级改造湿地一期（渤海二路西侧、梧桐七路至永莘路）3万余平方米、栽植花盆树池10万株、修剪及涂白城区绿化树木、更换护栏。推进化工园综合管廊、一企一管、中水回用等基础设施招标设计进程，引入社会资金建设洗车场、停车场。

民生改善。总投资10.60亿元，总建筑面积24万平方米的凤湖新城、凤湖景城两个棚改安置区主体工程全部完成，进行内部装修。7月，全区首个"扶贫孝善养老基金"在滨北街道薛家村试点，孝善养老模式全面推开，惠及500余位60岁以上贫困老人。推进"四好公路"建设，总投资2464万元，改造升级农村公路50.66千米。投资30万元建立全区第一个乡镇（街道）标准化退役军人服务站，成立专职退役军人工作队伍，迎接市区两级多次观摩，获"滨州市双拥工作先进集体"称号。投资500余万元，动用200余台次机械，3000余人，清理垃圾、小广告、乱涂乱画7000余处人居环境大为改观。

综合整治。构建"全科大网格"社会治理新模式。按照全域覆盖、规模适度、边界清晰、因地制宜、便于服务原则，坚持党建引领，全面整合党建、生态环境、卫生健康、应急管理、市场监管、城镇管理等，以网格为基本治理单元，实现"多网融合""一网统筹"，实现网格化服务管理无缝隙、全覆盖。开发"网格化社会治理信息智慧平台"，平台集社情民意、治安管理、安全生产、指挥调度、行政执法、决策辅助等多功能为一体，实现信息共享，做到"一次采集、多次使用，一家采集、多家使用"，为网格化服务管理提供数据支撑。调处化解乡村矛盾纠纷，坚持发展新时代"枫桥经验"，推行领导干部定期下基层接访制度，组织开展"一村一法律顾问"等法律服务，加强人民调解工作，畅通群众诉求表达渠道，及时妥善处理群众合理诉求，做到小事不出村、大事不出街道、矛盾不上交。推进平安乡村建设，推动扫黑除恶专项斗争向纵深推进，严厉惩治非法侵占农村集体资产、扶贫惠农资金等违法犯罪行为，推进反腐败斗争，建立防范和整治"村霸"长效机制。加强农村社会治安工作，推行网格化管理和服务。开展农村假冒伪劣食品治理行动、惩治制售假劣农资违法违规行为。加强农村防灾减灾能力建设，排查整治农村各类安全隐患。

环境保护。7月，园区开展为期一个月的异味治理攻坚月。聘请10名省内专家对13家重点异味企业进行异味排放问题排查。10月，园区投资1000余万元，委托南京霍普斯科技公司对平台进行升级，15台空气报警站安装完成。配合打赢蓝天保卫战，强化督察，督促指导企业加大投入，加快整改进度，完善治污措施，消除污染源和跑冒滴漏点位。加强VOCs（挥发性有机物）治理和LADR项目（泄漏监测与修复）建设，园区65台10蒸吨以下锅炉全部拆除，年内拆除6台10蒸吨以上锅炉，企业全部用上天然气、蒸汽等清洁能源。园区在配合上级环保部门监管32家化工企业危险废物的基础上，对需健全完善的机械加工、纺织印染、家具等企业完善危废管理制度和台账，规范设置储存场所。4月8—10日，区环保分局组织专家对园区涉及危废的22家重点企业，进行危废大排查，提出整改方案。督促滨农科技、侨昌化学两个危废焚烧炉完善手续、加快安装进度，投入运行。

安全生产。园区安委会成立2019年“安全生产月”活动领导小组，制发《滨州工业园区2019年“安全生产月”活动实施方案》，开展“安全生产月”活动。开展迎接中华人民共和国成立70周年安全生产专项整治行动。6月，园区应急救援指挥中心组织企业对风险隐患进行全面自查自纠，检查危化品企业43家、查出隐患165项，工贸企业7家、查出隐患63项，隐患整改率均为100%。7月，园区聘请中介机构对企业开展隐患排查、诊断式检查，检查企业49家，查处隐患728项，经复查，完成整改726项，隐患整改率99.7%。《问政山东》曝光非法加油站点问题后，9月15日，组成联合检查小组，对辖区内非法加油站点及废弃、闲置油罐，物流企业展开“拉网式”安全排查，未发现非法加油站点。

产业集群。园区初步形成5个产业集群，包括以亚光家纺为代表的家纺产业，以博远重工为代表的装备制造产业，以中裕食品产业、三元生物为代表的绿色食品产业，以山水水泥、惠众新材料为代表的建筑建材产业，以友泰科技、佳化化学为代表的化工产业。

科技创新。新发展高新技术企业3家，总数12家，实现高新技术企业产值91.03亿元，占园区规模工业产值的39.58%，税收3.19亿元，占规模工业税收的57.38%。新增院士工作站、省级企业技术中心各1家，园区拥有省级及以上创新平台26个，其中国家级企业技术中心1个、国家级工业设计中心1个、博士后科研工作站1个、院士工作站2个、国家级检测中心2个，省级企业技术中心10个、省级工程实验室3个、省级工程技术研究中心2个、行业技术中心2个、省级工业设计中心2个。专利申请195项，其中发明专利33项，授权专利121项。

（卢　凯　信崇磊）

【沾化经济开发区】 2019年，沾化经济开发区推动经济高质量发展，实现规模以上工业总产值207.95亿元，规模以上主营业务收入222.68亿元，税收6.08亿元。

招商引资。开发区把“双招双引”作为头等大事、中心任务，落实招商引资目标责任制，成立8个招商引资工作小组，围绕园区优质资源、主导产业，以商会协会、沾化籍企业家及国内知名企业作为对接方向，开展定向招商、精准招商、以商招商、产业招商，组织“走出去、引进来”活动60余批次。投资20.50亿元的20万吨ACM及20万吨橡胶胶片暨配套氯碱生产项目、投资16亿元的沾化生物&医药高科园项目、投资35亿元的山东京博生物科技有限公司绿色高端化工产业基地项目等先后签约落地，计划投资总额100亿元。崇正新型建材项目、建华建材二期项目等4个总投资8.90亿元的建设项目竣工投产，云水基力固废综合处置等项目顺利推进。实现招商引资到位资金17.57亿元，完成全年任务的135.15%。

基础设施。推进闲置土地收储盘活，收储海洋化工、福美康等停产企业低效闲置用地200公顷，其中仅海洋化工一处土地180公顷，为大项目落户和园区未来发展腾出空间。完善园区配套基础设施，投资250万元实施城东园区自来水管网改造提升工程，铺设管线5.2千米；投资300余万元，修缮完成园区7条主干道路2.90万平方米；投资150万元实施园区交通信号灯改造提升工程，规范园区交通秩序；投资5000万元实施化工产业园消防站建设，主体工程完工；投资800万元实施智慧园区工程，智慧监管综合服务体系，提高园区管理服务准确性、高效性、灵活性。园区各类基础保障要素配套完善，提升园区承载能力和招商引资吸引力。

体制机制创新。3月，按照省市开发区体制改革要求，开发区管理体制由“区办合一”调整为“一区两园”，沾化经济开发区与富源街道分离，下辖城东园区和城北园区2个园区，社会事务管理职能由富源街道承担，园区突出经济建设主责主业。按照体制机制改革要求，逐步修改完善改革实施方案，推进开发区实体化运营工作，新注册成立专业化投资公司滨州市沾化区宏远投资管理有限公司，依托滨州市沾化区宏远投资管理有限公司、山东万合制药有限责任公司及山东元泰生物工程有限公司成立滨州晟泰生物医药产业园有限公司等平台公司，推进开发区改革工作。推进山东中海精细化工有限公司与母公司剥离，理顺开发区税收征管体制、促进财政增收。围绕新旧动能转换，引导日科橡塑、瑜凯科技、阳光化学、卓成化工等企业深化校企产学研合作和产业技术革新，组织申报高端化工产业重点项目、科技型中小企业及技术专利，海益化工、奥仕化学申报滨州市技术专利，海容电源、华升化工等企业入选科技型中小企业名单。

安全生产。落实网格化和“一岗双责”责任，按照执法计划开展执法监察行动，隐患排查常态化。开展政府巡查179次、执法检查25次、巡查停产和废弃厂房企业50家，查摆整治隐患1334条。开展2019年“安全生产月”活动，组织企业应急演练活动101次，组织知识竞赛参与人员1万余人次，开发区获评全市安全生产工作先进单位和2019全市“安全生产月”活动暨全国安全应急知识网络竞赛活动优秀组织单位。

生态环保。持续开展大气污染排查治理，开展夜间突击检查行动8次，检查企业47家。建设大气异味溯源监控装置，对27家重点涉气、涉粉尘的企业安装环保用电监管模块。加大园区水污染治理工作，加大对雨污分流、雨水监控设施的检修力度，对园区34家重点涉水企业进行定期排查，防止偷排行为。强化固废管理巡查力度，对辖区21家涉危废企业及园区周边空地进行常态巡查。

（苗艳婷）

【邹平经济技术开发区】 2019年，邹平经济技术开发区完成规模以上工业总产值1832.60亿元，实现地方财政收入23.70亿元，实现进出口额33.20亿美元，完成固定资产投资54.50亿元。

招商引资。全年引进项目16个，引进项目总投资56亿元，实际利用外资7028万美元。其中引进光大兴陇信托收购西王糖业股权项目、中铁集团邹平货运铁路专用线项目和北新建材新型建材项目3个世界500强项目。打造世界领先的魏桥轻量化基地，引进总投资17.36亿元轻量化挤压结构件项目、轻量化车身总成项目、轻量化铝型材项目和轻量化中试基地项目；引进中国台湾新格集团年产30万吨再生铝及10万吨铝灰综合利用项目、中国香港新东阳年产6万吨铝包装材料项目、瑞典格朗吉斯高端热交换器用轧制铝材、航空铝板与高端汽车板项目等铝深加工项目。

重点项目。邹平经济技术开发区建立“一个重大项目、一名经开区领导、一个服务团队、一个推进方案、一揽子抓到底”“五个一”工作机制，为项目落地提供全周期服务。新格集团再生铝项目，20天完成本级权限全部审批，获得投资者好评。投资8.2亿元的魏桥纺织绿色智能纺织一体化项目开工建设到投产，仅用时8个月。项目通过纺织生产与现代互联网、物联网融合，首次在棉纺织领域建立智能订单、工艺大数据平台系统，实现订单生产过程全流程跟踪，成为世界最先进的绿色智能纺织一体化项目。魏桥铝深加工产业园盘活原长星集团土地、厂房，推进以企招商、以优势铝资源招商、以营商环境招商，变“低效闲置地”为“高效示范田”。

综合整治。推动全国文明城市、全国卫生城市创建。推进辖区基础设施上档升级，先后实施月河四路、月河三路等道路修补工程，标划会仙桥市场、新玛特商场、建宇商城等车辆聚集区停车位1000余个。从整治环境卫生、规范市场秩序等着手，开展环境综合整治。组织开展15次志愿服务活动，参与人员1300余人次。依托微信公众号以及户外广告牌、电子屏等平台，进行创城宣传教育活动。

环境保护。开展生态工业园区创建，推进园区循环化改造，促进园区绿色发展。魏桥创业集团实施氧化铝、电解铝环保提标改造，改造后的废气外排指标远低于国家要求的排放标准，位居同行业先进水平。开展园区循环化改造，推动原铝向再生铝转变，引进实施新格30万吨、魏桥200万吨等再生铝项目，与中国再生资源公司共建铝回收平台，保障下游产业链铝水供应，打造全国最大的再生铝产业基地，实现产业绿色转型。加快铝、热电产业链副产品综合利用，实施绿然环保铝灰综合利用项目、长隆环保年产3万吨二次铝灰综合利用等循环利用项目。利用清洁能源，降低煤炭消耗和碳排放，浙江精工集团投资12亿元的300兆瓦分布式光伏发电项目开工建设。

产业集群。推进装备智能化改造，魏桥纺织投资8.2亿元新上绿色智能纺织一体化项目，年底竣工投产。在保持“魏桥”品牌影响力的同时，提升“嘉嘉家纺”和“向尚运动”品牌知名度和影响力。建设“世界铝谷”，抓住国家铝产业布局优化与结构调整机遇，以建设国家级轻质高强新材料产业基地为目标，构建价值链合理、产业聚集度高、循环经济特征鲜明的现代化铝产业体系。围绕轻量化发展方向，加快轻量化基地建设，通过建设轻量化结构件项目、全铝车身总成项目、轻量化中试基地项目、开发汽车零部件与整车制备核心技术等，建设中国最大的全流程汽车轻量化研发制造基地和世界领先的铝制轻量化材料研发中心。

科技创新。培育高新技术企业，对科技型企业进行高新技术企业申

2019年12月，魏桥纺织绿色智能纺织一体化车间一角

（邹平市地方史志研究中心　供图）

报和培育专题辅导，提高高新技术企业申报积极性和成功率。围绕各级各类科技创新平台申报要求，帮助企业建设科技创新平台，提高企业科技创新能力。与中科院沈阳分院合作，成立铝谷产业技术研究院，中科院山东首家行业性技术转化中心落地邹平。与山东省工业设计研究院签约，全省唯一一家铝行业创新设计中心入驻铝谷。推进产学研合作，推动企业到高校及科研院所开展人才项目对接，促进科技成果和高层次人才同步转化、落户到企业。

环境建设。营造良好营商环境，深化放管服改革，推行“一次办好”，推进投资项目在线审批监管平台一体化，实施项目审批管理服务“一网通办”。在企业开办、办理施工许可等方面，对照营商环境评价6项指标，加大检查整改力度。完善硬环境建设，实施魏桥铝深加工产业园50万平方米标准厂房建设，为铝企落地提供项目载体。围绕破解物流过度依赖公路运输问题，邹平市货运铁路项目开工建设，设计货运能力3670万吨。实施会仙一路东延道路改造工程，实施雨污分流、管道疏通工程，实施绿化提升工程，完善基础设施。

体制改革。按照上级安排部署，推进开发区体制机制改革。实行“大部门、扁平化”管理，通过整合归并内设管理机构，15个行政事业单位精简至5个。培育开发运营市场主体，成立5个园区公司和专业化平台公司。稳妥剥离综合行政执法、计划生育、文体教育、社会保障等社会事务管理职能，突出经济发展主责主业。

（杨允醒）

【惠民经济开发区】 2019年，惠民经济开发区财政总收入完成1.97亿元，一般公共预算收入完成1.22亿元。全区实现规模以上工业增加值24.14亿元，累计增速7.16%；完成规模以上固定资产投资9.46亿元，其中规模以上工业技改投资4.22亿元。全区规模以上工业企业24家，地区生产总值实现45.77亿元，主营业务收入205.06亿元，税收收入5.28亿元。

招商引资。组织外出招商20余批次，与外来客商对接近60批次，搜集项目信息90余个，其中签约山东润龙风电装备制造、山东铸友机床高端数控机床部件、山东元旺电工科技有限公司年产10万吨高强节能铝合金导线、惠民县高端铝生产研发产业基地（标准化厂房）等11个项目。智能装备产业园、北京安义商会铝加工产业园、埃锡尔智能设备、佛山市京德建材有限公司铝合金型材挤压—喷涂—门窗生产一体化、广东东阳光集团年产20万吨精品铝箔等12个项目洽谈中。

基础设施。推进道路、管网、绿化等各项基础设施建设。园区道路框架基本建成，沿路进行高标准绿化，开发区呈现“三季有花、四季常绿、步移景异”景观效果。铺设雨污管线128千米，安装自来水管道30千米，架设电力干线51千米，铺设天然气管道11千米，铺设通讯光缆20千米。

环境保护。生态环境部蓝天保卫战重点区域强化监督定点帮扶督察开展14轮次，惠民经济开发区环保材料准备齐全、治污设施正常运转、环保措施落实到位，未有问题反馈。8月14日，《山东惠民经济开发区总体规划（2019—2035年）环境影响报告书》通过建设项目环境评审服务中心组织的专家审查会。开展扬尘综合整治，对区域内裸露土地、重点道路、建筑工地、物料堆场进行综合整治。开展“散乱污”及燃煤小锅炉整治“回头看”，对闲置厂房、车间进行巡查。

安全生产。春节、劳动节、端午节等特殊时段开展有针对性地监督检查，组织开展迎接中华人民共和国70周年安全生产专项整治行动，累计检查企业133家次，排查并整改一般隐患306项。组织企业参加县安委会在魏集镇、辛店镇开展的全县综合应急演练；督促企业结合实际开展应急演练，组织重点企业演练24次，参与人数860余人，涵盖火灾疏散逃生、天然气泄漏、员工触电、电梯急救等多个方面。开展“安全生产月”活动，出动宣传车巡回宣讲《山东省安全生产条例》，在开发区便民农贸市场开展安全生产宣传咨询活动，发动企业职工参与2019年全国安全生产月危化品及全民安全应急知识竞赛。

科技创新。完善以企业为主体、产业化为导向，公共技术开发平台为支撑，政、产、学、研、用相结合的技术创新体系。鼓励区内重点企业与省内外高等院校、科研院所横向联合，促进科研机构、高等院校科技成果在企业转化。根据产业发展变化，完善提升企业创新平台，扶持重点企业建立高端研发和创新平台，加强科技型小微企业孵化体系建设，建立覆盖全产业链的多层次创新平台体系，企业作为技术创新主体需确保创新投入占年营业收入的3%以上。建立和完善创新政策制度体系，强化财税政策对科技创新的支持作用，完善创新资源管理配置。

产业集群。风电装备制造产业，拥有从模具设计、砂箱制作到铸件生产、机加工等全产业链生产配置，产品涵盖风电轮毂、底座、主轴、定子、转子、塔架、风叶等风电核心部件，与中国中车、金风科技、远景能源、明阳风电建立长期合作关系，配件供应占全国市场份额40%以上，风电铸件产量和订单居全国同行业第一位。高端铝产业，园区电解铝产能75万吨/年，原铝资源充足；依托汇宏新材料原铝项目，延伸产业链条，采用“铝水不落地”模式，元旺电工、久盛铝业、天阳金属3家企业年产各种规格铝材产品75万吨。数控机床产业，主要依托投资12亿元的山东铸友高端精密数控机床制造项目、投资6.9亿元的辰星耐磨材料年产92万吨高端精密铸造技改项目和投资1.5亿元的宇创表面处理项目，开展高端机床及配件、高精度锻压设备及配套部件招商。智能装备产业，规划占地37.67公顷，标准厂房建筑面积21万平方米，智能设备、高铁设备、纺织科技等行业项目签约入驻，以发展智能制造、装备制造及配套、机器人集成应用为招商主攻方向，建设智能装备制造孵化园。汽车零部件产业，产品主要包括卡钳、支架、刹车盘、转向节等制动系统，年产能 20 万吨，与德国大陆集团、美国 TRW 等全球汽车配件供应商建立合作关系，产品可应用于奔驰、宝马、大众、通用、尼桑、比亚迪、长城、北汽、吉利、长安、福特等主要汽车厂家。

体制机制创新。惠民县统筹惠民经济开发区、高效经济区、辛店产业园资源，实行“一区三园”运行机制，建设汽配风电产业园、铝精深加工产业园、数控机床和智能装备产业园。汽配风电产业园以国创风能、润龙风电、惠宇汽车零部件为代表企业，重点布局高端风电装备制造、汽车零部件制造、现代服务业等，着力打造山东省高端风电装备制造基地。高端铝产业园以汇宏新材料、元旺电工、久盛铝业、天阳金属等为代表企业，重点布局铝精深加工及相关产业，着力打造 500 亿元级高端铝产业集群。数控机床和智能装备产业园以辰星耐磨、铸友机床为代表企业，重点布局数控机床和智能设备制造产业，建设智能装备产业园。

（李　华）

【阳信经济开发区】 2019 年，阳信经济开发区坚持发展第一要务，抓好体制机制改革，推动“管委会 + 公司化”管理模式，主要经济指标运行平稳。一般公共预算收入完成 4.40 亿元，固定资产投资完成 28.30 亿元，规模以上主营业务收入完成 267.50 亿元，规模以上工业增加值完成 44.90 亿元，进出口总额完成 9922 万美元。税收收入完成 20.60 亿元，比 2018 年增长 153.89%。辖区内注册企业 322 家，规模以上 30 家，带动就业人数 1.10 万人。阳信化工产业园入选省级化工园区。

招商引资。全年招商引资完成 19 亿元。总投资 6 亿元的卓越(阳信)高科技产业园标准化厂房及配套基础设施项目，总投资 8 亿元的滨阳燃化有限公司 1 万吨 / 年纤维级聚苯硫醚（PPS）新材料项目和 40 万吨 / 年工业白油项目，总投资 4.7 亿元的山东联化新材料有限责任公司 7 万吨 / 年高等级石墨电极新材料项目，总投资 3.5 亿元的山东环沃环保科技有限公司阳信县固体废物综合利用二期资源化项目相继落户开发区。

重点项目。京阳科技 10 万吨 / 年针状焦品质升级技术改造项目、针状焦产业升级技术改造项目投产运营。滨阳燃化 1 万吨 / 年纤维级聚苯硫醚新材料项目、7 万吨 / 年高等级石墨电极新材料项目、40 万吨 / 年工业白油项目开工建设。巨久能源 200 万吨劣质原料制芳烃项目进入试运行阶段；山东中星建材科技公司一期项目试生产；新华医疗口腔 CBCT 项目一期 127 亩用地选址获县政府批复，立项备案证明完成，办理环评、安评手续；环沃环保科技二期 3 万吨危废资源化项目完成立项、土地、环评手续，正式开工兴建，完成仓储建设、部分工艺单元土建施工和乙类物资仓库外墙涂装，办公楼施工完成 90%，VOC、废气处理设备调试加快进行中；阳信广富公司入选国家重点龙头企业，北方地区年产 15 万吨高档食用油肉牛产业振兴项目试生产；格锐智能机器人项目完成土地清表、土地审批等工作；华煜新材料项目加快办理土地、环评等相关手续；与北京卓越公司签订投资合同，盘活电子信息产业园内闲置的厂房、车间等，促进电子信息产业园提档升级。协助瑞丰特种油、巨久、格瑞机器人、环沃环保、京阳科技、华煜新材料等有关企业办理国有建设用地手续或申请 9 宗 74.31 公顷，完成滨阳燃化工业白油项目 2.53 公顷建设用地指标规划调标和亿利源建筑面积 3 万平方米加工配送中心用地与新版县城总体规划不符调整工作，帮助金利源畜禽粪污资源化循环利用示范项目办理 60 亩国有建设用地租赁手续，开创全市国有建设用地租赁工作先例。龙福环能与山东水发环保集团签订战略合作协议，龙福环能生产的“国旗红”地毯，铺上中华人民共和国成立 70 周年庆典观礼台。受阅官兵穿着瑞丰集团制作的阅兵靴。

民生改善。采取“日常保持 + 集中治理”模式，提高区容区貌。全年环卫保洁费支出 91 万余元，绿化养护费用支出 36.8 万元。12 月，工业三路绿化工程阶段性竣工验收，工业三路总长度 1232 米，绿化带总面积 4.59 万平方米，总投资 278.30 万元。同步推进工业二路绿化工程，9 月 6 日开工，11 月 26 日竣工验收，总长度 1303 米，绿化带面积 5.21 万平方米，投资 267 万元，完成清表、种植土回填、翻耕、给水管道铺设、施肥、绿化苗木种植，竣工验收进入养护期。

综合治理。推进全域环境治理，完成创建国家卫生县城、第三十届梨花会、全省新旧动能转换大观摩、全市“双招双引”观摩会、两次全市大观摩等活动沿途路域治理工作。累计雇佣人工 3800 余人次，挖掘机用工 900 余小时，清理杂草面积 1000 余亩，清除河塘沟渠等水面垃圾、漂浮物 3200 平方米，树木涂白 10 千米，补植树木 3100 多棵，整治乱贴乱画面积 1830 余平方米，重新画定道路交通标识线 22500 余平方米，修复工业一路、工业二路、工业三路、工业八路破损路面 50 多处，路沿石 500 米，绿化养护、修剪绿化带面积 20 余万平方米，治理路域 24 千米，治理水域 8 千米，环境治理投入 58 万元。

环境保护。要求减排限产名单内的 48 家开发区企业落实好减排限产措施，联合县环保局对限产企业进行全面排查上百次，出动 288 人次、140 余车次，检查督导企业落实各项要求。迎接中央环保督察 20 余次，对发现的问题实行销号制，按照问题清单督促 48 家企业整改问题 56 个。持续排查“散乱污”企业及燃煤小锅炉。重点对园区边界，隐蔽位置，厂房租赁等检查盲区进行联合检查督促企业按照环保要求进行生产，达标排放。开发区联合县环保局开展“零点”夜查行动 12 次，对企业污水排放、工业异味等问题进行突击检查。落实《土壤污染防治行动计划》，详细掌握重点行业企业用地信息，防控土壤环境风险，6月18—24日，配合市生态环境保护局聘请的第三方机构，对开发区25家重点行业企业入户调查，发现问题19个，涉及7家企业，在专家指导下分别完成整改。对重点排污企业实行“一企一管”，对包括11个废水监测点、14个废气监测点在内的废水废气实时在线监测，发现问题及时联系企业进行整改处理。

安全生产。树立安全发展理念，坚持“安全第一、预防为主、综合治理”方针，开展安全生产执法、治理和宣传教育专项行动，严格监督管理，深化专项整治，筑牢安全责任体系和工作防线，未发生一般及以上安全责任事故，全区安全生产形势总体稳定。6月“安全宣传月”期间，11日，聚焦重点行业领域，组织辖区内22家化工危化企业召开双重预防体系交流研讨会；16日，开展“安全宣传咨询日”活动，组织区内企业参加“全国危化品及全民安全应急知识竞赛”；26日，整合区内应急资源，组织滨阳燃化、京阳科技、环沃环保及康洁环卫等企业开展政企综合应急救援演练。8月，与县应急管理局联合执法，停产整顿企业1家。应急一体化平台视频监控接通19家，园区重大危险源全部实现实时监控，安全环保监测数据确保每小时保存记录，通过审核，全部存档。开展中华人民共和国成立70周年安全生产专项整治行动，成立工作专班，制定开发区领导干部区域负责制，开发区全员参与安全大检查、大整改活动，排查企业56家，组织夜查3次，检查企业9家。

产业集群。结合新型化工、电子信息、肉牛皮革、地毯纺织、木器制造、不锈钢制品、食品深加工等产业基础，重点发展新材料、新型石化和肉牛皮革三大600亿元级主导产业集群。建设以针状焦、煅后石油焦、芳烃未原料为主的新能源新材料产业园，实现链条式入驻发展。支持京阳科技技术研发，做好上下游项目对接开发，向高附加值产品转型升级。确保巨久能源年

2019年7月10日，瑞鑫集团智能机器人枪刺地毯车间

（阳信县地方史志研究中心　供图）

产200万吨劣质原料制芳烃项目全面达产，推进滨阳燃化年产1万吨纤维级聚苯硫醚、7万吨高等级石墨电极、40万吨工业白油项目建设，推进华煜新材料三醋酸甘油酯及聚醚滤渣项目加速落地，拓展产业发展空间，优化产业发展环境，增强产业竞争力。建设高端制造产业园，推进格锐建筑用装配式机器人、新华医疗器械产业园牙科口腔CT等项目建设，建设人工智能、精密加工等特色装备制造集聚区，完善产业链和构建现代产业服务体系，推动生产性服务业向专业化和价值链高端延伸。建设现代肉牛产业园，推动肉牛产业深加工，延伸产业链条，提升产品档次和市场占有率，培育亿利源、鸿安等规模以上企业。建立的“阳信县中科创新园”是山东省建立的首家产业科创园，定位于打造成阳信县新旧动能转换和“双招双引”的创新平台，发展高端精细化工产业。

科技创新。全区有省级高新技术企业9家，省级工程实验室2家，其中产值超亿元高新技术企业3家，形成以新型化工产业、新材料循环利用产业、电子信息产业和纺织加工产业4大支柱产业。京阳科技股份有限公司、龙福环能科技股份有限公司、铭泰电气有限公司、广富畜产品有限公司等企业为国内同行业的知名企业。京阳科技获评山东省瞪羚企业，牵头制定的1项团体标准正式发布，针状焦产品进入日本、俄罗斯、印度、意大利等国际市场。龙福环能获评全国工业产品绿色设计示范企业，瑞鑫集团入选省人工智能试点示范企业，泰锐电子获批高端装备制造业领军企业。全区高新技术产品增加值实现6亿元，占全区地区生产总值比重的30%。

（王　柯　路　涛）

【无棣经济开发区】 2019年，无棣经济开发区以“对标一流比作为、争先进位抓落实”解放思想大讨论活动为契机，启动开展“园区提升工程”三年行动，聚焦“双招双引”、项目建设、动能转换、基础配套、环境营造、从严治党“六项重点”，谋求发展后劲、发展实力、产业层次、承载能力、对外形象、服务效能“六大提升”，全年实现规模以上工业总产值298.07亿元，主营业务收入298.18亿元，实现税收收入18.22亿元。

招商引资。把“双招双引”作为“一号工程”，以装备制造、新能源新材料、信息技术、现代服务业等主导产业为重点，组建工作专班，多批次开展“上门招商”活动，引进投资20亿元的山东华盛纺织

产业园项目、投资5亿元的无棣星悦家纺科技有限公司年产10万吨新型纤维材料功能性家纺面料项目、投资1.6亿元的山东萃源亿康生物科技有限公司年产4000吨可得然胶等44个项目，合同引资额190.80亿元。

项目建设。深化全员联系包保企业责任制，开展“千名干部联千企”活动，机关干部“一岗双责”盯上靠上，实行“店小二”“保姆式”服务，为企业发展搭建优越平台。全年累计完成固定资产投资51.07亿元。黄河三角洲·棣洲智汇物流港项目、华匠畜牧装备产业及饲料、物流产业复合园项目、锐恒住宅工业产业化项目、玉恒凤凰城项目一期、龙拓年产7万吨新型环保塑料母粒项目、无棣博翱高级中学等一批项目有序推进。

基础设施。打基础、搞配套，提升园区承载力。立足“拎包即入驻，上设备即开工”要求，超前启动标准厂房建设项目，年内建成16万平方米。双创产业园项目二期总投资9000万元，总建筑面积4.70万平方米，建成8座标准厂房；星悦家纺标准厂房项目总投资1.50亿元，建筑面积10万平方米，附属建设综合办公楼、职工宿舍等功能区；河山机械标准厂房项目加快建设中。总投资1.20亿元、占地2.80万平方米的污水处理厂扩容工程4月启动，正式运行，污水处理能力6万立方米/日；实施老建成区管网改造提升工程和园区亮化工程，结合创建国家级卫生县城工作，组织实施一大批美化、净化、绿化工程。

（闫梦彬　刘　娜）

【博兴经济开发区】 山东博兴经济开发区是省级经济开发区，面积88.07平方千米，辖1个街道办事处，6个社区，38个村（居），总人口5.80万人，从业人员4万余人。2019年，在全省省级经济开发区中投资环境综合评价总指数排名第17位；在全省73家参评的西部地区开发区中综合指数排名第六位，经济发展指数排名第二位，创新驱动指数排名第六位，行政效能指数排名第四位。被授予“中国产业园区成长力百强”“山东省循环经济示范单位”等称号。全年实现地区生产总值213.61亿元，比2018年增长4.6%；全区规模以上固定资产投资实现33.56亿元；规模以上工业总产值755.59亿元；营业收入930.41亿元，比2018年增长0.67%；实现地方财政收入9.38亿元；进出口总额333.15亿元，其中出口53.27亿元、进口279.88亿元。

招商引资。引进外资项目13个，计划总投资35.67亿元，实际到位外资15.55亿元，其中境外项目2个，到位资金3698万美元，省外项目4个，到位资金4.07亿元，省内市外项目7个，到位资金9亿元。开展精准招商，“专人、专门、专注、专业”招商引资，主要负责人组织参加招商活动13次，利用重庆铝展与中再生对接投资30亿元的医药产业园；与宁波双能达成投资意向，在开发区建设投资5亿元的和源和众项目；参加上海铝展与杭萧钢构、永记造漆对接。突出以商招商，发挥现有企业和企业家优势开展以商招商，招接宁夏瑞科能源有限公司来开发区建设总投资1.1亿元的立通达仓储物流冷链中心项目。突出吸引人才，开展“产学研”合作企业34家，引进学者、专家8人，全职博士15人。

重点项目。实施投资过千万元项目29个，其中新建项目15个、续建项目14个、过亿元项目20个，总投资额257.08亿元。京博总投资17亿元的15万吨/年溴化丁基橡胶及配套项目、京博60万吨/年高性能聚丙烯树脂及配套项目、京博内陆港多式联运运营中心项目、万事达装配式建筑高性能围护结构材料与部件智能制造示范工程、新美达投资9.54亿元的高精密装备用特殊板材产业链智能化清洁生产示范项目被列入市重点。总投资5亿元的山东和源和众生态科技有限公司年20万吨危废处理项目，总投资3.5亿元的瑞丰不锈钢有限公司年产35万吨高档耐指纹镀铝锌硅、年产23万吨高端彩涂板生产线项目，总投资3.07亿元的瑞丰铝板有限公司年产12万吨高精度铝箔建设项目，总投资5000万元山东胜兴特种材料有限公司7万立方米/年油田水基钻井泥浆循环再利用等项目有序推进。

新旧动能转换。推动京博投资221亿元的15万吨/年溴化丁基橡胶及配套项目、60万吨/年高性能聚丙烯树脂及配套项目、30万吨/年共氧化法环氧丙烷联产苯乙烯及配套项目等8个新旧动能转换项目，加快工业转型升级。投资约7200万元建设兴业九路和兴博七路道路工程，投资约2000万元建设博兴县化工园区特勤消防站工程，服务京博新旧动能转换项目建设。启动国家级“绿色园区”创建工作。组织板材协会参加上海铝展，引领板材企业转型升级。

基础设施建设。实施路网工程，投资7200万元实施兴博六路、兴博四路、富源二路道路改造工程，完成配套设施建设和其他道路的养护修补；投资7000万元实施兴业九路和兴博七路道路改造工程（含三号支沟桥）；投资1500万元的兴博九路道路改造工程。修复汛后破损道路兴博三路、化工路等主要路段。实施道路绿化工程，投资600万元完成对滨河路、兴博一路、兴博八路、化工路、兴业四路、兴博七路路口绿化种植及养护，园区绿化覆盖率31%，道路绿化率90%。

民生改善。推进新型社区建设，启动郑家村、岭子村、卞家村、东田村、西田村5个村整体搬迁项目。制定《博兴经济开发区（城东街道）防汛排涝应急预案》，提高全区防范与处置突发性洪涝灾害能力；开展第9号台风“利奇马”应急防范和灾后重建工作，保障开发区经济社会安全稳定和可持续发展。处理为民服务热线300余起，化解积案3起。

土地整治。推进闲置低效土地整治，统筹资源，按照“一地一策、一厂一策”原则，分类制定处理方案和处置措施。收回博兴县三和能源有限公司等15家企业的闲置或低效能土地1745.08亩，保障重大项目用地，拓展发展空间。

2019年12月14日，博兴经济开发区党群服务中心一角

（博兴经济开发区　供图）

环境保护。完成2018年至2019年大气污染防治攻坚战，检查涉及企业400余家。开展利剑2019打赢蓝天碧水清废污染防治百日攻坚专项行动，解决大气、水、固废等重点领域存在的突出环境问题。开展水污染源普查；做好大气污染源头治理，排查52家散乱污、95台小锅炉、20余家扬尘企业。开展中央、省环保督察组"回头看"迎查工作。中央、省环保督察期间，受理上级反馈问题等200余件，报送各类文件150余件，处理信访案件32起。

安全生产。开展打非治违和重点行业领域安全专项整治，重点行业领域检查企业258家次，排查隐患1453项，立案处罚4家；推进安全隐患排查整治行动，检查企业169家，查出隐患1350项，全部整改完成，整改率100%。

科技创新。开发区有高新技术企业9家、瞪羚企业2家、隐形冠军企业3家、市级众创空间3家、省级以上研发机构20家、发明专利374件，高新技术产业值增长10.5%。

营商环境优化。推行领导干部联系企业、联系项目工作机制，干部职工主动担担子，涉企业发展、招商引资和项目建设亟待解决的问题"马上办"，老大难问题"主动办"，一时难以解决的问题"跟踪办"，涉及面广、政策性强的问题"透明办"。开展"大走访、送服务"等多种形式调研活动，听取企业对开发区营商环境、用水用电、交通、行政审批服务等事项意见建议，促进营商环境得到不断改善。建立协调服务机制，成立美可达、和源和众等项目服务专班，为企业办理手续提供"保姆式"服务，当好服务企业、服务项目。

化工园区通过省政府第三批专业化工园区认定。投资3952万元建设博兴县化工园区，其中投资400万元安装门禁和视频监控系统、投资600万元建设消防设施、投资2000万元建设特勤消防站、投资535万元建设空气预警站、投资130万元建设河流自动站、投资287万元建设综合监管平台。1月10日，化工园区通过省政府第三批专业化工园区认定，新批准化工园区起步区面积8.76平方千米。

（赵振良　李冰峰）

融入"一带一路"建设

【概况】2019年，滨州市与"一带一路"沿线40余个国家开展经贸合作，370余家企业在沿线国家进行投资、经贸活动。实施滨州港扩能建设、海港港区防波堤建设等重大工程，提升滨州港地区性重要港口通航能力。推进滨州港海港港区液体化工码头建设，开展滨州港海港港区5万吨级航道、滨州港LNG项目等前期工作。研究对接口岸管理运营、提升贸易便利化水平等政策，推进滨州港口岸尽早实现验收。研究对接交通运输部等18部门《关于进一步鼓励开展多式联运工作的通知》精神，支持到境外投资企业用好国家、省"走出去"及进口货源扶持政策，扩大回运物流货源，降低"滨海欧""滨新欧"国际货运班列运营成本。发挥区域内水路、铁路、公路、管道支撑作用，建设融入国际物流通道的综合疏运体系。引导全市高端铝、新型化工、纺织等优势产业、企业到"一带一路"沿线国家投资建厂，促进重点企业在全球布局产业链条。纳入国家"一带一路"项目库三年滚动计划项目计9个，总投资55亿元。项目主要分布在印尼、柬埔寨、俄罗斯、乌兹别克斯坦、乌克兰等国家和地区，包括魏桥创业集团在印尼、几内亚投资建设的铝及铝矿项目，愉悦家纺在乌克兰建设的"中国—乌克兰亚麻植物资源开发与利用国际科技产业园区"，西王集团并购世界上最大运动营养品供应商加拿大Kerr公司，山东开泰集团收购荷兰爱博特等4家欧洲公司。

【"一带一路"国际人才发展论坛】2019年6月23日，由科技部亚欧科技创新合作中心和国家外专局"一带一路"国际人才专项基金主办，市科技局与滨州国际人才交流协会承办，UWEE欧美亚教育联盟和孙武国际学院协办的"一带一路"国际人才发展论坛在北京举行。论坛以"科技创新，合作交流，促进发展"为主题，邀请"一带一路"国际组织、驻华使节、商协会机构代表以及相关专家学者参会，共同探讨、分享"一带一路"国际人才交流合作带来的机遇及对地方经济发展的支持。科技部亚欧科技创新合作中心秘书长朱世龙作主旨发言，中科院院士刘嘉麒、科技部中国滨州市生产力促进中心副秘书长王立社、市人大常委会副主任吕德章等分别发言。其间，论坛以“国际科技人才交流与地方经济发展”为主题举行圆桌论坛，与会人员共同观看滨州城市形象宣传片、渤海先进技术研究院规划设计宣传片，吕德章介绍滨州市情、发展优势及人才新政等，邀请各位专家、人才了解滨州、走进滨州、服务滨州、发展滨州，实现合作共赢。

（苗艳婷）

【青岛—滨州“经略海洋　港城联动”融合发展推介会】 2019年3月22日，青岛—滨州“经略海洋　港城联动”融合发展推介会在滨州召开。青岛港集团董事长李奉利，滨州市副市长曹玉斌，博兴县委书记李守江、县长吕明涛，京博控股集团董事局主席马韵升等参加。青岛港推出全方位优惠政策和服务措施，支持滨州企业更好融入“一带一路”建设。此次推介，青岛港携手海关、铁路、船公司等，码头、物流、金融、邮轮实现一体化联动，推出海铁联运、干散货、件杂货、物流金融、国际邮轮等系列让利优惠和服务升级新政策，合力满足滨州企业多样化、个性化、差异化的需求；青岛港联合滨州市，加快滨州（博兴）内陆港建设，建设青岛港至滨州地区的物流新通道，助力滨州及周边地区进出口企业高质量发展。推介会上，青岛港旗下的青港物流、前港分公司等公司，与博兴县及京博物流等企业签署8项战略合作协议。推介会前，举行滨州市进出口企业恳谈会，与会领导同进出口企业座谈交流，征求营商环境、港口服务等意见建议。

【“一带一路”科教融合发展对接活动】 2019年11月30日至12月1日，2019年高层次外国专家齐鲁行——“渤海英才　科创滨州暨‘一带一路’科教融合发展对接活动”在滨州举行。40余名海内外政、商、科学、医学界专家等参加。九三学社第十一届中央委员会常务副主席陈抗甫，科技部亚欧科技创新合作中心秘书长、原北京市科学技术委员会副主任朱世龙出席活动并发言。市长宇向东、山东省科技厅副厅长于洪文分别致辞。活动以“深入贯彻落实国家‘一带一路’战略，向‘一带一路’沿线国家推介滨州，吸引聚集国外优质科技创新资源，推进滨州市科教融合发展”为主题。其间，渤海先进技术研究院与科技部亚欧科技创新合作中心签署战略合作协议，并就设立一带一路国际学院，以及基础教育研究院（学院）、人工智能研究院（学院）等，分别与相关各方签约。北京奥运会经济顾问、北京市政府顾问范克高夫，俄罗斯亚洲工业家与企业家联合会主席维塔利·维肯季耶维奇·曼凯维奇等国外专家分别围绕文化旅游、人工智能农业、IT及人工智能、工业发展等主题发表演讲。与会嘉宾围绕“新时代滨州科教融合发展”、滨州“一带一路”科教产融贸的机遇和挑战等主题举行圆桌论坛，为滨州发展建言献策；并到渤海先进技术研究院建设现场、滨州学院、滨州市畜牧兽医研究院、中裕食品、鑫诚农业、康和医药、愉悦家纺、金毅设备等相关项目单位实地考察，开展座谈交流、展示推介等分会场活动。

（赵　泳　张莲莲）

2019年3月22日，“经略海洋　港城联动”青岛—滨州融合发展推介会在滨州召开

（鲁中晨报社　供图）

口岸管理

【口岸查验设施迎查】 2019年，市口岸管理服务中心围绕“滨州港口岸开放验收、实现开放运营”目标，推进各项验收准备工作，口岸开放验收条件基本完善。滨州港口岸查验设施迎查工作进展顺利。口岸查验基础设施达到验收标准：按照“一站式通关”和“共建、共享、共用”总体思路，建成集联检综合业务办理、办公、报关金融服务、海员生活保障于一体的通关服务中心，可满足查验办公与业务需求；立足打造信息化、智能化、便利化“智慧口岸”要求，规划建设的查验平台、熏蒸房、智能卡口、隔离围网、信息化系统等港口前沿配套设施，达到验收标准；滨州港引航站批复，驻港业务用房及办公设施配备到位。11月26日，在国家严控新增边防机构的情况下，国家移民管理局正式批复成立正处级滨州出入境边防检查站，编制40名。对照口岸验收办法，起草口岸安全运行机制及配套管理制度、口岸开放预验收申请等相关验收文件材料，制定完成饮用水安全管理、固体和液体废弃物处理等方面体制机制和应急预案，口岸开放验收各项材料准备完善。通过向上汇报和邀请调研，省口岸办、

济南海关、山东海事局、山东出入境边防检查总站和海军北海舰队对滨州市口岸查验设施建设及口岸开放验收准备工作给予肯定。

【口岸开放管理】 2019年，市口岸管理服务中心为保障口岸开放后安全规范运营，建立滨州港口岸联席会议、运营管理等各项制度，统筹做好口岸规划建设、管理服务等各项工作，建立健全口岸管理运营协调机制。为宣传推介滨州港口岸开放工作，适时举办滨州港口岸开放推介会，面向济南省会城市群经济圈和整个港口腹地外贸企业重点做好宣传推介和航线调研，促进滨州港口岸开放后健康运营，提高全市外贸经济发展和对外开放水平。

（房新天）

海　关

【概况】 2019年，滨州海关累计监管进出口报关单3.61万票、货运量5984万吨、货运总值498亿元，税收入库54.10亿元，主要业务指标居济南关区8市11个业务现场前列。12月17日，市委书记佘春明、济南海关关长赵儒霞为御馨生物、香驰健源公司升级为“海关高级认证企业”授牌。至年底，全市拥有海关备案企业2476家，实际进出口企业769家，其中海关高级认证企业5家、一般认证企业70家。

【精准监管】 2019年，滨州海关惩治“洋垃圾”进境和“非设关地”走私，查发1起涉嫌走私固体废物案件线索，移交东营海关缉私分局立案侦查。建设非洲猪瘟防控快速反应平台，防范重大动植物疫病疫情传入，维护食品安全。累计检验检疫商品、动植物及食品1.7万批，制发检验检疫证书1.3万份，其中进口工业品、棉花不合格检出率居济南关区首位，出口工业品、危包性能及使用鉴定不合格检出率居济南关区第二位。

【业务改革】 2019年，全市汇总征税政策适用企业增至7家。“关税保证保险”签约企业10家，为企业释放资金占压超过27亿元。31家加工贸易企业试点“金关二期”系统改革，备案货值2.5亿美元。11月20日，滨州市首票“两步申报”报关单顺利放行，全年进、出口整体通关时间较2018年分别压缩74%和90%，提前2年完成海关总署下达的目标任务。推广原产地证书自助打印，签发原产地证书1.4万份，帮助企业减免国外关税5000万美元，支持“滨州制造”走出国门。

【口岸开放验收】 2019年，滨州海关发挥滨州港口岸开放验收部门职能作用，主动对接，靠前帮扶，第一时间向口岸管理部门提供“验收标准和待办清单”，8次到港口实地对接，指导监管平台、信息化系统、功能区规划、临港产业布局及口岸核心能力建设，为后期验收提供支撑。

【贸易摩擦应对】 2019年，滨州海关组建“让你懂技贸”工作室，开展技术性贸易措施研究，指导企业应对国外贸易壁垒，7条建议上报国

2019年滨州海关主要业务指标统计表

表28

	进出口				出口		进口	
监管货运量	数量（万吨）	比2018年	占关区比重	关区排名	数量（万吨）	比2018年	数量（万吨）	比2018年
	5983.87	-0.2%	40.1%	1	87.86	-5.7%	5896.01	-0.1%
	进出口				出口		进口	
监管货运值	总值（亿元）	比2018年	占关区比重	关区排名	总值（亿元）	比2018年	总值（亿元）	比2018年
	497.99	13.6%	13.0%	3	140.63	-3.5%	357.35	22.1%
	进出口				出口		进口	
报关单量	数量（份）	比2018年	占关区比重	关区排名	数量（份）	比2018年	数量（份）	比2018年
	36102	-6.7%	6.1%	6	32300	-5.0%	3802	-18.9%
	入库税收				关税		环节税	
税收额	数额（亿元）	比2018年	占关区比重	关区排名	数额（亿元）	比2018年	数额（亿元）	比2018年
	54.11	10.4%	15.7%	4	2.32	30.1%	51.79	9.7%

2019年10月15日，滨州海关进口货物减免税政策宣讲会在滨州海关办公楼会议室召开
（刘建伟 摄）

务院办公厅，3条建议被中央办公厅采用，向企业发出预警100余条。海关统计服务领导决策，开展《人民币汇率破7对纺织企业的影响》《山东省产业跨境转移》等综合性统计研究，形成《中美经贸摩擦对纺织行业影响研究》等专题研究35篇，13篇获国办、海关总署或省政府采用。

【政策宣讲】 2019年，滨州海关组建涵盖7个模块的“大篷车”政策宣讲团，与商务、金融等部门联合，到邹平市、阳信县等7个县（市、区），到80余个政府部门、600余家外贸企业上门政策宣讲，对国际陆港建设、保税仓库申建等21项需求跟踪对接，仅京博石化解决商品归类疑难问题，每年增加效益超过4000万元。全年办理减免税证明44份，减免税款7653万元，比2018年增长57%。

【全国首票降低进口环节增值税税单开出】 2019年4月1日0时16分，增值税新政策实施后，全国首票降低进口环节增值税税单在滨州海关打印放行。滨州滨海皮业有限公司申报进口的货值4.4万美元、39吨“生牛皮”申报后，按照9%的新增值税税率缴税，打印税单后正常放行，缴纳税款5.90万元，比税改前少缴税款0.32万元。

【阳信针状焦首次出口日本】 2019年4月24日，山东京阳科技股份有限公司（位于阳信县）生产的300吨煅后针状焦出口日本，是中国生产的针状焦首次进入日本市场，打破日本在全球针状焦市场上的技术垄断地位，表明滨州精细化工产业在针状焦领域达到国际先进水平。

【滨化电子级氢氟酸首次进入韩国市场】 2019年6月6日，滨化集团生产的电子级氢氟酸出口韩国，填补山东省空白，被《山东新闻联播》报道。滨州海关协调青岛、杭州海关技术中心，将出口电子级氢氟酸所需的危险化学品包装性能检测报告和使用鉴定书出具时间由28天压缩至10天以内，第一时间为滨化集团出口产品出具证书。

【首个供港澳蔬菜基地备案】 2019年5月15日，滨州市首个供港澳蔬菜基地——山东博华高效生态农业科技有限公司在滨州海关备案。基地位于博兴县乔庄镇，占地53.33公顷，种植黄瓜、茄子等鲜食蔬菜20多种，年产量3600余吨，备案后可进入港澳高端商超。

【首张出境伴侣“动物卫生证书”签发】 2019年4月30日，在审核犬主提交护照、免疫接种证书等报关资料基础上，经临床健康检查合格后，为1只输美玩具贵宾犬（活犬）签发“动物卫生证书”，是滨州海关签发的首张出境伴侣“动物卫生证书”。

【济南关区棉花检测业务承接】 2019年2月外关区不再接收济南关区企业送检的进口棉样后，滨州海关技术中心棉花实验室首次承接济南关区全部棉花检测业务。至年底，检验进口棉花1152批，累计检测棉样11.40万只，检出品质不合格棉花507批，对1家印度供货商提请海关总署降级处理。年内，帮助企业对外索赔1370余万元。

（刘建伟）

黄河流域生态保护和高质量发展战略实施

【黄河滨州段概况】 黄河是滨州市最重要的客水河流。黄河滨州段现行河道是1855年黄河在河南省兰考县铜瓦厢决口夺大清河入海形成的，上接济南市，流经邹平市、惠民县、滨州经济技术开发区、滨城区、滨州高新区、博兴县，下连东营市。河道全长94千米，两岸堤距在2千米左右，主槽宽度450～800米，河道设计排洪能力为11000立方米每秒，主槽过流能力为5000立方米每秒左右。两岸堤防长度144千米，其中临黄堤134千米；现有险工16处，坝岸693段，工程长度30.24千米；控导工程16处，坝垛271段，工程长度23.6千米。黄河滩区面积106.6平方千米，耕地面积8273.33公顷，村庄35个，人口1.7万人。有引黄水闸14座，设计引水能力516立方米每秒，引黄灌区13处，供水范围覆盖滨州1市4县5区，灌溉面积36万公顷，惠及人口360多万人。打渔张引黄闸是胶东调水渠首闸，1989年引黄济青工程竣工通水后，通过该闸实现向沿线潍坊、青岛、烟台、威海等市跨地区调水，累计供水60多亿立方米。

【流域规划编制】 2019年，滨州市围绕生态环境保护、产业高质量发展、防灾减灾体系、科技创新体系、区域协同发展、文化开发利用、对外开放合作等方面，着手编制《滨州市黄河流域生态保护和高质量发展实施方案》，形成实施方案总体框架思路。聚焦“重点水利工程建设”“特色文旅事业发展”“南海生态湿地修复”“沿黄生态社区和高效农业发展”等4方面的12项重点任务，编制《滨州市黄河生态保护与修复工程建设三年行动方案》。聚力建设滨博城乡融合发展带、惠邹城乡融合发展示范带、沿黄生态绿轴，推动滨城、邹平、博兴、惠民沿黄4县（市、区）联动式、整体性提升，编制完成《滨州市沿黄地区省级城乡融合发展试验片区创建方案》。

【重大项目谋划】 2019年，滨州市高度重视黄河流域重大项目谋划储备工作，为生态保护和高质量发展提供根本支撑。9月，谋划上报生态保护修复、交通枢纽、水资源综合利用、沿黄生态高效现代农业示范园、先进装备制造业基地、黄河文化旅游发展、“中心城市”打造、服务经济社会发展等8类44个重大工程项目和滨州引黄指标，以及支持建设世界级高端铝业基地、支持开发建设黄河生态经济带先行示范、支持建设黄河三角洲智慧产业融合发展试验区、支持建设国家通用航空产业综合示范区、支持建设国家制造业创新中心、支持建设高端装备制造业标准化试点和智能工厂数字车间、支持建设国家级现代生态高效畜牧水产业基地等8个重大政策。10月，围绕“生态环境保护”“产业高质量发展”“黄河长治久安”“水资源节约利用”“黄河文化传承弘扬”等专题领域，筛选提报拟纳入国家、省规划的122项重大工程、重大项目、重大事项，形成总投资4348亿元的项目库。

【水利工程建设】 黄河滨州段大部分属于弯曲型河道，两岸堤防144千米，其中右岸（南岸）堤防54.3千米、左岸（北岸）堤防89.7千米。人民治黄74年，通过持续加强黄河下游防洪工程建设，初步形成由干支流水库、险工控导、河道整治、堤防护岸等组成的防洪工程体系。2012年后，滨州段黄河工程建设加快，投资7.5亿元建设完成黄河下游滨州段“十三五”防洪工程，形成12米宽堤顶、80～100米宽淤背区的标准化堤防，全市134千米堤防、险工、淤背区达到标准化堤防标准（尚余部分河道整治工程列入“十四五”计划），工程抗击洪水能力增强。

【流域生态环境】 滨州市地处黄河下游、河海交汇区域，是黄河三角洲生态系统的重要组成部分，拥有丰富的陆海生物资源和生物多样性，建成省级以上自然保护地28处。贝壳堤岛与湿地国家级自然保护区是世界上保存最完整、唯一新老并存的贝壳堤岛，是国内乃至世界上珍贵的海洋自然遗产，有野生珍稀动物459种、植物约350种。境内湿地资源丰富、类型众多，8条大型河流横贯全境，拥有黄河岛、麻大湖、秦皇河、小开河等国家级湿地公园。全市湿地资源总面积17.63万公顷，居全省第四位，占全市国土面积18.67%。全市沿黄实施生态廊道工程，建成滨州黄河、邹平黄河两处国家水利风景区以及打渔张森林公园，淤背区总面积853.33公顷，全部实现生态绿化；沿黄河段防浪林、行道林、适生林267万株，形成临河防浪林、堤肩行道林、淤区适生林“三位一体”的绿化工程体系，成为市民休闲旅游首选之地。

【特色文旅事业】 滨州历史文化悠久，是黄河文化和齐文化的发祥地之一，是武圣孙子故里和中国“孝”文化、吕剧的发源地。滨州剪纸、惠民胡集书会、董永传说、博兴吕剧、沾化渔鼓戏列入国家级非物质文化遗产。拥有龙山文化、博兴龙华寺、丁公遗址等一批历史文化遗址，黄河三角洲盐业考古是国家重大考古项目之一。革命战争年代，滨州是渤海革命老区中心区，留下丰富的红色文化资源，铸就著名的老渤海精神。拥有黄河三角洲生态文化旅游岛、孙子兵法城、魏氏庄园等一批知名景区，是“黄河入海”文化旅游目的地品牌的重要部分。

【黄河滩区脱贫迁建】 2019年，全市黄河滩区脱贫迁建各项工作推进，取得阶段性成效。成立市长任组长的市推进黄河滩区脱贫迁建专项小组，统筹推进滩区迁建工作，编制黄河滩区工程实施方案，制定22个专项方案，围绕新村建设、产业发展、乡村旅游、基础设施、公共服务配套等方面，制定出台一系列优惠和帮扶政策和帮扶措施，严格落实省税费减免、土地增减挂钩等政策，研究市级配套政策，县区制定资金筹措方案。破解难题，在土地保障方面，市自然资源和规划局指导县（区）做好土地规划调整，开展迁建工程占用永久基本农田不可避免性论证工作，推动工作进度；在防洪安全方面，针对部分人员无法通过工程措施解决防洪安全问题，通过“防洪预案＋购买财产（房屋）洪水保险”的方式解决滨城区7个村防洪安全问题并通过黄委审核；在电力保障方面，滨州供电公司完成滨城区、小营街道和惠民县大年陈乡迁建小区供电工作，争取项目5个，资金5029.51万元；在解决就业方面，市人力资源和社会保障局分别在滨城区、惠民县、高新区、滨州经济技术开发区举办7场黄河滩区迁建专场招聘会，198家用工单位提供用工岗位5000余个，组织黄河滩区迁建劳动力开展职业技能培训72人，惠民县、滨城区、开发区、高新区等4个黄河滩区迁建县（区）累计开发使用扶贫公益性岗位488个安置贫困人口就业，新增开发扶贫公益性岗位201个，累计拨付补贴98.63万元。至年底，迁建工作取得进展，外迁安置工程方面，惠民县外迁社区建设完成，滩区群众全部搬迁入住，滨城区外迁社区主体框架完成，高新区16栋楼主体全部封顶；村台改造提升工程方面，滨城区旧村台改造工程招标完成并进场施工，经济技术开发区旧村台改造工程实施方案批复，完成招标工作并开工建设；临时撤退道路工程方面，滨城区临时撤退道路第一阶段29.6千米建设完成，第二阶段15.7千米完成10千米路基施工，滨州经济技术开发区招标完成，开展路基施工。

【黄河风情带开发】 2019年，全市推进黄河风情带开发。市文化和旅游局牵头搞好沿黄河风情带旅游项目规划完善提升、沿黄旅游线路推介、乡村旅游片区规划编制等工作，把黄河“元素”转换为滨州高质量发展新动能。完成《滨州市黄河风情带建设工作推进方案》《黄河风情带建设工作推进台账》，编印完成《黄河风情带核心区综合体项目招商手册》，在德州市、沧州市、天津市、济南市等推介会上进行重点推介招商。开展黄河生态保护工程南海湿地核心区项目包装，申报2020年省重点项目，提报2019年第四批政府债券项目。推进黄河楼展陈项目和黄河游乐园项目，采集黄河楼室内室外相关数据，对周边区域进行航拍。委托上海景域集团编制《山东滨州黄河风情带核心区旅游策划》，对黄河楼展陈工作进行重点策划。完成沿黄旅游标识系统设置招投标工作，正式开工。

（成　志　伊善强）

【滨州市与北京林业大学签署黄河流域生态保护和高质量发展合作协议】 2019年12月25日，市自然资源和规划局与北京林业大学林学院黄河流域生态保护和高质量发展合作协议签约仪式在北京林业大学举行，市自然资源和规划局局长邱延博和

2019年12月25日，山东省滨州市、北京林业大学黄河流域生态保护和高质量发展合作协议签约仪式在北京林业大学举行　（市自然资源和规划局　供图）

2019 年 9 月 16 日，“食域滨州”农业区域公用品牌发布会在惠民县举行

（市农业农村局　供图）

北京林业大学林学院院长赵秀海代表双方签订合作协议。北京林业大学校长、黄河研究院院长安黎哲，滨州市副市长郝吉虎出席签约仪式。北京林业大学林学院书记石彦君主持签约仪式。会上，市自然资源和规划局向与会人员介绍《滨州市黄河流域和生态保护和系统修复治理总体规划》，惠民县介绍惠民县县域情况。北京林业大学的专家教授从黄河三角洲生态的优化提升、改变绿化的碎块化、生态保护和三产融合、与新型康养产业的融合和城市绿化方面的园艺化、多彩化、珍贵化升级等方面对滨州的城市绿化和生态保护、修复等方面提出合理化建议和意见。战略合作协议的签订，是在习近平总书记对黄河流域生态保护和高质量发展作出重要指示后，市自然资源和规划局深入学习，超前谋划黄河流域生态保护和高质量发展战略规划，围绕生态保护、生态修复和保护生物多样性、海河统筹等方面迈出实质性步伐，做出的实质性工作。滨州成为第一个向自然资源部汇报黄河流域生态保护和高质量发展的地市。11 月 7 日邀请北京林业大学林学院专家到滨州实地考察后，双方促成合作意向并签约。

（高连新）

【首届沿黄现代农业论坛】 2019 年 9 月 16—17 日，首届沿黄现代农业论坛暨“食域滨州”区域公用品牌发布会系列活动在滨州举办，农业农村部和沿黄九省区等 100 多位领导专家出席论坛活动。论坛以“生态·高效·融合”为主题，与会代表围绕沿黄地区如何有效推动现代农业建设，发展三产融合和助推乡村振兴等话题进行研讨。其间，举行沿黄现代农业论坛、优质农产品展销、农业企业“五对接”、区域公用品牌发布、现代农业考察和中华人民共和国成立 70 周年沿黄农业发展成就图片展 6 项主题活动，签订产品购销合作协议 16 项、金额 3.5 亿元，新媒体传播阅读量 4300 多万人次。

（高立逸　刘沙沙）

对接“京津冀”协同发展

【概况】 2019 年，滨州市推进融入京津冀协同发展战略实施，对接京津冀。搭建平台。市驻京联络处加挂市投资促进处牌子，聚焦“5+5”十强产业，成立 3 个招商部，推进与中航工业、北汽集团、三峡集团、金风集团、国家电网等央企合作。促进北京滨州商会以商招商，会员企业 168 家，牵线的孙子兵法文化城旅游项目、消防器材生产项目、日本脚手架连接架项目有序推进。建立以博士联谊会为主体的高端人才平台，联系高端人才 387 人，举行为家乡建言献策座谈会，将 100 余名高端人才的意见建议结集成册，多项意见建议被政府、企业采用。招商对接。2019 年 1 月，在京举办招商引资招才引智暨“健康滨州”高峰论坛活动，现场签约 4 个医疗及健康产业项目；齐鲁粮油北京推介会在北京举行，40 余家山东粮油企业参与推介。6 月，“产数融合　智创未来”滨州新一代信息技术产业路演活动在北京举行，与北交联合云计算股份有限公司等 7 家企业签订投资意向协议。7 月，滨州高效生态纺织产业招商推介会在北京举办，4 个项目签约。8 月在京举办对接京津冀项目恳谈会，签约项目 16 个，计划总投资 120 亿元。实施对接京津冀“米袋子”“菜篮子”“果盘子”工程，滨州大河之州农业公司等 11 家企业、20 多个生产基地与北京首农集团等 30 多家单位实现对接合作。对接“京津冀”优质蔬菜生产基地初具规模，阳信县成为全国最大的牛肉供应基地，分别占北京市、天津市清真市场份额的 30%、50% 以上。深化科技合作。自与清华大学建立长期合作关系至 2018 年底，组织安排 28 批 649 名清华大学博士生，在滨 301 个单位参加社会实践活动，累计完成各类项目 525 项，培训各类人员 2.5 万人，创造经济效益 2.10 亿元。深化与中科院对接合作，企事业单位与中科院合作项目 39 个。市政府与中科院沈阳分院在滨州签署战略合作协议，成立中科院山东综合技术转化中心滨州中心和滨州铝谷中心，组织 13 家企业参加“中科院—山东省科技成果转化对接会暨海洋信息科技与产业发展论坛”，1 家企业达成合作意向，1 家企业与中科院海洋所签订合作协议。4 月，中国科学院大学、魏桥创业集团、中信信托 3 方达成全面战略合作，在滨州建设魏桥国科（滨州）科技园，下设 3 个研究院，分别设在北京市怀柔区、中关村和滨州。吸引京津冀地区高等院校、科研院所到滨设立分院或研发转化基地，建成省级以上人才科研载体平台328个(其中国家级18个)。

（伊善强）

【基础设施互联互通】 2019年，滨州推进港口、铁路、公路等重大基础设施建设，打通融入京津冀资源交流通道。推进滨州港引航站等航运重点项目建设，引航员对滨州港海域具备引航能力；完成吞吐量3882万吨，超额完成年度目标的10%以上。济滨高铁项目编制完成预可研报告，京沪高铁第二通道和环渤海城际铁路前期工作推进。黄大铁路滨州段累计完成投资35.60亿元，占总投资计划的79%。秦滨高速滨州段，累计完成投资22.50亿元，占总投资计划的36.6%。

【产业对接协作】 2019年，滨州推进产业对接，融入京津冀经济互动圈。贯彻落实“双招双引”和支持经济高质量发展优惠政策，对接三峡集团、中海油、中化集团、金风科技等行业龙头企业。承接产业转移，北汽江森电池项目、蓝时优创新能源汽车项目先后落地投产，滨州京东云国际电商城项目、北汽集团年产10万套变速箱壳体和10万套新能源减震塔项目完成立项，中航信托与西王集团供应链金融项目、徒骇河风情文化旅游项目、北京神源环保生物质绝氧热解热电联产项目、三一重工建筑工业化生产基地项目、北京碧水源科技10万吨/日海水淡化项目签约。发挥滨州农业产业优势，对接京津冀“米袋子”“菜篮子”“果盘子”工程，累计完成“三品一标”农产品认证480个，规划农产品生产基地115处。

【人才智力合作】 2019年，滨州对接京津冀科技人才资源，实现合作共赢。深化与华为集团、京东集团的战略合作，加快推进黄河三角洲大数据中心建设。推进电子商务合作，实现“线上”“线下”融合发展，建设全国最大的肉牛产品电商交易平台，建设草柳编、老粗布、绳网特色淘宝村，为京津冀消费者提供购物服务。以“高端铝产业、新型化工、粮食加工、家纺纺织及畜牧水产”五大千亿级产业集群提升改造为焦点，重点推进滨化集团与清华工研院滨州某产业园、魏桥铝材精深加工产业园、滨州临港高端石化产业园、鲁北高端化工循环经济产业园建设。

【“健康滨州”高峰论坛】 2019年1月24日，为促进滨州与北京人才、项目、产业、资本有机融合，建设“健康滨州”提实项目和人才支撑，市卫生健康委在北京举办2019年招商引资招才引智暨“健康滨州”高峰论坛活动，介绍滨州卫生健康事业发展有关情况和招才引智政策。北京医疗以及健康产业界的42名专家、学者、企业家受邀参加。市卫生健康委现场签约滨州国际健康城、铜锣湾（滨州）医养健康产业城、市中医医院“北京名中医药专家会诊中心”、滨州京滨耳鼻喉医院4个医疗及健康产业项目，投资总额111.1亿元；发布21个寻求合作意向项目。16位北京医学界专家、学者围绕加强医院管理、引进高端人才、提升医疗能力、发展健康产业等发表主题演讲，为“健康滨州”建设建言献策，建议组建北京医疗专家人才库，与高水平医疗团队合作创建高端专科，完善应急医学救援体系，以及推动大众健康教育进小区、社区、进乡镇、进校园，加强医务人员再教育，选派优秀医务人员外出进修等方面。

【滨州对接京津冀项目活动】 2019年8月8—10日，市长宇向东率团到北京开展招商洽谈活动。8—9日，宇向东一行在蝶和科技有限公司，会见华航资本董事长娄景辉、景隆资本CEO张秉成、华航资本副总经理孟立、蝶和科技全国大项目高级总监任晓琳等公司负责人，并就瑞士康复机器人和智能医院项目进行洽谈。在中信正业集团，与中信正业投资发展有限公司副总裁陈幸福、傅晓斌等进行座谈交流，并就装备制造、产业园区、总部经济、健康养老、银行金融等进行洽谈交流。在泛华集团，宇向东会见泛华集团董事长杨天举，见证滨州市政府与泛华集团签署战略合作协议，并就区域发展智库合作、产业运营中心、园区投资运营等业态进行洽谈。在大鱼航空集团有限公司，宇向东与公司总裁刘浩等就相关情况进行交流洽谈。8月10日，2019滨州对接京津冀项目恳谈会暨项目签约仪式在北京举行，宇向东参加会议并致辞。恳谈会上，与会人员观看滨州城市形象宣传片，市商务局推介滨州市经济社会发展和“十强产业”情况，泛华集团数字产业研究院院

2019年8月10日，2019滨州对接京津冀项目恳谈会暨项目签约仪式在北京举行

（市商务局　供图）

长赵亮杰作为企业代表发言；举办项目签约仪式，签约项目16个，计划总投资120亿元，项目内容包含高端铝、高端装备制造、新能源新材料、现代服务业、现代农业等。京津冀地区的60家企业参会。签约仪式后，滨州市各县（市、区）分组与参会企业进行项目恳谈。宇向东率团参加滨州对接天津重点项目恳谈会，与天津企业家交流，洽谈合作。

（苗艳婷）

【阳信县举行对接京津冀项目恳谈会】 2019年10月28日，2019年阳信县对接京津冀项目恳谈会暨“中国鲁绣之乡”授牌仪式在北京举行，十一届全国政协副主席、中国生态文明研究与促进会会长陈宗兴出席并宣布会议开幕，市长宇向东出席会议并致辞，阳信县委书记栾兴刚出席并宣传推介，阳信县县长刘苠一出席并获授牌“中国鲁绣之乡”。活动现场，卓越（阳信）国际高科技示范园项目等5个重大项目签约，投资总额80亿元。阳信鲁绣产品涵盖床上用品、抽纱、服饰等三大门类，年产鲁绣制品30万件、高档蕾丝500万米，出口英、法、德等20个国家和地区，以瑞鑫、龙福、荣绣、立昌、金利源为代表的高端家纺地毯企业，产品涉及绣品、纺织、化纤、地毯等领域，并逐步向绿色环保、医疗保健等功能性纤维领域发展。

（张莲莲）

2019年10月28日，阳信县对接京津冀项目恳谈会暨“中国鲁绣之乡”授牌仪式在北京举行
（霍向峰　摄）

对口援建和扶贫协作

【对口支援祁连】 2019年10月26—27日，市长宇向东率11人的党政代表团到青海省祁连县对接对口支援工作，实地考察援建项目，召开2019年山东滨州—青海祁连对口支援联席会议，滨州市及惠民县、阳信县、无棣县、博兴县分别向祁连县及结对乡镇捐赠300万元。祁连县选派54名优秀年轻干部到滨州进行为期两个月的挂职学习，29名挂职干部成为所属行业“标兵模范”。开展结对帮扶，协调争取5万元励志资金，支持鼓励38名困难学生。祁连县9所乡镇小学和海北州第三高级中学（归祁连县管理），与滨州市9所小学、1所高中签订结对帮扶协议，实现祁连中小学结对帮扶全覆盖。滨祁教育双方交流交往45人次，博兴县实验中学捐助祁连县民族中学校史馆建设经费10万元。开展“送教上门”，援青教师主动与学生结成对子，定期“送教上门”，并为困难学生捐款3000余元；滨州援青医疗队先后到扎麻什等7个乡镇开展“暖心服务活动”，义诊500余人次，免费做心电图200余份。开展交流交往，10月中旬，协调祁连县医院考察团到滨医附院、滨州人民医院、阳信县中医院学习绩效管理，签订远程合作协议3个；引入国内规划编制领域最高水平团队——中国城市规划设计研究院，帮助编制《祁连县牛心山北麓片区规划》，并在西宁市召开祁连县首个片区招商推介会议，编制完成《祁连县城市双修总体规划》《祁连县城乡环卫设施专项规划》《祁连县峨堡镇总体规划》等5项规划，启动《祁连县默勒镇美丽城镇专项规划》编制工作。

（张福臣）

【扶贫协作奉节】 2019年，山东滨州圣航农业科技公司在青海省奉节县注册成立“云雾渝鲁畜牧林有限公司”，投资1200万元，开展奶牛养殖和奶品加工，项目加快建设。引进山东发展投资集团，共同开发三峡之巅旅游项目，总投资5亿元，双方于5月27日在山东重庆扶贫协作项目签约仪式上正式签约。推进产业园区建设，在汾河镇曹家村、水洞村建设的鲁渝协作猕猴桃产业示范园区，种植猕猴桃3000亩；在白帝镇黄连村、安坪镇上坝村建设的脐橙提质增效产业园区、绿色蔬菜示范园区，利用山东博华农业公司的先进技术对土壤进行改良，提升农产品品质，其中脐橙提质增效示范园建设面积69.07公顷，带动125名贫困群众增收。进行人才交流和技术援助，滨州派驻奉节县的3名党政干部全部分管东西部扶贫协作工作；奉节县选派3名党政干部到滨州挂职学习，选派6名贫困村支部书记到滨州开展为期3个月的交流学习，与博兴县6个村结成帮扶对子；滨州市在奉节工作1个月以上的专业技术人员77人；奉节县选派15名专业技术人员到滨州学习。滨州市在安坪镇建设大型扶贫车间，吸引外出务工人员回乡创业，打造返乡创业园区，带动当地产业发展。投资500万元、3900平方米的扶贫

2019 年 2 月 16 日，"促进转移就业　助力脱贫攻坚"奉节县 2019 年"春风行动"暨（滨州市·奉节县）劳务扶贫协作专场招聘会在重庆市奉节县启动

（市人力资源和社会保障局　供图）

车间一期完工，投资 450 万元的二期工程正在建设。制定出台《鲁渝扶贫协作山东财政援助资金及援建项目管理实施细则》，组织建立"鲁渝扶贫协作援建项目备选库（2019—2020）"。加大项目督导力度，筛选确定 33 个项目，资金拨付率 87%。在市级贫困乡镇平安乡安排 910 万元建设三蹬坡水库，解决群众吃水问题；在石岗乡投资 250 万元为易地搬迁集中安置点配套基础设施，改善贫困群众居住条件；在岩湾镇、大树镇、五马镇、白帝镇等 4 个乡镇安排资金 300 万元改善乡镇卫生院医疗条件，减轻贫困群众医疗负担。开展携手奔小康活动，携手结对总量 56 对。其中村企 15 对、校校 14 对、院院 12 对、村村 6 对、社会组织与村 1 对、镇村 1 对、县乡 6 对、县县 1 对。结对单位通过援助资金、人才交流、技术合作等方式开展实质性帮扶活动，山东博华农业公司、济南堤口市场和奉节县白帝镇三方合作，规划建设 66.67 公顷的"奉节脐橙提质增效示范园"。动员社会力量参与扶贫协作，各类捐款、捐物累计 711 万元。

（张福臣）

【淄博滨州扶贫协作】 2019 年，淄博市加大对滨州市脱贫攻坚帮扶力度，列支专项产业扶贫资金 2200 万元，比 2018 年增加 200 万元，援建的 7 个项目实现收益 162.75 万元，21 个协作项目带动贫困群众 1.49 万人增收。实现消费扶贫贸易额 5938.60 万元，协作项目总额 97.72 亿元，带动 4.20 万名贫困群众增收，主动对接，部门交流更加频繁，召开两次扶贫协作座谈会，签订扶贫协作项目 31 个，10 个部门就深化交流协作达成意向。选派 268 名党政干部、783 名专技人才挂职交流；分别在淄博、滨州开展两次淄博—滨州扶贫协作干部交流培训，培训两市扶贫干部 300 余人；两地 36 所学校签订协作协议，组织滨州市 410 名教师到淄博培训学习，累计带动 2159 名贫困学生受益。

（宋延武）

26 交通·电力

Transportation and Electricity

公　路

公路建设

【概况】 2019年，市公路事业发展中心推进公路行业改革，推进新旧动能转换，推动公路高质量发展，推进重点项目建设，全社会完成公路建设投资55亿元。全市高速公路通车里程超300千米，实现“县县通高速”。至年底，全市国省道公路通车总里程1316.15千米，其中国道782.31千米、省道533.84千米，高速公路313.52千米、一级路527.58千米、二级路469.90千米、三级路5.15千米。年内，济青高速公路滨州段改扩建工程通车，G205国道无棣绕城段建成通车，秦滨高速建设推进，沾临、济高高速启动建设，G205国道滨城高清庄至博兴柳桥段、S233省道沾化尚泊头至流钟段大中修工程全部完成，G340国道沾化绕城段稳步推进，G228国道丹东线滨州段一期工程启动建设。开展农村公路提升工程，普通收费公路实现通行费移动支付，G220国道滨州胡集收费站9月30日停止收费。

【普通国省道改造】 2019年，市公路事业发展中心实施普通国省道改造工程2个，总投资9.92亿元。其中G205国道山深线无棣绕城段改建工程（一级公路）项目全长21.26千米，总投资6.03亿元（其中省投资8190万元），于12月30日建成通车；G340国道东子线沾化绕城段改建工程（一级公路），项目全长10.76千米，预算总投资3.89亿元（其中省投资1.06亿元），至年底，路基工程基本完成，完成路面、桥梁工程招标工作。

【高速公路建设】 2019年，全市高速公路通车里程超300千米，实现“县县通高速”。秦滨高速埕口至沾化段（位于无棣县、北海经济开发区、沾化区境内，全长60.60千米，项目总投资61.23亿元，双向四车道，项目法人为山东秦滨高速公路建设有限公司），完成投资22亿元，路基工程完成85.4%，桥梁工程完成81.3%。济青高速改扩建工程滨州段（全长25.38千米，总投资15.50亿元，项目法人为山东高速集团股份有限公司），路面桥梁及附属工程设施完成收尾工作，建成通车。11月30日、12月20日，沾化至临淄高速公路、济南至高青高速公路分别启动建设。

【农村公路提升工程】 2019年，全市农村公路完成路网提档升级工程952千米、养护大中修工程1109.90千米、改造危桥48座。提档升级工程完成后，县乡道三级路以上比例42.7%，比2018年提高2.1个百分点；县乡道中等路以上比例为86.8%，比2018年提高1.2个百分点；建制村通村硬化路率达100%。交通扶贫项目完成27千米，黄河滩区脱贫迁建道路改造完成22千米。

【公路养护】 2019年，市公路事业发展中心根据交通运输部有关要求，完成境内国省道命名编号调整工作，

2019年11月30日，正式通车的长深高速高青至广饶段　（李皓阳　摄）

构建起系统化、规范化公路网标识体系，建成满足社会公众出行新需求的公路信息服务立体网。做好日常保洁、绿化抚育及小修工程等管理工作，及时处治道路病害，普通国省道道路使用性能指数为90.52，比2018年提高0.36，优良路率95.92%，比2018年提高0.88个百分点，列全省第三位。加强桥梁动态监管，对桥梁病害及时处治，一、二类桥梁占比达99.1%，无四、五类桥梁。高标准建成G340国道东子线张王和S236省道辛滨线李家两处公路服务设施，普通国省道服务设施达10处。完成普通国省道养护工程2项、总投资3.84亿元，其中G205国道山深线滨城高清庄至博兴柳桥段大中修工程（一级公路）40.60千米、总投资3.02亿元，完工并通过验收；S233省道东大线沾化尚泊头至流钟段大中修工程（二级公路）16.60千米，总投资8245万元，完工并通过验收。

【重大工程项目前期工作】 2019年，市公路事业发展中心加快推进公路重大工程项目前期工作。推动G228国道丹东线滨州段工程项目(全长48.20千米，双向四车道，一级公路，按照PPP模式组织实施，项目法人为滨州中建八局基础设施建设有限公司）启动。12月6日，一期工程埕口（鲁冀界）至套尔河港区段(33.10千米,估算投资24.80亿元）由省发改委批复立项，12月31日在无棣套尔河西岸举行施工动员暨启动活动。沾化至临淄高速公路启动建设。沾化至临淄高速公路是首条由市政府参与投资建设的高速公路项目,是山东省“九纵五横一环七连”高速公路网的“纵四”线，也是山东连接京津冀经济圈、环渤海经济圈又一条重要通道，起点位于秦滨高速（在建）与荣乌高速相交的沾化西枢纽立交，终点位于济青高速淄博东枢纽立交，项目全长107.60千米，总投资195.60亿元，滨州段长约94.50千米，其中黄河特大桥作为项目重点控制性工程，投资概算15.30亿元，全长4630米，为双塔双索面钢混组合梁斜拉桥，塔高154米，主桥跨径442米，跨大堤桥跨径130米，是国内最大跨径的钢混组合梁桥，也是黄河下游跨径最大桥梁。推进济南至高青高速公路滨州段启动。济南至高青高速公路滨州段，位于邹平市境内，长23.87千米，其中六车道路段长0.21千米、四车道路段长23.29千米、过渡段0.38千米。项目投资24.62亿元，12月12日由省发改委正式核准批复，12月20日在济南举行施工动员暨启动仪式，项目法人为齐鲁交通发展集团有限公司。

【济青高速公路改扩建工程滨州段通车】 2019年7月26日，济青高速公路改扩建工程滨州段正式通车。改扩建工程由原路基宽度26米、双向四车道，加宽至42米、双向八车道。滨州段全长25.38千米，总投资15.50亿元，项目法人为山东高速集团股份有限公司。项目建成通车后，通行速度与道路容量均大幅提升。

【“县县通高速”目标实现】 2019年11月30日，长深高速高青至广饶段建成通车，全市实现“县县通高速”目标。长深高速高青至广饶段起于淄博市高青县彭家村西，经淄博市高青县、滨州市高新技术产业开发区、博兴县和东营市广饶县，止于东营市广饶县丁庄镇，顺接已建的辛庄子枢纽互通。路线全长54.38千米，双向四车道，总投资45.92亿元，其中滨州段32千米。项目是国家高速公路网中的“纵三”线，也是山东省“五环四横一环八连”高速公路网中的“纵三”支线。项目的建成，形成环滨州和东营两市的高速公路环线，实现滨州市“县县通高速”目标和区域干线公路“联网贯通”。

【G228国道丹东线滨州段公路PPP项目启动建设】 2019年12月31日，G228国道丹东线滨州段公路PPP项目施工动员暨启动仪式在无棣县西港管委会旁套尔河西岸举行。G228国道丹东线滨州段是《国家公路网规划》普通国道网中丹东至东兴线（简称G228国道线）重要组成部分，被纳入国务院《“十三五”现代综合交通运输体系发展规划》，是滨州市首条采用PPP模式建设的交通基础建设项目，途经无棣县、北海经济开发区、沾化区。项目一期工程起点位于无棣县埕口镇牛岚子村北侧漳卫新河（鲁冀界），与规划G228国道沧州段相接，终点位于套尔河港区东岸，全长33.12千米，估算投资24.80亿元，建设期3年。其中套尔河大桥主桥拟采用混合梁连续钢构桥，主跨338米。

（杨素琳）

2019年12月31日，G228国道丹东线滨州段公路建设PPP项目施工动员暨启动活动在无棣县举行

（市公路事业发展中心　供图）

公路管理

【运输结构调整优化】 2019年，市交通运输局实施运输结构调整三年攻坚计划，推动大宗货物运输“公转铁”“公转水”。全市累计完成公路客运量1050万人、货运量14704万吨，比2018年分别增长-1.5%、2.6%。铁路完成客运量120万人次、货运量760万吨，比2018年分别增长200%、153%。完成港口吞吐量4000万吨、货物周转量4.7亿吨千米，超额完成年度目标任务的10%以上。推动物流降本增效，撤销G220国道胡集收费站。山东京博云商物流有限公司组织40余家企业、7.50万余辆发展多式联运，运送货物689.20万吨，组织欧亚班列发运6335车、38万吨。

【行业管理】 2019年，全市交通运输系统持续推进服务能力和行业管理建设。至年底，全市有货运车辆5.56万辆、78.25万个吨位，其中危险货物运输车辆0.98万辆（其中单车361辆、牵引车4624辆、挂车4848辆）。全市有公交企业15家，公交运营车辆2468辆，其中节能与新能源公交车1392辆；巡游出租企业15家，运营车辆1722辆。投资150余万元，对汽车总站进行全面升级改造和修缮；市区476辆公交车LED屏创城标语实现全覆盖，张贴各类宣传标语、广告1600余张，发放《致广大出租车、公交车驾驶员的一封信》3000份。加大查纠无证经营、倒客、宰客、超范围经营、站外上下客等违章违法经营行为，高质量完成国家文明城市和全国双拥模范城创建任务。

【道路运输市场秩序规范】 2019年，全市交通运输系统加强巡游出租车和网约车企业服务规范建设，开展出租车驾驶员背景核查网上通办，完成15家运营平台142辆车注册登记。开通滨州至济南机场、高铁淄博北站、高铁济南西站定制客运线路。放开单一介质配发，新增危险品车辆1169辆，完成7918辆危险品货物运输车辆年度审验。

【民生交通建设】 2019年，全市加大民生交通建设力度并提升城乡公交一体化水平。建成客运站点601个，完成年度目标的100.8%；新增通客车制村45个，完成年度目标的128.6%。开展交通扶贫工作。完成27千米贫困村道路提升工程任务，黄河滩区脱贫迁建撤离道路改造提升工程完成投资0.60亿元，完工22.90千米，超额完成年度任务。省定贫困村客运站点全部建成，客运公交化改造率100%。“放管服”改革持续深化，梳理形成全系统行政权力和公共服务事项清单179项。

【交通安全生产】 2019年，全市交通运输系统以防范遏制重特大生产安全事故为重点，围绕安全责任事故零目标，推进风险分级管制体系、隐患排查治理体系建设；突出部门监管、行业自律、企业负责三大责任；全面构建道路运输、水路运输、公路建设养护、交通综合执法四大流程；严格落实隐患挂牌督办、履职不力约谈、企业处罚公告、暗访抽查监督、事故责任追究五项措施。安全生产专项整治行动持续发力，“打非治违”专项行动出动市级检查组13个、县（市、区）级37个，抽查企业121家，发现问题144处，整改142处，惩治非法行为18起，行政处罚3万元；围绕庆祝中华人民共和国成立70周年重大活动和交通工程质量监督，持续开展安全生产专项整治，全市交通运输系统组织检查组84个，出动622人次，排查企业612家，排查隐患364项，立案72家，行政处罚金额35.4万元。为抗击台风“利奇马”，全市交通运输系统开展隐患排查、协助转移等工作，派出一线巡查组166个、巡查人员605人，出动公交车和客运车57辆参与应急救援，疏散滞留群众2560人。事故指标连续6年呈下降趋势，事故下降率列全省第三位。

【平安交通工地建设】 2019年，市交通运输局出台《滨州市平安交通工地建设方案》，全年组织在建公路水运工程质量安全监督检查11次，检查公路项目9个、水运项目4个，农村公路项目7个。检查发现问题587项，其中安全问题350项、质量问题184项、环保问题53项，下发《公路水运工程质量安全监督抽查意见书》108份，并责令限期整改。执法监督覆盖率100%，整改率100%。

【交通运输综合执法】 2019年，市交通运输局综合执法支队完成交通运输综合执法改革工作。在全市推行非现场执法，安装治超非现场执法技术监控设施9处。按照联合治超执法常态化工作要求，各县（市、区）交通运输综合执法大队与公安交警部门开展联合治超执法工作，全年全市查处超限运输车辆3986辆次，卸货22.4万余吨。

【非法营运专项治理】 2019年，市交通运输局出台《关于开展打击非法营运专项整治行动的实施方案》《关于印发开展巡游出租车专项整治执法检查实施方案的通知》，在省交通运输厅部署的为期三个月的专项惩治行动基础上延长两个月，巩固惩治效果。全年出动执法人员1.25万人次，动用执法车辆3815次，查处非法营运车辆226辆、违规巡游出租汽车31辆。

【无棣县获评“四好农村路”全国示范县】 2019年11月，无棣县获“四好农村路”全国示范县称号，成为全市首个“四好农村路”全国示范县。无棣县以服务经济社会发展为中心，坚持建、管、养、运并重，持续加大财政投资力度，创新农村公路建管养模式和运行机制，开展“四好农村路”建设，农村公路发展速度、网络规模、管理水平得到提升。无棣县作为全省首家“四好农村路”标准化试点项目县，在全国第六期“四好农村路”培训班上作经验交流，其公路养护智慧交通APP软件在全国推广。年内，完成路网提档升级工程371千米，养护大中修工程191千米，危桥改造15座，客运站点完成 152 个。

（李皓阳　王井超）

【G220 国道滨州胡集收费站停止收费】 2019 年 9 月 30 日，G220 国道滨州胡集收费站结束 23 年依法还贷收费期限，正式停止收费。G220 国道滨州胡集收费站依据 1996 年《山东省人民政府关于调整公布山东省交通稽查站、木材检查站和收费公路、桥梁、隧道名录的通知》设立，1996 年 12 月 5 日建成收费，用于偿还公路贷款、公路养护和管理费用。2004 年 G220 国道改建后，2005 年 9 月 29 日根据《山东省人民政府关于同意 S102 省道济青路明水等 16 处路桥收费站延长收费期限的批复》设立新收费站（位于 G220 国道惠民县胡集镇 120K+898 处），延长收费至 2019 年 9 月 30 日。

（杨素琳）

滨州交通发展集团有限公司

【集团组建成立】 2019 年 4 月，滨州市公路局所属生产经营事业单位滨州公路工程处、滨州公路工程监理处、滨州市公路勘察设计院、滨州市公路管理局公路养护处转企改制，并划转整合各县（市、区）公路局所属公司组建滨州交通发展集团有限公司（简称交通发展集团），是滨州市委管理的国有独资企业。7 月 14 日，集团完成工商注册登记，注册资本 9 亿元，拥有 7 个一级全资子公司和 2 个参股公司。交通发展集团具有公路工程施工总承包一级、公路工程监理甲级、公路行业（公路专业）设计甲级、勘察（工程测量）甲级资质，经营范围涵盖交通公路全产业链，在境内分布有多个标准化生产基地。年内，各项考核指标在市属国有企业年度考核中获得满分，名列第一。

【主业经营】 2019 年，滨州交通发展集团立足主责主业，主攻市场开拓，全年中标国省道养护大中修工程、沾临高速施工与监理项目、京哈高速公路交安工程、山西吕梁 G209 国道改线工程、S209 省道蓬黄线张家河桥至崂山公路市政界工程、S103 省道改建项目及惠民乐安大桥设计项目、黄河四桥监理项目等 10 余项，在建项目 50 余项 40 余亿元，完成产值 13.30 亿元，潜在项目 100 亿元。集团设计公司与中国交通公路规划设计院、黄河勘测规划设计研究院等合作中标多个项目，工程、监理、养护公司主动"走出去、请进来"，抱团拓展市场。材料销售完成产值 1.80 亿元。利用子公司高新区基地，引进齐鲁集团战略投资，建设鲁北绿色养护中心，抢占高速公路建设、养护市场。对接地方政府，与邹平市、博兴县进行战略合作。交通发展集团重视科技支撑，子公司承建的德商高速公路项目获国家公路建设最高质量奖"李春奖"；引进国家"863"计划项目就地热再生施工技术；研发的全自动道路标线机和公路修补用沥青环形切割装置分别被授予实用新型专利；申报并经省交通运输厅初步确定山东省交通运输科技计划项目 2 项；参与编制行业标准《冷拌用沥青再生剂》，出版《公路水泥稳定碎石基层宽幅大厚度整体化施工技术指南》；试验室通过资质计量认证审核；创新安装使用加油车智能控制系统，简化加油流程提高工程效益；监理公司、恒鑫公司获全国 AAA 评价等级企业；开展课题公关和 QC 成果发布，获多项省级奖。

（孙文贞）

齐鲁交通发展集团有限公司滨州分公司

【高速公路收费】 2019 年，齐鲁交通发展集团有限公司滨州分公司（简称齐鲁集团滨州分公司）通行费收入 24.66 亿元，完成年度计划的 104.94%，比 2018 年增长 42.49%；通行费拆账收入 12.67 亿元，比 2018 年增长 0.45%。节假日小型客车减免 115.31 万辆次，比 2018 年增长 14.78%；鲜活农产品绿色通道减免 44.68 万辆次，比 2018 年增长 3.01%，绿通减免金额 15700.67 万元，比 2018 年增长 31.7%。

【高速公路养护】 2019 年，齐鲁集团滨州分公司实施精准养护、科学养护和预防性养护，养护管理水平不断提升。优化养护管理制度体系，修订完善养护制度办法 15 项，逐步建立起集科学性、系统性、指导性、实用性为一体的养护管理制度体系。精准实施科学养护，完成日常养护投资 1988 万元，完成 118 千米精准养护示范路建设年度任务。投入 230 万元对黄河大桥等重点大型桥梁进行预防性维修，增设全桥观测网，路容路貌不断提升。全面完成大中修工程任务，组建养护工程项目管理办公室，实施养护工程自管模式，严格执行合同管理和计量支付，强化施工现场管理，保障施工质量，完成 11 项养护工程任务，建筑安装工程费投资 6082 万元。开展养护技术创新，"盆式支座更换标准化技术研究"获 2019 年度"山东公路学会科学技术优秀成果奖"三等奖；开展"高速公路桥梁集中排水系统维修维护困难问题"等 QC 课题小组研究，推进新技术应用。做好冬季除雪防滑工作，启动除雪防滑预警响应 4 次，撒布融雪剂 460 吨，投入机械设备 143 台，保障冬季道路安全。

【高速公路运营】 2019 年，齐鲁集团滨州分公司做好长深高速公路、荣乌高速公路、滨德高速公路、东吕高速公路滨州境内 256 千米路段运营管理，落实企业安全生产主体责任，未发生一起安全生产责任事故。与高速交警及相关部门联合出台《滨州高速公路恶劣天气下省界主线拥堵处置流程》，省界堵车压车现象得到有效缓解。立足高速公路安全畅通、服务公众出行、展示齐鲁交通品牌形象，不断提升应急调度处置和路警联动能力，处置高速公路突发事件 594 起，实施故障救援 939 起，夜间清理障碍物 339 次，发布信息 6242 条，接听服务电话 4.76 亿起。做好全国、全省"两会"、庆祝中华人民共和国成立 70 周年、海

2019 年 11 月 30 日，沾化至临淄高速公路工程施工动员暨启动仪式在滨城区举行
（市公路事业服务中心 供图）

军节 70 周年等关键时期交通和服务保障工作任务。

【ETC 推广发行】 2019 年，齐鲁集团滨州分公司召开 ETC 推广发行动员大会和全员业务培训，开展 ETC 全员营销。到各大商圈、企事业单位、社区、村镇宣讲齐鲁交通 ETC 优势，设置免费快速安装点，与银行对接合作，推广发行 ETC。组建多个微信服务群，及时解决技术问题，确保 ETC 顺利推广。年内，完成 ETC 线下发卡 11174 张，安装 OBU 设备 6917 部，ETC 充值缴费收入 19.32 亿元，比 2018 年增长 36.78%，完成收入计划 133.29%；增值业务收入 10551.76 万元，比 2018 年增长 977.56%，完成计划 1055.17%。

【沾临高速公路滨州段启动建设】 2019 年 11 月 30 日上午，沾化至临淄高速公路工程启动建设。省交通运输厅厅长江成宣布启动；齐鲁交通发展集团党委副书记、总经理相立昌，滨州市委书记佘春明，齐鲁集团滨州分公司党委书记季英军，党委副书记、总经理刘以谦等出席启动仪式。沾化至临淄高速公路为省级和市级重点建设项目，总里程 107.69 千米（其中滨州境内长度 94.50 千米），概算投资 195.60 亿元，采用双向六车道高速公路标准，设计速度 120 千米 / 小时，路基宽度 34.50 米。起点位于 G18 国道荣乌高速相交的沾化枢纽立交，顺接在建 G0111 国道秦滨高速埕口至沾化段终点，途经滨州市沾化区、滨城区、博兴县，以及淄博市张店区、高新区、桓台县和临淄区，终点在淄博市张店区中埠镇郭家村西北，设张店枢纽立交与 G20 国道青银高速相交。

【鲁冀界鲁北收费站取消】 2019 年 12 月 31 日 24 时，鲁冀界鲁北收费站撤站。齐鲁交通滨州分公司贯彻落实国家政策，把取消高速公路省界收费站工作作为一项重大政治任务和头等攻坚工程去抓。历时 6 个月，完成站点拆除及正线改造工程，安装改造 42 套 ETC 门架系统、19 套入口治超系统、79 条 ETC 车道（包括混合车道）；依托梧桐树综合培训基地，全面开展取消省界收费站收费业务培训；开启“钉钉办公软件、企业微信”线上直播，分三批对 452 人进行收费业务技能综合培训，全面掌握新的收费运营规则及特殊业务，未雨绸缪，确保联网收费平稳过渡。配合集团承办滨州、东营、德州、东营大桥、东青、济乐等 6 家公司取消省界收费站业务培训工作。平稳分流收费人员 118 名，跨地域调配 42 人派驻淄博分公司高青、高青北收费站，确保收费人员得到妥善安置。

（苏同辉）

铁　路

【概况】 2019 年，市交通运输事业服务中心立足“公铁水”机构改革整合实际，推进滨州铁路规划建设。滨州高铁站规划设计具备高铁始发条件，总规模为 8 台 21 线（包括德大铁路普速车场 2 台 7 线和新建高速车场 6 台 14 线）。京沪高铁二通道、济滨高铁等 4 条高铁实现新突破，阳信汇宏新材料铁路专用线等 4 条“公改铁”专用线建设居全省前列，滨港铁路二期、黄大铁路等 4 条货运铁路项目建设取得实效，《滨州市铁路中长期发展指导性规划（2020—2035 年）研究报告（送审稿）》编制完成。全市实现 1 条铁路通车运营，铁路通车运营里程 255.05 千米；新开工及在建铁路 4 条，总里程 181.12 千米，完成投资 22.80 亿元；规划铁路 7 条，其中高速客运铁路 4 条、货运铁路 3 条，规划里程 264.10 千米，规划投资 450 亿元。全年实现铁路客运量 136.91 万人，比 2018 年增长 200% 以上；铁路货运量 764.28 万吨，比 2018 年增长 70%，完成年度计划的 153%，有效替代柴油货车 26 万辆。

【铁路中长期发展规划】 2019 年，市交通运输事业服务中心立足滨州作为京津冀大气污染传输通道“2+26”城市之一和蓝天保卫战三年行动计划重点城市实际，加快构建绿色、环保、高效的货物运输体系，在收集客货源数据资料和征求有关县（市、区）企业意见以及城市轨道交通客流调查基础上，组织编制完成《滨州市铁路中长期发展指导性规划（2020—2035 年）研究报告（送审稿）》。规划按照“问题导向、战略支撑、需求匹配，分层、分类研究”总体思路，布局“以滨州站为主的客货运枢纽格局”，提出城市轨道交通线网初步构架方案。规划实施后，境内铁路总里程将达845.80千米，其中干线路网里程610.80千米，高速铁路里程227.40千米；人均铁路网密度1.56千米/万人，单位面积铁路网密度636.30千米/万平方千米。

【高铁项目争取】 2019年，市交通运输事业服务中心主动对接国家、省高铁项目主管部门，组织协调铁路站场和沿线县区提供线路数据资料、进行现场测量勘探，推动“京沪高铁二通道天津至潍坊段”（自天津枢纽滨海站接轨，经黄骅、滨州、东营，终点至潍坊北站，全长354.127千米）项目进度，促成国家铁路集团于8月14—17日召开“京沪高铁二通道天津至潍坊段”可行性研究评审会，于12月15—17日召开“京沪高铁二通道天津至潍坊段”可行性研究鉴修评审会。专家组吸纳滨州市提出的线路走向、站场设置和站房规模等优化方案，确定滨州段90千米，计划投资180亿元，设无棣站和滨州站。经争取，将济滨高铁（自济南新东站接轨，经遥墙机场、济南市济阳区、商河县，滨州市惠民县，终点至滨州站，全长150.64千米）作为京沪高铁与京沪高铁二通道连接线，解决项目规划依据难题，促成国家铁路集团于11月7日召开济滨高铁项目预可研评审会，确定滨州段60千米，计划投资120亿元，设惠民站和滨州站。至年底，京沪高铁二通道项目工可报告完成，并根据鉴修审查意见同步对济滨高铁工可进行调整修改。对接中国铁路设计集团，超前谋划滨淄高铁项目前期工作，滨州段45千米，计划投资90亿元，设博兴站和滨州站。德滨高铁在滨州境内与济滨高铁共线，域内里程60千米。

【阳信汇宏新材料铁路专用线通车运营】 2019年6月3日，阳信汇宏新材料铁路专用线通车运营，成为山东省首条通车运营的“公改铁”专用线；10月15日翻车机投用后，开始全自动整列卸煤。项目全长2.40千米，投资3.20亿元，年内累计完成煤炭运输258列85.10万吨，有效替代柴油货车2.50万辆次。项目可年有效转移公路煤炭运量430万吨，减少柴油货车9.80万车次。

【邹平货运铁路专用线开工建设】 2019年9月3日，邹平货运铁路专用线开工建设，年内完成投资9.02亿元。项目从胶济线周村站引出，至邹平经济技术开发区。作为域内最大的中央环保督察“公改铁”项目，被纳入国家运输结构调整三年计划。在省铁路部门和市交通运输事业服务中心支持下，邹平市破解项目跨市协调及占用基本农田、营业线施工等系列问题。项目建成后，每年可为企业节省物流成本3050亿元，减少公路运量约3000万吨，全域汽运废气排放减少约400万吨，从根本上解决邹平市及周边地区的道路扬尘和交通运输压力问题。

【北海经济开发区铁路专用线开工建设】 2019年9月3日，北海经济开发区铁路专用线开工建设，年内完成投资0.15亿元。项目位于在建滨港铁路东风港站东南侧、S311省道以西、北海大街以北，是全市首条政企合建铁路专用线。

【胡集里则铁路专用线项目公司成立】 2019年9月，胡集里则铁路专用线项目公司——滨州惠民魏桥铁路工程有限公司完成注册组建。胡集里则铁路专用线项目纳入国家“五部委”运输结构调整重点项目库，为办理土地预审创造条件。10月，项目取得德龙烟铁路公司、中国铁路济南局同意接轨的复函；12月，中国铁路济南局完成项目可研报告审查，出具审查意见。项目公司招标确定项目立项支持性文件编制、初步设计、施工图设计单位。胡集里则铁路专用线自德大铁路雷家站接轨，途经阳信县、惠民县、滨州经济技术开发区，在惠民胡集设铁路货场，至滨州经济技术发区采用管带运输，建设里程21.11千米；由魏桥集团及项目沿线阳信县、惠民县、滨州经济技术开发区共同出资，成立项目公司推进项目后续立项、设计、建设等工作。

【滨港铁路二期工程主体完工】 至2019年底，滨港铁路二期工程累计完成投资22.90亿元，主体工程完工。新建滨港铁路沾化至滨州港段项目是省、市重点项目，总长65.32千米，途经沾化区、无棣县、北海经济开发区，设泊头镇、东风港、滨州港、李家4个车站。项目获交通部疏港铁路专项补助资金3.27亿元，并被

2019年6月20日，滨港铁路二期工程架梁工程施工现场

（市交通运输服务中心　供图）

列为国家运输结构调整三年行动计划重点项目。项目建成后，滨州将实现大宗货物运输公转铁，降低沿线企业物流成本。项目对推动滨州经济社会发展转型升级、促进滨州港集疏运能力提升及加快北部沿线区域开发建设具有重要意义。

【黄大铁路（滨州段）建设全线领先】 2019年，黄大铁路（滨州段）完成投资8.60亿元，超额完成年度投资任务，各项工作全线领先，国家能源集团黄大公司向滨州市致感谢信。黄大铁路是国家运输结构调整三年行动计划的干线铁路，由神华集团与山东省共同建设，设计全长223.72千米，其中滨州段全长约83千米，途径无棣县、沾化区、滨城区，设小泊头、无棣、沾化西、滨州北4个车站。神华集团同意在滨州北新增联络线与滨港铁路联通，整合沾化区、滨城区境内站场，与地方合作在滨州北建设煤炭综合物流园，并将滨州作为国家能源集团全国五大精煤基地之一。

（吕中杰）

水　运

【概况】 2019年，滨州港务集团完成股权变更，正式划归山东渤海湾港口集团有限公司。滨州港引航站等航运重点项目建设有序推进，引航员对滨州港海域具备引航能力，引航资质申报材料上报交通运输部。套尔河港区航道综合整治项目行业审查完成，项目工作报告通过专家审查。滨州港海港港区6#、7#泊位工程主体结构全部完成并通过交工验收，口岸开放配套设施建设工程交工验收，管廊支架（一期）工程完成全部工程量的70%；8#、9#泊位及储运区配套工程完成立项，9#泊位后方陆域形成工程吹填形成陆域26.91万平方米，包括围堰、吹填和地基处理，其中新建南围堰1029米、1#子隔堰998米、西围堰472米、东防波堤子隔堰190米，吹填165万立方米，年累计完成投资3013.7万元；5万吨级航道工程稳步推进。全年实现港口吞吐量3882万吨，货运周转量4.78亿吨千米，超额完成年度任务目标10%以上。

【港航规划】 2019年，滨州市分别对沿海港口和内河港口进行规划。沿海港口主要港区包括滨州港海港港区、套尔河港区、大口河港区3个港区和徒骇河等小型港点，形成“以海港港区为核心，套尔河港区、大口河港区和徒骇河等地方小型港点为补充”的港口总体发展格局。规划可建设生产经营性泊位293个，其中海港港区可规划建设2万～10万吨级泊位108个、套尔河港区可规划建设3000～10000吨级泊位174个。滨州内河港口（配合小清河复航工程实施）规划建设邹平港区和博兴港区2个港区，其中邹平港区下设魏桥作业区和孙镇作业区2个作业区、博兴港区下设湖滨作业区1个作业区，形成“一港二港区三作业区”总体发展格局。规划可建设泊位52个，其中邹平港区可规划建设1000吨级泊位31个、博兴港区可规划建设1000吨级泊位21个。为贯彻落实省委、省政府港口资源整合决策部署，促进区域港口统筹、集约、错位、高质量发展，滨州市会同山东渤海湾港口集团有限公司开展港口调研、现场踏勘、资料搜集等工作，完成《滨州港总体规划调整报告（送审稿）》编制及意见征求，于7月呈报省政府。12月24日，市交通运输局按照《关于省政府办公厅批办件办理情况的报告》要求，开展规划水平年、规划泊位等级、LNG（液化天然气）码头布局、岸线核实、规划指标及港界数据、规划图等方面论证复核工作。规划调整后，仍维持原规划的港口总体发展格局，主要对滨州港海港港区和套尔河港区布置进行局部调整。调整报告批复后，滨州市沿海港口规划可建设生产经营性泊位285个，其中海港港区可规划建设2万吨级以上泊位97个（8个泊位经论证后水工结构宜考虑20万吨散货船的靠泊）、套尔河港区可规划建设3000～10000吨级泊位177个。

（吕中杰　范小宁）

【通航管理】 2019年，滨州辖区货物进出港量4550万吨，比2018年增长1.7%。船舶进出港1.92万艘次，比2018年下降17.1%。油类等危险货物运输量375万吨，集装箱2.4万TEU（标准箱），比2018年分别增长86.2%和26.3%。

【预警预防】 2019年，滨州海事局落实《滨州市沿海港口水域禁（限）

2019年6月18日，滨州海事局在滨州港开展安全生产月主题宣讲

（滨州海事局　供图）

2019年滨州海事局业务数据统计表

表 29

序号	项目		数据	比2018年
1	进出港船舶艘次		19234	-17.1%
2	货物运输量（万吨）		4550	+1.7%
3	船舶现场监督检查	艘次	480	-3.3%
		缺陷（项）	1040	+10.3%
4	船旗国安全检查	艘次	72	+35.8%
		缺陷（项）	471	+18.3%
5	海上巡航	次数	215	+11.6%
		里程（海里）	2267	+8%
6	港区巡查	数量	2155	+1.1%
		里程（千米）	45200	+1.9%
7	行政处罚	件数	173	-1.7%
		金额（万元）	112.7	-30.9%
8	预警期数		56	-3.4%
9	禁限航期数		49	+4.3%

航管理规定》，24小时监控辖区气象和水上通航情况，按照规定中恶劣气象海况的要素和禁（限）航标准，及时实施禁限航措施，保障船舶航行安全；落实“七严七防”和“四级预警、三级防御响应”要求，及时发布大风预警预防和禁限航信息，组织巡查、巡航，排查隐患，调度船舶合理避风；大风期间，密切跟踪气象动态，对辖区锚泊船舶点名、督促落实预防和应急措施；大风、台风过后，及时做好船舶疏港。全年发布预警信息56期，其中蓝色预警37期、黄色预警19期，保障4235艘次船舶防抗台风“利奇马”和多次寒潮大风。全年实施禁限航49次，持续774小时55分钟，其中禁航48次、765小时35分钟，限航1期、9小时20分钟。

【船舶检查】 2019年，滨州海事局开展船舶现场监督检查480艘次，查处缺陷1040项，单船平均缺陷2.2项。检查艘次与2018年基本持平，单船平均缺陷较2018年增加15.8%。

【危管防污】 2019年，滨州海事局辖区有危险品码头经营企业1家，2个危险品泊位。船舶载运危险货物运量375万吨，比2018年增长86%，其中原油315万吨、成品油60万吨。危险货物申报审批506艘次，危防类行政处罚3起，罚款1.4万元。辖区船舶污染物接收445艘次、45.98立方米、其中船舶生活垃圾38立方米，残油7.01立方米、油污水0.97立方米。

【航运公司管理】 至2019年底，滨州海事局辖区有航运企业15家，其中建立安全与防污染管理体系的2家、未建立安全与防污染管理体系的12家；从事海上运输的航运公司9家、所属船舶21艘，从事内河运输的公司5家、所属船舶13艘。在滨州注册浮桥公司6家，9艘趸船、6艘拖轮、173艘承压舟。年内，编制《航运公司检查指南》，对辖区航运公司检查17家次，检查发现问题35项，提出整改建议42项；督促企业规范船舶管理，惩治“代而不管”，超过50%的滨州籍内河船办理注销或船籍港变更手续。对23艘长期停航船舶，逐船督促企业落实停航船舶管理规定。辖区2家航运公司取得临时DOC（安全符合证书），其3艘船舶取得临时SMC（船舶安全管理证书），结束辖区没有体系公司的历史。辖区2家公司符合第四批生效条件的船舶8艘，涉及4家公司。

【船员管理】 2019年，滨州海事局完成船员适任考试6期，2554人次，比2018年增长20.4%，占山东辖区的2.5%；完成船员培训合格证考试129期，6847人次，比2018年增长21.8%，占山东辖区的4.8%；签发各类船员证书4033本，比2018年下降26.4%，占山东辖区的4.3%。培训机构开展再有效培训和考核83期，1310人次，比2018年下降84.9%。实施船员类行政处罚32件，比2018年下降36%，罚款53.75万元；船员违法记分2人次，共12分。至年底，滨州辖区有船员培训机构、船员服务机构、船员体检机构各一个；培训机构航海类高职在校生370人、海军士官440人，体检机构全年签发健康证明700份；在滨州海事局注册的船员743人。

（李凯迪）

【滨州港划归渤海湾港口集团】 2019年7月23日，滨州港务集团完成股权变更，正式划归山东渤海湾港口集团有限公司；8月，山东省港口集团有限公司在青岛挂牌成立后，山东渤海湾港口集团有限公司隶属于山东港口集团。滨州港隶属于山东渤海湾港口集团有限公司，是黄河三角洲高效生态经济区和山东半岛蓝色经济区两大国家战略共同规划建设的重要港口之一，是山东省会城市群经济圈最近的出海通道，是山东对接天津滨海新区最近的出海口岸。至年底，滨州港建成东、西两条防波堤及17千米集疏运通道，3万吨级航道建成通航，建成并投入运营3万吨级散杂货泊位2个、3万吨级（结构预留5万吨级）液体化工泊位2个，国家一类开放口岸获得国务院正式批复。

【滨州港引航站建设】 2019年，滨州港引航站建设有序推进。引航站机构、编制及职能经市委编办批复，机构设立登记及人员编制增加工作完成；与日照引航站签订引航服务委托书。3名引航员完成滨州港引航站引航员适任培训，具备滨州港海域引航能力。《滨州港引航站管理规定》《滨州港引航站设置方案》《引航机构申请表》等制定完成，引航资质申报材料报交通运输部。

【6#7#泊位工程码头主体完成】 2019年，滨州港海港港区6#、7#泊位工程码头主体完成，进行配套基础设施建设等工作，完成产值1.7亿元；6#、7#泊位后方罐区项目立项、用海、初步设计等前期手续均完成，桩基础施工图设计通过审查并获批复，土方回填基本完成，项目罐区及配套工程施工图设计审查完成。滨州港海港港区6#、7#泊位建设2个5万吨级油品泊位及配套设施，采用高桩梁板结构，岸线长度558米，码头设计通过能力580万吨/年。至年底，工艺管线完成安装70%，累计投资2.08亿元。储运区工程一期建设库容25万立方米和配套消防、污水、蒸气、办公等设施完成初设、施工图，完成投资4025万元。

2019年10月30日，山东港口“滨州—威海—青岛”“滨州—烟台”集装箱航线首航仪式在滨州港举行（李皓阳　摄）

【滨州港海港港区管廊支架（一期）工程】 2019年，滨州港海港港区管廊支架（一期）工程累计完成滑动管架459组，固定管架37组，补偿管架37组，形象进度约6.2千米，完成投资1.77亿元，完成全部工程量70%。

【小清河复航工程（滨州段）】 2019年，小清河复航工程（滨州段）完成施工图设计审批、项目PPP方案审批、入库等工作；中国铁建投资集团有限公司等4家公司（中国铁建投资集团有限公司、中铁建投资基金管理有限公司、山东海洋集团有限公司、中国铁建港航局集团有限公司）组成的联合体（简称“中铁建”）中标，省交通运输厅与社会资本方中铁建正式签订合同；7月10日，市政府成立小清河复航工程（滨州段）领导小组。

【“滨州—威海—青岛”“滨州—烟台”集装箱航线开通】 2019年10月30日，为加深滨州市与青岛市、烟台市、威海市等地互联互通，提升全省港口整体功能，山东省港口集团开通“滨州—威海—青岛”“滨州—烟台”两条集装箱航线。市长宇向东，山东省港口集团党委副书记、董事、总经理，青岛港集团党委书记、董事长李奉利；中创物流股份有限公司董事长李松青出席首航仪式并共同手扶航行舵启动首航。“滨州—威海—青岛”航线由中创物流运营，“滨州—烟台”航线由烟台港集装箱航运有限公司运营，两条航线班期密度均暂定为每周一班。

（吕中杰　范小宁）

电　力

【概况】 2019年，全市加强电力安全管理，加快电网建设，服务“富强滨州”建设。完成邹平市供电公司上划工作，12月20日，邹平市供电公司无偿划转框架协议签署，结束全省县级供电企业“代管体制”历史。做好抗击台风“利奇马”电力保障工作，保障重点防汛变电站、超特高压线路安全运行，完成临时安置点保供电、灾后复电等抢险任务。强化电力安全保障，实施“防风险、保安全、迎大庆”等12项专项行动，对重要变电站、线路24小时不间断巡视，实现安全生产“零事故”。优化供电营商环境，实施供电营商环境攻坚工程，开展营商环境“大走访、大排查、大整治”，在全省率先实现客户办电市县行政审批“一链办理”。服务“双招双引”，完成9个市级重点项目、458个小微企业配套电网建设，为企业节省资金8900万元。服务重点工作，为新旧动能转换、脱贫攻坚、污染防治等项目建设提供电力保障服务，对重点项目136个，为京东大数据产业基地等项目建设专项供电工程；投资4.5亿元，完成1022项配农网改造、贫困村改造和黄河滩区迁建任务，减免农村贫困户电费1000余万元；建成3座捐赠光伏电站，完成355个光伏扶贫项目并网服务，支付上网电费及补贴2.3亿元，居全省首位。推广集中式电采暖等电能替代技术。至年底，全市全社会用电量1179.9亿千瓦时，其中魏桥电量936.3亿千瓦时、比2018年下降6.91%。

【用电服务】 2019年，全市实施优化供电营商环境攻坚工程，提升"获得电力"水平。开展营商环境"大走访、大排查、大整治"，将高低压平均接电时长降至42.9个、1.3个工作日，比2018年分别下降33.3%、3.7%。在全省率先实现客户办电市县两级行政审批"一链办理"，首批上线营业厅"刷脸办电"功能，实现企业"一证办电"、居民"零证办电"。服务"双招双引"，完成9个全市重点项目、458个小微企业配套电网建设，节省企业资金8900万元。落实降低一般工商业电价等政策，全年让利客户9000余万元。走访客户129万户，开展"获得电力"第三方测评，完成4轮服务风险隐患专项治理、10轮明察暗访，客户服务满意度居全省第一。全年出动保电人员9000余人次、车辆3000余台次，对重要变电站、线路实行24小时不间断巡视，完成中华人民共和国成立70周年庆祝活动、世界高端铝业峰会等288项重大保电工作，连续六年实现除夕台区"零停电"。

【电力安全生产】 2019年，国网滨州供电公司实施本质安全攻坚工程，实现全年安全生产"零事故"。开展"防风险、保安全、迎大庆"等12项专项行动，整改风险隐患1216项。建成电网运维管控体系，对183座变电站、2451千米220千伏及以上线路每日一巡，变电设备、输电线路、配电线路故障率比2018年分别降低21%、31%、27%。完成19座变电站改扩建和42条线路重过载治理，开展无脚本应急演练12项；负荷高峰时段增加特巡、红外测温频次，对"外电入鲁"线路每日两巡，滨州电网通过负荷新高（最高达366万千瓦，比2018年增长11%）考验。应对台风"利奇马"，出动2000余名抢修人员，保障34座重点防汛变电站、26条超特高压线路安全运行，完成临时安置点保供电、灾后复电等抢险救灾任务。

【电网建设】 2019年，国网滨州供电公司完成电网建设总投资20.1亿元，创历史新高。48个电网工程列入全市重点项目，220千伏铁雄、范公等工程顺利投产，缓解区域电网供电能力不足问题。主动对接19-6油气田、滨华C3C4综合利用等重点项目136个，为京东大数据产业基地等项目建设专项供电工程。完成"十三五"主网规划滚动修编、"功能区、网格化、单元制"城市配电网和"一图一表"村镇配电网规划编制，配合编制"十四五"风电、光伏发展规划。完成博兴县国土空间电力设施布局规划编制。4座中心城区变电站取得选址意见，23项电网工程核准批复。

【电力节能】 2019年，全市倡导以清洁的电力消费替代煤炭等传统能源消费，推广集中式电采暖等电能替代技术。全年投产181项"煤改电"配套电网项目，6123户居民实现清洁取暖。建成电动汽车充电站38座，实现市县城区、高速服务区等全覆盖。电力部门配合做好环保治理工作，满足小火电机组关停后企业用电需求。完成替代电量8.93亿千瓦时，减少标煤消耗35.7万吨。

【企业管理】 2019年，全市构建市县一体"大培训"、配网管理"大贯通"等十大工作体系，项目化实施百日攻坚行动，完成攻坚任务229项。县级公司新增输配电线路822千米、变电容量49万千伏安，分别占全市总量的70%、35%；6座变电站消除单线单变、串供问题。市县公司班组对标平均绩点（GPA）全部为A+，A段指标占比全省第二，5家县公司进入全省前30名，4个供电所被评为四星级供电所。加快财务共享中心运转，7家县公司获评山东省A级纳税信用企业。在全省首批实现配电线路"零负损"，1家县公司、6个供电所入选国网同期线损管控百强县所。全市电力系统取得发明专利授权25项，21项成果获山东省企业管理现代化创新成果奖（获奖总量全省第一）。

（傅玉强）

2019年12月20日，邹平市人民政府、国网山东省电力公司签署邹平市供电公司无偿划转框架协议（国网滨州供电公司　供图）

综 述

【概况】 2019年，滨州市水旱灾害防御能力和水资源管护能力实现“双提升”。完成潮河、孝妇河、徒骇河、马颊河、德惠新河5条骨干河道治理120千米，19项灾后重点防洪减灾工程，实施7座病险水闸除险加固和9处防洪隐患治理，新增拦蓄能力2400万立方米、调蓄能力3600万立方米。实施6个灌区节水改造34千米，治理骨干沟渠675千米，改善灌溉面积2.27万公顷。投资3597万元，解决113个村9.80万农村人口饮水安全问题。完成主城区水环境提升工程和市区水系连通工程。清理治理河湖违法问题939处，完成176条河湖3277千米划界任务，高标准建成5条河道、2座水库34千米示范河湖段。全年用水总量较2018年度下降5.3%，压减地下水456万立方米，完成水土保持生态建设26.12平方千米。在全市首次试行合同节水新模式，创建4个全国节水型社会达标县（市、区）和8个省级节水型单位；实施安全生产专项整治，排查整治隐患300余处，开展质量监督检查38次，整改质量问题285项。应对60年一遇严重干旱和台风“利奇马”带来的百年一遇超强降雨。引蓄黄河水13.50亿立方米，完成抗旱浇灌面积876万亩次，保障26.67万公顷夏玉米安全出苗和93.30万人的饮水安全。有效抵御孝妇河、小清河特大洪水，封堵严重险情9处，抢排农田积水8.87万公顷，市水利局被省委、省政府授予“山东省抗击台风抢险救灾先进集体”称号。

【水利会战】 2019年，全市水利系统贯彻落实市委市政府林水会战会议部署，针对全市防汛抗旱薄弱环节，提升水利安全保障，抓重点、补短板、强弱项，推进各项水利会战重点工程。全市水利会战总投资15.95亿元，完成“旱能浇、涝能排”方田4533.33公顷，治理缺水旱地4600公顷，清淤骨干沟渠675千米，衬砌引黄干渠33.45千米，建设生态水系61.4千米，完成农业水价综合改革6.93万公顷，改善农村饮水安全人口38.4万人。

【灌区建设】 2019年，全市投资1.62亿元，完成簸箕李、韩墩、小开河、打渔张、白龙湾5处大型灌区和大道王中型灌区续建配套与节水改造项目建设，完成衬砌引黄干渠33.45千米，新建及维修配套建筑物42座。

【“五河同治”工程】 2019年市政府工作报告把“五河同治”工程纳入十件民生实事。全市重点水利工程建设领导小组牵头抓总，抽调业务骨干组建潮河、孝妇河、徒骇河、马颊河、德惠新河5个治理工作专班，相关县（市、区）、部门实行“专人包保、专班推进、专项治理、整体保障”的工作模式，对各项具体工程细化方案、挂图作战、压茬推进，形成工程建设的攻坚合力。2月23日“五河同治”相继开工。5月15日，潮河治理比规定时间提前16天完工，清淤开挖河道56千米，筑堤

2019年4月12日，潮河施工现场　　（市水利局　供图）

2019 年 7 月 16 日，簸箕李灌区 （市水利局 供图）

112 千米；5 月 18 日，徒骇河沾化区段治理工程完成，清淤疏浚河道 16.6 千米，主体工程建设比规定时间提前 13 天完工；5 月 20 日孝妇河治理完工，疏浚拓宽及堤防修复 43.5 千米，主体工程建设比规定时间提前 11 天完工；德惠新河、马颊河无棣段 4 千米相继完成。"五河同治"共实施潮河、孝妇河、徒骇河、马颊河、德惠新河 5 条骨干河道治理 120 千米，彻底打通河道泄洪通道，河道防洪、排涝、灌溉综合能力明显增强。其中潮河、徒骇河沾化区段提升到"61 雨型"防洪、"64 雨型"除涝标准，孝妇河达到"20 年一遇"防洪标准、"5 年一遇"除涝标准，河道生态环境显著改善。8 月，受强台风"利奇马"影响，全市遭遇百年一遇强降雨，全市平均降水量 269 毫米、最大点雨量 689 毫米，五条河道泄洪通畅，其中孝妇河抵御超警戒水位 3.08 米特大洪水。

【城区水系连通工程】 2019 年，市水文局实施主城区水环境提升工程和市区水系连通配套工程，完成投资 1.8 亿元，建成中海水资源综合利用项目、南环河西段治理项目和北环河综合治理项目，实施新立河橡胶坝智能升级，完成黄河二路、黄河八路、黄河十二路水系改造。项目实施后，中海、秦皇河、新立河、南环河基本实现水系贯通，城区水生态环境改善；实现中海向魏棉供水，日供水能力 3 万立方米，水资源综合利用力提高；激活城区黄河二路、黄河八路、黄河十二路滨水景观体系，主城区基本实现"水系贯通、活水润城"，打造出以水为脉的城市空间。

【农业水价综合改革】 2019 年，市水利局为补齐农田水利发展短板，促进农业现代化和供给侧结构性改革，实施工程产权制度改革和运行管护机制建设，发掘推广农田水利设施公司化运营管理经验做法，推进农业水价综合改革。市政府成立"农业水价综合改革暨节水灌溉工作领导小组"，建立改革工作例会制度，采用现场观摩和汇报座谈相结合方式，定期举办由县（市、区）轮流承办的全市改革工作例会。印发《农业水价综合改革督查办法》，将农业水价综合改革工作纳入市委市政府重大决策部署考核指标体系，督查评估成绩与奖补资金挂钩，对工作推进快、成效好、出典型、出亮点的县（市、区）给予重点倾斜。年内，全市完成投资 1170.98 万元，其中中央资金 775 万元、省级及以下资金 395.98 万元，完成改革面积 104 万亩，实现项目区内用水计量全覆盖，完成农业用水总量分配。各县（市、区）均完成价格成本核算，制定并出台农业用水价格文件，建立精准补贴和节水奖励机制，落实精准补贴和节水奖励资金 256.8 万元。项目区农田水利工程全部落实使用权和所有权，以公司、村集体、用水户协会为主建立用水合作组织 58 个，覆盖全部项目区。

【农村饮水安全】 2019 年，博兴县投资 747 万元，提升改善博昌街道、锦秋街道、陈户镇、城东街道 4 个镇（街道）42 个村 4.60 万人的饮水安全，全县整建制实现规模化供水全覆盖。邹平市投资 2850 万元，对台子镇、码头镇水厂进行升级改造；对明集镇、孙镇、西董街道 71 个未实现供水入户的村庄进行村内供水管网更新改造，受益人口 5.20 万人，其中邹平市 16 个无供水设施村率先在全省完成年度任务。至年底，滨州市形成水厂日检、县级水质检测中心月检、市级水利部门按季抽检、市卫计部门一年两次抽检的四级水质检测体系；在 2019 年底全市"我整改，您评价"人民群众最满意的整改事项网上评选活动中，饮水安全工作以 3.77 万票列第二位。

（李 栋 徐 鹏）

水文监测

【概况】 2019 年，市水文局提高水文监测能力、雨水情预警预报能力、水生态环境和用水总量监测水平，推进科技创新、提升水文现代化管理水平和服务能力，为全市经济社会发展提供可靠水文支撑。修订完善测洪方案和洪水预报方案，组织测洪演习，完成洪水测报工作。台风"利奇马"期间，提前部署，制定超标准洪水报应急预案，按照既定方案有序开展洪水测验工作。根据《山东省区域用水总量监测办法》完善监测方案，优化监测站点。通过政府购买服务进行站点委托看护、观测和设施设备维护，完成年度区域用水量和水功能区监测任务。新建成无棣坡面径流观测场，并于下半年开展试运行监测，运行效果良好。

完成104处省级统测井网的监测管理的同时，做好国家地下水监测工程47眼井的运行维护、监测数据报送质量管理。继续拓宽水文服务领域，开展城市水文工作，向社会发布城区雨情和道路积水信息，为城市防洪、居民出行提供服务。开展水生态监测工作，发挥监测站点多、技术力量强优势，为全市水生态文明城市创建提供技术服务。

【水文测验】 2019年，全市取得降水量监测资料97站年、河流水位监测资料37站年、径流监测资料29站年、地下水位监测资料136站年。8月，受"利奇马"台风影响，境内发生较大强度降雨，徒骇河流域、小清河流域、潮河流域、支脉河流域均发生一次洪水过程。徒骇河堡集闸水文站8月13日10时出现洪峰，洪峰水位4.33米，洪峰流量175立方米每秒。小清河魏桥水文站8月13日14时出现洪峰，洪峰水位15.01米，洪峰流量296立方米每秒；小清河博昌桥水文站8月13日17时出现洪峰，洪峰水位8.39米，洪峰流量571立方米每秒。胜利河胜利闸水文站8月11日22时出现洪峰，洪峰水位22.95米，洪峰流量461立方米每秒。孝妇河利群闸水文站8月11日22时出现洪峰，洪峰流量141立方米每秒。潮河贾家水文站8月12日11时出现洪峰，洪峰水位5.50米，洪峰流量105立方米每秒；潮河沾东水文站8月13日8时40分出现洪峰，洪峰水位4.68米，洪峰流量283立方米每秒。支脉河刘官闸水文站8月13日9时30分出现洪峰，洪峰水位5.91米，洪峰流量201立方米每秒；三号北支新河工文闸水文站8月13日10时出现洪峰，洪峰水位5.84米，洪峰流量175立方米每秒。

【水土保持监测】 2019年1—6月，市水文局在堡集坡面径流场开展水土流失动态监测。7月1日起，在无棣坡面径流场开展动态监测试运行，堡集站停测。侵蚀性降水发生在下半年，均在无棣站进行监测。全年侵蚀性降水9次，总降水侵蚀力为2163.7兆焦耳·毫米/（公顷·小时）。最大次降雨量205.0毫米，历时3660分钟，发生在8月10日至12日；最大30分钟雨强为32.0毫米每小时，发生在7月20号、7月23号和7月29号，最大降雨侵蚀力705.4兆焦耳·毫米/公顷·小时，发生在8月10日。无棣坡面径流场侵蚀以水力侵蚀为主，按照黄泛平原防沙农田防护区土壤侵蚀强度分级标准属于微度侵蚀。

【水文情报服务】 2019年，市水文局修订各站预报方案，加强全市水文情报服务工作管理，防错报、缺报、迟报、漏报。接收处理监测站点信息7万多条，其中雨、水情信息5.31万条、墒情信息4602条、地下水信息1.71万多条。向国家防总、省防汛抗旱指挥部、山东省水文局发送雨、水情信息2.12万余条，向济南市、聊城市、德州市、淄博市发送雨、水情信息5万余条。筹资50万元对市雨、水情网站进行改版，实时发布雨、水情，提高水文服务针对性、时效性、便捷性。雨、水情通过短信和电子情报形式及时推送至市委市政府和有关部门领导，全年发布手机雨、水情短信118多次5万余条，发布雨、水情简报37期，水资源公报6期，地下水简报12期。落实值班制度，保证信息传输网络畅通和情报信息准确及时。

【水环境监测】 2019年，市水文局依据《全国重要江河湖泊水功能区划》《山东省水功能区划》《滨州市地表水水功能区划》，加强水环境监测，组织开展年度水功能区、供水水源地水质监测，全年检测样品近1000个。通过国家认监委、水利部水质检测机构能力验证考核。编写《山东省水功能区水质监测统计年鉴（2019）》滨州市部分。

【水资源监测】 2019年，市水文局抽调6名技术骨干成立调查评价小组，开展1956—2016年全市水资源调查评价工作，地表水、地下水、水生态、开发利用专题均按上级要求，按时分阶段高质量提交技术成果。每月5号前完成数据的收集、审核、上报，2018年度地下水资料整编通过省水文局验收。5月21—23日，水利部信息中心检查组通过明察和暗访，对滨城区、惠民县等5县区22处国家地下水监测井、10处地方监测井的运行维护管理、监测数据质量和报送情况等进行检查。检查组反馈会议对滨州市地下水监测井运行管理工作给予高度评价并提出指导性建议。3—11月，每月1日、11日、21日上报墒情，完成墒情信息4602条，及时编制墒情简报，发送市政府及有关单位。根据市水文局雨量站、水文站、地下水位观测井、水质监测的实测资料，对全市降水量、地表水资源量、地下水动态、水源地、水功能区水质状况进行评价分析，编写《滨州市水资源公报》，向相关单位通报。成立农田灌溉水利用系数测算分析技术小组，按照大型灌区、中型灌区、小型灌区、纯井灌区、选取样点灌区、样点片区，选取典型田块156个，采用首尾测算分析法测算农田灌溉水利用系数。完成水功能区、饮用水水源地31处水质站的监测任务，每月上旬采集水质样品，18日前上报水质监测数据库，样品采集、室内监测均采取有效质量控制措施，确保数据差错率为零。做好水利、环保两部门水功能区管理交接服务工作，参与国控断面设置现场调研，提出县（市、区）达标考核目标分解建议。

【防汛测报】 2019年8月，受第9号台风"利奇马"影响，滨州境内8月10日6时开始自南向北出现强降水，10日6时至13日9时，全市平均降水量269毫米，其中博兴县384毫米、邹平市366毫米，邹平市尚庄雨量站3日降水量691毫米，为历史最大降水。各流域发生不同程度暴雨洪水，小清河流域发生超警洪水。全市水文系统迅速启动防汛测报应急预案，迎战暴雨洪水，除坚守好各测站外，还布设孝妇河邹平长山、利群闸，预备河院庄、防洪闸、北营闸，潮河沾化城东、秦台河等7处临时断面，组成7支巡测队转战各地。其间，测流200余次，收集处理各类雨水情信息10万余条，每一小时发布一次雨情信息，每两小时发布一次水情信息。紧跟洪水进展，及时开展雨水情研判会商，编写水文材料，发布洪水蓝色预警5期、中小河流洪水预警34站次，为各级领导防汛决策提供技术支撑。

【县级水文中心运行管理】 2019年，市水文局组建运行4个县级水文中心，将工作重心下移至县级水文中心，划分市水文局和县级水文中心职责任务。增强县级中心人员力量，调整2名科级干部到县级中心工作，招聘5名大专以上人员充实到各中心。加强基础设施建设，投资50万元对滨城区、无棣县、邹平市水文中心进行装修改造，提升县级中心软硬件条件。提升业务水平，各水文中心制定详细培训计划，通过理论学习和实际操作，提高业务素质。提供优质服务，各水文中心主动与当地政府、部门对接，为县（市、区）政府、水利局、应急局等单位提供水文信息简报60余期。

（论 攀 常 成）

调水管理

【概况】 2019年是引黄济青工程建成通水30周年，山东省调水工程运行维护中心滨州分中心（简称滨州分中心）践行“节水优先、空间均衡、系统治理、两手发力”治理方针，推动履行职能。年内，引黄济青改扩建工程（第一期）滨州段全部完成验收，引黄济青改扩建后续工程滨州段中的打渔张泵站枢纽机组试运行成功，具备通水条件。刘王桥拆除重建，输水河防护工程竣工验收，进水闸、低输沙渠节制闸及低输沙渠清淤工程按期推进，胶东地区引黄调水工程小清河12B倒虹吸工程竣工验收。保障输水调度平稳运行，调引黄河水3.07亿立方米（含博兴县灌溉、水库用水0.27亿立方米），长江水4.44亿立方米，完成胶东地区应急抗旱调水任务。完成年度大修、岁修工程项目，实施大修工程6项，完成投资650万元。助力地方经济发展，为长深高速博兴段建设提供370万立方米土方，是年始，每年向渠首工程建设期间生产生活受到影响的群众拨付资金320万元，为期20年，由博兴县政府代收统一管理使用。

【调度运行】 2019年，胶东地区持续干旱，按省政府部署安排，向胶东地区应急抗旱调水，连续第六年完成应急抗旱调水任务。调水过程中，执行省水利厅批复2018—2019年度、2019年6—8月以及2019—2020年度调水方案，启用自动化调度系统，调引长江水、黄河水和当地水，完成三阶段、全年连续运行调水目标，首次实现与南水北调、黄水东调、峡山水库战略水源地联合运行。年内，累计引水8.88亿立方米，其中调引长江水4.44亿立方米、黄河水4.10亿立方米、峡山水库水0.34亿立方米；累计配水6.65亿立方米，其中青岛3.63亿立方米、烟台1.59亿立方米、潍坊0.50亿立方米、威海0.93亿立方米；累计提供农业灌溉用水、生态补水超2亿立方米。滨州段引黄河水2.79亿立方米（不含博兴县农业灌溉、水库用水），比2018年度增长20.64%，引水天数265天，比2018年增长35.57%；引长江水4.44亿立方米，比2018年度下降17.29%，引水天数211天，比2018年下降19.16%。

2019年滨州段调水引水情况统计表

表30 单位：万立方米

月份	引黄河水		引长江水		博兴灌溉、水库用水
	引水天数	引水量	引水天数	引水量	
一月	31	1888.9796	31	5886.5	50
二月	28	1735.3346	8	5197.9	—
三月	31	2291.6276	31	7783.5	678.28
四月	30	1756.1722	30	7227	—
五月	31	3218.0659	31	6521.32	1122.62
六月	30	3094.0038	30	6121.2	843.35
七月	31	4902.4944	8	1052.9	34.56
八月	9	1707.0631	—	—	—
九月	—	—	—	—	—

续表 30

月份	引黄河水		引长江水		博兴灌溉、水库用水
	引水天数	引水量	引水天数	引水量	
十月	—	—	—	—	—
十一月	11	1668.7584	11	1010	—
十二月	31	5691.5856	31	3603.25	—
合计	263	27954.0852	211	44403.57	2728.81

【岁修大修工程】 2019年，滨州分中心根据省调水工程运行维护中心批复经费计划和滨州分中心工程建设安排，实施高输沙渠入口35千伏泵站线10千伏打东线线路迁改工程/10千伏打东线新博桥—北堤涵闸段线路迁改工程、2019年度渠首沉沙池应急清淤工程、渠首沉沙池刘王桥以下段围封隔离设施工程、渠首沿线县级公路桥梁护网安装工程、渠首移民迁占的档案整理工作大修工程6项工程，完成投资650万元。

【打渔张泵站枢纽工程】 2019年12月28日，经过1年多施工建设，打渔张泵站机组试运行成功，具备通水运行条件。打渔张泵站将逐步取代原有移动泵船，最大输水流量比2018年增加46.1%，成为向胶东地区调引黄河水的重要组成部分。打渔张泵站枢纽工程位于博兴县境内，为引黄济青改扩建最大单体工程，总投资5172万元。打渔张泵站主要包括拦污建筑物、进出水建筑物、泵站主副厂房、压力管道及生产管理区等。打渔张泵站设计流量36.00立方米/秒，校核流量39.6立方米/秒，泵站扬程为4.02～7.42米。安装5台1700ZLQ-6型轴流泵（其中1台备用），水泵按全调节设计，配电动机功率900千瓦，泵站总装机4500千瓦。

【小清河12B倒虹吸工程】 2019年11月20日，小清河分洪道子槽12B倒虹工程通水，12月10日正式完工并进行合同工程完工验收。工程建成后，原有河道行洪泄洪流量增加，博兴县吕艺镇道口村等地势低洼村庄防洪能力提升。小清河分洪道子槽12B倒虹工程位于滨州市博兴县境内小清河分洪道48+135处，设计分涝流量450立方米/秒，河底高程0.35米（85高程），分涝水位7.38米，分洪水位8.60米，河底宽38米；小清河分洪道子槽12B倒虹吸工程设计流量12立方米/秒。

（付世超）

黄河河务

【概况】 2019年，滨州黄河河务局（简称市河务局）以确保黄河滨州段防洪安全、供水安全和生态安全为总目标，推动各项任务开展。做好防凌防汛工作，确保2次大流量过程和1次中小洪水顺利通过滨州市河段，黄河安全度汛。调度黄河水资源，全年实现引黄供水17.3亿立方米（不含胶东供水），比2018年增长39%。黄河下游“十三五”防洪工程建设主体全部完成，打渔张引黄渠首闸除险加固工程通过竣工验收。黄河防洪工程管理水平不断提升，所属滨开河务局创建国家级水管单位，道旭险工入选黄委“示范工程”。落实河道管理制度，黄河河长制全面推行。多项成果获得黄河水利委员会、省河务局科技进步奖，实现全局信息化系统全覆盖。推行网格化管理，实现全年安全生产无责任事故。

【黄河防洪工程建设】 2019年，市河务局推进黄河防洪工程建设，堤防加固、堤顶道路、险工改建、控导加固及续建等黄河下游“十三五”防洪工程建设主体全面完工。市河务局集中优势力量，抓好协调调度，推进移民迁占和工程建设工作，加强进度、质量、安全和效益管理，“十三五”防洪工程建设实现主体全面完工，累计完成土方1587.3万立方米、石方27.63万立方米，完成工程投资4.08亿元（含打渔张闸投资4238万元）、移民投资3.42亿元。2019年主要是相关工程尾工施工，包括堤防加固放淤固堤、包边盖顶，新增堤防道路，7处险工改建及1处控导改建主体工程，张桥、簸箕李、大崔控导上延工程等均按时完成任务；五甲杨控导上延工程主体完工。打渔张闸除险加固工程通过竣工验收。配合上级做好涵闸改建、黄河下游河道综合治理工程、段所供水及卫生改造工程前期相关工作。配合滨州市做好黄河滩区迁建相关工作。

【工程管理】 2019年，市河务局工程管理工作保持工程完整和良好管理水平。所属滨开河务局创建国家级水管单位，惠民河务局通过国家级水管单位复审，滨城河务局道旭险工创建黄委“示范工程”。滨城河务局、滨开河务局划界工作通过省河务局终验，惠民河务局、博兴河务局划界工作完成。全面推进落实黄河河长制，协助市河长办对于山东省河长办所列滨州市黄河“四乱”问题清单中82项内容抓好整改，在规定时间内全部销号。开展工程管理大整治活动，发现问题8类258项，按时全部完成。推进黄河文化建设，

2019年6月27日，2019年度滨州市民兵应急分队拉动演练在黄河博兴段举行（成志　摄）

配合市规划建设黄河风情带，配合举办环黄河风情带国际公路自行车赛、马拉松赛等活动。

【河道管理】 2019年，市河务局以法治思维和法治方式管河治河。开展河道巡查550余次，下达各类责令通知书175份，查处水事违法案件3起，查处违章种植阻水片林12处，清除树株2400株；查处乱倾倒垃圾渣土3起、违章乱建11起，拆除违章建筑近6万平方米，确保行洪畅通。成立行政许可审查委员会，审查审批河道内建设项目2项，加强对涉河建设项目监督管理，《滨州黄河河道采砂管理实施方案》印发实施。配合市政府做好滨州黄河四桥建设、惠民乐安大桥建设前期等相关工作。开展“世界水日”“中国水周”集中宣传活动，新建成2处黄河法治文化宣传阵地。

【防汛演练】 2019年，市河务局加强黄河防汛专业抢险队伍培训演练。制定《2019年度防汛抢险指挥专家培养演练方案》，开展防汛抢险专家培养培训、演练4次累计14天，采取学员授课、现场观摩、实战演练、专家点评方式提高培训实效。组织黄河专业机动抢险队60余人开展为期3天的防汛抢险培训和实战演练。承办省黄河河务局防汛抢险专家培训和考核认定。派员指导市防汛抢险应急救援演练、民兵应急分队拉动演练、企业民兵抢险队培训及博兴县小清河、邹平市胜利河抗击“利奇马”台风抢险，通过实战和演练锻炼、培养防汛抢险专业队伍。

【防凌防汛】 2019年，市河务局防御黄河洪水，落实防汛责任制，抓好组织、思想、队伍、料物和技术“五落实”。市委书记佘春明、市长宇向东、市委副书记张凯、副市长贾善银等市领导先后到黄河一线检查指导工作。落实防汛行政、技术、巡查“三个责任人”，内部全员岗位责任制、基层班坝责任制、领导班子和机关部门分包工程责任制全部落实到位，调整明确防汛成员单位职责，建成严密有序的内部防汛责任体系。及时修订完善市县两级防洪预案、抢险方案，完成市县两级防洪预案数字化。加强防汛抢险专家培训，开展培养培训演练4次。组织安排对国家常备防汛物资的维护、保养和补充，落实机关和社会团体备料及群众备料的料物存放地点、数量和运输措施。5月，组织开展黄河防汛宣传月活动，通过悬挂宣传标语横幅、举办培训活动、组织宣传活动等，营造宣传活动氛围。开展汛前工程普查、河势查勘、防汛行业检查、防汛风险排查等基础工作，对检查出问题及时整改落实，做到“一事一策”，对根石薄弱坝段及时抛石加固。做好防御洪水工作，应对汛期2次大流量过程和1次下游中小洪水过程，持续时间65天，境内河道最大流量4000立方米/秒。其间，市河务局各级启动防御洪水工作机制，加强工程巡查、观测和抢护，处置一般险情8个。全力防御超强台风“利奇马”，确保黄河防洪安全。完成2018年至2019年度防凌工作，做好2019年至2020年度防凌工作，开展冰凌观测工作，确保黄河凌汛安全。

【黄河流域生态保护和高质量发展座谈会精神学习贯彻】 2019年9月18日，习近平总书记在河南省郑州市召开黄河流域生态保护和高质量发展座谈会。市河务局做好学习贯彻落实工作，结合水利部“水利工程补短板、水利行业强监管”水利改革发展总基调、黄委“维护黄河健康生命、促进流域人水和谐”治河思路及滨州市黄河生态保护和高质量发展实际，组织专题学习研讨，查摆问题短板，分析原因症结，成立学习贯彻黄河流域生态保护和高质量发展座谈会重要讲话精神领导小组，制订《滨州河务局学习贯彻黄河流域生态保护和高质量发展座谈会重要讲话精神实施意见》《滨州河务局“补短板、强监管”实施方案》《滨州河务局推进河地融合协同发展指导意见》等制度办法，配合市委市政府做好黄河风情带建设、南海湿地建设工作，将文化元素融入黄河工程之中，提升沿黄工程面貌和管理水平。协同水利等部门做好全市河道外生态用水方案的编制和实施工作，调度黄河水资源，改善全市生态，协助沾化区、无棣县等区县土地压碱冲碱，保障和改善黄河三角洲地区生态多样性。

（赵玉洪　成　志）

城乡建设规划

【概况】 2019年，全市自然资源和规划部门维护规划法定权威，突出城市控规、土地总规约束，突出重大决策规划，突出重点片区规划，严禁随意变更土地性质，对不按规划建设的一律叫停。1月7日，《滨州市城市总体规划(2018—2035年)》经省政府批复。统筹划定落实生态保护红线、永久基本农田、城镇开发边界三条控制线，建设总规、专规、详规相辅相成的完整规划闭环，构建“全域覆盖、全要素、全过程”国土空间规划体系。启动市县两级国土空间规划编制，7月7日举办全市国土空间规划专题业务培训会，邀请自然资源部空间规划局副局长孙雪东等领导专家到滨州现场答疑解惑；先后编制完成总体城市设计及城市特色风貌、黄河流域生态保护和系统修复治理等7项专项规划成果（年定任务为4项，增加3项）；10月10日，《滨州市城市“双修”专项规划》经市政府批复。提高村庄规划水平，完成103个试点村规划编制。8月19日，渤海先进技术研究院及国际社区概念性规划批复实施。11月11日，渤海科创城概念性规划通过市委常委会审议。年内，对魏桥国科园和渤海科技大学规划进行审查和论证，组织召开规划专家审查会13次，审查规划设计方案90余件次，现场踏勘200余次，出具各类规划意见40余件。

【“多规合一”推进】 2019年，市自然资源和规划局推进“多规合一”。按时序推进全市国土空间规划编制（全国统一要求2020年底完成），完成工作方案编制、基础资料调研等基础性工作，省级试点博兴县完成规划成果（全省9个试点县）。

【专项规划编制】 2019年，市自然资源和规划局完善城市空间布局，编制完成《滨州市主城区地下空间开发利用专项规划》《滨州市乡村风貌规划》《滨州市主城区总体城市设计及城市特色风貌规划》《滨州市主城区竖向专项规划》《滨州市黄河流域生态保护和系统修复治理总体规划》《市主城区“四环五海”风貌暨36桥、72湖、108园提升规划》《滨州市幸福社区规划》7个专项规划。10月10日，《滨州市城市“双修”专项规划》经市政府批复。

【重点决策跟进规划编制】 2019年，市自然资源和规划局围绕市委市政府重大决策部署进行规划，建设新经济增长平台。年内完成科创城、先进技术研究院、国际学校、国际社区等规划。对魏桥国科园和渤海科技大学规划进行审查和论证。对科创城空间进行科学调整，保证用地和建设所需。

【重点片区规划编制】 2019年，市自然资源和规划局提升城市品质，促进重点片区开发。对《滨州高铁站片区暨北海片区城市设计及控制性详细规划》初步成果进行审查，完成《北海海底世界设计方案》、城市CBD项目等规划方案。出具年度所有道路、水系、桥梁基础设施工程规划意见和规划条件，完成选址，确保供地和开工建设。

【村庄规划编制】 2019年，市自然资源和规划局推进村庄规划编制工作，完成4205个行政村（5387个自然村）情况摸底和103个省级试点村庄规划编制（原计划10个）；惠民县淄角镇全域村庄规划、沾化区下洼镇东枣园片区村庄规划、博兴县吕艺镇高渡村村庄规划入选全省村庄规划案例。8月19日，渤海先进技术研究院及国际社区概念性规划批复实施。

【省城乡规划第二督察组工作座谈会】 2019年5月8日，省城乡规划第二督察组城镇居住区配套幼儿园专项整治工作座谈会在无棣县召开，省城乡规划第二督察组组长、省派驻滨州市规划督察员李军生，省城乡规划第二督察组各成员，滨州市自然资源和规划局局长邱延博，无棣县政府有关负责人，济南市商河县、东营市垦利区、德州市宁津县、淄博市桓台县等县区自然资源和规划部门负责人参会。与会人员首先到无棣县第四实验小学进行现场调研，随后召开座谈会。会议学习《关于开展城镇居住区配套教育设施规划建设专项督察的通知》，部分市县自然资源和规划部门负责人汇报居住区配套幼儿园专项整治工作有关情况。制定好工作实施方案，明确工作内容、完成时限、部门职责分工和组织领导机构，再进行拉网式排查，按照“一事一议”“一园一策”原则，制定针对性整改措施，按时高效完成城镇居住区配套幼儿园专项整治任务。

【《滨州市城市总体规划（2018—2035年）》发布】 2019年3月19日，市政府新闻办组织召开《滨州市城市总体规划（2018—2035年）》（以下简称《规划》）新闻发布会，就总体规划进行解读和介绍总体情况并回答记者提问。2011年5月，《滨州市城市总体规划（2005—2020年）》批复实施。2015年8月，新一轮城市总体规划编制工作启动，2019年1月7日省政府正式批复。《规划》将滨州市城市性质定位为黄河三角洲中心城市、渤海湾南岸的新兴制造业基地、以黄河地域文化为特色的生态文明城市。到2022年，中心城区（主城区＋沾化城区）人口规模91万人，规划城市建设用地144.3平方千米。到2035年，中心城区人口规模150万人，城市建设用地规模172.5平方千米。《规划》将城市空间布局为“一核、两极、三区、四轴”的市域城镇空间结构（一核指中心城区；两极指北海经济开发区、邹平城区两个市域次中心；三区指中部都市区、北部滨海区、南部邹平区；四轴指环渤海区域城镇发展轴、济滨东区域城镇发展轴、邹惠阳无城镇发展轴、博滨沾城镇发展轴）；将主城区打造为“一核、三心、四轴、五片”空间结构（一核指环中海核心区；三心指老城综合服务中心、高铁综合服务中心、高新综合服务中心；四轴指黄河五路、黄河十二路、渤海五路、渤海十八路形成的“井”字形城市功能聚集轴；五片指新城、老城、东城、滨北、高新五大片区）。

【全市城镇居住区配套幼儿园规划建设专项整治会议】 2019年4月9日，省城乡规划第二督察组在滨州市自然资源和规划局召开全市城镇居住区配套幼儿园规划建设专项整治会议，市自然资源和规划局、市教育局、市住房城乡建设局以及各县（市、区）分管副县（市、区）长、市属开发区管委会分管副主任，各县（市、区）自然资源和规划主管部门主要负责人，教育、住建部门分管负责人参加会议。会议传达省城乡规划督察员办公室关于开展城镇居住区配套幼儿园规划建设专项督察的意见，就有关工作的开展明确时间节点、提出具体要求，保质保量完成滨州市124处幼儿园专项整治工作。

（高连新）

城镇化建设

【概况】 2019年，全市落实新型城镇化建设三年行动，制定出台《2019年推进新型城镇化工作重点》。全市常住人口城镇化率为58.23%，较2018年提高0.59个百分点，增幅高于全省平均增幅，列全省第6位。邹平市通过推动产业转型升级，创造更多、更稳定非农就业岗位，为城市人口集聚提供产业就业支撑，邹平市常住人口城镇化率65%以上；博兴县、无棣县发挥城镇化资金撬动作用，逐步探索城镇化发展之路，博兴县推进博昌三路西延和博城八路等道路建设，解决城乡接合部交通问题；无棣县启动碣石山片区重点突破项目，以点带面推进城镇化发展。

【新型城镇化试点】 2019年，邹平市和魏桥镇作为第一批、博兴县作为第二批、无棣县作为第三批省先后确定的新型城镇化试点地区（自2015年3月始，山东省先后分三批确定27个地区进行省级新型城镇化综合试点），围绕试点工作方案确定的重点任务，坚持“一年起好步、两年有突破、三年见成效”工作目标，健全工作机制，深化体制机制创新，强化产业就业支撑，加强基础设施和公共服务设施建设，城镇化工作取得阶段性成果。邹平市中等城市试点经验和新型城镇化试点经验分别入选全省中小城市培育试点典型经验推广名单和省级新型城镇化综合试点典型经验名单；博兴县、无棣县分获省城镇化试点专项资金1000万元；建成1个国家级特色小镇和5个省级特色小镇。

【邹平市入选全省中小城市培育试点推广名单】 2019年4月，省城镇化工作领导小组办公室印发《全省中小城市培育试点第一批典型经验的通知》，选取5个县（市）的试点经验在全省范围内进行推广，其中邹平市“加快产业转型升级，增强就业支撑能力”试点经验入选，对邹平市推进农业转移人口市民化、稳妥推进农村土地制度改革、健全完善城乡融合发展体制机制等相关工作经验给予肯定。2017年1月，经市城镇化工作领导小组办公室推荐申报，邹平市列入全省30个中小城市培育试点地区。自确定为中等城市试点后，邹平市立足自身实际和优势，推动工业化和城镇化良性互动，通过发展工业经济、加快新旧动能转换、推进农业规模化经营，努力创造更多更稳定的非农就业岗位，为城市人口集聚提供强大产业就业支撑。至2018年底，邹平市常住人口80.83万人，常住人口城镇化率65.22%，综合实力稳步提升，在中国工业百强县市排名中位列第45位。

（范宜卿　李文慧）

城市基础设施建设

【概况】 2019年，全市城市基础设施完成29.25亿元。全市新增城市（县城）集中供热面积231万平方米，完成率154%。海绵城市完成12.3平方千米，完成率123%。全市城市污水处理率97.5%。年度市主城区城建工程320项，总投资21.27亿元，实施断头路桥项目18项，13条断头路提前建成通车，4座断头桥快速推进，23个路口改造完成，城市通行能力提升。15项排水防涝工程提前竣工。启动黄河流域生态保护与高质量发展三年行动，实施南海湿地公园鸟岛建设、南外环路（B5-

B21）景观提升改造工程、黄河楼后续建设、十里荷塘景区提升等重点项目。秦台河深度整治提升工程成效初显。市本级2项地下综合管廊工程完工。完成5条道路和90个老旧单位小区雨污分流改造工程，市城区南部污水处理厂建设进度超出年度目标10%；邹平市污泥处置中心提前完成年度建设任务；博兴县城区基础设施配套及环境提升改造建设PPP项目完成投资2.7亿元，惠民县、沾化区、阳信县加大供热、供水、供气工作力度。

【市政基础设施建设】 2019年，全市城市道路长度、路灯盏数、绿化覆盖面积分别为2203.48千米、88954盏、16236.59公顷，其中市城区分别为1084.78千米、56515盏、7268.95公顷。人均城市道路面积26.84平方米，其中市城区25.93平方米。人均公园绿地面积17.28平方米，其中市城区21.25平方米。建成区绿化覆盖率42.66%，其中市城区45.68%。城市用水普及率和用气普及率均为100%。供水管道和排水管道长度分别为2226.53千米和3740千米，其中市城区分别为1365.28千米和2017千米。污水集中处理率97.81%。

【市级重点基础设施建设】 2019年，市级城市基础设施建设项目130项，概算总投资11.67亿元。其中新建道路、桥梁工程10项，概算投资4.74亿元，除渤海十四路新语华庭小区段深基坑影响不能施工外，均通车。完成道路排水整修工程18项，概算投资1.78亿元；完成城区路口改造工程及城市体检与品质提升工程规划24项，概算投资0.54亿元；实施绿化类项目19项，概算投资1.3亿元；实施公园建设及城市品质提升改造项目38项，概算投资2.79亿元；实施亮化、美化提升及园林规划项目19项，概算投资0.48亿元；完成水系连通及配套工程2项，概算投资0.16亿元。

【海绵城市建设】 2019年，滨州市城区海绵城市开工建设11个项目，其中新开工建设项目8个，续建项目3个。市住建部门对各级海绵城市项目实行月调度制度和通报制度，同时，对开工项目要求手续完善，并进行现场抽查、督导，确保保质保量完成有关任务目标。至年底，全市11个海绵城市建设项目在建面完成面积6.6平方千米，累计完成面积42.6平方千米，完成25%的任务目标；获省级海绵城市建设补助资金1027万元。

【市政行业管理】 2019年，全市开展隐患排查治理和专项整治，先后组织安全检查151次，检查工地184个次，出动检查人员356人次，查出隐患182项，下发整改通知书60份，整改合格率100%。全市安全管理人员新取证440人，延期复审876人。全年组织各施工企业安全管理人员参加安全培训，共计300余人。强化安全教育培训工作，督导施工企业及施工现场开展全员安全教育培训。制定加强桥梁防护工作实施方案，对全市253座桥梁实行“一桥一档”“一桥一策”，建立城市桥梁安全事故责任追究制度，落实城市桥梁突发事件处理措施。做好市政工地扬尘治理工作，实现现场封闭管理、场区道路硬化、渣土物料覆盖、洒水清扫保洁、物料密闭运输、出入车辆清洗“六个百分百”；推进建筑工地扬尘治理工作，全年巡查和大检查工地100个次，出动检查人员120人次，下发扬尘隐患整改单37个，整改率100%。加强供水行业管理工作，通过加强城市供水企业水质安全监管、督促供水、供热专营企业完成国有企业职工家属区“三供一业”分离移交项目设备设施维修改造工作等举措，确保用水安全。完成城区污水泵站和管网升级改造项目，12号泵站至15号泵站压力管道工程具备向第二污水厂输水功能；实施4号泵站至12号泵站压力管道工程、3号污水提升泵站至污水处理厂污水管道工程、污水管网清淤及注浆维护工程和泵站升级改造工程。

（范宜卿　李文慧）

【老旧小区整治改造】 2019年，市城市建设服务中心加强对老旧小区整治改造工作的组织领导，建立健全工作机制，筹措资金，加强项目管理，全市65个老旧小区改造项目全部完工，惠及6630户群众，61.46万平方米。通过整治改造，老旧小区脏、乱、差环境得到改善，软、硬件水平提升，长效管理机制逐步建立。

（丁云松　李军帅）

2019年滨州市老旧小区整治改造项目统计表

表31

序号	县（市、区）	小区名称	建筑面积（平方米）	户数（户）
1	滨城区	六街旧楼	9325	125
2		郝家北小区	11850	160
3		塑料彩印宿舍	2700	32
4		金盾小区	42000	345
5		市医药集团	7050	87
6		区盐业副食	3950	46

续表 31

序号	县（市、区）	小区名称	建筑面积（平方米）	户数（户）
7		区委区府宿舍	24180	247
8		滨农科技宿舍	2520	36
9		区百货大楼宿舍	16539	183
10		区经信局宿舍	7190	95
11		滨州市外贸新星	6824	86
12		市委二宿舍	9000	120
13		粮贸运输	1099	24
			6000	59
14		房建公司	3133.13	46
15		颐园宿舍	2900	30
16		红旗饭店	560	32
17		城建河畔	28000	172
18		化轻公司	6100	60
19		区服装厂	8544	108
20	滨城区	新华书店	3837.66	47
21		侨倡公司	2925	33
22		区生资公司	2500	20
23		市中宿舍	1500	35
24		五交化站	10000	123
25		市药监局	10294	109
26		鸿泰小区	18000	192
27		三分公司	18000	126
28		造纸厂	9800	324
29		区农机	7000	28
30		银茂宿舍	3372	45
			420	3
31		绿洲食品有限公司	5900	54
32		区服务业发展局宿舍	2080	16
33		盐业副食小区	13870	132
34		肉联厂	8679	94
35		粮食局宿舍	4200	60
36	沾化区	公路局宿舍	2800	40
37		汽车九公司宿舍	2800	40
38		金丝枣酒厂宿舍	10800	120

续表 31

序号	县（市、区）	小区名称	建筑面积（平方米）	户数（户）
39	沾化区	农行宿舍	1500	20
40		明珠家苑宿舍	42000	600
41		工行宿舍	5600	80
42		外贸宿舍	2100	30
43	邹平市	沿河小区	7800	178
44		县社宿舍区	47900	193
45		黄山小区	38532	541
46		农业局（三个小区合计）	18414	225
47		公安局宿舍区	15000	124
48	惠民县	惠民县广播电影电视局小区	5504.59	49
49		惠民县司法局宿舍院	1830	24
50		惠民县招待所小区	5280	40
51		惠民县委党校住宅小区	3567.4	24
52		惠民县府家属院	7679.98	88
53		惠民县委家属院	13103	132
54		惠民县物价局家属院	2300	26
55		惠民县粮食局面粉厂家属院	5344	60
56		惠民县畜牧兽医局家属院	1530.8	16
57		惠民县职业中等专业学校宿舍院	3620	40
58		惠民县华鑫丝绸有限责任公司家属院	8133.5	70
59		惠民县公安局家属院	13138	138
60		惠民县公安局城关派出所家属院	2800	16
61		惠民县农商银行行总部家属院	8790.35	56
62		惠民县农商银行角楼支行家属院	5211.7	40
63		惠民县农商银行孙武支行家属院	3571.01	30
64		惠民县教育局小区	1387.2	16
65		惠民县教育局小区	4764	40
合计（65 个项目）			614643.32	6630

【棚户区改造】 2019 年，全市棚户区改造新开工 6418 套，基本建成 1758 套，市城区老旧小区棚户区改造 1 个安置区 1022 户加快交付使用，剩余 4 个安置区加快推进。

（范宜卿）

【城市供气】 2019 年，滨州市新增民用燃气用户 8.5 万户，比 2018 年增长 13.47%；新增工业用户 56 户，比 2018 年增长 5.05%；新增公建用户 364 户，比 2018 年增长 12.74%。管道天然气供气量 13.45 亿立方米。

【城市供热】 2019 年，滨州市新增城市集中供热面积 297 万平方米，比 2018 年增长 4.68%。其中新增居住建筑集中供热面积 253 万平方米，比 2018 年增长 4.72%；新增公共建筑集中供热面积 44 万平方米，比

2018年增长4.47%。全市集中供热接通面积6713万平方米。

【城市供水】 2019年，滨州市持续提高城市供水能力和服务水平，加大供水设施建设和管网改造力度，坚持以保障供水安全和提升供水质量为中心，完善供水保障体系。全市城市供水企业全年完成售水量1.82亿立方米，其中县城城市供水0.28亿立方米。各城市供水企业出厂水、管网水水质综合合格率均为100%。完成新建供水管网75.74千米，改造供水管网6.41千米，供水管网总长度2077千米。

【城市污水处理】 2019年，全市建成运行城市污水处理厂13座，总规模68万吨/日，均达到一级A排放标准，城市污水集中处理率达到97.5%以上。13家城市生活污水处理厂均与污泥处置单位签订污泥处置协议，规范污泥收集、运输和处置各环节，杜绝污水处理厂污泥非法堆放造成二次污染。

2019年滨州市集中供热企业一览表

表32

所属地区	供热企业名称	企业地址
市城区	滨州鑫谊热力有限公司	滨州市黄河十一路1061号
市城区	山东滨州鑫诚热力有限公司	滨州市黄河五路258号
沾化区	滨州市沾化区城通热力有限公司	滨州市沾化区金海五路东首
沾化区	滨州汇通热力有限公司	沾化区恒业三路117号
邹平市	邹平县城市供热有限公司	邹平县醴泉一路186号
惠民县	惠民县乐安热力有限公司	惠民县石庙镇东高村
阳信县	阳信同方热力有限公司	阳信县阳城七路九龙湖一号
无棣县	无棣县鑫馨供热有限公司	无棣县青坡沟以南G205国道以东
博兴县	博兴县通源热力有限公司	博兴县乐安大街南首
博兴县	博兴县恒源热力有限公司	博兴县新城二路南首（彩虹桥西侧）
高新区	滨州东力热电有限公司	滨州市高新区高十二路以东新三路以北
北海经济开发区	滨州市通源热力有限公司	滨州北海经济开发区滨港八路、北海四路

2019年滨州市城市污水处理厂统计表

表33

序号	名称	处理能力（万立方米/日）	处理水量（万立方米）
1	北城污水处理厂	6	1661
2	光大水务（滨州）有限公司	6	2234
3	高新区污水处理厂	3	929.57
4	沾化区城市污水处理厂	1.5	433.73
5	滨州滨海环保有限公司	3	476.04
6	葛洲坝水务（滨州）有限公司	11	4386.57
7	山东惠民北控中科成水务有限公司	3	684.29
8	惠民县污水处理厂	3	654.59
9	阳信县污水处理厂	3	356.6
10	阳信县新城污水处理厂	1.5	476.39

续表 33

序号	名称	处理能力（万立方米 / 日）	处理水量（万立方米）
11	滨州海孚水业有限公司	3	1026
12	光大水务（博兴）有限公司	8	3629.64
13	邹平众兴水务有限公司	16	5285.41

（范宜卿　李文慧）

【城市公交运营】 2019 年，市公共汽车公司所辖市城区公交车全年行驶里程 2848 万千米，未发生重大责任事故。根据各线路运力、客流等情况，全年新开 209 路（会展中心至十里荷塘）、210 路（北海明珠至十里荷塘）2 条假日公交旅游专线和 39 路（军分区至渤海园）；调整优化 11 路、17 路、26 路、29 路、32 路、36 路、105 路、112 路、113 路 9 条线路。9 月，继开通支付宝、云闪付乘车电子支付后，又开通微信、美团乘车电子支付，实现市城区公交车乘车电子支付全覆盖。配合做好创城迎审工作，在市城区所有公交车车厢内、车头车尾、LED 屏、候车亭张贴创城公益广告。

【出租车管理】 2019 年，全市有巡游出租企业 15 家，网约车平台 15 家，运营车辆 1867 辆，其中市城区巡游出租车 720 辆、网约车 63 辆。坚持问题导向，针对社会关注程度高的网约车安全问题，增强出租车、网约车行业监管，推进出租汽车行业改革。市交通运输局制发《出租汽车行业侵害群众利益问题专项整治方案》，联合有关部门对 16 家网约车平台公司及 5 家巡游出租车公司进行专项检查，完成全市网约车监管平台建设。

（李皓阳　王井超）

市政市容管理

【概况】 2019 年，市城市管理局落实“城市园林园艺化、环卫保洁标准化、城乡一体长效化、亮化管理智能化、城管执法规范化”工作目标，提升城市管理精细化水平。国家园林城市复查通过省住房城乡建设厅普查，园林绿化累计投资 4.3 亿元，建设实施 69 项工程，新增城市绿地 72.63 万平方米。启动深度保洁试点，深度保洁面积扩面至 492 万平方米。城乡环卫一体化巩固提升，农村环卫基础设施配备率 100%，城乡生活垃圾无害化处理率 93% 以上，群众满意度 96%。实施亮化提升工程，建设完成黄河十二路、黄河十路新立河桥梁亮化，建设黄河五路夜景示范路、中海景区及春节亮化工程。以彭李街道数字化城市管理指挥中心为试点，建立“联社联亲，入网入心”城市治理新体系，实现城市管理“全覆盖、无缝隙、智慧化、精细化”。推进生活垃圾焚烧发电项目，实施架空线路、户外广告攻坚整治工程，拆除户外广告 9284 处，通信线缆入地改造 46 千米，城市空间全面净化。强化城市违法建设治理，加强共享单车监管，加大渣土运输车辆查处力度，持续巩固城市建成区露天烧烤整治成果，开展污染防治攻坚战、环渤海治理攻坚战，提升城区秩序环境。

【环境综合整治】 2019 年，市城市管理局结合滨州市全国文明城市创建和省级食品安全市年检工作，加强市容秩序管理，指导各县（市、区）开展“城市十乱”整治集中清理，清理各类市容环境问题。开展全市户外广告两年攻坚战，排查县（市、区）各类户外广告 1.03 万处，拆除 9284 处。实施通信电力线路整治三年攻坚，按照“入地、捆扎、贴墙”要求，建设渤海五路线缆入地样板路段，改造通信线缆 46 千米；强化渣土运输管理，印发《全市春季渣土运输管理集中整治方案》，暂扣渣土运输车 117 辆、停工整改 57 处，查处违规、违法运输 93 起。加大违法建筑治理力度，地毯式摸排辖区违建，治理违建 9.05 万平方米，拆除 5.69 万平方米，以其他方式治理 3.36 万平方米。对“蓝顶子、铁皮屋”

2019 年 5 月 13 日，渤海十八路绿化景观带　（张磊　摄）

等乱搭乱建集中清理，逐一销号。

【数字城管】 2019年，市城市管理局借助“12345”政务服务热线、“9600096”城管热线投诉系统、市民通APP、政务微博等多种方式，实现与市民群众时时互动、零距离交流，及时受理解答城市管理各类诉求。全年受理、转办各类热线投诉3950余个，转办率100%；受理回复微博投诉86件，核查并督导检修问题井盖2000余个，有效发挥数字城管高效指挥作用。

【城乡环卫一体化】 2019年，市城市管理局落实农村人居环境整治三年行动，突出农村垃圾治理和村容村貌提升，开展农村生活垃圾分类试点，建立完善农村生活垃圾处理市场化运作、减量化处理、资源化利用、数字化管理、法制化保障工作机制。印发《2019年滨州市城乡环卫一体化工作实施方案》，委托第三方对10个县（市、区）3200余个村庄进行暗访，印发通报12期；全市90个乡镇（街道）、4184个村庄配备垃圾桶（箱）20余万个，保洁人员1.4万余名，各类环卫车辆676台，建设转运站115个，农村环卫基础设施配备率100%，城乡生活垃圾无害化处理率93%以上，农村人居环境持续改善，年底群众满意度96%，全省排名第八名。

【环卫保洁】 2019年，市城市管理局加大机械化设备投入，各类道路清扫清洗设备50余台、电动保洁车160台，全部投入道路保洁作业，市城区主次干道机械化清扫率实现100%；采取“政府主导、社会参与、部门联动、市场运作”相结合方式，对市主城区492万平方米深度保洁面积细化“机械+”模式，洒水冲洗作业由每天1次增加到每天3次，人行道每天2次微水清洗降尘作业，夜间对市主城区11条道路进行雾炮抑尘循环作业，提升城区道路保洁质量。

【园林绿化】 2019年，市城市管理局编制《城市园林景观提升规划》《滨州市城市绿地管理条例》，围绕黄河生态保护及修复、滨州植物园项目、新立河绿化提升工程、城市绿道、景观大道、口袋公园等内容实施园林绿化项目69项，累计投资4.3亿元。执行园林绿化原生全冠栽培理念，完成栽植白蜡、国槐等100多个品种原生全冠苗木3万余株。组织实施“五一”摆花工程和“鲜花满城扮靓滨州”行动，设置6组寓意丰富的大型植物雕塑，栽植各类草花300余万株，全市裸露治理28.6万平方米，新增城市绿地72.63万平方米，城市绿地总量持续提升。

2019年2月24日，黄河十二路新立河桥亮化景观　（赵利军　摄）

【城市亮化】 2019年，市城市管理局建立全市首个高标准城市照明智能监控平台，攻关研发新型路灯线路安全接线卡，创新改造灯杆接线门，建设路灯线缆漏电安全监测和箱变智控门锁系统，改造黄河五路、渤海十八路等9条主次干道路灯设施，实行路灯巡查问题销号制度，市城区主干道亮灯率99%以上，重大活动和重要节日期间亮灯率100%。年内先后实施黄河十二路、黄河十路新立河桥梁亮化工程，打造黄河五路夜景示范路、中海景区亮化及春节工程，营造节日气氛。

【新立河人防疏散点及绿化工程建设】 2019年，市城市管理局实施新立河人防疏散点建设暨绿化改造提升工程。在延续新立河公园一期、二期、三期建设基础上，对新立河（黄河八路—黄河十二路）两侧绿带及春华秋实园35.67公顷绿地进行提升改造，建设雨水花园4处，栽植苗木2000余株，增加人防、照明、坐凳、垃圾桶等配套基础设施。

【植物园建设二期工程】 2019年，市城市管理局在一期建设基础上，完善基础设施，增加园路及铺装广场5340平方米、木栈道290平方米，植物品种280余种，形成一处集游览、观光、科普于一体的植物园。8月26日，工程通过验收。

【公厕改造提升工程】 2019年，市城市管理局加大市城区公厕建设力度，在植物园二期和新立河人防工程等地新建公厕6处，安装公厕亮化标识牌27块，新增常规指示牌76块，有效缓解市民“如厕难”和夜间“寻厕难”问题。

【城市照明智能监控平台】 2019年，市城市管理局建设全市首个高标准城市照明智能监控平台，安装路灯单灯控制器3800处和箱变RTU（远程终端）控制器44处，与市级数字城管监控平台进行互联互通，做到视频监控信号与系统数据监控信号同步融合和数据资源的共建共享，实现对渤海五路以西范围内城市照明和景观设施的集中控制和监控。

【道路深度保洁】 2019年，市城市管理局根据“标准化配置、标准化管理、标准化保洁、标准化考核”总体要求，探索适合滨州实际的深度保洁作业模式和考核模式，以新立河西路—渤海十六路、黄河一路—黄河六路为试点，采取“机械作业为主，机械快速捡拾+数字化管控为辅”“高压冲洗+深度洗扫+机械快速保洁捡拾+人工巡回捡拾”多机种联合模式进行深度保洁。4月15日，深度保洁试点正式启动运行，年底深度保洁范围扩面至492万平方米。

【户外广告整治】 2019年，市城市管理局印发《滨州市户外广告整治工作方案（2019—2020年）》，通过2年时间完成全市所有户外广告、门头招牌、标识牌全面整治。年内，全市排查纳入整改台账的户外广告1.03万处，完成拆除9284处，城市空间逐步净化。

【新立河亮化景观带】 2019年，市城市管理局实施黄河十二路、黄河十路新立河桥桥梁亮化工程，通过运用投光灯、洗墙灯、点光源、像素灯等新型节能光源对桥体进行艺术性勾勒，呈现桥梁亮化景观效果，新立河亮化景观带。

（郭庆收　白　洁）

乡村振兴

【概况】 2019年，滨州市推动乡村振兴战略实施。健全政策体系，印发《关于坚持农业农村优先发展做好“三农”工作的意见》；成立打造滨州特色乡村振兴齐鲁样板五个振兴工作专班，实行月调度、季汇报制度。出台《打造滨州特色乡村振兴齐鲁样板重点任务清单》；出台《滨州市县乡党政领导班子和领导干部推进乡村振兴战略实绩考核实施办法》，将推进乡村振兴纳入全市经济社会发展综合考核体系，进行专项考核；印发《关于加快涉农资金统筹整合工作的通知》，扩大县域自主权，集中资源打造滨州特色乡村振兴齐鲁样板。按照“事业工程化、工程责任化、责任数字化”要求，对各项工作建立台账，绘制施工图表，将每项工作分解为具体、可操作项目，细化月度、季度、年度重点任务。实行调度制度，市委农办牵头一月一调度，一季度向市委领导汇报一次。召开全市农村工作暨扶贫开发和农村人居环境整治工作会议、全市打造滨州特色乡村振兴齐鲁样板重点工作推进会议等5次全市性综合会议及多次专题会议，推进乡村振兴战略部署。年内，全市农村人居环境持续改善，完成村镇基础设施建设投资98.6亿元。开展农村人居环境整治，全市整治村庄比例69.5%；实施林水会战“第二个十年行动”，完成合格造林1.82万公顷，建设高标准农田1.87万公顷；实施美丽乡村建设，争取省级美丽乡村示范村35个。推进农村改厕工作，健全农村厕所长效管护机制，加强后续管护工作。超额完成农村危房年度改造任务，改造农村危房2668户，组织危房改造情况大排查，加强危房动态监测。开展农村清洁取暖改造，改造数量居全省第二位。

【农村集体产权制度改革】 2019年，全市推进农村集体产权制度改革，全年完成6119个村（组）清产核资工作，占村（组）清产核算总任务的99.9%；完成3745个村（组）农村集体经济组织登记赋码工作，各县（市、区）均建立农村产权交易中心。加快承包土地有序流转，流转面积累计276.6万亩，占家庭承包经营耕地面积的50.5%，居全省前列。

【滨州特色乡村振兴齐鲁样板示范区建设】 2019年，全市农业农村系统推进滨州特色乡村振兴齐鲁样板示范区建设工作。年内，市县两级投入示范区建设财政资金1.4亿元，带动社会投资30.7亿元，开工建设52个乡村振兴项目。滨城区杨柳雪、惠民县麻店镇、博兴县吕艺镇入围省级齐鲁样板示范区，入围数量位居全省前列。全市新认定市级现代农业产业园6家，争取省以上财政补助资金1.8亿元。

【农村人居环境整治】 2019年，滨州市组织召开全市农村工作暨扶贫开发、农村人居环境整治工作会议、全市农村人居环境整治现场推进会议，出台《滨州市农村人居环境整治村庄清洁行动实施方案》《滨州市农村人居环境整治工作分工方案》，建立农业农村、住建、城管执法等10部门定期会商制度和月调度制度，每月调度工作进展情况。开展农村人居环境整治三年行动，完成整治2938个村，全市整治村庄比例69.5%，完成年度整治村庄比例不低于65%的任务目标。全市农村环卫设施配建率100%，村镇生活垃圾无害化处理率93%，300户以上的自然村公厕覆盖率50%。抓好农村改厕后续管护，9月24日，全省农村改厕规范升级和后续管护长效机制工作现场推进会在滨州召开。在国务院农村人居环境整治大检查中，滨州市整治成果得到第四检查组认可，新华社以《扫码可报抽，粪污变资源》为题报道无棣县做法。

【林水会战】 2019年，全市持续推进林水会战工作。实施林水会战第二个“十年行动”，全年完成合格造林27.3万亩，完成目标任务的124%，道路绿化657千米、水系绿化408千米；水利建设总投资15.95亿元，完成簸箕李、韩墩、小开河、打渔张、白龙湾5处大型灌区和大道王中型灌区续建配套与节水改造项目，衬砌引黄干渠33.45千米，新建及维修配套建筑物42座，清淤骨干沟渠674.5千米，建设高标准农田1.87万公顷。

（高立逸　刘沙沙）

【农村改厕】 2019年，全市连续印发农村改厕文件，要求做好改厕后续管护工作，并在农村改厕工作中坚持问题导向，健全完善维修、清运、利用三个体系，农村改厕长效管护机制逐步健全。全市农厕维修点由85处增加至542处，维修人员由170名增加至629名，清运车由439辆增加至590辆，推广农村卫生厕所智能管护平台系统，相继探索建立“协管员网格化管理”“扫码报抽报修”“单户粪液溢满报警”等管护方式。9月24日，全省农村改厕规范升级和后续管护长效机制现场会在滨州召开，在全省范围推介无棣经验。

2019年9月24日，全省农村改厕规范升级和后续管护长效机制工作现场会议在滨州召开，会议对无棣县农村无害化卫生厕所智能管护平台进行推广

（市住房城乡建设局　供图）

【农村危房改造】 2019年，全市农村危房改造任务2500户，实际竣工2668户，竣工率106.72%。对全市建档立卡贫困户住房安全情况进行逐户排查、鉴定，完成贫困户房屋鉴定4.38万户。对已实施改造的建档立卡贫困户住房情况和未实施改造疑似住危房的建档立卡贫困户进行排查，逐户对账销号，排查问题3593户，完成整改。组织督查组对全市危房改造情况进行5次专项督查，督促项目进度，确保按时完成任务。

【清洁取暖改造】 2019年，全市清洁取暖改造超额完成任务，完成农村地区清洁取暖改造20.30万户，改造数量居全省第二位，完工率116%。年内，组织开展清洁取暖核查工作，对列入台账的20.3万户逐村逐户进行核查，整改问题5.4万条，保障群众切身利益。

（范宜卿　李文慧）

【美丽乡村建设】 2019年，滨州市加快美丽乡村建设，出台《2019年滨州市美丽乡村建设“十百千”工程实施方案》，安排部署建设工作。年内，争取省级美丽乡村示范村35个，申报省级美丽乡村示范县1个，省级美丽乡村示范乡镇3个。年内，对2017年度28个省级美丽乡村建设工作进行3次明察暗访，全市28个2017年度、34个2018年度省级美丽乡村示范村全部一次性通过省派第三方机构验收。

（高立逸　刘沙沙）

【特色小镇建设】 2019年，全市特色小镇建设立足产业支撑，因地制宜，推进各项事业发展。年内，1个国家级特色小镇和5个省级特色小镇完成总投资50.6亿元，主导产业实现产业增加值6.4亿元，城镇常住人口比2018年增加7.9万人，户籍人口比2018年增加2.6万人。

【美丽村居建设省级试点】 2019年，全市推进美丽村居建设省级试点工作。2月20日，省住建厅村镇建设处一级调研员陈贞华一行4人到滨州开展美丽村居建设省级试点实地调研审核。调研组听取滨州市美丽村居建设省级试点工作汇报，到部分村庄实地调研。根据省住建厅安排部署，滨州市推荐沾化区黄升镇堤圈村等6个村庄作为第二批美丽村居省级试点。10月14日，省住建厅公布第二批美丽村居建设省级试点名单，滨州市4个村入选省级试点，分别为沾化区黄升镇堤圈村、惠民县皂户李镇十五里堂社区（康家堡村）、惠民县淄角镇三里社区（石张村）、无棣县小泊头镇张义井村。

【“美丽庭院”创建】 2019年，市妇联多措并举推进“美丽庭院”创建，通过宣传发动，鼓励村两委成员、党员、妇联执委先行创建，组织开展“学、创、赛、评”“晒晒我的家”等活动，举办集中发放仪式或为示范户送奖到家。开展“美丽庭院+”活动，把“美丽庭院”创建与美丽乡村创建、各类特色家庭、产业发展、乡村旅游、志愿服务、农村文化活动等相结合，建立规范化创建管理机制，制定规范创建流程，出台《美丽庭院》示范户动态管理办法，并将“美丽庭院”创建纳入文明城市、文明村镇测评体系。年内，全市各级妇联组织争取资金760余万元，创建“美丽庭院”示范户39732户，建成率8.58%；全市4208个村参与创建，建设比例88.11%，超额完成省定目标任务。

【全省农村改厕规范升级和后续管护长效机制工作现场会议】 2019年9月24日，全省农村改厕规范升级和后续管护长效机制工作现场会议在滨州召开，省直有关部门和16市政府主要负责人120余人参会，省长龚正出席会议并讲话，滨州市、无棣县分别作典型发言。“无棣模式”在全省推广，新华社就无棣县改厕后续管护问题做法以《扫码可报抽，粪污变资源》为题进行典型报道。

（范宜卿　李文慧）

29 生态环境

Ecological Environment

综 述

【概况】 2019年，滨州市推进生态文明建设，生态环境明显改善。3月18日，全市打赢“1+1+10”污染防治攻坚战推进会议召开，重新调整污染防治攻坚战总指挥部和10个分指挥部，市委书记佘春明、市长宇向东任总指挥，各分管副市长任分指挥部指挥，市生态环境局为总指挥部办公室主任单位，统筹协调各方，形成上下贯通的指挥体系。生态环境部强化督查、帮扶交办的1816个问题全部得到解决，推动完成5179台电解槽超低排放改造，排查整治“散乱污”企业1928家，淘汰35蒸吨/小时及以下燃煤小锅炉3227台，将3900余家工业企业和380余个施工工地纳入重污染天气应急管控，推动出台《滨州市扬尘污染防治条例》。推进渤海区域环境综合治理，如期完成入海排污口“三级排查”，投资16.38亿元开展潮河、徒骇河、马颊河、德惠新河及孝妇河的“五河同治”，推动雨污分流改造268.41千米，投资10亿元新改扩建及提标改造污水处理厂7座，新增污水处理能力30万吨/日，实施“超标即应急”机制，凝聚各级各部门治理保护的合力。全国集中式饮用水水源地专项两次督查反馈问题11项，全部整改完成，是全省最早完成的3个市之一。实施危险废物治理，强化危险废物处置能力建设，新增处置能力57万吨，年总处置能力103万吨，满足全市危险废物处置需求。加强进口固体废物管理，提前完成治理任务。加强源头污染防治，督促魏桥集团关停268万吨电解铝产能，实现203万吨合规电解铝产能向云南省转移，压减粗钢产能172万吨，化解钢铁产能183万吨，提前完成“十三五”钢铁去产能目标，压减焦化产能185万吨，整合转移炼油产能970万吨，占全省参与整合炼油能力的34.8%；完成压煤506万吨，推动完成魏桥集团20台燃煤小机组淘汰；2018年至2019年新增农村地区清洁取暖27.6万户，超额完成改造任务；投资3.2亿元的阳信汇宏铁路专用线建成投运，投资60.7亿元的邹平货运铁路专用线以及投资2.2亿元的北海铁路专用线年底前建成；发展水肥一体化面积9133.33公顷，推广应用测土配方施肥技术56.8万公顷，化肥农药施用量大幅减少。年内，空气质量改善实现逐年提升，由2016年全省末位，到2019年底全省排名前列；2018年后，在京津冀及周边“2+26”城市历年秋冬季大气污染防治考核中，均完成任务；年底在山东省7个传输通道城市中滨州市细颗粒物（$PM_{2.5}$）浓度最低、改善最好；水环境质量改善成效显著，2019年省控以上地表水考核断面全部达标，达标率比2018年提升33.3个百分点，提升幅度居全省第一名；近岸海域水质优良面积比例100%，列全省第一名；黑臭水体整体消除率100%；在全省生态文明建设财政奖补机制考核中，获得补偿资金1.25亿元，为全省第一。对环境违法行为“零容忍”，全年处罚环境违法案件634件，不搞“一刀切”，保护企业依法经营、合法经营。5月，全市“三线一单”编制工作完成招标；6月，与生态环境部环境规划院签订合同，成立工作专班，调度各市直部门和各县（市、区）需求清单和调查问卷表，并到现场进行座谈和敏感点踏勘；12月30日，市政府与生态环境部环境工程评估中心正式签署战略合作框架协议，组建高层次专家智库。

【管理体制改革】 2019年8月，市生态环境局根据《市委办公室 市政府办公室关于印发〈滨州市生态环境机构监测监察执法垂直管理制度改革工作方案〉的通知》要求，实行以省生态环境厅为主的双重管理，仍为市政府工作部门。将沾化区、邹平市、惠民县、阳信县、无棣县、博兴县环境保护局调整为市生态环境局的派出分局，与市生态环境局滨城分局、滨州经济技术开发区分局一并规范为滨州市生态环境局某某分局，由市生态环境局直接管理，领导班子成员由市生态环境局任免，任免和考核听取驻地县（市、区）党委政府意见。

【环保督察反馈问题整改推进】 2019年，全市推进中央、省环保督察及“回头看”反馈问题整改（包括中央环保督察及“回头看”、省级环保督察及“回头看”等4个轮次的督察）。市生态环境局作为主要牵头部门，为市委市政府建言献策，推动各项整改工作。至年底，中央环保督察反馈问题34项，完成24项；中央环保督察“回头看”反馈问题17项，完成3项；省环保督察反馈问题32项，完成25项；省环保督察“回头看”反馈问题20项，完成5项；其余问题按序时整改中。

【监测站和数据平台建设】 2019年，全市92个乡镇空气自动站，32个国控、省控、市控河流断面水质自动站全部投入运行。投资2亿元建设6个国控、17个市控自动监测水站，新建79个乡镇空气自动监测站，实现国、省、市控地表水断面和92个乡镇环境空气自动监测全覆盖；投资3950万元的智慧环保监管平台完成招标，加快施工建设，建成后全市所有排污企业全部纳入平台管理，实现污染源全覆盖，做到横到边、竖到底、无缝隙监管。

【重点排污单位名录确定】 2019年，市生态环境局组织各县（市、区）提报重点排污单位清单，按时进行信息公开。3月底确定水环境重点排污单位129家、大气环境重点排污单位122家、土壤环境重点排污单位80家、其他重点排污单位（辐射）7家。10月，按照省生态环境厅《关于山东省重点排污单位名录制定和污染源自动监测安装联网管理规定的通知》，新增重点排污单位82家。

（牟　菲）

环境质量

空气环境质量

【市城区环境空气质量状况】 2019年，市城区设有6个环境空气自动站，城区环境空气质量未达到国家《环境空气质量标准》（GB/T3095-2012）二级标准要求。二氧化硫浓度为19微克/立方米，达到二级标准；二氧化氮浓度为39微克/立方米，达到二级标准；可吸入颗粒物浓度为92微克/立方米，超二级标准0.31倍；细颗粒物浓度为53微克/立方米，超二级标准0.51倍；一氧化碳浓度为1.7毫克/立方米，达到二级标准；臭氧浓度204微克/立方米，超二级标准0.29倍。与2018年相比，二氧化硫、可吸入颗粒物浓度下降，二氧化氮、细颗粒物、一氧化碳、臭氧浓度升高。市城区空气质量综合指数为5.82。

【市城区环境空气质量】 2019年，市城区（以省控以上监测点统计）空气质量良好天数199天（优28天），占总天数的54.5%，比2018年增加25天；轻度污染108天，比2018年减少25天；中度污染43天，比2018年减少2天；重度污染以上15天，比2018年增加4天。其中以国控监测点统计良好天数为206天，比2018年增加34天。臭氧作为首要污染物的天数为148天，占40.5%，比2018年减少10天；细颗粒物作为首要污染物的天数100天，占监测总天数的27.4%，比2018年增加5天；可吸入颗粒物作为首要污染物的天数75天，占20.5%，比2018年增加11天；二氧化氮作为首要污染物的天数19天，占5.2%，比2018年减少3天。

【9县（市、区）环境空气质量】 2019年，9个县（市、区）中空气质量由好到差依次是北海经济开发区、沾化区、阳信县、高新区、无棣县、市区、惠民县、博兴县、邹平市。

【城市降尘】 2019年，全市10县（市、区）降尘年均值邹平市较高，为5.7吨/平方千米·30天；沾化区较低，为3.8吨/平方千米·30天。与2018年相比，降尘年均值惠民县持平，无棣县、滨州经济技术开发区、高新区上升，其他6县（市、区）降低。

2019年滨州市城区环境空气中主要污染物浓度情况统计表

表34

项目	二氧化硫（微克/立方米）	二氧化氮（微克/立方米）	可吸入颗粒物（微克/立方米）	细颗粒物（微克/立方米）	一氧化碳（毫克/立方米）	臭氧（微克/立方米）
日均浓度范围	5～64	5～99	5～287	5～218	0.5～3.3	7～262
年均浓度	19	39	92	53	1.7	204
超标倍数	达标	达标	0.31	0.51	达标	0.29
比2018年变化	5.0%	-8.3%	2.1%	-1.9%	-6.2%	-6.8%
空气质量分指数占比	5.4%	16.8%	22.6%	26.0%	7.3%	21.9%
日均标准	150	80	150	75	4	160
年均标准	60	40	70	35	-	-

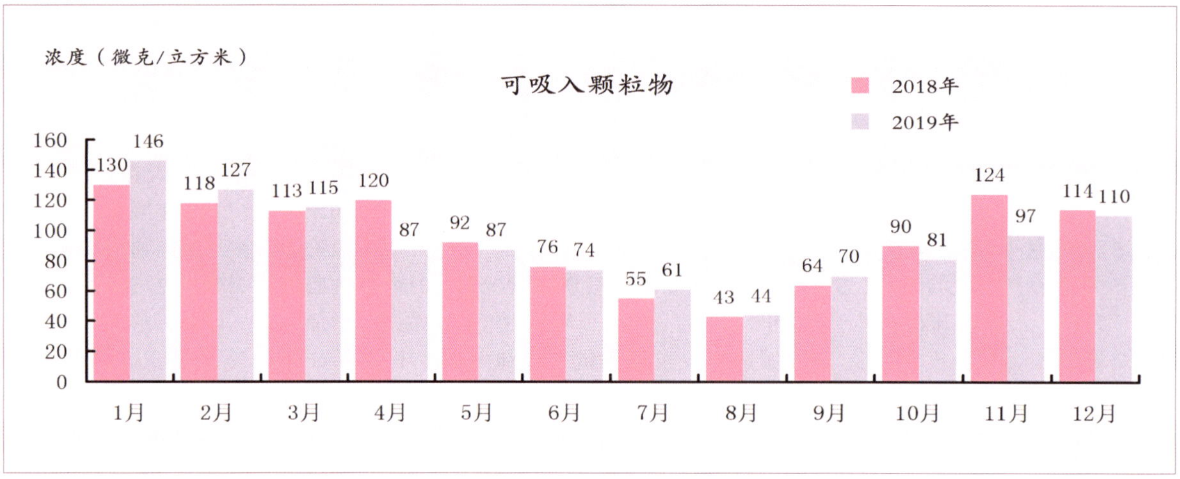

图3　2018—2019年滨州市城区环境空气中可吸入颗粒物逐月浓度变化图

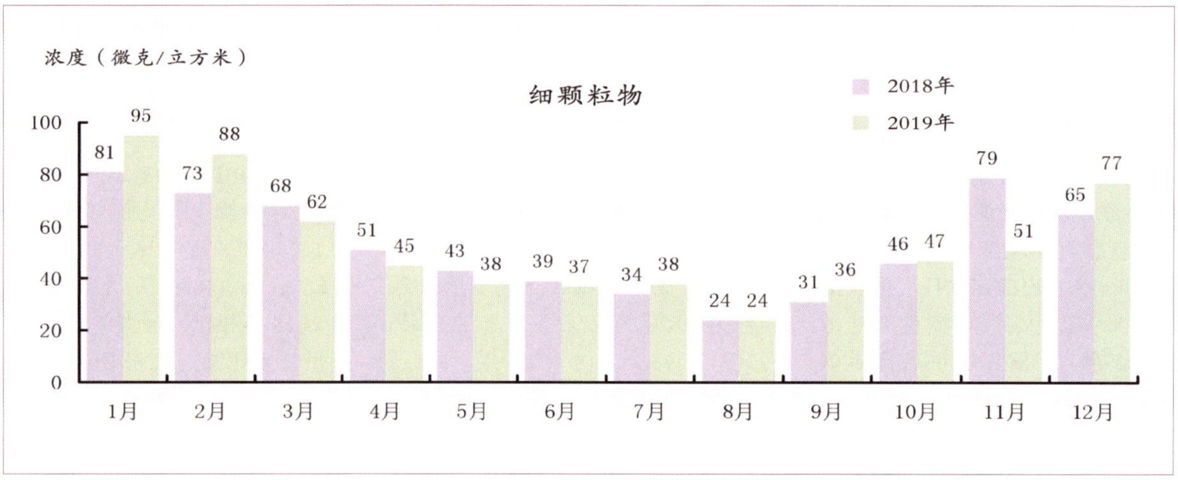

图4　2018—2019年滨州市城区环境空气中细颗粒物逐月浓度变化图

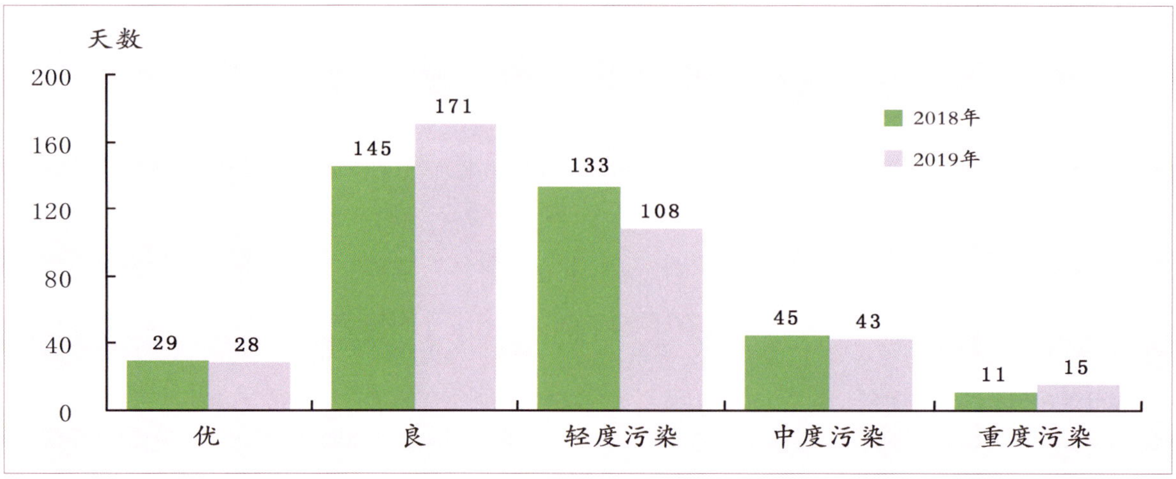

图5　2018—2019年滨州市城区空气质量各级别天数分布图

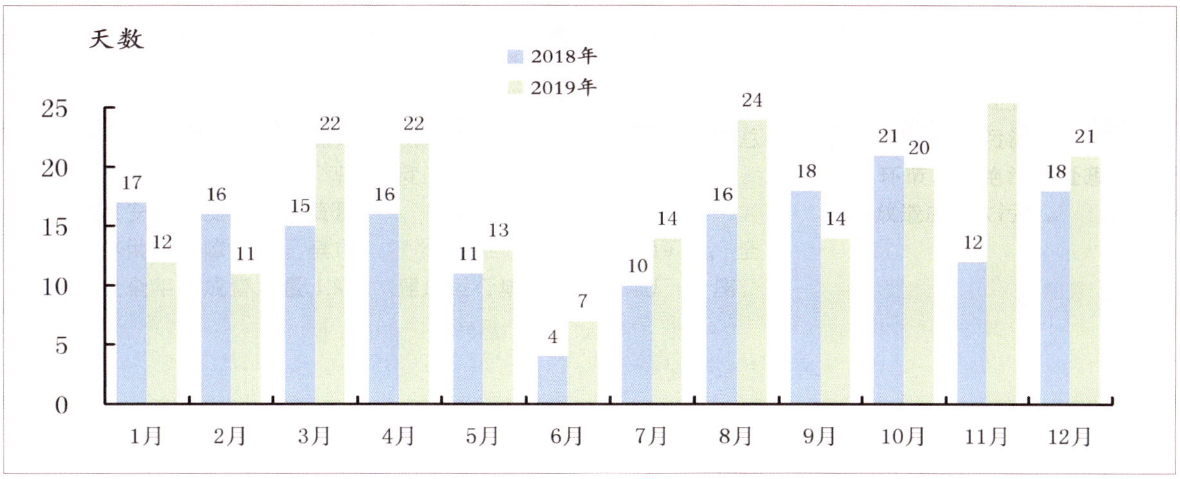

图 6　2018—2019 年滨州市城区空气质量良好以上天数逐月变化图

2019 年滨州市各县（市、区）环境空气质量状况统计表

表 35

区域	空气质量综合指数	二氧化硫（微克 / 立方米）	二氧化氮（微克 / 立方米）	可吸入颗粒物（微克 / 立方米）	细颗粒物（微克 / 立方米）	一氧化碳（毫克 / 立方米）	臭氧（微克 / 立方米）
北海经济开发区	5.34	0.28	0.8	1.03	1.29	0.55	1.39
沾化区	5.35	0.27	0.88	1.2	1.37	0.38	1.25
高新区	5.60	0.35	0.78	1.34	1.57	0.35	1.21
阳信县	5.67	0.3	1.08	1.2	1.29	0.42	1.38
市　区	5.80	0.33	0.88	1.34	1.6	0.4	1.25
无棣县	5.82	0.32	0.98	1.31	1.51	0.43	1.28
惠民县	5.83	0.27	0.88	1.49	1.6	0.38	1.21
博兴县	6.13	0.33	1.1	1.27	1.69	0.48	1.26
邹平市	6.60	0.35	1.12	1.51	1.83	0.6	1.19

水环境质量

【城市降水质量】 2019 年，全市采集降水样品 56 个，降水总量为 623.6 毫米，未出现酸雨。降水 pH 值范围为 5.66 ～ 7.67，电导率范围为 0.51 ～ 27.4 毫西门子 / 米，电导率年均值为 8.24 毫西门子 / 米。降水中阴离子含量依次是硝酸根＞硫酸根＞氯离子＞氟离子；降水中阳离子含量依次是铵离子＞钙离子＞钠离子＞钾离子＞镁离子。与 2018 年相比，全市年降水量减少 16.4%，电导率年均值增加 49.2%。

【地表水环境质量】 2019 年，全市 11 条河流 16 个断面中，Ⅱ类水质断面 2 个，占总断面数的 12.5%；Ⅲ类水质断面 2 个，占总断面数的 12.5%；Ⅳ类水质断面 11 个，占 68.8%；Ⅴ类水质断面 1 个，占 6.2%。与 2018 年相比，Ⅲ类水质断面比例升高 12.5 个百分点，Ⅳ类水质断面比例升高 37.5 个百分点，Ⅴ类水质断面比例下降 31.2 个百分点。总体水质轻度污染，与 2018 年相比，水质有所好转。

2019 年滨州市主要河流水质类别一览表

表 36

序号	河流名称	断面名称	上下游市（县区）	所在地	水质类别 2019 年	水质类别 2018 年	流域名称
1	徒骇河	富国	–	沾化区	Ⅳ	Ⅴ	
		申桥	济南市－滨州市	惠民县	Ⅳ	Ⅳ	
2	马颊河	胜利桥	–	无棣县	Ⅳ	Ⅴ	
3	德惠新河	王杠子闸	–	阳信县	Ⅲ	Ⅳ	海河流域
		大山	–	无棣县	Ⅳ	Ⅳ	
4	秦口河	下洼闸	–	沾化区	Ⅳ	劣Ⅴ	
5	潮河	卲家	–	沾化区	Ⅳ	Ⅴ	
6	小米河	芦家河子水库出口	–	无棣县	Ⅱ	Ⅱ	
7	幸福河	三角洼水库出口	–	无棣县	Ⅱ	Ⅱ	海河流域
8	小清河	西闸	淄博市－滨州市	博兴县	Ⅳ	Ⅴ	小清河流域
		范李	滨州市－东营市	博兴县	Ⅳ	Ⅴ	
		唐口	滨州市－淄博市	邹平市	Ⅲ	劣Ⅴ	
9	孝妇河	长山	淄博市－滨州市	邹平市	Ⅳ	Ⅳ	
		袁家桥	–	邹平市	Ⅳ	Ⅳ	
10	支脉河	陈桥	滨州市－东营市	博兴县	Ⅴ	Ⅴ	
11	杏花河	张官庄	滨州市－淄博市	邹平市	Ⅴ	–	
12	胜利河	胜利河入小清河处	–	邹平市	–	劣Ⅴ	

说明：胜利河入小清河处断面全年监测不满 8 次，不做评价

海河流域 7 条河流 9 个断面均达到Ⅳ类及水质标准以上，其中Ⅱ类水质断面 2 个，占海河流域断面总数的 22.2%；Ⅲ类水质断面 1 个，占总断面数的 11.1%；Ⅳ类水质断面 6 个，占 66.7%。与 2018 年相比，水质明显好转，Ⅲ类水质断面升高 11.1 个百分点，Ⅳ类水质断面升高 33.3 个百分点。

小清河流域 4 条河流 7 个断面中，Ⅲ类水质断面 1 个，占小清河流域断面总数的 14.3%；Ⅳ类水质断

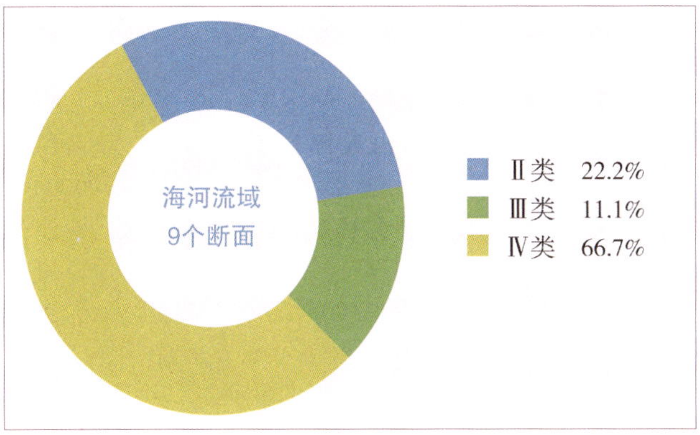

图 7　2019 年滨州市海河流域水质类别比例图

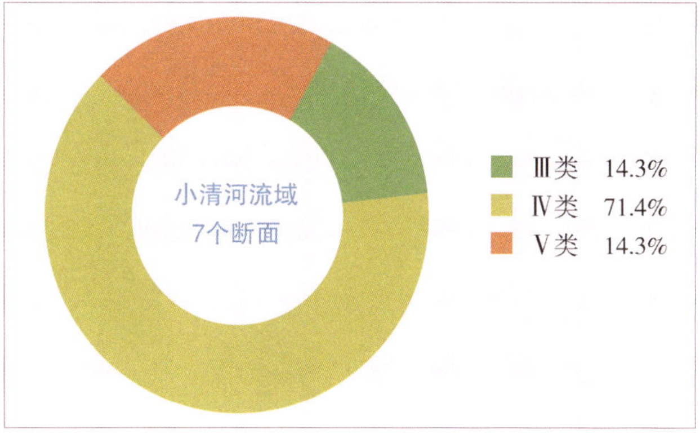

图 8　2019 年滨州市小清河流域水质类别比例图

面 5 个，占 71.4%；Ⅴ类水质断面 1 个，占 14.3%。与 2018 年相比，水质有所好转；Ⅲ类水质断面比例升高 14.3 个百分点，Ⅳ类水质断面比例升高 42.9 个百分点，Ⅴ类水质断面比例降低 28.6 个百分点。

全市 6 个国家“水十条”考核断面全部达标，其中Ⅱ类水质断面 2 个，占考核断面数的 33.3%；Ⅳ类水质断面 3 个，占 50.0%；Ⅴ类水质断面 1 个，占 16.7%。化学需氧量和氨氮均值分别为 22 毫克 / 升和 0.38 毫克 / 升，与 2018 年相比均有所改善。全市小清河和海河流域 24 个重点河流考核断面中，有 14 个断面达到Ⅴ类水质标准要求。与 2018 年相比，有 15 个断面水质好转，占监测断面总数的 62.5%。与 2018 年相比，化学需氧量年均值降低的断面 16 个，占监测断面总数的 66.7%；升高的断面 8 个，占监测断面总数的 33.3%。与 2018 年相比，氨氮年均值降低的断面 20 个，占监测断面总数的 83.3%；升高的断面 4 个，占监测断面总数的 16.7%。

【生活饮用水水源地水质】 2019 年，全市 15 处生活饮用水水源地中地表水水源地有 11 处，分别为滨城区的东郊水库和西海水库、惠民县的孙武湖水库和李庄水库、阳信县的幸福水库、无棣县的三角洼水库、月湖水库和芦家河子水库、沾化区的河贵水库和思源湖、高新区的龙庭水库，11 处地表水水源地均无超标项目检出，水质均符合《地表水环境质量标准》（GB 3838-2002）Ⅲ类标准。地下水水源地有 4 处，分别为邹平市自来水公司、邹平市自来水公司城南水厂、邹平市农村自来水公司和博兴县自来水厂，水质均符合《地下水质量标准》（GB/T 14848-2017）Ⅲ类标准。全市 15 处生活饮用水水源地水质达标率 100%，与 2018 年相比，水质有所好转。

【近岸海域环境质量】 2019 年，全市近岸海域水质达到第二类海水标准，海水功能区达标率为 100%。各监测指标按监测次数（全年监测 3 次及以上）计算，pH、化学需氧量、镉和砷全部符合一类海水标准；汞二类海水比例占 100%；铅和锌一类海水比例均占 33.3%，二类海水比例均占 66.7%；无机氮一类、二类海水比例各占 50.0%；铜一类海水比例占 66.7%，二类海水比例占 33.3%；溶解氧和活性磷酸盐一类海水比例均占 75.0%，二类海水比例均占 25.0%；石油类一类海水比例占 75.0%，三类海水比例占 25.0%。与 2018 年相比，近岸海域水质无明显变化，其中无机氮年均值下降 13.0%、化学需氧量年均值下降 10.3%。

声环境质量

【道路交通噪声】 2019 年，全市 7 县（市、区）监测有效路段 153 个，路段总长度 286.2 千米。昼间平均等效声级值范围在 53.1 ~ 69.8 分贝之间，城市道路交通噪声强度博兴县为二级，处于较好水平；其余 6 县区均为一级，处于好的水平。

【区域（昼间）声环境质量】 2019 年，全市 7 县（市、区）有监测点位 731 个。区域声环境质量昼间平均等效声级范围在 46.9 ~ 60.4 分贝之间，其中沾化区平均等效声级为 46.9 分贝，区域声环境质量为一级，处于好的水平。惠民县、滨城区、阳信县、无棣县平均等效声级分别为 53.4、53.5、53.7、54.4 分贝，为二级，处于较好水平。博兴县平均等效声级为 55.4 分贝，为三级，处于一般水平。邹平市平均等效声级为 60.4 分贝，为四级，处于较差水平。

【功能区声环境质量】 2019 年，全市 7 县（市、区）有功能区声环境质量监测点位 48 个，各类功能区监测 384 点次，昼间、夜间各 192 点次。各类功能区昼间达标点次为 180 个，达标率为 93.8%；夜间达标点次为 173 个，达标率为 90.1%。功能区声环境质量昼间点次达标率高于夜间。

（牟　菲）

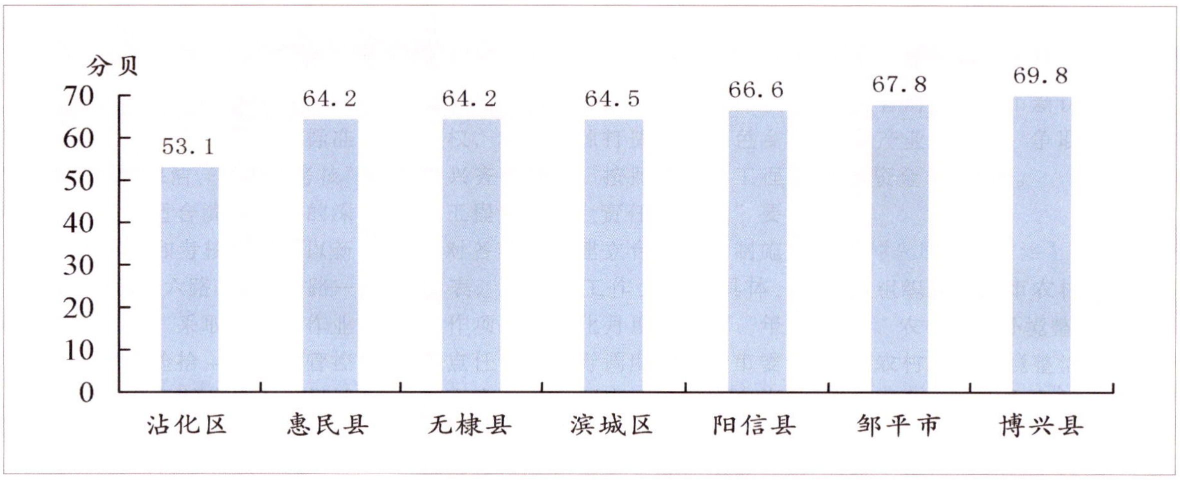

图 9　2019 年滨州市城区城市道路交通噪声年均值图

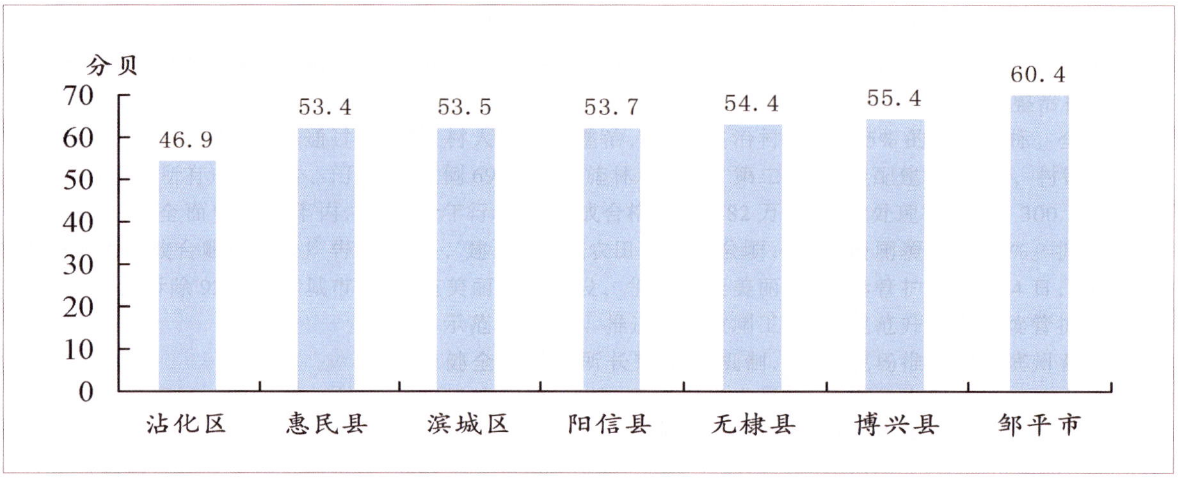

图 10　2019 年滨州市区域声环境质量昼间平均等效声级值图

辐射环境质量

【辐射环境质量状况】 2019 年，滨州市布设 γ 辐射累积剂量率陆地点 1 个，饮用水源地和入海河口监测点位各 1 个，土壤监测点位 1 个。滨州市陆地点 γ 辐射累积剂量率低于全省平均水平，饮用水源地西海水库水样总 α、总 β 放射性核素活度浓度均符合《生活饮用水卫生标准》（GB 5749-2006）中的限值要求，土壤放射性核素钾 -40 、铯 -137、镭 -226、钍 -232、锶 -90 活度浓度均低于全省平均水平。

【危险废物经营许可证核发】 2019 年 7 月 1 日起，危险废物经营许可证核发工作由省生态环境厅委托市级办理，市生态环境局受理 8 家企业申请，组织专家对有关企业开展现场审查，指出存在问题，督导企业整改。经审核，向 5 家企业发放或换发危险废物经营许可证，2 家根据专家意见进行整改，1 家不予发证。

（牟　菲）

土地资源保护

【概况】 2019 年，市自然资源和规划局推进工作创新，争取到智慧城市时空大数据平台建设（国家级）等 4 个“省级以上试点”，在全省首个推行“标准地”供应，率先发布“多测合一”技术准则，作为全省唯一、全国首批 15 个自然资源部野外科学观测研究站之一的黄河三角洲土地利用安全野外科学观测研究站在无棣县成立。围绕“滨州富”抓保障，市县国土空间规划编制加快推进，抓好市城区土地经营，争取省级土地储备专项债券 5 亿元，占全省总额度的四分之一。围绕“生态美”抓修复，《滨州市黄河流域生态保护和系统修复治理总体规划》完成初稿；黄河滩区迁建进展顺利，外迁安置工程用地全部获批。围绕“全面严”抓监管，坚持“国家立场、实事求是、质量第一”，抓实全市第三次国土调查，各县（市、区）调查整改成果通过省级核查并上报国家，全市 2019 年卫

2019年8月23日，滨州市首届不动产登记业务技能竞赛在市自然资源和规划局举行 （刘和平 摄）

片执法检查违法占用耕地比连续两年控制在5%以内，按时保质完成36处“大棚房”问题项目清理整治，承担的土地管理、林草湿地资源管理、森林自然灾害防控3项省对市综合考核指标实现“零扣分”。围绕“效能优”抓服务，年内完成“标准地”供应35宗、303.47公顷；实施标准厂房提升工程，实现企业“拎包入住”，加快项目落地节奏，提升土地亩均产出；推进不动产登记提速，改进不动产登记婚姻状况审核，窗口向8家银行窗口延伸，实现各类登记在3个工作日内完成；推行工程建设项目“多测合一”，实行一次委托、联合测绘、成果共享，工程建设项目审查时限压缩到10个工作日以内。11月，全省测绘、地理信息及科技创新平台3个会议在滨州市举办。

【耕地保护】 2019年，市自然资源和规划局坚持耕地数量、质量、生态“三位一体”并重管护，拓展“土地整治+”范畴，提高土地整治“亩均投资”，以建设性保护推进质量提升、生态保护。加大土地整治力度，围绕“量足质优”，采取“补改结合”方式，多渠道补充耕地资源，提高耕地占补平衡指标数量和产能储备总量；围绕“标本兼治”，强化项目全程监管，责任到岗到人，层层压实后期管护责任，保证项目入库质量。年内，全市实现新增耕地1484.88公顷，划定永久基本农田储备区18469.20公顷，完成省政府下达耕地保护任务。完成重点项目占用永久基本农田补划方案审核及补划踏勘及补充耕地项目核查。争取省级统筹补充耕地指标846.67公顷，产能1016万千克，保障沾临公路、济青高速、邹平货运铁路专线等重点项目落地需求。

【第三次国土调查】 2019年，滨州市为做好第三次国土调查工作，出台工作方案，保障工作经费，成立由市长任组长、分管副市长任副组长的领导小组，坚持“实事求是”抓好调查，“全流程监管”保证质量，整体工作有序推进。2月27日，邀请全国第三次国土调查技术指导组副组长、中国国土勘测规划院土地调查所所长李万东到滨州做政策讲解和业务培训；落实质量管控机制和成果质量回溯机制，安排市级监理队伍分别进驻各县（市、区），实现数据传输、技术指导、质量核查、问题反馈“零距离”，第一时间答复疑难问题，把问题解决在一线。市第三次国土调查办公室联合市级监理对各县（市、区）调查成果进行“不间断”检查指导，县级各标段作业队伍采取交互检查模式，对发现的问题做到及时修改补正。在全省率先完成县（市、区）调查初步成果上报省“三调办”。10月28日，国家级内业核查意见全部反馈，滨州市平均差错率为0.34%，成果质量位列全省第五。

【“标准地”出让】 2019年，市自然资源和规划局联合市发改、工信、住建、行政审批和生态环境等部门出台《关于印发〈滨州市企业投资项目告知承诺制实施办法（试行）〉等4个文件的通知》，涉及“标准地”工业项目联合达产验收工作方案、“标准地”项目建设过程监管及联合竣工验收规定、“标准地”企业投资项目信用评价监管办法等。年内，全市完成“标准地”出让60宗，面积387.67公顷。通过实行“标准地”供应改革，提升行政效能，加快项目落地，筛选出一批示范带动企业。创新实行出让合同与企业承诺书“双合同”管地模式，各项企业生产的各项控制性指标更加透明化、公开化，促进了节约集约用地。

【建设用地管理】 2019年，市自然资源和规划局强化建设用地总量和强度双控，落实建设用地控制标准（2019年版），落实建设用地“增存挂钩”机制，精准对接产业企业发展需求，重点向园区集中，向高端产业倾斜，允许市级以上重点项目预支用地指标。围绕“拿地即开工”，做好项目用地需求和供给研判分析，派出专人盯靠在省自然资源厅，提高征地报批效率，全面缩短拿地周期。全年争取和落实新增建设用地指标1237.87公顷，其中省批741.4公顷。执行产业政策和用地政策，完成供地599宗，面积2172.3公顷。其中出让418宗、面积1289.9公顷，划拨165宗、面积836.8公顷，采取长期租赁、租让结合供地16宗，面积45.6公顷。完成市城区城镇建设用地新一轮基准地价更新。

【城区土地储备开发】 2019年，市自然资源和规划局编制《2019年滨州市城区国有建设用地储备供应计划》《2019—2021年土地储备出让计划》《滨州市市城区南部片区土地储备经营方案》，抓好市城区南部、高铁站周边等重点片区的土地储备，完善基础设施和周边环境配套，推进地块质量由“净地”向“优地”发展；加大土地招商推介力度，推行“熟地”出让，突出“城市综合体”等大项目引领带动，优化土地供应时序，提升土地价值。年内，对渤海先进技术研究院、国际社区、国科院和山东医科大学滨州分校建设所需用地指标全部落实到位，对先期建设急需的44.1公顷全面完成土地供应。完成民安馨苑、民安佳苑、民安鹊华园、民安锦苑、毛纺馨苑等5个市直棚改安置区29.3公顷的土地供应，可安置拆迁居民3555户。9月，与省土地储备中心签订省级土地储备合作协议，争取到省级土地储备专项债券5亿元，占全省总额度的四分之一。12月，市政府与山东土地发展集团签订战略合作框架协议，建立全面战略合作关系，吸引其注入资金，参与土地综合开发。年内，组织召开市国土空间规划和土地利用联审会9次，完成市城区土地储备217.47公顷，出让土地281.1公顷，实现土地出让总收入60.37亿元。

【空闲土地盘活】 2019年，市自然资源和规划局提请市政府出台《关于转发市自然资源规划局〈关于滨州市闲置低效用地盘活实施方案〉〈关于滨州市推进农村闲散土地盘活利用实施方案〉〈关于开展工业用地供应制度改革工作意见〉的通知》，开展存量建设用地盘活专项行动，“拉网式”核查僵尸企业、“休眠地”和闲置厂房等空闲资源，建立台账，建好数据库，通过“协商收回”“退城进园”“行业整治”“空间换地”“增容扩建”“存量补差价”等方式，全年完成闲置低效用地盘活756.1公顷，完成省自然资源厅下达2009—2016年批而未供土地处置任务548.9公顷、处置省自然资源厅下达疑似闲置土地39.4公顷。加快推进增减挂钩项目实施。提请市政府印发《关于进一步规范推进城乡建设用地增减挂钩工作的实施意见》，4月24日召开全市城乡建设用地增减挂钩现场推进会，观摩先进找差距、抓推进，年内全市产生挂钩挖潜指标687.2公顷。

【标准厂房建设】 2019年，市自然资源和规划局提请市政府出台《关于加快工业标准厂房建设的实施意见》，通过统一规划设计，集中建设具有通用性、配套性、集约性厂房，为企业提供“拎包入住”式服务，让企业带设备即可生产，缩短建设时间，缓解用地紧张矛盾。年内建成标准厂房148万平方米，为全市招商引资提供用地平台，解决中小微企业选址难、落地难瓶颈，优化招商引资环境，促进产业向专业化、集聚化发展。

【“大棚房”问题专项清理整治】 2019年，滨州市推进“大棚房”问题清理整治工作，有效遏制“农地非农化”乱象。市县两级成立工作专班，出台工作方案，细化分解任务，逐级落实责任。利用国家下发的各类遥感监测图斑，严谨核查，精准识别，科学界定，准确区分一般违法用地和“大棚房”问题。全市累计发现各类“大棚房”问题项目36处，涉及违法违规建（构）筑物等185个，占地面积15.09公顷，其中Ⅰ类问题10个、面积7.25公顷，Ⅱ类问题5个、面积0.41公顷，Ⅲ类问题122个、面积3.30公顷，农业附属及配套设施违规问题48个、面积4.14公顷。市自然资源规划局联合市农业农村局成立10个督导组，到各县（市、区）集中开展4轮实地督导，逐图斑、逐问题现场查看，定点督察，连续印发工作专报20期，做到“发现一起、通报一起、整改一起、销号一起”。市纪委将“大棚房”问题清理整治纳入执纪监督范畴。市委、市政府督查室定期进行督导检查。对于与农业无关的违法违规设施，坚决予以拆除，及时进行复耕；通过拆除违规部分整改合规或及时完善建设用地手续方式，坚守“农地农用”底线，保障现代农业健康发展。年内，“大棚房”问题专项清理整治全部完成，整改到位率100%。

【违建别墅项目整治】 2019年，滨州市加大违建别墅项目整治力度，对国家级和省级森林公园、湿地公园以及重要河道、湖泊、水库饮用水保护地等重点区域进行拉网式排查。排查发现违建别墅项目4处59栋，占地1.6公顷，总建筑面积1.10万平方米，9月26日全部拆除到位，提前完成年度整改任务。

【市政府与省土地发展集团战略合作协议签署】 2019年12月17日，

2019年12月17日，滨州市人民政府与山东省土地发展集团战略合作签约仪式在滨州中海酒店举行
（市自然资源和规划局　供图）

市政府与山东省土地发展集团战略合作框架协议签约仪式在滨州举行。省土地发展集团党委书记、董事长展宝卫，市委书记佘春明、市长宇向东出席仪式并见证签约。根据协议，省土地发展集团与市政府将围绕美丽村居建设，实施土地综合整治，建设具有滨州特色的乡村齐鲁样板；共同开展土地一二级联动开发、康养文旅、产业园区和区域新旧动能转换重大工程建设，强化土地支撑。

【全市节约集约用地工作现场推进会召开】 2019年10月28日，全市节约集约用地工作现场推进会在沾化区召开。会前，与会人员现场观摩沾化区齐鲁浩华项目、崇正水泥项目、富海·铂锐府项目、金城国际项目等“五未”土地处置、“标准地”出让项目现场。会议通报全市节约集约用地重点工作进展情况，沾化区、惠民县做节约集约用地典型发言。各县（市、区）政府（管委会）分管负责人，市发改、财政、工信、税务、住建、审批服务等部门分管负责人，各县（市、区）自然资源和规划主管部门主要负责人及业务科室人员参加会议。

（高连新）

矿产资源保护

【概况】 2019年，市自然资源和规划局落实《中华人民共和国矿产资源法》等法律法规，组织实施矿产资源总体规划（2016—2020年），保障国家资源安全，维护矿产资源国家所有权和矿业权人合法权益。强化矿产资源开发利用监管，按时完成有效期内2家探矿权人、3家采矿权人公示和2家矿山企业实地核查。配合省聘督察员开展矿产督察4次，提高全市矿产督察力度。重要矿产资源（铜）“三率”（开采回采率、选矿回收率、综合利用率）指标达标率由85%提升至98%。加强对矿山企业在线监管，配合市大数据中心对全市科技管矿平台与邹平梁邹矿业监测系统对接运行，形成“天上看、地上查、地下控、网上管”立体监管格局。完成《滨州市地热资源开发利用专项规划（2019—2025年）》编制报批，会同市水利局开展地热资源开采秩序整顿。推进邹平梁邹矿业和阳信中石化二氧化碳气2家小型矿山企业绿色矿山建设，完成总任务50%。完成全市地面沉降监测项目（2018—2019年）野外验收和成果审查验收和《矿山集中开采区矿山地质环境监测设计书（一期）》评审，成果均为优秀等次。完成独立选址压矿查询项目19个，确保重点项目顺利开工。

【地质工作推进体系建设】 2019年，滨州市推进地质工作，贯彻落实省自然资源厅地质工作要求，出台加强全市地质工作文件，明确全市地质工作目标原则、重点任务和保障措施，统筹全市地质工作布局；3月底前，成立分管副市长为组长、市直有关部门及各县（市、区）政府负责人为成员的全市地质工作领导小组，市自然资源和规划局成立工作专班，地矿科抓好具体工作落实；6月底前，召开市直有关部门和地质专家参加的座谈会，为建立健全全市地质工作管理体制、提升地质工作服务水平提出思路；9月底，举办地质工作培训班，邀请上级领导和地质权威专家授课，讲解地质法律知识，解读相关文件，分析地勘行业管理形势，提高全市地质勘查行业管理水平；争取省自然资源厅支持，12月底前市政府与省地质矿产勘察开发局签订《关于加强滨州地质调查工作战略合作协议》，共同编制《服务滨州新旧动能转换地质调查工作方案（2021—2025年）》。

【矿山复绿及废弃矿山地质环境治理】 2019年，市自然资源和规划局开展打赢蓝天保卫战专项整治和打赢蓝天碧水清废污染防治“利剑2019”行动，组织召开污染防治百日攻坚战专项行动会议，成立打赢蓝天保卫战工作专班，多次查看、督导矿山治理现场，下达黄色督办单，完成上河砖厂烟囱拆除、古城新型建材厂窑体拆除、华博新型节能建材厂垃圾清理；落实矿山地质恢复治理省级奖补资金780万元，完成年度14处95.31公顷露天矿山地质环境恢复治理任务目标，提前完成2020年度计划中滨城区杜佳窑厂2.4公顷恢复治理任务；督促完善档案材料，15处矿山治理项目全部通过省级专家验收；完成邹平市青龙山和于兹山治理工程总量11公顷的60%，治理面积6.6公顷，完成年度计划。开展京津冀及周边地区大气污染综合治理攻坚专项整治行动，完成阳信水落坡皮店窑厂、惠民辛店镇油坊张窑厂、博兴幸福镇东秦窑厂生态恢复提升工程方案，落实中央奖补资金255万元。做好中央生态环境督察反馈意见废弃矿山治理整改销号工作，2月前治理整改的81个项目，完成44个项目的销号。

【滨州市地面沉降监测项目通过野外验收】 2019年8月30日，山东省地质环境监测总站、山东省地质测绘院、山东省地质科学研究院组成的验收专家组对滨州市地面沉降监测(2018年)项目成果进行野外验收。专家组对滨城区和博兴县多处现场沉降标石点和地下水动态监测点进行实地查看，听取施工单位关于野外工作情况汇报，就有关问题进行询问，现场审阅相关成果材料。专家组认为滨州市地面沉降监测（2018年）项目施工符合相关规范，组织实施得力，完成成果满足项目设计要求，认识和掌握区内水文地质条件和地下水位开发利用现状，查明工作区地面沉降现状。经评审，专家组一致同意项目通过野外验收。

【全市国土空间生态修复培训班举办】 2019年11月11—12日，全市森林城市创建暨国土空间生态修复培训班在惠民县举办。会议传达全省国土空间生态修复培训班、全省森林生态廊道建设和乡村绿化美化现场会精神，邀请山东省地质环境监测总站副站长姚春梅、山东省物

2019 年 11 月 11—12 日，全市森林城市创建暨国土空间生态修复培训班在惠民县举办
（市自然资源和规划局 供图）

化探研究院副总工文唐章等 4 位行业专家授课，学习全省矿山地质环境生态修复工作现状、矿山地质环境治理项目验收资料整理及要求等课程。其间，参训人员现场观摩国有沙窝林场、农业产业园万亩花木示范区、鑫城农业园区。会议对废弃矿山地质环境生态修复工作提出明确要求，要求各县（市、区）把握好治理标准和治理时限，严格按照中央环保督察及“回头看”序时进度要求和京津冀周边及汾渭平原地区重点区域露天矿山生态修复工作安排，加快施工进度，确保早日销号。

（高连新）

海洋资源保护

【概况】 2019 年，市海洋发展和渔业局突出海洋强市建设，牵头成立海洋产业发展专班，编制总投资 750 亿元的海洋发展重点项目库；统筹协调涉海部门、单位，完成海洋强省政策审计和专项督查；组织开展海洋及相关产业统计调查，提升社会各界“大海洋产业”意识；做好用海服务，推进海岸线修测，为全市经济社会发展提供有力空间支持；推进海洋督察反馈问题整改和环渤海污染防治攻坚战工作，建设美丽海洋。年内，全市获评省级海洋特色产业园区 2 处、省级海洋牧场 2 处。投资 9 亿元的鲁北海水淡化项目启动建设，油盐化工等传统产业提档升级，海洋化工、滨海旅游、生物医药、装备制造等战略新兴海洋产业稳步发展。18 个国家海洋督察反馈问题、112 项围填海历史遗留问题全部上报备案，中央投资 8236 万元的 2 个海洋生态修复项目启动实施。全年实现海洋经济总产值 770 亿元，比 2018 年增长 11%；实现海洋生产总值 294.72 亿元，比 2018 年增长 7.9%。

【海域综合管理】 2019 年，市海洋发展和渔业局推进 112 项围填海历史遗留问题处置，组织编制问题处理方案和生态修复方案，全部经市政府审核后，逐级上报自然资源部备案。推进海岸线修测，为全市经济社会发展提供空间支持。为滨州港、G228 国道公路等用海单位提供政策咨询服务，协调推进 G228 国道用海手续办理。沾化区先行先试海域使用权招拍挂，完成 537 公顷养殖用海挂牌出让，为推进海域资源市场化配置、盘活现有海域资源探索路径、积累经验。按照市机构改革要求，完成海域审批职能移交工作，优化海域使用审核流程，提高工作效能。受行政审批部门委托，审查用海项目 12 宗、面积 1578 公顷，获批用海项目 6 宗、面积 793 公顷。推进国家海洋减灾先导区建设，在全国率先开展风暴潮灾害和设施渔业风险预警上线运行，在全省率先开展海洋生态预警和风险预警。升级改版《滨州市海洋环境预报》，每天在滨州电台、滨州电视台等媒体定时发布预报产品，为滨州港、市公安局等提供专项预报。

【海洋生态建设】 2019 年，市海洋发展和渔业局出台《关于加强滨海湿地保护严格管控围填海的落实方案》。推进督察反馈问题整改，中央环保督察反馈涉海问题 2 个、国家海洋督察反馈全市问题 18 个，全部按期整改完成。配合市人大完成《滨州市海岸带生态保护与利用条例》的调研、起草、修订、发布工作，做好海洋生态建设顶层设计。编制发布《2018 年滨州市海洋环境状况公报》，完成海洋环境监测收尾工作。围绕湾长制、河长制、攻坚战、保卫战等海洋生态环保有关工作，研究制定落实方案，成立工作专班，责任明确到人，推进工作任务落实。投资 8236 万元的无棣河口滨海湿地整治修复、北海岸线岸滩整治修复 2 个渤海综合治理攻坚战生态修复项目，获自然资源部批复立项。

【海洋执法】 2019 年，全市海监执法部门持续加强海域动态监管，年内开展海域联合执法巡查 9 次，海岛专项执法 2 次，检查用海项目 150 余个（次），形成执法巡查日志 30 余份，依法查处违法用海案件 1 起。跟进督导疑点疑区问题处置整改工作，完成北海经济开发区、无棣县各 2 处疑点疑区问题整改，全市无新增违法围填海案件发生。

【国家海洋减灾先导区项目成果应用研讨会召开】 2019 年 3 月 28 日，滨州国家海洋减灾先导区项目成果应用研讨会在滨州召开。自然资源部海洋减灾中心领导、业内专家、沿海市县两级海洋发展和渔业主管部门以及无棣正海集团海洋牧场工作人员等参加会议。会上，市海洋发展和渔业局对“市县级海洋防灾减灾综合管理系统项目”和“滨州市设施渔业风险防范项目”成果应用情况进行展示，滨州先导区的工作得到肯定。

【《滨州市海洋环境预报》改版上线】 2019年10月1日，《滨州市海洋环境预报》全面改版上线，每天在电台、电视台、微信公众号等媒体定时发布预报产品，为滨州港、市公安局等提供专项预报。《滨州市海洋环境预报》的升级改版，是滨州国家海洋减灾先导区项目研究成果的应用，创新开展海洋风险预警和生态预警。增加海洋牧场专项预报、72小时分区预报、风暴潮风险预警、设施渔业风险预警和生态水质盐度预报，拓宽预报要素和范围，提升预报能力和水平，在海洋预警领域做到多项创新突破，填补多项内容和技术空白。

【海洋及相关产业统计调查工作启动会召开】 2019年9月26日，滨州市海洋及相关产业统计调查工作启动会议召开。省委海洋办副主任、省海洋局副局长付日新，省统计局二级巡视员王志珍，市委海洋委副主任、副市长贾善银参加会议。会议听取市委海洋办、市海洋发展和渔业局汇报有关情况，根据省委海洋委办公室《关于开展海洋及相关产业统计调查试点工作的通知》要求，部署启动全市海洋及相关产业统计调查工作。统计调查工作目标包括建立涉海单位名录库，研究制定全市统一的海洋统计口径及数据采集、剥离、核算方法，制定市级和县（市、区）级海洋生产总值核算制度方法等。

（张振华　李　贞）

2019年9月26日，滨州市海洋及相关产业统计调查工作启动会议在滨州大饭店召开

（市海洋发展和渔业局　供图）

水资源保护

【用水效率控制】 2019年，市水利局按照《山东省水利厅　山东省生态环境厅关于印发各设区市2019年度水资源管理控制目标的通知》要求，在综合考虑各县（市、区）区域水资源禀赋、各行业用水水平、水功能区管理现状、经济社会发展趋势等因素基础上，与市生态环境局联合制定发布各县（市、区）2019年度水资源管理控制目标，将全市用水总量与用水效率控制指标分解到各县（市、区）。对全市纳入国家水资源监控范围的重点用水单位，加强用水量与用水效率管理，全部安装远程监控，监测数据上传至国家平台。2019年全市万元GDP用水量为67.91立方米，农田灌溉水利用系数为0.65。

【用水计划】 2019年，全市批复34个建设项目取水申请。按照用水总量控制指标和山东省用水定额标准要求，根据各用水单位2017年至2019年用水计划执行、实时监测数据和水资源费缴纳等情况，按水源类型对年取水5万立方米以上的取用水户下达用水计划，全市向946户下达用水计划。对用水单位实行年计划、季考核、月调度，对超计划用水单位实行累进加价征收水资源税制度。

（王贵霞）

【水土保持】 2019年，全市实施水土流失防治面积51.12平方千米，其中治理面积26.12平方千米，预防面积25平方千米，超额完成省分配市水土流失治理任务。在上年完成惠民县李庄镇东牛片区水土保持生态清洁小流域建设（2018—2025年，滨州市生态清洁小流域建设任务为5项）基础上，年内完成邹平市姜洞小流域治理工程、滨城区秦皇台乡韩墩五干渠生态清洁小流域综合治理和沾化区胡营河富国片区水土保持项目3项生态清洁小流域治理任务。

（李　栋　徐　鹏）

【节约用水】 2019年，市水利局持续开展节水年活动。按照各部门工作职责和年度工作计划安排，3月19日印发《2019年节水年工作方案》，从工业、农业、生活等各行业制定具体的目标和措施落实责任。5月23日，滨州市被水利部命名为全国水生态建设试点城市。加强对县域节水型社会达标建设的监督管理和业务指导，3月12日，邹平市和沾化区获评全国第一批节水型社会建设达标县（市、区）；12月3日，阳信县县域节水型社会达标建设通过省级验收。落实“合同节水”新模式，将推动学校“合同节水”作为全市各行业“合同节水”管理模式的试点和开端，推动滨州职业学院与山东水务投资有限公司签署《高校合同节水管理试点工作合作备忘录》，具体合作意向初步达成。9月，阳信县实验中学作为全市第一家实施“合同节水”单位，进入合同服务期。强化节水宣传，3月22日“世界水日”和第31届“世界水周”期间，利用报纸、网络、微信公众号等多种方式广泛开展节水宣传，提升全社会节水意识。

（王贵霞）

【饮用水水源地保护】 2019年，市主城区集中式饮用水水源东郊水库、西海水库水质稳定达到Ⅲ类水体标准。全面完成饮用水水源保护区“划、立、治”重点任务，加强饮用水水源地规范化建设；坚持风险防控与应急管理并重，完善预防、预警机制。5月18—24日，国家饮用水专项督查组对全市县级以上饮用水水源地专项督查，发现无棣县月湖水库、阳信县幸福水库存在交通穿越问题，河贵水库二级保护区内存在面源污染问题，立行立改，全部整改到位。年内，完成“千吨万人”农村饮用水水源地保护区划分工作，各县（市、区）农村饮用水水源地排查整治工作完成，定期对县（市、区）饮用水水源地开展监测，每季度向社会公开发布水质情况。

（牟　菲）

【地下水超采区综合治理】 2019年，市水利局按照《滨州市地下水超采区综合整治实施方案》，通过实施控采限量、节水压减、水源置换、封井并网、修复补源等措施，全市压减浅层水超采量389.46万立方米，压减深层水超采量668.93万立方米，封填深层自备水井56眼。加强对地下水超采区综合治理国家和省试点县项目督导，全年指导实施国家试点和省重点项目4个，总投资1.4亿元。博兴县2018年度国家试点县项目市级验收，配合完成省级最终验收；完成邹平市2018年度省重点项目市级验收；组织实施滨城区、邹平市2019年度地下水超采区综合治理国家试点县项目，指导完成实施方案和初步设计批复。

【水资源费税改革及管理】 2019年，全市推进水资源费税改革，各县（市、区）逐步形成以水利、税务相互协调配合的征管协作机制。水资源税收入大幅增长，通过创新联合征管模式、建立信息共享机制、严格规范取水许可审批等措施，将符合条件的取水用户纳入征税范围，政策上实现全覆盖，征管流程上实现无死角，有效遏制水资源税漏征、少征、拖欠等现象，年内全市征收水资源税1.96亿元。用水结构优化，水资源税改革后，对地下水和地表水采取差别化的水资源税标准，鼓励优化用水结构，初步达到“引导取用地表水、抑制开采地下水、鼓励使用再生水”目标，用水结构持续优化。费改税后，各取水户节水意识增强，企业用水管理、用水结构、节水技术等方面均有新改观。手续办理规范提升，费改税政策下达后，各县（市、区）积极协调为辖区内不规范用水企业及时办理取水许可审批手续，下发取水许可证，保障水资源税纳税人取水许可手续规范到位。

（王贵霞）

【水生野生动物保护】 2019年，全市加强水生野生动物保护，印发《关于加强水生野生保护动物管理工作的通知》，加强全市辖区水生野生动物保护工作，各级渔政主管部门及渔业执法机构排查驯养繁殖场、特产品店、旅游景点、酒店、码头等相关单位9家，检查持证经营企业2家，组织2家企业向省级主管部门申请办理“三斑海马”驯养繁殖证件。

【增殖放流和放鱼养水】 2019年，全市实施海洋渔业增殖放流和城市水系“放鱼养水”项目，投入专项资金1870万元，在滨州近海和中海、秦皇河等城市水系投放各类水产苗种2亿单位。4月29日，“2019山东·滨州‘放鱼养水’活动启动仪式”举行，近300人参加活动。6月6日，滨州市“全国放鱼日”暨“世界海洋日”活动举行，在岔尖渔港向渤海湾投放半滑舌鳎苗种近20万尾，省市领导、海洋与渔业系统干部职工、青年志愿者等约120人参加活动。部分省级增殖站通过联系爱心志愿者、爱心网友等开展义务放流活动，全年累计投放半滑舌鳎32.71万尾。

（张振华　李　贞）

森林资源保护

【林业经营主体培育】 2019年，全市突出林业产业发展重点，培育壮大林业产业化龙头企业，推动林业产业规模化、专业化经营，林业经营主体出现新亮点。山东博华高效生态农业科技有限公司入选国家林业重点龙头企业，惠民县谊赞菊花种植专业合作社被国家林草局评为国家林下经济示范基地。被省自然资源厅认定的省级林业龙头企业8家、省级林业专业合作社示范社2家，林木种苗龙头企业2家，观光苗圃1家，规模化生态林场2家，乡村林场5家。

【林业会展经济】 2019年，市自然资源和规划局组织18家企业、精筛40余件展品参加第十六届中国林产品交易会；推荐15个展品参加评选，其中9个产品荣获金奖、6个产品荣获银奖，参评数量和金奖占比是滨州市在历届林交会上取得的最好成绩。推荐林果产品参加2019年中国北京世界园艺博览会优质林果产品大赛评选活动。争取省级以上林业资金2977万元。

【林草种苗产业】 2019年，滨州市根据市场需求和当地实际，发展林草种苗产业，推出惠民县皂户李镇、博兴县乔庄镇、沾化区富源街道办事处等一批苗木繁育基地乡镇，培植出山东弘邦农业科技限公司、邹平南洋花木、山东同济园林、滨州华盈玫瑰等一批苗木繁育重点企业，有效推动农业结构优化升级，提高农民收入水平。第八届黄河三角洲（滨州·惠民）绿化苗木交易博览会于4月20—22日在惠民县中国北方花木博览园举办。

【林业安全监管】 2019年，市自然资源和规划局在自然资源领域开展安全生产隐患大排查及“打非治违”行动，惩治各类非法违法、违规生产经营建设行为。完善群策群防体系建设，加大地质灾害隐患点排查巡查力度，坚持汛期“日调度、日报告”，落实责任人，做到“点点有人防”。加大科技投入，购买安装森林防火智能图像采集语音警示卡口30个。加强森林防火督查，在防火重要节点和森林高火险天气，组织人员到一线督促落实森林防火各项措施。采取飞机施药防治与人工地面喷药防治相结合方式，组织开展以美国白蛾等重大食叶害虫为重点的林业有害生物防治，实现“有虫不成灾”；开展松材线虫病疫木检疫执法专项行动，实现严防松材线虫病“零发生”。

2019年10月30日，2019年森林督查暨森林资源管理“一张图”年度更新国家检查验收组到邹平市检查验收　　（市自然资源和规划局　供图）

【森林资源监管】 2019年，市自然资源和规划局落实林地用途管制、森林采伐限额管理等要求，审核建设项目使用林地项目13项，涉及征占林地98.6公顷；办理林木采伐许可证4779份。组织“绿卫2019”专项行动，严厉惩治破坏森林资源违法犯罪行为，年内全市查处各类涉林行政案件8起，其中滥伐林木案件6起、其他林业行政案件2起，罚款4.5万元，补种树木434株，被处罚人数8人，案件查处率100%。

【陆生野生动植物保护】 2019年，市自然资源和规划局开展“爱鸟周”“野生动物保护宣传月”“世界湿地日”宣传等活动，加强对全市境内候鸟、留鸟和其栖息环境保护及禽流感、非洲猪瘟等疫情监测，开展春季野生动植物保护和疫源疫病监测防控自查工作。7月至10月，联合市市场监管局在全市范围内开展野生动物保护专项整治行动，增强市民对陆生野生动植物和生物多样性的宣传及保护意识。

【国家森林城市创建】 2019年，全市创建国家森林城市工作有序推进。成立创建森林城市工作专班，每月初和月末召开综合组、技术组、档案宣传组会议，举办全市森林城市创建暨国土空间生态修复培训班。开展造林绿化工作，经第三方核实，2018年冬至2019年春，全市完成造林面积1.82万公顷，完成目标任务的124.16%。启动第二个十年林水会战，制定林业会战目标任务、措施，提出林业会战实施意见，组织召开冬季造林绿化工作观摩推进会议。开展“四级联创”，创建国家森林乡村22个、省级森林乡镇3个、省级森林村居30个，建成市级森林乡镇10个、市级森林村居100个。年内，全市完成50个省定贫困村村庄绿化提升任务，完成率100%，新建黄河滩区（惠民县大年陈镇）脱贫迁建经济林基地1处。

【林长制推行】 2019年9月25日，市政府办公室印发《关于全面推行林长制的实施方案的通知》，全面推行林长制工作，滨州市成为全省第二个出台林长制方案、全面推行林长制工作的市。建立市、县、乡、村四级林长组织体系，全市设立总林长，由市委书记、市长担任，设立副总林长，由市委副书记、常务副市长、分管副市长担任；总林长和副总林长分别兼任市级林长，每名市级林长明确一个市直部门为联系单位；所涉县（市、区）、乡镇（街道）负责人分别担任相应林长；在邹平市鹤伴山林场、惠民县沙窝林场、黄河岛国家湿地公园等重要生态区域设立市级林长，由市级领导担任。确定加强森林湿地资源保护管理、推进国土绿化和生态修复、推进森林湿地资源合理利用、强化生态资源科学管理、强化资源执法监管五项工作任务，全方位强化生态资源管护；确定加强组织领导、健全工作机制、实行绩效评价、营造良好氛围四项保障措施，确保林长制工作顺利开展；确定市委市政府22个有关部门为市级林长制会议成员单位。

【森林资源管理“一张图”年度更新工作通过国家级检查验收】 2019年10月30日，国家林业和草原局对滨州市开展森林督查暨森林资源管理“一张图”年度更新国家级检查验收。国家检查验收组选取邹平市作为抽查对象，利用4天时间，通过听取汇报、内业质检、抽取图斑外业检查、结果反馈等方式，对抽查的16个图斑（其中森林督查图斑13个、“一张图”图斑3个）进行外业现地复核。经检查，邹平市森林督查与“一张图”更新工作开展情况优秀，技术力量完备，数据填报真实、与现场复核情况一致。国家检查验收组对全市森林资源管理“一张图”年度更新工作检查验收一次性通过。

（高连新）

湿地与自然保护区保护

【湿地管控】 2019年，市自然资源和规划局按照“先补后占、占补平衡”原则，落实湿地面积总量管控，防止发生湿地资源非法占用、流失现象，全市湿地面积17.63万公顷未减少。8月，全市8处湿地公园调整规划正式批复，总调出面积5701.44公顷。

【自然保护区整治】2019年，市自然资源和规划局组织开展“自然保护区生态问题整治攻坚战”，配合有关单位完成“渤海区域环境综合整治治理攻坚战”、落实湾长制等工作，至12月9日，全市2个省级以上自然保护区（无棣马谷山地质遗迹省级自然保护区、滨州贝壳堤岛与湿地国家级自然保护区）136个问题位全部整改完成，提前一年完成销号任务。

（高连新）

【滨州贝壳堤岛与湿地国家级自然保护区生态问题整改】2019年1月9—11日，滨州贝壳堤岛与湿地国家级自然保护区对保护区边界和功能区边界坐标进行现场踏勘实测，将各功能区边界坐标由WGS—84坐标系转换为2000国家大地坐标系，明确保护区的边界。完成马颊河以东区域巡护23次，行程4500余千米，出动执法人员60余人次，严厉惩治违法违规活动。年内，根据省政府《关于印发山东省打好自然保护区等突出生态问题整治攻坚战作战方案（2018—2020年）的通知》要求，开展整改销号工作，至6月底，区内132个突出问题全部完成整改，比省要求日期提前一年半。8月21—23日，保护区通过由生态环境部组织、国家海洋环境监测中心牵头开展的遥感点位逐一现场核查，核实整改台账情况；10月10日，市政府召开新闻发布会，通报保护区突出问题整改销号情况，明确滨州市为全省第一个全部整治到位并申请销号的市。年内，保护区在全省45个省级以上自然保护区工作中，实现无省生态环境厅“中央生态环境保护督察整改督战工作方案”中的督战内容任务，无省生态环境厅印发的《山东省自然保护区建设管理政策措施落实情况审计调查报告反馈问题整改工作方案》中要求整改的5个方面12类问题，无生态环境部对自然保护区遥感新发现问题“三无”目标，实现“绿盾”行动三年免查。11月21日，中国海监山东省总队第四支队到保护区开展海岛专项执法和海域使用联合执法行动。年内，开展亚洲水鸟清查、全国遗鸥同步调查、黄渤海水鸟同步调查、渤海秋季水鸟同步调查四次地域性水鸟调查活动；中国地质调查局天津地质调查中心海岸带与第四纪地质研究室对保护区岸线地质地貌进行细致调查，掌握贝壳堤岛形成、变化的翔实资料。

（王晓东）

节能减排

【节能降耗】2019年，滨州市坚持源头管控，严格落实能评审查，从源头上严控能耗总量，对16个项目进行节能审查，严格落实好新上耗煤项目煤炭消费减量替代工作，年内未批复该类项目。突出综合协调，抓好节能降耗工作，阳信县入围生物质能源推广应用重点县名单，获700万元省节能专项资金支持，惠民县等四所学校入围“太阳能+”多能互补清洁供热重点项目名单，获得517万元省专项资金支持。开展以“绿色发展，节能先行”主题节能宣传周活动，在《滨州日报》专版刊发县（市、区）长署名文章宣传节能减排工作。严格依法行政，完成炼化、焦化两个行业11家企业的单位能耗节能监察工作，指导炼化、焦化行业企业多措并举实施节能降耗。加强重点用能企业管理，对“百千万”重点用能企业能耗总量与强度目标进行分解。组织申报省能源节约项目库，10月上报项目40个，总投资59亿元。开展专业培训和专项督查。11月26日，联合市统计局举办一期煤炭消费压减清洁高效利用和能源统计培训班，全市120余家重点耗煤企业和用能单位的160名负责人参训。至年底，全市能耗总量5555万吨标煤，能耗强度下降10.17%。

（刘清泉）

【建筑节能】2019年，全市落实城镇建设用地范围内新建民用建筑执行绿色建筑标准的要求。通过施工图审查的绿色建筑设计项目925.22万平方米；民安馨苑、名仕花园、丽景国际及古城源著4个项目获批二星级绿色建筑设计标识，建筑面积43.7万平方米。无棣泰和家苑住宅楼获批省级被动式超低能耗建筑示范工程；阳信县河流镇获批省级绿色生态示范城镇。完成节能技术产品认定48项，实施节能改造54.8万平方米，发展示范创建项目23个。太阳能光热建筑一体化项目133.72万平方米，地源热泵项目8.03万平方米，空气源热泵项目6.65万平方米。年内，全市县城以上城市规划区新建建筑均执行新建居住建筑75%、公共建筑65%的节能设计标准，节能标准率施工、设计阶段均为100%，节能建筑竣工面积约460万平方米。对183栋典型公共建筑开展能耗统计，统计面积301万平方米。争取35万元省级财政资金支持，对全市40个建筑节能监测子系统进行维护，完成公共建筑节能改造2.2万平方米。新建工程均使用新型墙材，新型墙材生产量22亿标砖，应用量8亿标砖，应用比例100%。以创建北方清洁取暖试点城市为契机，做好城乡既有居住建筑节能改造工作，完成农村既有居住建筑改造6629户。开展建筑节能技术与产品认定工作，办理认定产品48项。引导施工企业开展省级绿色施工科技示范项目创建工作，新增示范创建项目6个。推广应用CL体系等结构保温一体化技术，以棚改工程为切入点，在滨州民安佳苑、北海新城住宅小区等近60万平方米的政府投资项目中推广使用CL体系。

（范宜卿　李文慧）

【绿色交通】2019年，市交通运输局践行绿色发展、共享发展理念，实施公交优先战略。以规划为指导，将新能源汽车推广应用纳入综合交通运输体系规划，加快绿色交通运输装备推广应用。至年底，全市有清洁能源车辆2924辆（其中货车344辆、公交车774辆、客车84辆、出租车1722辆）。DPF运行状态监控平台投入使用，出台《关于实施汽车检测与维修（I/M）制度的指导意见》，确定17家维修企业为第一批排放维修治理站，淘汰国三营运柴油货车798辆，实现主城区出租车、公交车使用新能源或清洁能源全覆盖。开展国省道扬尘治理和在建交通工程环保治理，完成环保问题整改19项。

（李皓阳　王井超）

【减排目标完成】 2019年，滨州市化学需氧量、氨氮、二氧化硫、氮氧化物排放量较2015年分别减少10.5%、12.51%、32.66%、27.94%，二氧化硫提前完成“十三五”减排任务。

【水污染物减排】 2019年，滨州市结合水污染防治开展水污染物减排工作。推进污水处理厂建设，新建山东惠民北控水务有限公司（胡集污水处理厂)3万吨/日、阳信县河流镇东方污水处理厂0.7万吨/日、湖滨嘉城水质净化有限公司（管网10公里）3万吨/日、邹平县长山镇污水处理厂3万吨/日、邹平县明集镇污水处理厂1.5万吨/日，扩建光大水务（滨州）有限公司（滨州市第二污水处理厂）2万吨/日。实施农业源减排工程，沾化区正邦生态农业发展有限公司刁家繁育场建设项目等19个规模化畜禽养殖实现资源化利用。

【大气污染物减排】 2019年，滨州市结合打赢蓝天保卫战重点工作开展大气污染物减排。3月31日，西王金属科技有限公司360平方米烧结机完成超低排放改造，投入试运行。广富钢铁集团烧结机6月6日完成主体工程建设，8月底前投入试运行。广富集团焦化、博兴胜利科技有限公司分别于5月20日、6月15日完成再提高工程建设。

【减排工程档案】2019年，滨州市完善减排工程档案，对照污染物减排核算表，对减排工程的每一项参数进行核对，对用于减排量核算的参数重点核实，审核各参数间的逻辑关系，上报的每个减排工程均得到有效认定。

（韩　聪）

污染防治

大气污染防治

【大气环境持续改善】 2019年，全市省控站点细颗粒物（$PM_{2.5}$）、可吸入颗粒物（PM_{10}）、二氧化硫、二氧化氮、臭氧、一氧化碳平均浓度分别为53微克/立方米、91微克/立方米、19微克/立方米、39微克/立方米、204微克/立方米、1.7毫克/立方米，在全省分列第9、7、15、14、16、15位；比2018年分别改善-1.9%、3.2%、5%、-8.3%、-6.8%、-6.2%，改善幅度在全省分列第4、2、12、9、3、10位。空气质量综合指数5.81，比2018年反弹2.8%，分列全省第11位和第4位；优良天数为206天，比2018年增加8天，是全省唯一一个增加的城市；重污染天数15天，比2018年增加6天，在全省分列第11位和第14位。年内，全市二氧化硫、二氧化氮平均浓度达到国家环境空气质量二级标准要求。

【重污染天气治理】 2019年，全市经历9轮重污染天气过程，分别为：1月3—4日，1月11—14日，2月5日，2月27日，3月2日，3月5日，4月5日，12月8—10日，12月22日。全市加强重污染天气应急联动，发生区域重污染天气过程时，根据国家、省有关要求，及时启动相应级别应急响应，全年发布重污染天气预警7次，其中橙色预警6次、黄色预警1次。按照生态环境部统一部署，结合第二次污染源普查，对全市重污染天气应急减排清单进行重新修订，将3900余家工业企业和380余个施工工地纳入应急管控，逐级明确应急减排措施，做到措施可督查、可考核。重新修订发布重污染天气应急预案，在网站进行公开。

【“散乱污”企业集中整治】 2019年，市生态环境局对邹平市临池镇区域环境污染问题进行挂牌督办，责令临池镇就相关问题进行整改。邹平市委召开常委（扩大）会议，研究问题整改方案，召开现场会，按照先停后治、分类施治的原则，对辖区内工业炉窑企业进行综合整治，关停取缔18家，停产整治90家；成立工作专班，拉网排查，聘请专家制定《邹平市重点区域工业炉窑（砖瓦、耐火材料和建陶等）污染防治技术指南》等行业标准，逐个对企业进行，“一厂一策”制定整改方案，对企业整治情况进行现场指导、验收，验收通过后方可复工生产。对博兴县彩钢板行业环境问题进行集中整治，针对彩钢板生产企业虽配备治理设施，但治理工艺参差不齐、企业守法意识不强、影响治理成效的问题，生态环境部门开展集中检查，对28家存在违法行为的企业立案查处，总处罚总金额400余万元。执行挥发性有机物新标准，全面推进彩钢板集群进行综合整治，邀请省环科院专家团队对彩涂板行业排查评估，对108家企业开展逐家审核，出具“一厂一策”整改意见，为企业找出问题，指导整改。

【燃煤锅炉综合整治】 2019年，全市淘汰35蒸吨/小时及以下燃煤锅炉22台，合计458.2蒸吨。完成1台130蒸吨/小时生物质锅炉超低排放改造。

【魏桥5×66万千瓦机组替代】 2019年，市生态环境局推动魏桥集团投资166亿元的5×66万千瓦机组替代完成。同时关停拆除20台替代小机组，年可减少标准煤97.52万吨、烟尘130.55吨、二氧化硫209.95吨、氮氧化物330.93吨，年可减少公路运输量约4.16万车次，促进全市空气质量改善提升。

（牟　菲）

土壤污染防治

【重点行业企业用地土壤污染状况调查】 2019年，全市纳入重点行业企业用地信息采集和风险筛查系统企业地块617处，地块数量全省排名第六位。信息采集、内审及各级审核、全面性核实、空间信息整合工作基本完成，根据省通报：全市省级地块闭环率84.59%，全省排名第三位；省级外审通过率83.07%，全省排名第四位。10月30日，市生态环境局邀请省物化探勘院、省地质矿产勘查院、山东典图环境科技有限公司专家及本地专家5人组成专家组，对风险筛查结果进行纠偏，11月4日参加省生态环境厅风险筛查纠偏会议，根据生态环境部专家授课最新精神，修改完善全市重点行业企业用地调查风险筛查结果纠偏报告，准备启动采样和监测招标工作。

【固体废物专项排查】 2019年，市生态环境局制定《滨州市危险废物专项排查工作方案》，对危险废物产生和去向、危险废物处置能力、非法倾倒固体废物等情况进行详细排查。年内，排查危险废物产生工业企业520家、医疗机构2062家、城镇污水处理厂28家、工业污水处理厂11家、机动车和船舶拆解维修企业398家以及实验室66家，经汇总发现问题32项，其中一般固废问题2项、危险废物问题24项、机动车拆解废矿物油问题1项、污水集中处理设施污泥问题4项、实验室危险废物问题1项。至年底，27项问题完成整改，5项问题推动整改中。

（牟　菲）

水污染防治

【河（湖）长制管理】 2019年，全市持续开展河湖清违清障、划线定界和示范河湖创建，推动河长制湖长制从“有名”到“有实”转变，实现从全面建立到全面见效。加强组织领导，强化制度保障。召开全市总河长会议，市总河长签发第2号市总河长令，完善河长制9项工作制度，印发政府规章《滨州市河道管理办法》《关于调整市河长制办公室组成人员及市级河（湖）长助理名单的通知》和《关于调整公布市级河（湖）长的通知》，为加强河湖依法管理、规范管理奠定基础。市县乡各级河（湖）长使用巡河APP开展巡河调研2.4万次，巡河历程2万余千米。开展专项行动，深化清违整治，完成整治河湖违法问题939处。开展“深化清违整治、构建无违河湖”专项行动，市委、市政府召开高规格河湖清违整治推进会议，成立15个工作专班，现场督导240余次，完成清理乱占问题210处1300万平方米，乱堆问题136处2.60万平方米，乱建问题450处38.70万平方米，其他问题10处1000多平方米，清运建筑和生活垃圾1.68万吨，清理林木182.2公顷，清除违规大棚35.73公顷。开展清违整治“回头看”活动，梳理排查问题609处，确认并整改问题133处，清理乱占和乱建120万平方米，清除乱堆垃圾6000多立方米。市委主要领导2次作出批示，市政府分管领导召开专题会议安排部署，市河长办派出现场督导组40多次，印发各类通报70余份，对3个县区11处重点问题进行挂牌督办。滨州市在全省首创“示范河湖”制，确定以县级“示范河湖”创建为重点，鼓励和带动乡镇“示范河湖”逐步开展。至11月底，完成徒骇河、新立河、黛溪河、支脉河、蒲河等5条河道33.50千米示范段以及芦家河子、雾宿洼2座水库的示范河湖创建工作，形成具有区域特色的河湖生态新环境，打造河湖管护“滨州样板”。提升管护水平，完成176条（个）河湖管理范围划定工作，划界长度3277千米；完成21条市级重要河流岸线利用管理规划编制，监督14个市级以上河道涉河建设项目开展洪水影响评价。全市544条河渠湖库纳入河长制湖长制管理，设立市县乡村各级河（湖）长4376位，聘请民间河长与义务河长316名，配备管护人员900名，安装公示牌2700余块。提高信息化管护水平，普及应用河长制湖长制信息管理系统，完善“一河（湖）一档”基础信息，各级河长、河管员全部使用巡河APP，实现河湖监管数据化、精准化。

（李　栋　徐　鹏）

【湾长制实施】 2019年8月20日，市委办公室、市政府办公室印发《滨州市湾长制工作方案》，确定湾长制实施的工作目标、主要任务、保障措施。8月30日，市湾长制办公室印发《关于公布滨州市市级湾长组织体系的通知》，全市设立市县两级湾长组织体系；9月9日，印发《滨州市湾长制会议制度》《滨州市湾长制信息管理制度》《滨州市湾长巡查规定》3项制度。10月10日，全市湾长制工作第一次会议召开，通报全市湾长制工作进展情况。10月10日，市总湾长、市长宇向东，副总湾长兼渤海湾市级湾长、副市长贾善银与无棣县县级湾长进行第一次海湾巡查，对无棣县大口河现场巡查，察看滨州市、无棣县湾长公示牌，乘坐气垫船对海洋牧场平台等进行现场巡查。10月22日，市总湾长、市委书记佘春明与无棣县县级湾长进行第二次渤海湾巡查，对无棣县大口河现场巡查，听取湾长制工作汇报，察看滨州市、无棣县湾长公示牌，乘坐气垫船对贝壳堤岛保护区和海洋牧场管护平台项目等进行现场巡查。

【农村生活污水治理】 2019年，全市生态环境部门对88个乡镇（街道）、5085个村庄和社区（8个村庄需搬迁、5077个村庄纳入治理范围）基本情况、污水治理现状、周边污水治理设施建设情况等开展调研摸底。8月底，全市召开各县（市、区）农村生活污水治理工作专题会，邀请省《山东省农村生活污水治理行动方案》《山东省县域农村生活污水治理实施方案编制大纲》编制单位专家对两个文件进行讲解培训，指导帮助各县（市、区）《农村生活污水治理实施方案》编制工作。经协调调度，市县两级生态环境部门克服困难，各县

（市、区）《农村生活污水治理实施方案》初稿于10月中下旬陆续编制完成。10月25日，市住建局、市农业农村局、市财政局管理人员及省城乡规划设计院、省环境科学研究院、山东建筑大学专家对《农村生活污水治理实施方案》进行审核，市生态环境局根据专家意见，进一步优化方案。

【入海排污口排查】 2019年7月，全市按时完成入海排污口无人机航测工作。7月13日，滨州市打好渤海区域环境综合治理攻坚战指挥部办公室印发《滨州市入海排污口现场排查工作方案》，配合生态环境部开展入海排污口现场人工核查，核查排污口1160个（航拍疑似点1057个，新发现排口103个）。11月3—16日，配合生态环境部攻坚小组开展渤海地区入海排污口三级排查工作，根据最终确定的入海排污口清单进行“一口一策”治理。

【渤海区域环境综合治理攻坚战】 2019年3月17日，滨州市调整打好渤海区域环境综合治理攻坚战指挥部，由市长宇向东任总指挥，6位相关副市长任副总指挥，20个市直部门和10个县（市、区）主要负责人为成员。印发《滨州市打好渤海区域环境综合治理攻坚战作战方案（2018—2020）的通知》和《滨州市入海排污口排查整治专项行动方案的通知》，明确总体思路、重点任务、工作目标和具体措施，确定打好渤海区域环境综合治理攻坚战的路线图、施工表。3月18日，市委市政府召开全市打好污染防治攻坚战推进会议，市委书记佘春明要求坚决打好渤海区域环境综合治理攻坚战，推进入海排污口排查整治。3月19日，副市长贾善银组织召开全市渤海区域环境综合治理攻坚战座谈会。市委常委会议、市政府常务会议多次进行研究，市委市政府主要负责人亲自安排部署、多次听取工作情况汇报，市打好渤海区域环境综合治理攻坚战指挥部办公室每月调度工作开展情况，推动各项工作落实。11月13日，全市对2019年及2020年需完成的重点工作任务进行梳理，强化措施，加快推进渤海区域环境综合治理各项任务。

2019年7月16日，市委书记佘春明（左三）到滨农科技有限公司查看环保污染防治情况 （市生态环境局 供图）

【黑臭水体整治】 2019年11月，新立河、张肖堂干渠、码堡沟3条黑臭水体治理通过省级验收评估。年内，秦台河在前段整治完成基础上，对因老城区雨污未分流、上游无清水补充等导致水体出现黑臭反弹问题，进行针对性治理。对全市60个入河排污口进行监管，新发现违法排污口一律封堵。排污企业均安装自动在线监测设施，河流断面进行定期监测。加大对企业的明察暗访力度，对超标排放违法行为进行严管重罚，严厉惩治各类环境违法行为。对无治理设施、非法排污的“土小”作坊一律关闭取缔。

（牟　菲）

环境监管

【“双随机、一公开”执法检查】 2019年，市生态环境局及时更新全市执法人员、企业数据等信息，建成执法人员50人，排污单位1624家的“双随机”动态信息库。抽查一般污染源983家（次）、重点污染源242家（次），并进行信息公开，配合推进部门联合“双随机、一公开”工作。

【环境信访举报问题处理】 2019年，市生态环境局根据电视问政、市委巡察反馈情况，拓宽和畅通信访投诉渠道，出台《滨州市环境违法行为举报奖励实施细则（试行）》，开展重点信访案件后督察和月通报。全市受理环境信访件2572件，比2018年的3827件下降32.8%。其中全国“12369”环保举报联网管理平台1099件、生态环境信访信息管理系统63件、“12345”政务服务热线76件、到访15批31人、群众信访33件、“12369”热线1286件、案件按时办结率100%。到县（市、区）大接访13次。12月，对10件重点案件进行后督察。

【综合执法行动】 2019年，市生态环境局根据省生态环境厅部署，结合4月组织开展的排污许可制专项执法检查，出台《滨州市生态环境综合执法行动工作方案》，以排污许可制执行情况、重点信访案件后督察为专项，统筹调动全市执法力量开展第三季度、第四季度综合执法行动，出动执法人员40人次，检查企业164家，对存在问题的52家企业进行督办。

【专项执法检查】 2019年，市生态环境局对全国集中式饮用水水源地强化监督（第一轮）反馈的3个问题进行整改并全部通过验收；7月，开展生活垃圾焚烧发电厂自动监控运行情况专项执法检查，针对2家生活垃圾焚烧企业分析仪量程设置不合理、自动监控设施运维记录不完整、采样监测平台设置不规范等问题，下达《滨州市大气污染源企业现场检查整改意见》，均整改到位；严查大气污染预警热点网格，保障空气质量。年内，组织排查每日报警网格362个，每周推荐网格53个，每月预警网格31个。

【空气质量监测】 2019年，市生态环境局新建路边交通站1个、完成79个市控空气站项目建设验收，数据审核，质控管理单站单月运营费核算工作，完成3个省控空气站上收交接管理工作。8月起，开启对全市92乡镇办空气质量进行全面考核新模式；完成2个点位的酸雨监测、21个点位降尘量监测工作；完成9家涉挥发性有机化合物排放企业抽测工作、完成城市功能区声环境10个点位的监测；完成城市道路交通声环境51个点位的监测；完成区域声环境声环境104个点位的监测。

【地表水饮用水水质监测】 2019年，全市17个新建市控水质自动监测站均按要求完成设备安装、联网、验收；2个饮用水水源地水质自动监测站完成设备更新。32个水质自动站和2个饮用水自动站正常运行。完成国家、省控13个断面地表水水质监测工作，完成省控3个断面的地表水水质监测工作，完成市控24个断面地表水水质监测。完成渤海近岸浅海国控监测点位水质监测，完成4个断面的黑臭水体监测，完成国家地表水每月近10个"采测分离"监测分析报送，完成省级地表水每月近40个断面"采测分离"监测分析和数据上报。完成31个土壤点位采样和样品流转工作，完成156个样品8个项目和41个质控样品分析。完成辐射国控点空气γ剂量率样品采集送样、完成入海河流断面和饮用水源地辐射水样样品采集送样，完成省控辐射自动监测站管理，辐射干沉降、湿沉降、气溶胶和碘放射性同位素样品采集工作。完成13个断面的集中式生活饮用水水源地水质监测，完成4个断面的革命老区农村饮用水水源地水质监测。

2019年12月31日，山东省滨州生态环境监测中心揭牌成立

（市生态环境局　供图）

【污染源监测】 2019年，全市环境监测监控平台联网1012台套污染源自动监控设备，审核联网市平台企业128家173个站点，审核备案站点592个，审核标准470条，审核企业及运维公司平台上报故障、停产情况13720条，获取污染源自动监测数据1106.08万个，出具日均值超标快报313期，小时超标快报227期。通过"双随机"工作机制对全市129家涉水、122家涉气重点排污单位开展污染源监督监测，对辖区231家重点污染源自动监测情况开展自动监测抽查，全年抽查企业166家，抽查比例为20%以上。对存在问题企业，下达整改通知，限期整改，全年对企业及运营公司下发整改通知单101个。通过自动监测数据质控方式，开展企业自行监测监控，全年获取人工比对监测数据412个，及时对自行监测不规范企业现场下达整改通知书，定期整改。全年出具"联合执法"监测报告43份，编写《滨州市污染源监测超标快报》14期。

【利剑2019百日攻坚专项行动】 2019年7月至10月底，市委市政府统一部署在全市范围内开展利剑2019——滨州市打赢蓝天碧水清废污染防治百日攻坚专项行动，建立"市委常委包县（市、区）、分管市长包行业"的工作机制，市委、市人大、市政府、市政协等22名市级班子成员轮流带队进行"四不两直"暗访督查，持续开展零点行动，累计夜查17次。全市各级各部门累计组织检查1552次，检查点位9637个，发现问题837个，24小时热线受理举报59件全部完成整改。立案处理507起，罚款金额724.86万元。通过开展专项行动，集中解决一批突出生态环境问题，促进环境质量改善。

（牟　菲）

30 科学技术

Science and Technology

综　述

【概况】 2019年，市委市政府先后印发《滨州市科学技术奖励办法》《关于加快创建国家创新型城市支撑经济高质量发展的意见》《关于举全市之力加快滨州高新区发展的意见》《关于加快全市技术转移体系建设的实施意见》，加快政府职能由研发管理向创新服务转变。全市新增高新技术企业43家，总数167家。高新技术产业产值占规模以上工业产值比重为31%。组建市级重点实验室9家、市级工程技术研究中心27家、市县联合培育中心13家。全市有省级重点实验室5家、省级工程技术研究中心34家，市级重点实验室49家、市级工程技术研究中心132家，基本覆盖“十强”产业关键技术领域。新建院士工作站8家，总数21家。在加拿大筹建运营“山东省滨州市海外人才和科技项目（加拿大）工作站”、设立滨州市海外创新中心。举办2019年高层次外国专家齐鲁行——渤海英才·科创滨州暨“一带一路”科教融合发展对接活动。1人入选泰山产业领军人才（科技创业类）计划，1人入选泰山产业领军人才（高效生态农业类）计划。组织认定滨州市第二批农业科技创新团队6个，充实全市农业科技创新团队。19家农科驿站通过省科技厅绩效评估，其中4家为优秀等次。滨州国家农业科技园区通过科技部评估，滨城国家农业科技园区通过科技部验收。第一批7家省级农业科技园通过省科技厅验收，其中滨城国家农业科技园区验收成绩为优秀。市科技局联合省农科院编印《山东省农业科学院盐碱地农业科技成果汇编》。完成全市377名科技特派员注册。年内，全市入选山东省泰山产业领军人才科技创业类1人、高效生态农业类1人，“齐鲁友谊奖”1人。

【高新技术产业发展】 2019年，全市实施高新技术企业倍增计划，制定出台《滨州市高新技术企业倍增计划实施方案》《滨州市高新技术企业培育库入库备案管理办法》，新认定高新技术企业73家，全市高新技术企业发展到167家。建立滨州市高新技术企业培育库，110家科技型企业入库培育。全市高新技术产业产值占规模以上工业产值比重为31.00%，较年初增长1.29个百分点。181家企业获得国家科技型中小企业评价入库。89家企业获批2019年第二批省企业研究开发财政补助资金2216.93万元。落实2018年省认定科技企业孵化器、众创空间补助210万元。推荐备案国家众创空间1家。5家企业获得第八届中国创新创业大赛（山东赛区）暨2019年山东省中小微企业创新竞技行动计划优胜奖，2家企业入围国家创新创业大赛决赛。落实2018年山东省中小微企业创新竞技行动计划补助资金96.1万元。

2019年滨州市及各县（市、区）、市属开发区高新技术产业主要指标统计表

表37

区域	高新技术产业产值				
	累计比2018年增长（%）	排序	占规模以上工业比重（%）	排序	占比年初增长（%）
滨州市	-12.80	—	31.00	—	1.29
滨城区	-6.55	4	33.53	6	-20.51
沾化区	46.65	1	16.50	10	-26.16
邹平市	-13.49	7	33.80	5	14.49
惠民县	-15.25	9	20.34	9	-42.8

续表 37

区域	高新技术产业产值				
	累计比 2018 年增长（%）	排序	占规模以上工业比重（%）	排序	占比年初增长（%）
阳信县	-9.37	6	50.81	3	-18.73
无棣县	-7.87	5	22.56	8	9.91
博兴县	2.07	3	30.31	7	17.57
滨州经济技术开发区	-13.75	8	75.41	1	24.47
高新区	11.33	2	58.25	2	-2.82
北海经济开发区	-28.93	10	49.71	4	-31.14

2019 年滨州市高新技术企业情况统计表

表 38　　单位：个

县区名称	高新技术企业数量
滨城区	34（19）
沾化区	6（2）
邹平市	38（14）
惠民县	12（6）
阳信县	12（6）
无棣县	19（10）
博兴县	18（8）
滨州经济技术开发区	15（4）
高新区	12（3）
北海经济开发区	1（1）
全市	167（73）

说明：括号内为 2019 年新认定高新技术企业情况

【科技“双招双引”】 2019 年，市科技局完成招商引资任务 5.85 亿元，超额完成市政府年初下达的 4 亿元任务目标。对接中科院 104 家研究所、3 所大学创新资源，通过企业技术需求与中科院科研成果双向匹配，全市企事业单位与中科院合作项目 39 个，辰智电子、瑞辰新材料、裕航特种合金与中科院相关院所建立产学研合作关系。借助渤海先进技术研究院，招引国内外知名科研机构、企业入驻。山东火炬生产力促进中心在滨州设立渤海技术市场，注册资金 1000 万元。市政府与工信部赛迪研究院达成意向协议，拟在滨州设立赛迪研究院山东分院滨州中心；与北京九次方大数据中心签署共建“渤海先进技术研究院加速器”协议。通过定点招引，高新区金朗生物科技有限公司年产 1000 吨氨基葡萄糖项目总投资 2.05 亿元，到位资金 1.4 亿元；山东欣悦健康科技产业园项目总投资 7.59 亿元，到位资金 3.10 亿元；博兴县博友再生资源有限公司 20 万吨废塑料再生资源综合利用项目，总投资 0.98 亿元，到位 0.58 亿元；滨州福盛通新型建材有限公司年产 80 万平方米混凝土砖项目，总投资 0.52 亿元，到位 0.52 亿元；滨州渤海科创城产业园项目总投资 85 亿元，到位资金 0.25 亿元。围绕“一带一路”国际人才和项目合作，探索国际科技合作新思路，实现国际创新项目、资源、人才一体化招引。在加拿大筹建运营“山东省滨州市海外人才和科技项目（加拿大）工作站”、设立滨州市海外创新中心。举办 2019 年高层次外国专家齐鲁行——渤海英才·科创滨州暨“一带一路”科教融合发展对接活动，与亚欧科技创新合作中心、欧美亚教育联盟合作，整合滨州医学院、中科院自动化所、山东大学齐鲁医学院和白俄罗斯国立医科大学、巴黎高电等国内外资源，拟在滨州共建“一带一路”滨州国际联合学院。

【2019 年滨州市科技活动周启动】 2019 年 5 月 19 日，全市科技活动周启动仪式在市科技馆举行，主题是“科技强市、科普惠民”。启动

2019 年 5 月 19 日，2019 年滨州市科技活动周启动仪式在市科技馆举行

（市科技局　供图）

仪式上，为上年滨州市牧草产业技术创新战略联盟牵头单位——无棣县山东绿风农业集团有限公司授牌，为上年市创新型企业代表颁发证书；县（市、区）科技部门及企业与会人员参加滨州市技术合同认定登记暨科技成果转化贷款风险补偿专题培训。

科技项目与成果

【项目争取】 2019 年，全市争取省级以上各类科技计划项目和平台补助经费 2.15 亿元(年内到位经费 1.24 亿元)，其中国家级补助经费 200 万元、省级补助经费 2.13 亿元。获批山东省重点研发计划（重大科技创新工程和厅市联合）项目 15 项、无偿资金 1.485 亿元。

【科技成果】 2019 年，全市科技成果登记 160 项，7 项科技成果获山东省科技进步奖，其中一等奖 1 项、二等奖 2 项、三等奖 4 项。制定《滨州市科技成果转化贷款风险补偿资金管理暂行办法》，组织开展全市科技成果转化贷款风险补偿工作，与 10 家银行进行洽谈合作。滨城区、惠民县、无棣县等县（市、区）、市属开发区科技主

2019 年滨州市获省科学技术奖奖励目录一览表

表 39

获奖成果名称	完成单位	完成人	获奖奖项及等级
无乳胶环保机制地毯产业化集成技术	滨州东方地毯有限公司、青岛大学、天津工业大学、香港理工大学	董卫国 韩洪亮 张元明 胡　红 刘延辉 王书东 刘以海 陈　安 王其美 吴立芬 苏　勇 李祥林	省科技进步奖一等奖
少水节能生态染整关键生产技术研发	华纺股份有限公司	王力民 罗维新 李春光 闫英山 吕建品 刘跃霞 杨玉华 赵成伟 王鲁刚	省科技进步奖二等奖
滨海农田盐渍土肥力快速提升关键技术与应用	滨州学院、中国科学院地理科学与资源研究所、中国农业大学、山东思科生物科技有限公司	谢文军 武兰芳 王　冲 李学平 王振华 姚海燕 赵　舰 张衍鹏 李彬彬	省科技进步奖二等奖
结晶果糖绿色制造系统集成关键技术及产业化	山东西王糖业有限公司、西王药业有限公司	孙学谦 王　棣 杨荣玉 王　岩 陶兴发 崔　强	省科技进步奖三等奖
环烷基重质原油生产高端产品的技术开发与工业应用	中海沥青股份有限公司	于恩强 张东春 邓文广 张　玲 李　军 冯　涛	省科技进步奖三等奖
疫苗胚体自动检测装备与分拣机械手的研制及产业化应用	中国石油大学（华东）、中国石油大学胜利学院、滨州学院、滨州市五岳机械设备有限公司、山东绿都生物科技有限公司	刘衍聪 黄　超 尹晓丽 伊　鹏 林初文 战祥华	省科技进步奖三等奖
超声引导下经皮原位热消融治疗甲状腺结节的临床研究	滨州医学院	王淑荣 徐庆玲 于守君 张永林 岳雯雯 王锡菊	省科技进步奖三等奖

管部门与市科技局、合作银行三方签署《滨州市科技成果转化贷款风险补偿业务合作协议》，合作银行发放贷款11笔、4400万元。滨城区、惠民县、无棣县等8个县（市、区）签署市科技局、县（市、区）科技主管部门与合作银行的三方《滨州市科技成果转化贷款风险补偿业务合作协议》，合作银行发放贷款11笔、4400万元。

【制度管理】 2019年，滨州市围绕打造高端铝业基地建设，制定出台《滨州市涉铝研发平台和重大研发成果奖补资金管理实施细则（暂行）》，支持企业围绕铝产业强链补链延链开展创新活动。制定出台《滨州市重大科研项目补助资金管理实施细则（暂行）》，引导企业参与承担重大科研任务、激发企业创新活力。市科技局代市政府起草《关于加快创建国家创新型城市支撑经济高质量发展的意见》，推进全市创新发展。会同市财政局制定出台《滨州市科技创新发展资金管理暂行办法》，规范和加强市级科技创新发展资金使用管理，提高资金使用效益。

【农业科技】 2019年，全市加强科技创新团队建设，认定滨州市接骨木产业农业科技创新团队等6个团队为全市第二批农业科技创新团队，涉及苗木、果树、牧草、粮食精深加工等领域。山东御馨生物科技有限公司引进的华南理工大学教授杨晓泉入选泰山产业领军人才高效生态农业创新类。19家农科驿站通过省科技厅绩效评估，其中4家为优秀。滨州国家农业科技园区通过科技部评估，滨城国家农业科技园区通过科技部验收。第一批7家省级农业科技园通过省科技厅验收。

【社会发展科技】 2019年，市科技局组织对滨州光伏发电—海水提镁—制氢储氢负碳轻量化镁合金项目及城市危废垃圾综合解决方案—等离子焚烧技术进行论证。编制《滨州市污染防治及节能先进适用技术产品指导目录》，发布推广。

科技平台建设

【创新平台建设】 2019年，依托魏桥国科研究院建设的山东省高端铝制造与应用创新创业共同体，经省政府同意，获评第二批省级创新创业共同体。年内，新组建市级重点实验室9家、市级工程技术研究中心40家、市县联合培育中心13家。全市开展2019年度市级重点实验室及工程技术研究中心验收和绩效评估，对验收及绩效评估优秀等次的11家平台分别给予每家10万元补助。

2019年滨州市重点实验室、工程技术研究中心情况统计表

表40　　单位：家

县区名称	省级重点实验室	市级重点实验室	省级工程技术研究中心	市级工程技术研究中心
滨城区	1	6（2）	5	19（7）
沾化区			1	3（1）
邹平市		8（1）	9	24（5）
惠民县		2	2	7（3）
阳信县		4（1）	1	8（4）
无棣县		2（1）	4	20（6）
博兴县	2		2	19（3）
滨州经济技术开发区	1	3	3	12（7）
高新区		2	1	10（3）
北海经济开发区			1	2
市直	1	22（4）	5	8（1）
全市	5	49（9）	34	132（40）

说明：括号内为2019年新建重点实验室、工程技术研究中心情况

【科技合作交流】 2019年，全市组织各类科技交流活动80余次，落实产学研合作协议400余项。完成第二十八批清华大学博士生社会实践活动，完成科研项目17项，解决技术难题9项，撰写调研报告9万余字，培训人员514人，涉及参保大数据分析平台、公安大数据资源设计智能化落脚点算法系统等。市政府与中科院沈阳分院签署全面战略合作协议，成立中科院山东综合技术转化中心滨州中心和邹平铝谷中心，成为中科院在山东设立的第一个县级行业技术转移转化中心。

【技术转移转化】 2019年，市科技局制定《滨州市技术转移转化服务机构管理办法》，组织开展2019年滨州市技术转移转化服务机构备案申报工作，年内，受理3家技术转移转化服务机构备案申请材料，2家通过备案。开展技术合同网上登记工作，定期通报各县（市、区）登记数据，全年全市网上登记技术合同交易金额14.27亿元，比2018年增长54%，增幅列全省第四位。

【科技服务】 2019年，"滨州市科技文献服务云平台"注册用户664个，累计下载文献7144篇。落实《山东省科研基础设施和科研仪器开放共享管理办法》《滨州市大型科研仪器设备开放共享管理办法》，将符合规定条件的大型仪器设备入网实现共享。至年底，入网会员2078家，入网科学仪器设备629台套。年内，全市中小微企业享受创新券补助35.7万元，补助金额居全省第七位。为全市562个省定扶贫工作重点村选派科技指导人员276名，科技指导人员覆盖率100%，并制作公示牌在村委会和村公共场所公开张贴。

（孙宇峰）

气　象

【概况】 2019年，市气象局坚持"抓发展、促和谐、强管理"工作思路，提升气象现代化建设水平，承担的行标《塑苫工艺的海盐生产气象服务规范》正式发布，新建设完成4个农业气候观测站、1部北部沿海雷达。提升气象防灾减灾能力，借助智慧气象服务平台实现气象服务市县一体化、个性化、智能化、定制化。提高气象业务服务能力，完成台风"利奇马"及其他重大天气过程气象服务工作。推动落实"科学管理年""人才科技年"活动，科学管理水平有效提升。

【气象现代化建设】 2019年，市气象局承担起草的气象行业标准《塑苫工艺的海盐生产气象服务规范》发布。开发海盐塑苫服务APP，为盐业生产提供服务。滨州气象观测站完成搬迁，新站址通过省气象局验收。博兴台站搬迁项目完成规划设计、部分土地划拨手续。市气象局对全市7个气象台站进行气象探测环境评估，并完成整改工作。持续推进各实施县基层防灾减灾标准化建设，完成基层防灾减灾"六个一"能力建设。建设完成北部沿海X波段双偏振多普勒相控阵雷达1部，强化滨州市北部冰雹多发地区强对流天气精细化监测，提高短时临近预报、预警、人影作业指挥能力。建设完成沾化冬枣生态种植基地、惠民棉花观测地段小气候站、邹平樱花山生态观测站及阳信鸭梨小气候站4个农业气象站点。开展沾化冬枣气象服务标准化工作及系列规范、图谱等编制，沾化冬枣生态种植基地纳入省气象局特色农业气象服务标准化试点，沾化区获评山东省生态农业特色气象服务示范点。无棣县气象局与县农业局成立专家联盟，开展直通式智慧化特色农业气象服务。

【气象服务】 2019年，市气象局围绕影响暴雨、大风、冰雹、台风等灾害性天气过程做好监测、预警，突出气象服务"重大灾害、重点地区、重点领域、重点对象"4个重点，加强对各县（市、区）局气象服务工作指导。通过微信公众号、传真、电话、短信、电子邮件、网站等渠道开展气象服务。市气象台每季度制作短期气候预测和气候影响评价报告，每月1日对当前气候状况进行统计、分析，每周一发布农业气象服务周报以及未来一周天气预报。关键性、转折性、灾害性天气预报预警随时汇报、发布。年内，市气象局为市委市政府及相关部门单位提供气象信息快报155期、专项服务391期，发布预警信号107期、决策短信293期。重点做好汛期气象服务工作。8月10—13日，台风"利奇马"期间，先后启动、升级气象灾害（台风）Ⅲ级、Ⅱ级应急响应，制作服务材料113期，预警信号6期，其中暴雨红色预警2期。推广基于微信矩阵管理的智慧气象服务平台，实现领导决策、公众、专业用户气象服务市县一体化、个性化、智能化、定制化。与市供销社签订战略协作协议，加入服务乡村振兴协会，推动气象为农信息服务向城乡社区延伸。

【人工影响天气作业】 2019年，市气象局开展新型人工影响天气作业队伍专业化建设调研，创新人影作业队伍建设模式，试点开展"公益岗＋劳务派遣"方式，组建人影地面作业骨干队伍。组织全市人影作业人员进行技能培训，实现弹药运输至作业点，完成全市人影作业弹药与装备物联网建设。年内，全市开展人工影响天气作业249点次，发射炮弹2642发、火箭弹62枚，全年无安全责任事故发生。

【气象科普宣传】 2019年，全市气象部门利用气象日、防灾减灾日、气象科普日等，通过组织开展开放日活动、赶大集、进社区、进学校等方式开展气象科普活动。全市开放日接待人数上万人次，发放宣传材料和宣传品上万份。1所小学获评"省级气象科普示范站"，邹平市气象科普馆被省科协命名为山东省科普教育基地。

【气象法制建设与依法行政】 2019

年，市气象局做好全市气象行政执法、检查指导工作。利用滨州人民广播电台普法时间节目，现场解读《气象灾害防御条例》。通过山东省政务服务平台发布政务服务事项清单48项，完善3项制度及行政处罚、行政强制相关事项23项。落实防雷安全监管主体责任，完善“双随机、一公开”工作制度，开展防雷安全重点单位专项检查162家，受理审批44件。依法开展原址观测站探测环境保护，3月下旬确定执法流程和相关文书，并指导执法人员现场勘验。填写《立案审批表》和《停止违法通知书》。持续跟进指导探测环境保护执法。于4月、6月、8月4次寄送黄河馨苑停止违法通知书。开展施放气球执法，现场核查违规施放气球1次。

【气象科普进校园】 2019年3月12日，市气象局、市气象学会联合省气象学会、邹平市气象局开展“气象科普进校园”活动，庆祝第59个“世界气象日”。活动中，省气象学会为“省级气象科普示范站”——邹平市黛溪小学进行授牌。省气象学会、市气象学会向学校赠送气象知识手册、气象防灾减灾手册、气象知识拉杆笔等气象科学书籍和科普材料，价值8000余元。省气象学会秘书长薛德强为学校400余名师生作“太阳、地球和天气”主题气象科普讲座。

（孙兴菊　任田钦）

2019年3月23日，市气象局举办“对外开放日”活动，图为工作人员向市民普及气象知识

（市气象局　供图）

测绘科技

【基础测绘】 2019年，全市自然资源和规划部门开展市主城区和有关县（市、区）基础测绘工作，共完成1∶500比例尺地形图新测与更新511.61平方千米，基础地理数据入库504.1平方千米，0.05米分辨率航空摄影面积210平方千米。组织编制出版《滨州市地图》《滨州城区图》《博兴县地图》《博兴城区图》《邹平市地图》等市、县两级地图。

【地理信息公共服务平台框架数据省市联动更新】 2019年，滨州市和无棣县分获“智慧城市时空大数据平台建设”国家试点和省级试点，形成“一城双试点，市县联动”的地理信息公共服务平台建设格局。市自然资源和规划局按照省自然资源厅实施方案要求，在全省创新采用房屋产权信息和规划工程审批资料，开展地理信息公共服务平台框架数据更新，11月30日，滨州市提前一个月完成全省地理信息公共服务平台框架数据省市联动更新（滨州）相关工作，并通过专家组评审，有效提高天地图·山东滨州区域数据现势性和准确度。

【“多测合一”管理办法和技术准则出台】 2019年6月，滨州市推进工程建设项目实施“多测合一”，市政府成立工作专班，在参照国家及行业规范标准、调查研究工程建设项目测绘业务的基础上，聘请专家指导，并多次组织有关部门开展专题座谈。10月11日，《滨州市工程建设项目“多测合一”行业监管办法（试行）》出台，将建设工程项目中分散于自然资源、住建、城管部门涉及的9个专业测绘项目合并为1个综合性联合测绘项目，实行一次委托、联合测绘、成果共享。12月4日，《滨州市工程建设项目“多测合一”技术准则（试行）》印发，为全省正式出台的第一个市级“多测合一”技术规范性文件。准则对全市“多测合一”测绘基准进行统一，全市统一采用2000国家大地坐标系和1985国家高程基准；准则对测绘工作内容进行统一，将工程建设项目的技术内容分为控制测量、拨地测量、规划放线验线测量等9项；准则统一测绘成果文本，附录部分的8个综合测量报告对作业声明、作业基本信息、技术说明、测绘成果图、测绘成果表的格式进行统一，实行“多测合一”成果标准化管理。

（高连新）

科研机构

黄河三角洲（滨州）国家农业科技园区

【概况】 2019年，黄河三角洲（滨州）国家农业科技园区通过科技部2019年度国家农业科技园区综合评估。凝心聚力推动“双招双引”，签约引进8个科研创新和人才实训平台。推进技术与产业协同发展，创建市级现代农业产业园，明确园区主导产业和科研方向，确定发展5个农业科研创新、推广项目，规划

2019年6月11日，中国农业科学院研究生院与滨州国家农科园区战略合作协议签约仪式在滨州举行 （李富强 摄）

发展190公顷农业科研创新项目发展区域，黄河三角洲STS新范式农场项目通过验收，打造土壤改良——种养殖循环适度规模化生产模式。突出综合效益，突出现代农业技术推广与示范带动，示范推广食用菌瓶微波灭菌、优质冬枣轻简化栽培、行间生草、割草覆树盘、温室相变蓄热、田间机器人等9项技术，可为中小食用菌企业每年节省资金120余万元，带动枣农500余户。完成基础设施投资400余万元，引入天然气，改造高压供电线路，解决“僵尸项目”问题，收回86.67公顷水库，优化发展环境。

【园区“双招双引”】 2019年，黄河三角洲（滨州）国家农业科技园区推进与高校、科研院所产学研合作，引进建设8个科研创新和人才实训平台。与中国农业科学院研究生院合作建设“中国农业科学院共建博士创新实践基地和研究生培养实践基地”。发挥园区农业物联网平台优势，与山东农业大学合作建设“大数据应用基地”与“教学科研就业实践基地”。与滨州学院合作建设“滨州学院产学研合作基地和实践教学基地”。与滨州职业学院合作建设“滨州职业学院教师科研实践基地和学生实习实训基地”，初步搭建起园区科研创新和人才培训平台体系。签约引进山东彩丰设施果蔬种植项目，发掘新范式农场潜力，引进富硒西瓜等4个新品种，探索盐碱环境下优质瓜菜高产栽培技术，对外进行生态农业技术培训、示范。推动招才引智，聘任中国农业科学院培训中心主任、教授、博士生导师刘大群为园区发展顾问，参与“百名硕博进事业单位”人才项目，引进硕士1名。

【体制改革】 2019年，黄河三角洲（滨州）国家农业科技园区因地制宜推进改革，调研学习国家农业科技园区管理办法，以及开发区体制机制改革政策，组织到省内外多个先进国家农业科技园区进行考察学习，提出党工委领导下的“园区管委会+研究院+公司”体制机制改革建议。11月26日，市委书记佘春明到园区调研，对园区机制体制改革提出要求。

【创新驱动】 2019年，黄河三角洲（滨州）国家农业科技园区突出三产融合发展，创建市级现代农业产业园。结合现有优势主导产业发展前景和急需解决问题，分三个阶段展开园区主导产业调研论证，最终立足黄河三角洲地区土壤、气候等自然条件及资源禀赋情况，确定以耐盐碱作物育种育苗、农作物抗盐抗旱栽培技术引进、研发、示范、推广为主责主业。制定完善园区创新方案，确定“粮食作物育种和抗盐碱抗旱栽培技术研究引进示范推广”“果树优质、高产、安全、高效栽培技术研究和示范”“示范带动蔬菜种苗繁育和瓜菜种植技术的集成示范与推广”“棉花育种及有机棉花农机农艺融合技术示范与推广”“花卉苗木培育”5个科研创新课题，规划完成190公顷科研创新基地。黄河三角洲STS新范式农场项目通过省科技厅验收，项目综合运用相变蓄热、LORA物联网、田间机器人等5项先进技术、先进装备，打造土壤改良—种养殖循环适度规模化生产模式。

【示范带动】 2019年，黄河三角洲（滨州）国家农业科技园区通过示范带动，园区发展综合效益更加显著。在新范式农场推广应用相变蓄热、LORA物联网、田间机器人、病虫害生物防治等5项先进技术和装备。落实《关于深化科技体制改革加快创新发展的实施意见》，创建“无棣县水湾镇崔桥村农科驿站”，建设起集冬枣栽培管理科技创新、成果转化、技术服务和职业农民培训于一体的枣业技术服务平台，申报“山东省重点研发计划课题任务——冬枣老园改造及生态重建技术示范”项目，进行老枣园树形和生态改良，预期指导服务省扶贫工作重点村17个，培养2名科技致富带头人。年内，崔桥农科驿站整合500余户合作社成员，统一进行冬枣管理、采摘、包装、销售，培训农民1200多人次，推广新技术10余项，引进新设备6台（套），入社枣农每年亩增收3000多元。推广应用食用菌培养基微波灭菌技术、装备，每个菌棒灭菌成本仅为0.017元，每天平均处理1万菌棒，可节省3300余元，年节省120.45万余元。

（孙艳刚 韩彦彦）

山东省滨州畜牧兽医研究院

【概况】 2019年，山东省滨州畜牧

兽医研究院按照“引人才，争项目，建平台，育团队，出成果，增实力，促合作，谋发展”工作思路，推进畜牧兽医研究工作。年内，承担各类科技、人才等项目20余项，在猪圆环病毒样颗粒疫苗、猪气喘病活疫苗（RM48株）、小鹅瘟卵黄抗体等研究及畜禽疫病快速诊断取得新突破。研发动物用生物制品、动物保健品、饲料与饲料添加剂、检测试剂、养殖清洗、消毒、环保产品等，10多项科研成果获得省市科技进步奖、专利奖。主持制定的《洼地绵羊》国家标准获批发布实施。发挥全国人大代表与专家智库作用，10余条咨询建议被采纳，其中2条被省委主要领导签批办理。服务滨州市千亿级畜牧产业集群，在全市及全国培训各类科技人员与新型职业农民1万人次以上。以创新引领带动产业转型升级，领办的绿都生物工程高科技园创建“新六产”发展模式，帮助500多名研究生大学生以及下岗职工解决高端就业与再就业问题。“勇于改革创新，全面建设研学产合作创新研究院”工作经验入选中央组织部《新时代新发展理念丛书》，向全国宣传推广。

【招才引智】 2019年，“英国奈儿教授团队”“加拿大苏雷士教授团队”多次到院开展项目合作。引进加拿大健康科学院专家，建立全市首家外籍院士工作站。引进国家级专家3人，邀请国内外知名院士、专家到滨州交流合作100余人次。培养“渤海英才·杰出贡献专家”2人、市十佳学术技术带头人2人、副高职称4人。培养博士后3名；培养毕业博士研究生2名、硕士研究生6名，培训各类实习大学生200余人。新建高校教学科研基地1个。

【合作交流】 2019年，山东省滨州畜牧兽医研究院着力实施2个山东省人才项目，在引进国外先进技术、国际化人才培养、学术交流等方面取得成效。加强山东省品牌国合基地项目建设，“中英禽病国际研究中心”获英国政府与英国牛顿基金会2019年牛顿基金项目提名奖（Newton Prize）。年内，举办省专业技术人员高级研修班项目“第六届动物疫苗与免疫佐剂沙龙”，英国、加拿大、巴基斯坦专家及国内专家学者、企业家数百人到滨州交流研讨。在滨州举办“重大禽病防控技术的新策略与新工具外国专家专题讲座”项目，在英国联合举办“第五届中英禽病国际研讨会”。年内，向英国派出国选访问学者1名，向加拿大派出省选访问学者1名，获省政府资助访问学者资格1名，2名短期访问学者学成回国。引进多项国际前沿技术，获批山东省引进外国智力项目1项、山东省外国专家讲座项目1项。

【科技创新】 2019年，山东省滨州畜牧兽医研究院承担各类科技、人才等项目20余项。争取国家自然科学基金面上项目1项、农业农村部湄公河流域“一带一路”国际合作项目1项、山东省重大科技创新工程项目3项，省重点研发和省自然科学基金等省级项目6项，市畜牧兽医推广项目2项；市院士工作站、市重点实验室、市外专讲座项目获市人才奖励经费支持。帮助合作企业争取省市各类项目经费支持3项。完成中日政府间国际科技合作项目、国家自然科学基金项目年度计划。国家星火计划重点项目《多胎多羔洼地绵羊》、山东省重点攻关项目《ORT灭活疫苗的研制》会议验收。5项省自然科学基金项目通过验收。在猪圆环病毒样颗粒疫苗、猪气喘病活疫苗（RM48株）、小鹅瘟卵黄抗体等方面研究及畜禽疫病快速诊断方面取得突破。向全国推广自主研发的食品安全检测试剂盒、动物疫病抗原、抗体检测试剂盒等产品30余种。加强与相关企业合作，推进科技成果产业化。为畜牧兽医行业、企业提供大量技术服务。地方优良品种保护选育取得新成果，加强渤海黑牛、洼地绵羊、渤海黑驴及引进的广西巴马香猪等品种保护与选育。免费帮助国家级渤海黑牛原种场创建省级布氏杆菌病净化场，成为全省首家通过省级布氏杆菌病净化场验收的肉用种牛场。

【创新平台载体建设】 2019年，山东省滨州畜牧兽医研究院建设的国家博士后科研工作站、省市重点实验室、省工程技术研究中心等人才与创新平台载体通过各级考核。帮助企业建立山东省工程技术研究中心1个。绿都生物工程高科技园创建“新六产”发展模式，在全市农业示范园区考核中居前列。山东绿都万亩中药科技产业观光园获批“滨州市现代农业产业示范园”。

【《洼地绵羊》国家标准获批实施】 2019年，山东省滨州畜牧兽医研究院主持制定的《洼地绵羊》国家标准（GB/T 37310-2019）获批发布实施，标志着具有700多年历史，生长在滨州市中心产区的山东省地方畜禽良种洼地绵羊成为国家级良种。该标准由山东省滨州畜牧兽医研究院、山东省滨州洼地绵羊研究开发推广中心、滨州市畜牧兽医局、山东绿都生物科技有限公司起草制定，规定洼地绵羊品种来源、品种特征、生产性能、等级评定、生产性能测定及鉴定记录，适用于洼地绵羊的品种鉴定、等级评定等内容。

【乡村振兴齐鲁示范样板创建】 2019年，山东省滨州畜牧兽医研究院领办的山东绿都万亩中药科技产业观光园，为8个村村民和贫困户增收1500多万元，增加村集体收入140多万元，入选市乡村振兴齐鲁样板示范区项目。

（田风荣　霍　芳）

31 教育 Education

综　述

【概况】　2019年，全市有幼儿园814所，小学291所，初中137所，普通高中36所，中等职业学校17所，特殊教育学校8所，高等学校5所（含滨州市技术学院、技师学院）。2月22日，滨州市教育大会召开，谋划到2035年全市教育改革发展总体目标。推动420所中小学党组织关系理顺到市、县教育工委管理。新建、改扩建19所学校，幼儿园74处。参加交流轮岗的校长教师1821人，集团化办学覆盖率96%。教育评价改革“滨州模式”获批山东省教育厅“教育局长突破项目”。全市智慧教育云平台完成部署，首批确定培育30所标杆学校、7个样板区域。传承红色基因教育覆盖全市507所各级各类学校，受益青少年50多万人。义务教育初始年级招生8.8万人，夏季高考普通本科上线9349人。家长教育在300多所中小学铺开，惠及30多万家庭、60多万名家长，被中国关工委表彰为2019年度“家校社共育”优秀实践区（全国4个）。366所小学、57所初中开展课后服务工作。全年开展应急疏散演练6665次，参与师生40余万。4所职业学校入围全省示范性及优质特色中等职业学校计划。市教育局制定《滨州市教育局打赢脱贫攻坚战专项工作方案》，会同扶贫部门重新修订《滨州市建档立卡贫困户学生资助暂行办法》。全年发放各类奖、助学金（含免学费）1.27亿元，惠及在校生8.3万人次。为10788名大学生办理生源地信用助学贷款8730万元。核实并资助建档立卡家庭经济困难学生1.1万人次，免除和发放资助资金1312.8万元。

【教育综合改革】　2019年，全市参加交流轮岗的校长、教师1821人，校长职级制改革后第一个校长聘期结束、第二个聘期启动，省内外十几个地市到滨州部分县（市、区）考察学习改革经验。在山东省教育综合改革和制度创新典型案例评选活动中，滨州市“持续深化‘县管校聘’改革”典型案例入选全省十大典型案例和中央教育工作领导小组秘书局简报。探索形成集团化办学新机制，集团化办学覆盖率96%，市城区成立教育集团、教育联盟18个，实现市城区核心校和成员校全覆盖。

【教育民生工程】　2019年，全市投资16.8亿元新建、改扩建学校19所，新增校舍面积55.5万平方米，争取

2019年滨州市各级各类学校基本情况统计表

表41

类别＼项目	学校数（所）	班数（个）	招生数（人）	在校生数（人）	教职工数（人）	专任教师数（人）
学前教育	814	4808	61837	133960	13181	8694
小学	291	6392	45904	261346	17083	16582
普通中学	173	4189	60051	191793	23170	18538
#普通初中	137	2754	37040	125243	14940	11102
#普通高中	36	1435	23011	66550	8230	7436
中等职业教育	17	—	10093	27397	2591	2049
特殊教育学校	8	100	74	854	223	189
高等学校	5	—	30195	79814	4057	3047
总计	1308	19678	208154	695164	60305	49099

土地指标620亩，化解大班额604个。投资2.5亿元，完成108所中小学薄弱环节改善工程，建设面积11.2万平方米。购置图书26.5万册、计算机3365台、课桌椅凳1.3万套、学生用床164张，投资4022万元购买更新教学仪器设备。全年投入教育教学装备资金1.52亿元。投入资金1.9亿元新建、改扩建幼儿园74处。

【经费保障】 2019年，全市地方教育经费总收入78.02亿元，比2018年增长5.96%；教育费附加5.22亿元，比2018年增长6.85%；事业收入13.13亿元，比2018年增长30.53%，其中学杂费收入12.07亿元，比2018年增长40.85%；社会捐赠经费363万元；民办学校中举办者投入5091万元；其他教育经费1083万元。全市教育经费总支出为77.85亿元，其中教育及其他部门教育经费总支出69.65亿元，企业和民办教育经费总支出8.20亿元。全市财政预算内教育事业费实际支出56.47亿元，比2018年增长1.56%，其中普通中学预算内教育事业费支出23.56亿元、普通小学预算内教育事业费支出21.90亿元。2019年，全市拨付义务教育经费保障专项资金3.54亿元，其中中央及省级资金2.31亿元、市级资金3925万元、县级资金8362.45万元。家庭经济困难寄宿生生活费补助标准达到每生每年小学1000元、初中1250元，补助范围为在校寄宿生的30%，全年拨付寄宿生生活补助资金2544.89万元；全面免除义务教育阶段农村学生和城市家庭经济困难学生课本费。

2019年滨州市教育经费收入情况统计表

表42　　单位：万元

	总计	一、国家财政性教育经费	其中：公共财政预算	政府性基金预算	二、民办学校中举办者投入	三、捐赠收入	四、事业收入	其中：学费	五、其他教育经费
合计	780243	642424	616860	11061	5091	363	131281	120736	1083
市本级	95252	78790	69523	3430	—	5	16408	12613	50
滨城区	114195	75302	59368	7350	2882	22	35110	33394	878
沾化区	57958	51136	51108	28	50	—	6770	6217	2
邹平市	146469	128522	128488	34	—	—	17947	17194	—
惠民县	80188	66994	66899	95	—	5	13184	12576	5
阳信县	67676	54839	54817	22	—	—	12819	11638	18
无棣县	81706	72057	71985	72	1906	—	7617	7057	127
博兴县	87464	74485	74458	27	116	327	12532	12164	3
滨州经济技术开发区	30882	23443	23358	4	96	4	7339	6348	1
高新区	11067	9877	9877	—	42	—	1149	1131	—
北海经济开发区	7385	6979	6979	—	—	—	406	403	—

2019年滨州市各级各类学校教育经费支出情况统计表

表43　　单位：万元

	总计	普通高等学校	中等职业学校	普通高中	普通初中	普通小学	特殊教育学校	幼儿园	其他教育单位
合计	778490	37868	57106	305415	189651	264707	4357	92666	16371
市本级	95359	37868	14959	30481	10825	3192	1148	1740	5970
滨城区	113245	—	9997	35531	27432	40109	395	25684	1530
沾化区	57995	—	1960	22943	16669	25661	179	6159	1092
邹平市	146469	—	10012	62396	36018	53520	813	17234	2494
惠民县	80057	—	5792	35419	22018	28858	199	8545	1245
阳信县	67676	—	2740	31191	19275	25184	332	7100	1128
无棣县	80890	—	2930	33773	20429	35407	570	6787	1423
博兴县	87464	—	8064	37061	24179	28969	721	11320	1329

续表 43

	总计	普通高等学校	中等职业学校	普通高中	普通初中	普通小学	特殊教育学校	幼儿园	其他教育单位
滨州经济技术开发区	30882	—	351	10323	8481	14885	—	5164	160
高新区	11067	—	301	3007	3007	5982	—	1777	—
北海经济开发区	7385	—	—	3289	1317	2939	—	1156	—

【教育科研】 2019年，市教育局引入“学习共同体”项目，新建2个学前教育名师工作室、46个名师工作室，举办200余次研修活动，发挥课改先锋队作用。组织35名学前、小学及初中名师到县（市、区）“送教送研”。引入近200名校长、学科名师、研究专家指导教育教学工作。年内各级规划课题、专项课题立项155项，结题195项。

【语言文字工作】 2019年，全市8398人参加普通话水平测试，7083人领取普通话水平测试等级证书。全市245所中小学、幼儿园成为滨州市语言文字工作建设达标学校。市教育局、市语言文字工作委员会完成沾化区、无棣县、阳信县、惠民县县域普通话基本普及验收。第22届全国推广普通话宣传周滨州市启动仪式在滨城区第一小学（学院附小）举行。9月17日，山东省语言文字工作年中推进会在枣庄滕州召开，滨州市作典型发言。

【电教装备和后勤建设】 2019年，市教育局推进全市教育信息化公共服务体系建设，全市智慧教育云平台完成部署，首批确定培育30所标杆学校、7个样板区域，促进信息技术与教育教学深度融合。组织创客教育培训、第二届中小学创客节、教师信息化素养提升培训等活动，在山东省信息化大奖赛、新媒体新技术交流展示活动中取得优异成绩。对全市学校食堂和学生营养餐情况进行摸底调查和整改落实，落实每一名农村小学生每天免费增加一包学生奶的营养任务。组织开展全市中小学教师实验教学和信息化教学说课比赛、全市中小学优秀自制教具评选、全市生物实验室管理人员培训等活动。推进实验教学网络化管理，组织参加“全国义务教育综合实践活动教学装备配置标准研究验证活动”，是全省唯一参加该活动的市；在教育部举办的新时代综合实践活动（劳动教育）资源建设现场会暨研学实践教育大会上作典型发言，青少年示范性综合实践基地建设装修工程全部完成。

（李伟光　王　蕾）

基础教育

【概况】 2019年，全市有幼儿园814所，在园幼儿13.40万人，教职工13181人。全市有小学291所，在校生26.13万人，当年招生4.59万人，教职工17083人，专任教师1.66万人；初中137所，在校生12.52万人，教职工14940人，专任教师1.11万人；普通高中36所，在校生6.66万人，教职工8230人，专任教师0.74万人；特殊教育学校8所，在校生854人，当年招生74人，教职工223人，专任教师189人。年内，开展流行性传染病预防、预防近视、禁毒宣传、国防知识教育等工作，在全省国防知识竞赛中包揽小学组、中学组、高中组三个组别第一名。举办“传承红色基因”庆祝中华人民共和国成立70周年系列主题活动。8所学校入选全国优秀传统文化传承学校。在全国青少年禁毒知识竞赛活动中，滨州代表队获全国和山东赛区第一。

2019年滨州市幼儿园情况统计表

表 44

	幼儿园数（所）	离园人数（人）	入园人数（人）	在园人数（人）		教职工数（人）	
				合计	其中女	合计	专任教师
滨城区	197	8438	19557	35445	16870	5357	3350
沾化区	70	2686	4040	9143	4290	902	534
邹平市	73	7631	9965	25729	12146	2558	1933
惠民县	145	5820	9923	19592	9399	972	557
阳信县	156	3569	5375	13612	6370	1024	620
无棣县	105	3765	6457	13151	5738	806	546

续表 44

	幼儿园数（所）	离园人数（人）	入园人数（人）	在园人数（人）		教职工数（人）	
				合计	其中女	合计	专任教师
博兴县	68	5068	6520	17288	8057	1562	1154
总计	814	36977	61837	133960	62870	13181	8694

2019 滨州市小学情况统计表

表 45

	学校数（所）	教学点（个）	毕业生数（人）	招生数（人）	在校生数（人）		教职工数（人）	
					合计	其中女	合计	专任教师
滨城区	34	5	7825	11190	58265	27595	3911	3669
沾化区	37	2	3005	3580	19884	9481	1570	1558
邹平市	33	3	6981	8291	49292	23099	2984	2933
惠民县	54	17	5442	5862	34861	17041	2304	2235
阳信县	37	14	4543	5455	32482	15214	1747	1715
无棣县	58	1	4513	7078	40202	17802	2384	2355
博兴县	38	0	4862	4448	26360	11753	2183	2117
总计	291	42	37171	45904	261346	121985	17083	16582

2019 年滨州市普通初中情况统计表

表 46

	学校数（所）	毕业生数（人）	招生数（人）	在校生数（人）		教职工数（人）	
				合计	其中女	合计	专任教师
滨城区	26	8410	8697	27945	13320	2790	2283
沾化区	18	3152	2694	9476	4667	1159	1023
邹平市	19	8104	6924	24286	11587	2173	2014
惠民县	20	5669	5002	17635	8781	1639	1479
阳信县	20	5141	4734	15438	7432	1577	1430
无棣县	16	4124	4372	13912	6498	1446	1325
博兴县	18	5401	4617	16551	7706	1744	1548
总　计	137	40001	37040	125243	59991	12528	11102

2019 年滨州市普通高中情况统计表

表 47

	学校数（所）	毕业生数（人）	招生数（人）	在校生数（人）		教职工数（人）	
				合计	其中女	合计	专任教师
滨城区	7	4623	4728	13885	7373	1460	1245

续表 47

	学校数（所）	毕业生数（人）	招生数（人）	在校生数（人）		教职工数（人）	
				合计	其中女	合计	专任教师
沾化区	4	1501	1742	4565	2535	560	544
邹平市	5	5447	4734	14195	7597	1496	1282
惠民县	5	2609	3106	8203	4514	1072	947
阳信县	7	3287	3225	9488	5064	961	849
无棣县	5	2786	2685	7981	4179	740	708
博兴县	3	3115	2791	8233	4244	929	849
总　计	36	23368	23011	66550	35506	7218	6424

2019 年滨州市特殊教育学校情况统计表

表 48

	学校数（所）	毕业生数（人）	招生数（人）	在校生数（人）		教职工数（人）	
				合计	其中女	合计	专任教师
滨城区	2	7	54	235	67	57	49
沾化区	1	11	8	61	27	10	10
邹平市	1	28	22	276	100	44	32
惠民县	1	5	14	70	27	12	11
阳信县	1	21	36	258	113	26	22
无棣县	1	6	0	152	51	25	23
博兴县	1	23	24	191	68	49	42
总计	8	101	158	1243	453	223	189

【第三期学前教育行动计划执行】 2019 年，全市投入资金 1.9 亿元，新建、改扩建幼儿园 74 处，配备设施设备 113 处，增加幼儿学位 13540 个。《主城区中小学（幼儿园）布局规划（2019—2022）（2019—2035）》向社会公开征求意见，形成规委会报送稿。

【幼儿园专项整治】 2019 年 6 月底，经县（市、区）筛查整治，全市完成 642 处无证园清理整顿，其中取缔 321 处、准入 321 处。至年底，全市城镇居住区配套幼儿园专项整治完成公办园 13 处、普惠性民办园 48 处、不需要整治销号 9 处。

【幼儿园分类认定】 2019 年，市教育局安排部署全市一类园、二类园、三类园的分类认定工作。至年底，全市有省级示范称号幼儿园 83 所、省级一类称号幼儿园 139 所。开展首批全市特色幼儿园评选活动，36 所幼儿园获评第一批特色幼儿园。

【中小学课程建设】 2019 年，市教育局落实国家课程标准，规范实施课程方案。加强国家、地方、学校三级课程管理，开全开齐开好国家课程和地方课程。年初专题安排部规范课程实施、控制作业量、规范日常考试等，加强基础教育课程、教材、教辅材料管理工作。制发《滨州市教育局关于落实〈山东省义务教育学校管理标准〉的实施意见》等文件，对“零起点”教学、招生入学、中小学作业量、日常考试等进行要求，首次组织开展全市义务教育满意度测评，各县（市、区）根据反馈情况进行整改。

【德育教育改革】 2019 年，市教育局以立德树人为根本任务，将德育内容细化落实到学科教学全过程。挖掘渤海老区红色文化底蕴，密集开展各种形式“传承红色基因，争做时代新人”活动。命名首批 22 处“中小学生红色基因传承教育基地”，全市累计50万名中小学生接受红色基因主题教育，相关经验在《中国教育报》等媒体刊登。组织4所学校参加全省普通高中学生辩论赛。开展各类主题教育活动30余次。参与组织的“科普日”活动被中国科协表彰为优秀活动。

【义务教育学校管理】 2019年，市教育局制定《〈义务教育学校管理标准〉落实工作方案》，开展两次拉网式专项检查，督促整改落实，提升义务教育实施水平。简化义务教育阶段学校招生流程，义务教育初始年级招生8.8万人。制发《关于进一步做好各类人才子女入学工作的指导意见》，解决各类人才子女入学问题。对优秀企业作出优化子女入学承诺，优化营商环境。

【市教育局获全国“家校社共育”优秀实践区】 2019年，市教育局在全市300多所中小学全面开展家长教育，惠及30多万家庭、60多万名家长，被中国关工委表彰为2019年度“家校社共育”优秀实践区（全国4个），继2018年后再次获该奖项。4个县级教育部门、6人分获中国家长教育“金推手奖”集体奖、个人奖。滨州经济技术开发区一中家校共育案例入选“全国家庭教育创新实践基地”优秀案例（全省5个）。家长教育“滨州经验”经过专业机构推介，被24个省市自治区的4000多所中小学、幼儿园及部分城市社区借鉴。

【两项工作入选全省教育典型案例】 2019年，市教育局推送的《立足课后服务做实民生工程》《实施集团化办学，落实优质均衡发展》入选省教育厅2019全省基础教育改革典型案例。年内，全市366所小学课后服务工作全部开展，覆盖率100%，小学生参与率67.1%；83所初中学校中57所开展课后服务工作，覆盖率68%，初中生参与率56%；全市财政投入资金1133万元；全市开展课后服务工作学校423所，受益学生约24万人；滨州市中小学课后服务经验做法得到省政府和省教育厅肯定。5月22—23日，在省政府组织的全省小学课后服务观摩上，阳信县人民政府和阳信县、无棣县两所学校提交中小学课后服务经验交流材料，阳信县第一实验学校在会上作典型经验介绍。市教育局落实《滨州市人民政府办公室关于实施集团化办学推进城乡教育一体化发展的意见》，指导县（市、区）出台完善工作方案，开展组建教育集团改革试点，将工作开展情况纳入对县（市、区）督导考核等方式，推进城乡义务教育均衡发展。至年底，全市集团化办学覆盖率96%。

2019年11月28—29日，2019中国家长大会在湖北省举行，滨州市教育局获评2019中国家长大会“家校社共育优秀实践区” （市教育局 供图）

【中小学特色学校建设】 2019年，市教育局实施特色中小学校建设工程，建立特色学校评价体系，制定滨州市特色学校评价标准，培育一批特色学校，提升办学品位，带动中小学办学水平整体提升，促进基础教育优质发展。年内，命名特色学校101所、特色项目学校127所。

（李伟光 王 蕾）

职业与成人教育

【概况】 2019年，全市有高等职业学院、技术学院和技师学院各1所，国办中等职业学校11所，民办职业学校6所。滨州职业学院为山东省优质高等职业院校和国家骨干高职院校、国家重点中等职业学校7所、省部级重点中等职业学校4所、国家中等职业教育改革发展示范校3所、省部级示范性中等职业学校1所。开设19大类。

2019年滨州市中等职业学校情况统计表

表49

	学校数（所）	毕业生数（人）	招生数（人）	在校生数（人）		教职工数（人）	
				合计	其中女	合计	专任教师
滨城区	7	4408	3210	9460	3832	990	718

续表 49

	学校数（所）	毕业生数（人）	招生数（人）	在校生数（人）		教职工数（人）	
				合计	其中女	合计	专任教师
沾化区	1	400	456	1068	408	83	83
邹平市	1	2471	2339	6031	2448	547	506
惠民县	2	993	443	1400	722	134	121
阳信县	1	967	1265	3032	1141	176	170
无棣县	3	1010	936	2335	1130	233	204
博兴县	2	1823	1444	4071	1504	428	247
总计	17	12072	10093	27397	11185	2591	2049

【省级项目申报】 2019年，全市4所中等职业学校入围全省示范性及优质特色中等职业学校建设计划，入选数居全省第三名，获省级财政支持资金4000余万元。无棣县职业中专通过省优质特色中等职业学校中期评估，沾化区职业中专通过省规范化中职验收。组织专家对博兴县、邹平市省示范校建设情况进行验收。

【产教融合推进】 2019年，市教育局编制全市职业教育发展规划（2020—2025），明确职业教育发展定位和方向。推进产教融合、校企合作，新增50个校企合作项目，参与产教融合型城市项目申报工作，服务地方经济社会发展能力增强。滨州职业学院入选中国特色高水平高职学校和专业建设计划。推进渤海科技大学、山东健康职业学院、渤海科技职业学院、滨州交通职业学院等省、市重点项目建设。分管副市长带队到上海市、常州市、南通市、嘉兴市考察职业教育，组织100名校长和骨干教师到常州跟岗培训。滨州市在全省教科研工作会议职教分会场作职业教育发展典型发言。

【教师培养】 2019年，市教育局组织全市职业院校技能大赛和教师教学能力大赛。滨州代表队在全国职业院校技能大赛取得金奖3项、银奖3项、铜奖1项，创历史最好成绩，进入全省第一梯队。职业院校教师教学能力大赛连续两年成绩居全省第一，市教育局获评全省优秀组织奖。全省职业教育教改立项重点立项中职课题32项，滨州市5项课题入选。举办校长治校能力和教师业务素养提升培训班。召开高规格全市职业教育工作观摩推进会议，成立全市职业教育发展战略咨询委员会。

（李伟光　王　蕾）

高等教育

【概况】 2019年，滨州市有高等学校5所（含滨州市技术学院、技师学院），在校生7.98万人，招生30195人，教职工4057人，专任教师3047人，其中成人本专科在校生2.35万人。

（李伟光）

【滨州医学院】 2019年，滨州医学院有全日制在校生16373人，其中硕士研究生830人、留学生177人；“长江学者”1人、教育部新世纪优秀人才3人、山东省“泰山学者”和泰山产业领军人才24人；省部级重点学科8个。年内，滨州医学院立项省级以上大学生创新创业训练计划118项；在中国高等教育学会普通高校学科竞赛排行榜和“中

2019年3月20日，山东省高等学校对接产业类协同创新中心揭牌仪式在滨州医学院举行，协同创新中心由滨州医学院、北京大学、愉悦家纺共同建设

（滨州医学院　供图）

国研究生创新实践系列大赛”中获一等奖5人次、二等奖10人次。18个本科专业通过山东省“一流专业”审核，居全省同类院校前列，护理学位列“软科中国最好排名”16位、进入前22%。年内，立项国家自然科学基金23项、国家社科基金1项、山东省重点研发计划9项，年度科研经费6350万元。在《新英格兰医学杂志》发表重要研究成果并入选年度最佳论文。促进学科交叉融合，探索新医科改革发展，成立医养健康产业研究院等服务新旧动能转换机构，获校地融合发展基金1625万元，1项智库成果得到省委书记刘家义批示；获批山东省高校协同创新中心1个；获山东省科技进步奖三等奖1项、优秀社会科学成果二等奖2项；中国医学院校科技量值排名61位，在独立地方医学院校中居全国前列。年内，滨州医学院引进博士48人；入选山东省“青创人才引育计划”立项建设团队6个，获“齐鲁友谊奖”1人、全省道德模范1人、省优秀教师1人。完成新一轮专业技术岗位聘用，晋升教授24人、副教授60人。获2018年全国高校（医学类）微课教学比赛奖6项（其中一等奖1项）、医学院校青年教师教学基本功比赛三等奖1项，省高校青年教师教学比赛奖8项（其中一等奖2项）。服务山东省新旧动能转换和校地融合发展工作项目落地9项；与荣昌生物制药有限公司合作，获批国家科技重大专项“十三五”重大新药创制项目1项。选派21名医学专家赴青海省、重庆市开展扶贫支医工作，7名业务骨干赴省扶贫重点乡镇担任“业务院长”，23名医护人员赴驻地基层开展诊疗帮扶工作。持续提升基层医疗服务水平，累计培训基层医务人员2300余人。全职引进国家级人才工程入选人员1人，新增“泰山学者”5人、“泰山产业领军人才”3人、山东省有突出贡献中青年专家1人。滨州医学院与济南大学、青岛大学等4所国内高校签署博士研究生联合培养协议，成立4个博士研究生国际联合培养基地，新增博士研究生导师11人，以第一导师身份首次招收全日制博士研究生3名。滨州医学院牵头联合北京大学人民医院、愉悦家纺有限公司等有关高校、科研院所和行业龙头企业，组建“睡眠与呼吸相关疾病防治协同创新中心”，获批山东省高校协同创新中心。滨州医学院与青岛理工大学合作成立康复工程研究院，推进医工融合医养健康领域应用技术研发。加强教学基础设施建设，投入1600余万元加强基础医学实验中心建设，投入4200余万元加强实验室建设和教室升级改造。成立教育发展基金会，争取到美宝集团、丰金集团等捐款1116万元。

（王志远）

【滨州学院】 2019年，滨州学院录取新生4679人，其中本科3972人、专科707人。2019届毕业生考研升学率33.55%，专升本录取率27.41%，初次就业率为97.12%，其中网签率22.20%。调整优化专业结构和布局，2个航空类本科专业通过教育部审批备案并招生，4个本科专业获得学士学位授予权。推进专业认证，7个工科专业做好认证申请准备，2个师范类专业提交二级认证申请。修订完成2019版人才培养方案和课程标准，学分制改革平稳推进。强化航空内涵建设，优化航空专业结构，面向航空领域培养人才专业（方向）达到51个；招生区域扩大到17个省（市、自治区），年内飞行技术专业录取433人，创历史新高。落实学校硕士学位立项建设单位建设规划与实施方案，推进一流学科和学位点建设，制定完成研究生培养管理规章制度和相关学科研究生培养方案，通过硕士学位立项建设单位中期汇报答辩，进入山东省重点资助序列，学校整体指标已满足申硕要求，年内新增兼职硕士生导师20名、联合培养研究生12名，以学科（学位点）为依托，举办各类学术报告会及学术论坛70余场次。实施“一流学科建设计划”“1355科技创新工程”，年内新增省级科研创新平台4个，获批立项高层次科研项目71项，其中国家级10项、省部级61项。推进校企合作、产教融合、协同育人，续签4个校企合作办学专业，完成7个校企合作办学专业学费备案。对接省市新旧动能转换重大工程，实施服务黄河三角洲、服务航空业发展行动计划，开展“滨州学院博士企业行”活动，对接企事业单位50余家，促成合作协议、项目45项，实现服务收益2000余万元。促进校企、校地融合发展，协调建立合作平台、研发中心8个，组建科技研发团队5个，成立乡村振兴研究院、通用航空产业研究中心、地方立法

2019年5月30日，滨州市环境科学学会、滨州市航空学会成立大会在滨州学院召开

（滨州学院　供图）

研究院3个智库。发挥省教师教育基地作用，承接继续教育及地方行业企业培训任务，继续教育完成各类招生9000余人、各类培训及资格认证3528人。推进国际交流层次与深度，拓展国际合作渠道和空间，国际交流友好院校达到50所。年内，滨州学院调整完善校区整体规划和拟建工程项目，教师教育实习实训中心完成施工并投入使用，电气工程学院完成整体搬迁；民用航空实验实训楼及看台主体工程施工完成，室内训练馆进入招标论证阶段；完成学校产权校舍面积测绘及不动产权证书办理工作。改造东浴室为智慧餐厅，建设航空主题健身公园，升级改造篮球排球场地、航空类学生餐厅，解决学生公寓高层用水问题，对学生公寓进行粉刷，完成研究生公寓改造。调整图书馆流通服务布局，购置图书25万余册，图书馆藏书总量达到187.6万册。

（于　伟）

【滨州职业学院】 2019年，滨州职业学院新生报到人数7200余名，报到率94.47%，面向退役军人、下岗失业人员、农民工等扩招1071人，首批空军士官顺利入伍。内涵建设成果实现突破，跻身全国优质高职院校行列，22个项目通过认定，项目数量位列全国高职院校第七位、全省高职院校第一位。入选中国特色高水平高职学校建设单位，2个专业群被确定为中国特色高水平高职专业。9个新建二级学院揭牌。教学诊改国家级试点顺利完成现场复核，课程诊改案例被推荐为国家层面诊改案例。15项课题获批省职业教育教改研究立项。1个教学团队被确定为首批国家级教学创新团队，1名教师被评为全国优秀教师。2个工作室被认定为山东省职业教育名师工作室，3个专业群入选省高职教育高水平专业群建设项目，1个专业被确定为第五批山东省现代学徒制专业。中国职业技术教育学会会长鲁昕到学院视察调研并指导学院发展。主持国家级专业教学资源库1个，获国家级、省级比赛奖23项。全国职业教育对分课堂研学联盟在滨州职业学院成立。担纲设计中国职教学会新会徽、首届新时代中国卓越匠心文化论坛会徽并被长期使用，承担全国职教活动周网络宣传工作，1项成果入选高职教育改革发展成果展。年内，滨州职业学院被确定为全国高职院校“教学资源50强”“教学管理50强”。选派2名教师到云南省怒江州开展支教扶贫，与滨州高科园、沾化县下洼镇、省乡村振兴服务队签订战略合作协议，开展社会培训服务6.68万人次、创收2140万元。新增校内外实训基地53个，建设博士研究中心5个，新建技能大师工作室3个，与市科协共同搭建科技人才服务创新驱动平台。获批市级以上课题49项、科研成果20项，获授权发明专利32项，发表四大检索论文11篇。成立辅导员名师工作室，30名同学入选省“齐鲁工匠后备人才”，“鲁彬之”学术讲堂上升为滨州文化大讲堂，成立学院书法艺术研究中心。合作办学专业实现招生突破，在校生116人。滨州职业学院与北京诺浩共建中日智慧康养人才培养基地，与马来西亚斯特雅达成共建孙子学院协议，与金毅设备共同开展面向非洲工匠培训及留学生招生工作。年内，第二实训广场建设工程启动。

（李　倩）

2019年7月19日，滨州职业学院·金毅集团·加纳共和国驻华大使馆国际合作备忘录签约仪式在滨州举行　（滨州职业学院　供图）

【滨州市技术学院】 2019年，滨州技术学院全年学制班招生2200人，“3+2”一贯制招生500人，毕业生初次就业率98%，其中本地就业占比87%。实施“教学质量提升行动”，完善院系二级督导工作机制，修订完善各专业人才培养方案，外派专职教师参加业务培训290人次；参加教师教育教学能力比赛，获省一等奖1人、二等奖1人，11名教师分获省市优秀教育工作者、优秀教师称号，7名教师分获齐鲁首席技师、市突出贡献技师和市技术能手称号，1个院系获全市教育系统先进集体；教师立项省级课题10项、市级课题7项，主编参编教材10本；56名学生入选省“齐鲁工匠后备人才”；春季高考本科过线率32.7%，创历史最好成绩；组织学生参加鉴定考试1228人次，合格率达94.8%。实施“学生管理服务提升行动”，落实“领导干部深入基层联系学生”制度，领导干部带头走上讲台讲授国史党史；成立思政教研室，配齐配强专兼职各15人思政课教师队伍，开全开足4门德育思政课程；组织心理健康教育月，举办心理健康工作论坛。深化校企合作，新增新能源汽车、航空服务、粮食工程、工业机器人等专业4个，新增合作企业10家，成立企业冠名班5个，被批复为全市第一批新型学徒制试点单位。年内，获国家级比赛奖项1个，省级比赛奖

2019 年 5 月 30 日，滨州市技术学院代表队获得 2019 年全国职业院校技能大赛（中职组）“网络搭建与应用”赛项金牌

（滨州市技术学院　供图）

项 15 个，市级比赛奖项 32 个，综合实力位居全市前列。多元化办学进一步拓展，整合学院社会培训、继续教育资源，组建继续教育学院，新增全市农村和社区“两委”班子成员学历教育点、省级农民工培训，培训项目 14 个，完成各类社会培训 2607 人次。承办全市“金蓝领”电工技师、高级技师培训班，全市第三届养老护理员职业技能竞赛、全市创新创业大赛等，先后被确定为全省专业技术人员继续教育基地、全省农民工培训基地、全市退役士兵教育培训基地。推进继续教育工作，与山东大学、中国石油大学合作完成成人教育招生 420 人。

（王学强　刘晓飞）

【滨州市技师学院】 2019 年，滨州市技师学院招生 1833 人，其中全日制招生 1339 人、成人学历教育招生 494 人；新招聘教师 22 名。推行“教、学、练、做”理实一体化教学，推进 1+X 证书制度试点工作，探索实施“2+2+1”分段式培养，修订人才培养方案 22 个、校本教材 25 门、课程标准 138 门，全年共考取本科 67 人。开展创业培训 284 人、金蓝领培训 112 人，完成 400 名在校生、252 名企业及社会培训人员技能鉴定考试。完成 5028 名中学生社会实践活动，市外研学 20 期。31 家单位为毕业生提供实习岗位 1100 余个。开展“师德师能建设年”活动，活动共分 4 个阶段、6 个方面，19 项重点工作任务，对教师进行分层分类培训，培训教师 400 余人次。组织 39 名教师到常州技师学院进行一体化培训，选派 6 名教师到德国、英国进行国际交流。4 项教改项目立项为 2019 年山东省职业教育教学改革研究项目，其中 3 项为重点项目，占全省十分之一，列全市第一、全省第二；数控加工建设项目被确定为 2019 年齐鲁技能大师特色工作站；2 个名师工作室立项为山东省第二批职业教育名师工作室。教师获国家级荣誉 2 个、省级荣誉 5 个、市级荣誉 26 个，在国家级比赛中获得一等奖 3 个、二等奖 2 个，省级比赛中获得一等奖 1 个、二等奖 3 个、三等奖 2 个，市级比赛中获得一等奖 47 个、二等奖 8 个、三等奖 10 个。承办“齐鲁国际讲堂”，搭建起与德国职教联盟长期友好合作渠道。在全市率先成立产教融合发展处，推进产教融合、校企合作。滨州市技师学院与山东宏创铝业控股股份有限公司签订校企深度合作协议，双方共建铝精深加工专业、组建高级班、建设实训基地、互设工作室，开展现代学徒制试点和企业新型学徒制试点。滨州技师学院被确定为山东省校企一体化合作办学示范院校。

（付艳茹　刘艳磊）

教育管理

【教育质量评价与提升】 2019 年，教育评价改革“滨州模式”获批山东省教育厅“教育局长突破项目”，“全市总评、县级查评、学校自评”的评价模式在全市落地。举办教育评价“滨州模式”论证会，研制县域教育质量、义务教育学校、普通高中学校、中等职业学校等 24 个评价标准及 30 个配

2019 年 3 月 19 日，滨州市技师学院与山东宏创铝业控股股份有限公司签署校企深度合作协议

（顾金刚　摄）

2019年2月22日，滨州市教育大会在市政大楼召开　　（市教育局　供图）

套实施细则，开展2轮、覆盖9万多名学生的全市义务教育质量监测，开展全市普通高中、市直义务教育学校校长任职评价暨学校教育质量发展水平评价。学生综合评价系统在全市153所初中和小学使用。开展“高效课堂建设推进年”活动，开展学科教研活动120余次。开展学科德育项目研究、选课走班教学指导、作业教学改革实验、小学课程整合实验，组织学科教学研讨、课标教材培训、课程教学调研、教学视导、“教学创新”系列评选活动。承接省教科院“乡村振兴、送教助教”活动。组建“义务教育学段教学诊断试题命制专家库”，组织命题培训、初中学业水平考试分析、说题和命题比赛等活动。强化普通高中教学指导，实施质量阶段性推进策略，组织9次模拟考试；强化过程管理，进行教学专题调研活动，召开高考学科备考研讨会；加强高考政策研究，重视学科竞赛、自主招生、特长生培养指导工作；强化评价引领，采取目标管理，实施“多元评价”。年内，全市夏季高考普通本科上线9349人；北京大学、清华大学录取11人；本科录取10656人。

【教育督导】 2019年，滨州市成立以分管副市长为主任的新一届教育督导委员会。做好对市级政府履行教育职责迎评工作，组织4.2万人进行满意度调查测评，迎接省对市级政府履行教育职责实地核查。建立四级联动督查方式，加大督查力度，推进义务教育优质均衡发展，全面启动创建工作。各县（市、区）基本均衡差异系数连续3年保持在国家规定标准。邹平市成为全省5个通过义务教育优质均衡发展省级验收的县（市、区）之一。围绕热点难点问题开展专项督导12次，形成问题整改清单31项。完善督导责任制，开展中小学发展性督导评估，全市中小学、幼儿园基本实现挂牌督导全覆盖。

【教师队伍建设】 2019年，市教育局组织“2019滨州最美教师”“教书育人楷模”“师德标兵”评选，开展“不忘初心、牢记使命，争做四有好老师”师德巡回宣讲活动11场。组织120人参加滨州市教育管理干部暨中小学校长理论提升培训班，组织3.4万余名教师参加2019年山东省“互联网+教师专业发展”网络研修工作，完成47个市级工作坊及187名市级主持人遴选组建工作。启动3期“三名”培养工程，开展上海华东师范大学集中研修、江苏南通跟岗培训等系列培训活动。全市补充教师1184人，其中免笔试招聘公费师范生、省师范类高校技能大赛获奖者24人，引进硕博士、双一流高校毕业生、外市高层次人才等106人，先面试、后笔试招聘79人，政府购买服务补充260人。在全省率先开展委培师范生试点，完成招生320人。完成6名援青教师、15名援重庆奉节教师、68名“五县”人才支持计划教师专项计划、7名基层人才挂职研修人员选派工作。争创山东省师德涵养基地和教师实践教育基地各1处。引入“学习共同体”项目，新建学前教育名师工作室2个、名师工作室46个，举办研修活动200余次。建立教育部中小学名师领航工程邢成云名师工作室。5名校长、15名教师入选齐鲁名校长、名师建设工程，入选率居全省前列。7人入选教育部乡村优秀青年教师培养奖励计划，7名教师入选山东省乡村优秀青年教师培养奖励计划人选，9名教师入选“滨州市青年学术带头人”。评选十佳滨州名师10人、“2019滨州最美教师”10人、教书育人楷模20人。教师节期间，2名全国模范教师、4名全国优秀教师、1名全国优秀教育工作者、1个全国教育系统先进集体受到教育部表彰；21名山东省优秀教师、3名山东省优秀教育工作者、6个山东省教育系统先进集体受到省人力资源和社会保障厅、教育厅表彰；148名滨州市优秀教师、50名滨州市优秀教育工作者、30个滨州市教育系统先进集体受到市政府表彰。组织实施“五区”人才支持计划教师专项计划，组织培训省市扶贫工作重点村中小学（教学点）、幼儿园校长、教师971人；举办淄博名师送教讲学暨滨州市乡村教师培训班，350名教师参加培训。

2019 年滨州市教职工情况统计表

表 50

	学前教育			小学			普通中学					中等职业教育		
								初中		高中				
	教职工（人）	专任教师（人）	专任教师高中以上学历比例（%）	教职工（人）	专任教师（人）	专任教师学历达标率（%）	教职工（人）	专任教师（人）	专任教师学历达标率（%）	专任教师（人）	专任教师学历达标率（%）	教职工（人）	专任教师（人）	专任教师学历达标率（%）
滨城区	5357	3350	97.76	3911	3669	100	4250	2283	99.82	1245	98.88	990	718	92.20
沾化区	902	534	94.19	1570	1558	100	1719	1023	98.24	544	71.88	83	83	91.57
邹平市	2558	1933	98.4	2984	2933	100	3669	2014	99.85	1282	99.84	547	506	95.65
惠民县	972	557	95.15	2304	2235	100	2711	1479	99.80	947	98.94	134	121	97.52
阳信县	1024	620	85.32	1747	1715	100	2538	1430	99.09	849	99.18	176	170	99.41
无棣县	806	546	95.79	2384	2355	100	2186	1325	98.79	708	100	233	204	91.18
博兴县	1562	1154	98.27	2183	2117	100	2673	1548	99.81	849	99.65	428	247	96.36
总计	13181	8694	664.88	17083	16582	100	19746	11102	99.46	6424	97.06	2591	2049	94.34

【招生考试】 2019 年，全市组织考试 19 次，考生总规模 23.49 万人次。加大考试环境综合治理力度，排查整改培训机构 22 个、夏季高考考点风险点 47 个，全面实施阳光工程，加强监考队伍建设，营造良好考试环境。将诚信法纪考试教育纳入立德树人工作体系，作为思想道德教育重要内容融入课堂教学、考前教育等活动中。推进标准化考点相关设施功能升级改造工作，完成 13 处高考考点、5 处非高考考点升级改造工作，新增 3 处标准化考点。市教育局被北部战区、山东省教育厅表彰为“空军航空学校招生工作先进单位”，考务质量量化考评居全省第一。

【普法教育】 2019 年，滨州市在教育部全国青少年普法网组织开展的“宪法小卫士”测试活动中，实考率位居全省第三，被省教育厅授予活动组织先进单位。滨州代表队在全国学生“学宪法讲宪法”全国总决赛中，获知识竞赛团体亚军和演讲比赛个人三等奖；在山东赛区知识竞赛和演讲比赛中，获演讲比赛小学、初中、高中三个组别第一名，获得知识竞赛高中组第一名。组织开展“我与宪法”微视频案例评选、“4·15 全面国家安全教育日”法治宣传专题教育等活动。评选命名全市首批 10 个青少年法治教育实践基地。成立滨州市青少年普法教育宣讲团，开展法治教育专题报告。

【校园安全】 2019 年，市教育局完善校园安全管理机制，提交校园安全管理规范化水平。强化中小学安全教育，落实家校安全联系提醒责任制。全市 4.38 万名教师、47 万余名学生参与网络安全教育学习。全市中小学、幼儿园开展应急疏散演练 6665 次，参与师生 40 余万。针对防溺水、消防、校车、校舍、食堂食品、实验室、校园周边、校园“三防”等重点领域、重点部位，部署开展系列联合检查和专项整治行动。持续进行督导检查，开展学校安全检查 138 次，累计实地检查学校幼儿园 959 所，迎接 9 次省级校园安全检查调研，被市政府表彰为安全生产先进单位。

【市委教育工作领导小组成立】 2019 年 3 月 12 日，市委出台《中共滨州市委关于市委全面深化改革委员会等 13 个市委议事协调机构组成人员的通知》，成立中共滨州市委教育工作领导小组。中共滨州市委教育工作领导小组是市委的议事机构，市委常委、宣传部部长兼市委教育工委书记王晓娟担任小组组长，副市长潘青担任小组副组长，部分市直部门主要负责人为小组成员。领导小组办公室设在市委教育工委，市委教育工委常务副书记，市教育局局长、党组书记刘春国兼任办公室主任。5 月 15 日，中共滨州市委教育工作领导小组第一次全体会议召开，通过《中共滨州市委教育工作领导小组 2019 年工作要点》《中共滨州市委教育工作领导小组工作规则》《中共滨州市委教育工作领导小组办公室工作细则》3 个文件。

【市级政府履行教育职责督查】 2019 年 10 月 14—20 日，全省提升社会事业发展水平综合督查教育督查组到滨州市开展“全省教育改革发展暨 2018 年市级人民政府履行教育职责督查评价”实地核查，实地核查滨州职业学院、山东省北镇中学、滨州市特殊教育学校、滨州市实验幼儿园及惠民县、沾化区部分学校。省对市级政府履行教育职责评价结果为良好等次。

（李伟光　王　蕾）

公共文化

文化场馆

【概况】 2019年，全市加强公共文化基础设施建设，巩固提升公共文化服务效能，各级公共文化设施均向社会免费开放，实现服务全覆盖，初步构建起市、县、乡、村四级公共文化服务网络。全市有市县两级图书馆、文化馆16个，其中国家一级馆7个、国家二级馆7个、国家三级馆2个。实施乡镇（街道）综合文化站专项治理和效能提升工程，牵头抓好乡村文化振兴专班12项重点工作任务，按期完成任务目标。90个乡镇（街道）综合文化站均达到三级站以上标准，全市村（社区）综合性文化服务中心实现全覆盖。550个省定贫困村均建有综合性文化活动室，文化扶贫工作取得阶段性成果。全市举办各类群众文化活动1771场，举办各类培训600场次，培训群众文化骨干6.20万人次，受益群众超过80万人次。推动公共文化设施和旅游景区厕所同标准规划、建设和管理，全年新建、改建旅游厕所70座。

（王志伟）

【滨州市文化馆】 2019年，市文化馆落实文化惠民理念，发挥公共文化服务职能，整合社会资源，繁荣文艺创作和群文理论研究，创新“非遗”保护传承工作模式，推进全市群众文化工作取得新发展。组织文艺演出、展览展示、比赛等各类文化活动268场次；着力群众文化辅导，举办艺术门类业务文艺骨干培训11期；举办各类文化艺术公益讲座46场次，涉及传统国学、思想品德、家庭美德、文化建设等方面；指导本地区老年文化艺术教育、少儿文化艺术培训工作，开展少儿活动51场次，市文化馆老年艺术大学2018—2019学年312位学员于7月结业，2019—2020学年招生9个班次145名学员；围绕中华人民共和国成立70周年举办纪念活动，开展经典诵读、文艺演出、展览展示、文化讲堂宣讲活动等大中型活动41场次；开展“亲近黄河　情系滨州”系列活动13场次；联合各县（市、区）文化馆，举办“文化进万家　富强新滨州”文化志愿服务活动65场。美术作品《在高处游荡》（6件）组画入选文旅部第十三届全国美术作品展。组织开展非物质文化遗产普查、挖掘、抢救、保护、整理、评审、理论研究、学术交流、宣传等活动，开展系列活动10场；6—11月，开展第五批市级非遗代表性项目的申报评选工作，确定新入选第五批市级非遗项目22项，扩展项目8项，推荐第五批国家级非遗代表性项目2项；滨州非遗展馆开设公益讲座40余场次，传习课25场次。5月，市文化馆“美在民间——滨州市美术馆馆藏鲁北民间剪纸作品展”获选全国美术馆馆藏精品展出季活动项目；11月，市文化馆非物质文化遗产展馆被命名为“首批滨州市中小学生研学实践教育基地”；12月，被省文化馆评为“文化志愿服务优秀组织”。

（吴延香）

【滨州市图书馆】 2019年，市图书馆巩固“国家一级图书馆”和“省级文明单位”成果，持续推进读者服务、资源建设、流通管理及延伸服务等业务工作，提升管理水平和服务效能。纸质文献总藏量43.58万册，全年接待读者37.69万人次，文献流通41.30万册次，新增持证读者11067人次，累计有效借书证96602个，举办各类读者活动300余场。对馆内部分区域进行布局改造，新增阅览座席74个。建立滨州市政大楼智能服务点、滨州军分区智能服务点、滨州武警支队智能服务点3处智能服务点，每个智能服务点均配备智能书柜1台及多领域图书260册。开展“文化助盲”活动。5月17日，举办“滨州市‘盲人数字阅读推广工程’智能听书机发放仪式”，将900台盲用智能听书机委托给市盲人协会及各县（市、区）图书馆；5月22日，到滨州特殊教育学校开展“文化助盲”活动，发放80台智能听书机。11月6日，接待韩国高阳市德阳区图书馆公务员蔡晶喜，到馆进行为期一个月的考察学习与工作交流。12月9日，举办全市馆藏资源建设与学术论坛，省内图书馆业界、学界专家及全市图书馆界的同行共计40余人参加论坛。

（苏　雅）

【滨州市博物馆】 2019年，市博物

馆完成三楼孙子文化展厅和四楼报告厅、沙龙区提升改造工程，改造为集影视教育、课堂学习于一体的多功能报告厅，发挥研学实践基地作用，接待学生团体80余个。举办特色展览13个，举办“我为明服添色彩”“我们的节日·多彩端午”等10个主题社教活动，37场次；在各类媒体杂志发表37则消息或文章；对馆藏的50套（123件）书画文物进行抢救性修复，争取社会捐献藏品4件；安装电子防范有视频监控210个、各类探测器202个，视频存储时长超90天。接待观众20万人，团体140余个，其中青少年团体80余个，为社会各界参观团体提供免费讲解210场次。博物馆内外形成由视频、音频、入侵探测、紧急报警、实体防护、人员防范、联动报警组成的安全防范系统，全年未发生安全生产事故，无人员、文物及财产损失。加强文博宣传，在《滨州日报》继续刊载“文物讲读滨州史”栏目，发表2期；在《滨州人游滨州》先后播出3期滨州市博物馆系列展览栏目，通过文物背后故事讲述滨州历史沿革与变迁发展；入选《学习强国》平台稿件2篇；在《好客山东》《滨州文化旅游》抖音公众号推送短视频20条，获赞30万次、留言830余条；“滨州市博物馆”公众微信号发送90篇内容。

（徐倩倩）

2019年3月28日，滨州大剧院举行儿童艺术团童声合唱团成立仪式

（田海滨　摄）

【滨州大剧院】 2019年，滨州大剧院打造“新春演出季”“打开艺术之门”“市民音乐会”“周年庆演出季”四大“缤纷演出”主题，引进国家级乃至世界级优秀艺术家、艺术团体，为滨州文化演出市场注入新活力。完成演出场次112场，其中自营演出52场、公益讲座10场等，会员总人数3万余人，全年有近10万人次观众观看演出。举办公益活动10余场次，在元旦、劳动节、建军节等节日，邀请特校学生、消防队员、环卫工人等群体免费观看高雅艺术演出；在七夕节、元宵节、妇女节组织开展纸袋相亲、包水饺、旗袍秀等活动，免费对社会进行公开招募。完成“世界高端铝业峰会·2019‘滨州之夜’”演出安排及服务保障等工作，获滨州市社会科学普及教育基地、滨州学院—滨州大剧院实践教学基地授牌。借助保利院线平台资源优势将滨州儿童剧《九色鹿》和吕剧《李二嫂改嫁》推向多家保利剧院巡演。开展“建国70周年”献礼系列演出活动，引进现代京剧《智取威虎山》《万里春色满家园——京剧红色经典现代戏名家演唱会》《建国70周年献礼——中央歌剧院多民族合唱专场音乐会》等红色主题项目，得到市民喜爱和好评。打造保利品牌艺术教育，3月，滨州大剧院儿童艺术团成立童声合唱团，开设儿童剧团、童声合唱团两大培训项目；8月24日，儿童剧团在滨州大剧院完成儿童剧《白雪公主》首演，并于11月9日在邹城孟子大剧院完成首次巡演，得到家长和观众肯定。

（张李颖）

公共文化活动

【乍启典家族中国画及史料展】 2019年1月8日，市文化和旅游局主办的“家风传承·乍启典家族中国画及史料作品展”在市美术馆开幕。展览以“家风”为主题，展出乍启典一家三代人的绘画作品120余幅，并多方收集陈列与乍启典、乍献德父子相关的遗物和史料，对于研究乍启典家族中国画家风的形成及传承具有重要文献价值。开幕式结束后，举行座谈会，多位书画家围绕乍启典家族、家风等主题进行交流。展览持续至1月26日。乍启典（1922—2011），系中国当代著名书画艺术家，曾任惠民地区群众艺术馆（现滨州市文化馆）美术创作员，其多件代表性作品均在此期间创作完成；创作题材涉花鸟、山水、人物，对滨州乃至全省美术创作和大众书画审美都有深远影响。国学大师季羡林曾评价其“一生苦学终成大器”。

【“我们的中国梦·文化进万家”系列文化活动】 2019年1月28日，“我们的中国梦·文化进万家”“我们的节日·春节”“欢乐滨州迎春文化荟”系列文化活动启动仪式在市文化馆举行。市委常委、宣传部部长王晓娟，副市长曹玉斌等出席启动仪式。“欢乐滨州迎春文化荟”——2019年春节系列文化活动分9大板块，64场次活动，主要有送春联下基层志愿服务活动、书画迎春展览活动、悦动新春文艺会演、百子纳福绘新春·美术互动体验系列活动、滨州非遗传习坊、市民文化大讲堂传统文化系列公开课、网络文化荟、文创展售、我们的节日·元宵节系列活动等。

【滨州黄河风情带文化艺术季系列活动】2019年，滨州市举办庆祝中华人民共和国成立70周年“黄河大合唱”交响音乐会、“亲近黄河 情系滨州”千人黄河大合唱等滨州黄河风情带文化艺术季系列活动组织。9月21日，系列活动之一的“千人黄河大合唱”活动在黄河岸边举办，市委书记佘春明等市领导与全市优秀合唱团体300余人，及上千名群众一同唱响同一首歌。有关活动信息在中央电视台《新闻联播》播出。9月29日，滨州群星合唱团携手青岛音乐厅交响乐团在滨州大剧院再次唱响民族史诗经典《黄河大合唱》，市长宇向东等市领导与各界群众1000余人观看演出。

【“辉煌七十载 富强新滨州”大型摄影作品展】2019年9月28日，由市委宣传部、市文学艺术界联合会、市文化和旅游局、滨州传媒集团联合主办，市文化馆、市美术馆、滨州传媒集团融媒体中心、市摄影家协会共同承办的“辉煌七十载 富强新滨州”庆祝中华人民共和国成立70周年大型摄影作品展在市美术馆开幕。摄影展以“辉煌七十载，富强新滨州”为主题，以图片形式集中展示中华人民共和国成立70周年滨州发生的历史性变化，反映新时代滨州广大干部群众新风貌、新作为。5月摄影展活动启动后，滨州广大摄影家及广大爱好者深入基层进行创作，通过镜头多角度、多层次全方位展示全市经济社会各项事业发展的时代风采。展览征集作品2000余幅，经过评委评选，最终有121位作者的146幅作品获奖，内容涉及文化地标、自然风光、城乡建设、产业发展、和谐社会、幸福家庭、精神风貌、风土人情、文化艺术等方面。

【中国·滨州文化大讲堂传统文化系列宣讲】2019年2月28日始，市文化馆探索社会化服务模式，整合社会资源，拓宽流动服务覆盖面，与各艺术协会、高等院校联合，组织开展中国·滨州文化大讲堂传统文化系列宣讲活动，将艺术普及渗入社会各阶层、高等院校师生及普通市民，年内组织宣讲32场。

【“文化进万家·富强新滨州”文化志愿服务活动】2019年，市文化馆落实公共文化服务工作职能，助力富强滨州建设，联合各县（市、区）文化馆，举办“文化进万家·富强新滨州”文化志愿服务活动。在全市部分基层单位演出65场，演出节目以弘扬主旋律、传播正能量、宣传社会主义核心价值观为主题，开展基层文艺演出，采用歌舞、曲艺、综艺演出等群众通俗易懂、喜闻乐见的文艺形式，受到群众的欢迎。

【俄罗斯当代油画作品交流展】2019年12月20日，市文化和旅游局主办，市文化馆、市美术馆、俄品购电子商务（山东）股份有限公司、俄品购中俄跨境电商智能交易平台承办的“远东 远东·俄罗斯当代油画作品交流展”在市文化馆举行开幕式。展览展出俄罗斯功勋艺术家科姆·彼得罗维奇·科瓦里、阿列克桑德尔·瓦西里耶维奇·特卡琴科、谢洛夫·弗拉季米尔·阿尔捷莫维奇，俄罗斯美术家协会会员、俄罗斯国际文化和艺术科学院成员伊万·尼基特奇克·捷列奇耶维奇，俄罗斯美术家协会会员特卡琴柯·叶弗格尼·亚历山大罗维奇等6位罗斯画家的120幅作品。

（吴延香）

【“书香滨州”建设】2019年，市图书馆创新开展各类活动，深入推进“书香滨州”建设。4月5—14日，举办主题为“书香为伴，礼赞祖国”的“滨州市第二届读书朗诵大赛暨第十四届全省读书朗诵大赛成人组滨州地区选拔赛”；决赛选拔出的3组选手组成滨州市代表队，4月23日到济南参加山东省总决赛，获省成人业余组三等奖，市图书馆获优秀组织奖。4月29日，创新开展“图书馆、出版社、馆配商、读者四方见面座谈会”。图书馆工作人员、6家出版社代表、4家馆配商代表与市作家代表、教师代表、读者代表30余人对阅读现状、图书利用率、馆藏结构、服务模式等进行交流，打通读者与图书馆间的“最后一公里”，提升读者体验。暑假期间持续开展“暑期文化活动月”第二季——“读好书·消酷暑”系列主题公益活动，“少年pi”文化大讲堂等特色阅读品牌活动和系列阅读推广活动，扩大全民阅读社会影响力。11月，编著出版《穿越书香——在滨州市图书馆找见精神上的自己》，回顾市图书馆40年历史。

（苏 雅）

【市博物馆特色展览】2019年，市博物馆为促进文化生活交流，真正实现让文物活起来，丰富广大市民精神文化生活，全面开放“滨州历史文化陈列”“孙子文化展”两个常设展览。展览面积2100平方米，展览展示文物（藏品）550余件/套。相继举办“皇家气象——圆明园国宝暨清代宫廷珍宝展”“金石永年——山东古代石刻拓片展”“衣锦江南——江苏泰州市明代家族墓出土文物特展”“山东省馆藏文物巡展——明清书画精品展”等11个临时展览，展出文物600余件，涵盖拓片、服饰、玉器等7个门类，涉及北京、天津、江苏、陕西、山东5个省市。

【市博物馆藏品征集修复】2019年，市博物馆在惠民县石庙镇青阳店街道庵里吴村征集《吴鼎臣墓志铭》《吴良臣墓志铭》等4通墓志。对馆藏50套（123件）书画文物进行抢救性修复；申请2020年度省级数字化、预防性和文物本体保护文物专项保护经费558万元。申请上级补助资金200万元，完成孙子文化展厅及互动区展陈提升工作，完善互动体验参与功能，搭建集学习、交流、体验、传播于一体平台。

（徐倩倩）

【保利·滨州大剧院名家艺术公益讲堂】2019年，“保利·滨州大剧院艺术讲堂”举办10期系列公益演出。

名家艺术讲堂利用保利院线资源优势，邀请在世界各大顶级音乐厅举办过个人音乐会的当代著名国际钢琴演奏家田佳鑫、曾获得中国音乐金钟奖的青年古筝演奏家丁雪儿等国内外优秀艺术家到滨州大剧院，通过讲座、展演、评论、艺术辅导、互动等方式，与滨州市民和艺术爱好者进行面对面交流，使其在轻松愉悦的氛围中受到艺术熏陶，领略文化魅力。

【大型民族舞剧《乳娘》在滨州大剧院上演】 2019年4月24日，大型民族舞剧《乳娘》在滨州大剧院上演。演出由市文化和旅游局主办，市文化馆承办；舞剧由山东青年政治学院舞蹈学校、济南歌舞剧院、山东青年艺术团演出。大型民族舞剧《乳娘》是2018年山东省重点打造的4部红色文化题材作品之一，也是向中华人民共和国成立70周年和建党100周年献礼作品。

2019年4月27日，“世界高端铝业峰会·2019‘滨州之夜’”在滨州大剧院举办 （田海滨 摄）

【世界高端铝业峰会·2019“滨州之夜”在滨州大剧院举办】 2019年4月27日，“世界高端铝业峰会·2019‘滨州之夜’”在滨州大剧院举办，出席“世界高端铝业峰会·2019”的省、市领导及国内外知名铝业企业家、金融机构负责人和高等院校专家学者等共同观看演出。演出在大型舞剧《孙子》中拉开序幕，女声独唱《最美的风景》、舞蹈《水之灵》、合唱《半个月亮爬上来》《包楞调》、滨州原创大型现代吕剧《兰桂飘香》、舞蹈《激情时刻》、京歌联唱《滨州明天更辉煌》接连上演，展现出滨州的人文特色和深厚的历史文化底蕴。

【大型民族歌剧《沂蒙山》在滨州大剧院上演】 2019年9月4日晚，大型民族歌剧《沂蒙山》在滨州大剧院上演。展示沂蒙山革命老区党政军民水乳交融、生死与共的革命历史，演出将民族乐器竹笛、唢呐、琵琶、坠琴等融入伴奏乐队，演奏出具有山东特色浓郁的优美旋律。沂蒙山水、沂蒙精神、沂蒙百姓的感人事迹在歌声中汇聚升华，将全剧情感推向高潮。

（张李颖）

2019年滨州大剧院演出项目一览表

表51

演出时间	演出项目名称	演出团体 / 主办单位
2019年1月4日	亲子音乐魔术秀《贝儿的新年城堡派对》	保利创造力儿童剧团
2019年1月13—15日	首届“滨州最美警察”颁奖晚会	滨州市公安局
2019年1月19日	缅怀金庸 侠骨柔情——经典武侠影视金曲音乐会	乐府民族室内乐团
2019年1月23日	音乐剧《音乐之声》中文版	七幕人生
2019年1月29日	滨州市“联盟杯”校园才艺大赛2019年阳光100春节联欢晚会	阳光100幼儿园
2019年2月10日	《月亮代表我的心》——“永恒的经典”邓丽君金曲 杨洁演唱会	杨洁
2019年2月22日	相声有新人—滨州大剧院新春相声专场	红壶相声社
2019年3月2日	儿童剧《九色鹿》	滨州市歌舞演艺有限公司
2019年3月8日	话剧《解忧杂货店》	上海祺天文化发展有限公司
2019年3月15日	话剧《疯狂的疯狂》	山西太原市话剧团

续表 51

演出时间	演出项目名称	演出团体 / 主办单位
2019 年 3 月 22 日	“市民音乐会”系列演出张可函与拉米·曼哈纳 钢琴与小提琴二重奏音乐会	张可函、拉米·曼哈纳
2019 年 3 月 30 日	建国 70 周年献礼——中央歌剧院多民族合唱专场音乐会	中央歌剧院合唱团
2019 年 4 月 7 日	意大利坎帕纳交响乐团音乐会	意大利坎帕纳交响乐团
2019 年 4 月 11 日	话剧《仲夏夜之梦》	崔永平、陈雅狄等
2019 年 4 月 21 日	建材展	恒洁卫浴
2019 年 4 月 24 日	大型民族舞剧《乳娘》	山东青年政治学院舞蹈学院济南市歌舞剧院山东青年艺术团
2019 年 4 月 25 日	市民音乐会《音乐之声·龙声华韵——经典电影金曲系列作品视听音乐会》	新九州爱乐乐团
2019 年 4 月 27 日	世界高端铝业峰会·2019“滨州之夜”	滨州市委、市政府
2019 年 5 月 4 日	话剧《一句顶一万句》	鼓楼西制造
2019 年 5 月 8 日	百老汇经典音乐剧《灰姑娘》中文版	七幕人生
2019 年 5 月 11 日	德云社——德云三宝相声专场	德云社
2019 年 5 月 14 日	鑫琴 2019——田佳鑫钢琴独奏音乐会	田佳鑫
2019 年 5 月 18 日	儿童剧《出动！凯警》	青岛都盈儿童剧团
2019 年 5 月 26 日	明星版话剧《你还弹吉他吗》	郭凯敏、张亮、杜若溪等
2019 年 5 月 31 日	儿童剧《绿野仙踪》	悦贝兰因儿童剧团
2019 年 6 月 4 日	原创新编历史京剧《手镜》	淄博市京剧院
2019 年 6 月 11 日	“市民音乐会”系列演出筝情真意——丁雪儿古筝独奏音乐会	丁雪儿
2019 年 6 月 13 日	李云迪奏鸣曲 2019 世界巡回钢琴独奏音乐会滨州站	李云迪
2019 年 6 月 15—16 日	艺术基金项目 豫剧《九品巡检暴式昭》	河南豫剧院
2019 年 6 月 18 日	莫斯科古典芭蕾舞剧《天鹅湖》	莫斯科古典模范芭蕾舞团
2019 年 6 月 21 日	“打开艺术之门”系列演出世界经典名著系列儿童剧《灰姑娘》	天津市儿童艺术剧团
2019 年 7 月 11 日	“打开艺术之门”系列演出不能说的秘密——世界近台魔术大师展演	布鲁诺（秘鲁）、丹丹（日本）、麦克·米勒（美国）、艾瑞克·陈（中国台湾）
2019 年 7 月 13 日	现代吕剧《生命日记》	济南市吕剧院
2019 年 7 月 22 日	惊鸿舞蹈学校文艺会演	惊鸿舞蹈学校
2019 年 7 月 25 日	“打开艺术之门”系列演出儿童剧《爆笑虫子》	天津宝艺文化传播有限公司
2019 年 7 月 30 日	话剧《隐藏的宝藏》	北京央华时代文化发展有限公司
2019 年 8 月 4 日	滨州保利大剧院“纸袋相亲会”	滨州保利大剧院管理有限公司
2019 年 8 月 10 日	“市民音乐会”系列演出周天羽钢琴独奏音乐会	周天羽
2019 年 8 月 24 日	儿童版儿童剧《白雪公主》	滨州保利大剧院儿童艺术团儿童剧团
2019 年 8 月 28 日	建国 70 周年献礼——现代京剧《智取威虎山》	上海京剧院
2019 年 9 月 1—6 日	大型民族歌剧《沂蒙山》	山东歌舞剧院

续表 51

演出时间	演出项目名称	演出团体 / 主办单位
2019 年 9 月 10 日	“市民音乐会”系列演出马丁·梅尔钢琴独奏音乐会	马丁·梅尔
2019 年 9 月 11 日	建国 70 周年献礼万里春色满家园——京剧名家现代戏经典唱段演唱会	王蓉蓉、康万生等
2019 年 9 月 15—21 日	吕剧《烈烈渤海红》	滨州市吕剧演艺有限公司
2019 年 9 月 25 日	光辉的足迹——滨州市总工会庆祝新中国成立 70 周年文艺晚会	滨州市总工会
2019 年 9 月 26 日	“喜迎国庆 欢度重阳”文艺演出	滨州市老年大学
2019 年 9 月 29 日	滨州市庆祝新中国成立 70 周年“黄河大合唱”交响音乐会	滨州市文化馆、青岛音乐厅交响乐团
2019 年 10 月 12 日	奇幻童话亲子剧《鲸鱼图书馆》	北京央华时代文化发展有限公司
2019 年 10 月 24 日	美国伊斯曼音乐学院——YING 四重奏音乐会	菲利普·应、罗宾斯·卡特 等
2019 年 10 月 25 日	“市民音乐会”系列演出 IRIDAS 电声四重奏音乐会	马特·史密斯、梅根·肖 等
2019 年 10 月 26 日	大型现代吕剧《马耀南》	邹平市吕剧团
2019 年 11 月 9 日	儿童剧《海底小纵队》	天津宝艺文化传播有限公司
2019 年 11 月 10 日	电影《喜盈代村》	中共滨州市委“不忘初心、牢记使命”主题教育领导小组办公室
2019 年 11 月 17 日	“市民音乐会”系列演出朱瑞尼克钢琴音乐会	阿里奥萨·朱瑞尼克
2019 年 11 月 21 日	儿童剧《西游记之真假美猴王》	悦贝兰因儿童剧团
2019 年 11 月 22 日	意大利多克莱夫爱乐乐团歌剧选段交响乐	意大利多克莱夫爱乐乐团
2019 年 12 月 2 日	“人民楷模”朱彦夫同志事迹报告会	中共滨州市委组织部
2019 年 12 月 3 日	海北州非物质文化遗产舞台展演	海北藏族自治州人民政府
2019 年 12 月 20 日	评剧《杜十娘》	沈阳评剧院
2019 年 12 月 21 日	大型互动打击乐派对《艾菲卡兄弟之小小演奏家》	塞比亚·菲利普、穆西扎·里根
2019 年 12 月 22 日	“鲁韵飞歌”青少儿网络春晚系列活动	滨州日报社
2019 年 12 月 27 日	格林城堡幼儿园元旦晚会	格林城堡幼儿园
2019 年 12 月 27 日	京师幼儿园元旦晚会	京师幼儿园
2019 年 12 月 28 日	滨州大剧院名家艺术公益讲堂——新年音乐会：从维也纳到我们身边	王纪宴
2019 年 12 月 29 日	塞尔维亚国家歌剧院交响乐团 2020 新年音乐会	塞尔维亚国家歌剧院交响乐团

文学艺术

【概况】 2019 年，全市文化和旅游系统深挖红色文化和吕剧发源地内蕴，推进红色题材创作，创作多部现实题材小戏，6 部小戏立上舞台。沾化区渔鼓小戏《老邪上任》获文化和旅游部第十二届中国艺术节第十八届“群星奖”。“亲近黄河 情系滨州”黄河大合唱被中央电视台《新闻联播》节目报道。百名与中华人民共和国同龄老人齐聚魏集古村落唱响《我和我的祖国》活动在央视新闻频道播出。省市县三级联合购买文化惠民演出，推进艺术领域改革创新。落实省委副书记杨东奇在博兴县调研时关于滨州吕剧“创新改造”指示精神，推动吕剧传承发展，承办国家艺术基金全省培训会议。“院团 + 院线”市场化探索初见成效，全市艺术创作工作取得突破，京剧《游百川》入选第十六届中国戏剧节参演剧目（全国 30 部作品入选），获第十六届中国戏剧节优秀剧目奖，是滨州首次有大型舞台艺术作品入选中国戏剧节该戏剧艺术领域的国家级展演赛事。深挖红色文化和吕剧发源地内蕴，推进红色题材创作，大型吕剧《烈烈渤海红》在滨州大剧院首演；邹平市吕剧团创排的吕剧《马耀南》9月26—27日首演，中央电视台戏曲频道对《马耀南》进行全剧录制，并在CCTV—11台《九州大戏台》栏目播出；反映杨柳雪历史的红色题材吕剧小戏《海棠依旧》完成加工提升，并入选2020年度国家艺术基金资助项目复评。探索“院团＋院线”市场化发展方式，京剧《游百川》、市歌舞演艺有限公司创排的儿童剧《九色鹿》、吕剧《李二嫂改嫁》在多地商业演出。

（王志伟）

【文学活动与创作】 2019年，滨州市作家协会围绕多出作品、多出人才，组织举办多种文学活动，活跃和繁荣文学创作。4月19日，曲延庆文集《追梦人》研讨会举办，20余名作家、评论家、教授到会研讨。7月，市委宣传部、市文联、滨州传媒集团、滨州日报社、市作家协会联合举办“滨州市庆祝新中国成立七十周年文学征文”活动，收到全省15个市以及全国27个省、自治区、直辖市的577篇稿件，其中诗歌290首、散文233篇、小说31篇、报告文学及其他作品23篇，最终评出特别奖1人、一等奖3人、二等奖6人、三等奖12人、优秀奖25人。8月，李登建散文《千年乡路》入选《新中国70年文学丛书·散文卷》。11月1—3日，与山东省报告文学学会联合主办“中国作家走进博兴”大型文学采风活动，全国和全市的60多名作家参加，创作一批反映博兴政治经济历史文化和人民生活的文学作品。

【美术活动与创作】 2019年，滨州市美术家协会围绕文化强市战略，创作具有时代特色、时代风格、时代气派的美术精品，突出滨州特色，讲好滨州故事。8月27日，滨州市美术家协会第六次会员代表大会召开，选举产生新一届理事会和主席团，李玉泉当选为第六届美协主席，张家会、张光彩、张向军、孙兆俊、董海涛、魏梅峰、赵清彬、周保全当选为副主席。9月5日，市美协第六届代表大会第二次主席团会议召开，在原有人物、山水、花鸟艺委会的基础上，成立评审、学术创作、教育培训、展览、文化产业、女画家、对外交流、宣传、青少年、系列活动等10个委员会。9月17—27日，在市美术馆举办庆祝中华人民共和国成立70周年“光辉历程·滨州市美术作品展”，收到参评作品电子照片350余张，150余件作品入选参展，其中48件作品获创作奖。9月24日，滨州美术家协会高杜创作、写生基地揭牌。10月13日，滨州市美协水彩粉画艺委会成立。10月23日，高新区写生创作基地揭牌。年内，王培忠、马卫巍、李仪飒3人加入中国美协会员，全市中国美协会员达28人，省美协会员入会16人，总数158人，市美协会员467人。市美协副主席张向军插画《在高处游荡》组画六件、苏波油画《即日启航》、高义杰中国画《盛世长歌》入选第十三届全国美展，苏波《渔归图》入选第二届全国水粉画大展。梅立明、王培忠、魏梅峰、张立泽、周保全、毛延丽、常春辉、王建峰、苏波入选十三届全国美展山东作品展。年内，30位作者72次入选省以上展览。

【书法活动与创作】 2019年，市书法家协会主动发力，繁荣发展基层书法艺术活动。连续20年为滨化集团职工写春联、送祝福。4月13日，滨州市书法家协会第六次会员代表大会召开，会议选举产生市书法家协会第六届理事会和主席团，高景林当选为主席，陈杰当选为常务副主席，赵雪松、王奎强、于江、刘立华、郭庆利、徐延波、李晓光当选为副主席，郭庆利任秘书长（兼）。6月28日，由市书法家协会、市总工会主办的“庆七一·滨州市书协历届名誉主席、顾问作品展”暨作品集首发式在市工人文化宫开幕。9月28日，由市文联、市书法家协会主办的滨州市第二届书法精品展开幕式暨作品集首发式在时杰美术馆开幕，展出书法、篆刻、刻字优秀作品10幅，入展84幅。年内，张国梁隶书《东观读未见书》获第十一届山东省“泰山文艺奖”书法类三等奖，石秀东、张国梁、冯曰昆书法作品入展中国书协主办的“全国十二届书法篆刻展”，相平、张春、李萍书法作品入展山东省书协主办的“山东省第二届女书法家作品展”，荀秀绪、卢琦书法作品入选山东省社科界第六届人文艺术作品大赛，管连伟、仝昊、冯曰昆、魏凌云书法作品入展山东省书协主办的“墨子文化奖全国书法展”。

【摄影活动与创作】 2019年，市摄影家协会立足滨州、宣传滨州、服务滨州，用手中的相机讴歌经济社会发展的巨大成就，定格新时代的精彩瞬间。举办“辉煌七十载，富强新滨州”庆祝中华人民共和国成立70周年大型摄影作品展、走进民营企业系列摄影大赛、“走进黄河，大美滨州”摄影大赛等赛事活动。组织100余人次，先后分四期参加由省摄协组织的“中国摄影函授学院山东分院”摄影函授学习班，全市50多人次获函授班评选的优秀作品奖，12人获省摄协入会资格，成为全省参加中摄协函授学院人数最多、获奖作品最多的市。年内，协会会员有30多幅作品在全国和省级比赛中获奖。王爱华《卜老太和她的虎头鞋》获山东省第十三届摄影艺术展纪录类银奖。李建民《“隔”有所读》获记录类优秀奖。李晋《三十二天》入展山东省首届纪实摄影展。李健生《10个故事带你感受滨州市人民医院的温暖》获国家卫健委2018年度“健康中国”优秀新闻摄影作品一等奖，《绽放的春莲——智障流浪女春莲的七年公立医院幸福生活》获2018年度山东省卫生健康新闻宣传奖一等奖，《今年又到说书时》在省文化和旅游厅主办的“孔子故乡 好客山东”国际旅游大赛中获优秀奖，作品《船行古村落》获入围奖。陈子庆拍摄的《山东无棣“白金婚”老夫妻演绎“最浪漫的事”》，上榜

“2018新华社国内年度照片”，陈子庆作为全省唯一一名上榜摄影师，填补滨州市历史空白，作品在1月2日的人民摄影报头版头条刊登，获人民摄影报“全国优秀摄影作品大赛”优秀奖。

【戏剧活动与创作】 2019年，市戏剧家协会坚持以人民为中心的创作导向，深入生活，扎根人民，满足群众的审美需求，传播先进文化。张明霞参演的吕剧折子戏《鸿雁传书》、胡玉龙参演的京剧折子戏《文昭关》获中国戏曲（黄河流域）第四届红梅大赛一等奖。市戏剧家协会获山东省第二届京剧票友大赛、第四届吕剧票友大赛“优秀组织奖”。在山东省第二届京剧票友大赛上，刘瑞朋获金奖、安宝民获银奖、王乾获优秀奖，在山东省第四届吕剧戏迷票友大赛上，董海涛获一等奖，沈娟娟获二等奖，丁玉民、高纯花获三等奖。渔鼓戏《闹婚》获第八届全国优秀小戏小品展演优秀剧目奖和优秀编剧奖等6项奖项，其中刘军章获“优秀导演”称号，李双印获“优秀编剧”“优秀演员”称号，李洋、于华、丁学文获“优秀演员”称号。

【曲艺活动与创作】 2019年，市曲艺家协会强化业务素质，推动全市曲艺事业繁荣发展。6月25日，滨州市曲艺家协会第四次会员代表大会在市文化馆召开，大会选举产生滨州市曲艺家协会第四届理事会理事、理事会主席团、理事会监事委员会，并提名主席团秘书长、副秘书长人选。9月5—11日，阳信县曲协的西河大鼓传承人王秀兰参加文化和旅游部在济南举办的全国非遗曲艺周展演。11月27日，由市文化馆、市曲艺家协会主办，阳信县文化馆、县曲艺家协会、县鼓书院承办的滨州市曲艺创作骨干培训班在阳信县举办。年内，徐哲创作的评书《孙武子演阵》获第二届中国胡集灯节书会曲艺作品有奖征集评选活动一等奖；曲庆涛创作的相声《堵》获山东省优秀文化作品一等奖；王秀兰、劳玉山演出的西河大鼓剧目《投其所好》在中华颂长丰杯第十届全国小戏小品曲艺大展获大展金奖；林涛参演小品《自己挖坑自己跳》入选中国曲艺家协会主办的首届原创曲艺小品优秀剧目展演。

【音乐舞蹈艺术活动与创作】 2019年，市音乐家协会、舞蹈家协会坚持“双为”方向和“双百”方针，推动滨州优秀传统文化创造性转化和创新性发展。组织参加山东省齐鲁风情歌手大赛和“金彩山杯”山东省第二届歌手大赛，两名歌手获二等奖，两名歌手获三等奖。举办中央歌剧院马华教授声乐大师班，邀请山东艺术学院郭建勇、武凯、孙铁分别在滨州学院艺术学院500人报告厅和市文化馆举办“应用作曲与创新”和“音乐制作、编曲”研讨培训活动。举办纪念五四运动100周年“青岛银行杯”滨州首届钢琴音乐节青少年钢琴大赛、“中国古筝日”大型公益古筝推广活动。组织参加“礼赞新中国　奋进新时代”庆祝中华人民共和国成立70周年妇女儿童爱国主义歌曲创编征集活动，参评作品《蒲公英的约定》获一等奖，《岁月的勋章》获三等奖，《一路走来》《不曾忘记》获优秀奖。原创歌曲《人间最美是故乡》《追寻》《最爱是中华》《一路走来》《不曾忘记》在滨州市爱国主义原创歌曲创编征集活动中获多个奖项。举办第五届青少年舞蹈大赛，经过初赛、复赛的专业评选，全市16个优秀作品进入决赛。举办第六届中老年广场舞展演，参演人员2000余人。

（李建辉）

【基层文化人才队伍建设】 2019年5月，全市现代公共文化服务体系建设培训班举办，各县（市、区）文化和旅游局分管领导和县级文化馆、图书馆馆长、乡镇（街道）综合文化站长，市文化馆、图书馆中层以上人员近150人参加培训。邀请文化和旅游部公共文化服务体系建设专家组成员、江苏省文化馆馆长戴珩作专题培训。9月，滨州市乡镇（街道）综合文化站专项治理和效能提升工作培训班举办，培训基层文化干部60人。年内，7个县（市、区）建成图书馆文化馆总馆，31个文化站完成专项治理和效能提升任务，28个文化站建成县级图书馆文化馆分馆。

（王志伟）

【中华优秀传统文化传承发展工程】 2019年，市文化和旅游局实施中华优秀传统文化传承发展工程。依托各级公共文化场馆，弘扬优秀传统文化，提升群众文化素养。整合“三馆”文化资源，市图书馆、文化馆、图书馆联合举办“中国·滨州文化大讲堂”25场。市博物馆“孙子文化”专题展厅建成并对外开放。市图书馆尼山书院举办国学讲座、礼仪展示、国学体验等各类文化活动20场。市文化馆老年艺术大学开设书法、京剧、绘画、朗诵、古筝等传统文化课程9门270节，受到老年文艺爱好者欢迎。聚焦曲艺传承发展，胡集书会被写入文化和旅游部《曲艺传承发展计划》和山东省文化和旅游厅《曲艺传承发展实施方案》。

（王志伟　马　艳）

【戏曲进乡村进校园】 2019年，市文化和旅游局按照市级政府购买公益性演出服务实施方案要求，推进送戏下乡演出活动。全市完成送戏下乡演出4460场（其中市直“三团”450场，县区4010场），实现省定贫困村送戏100%全覆盖、全市戏曲进乡村100%全覆盖，超额完成省对市戏曲进乡村文艺惠民演出覆盖率80%既定任务。省文化和旅游厅对滨州市“戏曲进乡村”覆盖率考核全省并列第一名。全年完成6所学校戏曲进校园100课时。以加入大运河文化带——省市戏曲进校园教育联盟为契机启动戏曲进校园工作，以市京剧演艺有限公司、市吕剧演艺有限公司为主要力量，确定滨州实验学校、清怡小学2所重点示范学校，并开展示范学校戏曲课本编写和剧目演出、戏曲知识讲座等教学活动。推动戏曲教育人才培养，持续与中国戏曲学院合作，输送5名教师到北京参加培训。

【省市县三级联合购买文化惠民演出】 2019年，省委宣传部、省文化和旅游厅出台省市县三级联合购买文化惠民演出试点工作实施方案，将全省12个市的19家剧场纳入省市县三级联合购买文化惠民演出首批试点。市文化和旅游局争取省文化和旅游厅和省演艺集团支持，实行合并采购，两家剧场合并为一个试点；邹平市文化中心剧场、滨州影剧院、无棣县文化中心影剧院、沾化大剧院4家剧场均被列入省市县三级联合购买文化惠民演出试点名单。

（王 湛 李继尧）

【全省曲艺传承发展工作现场会在惠民县召开】 2019年10月23—25日，全省曲艺传承发展工作现场会暨“非遗助力脱贫、推动乡村振兴”培训班在惠民县召开，市文化和旅游局就曲艺传承发展作大会典型发言，与会人员实地观摩考察滨州市胡集书会文化展厅、胡集镇综合文化站、魏集古村落非遗一条街、魏氏庄园等观摩点。组织召开曲艺传承发展、非遗保护及非遗研培、非遗助力脱贫工作座谈会。

（王志伟 马 艳）

【省级培训会议在滨州举办】 2019年3月20日，国家艺术基金2020年度资助项目申报工作全省培训会议在滨州举行，国家艺术基金管理中心副主任王勇、省文化和旅游厅副厅长张桂林等出席，全省16市文化和旅游局、省直文化和旅游系统相关单位、高校、省内有关民营艺术团体、文化企业近400人参加。其间，举办“滨州市荣获国家艺术基金小型剧（节）目和作品资助项目展演”。5月26—28日，全省省市县三级联合购买文化惠民演出试点剧场专题培训班在滨州举办，省市县三级试点剧场相关负责人近60人参加培训。

【京剧《游百川》入选第十六届中国戏剧节】 2019年10月26日至11月12日，第十六届中国戏剧节在福建省福州市举行，全国30台剧目入选，包括川剧、话剧、晋剧、京剧、藏戏、吕剧、歌仔戏、闽剧等21个戏曲剧种，山东省2部作品入选，滨州市京剧演艺有限公司的《游百川》是其中之一。大型古装京剧《游百川》演出，是滨州首次有大型舞台艺术作品入选国家级展演赛事，也是滨州市京剧团建团后取得的最高荣誉。《游百川》全剧是以清朝同治年间重修圆明园引发的政治风波为核心事件，塑造游百川忧国忧民、刚直敢谏的人物形象。《游百川》先后入选文化和旅游部戏曲剧本孵化工程大戏一类作品和全省舞台艺术重点选题项目扶持，2018年4月25日在滨州影剧院首演，2018年获第十一届山东文化艺术节“优秀剧目”、名列戏剧类参评作品专家评审第一名，2019年6月获第十三届山东省精神文明建设“文艺精品工程”奖。

2019年9月26日，现代吕剧《马耀南》在滨州影剧院首演 （田海滨 摄）

【首部渤海区革命历史题材吕剧《烈烈渤海红》首演】 2019年9月20日晚，滨州市吕剧演艺有限公司排演的大型吕剧《烈烈渤海红》在滨州大剧院首演，中国戏剧家协会秘书长崔伟等专家领导与现场观众一同观看演出。吕剧《烈烈渤海红》由滨州市吕剧演艺有限公司排演，全剧以渤海军民抵抗日寇的壮阔历史作为大背景，塑造芦花、猛子、文韬等性格鲜明、有血有肉的艺术形象，是滨州首部反映渤海区革命历史的大型现代吕剧，也是献礼中华人民共和国成立70周年的重点舞台艺术作品，被列为全市“不忘初心，牢记使命”主题教育教材。

【现代吕剧《马耀南》上演】 2019年9月26日晚，邹平吕剧团创作排演的大型现代吕剧《马耀南》在滨州影剧院上演，首次在戏剧舞台生动再现鲁中抗日烽火中“一马三司令”的传奇故事。省文化和旅游厅二级巡视员刘敏，省戏曲家协会名誉主席、原省文化厅副厅长陈鹏和滨州市、邹平市有关领导及600余名观众观看演出。作品根据抗日烈士马耀南的英雄事迹改编而成，讲述烽烟战火中马耀南作为一名中国知识分子如何从爱国主义者成为一个坚定的共产主义战士的一生。

（王 湛 李继尧）

史志档案

党史地方志

【概况】2019年，市委党史研究院（市地方史志研究院）聚焦主业，真抓实干，扎实推进资料征集、课题研究、修志编鉴和宣传教育等业务工作有序开展，完成年度各项任务目标，实现党史史志融合发展、创新发展、高质量发展的良好开局。组织开展改革开放以来山东省市、县委书记口述历史滨州部分征编工作，完成口述史稿5篇，近5万字。出版发行《中共滨州年鉴（2018）》。《滨州年鉴（2018）》获第六届全国地方志优秀成果（年鉴类）一等奖。结合“不忘初心、牢记使命”主题教育开展，大力开展党史史志“六进”，面向社会宣讲党史、新中国史20余场次，累计受众3000余人次。向上申报中央党史和文献研究宣传专项引导资金项目，“渤海革命文化”系列微视频项目被中央给予重点项目立项。滨州方志馆正式开馆运行，全省方志馆建设座谈会在滨州召开，现场观摩推广滨州方志馆建设经验。全市党史史志业务骨干培训班在邹平市举办，邀请省内外专家、学者到滨州授课。11月，市委党史研究院（市地方史志研究院）被省委党史研究院（地方史志研究院）、省人力资源和社会保障厅联合表彰为“全省党史史志系统先进集体”。

【市委党史研究院（市地方史志研究院）揭牌成立】 2019年6月22日，中共滨州市委党史研究院（滨州市地方史志研究院）举行揭牌仪式。市委常委、组织部部长曾晓黎，市委党史研究院院长（市地方史志研究院院长）于孝安共同揭牌。年内，按照市县机构改革统一部署，滨州市整合原党史和史志部门职能职责，相继组建市委党史研究院（市地方史志研究院）和县（市、区）党史史志研究中心，市县两级党史史志机构改革完成。

【“市（地）、县委书记口述史”征编】 2019年，按照省委党史研究院部署，市委党史研究院（市地方史志研究院）组织开展改革开放后山东省市、县委书记口述历史滨州部分征编工作，成立领导小组和课题组，对全市征编对象全面调查摸底，搜集档案资料10万余字。年内，完成口述史稿5篇，近5万字。协调各县（市、区）开展区域区征编工作，每月调度各县（市、区）工作情况，并上报省委党史研究院课题组。完成《社会主义革命和建设时期山东省地、县委书记简历》滨州部分核校工作。

【《中共滨州年鉴（2018）》出版】 2019年10月，《中共滨州年鉴（2018）》正式出版发行。全书82万字，照片近150幅，记录全市90个单位党组织工作经验，33个党建典型（其中农村党建典型15个，企业党建典型4个，社区党建典型4个，机关党建典型10个）和6个改革创新典型。

2019年6月22日，中共滨州市委党史研究院（滨州市地方史志研究院）举行揭牌仪式 （赵利华 摄）

【党史史志“六进”活动】 2019年，市委党史研究院（市地方史志研究院）开展党史史志“六进”活动，结合“不忘初心、牢记使命”主题教育开展，由院领导班子及中层干部组成主题教育宣讲团，先后到滨州技术学院、渤海中学、无棣县信阳镇中学、中国太平洋人寿保险股份有限公司滨州中心支公司、府前社区及滨州经济技术开发区、高新区等开展内容丰富、形式多样、通俗易懂的党史、新中国史宣讲活动20余场次，累计受众3000余人次，注重对全市广大党员干部和青少年的宣传教育，扩大渤海革命文化受众覆盖面。

【“渤海革命文化”系列微视频获中央级项目立项】 2019年4月，中央党史和文献研究宣传专项引导资金项目申报工作启动。7月9日，市委党史研究院（市地方史志研究院）提报的“‘渤海革命文化’系列微视频”项目被中央党史和文献研究院给予重点项目立项，系市委党史研究院（市地方史志研究院）争取到的最具学术影响力课题，实现课题高层立项突破。制作的10集100分钟的微视频制作成片并发行。

【《滨州年鉴（2018）》获评全国地方志优秀成果一等年鉴】 2019年10月29日，第六届全国地方志优秀成果（年鉴类）名单公布，《滨州年鉴（2018）》获全国地市级综合年鉴一等年鉴，是滨州市级年鉴首次获评全国地方志大奖。《滨州年鉴（2018）》设34个类目，81万字，全书图文并茂，系统、翔实、客观地记述2017年度滨州市自然、政治、经济、文化、社会、生态诸方面新成就、新面貌、新特点，为社会各界了解和熟悉滨州提供基本情况，为各级领导决策和管理提供可靠依据。

【全省方志馆建设座谈会在滨州召开】 2019年12月18—19日，全省方志馆建设座谈会在滨州召开，现场观摩推广滨州方志馆建设经验。省委党史研究院（省地方史志研究院）副院长林杰出席并讲话。座谈会是机构改革后，全省党史史志系统召开的首次方志馆建设方面会议。会议贯彻国家和省委、省政府关于方志馆建设的规范要求，传达学习全国方志馆建设经验交流会议精神，总结交流16市方志馆建设情况，加速推进全省方志馆建设全覆盖。

【滨州方志馆开馆】 2019年9月27日，滨州方志馆开馆运行，省委党史研究院（省地方史志研究院）院长赵国卿，市委常委、组织部部长曾晓黎为方志馆揭牌。滨州方志馆是集收藏、阅览、展示、交流于一体的开放式、服务性、公众化平台，展陈面积800余平方米，围绕“滨州人、滨州城、滨州魂”核心理念，设置“舆地雄封（地）、城事万象（城）、人杰争彩（人）、艺文流芳（文）、方志春秋（志）”五大主题展区，让观众十分钟了解“方志”，一小时读懂“滨州”。滨州方志馆被市关工委命名为“滨州市关心下一代党史国史教育基地”，对公众免费开放。作为全省机构改革后投入运行的第一家新建方志馆，年内滨州方志馆累计接待30多个团体单位、900多人次参观学习。

【全市党史史志工作会议召开】 2019年6月22日，市委党史研究院（市地方史志研究院）组织召开全市党史史志工作会议。会议传达全省党史研究院（地方史志研究院）院长会议精神，总结回顾2018年全市党史史志工作情况，提出2019年各项重点任务。会上，各县（市、区）党史史志部门，滨州经济技术开发区、高新区、北海经济开发区党群工作部交流发言。

【全市党史史志业务骨干培训班举办】 2019年11月27—29日，全市党史史志业务骨干培训班在邹平市举办。院领导班子成员，各县（市、区）委党史研究中心（地方史志研究中心）主任、各科室负责人、业务骨干等50余人参加培训。培训班邀请临沂市委党史研究院院长李洪彦讲授“发挥优势服务大局　全面挖掘地方党史资源”，邀请青岛市委党史研究院年鉴社社长兼总编辑邱双超讲授“年鉴编辑的规范意识”，邀请山东省委党史研究院二级调研员李天程讲授“资料工作与名镇名村志的编修”，邀请河北省委党史研究室宣教处处长胡振江讲授“如何做好新时代党史宣教工作”。其间，组织学员到邹平市民族魂纪念馆、魏桥铝深加工产业园、铝谷大厦开展现场教学。

2019年9月27日，滨州方志馆开馆运行，省委党史研究院（省地方史志研究院）院长赵国卿（前排右二），市委常委、组织部部长曾晓黎（前排右一）为方志馆揭牌（赵利华　摄）

【到江浙三市对标学习考察】 2019年4月17—19日，市委党史研究院（市地方史志研究院）一行8人组成学习考察小组，先后到浙江省杭州市、嘉兴市和江苏省常州市，就“如何挖掘和弘扬革命精神的时代价值”“如何打造精品史志年鉴”以及党史、地方志场馆建设开展对标学习考察，形成《挖掘革命精神时代价值　打造史志年鉴精品工程——对标先进学习考察报告》。

（张　侃）

档　案

【概况】 2019年，全市各级档案部门履行为党管档、为国守史、为民服务职责使命，推进档案事业高质量发展。加强档案资源体系建设，做好档案接收工作和外出征集工作，丰富馆藏档案资源。加强档案利用体系建设，与省内外多个档案馆签订跨馆合作协议；深化“心系兰台、真情服务”和“异地查档、跨馆服务”档案服务品牌建设；发挥档案资政作用，出版完成大量编研资料。加强档案安全体系建设，强化档案基础设施建设，推动县（市、区）档案馆新馆建设；数字档案馆建设取得明显进展，为做好大数据时代具有重要归档价值的海量数字资源采集、分析、筛选、归档和长久保存打下基础。多次举办业务培训、专题展览，宣传档案法律法规，发出档案工作者声音，发挥档案社会教育功能，提升档案工作影响力。

【档案征集接收】 2019年，全市档案系统做好档案接收进馆工作，先后接收撤并单位文书档案、土地确权档案、林权档案、知青档案等各类档案5.8万余卷（件），收集整理滨州市委原书记张光峰重要公务活动照片311张。市档案馆开展档案征集工作，安排人员到杭州等市档案馆征集到一江山岛战役档案资料401页，到中央档案馆征集到渤海区革命历史档案资料12件76页，到山东省档案馆征集到渤海区支前档案资料9件。持续做好视频采集工作，在做好《滨州新闻》《滨州党建新闻》《渤海先锋》等固定栏目采集工作的同时，开展《为了民族复兴·英雄烈士谱》《新中国成立七十周年阅兵式》《我们走在大路上》等专题片采录工作，至年底，采集整理视频档案2420千兆字节。邹平市档案馆征集党史档案材料588卷。博兴县档案馆征集名人档案20余册。惠民县档案馆征集知青照片档案36张，实物档案12件。无棣县档案馆进行语音方言征集工作，编写完成7000余条方言词汇，完成5个区域的方言征集工作，录制完成音像50余小时。

【档案服务利用】 2019年，全市档案系统提高档案利用工作水平。深化“心系兰台、真情服务”和“异地查档、跨馆服务”档案服务品牌建设，市档案馆查阅服务中心配备身份证阅读器、高拍仪等设备，与济南市、青岛市、淄博市、临沂市和上海浦东新区5个档案馆签署合作协议开展馆际合作，全市各级档案参加山东省档案目录中心网上查档工作，开展全市馆际联动民生档案查阅利用服务，全年接待档案利用人员1.04万人次，提供利用档案2.89万卷（件）次。围绕全市中心工作开展档案服务，围绕“富强滨州”建设深化档案信息资源开发利用，先后以“兴福现象”“阳信县综合改革的启示”“滨州海洋经济发展”“杨柳雪打造不忘初心党性教育基地”为专题编发4期《档案资政参考》，及时呈报市级领导参阅，发挥档案资政作用。挖掘档案价值，推动档案编研宣传工作更好地服务大局，参加全省“新中国的记忆”专题档案公布活动，报送的《全国第一个引黄生态灌区——小开河为北部群众送去“幸福水”》被省档案馆采用并在《大众日报》公布，编辑完成《滨州航天人》等编研资料，完成《渤海区干部南下大事记》和《渤海抗战史》等资料整理工作24万字，《波澜壮阔40年》等3项编研成果获全省档案学优秀成果奖。邹平市、博兴县、惠民县档案馆分别编写完成《乡村记忆》《博兴印信》《北洋军阀吴锡九》等编研资料，阳信县档案馆编辑出版《梨花会30年大型纪念册》《军号声声》《毛岸英在阳信》，录制完成《梨花会30年大型宣传片》。

【档案安全管理】 2019年，全市档案系统加强档案基础设施建设，1月市档案局档案库房升级改造工作完成，对原有设施设备进行维护和更新、增装温湿度调控设备和空气质量智能监测平台，对库房温湿度、库房现状进行全天候实时监控预警。5月，市档案馆部署开展对馆藏中华人民共和国成立前档案和成立后形成时间满30年的文书档案进行鉴定划控，区分涉密及非涉密档案，逐一进行划控鉴定。市档案馆做好纸质档案库房和电子档案库房安全管理，档案库房区建成空气质量监测系统，购置档案臭氧杀虫和风淋除尘设备，与广东省江门市档案馆签署档案数据异地备份协议，江门市档案馆到滨州市档案馆进行首次档案备份。为档案保管保护提供重要保障，推动县（市、区）加快县（市、区）档案馆新馆建设，主动帮助协调有关县（市、区）领导给予重视支持并提供业务指导。至年底，沾化、惠民、阳信、博兴4个县（区）新馆开始装饰装修工作，无棣县新馆完成主体工程3层。

【档案信息化建设】 2019年，全市档案系统数字档案馆建设取得明显进展。市档案馆数字档案馆一期项目完成，电子档案库房和馆藏档案管理系统正式投入使用，数字档案馆二期项目——档案服务一体化平台建设按计划有序推进，为做好大数据时代具有重要归档价值的海量数字资源的采集、分析、筛选、归档和长久保存打下坚实基础。建成档案数字化加工室和档案鉴定室，加大档案鉴定开放力度，组织全馆人员开展档案鉴定划控和档案精细化编目，完成2300余卷。滨城区档案馆科学规划，分步实施，全面启动“数字档案馆”建设，馆藏照片、音像档案和文书档案全部完成数字化加工处理，实现线上查阅利用。邹平市档案馆投资190多万元，建立电子信息系统机房，配备门禁设施和视频监控设施，铺设馆域网主干线路，配备防火墙、入侵检测等网络安全设施。惠民县档案馆开展档案数字化审核补录工作，对前期全文著录档案材料进行查缺补漏。

【档案社会教育】 2019年，全市档案系统开展档案社会教育和中小学档案教育社会实践活动，市档案馆“沧桑滨州”综合展览升级改造工作完成，先后举办5个专题展览，接待社会各界参观人员2300余人次，

2019年7月3日，滨州市档案馆与东软集团签署档案服务一体化平台项目协议
（市档案馆　供图）

发挥档案社会教育功能。

【档案统计和培训】 2019年，市档案馆做好档案统计和教育培训工作，开展2018年度全国档案事业统计年报工作，举办3期档案统计工作培训班，指导全市591个单位完成档案统计填报工作。举办市属企业档案工作人员培训班，各企业档案工作人员100余人次参加培训。滨城区档案馆开展区直部门“业务知识大讲堂”，举办全区企业档案培训班，编制《企业档案知识16问》和《档案资料查阅指南》，为企业答疑解惑。

【档案宣传】 2019年，市档案馆在各级报纸、杂志及网站媒体等发表文稿100余篇次。利用馆藏资源，结合实际编纂《波澜壮阔四十年》及《2017年滨州市档案馆爱国主义教育基地系列活动剪影》《票证的记忆》等书籍，《波澜壮阔四十年》《票证的记忆》在省档案学会档案学优秀成果评选中分获一、二等奖。组织“国际档案日”活动，以“新中国的记忆”为主题举办征文活动，市档案馆联合滨城区档案馆开展“企业档案知识宣传月”活动，沾化区档案馆通过微信平台、电子宣传栏、互联网等载体，宣传档案法律法规、档案馆职能、办事程序。阳信县档案馆组织全县档案工作座谈交流。市档案馆和各县（市、区）档案馆连续7年全部被评为全省档案宣传工作先进集体，10人被评为全省档案宣传工作先进个人。

【市属企业档案工作人员培训】 2019年10月25日，市档案馆举办市属企业档案工作人员培训班，市属企业档案工作人员100余人参加培训。培训分别由市档案馆相关负责人围绕《如何做好档案工作》和《企业文件材料归档范围和档案保管期限规定》等进行分析讲解，探索滨州新形势下促进档案事业发展路径方法，提升市属企业档案工作科学化规范化水平。

【《滨州航天人》整理出版】 2019年12月，《滨州航天人》通过近两年时间加工整理，集结刊印。《滨州航天人》编排文章42篇，计16.7万字，内容以专访当事人形成的素材为主，在广泛征集相关档案资料，同时对“航天老兵”进行面对面采访，并结合馆藏档案资料形成，展示滨州“航天老兵”在西昌卫星发射中心所作出的贡献。

（卢　艳）

孙子文化研究

【概况】 2019年，全市孙子文化研究工作深入推进。市孙子研究会秘书处牵头对《关于勠力打造“孙子故里”文化品牌　构建高质量发展新动能的建议案》落实情况进行督导，促进建议案成果转化，推动孙子文化产业发展。对“孙子文化进校园、进社区、进企业”和“孙子文化”的宣传研究工作进行调研，提出意见建议。以孙子文化为媒介，获得新加坡斯威夫特布鲁姆投资有限公司无偿捐款新加坡元2747万元，折合人民币100万元，用于滨州市“孙子故里”文化品牌推介和孙子文化研究工作，填补滨州市获得境外捐款空白。举办“第十一届海峡两岸孙子文化论坛”，促进和深化两岸文化、旅游、经贸、教育等领域合作。出版《孙子兵法与民族复兴》论文集，完成《孙子文化青少年读本》编辑和初审。12月，在《滨州日报》开设“兵圣故里、孙子兵法、商战文化”专栏。

（姜云东）

【孙子文化科研】 2019年，市孙子研究院加强孙子文化科研，取得丰硕成果。孙远方主持的省社科规划课题《孙子思想艺术展演研究》结项。姚振文主持的省人文社科课题《齐鲁兵学文化资源整合开发研究》结项。孙远方与辽宁兵学会副会长苏桂亮合著《孙子兵法域外文献丛书》启动。承担的《孙子学史》研究撰写子课题《秦汉至隋唐孙子学史》《明代孙子学史》《清代孙子学史》完成全部初稿，修订完善工作加快推进，计划2021年《孙子学史》结集出版。年内，申报年度教育部课题1项，发表学术论文5篇，出版学术著作1部；获市社科奖3项，其中二等奖一项、三等奖两项。

【孙子兵法教学】 2019年，市孙子研究院继续做好孙子兵法选修课课程教学任务，完成课堂教学及相关教研工作。《孙子兵学与传统文化》通识课课程建设工作取得重要进展，与人文学院、超星公司合作，完成“孙子兵法与传统文化”线上课程录制工作；梁娟娟等老师指导在校学生开展孙子兵法研究协会具体工作，举办孙子兵法知识竞赛、孙子兵法辩论赛等活动。推进学科建设，承担的孙子兵学与中国军事思想（专门史方向）在理论研究和教学实践方面均取得重要进展。丰富教学实践，《孙子兵学与传统文化》课程完成线上课程制作并上线，成为学校的特色品牌课程，在全国范围内产生一定影响。

【孙子研究学术交流】 2019年，市孙子研究院加强与国内外孙子研究机构的学术交流与合作。4月25日，赵海军、姚振文、梁娟娟到济南参加山东孙子研究会专家委员会成立暨学术报告会；6月14—15日，赵海军到蒙阴县参加第二届中国蒙山鬼谷子文化国际论坛。6月28—30日，8月，孙远方代表学校到北京参加中国孙子兵法研究会第五届会员大会，学校争取到1个常务理事、4个理事名额。孙远方、梁娟娟到福建漳州参加“阳明学与闽南文化”学术研讨会。10月，孙远方等到河南商丘参加“范仲淹与应天学府”学术研讨会。年内，市孙子研究院邀请军事科学院战争研究院中国孙子兵法研究会副秘书长赵鲁杰研究员、军事思想研究室副主任王珏研究员、山东省社会科学院历史研究所刘晓焕研究员等专家学者到校作学术报告。

【孙子兵法培训服务】 2019年，市孙子研究院开展培训活动，社会效益明显提升。4月，院长孙远方在市老年大学为市老干部局举办的讲课比赛录制系列“孙子兵法精华思想选讲”微课程，被中国老年协会远程教育工作委员会评为全国优秀微视频课程。在市供销社开展的名师送教行动主题党日活动中，孙远方作“学习传统智慧，坚定文化自信——孙子思想对供销合作经营的启示”辅导授课。6月，市孙子文化研究院为滨州职业学院会计学院设计兵学沙龙。9月，市孙子文化研究院为惠民县政协常委结合政协历史与孙子兵法思维方式举办主题教育专题讲座。10月，姚振文为滨城区社区举办孙子兵法与国防教育讲座。12月，孙远方、赵海军等在滨州市“文化大讲堂”作多场孙子兵法主题讲座等。

2019年9月13日，第九届海峡两岸（滨州）青年学生孙子兵法友谊辩论赛颁奖仪式在惠民县举行 （市委统战部 供图）

【孙子文化产业研发基地和孙子兵法研究中心成立】 2019年，市孙子研究院与山东孙子兵法酒业有限公司签署长期合作协议。年内，研究院指导孙子兵法酒业公司先后成立孙子文化产业研发基地和孙子兵法研究中心，多次召开孙子兵学文化应用座谈会，公司文化建设、营销效益显著进步。姚振文撰写《千古谋略，一壶好酒——孙子兵法酒业有限公司对孙子思想的借鉴和应用》一文，对相关工作实践进行总结。

【第十一届海峡两岸孙子文化论坛】 2019年9月12日，第十一届海峡两岸（滨州）孙子文化论在惠民县开幕。论坛以“孙子兵学与民族复兴”为主题，以“推动和平、凝聚共识、深化合作、增进共赢”为目标，汇聚两岸智慧，推进孙子文化与滨州经济社会融合发展。论坛期间，举办海峡两岸（滨州）孙子文化论坛开幕式、海峡两岸（滨州）孙子文化论坛、“富强滨州”产业交流会、海峡两岸（滨州）青年学生孙子兵法友谊辩论赛、“两岸一家亲 共圆中国梦”联谊、台湾师生齐鲁文化体验行等主题活动。海峡两岸孙子文化研究界专家学者围绕“孙子兵学与民族复兴”主题进行发言。海峡两岸（滨州）青年学生孙子兵法友谊辩论赛中，台湾与大陆的8支大学生、6支高中生代表队围绕孙子兵法相关辩题展开。

【《中国古代兵儒关系研究》出版】 2019年，市孙子研究院姚振文、李静合著的《中国古代兵儒关系研究》出版。全书近30万字，由山东大学出版社出版。相关研究内容脱离原先兵学研究圈子，将视野拓展到兵儒互动和兵儒冲突方面，深化有关孙子兵学与传统文化关系的研究，弥补孙子学界在该领域缺乏标志性成果的空白。

（于 伟）

文化遗产保护

【概况】 2019年，原滨州市文物局更名为滨州市文物保护中心（简称市文物保护中心），在市文化和旅游局领导下，继续开展文物保护利用工作。完善第五批市级文物保护单位“四有”工作，推荐22处不可移动文物申报第六批省级文物保护单位，开发全市文物保护管理系统。开展市级以上文物保护单位安全巡查，聘请消防安全检查评估第三方评估机构对全市文物建筑进行消防安全评估，推进安全隐患整改。累计争取各级文物保护项目资金1334万元，推动重点工程实施。聘请文物保护工程方案第三方咨询评估机构出具专业评审、核准意见10余次。继续做好革命遗址遗迹基础保护和日常监管工作，争取保护经费。创新探索文物保护利用宣传方式，继续推动完善“县、乡、村”三级安全巡护网络，借助文物保护单位免费开放等方式传播文物价值，通过配合重点建设项目考古、出具文物专业意见等工作发挥服务职能，组织实施石景芳故居修缮展示等保护展示利用工程，打造红色展馆传承红色基因。

【文物保护单位管理】 2019年2月，市文物保护中心按照相关标准设计、制作第五批市级文物保护单位保护标志，并完成17处市级文物保护标志碑树立安装。5月，指导各县（市、区）文物部门完成新公布文物保护单位保护范围和建设控制地带划定，完善市级文物保护单位“四有”工作。10月，启动第二期文物保护单位电子测绘工程，完成新公布文物保护单位实地测量和查缺补漏，同步启动全市文物管理系统开发，探索文物保护单位管理新平台。推荐全市22处不可移动文物申报第六批省级文物保护单位，推动全市文物保护单位有序升级。

【文物安全防护】 2019年，市文

物保护中心继续实施全市文物安全巡查制度，科学制定安全巡查计划，保障市级以上文物保护单位安全巡查全覆盖，并对巡查中发现的法人违法、安全隐患、管理漏洞等问题，向县级文物行政部门进行反馈，督促整改。继续委托消防安全检查评估第三方评估机构，从组织、制度、演练、档案等方面对全市文物建筑进行全方位消防安全评估，根据评估意见完成整改，全方位保障文物建筑消防安全。与市消防支队联合印发通知，对全市文物火灾隐患整改工作进行部署，对以往检查出的各项火灾隐患整改落实情况开展拉网式复查，向各县（市、区）消防、文物主管部门通报，督促整改。督导调度博兴县博物馆火灾隐患整改工作，及时向省文物局汇报进展，至5月31日，博兴县博物馆被约谈要求整改的内容全部整改到位。

【文物保护重点项目】 2019年，全市争取中央、省、市各级文物保护资金累计1334万元，其中国家文物保护专项补助资金886万元、省级文物保护专项补助资金378万元、市级文物保护专项资金70万元，实施博兴县王文抗战旧址保护修缮工程（一期）等5个国家文物保护资金支持项目、英国教会医院——山字楼维修保护项目等5个省级文物保护专项资金支持项目、无棣县县衙大堂维修等3个市级文物保护专项资金支持项目。聘请文物保护工程方案第三方咨询评估机构对滨州市偶家神庙修缮保护等市级及以上文物保护方案出具专业评审、核准意见10余次，规范市级文物保护专项资金使用程序，提高市级文物保护工程质量。8—10月，按照省文化和旅游厅《关于做好2020年度国家文物保护专项资金申报工作的通知》《关于做好2020年度省级重点文物保护专项资金申报工作的通知》要求，组织全市符合条件的项目申请国家和省级重点文物保护专项资金，申报11个国家级项目、6个省级项目，拟申请国家文物保护专项资金3907.09万元、省级重点文物保护专项资金553.57万元。

2019年7月28日，滨州市首批历史建筑——博兴火车站　　（王㚶　供图）

【革命遗址遗迹保护】 2019年4月，市文化和旅游局印发《关于继续做好全市革命遗址遗迹保护利用工作的通知》，督导县（市、区）做好普查登录系统资料修正、革命遗址遗迹保护单位保护范围和建设控制地带电子测量、保护标志树立、县级革命遗址遗迹保护单位公布等普查后续工作；向市委编办申请保留调整文化遗产委员会，在文化遗产保护委员会职能上增加革命遗址遗迹保护协调相关职能。9月，向市财政局递交《关于增加市级革命遗址遗迹保护经费的请示》，申请将市级革命遗址遗迹保护经费增加至150万元；将滨州市及各县（市、区）全部纳入第二批革命文物保护利用片区（抗战片区）征求意见名单，并经省文旅局审核后，上报国家文物局待公布。将革命遗址遗迹保护单位安全巡查工作纳入市级文物安全巡查范畴，同步实施，同步推进，保障全市革命遗址遗迹保护单位安全巡查全覆盖，推进全市革命遗址遗迹安全管理规范化。

（杨　坤　封姗姗）

【历史文化建筑管理】 2019年，滨州市成立市历史建筑专家委员会，印发《关于开展历史建筑普查摸底有关工作的通知》，部署各县（市、区）开展摸底普查。组织召开历史建筑认定评审会议，邀请建筑、规划及文物专家对全市15个潜在对象进行评审筛选。7月28日，市政府办公室印发《关于公布滨州市首批历史建筑名录的通知》，公布博兴火车站、高新区姜家水塔、无棣县信阳镇老粮所三座建筑为滨州市第一批历史建筑。市住房城乡建设局指导邹平市开展历史建筑普查认定工作，评选出北台村明清古村落、李家大院、漏月轩三座建筑为邹平市第一批历史建筑。

（范宜卿　李文慧）

【文物宣传】 2019年，市“两会”期间，市文物保护中心与市人大法制委在市“两会”主会场和代表、委员驻地举办“滨州市地方性法规工作成果展”，重点介绍《滨州市渤海老区革命遗址遗迹保护条例》解读、全市革命遗址遗迹保护工作开展情况和普查发现的重要革命遗址遗迹及其背后故事。与市总工会联合遴选出18处最具代表性的优秀传统文化、渤海老区革命文化和社会主义先进文化载体体验项目单位，在“齐鲁工惠”APP——滨州市总工会站的“会员优惠”栏目里予以公示。在“文化和自然遗产日”“建党节”期间，组织举办滨州市第二届文化遗产免费参观体验日活动，省级文物保护单位、国家AAAA级旅游景区杜受田故居免费向社会公众开放，《滨州市渤海老区革命遗址遗迹保护条例》落实成果图片展同步展出，单日接待观众量逾3000人。

【文物服务】 2019年7月，《弘扬老渤海精神　着力打造红色基因保护传承工程》被评为2018年度全市党委政府系统优秀调研成果二等奖，为市委市政府决策全市革命遗址遗迹相关工作、传承红色基因提供重要参考和依据。配合对滨城区液化天然气调峰储备站、国道G228丹东线滨州段优化调整、无棣县金都花园等建设项目申请考古调查勘探，保证项目如期开工建设。在建设工程审批方面，提出《关于市自然资源管理联审会2019年第2次会议拟出让、划拨地块的意见》《关于建议将考古工作前置的函》《关于滨州市工程建设项目"拿地就开工"审批服务模式的建议》《关于滨州市工程建设项目审批4个审批阶段"一张表单"和办事指南的建议》等意见和建议，为全市建设工程审批提速、增效且兼顾文物保护提出合理化建议。

【文物巡护创新】 2019年，市文物保护中心创新文物巡护制度，指导各县（市、区）根据《关于创新开展全市市级以上文物保护单位安全巡护工作的通知》和《文物安全巡护考核奖惩细则》，对每一处田野文物实行巡护经费总额控制，结合地方实际制定科学合理巡护经费发放方案。建立完善村级文物保护组织，压实村级管理责任，密织"县、乡、村"三级安全巡护网络，加强县级文物部门对基层安全巡护工作的监管力度，倒逼县级文物部门完善年度巡查计划、资金使用计划等规范文件并建立起配套考察考核制度，保障省级文物安全巡查资金发挥最大效益。

【红色展馆建设】 2019年，全市文物部门开展全市红色展馆建设方案调研工作。在对邹平市李家祠堂、邹长中心县委成立旧址、惠民县毛岸英大商旧居、吴洪英殉难地遗址、沾化区渤海银行地下印钞厂旧址、徐万粮歼灭战遗址、无棣县石景芳故居、博兴县高渡村党支部成立旧址暨高渡民众夜校旧址等文保单位、革命遗址遗迹进行实地调研的基础上，投入各级保护项目资金80万元，实施石景芳故居、毛岸英大商旧居、吴洪英殉难地遗址修缮展示、沾化区民俗馆（解放军临时医院）维修展示、徐万粮战役纪念馆展陈升级、滨城区党史馆建设项目等保护展示利用工程，打造5处红色展馆并对外开放，该项工作被列为市政府重点督导工作。除争取相关资金予以支持外，文物部门还从建设方案、展示主题、展览定位等业务方面给予全力指导，并逐月逐项进行跟踪调度，相关红色展馆建设方案通过评审、审批，资金拨付到位，建设工程稳步实施。

（杨　坤　封姗姗）

【非物质文化遗产保护传承】 2019年6—11月，全市开展第五批市级非遗代表性项目的申报评选工作，确定新入选第五批市级非遗项目22项、扩展项目8项，推荐第五批国家级非遗代表性项目2项，为89名传承人发放补助21万元。开展非遗进校园活动，评选15所学校为非遗传承教学和研究基地，发放奖励资金15万元。对非遗保护工作成果进行系列展览、展示、展演，举办胡集书会民俗展、火把李庙会、琴筝文化书画史料展、琴筝名家音乐会、鲁北民间剪纸作品展等。全国"文化和自然遗产日"期间举办活动120场，全年开展"非遗进校园"活动110场，展演展示各级非物质文化遗产代表性项目80个，120名非遗项目传承人展示个人非遗项目，惠及城乡群众20万人次。6月3至7月3日，"我眼中的非遗·山东省滨州市摄影作品展"走进福建省三明市艺术馆。7月31日，"美在民间·滨州市美术馆馆藏鲁北民间剪纸作品展"走进山西省阳泉市。10月10日，"手艺·草根之花——山西阳泉剪纸作品交流展"走进滨州。通过对外沟通交流，探索非遗保护新路径，推进优秀传统文化传承和发展。

（王志伟　马　艳）

大众传媒

综　述

【概况】 2019年，全市公共广播节目播出46859小时，公共电视节目播出46003小时，全年无重大安全播出事故发生；全市广播电视系统实际经营收入5888.29万元，其中广告收入5724.77万元。全市正式报刊

2019年12月14日，滨州市实现全省广播电视节目无线数字化覆盖。图为滨州广播电视发射塔

（市文化和旅游局　供图）

4报3刊,《滨州日报》发行4万多份。内部连续性资料11种。有正常运营印刷企业190家，其中出版物印刷企业34家、包装装潢及其他印刷品印刷企业156家，印刷业从业人员3704人。出版物发行批发企业21家，年利润2201万元；零售企业482家，年利润总额71197元。全市有正常运营城市影院19家，其中乡镇影院2家、加入人民院线6家、加入艺术联盟院线3家，2019年全市城市影院票房收入6737万元。正式启用高清播出系统，滨州电视发射塔向全市广大群众免费提供18套中央、省、市高质量数字电视节目。电视高清转换工程,高清转播车、卫星直播车、转播辅助车交付使用，高清硬盘播出系统等投入运行。年内，全市建档立卡贫困户4.5万户，符合安装条件户数4.3万户，组织开展电视户户通扶贫工作，至年底全部完成安装任务。

【市内宣传】 2019年，滨州传媒集团主题宣传重点突出，服务“富强滨州”建设。各媒体围绕中心、服务大局，在做好中华人民共和国成立70周年、各级“两会”、扫黑除恶、环保督察、精准脱贫、创建全国文明城市等主题宣传基础上，围绕“富强滨州”建设，精心组织策划，开辟系列专题专栏，营造浓厚政治氛围、社会氛围、舆论氛围。一些重量级、热点性、方向性、引导性宣传报道，引发社会热议。宣传报道做到“四个突出”。突出服务经济发展，实施答“六问”践“八策”、新旧动能转换、解放思想大讨论、党政考察团南方学习、世界高端铝业峰会、全省科学发展观摩会、资本对接大会等重大经济发展主题宣传，对“双招双引”、审批制度改革等新招实招宣传无缝隙覆盖。突出创新性举措宣传，以市委“757”工作方案、市政府工作报告122项重点工作、“三亮”工作目标任务、落实“五个一”创先争优等指导新闻报道，做好全媒体跟踪报道、深刻解读，组织《盟威活塞精神》《京东在滨州》等系列重头策划报道。突出体制机制改革宣传，聚焦审批制度改革、市场化推动、开发区企业化发展，深入报道渤海先进技术研究院运行、高层次人才引进等破解体制机制障碍的创新举措。突出企业发展宣传，对市委市政府举办的全市企业家大会、优秀企业旗帜广场升旗仪式、青年企业家创新发展国际峰会滨州经贸考察活动和全市重点企业等予以纵深报道。聚焦市委市政府中心工作推进落实，聚焦民生实事和社会热点，年内开播大型电视问政直播栏目《问政滨州》，其报台网微端屏“六位一体”传播模式在山东省内属首例。成立《滨州日报》评论员部，集中研究、阐发、跟进市委市政府中心工作，刊发《解放思想　以梦为马　拼搏实干　不负滨州》《全力以赴赶进度　对标对表抓落实》等一批评论员文章，凝聚推动发展正能量。台风“利奇马”入侵，全媒体记者坚守在抗台风一线，全方位报道及系列评论推出。指导滨州市电视台重点新闻栏目围绕中华人民共和国成立70周年、各级“两会”、“扫黑除恶”、精准脱贫、创建全国文明城市等主题宣传，营造浓厚舆论氛围。围绕市委市政府中心工作开辟《奋战2019，筑梦富强滨州》等主题专栏，累计报道200余篇。《问政滨州》栏目开播，播出19期，受到社会关注。

【市外宣传】 2019年，滨州传媒集团开拓对外传播，助力“富强滨州”建设。广播、电视对上级台发稿数量和质量均大幅提升，分获省台“广播宣传先进集体一等奖”“电视宣传先进集体奖”。《山东新闻联播》实现每周有、时间长、分量重、定位准，有分量的单条新闻30多条。市委书记佘春明2次播出专访，市长宇向东3次播出专访，对滨州发展思路、发展举措、发展成效进行阐述和展示。9月23日，“亲近黄河·情系滨州”群众合唱活动在中央和电视台《新闻联播》播出。广播电台在省台上稿突破6500分。《滨州日报》在青岛峰会等多项重要活动中为中央、省级媒体提供报道素材。为《大众日报》撰写通版文章《担当作为狠抓落实　开启“富强滨州”建设新征程》、头条稿件《滨州，用开放和创新钥匙打开发展枷锁》，反映滨州70年巨变以及建设富强滨州成就。滨州电视台为跨国公司领导人青岛峰会、儒商大会、企业家大会、铝业峰会等大活动量身定制滨州宣传片，为宣传滨州提供优质政务服务。直播、短视频、一图读懂、H5、VR等新媒体产品不断推出。《佘春明参加合影把前排“C位”留给企业家》《佘春明深情告白：给滨州一个机会，还世界一个奇迹》等多篇报道高达几百万点击率。年内，滨州传媒集团组织精品创作，集团82件作品在省级以上评选中获奖，60多部作品入选《学习强国》,《诗画滨州》《情暖滨州》等栏目社会效益突出，作品《回家》在省第六届“好记者讲好故事”演讲比赛中获地市级媒体中唯一一等奖,《问政滨州》栏目组获“感动滨州·2019年度人物”。

【媒体融合】 2019年，滨州传媒集团媒体融合深化，报台网端屏展现传媒合力。学习调研走在全国前列的十几家市级融媒体，投资近500万元实施滨州网升级工程，建设全媒体滨州党媒指挥调度中心，包括全媒体采编系统、新闻大数据系统、数据存储系统、可视化系统和舆情检测预警系统，在滨州传媒集团媒体融合推进过程中具有里程碑意义。中央电视台《发现之旅》用半个多小时向全国推介集团新媒体建设改革经验。滨州网获得两项全国地方融媒体发展大奖。强化“移动优先”意识，实现新闻在移动端及时、高效发布。滨州网及“滨州网”客户端、“消息牛”客户端等新媒体平台影响力不断扩大。微电影《医路有你》阅读量近30万人次；《共和国不能忘记》《走过70年》等栏目及《渤海赤子》电视纪录片在社会上引起较大反响。滨州传媒文化创意产业园区、网络视听中心等新项目顺利开局，小型直播运营基地建成。

【产业经营升级转型】 2019年，市

级融媒体中心成立后，加快推进媒体融合建设，实现新闻综合频道、公共频道部分节目高清化播出。启用23频道数字发射机，实现山东省广播电视节目无线数字化覆盖。中心具备一天直播三场活动同步运行以及应对各种大型活动直播能力。媒体融合作品短视频《乡村教师40载难舍讲台“最后一课”》、移动直播《滨城区人民法院突袭抓“老赖”》入选山东新闻奖融媒体奖20件定评作品名单。

【行政审批及备案管理】 2019年，全市文化广电部门办理出版物经营许可证及广播电视节目制作经营许可证13件，印刷企业变更4件；完成滨州市连续性内部资料的年检及相关变更11家。广播电视播出机构许可证及频道频率许可证换证工作完成。组织完成新闻采编人员岗位培训考试，开展全市范围内新闻单位记者证换发工作。按照“放管服”改革要求，理清办理证件所需材料清单及要求，实现企业办理证件“只跑一次”目标。

【省级电视节目数字化覆盖工程】 2019年，全市文化广电部门推进滨州市电视台、沾化区、惠民县、无棣县、博兴县、邹平市和无棣碣石山发射台的省级电视节目无线数字化覆盖工程，各台站均完成建设任务，实现广播电视节目数字化覆盖率100%。

【城市影院管理】 2019年，全市有正常运营城市影院19家，其中新增乡镇影院2家，新增人民院线影院6家，加入艺术联盟院线影院3家。各影院参加优秀电影展映展播等活动，提升经济效益和社会效益。

【影视精品创作】 2019年，全市文化广电部门择优选荐37件作品参加山东省优秀广播电视节目评选，7件作品获二等奖，9件作品获三等奖。在全省广播电视公益广告扶持项目中，市人民广播电台被评为2018年度广播电视优秀传播机构，1件作品获二等奖，7件作品获三等奖。在2018年度山东新闻奖广播电视作品评选中，1件作品获广播类二等奖，2件作品获电视类二等奖。打造《情暖滨州》《诗话滨州》等栏目，栏目60多部作品入选“学习强国”，宣传提升滨州形象。

（刘康弟）

融媒体中心

【概况】 2019年，滨州传媒集团融媒体中心（简称融媒体中心）以“新闻宣传提质量，产业经营上水平”为目标，推进媒体融合和产业拓展。内宣重点开辟中华人民共和国成立70周年、各级“两会”、“不忘初心、牢记使命”、“六问、八策”、扫黑除恶、环保督察、脱贫攻坚、创建全国文明城市等系列专题专栏，营造发展的政治氛围、社会氛围、舆论氛围。《奋战2019，筑梦富强滨州》专栏累计报道200余篇，其中重大活动报道30余篇、典型引领稿件30篇、播发评论20余篇。外宣上稿数量和质量均大幅提升，获“电视宣传先进集体奖”，在《山东新闻联播》中实现每周都有滨州稿件，稿件时间长、分量重、定位准。尤其是播发省“两会”、世界高端铝业峰会、全省科学观摩会等一批有分量稿件。电视栏目质量提高，频道面貌整体提升，公益宣传提质增量，大型电视问政直播栏目《问政滨州》开播，《诗话滨州》提升节目文化品位，60多部融媒体作品入选“学习强国”。打造《情暖滨州》等精品栏目，社会效益丰硕。新媒体平台影响提升，围绕平台运营、内容运营、用户运营、队伍运营和融媒运营提升水平，媒体融合作品短视频《乡村教师40载难舍讲台“最后一课”》移动直播《滨城区人民法院突袭抓“老赖”》入选山东新闻奖融媒体奖20件定评作品名单。加大投入，提升电视技术装备，购置高清转播车系统、高清硬盘播出系统等，实现新闻综合频道、公共频道部分节目高清化播出。产业发展转变观念，通过主办或承办各种“大活动”、开启与省级传媒公司合作制作宣传片新模式、拓展体育产业、教育培训等方式拉动经营创收。

【重大主题宣传】 2019年，滨州电视台《滨州新闻》“六问八策”专栏播发《市政府工作部门年初“亮目标”政务公开活动第二阶段活动举行》《“六问”“八策”：发人深省 催人奋进》《答好“六问”践行“八策”

2019年7月16日，“奋战2019·筑梦富强滨州”——市政府工作部门年中“亮进度”直属事业单位“亮任务亮措施”政务公开活动直播现场

（融媒体中心　供图）

勇于担当狠抓落实》《“实业之策”谋发展 “加减乘除”激活力》等重点稿件40多条，《山东新闻联播》栏目单条播发10余条，其中《滨州：开辟新路径 推动产业迈向高端》《新起点 新举措 流程再造重在制度创新》中采访市委书记佘春明，《滨州：环保倒逼 铝业升级》《滨州：87个“双招双引”重点项目集中开工》中采访市长宇向东。滨州电视台《滨州新闻》的《牢记初心使命 建设富强滨州》专栏播发《全市“不忘初心、牢记使命”主题教育第一期读书班举行》《佘春明主题教育调研民生和城市建设时强调强化改革引领提升城市品质》等重点稿件50多条。《山东新闻联播》栏目单条播发《山东：深学务透 真抓实干》《山东：摸实情解难题 确保主题教育成效》《滨州 青岛 东营：坚持问题导向 提升主题教育实效》等多篇重点稿件。滨州电视台《滨州新闻》《“壮丽70年 奋斗新时代”庆祝中华人民共和国成立70年专栏》，播发《我市举行“亲近黄河·情系滨州”群众合唱活动》《我市举行2019年国庆节升国旗仪式》《从市场监管70年变迁看政府职能转变》等重点稿件60多条。《鲁北晚报》策划推出《共和国不会忘记》《走过70年》等栏目，反映70年来滨州发生的巨大变化和成就。8月10，台风“利奇马”侵袭滨州，融媒体中心记者到救灾一线，采编现场报道稿件。据统计，电视台《滨州新闻》播发稿件70多条，《山东新闻联播》发稿近20条；《鲁北晚报》刊发迎战台风“利奇马”文字稿件84篇，图片81幅，31个整版；滨州传媒网、消息牛移动客户端等新媒体通过直播、视频、新闻专题等报道形式实时报道。

【现场直播】 2019年，融媒体中心推动搭建起报纸、电视等传统媒体与消息牛、滨州传媒网、掌握滨州微信公众号等新媒体深度融合的全媒体传播架构，初步形成“全程媒体、全息媒体、全员媒体、全效媒体”等不同形态、叠加覆盖的全媒体传播格局。相继完成全市“两会”“高端铝业峰会”“双招双引”“全市企业家大会”等大型会议及重大活动现场直播10余场。特别是对市政府开展的“年初亮目标、年中亮进度、年终亮成果”政务公开活动进行现场录制和现场直播。2月28日、3月2日，分两场录制35名政府组成部门“一把手”向社会公开承诺，亮全年工作目标；7月16日，连续作战近10个小时，完成对市政府工作部门年中“亮进度”直属事业单位“亮任务亮措施”政务公开活动现场录制。

【高清转播】 2019年，融媒体中心实施技术硬件升级改造工程。6月18日，高清转播车系统投入使用，能够满足大中型会议、文艺节目并兼顾体育节目制作及日常节目制作需要，滨州电视台具备同时录制或直播两场活动的能力。7月20日，高清硬盘播出系统投入使用，实现新闻综合频道、公共频道部分节目高清化播出。12月14日，山东省无线数字电视地面覆盖23频道数字发射机开始发送山东影视、山东生活、山东体育、山东少儿等8套节目。年内，滨州电视发射台无线数字电视地面覆盖可提供24套中央、省、市高质量数字电视节目，全市区域内用户可免费收看。滨州新闻综合频道、公共频道全年累计播出节目12775小时，安全无事故。

【新媒体建设】 2019年，融媒体中心新媒体围绕平台运营、内容运营、用户运营、队伍运营和融媒运营提升工作水平。新媒体播发1.2万余篇视频和图文消息，“掌握滨州”微信平台发布2400余篇图文消息，制作图文、短视频、H5、小视频等新媒体产品200余件。开通账号77个，服务16大版块正常运营。媒体融合作品短视频《乡村教师40载难舍讲台“最后一课”》、移动直播《滨城区人民法院突袭抓“老赖”》入选山东新闻奖融媒体奖20件定评作品名单。重大活动及重大节目的现场直播，滨州“双招双引”重点建设工程集中开工仪式、世界高端铝业峰会、滨州市企业家大会、资本对接大会以及《问政滨州》栏目，在社会上均引起较大反响。新媒体利用传播快、平台多、形态全的优势，探索出《鲁北晚报》电子号外小视频、朋友圈海报、移动直播、移动端视频、H5、长图文、新闻专题等10多种新媒体报道形式一次发布、滚动传播。实现单场活动消息牛直播观看人数过百万人、H5点击过百万次“双百万传播”。

【《问政滨州》直播栏目开播】 2019年4月29日，大型电视问政直播栏目《问政滨州》开播，市长宇向东等领导参加开播仪式。栏目通过滨州电视台公共频道和手机端的新华社现场云、消息牛滨州手机台、滨州传媒网、户外大屏、《鲁北晚报》及微信公众号掌握滨州等媒介同步直播或推送，每两周播出一期，节目以聚焦全市中心工作、推进部门落实整改为着力点，每期邀请一个市直部门负责人到直播现场接受问政。《问政滨州》以人民为中心，媒体网络征集问政线索、记者实地探访采访、问题现场拍摄曝光、政府官员当面回应，公开面对公众答疑。至年底，直播21期，涉及18个大类、160余个重要经济社会及民生问题，问政问题大部分得到解决，受到社会高度关注、支持和赞扬。栏目“六位一体”传播模式在山东省内属首例。

【《情暖滨州》公益栏目播出】 2019年，《情暖滨州》栏目坚守创办初心，用温暖感人故事引导受众提升社会责任意识，发挥舆论作用，弘扬社会正气，致力打通宣传群众、教育群众、关心群众、服务群众的“最后一公里”，为创建文明城市、“富强滨州”建设贡献力量。制作播出《最好的未来》《夜空中最亮的星》《回家》《托起生命的“蓝天”》4期，筹集救助金40余万元，帮助58名学子圆了大学梦。3月，《中国红十字报》头版头条“让群众点赞、让社会动情”报道《情暖滨州》，并向全国推广滨

2019 年 4 月 29 日，大型电视问政直播栏目《问政滨州》开播

（融媒体中心　供图）

州经验。10 月，《中国红十字报》头版头条对《情暖滨州》栏目进行专版报道。

【融媒体产业发展】 2019 年，融媒体中心通过主办或承办各种“大活动”拉动经营创收。先后举办嘉年华、庆祝中华人民共和国成立 70 周年书画摄影展、“2019 首届京东 + 滨州院校电商文化节”、2019 年鲁北车展、七夕相亲会、高考咨询会、“秦黄河上跑起来”全民健身跑、“最美城管人”评选、“最美退役军人评选及颁奖晚会”及滨州市“十大孝星”事迹展播。策划举办《耕耘七十载·丰收黄河岸》主题活动、“鹅枣，来了”首发仪式、滨州首届炒股大赛，承办“2019 年银行业金融机构规范服务礼仪大赛”“《翰墨滨州》迎春收藏精品展览暨拍卖活动”，以及大型书画摄影展等活动。探索宣传片制作合作新模式，与省级传媒公司合作，共同制作新旧动能转换宣传片《新滨州　新动能》、青岛峰会《选择滨州　共创共赢》、资本对接大会《产融赋能　共享共赢》等宣传片。

（李爱民）

滨州人民广播电台

【概况】 2019 年，滨州人民广播电台（简称广播电台）拥有 AM864KHz、FM88.9MHz 综合广播，FM93.1MHz 交通音乐广播，FM105.7MHz 文艺广播 3 套自办广播节目，全天播音 52 小时，中波信号覆盖全市及周边东营、潍坊、淄博、济南、德州等市。同时 AM648KHz 和 AM1467KHz 分别承担着转播中央人民广播电台中国之声和山东人民广播电台新闻频道的任务。广播电台坚持正确舆论导向，先后对“六问八策”、“富强滨州”建设、世界高端铝业峰会、中华人民共和国成立 70 周年等工作进行报道，采制、刊播录音稿件 912 篇。全年外宣上稿 6712.79 分，较 2018 年增长 353%。广播电台利用媒体做增值服务，强化融媒手段应用，实现广播节目直播可视化。在重大主题宣传中，加入直播、短视频等新媒体报道形式，把传统媒体新闻用新媒体思维进行二次编辑推广，推出更多“准、新、微、快”新媒体产品。

【“壮丽 70 年”主题宣传】 2019 年，广播电台在《滨州新闻联播》栏目中开设《我和我的祖国》《70 年·难忘时刻》《70 年·改革赞歌》《我与共和国同成长》等专栏，播发录音新闻、简讯 80 余篇。5 月，推出大型系列采访报道特别节目“身边的变化”，采访与中华人民共和国共同成长、在各行各业作出突出贡献的 7 位老人，立体呈现 70 年的变化发展和成就。利用新媒体手段策划、制作、播出国庆专题视频《我为祖国点赞》，在微信公众号、滨州之声今日头条及听见广播客户端刊播。

【“不忘初心、牢记使命”主题教育宣传】 2019 年，全市“不忘初心、牢记使命”主题教育活动开展后，广播电台在《滨州新闻联播》开设《不忘初心　不负韶华》《不忘初心　看变迁》等专栏，播出相关录音报道 60 余条。对接上级媒体，宣传全市开展主题教育情况，在省台上稿 10 余篇。利用新媒体宣传，在“声动滨州微信公众号”和“滨州之声今日头条号”推出图文类新闻 40 余篇。

【“世界高端铝业峰会”宣传】 2019 年，广播电台开设《关注铝业峰会》专栏，刊发及时性新闻 8 篇，后续相关新闻 30 余篇，其中《滨州壮大高端产业集群 打造“山东铝业”品牌》《延伸铝业链条 突破产能之困》在《山东新闻》《山东新闻联播》重点播出。广播电台主持人在大会担任主要讲解工作，受到市委市政府通报表扬。

【服务中心宣传】 2019 年，广播电台围绕全市中心工作，开设《一次办好》《担当作为　抓落实》《抓落实　促发展》等栏目，对 2019 年重大项目开工、全市各县（市、区）各部门的放管服改革、简化审批流程、政企联动、外来务工人员子女入学、抢抓人才等内容进行全方位报道。发布相关录音新闻稿件 170 多篇，时政类稿件 60 余篇，新媒体“滨州之声”头条号发稿 130 余篇。

【广播节目直播可视化】 2019 年，广播电台致力打造“看得见的广播”，把电台主持人从话筒后搬到镜头前，满足听众的好奇心，加强自我宣传。至 9 月，3 个频道所有直播节目全部上线直播，通过听见广播平台实现直播可视化。

【《创业下午茶》栏目开播】 2019 年，广播电台依托创业人物访谈栏

2019年4月，滨州综合广播《创业者俱乐部》第六期《创业下午茶》活动现场

（滨州人民广播电台　供图）

目《创业者说》不定期举办《创业下午茶》栏目。活动邀请本土或外地小微企业家及企业负责人，以论坛、路演、沙龙、座谈等形式，围绕行业发展前景、品牌定位、管理运营及企业家成长等主题开展。年内举办7期，邀请企业家百余人，现场参与活动人数超千人。

【滨州市首届家装博览会举办】 2019年5月，广播电台在国际会展中心举办首届家装博览会。展会有30多个品类、120多家建材家装品牌参展，汇集全市城区主要建材商贸聚集区的一二线品牌，参会10万余人。

【青少年语言培训】 2019年，广播电台与全市各学校联合，开展青少年语言培训活动。策划开办《校园星主播》节目，为孩子们提供锻炼和展示的平台。组织大型公开课十余场，指导培训学生千余人次。策划运作“我是小小美食家”“新语文新口语”“手牵手　走进特殊教育学校”等活动。年底，举办年度盛宴“电台小主播新年晚会”，120余名小主播参加。

【现场直播】 2019年，广播电台完成全省“双招双引”观摩会、全省农村改厕规范升级和后续管护长效机制工作现场观摩会、滨州市“十四五”规划编制工作专家恳谈会等15场对外现场直播任务。对内完成爱心送考等10场活动的随车直播任务。

【“滨州工会好声音”职工歌手大赛】 2019年，广播电台与市总工会共同主办“滨州工会好声音”职工歌手大赛，活跃职工的业余文化生活。8月起，举办4场海选，2场复赛、100多名音乐爱好者参与，报名范围覆盖各县（市、区）。23位选手晋级总决赛。

（范　娜）

山东广电网络有限公司滨州分公司

【概况】 2019年，山东广电网络有限公司滨州分公司（简称滨州分公司）围绕省公司党委“改革创新深化年”和“工作落实年”安排部署，实施“党的建设、深化改革、扩增用户、智慧转型、提质增效、网络改造”6大工程，主动应对市场竞争。落实意识形态工作责任制，完成庆祝中华人民共和国成立70周年、省市“两会”等安全保证期的安全播出任务。把社会效益放在首位，组织完成全市45703贫困户的有线电视扶贫任务。参与台风“利奇马”抢险救援。至年底，滨州分公司在网数字电视用户318863户，宽带用户137227户，实现收入1.09亿元。

【体制改革】 2019年，滨州分公司推进县级分公司体制机制改革，激发员工发展潜力。印发《2019年滨州分公司所辖县级分公司综合改革配套方案》，优化县（市、区）分公司组织架构、部门职责，实行定岗、定责、定编。县级公司经理、副经理，县级公司中层全部竞聘上岗、员工双向选择，选出8名分公司经理、14名分公司副经理，54名大区经理，22名部室主任，确定213名网格经理。通过深化改革，优化绩效考核，干部员工的工作积极性明显提高。

【业务服务】 2019年，滨州分公司抢抓全国广电网络整合和5G建设一体化机遇。利用现有网络资源，稳步推进网络改造和优化，新建网络工程全部采用光纤入户，家庭终端以智能产品为主，全年发展1万多智能终端用户。以网络安全生产和安全播出工作为中心，完善落实各项安全应急预案，完善乡镇机房用电安全监测和通报制度，对全市98个机房进行统一管理，坚持OLT上联链路指标监测通报制度。规范安全播出工作制度，在主要节假日和各重要安全播出保障期，坚持领导带班，对辖区内播出机构严格执行零报告制度，完成重大节日和会议的安全播出任务。升级客服系统，话务和微平台两套客服系统24小时全天候同步运行。

【业务拓展】 2019年，滨州分公司策划推出庆祝中华人民共和国成立70周年精品影视剧点播红色影视专区，在机顶盒开机首页显著位置开设“灯塔党建在线”。上线“山东省医养健康智慧服务平台”，项目入选山东省2019年拟支持的50个新旧动能转换重大课题攻关项目，得到省市卫健委肯定。结合省公司融合享TV的定价策略，关闭原来低ARPU值的套餐订购权，重新打包定价。联系TCL、创维、国美等厂家，配合各县（市、区）分公司组织家电营销活动，全年家电销售总额801.8万元，比2018年大幅提升。推广EPG广告业务，加大与广告公司合作，提高广告吸纳能力，置换优质广告资源。丰富专线种类，增加MSTP、PTN等多种传输类型，增加专线业务竞争力。沾化分公司在智慧文体一期项目的基础上中标沾化区村村通二期项目，实现文化下乡村村通的目标，同时与房产开发商深度合作，初步达成“买房赠全屋家电”合作项目；博兴县雪亮工程中标，填补滨州分公司在政法委系统“雪亮工程”项目上的空白。惠民分公司中标县教育局多媒体设备采购项目，拓展滨州分公司教育领域的项目。

（李　鑫）

滨州日报

【概况】 2019年，《滨州日报》围绕中心、服务大局，在新闻宣传、媒体融合、互联网建设、安全管理等方面，取得较好的成绩。开设《聚焦‘六问’‘八策’建设‘富强滨州’》等专栏，推动“六问八策”“富强滨州”“757工作方案”等落地落实落细。做好庆祝中华人民共和国成立70周年宣传，推出“我和天安门合个影”图片征集活动、“壮丽70年　奋斗新时代·新中国成立以来滨州的第一”等系列主题宣传活动。坚持移动优先，强化媒体融合，滨州日报——滨州网成为宣传滨州的最大“正能量提供商”。加速互联网建设，建成滨州党媒指挥调度中心项目。

【庆祝中华人民共和国成立70周年宣传】 2019年，《滨州日报》推出“壮丽70年　奋斗新时代”重大主题宣传报道，庆祝中华人民共和国成立70周年。5月始，《滨州日报》启动“我和天安门合个影”图片征集活动，营造爱祖国、爱家乡的氛围；开辟《壮丽70年　奋斗新时代·新中国成立以来滨州的第一》栏目，通过“第一”展现滨州巨变；开设《壮丽70年　奋斗新时代·滨州对祖国的贡献》栏目，刊载滨州人民对外援助、援建的成绩，滨州在各行各业取得典型经验和创造的模式等；开设《滨州大事记》，每天一期刊发滨州历年的重大事件；在国庆前夕推出《飞越滨州》大型摄影报道和《滨州发展进步》系列述评，开设《数说巨变》专栏。

【“六问八策”“富强滨州”宣传】 2019年，《滨州日报》开设《聚焦‘六问’‘八策’建设‘富强滨州’》专栏，刊登党政干部、专家、企业家对“六问八策”的解读，报道全市“富强滨州”建设的生动实践。推出“聚焦‘六问’‘八策’建设‘富强滨州’之我见”征文活动，发表一批高质量有远见有激情的文章，凝聚起建设“富强滨州”的强大正能量。开辟《解放思想拼搏实干，筑梦圆梦“富强滨州”》专栏，做好解放思想大讨论活动报道，推动解放思想，激发干群工作干劲。

【世界高端铝业峰会·2019报道】 2019年，《滨州日报》做好世界高端铝业峰会报道工作。会前，及时报道大会筹备工作动态，推出专题专栏，刊发标语口号，制作看出公益广告、倒计时各种形式，对首届世界高端铝业峰会进行推介，推出综述《滨州：打造世界级高端铝业基地》，受托建立铝业峰会专题网站，制作一图读懂滨州铝业。会中，报道大会盛况，报道高峰论坛和项目签约、滨州铝业发展成果展等，推出系列评论员文章，对大会进行5G现场直播。滨州网《佘春明深情告白：给滨州一个机会，还世界一个奇迹》成为“爆款”产品，独家收获超36万人次的阅读量新高。会后，除做好后续报道外，承接编制大会特刊、论文集、音视频集锦等制作任务。

【党报评论创新】 2019年8月1日起，《滨州日报》在头版重要位置连续3天集中刊发题为《全力以赴赶进度　对标对表抓落实》《咬定目标乘势而上　全力变起势为胜势》《全力打造独具滨州特色的“乡村振兴齐鲁样板”》3篇系列评论员文章。市委宣传部以“新闻工作专报”“新闻阅评”等形式予以肯定。

【滨州党媒指挥调度中心项目建成】 2019年，滨州党媒指挥调度中心项目建成。项目是滨州传媒集团根据媒体传播形态的快速变化，为加快推进集团各媒体向互联网媒体深度融合发展而决策建设的，主要包括：全媒体采编系统、新闻大数据系统、数据存储系统、可视化系统、舆情检测预警系统。3月立项建设，10月初开工建设，至11月底基本完工。

（李志武）

山东新华书店集团有限公司滨州分公司

【概况】 2019年，山东新华书店集团有限公司滨州分公司（简称滨州分公司）在巩固发展好原有业绩的基础上，开辟新发展领域，实现业态、功能和商业模式转变，用心用情擦亮新华书店的金字招牌。全年实现营业收入总额2.15亿元，其中中小学课本、教辅读物销售1.63亿元，占全部销售的75.44%，其他图书、音像制品、其他出版物销售2897.56万元，占全部销售的13.45%，非出版物商品销售1838.18万元，占全部销售额的8.53%，全市系统实现利润1428.15万元。年内，全市征订发行重点图书《习近平新时代中国特色社会主义思想学习纲要》19.35万册、《新中国发展面对面》4.8万册、《第五批全国干部学习培训教材》5128套，发行占比位列全省前列。

【业务经营】 2019年，滨州分公司加强数字化平台建设，利用互联网数据指导经营工作，助推企业高质量发展。推进多元化经营，协助集团公司、山东海瓷集团，共同研发9头生物海瓷、9头经典贝瓷、清平调清风祥运活酒器、六合如意活酒器等文创产品，逐步形成立足主业挺拔、多元业态拓展的发展态势。至年底，全市会员注册45916人，微会员注册数21351人，智慧书城+新华阅购注册数为23840人，线下

2019 年 4 月 21 日，市新华书店“阅读献爱心・新华公益行”2019 齐鲁阅读季暨新华书店日活动在黄河三路新华书店举行 （市新华书店 供图）

注册人数 725 人。

【文化创新品牌打造】 2019 年，滨州分公司倾心打造文化活动创新品牌“滨悦读——新华名师讲堂”，每周六和周日分别在黄河三路、黄河八路新华书店开展“历史系列故事”“文学常识”“家庭教育”讲座，全年开展文化活动 84 场，参与人数 1.18 万人。开展国庆宣传活动，黄河三路新华书店制作“我们与祖国共成长”视频，获得山东新华书店集团有限公司“魅力书城”短视频大赛二等奖，并上传到“学习强国”——山东学习平台，在全省、全国范围内进行宣传和推广。举办名人签售活动，9 月 22 日儿童文学作家杨红樱在黄河八路新华书店现场签售图书，通过微信公众号、QQ 群、智慧书城以及抖音和快手同步报道，吸引读者到签售现场，签售作品 2808 册，码洋 6.12 万元。市书香研学旅行社深入推进研学旅行健康发展，组团 106 次，出行人数 21589 人，实现营业收入 889.05 万元，利润 56.99 万元。

（王振民）

“中国滨州”门户网站

【概况】 2019 年，“中国滨州”门户网站累计发布各类信息（不含信息公开）8836 条，其中党务集锦 572 条、政务要闻 583 条、部门动态 2734 条、县区快讯 2992 条、其他信息 1955 条。做好全国政府网站 4 个季度普查工作，年内全省政府网站抽查中滨州没有被通报单位。协调各级各单位注销政府网站域名 91 个，协调关停政府网站 17 家，建设完成网站群智能问答系统，智能问答系统导入知识库 22565 条数据。

【政府网站监管】 2019 年，“中国滨州”门户网站组织全市政府网站普查工作 4 次，第一季度查出不合格网站 7 家，第二季度查出不合格网站 5 家，第三季度查出不合格网站 3 家，第四季度查出不合格网站 7 家，所有不合格网站均整改完毕，全省政府网站抽查中滨州没有被通报单位。“我为政府网站找错”收到留言 57 条，留言办结率 100%，无逾期。按照省政府办公厅要求，协调 62 家单位完成《政府网站年度工作报表》填报工作并对外公开，协调各级各单位注销政府网站域名 91 个，下发通知要求各级各单位加强对政府网站域名管理工作。

【网站集约化管理】 2019 年，“中国滨州”门户网站根据全市机构改革情况协调关停政府网站 17 家，下发《关于对机构改革后政府网站建设需求进行调研的通知》，完成市自然资源和规划局、市市场监督管理局、市农业农村局等政府部门网站的内容调整工作。提升政府网站功能性，建设完成网站群智能问答系统，导入知识库 22565 条数据。加强全市政府门户网站集约化建设管理，满足山东省政府网站统一技术平台建设要求，10 月 24 日招标完成全市政府网站统一技术平台升级改造项目。平台升级改造，将迁移至山东省政府网站统一技术平台，以打造集约化服务型政府网站为主线，加强顶层设计，充分利用集约化、大数据、云计算、移动互联等技术，形成统一管理、统一服务的全市“一站式”集约化网站群。

（付 星）

滨州传媒网

【概况】 滨州传媒网是全市唯一一家拥有新闻发布及视听许可双资质的市级地方媒体网站。2019 年，传媒网与滨州电视台、《鲁北晚报》深度融合，组成融媒体中心，发布平台进行全新改版升级，提供滨州传媒集团旗下 3 个电视频道、2 个广播频率的精彩节目网络实时收看收听，实现网台自制节目与演播室直播访谈，通过传媒网可以实现滨州电视台各频道和各自办栏目的“随时直播、随心点播”，实现多内容、跨平台的统一管理，一键多渠道多终端的统一发布。

【三屏同步直播】 2019 年，滨州传媒网应用技术平台，电视台频道、互联网电脑端、手机端三屏同步直播形成常态，全年实现会议、活动、体育赛事、文艺晚会等各类直播 30 多场次，“黄河大合唱”“滨州企业家大会”等重点活动均完成直播任务。4 月，大型融媒问政栏目《问政滨州》开播，栏目实现台、端、网、屏四屏实时直播，无论受众在电视、电脑旁，或通过手机、室外屏无缝覆盖，全新的融媒传播模式，在山东省内为首创。H5、VR 实景展现等手机端技术应用尝试推出。

【移动端宣传】 2019年，滨州传媒网按照移动优先原则，立足资讯服务、政务服务、本地生活服务，从平台运营、内容运营、用户运营、团队运营、融媒运营五个方面，一体两翼，矩阵发展。以移动端的消息牛客户端为主体，《鲁北晚报》和滨州传媒网为两翼，其他自媒体号为辅助，依托滨州电视台品牌资源、社会、政务、内容资源，打造融媒传播的生态圈，提升融媒体中心媒体集群的影响力。对“市两会”“聚焦六问八策”“世界高端铝业峰会”“问政滨州”“企业家大会”等重大活动和重要事件，综合运用，梯次发布、全媒体呈现，在移动端形成刷屏传播效果。

【主题宣传获省级奖项】 2019年，滨州传媒网“波澜壮阔40年，看滨州发展变化”获山东省优秀广播电视网络新闻奖二等奖，“魅力乡镇展示——多彩杜店”专栏获山东省新闻奖三等奖。在内容宣传上，滨州传媒网依托滨州电视台等主流媒体强大的时政新闻生产能力，二次加工，聚合再造，制作一批围绕中心、便于传播的新媒体内容作品，创新新闻的表现形式。

【滨州文明网代维】 2019年，滨州传媒网探寻新经营模式，为当地各行政事业单位提供网络运维服务、技术平台搭建、多媒体项目运用等多种服务项目，将服务政府作为工作重点。年内与市文明办合作，安排专职编辑全权提供滨州文明网的代运维服务，负责滨州文明网的内容编辑、技术支持、专题制作及文明志愿者的组织管理等工作，完成各项任务指标。

【媒体矩阵平台】 2019年，滨州传媒网并入融媒体中心后，中心整合媒体宣传资源，打造全媒体宣传矩阵，入驻多家网络平台，借助大品牌影响力，提升自身产品。媒体矩阵包含。滨州传媒网、消息牛手机端、掌握滨州微信平台、今日头条号、新浪官微、抖音号等。

（孙　妙）

滨州网

【概况】 2019年，滨州网围绕党网、党端建设，继续优化升级，多措并举，加快大建设、大转型，媒体融合取得新进展。加大对新媒体的配套建设与应用力度，建成滨州党媒调度指挥中心，完善采编发一体化管理系统、新闻大数据系统、机房存储系统、舆情管理系统、可视化管理调度系统，启动数字报恢复工程，规划设计现代时尚、布局合理的融媒体办公环境。与市委网信办联合开发的滨州辟谣网（滨州网上发布），通过辟谣、事实澄清、权威发布、答疑释惑、谣言举报等，将主流单位和群众连接在网内，发布最权威信息，搭建起党委政府与群众的“求真”空间。为市委网信办及部分单位开展舆情监控服务，定期给出日报、周报、专报，提升《滨州日报》在市域党政机构的权威性、渗透力。强化“移动优先”，在各类时政及民生活动报道中，滨州网手机客户端以最快速度发稿，内容丰富、形式多样、准确有序，在报、网、端、微的组合以及各类新媒体产品生产上，有机互动、有效互联，成为市委市政府可信赖的重要工作宣传首发移动媒体。8月，台风“利奇马”过境，滨州网推出《滨州严阵以待迎战“利奇马”》专题，开通《滨州网直播：暴雨红色预警　滨州全力应战“利奇马”》，滨州网编辑、记者与全市80多个乡镇通讯员200多人参与直播，视频《邹平抗台防洪一线，泪目中被感动！邹平一定能挺住！》，在滨州网首发后阅读量超过60万人次。

【市“两会”报道】 2019年2月，全市“两会”期间，滨州网“直播”开路，率先把“六问”“八策”的声音传递出去。开设“两会”专题网页，以“文字+摄影+视频+VR+5G+H5+一图”形式全方位呈现“两会”内容，让读者一页览“两会”。采编的“佘春明书记参加合影，把‘C位’留给企业家委员”，经滨州网首发后，先后被新华社客户端、人民网、大众网等高端媒体转载，全网阅读量达百万人次。

【“记者新春走基层”专题】 2019年1月，滨州网推出“记者新春走基层”专题。1月20日至2月19日，滨州网PC端及移动客户端推出45位记者、编辑，深入30多个村庄以及40多个行业。采写制作102篇文、图、视频报道，阅读量55万人次。

【“我和天安门合个影”系列活动】 2019年，庆祝中华人民共和国成立70周年，滨州网开展“我和天安门合个影”系列活动，从5月持续到国庆节期间。活动从线上到线下，报网融合，全民互动，既征集照片又讲述70年家国故事，通过图片征集、展览制作、巨型天安门图像制作开展“邀全市人民来合影”“巨型祝福蛋糕齐分享”“我和我的祖国音

2019年9月30日，“我和天安门合个影”大型图片展及系列活动启动仪式在市工人文化宫举行

（田海滨　摄）

乐快闪”“系列活动抓拍赛”“精美图片赠送”等活动。

【“世界高端铝业峰会”官网建设】 2019年4月28—29日，世界高端铝业峰会在滨州举行。受峰会筹备组委托，滨州网开发建设官方网站“世界高端铝业峰会”官网、微信公众号、开通微博。大会过程中，运用号外、直播、快讯、图文、视频、H5、人物专访、一图读懂等全媒体形式进行立体式报道。

【县（市、区）全媒体融合报道】 2019年9月3日，在《滨州网直播全市“双招双引”重点建设工程集中开工仪式》中，滨州网首次实现10县区全媒体融合报道，突破以往纸媒之间静态化的报道形式，各县（市、区）分会场的融媒体现场视频同步到滨州网直播中，实现对重大活动的多点同步媒体融合报道。

（李振平）

文化产业

【概况】 2019年，滨州市为加快推进文化产业发展，委托南京大学国家文化产业研究中心编制的《滨州市文化产业发展规划》完成中期成果稿，面向社会公开征求意见。滨州市文化产业协会成立并举行第一届第一次会员代表大会，表决通过《滨州文化产业协会章程》《第一届理事会理事、监事选举办法》。市政府主办、市文化和旅游局承办的滨州市2019文旅产业投融资大会举行，全国30多家重点文旅企业，投资商、运营商、二次消费策划机构参加会议，现场签约7个文化旅游投融资重大项目。举办第三届滨州文化惠民消费季活动，直接拉动文化消费484.32万元。为做好文化产业顶层设计基础工作，摸清全市文化产业家底，在全市范围内开展文化产业普查工作。为提高文化旅游企业经营管理水平，推进文化和旅游产业高质量发展，市文化和旅游局举办全市文化和旅游产业发展培训班。至年底，全市有规模以上文化产业法人单位98家，总资产101.9亿元；有省级文化产业示范基地8家，市级文化产业示范园区4家、示范基地6家。

【第三届滨州文化惠民消费季】 2019年7月25日，第三届滨州文化惠民消费季活动全面启动。8月20日，市政府办公室印发关于《第三届滨州文化惠民消费季实施方案》的通知。成立以副市长潘青任组长、各县（市、区）政府、市直有关部门为成员的第三届滨州文化惠民消费季组委会，负责消费季活动实施。对接非物质文化项目传承艺人，利用国庆等节假日期间景区游客集中的时间，在十里荷塘景区内开展京剧、吕剧、歌舞、综艺公益演出及剪纸、葫芦烙画、面塑非物质文化遗产项目体验等。杜受田故居景区在大同客栈内设立剪纸、面塑等项目展览厅，展出非遗作品上百件，同时定期面向未成年人举办剪纸兴趣培训班等传统技艺培训活动。举办“非遗系列传习坊”“绘画公益大讲堂”，公益演出“声乐专场”“舞蹈专场”“杂技专场”等公益活动2万余场，200万人次参与。8月28日，举办第三届滨州文化惠民消费季“文惠大集”，活动当天，文化惠民消费季的17家签约企业通过展示产品、发放宣传手册、互动体验等向市民群众推介文化产品，市民通过山东文化惠民消费云服务平台手机扫码报名、现场签到，进行线上文化消费，使用省级文化惠民消费券23.65万元。消费季期间，发放滨州市文化惠民消费券文化产品类88.13万元，直接拉动文化消费460.58万元；发放文化演艺类11.87万元，直接拉动文化消费23.74万元。省消费季组委会面向16市文化和旅游局和10个文化消费示范县征集22项文化和旅游消费活动，滨州市“文惠大集”入选，获批30万元定向消费券。

【省级文化产业示范园（示范基地）建设】 2019年，山东魏集古村落旅游文化有限公司、博兴县老粗布文化创意产业园两家文化企业被批复为省级示范基地。至年底，全市有8家省级文化产业示范基地，市级文化产业示范园区4家、示范基地6家。

【全市文化和旅游产业发展培训班举办】 2019年11月26—28日，为深化文旅融合，提升旅游景区质量，提高文化旅游企业经营管理水平，推进文化和旅游产业高质量发展，市文化和旅游局举办全市文化和旅游产业发展培训班，市县两级文化和旅游局分管领导和具体工作负责人、A级旅游景区负责人、文化产业示范园区（基地）负责人、重点文化企业负责人和市文化和旅游局机关干部等80余人参加。培训班邀请济南大学文化和旅游学院的梅青教授、徐艳芳教授和顾芳哲教授，分别作《景区发展的新趋势与质量提升》《文旅融合背景下文旅企业发展》《文创产品开发与管理》专题讲座，邀请市统计局专家对文旅产业统计知识进行培训。

（曹　宁）

【滨州市京剧演艺有限公司运营】 2019年，滨州市京剧演艺有限公司参加免费送戏下乡、戏曲进校园、优秀剧目巡演等多项演出服务；重点打造精品剧目——大型古装京剧《游百川》。6月，《游百川》获山东省委宣传部第十三届山东省精神文明建设“文艺精品工程”奖。7月5—6日，应北京市戏曲艺术发展基金会邀请，登上北京长安大戏院舞台，向首都观众集中展示滨州优秀传统文化和艺术创作成果。7月，京剧《游百川》从全国100余部作品中脱颖而出，入选中国文联、中国戏剧家协会主办的第十六届中国戏剧节参演剧目（全国30部作品入选，含京昆、地方戏）；10月26日至11月12日，到福建省福州市参演，并获得第十六届中国戏剧节优秀剧目奖，滨州首次有大型舞台艺术作品入选中国戏剧节国家级展演赛事。

【滨州市吕剧演艺有限公司运营】2019年，滨州市吕剧演艺有限公司参加免费送戏下乡155场，完成4个学校戏曲进校园活动。7月，吕剧小戏《三媳参会》在全省乡村题材小型文艺作品（夏津赛区）展演中获赛区一等奖，完成国家艺术基金项目结项工作。8月31日，戏曲名家工作室项目吕剧传统剧目《逼婚记》在全市第二届"周末戏相逢"惠民演出活动中汇报演出。9月20日、21日，新编现代吕剧《烈烈渤海红》作为首部反映渤海区革命历史题材的吕剧作品在滨州大剧院首演，入选2019年山东省现实题材与革命历史题材重点项目名录。11月1—11日，排演的传统吕剧《李二嫂改嫁》依托保利院线山东东北区域事业部运营下的沈阳、大连、淄博、威海、烟台福山5家剧院商演。11月，"滨州吕剧传承展示体验中心"项目完工。12月，整理完成传承剧目《回龙传》剧本。

（王蒙蒙　王绍进）

网络管理

【概况】2019年，全市网信系统强化网络内容建设，提升网络安全保障，统筹推进信息化建设。2月14日，市委网络安全和信息化委员会办公室（简称市委网信办）挂牌成立。推动召开市委网信委第一次会议，传达学习省委网信委会议精神，研究部署全市网信重点工作。召开全市网信系统专题会议，成立市互联网行业党委，加强对全市互联网新兴业态和互联网从业人员的管理服务，保障互联网行业正确的政治方向。加大对中央、省、市重大决策部署的宣传力度，保障相关报道占据PC端、移动端首屏首要位置。与人民网、大众网等中央、省级重点网络媒体合作，开设专题专栏，围绕"富强滨州"建设，推出一批有影响力的外宣作品，拓展网上宣传渠道。利用视频、动画等新媒体形式，对各级"两会"、企业家大会、世界高端铝业峰会、资本对接大会等重大会议活动进行立体化传播，开辟"六问""八策""富强滨州"专题宣传解读，凝聚发展共识。台风"利奇马"入境期间，动员各网络媒体投入采编人员100余人，采用直播、H5、短视频、图刊等新传播手段全程报道抗台动态，发布抗台风稿件1400余篇。针对"今晚七点市区打开所有井盖"等网络谣言，及时协调各网络媒体并通过"滨州辟谣"平台发布辟谣信息。组织开展"强四力、走基层"2019·滨州网媒海疆行活动，组织40多名驻滨和市内新闻媒体记者深入滨州沿海县区采访。对网络舆情管理的各个环节进行流程再造，形成"扁平化、闭环式"管理模式。建设"滨州网上发布"以及"滨州辟谣"平台，及时发布权威信息，辟谣澄清不实信息，压缩谣言传播空间。全年编发《网络舆情报告》365期，《互联网舆情专报》31期，《网络舆情提示》13件。年内，全市受境外控制的计算机数量、感染蠕虫病毒的主机数量明显下降，受控规模和数量连续5个月在全省保持最低。

（张　松）

【网络宣传】2019年，市委网信办协调市内各网络新闻媒体加强对中央、省、市重大决策部署的宣传力度，及时将重点宣传内容和宣传指令下发各网络新闻媒体，确保相关报道始终占据PC端、移动端首屏头条位置。加强全市"两会"宣传，发挥微信、微博、客户端和新媒体矩阵传播优势，对"两会"信息进行立体化传播。滨州网编发稿件被新华社客户端以《书记让出"一个座"赢得企业"一片心"》为题进行跟进报道，阅读量超过100万人次。开辟"六问""八策""富强滨州"专题宣传解读，《余春明深情告白：给滨州一个机会，还世界一个奇迹》阅读量超过45万人次。每月评比十佳传播力网宣作品，年度通报优秀奖、提名奖。迎战台风"利奇马"网络直播等宣传作品在网上引发热烈反响。制作推出124期"滨州网事早知道"新媒体作品，以"图文+语音"形式推送800余条网上重点新闻报道，实现对市委市政府重大活动和亮点工作的二次传播。优化"网信滨州"微信公众号、头条号和企鹅号传播平台，在"网信滨州"各平台账号发布信息154篇。

【网络舆论管理】2019年，市委网信办建立全市舆情联络员制度，实现网上舆情信息共享联动。精准调度、快速推动线下问题整改和线上舆情化解，网上大量意见诉求得到有效处置或回应。建设"滨州网上发布"以及"滨州辟谣"平台，及时发布权威信息，辟谣澄清不实信息，压缩谣言传播空间。通过"舆情回应"等渠道及时回应网民关切，网民大量诉求得到解决和反馈，有效化解网上舆情。

（劳维明）

【网络安全保障】2019年，市委网信办召开全市网络安全会议，将各单位网络安全责任信息纳入数据库，定期对存在网络安全隐患的单位进行通报。征集11家网络安全应急服务支撑单位，强化全市网络安全保卫力量。建立全市关键部门、重要行业的网络安全应急体系和维护网络安全工作协调机制，制定网络安全应急预案，明确职能部门权责，形成网络安全工作合力。做好中华人民共和国成立70周年网络安全保障工作，联合滨州市公安、市国安、市大数据中心等部门，对全市7个重点行业、23个关键信息基础设施单位开展为期半个月的网络安全大检查，现场开展漏洞扫描、基线检查、渗透测试，监督相关单位彻底整改。在滨州学院举行"网络安全周"宣传活动启动仪式，开展网络安全专题培训和专题讲座，500余人参训。举办"法制日""金融日""青少年日""个人信息保护日"等主题活动，开展防范电信网络诈骗、金融知识进校园等活动。

【信息化建设】2019年，市委网信办发挥信息化创新驱动作用，落实各项工作任务，加强信息化发展总体设计。探索建立信息化工作统筹协调机制，引导相关单位提报省级数字乡村发展项目，向省相关部门提报4个数字乡村发展重点项目。指导全市有关单位提报“十四五”信息化部分发展项目，向省相关部门提报17个《拟纳入国家或省“十四五”发展规划重大事项表》项目。

（苏延民）

【专业化网信队伍】 2019年，市委网信办开展解放思想大讨论、“不忘初心、牢记使命”主题教育，加强班子和队伍建设。围绕网上宣传和舆情管控、网络安全和信息化等相关领域，采取“一请三讲”（邀请专家学者授课，机关干部讲专责、讲专攻、讲专长）方式，对全市网信系统干部职工开展培训。创办“滨州网信大讲堂”，邀请今日头条、抖音短视频等新媒体专家和知名高校学者等现场授课，为市直各部门单位和市内网络媒体搭建理论学习、业务培训和沟通交流平台。创办“班前一刻钟”交流分享会，机关党员干部利用班前一刻钟的时间，结合工作学习情况，谈体会，谈经验，取长补短，共同进步。

（赵秀瑞）

【滨州市网信智库成立】 2019年12月9日，滨州市网信智库成立座谈会在济南召开。首批滨州网信智库成员由新华社、人民网等中央级媒体，省互联网传媒集团、省广播电视台、鲁网、中国山东网等省级媒体，国家计算机网络与信息安全管理中心山东分中心、省网络与信息安全产业联盟等专业机构涵盖多个领域的10余名专家组成。座谈会上，智库成员围绕把握网络传播规律、加强网络舆情应对、做好新媒体工作、网络安全形势与应对、信息化发展等内容进行深入的交流讨论，为滨州建言献策。

（刘　成）

【自媒体沙龙成立】 2019年，市委网信办对登记属地为滨州的自媒体进行调查摸底，全面掌握自媒体情况，对有较大影响力的67个自媒体进行备案登记。成立滨州市自媒体沙龙，开展2期自媒体联谊活动，向全市自媒体发出《勇担自媒体新使命　共建清朗网络家园》倡议书，举办新闻素养和法律法规培训班，搭建自媒体与党委政府之间的沟通交流平台，形成与自媒体代表人物联系沟通机制。

（劳维明）

文化市场管理

【概况】 2019年，全市文化市场综合执法系统维护消费者及旅游市场经营主体合法权益，保障全市文化市场规范有序运行。文化市场累计执法2132人次，检查经营单位1053家次，警告298家次，责令整改146家次，受理办结举报及上级交办案件29件，罚款2.3万元，责令自行拆除非法卫星设施38套（件）。“扫黄打非”工作获全省先进集体“十一连冠”，并获全国先进集体，进基层工作全省领先，示范点创建数量和质量均居全省前列。

【“扫黄打非”工作】 2019年，市文化和旅游局加强对文化、文物、出版、广播电视、电影、旅游市场领域执法监管，组织开展元旦、春节、“两会”、暑期文化旅游市场集中行动和“净网”“清源”“护苗”“固边”“秋风”“剑网2019”等“扫黄打非”专项行动。4月25日，市委书记佘春明、市长宇向东对“扫黄打非”工作分别作出批示。12月30日，市文化和旅游局召开2019年全市“扫黄打非”工作会议暨“扫黄打非”进基层培训班，全市各县（市、区）文化和旅游市场暨“扫黄打非”工作领导小组办公室主任、文化和旅游局分管领导、综合执法机构负责人，各乡镇（街道）文化站长，获得全国、省级“扫黄打非”进基层示范点单位负责人等参加。“扫黄打非”工作获全省先进集体“十一连冠”，并获全国先进集体，进基层工作全省领先，示范点创建数量和质量均居全省前列。

【文化执法交流协作培训】 2019年10月9—12日，市文化和旅游市场执法人员业务培训暨滨州市与白银市、奉节县、祁连县文化和旅游市场综合执法机构对口交流协作活动在滨州市举办，市文化和旅游局局长刘庆敖在开班式上进行动员部署。培训交流活动为期3天，市文化市场综合执法大队全体人员及重庆市奉节县、甘肃省白银市、青海省祁连县和滨州市各县（市、区）文化执法人员70余人参加培训活动。

【全市文化市场新业态调研活动】 2019年，市文化和旅游局按照文化和旅游部市场司、省文化和旅游厅调研工作部署，进一步摸清全市文化市场新业态发展情况，组织全市文化执法力量，对市区娃娃机及其衍生设施、轰趴馆市场现状和发展情况进行全面调研，以文化娱乐、游艺等场所为主要范围开展拉网式检查调查。市文化市场综合执法大队摸清市场底数，发现存在问题，对辖区内新市场业态的运营情况进行检查调研，现场询问负责人员新型业态设施设备来源、管理情况，并对未来趋势、发展情况进行座谈。通过调研活动，查清新业态的真实情况，并就业态属性定位不清、市场分布散乱、设置门槛低、监管风险点多等问题，研究提出“明确业态属性、明确监管职责、强化行政强制措施”等针对有效的监管措施、建议，为出台相关政策打下基础。

（董晓冬）

33 卫生健康

Hygiene and Health

综　述

【概况】 2019年，滨州市卫生健康委员会（简称市卫生健康委）服务全市经济社会发展大局。至年底，全市各类卫生机构3005个。卫生技术人员28142人，执业（助理）医师11316人，注册护士12342人。实有床位22255张，其中医院16812张、卫生院3709张、社区卫生服务中心（站）1134张、妇幼保健机构286张。万人拥有卫生技术人员71.73人，万人拥有床位数56.73张。全市医疗卫生机构总诊疗人次为2399.91万人次，出院人数63.88万人，出院者平均住院日为7.7天，其中医院出院者平均住院日为7.8天。医养健康产业发展壮大，全市医养健康产业实现主营业务收入35.10亿元，比2018年增长204.5%，完成年度任务206%；招商引资签约项目6个，新建续建落地项目12个，到位资金12.04亿元，完成年度任务201%。医药卫生体制改革巩固深化，县域医共体建设推开，7个县（市、区）被国家卫健委、国家中医药管理局确定为紧密型县域医共体建设试点县，滨州市成为全省唯一全覆盖市。重点项目建设推进，市政府与山东第一医科大学签署战略合作协议，市人民医院上升为山东第一医科大学直属附属医院；市人民医院西院区、市妇幼保健院和市中医医院新院项目主体工程完成封顶，累计完成投资12.77亿元；7个县级妇保院新院项目全部启动，4个项目主体封顶，邹平市妇保院建成投用并通过“二甲”验收，实现全市二级妇保院零的突破。医疗服务能力提升，县级综合医院全部达到国家基本标准，“六大中心”（胸痛中心、卒中中心、创伤中心、危重孕产妇救治中心、危重儿童和新生儿救治中心、癌症中心）建设实现市县全覆盖；基本公共卫生服务项目人均补助标准提高到69元，重点人群签约率73%，全市89家乡镇卫生院（社区卫生服务中心）、1486家村卫生室（社区卫生服务站）标准化建设达标；对8.2万名建档立卡贫困群众开展免费健康查体；开展“健康扶贫服务月”等服务活动，服务群众4.7万余人次。全年为8.7万80岁以上老年人发放高龄津贴3653万元，多元化出资1701万元，为83.8万老年人购买意外伤害保险，覆盖率80.17%。公共卫生服务便捷，建成数字化预防接种门诊18处，“八苗”全程接种率93%以上；新增精神卫生床位200张，全年免费救治贫困严重精神障碍患者187人。

【卫生与健康规划】 2019年7月22日，市卫生健康委对全市“十四五”卫生与健康规划进行谋划，初步形成全市“十四五”卫生健康规划发展思路、重点任务目标等。12月，全市开展《滨州市医疗卫生体系规划(2016—2020年)》中期评估工作，各项指标基本达到规划目标要求。至年底，全市基本建成由医院、基层医疗卫生机构、专业公共卫生机构等组成的覆盖城乡的医疗卫生服务体系。

【医药卫生体制改革】 2019年，滨州市深化医药卫生体制改革工作，加强组织领导，强化顶层设计，注重配套联动，加快建立分级诊疗制度，深化公立医院综合改革，建立健全医疗卫生服务体系，实施医保支付方式改革，推进药品供应保障制度改革，深化医药卫生体制改革取得阶段性成果。1月17日，副市长潘青在全国基层卫生健康工作会暨基层卫生综合改革现场会上作典型发言；1月25日，国务院医改领导小组秘书处给市政府发感谢信；6月6日，副市长潘青在全省深化医药卫生体制改革培训班上作典型发言；6月28日，滨州市中医院、无棣县人民医院被省卫生健康委等5部门确定为现代医院管理制度改革试点医院；8月29日，7个县（市、区）被国家卫生健康委、国家中医药管理局确定为紧密型县域医共体建设试点县，是全省唯一将所有县区全部纳入国家试点的市；10月12日，无棣县在全省基层卫生综合改革暨紧密型县域医共体建设现场推进会上作典型发言；无棣县《书写破解医改难题新答卷——无棣县构建城乡一体医疗服务体系》改革案例入选《山东省地方改革案例选编》。

【公立医院综合改革】 2019年，滨州市深化公立医院综合改革。12月10日始，全市所有公立医院按规定取消耗材加成，实行零差率销售，同步调整1255项医疗服务价格，调价后医疗服务项目按规定纳入医保支付范围，磁共振、多普勒等大型设备价格平均降幅 8.6%，化验价格平均降幅 12.4%。现代医院管理制度建设推进，公立医院编制管理由审批制改为备案制，按核编总量设置医院职称岗位，中、高级岗位比 2018 年分别提高 2.4 倍、2 倍。控制总量内对急需、紧缺人才由公立医院自主招聘，4 家市属公立医院招录研究生或副高级以上专业人才 329 名。4 家市属公立医院实现党组织书记和院长分设，党委领导下的院长负责制管理运行体制有效落实。市中医医院、无棣县人民医院入选现代医院管理制度省级试点医院，按要求修订完善医院章程，建立决策议事机制和相关规章制度，开展院长年薪制改革。推进医保支付方式改革，发挥改革协同联动效应，全市 834 个临床路径及 160 个病种支付标准在二、三级医院全面实施，实施临床路径管理病种在二、三级医院出院病人覆盖率分别为 75%、50% 以上。年内，全市公立医院医疗收入增幅 7.53%，药占比（不含中药饮片）29.21%，门诊次均费用 255.27 元，住院次均费用 7954.81 元，平均住院天数 7.52 天。

【分级诊疗制度建设】 2019 年，滨州市创新实施紧密型县域医共体建设，由县级医院牵头与乡镇卫生院在“四个不变”（单位性质、人员身份、功能定位、财政投入）前提下，按“1+X”模式，组建紧密型医共体，打破县域内医疗机构之间利益、人才、设备等资源壁垒，推行人事、财务、业务、绩效一体化运行，统筹医疗资源、技术人员、医疗收益、人员薪酬的使用、分配。县级医院把优秀医务人员下派到基层值诊带教，并从基层定期选派人员到县级医院培训学习，建立人才双向流动机制。牵头医院建立远程心电、影像、检查检验等诊断中心，群众在基层就诊检查，县级医院出具诊断报告和治疗方案，实现县域内医疗服务同质化。同步跟进“总额预付、结余留用、超支不补”医共体医保支付政策，调动医院自主控费积极性，引导医院由重治疗向重预防转型。至年底，全市建成紧密型县域医共体 15 个，覆盖 85 家基层医疗卫生机构，基层诊疗量占比 65% 以上。发挥城市三级公立医院技术辐射和带动作用，组建呼吸、肾病、风湿免疫、血液、眼科、中医康复、出生缺陷综合防治等 17 个特色专科联盟。

（周　彦）

公共卫生

【基本公共卫生服务项目】 2019 年，全市继续实施居民健康档案、健康教育、预防接种、儿童健康管理、孕产妇健康管理、老年人健康管理、高血压和 2 型糖尿病等慢性病患者健康管理、严重精神障碍患者健康管理、肺结核患者健康管理、中医药健康管理、传染病和突发公共卫生事件报告和处理、卫生监督协管 12 类项目。将原重大公共卫生服务和计划生育项目中妇幼卫生、老年健康服务、医养结合、卫生应急、孕前检查等内容纳入基本公共卫生服务范围。基本公共卫生服务补助资金提高到人均 69 元，各级政府补助资金 2.67 亿元。至年底，全市建立居民电子健康档案 306.87 万份，发放健康教育资料 147.57 万份，为 40.42 万名 65 岁及以上老年人提供免费健康查体，为 31.51 万名高血压患者、10.67 万名糖尿病患者提供 4 次以上面对面随访。孕产妇早孕建册 2.83 万人，0 ～ 6 岁儿童健康管理 23.72 万人，规范管理严重精神障碍患者 1.45 万人，为 32.69 万名 65 岁及以上老年人、8.64 万名 0 ～ 36 个月儿童提供中医药健康管理服务。

【重大疾病防控】 2019 年，全市报告法定报告传染病 19936 例，报告发病率为 508.25/10 万，与 2018 年同期相比上升 8.27%，无甲类传染病报告。开展流感核酸检测 819 份、手足口病 437 份、风疹麻疹 107 份、诺如病毒 244 份，开展艾滋病抗体复检确证 366 份、CD4+ 淋巴细胞检测 431 人份。手足口病发病数较 2018 年同期下降 24.98%，无死亡病例。有效处置 2 起输入型登革热疫情，均未发生后续病例。开展艾滋病综合监测 41.11 万余人次，实施高危人群干预 40744 人次，检出艾滋病感染者 123 例，艾滋病病人及感染者首次随访率 100%。全市常规免疫报告接种率 95% 以上，“八苗”全程接种率 93.78%，无流脑、乙脑病例报告。全年追踪到位疑似肺结核患者 / 结核病患者 671 例，规范治疗管理患者 749 例，治疗成功率 92.36%，未发生学校结核病聚集性疫情。加强疫区归国人员健康管理，血检“三热”（临床诊断为疟疾、类似疟疾和不明原因的发热病人）病人 5128 人未检出恶性疟。开展慢病危险因素监测，登记报告居民死亡病例 25749 例，全人群报告粗死亡率 6.6‰，肿瘤、脑卒中、冠心病发病率分别为 269/10 万、648/10 万 和 167/10 万，达到省监测方案要求。启动尘肺病防治和冶金、化工、建材、矿山等行业领域以及尘毒危害专项治理行动，完成全市 247 位尘肺病人随访调查工作。严重精神障碍报告患病率 4.09‰，规范管理率 94.78%，规律服药率 85.73%，面访率 97.67%，各项指标均达到省级要求，未发生严重精神障碍患者肇事肇祸事件。

【妇幼健康服务】 2019 年，滨州市围绕保障母婴安全，构律妇幼健康、出生缺陷防治两大体系，提高妇女儿童健康水平。规范实施母婴安全和健康儿童行动计划，市人民医院、滨州医学院附属医院获省级母婴安全示范单位，市县两级建成危急重症孕产妇和新生儿救治中心各 10 个，实现县域全覆盖。1 月、12 月分别启动实施新生儿先天性心脏病筛查项目、0 ～ 6 岁儿童眼保健和视力检查工作，全市设立 5 家先心病筛查机构、12 家眼保健定点诊治机构。年内，全市孕产妇死亡率 9.99/10 万，婴儿死亡率和 5 岁以下儿童死亡率分别为 2.47‰和 3.4‰，较“十二五”末分别下降 0.74‰和 0.4‰。12 月 13 日，邹平市妇幼保健院通过二级甲等妇保院现场评审，实现滨州市历史上零的突破。市县 8 家新建妇幼保健院规划总建筑面积28.1万平方米，规划床位1965张，总投资15.8亿元，年内开工建设7家，其中完成主体4家、搬迁启用1家。3月28日，滨州市出生缺陷综合防治中心成立，建立完善覆盖城乡，涵盖孕前、孕期、新生儿各阶段的出生缺陷综合防治基本服务免费制度。创新“互联网+妇幼健康”，开发产前筛查和“两癌”检查信息系统，在全部项目机构上线使用。全年全市孕前优生健康检查目标人群覆盖率、新生儿“四病”（葡萄糖6磷酸酶缺乏症、肾上腺皮质增生症、先天性甲状腺机能减退症及苯丙酮尿症）筛查率、免费产前筛查率分别为100%、99.24%、100%，各级政府投入2100余万元，惠及全市18余万人次。

【卫生综合监督】 2019年，市卫生健康委落实卫生健康监督执法职责，加大执法力度，净化医疗服务市场，保障公共卫生安全。全年受领国家随机监督抽查任务922件，完结率100%。全市监督检查11079户次，监督覆盖率95.30%，查处案件652件，完成省卫生健康委人均办案7件任务目标。惩治非法行医，整治医疗乱象。年内累计检查各类医疗机构2714家，立案查处128家，罚款21.53万元。查处《问政滨州》曝光的非法行医问题，取缔3处非法行医窝点，立案查处3人，暂扣医疗机构执业许可证1家。开展惩治非法医学美容专项整治行动，立案查处9起，警告5起，罚款2万元，责令1家机构注销医疗美容科目。组织开展餐饮具集中消毒服务单位集中整治行动。检查消毒服务单位21家，关停1家，督促2家按标准重新建厂或进行升级改造。加大传染病防治监管力度，部署开展全市消毒产品经营单位和使用单位专项监督检查、全市消毒产品生产企业专项整治，开展医疗卫生机构传染病防治分类监督综合评价试点。开展尘肺病防治，冶金、化工、建材、矿山等行业领域以及尘毒危害专项治理两个专项行动，监督用人单位449家、职业健康检查机构5家、职业卫生技术服务机构1家，立案16起。

【千名医师下基层】 2019年，市卫生健康委组织开展“千名医师下基层”活动。印发《滨州市开展“千名医师下基层”活动实施方案》。8月5日，举行“千名医师下基层”活动启动仪式。选拔出的89名“业务院长”、1162名“名誉村医”、60名“城市服务农村主治医师”和79个服务团队陆续到岗，开启为期1至2年基层医疗卫生服务。年内，帮扶单位捐赠602万元医疗设备，帮扶人员发挥业务特长优势，培训业务骨干7800人次，开展远程医疗233多次，双向转诊2500人次，开展义诊活动1200次，乡镇卫生院（社区卫生服务中心）新建特色科室16个，开展新业务、新技术31项，参与家庭医生签约服务20864人次，被帮扶单位诊疗量增加。

（周　彦）

医疗卫生

【医疗服务】 2019年，胸痛、卒中、创伤“三大中心”建设县（市、区）全覆盖任务完成。滨州市人民医院分获“国字号”卒中中心、胸痛中心，国家公布的首批45家示范防治卒中中心，滨州市数量居全省第一。通过实施“三大中心”，全市脑梗死患者急性血管再通数量较同期提高2.5倍，1000余例，抢救急性心肌梗塞病人543例，97%的病人得到血管再通治疗，重症创伤患者抢救成功率由创建前的58%提高到82%。公布命名12个市级临床精品特色专科。滨州市人民医院肺结节综合诊疗专科被确定为省级临床精品特色专科，实现市级医院零的突破。启动二级综合医院等级复审，复审医院7所，组织专家76人次，核查条款53个。加强县级医院医疗服务能力建设，县级综合医院100%达到国家基本标准，80%达到国家推荐标准。推进临床路径管理工作，全市二三级公立医院纳入临床路径管理病例数占出院病人数分别为68.7%和51.4%。开展为期三个月“改善医疗服务百日行动”，推出8项服务举措，出台13个窗口科室服务规范，实施改善医疗服务措施60条，选聘26名卫生健康系统行风监督员。通报表扬“百名好护士”“十佳优质护理服务团队”，举办近千名护士参加的宣誓活动。举办第四届“改善就医体验、优化医疗服务”示范项目展评活动，遴选出15个项目在全市推广。召开“全市卒中急救地图新闻发布会”和“改善医疗服务，增进群众看病就医获得感”两场新闻发布会。

【血液供应保障】 2019年，滨州市采供血工作保持总体稳定发展，保障临床用血安全、及时。全年采集全血43181人，13.82吨，比2018年增长7.5%，采集单采血小板2196人，4107个治疗量，比2018年增长12.2%，采血总量创历史新高。所采血液100%来自市民自愿无偿捐献。血液质量全部达到《全血及成分血质量要求》要求，成品血液合格率100%。全年发血6968次，供应临床合格血液成品88633袋。无经血液传播疾病案例发生，血液总量满足临床用血需求。全市具备开展输血工作资质医院37家，其中有6个储血点，5个直供点。滨州市中心血站做好血费返还工作，符合国家和本市规定献血者及亲属临床用血费用返还1668人份，132余万元，返还率100%。履行“无偿献血，免费用血”承诺，实现献血者报销血费时“零跑腿”或“只跑一次”。

【“六大中心”建设】 2019年，全市“六大中心”（胸痛中心、卒中中心、创伤中心、危重孕产妇救治中心、危重儿童和新生儿救治中心、癌症中心）建设实现县（市、区）全覆盖。全市胸痛中心建设单位8家、卒中中心建设单位10家、创伤中心建设单位8家、危重孕产妇救治中心建设单位10家、危重儿童和新生儿救治中心建设单位10家、癌症规范化诊疗病房建设单位7家、癌痛规范化治疗示范病房14

家、MDT 团队 10 家。救治效率提升，各中心建设医院优化区域布局和资源配置，建立救治绿色通道，实现快速诊断、及时治疗，提高救治成功率。数据显示，全市脑梗死患者接受急性血管再通数量比 2018 年增长 2.5 倍，97% 的急性心肌梗塞病人得到血管再通治疗，重症创伤患者抢救成功率由创建前 58% 提高到 82%。以癌症规范化诊疗病房建设为重点，推广癌症规范化诊疗，有效提高患者生活质量，延长生存期。5 月 23 日，滨州市召开卒中急救地图发布会，市人民医院等 12 家医院组成卒中急救地图首批成员，形成覆盖全市的“黄金急救圈”。

【医疗救援保障】 2019 年，全市医疗救援调度车辆 65466 车次，救治病人 48494 人次，伤亡 3 人以上 44 起，完成院前急救任务。为“两会”高考等重大活动提供医疗急救服务。做好台风“利奇马”登陆山东期间应急救治工作。市紧急医疗救援指挥中心争取专项资金 248 万元，对院前急救指挥调度系统进行更新升级。11 月 19 日，新老院前急救调度系统实现切割转换，为院前急救信息化、精细化管理提供技术保障。组织开展 2 次院前急救拉练，提高各急救站服务水平和应急反应能力。9 月 21—22 日，举办第六届全市院前急救技能竞赛，对院前急救医护人员练兵成果进行集中检阅，选拔出滨医附院、邹平市人民医院组队参加山东省首届院前急救技能竞赛，在 33 支参赛队伍中取得团体第 8 名和第 11 名。

【重庆奉节支医帮扶】 2019 年 6 月 24 日，滨州市 2019 年度到奉节“组团式”支医扶贫协作医疗队座谈欢送会举行。医疗队由滨州市人民医院、滨州市中心医院、滨州市中医医院、滨城区人民医院、滨城区市立医院、沾化区人民医院及滨城区疾控中心的 12 名医务人员组成。2018 年 10 月始，根据省卫生健康委和市外援办统一安排，全市先后派出 2 批 15 名医疗专业技术人员到重庆奉节开展对口帮扶工作，此次是全市第三批，也是人数最多的一批，重点帮助奉节县完善制度体系、优化内部管理、强化学科建设、开展新技术新业务等，提高当地医疗卫生技术水平和卫生健康服务能力。

【第四届“改善就医体验、优化医疗服务”示范项目展评】 2019 年 8 月 16 日，市卫生健康委举办第四届“改善就医体验、优化医疗服务”示范项目展评活动。经过前期筛选，从全市各级医疗机构申报的 52 个竞选项目中，择优选出 15 个项目进入项目展评。通过现场展评，评选出一等奖 3 个，二等奖 5 个、三等奖 7 个。获奖项目在全市各级各类医疗机构推广。

（周　彦）

健康滨州建设

【爱国卫生工作】 2019 年 2 月，滨州市国家卫生城市工作受到全国爱卫会通报表彰，成为全省唯一获表扬城市。滨州市出台《关于建立巩固国家卫生城市长效管理机制的意见》，明确国家卫生城市巩固范围、目标及工作措施。全年对城区先后 8 次暗访，联合滨州电视台 2 次进行实地暗访，查看街道办事处 38 个、住宅小区 645 个、城中村 372 个、“八小行业”1032 家、背街小巷 213 处、农贸市场 179 个，拍照 12800 余张。阳信县、博兴县、惠民县创建国家卫生县城，滨城区秦皇台乡等 7 个乡镇创建成国家卫生乡镇，通过省爱卫办的暗访、技术评估和综合评审，待国家爱卫会命名。全市 13 个乡镇创建成省级卫生乡镇，600 个村庄创建成省级卫生村庄，87 个单位创建成省级卫生单位，14 个单位创建成省级无烟机关；在全市随机暗访 15 个医疗机构控烟工作。

【健康促进与教育】 2019 年，全市以健康科普为主题，加强健康知识传播。年内，《滨州日报》、滨州电视台、滨州人民广播电台专栏分别播出（刊发）30 期、54 期、100 期。全市卫生健康系统微信公众号 124 个，实现市县乡三级全覆盖。“健康滨州”年内推送信息 1447 条，原创信息占比超 30%。举办全市“健康家庭”评选及大型健康知识竞赛，评选表彰 100 户健康家庭。推进省级示范县区创建，沾化区通过省级评估验收，省级健康促进县区增至 4 个。开展健康进机关、企业、学校、社区、家庭等健康创建活动，打造

2019 年 7 月 26 日，滨州市“健康家庭”知识竞赛在滨州传媒集团演播大厅举行

（李健生　摄）

健康主题公园、健康步道等健康支持性环境，提升居民健康素养。

【医养结合服务模式】 2019年，滨州市探索政府兜底保障与满足个性化需求相结合的医养结合服务模式，结合全省“医养结合示范省”创建工作，以满足多样化健康养老服务需求为目标，推进医养结合工作。全市76.5%的二三级医院设置老年病科或康复科，老年病床248张，康复病床525张。所有二级以上医院为老年人就医开通绿色通道。全市运营的69处养老机构、日夜照料80处中心、553处农村幸福院，通过签约、嵌入、设立医疗机构等方式全部能够提供医疗服务，居家65岁以上老年人签约服务42.4万人，签约率72.9%。3月，市医保局、市卫生健康委、市民政局联合印发《关于将医养结合机构纳入基本医疗保险和长期护理保险定点管理的通知（试行）》。5月，市卫生健康委联合7部门印发《关于印发全市迎接创建全国医养结合示范省评估验收攻坚行动方案及任务分工的通知》，安排部署中期评估验收工作。11月，博兴县吕艺镇老年公寓作为迎接医养结合示范省国家评估单位，获全国老龄办认可。12月，滨州杏林医养健康管理中心“医养融合”整体照护模式入选全国医养结合典型经验（全省13例、全国200例）。4家医养结合机构入选全省首批医养结合典型案例。9个乡镇（街道）获评省级医养结合示范乡镇（街道）。

【医养健康顶层设计】 2019年，滨州市调整由2名市级领导为组长的医养健康产业专班，组建由15名专家组成的医养健康产业智库，成立全省首家市级医养健康产业协会，建设起由市卫生健康委牵头的医养健康产业工作推进体系。制定实施《滨州市医养健康产业发展规划（2018—2022年）》，规划医疗服务、健康养老、生物医药、健康制造、中医中药、健康食品、健康旅游、体育健身、健康管理9大产业领域，出台《关于加快推进医养健康产业集群化发展的实施细则》《加快医养健康产业高质量发展专项支持政策》《关于贯彻落实〈滨州市医养健康产业发展规划（2018—2022年）〉的实施意见》三个配套文件。

【医养健康招商】 2019年，滨州市编制招商路演PPT和健康产业招商手册，制定主题招商方案，市县两级专班先后赴北上广、江浙川等地外出招商10余次，参加博览会、展洽会6次，举办“双招双引”暨健康滨州高峰论坛、健康产业（滨州）路演招商洽谈会，与到滨客商沟通交流40余人次，组织项目研讨、推进、落地座谈会12次，推动项目签约和项目建设。全年医养健康产业规模以上医养健康工业企业主营业务收入35.1亿元，招商引资实际到位资金12.04亿元。

【医养健康项目建设】 2019年，滨州市突出企业纳统，举办健康产业统计行业编码培训班，开展两轮健康产业调研，按照《健康产业统计分类（2019）》建立企业和项目2个数据库，全市健康产业规上企业52家、规下企业67家，全年重点项目36个、重点招商项目36个。指导县（市、区）重点培育三元生物、欣悦健康、融川医药等10多家企业，扶持生物法功能糖、国昌怡心园高端医养结合养老项目、红曲中药饮片项目等20个项目，推动高新区康养城、无棣县中药材种植基地等园区发展。9月3日，全市新旧动能转换重点工程集中开工仪式上有5个健康产业项目开工。

【市政府与山东第一医科大学签订战略合作协议】 2019年12月20日，市政府与山东第一医科大学签署战略合作协议暨山东第一医科大学附属滨州市人民医院揭牌仪式在济南市山东大厦举行。省卫生健康委党组书记、主任袭燕出席仪式，中国工程院院士、山东第一医科大学校长宁光，市委书记佘春明分别致辞，为医院揭牌。双方协议在滨州设立医养结合战略研究院分院等合作项目，依托山东第一医科大学学科和人才优势，立足滨州产业和资源基础，加快构建医学人才培养、临床专科建设等新平台。

【滨州市医养健康产业协会成立】 2019年9月26日，滨州市医养健康产业协会成立大会暨健康产业路演招商洽谈会在愉悦家纺世博馆举行。会上签约医养健康产业项目5个。会议选举产生协会第一届理事会、理事会成员及会长、副会长、秘书长。滨州

2019年12月20日，山东第一医科大学附属滨州市人民医院揭牌仪式在济南举行 （李健生 摄）

2019年9月26日，滨州市医养健康智慧服务项目战略合作协议签约仪式在愉悦家纺世博馆举行 （李健生 摄）

市医养健康产业协会是由全市从事医养健康产业相关企事业单位及专家学者，自愿结成的全市性、联合性、非营利性社会组织。业务涉及行业自律、合作交流等九大方面，旨在构建“诚信合作、平等交流、开放包容、共建共享”医养健康产业发展战略协作平台。协会成立，整合全市医养健康产业资源、规范市场，推动全市健康产业持续发展。

【山东省医养健康智慧服务平台在邹平首发】 2019年8月29日，电视医院进万家——“互联网+医疗健康”大型主题推广活动暨山东省医养健康智慧服务平台全省首发仪式在邹平市举行。300余名邹平市民现场体验平台功能。邹平市人民医院成为第一个入住山东省医养健康智慧服务平台的医院，标志着全省首家互联网电视医院正式上线。山东省医养健康智慧服务平台作为全省医养健康产业重点项目，入选全省新旧动能转换重大项目库和全省重点文化产业项目库、山东省政府第一批“现代优势产业集群+人工智能”试点示范企业及项目、2019年度新旧动能转换重大工程、重大课题攻关项目。平台由山东省玖玖医养健康产业有限公司负责建设与运营，将按照省委省政府《山东省医养健康产业发展规划（2018—2022年）》要求，集成“医药养食游”服务内容，以电视、手机、电脑等为入口，形成多屏互动、线上线下一体化服务体系，利用5G技术，打造智慧化、智能化医养服务平台。电视医院轻问诊、慢病管理、送药上门、陪诊服务、老年大学等一系列民生服务将通过广电网络传递入户。山东广电网络发挥网络、平台、服务、用户等资源优势，建立以居家为基础、社区为依托、机构为补充的医养结合服务体系，打造15分钟医养服务圈。山东省医养健康智慧服务平台完成电视医院、找医院、找医生、找护理、专家号、买药品等功能模块开发，在邹平市部分小区上线试运行。

【“互联网+医疗健康”服务体系建设】 2019年，滨州市完善“互联网+医疗健康”服务体系。全市85个乡镇（街道）卫生院购置摄像头、麦克风、音响等设备并安装专业软件，与远程医学中心进行对接测试，实现远程门诊等功能。6月12日，滨州市人民医院获得市行政审批服务局颁发的执业许可牌照，全市成立的第一家互联网医院，系统上线试运行。8月26日，全市卫生计生专线，统一向电子政务外网转换，按照“应用带动、逐步替代”原则，由上而下逐步转换。至年底，滨城区、惠民县、阳信县、博兴县、滨州经济技术开发区、高新区实现两个网络并行，待系统运行稳定后撤销原卫生计生专网，邹平市、无棣县、沾化区等县（市、区）具备通过电子政务外网与市级平台互联互通条件。12月15日，滨州市人民医院、邹平市中医医院、市中心医院、沾化区人民医院、邹平市妇幼保健院试用电子健康卡就医，推行“互联网+医疗健康”就医模式。创新实施“六统一”模式（全市统一使用电子健康卡、统一预约挂号入口、统一充值退款平台、统一自助机界面、统一检查检验查询服务、统一就医服务流程）。除问诊、检查、诊断和取药等环节外，全部在手机端上完成，滨州市人民医院开通检查预约等功能。

（周 彦）

中医药管理

【中医药传承创新发展】 2019年，滨州市加强中医药人才队伍建设，提升基层中医医疗服务水平。启动市级第一批师承教育，43名基层中医骨干拜10名中医药专家为师。4月份，《滨州市村级中医药适宜技术推广活动实施方案》出台，以市县中医医院为培训基地，开展乡村医生、社区卫生服务站人员中医药适宜技术培训，累计培训1552人；以市中医医院为培训基地对29名基层中医药骨干开展为期1个月脱产培训班，累计培训145人；举办全市第四、五期中医药“三经传承”培训，累计培训760人次；继续实施“3+3”能力提升培训项目。以赛促学，组织全市中医药经典临床应用知识竞赛，滨州代表队在全省决赛中分获团体、个人三等奖。加强基层中医药人才引进。年内，通过事业单位招聘为乡镇卫生院和社区卫生服务中心引进中医药人才41人。

【中医药服务体系】 2019年，滨州市推进中医药服务体系建设。市中医医院新院项目列入全市重大民生工程。市中医医院新院区建设实行市政府代建，项目总投资5.4亿元，建筑面积9.4万平方米，设置床位700张，12月23日主体工程封顶。县级中医医院基础设施不断改善。继邹平市、沾化区中医医院门诊病房综合楼建成投用后，博兴县中医医院整体迁建工程和无棣县中医院康复疗养楼项目进展顺利，预计2020年投入使用；惠民县中医医院新院区建设完成选址，建设图纸设计中。6—8月，沾化区、阳信县、无棣县、博兴县中医医院及华海白癜风医院通过二甲复审。11月，沾化区全国基层中医药先进单位创建通过省级评审。5月，印发《滨州市基层医疗卫生机构中医特色技术挖掘提升项目实施方案》，建立市级项目库，每个市级项目补助5万元。年内，全市新建中医药综合服务区3处，累计建成90处，实现基层中医药综合服务区全覆盖。

【滨州市第二届中医药健康养生文化节】 2019年8月8日，“2019年中医中药中国行——中医药健康文化推进行动暨滨州市第二届中医药健康养生文化节、膏方节主题活动”启动仪式在市影剧院广场举行。活动以“传播中医药健康文化、提升民众健康素养”为主题，由市卫生健康委、市中医药管理局主办，市中医医院承办。文化节邀请省级中医药专家，以及市中医医院等10余名专家为群众现场义诊，向群众普及中医药预防保健理念，推广养生保健方法，提高群众健康素养和身体素质。活动现场设立中药制剂展示区、中医药膳、代茶饮品鉴区以及有奖问答区等主题区域。

【第五次骨干医师拜师仪式】 2019年8月30日，市中医医院医师向中国中医科学院西苑医院专家李保双教授拜师仪式举行，是全市启动国家级名中医工作室建设项目后的第五次拜师活动。市中医医院2018年启动“全国名老中医传承工作室及治疗中心建设项目”后，陆续创建翁维良、林兰、刘绍武、杨宇飞4个国家级“名中医传承工作室”，建立心脏康复、内分泌、肿瘤、类风湿病4个疾病诊疗中心滨州基地，发挥中医药特色优势，提高针对性疾病治疗效果，促进医院学科建设，加快人才培养，提高科研能力。

【滨州市第一批市级中医药师承拜师大会】 2019年5月21日，滨州市首批市级中医药师承拜师大会召开，120余人参加。市级中医药师承工作正式启动。首批继承人全部在乡镇卫生院、社区卫生服务中心及以下基层机构中遴选，“职称、学历、工作年限”三不限，中医药理论基础扎实，有志继承、研究和发展老中医药专家学术经验者均可报名。经个人申报、县（市、区）推荐、市级审核，10名专家被确定为首批中医药师承指导老师，43名基层中医医师被确定为继承人。中医药师承项目每批培养时间为连续3年，学习采取跟师临床实践、独立临床实践、理论学习等方式进行，第一批继承人于6月1日到岗学习，全市中医药师承教育项目，所需经费从市级中医药事业发展专项经费中安排。

（周　彦）

2019年5月21日，滨州市第一批市级中医药师承拜师大会在市卫生健康委会议室举行　（李健生　摄）

医疗机构

【滨州医学院附属医院】 滨州医学院附属医院（简称滨医附院）为省属综合性三级甲等医院，是全省7家省级区域医疗中心之一。2019年，滨医附院落实医药卫生体制改革新要求，深化医院综合改革，各项工作实现平稳发展。提升医疗服务能力，开展多例骨科微创机器人手术，介入治疗、微创治疗、3D打印辅助治疗等40余项新技术居全省乃至全国领先水平。推进“六大中心”建设，获评国家高级卒中中心。落实医疗、教学、科研三位一体工作定位，召开第四次教学科研工作大会。加强学科与人才队伍建设，胆胰肿瘤外科、上消化道早癌诊疗专科入选省“临床精品特色专科”，2个院士专家工作站通过中国科协认证，获批国家自然科学基金6项、省自然科学基金13项；累计培养引进博士、硕士42人，签订“外专双百计划”项目1项，培育齐鲁卫生与健康领军人才培育工程“杰青人才”3名。加快智慧医院建设，完成取消医用耗材加成工作。推动紧密型医联体建设，通过向医联体内其他医院派驻“业务院长”、科室对科室、团队对团队、“派出去”和“请进来”等方式，推广适宜医疗技术，推动科研合作，建立双向转诊机制，补齐薄弱临床专科能力短板。7月17日，滨医附院与滨城区市立医院、滨城区人民医院举行医疗联合体医院项目签约

2019年7月17日，滨州医学院附属医院滨城区医疗联合体启动仪式在滨城区市立医院举行（张莹莹 摄）

揭牌仪式，全市首家“上联下共”紧密型医联体开始运行；8月始，滨医附院儿科、产科、肿瘤科、结直肠疝外科和消化内科5个医师团队进驻滨城区市立医院、滨城区人民医院，发挥医院医疗人才技术优势和传帮带作用，提高滨城区医共体医疗技术和管理水平，为滨城区城乡居民提供连续性、整合型、一体化医疗服务；先后成立8个黄河三角洲区域专科联盟。实施“舒心就医工程”，围绕群众看病就医过程中反映的突出问题，从预约服务、就诊引导、服务态度、优质服务、便民服务、服务效率、保护隐私、健康宣教、就医环境、临床路径、日间手术、合理用药12方面梳理出73条工作措施并予以落实，优化门诊布局、流程，开展优质护理服务，缓解就医停车难等问题，解决人民群众看病就医过程中难点、堵点问题。加快院区、病区升级改造，完成住院一部回迁工作。选派42名医护人员到省内外开展医疗援助。完成新一届业务机构负责人和护士长聘任工作。年内，滨医附院获“改善医疗服务优秀医院”“第三届中国最美医院”“山东省智慧医院服务品牌”等称号，刘成霞获评山东省第七届“道德模范”。

（蒋芳芳）

【滨州市人民医院】 2019年，滨州市人民医院（简称市人民医院）提升医疗质量，推行电子病历无纸化，启动医院VTE防控体系建设，提升医疗服务水平。加强学科建设和“六大中心”建设，提升救治能力，鼓励技术创新，全年有138项新技术新项目应用于临床。胸痛中心获中国胸痛中心认证授牌，成为年度全国第一批、全市唯一通过国家级胸痛中心认证的三甲医院；卒中中心获评国家高级卒中中心，综合实力全国排名38位，居全省领先水平。6月底，市级创伤中心正式成立；11月，市人民医院通过省级癌症规范化诊疗病房评审；肺结节综合诊疗专科获评山东省2019年度临床精品特色专科，填补全市该专业省级临床精品特色专科空白。投资过亿元引进全球先进高端CT、MR和高端查体设备磁控胶囊胃镜系统、达芬奇手术机器人。12月13日，市人民医院引进的鲁北地区首台“第四代”达芬奇手术机器人，随后实施省内首例手术机器人辅助胃癌根治切除手术，手术进入人工智能新时代；MR采用创新DST环绕磁共振系统，能够提供对全身各脏器更快速扫描及更清晰成像；CT设备为全新第三代双源CT；健康管理中心安装的磁控胶囊胃镜系统，检者只需随水吞服胶囊胃镜，就可以按序完成胃底、贲门、胃体、胃角、胃窦、幽门的系统图像采集，15～20分钟即可完成舒适化、系统化、全方位胃部检查。复合手术室正式启用，实现外科手术和介入微创手术优势互补，开创疑难疾病临床治疗新模式。牵头成立全市胸痛中心联盟、风湿免疫病暨肾脏病专科联盟和眼科及血液病专科联盟，牵头成立全市妇产整体康复学组，推广诊疗规范，提高疾病诊治水平。改善护理服务，患者满意度不断提升。通过合理用药软件对临床医师门诊处方及住院医嘱进行规范化管理，对不合理处方及医嘱进行拦截，并向临床反馈，提高合理用药水平，在省内尚属首例。加快推进公立医院改革，全面取消医用耗材加成，同步调整医疗服务价格，让利于民调整医院医改领导小组组织机构，明确各部门职能。12月23日，市人民医院西院区项目封顶仪式在滨州经济技术开发区举行。西院区项目是全市重点建设项目，位于滨州经济技术开发区，总建筑面积32.13万平方米，设计床位2000张，停车位2164个；项目由3栋住院主楼，医技、急救、健康管理3个裙楼组成。年内，市人民医院获评“山东省药品不良反应报告及化妆品不良反应报告哨点单位”“山东省智慧门诊服务品牌”“省级母婴安全优质服务单位”“山东省无偿献血组织单位”“全省健康危害因素监测与控制工作先进集体”“全省卫生援青工作表现突出的单位”“滨州市无偿献血先进单位”等称号。

（董 雪）

【滨州市中心医院】 2019年，滨州市中心医院（简称市中心医院）落实新时期卫生健康工作方针，突出“质量、安全、服务、管理、绩效”主题，提升医院管理科学化水平。适应公立医院改革新要求，推进“一院两区”工作布局和“六大中心”建设。市中心医院推动群众健康模式转变，重视早癌筛查工作，推动早期诊断、综合治疗和现代管理，集合胸心外科、呼吸内科、肿瘤科、放射科、病理科等部门力量，

2019 年 5 月 29 日，滨州市中心医院等级评审现场评价反馈会在市中心医院会议室召开（王内强　摄）

共同建设多学科诊疗中心。12 月 5 日，市中心医院举行中国肺癌防治联盟肺结节诊治分中心成立大会，院党委书记任鹏与中国肺癌防治联盟主席、复旦大学附属中山医院教授白春学共同为中国肺癌防治联盟滨州市中心医院肺结节诊治分中心揭牌，推动肺结节筛查、诊治普及，以期早发现、早诊断、早治疗，可使肺癌病患 5 年生存率达到 90% 以上。10 月 12 日，中国心血管疾病医疗质量改善（CCC）项目五周年总结暨年度颁奖大会在北京召开，市中心医院心血管内科再次获急性冠脉综合征（ACS）医疗质量金奖，连续 4 年获此奖项；同时，市中心医院获五周年特别奖——“ACS 医疗质量持续优秀奖”，是参加该项目评选近 300 家医院中，获该奖项 4 家医院之一。5 月 27—29 日，省医院等级评审专家组一行 7 人对市中心医院进行 3 天现场评审，专家组一致认为市中心医院现场评价成绩符合三级甲等综合医院标准要求，并宣布市中心医院通过三级甲等综合医院等级复审现场评审；7 月 2 日，省卫生健康委印发通知，延续市中心医院“三级甲等综合医院”资质。门诊医技病房综合楼全部启用，新增业务用房 7.13 万平方米；医疗设备新增 199 台件，总价值 1100 余万元。推进紧密型医联体建设，与惠民县签订协议参与医共体建设。组建 4 支“学科帮扶团队”38 人到基层机构开展帮扶活动；派出 2 支援渝、援青医疗队开展支援工作。提升服务质量，心血管内科获评滨州市“十佳优质护理服务团队”，1 人获评山东省百佳护士、8 人获评滨州市百佳好护士，获全市“改善就医体验，优化医疗服务项目”二等奖；重症医学科《LOWE 圈——降低 ICU 患者谵妄发生率》项目获山东省医院品管圈大赛二等奖，山东省“护理质量改善项目”评选获三等奖、二等奖各 1 项。

（王内强）

【滨州市中医医院】 2019 年，滨州市中医医院（简称市中医医院）加大设备投入，加强管理，优化人才队伍体系和学科内涵建设。市中医医院被确定为全市现代医院管理制度省级试点医院，重点从加强公立医院党的建设、制定医院章程、完善医院议事决策制度、发挥专家治院作用、落实医疗质量安全核心制度、推进药品耗材合理使用、健全医院财务资产管理、优化医院收入结构、调动医务人员积极性、健全完善后勤管理、加强医院文化和医德医风建设、全面开展便民惠民服务、参与分级诊疗建设、完善内部监管 14 个方面进行探索实践，完善规章制度，开展专项行动，落实公立医院综合改革和深化医药卫生体制改革重点工作，加快构建规范管理体系，提升医院现代化管理水平。加强人才队伍建设，启动高层次和紧缺专业人才招聘工作，招聘 40 人，其中副高 2 人、研究生 38 人；遴选骨干医师陈晓晖和杜孟蔚拜师中国中医科学院专家李保双，将国家级名老中医学术经验传承创新；邀请专家到院坐诊 60 余人次，惠及患者 5000 余人，到北京跟师学习 200 余人次；建立孙向红省级名老中医药专家传承工作室，医院省级名老中医药专家传承工作室 2 个；焦玉祥、吕振军获评全市中医药第一批师承指导教师。提升诊疗能力，推动中医药振兴发展，启动实施“创新型科室”建设；完成全省首台骨科手术机器人辅助下腰椎内镜融合手术、全市首台腰椎棘突间动态固定手术；创新改良椎间孔镜定位技术，部分技术项目达到全省市级中医医院领先水平；开展超声引导下腰神经根、腰丛、骶丛阻滞麻醉；中医护理创新技术药泥灸、择时择征拔罐法、开穴闭穴经络穴位贴敷；研发协定处方定眩胶囊、骨髓生血膏、通脉化瘀胶囊、小儿消斜膏等自制制剂 10 余种，优化小儿防感膏、小儿健脾膏等制剂，均取得良好临床疗效。提升中医护理质控水平，运用医院—科室—质控员逐级质控管理模式，实施责任制整体中医护理效果双向评价机制，规范中医服务行为；加强护理人员中医药知识培训，营造中医学习氛围。5 月，市中医医院在中医护理技术创新大赛山东省预选赛及山东省护理学会组织的中医护理科普演讲比赛决赛分获第三名、优秀奖成绩；10 月，市中医医院代表山东省参加全国首届中医护理技术创新大赛，选手张慧芹获得第三名；12 月，市中医医院在由省中医护理质量控制中心主办的“护理品管圈大赛”中获第六名。加快新院建设，按照三级综合中医医院功能，完善 ICU、血液透析、介入医学、制剂加工、水疗、高压氧等综合服务功能，为医院发展和学科建设提供基础支撑；

2019 年 12 月 22 日，滨州市中医医院举行新院项目封顶仪式　（李健生　摄）

12 月 22 日，新院建设项目主体工程封顶，项目计划 2020 年 10 月竣工。

（张新云）

【滨州市妇幼保健院】 2019 年，滨州市妇幼保健院（市儿童医院）（简称市妇幼保健院）新院建设项目实现主体结构全部封顶。7 月 4 日，市妇幼保健院通过省临床检验中心专家评审，获临床基因扩增检验实验室资质；11 月 15 日，通过省卫生健康委评审，产前诊断增加分子遗传项目，达到自主检测孕妇外周血胎儿游离 DNA 产前筛查项目全部条件，产前诊断实验室检测达到基因检测水平，市妇幼保健院取得母婴保健执业许可产前诊断项目全部资质（遗传咨询、医学影像、生化免疫、细胞遗传、分子遗传资质）。开展妇科微创项目、盆底功能康复治疗、产前诊断项目。3 月 28 日，滨州市出生缺陷综合防治中心成立，挂靠在市妇幼保健院，建立起覆盖城乡、涵盖孕前、孕期、新生儿各阶段的免费婚前检查，免费孕前优生健康检查，免费产前筛查与诊断，免费新生儿遗传代谢病“四病”（苯丙酮尿症、甲状腺功能低下、肾上腺皮质增生症、葡萄糖 -6- 磷酸脱氢酶缺乏症）筛查，农村妇女免费补服叶酸，预防艾滋病、梅毒、乙肝母婴传播；先天结构畸形救助，出生缺陷（遗传代谢病）救助，听障儿童人工耳蜗植入手术救助等“六免三救助”出生缺陷综合防治体系，为患者提供全方位筛查、诊断一站式服务，降低全市出生缺陷发生率。实施新生儿遗传代谢病串联质谱筛查综合保障险，争取政策支持将孤独症和智力低下患儿康复项目纳入医保定额报销。建立中医科、预防接种门诊、眼视光中心。加入齐鲁儿童医疗集团，成为山东大学齐鲁儿童医院合作医院。发起成立滨州市医学会妇女保健专业委员会，市妇幼保健院被确定为市级分娩镇痛试点医院。推进辖区妇幼健康业务管理，落实母婴安全“五项制度”（妊娠风险筛查与评估制度、高危孕产妇专案管理制度、危急重症救治制度、孕产妇死亡个案报告制度、约谈通报制度），组织全市农村妇女“两癌”（乳腺癌、宫颈癌）检查培训班，开展全市重大公卫妇幼项目管理县区培训和优生优育知识进社区巡回宣讲 16 期。深化健康扶贫工作，市妇幼保健院与滨城区妇幼保健站开展对口帮扶，选派 1 名业务骨干到市西社区卫生服务中心任业务副院长。市妇幼保健院组建“妇幼 · 爱”志愿服务队，开展“进高校、进单位、进社区、进家庭、进医院”五进活动。市妇幼保健院开展双拥共建活动，免费为驻地军嫂进行健康查体。在台风“利奇马”抗险救灾中，市妇幼保健院组织医疗志愿服务队奔赴重灾区，接治救治受灾群众 800 余人次。

（张文娟）

34 体育

Sports

群众体育

【全民健身设施网络建设】 2019年，《滨州市公共体育设施布局规划（2019—2035年）》编制完成，市级“两廊一中心”提档升级，市植物园、北海公园、黄河风情带等一批公共体育健身工程建成投入，县级以上主城区“10分钟健身圈”启动，307个居住区健身设施的新建与提档升级，配备健身器材3000余件；县级健身设施档次提升，建成麻大湖、黄山步道等公共体育健身工程，健身功能进一步增强；“体育惠民工程”健身持续深化，完成1011个行政村健身设施提档升级。

【健身驿站建设】 2019年，市体育局利用街头绿地、城市公园等在全市布局建设镶嵌式、口袋式健身设施。年内，打造健身公园、健身绿荫、健身驿站，建成智能健身驿站、智能健身路径9处，其中市植物园智能健身驿站2处、博兴县智能健身驿站2处、邹平市智能健身驿站2处、无棣县智能健身路径3条。

【赛事活动体系】 2019年，全市举办各类全民健身赛事活动1000余项次，累计参赛人数40万人次。承办和参加全国第四届智力运动会、环渤海城市首届乒乓球联谊赛以及全省“百千万”三大赛、网络健步走等国家级、省级赛事。举办市第九届全民健身运动会、市第三届冬季全民健身运动会、市第四届老年人运动会、第十七届市直机关运动会等市级赛事活动。各县（市、区）组织举办乡镇运动会、社区健身节、农民运动会等赛事活动。形成以省、市全民健身运动会和冬季全民健身运动会为引领，以元旦春节、健身日、丰收节等时间节点开展的农民运动会、机关运动会、社区健身节及健身站点活动为支撑的“天天有活动、周周有展示、月月有赛事”活动格局。

【健身指导】 2019年，全市建立健全市、县国民体质监测网络。滨州市国民体质监测中心成立，设立市级国民体质监测站点2处，80%的县（市、区）建立国民体质监测中心或监测站点，国民体质监测合格率90%以上。16人获得国家级社会体育指导员资格，43人获一级社会体育指导员资格，培训二级社会体育指导员400余人，三级社会体育指导员800余人，全市社会体育指导员15600余名，占全市总人口的4‰。全市新增全民健身站点1000余处，全市站点总数3200余处，每万人拥有站点8个以上。经常参加体育锻炼的人数占全市总人口数38%以上。

【健身组织体系】 2019年，全市各级体育总会5124家，其中市级体育总会1家，县级体育总会10家，乡镇（街道）级体育总会91家，村级体育总会5022家，基本实现全覆盖。全市各类体育社会组织670家，其中市级体育社会组织169家（社团类30家、民办非企业类139家），县级体育社会组织274家（社团类111家、民办非企业类163家），乡镇级体育社会组织227家（社团类205家、民办非企业类22家）。

【中国老体协乒乓球专委会在滨州设立】 2019年6月27—28日，中国老体协常务副主席盛志国一行到滨州视察老年体育工作，就设立中国老体协乒乓球专项委员会事宜进行对接，市长宇向东等陪同视察座谈。9月3日，根据中国老年人体育协会《关于中国老年人体协乒乓球专项委员会领导人员组成方案的批复》，市老体协主席于志刚任专委会主任，中国老年人体育协会乒乓球专项委员会由滨州市老年体育协会承接，设立在滨州。10月15日，中国老年人体育协会副主席李有林与副市长潘青为专委会揭牌，专委会召开第一次工作会议，参会人员讨论通过专委会《工作简章》和有关人事任命。

【全民健身大展示系列主题活动】 2019年8月3日，为庆祝中华人民共和国成立70周年和迎接第11个“全民健身日”，市体育局在市民体育健身广场组织开展为期两个月的“走近黄河　韵动滨州”滨州市全民健身大展示系列主题活动，首场展演参与人数500余人。8月15日，国家体育总局主管日报《中国体育报》五版刊发文章《深入挖掘“体育+旅游”　滨州市全民健身做起“黄河文章”》，宣传滨州全民健身举措。

【2019 滨州黄河风情带马拉松比赛】 2019年11月3日，由市政府主办，市体育局、市直机关工委、市总工会承办的“韵动黄河 奔跑滨州”2019滨州黄河风情带马拉松比赛鸣枪开跑。比赛设置全程马拉松、半程马拉松、10千米健康跑和5千米迷你马拉松四个组别，6000多名长跑爱好者参与。肯尼亚选手杰克逊、蕾切尔和安德森分获男子全程、女子全程和男子半程比赛金牌。

【2019 环滨州黄河风情带国际公路自行车赛】 2019“愉悦杯”环滨州黄河风情带国际公路自行车赛由中国自行车运动协会、省体育局、市政府主办，省自行车运动协会、市体育局、滨州交通发展集团承办，与黄河发源地“环湖赛”呼应，是国内为数不多的国际职业自行车赛事之一。2019年9月5日，环滨州黄河风情带国际公路自行车赛新闻发布会在北京国际饭店会议中心举行，9月21日，环滨州黄河风情带万人骑行活动举办，9月24—25日，环滨州黄河风情带108千米绕城赛和221千米环黄河赛举行，22支国际职业车队参赛。白俄罗斯明斯克洲际队的西利亚·巴普、南非PRO洲际队的罗汉·杜·普洛伊、美国捷酷自行车队的奥斯卡·尼苏获得绕圈赛第一赛段前三名，白俄罗斯明斯克洲际队成员西利亚·巴普获得象征“个人总成绩第一”的黄色领骑衫和象征“冲刺王”的绿色领骑衫。乌克兰飞锐洲际队的成员占波占姆特·圣巴亚尔获得象征“爬坡王”的圆点衫，中国香港队的何佰尔获得代表“大中华最佳”的红色领骑衫。

【2019 年第七届中国环渤海城市国际象棋精英赛】 2019年6月7—9日，第七届中国环渤海城市国际象棋精英赛在滨州举行，比赛由中国国际象棋协会、中国环渤海城市国际象棋交流理事会主办。市体育总会承办，市国际象棋与国际跳棋运动协会、滨州聚旗棋艺（滨州国际象棋学校）协办，全国54个省市代表队361名棋手参赛。北京君修国际象棋俱乐部获棋协大师组团体冠军，聊城市王冠棋艺俱乐部获男子一级组团体冠军，滨州聚棋棋艺获候补棋协大师组、女子一级棋士组、业余成年组三项团体冠军。

【滨州市第四届老年人运动会】 2019年4月19日至10月13日，滨州市第四届老年人运动会举办。运动会完成太极拳、乒乓球、门球、台球、健身秧歌、广场舞等17个项目的比赛。全市30多个参赛单位5000人次参加比赛。邹平市代表团、惠民县代表团、阳信县代表团获得县区组团体总分前三名，滨州学院代表团、市公路事业发展中心代表团、市公安局代表团获得市直单位组团体总分前三名。

【山东省中老年人乒乓球赛】 2019年5月8—9日，全省中老年人乒乓球比赛在滨州乒乓球馆举行，是滨州连续四年承办全省中老年人乒乓球比赛，全省各地市企业、机关单位的20支代表队200多人参加比赛。比赛设置混合团体、男子单打、女子单打3个项目，省直机关代表队、青岛代表队、滨州一队获得混合团体前三名，胡凤兰、傅晓雯、孙丽美获得女子单打前三名，聂传跃、张宁、党中杰获得男子单打前三名。

（张洪叶　宋学颖）

【第七届黄河三角洲县域健身联动活动】 2019年7月20日，第七届黄河三角洲县域健身联动活动广场舞和乒乓球比赛分别在滨州市奥林匹克体育馆和滨州乒乓球馆举行。德州、淄博、潍坊、东营、烟台等6个地市的19支县区代表队参加比赛。活动由省体育局主办，为黄河三角洲区域群众体育品牌赛事。

【环渤海城市首届乒乓球联谊赛】 2019年11月23—24日，由中国老年人体协乒乓球专项委员会、市体育局主办的“渤海水产之约”环渤海城市首届“体彩杯”乒乓球联谊赛在滨州市乒乓球馆举行。环渤海城市及特邀省市的27支代表队150余名运动员参赛，为中国老体协乒乓球专委会成立后主办的第一次国家级区域性赛事活动。滨州市代表队获女子团体第三名，市老体协主席于志刚获嘉宾组比赛单打第三名。

【徐小雅获全国智运会国际跳棋百格团体金牌】 2019年11月18日，第四届全国智力运动会在浙江衢州落幕。滨州棋手徐小雅同队友组成的山东国际跳棋百格“学生军”获得国际跳棋百格少年组混合团体赛冠

2019年11月3日，“韵动黄河　奔跑滨州”2019滨州黄河风情带马拉松比赛开赛

（市体育局　供图）

2019年7月20日，第七届黄河三角洲县域健身联动活动大众广场舞比赛在滨州奥林匹克体育馆举行（市体育局 供图）

军，为山东队在第四届全国智运会中取得的唯一国际跳棋金牌，徐小雅获国际跳棋百格个人赛银牌。

（徐淳理 陈文静）

竞技体育

【国际国内比赛】 2019年，滨州运动员在国际比赛中获得金牌2枚、银牌2枚、铜牌2枚以及1个第五名和1个第六名；在全国比赛中获得金牌10枚、银牌8枚、铜牌6枚以及7个第四名、4个第五名、4个第六名、5个第七名和2个第八名。

2019年滨州市运动员国际比赛成绩一览表

表52

姓名	性别	县（市、区）	项目	比赛名称	名次	时间	地点
杨俊霞	女	无棣	柔道 -63公斤级	2019年亚洲柔道锦标赛	1	4月16—23日	阿联酋
杨亦菲	女	博兴	女子剑术	第十届亚洲青少年武术锦标赛	1	8月16—24日	文莱
张博文	男	博兴	10米气手枪个人	第30届世界大学生夏季运动会	2	7月3—14日	那不勒斯
张博文	男	博兴	10米气手枪混合团体	射击世界杯印度新德里站	2	2月24日	印度
肖 棣	男	无棣	摔跤98公斤级	2019年亚洲摔跤锦标赛	3	4月24—28日	西安
杨俊霞	女	无棣	柔道混合团体	2019年亚洲柔道锦标赛	3	4月16—23日	阿联酋
高英超	男	博兴	20公里竞走	2019年亚洲20公里竞走锦标赛	5	3月17日	日本能美
张博文	男	博兴	10米气手枪混合团体	第30届世界大学生夏季运动会	6	7月3—14日	那不勒斯

说明：全国比赛金牌2枚、银牌2枚、铜牌2枚、第五名1个、第六名1个

2019年滨州市运动员全国比赛成绩一览表

表53

姓名	性别	县（市、区）	项目	比赛名称	名次	时间	地点
高英超	男	博兴	20公里竞走团体	2019年全国竞走锦标赛	1	9月6—7日	乐山
单长顺 樊洋洋	男 男	东营 惠民	7人制橄榄球	2019年全国英式7人制男子橄榄球冠军赛	1	8月8—12日	河北
刘佳伟	男	博兴	男子三人对练	2019年全国武术套路锦标赛	1	5月23—26日	山西
鲁诗雨	女	滨城	双人双桨	2019年全国赛艇锦标赛	1	9月10日	北京
闫 蒙	男	邹平	城市绕圈赛	2019年全国公路自行车锦标赛	1	8月25日	内蒙古

续表 53

姓名	性别	县（市、区）	项目	比赛名称	名次	时间	地点
闫　蒙	男	邹平	团体总成绩	2019 年全国公路自行车锦标赛	1	8 月 27 日	内蒙古
王由良	男	无棣	柔道 -73 公斤级	2019 年全国柔道大奖赛	1	6 月 28—30 日	广东
张博文	男	博兴	10 米气手枪混合团体	2019 年全国射击总决赛	1	11 月 25—30 日	河南
张博文	男	博兴	10 米气手枪	2019 年全国射击个人锦标赛	1	6 月 26—30 日	福建
赵建强 田　瑞	男 男	滨城 滨城	手球	2019 年全国手球冠军赛	1	11 月 5—13 日	鄂尔多斯
张耀荣	男	无棣	4 × 100 米	2019 年全国田径冠军赛	2	8 月 22—24 日	黑龙江
杨俊霞	女	无棣	柔道 -63 公斤级	2019 年全国柔道锦标赛	2	3 月 18—25 日	广东
李嘉泰	男	博兴	长拳棍术全能	中华人民共和国第二届青年运动会	2	7 月 11 日	山西
杨太燕	女	阳信	自行车	2019 年中国自行车联赛	2	6 月 15—16 日	甘肃
甘　霖	女	邹平	赛艇 2 公里	2019 年全国青年赛艇冠军赛	2	11 月 21—24 日	四川
甘　霖	女	邹平	赛艇 12 公里	2019 年全国青年赛艇冠军赛	2	11 月 21—24 日	四川
甘　霖	女	邹平	赛艇 5 公里	2019 年全国青年赛艇冠军赛	2	11 月 21—24 日	四川
王鑫爽	女	阳信	赛艇单人双桨 8 公里	2019 年全国青年赛艇冠军赛	2	11 月 21—24 日	四川
孙　帅	男	邹平	男子 -81 公斤级	2019 年全国柔道锦标赛	3	3 月 18—25 日	广东
孙　帅	男	邹平	男子 -81 公斤级	2019 年全国柔道冠军赛	3	9 月 26—29 日	河北
韩　好	男	济南	枪术	中华人民共和国第二届青年运动会	3	7 月 9 日	山西
庞璐璐	女	邹平	柔道 -63 公斤级	2019 年全国柔道冠军赛	3	9 月 26—29 日	河北
王鑫爽	女	阳信	赛艇单人双桨 2 公里	2019 年全国青年赛艇冠军赛	3	11 月 21—24 日	四川
王鑫爽	女	阳信	赛艇单人双桨 5 公里	2019 年全国青年赛艇冠军赛	3	11 月 21—24 日	四川
高英超	男	博兴	20 公里竞走	2019 年长白山全国竞走冠军赛	4	7 月 20—21 日	长白山
杨亦菲	女	博兴	剑术	中华人民共和国第二届青年运动会	4	7 月 12 日	山西
王佳雪	女	博兴	接力	2019 年全国雪橇冠军赛	4	3 月 19 日	俄罗斯
鲁诗雨	女	滨城	个人三项全能	2019 年全国赛艇春季冠军赛	4	3 月 1—3 日	湖北
鲁诗雨	女	滨城	2 公里竞速	2019 年全国赛艇春季冠军赛	4	3 月 1—3 日	湖北
甘　霖	女	邹平	四人单桨	2019 年全国赛艇锦标赛	4	9 月 10 日	北京
甘　霖	女	邹平	八人单桨有舵手	2019 年全国赛艇锦标赛	4	9 月 10 日	北京
朐作杰	男	博兴	男子 -100 公斤级	2019 年全国柔道锦标赛	5	9 月 26—29 日	河北
马文蕾	女	济南	太极拳	中华人民共和国第二届青年运动会	5	7 月 12 日	山西
孔令彤	女	淄博	长拳剑术全能	中华人民共和国第二届青年运动会	5	7 月 12 日	山西

续表 53

姓名	性别	县（市、区）	项目	比赛名称	名次	时间	地点
杨太燕	女	阳信	自行车	2019 年中国自行车联赛	5	6 月 1—2 日	山西
高英超	男	博兴	50 公里竞走	2019 年全国竞走锦标赛	6	9 月 6—7 日	乐山
李梦雪	女	博兴	棍术	2019 年全国武术套路锦标赛	6	6 月 11—14 日	山西
杨太燕	女	阳信	自行车	2019 年中国自行车联赛	6	4 月 13 日	梅州
杨太燕	女	阳信	自行车	2019 年中国自行车联赛	6	5 月 4—5 日	永年
王由良	男	无棣	柔道 -73 公斤级	2019 年全国柔道冠军赛	7	9 月 26—29 日	河北
鲁诗雨	女	滨城	8 公里竞速	2019 年全国赛艇春季冠军赛	7	3 月 1—3 日	湖北
杨太燕	女	阳信	越野赛	2019 年全国山地自行车锦标赛	7	9 月 28 日	浙江
闫　蒙	男	邹平	自行车	2019 年中国自行车联赛	7	6 月 29 日	山西
王鑫爽	女	阳信	单人双桨 2 公里	2019 年全国青年赛艇锦标赛	7	6 月 26—30 日	潍坊
马宗壮	男	德州	长拳剑术全能	中华人民共和国第二届青年运动会	8	7 月 12 日	山西
杨太燕	女	阳信	自行车	2019 年中国自行车联赛	8	3 月 30 日	广西

说明：全国比赛金牌 10 枚、银牌 8 枚、铜牌 6 枚、第四名 7 个、第五名 4 个、第六名 4 个、第七名 5 个、第八名 2 个（含外选滨州培养输送运动员）

2019 年滨州市体校向上级运动队输送体育人才统计一览表

表 54

姓名	性别	运动队	县区	市教练员	县教练员	输送去向
史晓梦	女	自行车	阳信	唐建昊	程月辉	山东省射击自行车运动管理中心
盖帅龙	男	举重	博兴	朱先林	刘占飞	山东省举重摔跤柔道运动管理中心
刘　旭	男	摔跤	博兴	闫海洋	黄江浩	山东省举重摔跤柔道运动管理中心
孙江哲	男	摔跤	惠民	魏龙海 吴绪立	自选	山东省举重摔跤柔道运动管理中心
王景森	男	柔道	无棣	伊健旭	邹光宇	山东省举重摔跤柔道运动管理中心
胸作杰	男	柔道	博兴	伊健旭	张丽丽	山东省举重摔跤柔道运动管理中心

【青少年体育运动】 2019 年，滨州市运动员在全省锦标赛中取得金牌 55 枚、银牌 45 枚、铜牌 53 枚。承办山东省网球冠军赛和手球冠军赛，举办田径、游泳、手球等 7 项市联赛，112 支代表队 1833 名青少年参赛。开展游泳普及培训和健康夏令营活动，3344 人参加游泳普及培训，294 人参加健康夏令营活动。

【市县体校办学】 2019 年，滨州市体育运动学校向上级输送优秀运动员 6 人，体育单招高等院校录取 89 人。开展国家职业资格培训，参训人数 282 人次。市体校发挥“国家高水平体育后备人才基地”和“山东省规范化中等职业学校”作用，被市政府授予“教育系统先进集体”。7 个县（市、区）教体局被授予参加省第 24 届运动会“有功单位”，邹平市体校确定校址、制定办学方案。

【第十九届市运会】 2019 年，滨州市第十九届运动会在博兴县开赛。9 月 16 日，市运会开幕式在博兴县体育中心举行，市委书记佘春明等市领导出席开幕式。9 月 20 日，市运会闭幕，历时 66 天，全市 5820 名运动员参加 22 个大项 741 个小项的比赛，决出金牌 1304.5 枚，博兴县

2019 年 9 月 16 日，滨州市第十九届运动会在博兴县体育中心开幕

（市体育局　供图）

代表团以 373.5 枚金牌列金牌榜第一名，阳信县、滨城区、沾化区、无棣县、惠民县、邹平市、滨州经济技术开发区、北海经济开发区、高新区分列第二位至第十位。

【2019 年山东省网球冠军赛】 2019 年 7 月 30 日至 8 月 1 日，2019 年山东省网球冠军赛在市体育运动学校网球场举行，比赛由省小球运动联合会主办，市体育局、山东小球体育文化发展有限公司承办，市体育运动学校、海川网球俱乐部协办，济南、青岛、淄博、临沂等 13 市 200 余名运动员参加比赛，均为 2019 年山东省网球锦标赛单项前 16 名的运动员，代表山东省青少年组别的最高水平。滨州代表队获得男子甲组单打（卞策）、男子甲组双打（霍加勉、牟盛元）、男子乙组 A 单打（杜雨桐）、女子乙组 A 双打（刘皓然、李雨诺）4 个比赛项目的第一名。

【2019 年山东省手球冠军赛】 2019 年 9 月 19—27 日，2019 年山东省手球冠军赛（男子甲、乙组）在市奥林匹克体育馆举行，比赛由威海体育训练中心、省手球协会主办，市体育局承办，市体育运动学校协办，执行国际手联最新颁布的《手球竞赛规则》及中国手球协会有关手球比赛的特殊规定，青岛、威海、淄博、济南、潍坊、烟台、滨州、东营、泰安 9 市的代表队参加。滨州代表队获得男子甲组第六名、男子乙组第四名。

【市体校获批全国手球后备人才基地】 2019 年 3 月 11—12 日，全国手球传统学校认定评估组到滨州开展第二次全国手球后备人才基地及手球传统学校考核评估工作。4 月 19 日，根据中国手球协会评选结果，市体育运动学校获评“全国手球传统学校后备人才基地”，博兴县第四中学、阳信县翟王镇中学 2 所学校获评“全国手球传统学校”，滨城区第六中学、沾化区泊头镇实验学校、滨州国昌实验学校、惠民县新店镇中学、高新技术产业开发区实验学校、经济技术开发区里则街道实验小学 6 所学校获评“全国手球推广学校”。

【滨州市首期武术（初级）国家职业资格认证培训】 2019 年 5 月 17—22 日，滨州市首期武术（初级）国家职业资格社会体育指导员培训班在市体校举办，国家体育特种行业武术职业技能社会体育指导员培训师、考评员郭旭茂和国家体育特种行业社会体育指导员公共理论培训师、考评员李雪莲任本次培训师，市体校学生及北京等全国其他省市的武术爱好者 29 人参加为期 5 天的公共理论和武术专业实操培训，并完成最终考评。

（李云兵　戴成方）

【杨俊霞夺得首届亚太柔道锦标赛冠军】 2019 年 4 月 21 日，在迪拜举行的首届亚太柔道锦标赛暨东京奥运会积分赛上，杨俊霞在 –63 公斤级决赛中战胜蒙古选手，夺得首届亚太柔道锦标赛暨东京奥运会积分赛冠军，是中国队在该次比赛中获得的第二枚金牌。杨俊霞，女，1989 年生，滨州无棣县车王镇人，2001 年进入无棣县体育中学跟随教练刘宝峰训练，2003 年进入滨州市体育运动学校跟随教练张忠秀训练。2013 年入选中国柔道队，获评“国际级运动健将”称号。2014 年获仁川亚运会女子柔道 63 公斤级亚军、世界大满贯赛女子柔道 63 公斤级第七名；2016 年获欧洲柔道公开赛罗马站 63 公斤级铜牌；2017 年 8 月 9 日获第十三届全运会柔道项目女子 63 公斤级铜牌。

（张　鹏　王成龙）

体育产业

【市体育产业联合会成立】 2019 年 4 月 30 日，滨州市体育产业联合会筹备工作座谈会召开，联合会筹备工作进入实质化阶段。8 月 22 日，滨州市体育产业联合会成立大会召开，全市 56 家体育产业单位代表参会，张志杰当选为第一任会长，大会明确联合会总体目标为：围绕“富强滨州”建设和健康滨州目标，发挥好联合会的桥梁和纽带作用，按照高质量发展的新要求，坚定走市场化路线，提升全市体育产业核心竞争力，推进滨州体育产业持续健康发展。市体育产业联合会正式成立，标志着滨州体育产业开启结盟、抱团、融合发展的新时代。

【体育产业引导资金】 2019 年，全市有 5 个产业项目获省级资金扶持，20 个项目获国家、省级各类无偿资金扶持 2500 万元。为加快全市体育产业发展，提升体育产业发展的质量和内生动力，推动新旧动能转换，6月，市体育局印发《关于印发〈滨州体育产业发展引导资金使用管理暂行办法〉的通知》，设立市级体育产业发展引导资金，启动2019年市级体育产业发展引导资金扶持项目申报工作，经公开申报、材料审核、实地考察、专家论证和综合评定等程序，择优确定市级体育产业发展引导资金扶持项目15个，其中“8万元引导资金”项目8个，“5万元引导资金”项目7个，发放市级体育产业发展引导资金99万元。

【体育产业智库建设】 2019年12月，全市加快推进落实《体育强国建设纲要》《关于促进全民健身和体育消费推动体育产业高质量发展的意见》文件精神和全市“五个一”工作，以市体育局为发起单位，印发《关于成立滨州市体育产业智库的通知》，组建由省内体育系统、高等院校专家学者、基层实践经验丰富的体育从业人员、著名运动员等8人为成员的滨州市体育产业智库。

【体育标准化建设】 2019年，全市体育企业制定团体标准2项，参与制定并获评的省级地方标准2项，全市创建省级体育产业示范1个，上报国家级体育产业示范项目1个。9月8日，惠民县化纤绳网协会公布场地围网（标准编号T/HMSW 002—2019）和足球网（标准编号T/HMSW 003—2019）两项团体标准。10月12日，滨州市体育企业山东鲁友体育产业股份有限公司参与起草的《合成材料面层健身步道技术要求》（标准号DB37/T3679-2019）获评山东省地方标准并正式实施。12月18日，滨州市时保雅健身有限公司参与起草的《星级体育健身俱乐部培育创建评定规范》（标准号DB37/T 3725-2019）获评山东省地方标准并正式实施。

【体育旅游精品线路建设】 2019年，市体育局将全民健身活动与黄河风情带打造结合，立足滨州黄河风情带的自然资源、区位优势、人文特色，挖掘“体育+旅游”潜力，扩大“走近黄河　韵动滨州”体育赛事和活动的品牌影响力，举办“走进黄河　韵动滨州”全民健身大展示系列活动、环滨州黄河风情带国际公路自行车赛、马拉松赛、沿黄自行车赛、沿黄徒步大会等黄河风情带赛事10余项；博兴麻大湖成为全国轮滑马拉松大赛、省越野赛等系列赛事举办地，推报省级体育旅游精品线路。

【体育产业项目参展】 2019年3月29日，2019年全省体育产业发展大会在烟台召开，李庄绳网企业和山东鲁友体育产业股份公司参展，李庄绳网基地在会议各项活动中先后做产品推介。5月23日，2019年中国国际体育用品博览会在上海虹桥国际会展中心举行，全市参展企业16家，包括体育智能科技、体育绳网、健身器材等领域，参展数位列全省第三，惠民李庄绳网签订订单48笔，其中国外订单16笔，总交易额7800万元。9月19日，第八届山东省文博会在济南开幕，滨州体育企业山东鲁友体育产业股份有限公司的健身跑道系列和全民健身缓冲垫系列两款产品参展，签订健身缓冲垫供销合同上千万元。11月28日，2019中国体育文化博览会、中国体育旅游博览会（简称“两博会”）在广州开幕，滨州市作为全省8个参展市之一，在展会中推出惠民李庄绳网部落、方煜科技牛啦智能健身管理系统两个地方特色项目和滨州市“走近黄河，韵动滨州”黄河风情带项目。

【体彩资金管理】 2019年，滨州市销售体育彩票6.09亿元，完成目标任务完成率114.42%，市场占有率54.8%。全市上级转移支付补助项目资金拨付到位2499.62万元，其中中央级、省级体育彩票公益金支持滨州奥林匹克体育馆、滨州游泳馆、博兴县体育馆、沾化区市民活动中心体育馆等4个大型场馆免费低收费资金220万元，支持滨州市老年人体育活动中心、沾化区市民活动中心体育场等2个中小型场馆资金88万元。中央级彩票公益金支持无棣县全民健身工程200万元；中央级彩票公益金支持邹平市全民健身工程100万元；中央级彩票公益金支持邹平市全民健身赛事与工程115万元；中央级彩票公益金支持青少年赛事活动与冬夏令营100万元；中央级彩票公益金支持高水平后备人才培养35万元；省级彩票公益金支持基层体校建设补助资金250万元；省级彩票公益金资助全民健身工程920万元；省级彩票公益金资助体育产业资金110万元；省级体育发展资金190万元；省级彩票公益金支持老年人健身设施建设8万元、其他承办赛事上级拨付资金163.62万元。

【市主体育场及体育服务综合体项目】 2019年，市主体育场及体育服务综合体项目推进，完成设计方案和可行性研究报告，加快方案优化，同时推进立项、土地等相关手续，做好2020年政府债券争取。风雨跑廊和射击馆融入主体育场整体规划设计建设，多功能沙滩球场地建成启用。仿真冰场、第二片自然草足球场建设完成，市民体育健身广场第二座公共洗手间建成使用，满足健身群众需求。

【到沪杭苏沂四市对标学习】 2019年5月6—10日，市体育局与市自然资源和规划局、市规划设计研究院有关负责人一行到上海、杭州、苏州、临沂四市对标学习体育综合体运营模式，调研学习组先后考察上海“翔立方”体育综合体、上海万国体育中心、上海体育场、杭州江干李宁体育公园、黄龙体育中心、苏州奥林匹克体育中心、临沂全民健身中心（李宁运动中心）、临沂市体育中心、中国（临沂）体育用品城，与同济大学专家教授进行座谈。通过对标学习，在科学规划建设体育场馆、发挥体育产业在提升城市竞争力等方面积累经验。

（李　潇　刘春华）

全国青少年校园足球改革实验区

【足球人才体系】 2019年，全市建立40人的足球人才库，全年培训裁判员、教练员等200人，组建男女足球竞技队伍8支，依托学校和俱乐部设立足球后备人才基地和青训中心，组建足球班，建立健全训练机制。滨州肆海足球俱乐部入选全国足球青训品牌机构。

【足球赛事体系】 2019年，中国足协室内五人制超级联赛、甲级联赛，"我爱足球"中国民间争霸赛总决赛等国家级足球赛事在滨州举办。滨州足球超级联赛、甲级联赛以及全民健身运动会足球比赛举办。滨州足球队伍获"我爱足球"中国民间争霸赛全国总决赛11人制冠军、五人制亚军，全国锦标赛（U13）男子组第四名，获得全省足球锦标赛冠军1个、季军2个。

（刘 彤 杨维海）

【校园足球】 2019年，全市相继举办或承办2019"追梦杯"国际邀请赛、全国校园足球联赛高中男子组总决赛、第四届"市长杯"联赛、"U9—U17"争霸赛等高水平赛事。获得U13、U15两个全国联赛第四名，创造山东省在两个组别赛事中的最好成绩；获得山东省校园足球锦标赛U10男子组冠军；在山东省第二届全国校园足球特色校学联赛中总成绩位居第三。全年培训足球教师、教练员、裁判员500余人，引进意大利、法国、西班牙、塞尔维亚6名外籍足球教练。新创全国足球特色学校27所、全国足球特色幼儿园29所。在教育部总结、推广5年内全国校园足球改革试验区取得的8项成果中，滨州有3项成果入选。中央教育工作领导小组秘书局简报专刊刊发滨州经验。

（李伟光 王 蕾）

2019年4月13日，滨州市足球超（甲）级联赛开幕式在市民健身广场举行

（市体育局 供图）

【中国足球协会室内五人制足球联赛】 2019年3月1—4日，2018—2019中国足球协会室内五人制足球超级联赛第四站（滨州站）在滨州举行，珠海名实、新疆师大亚贝西、武汉三峡地龙、广东湛江恒兴等12支球队参加比赛。3月20—25日，2019年中国足球协会室内五人制足球甲级联赛南一区比赛在滨州市奥林匹克体育馆开赛，宁波大榭银博足球俱乐部、苍南县捌零玖零足球俱乐部、安徽崛起足球俱乐部等12支球队参赛，茂名FC俱乐部获得冠军，安徽翔宇俱乐部获得第二名，宁波大榭银博俱乐部获得第三名。

【滨州市足球超（甲）级联赛】 2019年4月13日至7月6日，2019"九水御熙杯"滨州市足球超（甲）级联赛在市民体育健身广场足球公园举行。比赛由市体育局、市足球协会主办，北汽（滨州）置业有限公司协办，滨超10支球队、滨甲17支球队参赛。滨甲首次分为A、B两个小组比赛，滨超滨甲两个组别均以单循环的方式决出赛季冠军。滨州挚友俱乐部获得滨州市足球超级联赛冠军，无棣永泰火焰俱乐部获得滨州市足球甲级联赛冠军。评选出赛季最佳射手（安南）、最佳球员（王维龙）、最佳教练（江洪）、最佳新人（信兆林）和最佳裁判（张彦、孙莹、王延峰、孙振兴）。

【2019"我爱足球"中国民间争霸赛总决赛】 2019年12月14—16日，2019"我爱足球"中国民间争霸赛总决赛分别在滨州市奥林匹克体育馆和市民体育健身广场足球场举行。比赛由中国足球协会主办，山东省足球协会、滨州市体育局承办，滨州市教育局、滨州市足球协会协办，全国32支球队参加比赛，是"我爱足球"中国民间争霸赛年度总决赛第一次落户滨州。滨州挚友俱乐部获得十一人制比赛冠军，滨城区足协队获得五人制比赛亚军，取得全市业余足球历史最好成绩。

（刘 彤 杨维海）

人口家庭

【概况】 至2019年末，全市家庭户数1372313户，户籍人口3979716人，流动人口18.1万人。全市卫生健康部门登记出生41810人，其中二孩出生24423人，全面两孩政策趋于平稳。推进出生人口动态监测，开展出生人口监测预警工作，对人口出生进行日常监控，年内全市出生上报准确率为99.6%、出生上报及时率为96.6%，孕情上报及时率为85.6%。深化计生服务管理改革，全面推行网上办证、全程代办，年内全市发放生育服务手册2.85万本、审批发放“生育证”1148本，生育登记覆盖率97.1%，再生育审批办结及时率100%。推进“互联网+药具”服务工作，使用自助设备获得免费避孕药具46.5万人次。加大母婴设施建设，对标准型、舒适型母婴设施分别给予5000元、8000元补贴；全市建立公共场所和用人单位母婴设施173处，补贴投入80余万元，母婴设施配置率99.4%。开展“春风送岗位”公益招聘、巾帼农业技术服务联盟等活动，促进妇女创业就业。加大幼儿园建设，年内开工新建、改扩建73所，完工投用48所，加快解决适龄儿童入园难问题。

（张文娟）

【人口状况】 至2019年末，全市户籍人口3979716人，其中男性2007874人、女性1971842人，分别占总人口的50.45%和49.55%。全市户籍人口出生登记45565人，年出生率为11.47‰，全市户籍人口死亡登记24955人，比2018年减少2705人，自然增长20610人，自然增长率5.19‰。全市迁移人口29129人，其中迁入11955人、迁出17174人，人口机械增长5219人，比2018年（6519人）减少1300人。户籍人口按年龄段构成情况如下：0～17岁以下830097人，占总人口的20.86%，占总人口比例比2018年上升0.16个百分点；18～34岁802162人，占总人口的20.16%，占总人口比例比2018年下降0.34个百分点；35～59岁1479244人，占总人口的37.17%，占总人口比例比2018年上升0.08个百分点；60岁以上868213人，占总人口的21.82%，占总人口比例比2018年上升0.1个百分点。

（路来军　徐　帅）

【生育奖励扶助】 2019年，全市计划生育奖励扶助对象105525人，发放扶助金9433.76万元；特别扶助对象4705人，发放扶助金2896.27万元。落实市县困难、破产企业退休人员独生子女父母一次性养老补助1295人1471.28万元；参照农村奖励扶助制度，落实城镇其他居民奖励扶助1529人151.59万元；独生子女父母奖励费全面落实；落实一次性扶助金制度，对独生子女伤残、死亡家庭发放3000～20000元不等的扶助金，年内发放234.90万元。推进计生特殊家庭扶助关怀工作，加大对计生特殊家庭关怀力度，特殊家庭成员“三个全覆盖”（绿色通道全覆盖、联系人制度全覆盖、家庭医生签约全覆盖）落实率100%，其中发放就医卡5427人，家庭医生签约5502户，建立特殊家庭成员联系人4832人；开通计生特殊家庭就医“绿色通道”，明确各类定点医疗机构103家。提高医疗保障水平，年内为3528名计生特殊家庭成员承担医保自付部分费用67.03万元。

【出生人口性别比综合治理】 2019年，全市卫生健康部门全面落实B超检查、孕14周以上终止妊娠审查、住院分娩实名登记等制度，规范医疗器械、医疗技术和终止妊娠药品管理，建立整治“两非”部门联合办案机制，采取综合措施治理出生人口性别比偏高问题。年内，全市查处“两非”（非医学需要的胎儿性别鉴定、非医学需要的选择性别人工妊娠）案件4件，立案调查4件，结案4件，行政处罚4人，罚款1.7万元，发放有奖举报金1.4万元。

【市计生协会服务】 2019年，滨州市计划生育协会（简称市计生协会）改革完成，直接面向群众、服务性较强的工作转移到市计生协会，做到“人随事走”“费随事转”。市计生协会开展优生优育进社区，青春健康进学校、进家庭、进企业活动。开展生育关怀，全市投入289.8万元走访慰问计生困难家庭2848户；投入42.6万元为1831户失独家庭投保住院护理补贴保险；募集人口关爱基金46万元、救助计生困难家庭

2019 年 11 月 20 日，山东省人口和计划生育目标管理责任制考核滨州汇报会在滨州大饭店召开 （刘斐 摄）

690 户；设立法律援助工作站，为计生家庭提供免费法律援助。

（张文娟）

【流动人口登记管理】 至 2019 年末，全市有流动人口 18.1 万人，新增登记流动人口 3.7 万人。年内，全市公安户政部门开展流动人口出租房屋摸排管控工作专项行动，依托基础信息采集系统，加强人口实际居住地址信息采集登记和户口核对，推进流动人口、出租房屋、用人单位信息采集及动态维护。活动中，排查管控出租房屋 2.5 万套，处置比对预警信息 447 条；处罚 30 人，抓获网上逃犯 6 人；发现排除各类隐患和矛盾纠纷 996 起。全市公安户政部门组织开展流动人口服务管理宣传周活动，到社区、企业，利用微信群、QQ 群及各种平台加大流动人口和出租房屋管理法律法规宣传，调动社会基层力量，形成流动人口出租房屋管理社会氛围。落实社会主体责任，对流动人口、用工单位、出租房主如何通过互联网申报登记注册进行详细讲解，提高流动人口主动申报自觉性，发放宣传材料 3 万余份，流动人口互联网登记率为 91.5%。加大督导检查力度，重点指导督促社会用户注册，提升社会化录入数量和质量。成立流动人口专项督查组，在全市随机抽查流动人口集中用工单位，采用明察与暗访相结合方式，直接到用工单位、企业，到员工车间、宿舍，查看单位登记台账、工资发放明细，现场随机抽查单位流动人口登记，核查派出所是否按规定对流动人口信息进行登记与录入，指出问题、及时整改，提升全市流动人口管理水平。

【居住证办理】 2019 年，全市公安户政部门不断优化服务，提高居住证办理服务质量。规范居住证受理、发放和管理制度，简化流动人口居住登记申领材料，放宽居住证办理范围，合理确定办理条件，拓展“互联网 + 居住登记”业务范围，最大限度为流动人口提供服务。投资 70 余万元，为 52 个居住证制发点配备居住证现场制证设备，为符合条件的流动人口当场办理居住证，实现居住证“立等可取”。年内，全市制发居住证 29381 张。

（刘敬玲　徐　帅）

【家庭状况】 至 2019 年末，全市家庭户数 1372313 户，较 2018 年增加 26688 户，平均每户 2.9 人。其中市区总户数 420519 户，比 2018 年增长 1.27%。各县（市、区）户数为：滨城区 262130 户，比 2018 年增长 1.80%；沾化区 158389 户，比 2018 年增长 0.42%；邹平市 214255 户，比 2018 年增长 0.96%；惠民县 212717 户，比 2018 年增长 5%；阳信县 174421 户，比 2018 年增长 1.32%；无棣县 180400 户，比 2018 年增长 1.57%；博兴县 170001 户，比 2018 年增长 2.52%。

（路来军）

【全国第七个家庭教育研究与实践试点基地落户滨州】 2019 年 12 月 17 日，中国儿童中心家庭教育研究与实践试点基地揭牌暨全省“书香飘万家　家庭共成长”亲子阅读推广活动在市妇女儿童活动中心举行。中国儿童中心副主任寇虎平、市委副书记张凯共同为中国儿童中心家庭教育研究与实践试点基地揭牌。会上，还为滨州市“家风家教实践基地”“我最喜欢的亲子阅读体验基地”“示范家长学校”进行授牌，为滨州市家庭教育智库专家代表颁发聘书。中国儿童中心家庭教育部部长、研究员霍雨佳作《跟孩子一起读书吧打开早期阅读的奥秘》专题讲座。作为全国妇联直属，集科学研究和实践服务为一体的国家级校外教育机构，中国儿童中心自 2018 年始在相关地区建立家庭教育研究与实践基地。滨州试点基地是全国第七家、全省第二家设立的试点基地，全面参与中国儿童中心牵头的家庭教育研究项目和家教指导者专业培训项目，承担活动课程实践等工作，着力打造家庭教育工作新品牌，为全国、全省家庭教育工作提供滨州经验。

（张文娟）

劳动就业

【就业政策扶持】 2019 年，市人力资源和社会保障局服务“富强滨州”建设，实施就业优先政策，推动就业创业政策落地。出台稳就业文件 15 个，对重点工作量化分解，落实局领导班子成员包县（市、区）、“月通报”等制度措施，全市就业“空白政策”和“空白县区”全部消除，就业局势保持基本稳定。全市实现城镇新增就业 41589 人，完成省市年度目标任务的 117.2%。城镇登记

2019年滨州市就业创业主要指标统计表

表55

序号	指标	单位	2018年实际	2019年省计划	2019年完成	完成全年计划（%）
1	城镇新增就业人数	人	41514	35500	41589	117.15
2	城镇失业人员再就业人数	人	13362	15600	16755	107.40
3	就业困难人员实现就业人数	人	6069	4100	7830	190.98
4	城镇登记失业人数	人	14502	15400	12640	目标内
5	城镇登记失业率	%	2.62	3.6	1.84	目标内
6	职业技能培训人数	人	8900	24900	27700	111.41
7	高校毕业生总体服务率	%	98.43	85	95.69	—
8	引领大学生自主创业人数	人	1029	1000	1011	101.10

失业率控制在1.84%，低于省市控制目标1.76个百分点。发挥失业保险促进就业作用，年内为10557家参保单位减免失业保险费3.74亿元，受益职工人数39.87万人；为全市2656家符合条件的企业落实稳岗返还政策，涉及资金5923.67余万元，惠及职工23.09万余人。

【重点群体就业】2019年，全市人力资源和社会保障部门促进高校毕业生就业创业，开辟高校毕业生就业创业渠道。实施大学生创业引领计划和青年见习计划，落实专项扶持资金，用于支持开发大学生创新创业课程和组织在校生“试创业”，高校毕业生就业见习范围扩大到16～24周岁未就业或失业青年。全市高校毕业生就业服务率95.69%，超省指标9.69个百分点；全市高校毕业生就业见习1066人，落实大学生创业引领计划1011人，超额完成省市全年任务计划。做好就业困难人员就业援助，为11771名就业困难人员落实社保补贴3740.85万元，为2777名就业困难人员落实公益性岗位补贴1445.54万元，为468名下岗失业人员落实一次性临时生活补助93.6万元，城镇零就业家庭实现动态消零。

【创业带动就业】2019年，全市人力资源和社会保障部门拓宽就业创业渠道，开展各种创建活动。全市创建省级“四型就业社区”（以城乡社区为主题、顺应全面深化改革进程、创新改进公共就业服务方式、集充分就业、创业创新、智慧就业、标准化服务为一体的融合性社区服务平台）22个，评选市级“四型就业社区”10家、创业型街道（乡镇）5个，全市累计创建国家级“四型就业社区”2个、省级“四型就业社区”42个、省级创业型社区20个，省级创业型街道（乡镇）6个。市人力资源和社会保障局组织全市28家小微企业到浙江大学参加2019年“创业滨州训练营”活动，开展线下和线上后续服务。提高一次性创业补贴额度，对符合条件的大学生创办的小微企业一次性创业补贴标准提高到2万元，补贴范围扩大到大学生创办的个体工商户，补贴标准为1万元，全市发放各类创业性补贴558.92万元。推行信用贷款，降低创业担保贷款门槛，全市发放创业担保贷款18278万元，是2018年的4.8倍，贴息419.96万元。开展技能提升行动，引进“互联网+”培训新模式，全市组织开展职业培训人员27741人，完成省年度任务的111.4%；组织开展农村转移劳动力培训12840人，完成省年度任务的142.67%。

【就业服务】2019年，全市人力资源和社会保障部门搭建就业服务载体，将开展用工普查、搭建就业载体、实现“网上招、掌上招”列入人力资源和社会保障部门对外公开承诺事项，每周定期开展用工招聘活动，建立工作倒逼机制，实现服务常态化。新开发“滨州就业人才网”，打造全

2019年2月12—15日，滨州市2019年“春风行动”系列招聘会在市人力资源市场举行。图为招聘会现场（市人力资源和社会保障局 供图）

市就业信息平台。加强完善失业保险业务信息化建设，失业保险金、稳岗补贴、技能提升补贴等业务实现网上或手机APP办理，创建失业保险业务办理“无须现场办理，无须纸质资料，无须参保信息”的“三无”新模式。

【就业招聘】 2019年，市人力资源和社会保障局依托滨州招聘就业信息平台，为用人单位和个人提供线上招聘、求职服务，与山东公共招聘网滨州版块建起网上人力资源市场，实现“网上招”；市招聘信息平台相关功能嵌入“滨州智慧人社”APP和“滨州人社发布”公众号，实现“掌上招”。开展各类专场招聘会85场，线上发布岗位信息1.9万余条。开展跨区域就业招聘，组织4家企业参加山东省2019年就业援藏专场招聘会，举办鲁渝劳务协作专场招聘会3场。

【创业大赛】 2019年8—10月，市人力资源和社会保障局与市委组织部、市财政局、市退役军人事务局、团市委联合举办2019年滨州市创业大赛，大赛分为返乡创业农民工、创业大学生、创业退役军人和留学人员来滨创业启动支持计划项目4个组别，68个项目报名参赛。经初审、实地考察、训练营、决赛、公示等环节，对29名“创业明星”给予资金支持186万元。全市选拔推荐4名选手参加山东省创业引领者专项活动暨第二届创业讲师大赛，1名选手晋级个人能力综合竞赛十强，获三等奖；1个团队课程设计作品获竞赛二等奖；市公共就业和人才服务中心获优秀组织奖。

（李树田）

【企业工资管理】 2019年，全市继续执行上年最低工资标准。滨城区、邹平市、博兴县1730元，沾化区、阳信县、无棣县、惠民县1550元。市人力资源和社会保障局组织开展2019年度企业薪酬调查和制造业人工成本季度监测工作，制定劳动力市场工资指导价位，及时发布2019年滨州市企业工资指导性文件，为企业调整工资提供参考依据；指导有关部门有序开展国有企业负责人薪酬改革和国有企业工资总额决定机制改革工作。

（崔建伟）

【劳动人事争议仲裁处理】 2019年，市人力资源和社会保障局以推进调解仲裁效能建设为核心，规范办案流程，创新工作模式，强化基层指导，推动调解仲裁各项工作开展。全市调解仲裁机构处理劳动人事争议案件3900件，当期审理结案4115件，调解结案率60.07%，涉及劳动者4409人，涉案金额1.099亿元。其中，全市仲裁机构立案处理争议案件2743件，当期审理结案3019件（含上期末累计未结案件358件），当期结案率97.36%；调解结案1376件，裁决结案1436件（一裁终局案件748件，一裁终局率52.1%）。调解组织处理案件1157件，调解结案1096件，结案率94.73%。

（孙　静）

【劳动保障监察执法】 2019年，市人力资源和社会保障局规范劳动保障执法，持续提升执法水平，组织开展小型企业劳动用工情况专项检查、清理整顿人力资源市场秩序专项检查、用人单位劳动用工情况专项检查和劳动保障年度监督检查，检查用人单位1267户次，立案606件，回复市长公开电话291件，追发劳动者工资待遇426.03万元，督促缴费金额402.7万元。做好保障农民工工资支付工作，完善治理体制，创新宣传形式，加强联合惩戒，推进平台建设，惩治欠薪行为，维护广大农民工合法权益。年内，市拖欠农民工工资专项治理联席会议办公室组织召开6次专题会议，开展4次联合督查、1次专项督查、1次根治欠薪夏季行动、1次调研指导、1次冬季攻坚行动，受理上级转办、网络舆情、群众到访等各类涉嫌拖欠农民工工资案件107起，按期结案率100%。

（付欣欣）

【山东省中小企业创新创业大赛获奖】 2019年8月22—23日，由省工业和信息化厅、省财政厅主办的2019年“创客中国”“唐冶院士谷杯”山东省中小企业创新创业大赛决赛在济南举行。滨州市组织山东齐鲁浩华食品科技有限公司、山东北方创信防水科技股份有限公司等12家企业报名参赛，3家企业进入决赛。山东齐鲁浩华食品科技有限公司齐鲁浩华冬枣深加工项目获得创客组三等奖。

（房冬梅）

脱贫攻坚

【概况】 2019年，全市扶贫系统注重脱贫实效，落实政策，创新机制。全市开展遍查遍访活动，落实“四级书记”遍访贫困对象，组织县（市、区）委副书记和市县两级扶贫办主任遍查扶贫项目、乡镇扶贫干部专业遍访贫困户。加强贫困户动态管理，实现部门数据信息共享，完善建档立卡贫困户台账管理机制，为8.4万名脱贫享受政策群众建立脱贫台账，一户一策落实帮扶措施。建立贫困监测预警机制和精准帮扶机制，加强扶贫资金项目精细化监管，开展扶贫项目质量提升行动，全市产业扶贫项目收益覆盖面100%。落实行业扶贫政策，开展医疗救助等政策“一站式”服务贫困群众，扶贫政策落地实施无遗漏，8.4万人享受脱贫政策。全市加强扶贫干部队伍建设，开展扶贫系统作风建设年活动，市扶贫开发办公室（简称市扶贫开发办）获评山东省“人民满意的公务员集体”；与市委组织部联合印发《关于加强县乡扶贫队伍建设工作的通知》，全市通过专题培训、以会代训等形式开展33次培训，培训5492人次。

【压实政治责任】 2019年，市委常委会、市政府常务会多次专题研究部署脱贫攻坚工作。市委书记佘春明、市长宇向东多次听取工作汇报、调度脱贫攻坚进展情况，提出具体工作要求。年内，“四级书记”遍访贫困户39012户，扶贫系统遍访农户97648户，发现问题29796个，全部整改销号。建立帮扶责任落实机制和群众反馈机制，实行以乡镇为单位帮扶责任人网格化管理。利用手机APP对15167名帮扶责任人入户帮扶情况实行月通报，督促责任人到位到岗。市扶贫开发办会同组织部门通过市“12340”社情民意调查热线，开展3次帮扶责任落实和群众满意度抽样调查。

【动态管理】 2019年，全市扶贫系统完善建档立卡贫困户台账管理机制。把贫困信息与民政、人力资源和社会保障、教育等部门数据信息互联共享，贫困户收入和享受政策情况实现电子信息化管理。至年底，全市各级扶贫部门均可通过二维码扫描了解8.4万脱贫户基本信息和脱贫过程。全市完善贫困监测机制，建立村级申报、调研排查、信息比对等贫困监测预警机制，对因病因灾等重大变故导致家庭困难、高于省定扶贫线但仍处于相对贫困状态的农户，按程序识别纳入市标相对贫困人口精准管理。全市对21.6万名脱贫建档立卡贫困人口相关信息比对核查全覆盖，对脱贫不享受政策农户“三保障”方面存在问题、重大变故导致家庭困难的，标注“脱贫享受政策”进行针对性帮扶。全域实现贫困信息动态管理，市县两级扶贫信息平台互联互通，实现贫困动态管理“数据分析精细化、信息核实便捷化、动态管理信息化”，为精准施策提供技术支撑。

【资金监管】 2019年，全市推进脱贫与农村产业振兴融合对接、贫困户与经营主体利益联结的思路，科学运作，重点实施18个高科技现代农业产业项目。至年底，各级扶贫资金投入3.1亿元，全市实施投资规模超2000万元的扶贫产业园和示范项目12个。管好用好规模1.32亿元市产业扶贫投资基金，年内基金收益765万元，以产业扶贫投资基金收益保障特困人口救助基金发放。落实扶贫资金管理使用政策，完善项目管护责任人制度，建立管护档案。落实扶贫资产所有权、经营权、收益权和监督权“四权分置”，全市9.36亿元产业扶贫资产均建立台账，纳入“三资”管理平台并确权到村。

【产业扶贫】 2019年，全市开展扶贫项目质量提升行动，对741个项目全覆盖排查，“零散小”和质量问题项目得到整改，全市实现产业扶贫项目收益覆盖面100%，整体年投资收益率超8%，扶贫项目年度收益1.06亿元，人均收益1200余元。加强村级光伏扶贫电站专业化、智能化运维管理，利用市精准扶贫信息平台对所有扶贫项目全程监控、动态监管，6个集中式光伏电站年产生扶贫收益3000余万元，632个村级电站年产生扶贫收益2500余万元。落实收益差异化分配制度，实现收益分配与扶志、扶智结合，设置公益性岗位，提高项目带动性。在防范金融扶贫逾期风险基础上，新增小额扶贫信贷1.88亿元，其中发放“扶贫小额信贷”620万元，带动124名贫困户脱贫；发放“富民生产贷”1.82亿元，带动3648名贫困人口脱贫增收。全年贴息809.9万元，其中“扶贫小额信贷”贴息196万元、“富民生产贷”贴息613.9万元。

【行业扶贫】 2019年，全市围绕贫困人口教育、健康、住房、饮水、低保、残疾和贫困村“五通十有”（通路、通电、通水、通广播电视、通信息，有旱涝保收田、有致富项目、有办公房、有卫生室服务、有卫生保洁制度、有学前教育、有文化室和农家书屋、有健身场所、有良好生态环境、有就业保障措施）等方面开展无遗漏、全覆盖排查，落实行业扶贫政策。开展医疗救助等政策“一站式”服务贫困群众。新办理门诊慢性病4332人，为57662人次贫困群众减免救助医疗费用2118.2万元，对73213名建档立卡贫困群众开展免费健康查体，查体率86.3%，利用扶贫协作资金购买爱心药箱6500个，发放给550个省定贫困村贫困群众。为6763名贫困家庭学生落实教育资助救助692万元，对1350名中高等职业院校贫困学生实施“雨露计划”资助417.73万元。改造贫困户危房5122户，对脱贫享受政策的全部挂牌标识、脱贫不享受政策的鉴定备案。为18692名贫困残疾人办理更换残疾证，落实两项补贴。对3963名建档立卡贫困人口中的721名重度精神疾病开展救治工作，为291人提供居家服药服务，对303名肾病透析患者实施集中救治。实施饮水标准提升工程，投资3597.6万元，改造升级贫困村供水主管网67.86千米，解决204户368人饮水问题。

【排查整改】 2019年，全市开展问题集中整治和整改落实督导活动，组织审计调查反馈问题、省委巡视“回头看”反馈问题集中整治活动。市扶贫开发领导小组组织督导组按照历次问题清单，到镇村和扶贫项目现场，调研核查问题，反馈至县（市、区）并督促整改。开展专项巡查暗访，市扶贫开发办组织第三方社工机构对全市脱贫攻坚成效进行4次暗访，覆盖各县（市、区）、市属开发区、67个乡镇、331个村、3315户。开展两期脱贫攻坚巡回调研活动，对各县（市、区）脱贫攻坚工作评优劣、找问题，定措施，推进工作开展。

（宋延武）

收入与消费

【居民收入】 2019年，全市居民人均可支配收入28517元，比2018年增长8.1%。其中，城镇居民人均可支配收入37378元，比2018年增长6.6%；农村居民人均可支配收入17480元，比2018年增长8.8%。城乡居民收入比从2018年同期的2.18：1.00降为2.14：1.00，城乡居民收入差距缩小。全市全体、城镇、农村居民人均可支配收入分别居全省第9位、第10位、第10位，增速分别排名第11位、第14位、第12

2019年滨州市全体居民人均可支配收入构成统计表

表 56

	金额（元）	增速（%）	占可支配收入比重（%）	对增长贡献率（%）	拉动增长百分点
可支配收入	28517	8.1	—	—	—
一、工资性收入	16086	8.6	56.4	59.6	4.8
二、经营净收入	6637	7.0	23.3	20.3	1.6
三、财产净收入	1918	8.4	6.7	6.9	0.6
四、转移净收入	3876	7.9	13.6	13.2	1.1

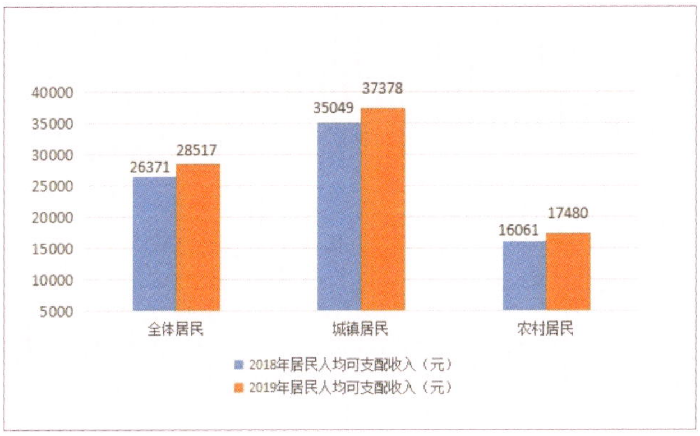

图 11　2018—2019年滨州市居民人均可支配收入图

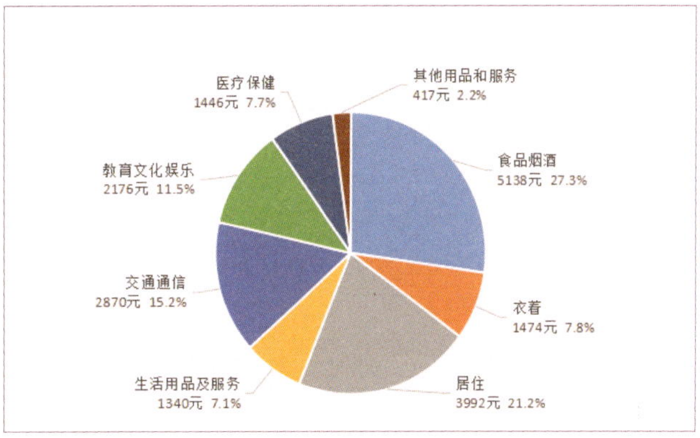

图 12　2019年滨州市居民人均消费支出构成图

位。按收入来源分，全市居民人均工资性收入16086元，比2018年增长8.6%，占可支配收入的比重为56.4%；人均经营净收入6637元，比2018年增长7.0%，占可支配收入的比重为23.3%；人均财产净收入1918元，比2018年增长8.4%，占可支配收入的比重为6.7%；人均转移净收入3876元，比2018年增长7.9%，占可支配收入的比重为13.6%。从居民收入构成情况看，工资性收入对可支配收入增长贡献率为56.4%；居民经营净收入增速低于可支配收入1.1个百分点，对收入增长贡献率为23.3%；财产净收入、经营净收入快速增长，对居民增收贡献率不断提高。

【居民人均消费支出】 2019年，全市居民人均消费支出18852元，比2018年增长6.7%。其中，城镇居民人均消费支出24384元，增长5.6%；农村居民人均消费支出11961元，增长6.6%。全年居民人均食品烟酒消费支出5138元，比2018年增长5.4%，占人均消费支出比重为27.3%；人均衣着消费支出1474元，增长6.0%，占人均消费支出比重为7.8%；人均居住消费支出3992元，增长7.7%，占人均消费支出比重为21.2%；人均生活用品及服务消费支出1340元，增长5.9%，占人均消费支出比重为7.1%；人均交通通信消费支出2870元，增长7.0%，占人均消费支出比重为15.2%；人均教育文化娱乐消费支出2176元，增长7.9%，占人均消费支出比重为11.5%；人均医疗保健消费支出1446元，增长7.6%，占人均消费支出比重为7.7%；人均其他用品及服务消费支出417元，增长5.9%，占人均消费支出比重为2.2%。

（蒋龙辉　沙雪松）

【居民消费价格】 2019年，全市居民消费价格总水平上涨2.3%，涨幅比2018年扩大1个百分点。其中服务项目价格上涨0.2%、消费品价格上涨3.7%。价格总水平比2018年涨幅逐季扩大，一季度上涨1.5%，二季度上涨1.9%，三季度上涨3%，四季度上涨4.1%；全年波动运行，1月、2月受春节因素影响，价格总水平保持上涨；3—5月，价格总水平止涨回稳，低位运行；6—10月，受鲜菜鲜果、猪肉等价格上涨影响，涨幅逐月扩大；11月、12月，随着猪肉价格涨势趋缓，居民消费价格涨幅有所收窄。年内，全市构成居民消费的八大类商品和服务价格总体呈“五升两降一持平”。食品烟酒价格上涨7.6%、教育文化和娱乐价格上涨3.7%、其他用品及服务价格上涨1.9%、生活用品及服务价格上涨1.2%、衣着价格上涨0.9%、交通和通信价格下降1.9%、居住价格下降1.5%、医疗保健价格持平。结构性上涨特征明显，食品价格涨幅比2018年上升7.1个百分点；服务项目价格涨幅比2018年回落0.1个百分点；工业品价格涨幅比2018年回落1.7个百分点。

【食品价格】 2019年，全市食品价格上涨11.2%，拉动居民消费价格上升2.08个百分点，是影响居民消费价格涨幅扩大的主要因素。猪肉、牛羊肉、禽肉、鲜瓜果、鲜菜价格上涨共同拉动居民消费价格上升1.65个百分点。受生产周期及“非洲猪瘟”疫情等因素影响，市场供应紧张造成猪肉价格不断走高，年内全市猪肉价格上涨54.1%，拉动居民消费价格上升1.22个百分点；成本、需求等因素拉动牛、羊、禽肉价格上调，年内全市牛肉、羊肉、禽肉类价格分别上涨13.8%、6.4%、9.0%，拉动居民消费价格上升0.22个百分点；多重因素影响鲜瓜果价格上涨，年内鲜瓜果价格上涨12.1%，拉动居民消费价格上升0.2个百分点；气候因素导致鲜菜价格季节性上扬，7月、8月，受高温、多雨、台风等气候因素影响，蔬菜生产、调运困难，价格上涨，年内全市鲜菜价格上涨7.8%，拉动居民消费价格上升0.21个百分点。

（吕　倩）

2019年11月13日，“人社政务进村居，服务群众零距离”行动启动部署仪式在惠民县何坊街道钦风村举行　　（市人力资源和社会保障局　供图）

【困难群众物价补贴】 2019年4—12月，全市居民消费价格指数中的食品价格比上年涨幅连续9个月均在6%以上。为应对肉价上涨对困难群众造成的生活压力，市发展改革委协调财政、民政、人力资源和社会保障、退役军人事务等部门及时启动社会救助和保障标准与物价上涨挂钩联动机制，对享受国家抚恤的优抚对象、城乡低保、特困人员及领取失业金人员发放价格临时补贴，及时足额发放补贴2466.36万元，惠及低收入困难群众99.05万人次，保障低收入群众不因物价上涨影响基本生活。

（游凤岐）

社会保险

【“互联网+人社”服务】 2019年，全市完成人力资源和社会保障部“全国统一社会保险公共服务平台”试点工作，平台于9月15日正式上线，为参保人和参保单位提供全国性、跨地区社会保险服务。滨州市社保卡应用安全管理平台获选参加“2019年全国人社信息化创新应用展”，入选全国18个展示案例、山东省2个展示项目，并在“全省落实大数据战略专题研讨班”展览。全市人力资源和社会保障部门完善就业创业、社会保险、劳动关系、人事人才等业务系统功能，优化个人、单位网上服务大厅、“滨州智慧人社”APP、“滨州人社发布”微信、自助服务终端等网上办、掌上办渠道，人力资源和社会保障公共服务事项网办率87.6%。

【“人社政务进村居，服务群众零距离”行动】 2019年，市人力资源和社会保障局创新开展“人社政务进村居，服务群众零距离”行动。11月13日，行动启动部署仪式在惠民县何坊街道钦风村举行，人力资源和社会保障部信息中心主任翟燕立、省人力资源和社会保障厅副厅长夏鲁青等出席并为人社服务点揭牌。至年底，全市7个县（市、区）建立523个村级人社服务点，实现人社、医保、金融等70项服务不出村办理。

【社保卡服务】 2019年，全市人力资源和社会保障部门开展“社保卡服务能力提升行动”。至年底，全市累计发卡390.5万张，制卡普及率99.5%，完成年度发卡任务的100.13%，基本实现“人手一卡”。全面推行即时制卡、新制卡免费邮寄、“12333”电话补换卡服务，社保卡制发卡周期由30个工作日压缩至即时领卡，社保卡申请、查询、激活、补卡、邮寄、打印相关材料等服务均实现“一网通办”。实现社保卡省内异地换市不换卡、医保账户省内异地通用，被列入“社保卡省内实现一卡通用”全省工作典型。“全国电子社保卡试点”1月实现电子社保卡签发，5月实现电子社保卡应用，至年底全市累计签发电子社保卡40.9万张，签发率10.5%。相继开通“滨州智慧人社”APP、支付宝APP等12个本地签发渠道，实现身份凭证和支付结算应用，全市1050家定点医药机构支持电子社保卡刷卡购药，改造数量全省排名第一。

【“12333”咨询服务】 2019年，全市“12333”电话咨询服务坚持“倾听民意，服务民生”服务理念，发挥宣传解释政策、沟通社情民意作用，加强联系服务群众。年内总到电量22.8万个，比2018年同期增加10.5%；到电综合接通率由2018年的64.57%提升至92.91%；微信、网站在线回复5.6万条，比2018年同期增加46%；电话办事事项由11项增至17项，年内累计办理6529件。“12333”电话综合接通率、电话服务质量均居全省第一。

（刘娟娟　王明然）

【全民参保计划】 2019年，全市人力资源和社会保障部门推进全民参保计划，全市企业养老保险参保人数53.41万人，净增2.61万人，完成全年净增计划的173%；全市居民养老保险参保人数189.38万人；全市机关事业单位养老保险参保人数13.56万人；全市工伤保险参保人数51.18万人，净增人数2.01万人，完成全年净增计划的132%。启动全民参保计划扩面专项行动，重点引导新业态从业人员以个人身份参保，引导适龄城乡居民及早参保，市人力资源和社会保障局与滨城区联合举行全民参保宣传进社区广场宣传活动。全年基本养老保险参保人数新增5.97万人，完成全民参保计划扩面专项行动任务的149%。

【社保降费】 2019年，全市人力资源和社会保障部门全面落实社保降费政策，为6919家企业减免养老保险费2.26亿元，为2229家企业减免工伤保险费1.01亿元，为10557家企业减免失业保险费3.74亿元，减轻企业负担。

【基本养老保险】 2019年，全市人力资源和社会保障部门完成退休人员“调待”任务，人均每月涨养老金147元，实现自2005年后全市退休人员养老金的“第15连涨”。按时足额发放养老金，全市机关企事业单位退休人员和60岁以上城乡居民提高养老金标准，全年发放各类养老金79.73亿元。维护被征地农民个人权益，全市65.4万名被征地农民社会保障金17.91亿元，全部落实到个人账户。

【社会保险基金收入】 2019年，全市企业养老保险收入50.75亿元，较2018年同期相比下降4.14%，全市累计结余110.54亿元；全市机关事业养老保险基金收入26.42亿元，与2018年同期相比增长13.93%，全市累计结余2.31亿元；全市居民养老保险基金收入21.91亿元，与2018年同期相比增长22.95%，全市累计结余36.80亿元；在工伤保险费率阶段性降费调整政策影响下，全市工伤保险基金收入1.12亿元，与2018年同期相比减少33.33%，全市累计结余2.27亿元。

【基金运行风险管理】 2019年，省人力资源和社会保障厅组织的社会保险基金风险防控检查和市人力资源和社会保障局组织的社保基金风险和工伤保险内控检查“回头看”专项检查工作完成。按要求配备待遇发放、费率审核等高风险岗位人员，突出关键信息修改、一次性补缴、关系转移、大额支付等高风险业务的监督管理。严格权限控制，加强业务运行监测，完成联网数据上报整理工作，指导调度县（市、区）处理问题数据7.3万条。重点对“死亡冒领、重复领取、在押服刑”三类人员进行疑点数据筛查，年内接收各类疑点数据7批次，对疑点数据逐一排查落实，追缴违法领取的养老保险待遇10.11万元。

（燕　翔　李树田）

【基本医疗保险】 2019年，全市城镇职工医保参保人数64.01万人，其中在职参保人员51.54万人、退休参保人员12.47万人。年度筹资额24.2亿元。全年参保职工住院103336人次，医保基金支付医疗费用8.5亿元。拨付个人账户资金8.6亿元。年内，全市新增享受门诊慢性病待遇人员4513人，4.33万名职工慢性病患者报销25.08万人次，医保基金支付2.36亿元；6.2万人享受职工医保普通门诊统筹报销31.73万人次，报销医疗费用1241万元。城乡居民医保参保人数318.08万人，全年参保居民住院48.68万人次，医保基金支付医疗费用18.6亿元。普通门诊报销289.3万人次，报销支出1.1亿元。70528名参保居民享受门诊慢病待遇，新增1.5万人，全年门诊慢性病报销34.87万人次，报销支出13350万元。

【大病保险】 2019年，市医疗保障局（简称市医保局）按照每人每年81元的标准，从居民医保基金中提取保费25097.38万元，为参保居民购买大病保险。居民大病保险起付线1.3万元，个人负担的合规医疗费用起付标准至10万元的，支付比例60%；10万元（含10万元）至20万元的，支付比例65%；20万元（含20万元）至30万元的，支付比例70%；30万元（含30万元）以上的部分，支付比例75%。一个医疗年度内，大病保险最高支付限额40万元。贫困人口大病保险起付线5000元，5000元以上（含5000元）至10万元以下，支付比例65%；10万以上（含10万元）至30万以下的，支付比例75%；30万（含30万）以上的部分，支付比例85%；不设支付限额。对使用大病保险特殊药品的，实行单独补偿，起付标准为2万元，起付标准以上的部分给予60%的补偿，年度最高支付限额20万元。其中贫困人口使用特殊药品取消起付线。全年22329名参保居民获得大病保险补偿，理赔192041人次，赔付17275.26万元。全年17名参保职工享受大病保险待遇，理赔18人次，赔付金额23余万元。

【5类特殊群体纳入保障范围】 2019年，市医保局将严重精神障碍、唇腭裂等5类特殊人群纳入医保支付范围。将苯丙酮尿酸症患者所需特殊治疗食品费用纳入医疗救助范围，18岁及以下患者按75%的比例予以支付，1.5万元封顶；18岁以上患者按70%比例支付，1.2万元封顶，政策自2019年1月1日执行。将唇腭裂患者治疗费用纳入医保支付范围；将脑瘫、自闭症儿童必需的康复项目医疗费用纳入医保支付范围，脑瘫儿童医保支付标准由日均80元提高到100元，将自闭症等残疾儿童康复纳入医保支付范围，支付标准为60元/天，政策自7月1日执行。将严重精神障碍作为独立病种纳入门诊慢性病保障范围，医保基金年度支付限额1万元，政策范围内医疗费用居民按70%报销；对于扶贫对象中的严重精神障碍患者，落实居民大病保险倾斜政策，起付标准降至5000元，分段报销比例提高5%～10%，取消封顶线。

【医疗服务价格改革】 2019年，市医保局梳理医疗服务项目映射库，按照“编码一致、内涵统一、异地互认”原则，开展医疗服务项目统一编码基础工作。完善医疗服务价格分级管理政策，根据医疗服务价格管理权限，6月27日印发《关于重新公布部分医疗服务价格的通知》，统一全市各县（市、区）二级以上公立医疗机构医疗服务价格收费标准，明确医保基金支付范围，解决全市县（市、区）公立医疗机构之间医疗服务价格差距过大，个别项目价格与市属、省属驻滨公立医疗机构倒挂问题。全面取消医用耗材加成，所有公立医疗机构自12月10日起，全面取消医用耗材加成，所用允许单独向患者收费的医用耗材，以实际购进价格“零差率”销售，同步调整部分医疗服务价格。

【职工长期护理保险出台】 2019年，市医保局在全省首批出台将医养结合机构纳入医保定点和长护试点的政策文件，引领医养健康产业发展。3月26日出台《关于将医养结合机构纳入基本医疗保险和长期护理保险定点管理的通知（试行）》，明确医养结合机构纳入医疗保险及职工长期护理保险定点政策。到10月底，各县（市、区）均启动职工长期护理保险，实现职工长期护理保险制度全覆盖。至年底，市直及阳信县、博兴县等县（市、区）将15家医养结合机构纳入职工长期护理保险定点。年内，638名符合条件的参保职工享受长期护理保险待遇，其中家庭护理577人，机构护理56人，医院专护5人。

【医疗保险领域改革】 2019年，市医保局在全市二级以上公立医院全面推行按病种定额付费为主的医保付费方式改革，扩大病种数量到160个病种组1115个病种亚目4353个病种细目，按病种结算出院病人数达到出院总人数的70%左右。年内，不断完善按病种定额付费结算程序，实现医院、医保结算数据自动上传，按病种付费工作激发医疗机构自主控费的内生动力。探索实施中医药医保付费改革，建立符合中医药特点的医保付费方式，与市卫生健康委联合印发《滨州市中医药适宜技术和优势病种医保付费改革试点方案》，为参保人员使用中医治疗疾病提供便利。与市卫生健康委联合开展医共体医保付费改革调研，到安徽天长市等地对接学习，不断健全完善医共体医保付费改革方案，多次举办相关政策指导培训，引领各县（市、区）配套医共体医保付费政策，推进紧密型医共体建设进程。

【惩治欺诈骗保专项治理】 2019年，市医保局开展惩治欺诈骗保系列行动，制定出台指标公示、医师管理、举报奖励“两制度一办法”，初步构建起以信用为核心、以“红黑名单”为措施的新型医保监管体制，年内定点医疗机构检查覆盖率100%，追回医保基金3395.43万元，解除定点协议158家，移送司法机关3家、2人。3月29日，滨州市“惩治欺诈骗保行为、维护医保基金安全”集中宣传月活动启动仪式在万达广场举行。宣传月活动由市医保局与滨城区人民政府联合举办，活动旨在彻底治理不法医疗机构、药店违规套取医保基金行为，维护基金安全，保障市民医疗保障权益不受侵害。4月28日，市医保局与市财政局联合出台《关于转发〈山东省打击欺诈骗取医疗保障基金行为举报奖励实施细则（试行）〉的通知》，推进专项治理工作。全市接到各类举报投诉电话117起，兑付举报奖励4起。

【医疗保障经办】 2019年，市医保局在全省率先实施医疗保障经办服务规范化、标准化建设。9月，按照提交材料最少、办理流程最简、办理时限最短、服务质量最优“四最”和统一经办事项名称、统一经办方式、统一经办流程、统一申报材料、统一办理时限、统一服务标准“六统一”要求，对全市34项医保经办服务事项进行流程梳理再造；10月，全市启动医保经办规范化服务；11月，全市启动医疗保障标准化建设，部署推进示范创建工作。

【医保政策“四进”活动】 2019年，市医保局提高医保政策知晓度，打通政策落实“最后一公里”，方便群众及时了解和享受惠民政策。12月中旬，全市各县（市、区）医保局全面启动医保政策“四进”活动，为社区、医院、学校和农村居民送去医保政策“大礼包”，向辖区内的

2019年3月29日，滨州市“打击欺诈骗保行为 维护医保基金安全”集中宣传月启动仪式在万达广场举行
（市医保局 供图）

2019 年 12 月 13 日，市医保局医保政策“四进”活动到市人民医院为群众讲解医保政策

（徐大伟　摄）

居民宣传相关政策、法规，讲解参保流程，提高医保政策普及度，提升群众医疗保障参保率和满意度。开展医保经办服务群众满意度测评，推动医保经办服务理念、制度、作风的优化改进，让人民群众享受贴心、细心、舒心医保经办服务。

（赵　菡　赵春晖）

社会救助

【社会救助体系建设】 2019 年，市民政局在全省率先出台“社会救助体系建设”配套政策，在能力建设、信息化建设、完善监管体系等方面进行全面规划，成立县级社会救助综合服务中心，建立市县乡村四级工作网络。完善兜底保障政策，放宽重度残疾人单独申请低保条件，允许支出型贫困家庭纳入低保，明确可以拥有维持家庭成员生产、生活所必需的家庭财产，在脱贫攻坚期内纳入农村低保的贫困户，人均收入超过低保标准后可继续保留低保待遇 3 个月。继续提高救助标准，城乡低保标准分别提高到每人每月 560 元和每人每年 4900 元，月人均补助标准分别提高到 370 元和 245 元。农村特困人员基本生活和照料护理标准分别提高到每人每年 6400 元和 1200 元。生活不能自理特困人员集中供养率达到 50% 以上。

（付立杰）

【救助管理】 2019 年，全市救助流浪乞讨人员 538 人次，护送返乡 247 人次。开展“互联网 + 寻亲”，无法查明身份信息的流浪乞讨人员在推送全国寻亲网的同时，发挥“今日头条”“抖音短视频”等新媒体作用，寻亲 432 人次。市救助管理站受北京市民政局邀请帮助开展寻亲工作。通过办理户籍、缴纳社保、纳入特困人员供养流程，安置 21 名长期滞留人员。推进源头救助，聘请第三方机构对全市 294 名返乡受助人员回归稳固情况进行入户调查评估。

（宋　健）

【乡镇临时救助备用金】 2019 年，全市所有乡镇（街道）全部设立 8 万～25 万元不等的临时救助备用金，资金总规模 1354 万元，临时救助标准提高到城市低保标准的 3～12 倍。市民政局将临时救助对象划分为“支出型”和“急难型”两个类型，分别制定救助标准、审核审批程序，小额临时救助审批权下放乡镇（街道），滨城区、北海经济开发区小额临时救助审批额度 5000 元。

（付立杰）

【慈善救助】 2019 年，全市慈善事业发展体制机制全面理顺。7 月 4 日，滨州市慈善总会办公室更名为滨州市慈善事业发展服务指导中心，宗旨和业务范围确定为：慈善信息统计发布、慈善政策宣传工作、为慈善组织发展提供服务、配合做好表彰鼓励慈善先进工作。同日，全省首家社区慈善工作站在滨州市滨城区滨北街道梧桐社区挂牌成立，设立“梧桐树”大爱慈善基金，全年募集款物 162 万元，救助社区居民 800 余人，组建 21 支志愿服务队，志愿者队伍 350 人，开展系列互帮互助慈善公益活动。10 月 10 日，滨州市公益慈善联合会成立，成为全省第 1 家、全国第 11 家按照《中华人民共和国慈善法》要求成立的行业组织，主要职责是推动行业交流，反映行业诉求，提高公益慈善行业公信力，支持服务公益慈善组织发展。11 月 28 日，第一届“善行滨州”公益慈善奖颁奖典礼举办，20 人获评“最美志愿者”、12 个团队获评“最佳影响力公益团队”、10 个项目获评“最佳影响力公益项目”、10 项科技项目获“科技创新公益联融奖”。12 月 26 日，市慈善总会召集 40 余家社会组织参与、市民政局牵头的“暖冬行动”，投入资金 2300 余万元，开展急难救助、助医、助老、助困、助童、志愿服务 6 大救助类别近 50 个救助项目。市慈善总会按照《慈善法》及相关文件要求，全面公开各类慈善信息，日常性捐助信息 15 个工作日内公开，重大事件专项信息 72 小时内公开，捐赠款物拨付和使用信息 1 个月内面向社会公开，公开募捐活动及时在“慈善中国”平台公开募捐方案备案。年内，全市募集善款 1.4 亿元，救助困难群众 8 万人次；全市注册志愿者 667308 人，志愿服务组织 4843 家，服务项目 6693 个，年度项目总时长 13358 小时。

【网络募捐试点】 2019 年，滨州作为全省 2 个网络募捐工作试点市之一，全市 24 家社会组织参与“99 公益日”网络募捐活动。活动以“助童新生、助学圆梦、爱心助残、同心助老、慈善助困、情暖社区、党员先行、社工优才”8个战略板块为主要内容，3天时间举办30余场线下募捐活动，募集善款485.6万元，捐款人次16.3万。

（陈秀艳）

社会福利

【社会养老服务体系建设】 2019年，市民政局推动将社会养老服务体系建设纳入国土规划，保障发展空间，住宅小区配套养老用房建设纳入市国土空间和土地利用联审会，老旧小区养老设施配套达标率32%。推进制度变革，全省率先推出农村幸福院“三星四类”管理办法；实施“以地养老”，建成全省规模最大的农村养老社区；推广“孝善食堂”模式，获《新闻联播》报道；深化“积分养老”“孝善养老”“以地养老”“福利助老”“一院多能”“幸福院连锁运营”等模式；推进公办养老机构转制，敬老院公建民营率63%，民办养老机构占比73%。强化行业监管，提升服务质量，开通养老机构全网监控平台，进行视频联网和实时监控；联合第三方评估机构暗访380处养老设施，推进全部养老机构实现“五亮”（亮出服务内容、流程、标准、收费价格和市县监督电话）；开展养老机构等级划分与评定，68家养老机构挂星。落实政策支持，促进行业发展，市政府出台《关于支持社区居家养老服务的实施意见》《滨州市城乡社区养老服务设施“创星达标”奖补办法》等支持政策，中央福彩公益金投入1204万元，省级资金投入4120.8万元，市级福彩公益金投入1344万元，县级及以下财政投入约5000万元用于支持养老服务业发展。鼓励行业自治，成立滨州市养老产业协会，拟定养老服务“双招双引”二十六条集录，举办“健康养老·智慧养老”论坛，落实150亩用地指标。

【福利补贴提标扩面】 2019年1月1日起，市民政局对经济困难老年人补贴提标扩面，对60～79岁、80～89岁、90～99周岁低保老年人每人每月分别补助80元、100元、200元，对生活长期不能自理、能力等级为2～3级的，以及智力、精神和肢体重度残疾的低保老年人，每人每月增发80元。出台农村留守老人关爱服务文件，依托农村幸福院开展留守老人关爱服务，50余家“孝善食堂”免费为80岁以上老人提供午餐。全市一、二级残疾人生活补贴和一级残疾人护理补贴由每人每月80元提高到100元，全年重点做好残疾人两项补贴发放工作，累计增发补贴资金1000余万元。

（宋金泽）

【福利彩票销售管理】 2019年，全市销售福利彩票5.03亿元，筹集公益金1.75亿元。销售渠道发生转变，建成首家数字化智慧体验店，建成380家旗舰店、示范店、24小时无人值守店及37处省级即开票示范店。推进社会渠道拓展，布设630台自助终端，布设数量全省第一，实现彩票销售增量700多万元。管理平台迭代升级，自主研发建立“CIM智慧管理平台”，实现智能化、网络化、可视化，在北京举办的全国创新大赛中获全国第三名。“可视化数据分析管理系统”“智慧投注站管理系统”和“CIM智慧管理平台”均获国家版权局颁发的计算机软件著作权登记证书。

（侯志清）

【儿童（社会）福利院管理】 2019年，市儿童（社会）福利院被省委、省政府表彰为“山东省助残先进集体”。坚持“开放办院”理念，探索出“院校共建、爱心共建”相结合的模式。心理服务面上从特教课堂到延伸到孩子和老人生活学习全过程，将“性”的启蒙教育、自我保护、疏导干预等纳入儿童心理服务范围。提出“管理零盲点”理念，将“入院、医疗、康复、教育、养育、养老、安置、离院”8大板块综合评估体系纳入标准化体系，保持“日间零卧床、康复零缺失、院内零死亡、特教零遗漏、安全零事故”。发挥院内鉴定站+实训基地的优势资源，开展第六届职工技能展示赛、职工拓展活动。

（赵　倩）

【孝善食堂推广】 2019年，市民政局按照“村里出一点、社会捐一点、个人拿一点、上级补一点”原则，在老人规模、经济基础合适的村庄适度推广孝善食堂，80岁以上老人免费就餐，探索农村养老助老模式。完善“孝善基金”“积分养老”等配套模式，全市50余个农村依托幸福院成立孝善食堂，使农村留守老年人得到基本生活照料和更好关爱服务。

【农村幸福院“三星四类”分类管理】 2019年，市民政局在全省率先出台和实施城市社区老年人日间照料中心和农村幸福院分级分类管理和奖补政策，将农村幸福院评定为一星、二星、三星3个等级，分为机构居住型、就餐照料型、活动娱乐型、村周转房型4种类型，实施分级分类管理，对符合条件的两类设施每年给予1万～3万元的运营奖补。年内，市民政局获邀参与编制省农村幸福院等级划分标准。

（宋金泽）

【困境儿童和农村留守儿童关爱保护】 2019年，市民政局推行“4+3+3”儿童关爱保护体系新模式，即“市级设平台、县级设中心、乡级设基地、村级设主任”的“四级体系”，构筑“代养困难家庭残疾儿童、困境儿童关爱基金、强化履职尽责”的“三道防线”，引导注入“专业社工、围巾妈妈（爸爸）、慈善义工”的“三股力量”，打通儿童关爱保护的“最后一公里”，被全省儿童福利工作会议推广。在全省率先出台《关于落实儿童工作职责强化发现报告机制的通知》，开通未成年人救助保护热线。市未成年人救助保护中心申报的“未成年人社会保护标准化”省级服务业标准化试点考核评估合格。10月25日，全市儿童督导员培训班举办，统一印制5000册《民政政策一本通》,发放到各乡镇(街道)、村(居),以乡镇(街道)为单位累计开展36场巡回培训,结合2次电话抽访测评,强化基层儿童工作队伍建设,基本实现培训全覆盖、履职全天候。

【“围巾妈妈(爸爸)”公益服务品牌】 2019年,市民政局创立“围巾妈妈(爸爸)”公益品牌,重点关照全市792名孤困儿童的心理成长。引进专业社工机构,持续开展结对帮扶困境儿童活动,暑假期间开办“候鸟课堂”。至年底,志愿者、机关企事业单位通过一对一、多对一的方式结对帮助孤困儿童533人。

(任梦颖)

【免费替代养护困难家庭残疾儿童】 2019年,全市免费替代养护困难家庭残疾儿童项目升级,入院方式由每年6月集中申请,转型为“随时申请、限时评估、及时入住”的全年通办。从适度型转变为普惠型,代养范围由低保及建档立卡贫困户家庭残疾儿童扩展到全市困境残疾儿童。至年底,全市累计代养31名残疾儿童。市儿童(社会)福利院在民政部儿童福利司成立后召开的第一次全国性工作会议上作典型发言,被省委、省政府授予“山东省助残先进集体”称号。

(赵 倩)

2019年6月1日,市民政局开展“围巾妈妈(爸爸)”公益服务,组织孤困儿童共过“六一”儿童节

(市民政局 供图)

住房保障

【保障性住房管理】 2019年4月、9月,市城市建设服务中心对市直安兴花园、恒信安康小区1260户公租房在保家庭开展年度资格复审,对不再符合保障条件或存在转租、转借、长时间无正当理由空置的家庭,及时送达清退通知书,腾退的100余套房屋全部列入分配房源。至10月底,申请市直公租房家庭120户。根据公租房房源情况,会同民政等部门按照各自职能分工顺利完成保障资格审核准入,经《鲁北晚报》公示无异议后,分别于11月7日、12月11日公开组织市直第19、20期摇号分房,公证部门全程现场监督公证,105户家庭入住保障房。

【住房租赁补贴】 2019年,市住房城乡建设局按照国家、省相关要求,结合滨州实际,由市城市建设服务中心起草,联合市民政局、市财政局、市人力资源和社会保障局和市税务局于9月20日出台《滨州市城镇住房保障家庭租赁补贴实施方案》,将城镇中等偏下收入住房困难家庭、新就业无房职工、稳定就业外来务工人员等群体纳入补贴范围,为全省最早出台的四个同类方案之一,于2020年1月1日起正式施行。年内,全市住房租赁补贴在保家庭615户,完成年度发放任务460户的133.7%。

(丁云松 李建波)

【住房公积金归集】 2019年,市住房公积金管理中心扩大制度惠及面,加大行政机关事业单位编外人员催建催缴力度,全市65家行政机关事业单位为3090名编外人员建缴公积金,月缴额142.08万元,惠民县、阳信县、邹平市实现乡镇编外人员全建缴。加快非公企业催建催缴进度,出台《关于鼓励受托银行参与住房公积金扩面建缴奖励办法(试行)》,调动银行积极性。强化政策宣传力度,各县(市、区)管理部一对一到企业宣讲政策300余次。滨州中裕食品、三元生物等一批地方代表性企业相继开户。

【住房公积金使用】 2019年,市住房公积金管理中心加大住房公积金领域“放管服”改革力度,贯彻落实“房住不炒”要求,实行租购并举住房保障政策,构筑房地产市场健康发展长效机制。深化“放管服”改革,推进“不见面”暖心服务,46项业务实现网上办理。落实企业减税降费政策,取消开发商阶段性保证金,有效降低企业运行成本。上线电子档案系统,实现缴存、提取等业务无纸化办理和证明材料反复使用。二手房允许使用组合贷款,重塑业务流程,全市窗口实现“综合柜员制”,提取业务实现“全市通办”。完善差别化信贷政策,调整贷款认定次数,由原来只认定公积金贷款次数调整为商业住房贷款和公积金贷款综合认定贷款次数,对第二次贷款人员降低贷款最高额度,由50万元调整至40万元。降低单方缴存职工家庭贷款额度,由50万元调整为30万元。支持职工租赁住房,提高租房提取额度,由1.2万元/年提高至1.5万元/年,支撑全市住房租赁市场发展。

【资金风险管理】 2019年,市住房公积金管理中心持续加强资金风险

2019年住房公积金归集执行情况年报统计表

表57

项目名称	单位数（个）				人数（人）				归集额（万元）						
	2018年完成数	2019年完成数	比2018年增长（%）	2019年新增数	2018年完成数	2019年完成数	比2018年增长（%）	2019年新增数	2019年底累计归集额	2019年底归集余额	2018年完成数	2019年计划数	2019年完成数	占计划（%）	比2018年增长（%）
市中心本部	1335	1559	16.78	322	75306	78871	4.73	8568	756533.32	375828.72	109647.37	114700	121032.83	105.52	10.38
沾化管理部	275	325	18.18	56	13024	14031	7.73	1746	93256.29	55712.4	14595.23	14820	16003.86	107.99	9.65
邹平管理部	481	537	11.64	75	30752	30911	0.52	2303	335452.59	172067.38	51167.21	51450	53415.8	103.82	4.39
惠民管理部	317	349	10.09	37	17987	18392	2.25	1350	136766.76	84798.68	23023.72	24000	28003.51	116.68	21.63
阳信管理部	342	396	15.79	77	14518	14870	2.42	1234	107098.18	55195.63	18689.62	19500	20417.71	104.71	9.25
无棣管理部	401	463	15.46	76	23173	25039	8.05	2802	146901.11	87392.41	23892.78	24900	26781.1	107.55	12.09
博兴管理部	525	557	6.1	51	36919	36422	-1.35	3477	221358.37	133884.29	33441.21	34900	43095.95	123.48	28.87
滨州市经济技术开发区管理部	154	200	29.87	54	12587	13706	8.89	1796	55517.18	48869.46	13408.23	14000	17408.33	124.35	29.83
北海经济开发区管理部	89	87	-2.25	7	1830	2190	19.67	460	6927.6	6289.52	1661.12	1730	2309.46	133.49	39.03
合计	3919	4473	14.14	755	226096	234432	3.69	23736	1859811.4	1020038.49	289526.48	300000	328468.56	109.49	13.45

2019年住房公积金使用执行情况年报统计表

表58

单位：万元

项目名称	贷款								支取						
	2019年底累计贷款额	2019年底贷款余额	2018年完成数	2019年计划数	2019年完成数	占计划（%）	比2018年增长（%）	当年发放户数	2019年底累计支取额	2018年完成数	2019年计划数	2019年完成数	占计划（%）	比2018年增长（%）	当年支取人数
市中心本部	630447.20	387089.90	65071	55000	119311	216.93	83.36	2836	362014.54	65158.96	66000	73923.58	112.01	13.45	58070
沾化管理部	98545.10	53011.53	7411	6000	13292	221.53	79.36	351	37543.90	8091.58	8000	9743.75	121.8	20.42	6692
邹平管理部	174325.40	94063.90	18766	20000	25107	125.54	33.79	627	163385.21	32202.85	24000	35091.18	146.21	8.97	17619
惠民管理部	106732.00	62235.26	13816	11000	25745	234.05	86.34	680	51910.34	11388.49	12000	14497.36	120.81	27.3	13461
阳信管理部	122772.00	87857.50	30249	27000	30374	112.5	0.41	729	51902.55	11506.51	13000	15769.32	121.3	37.05	19784
无棣管理部	130448.50	71811.08	13012	9000	21989	244.32	68.99	533	56587.89	11389.16	11000	15131.38	137.56	32.86	13963
博兴管理部	197568.00	122819.10	24775	30000	12672	42.24	-48.85	302	87474.07	22061.49	28000	24221.54	86.51	9.79	18757
滨州市经济技术开发区管理部	105283.00	93283.57	38869	39000	37073	95.06	-4.62	869	25419.55	6809.21	7400	9462.17	127.87	38.96	8570
北海经济开发区管理部	10630.00	9449.51	2814	3000	5188	172.93	84.36	132	3534.85	782.55	600	1288.39	214.73	64.64	792
合计	1576751.20	981621.35	214783	200000	290751	145.38	35.37	7059	839772.90	169390.81	170000	199128.67	117.13	17.56	157708

防范力度，逐步建立起资金风险防控长效机制。注重事前预防，严格落实业务标准，取消现房抵押贷款，规范单位及个人汇补缴公积金行为，针对异地提取贷款，增加房产信息、契税发票真伪的发函核查环节。加强事中稽核，明确事中稽核比例，每月使用电子核查工具对业务数据进行筛查。强化内部审计，聚焦异地购房提取、异地贷款、30岁以上单身职工贷款等风险隐患点，开展2次专项审计，提出修订完善政策及管理方面建议18条。探索建立住房公积金信用管理体系，制定《对受托银行贷款逾期催收工作的管理办法（试行）》，贷款逾期率由0.3‰下降到0.07‰。制定《失信黑名单管理办法（试行）》，67家单位、77人被列入失信黑名单。年内，提取风险准备金3765.12万元，个人贷款风险准备金余额19632.43万元。

（郝书宇）

社区建设

【基层群众自治】 2019年，市民政局印发《关于加强村民委员会规范化建设的实施方案》《关于进一步修订完善村务公开目录的通知》《关于做好村民自治章程、村规民约（居民公约）修订完善的通知》和《关于进一步完善村民自治章程和村规民约的通知》等加强和规范村民自治的政策文件。滨州市滨城区彭李街道大河姚村村规民约入选《民政部优秀村规民约汇编》。优化村委会班子，联合市委组织部把受过刑事处罚、存在"村霸"和涉黑涉恶等问题的村委会成员全部清理，及时做好村"两委"成员缺额补选工作，补齐村"两委"班子。推进村民自治领域扫黑除恶专项斗争工作，部署开展民政系统扫黑除恶专项斗争"集中宣传月"、线索核查"百日会战"等行动。开展乡镇政府服务能力建设试点，指导邹平市长山镇、魏桥镇，博兴县兴福镇制定试点实施方案，开展试点工作。

【社区治理创新】 2019年3月25日，滨州市滨城区被民政部批复为"全国社区治理和服务创新实验区"，成为山东省获批的两个实验区之一。实验区以"实施五级双向工作法，实现棚改地区居民诉求在社区的协调与达成"为主题，理顺社区治理体制，调整规划城市社区布局，实施"一窗受理全科服务"，探索出"一核五融"社区睦邻点、"家+"制居民提案、"楼道拉呱"议事会等一批治理创新成果，完成民政部中期督导评估。惠民县、博兴县获批"全省农村社区治理创新实验区"。社区工作者队伍建设取得成就，出台《滨州市社区工作者管理实施办法（试行）》，建立3岗18级社区工作者薪酬职业体系。全市开展城乡社区治理服务示范单位创建活动，评选出城乡社区治理服务示范单位30个，每个社区给予10万元奖补资金。落实好省委省政府《国企十条》，指导滨城区、博兴县做好胜利油田社区移交工作。

（王长青）

【社会工作专业人才队伍建设】 2019年，市民政局联合市委组织部举办全市社会工作者职业水平考试暨社工助力脱贫攻坚辅导培训班，500余名学员参加培训，206人通过考试，参训人数、通过率均创历史新高。全市取得全国社会工作者职业水平证书人数从2014年底的76人增长到2019年底的943人，增长12.4倍。高级社会工作师首度开考，全市2人通过笔试。

【第三届"十佳滨州和谐使者"评选活动】 2019年10月，市委组织部、市民政局联合下发《关于做好十佳滨州和谐使者选拔推荐工作的通知》，启动第三届"十佳滨州和谐使者"选拔推荐工作。推荐评选工作按照"德才兼备、以德为先"标准和"公开、平等、竞争、择优"原则，采取自下而上、逐级推荐、专家评审、组织审定方式进行，最终从社会工作领域、养老事业领域评选20名第三届"十佳滨州和谐使者"人选，吴雪、刘红香、杨兆明、刘荣荣、高利泽、李井辉、代梅、刘继华、祁川丽、王世和10人被评选为敬老使者，孙芳、罗珊、张丙亮、孙长忠、孙占峰、张丙路、左丽华、陈秀艳、魏枝敏、常金凤10人被评选为和谐使者，敬老使者为本届新设置奖项。

（陈秀艳）

社会事务

民政事务

【区划地名管理】 2019年，市民政局完成第二次全国地名普查工作，被国务院第二次全国地名普查领导小组授予"全国地名普查先进集体"称号。完成第五轮县级行政区域界线联合检查任务。完成邹平撤县设市后续工作。9月，编印2019年版本《滨州市行政区划图》，新建住宅小区命名更名工作步入正轨。

（苏章田）

【婚姻和收养登记】 2019年，全市结婚登记数量连续8年下降，离婚登记数量连续4年增加。全年办理结婚登记19581对，比2018年下降7.41%，相比2011年下降45.73%。离婚登记8348对，比2018年增长7.61%，相比2011年增长69.64%，从2011年开始只有2015年下降，其余年份均为上涨。补发结婚证14338对，补发离婚证1022对。完成权力下放，4月1日起，涉外、涉港澳台华侨婚姻登记业务调整到各县（市、区）婚姻登记处办理。开展收养规范化专项整治，6月起，各县（市、区）全面开展收养评估工作，办理收养登记90件，解除收养关系登记1件。

（张　帅）

【殡葬管理服务】 2019年1月1日起，全市殡葬管理基本服务费用一免到底，免除遗体接运、火化等4项殡葬基本服务费用，免除标准为930～1800元/具，全年为26528名逝者免除费用3210万元，全市总火化量29757具。殡葬改革全面启动，成立滨州市殡葬改革工作专班，出台绿色殡葬建设“以奖代补”办法，建成3处县级、140处乡或村级绿色公益性公墓。全市推行“追思会”丧事礼仪，所有村居配备“红事牌”和“白事牌”。

（王　进）

【社会组织管理】 2019年，全市在民政部门登记备案社会组织8299家，其中登记2109家，社团844家，民非1263家，基金会2家；市直社会组织402家，其中社团221家，民非180家，基金会1家，市、县、乡、社区（村）四级社会组织网络实现全覆盖。超额完成每万人拥有社会组织16家以上的年度目标。开展社会组织“减税降费”治理，排查行业协会商会收费情况，发现7家社会组织存在会费标准超四档问题，经督促整改，5家调整会费档次、2家不再收取会费。劝散取缔滨州市朗诵艺术研究会等7家社会组织。机构改革中，取消市社会组织管理局建制，组建成立市民政事务管理服务中心。

（赵晓磊）

【首届优秀红白理事会（会长）网络评选活动】 2019年11月12—20日，滨州市首届优秀红白理事会（会长）网络评选活动举办，活动由市委组织部、市委宣传部和市民政局主办。活动中，评选出优秀红白理事会98个，优秀红白理事会会长99名，为得票前10名的优秀红白理事会奖励2万元并颁发奖牌，为其他88名优秀红白理事会发放奖牌；为得票前20名优秀红白理事会会长颁发证书、奖品，为其他79名优秀红白理事会会长发放证书。评选活动吸引全市人民群众参与，宣传红白理事会、移风易俗工作，激发全市红白理事会积极性、能动性。

（王　进）

老龄事务

【老年人权益维护】 2019年，市卫生健康委开展涉老维权工作。5月，全市防范和处置非法集资广场宣传活动在银座黄河店广场举行，以“携手筑网，共防共治”为主题，向过往群众分发宣传手册、明白纸和《致广大市民的一封信》，开展金融集资和防诈骗等咨询服务，活动现场发放宣传手册3万余册。各县（市、区）开展老年人维权优待系列活动，举办“敬老爱亲，向上向善”主题宣讲，开展《老年人权益保障法》宣传活动，免费为老年人发放《老年人权益保障法》《老年人健康教育知识》《老年人生活指南》等资料3000余份，律师免费提供法律援助，专业心理咨询师提供免费心理咨询服务，增强老年人依法维护合法权益意识。

【老龄政策落实】 至2019年底，全市60岁以上老年人87万人，超户籍人口总数22%，百岁老人152人。年内，市卫生健康委落实老年人优待优惠政策，及时补充数据，完善信息，督促各县（市、区）及时核实更新老年人口和高龄补贴数据库，为8.7万名80岁以上老年人发放高龄津贴3653.8万元，为134位百岁老人发放补助资金35.86万元。市、县两级党政领导带队对百岁老人、困难老人进行走访慰问，详细了解老人家庭生活情况和身体健康状况。落实60～64岁、65岁以上老年人分别半价、免费乘坐市内公交车，为老年人减免费用2300万元。拓展惠老服务，与中国邮政滨州分公司合作，由全市覆盖城乡的110多个邮政网点代办“山东省老年人优待证”；与市公交公司协商，简化惠老手续，减少收费项目，专门修改惠老卡办理软件程序，用身份证即可办理，老年人办理公交惠老卡不再交纳意外伤害保险。针对留守老人、空巢老人等现实问题，实施老年人心理关爱项目，3个城市社区和1个农村行政村被列为国家项目点，对辖区内65岁及以上常住老年人进行心理健康评估，根据评估情况开展健康指导、必要干预和转诊工作。

【老龄工作宣传】 2019年，市卫生健康委加强老年健康宣传工作。6月10日，全国老年健康宣传周活动启动仪式在银座黄河店广场举行，活动现场设立老年健康核心信息、老年健康政策等宣传展板20余块。市人民医院组织老年病科、心脑血管、眼科、中医康复科、营养饮食科、心理健康科等医务人员开展专家义诊咨询和健康查体活动，向群众宣传基本公共卫生、健康科普、慢性病和急性传染病预防以及家庭急救等知识，对群众进行健康指导，接受群众健康咨询。组织医疗专家到村居、社区开展“村居、社区健康行”活动，为老年人开展义诊和健康查体。邀请全市全科医学专家开展“老年健康专家面对面”活动，就老年健康、老年病预防和保健知识进行访谈，在滨州电视台连续播放一个月。在《滨州日报》《鲁北晚报》及滨州网开辟“老年健康宣传周活动”专题板块。通过“健康滨州”微信公众号宣传老年健康知识、报道活动信息。在市区电子屏幕滚动播放老年健康核心信息20条，全市累计举行宣传和义诊活动200余场次，覆盖村居、社区超500个，制作各类展板180余块，悬挂条幅300余条，发放各类科普手册、彩页3万余份，通过微信公众号推老年健康信息80余条，受益老年人群11万余人次。10月20日，市卫生健康委联合市计划生育协会、山东广播电视台在万达广场举行“健康山东·与爱同行——健康知识下基层”活动，组织省市专家举办免费健康宣讲咨询义诊活动，服务老年人500余人次。

【老年文化建设】 2019年，市卫生健康委组织动员志愿者到城乡社区、养老服务机构和老年人家庭，开展文化下乡、送健康、照料、护理等志愿服务活动。各中心卫生院组织对敬老院老年人进行义诊，举办科学健康养生知识讲座、普及疾病健康教育，提高防病治病意识，增强老人健康意识。4月19日至10月13日，市卫生健康委与市委老干部局、市体育局、市老年体协举办“滨州市第四届老年人运动会”，设广场舞、门球、中国象棋、田径等17个比赛项目，全市近5000人参赛；举办滨州市“汇盈金服杯”老年乒乓球赛、“体彩杯”老年门球赛、“中医院杯”台球工委会员赛、“老年人公益婚纱摄影活动”等。组织第五届滨州市“十大孝星”和“敬老爱老助老之星”评选活动，评选出“十大孝星”和24位“敬老爱老助老之星”。10月1—31日，开展以“孝老爱亲，向上向善”为主题的“敬老月”系列活动，在《滨州日报》专版刊发，在滨州电视台连续两个月展播。

【银龄安康工程】 2019年，市卫生健康委与中国人寿滨州分公司合作推行“银龄安康工程”，坚持以政府出资为主、个人购买为辅，以覆盖全市80%的六十岁及以上老年人为目标，在2018年开放部分“重乡重镇”乡镇卫生院作为“银龄安康工程”出险后定点医保机构试点基础上，持续推进乡镇卫生院作为定点医疗机构工作，将“银龄安康工程”做成民生工程。加大宣传，发放宣传彩页至村居，将投保条件、理赔条款、就诊机构说清楚，讲明白。全市10个县（市、区）中8个实现政府出资购买全覆盖，提高老年人家庭抵御意外伤害风险能力。发挥职能作用，设立服务热线、服务专员、服务账号，开辟绿色通道，提升理赔服务效率。定期调度，及时掌握60周岁以上老年人意外伤害情况，优化理赔服务程序，加强保险经办机构监督，确保银龄安康意外伤害案件无遗漏、无差错。年内，60周岁以上老年人参保人数70.71万人，保费1851.12万元，覆盖率84.36%，理赔金额1310万元，赔付率70.77%。

（张文娟）

退役军人事务

【退役军人思想政治建设】 2019年，全市退役军人事务部门强化激励引导，举办“滨州最美退役军人”发布仪式，表扬全市优秀退役军人、退役军人工作和双拥工作先进集体、个人。提供便利条件，在移交安置和就业创业科设立专门窗口，安排专人，为退役军人提供“一站式”党员组织关系转接服务。组建临时党支部，为符合政府安排工作的退役军人党员解决组织关系无处落、组织生活不能开展的问题。邀请辖区内退役军人参加迎春茶话会、烈士纪念日公祭活动、最美退役军人发布仪式、张成朋烈士安葬仪式等重大活动，累计邀请3万余人。

（李东辉）

【退役军人安置】 2019年，全市计划分配军转干部安置有序完成，由政府安排工作退役士兵安置妥善完成。公务员岗位占全市计划分配军转干部总数的90.5%。拿出公益一类事业岗位和效益好、待遇高的市属国有企业岗位用于安置退役士兵，安置到公益一类事业单位人数占全市政府安排工退役士兵总数的51.34%，其余全部安置到国有企业。部分退役士兵保险接续养老保险缴费任务超额完成，在全省率先实现任务过半，“六个一”（一张笑脸相迎、一杯热水暖心、一把椅子让座、一套流程诠释、一次性全告知、一声欢送温馨）服务品牌在全省推广。至年底，退役士兵养老保险缴费比例51.59%。

（王书江）

【双拥工作】 2019年，全市双拥共建、模范城创建等各项工作完成年度任务。高质量完成双拥模范城（县）检查考评工作，组建创城专班，对照最新考评标准，细化考评方案，建立责任清单，落实督导，创建工作通过省考评组检查验收，获得高度评价。突出优先优待，完善随军家属就业安置政策，制定驻滨部队现役军官随军家属就业安置工作流程，随军家属全部解决就业；全市随军家属未就业期间，地方基本生活补贴按当地月最低工资标准执行，标准全省最高。驻滨部队现役军人子女入学，全部按照意愿安排到学校就读，机关工作被省退役军人事务厅纳入《2019年山东各市退役军人事务亮点工作汇编》。发挥典型示范带动作用，表扬一批全市双拥工作先进集体和个人，评选“滨州最美退役军人”“滨州好军嫂”“滨州最美兵妈妈”，市委书记佘春明接见20名全市最美退役军人。组织多种形式的欢送新兵入伍和欢迎“老兵回乡”活动，举办退役军人美术作品展，开展军警民青年联谊活动，为驻滨部队赠送价值60万元的智能书柜。开展“光荣之家风采”宣传教育，在市县乡村设置军人荣誉墙，组织驻滨部队官兵观摩“富强滨州”建设发展成果，开展“我的家乡我的舰”座谈会等系列共建活动。走访慰问常态化，春节期间，省委省政府派代表对全市立个人一等功的

2019年1月31日，滨州市暨滨城区为烈属军属和退役军人等家庭悬挂光荣牌启动仪式在滨城区彭李街道为民社区举行　（市退役军人事务局　供图）

滨州籍退役军人家庭进行走访慰问，市领导对13名立二等功滨州籍现役军人家庭、县（市、区）领导对355名立三等功的滨州籍现役军人家庭进行走访慰问；“八一”、春节期间，市委市政府走访慰问驻滨部队，市领导带队走访慰问海军“滨州舰”。

（尚丽娜）

【优待抚恤工作】2019年，全市落实抚恤优待政策，及时转发《滨州市抚恤定补优抚对象医疗保障办法》，优抚对象医疗保障到位；关注优抚对象住房问题，对需要帮助的优抚对象按级审批、实地走访，解决实际问题；开展退役军人和其他优抚对象走访慰问工作，全市发放慰问金、慰问品300余万元；印发《关于做好义务兵家庭优待金发放工作的通知》，跟进督导工作进展，年内全市发放抚恤金2.19亿元、义务兵家庭优待金4471万元。对全市31处烈士纪念设施进行全面排查，及时修整需要维修、养护的烈士纪念设施，合理规划烈士纪念馆展陈布局；制定清明节、烈士纪念日等活动方案，组织开展巡回展览和宣讲活动，宣传烈士英雄事迹;各县（市、区）烈士陵园制定各类突发事件应急预案，提高快速反应和应急事件处理能力，组织讲解人员熟悉展陈内容和相关背景知识，提高讲解水平。年内，全市到烈士陵园祭扫总人数40961人，其中烈属3678人、退役军人4648人。提升优抚事业单位服务保障水平，市优抚医院按照有关规定完成转隶，各县（市、区）涉及转隶改革单位转改完成；及时印发《关于做好2019年抚恤定补优抚对象轮流休养工作的通知》，完成省级轮流休养145人；按要求落实好医疗巡诊任务，全年巡诊优抚对象326人次；建军节、春节等重大节日对孤老优抚对象进行走访慰问。

（刘春明）

【市优抚医院医疗保障】2019年3月15日，市优抚医院由市民政局转隶到滨州市退役军人事务局。市优抚医院围绕“全心全意为优抚对象服务”办院宗旨，从优抚对象需求出发，加强能力建设，提升服务品质，完成各项工作任务。9月，获评“山东省退役军人工作先进集体”称号，年底在全市事业单位考核中获优秀等次，实现“五连冠”。完成对优抚对象巡诊工作，4月、9月，分两次开展复退军人精神障碍患者巡诊工作，与家庭监护人签订用药安全协议，发放医疗联络卡，走访复退军人精神障碍患者260名，电话回访610人次，送医送药40余万元。落实各项医疗核心制度，每季度开展医疗护理质量安全大检查，全年开展技能比赛、学术交流等活动10余场，开展大型医疗环境整治行动2场。开展心理辅导进军营活动，全年为武警滨州支队现役军人开展免费体检及心理测查活动10余场，与武警滨州支队签署医疗帮扶支援协议，为部队官兵提供医疗保障。

（张倩倩）

【渤海革命老区纪念园运行保障】2019年3月15日，渤海革命老区纪念园管理处由市民政局转隶市退役军人事务局，更名为滨州市渤海革命老区纪念园管理服务中心。市渤海革命老区纪念园管理服务中心落实岗位职责，规范接待程序，提升服务水平，保障日常参观接待文明有序和零事故，完成“传承·2019清明祭英烈”“行走齐鲁”中小学生爱国主义教育研学、“不忘初心、牢记使命”主题教育等重大活动保障任务。市委党校“红色现场教学基地”、国网滨州供电公司“红色教育基地”、滨州工业园区管委会“廉政教育基地”、滨州医学院“爱国主义教育基地”先后挂牌。联合市吕剧演艺有限公司编排现代革命吕剧《烈烈渤海红》，拍摄《渤海革命老区纪念园》宣传片并推送“学习强国”学习平台，举办“回首光辉历程，传承红色基因”——庆祝中华人民共和国成立70周年渤海革命历史图片展，协助山东电视台纪录片中心拍摄《西征记·兵出渤海》，配合省委宣传部完成《薪火相传——全国爱国主义教育基地巡礼》拍摄工作，参加全省红色故事大赛和英烈故事讲解大赛。

（刘树松）

【市退役军人服务中心服务保障】2019年，市退役军人服务中心结合“到基层去、到退役军人中去”实践活动，为退役军人和其他优抚对象办实事、解难题。发挥和服务对象距离近、面对面、情况熟优势，对退役军人和烈士遗属、因公牺牲军人遗属、病故军人遗属、现役军人家属等相关人员，做好宣传发动工作，完成信息采集和光荣牌悬挂工作；利用“八一”建军节、国庆节、中华人民共和国成立70周年等节点，集中开展走访慰问活动，协助摸清低保、救助、医保、危房改造等保障政策落实情况，查缺补漏。完善和规范到访登记、处理流程，对外公布咨询电话，实行各业务口联合接待服务。

（张岩奇）

【秦台军事训练中心训练保障】2019年1月9日，滨州市秦台军事训练中心转隶到市退役军人事务局。年内，中心按照军分区下发的理论学习计划和主题教育实施方案，抓好理论武装工作。军分区3次召开常委会研究训练中心升级改造、人员调整配备、管理使用等问题；市退役军人事务局9次通过会议形式调度训练中心工作，6次实地检查调研，提出操作性、指导性强的意见建议和办法。先后承担军分区机关、市民兵应急营和7个县（市、区）民兵应急分队26批3200余人次训练考核和实弹射击保障任务。组织接待3批210余人次中小学生到训练中心国防教育园参观并进行国防教育。

（李　磊）

【军休干部医养结合省级试点】2019年4月28日，滨城区被省退役军人事务厅确定为全省唯一的军休干部医养结合省级试点单位。成立市军休干部医养结合工作帮扶指导领导小组和滨城区军休干部医养结合试点工作领导小组，制定完善试点工作方案，机关工作得到退役军人事务部、省委改革办、省退役军人事务厅肯定。全国军休机构负责人培训班上，滨州市滨城区军休干部医养结合工作做法被退役军人事务部作为全国创新军休服务管理经验进行推广，入选全省制度创新试点20个重点项目。

（何　斌）

民族宗教事务

【民族团结进步创建】 2019年9月，全市开展第19个民族团结进步宣传月活动，举办“祖国在我心中”——主题作品征集活动，选取10余幅作品参加全省优秀作品评选，获一等奖1个、三等奖2个、优秀奖2个；为3位全国民族团结进步模范代表发放纪念章，走访慰问2位全省民族团结进步模范代表；市委统战部联合市关工委编印《中华民族一家亲》民族知识进校园系列丛书，在滨城八中举行捐赠仪式，为全市中小学校发放近8万册；以中共滨州市委统一战线工作领导小组办公室名义印发《关于滨州市全面深入持久开展民族团结进步创建工作铸牢中华民族共同体意识的实施方案》；阳信县人民政府被国务院表彰为“全国民族团结进步模范集体”。市委统战部举办63人参加的全市民族工作系统学习贯彻全国民族团结进步表彰大会精神专题辅导报告会。市委统战部、市委宣传部、市民宗局联合命名13个市级民族团结进步创建示范单位。

【少数民族经济社会发展】 2019年，全市争取各级少数民族发展资金358万元，拨付少数民族经济社会发展基金241万元，用于少数民族脱贫攻坚。22个拟帮扶项目纳入2020年少数民族发展资金项目库。市委统战部对18个少数民族资金帮扶项目和8个省级民族宗教事业资金项目开展绩效评价，举办45人参加的全市民品贷款贴息审核暨民族宗教项目资金绩效评价培训班，为10个民品企业争取民品贷款财政贴息991.6574万元。无棣县车王镇五营中村被国家民委命名为第三批“中国少数民族特色村寨”，无棣县车王镇五营后村被省委统战部、省民族宗教委纳入全省“乡村振兴示范民族村”创建名单。争取省级民族事业发展资金45万元，组织实施4个项目，主要用于民族团结进步示范单位创建和城市少数民族服务中心建设。组织板鞋竞速项目运动队代表山东省参加第十一届全国少数民族传统体育运动会。市民宗局会同市市场监管局制定《滨州市清真食品管理联合执法工作制度》。

【宗教事务管理】 2019年，市委常委会3次听取宗教工作情况汇报，市委统战工作领导小组召开3次会议研究部署宗教工作，市委理论学习中心组专题学习习近平总书记关于宗教工作重要论述和宗教理论政策法规，市委统战工作领导小组办公室多次召开协调会议安排落实工作任务。滨州市将宗教工作纳入经济社会发展综合考核，将新修订的《宗教事务条例》纳入全市党员“淬火工程”培训内容，分别举办全市宗教界学习贯彻新修订《宗教事务条例》培训班和学习贯彻中共十九届四中全会精神培训班。8月，市委统战部对全市7个县（市、区）和2个市属开发区宗教工作进行调研，对全市125处宗教活动场所开展“四进”（国旗、宪法和法律法规、社会主义核心价值观、中华优秀传统文化进场所）活动实地指导，对全市25个民间信仰场所进行摸底统计。12月5日，2019年度全市性宗教团体班子及成员工作述职和民主测评工作会议召开。依法审批设立宗教活动场所1处，注销3处。做好中华人民共和国成立70周年宗教活动场所安全工作，保障宗教领域和谐稳定。

（王　琼）

36 应急管理 Emergency Management

综　述

【概况】 2019年，滨州市应急管理局（简称市应急局）有效应对“利奇马”台风灾害，维护人民群众生命财产安全和社会稳定，全市生产安全事故起数和死亡人数比2018年下降41.27%和30.56%，危化品、非煤矿山和烟花爆竹等领域实现“零死亡”，成为自2004年原市安监局列为市政府直属机构以来唯一未发生较大及以上生产安全事故年份。在全省第一个出台市级应急管理三年规划，明确2019—2021年应急管理工作目标、重点任务和重大工程。调整安全生产委员会、防汛抗旱指挥部、森林防灭火指挥部，理顺各指挥部运行机制；建立企业单位、问题、整改、责任“四张清单”，实现隐患整改闭环管理。防范化解危化品领域重大安全风险，对化工园区和危化品企业实施“一园一策”“一企一策”治理整顿；开展全国全省综合减灾示范县和示范社区创建，至年底，全市有国家级综合减灾示范社区39个、省级示范社区44个。打赢“利奇马”台风抢险救援攻坚战，调动参与救援队伍64支，出动人员3500人，转移安置群众6.4万人，申请上级救灾资金7900万元。应急管理各项工作全面起步，省对市经济社会发展综合考核安全生产指标并列全省第一。市应急局被省委、省政府授予“抗击台风抢险救灾先进集体”，被省政府安委会授予“全省安全生产工作先进单位”和“全省安全生产月优秀组织单位”。

【应急管理机构改革】 2019年，市应急局整合14个部门全部或部分职责，完成机构改革和人员转隶。市地震局整建制划入市应急局，转隶6人，大山地震台转隶4人、民政部门转隶5人、防汛抗旱指挥部办公室转隶3人。针对机构改革部门职能划转，调整充实涵盖57个党政部门成员单位，并由市委书记和市长任主任的安全生产委员会，重新梳理设置12个专业委员会，明确行业领域工作职责，健全责任体系。修订《党政部门安全生产工作职责规定》，重新梳理40个党政部门、188项工作职责；理顺市防汛抗旱指挥部运行机制，对指挥部29个成员单位职责进行梳理，调整成立由市长宇向东任组长的市防汛抗旱指挥部；调整理顺防灾减灾部门职责，明确细化44个市直部门防灾减灾救灾工作职责。

（韩金华　王晓静）

防灾减灾

【森林防火】 2019年，全市森林火灾实现“零发生”。市应急局与各县（市、区）签订森林防火目标责任书，防火期期间，严格落实24小时值班和领导带班及火情零报告制度，及时处置各种突发情况，规范报送火情信息；加强森林防火宣传，通过广播、电视、报纸、微信公众号等媒体，加大森林草原防灭火宣传力度，印制10.04万份森林防火宣传画，在森林防火重点区域进行张贴，制作森林防火公益宣传视频在电视循环播放；加强森林防火基础设施建设，投入21.6万元安装森林防火智能图像采集语音警示卡口30个（邹平市15个，惠民县10个，无棣县5个）；强化火源管控，10—12月，市应急局开展秋冬季森林草原防灭火专项检查暨打击森林草原违法用火专项行动，严厉惩治野外违法违规用火行为；开展森林火灾应急救援演练，12月6日，在邹平市举行滨州市森林防灭火实战应急演练，模拟邹平市于祖山公园林区发生森林火灾，10支救援队伍500余人参加演练，出动各种灭火机具40余台套、装备保障车10辆；做好森林防灭火应急准备工作，建立应急、公安、自然资源规划、气象、消防救援等部门联席会议制度，市应急局与军分区、武警部队建立应急联动机制，与市气象局签订有关信息共享和气象服务协议。

【地震监测预报】 2019年，市地震台网中心和地震应急视频中心搬迁重建，更换服务器2台，联想工作站8台，海康威视大屏系统1套。联通大数据机房服务器到各县（市、区）专线，实时调取地震台网中心数据，实现3分钟内地震自动定位。加强地震预警和烈度速报台网建设，对预警基准站大山台进行改造，新建邹平市魏桥镇、阳信县信城街道、沾化区富国街道、无棣县西小王镇、无棣县海丰街道5个基本站。加强地震值守，及时处理各类故障，保障地震台网正常运行，对台网中心及各台站维修、维护39次，对6个台站升级供电系统进行防雷改造。对市地震台网中心服务器网络机房每月进行巡检一次，对华北台阵项目6个站点进行取数和运行维护，做好每月一次流动台演练和标定工作。及时上报周会商、月会商、半年会商、年度会商、测震月报、强震月报等材料66次。年内，完成2起地震异常核实和上报。

【地震应急演练】 2019年5月8日，市减灾委员会在滨州实验学校开展地震应急疏散演练、地震应急避险和自救互救技能培训，实验学校500余名师生参加演练。各布展单位及滨州地震体验基地出动大型设备20余台套。滨州地震体验基地的工作人员指导学生们开展应急避险演练，进行楼房逃生、心肺复苏、伤员包扎等自救互救技能学习体验，增强地震安全教育教学实效。5月12日，滨城区安委会在滨化集团鲁北应急救援中心举办综合实战地震演练，模拟对生产厂区地震发生后的应急处置，重点模拟事故操作室和化工装置初期火灾处置、破拆救人、带压堵漏、灭火救援、救援人员沾染危化品洗消处置等情景，按照预警发布、先期处置、灾害升级、应急处置、救援终止等阶段逐步推进，300余人参加活动。

【地震科普宣传培训】 2019年，全市有国家级防震减灾科普教育基地1处，省级防基地6处。新申报国家级示范基地3处，复审1处。碣石山地震与火山博物馆（山东省滨州市大山地震台）作为国家防震减灾科普教育基地，接待参观2000人次。依托社区举办地震科普知识讲座、开展地震应急演练、地震科普知识进楼道、地震科普知识宣传单进家庭活动，提高社区居民防震避震、自救互救、应急避险能力。依托滨州地震体验基地开展普法宣传，举办暑期地震生存安全夏令营13期，培训学员1991人，进学校培训学生3万人。组织防震减灾法律法规知识讲座“进党校、进高校、进机关”等活动，编制防震减灾普法题库，开展普法竞赛，将《中华人民共和国防震减灾法》内容纳入其中。8月26—30日，组织全市应急管理系统执法人员进行业务培训，并将防震减灾法律法规及业务知识纳入培训内容，540余人参训。

（张晓慧 郝亚琦）

【防汛工作】 2019年，全市落实防汛抗旱专家31人、技术人才119人，落实编织袋89万条、铁丝36吨、砂石料7.45万立方米。建设应急救援队伍64支，各类救援人员3300人，综合性消防救援队伍17支，社会救援队伍2支（滨州蓝天救援队、博兴9958救援队）。8月，全市遭遇强台风“利奇马”袭击，小清河流域发生超警洪水，其中孝妇河发生大洪水，长山桥站（防汛专用站）8月11日18时实测洪峰水位28.95米，超警戒水位3.08米，相应流量710立方米每秒，为1951年有水文资料记载淮河流域最大洪水，经频率分析为50年一遇洪水。8月8日22时，市防指启动防汛防台风三级应急响应；8月10日15时，将响应级别提升为二级，28名市级河长全部按要求到岗到位，各级防汛部门24小时值守。其间，市水利局作为市防指办公室，累计组织视频会议30余次，发布雨水情信息200余条，千余名水利职工24小时巡守水库大坝和河道堤防。8月11日晚，紧急撤离孝妇河沿岸94个村庄、5.70万名群众。滨州消防支队、武警滨州支队、驻邹平市部队等连续奋战20多个小时，动用车辆4台、冲锋舟2艘、橡皮艇1艘，转移危险区域群众5000余人，解救被洪水围困群众300余人，抢筑堤坝100余米，扛填沙袋3000余袋。全市累计组织抢险救援队伍13万余人，排水机械6000余台套，紧急转移安置人口9.55万人。

【抗旱工作】 2019年上半年，受降水偏少影响，全市绝大部分区域发生较重旱情。市长宇向东、副市长贾善银等市领导先后带队到相关县区调度指导旱灾防御工作及引黄应急调水进度情况；市防汛抗旱指挥部及时启动抗旱Ⅳ级应急响应。其间，为应对旱情，全市13处引黄灌区持续大流量、高水位、满负荷运行，引蓄黄河水13.5亿立方米，引黄流量最高338立方米每秒。经统计，全市投入抗旱劳力32.88万人，机电井9335眼，抽水泵站372处，机动抗旱设备11.65万台套，装机容量43.39万千瓦，投入抗旱用油8564.73吨，抗旱用电1948.21万千瓦时。累计投入抗旱资金2.24亿元，完成抗旱浇灌面积876万亩次，保障400万亩夏玉米安全出苗和93.30万人饮水安全。

（李 栋 徐 鹏）

【四级联动灾害信息员队伍组建】 2019年6月25日，由5689人组成的市、县、乡、村四级联动灾害信息员队伍建成。7月16日，滨州做法在《中国应急报》头版头条长文刊发，成为全国应急系统探索救灾体制机制改革工作范例。年内，全市先后遭受4次比较严重自然灾害，全市应急管理系统主动作为、快速反应，紧急调动5689名灾害信息员，及时准确上报灾情，并第一时间派员到灾区查勘灾情，通过国家自然灾害灾情管理系统上报各类灾情4次97条。分三次向上争取救灾资金7900万元，滨州市在应急管理系统划拨资金列全省16市第一位。

【综合减灾示范县（社区）创建】 2019年，市应急局指导滨城区市中街道文汇社区等4个社区申报国家级综合减灾示范社区，指导博兴县博昌街道蒲姑社区等10个社区申报全省综合减灾示范社区，指导惠民县、滨城区争创全省综合减灾示范县。至年底，全市有国家级综合减灾示范社区39个，省级示范社区44个，博兴县为全省首批综合减灾示范县。

（张晓慧　郝亚琦）

【台风“利奇马”抢险救灾】 2019年8月10—13日夜间，滨州市遭遇强台风“利奇马”入侵。台风“利奇马”影响滨州时间长、降水强度大、风力大、历史罕见，多地日最大降水量接近或超过历史极值。市气象局汛期气象服务领导小组成员以及一线业务人员24小时在岗值守，分析数据资料，加强业务会商，提前研判，提早预报和服务，及时订正台风移动路径、发布预警信息。9日始，市气象局连续向有关部门提供重要天气预报4期，加密发送台风、天气实况及预报服务材料50次，发送预警信号、决策服务和雨情短信63条；市气象台和各县（市、区）气象局发布预警信号42次，其中台风蓝色预警信号12次、黄色预警信号9次，暴雨蓝色预警信号1次、黄色预警信号4次、橙色预警信号2次、红色预警信号13次，大风黄色预警信号1次。台风影响过程中，加强雷达监测，主动和上级气象台进行天气会商，及时启动应急响应，8月9日10时30分，启动气象灾害（台风）Ⅲ级应急响应，10日15时20分提升为Ⅱ级应急响应。8月11日，市应急局增援邹平市，连夜解救被洪水围困群众102人，抢筑防洪堤3千米。抢险救援期间，市应急管理局调动参与救援队伍64支，出动人员3500人，动用车辆1003辆，动用冲锋舟、橡皮艇54艘，涉及重点乡镇78个，转移群众6.4万人，救援涉险群众1180人。10个防台风专项督查组实地检查村庄、河道、消防队、企业35个，指导14家涉及金属钠、电石等遇湿易燃化学品企业有序停产检修，并派员驻点值守。协调省应急厅组织高水平专家到受灾严重的永鑫集团等进行安全检查指导，对症施策，保证台风期间全市企业安全生产方面未出大问题。

（孙兴菊　张晓慧）

【灾害风险调查和重点隐患排查工程全国试点市】 2019年7月30日，省自然灾害防治工作联席会议第一次会议召开，全市7个县（市、区）被省推荐为全国灾害风险调查和重点隐患排查工程试点备选区域。市应急局对市直44个部门单位在自然灾害防治工作职责逐一细化分解，建立全市自然灾害防治工作联席会议制度，统筹组织推进全市自然灾害防治工作。7月，配合省应急厅做好灾害风险调查和重点隐患排查工程调研工作，为全省提供滨州样本。9月19日，滨州市在应急管理部业务培训会议上作为唯一地级市做交流发言。

（张晓慧　郝亚琦）

2019年8月12日，消防人员抢险筑堤，抗击台风“利奇马”

（市应急局　供图）

安全生产

【安全生产事故】 2019年，全市累计发生生产安全事故37起，死亡25人，比2018年分别下降41.27%和30.56%，实现“双下降”。其中，商贸制造业事故2起，死亡1人；建筑业事故3起，死亡2人；交通运输业事故32起，死亡22人；农林牧渔业、采矿业及其他行业，未发生生产安全事故。发生生产安全事故的县（市、区）及开发区分别是：滨城区发生1起建筑业事故、1起道路运输事故，死亡2人，受伤1人；沾化区发生1起商贸制造业事故、7起道路运输事故，死亡4人，受伤5人；邹平市发生4起道路运输业事故，死亡5人；惠民县发生5起道路运输事故，死亡4人，受伤1人；阳信县发生1起商贸制造业事故、4起道路运输事故，死亡4人，受伤1人；无棣县发生1起道路运输事故，死亡1人；博兴县发生2起道路运输业事故，死亡1人，受伤1人；滨州经济技术开发区发生4起道路运输业事故，死亡2人，受伤4人；高新区发生4起道路运输业事故、1起建筑施工事故，死亡1人，受伤5人；北海经济开发区发生建筑施工事故1起，死亡1人。

【安全生产集中整治】 2019年，全市部署开展6次安全生产集中整治行动，实现全年无缝隙全覆盖。年内全市排查企业28929家次，查处隐患70604项，责令停产停业整顿或停止建设企业113家，提请关闭177家，行政处罚1998.8万元；抓实常态化明察暗访，结合安全生产季节规律及重要节点，10个明察暗访组每月到县（市、区）、乡镇（街道）、企业一线明察暗访，重点时段、敏感时期每周都有明察暗访组在基层企业开展检查。年内抽查乡镇209个次、企业599家次，检查隐患3315项，清单管理，闭环整改；创新实施针对性教育培训，邀请国家级专家团队在各县（市、区）巡回培训企业管理人员4100人。送专家和技术人员到车间到班组现场培训，开展19批次培训2581人次。运用网络平台，开设在线课堂，培训员工15574名，年内累计为社会和企业免费培训22255人次；推进双重预防体系建设，发动企业全员辨识风险、全岗位查消隐患。省确定的685家工矿商贸企业全部建成双重预防体系，其中149家工贸重点企业、175家危化品生产企业全部完成省评估，评估率100%。11月28—29日，全省小微企业双重预防体系建设现场观摩推广会议在滨州召开；做好冬季取暖安全工作，防范一氧化碳中毒，入户检查率、明白纸发放率和返乡过节人员面对面安全教育率均为100%，全市印发明白纸80.55万份。

【安全生产常态化明察暗访】 2019年，市应急局成立由10名县级干部带队，抽调安全生产和消防专家组成10个明察暗访组，"四不两直"，每月至少一轮，重点时段、敏感时期每周都有明察暗访组在县（市、区）开展明察暗访。年内，派出执法检查人员479人次、安全生产和消防专家213人次，抽查乡镇193个次、企业539家次，检查问题3027项，立案处罚18家，均原汁原味反馈，督促落实，建立台账，闭环整改。建立企业单位、问题、整改、时限"四张清单"，针对排查的隐患问题逐项落实措施，逐项督促整改，逐项整改销号。

【安全生产教育培训】 2019年，市应急局在安全生产教育培训工作中，创新实施针对性教育培训。针对季节特点，组织大培训，邀请国家级专家团队在各县（市、区）巡回培训企业管理人员4100人；创新教育培训模式，送专家和技术人员到车间到班组现场培训，开展19批次培训2581人次；运用网络平台，开设在线课堂，培训员工15574名。开展载体丰富、灵活多样的安全教育培训，针对企业不同层次，满足不同需求，有效提高从业人员安全意识和操作技能，免费培训全市企业负责人和从业人员22255人次。

【危化品安全监管】 2019年，市应急局狠抓危险化学品安全监管，自主开发危化品企业安全承诺公告系统，各危化品生产、使用企业主要负责人每天10时前在公司厂区公告栏内发布安全承诺，同时在市应急局网站公告；全面开展危化品安全风险摸排，年内全市摸排企业1844家，风险点5876个，建立危化品风险分布档案"一县一册"；对照新标准，对全市危化品重大危险源重新辨识评估，辨识重大危险源451处，其中一级82处、二级35处、三级163处，四级171处，均落实管控措施；作为全省危化品重大危险源风险监测预警系统建设3个试点市之一，42家一、二级重大危险源企业实现在线监控预警；对全市废旧危险化学品罐体全面排查摸底，排查废旧、停用罐体880个，分别明确责任人，流向登记、规范管理；组织开展爆炸性危化品专项检查、涉及硝基化合物企业专项检查等6次专项检查整治，检查企业1438家，排查隐患11471项，整改10925项，行政处罚228.3万元。

【安全生产双重预防体系建设】 2019年，市应急局深入推进安全生产双重预防体系建设。发动企业全员辨识风险、全岗位查消隐患。10月底全市危险化学品生产企业、非煤矿山、金属冶炼、涉氨制冷等342家企业全部完成省评估，评估率100%。11月28—29日，全省工贸行业小微企业（厨具制造）双重预防体系建设现场观摩推广会议在滨州召开，推广滨州小微企业双重预防体系建设经验。

（张晓慧　郝亚琦）

消　防

【火灾防控】 2019年，全市消防部门分行业推动消防隐患整改工作，将全市1066家重点单位分为宾馆饭店、商市场、医疗机构、养老机构、教育机构等10类，根据消防监督检查情况，以市消防安全委员会名义，先后2次向各行业主管部门发送工作通报，将10类场所存在的4000余处隐患通报行业主管部门，同时制定"8类场所消防安全检查要点"下发，指导推动各行业部门切实有效履行消防管理职责。强势发动火灾防控专项行动，市安委会印发《关于开展春季火灾防控行动的紧急通知》，部署开展为期2个月的全市春季火灾防控工作，并成立专项办公室协调调度工作开展。行动期间，全市建立起"火灾形势每周一通报，消防责任半月一约谈"工作机制，市安委会印发工作通报8期，逐级约谈辖区隐患突出县、乡两级负责人52人次。开展重大火灾隐患"回头看"工作。结合全市春季火灾防控工作，全市消防部门对近5年内纳入市政府督办名单并完成整改销案149家重大火灾隐患单位开展"回头看"集中行动，督促整改隐患431处，市安委会对73家隐患整改不到位或隐患"反弹"现象严重单位进行全市通报并跟踪督改，同时对新发现的16家重大火灾隐患与4处区域性火灾隐患实施挂牌督办，组织跟踪督导，直至整改销案。

【消防监管】 2019年，全市构建起派出所消防监管工作新格局。消防、公安部门联合印发《关于建立火灾防控联勤联防联治工作机制的实施意见》《公安派出所消防监督工作实施意见》等2个制度性文件，压实公安派出所对"九小场所"与居民区消防监督责任，明确案件移送、联合执法与业务指导工作机制。联合公安、住建、城市执法等部门2次召开联席会议并印发通知，对居民住宅、联排商铺等区域以及物业服务企业、消防技术服务企业开展执法检查，全市排查住宅小区1200余家，各类小场所1.2万家，累计督促整改隐患3万余处，对小场所经营、使用者进行约谈警示3000余人次，印制并发放"小场所消防安全责任告知书”5000余份。建成文物建筑与博物馆联合监管工作机制。推动市文物部门落实专项经费，通过政府购买服务方式，组织消防技术服务机构对全市主要文物建筑与博物馆全部完成消防安全评估，联合市文物部门根据评估结果定期组织针对性联合检查行动。年内，市消防、文物部门对全市文物建筑与博物馆开展连续2轮消防安全集中检查，联合印发工作通报3期，对发现的火灾隐患全市通报并落实跟踪督改。加强社会单位消防安全责任构建力度。6月，市消防支队组织开展全市重点单位消防安全大约谈，在全市11个会场同步展开，1066家单位的消防安全责任人、消防安全管理人2100余人参加会议。参会各单位主要负责人当场签订“消防安全承诺书”，领取“消防安全自查表”。消防部门印制《火灾案例与刑事追责》小册子2000余份在会场发放。自8月下旬始，市消防救援支队再次分区域、分批次组织全市人员密集场所召开会议，以座谈交流方式，总结前期“三自主两公开一承诺”工作成效，强化消防管理各项措施。及时吸纳社会技术力量更新补充“全市消防安全专家库”，在“防风险保平安迎大庆”消防工作期间，依托“全市消防安全专家库”业务骨干开展“专家查隐患”行动，各专家组累计调研社会单位1214家，提出整改建议2320条，消防部门迅速组织针对性监督执法行动，对突出火灾隐患进行现场核查并督促整改，对严重消防违法行为立即落实查处措施，提高消防管理效率。

（刘　冬）

【消防后勤保障】 2019年，市消防救援支队提升综合保障水平。经费保障稳步提升。支队提前谋划、专题研究、主动对接，全力做好转隶后经费保障衔接工作，支队本级及各大队全部保持一级预算单列，确保经费保障政策连续性。全年全市地方消防业务经费预算批复1.7亿元，连续四年突破亿元，比2018年增长42%，装备建设专项经费5201万元，比上年增长45%。装备建设提档升级。年内，全市新购消防车14部，其中整车进口6部，增配6000余件消防器材及一批高精尖装备。到位1部53米登高平台消防车、1部高层供水消防车、1部三剂连用消防车、1部器材消防车，作为原装进口消防车投入执勤，增强装备建设技术含量。组织开展装备授课评比、驾驶员复训考核、举高类消防车操作培训等活动，消防装备保障水平持续提升。实行执勤车辆“一车一档”使用周期管理制度，完善战备车辆维修管理机制。优化多家工程机械、应急物资、医疗服务社会单位联勤联保联动机制，全时、全域遂行保障重大安保和救援任务。基础建设再上新台阶。将队站建设上升“党委工程”“主官工程”，提请市政府将消防站建设纳入重大工程建设项目。全市3个消防站建成并投入执勤，4个消防站完成主体建设，4个筹建项目有序推进，训练基地建设项目取得突破性进展。

（姜　宁）

【消防宣教培训】 2019年，市消防救援支队以消防宣传“七进”为抓手，开展宣传工作，先后开展“开学消防安全第一课”、“5·12”防灾减灾周、安全生产月、消防安全教育暑期专项行动、消防安全宣传教育“进军训”、“119”消防安全宣传月等重点活动，营造浓厚宣传氛围。在市电视台、《鲁北晚报》开设专栏，累计在中央电视台、新华社、《经济日报》《光明日报》、山东电视台、滨州电视台、《滨州日报》等媒体发稿360余篇；创作主题宣传动画《消防通道切勿随意占用》、吕剧《墙头记》、微电影《生命·通道》等11部作品，拍摄综合体、宾馆、物流仓库、化工企业等场所消防标准化管理示范片并在全省推广；对全市1066家消防安全重点单位、500余个社区开展培训教育，受教群众46.3万人次；学校消防安全宣传教育活动覆盖全市大学、高中和500余家幼儿园、中小学校，全市中小学校完成制度、教材、师资、课时和场地“五落实”工作，构建完善全民消防工作新格局。

（韩金华　王晓静）

【政府消防责任体系建设】 2019年，市消防救援支队提请市政府将消防工作纳入政府年度工作目标责任考核内容，召开全市消防工作会议，总结回顾上年消防工作，部署安排2019年消防工作重点任务。提请市政府印发《关于下达2019年县级政府消防工作目标任务的通知》，进一步明确各县级政府在公共消防设施建设、消防经费保障、消防队伍与装备建设、火灾隐患排查整治等方面工作目标与责任。市委市政

2019年11月9日，“防范火灾风险　建设美好家园”滨州市“119”消防安全宣传月启动仪式在银座广场举行

（市消防救援支队　供图）

府主要领导3次到支队指挥中心调度消防专项行动开展情况，了解消防监督执法现状，2次作出批示，要求压实属地责任，净化消防环境，并带队对部分工业企业、商业集中区、住宅小区进行实地检查，强力助推基层消防管理。分管市领导3次组织公安、住建、应急、消防等部门召开专题会议，部署秋冬火灾防控、住宅消防检查、“迎国庆”消防安保等专项行动。市安委会成立10个督导组，由县级干部带队，对全市10个县（市、区）持续开展常态化明察暗访，印发专题通报20期，逐级约谈县、乡两级责任人62人次，对3个火灾多发县（市、区）实施挂牌督办，属地消防管理责任有效强化。

（刘　冬）

【消防综合应急救援新格局构建】2019年，市消防救援支队坚持以提升战斗力为标准，构建“专业化训练、科学化调度、多元化补充”综合救援新格局。每季度开展对抗比武竞赛，设置包含高层建筑、人员密集场所、大型商场市场、石油化工等4大类灾害事故21种灾情18个比武科目，组织支队级实战拉动演练17次，队伍各级实战练兵能力和成效显著增强。将全市划分四大战区，分别设立作战指挥部，按照“集中、就近、就需”原则调派出动力量，责任战区指挥长任总指挥，临近战区协同配合。发生三级以上火警或应急救援任务时，按照“一处着火，多点调派，多线并进”原则进行“一键式”调派，确保警情快速处置。针对“全灾种、大应急”任务需求，支队组织开展水域、山岳、森林、地震等灾害处置专业化训练，举办全市消防救援队伍区域比武竞赛，落实“每周一考、每月一比、每季一评”机制，组织大队长指挥能力竞赛、政治教员授课比赛、消防监督业务实地操比武等比武竞赛活动，提升全体指战员业务水平。利用“师傅带徒弟”模式培养队伍，全市开展师徒结对65对，案例研讨30余个，实地践学20余次，培训人员230余人次。年内，全市接处警8521起，其中火灾4698起、抢险救援3823起，疏散被困人员1152人，处置“3·6金港铝业火灾”“3·18汇泽化工火灾”“3·21宇航物流火灾”等重大警情。打赢抗击“利奇马”台风攻坚战，经过14个昼夜336小时连续奋战，营救被困人员758人，协助疏散群众12030人，累计排水563万立方米。

【消防综合应急救援指挥调度体系建立】2019年，市消防救援支队对标转型升级，建立“融合共享、优化协同、科学决策”指挥调度体系。按照“党委政府统一领导、应急部门统筹协调、消防队伍主调主战、社会力量密切协同”原则，自主研发应急救援融合指挥平台，融合全市应急管理相关25个部门数据资源，将全市33个政府联动部门、35个企业应急力量、2个社会应急力量和106名应急救援专家纳入调度体系，一旦发生灾情可实现一键式调派，利用平台向本辖区各联调联战应急力量推送相关信息，督促、指导做好应急联动准备，实现全市消防数据一张图展示、一张图指挥、一张图决策，将可视化贯穿灭火救援全过程。在抗击台风“利奇马”救援任务中，支队设立通信前导指挥部，组建应急通信保障分队，携带卫星电话、布控球、4G单兵图传设备等通信器材遂行出动前置备勤，主动调集各方应急救援力量参与抗洪救灾任务。防汛抗台期间，支队强化信息报送，实时更新台风预警信息，发布各类安全提示和台风预警信息60余条。

（王　东　李　昱）

【重大活动重要节日消防安保】2019年4月19日，市政府召开会议对“防风险、保平安、迎大庆”消防安全专项行动进行部署发动，市安委会印发《关于贯彻落实省政府安委会办公室“防风险保平安迎大庆”消防工作实施意见进一步加强全市消防安全检查的通知》，明确并

2019年12月30日，滨州市消防救援支队挂牌成立　　（市消防救援支队　供图）

细化全市各级各部门工作任务。9月29日，市政府召开专题会议对迎国庆消防安全工作进行加压推进。节日期间，市委书记佘春明、市长宇向东到市消防救援支队进行走访调研，听取消防工作汇报，并带队对部分社会单位进行实地检查；副市长曹玉斌结合节日特点，带队对部分文物建筑、旅游景点、大型酒店进行检查，压实节日期间各部门、单位消防安全责任，各级消防队伍连续作战、持续发力，打赢重大活动消防安保攻坚战。年内，市消防救援支队针对各项重大活动及重要节日期间火灾规律特点，制定专门消防安保工作方案，督促指导各县（市、区）切实加强全国全市“两会”、“世界高端铝业峰会·2019”、全省旱厕改革现场会、全市企业家大会、全市“双招双引”重点项目暨重点建设工程开工仪式、第六届资本对接大会及元宵节、劳动节、国庆节、圣诞节、元旦等关键节点火灾防控力度，为全市各类重大活动举办提供稳定消防安全环境。

（刘　冬）

【滨州市消防救援支队挂牌成立】2019年12月30日，滨州市消防救援支队挂牌仪式举行，市委常委、副市长张宝亮出席仪式并致辞，市政府办公室副主任张志勇，市应急管理局局长乔铭，市消防救援支队党委常委、机关全体指战员及全市消防救援队伍指战员代表参加挂牌仪式。张宝亮代表市委市政府对消防救援支队挂牌表示祝贺，并与张志勇、乔铭、市消防救援支队支队长王宗盛共同为“滨州市消防救援支队”揭牌。张宝亮肯定滨州市消防救援支队改革转制一年多取得的工作成效，要求市消防救援支队以挂牌为新起点，履行好应急救援“主力军、国家队”的职责，突出正规化、专业化、职业化发展方向，加快构建统一高效的组织指挥体系和专常兼备的应急力量体系，防范化解、高效应对处置各类灾害事故，提升消防救援服务水平。

（赵昌征）

应急救援

【应急值守】2019年，市应急局进一步规范应急值守工作，有效预防和应对突发事件。严格实行24小时在岗值班制度，每天1名县级干部在岗带班，6人在岗值守，重大节日、重点时段实行双领导带班制；编制涵盖县（市、区）、乡镇（街道）、园区、各类救援队伍、专家、重点市直部门的《滨州市应急救援通讯手册》。修订《应急值守工作规范》《突发事件信息报送工作规范》《应急响应工作规范》《处置灾害事故应急响应程序及规范》，应急值守和应急响应进一步规范化；建立“12350”举报投诉电话分级值守工作机制，实现“12350”一键转接功能，落实“12350”安全生产举报投诉属地管理责任；开展重点企业智能监测及预报预警系统24小时巡查、预警、调度、记录报告等，同时提供视频调度技术保障；加强对值班值守情况督导检查，将应急值守作为明察暗访重要内容，对各县（市、区）应急部门、91个乡镇（街道）、13个工业园区和14个市级专业救援队伍及部分重点企业应急值守情况进行检查、抽查，对值守存在问题单位通报并督促整改落实；完善信息报告制度，值班人员是灾害事故信息报送责任主体，在接收到较大及以上灾害事故或险情信息后，事发30分钟内电话报告，1小时内书面报告。

【应急体系建设】2019年，市应急局强化制度机制建设，印发《滨州市自然灾害应急救援联动机制》，会同军分区、武警支队出台《军地抢险救灾协调联动机制》，与市气象局签订《合作框架协议》，建立健全应急响应机制。编制《滨州市较大及以上生产安全事故应急处置流程图》《滨州市一般生产安全事故应急处置流程图》，灾害事故应急处置流程化。印发《滨州市处置较大及以上突发事件工作程序》，绘制《滨州市处置较大及以上突发事件常规流程图》，对各类突发事件应急预警、启动程序、情况研判、先期处置等方面作出详细规定；加强应急救援力量建设，摸清全市应急救援队伍底数，编制“一张图”，对全市117处一、二级重大危险源和64支应急救援队伍、3300名救援人员精确定位、实名制登记、合同化管理，构建以综合性消防队伍为主力、军队非战争军事行动力量为突击、专业救援队伍为协同、社会应急力量为辅助的应急救援力量体系。发布《滨州市2019—2021年应急演练计划》，编制3个《应急预案操作手册》，举

2019年6月20日，滨州市防汛抢险应急救援演练在博兴县举行

（马光俭　摄）

2019 年 5 月 23 日，市政府新闻办召开滨州市卒中急救地图新闻发布会

（李健生　摄）

办全市危险化学品事故综合应急演练、全市防汛抢险应急演练、全省危险化学品事故应急救援演练、全市森林防火应急演练等。“安全生产月”期间，全市组织各类演练2032次，参演人数 276766 人。

（张晓慧　郝亚琦）

【卫生应急】 2019 年，市卫生健康委调整、充实系统应急工作领导小组、4 个专家组和 6 支应急机动队，在重大节会期间实行 24 小时疫情值班和机动队听班制度。编制 20 项应急工作专项预案，整理《应急工作方案汇编》，形成完备预案体系。结合“利奇马”灾后卫生防疫工作需要，申请专项资金 40 万元，新购置消毒消杀物资，应急保障服装 50 套，做到应急队员全覆盖。举办 3 期应急专业培训，培训人员 120 余人。8 月，组织举办登革热疫情模拟演练。年内，全市传染病网络直报机构正常运行率、网络直报率 100%，报告及时率为 99.88%，及时审核率为 99.93%，无重卡及按月“零”缺报单位，疫情管理工作质量不断提高。每月定期组织收看全国、全省突发公共卫生事件评估视频会议，撰写各类监测报告 69 期。强化早期介入，处理自动预警信息 1339 条，初步判断排除疑似事件 1127 起，初步判定疑似事件 212 起，经现场调查排除 176 起，确定暴发流行事件 30 起，继续关注 6 起，处理率 100%。加强人员和技术储备，做好突发公共卫生事件应对工作，全市报告突发公共卫生事件相关信息 135 起，其中传染病类事件 60 起、突发中毒事件 7 起、非职业性一氧化碳中毒事件 67 起、其他 1 起，所有事件均得到有效处置，未引发社会恐慌和负面舆情。

【灾后防疫】 2019 年 8 月，台风“利奇马”袭击滨州，邹平市、博兴县受灾严重，医疗卫生防疫形势严峻。8 月 15 日，市卫生健康委组织 4 支市级卫生防疫专家队伍到邹平市、博兴县；8 月 18 日，市直属 5 家医院先后派出 8 支、216 人次医师阵容医疗援助队到灾区一线。援助队到受灾最严重乡村，到群众安置点，提供医疗卫生防疫技术和服务。全市卫生健康系统累计派出专业技术人员 2647 人次，场地消毒 538.7 万平方米，杀虫面积 229.1 万平方米，开展病媒生物监测 361 次，发放宣传材料 26.9 万份。以发热、腹泻、皮疹等症状为主的传染病症状监测未发现异常聚集，无相关突发公共卫生事件报告。9 月 3 日，省卫生健康委专家组结束对滨州“利奇马”台风灾后公共卫生风险现场评估，认定滨州市遭受洪涝灾害后所致公共卫生风险基本解除，恢复重建期公共卫生风险恢复至灾前状态，实现“大灾之后无大疫”目标。

（周　彦）

【全省危险化学品事故应急救援演练】 2019 年 12 月 5 日，全省危险化学品事故应急救援演练活动在滨州举行，演练以贴近实战为原则，结合山东省化工产业实际，模拟滨化集团化工分公司发生丙烯泄漏着火进而引发二氯丙烷储罐火灾爆炸连锁事故，设置丙烯泄漏着火事故发生、区级响应、市级响应、二氯丙烷储罐火灾爆炸、疏散周边人员、远程供水、省级响应、氟化工装卸区泄漏、环氧丙烷装置泄漏、氯碱装置泄漏和后期处置 11 个演练科目，省、市、区三级 15 支救援力量和有关部门 300 余人参加演练，使用展示消防车、救护车 40 余辆，直升机 1 架，无人机 2 台，各类救援装备 800 余台套。

（张晓慧　郝亚琦）

37 县（市、区）概况

Overview of Counties (Cities or Districts)

滨城区

【概况】 滨城区地处黄河下游鲁北平原，滨州市中心城区。东临东营市利津县，南与博兴县、淄博市高青县毗连，西与惠民、阳信两县交界，北与滨州市沾化区接壤。滨大高速与G205国道纵穿南北，G220国道横贯东西，德龙烟铁路穿境而过。全区境域横跨黄河下游两岸。周显德三年（956）置滨州，以滨渤海之州而得名。1982年组建滨州市（县级），2000年12月，组建地级滨州市后，因位于滨州市城区而改称滨城区。2019年，全区总面积1043.29平方千米，辖13个乡（镇、街道），829个村（社区）。年末常住总人口63.56万人，人口自然增长率6.93‰。年内获全市“双招双引”现场观摩冠军，全国率先基本实现主要农作物生产全程机械化示范区、全省农产品加工业示范县，通过全省全领域无差别“一窗受理”改革试点验收；段李村入选全国乡村治理示范村，市东街道获评全省乡村治理试点示范镇，狮子刘、西纸坊等7个村分别获评全省第三届乡村治理论坛“推广奖”“十佳案例”“优秀案例”；“美丽学校”创建全覆盖工程获全国“首届未来教育创新成果奖”，《滨城年鉴（2019）》获评“中国精品年鉴”，彭李派出所被命名为全国首批“枫桥式公安派出所”，博远重工基建物资大数据租赁共享平台项目入选工信部制造业与互联网融合发展试点示范项目，中裕食品获评“中国好粮油”示范企业。

全区实现生产总值455.16亿元，比2018年增长5.7%。第一产业增加值15.59亿元，第二产业增加值143.09亿元，第三产业增加值296.48亿元。一般公共预算收入34.94亿元，一般公共预算支出37亿元。进出口总额87.60亿元。年末金融机构本外币存款余额1078.52亿元，其中居民储蓄存款余额479.97亿元。

全区农作物种植面积5.80万公顷，其中粮食作物种植面积5.36万公顷，总产量31.85万吨，单产396.38千克/亩。全区渔业水产品总产量48300吨，产值85595万元，养殖水面面积3.50万余亩。全年肉类总产量2.60万吨，禽蛋总产量1.02万吨，奶类总产量1.96万吨。全年新增造林面积2.80万亩。全区拥有农业机械总动力25.42万千瓦。至年底规模以上工业企业90家，规模以上工业增加值比2018年增长0.5%，实现主营业务收入484.79亿元，利润总额14.29亿元，实现利税20.91亿元。全区资质以上建筑企业70家，实现建筑业总产值79.55亿元，比2018年增长87.70%。

全区公路通车里程133.73千米，其中国道77.77千米、省道55.96千米。高速公路通车里程86.70千米。农村公路通车里程1686.18千米，其中县道69.15千米、乡道238.74千米、村道1316.48千米、专用道61.81千米。AAA级及以上旅游景区10家，全年实现旅游总收入29.80亿元。

全区中小学校43所，其中小学26所、初中5所、九年一贯制学校8所、联合办学中学2所、职业学校附设普通高中班1个、特殊教育学校1所。在校学生54994人，其中小学36054人、初中14283人、高中4555人、特校102人。取得重要科技成果10项，专利申请量1209件，授权专利920件。档案馆1个，公共图书馆1所，文化馆1个，广播、电视人口综合覆盖率均为100%。医疗卫生机构680所，有床位1437张，卫生技术人员3383人。全年参加市级及以上体育比赛获奖牌396.5枚，其中国家级金牌1枚、省级金牌5枚、市级金牌215.5枚。

城镇居民人均可支配收入38666元，农村居民人均可支配收入18563元。居民基本养老保险参保人数13.05万人，城乡居民基本医疗保险参保人数40.75万人。城镇最低生活保障人数914人，农村最低生活保障人数7321人。全区敬老院8家、养老院10家，床位2330张，收养1492人。

“双招双引”。成立10大产业招商专班和20个重点招商项目推进专班，设立乡镇（街道）招商“书记项目”。举办“中国名企进滨城”等招商推介活动，完成全省第三次新旧动能转换项目落地现场观摩，全市“双招双引”现场观摩排名首位。招商质效提升，新签约项目27个，新开工项目17个。中国供销·滨州农产品电商物流园、红星美凯龙爱琴海城市综合体、滨州海底世界等项目加快建设。招才引智持续发力，全职引进海外人才2名，柔性引进省部级及以上高层次人才10名。举办“赢在滨州”高层次人才创新创业大赛，14个项目入驻渤海高层次人才创业园。“双进”工程实施，新引进本科及以上学历大学生2252人。

动能转换。区级新旧动能转换重大项目库储备项目111个、总投资776亿元，10个项目入选全省第二批、第三批优选项目。10个省市重点项目完成投资44.50亿元，完成年度投资计划的116%。获批地方政府专项债券项目5个、15.10亿元。全省“亩产效益”评价改革试点工作扎实推进。总投资30亿元的9个重点工业项目加快建设，三元生物年产2万吨赤藓糖醇项目调试运行，中裕食品花色营养挂面等项目投产运营。33个技改项目完成投资22.50亿元，友泰科技改造项目竣工投产，亚光家纺自动化技改项目完成设备安装。23家企业完成两化融合评估，20个智能化改造项目完成投资15亿元。滨化集团、中海沥青化工重点监控点通过省级认定。认定高新技术企业19家。新增国家专精特新“小巨人”企业、省级瞪羚企业、省级准独角兽企业各1家，27家企业获评国家科技型中小企业。博远重工基建物资大数据租赁共享平台项目入选工信部制造业与互联网融合发展试点示范项目。获省科技进步奖2项，签订产学研合作协议10项。发布行业标准2项、地方标准6项、团体标准7项，3个省级标准化试点通过验收。“九环”商标获评中国驰名商标，亚光毛巾获市长质量奖，中裕食品获评“中国好粮油”示范企业。全区新增专利授权量920件，通过国家知识产权强县工程示范县区验收。

城市面貌。交通建设加速，滨海路建成通车，滨州黄河大桥开工建设，沾临高速工程启动。济滨高铁、京沪高铁二通道前期工作有序推进。北海公园基本建成，凤凰湖滨湖景观带进展顺利，北外环、渤海五路绿化景观提升工程完成，新增绿化面积68万平方米。开展“城市管理提升年”活动，建设精品示范街10条，施划停车位1万个。完成棚改项目37个，腾空搬迁4255户、拆除面积150万平方米，腾空土地300余公顷。实施老旧小区整治34个、31.80万平方米。棚改安置区一期工程76栋单体建筑全线封顶，二期基础工程施工中。西赵方家300套棚改安置房回迁入住。

乡村振兴。国家现代农业产业园获批创建，滨城国家农业科技园区通过验收。黄河三角洲粮食产业物流园基本建成。完成“三品”认证5个，总数78个；新增农业产业化龙头企业6家、农民专业合作社46家、家庭农场15家。建成高标准农田2万亩，获评全国率先基本实现主要农作物生产全程机械化示范区、全省农产品加工业示范县。杨柳雪乡村振兴齐鲁样板省级示范区获批创建，1镇6村入选省级首批乡村振兴示范镇村。新增美丽乡村55个，覆盖率93.36%。推进农村人居环境整治三年行动，完成农村清洁取暖改造8793户，整治改造农村土坯房1416户，建成“四好农村路”47.90千米，新建改造中低压线路85.70千米。完成四干补源等重点水利工程16项、合格造林2.28万亩。101支乡村振兴帮扶队落实“清零·倍增”任务，101个集体经济薄弱村全部清零。农村集体产权制度改革基本完成，区级农村产权交易中心投用，承包土地经营权抵押贷款破题。适宜土地流转率76%，新增水肥一体化面积533.33公顷。

营商环境。开展“放管服评”改革百日攻坚行动，取消兜底性申报资料37种，实现审批时限、提交材料平均“双减半”。推行“拿地即开工”模式，社会投资工业项目由175天压缩为45天。设立帮办代办中心，实现“一网通办”。通过全省全领域无差别“一窗受理”改革试点验收。区产融综合服务中心建成运营，签约入驻金融机构25家；看世界信息科技在齐鲁股权交易中心挂牌，蚂蚁金融“县域普惠金融”累计放款14.30亿元。全区金融机构存贷款余额1067.60亿元、995.70亿元，分别较年初增长1.65%、6.58%。盘活城镇空闲土地83.32公顷，完成增减挂钩验收41.96公顷，处置“五未”土地106.24公顷，出让“标准地”8宗，建成标准厂房8.80万平方米。优化政务服务，5150项区级政务服务事项实现上网试运行，乡镇、村居政务服务事项梳理基本完成，梳理发布政务服务事项2841项。100个高频事项实现“最多跑一次”，企业登记“全程电子化”率90%以上，新注册开办企业5584家、增长26.90%。全区落实减税降费政策，累计减税7.34亿元。

攻坚任务。推进金融风险化解百日集中攻坚，处置不良贷款15.59亿元，不良贷款率较年初下降2.11个百分点。126件信访积案全部化解。安全生产大培训超10万人次，承办全省危化品应急救援演练，获评全省安全生产工作先进县区。落实扶贫资金2116万元，84个产业扶贫项目产生收益226万元，实现建档立卡贫困人口全覆盖。黄河滩区外迁安置工程主体封顶，10个旧村庄改造提升开工建设，45.30千米临时撤退道路全面贯通。开展“1+1+10”污染防治攻坚战行动，蓝天保卫战强化督查帮扶反馈的68个问题全部整改到位。实施“利剑·2019”打赢污染防治百日攻坚，细颗粒物（$PM_{2.5}$）平均浓度53微克/立方米。推动废气减排工程，完成污染物总量减排任务。推进黑臭水体治理，秦台河城区段深度提升效果初显，完成雨污分流改造42.30千米。推进“深化清违整治、构建无违河湖”专项行动，整改销号违法事项94处。

民生保障。全年民生支出30.06亿元，增长20.45%，各项民生提标政策全面落实。新增城镇就业5791人，城镇登记失业率控制在1.35%。城乡低保人均补助标准提高到每月370元、245元，城乡居民基础养老金提高到每人每月118元。首都师大附属滨州中学、滨州学院附属小学建成投用。新建、改扩建幼儿园6所，完成无证幼儿园清理整顿工作。“美丽学校”创建全覆盖工程获全国“首届未来教育创新成果奖”。医疗联合体签约运行，市中心城区“上联下共”分级诊疗模式基本建立，获认定全省军休干部医养结合试点、残疾预防综合试验区创建试点。新建、改扩建村（社区）综合性文化服务中心721个，举办第三届马拉松全国邀请赛等7项大型赛事。渤海革命老区红色教育基地入选国家AAA级旅游景区。全国社区治理和服务创新实验区试点创建工作通过中期评估。“联社联亲、入网入心”社会治理模式全市推广。刑事发案率比2018年下降4.2%。

【区级机构改革动员大会】 2019年1月11日，滨城区区级机构改革动员大会召开。会议学习贯彻习近平总书记关于深化党和国家机构改革的重要论述，贯彻执行市委市政府审定、省委省政府批准的《滨城区机构改革方案》和滨城区委九届八次全体会议审议通过的《中共滨城区委滨城区人民政府关于滨城区区级机构改革的实施意见》，动员全区推进机构改革，为建设更高质量更高水平的“六个滨城”（开放滨城、实力滨城、美丽滨城、民生滨城、和谐滨城、实干滨城）提供体制机制保障。

【机构改革新组建部门挂牌成立】 2019年1月16日，滨城区机构改革新组建部门挂牌成立。滨城区住房和城乡建设局、滨城区市场监督管理局、滨城区医疗保障局、滨城区自然资源局、滨城区农业农村局、滨城区教育和体育局、滨城区信访局、滨城区粮食与物资储备局等部门举行揭牌仪式。

【3个街道办挂牌划归滨城区】 2019年8月30日，杜店、沙河、里则3个街道办事处管理体制调整全体干部职工大会及揭牌仪式同时举行。滨城区相关领导分别出席3个街道办事处大会，并为新成立的街道办事处机构揭牌。杜店、沙河、里则3个街道办事处划归滨城区，是市委市政府全面深化改革、理顺行政管理体制的重要举措。

【“双招双引”10个重点建设项目集中开工】 2019年9月3日，滨城区“双招双引”10个重点建设项目集中开工仪式举行。10个项目中包括工业项目5个、民生项目2个、物流项目2个、文旅项目1个，分别是投资10亿元的滨州农产品电商物流园项目、投资4亿元的滨州海底世界项目、投资16.5亿元的卜家于家安置片区项目、投资13.1亿元的西碾李安置片区项目、投资3.5亿元的远东旧机动车交易中心项目、投资10亿元的荣华化学戊烷综合利用及苯乙烯项目、投资8.4亿元的佳化化学聚合物多元醇项目、投资2.2亿元的安琪新型酵母制品项目、投资4.7亿元的科臻环保危险废物综合处置中心项目、投资6.1亿元的市西小微产业园，项目总投资78.5亿元。

2019年9月3日，全市“双招双引”重点建设工程集中开工仪式滨城区分会场

（宋炜 摄）

【首个国家标准化综合改革试点通过验收】 2019年11月11日，三河湖镇城乡社区治理标准化试点项目通过验收。三河湖镇城乡社区治理标准化试点是滨城区2018年度立项的三个国家标准化综合改革试点项目之一，三河湖镇政府坚持标准化建设，结合当地实际，立足“诗画田园、休闲小镇”发展定位。至年底，该试点建立起包括通用基础标准、服务保障标准、服务提供标准、法律法规与管理规定四部分的三河湖镇人民政府服务标准体系，提升为民服务效率。

【国家知识产权强县工程试点示范县区通过验收】 2019年11月，滨城区通过国家知识产权强县工程试点示范县区验收。年内，滨城区市场监管局优化营商环境，服务高质量发展。加大帮扶力度，引导企业科学选择发展方向，创新发展思路，增强企业核心竞争力。完善知识产权保护体系，开展知识产权保护专项行动。帮助企业利用知识产权质押贷款融资，提高企业运用知识产权积极性。

【标准化项目与中标院签约】 2019年12月4日，滨城区标准化项目与中国标准化研究院签约仪式举行。签约标准化项目包括滨城区市场监管局标准研制项目、山东滨州市中医服务标准化试点、滨州中裕农产品及加工副产物资源化循环利用标准化试点。根据协议，中国标准化研究院在标准制定、标准化项目建设等方面为项目单位提供技术服务。

【全省“全领域无差别一窗受理”改革试点工作】 2019年5月，滨城区被确定为全省“全领域无差别一窗受理”改革试点。滨城区行政审批服务局创建“重点项目1对1，便民服务360”服务品牌，开展“一窗

2019 年 12 月 29 日，彭李派出所获评全国首批“枫桥式公安派出所”

（彭李派出所 供图）

受理”“分类审批”“自助服务”“政务 24 小时不打烊”“窗口无否决权”等服务，简化窗口设置、审批流程，完善自助设施、便民服务，提升群众审批工作满意度。

【彭李派出所获全国首批“枫桥式公安派出所”】 2019 年 11 月 28 日，滨城区彭李派出所获评全国首批“枫桥式公安派出所”，全国仅 100 个单位、全省仅 6 个单位获得该项荣誉，彭李派出所是全市唯一入选派出所。彭李派出所位于市委市政府驻地、政治经济文化中心，辖区人口多，治安形势复杂。彭李派出所创新“3+6+N”多元化矛盾调解机制，整合行政、司法、人民调解力量，针对辖区六类主要矛盾，发动社会力量参与。在全市率先实现社区民警专职化。构建社区民警、辅警、网格员、老党员、小区楼长、热心居民、物业保安、环卫工人等力量为主体的“1+2+N+X”警务共同体，依托“联社联亲、入网入心”大数据平台及“智慧彭李”APP，搜集信息，排查隐患，化解矛盾，开展法律咨询、义务巡逻等志愿服务，实现社区事务“共商、共管、共治”。

【“美丽学校”创建全覆盖工程获国家级奖项】 2019 年 11 月 16 日，第四届中国教育智库年会暨首届未来教育创新成果颁奖典礼举行，滨城区教育和体育局“美丽学校”创建全覆盖工程获“首届未来教育创新成果奖”。在全国 16 个获奖单位中，滨城区教育和体育局是唯一的基层教育主管部门。滨城区“美丽学校”创建全覆盖工程，旨在引导全区每一所学校（幼儿园）以“美丽学校”建设评估指标体系为参照，加强顶层设计，制订本校特色化创建方案，从美丽校园、美丽教师、美丽学生、美丽班级、美丽课堂、美丽课程 6 个维度优化学校发展路径和策略，逐步建设成为内在美与外在美、人文美与自然美、整体美与特色美和谐统一的特色现代学校（幼儿园）。

【滨医附院滨城区医疗联合体启动仪式举行】 2019 年 7 月 17 日，滨州医学院附属医院滨城区医疗联合体启动仪式在市立医院举行。滨医附院与市立医院和滨城区人民医院牵头的两个区域医共体成立医疗联合体医院，医疗联合体医院正式运行后，滨医附院专家团队通过入驻滨城区二级医院科室、专家坐诊、专家查房、远程会诊等方式，让群众在家门口享受到三甲医院专家医疗服务；市立医院、区人民医院牵头，分别与区内 10 家基层医疗机构组建紧密型医共体，依托家庭医生签约服务、医保支付改革等政策实施，拓展医疗业务，提升医疗服务水平，落实基层首诊、双向转诊、急慢分治、上下联动的分级诊疗模式，实现“小病不出乡、大病不出区和急、危、重、疑难杂症到三级医院”目标。

【首个滨州医学院社区医学实践教育基地成立】 2019 年 12 月 3 日，“滨州医学院社区医学实践教育基地”签约仪式在彭李社区卫生服务中心举行，基地为滨州医学院在滨城区成立的首个社区医学实践教育基地。滨医附院对彭李街道办事处卫生服务中心提供医疗、教学、学科建设、师资培养、科研工作及科技信息等方面的指导、支持。

【红星美凯龙综合体项目落户滨城】 2019 年 10 月 27 日，红星美凯龙爱琴海城市综合体项目开工仪式举行。红星美凯龙爱琴海城市综合体项目是滨城区“当年洽谈、当年签约、当年摘牌、当年开工建设”的重点招商引资项目。该项目主要建设爱琴海购物公园、玫瑰天街、商务酒店等设施，计划 2021 年底前投入运营。

【第二实验小学项目开工】 2019 年 9 月 28 日，滨城区第二实验小学项目举行开工仪式。第二实验小学项目是原滨州市中等职业学校办学所在地，是“政府补位办学，解决教育大班额”问题的全市亮点工程，是滨城区优化城镇中小学布局、解决大班额问题的重点民生工程。

【《滨城年鉴（2019）》入选中国年鉴精品工程】 2019 年 6 月，《滨城年鉴（2019）》作为全省唯一一部县（区）年鉴，被省委党史研究院（省地方史志研究院）推荐申报中国年鉴精品工程并入选。《滨城年鉴》由中共滨城区委、滨城区政府主办，中共滨城区委党史研究中心（滨城区地方史志研究中心）编纂，全面翔实记述滨城区经济社会发展现状，为宣传推介滨城，助推滨城区招商引资、招才引智工作提供服务。

（吕晓路）

沾化区

【概况】 沾化区位于山东省东北部，东、东南分别与东营市河口区、利津县毗连，西邻无棣、阳信两县，南接滨州市滨城区，北至渤海。沾化区名，取汉代渤海太守龚遂治郡“海滨之民，复沾圣化”之意。全区总面积2217.70平方千米，辖7镇2乡3个办事处，438个行政村。年末常住总人口36.73万人，人口自然增长率4.55‰。年内获得“中国特色农产品优势区”“全国节水型社会建设达标县”“国家级农产品质量安全县”“山东省第九届全民健身运动会先进单位”“省级健康促进县”称号。

2019年，全年实现生产总值158.10亿元，比2018年增长5%。第一产业增加值39.33亿元，第二产业增加值50.89亿元，第三产业增加值67.88亿元。固定资产投资比2018年下降16.2%，公共财政预算收入15.10亿元，公共财政预算支出29.32亿元。社会消费品零售总额95.8亿元，进出口总额43.98亿元。年末金融机构各项人民币存款余额164.74亿元，其中居民储蓄存款余额104.70亿元。

粮食播种面积7.06万公顷，总产量39.61万吨，水产品总产17.47万吨，全年肉类总产量5.10万吨，禽蛋产量1.58万吨，奶类产量0.43万吨。全区新增造林面积2720公顷。全区规模以上工业企业93家，实现主营业务收入316.07亿元，实现利润8945万元。实现建筑业总产值6.62亿元，比2018年增长0.7%。年末境内公路通车总里程2494.91千米，其中国省道干线公路214.11千米（全区境内高速公路61.48千米），全年完成公路客运量694.10万人，公路货运量816.40万吨。全年城市棚户区改造2565套，完成城市建设投资4758万元。城市空气质量良好率60.8%。AAA级及以上旅游景区4家，全年实现旅游总收入15.62亿元。

全区有中等职业学校1所，在校生1086人。普通中小学59所，在校生33925人。全年申请专利225件，其中发明专利申请量39件；专利授权139件，其中发明专利授权13件。有博物馆1个，档案馆1个，公共图书馆1所，文化馆1个，广播、电视人口综合覆盖率均为100%。年末区乡两级公立医院卫生机构数18家，民营医疗机构4所，个体诊所53所，农村社区卫生中心（卫生室）162所。各类医疗机构开放床位1588张，卫生技术人员1731人。全区体育场馆1个，体育场1处，户外综合活动场所1处，游泳馆1处。

城镇居民人均可支配收入36499元，农村居民人均可支配入17677元。居民基本养老保险累计参保人数20万人，城乡居民基本医保参保人数为373080人。全区共有农村低保对象6137户，城镇低保对象284人。

动能转换。日科橡塑三期、齐鲁浩华等66个项目列入省优选项目库、市重大项目库。建华建材二期、粤水电等8个投资过亿元项目投产运营，汇宏新材料200万吨氧化铝二期项目复产，8家停产企业盘活。8个项目完成技改投资5.8亿元，省市创新平台11家。海容电源等3家企业获评市级“隐形冠军”，全区高新技术产业产值49亿元。全区冬枣品质实现提升，总产量3亿公斤，实现产业产值31亿元，获第二十届中国绿色食品博览会金奖，成为第七届世界军人运动会指定水果，品牌价值提升7个名次；网络销售量占比45%，枣农人均冬枣纯收入超8700元。畜牧规模化养殖场131个，畜牧业总产值11.5亿元、增长18.7%。水产“南苗北育”工程进展顺利，改造标准化池塘2333.33公顷，渔业总产值71.5亿元、增长4.3%。完成重点防洪减灾工程8项，新增高标准农田733.32公顷。新增市级以上示范合作社、家庭农场7家，土地流转面积7266.67公顷，沾化区入选全国农民合作社质量提升整县推进试点单位，获评全国产粮大县、国家级农产品质量安全县、中国特色农产品优势区。全年旅游收入15.2亿元，第21届沾化冬枣节暨首届沾化文化旅游节举办。物流企业92家，实现产值25亿元。国昌怡心园养老项目开工，省级医养结合示范先行区通过中期评估，医养健康产业产值7.3亿元。贷款余额98.4亿元，枣花香食品公司在齐鲁股权交易中心挂牌。年内，航空培训学员2.7万小时。

“双招双引”。出台支持企业发展28条、优化营商环境20条、人才优先发展15条、招商引资激励等系列政策；建立重点项目审批“绿色通道”、科级以上干部联系企业制度。成立11个产业招商专班、5支专业招商队伍、31个项目推进工作专班，举办企业家年会，在北京、上海、青岛等地设立招商机构，组织全国山东商会沾化行等活动，全年组织招商推介活动125次，到位区外资金58亿元、增长5.6%；万合医药等20个过5000万元项目开工建设。建立625名滨州籍在外人才信息库，对接首批企业家14名。引进国家级高层次人才23人，组建化工、渔业等产业人才智库11个。

改革创新。机构改革全面完成，设置党政机构37个，完成64个承担行政职能事业单位改革。国资国企改革推进，22家区属国有企业产权划转，宏达财金、拓宇综合开发集团等国有公司不断壮大。改革8项财税体制，优化财政分配关系。推进统计管理体制改革，完成第四次经济普查。完成农村集体产权制度、盐业体制改革，推进教育综合改革、医药卫生体制改革。落实减税降费等优惠政策，减轻企业负担2.8亿元。在全市率先启动开发区体制机制改革，沾化经济开发区“一区两园”“园办分离”改革完成，大高航空高新产业园完成机构设置、人员竞聘。落实“757”工作方案，盘活“五未”土地388.8公顷，完成增减挂钩土地挖潜114.8公顷，出让标准地10宗、88.71公顷，建成标准厂房18万平方米。首创“独立功能区”规划概念，新增24平方千米用地空间。争取新型智慧城市、政务服务标准化等46项创新试点。

城乡建设。总投资26.4亿元的19个住宅小区加快建设，总投资23.1亿元的7个棚改项目实施中，3

个棚改项目交付入住。新建、改建城区道路3条，完成4条道路雨污分流综合改造。开展老旧小区、占道经营等23项专项整治，拆除违法建筑5091平方米，新增绿化面积8.1万平方米。成立城市管理委员会，推选业主委员会21个，3个城市社区建成运行。下洼镇入选全国农业产业强镇，利国乡获评第九批全国“一村一品”示范村镇。推进农村人居环境整治三年行动，4个村获批全省乡村振兴示范村，美丽乡村覆盖率90%。滨海路全线通车，东大路大修工程按期完工，沾临高速开工建设，徒骇河航道疏浚及综合开发利用工程、黄大铁路、滨港铁路二期、秦滨高速等交通项目推进。

攻坚任务。持续开展惩治恶意逃废银行债务行动，采取核销、打包等处置方式，清收压降不良贷款10.3亿元。健全金融风险防控机制，累计使用转贷资金2.2亿元，缓解20家企业资金难题。社会治理“全科大网格”实现全覆盖，黄升镇堤圈村入选全国乡村治理示范村。扫黑除恶专项斗争打掉犯罪集团2个、黑恶势力团伙14个，侦办“悦花越有”传销案。累计投入扶贫资金4644.2万元，67个扶贫项目年收益2300万元，建档立卡贫困人口人均年收益2000元以上。推进“1+1+8”污染防治体系建设，91家重点企业全部安装监控设备，环境保护实现智能化监管。中央、省环保督察“回头看”反馈问题整改基本完成，空气质量优良天数为221天、全市最优，细颗粒物（$PM_{2.5}$）浓度每立方米47.97微克、全市最低。“清河行动”拆除违法建筑105处，徒骇河上游段、潮河治理工程完成。新增合格造林2733.33公顷，全区森林覆盖率30.5%。

民生事业。全年民生支出23.7亿元，占一般公共预算支出的81%。新增城镇就业3100人。8个解决大班额项目和17所幼儿园新建、改建项目竣工，盘锦大洼高中与区职业中专实现联合办学。11处乡镇卫生院、160个中心卫生室全部实现标准化，创建省级健康促进示范区。在

2019年6月16日，国昌怡心园医养健康项目开工仪式在沾化区大高镇举行

（中国沾化网　供图）

全市率先启动职工长期护理保险试点。城市低保标准由每年6660元提高到6720元，农村低保标准由每年4560元提高到4900元。农业水费全部由财政承担，不再向群众征收。退役军人优抚政策全部兑现，通过全省双拥模范城复审。32个小区、111个村健身设施完成提档升级。沾化区获评全省第九届全民健身运动会先进单位，金牌总数、竞赛总分在市运会实现双位次前移。工人文化宫免费开放，沾化大剧院建成投用。沾化渔鼓戏《老邪上任》获第十八届中国文化艺术政府最高奖——群星奖。改造农村危房1142户、清洁取暖3.35万户、土坯房1038户，农村卫生厕所管护平台建成投用。完成96.5千米路网提档升级工程，25座农村公路危桥改造主体完工，50个农村客运站点建成。

【渔鼓戏《老邪上任》获第十八届群星奖】 2019年5月31日，第十二届中国艺术节第十八届群星奖颁奖晚会在上海东方艺术中心举行，沾化区渔鼓小戏《老邪上任》获第十八届群星奖。群星奖是由文化和旅游部颁发的群众文艺领域政府最高奖项，第十八届群星奖作为第十二届中国艺术节重要组成部分，有音乐、舞蹈、戏剧、曲艺四个艺术门类84个作品入围，最终评出20个获奖作品。渔鼓戏《老邪上任》由山东省文化和旅游厅报送，沾化区文化馆表演，是山东省唯一参赛并获奖的戏剧类作品。

【国昌怡心园医养健康项目开工】 2019年6月16日，国昌怡心园医养健康项目开工仪式在大高镇举行。国昌怡心园医养健康产业项目占地近33.33公顷，总投资10亿元，计划建设12万平方米的建筑体和18万平方米的风景水系，项目一次规划，分期建设，计划3年时间建成投用。拟规划大型园林、水系景观、综合养老等基础设施，设置床位为1000个，配套建设健康中心、营养中心、老年大学、心理服务室、四季绿植区、阳光种植房等辅助设施。

【利国乡获第九批全国“一村一品”示范村镇】 2019年9月24日，农业农村部公布第九批全国“一村一品”示范村镇名单，沾化区利国乡（洼地绵羊）榜上有名。利国乡地广人稀，洼大草深，有荒草地1500余公顷，是传统畜牧养殖大乡，有“牛羊之地，棉花之乡”称号。全乡2018年畜牧业总收入26773万元，占全乡农业经济总收入48%；从事畜牧养殖业户数1948户，占农户总数的49%。肉羊存栏量22万只，实行标准化养殖18.5万只，占全区肉羊养殖量的三分之二以上。利国乡肉羊注册“渤

海利国羊肉”商标，畜牧养殖通过国家和省级无公害农产品质量认证。

【第二十一届滨州沾化冬枣节暨首届沾化文化旅游节开幕】 2019年9月30日，第二十一届滨州沾化冬枣节暨首届沾化文化旅游节在沾化冬枣城开幕。开幕式为首届大棚冬枣大赛、第十二届沾化冬枣大赛获奖枣农、采摘园及优秀冬枣品牌颁奖。首届沾化文旅节同步启动，活动时间为10月1—7日，主要有游戏体验、沉浸式新媒体艺术欣赏、国际美食节、皇家马戏团展演、生态采摘园打造等系列活动，游客可品尝15种国外美食，欣赏俄罗斯、乌克兰等多国马戏节目。沾化冬枣节吉祥物——沾沾、化化亮相开幕式。

【沾化入选国家级农产品质量安全县】 2019年10月29日，农业农村部公布第二批国家农产品质量安全县（市）名单，滨州市沾化区入选。沾化区自2016年组织开展创建活动申报，入选第二批国家级农产品质量安全县（市）试点单位。沾化区配套专项资金，落实扶持政策，构建农产品质量安全标准、检测认证、风险应急和执法监管体系，基本实现农产品从生产到流通全程可控监管，并通过国家级农产品质量安全县创建验收。

【沾化冬枣获第二十届中国绿色食品博览会金奖】 2019年11月29日，第二十届中国绿色食品博览会暨第十三届中国国际有机食品博览会开幕，怡致园牌沾化冬枣获博览会金奖。博览会以“绿色生产，绿色消费，绿色发展”为主题，以展示“三品一标”发展成果、促进贸易、培育市场、带动区域经济发展为目的。滨州市沾化区实施沾化冬枣品牌战略，以提高冬枣质量和效益为重点，加快冬枣产业高质量发展，在生产过程中坚持绿色生产理念，推广质量控制技术，提高标准化生产组织化程度，规范使用绿色食品标识。

【沾化区被认定为全国农民合作社质量提升整县推进试点单位】 2019年12月11日，农业农村部官网公示《关于农民合作社质量提升整县推进试点方案的批复》，山东省有6个县（市、区）入选，滨州市沾化区为全市唯一入选县区。乡村振兴战略实施后，沾化区立足自身优势，发展特色产业，培育沾化区辉农冬枣专业合作社、沾化区喜小妹果树种植专业合作社等农业合作组织，打造推广“怡致园”牌沾化冬枣等农产品品牌。

【中国质量认证中心国家能源海上风电实证基地揭牌】 2019年12月24日，中国质量认证中心国家能源海上风电实证基地在沾化区能源综合服务大厦揭牌，标志着中国质量认证中心国家能源海上风电实证基地、上海电气测试认证（山东）分中心、和众新能源开发（滨州）有限公司正式落户沾化区。中国质量认证中心主要开展检验检测、认证通过、标准制定等专业服务。该实证基地建设，为国内主要龙头设备厂商提供试验平台，推动风电检测认证技术进步。

（张爱芹）

邹平市

【概况】 邹平市地处鲁中山区北部边缘，黄河下游南岸。西北隔黄河与济南市济阳区、滨州惠民县相望，北隔小清河与淄博市高青县为邻，东南与淄博市周村区毗连，东西分别与淄博市桓台县、济南市章丘区接壤。邹平市因邹侯国而得名。邹平市总面积1249.97平方千米，辖17个镇（街道），859个村（社区）。年末常住总人口80.35万人，人口自然增长率4.6‰。年内，获批第一批节水型社会建设达标县（区）、扩权强县重点事权综合改革试点县、2019年度“两全两高”农业机械化示范县、建设新时代文明实践中心试点县等称号。

全年实现生产总值554.3亿元，比2018年增长1.5%。第一产业增加值30.5亿元，第二产业增加值291.3亿元，第三产业增加值232.5亿元。公共财政预算收入69.5亿元，公共财政预算支出69.4亿元。进出口总额241.9亿元。年末金融机构本外币存款余额601.9亿元，其中住户存款余额383亿元。

全市粮食播种面积10.81万公顷，粮食总产量68.7万吨。水产品总产量0.4万吨，肉、蛋、奶总产量12.7万吨。全年新增造林面积976公顷。全市拥有农业机械总动力93万千瓦。规模以上工业企业310家，实现增加值277亿元，实现主营业务收入3034.2亿元，实现利润72.7亿元。全年建筑业实现增加值14.27亿元。

公路通车里程2853.7千米。公路旅客运输量3304万人次。完成电信业务总量56312万元，邮政业务总量8194万元。全市常住人口城镇化率65.6%，开工建设保障性安置房2467套。城区环境空气优良率55.7%。AAA级及以上旅游景区7家，全年实现旅游总收入50.1亿元。

有中等职业学校1所，在校生6031人。普通中小学52所，在校生73578人。取得重要科技成果14项，专利申请量670件，授权专利534件。有博物馆1个，档案馆1个，公共图书馆1所，文化馆1个，广播、电视人口综合覆盖率均为100%。医疗卫生机构578所，有床位3677张，卫生技术人员5571人。新建公共健身工程1个。全年参加市级及以上体育比赛获奖牌49枚。

城镇居民人均可支配收入37980元，农村居民人均可支配收入20113元。居民基本养老保险参保人数35.2万人，居民基本医疗保险参保人数57.8万人。城镇最低生活保障人数106人，农村最低生活保障人数6577人。全市各类福利院床位1731张。

新旧动能转换。“四新四化”重大项目库储备项目214个，投资720亿元。万通金属高端铝合金等22个重大项目建成投产，魏桥绿色智能一体化项目实现5项“世界首创”。新增“四上”企业140家，总数545家，完成规模以上工业总产值2446亿元。

新增省级以上研发平台5家，新认定高新技术企业14家。中科院山东首家行业性技术转化中心落户邹平；全省县级唯一的铝行业创新设计中心入驻“铝谷”；山东省铝业协会在邹平挂牌成立。魏桥创业集团连续8年进入世界500强，首次跻身世界品牌500强，位列全省民营企业品牌价值100强首位。西王集团、创新集团分别位列中国民营企业500强第168位和198位。

“双招双引”。把“双招双引”作为一号工程，完善“10+3”招商模式，举办中国铝加工产业年度大会、中德轻量化技术年会。超算大数据中心、中德汽车轻量化部件产业园签约，广州和德轻量化结构件、苏州奥杰全铝车身总成、魏桥轻量化中试基地等一批项目落地生根。魏桥铝深加工产业园项目20个，产能突破100万吨。铝深加工产值占铝业总产值比重突破50%。实现外贸进出口总额242亿元，实际利用外资7028万美元。建成标准厂房25.7万平方米，入驻企业91家，综合排名位列滨州第一。柔性引进高层次人才12名，成功申报国家级人才1人、省“外专双百”1人，实现“双零”突破。吸引本科生、研究生2000余人到邹平市就业。

乡村振兴。土地增减挂钩取得历史性突破，实施项目39个，腾空土地286.67公顷，节余指标200余公顷，12处新型农村社区破土动工。黛溪家园、鹤伴雅苑棚改项目开工建设，6个老旧小区完成改造。实施小城镇建设“百件实事”112项，完成投资24.7亿元。建成“四好农村路”97千米，焦周路、会仙一路建成通车。完成农村人居环境整治村庄635个，创建市级以上美丽乡村示范村15个。宅基地“三权分置”改革试点稳步推进，农村集体产权制度改革基本完成。新增土地流转4133.33公顷，适度规模经营率70.2%。实施骨干河道治理、水利设施修复等水利工程9项，新增造林2266.67公顷，建成高标准农田2666.67公顷。新增市级农业产业化龙头企业5家、“三品一标”产品认证8个。全市农业综合机械化率94%，获评全省“两全两高”农业机械化示范市。

三大攻坚战。成立邹金资产管理公司，设立30亿元重点企业发展基金；开展金融风险化解百日攻坚行动，累计消除不良贷款97亿元。西王集团债券风险成功化解，成为国内首例典型案例。举办首届重点项目银企对接大会，签约金额98亿元。潍坊银行邹平支行获批设立。完成中央和省环保督察反馈问题整改47个。农村清洁取暖改造5.4万户，开展“利剑2019”百日攻坚，可吸入颗粒物、二氧化硫浓度分别下降9.2%、38.2%，优良天数上升10.8个百分点。空气质量和地表水水质考核、打好污染防治攻坚战综合考核均居滨州第一。在全省率先为建档立卡贫困户及重点关注人群购买防贫保险，率先设立防贫救助基金，救助2066人次，经验做法在新华社内参刊发。合力推进专项、行业、社会扶贫，全市1203户2547名建档立卡贫困户脱贫质量稳步提升。

民生保障。城镇新增就业5800人，登记失业率控制在2.08%，提供退役军人就业岗位1423个。“公建民营”养老机构9处，实现镇街敬老院全覆盖。成立邹平一中教育集团，城南新高中投入使用。新建、改扩建幼儿园5处，新增普惠性学前教育学位1380个。国家卫生城市、全国文明城市创建推进。市妇保院、市妇女儿童活动中心投入使用。市人民医院成为山东第一医科大学附属医院。省、市、县三级联合购买文化惠民演出率先启动。市融媒体中心平台上线运行。新时代文明实践中心建设升级为国家试点，建成新时代文明实践站771处。战胜“利奇马”超强台风灾害，守护人民群众生命财产安全。扫黑除恶成效显著，全面打赢三年禁毒人民战争，完成中华人民共和国成立70周年庆祝活动安保。

【邹平市入选新时代文明实践中心全国试点市】 2019年，中央宣传部、中央文明办召开会议，部署启动深化拓展建设新时代文明实践中心试点工作，公布建设新时代文明实践中心全国试点县（市、区）名单，邹平市入选。邹平市实施星级评定量化考核、文明实践结对帮扶、积分制管理、“双讲双测双达标”、“树标杆　亮承诺”等措施，逐步探索出“一十百千万”（即建设一个市级新时代文明实践中心，打造十处新时代文明实践特色阵地，实施一百项新时代文明实践志愿服务项目，设立一千所新时代文明实践分中心、站，注册十万名新时代文明实践志愿者）新时代文明实践“邹平路径”。全市建成新时代文明实践站771处，新时代文明实践站实现“宜建全建”。评选出五星级新时代文明实践分中心16处，实践站133处。全市实名注册志愿者132497人，各类志愿服务队伍2237支；推出“学雷锋志愿服务站”“爱心妈妈”等30多个志愿服务品牌，开展志愿活动2186场次。丰富群众性文化活动，开展范公读书文化节、伏生诗会、新时代文明实践文艺巡演等107项重点文化活动，直接参与市民82.5万人次；拓展线上文明宣传渠道，集中采访、平台发布、特色亮点活动手机直播观看人数突破70万人次。

【邹平市获评“中国（区域）最具投资营商价值县（市、区）”】 2019年7月2日，《环球时报》联合中国民营经济国际合作商会共同举办的2019中国国际化营商环境高峰论坛暨《中国城市营商环境投资评估报告》发布会在北京举行。大会发布《中国城市营商环境投资评估报告》和“中国城市营商环境榜单”，并进行颁奖，邹平市获评“中国（区域）最具投资营商价值县（市、区）”。论坛以营造稳定公平透明、可预期的营商环境，加快建设开放型经济新体制为主题，解读当前全球经济格局下城市营商环境改革建设、政策走向，共同探索新时代下城市发展过程中的国际化之路。《中国城市营商环境投资评估报告》和“中国城市营商环境榜单”是环球时报舆情调查中心以各地方统计局发布的各城市统计公报中客观数据为主要依托，通过国内外数据库对中国城市的城市国际化、城市环境、城市创新、居民消费力、产业发展水平、经济发展水平、劳动力资源等进行数据整理，并结合境内外各领域专家见解得出。

【国内首家智能煤仓项目推进】2019年，国内首家智能煤仓集成系统——储配一体化煤仓项目在铁雄集团推进。该项目是集现代物流、原料管理、自动化配煤于一体的智能化电子平台，6个筒仓的11米平台、出煤仓皮带走廊及转运站正负零层基础均建成，与原有备煤系统实现对接。项目投资5亿澳元，建成后可同时满足5个煤种卸车，日接卸车500辆。其中自动化配煤系统、自动化汽车受料系统、计量系统、取制样系统以及皮带输送系统，可同时满足三套焦炉不同配比用煤需求，实现自动上仓、切换煤种，自动计量、取样，自动配量、配比。智能煤仓投产后，实现无人值守和机械化运作，可改善生态环境、提高清洁生产水平和节约集约用地。

【邹平市供销社蝉联全国百强县级社第一名】2019年，邹平市供销合作社再次排名全国百强县级社第一位。邹平市供销合作社全系统有经营服务设施19.6万平方米，大型物流配送中心3个，连锁经营日用消费品、农资服务、烟花爆竹服务网点1122个，建立综合性为农服务公司1处、为农服务中心19处，综合服务社120个，领办或主导建立农民合作社21个，社村共建村318个，14家基层供销社获评全国基层社标杆社。

【邹平成为全省首个省金融资产县级合作对象】2019年3月27日，山东省金融资产管理股份有限公司总经理张贵言一行到邹平市对接金融合作事宜。省金融资产管理股份有限公司是由省政府批准设立的省级金融资产管理公司，经中国银监会公布具备省内金融企业不良资产批量经营资质；至2018年度末，公司管理资产规模近800亿元，各项经营指标表现良好，管理包括企业重组发展基金、房地产重整基金以及金融资产投资基金等各类私募基金。邹平市成为全省首个省金融资产县级合作对象，双方在不良信贷资产化解处置及市场化基金投资等方面进行合作，优化区域金融环境。

【世界高端铝业峰会高端媒体滨州铝业行采访团到邹平采访】2019年4月19日，世界高端铝业峰会高端媒体滨州铝业行采访团到邹平市采访，《光明日报》、《中国有色金属报》、大众网、滨州电视台等50余家媒体的记者、编辑组成采访团，通过实地采风形式，到山东铝谷科技展览馆、魏桥铝深加工产业园、方霖铝业、裕航特种合金、魏桥创业集团等地，了解并记录邹平市铝产业发展成果。

【中国·滨州第三届“沿着黄河去码头”全国自行车精英赛】2019年11月16日，中国·滨州第三届“沿着黄河去码头”全国自行车精英赛暨山东省第五届沿海骑行大赛在滨州市高新区龙江湿地鸣枪开赛。比赛线路从滨州市高新区龙江湿地开始至邹平市码头镇梯子坝结束，全程约82.6千米。精英赛由山东省体育总会、滨州市体育局、滨州市文化和旅游局、邹平市人民政府、滨州高新技术产业开发区管委会主办，山东省自行车运动协会、滨州市体育总会、邹平市教育和体育局、邹平市码头镇政府承办。赛事分男子精英组、女子精英组、大众男子组、大众女子组4个组别，全国16个省（市、自治区）的650名骑手参赛，孔文生、王涛、焦彦静、王学丽分获四个组别冠军。

【2019邹平·码头站“沿着黄河去码头”半程国际马拉松比赛】2019年4月27日，邹平·码头站“沿着黄河去码头”半程国际马拉松比赛开赛。本次活动由滨州市体育局、邹平市人民政府联合主办，包括肯尼亚、埃塞俄比亚等5名外籍选手在内的2600余名运动员参加比赛。比赛设男、女半程马拉松、10千米健身跑、5千米迷你跑等项目。经角逐，肯尼亚的凯内斯基普里莫以1小时07分成绩获得男子半程马拉松冠军，唐辉以1小时19分成绩夺得女子半程马拉松冠军。

【4家企业入围省民营企业百强】2019年，省工商联、省工业和信息化厅、省农业农村厅、省商务厅、省税务局、省市场监管局等部门共同开展“2019年山东民营企业100强”评选活动，向社会公示入选名单，魏桥创业集团列全省民营企业

2019年11月16日，中国·滨州第三届“沿着黄河去码头”全国自行车精英赛暨山东省第五届沿海骑行大赛闭幕式在邹平市码头镇举行

（邹平市地方史志研究中心　供图）

百强第一名。西王集团（列 20 名）、创新金属科技股份有限公司（列 29 名）、三星集团（列 89 名）同时入围。邹平市坚持“工业强市”战略，推进新旧动能转换重大工程，进行工业经济尤其是民营经济存量调整、增量优化、结构升级，推动邹平经济发展。

【3 家企业入围 2019 年度山东省制造业高端品牌企业培育名单】 2019 年 5 月 10 日， 2019 年“中国品牌日”品牌发布会暨品牌高端论坛公布山东省制造业高端品牌企业培育名单，魏桥创业集团、金刚新材料股份有限公司、开泰抛丸机械股份有限公司 3 家企业入围年度山东省制造业高端品牌企业培育名单。入选名单是山东省市场监督管理局围绕新材料、装备制造、家用电器等 15 个行业，按照企业自愿、地方推荐、第三方评价、重点培育、动态管理原则评出的，全省 148 家企业入围。

【邹平开泰抛丸机械入选省级新旧动能转换行业（专项）公共实训基地】 2019 年 4 月 28 日，省工业和信息化厅公布全省 10 家 2019 年山东省省级新旧动能转换行业（专项）公共实训基地名单，全省 10 家基地入围，邹平开泰抛丸机械股份有限公司申报的“智能抛喷丸技术与应用公共实训基地”入选，成为滨州市唯一入选企业。省级新旧动能转换行业（专项）公共实训基地申报，要求企业为产业聚焦先进制造业和现代服务业，在同行业中居全省前三位有较高科研水平，并获省级以上科研成果等多项资格。开泰集团依托先进制造业优势，建设智能抛喷丸技术与应用公共实训基地，满足企业自身技能实训需要，同时面向其他院校、社会组织等提供专项技能实训、技术研发等服务，先后与山东大学、济南大学等高校建立企校合作模式。

【杏花河水质改善与生态修复 PPP 项目通过财政部入库审核】 2019 年 4 月，邹平市杏花河水质改善与生态修复 PPP 项目通过财政部入库审核。项目建设内容包括人工湿地工程、氟化物处理工程、雨污分流工程、净化水源综合利用工程以及杏花河与小清河连通工程等，是兼具废水深度处理、生态环境改善和修复于一体的多效益工程，总投资 1.79 亿元，采用 PPP 中的 BOT（建设—运营—移交）运作模式进行建设和管理。杏花河水质改善与生态修复项目建设可以有效削减杏花河流域河水中污染物质，改善河水水质，提高区域生态环境。

【魏桥实验学校获评“全国象棋特色学校”】 2019 年 5 月 1—3 日，“朝阳小学杯”全国象棋特色学校比赛暨 2019 年全国青少年象棋工作动员会在江苏省昆山市举行。魏桥实验学校代表队参赛并获评全国象棋特色学校（会员单位）称号，是滨州市唯一获此称号的学校。魏桥实验学校重视象棋特色教育，设置象棋课程，建立专门象棋教室，将象棋纳入学校校本课程，组建象棋班，利用每周三社团活动时间和周五课后托管时间进行集中训练。

【两部微电影获第七届亚洲微电影金海棠奖】 2019 年 11 月 7 日，第七届亚洲微电影艺术节“金海棠奖”颁奖典礼在云南省临沧市举行。20 多个国家的 4773 部作品参评，邹平市参评的《曲冬梅》《三亩半》获好作品奖。《曲冬梅》是根据全国道德模范提名奖获得者曲冬梅真实故事改编，讲述曲冬梅二十年如一日，照顾因农药中毒患病在床的小叔子不离不弃重获新生的故事。《三亩半》是一部农民自编自演反映农村土地流转微电影，以主人公流转自家三亩半土地为主线，宣传土地流转政策的作品。

【明集初中获世界教育机器人大赛冠亚军】 2019 年 12 月 14—15 日，世界教育机器人大赛（WER，即 World Educational Robot Contest）2019 赛季世界锦标赛在上海开赛，多个国家和地区的 3000 多支队伍，1 万多名选手参赛。邹平市明集中学两支参赛队伍“明集一队”和“明集二队”经初级赛、中级赛、高级赛三轮比赛，获得飞行教育机器人比赛冠军和亚军。WER 由世界教育机器人学会发起并主办，是针对全球 4 岁到 18 岁少年儿童国际性教育机器人比赛，旨在培养少年儿童科技素养及团队协作精神，训练少年儿童分析能力、创新能力和实践能力，被誉为教育机器人领域的“奥运会”。

【10 个村入选首批省乡村振兴示范村】 2019 年 12 月 17 日，省发展和改革委员会对拟认定的首批山东省乡村振兴示范名单进行公示。邹平市 10 个村入选示范村（社区），分别为：孙镇辉里村，焦桥镇东平村、牛家村，魏桥镇里八田村，临池镇大洞村、小临池村、王家村，长山镇大由村、东尉村，明集镇柴家村。省发展改革委等省直 11 部门，对首批开展示范创建的 10 个县（市、区）、100 个乡（镇、街）、1000 个村（社区），通过创建单位自评、第三方评估、省级联合审查等程序，开展评估认定工作。经省委、省政府同意，拟认定首批山东省乡村振兴示范县（市、区）8 个、示范乡（镇、街）90 个、示范村（社区）900 个。

（张佃鲁　王学超）

惠民县

【概况】 惠民县位于山东省北部，黄河下游。地处北纬 37°6′ ～ 37°36′，东经 117°16′ ～ 117°49′。东与滨州市滨城区、滨州经济技术开发区接壤，南隔黄河与邹平市、淄博市高青县相望，西与济南市商河县、济阳区毗连，北与阳信县为邻。县名由惠城东南惠民沟而得名。全县总面积 1363 平方千米，辖 15 个镇（街道），109 个社区。年末常住总人口 65.50 万人，人口自然增长率 5.61‰。年内，惠民县获“国家卫生县城”“国家园林县城”“全国电子商务进农村综合工程示范县”“山东省‘村播计划’试点县”“中国曲艺之乡”等称号。

全年实现生产总值190.09亿元，比2018年增长4.5%。第一产业增加值43.30亿元，第二产业增加值57.43亿元，第三产业增加值89.36亿元。固定资产投资78.19亿元，公共财政预算收入14.49亿元，公共财政预算支出35.26亿元。社会消费品零售总额133亿元，进出口总额15.27亿元。年末金融机构本外币存款余额252.55亿元，其中居民储蓄存款余额183.65亿元。

全县粮食播种面积11.60万公顷，粮食总产74.22万吨。水产品总产1.06万吨，肉、蛋、奶总产13.75万吨。全年新增造林面积2773.33公顷，林木绿化率24.26%。全县拥有农业机械总动力80.54万千瓦。规模以上工业企业135家，实现产值365.18亿元，全年工业增加值累计增速12.1%，实现利润13.29亿元。全年建筑业实现增加值4.87亿元。

公路通车里程2713.48千米。完成邮政业务总量6635万元。全县城镇化率32.29%。城市空气质量优良天数183天。AAA级及以上旅游景区10家，全年实现旅游总收入38亿元。

有中等职业学校2所，在校生2913人。普通中小学94所，在校生5.30万人。取得重要科技成果10项，专利申请量288件，授权专利176件。有博物馆1个，档案馆1个，公共图书馆1所，文化馆1个，广播、电视人口综合覆盖率均为100%。医疗卫生机构374所，有床位3171张，卫生技术人员4767万人。新建公共健身工程10个。

城镇居民人均可支配收入36441元，农村居民人均可支配收入16712元。居民基本养老保险参保人数37.84万人，新型农村合作医疗参合人数53.15万人。城镇最低生活保障人数1126人，农村最低生活保障人数12996人。全县有敬老院14所。

动能转换。落实“6+4+6”招商工作机制，引进过10亿元项目4个、过亿元项目22个、过5000万元项目58个，到位市外资金47亿元，完成市下达任务的165%。新储备项目167个，列入省新旧动能转换优选库项目8个、省市重点项目11个，争取专项债券资金12.45亿元。争取中央和省市预算内资金项目172个，到位资金12.84亿元。实施工业技术改造项目98个，完成投资24.6亿元。汇宏新材料12万吨置换电解铝产能达产运营，元旺电工科技高档电工圆铝杆项目建成投产，汉狮高档砂纸、万顺高品质冷轧薄板等项目加快建设，新能源新材料产业实现工业总产值200亿元，增长19%。中国绳网国际创新产业园项目开工建设，中国绳网文化体验中心、产业大数据平台建成投用，金冠网具获批山东绳网产业新旧动能转换创业创新示范基地，李庄镇获批创建山东省优质绳网基地，惠民县绳网数字经济园区获批省级成长型数字经济园区，化纤绳网产业实现工业总产值169亿元，增长12%。润龙高端风电装备制造基地项目、铸友机床高端数控机床部件项目开工建设，国创风能与金风科技实现深度合作，装备制造产业实现工业总产值50亿元，增长11%。引进培养省级以上高层次人才10人；引进硕博士93人、大学生879人。绳网生产力促进中心、黄河绳网先进技术研究院相继成立。山东省绳网标准化技术委员会落户惠民。注册商标852件，申请专利281件。获批院士工作站1家、省级专精特新企业1家，入选市级新兴产业“白名单”企业3家、隐形冠军企业2家、瞪羚企业1家、专精特新“小巨人”企业1家，获评市优秀企业家“银狮奖”2名、“铜狮奖”3名。申请认定高新技术企业10家，新增科技型中小企业25家，新建省市级创新平台15家。高新技术产业产值占规模以上工业产值比重52%。

乡村振兴。强化现代农业产业园示范引领，日产3万只菌包车间等项目建成投用，花木示范区等项目加快建设。新增农业龙头企业8家、农民专业合作社55家、家庭农场22家。3人获全国农村青年致富带头人（标兵）称号，11人入选“乡村之星”。新增土地流转面积1.33万公顷，土地流转率70.62%。麻店镇获批创建乡村振兴齐鲁样板省级示范区。胡集镇被认定为首批省级乡村振兴示范镇，9个村被认定为首批省级乡村振兴示范村。李庄镇获批首批山东省绿色能源示范村镇。淄角镇在全省率先完成全域村庄规划编制，获评全国村庄规划优秀案例。获批山东省林木种苗转型升级示范区。在全省新旧动能转换项目现场观摩中，惠民县代表滨州市向全省展示培育发展农业“新六产”创新实践成果。新增“三品一标”认证农产品12个，获省级知名农产品企业产品品牌4个，“惠民原耕”入围2019中国区域农业品牌影响力排行榜名单。第八届黄河三角洲绿化苗木交易博览会、全市2019中国农民丰收节系列活动在惠民县举办。

基础设施。乐安黄河公路大桥初步设计获得批复，接线工程惠民段完成地表清理；阳信至胡集里则铁路专线、济滨高铁线型确定。高青至商河高速前期工作有序推进，G233国道克黄线惠民段改建工程施工图设计获得批复。高标准实施棚改安居工程，5个安置小区6173套安置房全面开工建设。改造老旧小区25个。滨惠大道绿化提升、北城门修复、北关街和孙武三路东延等工程完工，仿古立面改造等工程持续推进。雨污分流工程完成33.52千米，城区内涝问题得到解决。提升东关大街等城区街巷7处、巷口35处。升级农村公路54千米，养护大中修181千米，改造危桥16座，建设客运站点150个。新建、改造10千伏线路200千米，建成供电台区120个。成功创建国家卫生县城、国家园林县城，省级卫生镇实现全覆盖。新建高标准农田3333.33公顷，深松土地5000公顷。完成投资1.16亿元，樊桥闸、幸福闸新建和灌区干沟清淤等水利工程竣工投用。成片造林2766.67公顷，发展林下经济826.67公顷。省级森林城市创建工作扎实开展。加强工业用地供应制度改革，完成“标准地”供应8宗17.51公顷，弹性出让3宗5.8公顷。

建成标准厂房15.39万平方米。报批建设用地194.2公顷，挖潜增减挂钩节余指标100.47公顷、耕地占补平衡指标258公顷，盘活闲置低效用地77.53公顷。

县域发展。政府机构改革和乡镇行政管理体制改革完成。警务协作区机制改革经验得到省委领导批示肯定，被确定为全省基层社会治理创新案例并在全省推广。深化“一次办好”改革，创新实施工程建设项目“拿地当日就开工”审批模式，营商环境更加优化。新增市场主体9546户，总量4.09万户，比2018年增长22.83%。成立综合外贸服务平台3家，对外贸易更加便利。李庄、姜楼获评2019年中国淘宝镇，中国淘宝村增加到20个，获批创建全国电子商务进农村综合工程示范县。举办第七届中国淘宝村高峰论坛，惠民知名度、美誉度和影响力空前提升。与阿里巴巴集团签署战略合作框架协议，成为阿里巴巴集团确定的全国4个数字乡村试点县之一。电商发展经验得到省政府领导批示肯定。第十一届海峡两岸（滨州）孙子文化论坛举办。魏集古村落二期主体完工，圣哥帝湾水上乐园投入运营。孙子故里森林公园获评国家AAA级景区。黄河三角洲花木小镇入选省级服务业特色小镇。全县接待游客462万人次，增长13%。被认定为首批山东省全域旅游示范区。落实减税降费政策，减轻企业负担2.5亿元。聘请12名优秀企业家担任县政府经济顾问，参与县内重大经济决策。山东省绳网商会落户惠民县，是全县首个省级行业商会平台。

攻坚任务。统筹推进“四减四增”三年行动计划，落实“1+1+10”工作方案，健全环境监管体系。完成提标改造企业36家，整治造粒企业56家。完成清洁取暖改造4.4万户。可吸入颗粒物、细颗粒物、二氧化硫平均浓度分别比2018年改善3.6%、8.2%和15%。环境空气质量优良天数比2018年增加16天。生活垃圾焚烧发电项目主体完工。完成“深化清违整治、构建无违河湖”专项行动任务。省控徒骇河和市控南支流、大商沟水质稳定达标。建成扶贫智慧管理平台，实现贫困人口信息零差错管理，10721户21653人享受扶贫政策，“两不愁三保障”各项措施有效落实。黄河滩区脱贫迁建工程在全市率先交房入住。建立“5+4+12”产业扶贫模式，发放扶贫收益1431.05万元。医疗救助和医疗商业补充保险实现贫困人口全覆盖。开展增信贷、降不良、打逃债系列活动，处置不良贷款17.46亿元，不良率较年初下降1.53个百分点。数字化普惠金融项目上线运行。全县各项存贷款余额分别为252.55亿元、189.03亿元，比2018年增长9.6%和6.4%。合力应对春旱和“利奇马”强台风灾害影响，保障群众正常生产生活秩序。强化隐患排查治理，安全生产形势总体平稳。开展省级食品安全先进县创建，食品药品安全形势稳定向好。推进扫黑除恶专项斗争向纵深发展，促进全县社会治安局势持续稳定。

民生事业。民生支出29.22亿元，占一般公共财政支出的82.9%。推进解决大班额工程和第三期学前教育三年行动计划，改扩建学校4处，新建、提升幼儿园37处，实现城区“有房住、就有学上”目标。第一实验学校东校区选址确定，职业中专新校加快建设，实验中学投入使用。深化集团化办学改革，推动学校教育联盟向纵深发展，教育教学质量稳步提高。全民健身中心主体完工。健康医疗集团组建运行，紧密型医共体初步建立。基层医疗卫生机构标准化建设稳步推进，12家镇办卫生院、2处社区卫生服务中心、226家村级卫生室通过验收。为80周岁以上老年人落实“银龄安康工程”政府统保政策，60周岁以上老年人家庭医生签约率90%。支持创业带动就业，城镇新增就业5492人。城市、农村低保月人均补助标准分别提高到370元、245元。落实经济困难老年人补贴制度，农村特困人员基本生活标准提高到每人每年6400元。实施文化惠民工程，建成融媒体技术平台，着力讲好“惠民故事”。胡集书会被列入国家《曲艺传承发展计划》，曲艺保护传承工作经验全省推广。成功创建“中国曲艺之乡”。发挥为民服务中心功能，办理群众来电来信2.2万件，满意率94.5%。退役军人服务保障体系全面建立，双拥工作成效显著。

【第七届中国淘宝村高峰论坛在惠民县举行】 2019年8月29—31日，“淘宝惠民·数智乡村”第七届中国淘宝村高峰论坛在惠民县举办。论坛以“淘宝惠民　数智乡村”为主题，聚焦淘宝村十周年发展。国内外专家学者、国家部委、省市相关领导、全国淘宝村（镇）代表以及电商领域专家学者等1500多人出席论坛。联合国副秘书长兼联合国亚太经社会执行秘书阿里沙赫巴纳为论坛开幕专发视频致辞；阿里巴巴集团董事局主席马云出席开幕式并致辞，为中国淘宝村“十年十人”颁奖。世界银行、联合国世界粮食计划署、阿里巴巴研究院等在论坛作主题报告和演讲。开幕式还举行2019淘宝村（镇）授牌仪式。

【第八届黄三角绿化苗木交易博览会开幕】 2019年4月20—22日，第八届黄河三角洲（滨州·惠民）绿化苗木交易博览会在皂户李镇中国北方花木博览园举行。天津、河北、河南、江苏、新疆等省市多家苗木展商和园林设计单位、施工企业、知名苗圃、行业协会组织、苗木经纪人、电商平台参会。本届博览会以“交流合作、创新发展”为宗旨，突出“同聚苗木之乡，共建美丽中国”主题，展示绿化苗木、观赏苗木、容器苗木、造型苗木、耐盐碱植物、盐碱地治理技术、花木资材、园林机械、绿地景观、插花花艺、盆景艺术等绿化苗木产业发展成果。展会期间，举办2019黄河三角洲耐盐碱植物开发与应用高峰论坛、全国十佳耐盐碱苗木擂台赛及中国白蜡、国槐产业沙龙。

【国内首个绳网标准化委员会落户李庄镇】 2019年4月3日，山东省绳网标准化技术委员会在惠民县成立，秘书处设在全国最大绳网产业基地李庄镇。该协会为全国首个绳网行

2019年4月3日，山东省绳网标准化技术委员会成立大会暨第一届第一次全体会议在惠民县李庄镇召开　（市体育局　供图）

业标准化技术委员会，也是惠民县成立的第一个专业标委会。山东省绳网标准化技术委员会由11名国内高校及省内绳网企业技术成员组成，主要负责制（修）订地方标准详细专业领域及标准体系表，加强标准应用推广，培养业务人才，建设专业团队等，通过标准制定实施，逐步完善绳网类产品标准，促进绳网行业向高科技、高质量发展。

【惠民县获评2019年国家电子商务进农村综合示范县】 2019年8月23日，商务部公布2019年电子商务进农村综合示范县名单，惠民县入选。国家电子商务进农村综合示范县评选由国务院扶贫办联合商务部、财政部开展，2019年215个县入选。惠民县依托绳网及苗木产业优势，加快电子商务发展，全县推进县镇村物流体系、农产品质量保障监督流通体系建设，建立农村电子商务服务站点，加大农村电子商务人才培训力度，实施电子商务进农村综合示范工程，推出惠民鲜吃、供销e家、惠民原耕、一缕阳光等线上平台。

【惠民县入选淘宝直播“村播计划”试点县】 2019年5月16日，山东省商务厅与阿里巴巴集团联合在山东广播电视台新大楼一层大厅启动淘宝直播“村播计划”，惠民县入选“村播计划”试点县。“村播计划”由阿里巴巴提供1亿元扶贫基金，重点在商家直播账号政府邀约开通、培养直播达人、淘宝直播村播公益时计划等方面给予支持。惠民县计划培训直播达人100名，推出直播热门产品80余种，重点侧重农产品开发。

【胡集书会列入国家曲艺传承发展计划】 2019年7月12日，文化和旅游部印发《曲艺传承发展计划》，惠民县传承800余年的国家级非物质文化遗产——胡集书会，被列入曲艺传承发展计划。重点扶持马街书会、胡集书会等民间曲艺展示交易集市发展。惠民县按照“政府买单，送书下乡”理念，以还原胡集书会本色为主线，举办、传承胡集书会，打造“原生态”品牌，胡集书会入选第一批国家级非物质文化遗产名录，《胡集书会》民俗影像志入选文化部“中国节日志”，胡集镇获评“中国曲艺文化之乡”“山东曲艺之乡”称号。

【惠民县入选山东首批全域旅游示范区】 2019年12月16日，山东省首批全域旅游示范区名单出炉，惠民县入选。惠民县围绕“旅游富县”目标，打造“孙子故里·惠民”旅游城市品牌，推进“古韵慢城，乐安惠民”建设，构建北部孙武古城兵学体验、南部魏集古镇黄河风情、东部温泉康体休闲养生、西部森林公园天然氧吧的全域旅游格局，探索平原地区发展全域旅游模式。

【麻店示范区入选乡村振兴齐鲁样板省级名单】 2019年8月16日，省农业农村厅发布《关于批准创建2019年乡村振兴齐鲁样板省级示范区的通知》，公示40个乡村振兴齐鲁样板省级示范区名单，惠民县麻店示范区入选。示范区创建重点任务，主要实施“六个双提升行动”，即实施乡村产业发展“双提升”行动，提升农业产业化发展水平和高质量发展水平，每个示范区培育1至2个特色鲜明、有一定规模的主导产业或园区；实施农村环境治理“双提升”行动，提升农村生活环境质量和生态环境质量，村庄生活垃圾无害化处理率98%以上，污水集中处理率超过全省平均水平；实施村级组织发展“双提升”行动，提升村级党组织建设水平和集体经济发展水平，示范区内村均集体收入每年不低于10万元；实施农民技能收入“双提升”行动，每个示范区建设至少1处乡村人才技能培训基地，示范区内农村劳动力普遍掌握1至2门实用技术，农民人均可支配收入高于全县平均水平20%以上；实施乡村文化旅游“双提升”行动；实施农村改革“双提升”行动。

【首届黄河（山东惠民）国际马拉松比赛】 2019年10月20日，“波涛绳网杯”首届黄河（山东惠民）国际马拉松比赛开赛，国内外5000多名参赛选手参赛。赛事设置3个组别，分别是全程42.195千米马拉松、半程21.0975千米马拉松和迷你6千米马拉松。比赛地点为惠民县黄河大堤。经过角逐，中国选手刘玉林以2小时36分41秒的成绩获全程马拉松男子组第一名，中国选手胡伟新以3小时50分54秒的成绩获全程马拉松女子组第一名；肯尼亚选手爱思·基普科若以1小时07分59秒的成绩获半程马拉松男子组第一名，埃塞俄比亚选手提字塔·科特以1小时25分42秒的成绩获半程马拉松女子组第一名。黄河（山东惠民）国际马拉松是中国田径协会最高级别马拉松赛事之一，也是全国首个在黄河大堤上举办的马拉松赛事。

【省级林木种苗转型升级示范区】2019年12月，省自然资源厅公示2019年度山东省林木种苗和花卉产业转型升级示范区等认定名单，惠民县获评全省唯一林木种苗转型升级示范区。惠民县艺迈苗木种植专业合作社、山东鑫诚现代农业科技有限责任公司被评选为山东省林木种苗龙头企业，山东圣豪植物科技有限公司被评选为山东省观光苗圃。惠民县注重培育苗木产业，促进产业集群发展、企业集中布局、资源集约利用、功能集合构建，引导苗木经营户和育苗大户，逐步向公司化、规模化发展，发挥企业示范带动作用，推动当地苗木产业升级发展。

【上海市农业科学院惠民香菇菌种研发中心揭牌】2019年12月25日，上海市农业科学院惠民香菇菌种研发中心揭牌仪式在皂户李镇齐发果蔬有限公司举行。研发中心围绕科技创新，服务惠民食用菌产业技术需求，解决食用菌产业技术问题，推进适用科技成果转化应用。食用菌产业是惠民县重点培植的农业主导产业之一，全县食用菌面积950万平方米，年产量16.5万吨，产值15.1亿元。惠民县先后获评全国食用菌文化产业建设先进县、全国食用菌产业化建设示范县、山东省食用菌行业先进县、全国食用菌产业化建设示范县等称号。

（赵　崭）

阳信县

【概况】阳信县地处山东省北部，鲁北黄泛平原，徒骇河、马颊河下游，德惠新河东岸。东靠滨州市沾化区、滨城区，南接惠民县，西临济南市商河县、德州市乐陵市，北连无棣县、德州市庆云县。地理坐标为北纬37°26′～37°43′，东经117°15′～117°52′。阳信县因汉代名将韩信自燕伐齐屯兵于古笃马河之阳而得名。全县总面积798.46平方千米，辖10个乡镇（街道），854个行政村。年末常住总人口44.45万人，人口自然增长率4.28‰。年内阳信县被国务院表彰为全国民族团结进步模范集体；获评山东省乡村振兴示范县、山东省“两全两高”农业机械化示范县、山东绿色优质小麦订单种植地县。“千牛万羊进山东　牛县牛企联内蒙”跨区域扶贫模式得到中共中央政治局委员、中宣部部长黄坤明指示肯定。

全年实现生产总值219.22亿元，比2018年增长5.0%。第一产业增加值29.02亿元，第二产业增加值86.51亿元，第三产业增加值103.70亿元。固定资产投资比2018年下降14.6%，地方一般公共预算收入13.50亿元，地方一般公共预算支出27.81亿元。社会消费品零售总额比2018年增长4.6%，进出口总额11.82亿元。年末全县金融机构本外币各项存款172.60亿元，其中住户存款余额122.56亿元。

全县粮食播种面积6.76万公顷，粮食总产42.53万吨。水产养殖实际利用面积有所减少，全年生产各类水产品14998吨，肉、蛋、奶总产13.84万吨。全年完成合格造林面积0.25万公顷。规模以上工业企业103家，实现增加值50.77亿元，实现主营业务收入373.89亿元，实现利润20.99亿元，实现利税43.82亿元。全年建筑业实现增加值91.54亿元。

公路通车里程1722.21千米。完成电信业务总量16787.26万元，邮政业务总量4790万元。AAA级及以上旅游景区5家，全年实现旅游消费总收入17.68亿元。

中等职业学校1所，在校生3032人。普通中小学64所，在校生5.74万人。全年取得重要科技成果4项，获得市级及以上科学技术奖4项，专利申请量572件，授权专利226件。广播电视覆盖率100%。医疗卫生机构384所，实有床位1717张，卫生技术人员2641万人。全年参加市级及以上体育比赛获奖牌425枚。

城镇居民人均可支配收入36098元，农村居民人均可支配收入16131元。居民基本养老保险参保人数27.13万人；居民基本医疗保险参保人数40.7万人。

“双招双引”。抓好“双招双引”一号工程，全面构建“10+5+N”招商模式。组织举办2019京津冀项目恳谈会、世界高端铝业峰会阳信经贸洽谈等招商推介活动。与光大、万华、中广核等世界500强、中国500强等行业领军企业合作。签约立项项目31个，实际到位资金44.5亿元，完成全年任务的153%。新增省市级人才平台载体22个。柔性引进省部级以上高层次人才7人、硕士研究生35人。亿利源董事长杨振刚入选省服务业专业人才并获奖励。在全市率先建成普惠金融超市，入驻金融服务机构38家，实现融资9747万元。3家企业在齐鲁股权交易中心挂牌。不良贷款较年初减少6.8亿元，不良贷款率降低4.6%。探索经济开发区“管委会＋公司”运营新模式，成立平台公司3家、园区公司3家。

新旧动能转换。8个项目获批地方政府专项债券资金11.5亿元。10个项目获中央、省预算内资金扶持1.18亿元。6个项目入选省新旧动能转换第二批优选项目库。16个项目入选市100个新兴产业项目库。11家企业进入市新兴产业中小企业“白名单”，企业数量、授信额度、贷款额度均居全市第一。争取市重点项目14个，项目数量连续两年全市第一。阳信化工产业园被批准为省级化工园区。京阳科技被认定为省第三批瞪羚企业，牵头制定1项团体标准并发布，针状焦产品进入日本等国际高端市场。龙福环能成为全国工业产品绿色设计示范企业。瑞鑫集团入选省人工智能试点示范企业。泰锐电子获批高端装备制造业领军企业。6家企业通过高新技术企业专家评审。新增上云企业10家。获批国家地理标志商标3件、马德里国际商标4件，获山东优质品牌3个。瑞鑫地毯文化艺术博物馆被认定为国家AAA级旅游景区。三阳翰墨进入省百强重点旅游项目库。水落坡民俗文化产业园被认定为省现代服务业集聚示范区。

乡村振兴。4个项目入选省乡村振兴重大项目库，获贷款3.7亿元。鲁担惠农贷完成6985万元。举办“智汇阳信 共谋发展”2019乡村振兴齐鲁样板高峰论坛。美丽乡村提档升级200个、全覆盖乡镇2个，标准化覆盖率91.6%。创建美丽庭院4524户。农村产权交易平台搭建完成，全县累计流转土地2.19万公顷，规模经营化率74%。广富畜产品成为农业产业化国家重点龙头企业。阳信县肉牛产业园成功创建省级现代农业产业园。培育市级新型农业经营主体18家。8个特色农产品参评中国林产品交易会全部获奖。获评省“两全两高”农业机械化示范县、山东绿色优质小麦订单种植地县。发展新型集体经济做法，入选省首批乡村振兴可复制、可推广典型经验，在《大众日报》刊登宣传。生物质清洁取暖模式持续受到国内外专家学者关注，阳信县被授予中国北方农村清洁取暖典型模式示范基地，入选国家能源局案例汇编。

人居环境。全省首家先行先试“公改铁”项目——汇宏新材料铁路专用线正式开通，完成铁路货运量260列91万吨。城区2路公交线路入选交通运输部“我的公交我的城”“新能源公交高品质线路”推选宣传展示活动。城区集中供热推广工程完成41.6万平方米。老城53个小区进行雨污分流改造。河东二路南北延伸等工程推进建设。新增绿化面积1万平方米。2586户棚改安置房建设进展顺利，新启动12个片区688户。完成农村危房改造689户、围护结构改造951户、土坯房整治1409户、旱厕改造1771户、煤改气980户。“四好农村路”建设完成233千米，改造危桥4座。完成合格造林面积2533.33公顷，打造路网水系绿色廊道466.67公顷。创建国家森林村居3个、省森林村居4个、市森林村居13个、市森林乡镇1个。推进节水型社会达标建设，通过省级技术评估验收。47处河湖违建全部清除。协调引蓄黄河水9900万立方米。环境质量不断改善，空气质量优良天数比2018年增加23天，重污染天数比2018年减少2天。白杨河、钩盘河断面COD（化学需氧量）比2018年改善19.4%、31.9%，氨氮比2018年改善50.9%、18.7%。环沃环保一期年处置3万吨危废项目投入运营，装备技术水平国内领先。

民生福祉。31处校舍项目和13个运动场竣工验收，新建、改扩建幼儿园15处。高考自招上线、本科上线增长率均位列全市第一。职业中专省中职示范校项目立项，获1000万元省财政资金支持。在全市第十九届运动会上获235枚金牌，居全市第二。10处乡镇（街道）卫生院（中心）、200处村卫生室，全部达到标准化建设要求。落实医疗救助兜底保障，医保“一站式”服务覆盖率100%。龙兴养老康复服务中心入选省首批医养结合典型案例。一次性通过国家卫生县城明察技术评估，2个乡镇被命名为国家卫生乡镇。发放创业担保贷款4200万元，新增城镇就业4852人。推进县综合文化中心建设，8处乡镇（街道）文化馆、图书馆分馆挂牌。开展不动产登记历史遗留问题处置，办理不动产登记业务13018件，1人获省不动产登记业务技能竞赛金奖。组建县退役军人事务局，“一中心两站”退役军人服务保障体系基本形成，悬挂光荣牌13921块，发放优抚、慰问等各类资金6650万元。开展民族团结进步创建，9月27日，继2009年之后再次被国务院表彰为全国民族团结进步模范集体。智慧阳信“视频云平台”上线运用。家事纠纷品牌调解室县域全覆盖。“五化监管”智慧矫正新模式全省推广，省、市智慧矫正现场推进会在阳信县召开。各类案件万人比继续保持全市最低，群众安全感满意度连续两年全市第一。全年实现非访“零登记”。群众对信访部门、责任单位满意率全市唯一保持双100%。县信访局作为滨州市首批“全省人民满意窗口”创建单位通过省信访局验收。脱贫攻坚推进，133个省定重点贫困村全部达到脱贫标准，贫困群众8444户15270人收入稳定达到4200元以上，158个扶贫项目实现收益1145万元。

【中国·阳信第六届鼓子秧歌文化艺术活动举办】 2019年2月15—18日，中国·阳信第六届鼓子秧歌文化活动举办。洋湖乡20余支秧歌队伍、千名秧歌演员进行鼓子秧歌、旱船、落子等民俗表演。鼓子秧歌人物角色由固定的伞、鼓、棒、花组成，一般由70多人组成一个演出队。洋湖乡建有鼓子秧歌文化协会，村村有秧歌队和文化大院，在全乡中小学开设鼓子秧歌课程，与山东省艺术学院舞蹈学院建立长期合作关系。1月，洋湖乡被文化和旅游部授予“中国民间文化艺术之乡”。自2014年，阳信县连续举办六届鼓子秧歌文化艺术活动。

【阳信职专入选省示范性中等职业学校建设工程立项建设单位】 2019年3月20日，阳信县职业中专入选第三批山东省示范性中等职业学校立项建设单位。学校立足阳信县域对接产业，围绕县域油气化工、不锈钢加工、电子信息等8大主导产业，开设化学工艺、机械加工技术、电子商务等8个专业，其中3个省示范性专业入选省级品牌专业建设项目。学校与联想集团、上汽通用五菱等30多家企业联合办学，有专业建设指导委员会8个、实习实训基地28个，制定人才培养方案8个，开发校本教材19本。学校教师获“创新杯”说课比赛国家一等奖7个、省一等奖7个，学生获省职业院校技能大赛一等奖6个、二等奖9个、三等奖13个。学校连续3年承办省职业院校化工生产技术技能大赛和滨州市职业院校技能大赛。创办省内首家县域开放式老年大学——阳信县老年开放大学，年招生600余人。开展职业农民、下岗职工再就业、企业职工等培训，年均培训5100人次。

2019 年 3 月 22 日，阳信县被中国农村能源行业协会授予“北方农村清洁取暖典型模式示范基地”
（阳信县工业和信息化局　供图）

【阳信县获评中国北方农村清洁取暖典型模式示范基地】 2019 年 3 月 22 日，在 2019 中国（廊坊）农村清洁取暖高峰论坛暨清洁取暖县长论坛上，阳信县被中国农村能源行业协会授予中国北方农村清洁取暖典型模式示范基地，该基地全国仅 3 个。自 2017 年，阳信县为统筹解决群众冬季清洁取暖问题，县委、县政府在推进“煤改气”“煤改电”清洁取暖改造同时，探索实施生物质清洁取暖改造试点，阳信县清洁供热案例入选国家能源局编纂的《北方地区冬季清洁取暖典型案例汇编》。

【第三十届梨花会暨第九届黄河三角洲民俗文化节举办】 2019 年 4 月 1—15 日，第三十届梨花会暨第九届黄河三角洲民俗文化节在阳信县举办。其间，举办 2019 诚信阳信银政企恳谈会、中国阳信第四届肉牛产业集群发展高层论坛、第三届水韵梨乡（摇滚）音乐节、第三届烹饪大赛暨阳信美食展、第九届黄河三角洲民俗文化节等系列主题活动。

【阳信县通过国家卫生县城技术评估】 2019 年 4 月 20 日，阳信县创建国家卫生县城技术评估情况反馈会召开，反馈评估情况和初步结果。专家组一致认为，阳信县城整体卫生水平达到国家卫生县城标准要求，建议通过此次技术评估。

【阳信县获“山东绿色优质小麦订单种植地县”称号】 2019 年 5 月，在滕州市召开的 2019 年山东绿色优质小麦现场观摩暨产业研讨会上，阳信县被确定为 2019 年优质专用小麦重点推广县，并被授予“山东绿色优质小麦订单种植地县”称号。阳信县是全国优质麦生产基地、全国粮食生产先进县、山东省粮食生产先进县，是全国最大的面粉加工基地之一，全县小麦种植面积 3.67 万公顷，优质麦总产 2 亿多千克。阳信县推广“优质麦＋企业＋基地＋农户”模式，为农民提供系列服务，发展优质麦产业。

【西河大鼓《临潼山救驾》入选全国非遗曲艺周展演】 2019 年 9 月，全国非遗曲艺周在济南举行，全国遴选参演项目 131 个，阳信县文化馆选送西河大鼓《临潼山救驾》入选展演，是滨州市唯一参演节目，《临潼山救驾》由阳信县西河大鼓省级非遗传承人王秀兰演唱。

【阳信县再获全国民族团结进步模范集体称号】 2019 年 9 月 27 日，国务院第七次全国民族团结进步表彰大会在北京举行，阳信县人民政府继 2009 年之后，再获“全国民族团结进步模范集体”称号，县委书记栾兴刚代表阳信县现场领奖，并获邀参加国庆阅兵观礼。

【阳信产品“添彩”国庆大阅兵】 2019 年 10 月 1 日，庆祝中华人民共和国成立 70 周年国庆阅兵式上，天安门广场和观礼台所用的 2.4 万平方米“国旗红”地毯，由龙福环能科技股份有限公司生产，地毯由废旧塑料回收利用生产出的再生涤纶地毯专用纱线编织而成，具有阻燃、抗污、抗紫外线功能，消耗掉 40 余万个废旧矿泉水瓶；阅兵靴所用牛皮全部由阳信瑞丰集团有限公司提供，价值 3000 万元。

【2019 乡村振兴齐鲁样板高峰论坛在阳信召开】 2019 年 10 月 15—16 日，以“聚力乡村振兴发展　推进县域产业兴旺”为主题的“智汇阳信　共谋发展”2019 乡村振兴齐鲁样板高峰论坛在阳信县举办。农业农村部生态与资源保护总站、省农业农村厅等有关领导、专家 300 余人参会。论坛重点围绕乡村振兴战略及齐鲁样板示范区解读、乡村振兴相关优势产业以及乡村振兴与农村电商、农村能源、美丽乡村规划建设等内容进行交流。论坛现场，阳信县有关部门、乡镇等与相关组织机构、企业签约。参会人员考察阳信肉牛、鸭梨、生物质取暖等特色企业及乡村振兴项目。论坛期间，举行 2019 中国生物质能源产业发展与清洁取暖（阳信）峰会、2019 中国肉牛鸭梨产业发展与品牌建设（阳信）峰会。

【普惠金融超市投入运营】 2019 年 11 月 21 日，阳信县普惠金融超市运营模式说明会举行，普惠金融超市投入运营。阳信普惠金融超市立足金融供给侧结构性改革，按照“政府引导、银企参与、共赢发展”原则，构建线上线下相结合，“一站式”“综合化”“生态化”金融平台，旨在缓解民营企业融资难、融资贵、居民百姓投资难问题，净化金融环境，防范金融风险。

【东路梆子《谁迷糊》参加全省展演】2019年11月，省文化和旅游厅在济南举办“放歌新时代—山东省乡村题材优秀文艺作品集中展演”，全省有4部大型剧目、12部小型戏剧、24个舞蹈曲艺小品和歌曲节目入选展演。展演期间，山东省文化和旅游厅组织专家进行评奖，阳信县非遗中心小戏东路梆子《谁迷糊》参加展演并获小戏小品类一等奖。

【阳信县获评省“两全两高”农业机械化示范县】2019年12月11日，阳信县入选山东“两全两高”农业机械化示范县。年内，阳信农业生产综合机械化率96.44%，高效植保机械化能力、烘干机械化能力、秸秆处理机械化率分别为85.2%、75.7%、91.3%。农机化向林果业、畜牧业延伸，林果生产微灌与水肥一体化建设应用面积0.2万余公顷，推广应用率27.6%。畜牧青饲料收获、畜禽养殖、畜禽粪污和病死畜禽无害化处理机械化程度提升。阳信县率先在全市推行创建“四个二”农机示范点（2个全程机械化、2个作业规模化、2个生产集约化、2个服务品牌化），全年注册农机合作社57家，4家农机合作社获全省农业经营服务组织农机安全生产管理示范单位，7家合作社被认定为滨州市“四个十”（10个作业规模化、10个全程机械化、10个生产集约化、10个服务品牌化）农机示范点。各类机具保有量4000余台，农机总动力7万千瓦，固定资产1亿余元。服务面积辐射全县10个乡镇（街道）以及周围10多个县市。

【阳信县入选山东省乡村振兴示范县】2019年12月，阳信县获评滨州市首个“山东省乡村振兴示范县”，创建验收成绩位列全省第三。阳信县在全市率先完成县级乡村振兴战略规划，制订“五大振兴”工作方案，建立“五大振兴”项目库，确定162个乡村振兴类项目，4个项目被列入省乡村振兴重大项目库。突出地方特色，探索实施种养结合农区养牛、智慧高效节水灌溉、生物质清洁取暖等新模式。9月，阳信县发展新型集体经济、探索乡村全面振兴的典型经验入选山东首批七种乡村振兴可复制可推广典型经验做法。

（董瑶琳）

无棣县

【概况】无棣县地处山东省北部，东北濒临渤海湾，东南连滨州市沾化区，南靠阳信县，西接德州市庆云县，北以漳卫新河为界与河北省海兴县、黄骅市为邻。县名因境内有无棣沟（水）而得名。全县总面积2089.77平方千米，辖12个镇（街道），589个村。年末常住总人口49.09万人，人口自然增长率4.15‰。年内获评紧密型医共体建设国家试点县、“四好农村路”全国示范县、国家级农产品质量安全示范县、中国好粮油示范县。

全年实现生产总值231.36亿元，比2018年增长5.2%，其中第一产业增加值38.08亿元、第二产业增加值85.9亿元、第三产业增加值107.38亿元。固定资产投资下降15.7%，地方一般公共财政预算收入16.92亿元，地方一般公共预算支出32.12亿元。社会消费品零售总额111.93亿元，进出口总额18.16亿元。年末金融机构本外币存款余额241.40亿元，其中居民储蓄存款余额152.52亿元。

全县粮食播种面积105.01万亩，粮食总产40.68万吨。水产品总产14.36万吨，肉、蛋、奶总产17.19万吨。全年新增造林面积3.94万亩，林木绿化率26.14%。全县拥有农业机械总动力64.17万千瓦。规模以上工业企业101家，实现主营业务收入375.47亿元，实现利润6.26亿元，实现利税17.0亿元。全年建筑业总产值21.8亿元。

公路通车里程2113.8千米，其中高速公路通车里52.27千米。公路旅客运输量67.34万人次，货物运输量2757万吨。AAA级及以上旅游景区9家，全年实现旅游总收入21.6亿元。

有中等职业学校3所，在校生2448人。普通中小学76所，在校生58592人。专利申请量950件，授权专利407件。有博物馆2个，档案馆1个，公共图书馆1所，文化馆1个，广播、电视人口综合覆盖率均为100%。医疗卫生机构27所，有床位1817张，卫生技术人员2042人。

城镇居民人均可支配收入36280元，农村居民人均纯收入18006元。全县城镇职工养老、城镇职工医疗、工伤、生育、失业五项社会保险参保人数分别为6.18万人、4.37万人、2.74万人、2.55万人、3.02万人。全县城乡居民基本养老保险参保人数21.52万人，居民基本医疗保险参保人数38.5万人。全县城乡低保对象7586人，其中农村低保对象7223人。

工业经济。全县规模以上工业增加值增长15.6%；规模以上工业企业实现主营业务收入375.47亿元、利润6.26亿元、利税17.0亿元，分别增长6.8%、75.4%和30.3%。工业用电量增长9.5%。更新新旧动能转换重大项目库，动态储备总投资646亿元的114个“3+5”产业项目。鲁北磷酸铁锂联产磷酸铁一期、碳酸锂新材料、5000吨溴素高盐海水综合利用、鑫岳氯化钙、优剂新材料、蓝洁污水处理等项目建成投产，鑫岳清洁油品加工、鲁北6万吨氯化法钛白粉、碧水源海水淡化、三岳环氧丙烷、棣洲智汇物流港、龙拓新材料等项目加快建设。年内，获得全市优秀企业家“金狮奖”2名、“银狮奖”2名、“铜狮奖”3名。鑫岳化工、鲁北企业集团、三岳化工分别实交税金6.7亿元、3.5亿元、1.19亿元，鲁北企业集团入选中国品牌价值榜、成为全国首家企业型国家生态工业示范园区，鑫岳化工列中国民营化工企业百强榜第37位。鲁北高新区增量配电业务列入国家改革试点，大幅降低企业生产成本。经济开发区完成标准化厂房建设17.5万平方米，与晟蒙新材料等7家企业达成入驻协议。新海工业园通过省级化工园区认定，成为首批中国涂料工业协会涂料园区工作委员会委员单位。东风港园区获批省海洋特色产业园，港口年吞吐量3500万吨。

农业农村经济。无棣县乡村振兴战略规划及五大振兴工作方案编制实施，成为全国农村二轮土地延包到期后再延长30年试点县、全省“两高两全”农业机械化示范县。完成粮食、棉花“两区”划定工作，完成土地流转3.9万亩，土地流转率67.4%。天颐康、智诚鸭业、渤海黑牛、十里香产业链条加快延伸，年出栏家禽5500万只、生猪34万头、肉羊18.5万只、肉牛7.5万头，肉类总产量12万吨。培育新型农村经营主体，创建市级现代农业产业园2家，佘家镇为农服务中心建设完成。新增市级重点农业龙头企业6家、农民专业合作社67家、家庭农场39家、齐鲁乡村之星1人，认定新型职业农民200人。“虾贝虫藻”特色渔业加快发展，正海集团院士工作站成立，建成新创底播型海洋牧场自升式安全服务平台，二十二碳六烯酸（DHA）油脂提取精制技术获国家专利。友发建成省盐田卤虫与微藻开发技术创新中心、华北海水苗种良种繁育中心。完成成片造林3.95万亩，新建农田林网3.47万亩，新增道路水系绿化210千米，发展林下经济1.33万亩，创建省级森林村居4个、市级森林乡镇1个、市级森林村居13个。簸箕李引黄灌区条渠清淤、全家河治理及青波河佘家闸除险加固等工程建成投用。

“双招双引”。无棣县出台加强民营经济、加快开发、加大投入、优化营商环境等政策，获全市“双招双引”现场观摩暨加快高质量发展大会综合评比第三名。举办“2019山东无棣承接京津冀产业转移推介路演”等活动，江苏雅克阻燃剂、香港华盛纺织产业园、北京居然之家等项目签约落户。全年签约立项项目57个，实际利用县外资金62亿元，实际利用外资1503万美元，创历史新高。实现进出口总额18.2亿元，比2018年增长27.5%。争取中央扶持资金5615万元、专项债6亿元。实施“聚才强棣”计划，设立2000万元人才科技发展专项资金，引进培养省级以上高层次人才13人，申报泰山产业领军人才项目6个，达成产学研合作38项，科技成果转化步伐加快。深化“放管服”改革，加大“一窗受理、一网通办”力度，政务服务事项网上可办率90%以上，成为全市政务服务全领域无差别“一窗受理”改革试点。实施流程再造，梳理优化行政许可事项214项，精简审批环节295项，获省营商环境评价全市第一名。

改革创新。推进政府机构和事业单位改革，规范“属地管理”工作开展，“乡呼县应、上下联动”响应平台建立运行。相对集中行政许可权改革全面推进，201项行政许可事项及关联事项划转到县行政审批服务局。“标准地”改革加快实施，推行“拿地即开工”模式，盘活闲置土地38.87公顷，工矿废弃地复垦59.87公顷，完成标准地供应9宗。引进乌克兰院士，成立全县首家海外院士工作站。新增高新技术企业10家，成功申报省级科技创新平台3个、市级19个，7个项目纳入省重点研发计划项目库。新增市级以上“专精特新”“隐形冠军”等企业14家。鑫嘉源国家级服务业标准化试点项目和粉煤灰高附加值利用循环经济等5个省级标准化试点项目通过验收。实施质量强县和品牌提升工程，新增各类市场主体7495个，“金海”“鲁誉”获评中国驰名商标，新增马德里国际商标8件，创成山东优质品牌企业8家、知名品牌企业3家，获市长质量奖个人奖1人，102家企业新获质量管理认证。

城乡面貌。无棣县坚持城乡统筹协调发展，完成路域整治950千米，拆除门头牌匾广告7460个，拆除违搭违建2.4万平方米，清理各类垃圾11.7万立方米，整治“八小行业”300余家，新改建公厕8处，国家卫生县城创建通过国家暗访。完成海绵城市建设1.2平方千米。农村改厕后续管护长效机制不断完善，建立规范化管理、整体化提升、智能化运行、资源化利用“四化”管护模式，建成改厕后续管护维护站11处、中转站12处，购置小型吸粪车87辆、大型吸粪车4辆，组建17支清运维修队伍，智能管控指挥平台建成投用，全市首家生物天然气项目实现并网输气。G205国道绕城段改建工程建成通车，黄骅港至鲁北高新区支线铁路项目预可研和规划方案编制完成，京沪高铁二通道项目完成可研评审和现场勘测，黄大铁路、滨港铁路二期、秦滨高速公路加快建设。完成农村路网提档升级371千米、养护大中修191千米、危桥改造8座，建成客运站点152个。投资1.75亿元，完成2座变电站增容改造、3项输变电建设和58个村农网改造等工程。

攻坚任务。推进中央、省环保督查及“回头看”反馈问题整改，蓝天保卫战重点区域强化督查24个反馈问题全部完成整改。“利剑2019”——打赢蓝天、碧水、清废污染防治百日攻坚行动开展，渤海地区入海排污口三级排查工作完成，集中式饮用水水质、重点河流断面水质稳定达标。清河行动清理违规问题96项、违法建筑4.6万平方米。县污水处理厂扩建工程调试运行，日污水处理能力6万立方米。完成清洁取暖改造3.19万户。惩治环境违法行为，立案查处环境违法案件70起。开展扶贫专业遍访活动，所有权、经营权、收益权、监督权“四权分立”扶贫资产管理机制建立运行，扶贫资产增至2.2亿元，扶贫项目年收益2600万元，实现项目收益分配全覆盖。开展安全生产隐患大排查、“打非治违”等行动，累计排查企业2419家次，整治隐患6200余条，开展各类应急演练192次，未发生较大以上安全生产事故。金融机构本外币存贷款余额为241.4亿元、182.1亿元，比2018年分别增长8.7%和4.7%。新增区域股权挂牌企业2家。核销剥离处置不良贷款5亿元，不良贷款率继续保持全市较低水平。打掉恶势力犯罪集团、犯罪团伙9个，涉恶类犯罪团伙8个，破获各类涉黑涉恶案件51起，抓获犯罪嫌疑人73人。“一村一警务助理”实现全覆盖，“一村一法律顾问”不断优化，调处各类矛盾纠纷1518件。96件两年以上信访积案全部化解，全省信访系统争创人民满意窗口现场推进会议等在无棣县召开，被省委、省政府表彰为全省信访工作先进集体。

民生事业。全年民生支出27.13亿元，占财政总支出的85%。新增就业4088人，发放创业贷款850万元，扶持创业111人，城镇登记失业率控制在2.35%。完成养老机构公建民营改革6家，新改建日间照料中心4处、农村幸福院10处，培训养老护理员1100人。2个城中村改造项目启动实施，完成农村危房改造1681户、土坯房改造2326户。城乡低保标准分别提高到每人每年6720元、4900元，特困群众生活标准提高到6240元，完成特困家庭救助112户、176.7万元。基础教育综合改革推进，2人获评全国模范教师，小泊头镇中学获评全国教育系统先进集体，高考本科上线率首次突破50%，11所农村幼儿园建设完工，成功创建3所省级示范园，康教融合特殊教育中心建成投用，话剧《红色接班人》获“全国艺术英才交流大会”特金奖。综合医改有序推进，无棣县在全省基层卫生综合改革推进会议上作典型发言，县人民医院成为现代医院管理制度省级试点医院，入选全国县级医院前300强。棣丰街道社区卫生服务中心成为全省社区医院试点，县中心医院、妇幼保健院主体完工，县中医院通过二级中医医院等级评审，基本公共卫生服务获全市考核第一名。公共文化服务体系不断完善，与北京山海文旅集团达成古城运营合作框架协议，海丰集团入选省文化产业示范基地。成功申报黄河三角洲土地利用野外科学观测研究站，完成第三次国土调查。

作风效能建设。111件人大代表建议、120件政协委员提案全部办结。退役军人服务保障体系框架搭建完成，县退役军人服务中心和镇街、村服务站正常运转，采集退役军人和优抚对象信息15308条，悬挂光荣牌14182块。全年完成公共资源交易项目223个，增收节支4891万元。全面落实减税降费政策，减免企业税费2.9亿元。加大综合执法力度，获全国优秀基层执法单位。

【无棣县马山子镇揭牌】 2019年8月30日，无棣县举行马山子镇揭牌仪式，县委书记丁锋出席仪式并与马山子镇党委主要负责人共同为马山子镇揭牌。8月16日，市委全委会审议通过开发区体制机制改革方案，根据方案要求，北海经济开发区代管的马山子镇归无棣县管理，马山子镇正式回归无棣县。马山子镇是全国重点镇、全省中心镇。全镇面积515.76平方千米，耕地3.4万亩，辖4个办事处，21个行政村，常住人口37400人。

【农村改厕“四化经验”全省推广】 2019年9月24日，山东省农村改厕规范升级和后续管护长效机制现场会议在滨州召开。会上，省长龚正对无棣县农村改厕“四化”经验（规范化管理、整体化提升、智能化运行、资源化利用）及改厕后续管护经验进行推荐。副省长于国安、刘强带领与会人员先后到无棣县棣丰街道粪污中转站、西小王镇西小王村、县汇仁能源有限公司年产500万立方生物天然气项目、县农村无害化卫生厕所智能管护中心等地实地观摩。

【无棣县获评“四好农村路”示范县】 2019年11月7日，全国推动“四好农村路”高质量发展现场会上公布“四好农村路”全国示范县名单，无棣县入选。无棣将交通基础设施建设作为加快全县高质量发展的基础工程，落实全省“四好农村路”及三年集中攻坚行动要求，组织实施农村公路路网提档升级、养护大中修、危桥改造等系列工程，农村公路实现“村村通、村内通、街巷通”，行政村通沥青（水泥）路率100%，基本形成以县道为骨架、乡道为支线、村道为脉络的农村公路网络体系。

【海洋贝瓷文化展在韩国开幕】 2019年3月30日，由首尔中国文化中心与山东省文化和旅游厅共同举办的“海丝新篇”——2019韩国·中国山东文化年暨齐鲁新韵·山东海洋贝瓷文化展、孔子故乡·大美山东图片展在首尔中国文化中心开幕。展览展出20余套海瓷精品，并由专业画师进行瓷器手绘示范，现场烧制作品。展览活动为首尔中国文化中心2019年重点打造的“丝路文化月”系列活动的第一项活动，重点展示中国丝路文化和旅游资源。

2019年8月30日，无棣县马山子镇举行揭牌仪式　（高士东　摄）

【滨州市第九届全民健身运动会】 2019年5月16日，滨州市第九届全民健身运动会开幕式、滨州市全民健身月启动仪式暨无棣县2019年全民健身运动会开幕式在无棣县全民健身活动中心体育场举行。运动会设运动项目17个，万余名运动员参赛，赛期4月至10月。其中定向运动、毽球和足球项目在无棣县举行。

【齐鲁银行滨州无棣支行落户】 2019年1月18日，金融支持无棣政银企签约暨齐鲁银行无棣支行开业仪式举行。齐鲁银行总行监事长赵学金，无棣县县长姜凌刚及市、县相关部门领导出席开业仪式。无棣县人民政府代表与齐鲁银行滨州分行签署战略合作协议，齐鲁银行滨州无棣支行代表与财金集团、鲁北集团、鑫岳化工等企业代表签署战略合作协议。齐鲁银行滨州无棣支行为滨州分行设立的首家县域支行。

【张义井村村史馆开馆】 2019年1月19日，无棣县首个村史馆——小泊头镇张义井村村史馆开馆。村史馆由历史沿革、村情概况、经济发展情况、大事记及非遗实物展厅等部分组成。张义井村位于无棣县西北部，全村440户、1300余人，以张姓居多，村内有村史馆、张为仁故居、义井传说、义井文化街、300亩桃园、红色教育基地等7个文化旅游景点。

（张玉春　田俊如）

博兴县

【概况】 博兴县位于北纬36°58′～37°23′，东经118°03′～118°23′。地处山东省滨州市东南部，东邻东营市东营区、广饶县，南接淄博市临淄区与桓台县，西与淄博市高青县接壤，北与滨州市滨城区相连，并隔黄河与东营市利津县相望。春秋置博昌邑，后改置博昌县。五代后唐，为避献祖讳改博昌县为博兴县。全县总面积900.7平方千米，辖12个镇（街道），439个村（社区）。年末常住总人口50.56万人，人口自然增长率4.37‰。年内获得国家外贸转型升级基地、中国金属板材出口基地、国家卫生县城、全国第三批率先基本实现主要农作物生产全程机械化示范县、第二批节水型社会建设达标县、中国白对虾生态养殖第一县等称号。

全年实现生产总值366.81亿元，比2018年增长3.6%，其中第一产业增加值23.55亿元、第二产业增加值152.07亿元、第三产业增加值191.19亿元。固定资产投资210.15亿元，公共财政预算收入30.31亿元，公共财政预算支出39.60亿元。社会消费品零售总额145.9亿元，进出口总额414.43亿元。年末金融机构本外币存款余额445.37亿元，其中居民储蓄存款余额280.73亿元。

全县粮食播种面积112.47万亩，粮食总产47.55万吨。水产品总产5.68万吨，肉、蛋、奶总产5.36万吨。全年新增造林面积3.67万亩，林木绿化率32.88%。全县区拥有农业机械总动力80.73万千瓦。规模以上工业企业246家，实现总产值1222.45亿元，实现主营业务收入1498.15亿元，实现利润10.77亿元，全年建筑业总产值31.27亿元。

公路通车里程2009.3千米，其中高速公路通车里程54.40千米。公路旅客运输量456.5万人次，货物运输量2307万吨。邮政业务总量1201.32万元。全县城镇化率64.36%。城市空气质量良好率53.6%。AAA级及以上旅游景区3家。

全县各类学校129计所，在校生72097万人。取得重要科技成果14项，获得市级及以上科学技术奖8项，专利申请量1456件，授权专利650件，授权发明专利73件。有博物馆1个，档案馆1个，公共图书馆1所，文化馆1个。广播、电视人口综合覆盖率为100%。医疗卫生机构378所，有床位1843张，卫生技术人员2820人。

城镇居民人均可支配收入37920元，农村居民人均可支配收入18317元。居民基本养老保险参保人数26万人，基本医疗保险参保人数40.53万人。城镇最低生活保障人数106人，农村最低生活保障人数5819人。

发展动能增强。组建京津冀、长三角、珠三角区域招商专班，新签约、立项项目38个，预计实现市外到位资金48亿元，利用外资7057万美元，列全市第一。总投资80.4亿元的16个“双招双引”重点项目暨重点建设工程集中开工。新增省优选项目2个，获批省市重点项目13个，实施县重点项目56个。10个项目申报全市高端铝、新型化工等产业集群建设项目，占全市的近1/3。15个优质项目列入全市百项传统产业重大投资和技改项目，数量居全市第一。创新动能不断加强。京博石化获全国质量奖，实现山东省炼化行业全国质量奖零的突破。京博农化成为中国石油和化工行业技术创新示范企业。高新技术企业发展到18家，产业产值占规上工业总产值的比重达到33.87%。拥有瞪羚企业、隐形冠军企业10家，上云企业51家。14家小微企业通过国家科技型中小企业评价。获批省级技术创新项目82个，入选企业和项目数均居全市前列。新增市级以上创新载体22家。筹建山东千乘产业技术研究院。全县研发费用占比2.74%，万人发明专利拥有量8.2件。注册商标总量7243件，列全市第一。引导企业参与制修订国家、行业标准15项，团体标准11项，新增马德里国际商标企业3家。人才动能持续汇集。强力打造“千乘计划”政策升级版，累计发放人才补助资金1500余万元。引进主导产业急需紧缺本科以上优秀人才2216人，其中硕士以上166人。柔性引进专家、学者14名。1人获批泰山产业领军人才，1人入选省重点区域人才项目，16人入围“渤海英才·N十佳”。选聘第二批科技镇长团42人。

经济结构优化。三次产业比例调整到6∶49∶45。工业经济实现新提升。着力突破土地要素制约，争取用地指标118.33公顷，盘活低效闲置土地112.73公顷，出让工业“标准地”8宗，建成标准厂房16万平方米。全县规模以上工业企业 256 家，实现营业收入 1450 亿元，比 2018 年增长 6%；工业增加值预计增长 2%。五大产业集群总产值 2000 亿元。4 家企业获批省级化工重点监控点。拥有“中国企业 500 强”2 家、“中国民营企业 500 强”4 家，3 家企业入围中国品牌价值榜，万事达钢品成为省装配式建筑产业基地，2 家企业入选山东省制造业高端品牌培育企业名单。3 家企业通过海关高级认证，5 家企业在国外设立海外仓和营销机构。现代农业迈入新阶段。在全市率先基本实现农业现代化。通过国家现代农业示范区复审，农村产业融合发展示范园获批创建国家级示范园，列为省实施乡村振兴战略规划联系点。新增市级以上新型农业经营主体 16 个；累计流转农村土地 38.78 万亩，经营规模化率 75.17%；建设高标准农田 10 万亩，粮食生产功能区通过省级验收。提档升级林水会战，20 项水利工程扎实推进，完成生态造林 3.67 万亩。水产养殖面积发展到 8.6 万亩，新增省级以上水产健康养殖示范场 3 家。新增“三品一标”农产品认证 12 个。肉禽屠宰加工能力位居全省前列。第三产业取得新发展。社会消费品零售总额实现 134 亿元，比 2018 年增长 10%，增幅列全市第一。青岛港滨州（博兴）内陆港开港，京博物流内陆港多式联运运营中心开工建设。“惠买·千乘优品”电商平台上线运营。淘宝镇、淘宝村分别发展到 5 个、26 个，农村电商网络零售额完成 23 亿元。恒丰银行博兴支行开业运营，3 家企业在齐鲁股交中心挂牌。发展节会经济，吸引客商约 350 万人次。高家渡革命历史纪念馆落成开馆。“天仙配”即开福利彩票全国首发仪式在博兴县举办。

城乡面貌改善。城镇化率提高到 63.77%，成为省级城乡融合发展试验区。基础设施不断完善。完成 G205 国道博兴段大修、曹纯路曹王段拓宽工程。沾临高速、小清河复航等省重点交通工程开工，博城一路东延、新城一路北延等工程序时推进。柏油化升级博城二路、新城二路、博昌二路。提档升级农村公路 39 千米。投资 3.8 亿元，实施海绵城市等 6 项城市基础设施建设项目。改造供水管网 21 千米。雨污分流“三通”工程提前一年竣工。全面开展蓝天碧水清废污染防治行动，地下水超采区综合治理国家试点县通过验收，第二污水处理厂通水试运行。城市管理加强。推进智慧交通建设。户外广告、餐饮油烟、占道经营、渣土运输等得到有效治理。为 7.6 万余辆符合条件的电动车挂牌。完成城区绿化 3 万平方米，建成口袋公园 2 处。城区路灯亮灯率 97% 以上。城乡融合推进。落实乡村振兴战略，博兴县成为省级财政金融融合支持乡村振兴试点县，吕艺示范区获批创建省级齐鲁样板示范区。乔庄镇获评中国白对虾生态养殖第一镇，兴福镇成为山东厨具产业第一镇，曹王镇入选省级服务业特色小镇。农村安全饮水工程实现全覆盖。完成清洁取暖改造 3.4 万户。创成市级以上森林乡镇、森林村居 19 个，市级以上美丽乡村示范村 45 个。累计完成改厕 8.6 万户，成为省级无害化改厕工作全覆盖县。

幸福指数提高。全面完成 11 件民生实事，民生支出占一般公共预算支出的 81.46%，较 2018 年增加 8816 万元。巩固提升脱贫成效，累计发放富民生产贷 2.7 亿元，获评全市唯一的省扶贫开发工作先进县。城镇新增就业 5108 人，城镇登记失业率控制在 1.93% 以内，博昌街道入围省级创业型街道。城乡居民人均可支配收入达 38000 元、18200 元，分别比 2018 年增长 6.8% 和 8.2%。颁发不动产登记证书（证明）1.5 万本。部分退役士兵社会保险接续工作市定任务提前完成。香驰控股刘连民获评全市唯一“全国模范退役军人”。改扩建中小学、幼儿园 21 处，稳步推进县一中新校区建设。获批创建全国全民运动健身模范县，承办省级以上赛事 6 项。承办第十九届市运会，参赛成绩实现“七连冠”。加强食品药品监管。在全市率先完成基层医疗卫生机构标准化建设。城乡医保参保率 97% 以上。连续 3 年被评为全省安全生产工作先进县。全年未发生区域性金融风险。推进社会治理“全科大网格”“雪亮工程”建设。4 个社区成为全市城乡社区治理服务示范单位，博兴县成为全省农村社区治理创新试验区。

【青岛港—滨州（博兴）内陆港开港】 2019 年 3 月 22 日，青岛港—滨州（博兴）内陆港开港仪式在京博物流铁路专用线举行。青岛港—滨州（博兴）内陆港服务于博兴县、滨城区、沾化区、惠民县、滨州经济技术开发区、高新区、北海经济开发区的 9 大产业及东营、淄博市部分区县，可减少流通环节、调高通关效率、降低企业物流成本，实现生产企业、港口船务和区域经济三方共赢，加快博兴外贸经济转型升级。

【县内首条高速建成通车】 2019 年 11 月 30 日，长深高速高青至广饶段正式通车。该路段全长 54.40 千米，设计时速 120 千米 / 小时，项目概算投资 45.92 亿元，途径滨州市高新区和博兴县。博兴段长度 23.8 千米，途径博兴县庞家镇、陈户镇、吕艺镇、纯化镇，至此，博兴县结束不通高速历史，全市实现县县通高速。

【中国智慧厨都国际酒店用品博览会】 2019 年 4 月 26 日，中国智慧厨都国际酒店用品博览会暨首届制冷节在兴福镇中国智慧厨都国际会展中心开幕。博览会为期 3 天，总展出面积 20 万平方米，分设高端厨具精品馆、白钢类综合馆、白钢调理类厨具馆、食品和制冷机械设备馆 4 大展区，设置展位 8000 余个，1600 家海内外领军品牌及酒店用品展商，以及美国、德国、韩国、日本等国家的专业买家参会，到场客商、观众 16 万人次。博览会期间，参会专家及代表围绕“互联网、大数据、人工智能”及“新技术、新产品、新业态、新模式”新工业浪潮下，国内厨具制造企业掌握时代趋势、走转型升级之路等问题进行交流研讨。

【中国滨州·博兴非遗（稀有）剧种小戏展演活动】 2019 年 8 月 7 日，

2019 中国滨州·博兴非遗（稀有）剧种小戏展演活动在博兴县第三小学童心剧场启动。14 省 38 个剧团的 40 台剧目参加展演，涉及吕剧、扽腔、汉剧、渔鼓戏等 30 多个剧种，展演时间 3 天。该次展演是中国滨州·博兴小戏艺术节的延续和创新，大型舞剧《董永》、吕剧《大河开凌》选段、吕剧《葡萄架下》参加展演，均为国家或省级非物质文化遗产。

【中国·博兴环麻大湖轮滑马拉松大赛】 2019 年 9 月 22 日，“一湖两翼”2019 年中国·博兴环麻大湖轮滑马拉松大赛在博兴县麻大湖开赛，国家体育总局、省轮滑协会及市、县相关领导出席开幕式。赛事设轮滑全程、半程和迷你马拉松，多位世界级轮滑冠军及全国各地轮滑运动员在内的 4000 多名轮滑爱好者参赛。经角逐，青海轮滑协会的汪明军获得男子全程冠军，崔永壮等分获男子半程等其余 7 个组别冠军。为丰富赛事内容及提高群众关注度、参与度，组委会安排精英组花式绕桩、轮舞、滑板、滑板车、极限轮滑和大众组平地回转等表演内容。

【第十四届中国（博兴）国际厨具节】 2019 年 10 月 26—28 日，第十四届中国（博兴）国际厨具节暨中国八大菜系名厨大师邀请赛举办。展会设置精品厨具展区、高端品牌厨具展区、白钢类厨具展区、制冷设备展区、食品机械展区、机床类展区等专业展区，全国 3000 余家厨具企业参展，到访客商 16 万余人次，意向交易额超 150 亿元。八大菜系邀请赛，以“汇传统饮食文化精髓，烹名厨匠心之作，弘厨都之精品”为主题，八大菜系厨师与世界吉尼斯厨艺表演者现场同台表演。厨具节突出 5G 智慧元素，山东金佰特公司与滨州移动公司合作，在展会现场搭设 5G+VR 全景直播。展会大厅设立 5G 智能体验区，展示众多 5G 应用技术。

2019 年 10 月 26—28 日，第十四届中国（博兴）国际厨具节暨中国八大菜系名厨大师邀请赛在博兴县兴福镇举办　　（博兴县地方史志研究中心　供图）

【“天仙配”即开型彩票首发】 2019 年 8 月 7 日，“孝行天下·大爱滨州”中国福利彩票“天仙配”即开型彩票首发仪式在博兴县人民公园举行。本次首发“天仙配”彩票一套 4 枚。主画面采用民间艺术形式皮影作为插画风格，邀请专业插画师绘制“董永事父”“槐树为媒”“织缣偿债”“七仙女送子”4 副插画作为票面主图。活动现场，滨州福彩中心向 20 名贫困大学生代表发放每人 3000 元福彩助学公益金，并为 5 对金婚老人赠送慰问品。

【麻大湖旅游区入选 AAAA 级旅游景区】 2019 年 12 月 16 日，博兴麻大湖旅游区入选国家 AAAA 级旅游景区。麻大湖旅游区新建游客服务中心 1 处，升级改造毛园游客中心，安装交通标识牌 11 处、景区指示牌 213 块，升级改造固定厕所 4 个，新建 5 个移动厕所和 6 个驿站。增设小火车、老爷车、观光自行车等游乐设施，建设人脸识别及监控系统，东区基础建设工程及景区旅游功能不断完善。

【博兴县全民健身运动会】 2019 年 4 月 30 日，博兴县 2019 年全民健身运动会在全民健身中心开幕。运动会自 4 月 11 日开始，至 5 月 31 日结束，运动会分镇（街道）、党政事业、企业 3 个组别，全县 85 支代表队近 5000 人参加集体跳大绳、八仙过海、踢毽子等 20 余个项目比赛。

（逯　菲）

38 人物

Figures

新任市级领导

佘春明 山东潍坊人，1963年3月出生，1982年7月参加工作，1985年7月加入中国共产党，研究生学历，文学硕士学位。2019年1月任滨州市委书记、党校校长，提名为滨州市人大常委会主任候选人，2019年2月任滨州市委书记、党校校长、市人大常委会主任。

张宝亮 山东无棣人，1972年3月出生，1993年7月参加工作，1995年6月加入中国共产党，省委党校研究生。2016年11月任滨州市滨城区委书记、党校校长，2019年9月任滨州市委常委、副市长。

皮台田 滨州沾化人，1965年3月出生，1981年7月参加工作，1983年11月加入中国共产党，省委党校研究生。2016年11月任邹平县委书记、党校校长，2019年10月任邹平市委书记、党校校长，邹平经济技术开发区党工委书记、管委会主任。

王体功 山东郓城人，1969年8月出生，1992年8月参加工作，1998年12月加入中国共产党，全日制大学（中国刑事警察学院法化系刑事化验专业）学历。2019年4月任山东省人民检察院案件管理办公室主任、二级高级检察官、检察员。2019年12月任滨州市人民检察院党组书记、代检察长、二级高级检察官。

李　军 山东济宁人，1967年12月出生，1990年7月参加工作，1995年6月加入中国共产党，全日制研究生（山东大学法学院宪法学专业）学历，法学博士学位。2010年3月任山东省高级人民法院审判监督一庭庭长，2019年8月任滨州市中级人民法院党组书记、代院长、二级高级法官。

先进模范人物

国家级先进人物

2019年中国最具影响力的50位商界领袖

张士平　第15位

2019年中国好人榜

王　宁　原博兴县茂盛彩钢有限责任公司销售经理

马文健　阳信县委宣传部副部长，挂职内蒙古科右中旗副旗长

顾希荣　阳信县信城街道办事处皮户村村民

2018年度全国三八红旗手

郑玉梅　山东省滨州市妇联主席

全国巾帼建功标兵

苏云花　山东省滨州市惠民县妇联主席

宋月雁　滨州医学院附属医院住院医师规范化培训办公室主任

全国“最美家庭”

高子美家庭

2019年度全国气象部门优秀公务员

孙卫卫　沾化区气象局副局长

山东省级先进人物

2019年山东省“党管武装”好书记

李守江　博兴县委书记

第七届全省道德模范名单

刘建雷　山东众成清泰（滨州）律师事务所律师

刘同堂　滨州市沾化区下洼镇大下洼村村民

刘成霞　滨州医学院附属医院消化内科主任

于俊芬　无棣县棣丰街道佘家村村民

2019山东好人之星

王　宁　原博兴县茂盛彩钢有限责任公司销售经理

马文健　阳信县委宣传部副部长

顾希荣　阳信县信城街道办事处皮户村村民

张成朋　邹平市孙镇大陈村村民，生前任四川省凉山支队西昌大队四中队消防员

2019年山东好人榜

韩为湖　惠民县辛店乡前韩村村民

王　宁　原博兴县茂盛彩钢有限责任公司销售经理

王焕令　滨州市滨环城市保洁有限公司保洁员

张文娟 滨州市妇幼保健院主管护师
张蕾蕾 无棣公安局指挥中心接警员
吕希青 惠民县邮政公司省屯支局投递员
何玉芝 无棣县水湾镇于何庵村村民
杨风敏 无棣县房产物业服务中心馨宇小区物业办公室员工
张彩霞 滨州高新区劳动保障服务中心副主任
顾希荣 阳信县信城街道办事处皮户村村民
郭丽坤 无棣县油区办行政科科长
王志福 惠民县清河镇牛王店村村民
张　超 邹平市明集镇综治信访办工作人员
李玉庆 邹平市棉麻公司职工
曹执家 华能沾化热电有限公司退休职工
马文健 阳信县委宣传部部长
朱爱国 博兴县店子镇耿朱村村委会主任
刘文翠 惠民县孙武街道高家村村民
刘国利 无棣县小泊头镇农业综合服务站站长
高云英 无棣县碣石山镇大吴家码头村村民
李正旭 北镇中学高一学生
邱建清 滨州医学院附属医院急诊科主任
杨妹兰 滨城区滨北志伟粮油部经理
于俊玲 滨州印染集团有限责任公司财务部经理
赵文田 滨州经济技术开发区里则街道定吕小学教师
赵保忠 滨州市京阳生物肥业有限公司总经理
高希珍 滨城区梁才街道梨园张村村民
杨金国 阳信县委办公室县委老院保卫科工作人员
吴洪顺 滨州市看守所管教狱侦大队教导员
李同玉 滨北街道办事处梁家湾村村民
郑翠玲 滨州市人民医院主管护师
王云洋 无棣县第二实验小学学生
梅路芳 滨州实验学校南校区小学数学教师
魏龙柱 山东万事达控股有限公司董事长
段秀芹 滨城区滨北街道办事处篦子张村村民
纪春国 惠民县皂户李镇十五里堂小学教师
侯志永 邹平市公交客运有限公司司机
沈兴光 博兴县北相村村党支部书记兼村委会主任

2019年山东省富民兴鲁劳动奖章

边学飞 滨化集团股份有限公司东瑞公司乙炔工段主操
吕刚廷 山东滨化海源盐化有限公司总经理、党委副书记
刘飞鹏 滨州市救助管理站科员
李利利 （女）滨州魏桥科技工业园有限公司二纺分厂值车工
周志刚 山东京博装备制造安装有限公司高级
李　峰 山东省滨州畜牧兽医研究院科技处处长
何艳华 （女）滨州市总工会副调研员
赵红霞 （女）滨州市滨城区地震局局长
胡国芹 （女）惠民县李庄镇中心小学教师
胡树峰 山东京博控股集团有限公司恒丰分公司总经理
黎光富 山东益达建设有限公司砌筑工

第二届“齐鲁工匠”

吴立国 山东京博石油化工有限公司机械运维技术员
菅　敏 （女）山东魏桥创业集团有限公司宏杰纺织第十二棉纺厂细纱车工

山东省优秀共青团员

赵　璇 滨州职业学院轻纺化工学院2017级应用化工技术高职4班学生
赵雅妮 滨州市沾化区古城镇人民政府党建办科员
成　凯 滨州渤海活塞有限公司技术组技术员
高天钰 滨州市第一中学高二13班学生
王　杨 滨州市滨城区综合行政执法局宣传科科员
张宏森 滨州市技师学院文化理论基础部2016级1班学生
王舒琦 滨州经济技术开发区沙河街道办事处党政办工作人员

山东省优秀共青团干部

刘春莲 滨州魏桥科技工业园有限公司团委书记
袁　庆 共青团邹平市委书记
吴　征 大唐鲁北发电有限责任公司团委书记
孟　雷 滨化集团股份有限公司团委书记

山东省青年志愿服务先进个人

潘林林 共青团滨州市沾化区委书记
姚　健 FM93.1滨州交通音乐广播副总监

山东省“绿色家庭”

张鹏飞家庭
袁朝霞家庭
刘　敏家庭

山东省五好家庭

魏龙居家庭
秦文娇家庭
李俊湘家庭
房同岭家庭

2020年度齐鲁首席技师

郭　娜 （女）魏桥纺织股份有限公司
李然然 （女）魏桥纺织股份有限公司
卞方超 滨州香驰控股有限公司
李光辉 滨州盟威戴卡轮毂有限公司
梅延东 滨州市技术学院
曹　燕 （女）无棣县技工学校

齐鲁最美警察

徐胜利 市公安局特巡警支队三大队副大队长、二级警长

第七届山东省省长质量奖提名奖获奖个人

林风华 滨州渤海活塞有限公司党委书记、董事长

郭庆宏　沾化冬枣产业办公室主任

滨州市级先进人物

2019滨州市优秀企业家“金狮奖”“银狮奖”“铜狮奖”

金狮奖（20位）

张　波　山东魏桥创业集团有限公司董事长
马韵升　山东京博控股集团有限公司董事局主席
张忠正　滨化集团股份有限公司董事长
武光照　中海沥青股份有限公司总经理
崔立新　山东创新金属科技有限公司董事长
张红霞　魏桥纺织股份有限公司董事长
吕天宝　山东鲁北企业集团总公司董事长
甄玉科　山东铁雄冶金科技有限公司总裁
李嘉骊　山东滨化滨阳燃化有限公司总经理
王玉瑞　无棣鑫岳化工集团有限公司董事长
张小飞　山东埕口盐化有限责任公司董事长
张良千　山东永鑫能源集团有限公司董事长
舒忠峰　山东渤海实业股份有限公司董事长
刘连民　香驰控股有限公司董事长
林风华　滨州渤海活塞有限公司董事长
刘曰兴　愉悦家纺有限公司董事长
王延平　滨州亚光家纺有限公司董事长
王力民　华纺股份有限公司董事长
张志军　滨州中裕食品有限公司总经理
魏龙柱　山东万事达建筑钢品股份有限公司董事长

银狮奖（29位）

褚兴民　山东博远重工有限公司总经理
王瑞国　山东开泰抛丸机械股份有限公司董事长
范培建　山东省鲁宝厨业有限公司总经理
聂在建　山东滨州三元生物科技有限公司董事长
王荣博　山东北方创信防水科技股份有限公司董事长
张　超　山东益丰生化环保股份有限公司总经理
李　岩　山东大展纳米材料有限公司董事长
王兆光　山东兆光色谱分离技术有限公司董事长
曹新泽　滨州东瑞机械有限公司总经理
王如云　滨州亚泰雅德动力配件有限公司董事长
徐清东　山东金佰特商用厨具有限公司董事长
王保忠　山东瑞帆果蔬机械科技有限公司董事长
张新明　山东省博兴县开元车辆配件有限公司董事长
赵春德　山东香驰健源生物科技有限公司总经理
赵吉兴　山东中惠生物科技股份有限公司董事长
郑树峰　无棣海忠软管制造有限公司总经理
王　波　山东巨佳生物科技有限公司法人代表
怀进步　山东天兴生物科技有限公司董事长
盛玉春　山东滨州智源生物科技有限公司董事长
王　辉　山东西王食品有限公司董事长
黄　涛　阳信瑞鑫集团有限公司总经理
郭才庆　山东九环石油机械有限公司总经理
金永焕　诺力昂化学品（博兴）有限公司总经理
王秀亭　阳信长威电子有限公司董事长
李承厚　奥斯龙明士克复合纤维（滨州）有限公司总经理
梁胜国　山东齐鲁浩华食品科技有限公司总经理
贾曰伟　山东远洋网络科技有限公司董事长
王爱平　山东京阳科技股份有限公司董事长
赵成山　山东鑫诚现代农业科技有限公司董事长

铜狮奖（30位）

韩洪亮　东方地毯集团有限公司董事长
龙泽英　山东科伦药业有限公司总经理
王明亮　山东裕航特种合金装备有限公司总经理
王现全　山东先达农化股份有限公司董事长
魏龙峰　山东新美达科技材料有限公司董事长
徐呈华　无棣达信农牧食品有限公司总经理
梁　光　山东齐星铁塔有限公司总经理
徐廷忠　山东安和安全技术研究院有限公司董事长
李泽芳　山东昊润自动化技术有限公司总经理
范立军　山东汇泉厨业有限公司总经理
牛孝元　滨州金汇网业有限公司总经理
徐宜彬　滨州裕能化工有限公司总经理
王子建　无棣丰香园芝麻食品有限公司总经理
丁　伟　邹平伟瑞制冷材料有限公司董事长
高炳刚　山东鸿星新材料科技股份有限公司总经理
郝旭光　滨州市美厨厨业有限公司董事长
李寿海　滨州双峰石墨密封材料有限公司董事长
任文凯　山东金冠网具有限公司董事长
张纪永　山东欧亚化工有限公司总经理
王吉峰　山东海容电源材料股份有限公司董事长
吕刚廷　山东滨化海源盐化有限公司总经理
边利田　山东惠尔佳生物有限公司董事长
王茂柳　山东宏鑫源钢板有限公司董事长

赵俊刚 山东无棣海丰电缆有限公司总经理
牛宗伟 山东滨州润杰橡胶制品有限公司总经理
何灿东 滨州灿东模具技术有限公司董事长
杨金华 山东省阳信县福安清真肉类有限公司总经理
邵 波 山东御馨生物科技有限公司总经理
栾 波 山东京博石油化工有限公司董事长
张宏伟 山东天地缘集团公司董事长

滨州市优秀共产党员名单（共 100 名）

滨城区（11 名）

宋纯杰 滨州市滨城区综合行政执法局党组书记、局长，滨城区城市管理局局长
张 亮 滨州市滨城区住房和城乡建设局党委书记、局长
赵旭明 滨州市滨城区财政局党组成员、副局长
张江涛 滨州市滨城区应急管理局党组书记、局长
张自正 滨州市公安局滨城分局正科级侦察员
郑 飞 滨州市滨城区扶贫开发办行业与社会扶贫组组长
刘敬美 （女）滨州市滨城区梁才街道东海社区党总支书记
王雪征 （女）滨州市众成融资担保有限公司总经理
李 贞 （女）滨州市滨城区信访局办公室主任
彭玉良 滨州市滨城区彭李街道彭家党支部书记
张连杰 滨州工业园区党工委办公室主任

沾化区 （9 名）

杨俊福 滨州市沾化区委党校党总支书记、副校长
张立军 滨州市沾化区黄升镇堤圈村党支部书记
张玉国 滨州市沾化区人民法院下河法庭副庭长
高赛赛 滨州市沾化区人民检察院第一检察部科员
纪明芳 （女）滨州市沾化区第一实验小学教师
解忠泽 沾化经济开发区经济发展局局长
姜彦波 滨州市沾化区财政局党组副书记、副局长，国库集中支付中心主任
李大鹏 滨州市沾化区自然资源局规划站副站长
杨艳飞 （女）滨州市沾化区综合行政执法局综合办公室副主任、政工室主任

邹平市（20 名）

董 丽 （女）邹平市妇女联合会党组书记、主席，妇女儿童事业发展中心主任
赵丽霞 （女）邹平市人力资源和社会保障局就业人才基金统计股股长
魏 斌 邹平市国有资产投资控股有限公司副总经理
赵 晋 邹平市委政法委副书记、主任科员
耿春梅 （女）邹平市卫生健康局宣教股股长、团委书记
姜峥嵘 邹平市供电公司党委副书记、总经理
王少伟 邹平市农业农村局农业农村综合服务中心副主任
张 磊 邹平市公安局刑事侦查大队二中队指导员
高 昊 邹平市扶贫开发办公室副主任
董乃德 邹平市委宣传部科员
赵 敏 （女）邹平市供销大厦集团有限公司党建办主任、综合办主任
刘圣虎 邹平市明集镇许道口村党支部书记
苑 光 邹平市长山镇尚旺村党支部“第一书记”，邹平市人力资源和社会保障局工伤认定办公室主任
周金祥 邹平市焦桥镇后大城村党支部书记
石 岩 邹平市黛溪街道滕家村党支部书记、村委会主任
王 棣 邹平市韩店镇西王村党委副书记，西王集团有限公司总裁
曹增宝 邹平市码头镇党委组织委员
刘知泉 邹平市实验中学高级教师
刘大伟 邹平市住房和城乡建设局安监站站长
魏迎朝 山东魏桥铝电有限公司副总经理兼热电公司总经理

惠民县（12 名）

吕新霞 （女）滨州市大爱养老服务有限责任公司总经理
石 磊 惠民县委办公室副主任，县扶贫开发办公室主任
高建丽 （女）山东惠民布鲁科纺织有限公司车间经理
王金芳 （女）惠民县第一中学高级教师
梁辉晶 惠民县何坊街道前苏社区党总支书记
杨秀平 惠民县利达源粮棉果蔬种植专业合作社理事长
张圆圆 （女）惠民县纪委县监委办公室科员
张莹慧 （女）惠民县水利局发展规划科科长
王卫东 惠民县农业技术推广中心副主任
刘文林 惠民县辛店镇扶贫开发办公室主任
燕会鹏 国网山东省电力公司惠民县供电公司党委副书记、总经理
王建宏 山东国创风能装备有限公司总工程师

阳信县（8 名）

程洪燕 （女）阳信县人民医院神经内科护士长
张 迪 （女）阳信县流坡坞镇扶贫办主任
郝 强 阳信县公安局副科级侦察员
孙富强 阳信县第一中学党支部书记、校长
韩吉川 山东京阳科技股份有限公司总经理
谷俊杰 山东方明达律师事务所副主任
史洪建 阳信县河流镇党委宣传委员、统战委员
苏振亮 山东滨化滨阳燃化有限公司安全保卫部副经理

无棣县（9 名）

杜守国 无棣县住房和城乡建设局党委书记、局长

李文凯　无棣县教育和体育局党组书记、局长，县委教育工委常务副书记
徐志鹏　无棣县人民医院神经内科医生
李连义　无棣县委政法委执法监督室主任
刘国利　无棣县小泊头镇农业产业化办公室副主任
王全梅　（女）无棣县第二实验小学教科研主任
张　展　无棣县水湾镇康家刘李庄村党支部书记
孙华清　无棣县车王镇扶贫办主任
郭元岐　无棣县水湾镇民政所所长

博兴县（12 名）

胡树峰　山东京博控股集团有限公司纪委副书记、董事、副总裁，山东京博控股集团有限公司恒丰分公司总经理
张守垒　博兴县吕艺镇高渡村村民
马龙昆　山东省博兴县洁源环保有限公司总经理
舒泉先　渤海实业集团副总经理
许兴华　（女）博兴县店子镇人大主席
任学升　博兴县湖滨镇柳桥管区党总支书记
曹　君　博兴县委督查室副主任
董志杰　博兴县城东街道西辛安村党支部书记
王炳森　山东省厨具协会会长，山东省博兴县厨具协会党总支书记、会长
李志超　博兴县乔庄镇党政办公室副主任
李同乐　博兴县委办公室副主任，县扶贫开发办公室主任
李　磊　博兴县公安局刑侦大队侦查员

滨州经济技术开发区（1 名）

孟德胜　滨州经济技术开发区里则街道红庙社区党总支书记

滨州高新技术产业开发区（1 名）

蔡建峰　愉悦家纺有限公司党委副书记、董事、资本管理运营总监，山东齐悦科技有限公司总裁

滨州北海经济开发区（1 名）

冯元松　滨州北海经济开发区经济发展局发展规划科科长

市委市直机关工委（10 名）

庄　艳　（女）滨州市红十字会主任科员
钟　军　（女）滨州市交通运输局规划管理科科长
赵国勇　滨州市委组织部干部教育科科长
王满金　滨州市委市直机关工委党建督导室主任
刘　兵　滨州市纪委市监委第七审查调查室副主任
宋立成　滨州市农业合作经济经营管理指导站站长
朱先林　滨州市体育运动学校举重高级教练员
鲍　迪　滨州市工人文化宫职工教育科科长
李宜新　滨州市水利建筑安装工程处副处长
王宝军　山东民杰律师事务所党支部书记、专职律师

市委教育工委（1 名）

刘浩亮　滨州市技术学院数控工程系辅导员、教师

市工业和信息化局（1 名）

皮永峰　滨州市工业和信息化局办公室主任

市国资委（2 名）

曹庆训　山东滨州城建集团公司党委副书记、经理
陈继军　大唐鲁北发电有限责任公司党委书记、副总经理

滨州学院（1 名）

谢振伟　滨州学院航空工程学院党总支委员、航空工程学院教师

滨州医学院（1 名）

刘志强　滨州医学院附属医院妇产科主任

滨州市优秀党务工作者名单（共 100 名）

滨城区（12 名）

邢　义　滨州市滨城区梁才街道邢桥村党支部书记
张小利　滨州市滨城区市东街道北杨党支部书记
游晓芳　（女）滨州市滨城区市西街道利民社区综合党委书记
王会娟　（女）滨州市滨城区三河湖镇党建办专职组织员
杜梅平　（女）滨州市滨城区融媒体中心党支部组织委员、技术中心主任
薛　娜　（女）滨州市滨城区计生协会副会长，滨城区卫生健康局党建办公室主任
赵新建　滨州市滨城区杨柳雪镇杨集社区党总支书记
冯玉兰　（女）滨州交运集团有限责任公司七公司党支部副书记、工会主席
马　青　（女）滨州市滨城区秦皇台乡党建办科员
李　玲　（女）滨州市公安局滨城分局机关党委专职副书记
刘新芳　（女）滨州市滨城区北镇街道党建办科员
徐潇潇　（女）滨城黄河河务局人事劳动教育科工作人员

沾化区（10 名）

刘志峰　沾化经济开发区党工委委员、富源街道党工委书记
张　华　滨州市沾化区在京流动党员党委委员、第一党支部书记
刘树冬　滨州市沾化区委办公室副主任、主任科员
李　东　滨州市沾化区泊头镇党委组织委员、党建办主任
王　颖　（女）滨州市沾化区住房和城乡建设局党建办主任、纪检监察室主任
房　辉　（女）滨州市沾化区油区服务中心党组成员、副主任
杨翠敏　（女）滨州市沾化区富国街道党建办副主任
薛建国　滨州市沾化区大高镇薛家村党支部书记
刘志敏　滨州市沾化区冯家镇北埕村党支部书记
孔祥勤　（女）滨州市沾化区委老干部局副局长

邹平市（15 名）

李保兵　邹平市西董街道党工委副书记
王保利　邹平市黄山街道党工委副书记
徐建坤　邹平市委组织部副部长、人才工作管理服务中心主任

王建伟 邹平经济技术开发区党群工作部常务副部长
孟令海 邹平市人民法院老干部党支部书记
刘旭东 邹平市自然资源和规划局党委委员、副局长
张国华 邹平市韩店镇党委组织委员
王利鲁 邹平市公安局长山派出所党支部书记、所长
崔　素 （女）邹平市九户镇安祥党总支书记
王淋锋 邹平市台子镇台子党总支书记、主任
吕慎江 邹平市好生街道平原党总支书记
蔡向东 邹平市孙镇蔡家村党支部书记、村委会主任
贾翠霞 （女）邹平市临池镇高旺村党支部书记
王　刚 邹平市黛溪街道环翠社区党委书记
潘　月 邹平市魏桥镇甜水村党支部书记

惠民县（13 名）

魏本水 惠民县职业中专党支部书记、校长
王美森 滨州市中心医院行管第四党支部书记、财务科科长
李克鑫 山东德信生物科技有限公司党支部书记
李国伟 惠民县水利安装工程公司党支部书记
李小涛 惠民县考评办副主任、县委组织部办公室主任
刘洪林 惠民县麻店镇党委组织委员
胡晓伟 （女）惠民县孙武街道党工委组织委员
张　良 惠民经济开发区党群工作部部长
李佃明 惠民县孙武街道古城社区党总支委员，南门街党支部书记
孟　彦 惠民县何坊街道刘集社区党总支书记
李　钊 惠民县人民法院政治处副主任
朱　楠 （女）惠民县统计局党建办主任、政工人事科科长
樊贵佳 （女）惠民县教育和体育局党建办主任、人事科科长

阳信县（10 名）

杨奎田 阳信县综合行政执法局党组副书记、主任科员，机关党支部书记
董国军 阳信县金阳街道党工委组织委员
蔡文昌 阳信县信城街道党工委组织委员
徐凯思 山东科宇能源有限公司党支部副书记，副总经理、工会主席
陈　旭 （女）山东滨化滨阳燃化有限公司党工团主管
王凯军 阳信县翟王镇冯王村党支部书记
赵兴勇 阳信县温店镇闫张党总支书记
王建忠 阳信县劳店镇党建办主任
田洪泽 阳信县水落坡镇李家党总支书记
韩吉田 阳信县商店镇大韩村党支部书记

无棣县（11 名）

吴　菁 （女）无棣县妇女联合会党支部书记、主席
杨照伟 无棣县非公有制经济组织综合党委书记，县委统战部副部长，工商联党组书记、常务副主席
孙长洪 无棣县委办公室第一党支部书记
吴宝环 （女）无棣县委“两新”组织工委副书记
于文娟 （女）山东无棣经济开发区组织宣传与人力资源管理办公室副主任
商曰云 （女）无棣县信阳镇党委组织委员
尹玉哲 山东智诚农牧发展科技股份有限公司党支部书记、董事长
孙长忠 无棣县棣丰街道馨安社区党总支书记
罗　凯 无棣县纪委县监委第四纪检监察室科员
刘雪剑 （女）无棣县碣石山镇党建办主任
陈海东 无棣县柳堡镇柳堡办事处党总支书记

博兴县（13 名）

陈晋銮 山东京博控股集团有限公司党委委员，山东博华高效生态农业科技有限公司党支部书记、董事长
崔建忠 博兴县委组织部副部长
刘金波 博兴县陈户镇纪耿村党支部书记、村委会主任
崔凤霞 （女）国网山东省电力公司博兴县供电公司党委书记、副总经理
崔云杰 博兴县委县直机关工委主任科员
相建亭 博兴县锦秋街道毛园管区党总支书记
李平民 博兴县庞家镇栾李村党支部书记
高　燕 （女）博兴县博昌街道社会组织孵化园党总支书记
张彦淑 （女）博兴县博昌街道党建办主任
王　静 （女）博兴县应急管理局党组成员、副局长、机关党支部书记
王茂学 国家税务总局博兴县税务局党建工作股股长
初学良 博兴县第一小学党支部副书记、校长
刘方波 山东雅美科技有限公司党支部书记、总经理

滨州高新技术产业开发区（1 名）

吕艳红 （女）滨州高新技术产业开发区青田街道办事处经济建设办公室副主任

滨州北海经济开发区（1 名）

刘文华 滨州北海经济开发区马山子镇党委组织委员

市委市直机关工委（9 名）

李　京 （女）国家税务总局滨州市税务局机关党委专职副书记、机关纪委书记，机关党委机关党支部书记
卢红燕 （女）滨州市行政事业国有资产管理办公室主任科员、机关五支部宣传委员
杜守群 滨州市发展和改革委员会机关党委专职副书记

蔡建光　滨州市人力资源和社会保障局机关党委科员
邓明恩　滨州市退役军人事务局机关党支部组织委员
郑步臣　滨州市统计局机关党委专职副书记
杨登峰　滨州市邮政管理局党组成员、纪检组书记、副局长，机关党支部书记
皇甫冰华（女）滨州市委党校机关党委副书记
张振远　滨州华海中医药研究院党支部书记

市委教育工委（1名）

郭建镇　滨州职业学院护理学院党总支书记

市国资委（1名）

高月华　滨州渤海活塞有限公司党委副书记，海纳川（滨州）轻量化有限公司党总支书记

滨州学院（1名）

何秀国　滨州学院经济管理学院党总支副书记

滨州医学院（2名）

杜永俐（女）滨州医学院党委统战部部长、妇女委员会主任
赵景刚　滨州医学院附属医院党委书记

第七届滨州市道德模范名单（以姓氏笔画为序）

助人为乐类

王庆喜　博兴县星火义工爱心协会会长
刘春喜　滨州市城市管理局副主任科员
刘德龙　邹平市魏桥镇刘家井村村民
宋海燕　中土物业驻滨州医学院附属医院保洁员
常桂芹　邹平市清源有限公司副经理
郭廷福　沾化区富国街道黑龙村村民
綦跃勤　滨州沪滨爱尔眼科医院院长

见义勇为类

王　宁　原博兴县茂盛彩钢有限责任公司销售经理
王　鹏　无棣县棣丰街道东河营村村民
刘建雷　山东众成清泰（滨州）律师事务所律师
孙秋成　滨城区杨柳雪镇八角孙后孙村村民
朱爱国　博兴县店子镇耿朱村村委会主任
张俊波　滨城区杨柳雪镇综合行政执法中队执法队员
裴学堂　博兴县纯化镇止河村村民

诚实守信类

王　平　邹平市公交客运有限公司驾驶员
李　保　博兴县博昌街道永和村村民
李达永　山东高旺彩印有　限公司总经理
刘文翠　惠民县孙武街道高家村村民
曹庆训　山东滨州城建集团公司总经理

敬业奉献类

王玉亮　滨州市信访局网上信访服务中心主任
王继红　滨州市儿童（社会）福利院成人养护区负责人
王新安　滨州市人民医院医务处主任
刘庆庆　山东魏桥创业集团宏儒第三棉纺厂前纺车间粗纱操作工
刘荣昌　沾化区下洼镇林业站站长、冬枣办主任
张成朋　邹平市孙镇大陈村村民，生前任四川省凉山支队西昌大队四中队消防员
张彩霞　滨州高新区劳动保障服务中心副主任
徐胜利　滨州市公安局特巡警支队三大队副大队长

孝老爱亲类

李改华　惠民县何坊街道斗子李村村民
宋美荣　博兴县曹王镇贾张村村民
何玉芝　无棣县水湾镇于何庵村村民
张文娟　滨州市妇幼保健院主管护师
张秀兰　高新区青田街道徐四村村民
郝　青　滨州市中心医院病理科主任
顾希荣　阳信县信城街道办事处皮户村村民
韩国福　滨州高新区小营街道道旭村村民

2019年滨州好人榜

郑翠玲　滨州市人民医院主管护师
王志福　惠民县清河镇牛王店村村民
张　超　邹平市明集镇综治信访办工作人员
于丽丽　滨州市特殊教育学校骨干教师、班主任
李玉庆　邹平市棉麻公司职工，中共党员
曹执家　华能沾化热电有限公司退休职工
张梅军　无棣县佘家镇王家庄村村主任
王云洋　无棣县第二实验小学学生
马文健　阳信县委宣传部副部长
李　蒙　邹平县卫生监督所职员
吴景海　沾化区黄升镇腮子村村民
朱爱国　博兴县店子镇耿朱村村委会主任
刘文翠　惠民县孙武街道高家村村民
张成朋　邹平市孙镇大陈村村民，生前任四川省凉山支队西昌大队四中队消防员
高云英　无棣县碣石山镇大吴家码头村村民
李正旭　北镇中学高一学生
邱建清　滨州医学院附属医院急诊科主任
杨妹兰　滨城区滨北志伟粮油部经理。
李　涛　滨州市中心医院医保办主任
于俊玲　滨州印染集团有限责任公司财务部经理
于胜利　滨州市春迪公司保卫科科长
赵文田　滨州经济技术开发区里则街道定吕小学教师
赵保忠　滨州市京阳生物肥业有限公司总经理。
梅路芳　滨州实验学校南校区小学数学教师
高希珍　滨城区梁才街道梨园张村村民
刘梅生　沾化区泊头镇敬老院院长
徐振刚　无棣县人民医院主治医师
杨金国　阳信县委办公室县委老院保卫科工作人员
李迎滨　市委市政府政策研究室科员
李同玉　滨北街道办事处梁家湾村村民
刘春祖　邹平市台子镇绳刘村村民
孙世忠　滨州市人力资源和社会保障局退休干部
贾朝晖　滨州市动力源商务有限公司总经理
徐胜利　滨州市公安局特巡警支队三大队副大队长

王风华 中共滨州市委党校管理学教研室副教授
尹建国 惠民县纪委监委正科级纪检员
崔道江 邹平市公交客运有限公司公交司机
魏龙柱 山东万事达控股有限公司董事长
王爱芹 滨城区北镇街道春晓社区党总支书记
段秀芹 滨城区滨北街道办事处篦子张村村民
张秀珍 山东省绿泉空调科技有限公司总经理
纪春国 惠民县皂户李镇十五里堂小学教师
侯志永 邹平市公交客运有限公司司机
沈兴光 博兴县北相村村党支部书记兼村委会主任
徐长花 无棣县水湾镇幼儿园教师
司桂华 邹平经济技术开发区管委会妇委会主任
崔国东 阳信县劳店镇中学教师
俎　新 邹平市公交客运有限公司司机
张修磊 滨州市优抚医院护师
李俊明 沾化区下河乡西李村支部委员、纪检委员
张　璐 滨州烟草公司职工
潘敦学 邹平县公交客运有限公司驾驶员
陈华民 邹平市公交客运公司公交司机
李　明 滨州交运集团沾化汽车站副站长
马子彦 魏桥实验小学四年级学生
王雨佳 滨州市沾化区人民医院重症医学科主管护师
张惠民 中共邹平市委宣传部四级主任科员
刘承宇 无棣县第三实验小学学生
闫国良 滨州市公用事业服务中心职工
张士平 沾化区富国街道黑龙村村民

2019 年滨州市五一劳动奖章获得者名单（141 名）

市直

朱保生 华能沾化热电有限公司检修部锅炉本体班班长
王宪娟 中海沥青股份有限公司焦化硫磺作业区主任
高欣欣 魏桥科技工业园有限公司第十四织布分厂织造车间帮车工
李西洪 华纺股份有限公司打底机组长
吴健强 山东滨州鑫诚热力有限公司供热管理部二区调度
薛建民 滨州市公共汽车公司驾驶员
马立文 滨化集团股份有限公司东瑞公司氯碱车间主任
郭承跃 国网山东省电力公司滨州供电公司马山子供电所所长
张　强 中国联合网络通信有限公司滨州市分公司电宽组班长
张艳辉 中国移动通信集团山东有限公司滨州分公司城域网维护员
杨学武 大唐鲁北发电有限责任公司设备部副主任
张玉娥 滨州渤海中学小学部执行校长
孙可祥 滨州市博翱职业中等专业学校教师
杨秀芬 滨州市特殊教育学校教务处主任
王明礼 滨州市技术学院教师
范玮玮 滨州市技师学院经贸系电子商务教师
孙　雷 滨州港青港国际码头有限公司副总经理
安　斌 滨州市市场监督管理局标准信息所所长
贾玉红 滨州市第一中学党委委员、副校长
张　妍 中国农业发展银行滨州市分行高级主管
张　岩 滨州市铁路局总工室主任
齐爱华 齐鲁交通发展集团滨州分公司鲁北收费站副站长
苏红晓 滨州市疾病预防控制中心职业病防制与卫生检测评价科副科长
郑　斌 滨州市纪委监委派驻第十纪检监察组纪检监察二科副科长
王　刚 滨州市公安局情报支队支队长
宋立宏 滨州市实验幼儿园园长
卢　飞 市委办公室综合二科科长
贾秀红 滨州医学院附属医院儿科主任
张　涛 滨州市应急管理局危化办主任
路　辉 滨州市发展和改革委员会投资科科长
刘　晶 中国铁塔股份有限公司滨州市分公司行业拓展事业部副经理
徐珊珊 滨州市人民检察院公诉处副处长
王淑生 滨州市海洋发展和渔业局渔业技术推广站站长
卜小强 滨州市人力资源和社会保障局就业办公室科员
陈志强 滨州渤海活塞有限公司销售经理
刘志刚 市自然资源和规划局开发区分局主任科员
张吉祥 滨州市政府投融资管理中心法律事务科副科长
石红波 中国人民银行滨州市中心支行外汇管理科科长
孔晓林 滨州市城市管理局园林绿化管理处生产技术科副科长
韩守兵 滨州市公路管理局养护科科长
魏洪举 滨州市信访局驻省办主任
张传英 滨州市消防救援支队经济技术开发区大队市西中队队长助理
张万旺 滨州市中级人民法院离退休干部处处长
郑　楠 市委市政府政研室（改革办）督促指导科副科长
张永湛 滨州市扶贫开发领导小组办公室扶贫协作组副组长
袁朝阳 中国农业银行股份有限公司滨州分行党委书记、行长
刘立明 滨州建筑工程施工图审查中心党支部书记、主任
赵金霞 山东三利快餐有限公司董事长
郭　瑞 山东省滨州公路工程总公司机械操作员
尚永健 滨州市公共汽车公司公交驾驶员
李汉鹏 国家税务总局滨州市税务局第二税务分局副局长
牛秋英 中国移动通信集团山东有限公司滨州分公司网络优化员
李　蓬 国网山东省电力公司滨州供电公司变电运维三班副班长

夏方亮　滨州市食品药品检验检测中心理化室主任
刘之林　滨州中海酒店有限公司行政总厨
杨淑野　滨州医学院附属医院创伤骨科医生
赵　峰　滨州渤海活塞有限公司销售部销售员
宋立科　滨州渤海活塞有限公司博海精机电气设计员
石　磊　滨州渤海活塞有限公司铸造厂铸造工
任国建　滨化集团股份有限公司东瑞化工电仪车间检修工段工段长
杜　航　滨州职业学院专任教师
冯天翔　滨州市文化和旅游局文化市场稽查队副队长
李　杨　滨州市技师学院教师
许　晓　滨州市技术学院教师
刘兴园　滨州市人民医院急诊科医生
张　禄　滨州市人民医院胃肠外科医生

滨城区

王艳磊　滨州大有新能源开发有限公司安全环保部安全员
肖文珍　滨州市贵友纺织有限公司整理车间职工
杨　震　山东滨澳电线电缆有限公司橡套车间工人
郑海燕　滨城区授田英才学园常务校长
张党生　滨州市滨城区第一小学语文教师
杨新彬　滨州市滨城区逸夫小学校长
曹爱民　滨州市滨城区人民法院民三庭审判员
都姝敏　滨州市滨城区人民检察院侦查监督科科长
张爱国　滨州市新兴商贸有限责任公司总经理
潘悦妮　国网山东省电力公司滨州市滨城区供电公司市场班技术员

沾化区

张长青　山东中海精细化工有限公司生产车间主操工
吴泽民　沾化国昌精细化工有限公司国二车间班长
李丛丛　沾化贵富乳品有限公司挤奶工
刘清星　滨州市沾化区水利工程公司施工员
毕义梅　山东省滨州市沾化区第一中学教师
邢成军　滨州市沾化区第二中学级部主任
牛树华　国家税务总局滨州市沾化区税务局党委书记、局长
刘荣昌　沾化区下洼镇人民政府林业站站长、冬枣办主任
石增国　滨州市沾化区职业中等专业学校教师

邹平市

信统学　山东西王糖业有限公司淀粉二厂维修班技术员
张　晓　山东创新金属科技有限公司四园一车间维修班班长
徐小波　山东梁邹矿业集团有限公司十车间员工
刘　鸽　山东广富集团有限公司焦化车间污水处理班工人
巩瑞红　邹平市中医院肿瘤一科主任
马法红　山东魏桥创业集团信息中心主任
孟学艺　邹平市供电公司营销部主任
付金元　鲁中中等专业学校教师
郑延芳　邹平市卫生计生综合监督行政执法大队稽查科副主任
刘　芳　鲁中高级技工学校教师

惠民县

牛孝伟　惠民县第三实验学校教师发展中心主任
王传升　惠民县第一中学党委副书记、校长
付　萍　惠民县妇幼保健院主管护师
张修东　惠民县公安局刑事侦查大队副中队长
杨卫国　国网山东省电力公司惠民县供电公司党委书记
韩俊超　惠民邮政公司胡集支局营业员

阳信县

贾　滨　山东滨化滨阳燃化有限公司石化沥青部主任
张秋生　国网山东省电力公司阳信县供电公司运维检修部变电专工
黄荣彬　龙福环能科技有限公司仓储物流部副部长
吴　涛　阳信县人民医院检验师
穆建华　阳信县公安局翟王派出所所长、阳信县翟王镇人民政府综合执法办公室副主任（挂职）
王　权　阳信县财政局预算科科长
刘　颖　阳信县洋湖乡人民政府科员
王　博　阳信县计量测试检定所副所长

无棣县

毕宏博　无棣鑫岳化工集团有限公司环氧氯丙烷车间甲班操作工
高云松　山东京能生物质发电有限公司设备检修部部长助理、电仪车间操作工
李建新　山东省无棣第一中学校长
张俊平　无棣县第一实验小学教师
李丙群　无棣县金融工作办公室主任
刘国锋　无棣县公安局交通警察大队副大队长
张青刚　山东盛发科工贸有限公司总经理
路淑文　无棣县气象局观测员
曹　燕　无棣县职业中等专业学校专业办主任
何春义　无棣县荣超农机合作社社员

博兴县

韩永华　山东博华高效生态农业科技有限公司培育九区片区主任
赵俊辉　山东省博兴县洁源环保有限公司生化部技术员
王成森　山东万事达建筑钢品股份有限公司维护车间主任
唐功臣　山东康乔生物科技有限公司吡唑车间主任
孙俊芹　博兴县人民医院院长助理
杨瑞瑞　黄河三角洲京博化工研究院有限公司初级技术研发工程师
于宝华　国家税务总局博兴县税务局党委委员、副局长
郭乾福　山东博昌仓储物流有限公司办公室主任
李海江　阿克苏诺贝尔化学品（博兴）有限公司供应链生产计划部计划员
魏龙峰　山东新美达科技材料有限公司董事长
耿芳径　博兴县中医医院彩超室医生
舒　颖　博兴县人民医院妇产科医生

滨州经济技术开发区

潘洪和 国网滨州供电公司开发客户服务分中心营业服务专责

张克静 滨州经济技术开发区第一中学教师

米新海 滨州经济技术开发区沙河办事处高桥社区党总支书记

李吉东 滨州众创空间企业管理有限公司总经理

滨州高新技术产业开发区

田立波 愉悦家纺有限公司面料车间主任

舒 丽 滨州高新技术产业开发区环境保护办公室副主任科员

尹永光 滨州高新技术产业开发区安全生产监督管理办公室职员

北海经济开发区

蔡娜娜 山东立中轻合金汽车材料有限公司熔炼班组操作工

肖振华 滨州市公安局北海经济开发区分局刑侦大队大队长

于洋洋 黄河三角洲建设工程有限公司综治办主任

滨州市优秀共青团员

刘晓洋 滨州工业园区党群工作部办事员

崔月棋 滨州市阳光家庭关爱服务中心一线专职社工

崔建强 滨州农商银行小微贷中心客户经理

刘艳青 滨州市高级技工学校学生

张成杰 滨城区秦皇台乡科员

王翠霞 国家税务总局滨州市滨城区税务局科员

余梦佳 滨城区行政审批服务局职员

姜天齐 沾化区第二中学学生

王海璇 沾化区黄升镇人民政府科员

周文旭 沾化世纪新娘公司摄影师

王天惠 沾化区第一中学学生

魏 倩 山东滨化海源盐化有限公司职员

邢 新 滨州市公安局沾化分局刑侦大队民警

赵 洋 沾化区利国乡人民政府科员

牟志伟 山东日科橡塑科技有限公司氯化副值

李瑶璇 邹平市黄山中学学生

方丽华 邹平市魏桥中学学生

宫钰涵 邹平市第一中学学生

崔景琳 邹平市台子镇人民政府科员

赵新宗 邹平市黄山街道综治办副主任

曲雅茹 邹平市青阳镇人民政府科员

房 璐 邹平市住房和城乡建设局科员

张 令 邹平经济技术开发区实验学校教师

张志坚 邹平市人民医院医生

刘明月 邹平农商银行长山支行综合柜员

闫文彩 惠民县实验幼儿园教师

吴 昊 惠民县李庄镇人民政府政研室副主任

赵婉晴 惠民县第四实验学校学生

田 野 惠民县何坊街道办事处科员

曹宏宇 中共惠民县委组织部科员

李银晓 中国人民银行惠民县支行科员

李季康 山东凌速电子商务有限公司总经理

王 宇 惠民县辛店镇人民政府科员

郭雪瑞 惠民县石庙镇人民政府科员

刘 琪 惠民县综合行政执法局科员

宋春雨 惠民县第一中学学生

李望舒 阳信县第一实验学校学生

商 磊 阳信县司法局办公室主任

商 帅 山东滨化滨阳燃化有限公司生产运行三部西空压净水主操

王彦然 阳信县实验中学教师

张 强 国家税务总局阳信县税务局科员

张文韬 阳信县烟草专卖局营销部客户经理

赵 覃 阳信县第一中学学生

祝建凯 阳信县公安局翟王派出所民警

孟垂超 山东鲁北企业集团总公司技术员

陈志滨 山东省天康农业科技有限公司董事长兼总经理

宋春辉 无棣农村商业银行业务发展部副经理

曹 烨 无棣县第二高级中学学生

刘书心 无棣县公安局海丰派出所民警

赵金昌 无棣县市场监督管理局科员

常宇宏 无棣县文化馆山海之声艺术团团长

牛晓飞 无棣县职业中专学生

郭常颖 博兴县第二中学学生

孙亚男 国家税务总局博兴县税务局科员

王 兵 香驰控股有限公司电工

孙悦欣 博兴县实验中学学生

安贝宁 博兴县第三中学学生

李文倩 博兴县第一小学教师

周贝贝 博兴县公共资源交易中心科员

王凌霄 滨州经济技术开发区国有资产管理及预算评审中心科员

阮丽萌 滨州实验中学学生

李朝东 山东科伦药业有限公司设备工程师

李艳汝 滨州市愉悦技术学校学生

常 楠 国家税务总局滨州北海经济开发区税务局科员

张永庆 滨州市市场监管局科员

王 丽 中国银行保险监督管理委员会滨州监管分局科员

侯文涛 滨州市公安局特巡警支队民警

陈相永 滨州市消防救援支队特勤中队消防员

刘丽丽 滨州市中级人民法院试用期人员

赵 辉 滨州市人民检察院职员

时云芬 国家税务总局滨州市税务局科员

杨 波 滨州市市场监管局综合执法支队科员

冯 娟 滨州市人力资源和社会保障局12333电话咨询服务中心职员

张诗浩 滨州市自然资源和规划局不动产登记中心科员

苏 雅 滨州市图书馆助理馆员

刘寒贝 滨州市疾病预防控制中心科员

刘伟双 滨州市妇幼保健院护师

魏振东 滨州市气象局科员

陈金涛 滨州学院机场学院学生

官 虎 滨州学院乘务学院学生

马玉洁 滨州学院教师教育学院学生

李志颖 滨州学院艺术学院学生

魏家兴 滨州学院飞行学院学生

袁芳呈 滨州职业学院护理学院学生

王学俊 滨州职业学院医疗学院学生

刘 昊 滨州职业学院生物工程学院学生

贾学如　滨州职业学院会计学院学生
党康利　滨州职业学院海洋学院学生
张瑞雪　滨州市技术学院化工系学生
魏　钰　滨州市技术学院电子信息工程系学生
常欣洁　滨州航空中等职业学校学生
赵凯丽　滨州市技师学院文化理论基础部学生
孙维悦　滨州市技师学院信息工程系学生
腾海慧　滨州市技师学院经济贸易系学生
苏柏赫　山东省北镇中学学生
林梓峥　山东省北镇中学学生
于冬雪　山东省北镇中学学生
王心一　滨州市第一中学学生
周飞燕　滨州市第一中学学生
张凯磊　滨州市第一中学学生
李方然　滨州渤海中学北校区学生
张　岩　滨州实验学校教师
张　存　滨州市体校学生
刘泽彤　滨州市人民医院护士
张雪静　滨州市人民医院护士
臧传钰　山东滨州鑫诚热力有限公司职员
刘　浩　山东滨州城建集团公司职员
孙永康　国网滨州供电公司变电运维室员工
马海建　大唐鲁北发电有限责任公司宣传主管
陈　健　大唐滨州发电有限公司采样班副班长
王凌辉　东瑞化工原料与产品车间团支部书记
刘爱国　滨化集团热力有限公司电仪车间仪修工段副修
张向涛　滨州市宏诺新材料有限公司检修班长
高广研　热电四分公司汇宏一厂热工车间工人
邓丹丹　魏桥创业滨州幼儿园教师
邢恩达　滨州渤海活塞有限公司财务科职员
赵佳宁　滨州渤海活塞有限公司机四厂团支部书记
张金晖　滨州交运集团有限责任公司四公司职工
穆鑫鑫　华纺股份有限公司面二车间统计员
安　杰　华纺股份有限公司花一车间印制挡车工
谷　芳　华能沾化热电有限公司灰化运行副值班员
樊贵龙　山东滨州印染集团有限责任公司员工
赵汗青　中海沥青股份有限公司操作工
张益迪　中国联合网络通信集团有限公司滨州市分公司会计主办
王　岳　中国电信集团公司直营主管
刘颖慧　中国工商银行滨州分行营业部客服经理
王小东　中国农业银行邹平县支行营业部客户经理
谷天鸽　东营银行滨州分行营业部零售客户经理

滨州市优秀共青团干部

王锡辉　滨州市高级技工学校团委副书记
闫　磊　滨城区行政审批服务局团支部书记
尹凯丽　滨城区市中街道团工委书记
杨　璐　共青团沾化区委挂职副书记
刘　敏　共青团沾化区委兼职副书记
王子堂　沾化区海防街道团工委书记
耿春梅　邹平市卫生健康局团委书记
高莎莎　邹平市长山镇团委书记
尚文政　鲁中职业学院团委书记
孙庆光　邹平市第一中学团委书记
商玉霞　滨州市中心医院团委副书记
王　卉　惠民县桑落墅镇团委书记
杨文静　惠民县清河镇中学团委书记
寇福海　共青团阳信县委副书记
吴振香　阳信县金阳街道团工委书记
张　山　阳信县水落坡镇团委书记
汪　丽　共青团无棣县委副主任科员
王　斌　无棣县第三初级中学团委书记
张　文　无棣县棣丰街道团工委书记
王　鹏　博兴县人民法院团总支书记
孙亚平　博兴县实验中学团委书记
穆俊州　博兴县第三中学团委书记
王雨璇　滨州经济技术开发区里则街道团工委副书记
贺建波　滨州高新技术产业开发区中学团委副书记
李桂艳　滨州北海经济开发区第一实验学校团委书记
燕　垒　滨州市审计局团委书记
郭迎滨　滨州市公路事业发展中心团委副书记
王泰宁　滨州学院经济管理学院团总支书记
王洪运　滨州学院体育学院团总支书记
孟　蕾　滨州职业学院生物工程学院团总支书记
王国勇　滨州职业学院继续教育学院团总支书记
孟洪亮　滨州市技术学院基础部团总支书记
许靖伟　滨州市技师学院机械工程系团总支宣传委员
赵　真　山东省北镇中学 A 区团总支书记
高建强　滨州市第一中学 2017 级团总支书记
崔　凯　滨州市人民医院第九团支部书记
孙　朋　滨州魏桥科技工业园有限公司二纺分厂团总支书记
刘炳冉　滨州魏桥科技工业园有限公司生技二处团总支书记
金　鑫　滨化集团股份有限公司化工公用工程与维修车间团支部书记
王玉霄　滨州渤海活塞股份有限公司机关团支部书记
崔艳敏　华纺股份有限公司团委委员
耿　毅　山东滨州交运集团有限责任公司团委宣传委员
郭敬若　中国邮政储蓄银行惠民县支行团支部书记

滨州市青年志愿服务先进个人

刘明霞　滨城区杨柳雪镇团委书记、杨柳雪红旗志愿者服务队志愿者
辛　静　共青团沾化区委副书记、沾化区青年志愿者服务队志愿者
苏素敏　共青团邹平市委办公室主任、志・青春志愿服务队志愿者
王　猛　惠民县青年志愿者协会会长
史　靓　志愿服务西部计划山东项目志愿者
国庆伟　博兴县财政资金绩效评价办公室副主任、博兴县财政局青年志愿服务队志愿者

韩雅菲 国网滨州供电公司职工、国网滨州供电公司“善小·阳光”志愿者团体志愿者
毛中华 滨州市第一中学团委书记、滨州市第一中学青年志愿者服务队志愿者
张　铮 滨州市优抚医院团支部书记、市优抚医院学雷锋志愿者服务队志愿者
吴兰兰 中国联合网络通信有限公司滨州市分公司营销部业务主管、滨州市星火公益事业发展中心志愿者

2019 最美志愿者（10 个）

王　勇 邹平应急救援队志愿者
王加芬 滨州市人民医院健康行志愿服务医疗队志愿者
闫合亮 滨州市阳光公益事业发展中心志愿者
许小霞 博兴县妇联爱心驿站志愿者
张　铮 滨州市优抚医院志愿服务队队长
张传明 惠民县新青年文化艺术研究院负责人
吴守林 国网滨州供电公司“善小暖春”志愿者团队志愿者
李晓芳 博兴县心理援助公益服务中心志愿者
高芹芹 阳信县青年志愿者协会志愿者
鲍汝润 滨州市博兴县“五老”志愿者

滨州市三八红旗手名单（共 50 人）

石　云 滨州市滨城区纪委正科级纪律检查员
苑雪飞 滨州市滨城区卫生健康局人事科长
赵春霞 滨州市滨城区市中街道党工委组织委员
张　彤 滨州市滨城区妇联副主席（挂职）
王　珏 滨州市滨城区第六中学团委书记
韩修英 滨州杏林医养健康管理中心业务部部长
隆新娜 滨州市沾化区黄升镇妇联主席
李　静 滨州市沾化区泊头镇卫生院护士长
姜　敏 滨州市沾化区关工委办公室主任
陈丛丛 滨州市沾化区妇联发展部长
夏　冰 邹平市妇联副主席、党组成员
张晓惠 邹平市好生街道乔家村“两委”委员、妇联主席
樊　萍 邹平市市场监督管理局财务科科长
王　雪 邹平市纪委信息中心科员
李燕华 邹平市焦桥镇党政办工作人员、政协工作室副主任
张　晖 邹平市梁邹小学教师
姚　琴 惠民县妇幼保健院护理部干事
魏　琴 惠民县财政局经济开发投资中心综合财务科副科长
李召令 惠民县致远实验学校教师
展建英 惠民县孙武街道妇联主席
董晓粤 惠民县人民检察院办公室副主任
刘金兰 阳信县商店镇党委副书记、镇长
李文秀 阳信县妇联科员
张　莉 阳信县新闻中心办公室主任
雷新芳 阳信县水落坡镇雷家中学教师
徐丽敏 无棣县车王镇妇联主席
吴宝环 无棣县“两新”组织党工委副书记
牛冬雪 无棣县政府办公室副主任
方玲玲 无棣县纪委监委驻县文化和旅游局纪检监察组组长，县文化和旅游局党组成员
朱丽芳 博兴县老干部活动中心主任、老年大学校长
顾亚群 博兴县妇联办公室主任
牟艳红 博兴县吕艺镇人民政府综治维稳民生服务中心主任
高会美 博兴县第一小学教师
李志新 山东御馨生物科技有限公司生产二公司二部生产副部长
高　静 滨州经济技术开发区规划建设局副局长
李红霞 滨州经济技术开发区杜店街道办事处副主任
吕艳红 滨州高新技术产业开发区青田街道经济建设办公室主任
刘艳玲 滨州高新技术产业开发区小营中心幼儿园园长
杨拎军 滨州北海经济开发区财政局综合科科长
赵文慧 滨州市纪委案件审理室副主任
田莉华 滨州市委组织部干部信息管理办公室主任
赵　璇 滨州市检察院民行处副处长
张玲玲 滨州市慈善总会办公室主任
刘　莹 滨州市教育科学研究院教师业务研修副主任
刘　霏 滨州市卫生健康委员会副主任科员
崔文梅 滨州市财政局国库科科长
薛　坤 滨州市图书馆外借部副主任
解卫民 滨州市气象局机关党委副书记、妇委会主任
王凤玲 山东志城律师事务所副主任律师
张　芳 滨州市阳光大姐服务有限公司总经理

滨州市巾帼建功标兵名单（共 30 人）

常菲菲 滨州市滨城区委组织部研究室主任、办公室副主任
赵红霞 滨州市滨城区地震局局长
曹修娥 滨州市沾化区泊头镇党建办副主任
王明燕 滨州市沾化区冯家镇妇联主席
张树苹 滨州市沾化区统计局海防统计站站长
刘双燕 邹平市鹤伴法律服务所所长
曲晓彤 邹平市教育和体育局科员
张瑞莲 魏桥创业集团铝电公司财务部部长
张成美 惠民县人民医院妇产科主治医师
张　健 惠民县何坊街道中心小学教师
张　宁 惠民县孙武街道办事处副主任
张凤霞 山东阳信润丰农业科技有限公司任职总经理
谷雪梅 阳信移动公司商店支公司营业厅主任
房芹芹 阳信县流坡坞镇党委委员
王　莉 无棣县第一初级中学教师
孟卫华 无棣县简约家纺有限公司经理
邱桂芝 无棣县市场监督管理局副主任科员、妇委会主任

李　锐　博兴县妇联副主席（挂职）
尹晓娟　博兴县博奥学校教导主任
王　兰　博兴县人民政府办公室外事室主任
孙晓平　山东泰义金属科技有限公司副总经理
张雪华　滨州高新技术产业开发区行政审批服务局
张荣燕　滨州北海经济开发区党群工作部党员教育与信息化管理科科长
王洪波　滨州市人民政府办公室城调科科长
魏国利　滨州市城市规划技术服务指导站副站长
张丽真　滨州市水利局人事科副科长、主任科员
刘　静　滨州市原食药监局餐饮服务食品监管科科长
贾冬梅　滨州学院化工与安全学院教授
刘秀兰　滨州医学院附属医院主管护师、滨州市星火公益事业发展中心理事
李玲玲　滨州市天鹭幼儿园保教主任

滨州市“五好家庭”名单（共50户）

滨城区（4户）
尹桂香、尹新忠家庭
郭立翠、李成富家庭
李金花、韩爱华家庭
董晶晶、孙海涛家庭
沾化区（5户）
张　辉、张吉艳家庭
丁秀丽、秦　涛家庭
刘　涛、丁丽鹏家庭
刘　艺、张永立家庭
王长学、丁新美家庭
邹平市（7户）
潘承国、朱会云家庭
刘月芳、贾新华家庭
任　莉、孟　亮家庭
李　静、郭　庆家庭
宋淑娥、夏应国家庭
杜向涛、李月华家庭
郑志宝、成　玲家庭
惠民县（2户）
刘秀花、景乐军家庭
张　谦、侯光明家庭
阳信县（6户）
王宝智、史金芝家庭
孙晓静、王晓东家庭
刘建民、谷红梅家庭
尹增民、闫书芳家庭
王振莹、蒋新焕家庭
宋丽丽、商昌杰家庭
无棣县（5户）
杨向晖、孟小芹家庭
康玉锁、范宜双家庭
刘明博、陈建芳家庭
王长刚、仝秀娜家庭
董长星、常立芳家庭
博兴县（2户）
魏龙居家庭
薛建华、王洪梅家庭
开发区（3户）
张吉芹、于振吉家庭
游海涛、李玉娥家庭
杨立霞、刘新强家庭
高新区（5户）
闫合亮、尹静静家庭
刘艳玲、闫文忠家庭
李娟娟、贾立永家庭
董敬敬、张海涛家庭
高学民、王海英家庭
北海经济开发区（1户）
李桂英、付明峰家庭
市直（10户）
王　涛、吴瑞岭家庭
秦文娇、付泽民家庭
王克宁、吕红英家庭
王惠芳、杨志刚家庭
王雪芹、楚云涛家庭
郝银忠、郭海燕家庭
林立华、王秀英家庭
姜　敏、张映辉家庭
吕　茜、崔亚伟家庭
李晓英、李文远家庭

滨州市“最美家庭”名单（共51户）

滨城区（5户）
张秀萍、张秀贞家庭
于胜利、刘春芹家庭
何向君、王　涛家庭
郭建荣、侯庆春家庭
宋海燕、郑晓龙家庭
沾化区（4户）
房同岭、王　琢家庭
房俊廷、王树翠家庭
刘德旺、张秉丽家庭
杜忠峰、李尚丽家庭
邹平市（6户）
李俊湘、孙汉峰家庭
王凤芸、王德凤家庭
张秀珍、张行刚家庭
张奎元、焦素兰家庭
张金英、张贞柱家庭
邬秀贞、马见义家庭
惠民县（3户）
吉洪香、夏俊岩家庭
刘　丽、白明琪家庭
刘　露、安　霄家庭
阳信县（7户）
王金霞、李广立家庭
杨太勇、刘秀花家庭
穆红芳、赵俊杰家庭
王永军、赵爱花家庭
商晓伟、张秀华家庭
马晓燕、郝大伟家庭
常树国、李玉兰家庭
无棣县（3户）
孟洪霞、吴建全家庭
王玉珍、于连峰家庭
刘宝才、朱文淑家庭
博兴县（5户）
藏琳琳、高　阳家庭
郝义华、泥国华家庭
李影影、陈　雷家庭
曹国喜、曹春华家庭
高　燕、刘春晖家庭
开发区（4户）
李红霞、房新伟家庭
高月月、张荣法家庭
李建国、吴立英家庭
朱　婷、王　众家庭
高新区（4户）
李立民、张红梅家庭
黎建中、贺树英家庭
韩国福、韩金凤家庭
齐泽景、孙晶晶家庭
北海经济开发区（1户）
胡宝燕、王桂英家庭
市直（9户）
闫君君、吴　栋家庭
常国良、王树花家庭
王玉江、陈秀珍家庭
刘志英、吴　波家庭
史　波、周海霞家庭
陈俊玲、陈镇国家庭

王　静、耿　波家庭
隆新燕、杨福平家庭
赵国勇、郑　伟家庭

滨州市“好婆婆”名单（共30名）

滨城区（2名）
张凤英
吴新美
沾化区（3名）
李相美
曹景花
王新梅
邹平市（6名）
刘桂珍
张新红
徐桂芹
咸桂英
朱秀贞
曹国风
惠民县（1名）
闫夏花
阳信县（3名）
薛玉芹
张金环
李景茹
无棣县（3名）
刘佃娥
杨洪芝
刘荣清
博兴县（2名）
付金英
李振兰
开发区（1名）
周秀兰
高新区（2名）
张光芹
刘　瑞
北海经济开发区（1名）
孙宝水
市直（6名）
刘爱平
魏翠花
吕欣荣
张　兰
李　静
郭安果

滨州市“好媳妇”名单（共30名）

滨城区（1名）
宋玉敏
沾化区（2名）
王明英
吕聪颖
邹平市（7名）
孙　燕
刘玉荣
李伟卫
刘爱兰
曲艳玲
张学莲
马　杰
惠民县（2名）
杨　岩
程立炜
阳信县（3名）
李树连
程洪燕
尹丛丛
无棣县（3名）
谭花英
孙宝苗
崔月智
博兴县（2名）
刘曰美
范宜明
开发区（3名）
韩卫卫
赵素霞
冯曰兰
高新区（3名）
索荣兰
杨玉兰
王　娇
北海经济开发区（1名）
于金荣
市直（3名）
张旭红
李颂华
邹丽娟

2019年度全市道路交通“平安行·你我他”行动先进个人

郝凯军　滨州市委宣传部
刘升华　滨州市委宣传部
罗　军　滨州日报社
李明刚　市农业机械修配管理站
董波涛　市种子管理站
李　敏　市农业农村综合服务中心
刘丽萍　市农业农村综合服务中心种植业结构调整科

首届“滨州最美警察”名单

刘国峰　无棣县公安局交警大队副大队长
程建兴　市公安局滨城分局法制大队大队长
吴洪顺　滨州市看守所管教大队教导员
张永生　市公安局刑侦支队副支队长
董爱荣　市公安局交警支队经区大队女子中队中队长
徐胜利　市公安局特巡警支队三大队副大队长
刘　彬　阳信县公安局刑事侦查大队技术室主任
刘保宁　邹平市公安局刑侦大队大队长
李　晓　博兴县公安局刑侦大队民警
张希勇　市公安局沾化分局车管所所长

2019年滨州市“最美家政服务员”(10名)

魏素华　滨州市纳言人力资源服务有限公司
郝景莲　滨州市海燕家政服务有限公司
刁　凤　滨州市沾化区一凡家政服务有限公司
赵秀兰　邹平韩霞家政服务有限公司
李金秀　惠民县惠民大姐家政服务有限公司
刘红香　大爱养老服务有限公司
王恩英　阳信春晖阳光大姐家政服务有限公司
张付芝　阳信大姐家政服务中心
赵国贞　爱心树母婴服务有限公司无棣分公司
周雪芹　山东省博兴县七仙女现代家庭服务有限公司

2019年“滨州最美科技工作者”

张国清　愉悦家纺有限公司副董事长，愉悦科协理事长、工程师
郭庆宏　沾化区冬枣产业办公室主任，冬枣研究院院长、高级农艺师

徐泽平　黄河三角洲京博化工研究院有限公司研究员
赵春海　滨州职业学院副教授
吴淑华　滨州医学院附属医院病理科主任、教授
许道营　滨州市人民医院心内科主任、主任医师，市营养学会秘书长
王月华　山东三星集团有限公司技术副总、高级工程师
田亚民　滨州盟威戴卡轮毂有限公司技术总监、高级工程师
于志勇　滨州渤海活塞有限公司副主任工程师、高级工程师
刘占波　无棣县职业中等专业学校创新创业办公室主任、科技辅导员

（侯雪珍）

立功军人名录

王振国　男，1987年6月出生，滨州市沾化区富源街道杏行村人，2017年3月作为中国第五支到利比里亚维和警察到利比里亚执行维和任务。在一年任务期中，王振国牢记使命，勇挑重担，吃苦耐劳，完成日常武装巡逻、定点驻守、要人警卫等维和勤务，立一等功。

贾　诺　男，1993年7月出生，滨州市沾化区古城镇王见南村人，某部队战士。2017年2月至2018年3月，贾诺为中国第五支驻利比里亚维和警察防暴队战斗队员兼驾驶员、先遣队员和后留队员。其间，恪尽职守，完成各项维和勤务；协助开展对利警务培训工作；参加战备处突、警务技能训练、营门遇袭演练、直升机护卫训练；后留期间坚守岗位，履职尽责的完成好闭营回撤工作，立一等功。

王振生　男，1971年11月出生，滨州市沾化区古城镇王见南村人，某部队高级工程师。王振生长期从事航空机务工作年，多次参加保障各种重大任务，30年来无一次人为差错，工作突出，为海军航空兵事业做出贡献，2018年立二等功。

王振江　男，1974年4月出生，滨州市沾化区富源街道杏行村人，某部队副参谋长。2017年2月27日，王振江率领30名队员先期抵达国际维和任务区为大部队进驻打好前站，得到公安部领导批示肯定，主导中利尼三国警察混编联训联演和利比里亚警务培训。2018年立二等功。

李　涛　男，1981年7月出生，邹平市九户镇古王台村人，某部23分队技师。2019年，因在本职工作岗位中严格要求，学习钻研，履职尽责，展现新时期“四有革命”军人精神风貌，完成安全保障飞行任务，立二等功。

付子强　男，1981年10月出生，滨州市沾化区冯家镇付家村人，某部队政治教导员。付子强先后参加“跨越—2009”演习、俄罗斯开阔水域国际比武筹备和苏丹达尔富尔国际维和等任务，立三等功一次，多次被上级表彰为“优秀共产党员”，2017年被中部战区陆军表彰为“四有革命军人”。在旅队组织的“夺金牌·创纪录”比武中获9枚金牌。2018年立二等功。

马洪刚　男，1983年2月出生，惠民县清河镇古城马村人，某部队空中机械技师。2019年因连续保障安全飞行3530余小时，为陆航飞行安全事业做出突出贡献，立二等功。

韩子双　男，1983年10月出生，滨州市沾化区下河乡北韩村人，某部队机械技师。2017年5月4日因安全保障飞行满550小时（实际618小时49分）立三等功一次；2018年9月12日安全保障飞行时间满900小时（实际911小时09分），立二等功。

王延亮　男，1986年6月出生，惠民县李庄镇大王西村人，某部队副营职。2018年在到利比里亚执行维和任务中，功绩显著，立二等功。

孔　涛　男，1987年6月出生，邹平市临池镇北园村人，某部队机械技师。工作训练高标准严要求，担任机械技师期间，带领机组保障安全飞行1200余小时，完成重大任务。2019年立二等功。

刘磊磊　男，1989年9月生，滨州市沾化区利国乡裴家村人，某部队战士。2017年3月进驻任务区，牢记联合国维和人员职责，用实际行动践行维和誓言，完成各项维和任务，展示中国军人风采。2018年3月回国归建，立二等功。

王　菲　男，1989年12月出生，邹平市长山镇裴家村人，某部队四级警士长。十九大安保期间，王菲坚持以岗位为阵地，主动作为、任劳任怨，完成任务，2018年立二等功。

谷军营　男，1990年2月出生，无棣县水湾镇潘家村人，某部队上士。入伍后，服从命令、听从指挥，履职尽责，敢于迎难而上，锐意进取，2019年立二等功。

刘书肖　男，1990年12月出生，邹平市九户镇刘家寨人，某部队班长。刘书肖以身作则，牢记使命，在任务面前勇于担当，脚踏实地，发挥模范带头作用，完成飞行训练等各项工作任务，2018年立二等功。

吴雪松　男，1991年12月出生，阳信县水落坡镇顺河吴村人，某部队特战队队长。入伍后立二等功两次、集体三等功一次、优秀士兵两次，武警部队高级反恐人才、武警部队特战全能精兵，2014年、2018年，两次代表中国武警到约旦参加国际特种兵比武。2018年立二等功。

李小伟　男，1994年4月出生，博

兴县人，某部队中队长助理。2018年，在青岛上合组织峰会安保期间因工作突出立二等功。

李雪松 男，1995年2月出生，滨州市滨城区杨柳雪镇大道徐村人，某县人武部生产连班长，2019年因军事素质过硬，工作严格要求，配合意识强，树立良好模范带头形象，立二等功。

王建功 男，1995年9月出生，无棣县棣丰街道贾店村人，某部队班长。2017年3月至2018年3月，王建功作为第五支到利比亚维和警察防暴队成员，完成各项工作任务，立二等功。

刘玉钢 男，1996年9月出生，邹平市高新街道新四村人，某部队副班长。刘玉钢在任务性质敏感时，执勤能力过硬，甘于牺牲奉献，大局观念强，传承和发扬当代革命军人牺牲奉献精神，2018年立二等功。

信文婷 女，1999年3月出生，无棣县埕口镇信家庄村人，某部队列兵。2018年6月12日，在一次边境检查中，发现一女子形迹可疑，遂对其进行检查，从其携带的包袱中查获毒品20.688602千克，犯罪嫌疑人被当场抓获。2018年立二等功。

（市退役军人事务局）

逝世人物

张士平

张士平（1946—2019），男，山东邹平人，1946年11月出生，中国共产党党员，山东魏桥创业集团创始人、原党委书记、董事长，2019年5月23日，因病医治无效，在邹平市逝世，享年73岁。

张士平1964年进入魏桥油棉厂参加工作，历任车间主任、生产股长、副厂长。1976年6月，加入中国共产党。1981年3月，任邹平县第五油棉厂厂长。1998年4月，组建成立山东魏桥纺织集团有限责任公司。2003年3月，组建成立山东魏桥创业集团有限公司。2018年10月，卸任山东魏桥创业集团有限公司董事长职务。

张成朋

张成朋（1999—2019），男，山东邹平人，1999年2月出生，中国共产党党员，四川省森林消防总队凉山支队西昌大队四中队一班消防员，2019年3月31日在参加四川省凉山州木里县森林火灾扑救任务中牺牲，年仅20岁。

张成朋2015年9月进入鲁中职业学院经济贸易学系学习，2017年9月从鲁中职业学院应征入伍。2019年3月30日18时许，四川省凉山州木里县境内发生森林火灾。31日下午，四川森林消防总队凉山州支队指战员和地方扑火队员共689人在海拔4000余米的原始森林展开扑救。扑火行动中，受风力风向突变影响，突发林火爆燃，瞬间形成巨大火球，造成30名扑火人员失联。4月1日晚，经全力搜救，30名失联扑火人员全部找到，包括张成朋在内的27名森林消防员和3名地方扑火人员全部牺牲。4月2日，张成朋被应急管理部批准为烈士，追记一等功，中共党员。

（邹平市地方史志研究中心）

张亚峰

张亚峰（1990—2019），男，滨州市滨城区人，1990年6月出生，中国共产党党员，滨州市公安局交通警察支队高新区大队警务辅助人员。2019年7月5日，张亚峰牺牲，年仅29岁。

张亚峰牺牲前为滨州市公安局交通警察支队高新区大队警务辅助人员，2019年7月5日，张亚峰在执行交通疏导任务时，为保护沿途群众和前方执勤辅警的人身安全，被肇事车辆拖行碾压牺牲。7月22日，省政府办公厅下发《山东省人民政府关于评定张亚峰为烈士的批复》，评定张亚峰为烈士。

（张建滨　刘言景）

重要文献

佘春明在市委九届十次全体会议第一次会议上的讲话

（2019 年 12 月 30 日）

即将过去的2019年，对滨州来讲，是极不平凡的一年。这既是开拓创新、积极进取的一年，也是攻坚克难、成效凸显的一年。一年来，面对持续加大的经济下行压力和严峻挑战，市委常委会坚持以习近平新时代中国特色社会主义思想为指导，深入贯彻落实中央决策部署和省委工作要求，以“不忘初心、牢记使命”主题教育为契机，以贯彻落实党的十九届四中全会精神为己任，扎实推进新旧动能转换、乡村振兴、改革开放、民生改善、全面从严治党等重点工作，经济社会发展呈现“趋稳起势”良好态势。我们高兴地看到，在应对复杂多变的经济局面、战胜重大洪涝灾害中，广大党员干部经受住了考验，思想观念、精神状态、工作作风焕然一新，能力水平有了较大提升，一批重大改革事项成效显著，一批事关长远发展的重大工程、重点项目进展顺利，真诚团结的政治生态、绿色协调的经济生态、活力迸发的社会生态、同生并存的自然生态逐步形成。

——我们始终坚持解放思想，在与时俱进中理清发展思路。面对全市发展中的痛点、堵点和短板，面对广大干部群众盼发展、求进步的强烈期盼，市委常委会研判滨州发展的优势和不足，深入谋篇布局，以“六问”深思发展之痛，以“八策”明晰发展路径，确定了建设“富强滨州”的总目标，向全市发出了新时代、新发展的动员令。研究确定“757”工作方案，对重点工作、重大任务进行了细化、实化、具体化。以“事业工程化、工程责任化、责任数字化”开展“大竞赛、大比武”，组织“三亮”“三评”等活动，用实绩对标先进，用数字检验落实，激发了广大干部的积极性。

——我们始终坚持改革创新，在体制机制创新中激发活力源泉。市委常委会深刻认识到，滨州差就差在改革这步棋滞后，差就差在有效制度供给不足。我们坚持体制机制创新走在前列，刀刃向内、自我革命，先后出台了《加快经济高质量发展》等一批制度创新的政策，启动了开发区体制机制“瘦身健体”式的改革，拿出了“一窗受理、并联审批”等一批流程再造的举措，推出了社会治理“全科大网格”等一批事关群众利益的重点事项，制度创新对推动高质量发展的溢出效应日益凸显。

——我们始终坚持问题导向，在强化整改中补短板强弱项。面对我市产业结构不合理，以及传统发展模式累积的环保短板、金融风险等矛盾和问题，我们坚持直面问题不回避、迎难而上抓整改，以中央、省委巡视，中央、省级环保督察及“回头看”等反馈问题整改为契机，举一反三、标本兼治，以问题整改倒逼结构转调，传统产业转型步伐加快，新兴产业成效初显，经济发展质量和效益明显提升，历史积累的问题正逐步消减，新一轮发展力量正逐步迸发，推进高质量发展的脚步无比坚定。

——我们始终坚持重点突破，在强化要素保障中积蓄新的力量。聚焦转型升级、项目建设、“双招双引”、民生改善等重点工作，久久为功，持续用力，集中开工了一批重大项目，为高质量发展注入强大动力。积极协调加快高铁、港口、高速公路、机场等重大基础设施建设，全力推动高等院校建设，着力破解资金、环保、土地等制约瓶颈，尽最大努力为群众办实事，滨州发展的要素支撑越来越足，群众获得感自豪感越来越强，发展前景可期。

——我们始终坚持党建引领，在全面从严治党中保持战略定力。坚持把习近平新时代中国特色社会主义思想作为做好全部工作的根本遵循，深入贯彻党的十九届四中全会精神，严格落实管党治党政治责任，扎实开展“不忘初心、牢记使命”主题教育，树牢“四个意识”，坚定“四个自信”，做到“两个维护”。提升政治站位，面对发展困境和难题，注重从政治的高度来认识和把握，保持战略定力，不为风险所惧，不为干扰所惑，不为困难所动摇。提升“功成不必在我”的精神境界和“功成必定有我”的责任担当，做好打基础、利长远的各项工作，确保中央决策部署和省委工作要求在滨州不折不扣得到落实。

具体工作中，主要突出了以下六个方面：

一、扎实开展“不忘初心、牢记使命”主题教育，激发富强滨州建设的强大活力

我们严格落实中央部署和省委要求，聚焦主题主线，制定“1+5”工作方案，找差距，定措施，见实效。相关工作得到中央巡回督导组和省委巡回指导组充分肯定，先后在省级以上媒体报道16次，在中央和省委主题教育工作简报刊发工作做法12次。

坚持把学习教育贯穿始终，理想信念更加坚定。持续强化理论武装，先后开展4次理论学习集体研讨，带头讲专题党课，举办3期读书班。把学习贯彻党的十九届四中全会精神作为重大政治任务，坚持先学一步、深学一层，带头宣讲全会精神，举办3期学习班。坚持把全会精神与实际工作相结合，加快制度创新和流程再造，努力把制度优势转化为治理效能。持续推进共产党员“淬火工程”，先后对1.09万名党支部书记、10.7万名农村和社区党员进行集中培训。高质量开展“初心永恒”系列活动，《渤海赤子》电视系列片荣获第15届全国党员教育电视片优秀作品奖、全省党员教育电视片特等奖和最佳策划奖。

坚持把检视问题贯穿始终，靶向施策更加精准。召开对照党章党规找差距专题会议、专题民主生活会，紧密联系思想和工作实际，认真检视反思、深入查找问题，为整改落实提供精准靶向。带头研究确定3批35项即知即改问题，全市县处级以上班子检视问题2716个、查摆即知即改问题2222个。坚持“小切口、大问题”，各常委带头沉到基层一线掌握实情，发现各类问题93个，专门召开调研成果交流会，定措施，抓整改。

坚持把整改落实贯穿始终，作风能力明显提升。坚持“改”字当头，即知即改、立行立改，不能立即解决的列出方案，明确责任，限时整改。深入开展“9+1+N”专项整治，逐项制定实施方案，建立工作台账，实行销号办理。通过《滨州日报》向社会公布整改情况，开设专栏，组织访谈，让群众监督、由社会评价。通过开展主题教育，广大党员干部的思想境界有了较大提升，担当作为的能力有了较大提高，主题教育激发出的工作热情，已转化成富强滨州建设的生动实践。

二、严格落实主体责任，全面从严治党持续向纵深推进

切实加强常委会自身建设。研究制定了《关于进一步加强市委常委会自身建设的意见》，不断提高把方向、谋大局、定政策、促改革的能力和定力。旗帜鲜明讲政治，带头践行新发展理念、推动高质量发展，带头发扬民主、严格党内政治生活，带头改进作风、密切联系群众，带头严格自律、廉洁勤政，发挥了在建设“富强滨州”中的领导核心作用。

重视做好意识形态领域工作。牢牢把握意识形态工作领导权，认真履行意识形态工作主体责任。创新制定《党委（党组）落实意识形态工作责任制工作流程》并在全省推广。弘扬主旋律，激发正能量，在省以上主流媒体刊发稿件1500余篇，举办28场新闻发布会。强化舆论监督，18期《问政滨州》聚焦群众关切，督导整改有力。

大力夯实基层基础。推进党支部标准化规范化建设，完成324个党组织调整理顺工作。抓好“双规范双提升”工作机制落实，实施村党组织带头人队伍整体优化提升行动，对410个软弱涣散村党组织整顿对象开展专项整治。村级集体经济发展“清零·倍增”计划，省委书记刘家义同志给予肯定。创新城市社区管理体制，加强园区、商圈党群服务中心建设，全市674个机关企事业单位，3.5万名党员到社区“双报到”，推动资源下沉、力量下沉、服务下沉。

切实加强干部队伍建设。坚持“看项目就是看干部，看干部一定要看项目”，制定并抓好《关于激励干部干事创业的若干规定》、系列考核办法等政策落实，进一步激发干部担当作为的热情。落实容错纠错机制，制定《关于加强受处理处分干部教育管理使用工作的实施意见》，营造担当作为、干事创业的良好氛围。树立重基层一线、重实绩实干的鲜明导向，提拔重用县乡干部43名。选派51名干部到省以上机关和先进地区跟班学习锻炼，实施年轻干部梯次培养“789”计划和“1315”工程，进一步提高干部的专业素养和干事本领。

扎实推进党风廉政建设。深挖细查“四风”隐形变异问题，查处违反中央八项规定精神问题171起，党纪政务处分157人。深入推进“基层减负年”，扎实开展“庸懒散拖”专项整治，查处形式主义、官僚主义问题266起，党纪政务处分143人。查处群众身边不正之风和腐败问题908起，党纪政务处分498人。始终保持高压反腐态势，立案审查调查2379件，处分2229人。持续强化震

慑效应，通报曝光各类典型案例50起、72人，主动向纪检监察机关交代问题26人，主动投案11人，不断强化不敢腐、不能腐、不想腐的氛围。

三、深入践行新发展理念，高质量发展的步伐稳健有力

面对发展的阵痛期、爬坡期，我们认真践行新发展理念，抢抓机遇，应对挑战，积极作为。全市GDP前三季度增长3.5%，为近7个季度以来的最高水平，并列全省第12位。1—11月份，全市规模以上工业增加值增长2.9%，位居全省第7位，从6月份扭转了连续17个月负增长不利态势；全市规模以上工业实现利润159.6亿元，比2018年增长13.8%，列全省第1位；固定资产降幅已连续6个月收窄，9月份以来连续实现月度正增长；完成一般公共预算收入208.1亿元，扣除减税降费等因素影响，名义增长7.3%。

突出转型升级，新旧动能转换全面起势。设立50亿元的新旧动能转换母基金、30亿元的重点企业发展基金、100亿元高端铝产业及园区发展基金，争取五批政府专项债券项目85个，申请专项债券资金137亿元，列全省第3位。传统产业加速转型。五大千亿级产业集群预计全年实现主营业务收入近万亿元，铝产业中高端铝制品比例达到34.9%，比2018年提高10个百分点。以体制机制创新推动铝产业高质量发展改革经验荣获“2019中国改革年度十佳案例”。新兴产业加快推进。新认定高新技术企业40家，国家科技型中小企业备案162家。全省科学技术奖获奖4项，居全省第7位。品牌高端化成效初显。新增马德里商标28件，地理标志商标5件，新认定驰名商标3件。京博石化荣获第十八届“全国质量奖”，实现我省炼化行业“全国质量奖”零突破。现代海洋经济快速发展。渤海水产天然盐田牧场荣获全球水产标杆认证，渤海水产大宗商品交易平台建成运营。全年海洋经济总产值预计实现770亿元，比2018年增长11%。

突出增效增收，乡村振兴战略稳步推进。聚焦农业强、农村美、农民富，加快实施五大振兴，打造具有滨州特色的乡村振兴齐鲁样板。坚持产业融合，在全省率先开展农业产业化联合体创建，认定30家；培育壮大新型经营主体，市级以上农业龙头企业达到390家；滨城区成功创建国家现代农业产业园。食品加工产业预计全年实现主营业务收入1500亿元，比2018年增长13%。突出示范带动，3个乡镇入围省级齐鲁样板示范区创建；1县4镇54村入选全省首批乡村振兴示范县乡村。启动实施黄河生态保护与修复工程三年行动，加快黄河文体旅融合发展，举办千人黄河大合唱、环滨州黄河风情带国际公路自行车赛等活动，积极打造富有现代气息、凸现黄河魅力、独具滨州特色的靓丽名片。

突出创新驱动，产教融合格局逐步形成。按照“产学研金用”的理念，加快产教融合平台载体建设。渤海先进技术研究院全力推动建设并挂牌，按照“1+N+3”总体布局，确定八大中心及首批10家企业研发机构、26家科技服务机构。魏桥国科（滨州）研究院、渤海科技大学（筹）积极推进，省委书记刘家义同志出席项目签约仪式。滨州职业学院入选中国特色高水平高职学校建设单位，高新区康养职业学院积极筹备建设，中国科学院山东综合技术转化中心滨州中心、山东渤海技术交易市场成立，集“科技研发、创新孵化、产业育成、服务配套”等功能为一体的创新生态体系、产教融合新格局逐步形成。

突出宜居宜业，城市品质不断提高。启动实施城市品质提升三年行动。积极争创第六届全国文明城市。加强城市基础设施建设，市主城区实施打通断头路桥工程18项；市区水系连通配套工程全部完成；新增城市（县城）集中供热面积231万平方米，完成海绵城市10平方千米。全市棚户区改造新开工6418套。园林绿化水平实现质的提升，围绕黄河生态保护及修复、城市绿道、景观大道、口袋公园等内容，相继实施69项园林绿化项目，我市园林绿化建设模式在全省推广。

四、用好改革开放“关键一招”，经济社会发展活力持续迸发

重点领域改革纵深推进。按照体制机制创新走在前列的目标定位，实施“全生态改革创新、全领域流程革命”，努力打造市域治理能力现代化的试验区、先行区、示范区。谋划实施的31项重点改革事项已全部完成，承接省级以上改革试点100余项，3项创新经验被党和国家领导人批示肯定。在全省率先启动开发区体制机制改革。审批服务效能持续提升。全市采用“拿地即开工”模式完成项目审批18个；在全省率先实现施工图审查“多审合一”，容缺预审项目达到173个。金融生态环境不断修复，“3511”工程强力推进。“尊重企业家、厚待投资者、服务纳税人”的氛围更加浓厚。出台惠企“十条意见”，为贡献突出的企业家颁发金、银、铜狮奖，设立优秀企业旗帜广场，开展“滨州企业日”活动，举办15次“e盏茶事”政企交流，广大企业家的发展信心和投资意愿不断增强。1—11月份，全市新登记市场主体6.56万家，比2018年增长21.98%。

“双招双引”成效明显。将“双招双引”作为“一号工程”，制定出台实施意见、激励办法、20条措施等政策，组织参加中国国际铝工业展览会、对接京津冀项目恳谈会、首届跨国公司领导人青岛峰会和峰会嘉宾滨州行等系列招商促进活动，举办第六届资本对接大会。1—11月份，全市新签约、立项项目226个，有到位资金的新建、续建项目297个；实际到位市外资金400余亿元，完成全年目标计划的109.8%。实施“万名大学生、千名硕博士进滨州”等活动，“青鸟计划”工作模式在全省推广实施。截至11月底，引进本科以上大学生10248人，其中硕博士1479人，分别是去年的1.8倍、2.8倍。引进省级及以上高层次人才69人，比2018年增长15%；申报入选省级及以上人才38人，比2018

年增长19%。

对外开放水平显著提升。我市再次跻身中国外贸百强城市，博兴县入选首批省级外贸转型升级试点县，金属板材基地跻身国家外贸转型升级基地。1—11月份，全市外贸进出口实现784.8亿元，增长5.7%，总额、增幅均列全省第9位。利用外资实现2.08亿美元，比2018年增长239.9%，总量列全省第9位，增幅列全省第3位。

基础设施建设强力推进。交通基础设施投资力度不断加大，截至目前，已完成投资77.16亿元，完成年度目标的139.2%。京沪高铁二线、济滨高铁即将开工，环渤海高铁同步建设，两条集装箱航线正式开通。滨港铁路二期主体工程完成。邹平货运铁路、北海货运铁路专用线项目开工建设，阳信汇宏新材料铁路专用线项目开通运营，胡集里则铁路专用线工程可行性研究报告已评审完成。黄河四桥、秦滨高速埕口至沾化段、沾临高速、滨州港5万吨级航道、大高通用机场升级民用运输机场、小清河复航等重大交通基础设施项目有序推进，我市区域枢纽战略地位呼之欲出。

五、坚持以人民为中心发展思想，广大群众获得感幸福感不断增强

切实为群众解难题办实事。全面落实各项民生政策，加快推动各项民生实事落实。前三季度，城镇居民、农村居民人均可支配收入分别增长6.4%和8.5%。新建、改扩建19所学校项目全部竣工，新增校舍面积55.5万平方米。社会救助保障水平不断提升，城市、农村低保标准分别提高到每人每年6840元、5160元。在全省率先实施农村幸福院分级分类管理并建立奖补机制。市民政局荣获全国“人民满意的公务员集体”。

社会各项事业蓬勃发展。大力发展教育事业，以城带乡、以强带弱的集团化办学覆盖率达96%。“持续深化‘县管校聘’改革”入选省教育改革创新十大典型案例。扎实推进就业创业工作，1—11月份，城镇新增就业4.1万人。深化社会保障制度改革，社保基金实现市级统筹。深化医药卫生体制改革，是全省唯一实现县域医共体国家试点全覆盖的市。与山东第一医科大学签署战略合作协议。文化繁荣发展成效明显，京剧《游百川》入选第十六届中国戏剧节，获“优秀剧目奖”；渔鼓小戏《老邪上任》获第十八届群星奖。

脱贫攻坚质量有效提升。持续强化贫困人口动态管理，对8.4万名脱贫享受政策群众建立脱贫台账。持续强化政策精准供给，修订完善建档立卡贫困群众教育救助、医疗保险、危房改造三个“暂行办法”，把市标贫困人口纳入保障范围。持续强化项目资产管理。“大数据+扶贫”案例做法，入选首届全球减贫案例征集活动“联合国全球110个减贫原创案例”。

生态文明建设不断深化。全面开展林水会战“第二个十年”行动，去冬今春完成造林32.8万亩，改善灌溉面积41.5万亩。实施“五河同治”工程，治理骨干河道120千米，新增拦蓄能力2400万立方米。农村人居环境持续改善，农村改厕长效管护机制，龚正省长充分肯定，全省现场会在我市召开，国务院农村人居环境大检查第四检查组也给予积极评价；积极争创北方地区冬季清洁取暖试点城市。全力推进污染防治，深入开展“利剑2019专项行动”，狠抓中央和省环保督察反馈问题整改，全市生态环境质量持续改善。1—11月份，国控站点细颗粒物（PM2.5）比2018年改善5.6%，改善幅度在全省7个传输通道城市中列第1位。

六、加强民主法治建设，团结和谐稳定的良好局面进一步巩固

民主政治建设不断加强。充分发挥市委总揽全局、协调各方作用，支持市人大常委会、市政府、市政协、市法院、市检察院依法履行职责，助推富强滨州建设。加强同各民主党派、无党派和工商联的团结合作，巩固和发展最广泛的爱国统一战线。充分发挥群团组织在联系群众、服务群众、教育群众的重要作用。加强民族团结，阳信县被国务院表彰为“全国民族团结进步模范集体”。

法治滨州建设加快推进。法治政府、法治社会建设同步推进，我市被推荐参与评选全国法治政府建设示范市。公共法律服务实体平台和“一村（社区）一法律顾问”实现全覆盖。全省“智慧矫正”现场推进会在我市召开。出台《滨州市涉企行政执法备案管理办法》，规范涉企行政执法行为，减轻企业迎检负担。市公安局获评全省人民满意政法单位，是获此殊荣的唯一市级公安机关。

社会治理水平不断提高。创新实施社会治理“全科大网格”，为全省社会治理创新提供了滨州方案，省委书记刘家义同志作出批示。彭李派出所等3个派出所分别被命名为全国、全省“枫桥式公安派出所”。狠抓安全生产，1—11月份，全市生产安全事故起数和死亡人数比2018年分别下降36%和37.5%。强力推进扫黑除恶专项斗争，打掉涉黑社会性质组织7个、恶势力犯罪集团12个、恶势力团伙95个。完成各级“两会”、国庆70周年等维稳安保任务，是全省唯一保持非访零登记的市。

一年来，我们在机遇面前彰显自信和主动，在困难面前呈现坚毅和从容，大家只争朝夕、忘我工作，勠力同心、共克时艰。这一年工作成绩的取得，是省委正确领导的结果，是全市各级党组织和广大干部群众合力攻坚、共同奋斗的结果。市委委员、候补委员，市几大班子和全市各级各部门，对市委常委会工作给予了充分信任和大力支持。在此，我代表市委常委会，向大家表示衷心的感谢，并致以崇高的敬意！

同时，我们也清醒地认识到，当前我市经济社会仍存在很多突出问题：新旧动能转换接续不畅，经济下行压力仍然较大；一些体制机制障碍亟待突破，有效制度供给依然不足；金融风险防控压力较大，营商环境不佳等问题仍然存在；民生领域还有短板弱项；党员领导干部的素质能力有待进一步提高，党风廉政建设和反腐败斗争任务仍然艰巨复杂，等等。对这些问题，我

们将认真研究，努力解决。

2020年是全面建成小康社会、实现“十三五”规划目标的决战决胜之年。我们将坚持以习近平新时代中国特色社会主义思想为指导，全面贯彻落实党的十九大和十九届二中、三中、四中全会精神，抢抓“两大国家战略”机遇，锚定建设“富强滨州”总目标，以深化体制机制创新为动力，以落实“757”工作方案为抓手，坚持稳中求进工作总基调，深入践行新发展理念，统筹推进稳增长、促改革、调结构、惠民生、防风险、保稳定，不断巩固和扩大“不忘初心、牢记使命”主题教育成果，扎实开展“重点工作攻坚年”，践行“走在前列、全面开创”，加快推进富强滨州建设，为实现高质量发展而不懈努力！

（李玉川）

政府工作报告

——2020年5月24日在滨州市第十一届人民代表大会第五次会议上

滨州市市长　宇向东

一、2019年以来工作回顾

2019年以来，在市委的坚强领导下，全市上下坚持以习近平新时代中国特色社会主义思想为指导，深入开展“不忘初心、牢记使命”主题教育，全面贯彻党中央、国务院决策部署，坚决落实省委、省政府工作要求，深悟“六问”之要、做足“八策”之功，凝神聚力谋发展，心无旁骛抓落实，全心全意惠民生，万众一心战疫情，富强滨州建设全面起势。

2019年，实现地区生产总值2457.2亿元、增长4.1%；一般公共预算收入243亿元、增长1%；规模以上工业增加值增长3.2%；进出口总额873亿元、增长6.8%，实际利用外资2.2亿美元、增长95.5%；民生支出300.2亿元、增长10.1%；城镇和农村居民人均可支配收入37378元和17480元、分别增长6.6%和8.8%。主要经济指标增幅由年初的全省落后达到全省平均水平，省对市经济社会发展综合考核实现了由“不定等次”到“三等”的晋档升级。今年一季度，实现地区生产总值510.5亿元，增速列全省第5位。1—4月份，固定资产投资、技改投资、规模以上工业增加值、限额以上消费品零售总额、一般公共预算收入、进出口总额、利用外资等主要经济指标增幅多数进入全省第二方阵，为富强滨州建设全面成势奠定了坚实基础。

发生这些内生性、关键性变化，核心动因源自市委审时度势、战略谋划、科学决策。市委、市政府和市几大班子团结带领全市人民，确立富强滨州建设奋斗目标，提出“企业园区化、产业集群化、品牌高端化”发展路径，形成“757”工作方案，实施“3511”工程，推进“7+3”重点改革攻坚任务，构建了更高层次、更高水平的发展格局。

（一）全力推进动能转换，转型升级步伐坚定。产业发展提质增效。成功举办世界高端铝业峰会，设立100亿元高端铝产业及园区发展基金，中高端铝制品占比达到35%，提高了10.3个百分点；7个化工园区、9个重点监控点获省政府批准，分列全省第3位和第4位；魏桥绿色智能纺织一体化项目实现五项“世界首创”，我市被授予“世界级家用纺织品产业集群先行区”；成功举办第七届中国淘宝村高峰论坛；京东黄河三角洲云计算大数据中心基本建成；中裕食品在全国率先研发出高品质小麦膳食纤维；邹平市再次入选全国百强县。2019年五大千亿级产业集群主营业务收入首次突破万亿大关、增长11.2%，五大新兴产业主营业务收入近1200亿元、增长35.6%。重点项目支撑有力。储备“四个一批”项目1191个、总投资7844亿元；累计批准发行政府专项债券项目135个，到位额度201.6亿元，列全省第5位；1—4月份，433个省重大、新旧动能转换优选、省“双招双引”签约等重点项目，完成年度投资计划的40.2%，均达到序时进度；5月16日，总投资580亿元的52个重大项目集中开工。创新驱动明显增强。渤海先进技术研究院、魏桥国科研究院超常规加快建设；新认定高新技术企业73家，20家企业入选山东省高端品牌培育名单；魏桥集团位列全省民营企业品牌价值100强首位；京博石化荣获第十八届全国质量奖，是唯一获此殊荣的民营炼化企业。

（二）全力开展“双招双引”，改革开放成效显著。“大招引”格局日趋完善。构建形成“10+5+N”招商模式，成功举办中国国际铝工业展览会、跨国公司领导人青岛峰会滨州路演；组织“双招双引”重大项目集中开工仪式，87个项目完成投资107.5亿元；深入实施“双进”工程和“渤海学子·青鸟计划”，引进本科以上大学生1.27万人。“全领域流程革命”加速推进。深化市属国有企业改革，8户大型国企集团组建改建；全面推行开发区“管委会+公司”改革，“一区多园”管理模式入选全省开发区改革十大典型案例，省级开发区亩均税收考核列全省第1位；铝产业改革发展经验荣获“2019中国改革年度十佳案例”；实施“拿地就开工”项目93个，完成“标准地”供应6408亩，建成标准厂房166.4万平方米，“标准地”改革、“多测合一”、耕地保护工作均列全省第1位，我市获评全国首批土地储备项目预算管理改革试点地区。“高层次”开放平台初步搭建。新注册外资企业21家，成功跻身中国外贸百强市；惠民获批全国电子商务进农村综合示范县；博兴县金属型材基地入选国家级外贸转型升级基地。

（三）全力补齐短板弱项，城乡融合不断深化。乡村振兴深入实施。夏粮实现十八连丰，粮食总产359.4万吨；市级以上农业龙头企业达到386家，土地流转率达到50.5%；沾化冬枣入选全国地标产品100强，阳信被认定为山东省乡村振兴示范县；完成造林42.5万亩、治理河道198.2千米，引蓄黄河水24.8亿立方米，改善农村饮水安全38.4万人，启动黄河生态保护与修复工程，实施林水会战第二个十年行动；完成清洁取暖改造23.3万户；整治土坯房1.1万户，拆除废旧房屋2.9万户、残垣断壁1.1万处；农村改厕后续管护“无棣模式”在全省推广；麻大湖旅游区成功创建国家AAAA级旅游景区，我市获评中国最美乡村休闲旅游目的地。城市环境持续改善。实施城市品质提升三年行动，主城区打造精品示范街10条，打通断头路11条，建成过街天桥3座，新增口袋公园58处、绿地146万平方米，城市绿化美化的园艺性、多彩性、亲民性明显增强；扎实推进国家森林城市创建；成功获批“国家节水型城市”。交通体系更加健全。滨港铁路二期主体完工，黄大铁路滨州段全线贯通，京沪高铁二通道、济滨高铁前期工作快速推进，阳信汇宏铁路专用线建成运营，邹平货运铁路、北海铁路专用线开工建设；济青高速改扩建滨州段、长深高速高青至广饶段建成通车，秦滨高速埕口至沾化段、沾临高速沾化至临淄段、济南至高青高速邹平段加快建设；滨州黄河大桥建设全面铺开；无棣获评全国“四好农村路”示范县；滨州港开通集装箱航线3条，完成吞吐量5343万吨。

（四）全力打好攻坚战役，发展基础更加牢固。金融生态逐步改善。开展金融风险化解百日集中攻坚，不良贷款余额和不良贷款率实现6年来首次“双降”；截至4月末，本外币存贷款余额3223.9亿元和2836.3亿元，较年初分别增长9%和5.7%；产融综合服务中心建成投用，解决融资需求46.4亿元；成功举办第六届资本对接大会，签约1069.9亿元、到位率57%；召开全省金融助力滨州高质量发展座谈会，项目签约259.8亿元。污染防治成效凸显。扎实做好中央和省环保督察及“回头看”反馈问题整改，深入开展“利剑2019”打赢污染防治百日攻坚，PM2.5平均浓度53微克/立方米，完成省下达的55微克/立方米控制指标，改善幅度全省第4位；优良天数增加8天，全省第1位；省控以上地表水考核断面全部达标，提升幅度全省第1位；近岸海域水质优良率100%，全省第1位；获省级生态补偿资金全省第1位。脱贫攻坚纵深推进。8.4万脱贫享受政策群众脱贫质量稳步提升；黄河滩区外迁安置工程1个搬迁入住、2个主体封顶，21个旧村台改造提升工程全部开工。

（五）全力推进共建共享，民生事业全面进步。社会保障水平稳步推进。高质量完成第四次经济普查；10件民生实事全部完成；城镇新增就业4.9万人、登记失业率控制在1.8%；棚户区改造新开工7614套、基本建成2935套，改造老旧小区65个；建成市县乡村全覆盖的“五有”退役军人服务保障体系，滨城区被列为全省唯一军休干部医养结合试点；市民政局获评全国“人民满意的公务员集体”。教育卫生投入不断加大。解决“大班额”604个，新建改扩建幼儿园74处，滨州职业学院入选国家“双高”计划；“三院”项目主体完工，我市成为全省唯一紧密型县域医共体国家试点全覆盖市。文化体育事业繁荣发展。成功举办市第19届运动会、黄河风情带国际自行车赛、第三届马拉松全国邀请赛；京剧《游百川》荣获第十六届中国戏剧节优秀剧目奖，沾化渔鼓小戏《老邪上任》荣获第十八届群星奖。社会治理能力显著增强。完成中华人民共和国成立70周年安保维稳任务，阳信县获评全国民族团结进步模范集体，彭李派出所被命名为全国首批“枫桥式公安派出所”；深化扫黑除恶专项斗争，集中破解社会治理难题，信访工作年度考核列全省第1位；全面战胜“利奇马”超强台风灾害；安全生产事故起数、死亡人数连续四年“双下降”。

（六）全力加强自身建设，服务效能整体提升。法治体系不断完善。出台2部规章，行政诉讼应诉率达到100%；荣获全国“七五”普法中期先进市，成为全国法治政府建设示范市候选城市。接受监督自觉主动。严格执行政府投资项目审核制度，压减“三公”经费等一般性支出10.9%；办理人大代表建议129件、政协提案290件，答复率均为100%；受理“12345”政务服务热线事项59.3万件，按时办结率98.2%，群众满意率94.2%。服务质效全面优化。完成公共资源交易项目3780宗、节支增收37.3亿元；实施“放管服评”改革百日攻坚，营商环境评价列全省第6位、提升8个位次，获得2019中国营商环境执行力奖。

特别是面对突如其来的新冠肺炎疫情，市委、市政府始终把人民群众生命安全和身体健康放在第一位，外防输入、内防反弹，扎实做好复工复产、涉外防控、复学防疫、重点地区入滨返滨人员服务保障，累计98天无新增确诊和疑似病例，取得了“病例少、无扩散、全治愈”的阶段性成果，防控向好态势持续巩固，经济社会秩序加快恢复。

统筹推进疫情防控和经济社会发展取得明显成效，得益于构建运转高效的领导机制。建立领导小组、指挥部、工作专班、督导组“1+1+17+10”工作机制，形成市县乡村四级包保责任体系，以一级状态、一级措施落实一级响应，牢牢把握了工作主动权。得益于扎紧严防死守的输入关口。严格落实返城复工“十二个一律”，强化大数据筛查和网格化防控，完善“四包一”责任制；加强对入境和重点地区入滨返滨人员全过程管理服务，实现无缝衔接和闭环管理，筑牢了严密防线。得益于实施精准精细的内部管控。实行分区分级分类防控，认真落实“六个一律”、“两测温、双报告、一检测”制度，在全省率先推行健康码等措施，有效遏制了疫情扩散。得益于全力科学周密的医疗救治。按照“四早”、“四集中”原则，确定定点治疗医院和发热门诊，一人一案一专班，倾力开展医疗救治；76名医务人员火速驰援湖北，完成任务，全部平安凯旋。得益于全市上下和社会各界奉献担当。广大党员干部闻令而动、向险而行，勇挑重担筑防线，彰显了硬核担当；广大医务、疾控人员同时间赛跑、与病魔较量，奋战抗“疫”第一线，上演了最美逆行；广大公安干警英勇奋战、忠诚履职，不畏艰险勇向前，践行了为民誓言；广大企业家、社会各界人士心系家国、无私奉献，慷慨解囊见真情，书写了滨州大爱；广大社区工作者、志愿者坚守岗位、日夜值守，忘我付出保安康，传递了人间温暖；广大人民群众风雨同舟、守望相助，并肩战“疫”护家园，凝聚了磅礴力量。

正是因为采取了精准有效的防控措施，有力保障了复工复产复市复学工作的有序推进。在全省率先出台工业企业复工复产10条意见、30条指南，制定支持中小企业发展4个公告等惠企暖企政策；派驻“四进”工作组、金融辅导队，“一对一”设立驻企服务员，规模以上工业企业在全省率先实现复工复产、应复尽复；提振消费信心，已经投放消费券20万张，搭建“直播+电商”平台，线上线下融合，激发了消费活力；坚持“一校一策”，严格做好动态监测、应急演练、重点人群检测，驻滨高校及各学段、各年级陆续平稳复学。借此机会，我代表市政府向全市上下、各行各业、社会各界，真诚地道一声谢谢！谢谢同志们！谢谢大家！

疫情尚未结束，发展任务异常艰巨。我们将把疫情防控常态化作为经济社会秩序全面恢复的前提和基础，保持有效防控机制，突出关键领域和环节，抓实重点人群服务管理，切实做到外防输入不放松、内防反弹不松懈，决不让来之不易的向好形势发生逆转。我们将继续深化企业帮扶，抓好政策推送、减税降费、金融服务，与企业共克时艰、共渡难关。我们将着眼补短板、堵漏洞、强弱项，健全完善公共卫生管理、应急管理、物资储备、社会管理“四个体系”，不断提升疫情防控能力和公共卫生治理水平，更好地保障人民群众身体健康和生命安全。

在总结成效的同时，必须清醒认识到当前的问题和短板。一是产业结构层次偏低。产业链条短，低端产品多，竞争力不强。二是投资增长支撑乏力。民间投资信心不足，直接融资发展较慢。三是基础设施欠账较多。港口承载能力不足，快速交通刚刚破题，航空产业发展缓慢。四是城市品质还需提档。城区发展空间分散，建设管理仍需强化。五是公共服务短板突出。教育、医疗、出行、养老等领域，与群众期盼还有差距。六是干部作风亟须转变。“三专”水平较低，对基层负责、为群众服务的意识和能力还需增强。对此，我们将正视问题、直面挑战，在高质量发展进程中着力解决，尽心竭力不辜负人民的期待！

二、2020年思路目标和重点任务

2020年，是全面建成小康社会和“十三五”规划收官之年，也是谋划“十四五”发展和筑梦富强滨州的关键之年。我们将坚定信心、慎终如始，抓紧抓实抓细常态化疫情防控，创新求变、化危为机，统筹推进疫情防控和经济社会发展，全面开创富强滨州美好未来。

今年政府工作的总体思路是，高举习近平新时代中国特色社会主义思想伟大旗帜，全面贯彻党的十九大和十九届二中、三中、四中全会精神，坚持稳中求进工作总基调，坚持新发展理念，坚持以供给侧结构性改革为主线，坚决打赢“三大攻坚战”，扎实做好“六稳”工作，全面落实“六保”任务，按照“走在前列、全面开创”目标定位，紧紧围绕“山东走在前列，滨州担当什么；富强滨州建设，百姓得到什么”实践课题，统筹推进“战疫情、促发展”，深化“六问八策”，践行“七强之路”，落实“七富之举”，实现七大攻坚突破，完成“三重”工作任务，收官“十三五”、谋划“十四五”，推动富强滨州建设全面成势。

综合考虑疫情影响和我市发展现状，今年经济社会发展的预期目标是：主要经济指标增幅高于全省平均水平。城镇新增就业3.55万人，城镇登记失业率控制在3.6%以内；社会消费品零售总额增长7%左右；居民消费价格涨幅控制在3%以内；居民人均可支配收入增长7%左右；全面完成脱贫攻坚任务；重大金融风险有效防控；全面完成国家和省下达的节能减排降碳约束性指标和环境质量改善目标。

围绕以上目标，重点实现“七大突破”：

（一）实施重大规划攻坚突破

提升城市发展规划。高标准编制“十四五”规划、黄河流域生态保护和高质量发展实施规划、《滨州市国土空间总体规划（2020—2035）》，完成科创片区、高铁片区、康养片区等重点片区控制性规划，完善道路、桥梁、轻轨等立体交通规划和城市发展专项规划，全力打造中心城区100万—150万人口的品质滨州。建设创新之城。以国家创新型城市建设为抓手，发挥“一城两院八校”集聚效应，争创山东省技术转移先进县（市、区），技术合同登记成交额增长30%以上，让我们的城市人才汇聚、事业兴旺、充满活力。建设生态之城。完成10万亩造林任务，修复南海湿地23平方千米，打造一批“美丽河湖”，创成国家森林城市，让我们的城市生机勃勃、鸟语花香、人民幸福。建设公园之城。加快黄河植物园建设，改造提升“四环五海”“72湖”，新建续建城市公园、口袋公园40处，新增绿地65万平方米，建成各类绿道34.3千米，让我们的城市抬头见绿、处处见园、城在园中。建设会展之城。规划建设会展中心，组织开展各类峰会、节会、博览会20场次，让我们的城市功能完善、声名远播、人民自豪。建设休闲之城。推进体育中心、北海水城、海底世界、爱琴海、吾悦广场、青岛啤酒小镇建设，引进“首店经济”等消费新业态，建成主城区“15分钟民生幸福圈”，让我们的城市独具品位、舒适惬意、流连忘返。建设宜居之城。棚户区改造新开工5612套、基本建成600套，扎实推进主城区49个城中村和全市438个老旧小区改造；打通断头路16条、断头桥4座；实施城市防水排涝工程5项，完成路口改造41个；按照“完善政策、因区制宜、试点先行、逐步推开”原则，支持有条件的老旧小区加装电梯，让我们的城市居者心安、来者心悦、心旷神怡。

抓实乡村振兴规划。深入实施乡村振兴战略规划和五个专项方案，全面补齐“三农”领域突出短板，每个县（市、区）规划建设1处“三生三美”齐鲁样板示范区。高标准改善人居环境。加大现代农村社区建设力度，扎实推进废旧房屋及残垣断壁“清零行动”，全面完成农村人居环境整治三年行动任务；开展城乡生活垃圾分类试点，无害化处理率达到95%；实施清洁取暖改造23.7万户，完成国家试点任务，让我们的农村全面进步。高质量优化农业产业结构。坚持龙头带动，支持滨城区、阳信县创建国家现代农业产业园，加快博华、鑫诚等粤港澳大湾区蔬菜生产基地建设，做大做强“食域滨州”“粮油金三角”品牌；加快农村电子商务发展，网络零售总额达到56亿元；落实粮食安全责任，严格耕地保护制度，稳定粮食种植面积，粮食总产达到380万吨以上，争创国家农产品质量安全市，让我们的农业全面升级。高水平推进乡村文明。深化新时代文明实践中心建设试点，推进农村移风易俗，淳民风、正家风、树村风、美乡风，县级以上文明村覆盖率达到90%，让我们的农民全面发展。

完善园区产业规划。鼓励企业向园区集聚，构建产业链、供应链、价值链相融合的发展生态圈，推动产业错位发展。规划布局主城区和沾化城区间现代工业走廊，着力打造北部临港产业拓展区、中部传统产业升级区、南部优势产业引领区，形成“一核三区”空间布局，园区产业主营业务收入占全市的70%左右，让我们的园区提质增效、活力迸发。

（二）实施重大战略对接攻坚突破

彰显黄河流域优势。推进“幸福黄河工程”，高标准建设黄河风情带，打造黄河三角洲中心城市。发展文化博览、品牌赛事、乡村旅游产业，组织黄河风情带文化艺术季、“走近黄河·韵动滨州”主题赛事，加快黄河楼和蒲湖区域文化创意产业园区建设，打造“黄河入海”文化旅游目的地。

融入京津冀协同发展。挖掘“十强”产业比较优势，摸清央企国企、龙头企业产业布局意图，找准融合对接发力点，主动承接京津冀产业转移。强化主导产业与高等院校、科研院所、创新平台嫁接联合，引进技术转移转化平台3家以上，签署产学研合作协议200项以上。

做好经略海洋文章。深度融入海洋强省战略，编制海岸带保护利用规划，加快海上滨州建设。发展海洋化工、海水淡化、海洋生物医药等临海临港特色产业，海洋经济总产值达到850亿元以上。

对接山东自贸区建设。加快滨州山东自贸区“协同区”建设，支持各开发区与先进开发区、科研院所、大型企业合作共建产业园区。推进京博物流公用型保税仓库、博兴青岛港内陆港建设，推动原油、铁矿砂、金属板材等外贸业务回流，稳定重点进出口货物。

（三）实施重大设施建设攻坚突破

布局“新基建”。围绕数字转型、智能升级、融合创新，加快数据中心、工业互联网、人工智能建设，建成5G基站1900个，实现主城区和重点应用场景连续覆盖，完成新型智慧城市省级试点任务；以七大领域为引领，结合“铁公基”等传统项目，全面提升基础设施档次水平，为“出门即出发”奠定坚实基础，年内固定资产投资增长7%以上。

加快铁路建设。开工建设济滨高铁、京沪高铁二通道，做好沿线3座站房和停车场规划设计，完善滨州站始发条件；加快推进德滨高铁、环渤海高铁、滨淄高铁建设前期工作；发挥济青高铁、德大铁路、黄大铁路连接带动作用，形成北接京津冀、南连沪浙苏、东融青烟威的交通运输体系，打造“六高两铁”汇聚、8台21线规模的区域综合交通枢纽。建成黄大铁路滨州段、滨港铁路二期，推进博港铁路电气化改造前期工作，构建“四港一企一园”发展格局。加快“公改铁”建设步伐，建成邹平货运铁路专用线，完成北海铁路专用线主体，开工胡集至里则专用线，进一步优化运输结构。

织密公路网络。建成秦滨高速埕口至沾化段，推进沾临高速沾化至临淄段、济南至高青高速邹平段建设，打造“四横两纵”高速路网。加快G228国道滨州段、G340国道沾化段和G205国道博兴段改造建设，支持无棣争创全国农村路管养改革示范县，全面提升通行效率。加快滨州黄河大桥建设，开工乐安黄河公路大桥、沾临高速黄河大桥，形成“三桥同建、跨河发展”格局。

提升港口能级。滨州港2个5万吨级油品泊位达到验收条件，开工2个5万吨级液体散货泊位及后方罐区工程，推进5万吨级航道和防波堤建设，完善输油管道集疏运体系，提高通航等级和吞吐能力，实现滨州港一类口岸正式对外开放。推进小清河复航，完成航道疏浚年度任务，加快配套工程建设，贯通河海联运通道。

拓展机场功能。推进大高机场升级扩建民用机场，争取列入国家和省民航布局规划。加快筹建航空产业公司，采取“货运分拨+临港经济＋包机客运”模式，开通短途运输业务，建成周边大型机场货运分拨中心，恢复飞机及航空设备制造，带动临港物流和客运业务发展，打造临空经济新高地。

完善水利设施。实施灌区续建配套与节水改造74.6千米，新增库容1200万立方米、河道蓄水7000万立方米。深化林水会战第二个十年行动，建设引黄灌区节水工程，完成重点水利工程158项、治理骨干河道260千米、改善农村饮水安全63.7万人。

（四）实施重大发展项目攻坚突破

精准开展大招商。持续深化“双招双引”“一号工程”，引进过10亿元项目30个，全力冲刺市外到位资金500亿元目标。创新招商方式，用好“三库三图”，瞄准“双500强”、央企国企、知名民企，对接疫情催生的新业态、新模式，提升招引实效。整合招商力量，依托“十强”产业招商专班，发挥驻滨商会和驻京驻沪驻深投资促进处优势，开展专业招商。搭建招商平台，组织“选择滨州”路演，参加中国国际进博会，举办第二届世界高端铝业峰会、首届世界家纺大会、中国（滨州）高端化工产业高峰论坛，打造国际化会展平台。

谋划建设大项目。建成全市统一的工程建设项目审批管理体系，建立一次配置“要素跟着项目走”、二次配置“要素跟着效益走”机制，盘活“五未”土地1万亩、完成增减挂钩及工矿复垦挖潜1万亩、新增耕地占补平衡指标1.5万亩以上，全力保障433个重点项目建设。紧盯全局性、标志性重大项目，推进渤中19—6特大凝析油气项目落地，抓好滨华碳三碳四综合利用及京博溴化丁基橡胶、聚丙烯树脂项目建设，加快推进永鑫精细化工、愉悦健康科技、鑫岳清洁油品等重点项目。启动智能化技改五年行动，加快实施306个重点技改项目，年内技改投资增长7.5%左右。

集聚培植大产业。赋能传统产业。围绕再生铝、汽车轻量化、航空航天、轨道交通等领域，加快魏桥轻量化基地建设，推动中高端铝制品占比达到50%左右，打造世界高端铝业基地；围绕重要化工原料、信息化学品，推进7个省级化工园区实体化运营、封闭化管理，开展智慧、绿色化工园区试点示范创建，打造世界高端化工产业基地；围绕纺织新材料、品牌服装、创意设计等领域，加快4个纺织产业园智能化改造，打造世界纺织家纺服装产业基地；围绕功能性食品、特医食品、高端面食精深加工，加快“粮食加工”向“食品生产”转型，打造国家级食品产业基地；围绕做大“黄三角”和“渤海湾”区域品牌，延伸“虾贝虫藻”生态养殖和百万生猪、亿羽肉禽闭环产业链，支持沾化区、无棣县、北海经济开发区建设“海洋牧场”“渤海贝仓”，打造全国优质畜牧水产基地。培育新兴产业。围绕高端能源、石油及海洋工程，培育一批高端装备“专精特新”企业和单项冠军；围绕运用互联网、大数据、云计算等技术，以产业智慧化、智慧产业化为目标，推动数字技术与实体经济深度融合，支持邹平市建设全省大数据产业示范园区，支持博兴县兴福镇建设全省首个5G小镇；围绕特种金属功能材料、功能纤维开发利用，加快新能源新材料融入高端制造业供应链，支持邹平市打造国家级高端轴承钢新材料保障基地；围绕医疗康复、健康制造等领域，大力引进现代中药、智慧医疗、健康食品等项目，支持高新区打造区域性医养健康产业新高地。加快培育发展生产性服务业，让产业发展更集约、更品质、更高端。

（五）实施重大创新工程攻坚突破

突出科技创新。搭建科创平台。抢抓山东省打造“渤海科创中心”重大机遇，凸显渤海科创城核心承载区地位，力争跻身国家战略和全省重大布局“头班车”；加快渤海先进技术研究院建设，做优“八大中心”平台载体，确保9月份正式投用，入驻企业研发、科技及商务服务机构106家；加快魏桥国科研究院建设，助推7大研发中心落地运行，年内研发人员达到100人以上，推进产业转化、中试项目落地，配套智能制造、金属材料、高端化学等特色园区，引领新兴产业集群发展；成立黄海科学技术研究院，建设首建智谷·黄海科技产业园。推进科教融合。按照新建、升级高等职业院校思路，整合优势资源，推进“八校”建设，深化职业教育产教融合、校企合作，构建高水平创新人才培养体系，打造职业教育创新发展高地。加强自主创新。持续加大研发投入，全社会研发经费支出占GDP比重达到2.8%；支持高新区建设省级大学科技园、争创国家高新区，推动京博烯烃实验室创建国家级重点实验室，年内新增高新技术企业50家以上，力争高新技术产业产值占规模以上工业比重达到全省平均水平。

强化人才支撑。大力引才。聚焦“十强”产业发展，实施“人才集聚”工程，引入高端专家100名、硕博士1000名、大学生10000名以上；设立“滨州人才节”，推进“青鸟计划”，升级“赢在滨州”高层次人才创业大赛，打造人才招引“滨州品牌”。着力育才。深化“渤海英才·杰出贡献专家”和“渤海英才·N十佳”培育工程，培养高端人才110人。全力留才。深化人才服务系统集成，实施人才安居工程，围绕子女教育、家属就业、医疗保障、科研创业，提供全链条、全要素、全周期支持，打造更有温度的人才服务环境。

（六）实施重大事项改革攻坚突破

深化国资国企综合改革。完善8大国企集团运行架构，实行目标管理、绩效考核、结果导向，激发内生动力。加强国企监管，规范对外投资管理，优化决策运行机制。引进战略投资者和合作伙伴，推进混合所有制改革。健全现代企业制度，深化劳动人事分配制度改革，实现资本、技术、人才、管理、品牌“五个增量”。

完成开发区体制机制改革。按照开发区主导产业规划，制定实施细则，健全配套政策，加快错位发展。

完善管理体制、运营模式、要素保障等重点事项，健全激励担当、竞争发展的干部人事和绩效薪酬制度，全面激发开发区活力。

实施投融资模式创新计划。推进财政资金股权投资改革。探索专项债券+市场化融资模式，用好专项债券可按比例用作项目资本金政策，支持重大城市基础设施和重点民生工程建设。全年一般公共预算收入增长3%左右。从现在起，马上从“保就业、保基本民生、保市场主体”等方面了解、研究国家政策，准备最大限度地争取和承接即将发行的1万亿元抗疫特别国债。推进“3511”工程。优化扶持处置政策，完善产融综合服务中心企业增信、产融服务、助力上市、金融服务功能，年内处置不良贷款150亿元以上。推进供应链金融服务。做大做强铝产业链融资，积极探索向其他产业拓展，完成融资120亿元以上。推进上市挂牌企业“种子计划”。建立储备企业项目库，筛选培育50家重点企业，新增挂牌企业10家。

完善“产学研金服用”一体化科创体系。推行“研发中心（研究院）、学院、产业园”科创模式，构建“1+10+N”科技创新平台体系，培育市级新型研发机构10家以上，实现县（市、区）全覆盖。实施专业技术和高技能人才培育行动，定向培养急需人才，争创国家级产教融合实训基地。

推进营商环境改革优化。深化“放管服评”改革，落实“一网通办是标准，并联审批、帮办代办是底线”要求，扎实推行政务服务事项“一窗受理、一网通办”；推广亩产效益评价，加大“标准地”出让力度，每个县（市、区）新建改建标准厂房不少于20万平方米。树牢“帮扶就是最好的监管”理念，开展好“滨州企业日”“e盏茶事”等载体活动，推进涉企行政执法备案，完善惠企政策实效部门自评、企业家测评、第三方评估机制；健全“12345”政务服务热线办理机制，实现企业诉求“接诉即办”，让尊重企业家、厚待投资者、服务纳税人蔚然成风。

（七）实施重大民生实事攻坚突破

坚决打赢脱贫攻坚战。突出精准施策。巩固提升脱贫质量，确保8.4万脱贫享受政策贫困人口不返贫；强化产业项目、公益设施、资金分配衔接，持续实施产业扶贫项目提升工程，确保9月底前竣工验收。抓好问题整改。从严从细做好成效评估验收，聚焦住房安全、饮水安全、资金资产和项目管理等重点领域，全面整改存在问题，6月底前销号清零。建立长效机制。开展解决相对贫困长效机制试点，9月底前取得成果；构建“e家大救助”体系，统筹社会救助政策，做好“后扶贫时代”兜底保障，确保小康路上不落一人。

坚决打赢污染防治攻坚战。强力推进中央、省环保督察及“回头看”反馈问题整改，扎实做好“1+1+9”污染防治攻坚工作。打赢蓝天保卫战。抓好重污染行业深度治理，建设大气环境超级监测站，PM2.5浓度控制在52微克/立方米以内。打好渤海区域环境综合治理攻坚战。全面推行河长制、湖长制和湾长制，抓好陆源污染、入海排污口整治，持续改善海洋生态环境；巩固省控以上河流断面达标成果，完成北环河疏浚及9条道路和182个小区雨污分流改造，南部等3个新建扩建污水处理厂按期竣工投用；深化秦台河城区段整治提升，年内基本消除城市建成区黑臭水体，完成1947个村的生活污水治理任务。打好土壤污染防治攻坚战。推进“土壤保育院”建设，加强固体废物综合利用处置，推广测土配方施肥900万亩、水肥一体化15万亩。

大力发展社会事业。提高稳定就业水平。全面落实降低社保费率、失业保险稳岗返还等政策，抓好大学生、就业困难人员、退役军人就业创业，确保城镇“零就业”家庭动态清零。提高教育教学质量。深化中小学教师绩效工资和校长职级制改革，完善“县管校聘”制度，实施“名师”计划，推动优质教育资源均衡配置；开展义务教育薄改、解决大班额、学前教育第三期行动计划，确保失学辍学、大班额、城镇居住区配套幼儿园整治全部清零。提高医疗卫生水平。深化公立医院综合改革，建成10个市级临床精品特色专科；实施“改善医疗卫生服务”十大攻坚行动，谋划鲁北传染病综合防治与疾病预防控制体系提升工程，做好紧密型县域医共体国家试点；市妇幼保健院、市中医医院新院基本完工，市人民医院西院区完成装修。提高文化体育水平。完成1000个行政村健身设施提档升级，30%的乡镇(街道)建成县级图书馆、文化馆分馆。

健全完善保障体系。做好社会保障。开展第七次人口普查；实施全民参保计划，居民养老保险参保人数达到190万人以上，医疗保险常住人口参保率达到97%以上；强化对低保户、残疾人、孤寡老人、留守儿童、特扶家庭的关怀帮助，城乡低保标准分别提高到2018年度城乡居民人均消费支出的25%和35%以上；实施基层“安心”工程，为基层干部和一线工作者解除后顾之忧。做好养老服务。推进医养健康综合体建设，实现城市社区和乡镇养老设施全覆盖，民办或公建民营养老机构占比达到80%，争创省级医养结合示范先行市。做好退役军人服务保障。落实重点优抚对象、义务兵家庭、自主择业军转干部待遇，争创全国、全省双拥模范城（县）。

提高社会治理水平。实施“全科大网格”治理效能提升工程，推进全国、全省社区试验区建设。深化信访人民满意窗口建设，5年以上信访案件全部“清零”。加强专职人民调解员队伍建设，实现县乡全覆盖。促进民族团结进步，提高新形势下宗教工作法治化水平。开展“六清”行动，展开扫黑除恶大决战。加快海防综合管控体系建设，全力维护海上安全。深化安全生产集中整治，坚决遏制重特大安全事故发生。

三、加强政府自身建设　全面提升政府执行力和治理能力

山东走在前列、滨州担当作为，政府必须打头阵、当先锋，为滨州“强起来”而担当；建设富强滨州、增

进民生福祉，政府必须强宗旨、转作风，为百姓“富起来”而奋斗。

（一）扛牢政治担当，挺起绝对忠诚脊梁。学懂弄通做实习近平新时代中国特色社会主义思想，增强“四个意识”，坚定“四个自信”，坚决做到“两个维护”。巩固拓展主题教育成果，把不忘初心、牢记使命作为加强党的建设的永恒课题和全体党员干部的终身课题。深入开展“重点工作攻坚年”，不折不扣贯彻上级决策部署，坚定不移执行市委统一号令，把恪守忠诚镌刻在改革主战场。

（二）扛牢实干担当，激发干事创业活力。实施“三专”提升行动，打造专业化干部队伍。开展“对标学、创亮点、争进位”活动，每个部门创建1至2项全省、全国亮点。创新攻坚工作机制，完善“六个体系”，以“三化”促“三亮”、以“三亮”助“三评”，确保压力直达、高效落实。

（三）扛牢法治担当，恪守依法行政责任。坚持依法行政，落实第三方代表列席常务会议制度，积极争创全国法治政府建设示范市。自觉接受人大法律监督、政协民主监督，强化审计监督，主动接受群众和舆论监督，全面提升治理能力，确保权力运行公开透明。

（四）扛牢作风担当，塑造勤政务实形象。认真履行全面从严治党政治责任，严格落实中央八项规定及其实施细则精神，坚决纠治形式主义、官僚主义。持续整治“文山会海”，加强预算绩效管理，严控“三公”经费支出，各级一般性支出再压减10%以上。坚持以人民为中心的发展思想，强化人民政府为人民的观念，开展社情民意大调研，探索创建“滨州办事服务”APP，不断提升群众满意度和获得感。

各位代表，实干书写精彩答卷，奋斗开创美好未来。让我们更加紧密地团结在以习近平同志为核心的党中央周围，认真学习领会全国“两会”精神，特别是李克强总理所作的《政府工作报告》，打开并用好国家给出的统筹推进疫情防控和经济社会发展的政策“工具箱”，在省委、省政府和市委的坚强领导下，锁定富强滨州建设目标，只争朝夕、不负韶华，实干笃行、创新致远，奋力夺取疫情防控和富强滨州建设的“双胜利”！

附件1

民生实事

1. 实施城中村和老旧小区改造工程。启动主城区49个城中村和全市438个老旧小区改造。

2. 开展农村公路“三年集中攻坚”专项行动。升级路网723千米，改善路面1142.9千米，改造危桥39座、行政村客运站点637个，基本实现农村通户道路硬化全覆盖。

3. 实施农村饮水安全提升工程。改善农村饮水安全63.7万人，基本实现农村户户通自来水。

4. 全面完成脱贫攻坚任务。稳步提升8.4万脱贫享受政策群众脱贫质量，开展解决相对贫困长效机制试点。

5. 实施食品安全放心工程。深入推进“食安山东”创建，食品评价性抽检合格率98%以上，不发生系统性食品安全问题。

6. 实施基层医疗卫生服务能力提升工程。开展“千名医师下基层”活动，乡镇卫生院建设20个以上特色专科，基层医疗机构人员在编率达到85%以上。

7. 提升开办企业便利化水平。打造主城区内“半小时”企业登记服务圈，新开办企业“一窗受理”“一日办结”“一次办好”。

8. 改善办学条件。新建改扩建中小学8所、面积13.9万平方米；新建改扩建幼儿园75所、面积12.7万平方米，完成128处城镇居住区配套幼儿园整治任务。

9. 实施灾后水利提升工程。治理骨干河道260千米，完成病险水闸除险加固21座。

10. 推进城乡环卫一体化。农村环卫基础设施配备率达到100%，农村废旧房屋和残垣断壁实现清零，城乡生活垃圾无害化处理率达到95%。

附件2

部分用语说明

1. 六问、八策

梦想之问、发展之问、改革之问、创新之问、落实之问、担当之问；实业之策、民生之策、品牌之策、改革之策、开放之策、创新之策、诚信之策、服务之策。

2. “757”工作方案

“7”，即对标对表泰州、湖州的“七大提升工程”，分别是审批效能、金融服务、“标准地”改革、标准厂房、城市品质、营商环境、能力作风；“5”，即破痛点、疏堵点、补短板的“五个发力”，分别是“双招双引”、提高产业效益、增信服务、资源优化配置、责任担当；“7”，即优化营商环境的“七个承诺”，分别是最专业的载体支撑、最有力的科技保障、最有效的制度供给、最完备的要素资源、最优质的政务服务、最肥沃的创业土壤、最开放的发展空间。

3. “3511”工程

“35”，即3个50家企业名单：将50家企业纳入“白名单”，给予高效融资服务支持；将50家企业纳入“黑名单”，加快市场出清；将50家企业纳入“政府增信”企业名单，进行增信帮扶，推进无还本续贷业务；“1”，即依法严厉惩治一批恶意逃废银行债务典型，维护保障经济金融秩序；“1”，即建设一个产融综合服务平台，提供多元化融资、增信服务。

4. “7+3”重点改革攻坚任务

“7”，即市委经济工作会议确定的七项重点攻坚任务，包括重大专项规划攻坚、重大战略对接攻坚、重大设施建设攻坚、重大发展项目攻坚、重大创新工程攻坚、重大事项改革攻坚、重大民生实事攻坚；“3”，即全市“三重”工作，包括重要事项、重大工程、重点项目。

5. 四个一批

竣工一批、开工一批、储备一批、谋划一批。

6. “10+5+N”招商模式

“10”,即围绕全市“十强”产业,分别建立12个招商引资专班;“5”,即成立5个专业化招商队伍;“N”,即在省级以上开发区成立N个企业化招商团队。

7. “双进”工程

万名大学生、千名硕博士进滨州。

8. 渤海学子·青鸟计划

通过建设海内外滨州籍优秀青年数据库,搭建信息化管理服务平台、大学生实习就业创业平台,开展全国高校路演,建设校地企三方人才合作项目等,吸引大学生到滨州就业创业。

9. “标准地”供应

土地出让时将容积率、亩均投资强度、亩均税收、单位能耗GDP增加值、单位排放增加值五项控制性指标一并公示。在签订出让合同的同时,企业同步签订规划、建设、消防、人防、生态环境、节能等相关承诺书,“以承诺代审批”,做到“拿地就开工”。

10. 标准厂房

在规定区域内,按照国家通用标准及行业统一规划设计,集中建设的具有通用性、配套性、集约性、高效性,用于工业生产的厂房。

11. “五有”退役军人服务保障体系

有机构、有编制、有人员、有经费、有保障。

12. 国家“双高”计划

2019年1月24日,国务院印发《国家职业教育改革实施方案》,提出启动实施中国特色高水平高等职业学校和专业建设计划。

13. “三院”项目

市人民医院西院区、市中医医院新院、市妇幼保健院新院建设项目。

14. 四早、四集中

早发现、早报告、早隔离、早治疗;集中患者、集中专家、集中资源、集中救治。

15. 六稳、六保

稳就业、稳金融、稳外贸、稳外资、稳投资、稳预期;保居民就业、保基本民生、保市场主体、保粮食能源安全、保产业链供应链稳定、保基层运转。

16. 七强之路

2020年5月23日,市委书记、市人大常委会主任佘春明同志在政协第十一届滨州市委员会第四次会议开幕会上提出“七强之路”,即:市之强,强在实体经济;市之强,强在现代服务;市之强,强在乡村振兴;市之强,强在基建支撑;市之强,强在科创驱动;市之强,强在城市品质;市之强,强在文化自信。

17. 一城两院八校

“一城”,即渤海科创城;“两院”,即渤海先进技术研究院、魏桥国科研究院;“八校”,即筹建渤海科技大学、山东第一医科大学滨州分校、山东健康职业学院,推动滨州学院更名山东航空学院、滨州医学院优势学科整合、滨州职业学院试办本科专业,提升滨州技术学院、滨州技师学院办学水平。

18. 首店经济

一个区域利用特有资源优势,吸引国内外品牌在区域首次开设门店,使品牌价值与区域资源实现最优耦合,并对该区域经济发展产生积极影响的经济形态。

19. 15分钟民生幸福圈

市民步行15分钟范围内,就能满足衣食住行、看病养老、阅读健身等需求。

20. 三生三美

生产美,生态美,生活美。

21. 新基建

以5G基建、特高压、城际高速铁路和城际轨道交通、新能源汽车充电桩、大数据中心、人工智能和工业互联网等七大领域为代表的新型基础设施建设。

22. 铁公基

铁路、公路、机场、水利等重大基础设施建设。

23. 四港一企一园

“四港”,即滨州港、黄骅港、套尔河港群、小清河各港口;“一企”,即中海油渤中19—6油气田项目上岸及相关设施建设;“一园”,即北海等沿线产业园,通过滨港铁路把港区、园区、企业连接起来,把物流优势、运行效能发挥出来。

24. 三库三图

项目管理库、机构联络库、市县载体资源库;产业链条延伸图、高附加值产品图、生产研发企业分布图。

25. “五未”土地

批而未供、供而未用、用而未尽、建而未投、投而未达标的土地。

26. 信息化学品

电影、照相、医用、幻灯及投影用感光材料、冲洗套药,磁、光记录材料,光纤维通讯用辅助材料,及专用化学制剂。

27. 八大中心

渤海先进技术研究院打造的公共服务平台,主要包括展示交易中心、检验检测中心、创意设计中心、大数据与咨询中心、设备共享中心、学术交流中心、人力资源中心、商务服务中心。

28. “1+10+N”科技创新平台体系

发挥渤海科创城示范引领作用,带动各县(市、区)建设10家以上标杆式新型研发机构,引进和培育N个不同模式、不同路径高水平“四不像”新型研发机构。

29. “六清”行动

线索清仓、逃犯清零、案件清结、伞网清除、黑财清底、行业清源。

30. 六个体系

“指挥部+专班”指挥体系、惠企暖企政策体系、流程再造服务体系、“双招双引”支撑体系、财政收入保障体系、专业务实统计体系。

31. 三化、三亮、三评

“三化”,即事业工程化、工程责任化、责任数字化;“三亮”,即政府系统主要负责同志公开述职,年初亮目标,年中亮进度,年终亮结果,采取现场直播的形式,接受社会监督;“三评”,即对市直部门单位进行综合评价,市委组织部对选人用人工作进行自评,市党政班子成员对实施有效领导、推进工作落实情况进行自评。

(李晓钰)

组织机构及负责人

市直机构及负责人

中国共产党滨州市委员会

书　记　张光峰（任至 1 月）
余春明（1 月任职）
副书记　宇向东
张　凯
常　委　赵庆平（援青）
洪胜兵
曾晓黎
王晓娟（女）
张月波
张延廷
孟晓雷
李家良
张宝亮（9 月任职）
秘书长　张延廷（兼）
副秘书长　劳景龙
刘　静（女）
张丙煜
李　岩（女）
李殿祥
商立波（任至 6 月）

市委办公室（挂市档案局、市保密委员会办公室〈市国家保密局〉牌子）
主　任　刘　静（女）

市委组织部（挂市公务员局牌子）
部　长　曾晓黎（兼）
常务副部长　郑令健（5 月任职）

市委宣传部（挂市政府新闻办公室、市精神文明建设委员会办公室牌子）
部　长　王晓娟（女，兼）
常务副部长　石淑芬（女）

市委统一战线工作部（挂市政府台湾事务办公室、市民族宗教事务局、市政府侨务办公室牌子）
部　长　李家良（兼）
常务副部长　鲁宝国

市委政法委员会
书　记　孟晓雷（兼）
常务副书记　周　军

市委市政府政策研究室
主　任　李殿祥

市委网络安全和信息化委员会办公室（挂市互联网信息办公室牌子）
主　任　李　平

市委机构编制委员会办公室
主　任　李荣舜（任至 5 月）
张佃平（5 月任职）

市委市直机关工作委员会
书　记　李　岩（女）

市委巡察工作领导小组办公室
主　任　丁爱萍（女）

市委老干部局
局　长　张佃平（任至 5 月）
王亨波（5 月任职）

市扶贫开发领导小组办公室
主　任　张丙煜

市档案馆（3 月不再挂市档案局牌子）
馆　长　劳景龙

市委党史研究院（挂市地方史志研究院牌子，3 月将滨州市委党史研究室和滨州市地方史志办公室整合组建）
院　长　于孝安（3 月任职）

市委党校（滨州行政学院、市社会主义学院与其合署）
校　长　张光峰（任至 1 月）
余春明（1 月任职）
常务副校长　丁海堂

市接待服务中心（3 月市委市政府接待办公室更名）
主　任　商立波（任至 3 月）
姚振祥（3 月任职）

市委教育工作委员会
书　记　王晓娟（女，兼）
常务副书记　刘春国

滨州市人民代表大会常务委员会

主　任　张光峰（任至 1 月）
余春明（1 月任职）
副主任　王文禄
刘　凤（女）
王立勇
傅成栋
吕德章
党组书记　张光峰（任至 1 月）
余春明（1 月任职）
党组成员　佘洪烈（任至 10 月）
王春山
秘书长　佘洪烈（任至 10 月）
副秘书长　张　毅
冯永田
刘国安
李茂生（10 月任职）
商建文（民建）

市人大常委会办公室
主　任　张　毅

市人大常委会研究室
主　任　刘国安

市人大常委会人事代表工作委员会
主　任　齐中军

市人大常委会信访局
局　长　冯永田

市人大常委会法制工作委员会
主　任　苏文华

市人大常委会预算工作委员会
主　任　颜世庚

市人大法制委员会
主任委员　朱万春（任至 12 月）

市人大财政经济委员会
主任委员　常增文

市人大监察和司法委员会
主任委员　丁绍昕

市人大社会建设委员会
主任委员　贾安利

市人大教育科学文化卫生委员会
主任委员　潘玉兰（女）

市人大城乡建设与环境资源保护委员会
主任委员　李　峰（无党派）

市人大农业与农村委员会
主任委员　杨学峰

市人大民族侨务外事委员会
主任委员　郭文江

滨州市人民政府

市　长　宇向东
副市长　赵庆平（援青）
张宝亮（9 月任职）
潘　青（女）
郝吉虎
赵永生
贾善银
曹玉斌（九三学社）
秘书长　王进东
副秘书长　刘　峰
魏世海
杨玉鑫
刘祖庆
尹月林
田洪健
路灿新
王　兵（1 月任职）

市政府办公室（挂市营商环境建设监督局牌子）
主　任　　刘　峰（兼）
市发展和改革委员会（挂市新旧动能转换综合试验区建设办公室、市能源局牌子）
主　任　　李茂生（任至 10 月）
　　　　　王庆霞（10 月任职）
市教育局
局　长　　刘春国
市科学技术局（挂市外国专家局牌子）
局　长　　孙学森
市工业和信息化局
局　长　　赵春良（任至 6 月）
　　　　　王道臣（6 月任职）
市公安局
局　长　　赵永生（兼）
政　委　　樊守林
市民政局
局　长　　张金梅（女）
市司法局
局　长　　李玉会
市财政局
局　长　　焦本强
市人力资源和社会保障局
局　长　　郑令健（任至 5 月）
　　　　　李荣舜（5 月任职）
市自然资源和规划局（挂市林业局牌子）
局　长　　邱延博
市生态环境局
局　长　　李海峰
市住房和城乡建设局（挂市人民防空办公室牌子）
局　长　　刘卫忠（任至 10 月）
市交通运输局
局　长　　郑振亮
市水利局（挂市南水北调工程建设管理局牌子）
局　长　　李黎明
市农业农村局（挂市扶贫开发办公室、市畜牧兽医局牌子）
党委书记　张成江
局　长　　王世强（无党派）
市海洋发展和渔业局
局　长　　邱希敏
市商务局
局　长　　张丙文（任至 6 月）
　　　　　商立波（6 月任职）

市文化和旅游局（挂市新闻出版广电局、市文物局牌子）
党组书记　范海波
局　　长　刘庆敖（民进）
市卫生健康委员会（挂市中医药管理局牌子）
主　任　　商秀丽（女）
市退役军人事务局
局　长　　巴明华
市应急管理局
局　长　　乔　铭
市审计局
局　长　　王天祥
市政府外事办公室
主　任　　郭金鹏
市政府国有资产监督管理委员会
主　任　　王道臣（任至 6 月）
市行政审批服务局（挂市政务服务管理办公室牌子）
党组书记　赵庆平（任至 9 月）
　　　　　张宝亮（9 月任职）
局　　长　董希国
市市场监督管理局
局　长　　孙文利
市体育局
局　长　　谷玉玲（女）
市统计局
局　长　　梁中华
市医疗保障局
党组书记　董洪喜
局　　长　董洪喜（任至 11 月）
　　　　　王景军（11 月任职）
市地方金融监督管理局（挂市金融工作办公室牌子）
局　长　　李子超（任至 9 月）
市大数据局
局　长　　甄恩如
市信访局
局　长　　尹月林
市粮食和物资储备局
局　长　　高玉华
市城市管理局
局　长　　铁金福
市供销合作社
主　任　　张景亮
市住房公积金管理中心
主　任　　马景泽
滨州仲裁委员会办公室
主　任　　房延民（3 月任职）

市政府发展研究中心（3 月组建）
主　任　　李民远（3 月任职）
黄河三角洲（滨州）国家农业科技园区管理委员会
主　任　　邱延忠（任至 1 月）
　　　　　刘长锋（1 月任职）
市机关事务管理服务中心（3 月市机关事务管理局更名）
主　任　　魏世海（3 月任职）
市财政保障中心（3 月组建）
主　任　　扈献民（3 月任职）
市社会保险服务中心（3 月组建）
主　任　　卢惠民（9 月任职）
市城市建设服务中心（3 月组建）
主　任　　刘汉卿（3 月任职）
市交通运输事业服务中心（3 月组建）
主　任　　班福忠（3 月任职）
市公路事业发展中心（3 月组建）
主　任　　陈林波（3 月任职）
市水利资源开发建设中心（3 月组建）
主　任　　赵立杰（3 月任职）
市畜牧兽医管理服务中心（3 月市畜牧兽医局更名）
局　长　　王风博（3 月任职）
市计划生育协会
常务副会长　魏振民（3 月任职）
市经济责任审计服务中心（3 月组建）
主　任　　孙玉芬（3 月任职）
市大数据应用中心（3 月组建）
主　任　　薛　松（3 月任职）
市公用事业服务中心（3 月组建）
主　任　　李宝和（3 月任职）
市铁路局（3 月不再保留）
局　长　　班福忠（任至 3 月）
市服务业发展局（3 月不再保留）
局　长　　赵立杰（任至 3 月）
市公路管理局、市港航局、市农业机械管理局、市地方史志办公室、市政府地震局、市老龄工作委员会办公室、市金融工作办公室、市招商局、市农业开发办公室（3 月不再保留）

中国人民政治协商会议滨州市委员会

主　席　　张兆宏
副主席　　李维东
　　　　　王方正
　　　　　史　东
　　　　　万永格

吴国瑞（女）
赵建明
商玉昌
侯学锋（女）
秘书长　李　勇
副秘书长　杜建民
鲁宝国
李子超（9月任职）
牛瑞波（女）
扈光珉
孙兆泉（任至10月）

市政协办公室
主　任　杜建民（兼）

市政协研究室
主　任　扈光珉（兼）

市政协委员活动工作室
主　任　牛瑞波（女，兼）

市政协提案委员会
主　任　祁少红

市政协文化文史和学习委员会
主　任　孟庆永

市政协经济委员会
主　任　李文柳（任至12月）

市政协教育科学卫生体育委员会
主　任　及建冰

市政协社会法制委员会
主　任　刘景平

市政协农业和农村委员会
主　任　吕迎春（任至10月）
郭树龙（10月任职）

市政协人口资源环境委员会
主　任　刘树平

市政协台港澳侨和外事委员会
主　任　赵敏静（女）

市政协民族宗教委员会
主　任　刘福兴

市政协委员联络工作委员会
主　任　王惠强

市孙子研究会秘书处
秘书长　刘福英（女）

中国共产党滨州市纪律检查委员会

书　记　张月波
常务副书记　焦其胜（任至8月）
副书记　刘冠明
牟春雁
王　军（11月任职）
秘书长　刘树林
常　委　丁爱萍（女）
侯清峰（任至10月）
马肃之（10月任职）
张宝青
孟　华

市监察委员会

主　任　张月波
副主任　焦其胜（任至8月）
刘冠明
牟春雁
王　军（11月任职）
委　员　侯清峰（任至10月）
马肃之
张宝青
孟　华
毕玉海（10月任职）
王文柱（10月任职）

派驻机构负责人

一组
组　长　王文成（1月任职）

二组
组　长　王德芳（女，1月任职）

三组
组　长　王卫平（女）

四组
组　长　王予军

五组
组　长　宋华荣（女，1月任职）

六组
组　长　尹国红（女）

七组
组　长　张继东

八组
组　长　李炳红（女）

九组
组　长　田桂枝（女）

十组
组　长　高国生

驻市中级人民法院纪检监察组
组　长　王建忠

驻市检察院纪检监察组
组　长　王沛河

驻市公安局纪检监察组
组　长　王　强

驻市教育局纪检监察组
组　长　常丽玲（女）

驻市住房和城乡建设局纪检监察组
组　长　李　跃

驻市卫生健康委员会纪检监察组
组　长　叶桂琴（女）

滨州市中级人民法院

院　长　吴　声（任至2月）
代院长　李　军（8月任职）
副院长　贾恒武
刘志涛
纪检监察组组长
王建忠
政治部主任　李玉国
审判委员会专职委员
刘学智
执行局长　崔　玺
滨州经济技术开发区人民法院院长
李向阳

滨州市人民检察院

检察长　赵　霞（女，任至12月）
代检察长　王体功（12月任职）
副检察长　李松水
牛向阳
纪检监察组组长
王沛河
副检察长　王俊民（1月任职）
滨州经济技术开发区人民检察院
检察长　王　宁（1月任职）
政治部主任　孙春晓（1月任职）

滨州市高等院校

滨州学院
党委书记　刘春华（女）
党委副书记、院长　李长海
党委副书记　宋淑平
党委委员、副院长　胡　波
党委委员、副院长　李伟年
党委委员、副院长　杨玉森
党委委员、纪委书记　吴昌富
党委委员　孙才顺
索向兴
林晓金（女）

滨州医学院
党委书记　车先礼
党委副书记、院长　王　滨
党委副书记　李文喜
副院长　白咸勇
党委委员、纪委书记　马东太
党委委员、副院长　吕长俊
王广成
孙祥军
党委委员、党委组织部部长
周连顺

党委委员、党委宣传部部长 张玉龙

滨州职业学院

党委书记 杨光军
党委副书记、院长 石 忠
党委副书记 刘 祥
党委委员、副院长 孙国荣
党委委员、纪委书记 石爱中
党委委员、副院长 宣永华
荆晓玲（女，4月任职）
党委委员、滨州应用科技研究院院长 胡洪涛（1月任职）

滨州市技术学院

党委书记 王明柱
党委副书记、院长 王建泉
党委副书记 马向前
副院长 张 波
朱 莉（女）
李德军
郎丰茂
纪委书记、监察专员 王光新

滨州市技师学院

党委书记 张兆杰
院 长 丁爱军
党委副书记 韩竹功
纪委书记 李建国
副院长 穆俊华
崔发昌
郝 波（1月任职）

滨州市人民团体

市总工会

主 席 王立勇（任至3月）
商玉昌（3月任职）
党组书记 耿庆东
常务副主席 耿庆东

共青团市委

书 记 张亚东（5月任职）

市妇女联合会

主 席 郑玉梅（女）

市科学技术协会

主 席 许 健（1月任职）

市社会科学界联合会

主 席 傅洪涛

市文学艺术界联合会

主 席 薛希忠

市残疾人联合会

理事长 马良德

市红十字会

党组书记 韩玉水（任至3月）
周 波（3月任职）
常务副会长 韩玉水（任至3月）
周 波（3月任职）

中国国际贸易促进委员会市委员会

会 长 尚鸿鸣（任至6月）
赵春良（6月任职）

市工商业联合会

主 席 侯学锋（女，无党派）
党组书记 朱光辉

滨州市民主党派

中国国民党革命委员会滨州市委员会

主委委员 史 东

中国民主同盟滨州市委员会

主委委员 万永格

中国民主建国会滨州市委员会

主任委员 吴国瑞（女）

中国民主促进会滨州市委员会

主任委员 刘庆敖

中国农工民主党滨州市委员会

主任委员 刘 凤（女，蒙古族）

九三学社滨州市委员会

主任委员 曹玉斌

中国致公党滨州市总支部

主任委员 王方正

驻滨单位

滨州海关

关长 李本和（任至11月）
党委书记、关长 李本和（11月任职）

市税务局

局 长 魏亮珠（女）

市气象局

局 长 吴书君

市烟草专卖局（公司）

局长、总经理 巩红卫

滨州盐业公司

负责人 张俊刚

市邮政管理局

局 长 周海滨

中华人民共和国滨州海事局

局 长 袁柱瀚

国家统计局滨州调查队

队 长 宋秀娟（女）

中国移动通信集团山东有限公司滨州分公司

总经理 张金聚

中国联合网络通信有限公司滨州市分公司

总经理 周 冰

中国电信股份有限公司滨州分公司

总经理 刘晓峰
党委书记 牛海滨（任至9月）
刘晓峰（9月任职）

中国铁塔股份有限公司滨州市分公司

总经理 谭 刚

国网山东省电力公司滨州供电公司

总经理 郭光华

滨州黄河河务局

局 长 聂根华

市水文局

局 长 宗先国

山东省调水工程运行维护中心滨州分中心

主 任 王建民

中国石油化工股份有限公司滨州分公司

经 理 刘 冬

中国石油山东滨州销售分公司

经 理 刘长文

齐鲁交通发展集团有限公司滨州分公司

总经理 季英军

中国人民银行滨州市中心支行

行 长 韩 伟

中国银行保险监督管理委员会滨州监管分局

局 长 魏 健

中国农业发展银行滨州市分行

行 长 段宗臣

中国工商银行股份有限公司滨州分行

行 长 乔宏宇

中国农业银行股份有限公司滨州分行

行 长 袁朝阳

中国银行股份有限公司滨州分行

行 长 王 华

中国建设银行股份有限公司滨州分行

行 长 李丰安

市保险行业协会

会 长 李防修

武警滨州支队
支队长　　潘广平
政　委　　于金升

县（市、区）机构及负责人

滨州市滨城区

中国共产党滨州市滨城区委员会
书　记　　张宝亮（任至 9 月）
滨州市滨城区人民代表大会常务委员会
主　任　　周克宏
滨州市滨城区人民政府
区　长　　张瑞杰
中国人民政治协商会议滨州市滨城区委员会
主　席　　唐志强

滨州市沾化区

中国共产党滨州市沾化区委员会
书　记　　臧　伟
滨州市沾化区人民代表大会常务委员会
主　任　　颜炳华
滨州市沾化区人民政府
区　长　　刘长海
中国人民政治协商会议滨州市沾化区委员会
主　席　　王立忠（2 月任职）

邹平市

中国共产党邹平市委员会
书　记　　皮台田
邹平市人民代表大会常务委员会
主　任　　张宝武（任至 9 月）
　　　　　闫士柱（10 月任职）
邹平市人民政府
市　长　　马军权（任至 10 月）
中国人民政治协商会议邹平市委员会
主　席　　闫士柱（任至 9 月）
　　　　　孙利华（10 月任职）

惠民县

中国共产党惠民县委员会
书　记　　殷梅英（女）
惠民县人民代表大会常务委员会
主　任　　李　勇
惠民县人民政府
县　长　　王庆霞（任至 10 月）
代县长　　刘卫忠（11 月任职）
中国人民政治协商会议惠民县委员会
主　席　　于松利

阳信县

中国共产党阳信县委员会
书　记　　栾兴刚
阳信县人民代表大会常务委员会
主　任　　闫福利
阳信县人民政府
县　长　　刘荩一
中国人民政治协商会议阳信县委员会
主　席　　魏玉新

无棣县

中国共产党无棣县委员会
书　记　　丁　锋
无棣县人民代表大会常务委员会
主　任　　王振祥
无棣县人民政府
县　长　　姜凌刚（任至 9 月）
中国人民政治协商会议无棣县委员会
主　席　　张宝悦

博兴县

中国共产党博兴县委员会
书　记　　李守江
博兴县人民代表大会常务委员会
主　任　　刘方太
博兴县人民政府
县　长　　吕明涛
中国人民政治协商会议博兴县委员会
主　席　　耿雨河

滨州市经济技术开发区

滨州市经济技术开发区党工委（管委会）
书记（主任）　余洪烈（10 月任职）

滨州高新技术产业开发区

高新区党工委（管委会）
书记（主任）　郭树龙（任至 10 月）
　　　　　　　刘学俭（10 月任职）

滨州北海经济开发区

北海经济开发区党工委（管委会）
书记（主任）　马军权（10 月任职）
［市委组织部，市人大、市政协研究室，市纪委宣传部，各高等院校，中央、省驻滨各单位，各县（市、区），各市属开发区］

先进单位名录

国家部（委）级先进单位

中国（区域）最具投资营商价值县（市、区）

邹平市

第二批时代文明实践中心全国试点县（市、区）

邹平市

第二批节水型社会建设达标县（区）

滨州市沾化区、邹平市

第二批节水型社会建设达标县（区）

滨州市滨城区、博兴县

中国白对虾生态养殖第一县

博兴县

中国曲艺之乡

惠民县

中国民间文化艺术之乡

阳信县

第二批国家农产品质量安全县（市）

无棣县、沾化区

中国好粮油示范县

无棣县

2019 年度全国综合实力千强镇

韩店镇
魏桥镇
长山镇
河流镇
马山子镇
兴福镇
胡集镇

第九批全国“一村一品”示范村镇

沾化区利国乡（洼地绵羊）
惠民县麻店镇（西瓜）

全国乡村治理示范村

滨城区秦皇台乡段李村

沾化区黄升镇堤圈村
惠民县皂户李镇康家堡村
阳信县水落坡镇吴家坊村

2019 年全国工人先锋号
愉悦家纺有限公司精蜡车间

2018 年度“全国五四红旗团委（团支部）”
山东省北镇中学团委
山东省滨州渤海活塞有限公司机械加工一厂团支部

全国维护妇女儿童权益先进集体
滨州市妇联

全国巾帼文明岗名单
滨州实验学校八年级级部
阳信县妇幼保健计划生育服务中心
邹平市婚姻登记管理处
博兴县政务服务中心
国家税务总局滨州北海经济开发区税务局第一税务分局（办税服务厅）

2018 年全国“扫黄打非”先进集体
市文化市场综合执法局

第十八届全国质量奖
山东京博石油化工有限公司

“中国好粮油”示范企业
中裕食品

第二批中国特色农产品优势区
滨州市沾化区沾化冬枣中国特色农产品优势区

2018—2020 年度“中国民间文化艺术之乡”
山东省滨州市阳信县洋湖乡鼓子秧歌

2018 年度管理创新医院
滨州市中心医院

首批国家农村产业融合发展示范园
滨州市国家农村产业融合发展示范园

2017—2018 年度全国“四好”商会
博兴工商联金属板业商会

2019 中国改革年度十佳案例
滨州市体制机制创新推动铝产业高质量发展改革经验

山东省级先进单位

山东省乡村振兴示范县（市、区）
阳信县

山东省乡村振兴示范乡（镇、街）
博兴县吕艺镇
惠民县胡集镇
无棣县信阳镇
滨城区杨柳雪镇

山东省乡村振兴示范村（社区）
滨城区梁才街道王大夫村、东韩墩村、西韩墩村、龙王崖村，杨柳雪镇杨柳雪村；沾化区下洼镇粉李村，冯家镇孙家村，黄升镇堤圈村，下河乡青城村；邹平市孙镇辉里村，焦桥镇东平村、牛家村，魏桥镇里八田村，临池镇大洞村、小临池村、王家村，长山镇大由村、东尉村，明集镇柴家村；惠民县李庄镇大刘村，淄角镇石张村，皂户李镇康家堡村，大年陈镇崔常村，清河镇杜桥村，石庙镇屯里街，孙武街道黑楼村，魏集镇河套崔村，辛店镇孔家村；阳信县金阳街道大辛村、王集西街村，流坡坞镇王风豪村，商店镇东毛村、小司村，水落坡镇大张村、洼里赵村，洋湖乡张杨村，翟王镇董家村、西朱村；无棣县小泊头镇北高村，车王镇王家村，海丰街道后牛村，西小王镇小王庄村，碣石山镇小吴码头村，埕口镇水沟村，水湾镇崔桥村；博兴县城东街道顾家村，店子镇大杨村，湖滨镇寨卢村，锦秋街道湾头村，吕艺镇高渡村，乔庄镇王平村；经济开发区杜店街道狮子刘村；高新区小营街道台西刘村，青田街道耿家村

2019 年度山东省“两全两高”农业机械化示范县（市、区）
博兴县
邹平市
无棣县
阳信县

全省乡村治理试点示范镇
滨城区市东街道

2019 年山东省富民兴鲁劳动奖状
山东省北镇中学
国网山东省电力公司阳信县供电公司
滨州市统计局
山东黄河三角洲纺织科技研究院有限公司

2019 年山东省工人先锋号
华能沾化热电有限公司新能源管理部
山东博远重工有限公司博远喷漆班组
山东新美达科技材料有限公司二期冷轧班
山东泰义金属科技有限公司铝模板三车间机器人焊接班
滨化集团热力有限公司锅炉车间输煤班组
滨州渤海活塞有限公司机械加工二厂 207 线
滨州医学院附属医院新生儿与新生儿重症科
滨州公路工程监理咨询公司二分公司

山东省五四红旗团委
无棣县棣丰街道团工委
滨州交运集团有限责任公司团委
惠民县皂户李镇团委

山东省五四红旗团支部（总支）
国网滨州供电公司变电检修室团支部
阳信县公安局团总支
大唐滨州发电有限公司燃料物资团支部
邹平市民政局团支部
中海沥青股份有限公司生产沥青储运团支部
滨州实验学校初中部教工团支部
博兴县人民政府办公室团支部
国家税务总局滨州北海经济开发区税务局团支部
山东邹平农村商业银行股份有限公司长山支行团支部

山东省青年志愿服务先进集体
国网滨州供电公司“善小·阳光”志愿者团体

2019年度推荐新增的省级文明单位名单（77个）

滨州市市场监督管理局、滨州市自然资源和规划局、滨州市行政审批服务局、滨州交通发展集团有限公司、滨州市交通运输事业服务中心、滨州市卫生健康委员会、中共滨州市委滨州市人民政府政策研究室、滨州市文化和旅游局、滨州市商务局、中共滨州市委党史研究院、滨州市农业农村局、山东省调水工程运行维护中心滨州分中心、滨州市妇幼保健院、滨州市文化馆、滨州市公安局、黄河三角洲（滨州）国家农业科技园区管理委员会、中国国际贸易促进委员会滨州市委员会、滨州市博物馆、滨州市财政局、滨州市教育局、中共滨州市委网络安全和信息化委员会办公室、滨州市城市管理局、滨州市交通运输局、滨州市烟草专卖局（公司）、滨州市医疗保障局、黄河三角洲建设工程有限公司、滨州市市政工程管理服务中心、滨州市滨城区政协办公室、中共滨州市滨城区委统战部、中共滨州市滨城区委政法委员会、滨州市高级技工学校、滨州市滨城区商务局、滨州市滨城区财政局、滨州市公安局滨城分局、滨州市沾化区文化和旅游局、滨州市沾化区自然资源局、中国邮政储蓄银行股份有限公司滨州市沾化支行、中共滨州市沾化区委办公室、中共滨州市沾化区委老干部局、滨州市沾化区人民代表大会常务委员会办公室、滨州市沾化区司法局、滨州市沾化区综合行政执法局、惠民县发展和改革局、惠民县农业农村局、惠民县文化和旅游局、惠民县商务局、惠民县市场监督管理局、阳信县市场监督管理局、阳信县自然资源和规划局、山东阳信经济开发区管理委员会、中共阳信县委统战部、阳信县应急管理局、阳信县消防大队、阳信县机关事务服务中心、无棣县统计局、无棣县科学技术协会、无棣县审计局、无棣县实验幼儿园、汇泰控股集团股份有限公司、无棣县海丰街道办事处、山东无棣海丰（集团）有限责任公司、无棣县教育和体育局、无棣县商务局、中共博兴县委宣传部、中共博兴县委统一战线工作部、博兴县机关事务服务中心、邹平市司法局、邹平市供销合作社联合社、邹平市疾病预防控制中心、邹平市文化和旅游局、邹平市融媒体中心、邹平市商务局、邹平市气象局、邹平市残疾人联合会、滨州经济技术开发区党政办公室、中共滨州高新技术产业开发区纪律检查工作委员会、中共滨州北海经济开发区工作委员会党群工作部

2019年度推荐新增的省级文明村镇名单（41个）

滨州市滨城区杨柳雪镇乌龙堂村、滨州市滨城区杜店街道南任村、滨州市滨城区秦皇台乡东薛家村、滨州市滨城区市东街道桃李村、滨州市滨城区彭李街道彭家村、滨州市滨城区市中办事处樊家村、滨州市滨城区三河湖镇朱口村、滨州市沾化区古城镇、滨州市沾化区下河乡北邵村、滨州市沾化区泊头镇河西刘家村、滨州市沾化区下洼镇台子郭村、滨州市沾化区冯家镇寄张村、滨州市沾化区富国街道西杨村、惠民县石庙镇、惠民县李庄镇杨家庙村、惠民县麻店镇五牌村、惠民县桑落墅镇大道张村、阳信县金阳街道十里堡村、阳信县流坡坞镇杨牛头村、阳信县劳店镇坡牛李村、阳信县商店镇东毛村、无棣县海丰街道大齐村、无棣县信阳镇双堠村、无棣县柳堡镇付鄞段家村、无棣县西小王镇小王庄村、无棣县马山子镇大梁王村、无棣县马山子镇辛庄村、博兴县陈户镇北相村、博兴县博昌街道王楼村、博兴县纯化镇袁东村、博兴县兴福镇兴四村、邹平市韩店镇、邹平市临池镇、邹平市九户镇都入平村、邹平市孙镇罗家村、邹平市码头镇任家村、邹平市黛溪街道北关村、邹平市黄山街道小杨堤村、邹平市高新街道司家村、邹平市西董街道芦泉村、滨州高新技术产业开发区小营街道西皂户村

2019年度推荐新增的省级文明社区名单（8个）

滨州市滨城区市西街道益民社区、滨州市滨城区彭李街道北海社区、滨州市滨城区北镇街道昌龙社区、滨州市沾化区富国街道富泰社区、惠民县孙武街道古城社区、博兴县吕艺镇益仁花园社区、邹平市高新街道新民社区、邹平市高新街道新安社区

第二届省级文明校园（新增）名单（11所）

滨州市滨城区第四小学
滨州市滨城区梁才中心学校
滨州市沾化区下洼镇第一小学
邹平市韩店镇新世纪中学
惠民县第一实验学校
阳信县第一实验学校
无棣县第三实验小学
博兴县兴福镇中心小学
滨州高新技术产业开发区第二小学
滨州实验学校
滨州学院

山东省“攻坚克难先进集体”

滨州市生态环境局

山东省人民满意政法单位

滨州市公安局

全省离退休干部先进集体

滨州市滨城区彭李街道老干部党支部
惠民县老年人体育协会
无棣县人民医院第六党支部

全省老干部工作先进集体

滨州市老干部活动中心
博兴县委老干部局
滨州市沾化区委老干部局
邹平市老年大学
滨州市老年大学

全省党史史志系统先进集体

中共滨州市委党史研究院（滨州市地方史志研究院）
中共滨城区委党史研究中心（滨城区地方史志研究中心）
中共邹平市委党史研究中心（邹平市地方史志研究中心）

山东省抗击台风抢险救灾先进集体

邹平市长山镇党委
滨州市公安局

博兴县湖滨镇党委
市水利局
邹平市焦桥镇张官庄村党支部
滨城区综合行政执法局
沾化区水务局
市应急管理局
邹平市公安局
博兴县住房和城乡建设局
市住房和城乡建设局
滨城区农业农村局
沾化区滨海镇党委
邹平市高新小学
邹平市孝妇河管理所
惠民县胡集镇党委
阳信县水落坡镇党委
无棣县水务局
无棣县埕口镇党委
博兴县公安局
滨州经济技术开发区杜店街道党工委
滨州高新技术产业开发区建设局

全省安全生产工作先进单位

滨州市应急管理局

省公安厅集体二等功

滨州市公安局网络安全保卫支队

2018 度山东省古籍保护工作先进单位

滨州市文化馆

2017—2018 年全省图书馆文献资源共建共享度先进集体

滨州市文化馆

滨州市先进单位

“富强滨州”建设“金星奖”表彰名单（19 家）

国家税务总局滨州市税务局
滨州市消防支队
滨州海关
国网山东省电力公司滨州供电公司
中国人民银行滨州市中心支行
中国银行保险监督管理委员会滨州监管分局
中国农业银行股份有限公司滨州分行
中国工商银行股份有限公司滨州分行
中国银行股份有限公司滨州分行
中国建设银行股份有限公司滨州分行
中国农业发展银行滨州分行
兴业银行股份有限公司滨州分行
中国邮政储蓄银行股份有限公司滨州分行
山东省农村信用社联合社滨州办事处
中国人民财产保险股份有限公司滨州市分公司
中国移动通信集团山东有限公司滨州分公司
中国联合网络通信有限公司滨州市分公司
中国电信股份有限公司滨州分公司
中国铁塔股份有限公司滨州市分公司

滨州市先进基层党组织名单（共 99 个）

滨城区（12 个）

滨州市滨城区秦皇台乡党委
国家税务总局滨州市滨城区税务局机关党委
滨州市滨城区教育和体育局机关党委
滨州市滨城区委区直机关工委
滨州市滨城区北镇街道昌龙社区党总支
滨州市滨城区梁才街道瑞安社区党总支
滨州市滨城区滨北街道薛家村党支部
滨州市滨城区市东街道郑王社区党总支
滨州市滨城区三河湖镇石家社区党总支
滨州市滨城区财政局党支部
滨州市惠众财金投资集团有限公司党委
滨州市滨城区杨柳雪镇牌家村党支部

沾化区（9 个）

滨州市沾化区水务局党总支
滨州市沾化区滨海镇党委
滨州市沾化区利国乡党委
滨州市沾化区政府办公室机关党支部
滨州市公安局沾化分局党委
滨州市沾化区商务局党支部
滨州市沾化区人民医院第一党支部
滨州市沾化区利国乡吴庙村党支部
滨州市沾化区应急管理局党支部

邹平市（15 个）

邹平市纪律检查委员会党总支
邹平市人民医院党委
邹平市水利局党委
国家税务总局邹平市税务局第一税务分局党支部
邹平市公安局指挥中心党支部
邹平市长山中心卫生院党支部
邹平市公交客运有限公司党支部
邹平市梁邹小学党支部
魏桥纺织股份有限公司邹魏三园党总支
邹平市魏桥镇南杨村党支部
邹平市工业和信息化局机关党支部
邹平市明集镇教育中心党支部
邹平市好生街道东代村党支部
邹平市韩店镇孙家村党支部
邹平市孙镇北王村党支部

惠民县（14 个）

惠民县委办公室第一党支部
惠民县姜楼镇崔寨社区党总支
惠民县第三实验学校党支部
惠民县石庙镇梁家社区党总支
惠民县淄角镇大湾社区焦吴党支部
惠民县信访局党支部
惠民县魏集镇丁河社区丁河圈党支部
惠民县麻店镇麻店社区自新王党支部
国家税务总局惠民县税务局机关党委
惠民县胡集镇夏翟社区南王党支部
惠民县清河镇油坊李社区堤上李党支部
惠民县司法局机关党支部
惠民县委党校机关党支部
惠民黄河河务局机关第二党支部

阳信县（12 个）

阳信县委办公室机关党支部
阳信县审计局机关党支部
阳信县人民检察院机关第一党支部
阳信县金阳街道派出所党支部
阳信瑞鑫毛制品有限公司党支部
阳信县温店镇借箭牛业党支部
阳信县水落坡镇吴家坊村党支部
滨州华腾有限责任会计师事务所党支部
阳信县第一实验学校党支部
阳信县洋湖乡东焦村党支部
阳信县机构编制委员会办公室机关党支部
阳信县信城街道赵家胡同村党支部

无棣县（9 个）

无棣县人民检察院机关党委
无棣县人民政府办公室党支部
无棣县人大常委会机关党支部
无棣县信阳镇双堠村党支部
山东花园食品有限公司党支部
无棣县绿风农业科学研究所党支部
无棣县棣丰街道韩家村党支部

无棣县车王镇王家村党支部
无棣县海丰街道幸福社区党委
博兴县（10个）
博兴县体育中学党支部
博兴县人民政府办公室党支部
博兴县纯化镇李家村党支部
博兴县烟草专卖局（营销部）党支部
博兴县纪委监委机关党总支
博兴县曹王镇王海三村党支部
博兴县博昌街道蒲姑社区党委
博兴县锦秋街道东风村党支部
博兴县卫生健康局老干部第一党支部
博兴县庞家镇道滨村党支部
滨州经济技术开发区（2个）
滨州经济技术开发区沙河街道吕太占村党支部
滨州经济技术开发区里则街道岔吴一村党支部
滨州高新技术产业开发区（1个）
滨州高新技术产业开发区小营街道党工委
滨州北海经济开发区（1个）
国家税务总局滨州北海经济开发区税务局第一党支部
市委市直机关工委（7个）
滨州市公安局交通警察支队经济技术开发区大队党支部
滨州市纺织纤维检验所党支部
滨州市政务服务管理办公室机关党总支
滨州市疾病预防控制中心党支部
滨州市海洋发展和渔业局船艇党支部
滨州市审计局机关党委
滨州市住房和城乡建设局老干部机关党总支
S239省道线惠民收费站党支部
市委教育工委（1个）
滨州市技师学院基础部党支部
市国资委（2个）
华纺股份有限公司党委
国网山东省电力公司滨州供电公司党委
滨州学院（2个）
滨州学院机关第四党总支发展规划处党支部
滨州学院艺术学院党总支学生第一党支部
滨州医学院（2个）
滨州医学院临床医学院党委

全市机关标杆党支部（共64个）
市直（50个）
滨州市委办公室第四机关党支部
滨州市人大常委会第一机关党支部
滨州市人大常委会第三机关党支部
滨州市政协第四机关党支部
滨州市政协第六机关党支部
滨州市纪委市监委第九机关党支部
滨州市委组织部第一机关党支部
滨州市委机构编制委员会办公室机关党支部
滨州市委市政府政策研究室机关党支部
滨州市信访局机关党支部
滨州市委老干部局机关党支部
滨州市委党校第二机关党支部
滨州市委党校第三机关党支部
滨州市档案馆机关党支部
滨州经济技术开发区人民检察院机关党支部
滨州市工人文化馆党支部
滨州市科技馆机关党支部
滨州市人民政府办公室实验幼儿园机关党支部
滨州实验学校第一机关党支部
滨州市公安局技术侦察支队机关党支部
滨州市公安局指挥中心机关党支部
滨州市救助管理站机关党支部
滨州市福利彩票销售管理中心机关党支部
滨州市财政局第二机关党支部
滨州市财政局第五机关党支部
滨州市人事考试中心机关党支部
滨州市建筑施工安全监督站机关党支部
滨州市建设工程质量监督站机关党支部
滨州市水利局机关党支部
滨州市农业科学院机关党支部
滨州市图书馆党支部
滨州市中医医院医疗机关党支部
滨州市妇幼保健院临床保健机关党支部
滨州市市场监督管理局第一机关党支部
滨州市特种设备检验研究所机关党支部
滨州市审计局第一机关党支部
滨州市体育局办公室机关党支部
滨州市城市管理局机关党支部
滨州市园林绿化管理处第二机关党支部
滨州畜牧兽医研究院第一机关党支部
滨州市机关事务管理服务中心机关党支部
滨州市住房公积金管理中心机关党支部
黄河三角洲（滨州）国家农业科技园区机关党支部
滨州市税务局征收管理科机关党支部
山东恒泰工程集团有限公司机关党支部
滨州市气象局第三机关党支部
渤海革命老区纪念园管理服务中心机关党支部
滨州海事局无棣海事处机关党支部
北镇中学第一机关党支部
黄河三角洲建设工程有限公司机关党支部
县（市、区）(14个)
滨州市滨城区第六中学党支部
滨州市滨城区融媒体中心党支部
滨州市沾化区公路管理局党支部
滨州市沾化区水务局党支部
邹平市妇女联合会党支部
惠民县公路管理局第一党支部
惠民县人民检察院第二党支部
阳信县委办公室机关党支部
阳信县人民检察院机关第一党支部
无棣县气象局党支部
博兴黄河河务局党支部
滨州经济技术开发区市场监督管理局党支部
滨州市公安局高新技术产业开发区分局党支部
滨州市公安局北海经济开发区分局党支部

滨州市五四红旗团委
滨城区杨柳雪镇团委
滨州行知中学团委
滨城区第八中学团委
沾化区下河乡团委
沾化区第一中学团委
沾化区下洼镇团委
邹平市黄山街道团工委
邹平市黄山实验初级中学团委

邹平市青阳镇团委
邹平双语学校团委
滨州市中心医院团委
惠民县胡集镇团委
惠民县魏集镇团委
惠民县教育和体育局团委
山东滨化滨阳燃化有限公司团委
山东阳信农村商业银行股份有限公司团委
国网山东省电力公司阳信县供电公司团委
阳信县河流镇团委
无棣县第一中学团委
无棣县人民医院团委
无棣县佘家镇中学团委
无棣县信阳镇团委
山东京博控股集团有限公司团委
博兴县政务服务中心团委
博兴县第五中学团委
国家税务总局滨州经济技术开发区税务局团委

滨州市五四红旗团支部（总支）

滨城区梁才街道祥虹社区团总支
滨城区人民法院团支部
滨城区市中街道光明社区团总支
滨城区北镇街道玉龙湖社区团总支
滨城区人民检察院团支部
沾化区泊头镇实验学校团支部
沾化区滨海镇机关团支部
沾化区烟草专卖局团支部
国家税务总局滨州市沾化区税务局团支部
沾化区中医院团支部
邹平市好生街道初级中学团总支
邹平市人民检察院团支部
山东邹平农村商业银行股份有限公司西董支行团支部
邹平市纪委团支部
邹平市人民医院职能团支部
国家税务总局惠民县税务局团支部
惠民县李庄镇电商团支部
惠民县麻店镇中学2016级团支部
惠民县行政审批服务局团支部
惠民县皂户李镇卫生院团支部
阳信县公安局团支部
阳信县农业农村局团支部
阳信县文化和旅游局团支部
阳信县公路管理局团支部
阳信县中医医院团支部
国家税务总局无棣县税务局团支部
国网山东省电力公司无棣县供电公司团支部
无棣县人民法院团支部
无棣县综合行政执法局团支部
博兴县锦秋街道清河学校团总支
博兴县人民检察院团支部
博兴县曹王镇中学团总支
博兴县城东街道顾家村团支部
博兴县财政局机关团支部
滨州经济技术开发区杜店街道滨海社区团支部
滨州高新区小营街道机关团支部
滨州高新区实验学校2017级2班团支部
滨州北海经济开发区第一实验学校2016级2班团支部
滨州学院人文学院团总支
滨州学院机电工程学院团总支
滨州职业学院工商管理学院团总支
滨州职业学院医疗学院团总支
滨州市技术学院经济管理系团总支
滨州市技术学院电气工程系2018级预备技师班团支部
滨州市技师学院机械工程系团总支
滨州市技师学院环保与化工工程系团总支
山东省北镇中学实验初中部2016级6班团支部
滨州市第一中学2017级19班团支部
滨州实验学校2016级1班启航团支部
滨州市人民医院第八团支部
滨州市公安局特巡警支队团支部
国家税务总局滨州市税务局机关团支部
S239省道线惠民收费站团支部
滨州建筑工程施工图审查中心团支部
滨州魏桥科技工业园有限公司八纺分厂团总支
热电滨州分公司团总支
大唐鲁北发电有限责任公司管理团支部
国网滨州供电公司配电运检室团支部
大唐滨州发电有限公司发电团支部
滨化集团股份有限公司直属团总支
滨州渤海活塞股份有限公司机二厂团支部
山东滨州银河国际物流有限公司邹平分公司团支部
华纺股份有限公司面二车间团支部
华能沾化热电有限公司检修部团支部
山东滨州印染集团有限责任公司进出口团支部
滨州农村商业银行股份有限公司机关团支部
中海沥青股份有限公司加制氢团支部
中国人民银行惠民县支行团支部
中国农业银行股份有限公司滨州滨城支行团支部

滨州市青年志愿服务先进集体

滨州市阳光家庭关爱服务中心
沾化区泊头镇青年志愿服务队
邹平市小溪志愿服务团队
惠民县星火公益事业发展中心
阳信县逸佳公益志愿服务队
国网博兴县供电公司志愿服务队
滨州职业学院继续教育学院蒲公英志愿服务队
滨州实验学校志愿总队
恒丰银行滨州分行恒爱志愿服务队
滨州阳光公益协会

滨州市三八红旗集体名单

滨州市滨城区委宣传部新闻中心
滨州市滨城区市东街道办事处农村经济经营管理站
滨州市沾化区下洼镇妇联
魏桥创业集团邹平第三工业园第二棉纺厂
中国人寿保险股份有限公司邹平市支公司
惠民县纪委监委妇委会
惠民县胡集镇夏翟社区
中国邮政集团公司山东省阳信县分公司
无棣县棣州希贤学校语文教研组
无棣县西小王镇党政办公室
博兴县妇联爱心驿站
博兴县曹王镇王海三村党支部
滨州经济开发区杜店街道秦淮社区党群服务中心
滨州高新技术开发区中心医院
滨州北海经济开发区统计局
滨州市农业农村局妇委会
滨州市公安局交警支队西城大队女子一中队
滨州职业学院妇委会
滨州康辉旅行社
滨州医学院幼教服务中心

滨州市巾帼文明岗名单

滨州市滨城区人民法院刑事审判庭
滨州市滨城区交通运输局农村公路发展服务中心
滨州市沾化区民政局婚姻登记处
邹平市婚姻家庭辅导中心
邹平市财政局国库集中支付中心
滨州市中心医院妇产科
惠民县聚仁社会工作服务中心
阳信县老年开放大学
无棣县政府投资项目审计服务中心
无棣县亲和劳务有限公司
德州银行滨州博兴支行营业部
博兴县妇女儿童工作委员会办公室
滨州市公安局开发区分局政工科
山东鸿星新材料科技股份有限公司财务中心
滨州北海经济开发区纪工委办公室
滨州市技师学院经济贸易系
中国建设银行股份有限公司滨州渤海支行营业部
滨州娇点商贸有限公司万达店
滨州东方地毯有限公司地毯生产车间操作岗
山东滨州沃华生物工程有限公司财务管理部

2019 最佳志愿服务项目（10 个）

滨州市妇幼保健院“守护星星的孩子”志愿服务项目
滨州市疾控中心关爱孤残儿童项目
滨州市星火公益事业发展中心“夕阳的微笑”项目
滨城区“荣心·阻泳防溺水”“蓝天保卫战”精准扶贫公益项目行动
惠民县孙武街道社区卫生服务中心“家庭签约医生助力脱攻坚”项目惠民县“围巾妈妈在行动”项目
阳信县“千人千愿”微爱圆梦行动：助老、助残、救助孤儿和失学儿童
阳信县“青春梨乡聚合力·志愿护花树新风”项目
邹平市“关爱环卫工”志愿服务项目
邹平市“关爱小葵花”志愿服务项目

2019 最佳志愿服务组织（10 个）

中海沥青股份有限公司“蔚蓝力量”志愿服务队
滨州市阳光家庭关爱服务中心
滨州市滨城区海燕社会工作服务中心
惠民县“同心公益”志愿者服务队
惠民县慈善总会
阳信县逸佳公益协会
博兴县京博义工团队
博兴县博昌街道社会组织孵化中心
邹平红十字甘霖志愿服务队
邹平市人民医院“大爱志愿者”

2019 最美志愿服务社区（10 个）

滨城区市东街道文苑社区
滨城区市中街道爱民社区
滨城区北镇街道交运社区
滨城区彭李街道大河社区
滨城区杜店街道秦淮社区
惠民县麻店镇五牌社区
阳信县信城街道幸福社区
无棣县棣丰街道星湖社区
博兴县博昌街道千乘社区
邹平市长山镇光明社区

全市脱贫攻坚先进集体名单（28 个）

市委组织部
市委宣传部
市教育局
市财政局
市人力资源和社会保障局
市卫生健康委员会
国网山东省电力公司滨州供电公司
中国农业发展银行滨州分行
滨城区卫生健康局
滨城区滨北街道党工委
沾化区扶贫开发领导小组办公室
沾化区教育和体育局
沾化区医疗保障局
邹平市扶贫开发办公室
惠民县扶贫开发领导小组办公室
惠民县教育和体育局
惠民县清河镇党委
阳信县教育和体育局
阳信县金阳街道党工委
阳信县水落坡镇党委
无棣县柳堡镇党委
无棣县马山子镇党委
无棣县海丰街道党工委
无棣县财政局
博兴县兴福镇党委
博兴县曹王镇党委
滨州经济技术开发区扶贫开发领导小组办公室
滨州高新技术产业开发区市场监管局

2018 年度全市道路交通“平安行·你我他”行动先进县（区）（6 个）

惠民县
博兴县
无棣县
滨州经济技术开发区
沾化区
滨城区

2018 年度全市道路交通“平安行·你我他”行动先进单位（30 个）

滨州市精神文明建设委员会办公室
市委政法委
市教育局
市工业和信息化局
市公安局
市财政局
市住房和城乡建设局
市交通运输局
市应急管理局
市公路管理局
滨州市公安局交通警察支队
滨城区大队
滨城区交通运输局
滨州市公安局
沾化分局交通警察大队
沾化区交通运输局
邹平市公安局
邹平市好生街道办事处
惠民县辛店镇人民政府
惠民县公安局交（巡）警大队
阳信县公安局
阳信县商店镇人民政府
无棣县车王镇人民政府
无棣县公安局交通警察大队
博兴县公安局
博兴县兴福镇人民政府
滨州经济技术开发区杜店街道办事处
滨州经济技术开发区里则街道办事处
滨州市公安局交通警察支队
高新区大队
高新区安全生产监督管理办公室
滨州市公安局交通警察支队
北海经济开发区大队
北海经济开发区交通运输局

（市地方史志研究院）

统计资料

2019年分县市区统计资料

分县市区常住人口

单位：万人

县市区名称	2018年	2019年
全 市	**392.25**	**392.30**
滨 城 区	52.67	52.71
沾 化 区	36.72	36.73
邹 平 市	80.83	80.35
惠 民 县	62.38	62.41
阳 信 县	44.41	44.45
无 棣 县	41.03	41.08
博 兴 县	50.96	51.18
滨州经济技术开发区	12.95	13.06
高 新 区	6.55	6.56
北海经济开发区	3.75	3.77

说明：人口数据为抽样调查推算数

分县市区GDP(一)

单位：亿元

县市区名称	GDP	比上年增长(%)	第一产业增加值	比上年增长(%)
全 市	**2457.19**	**4.1**	**230.21**	**0.6**
滨 城 区	455.16	5.7	15.59	0.9
沾 化 区	158.10	5.0	39.33	1.0
邹 平 市	554.26	1.5	30.50	0.9
惠 民 县	190.09	4.5	43.30	0.7
阳 信 县	219.22	5.0	29.02	1.1
无 棣 县	231.36	5.2	38.08	-0.1
博 兴 县	366.81	3.6	23.55	0.3
滨州经济技术开发区	147.81	3.1	3.00	0.2
高 新 区	39.00	8.1	3.68	0.7
北海经济开发区	95.40	6.9	4.18	-0.4

分县市区GDP(二)

单位：亿元

县市区名称	第二产业增加值	比上年增长(%)	第三产业增加值	比上年增长(%)
全 市	**1041.01**	**3.3**	**1185.97**	**5.7**
滨 城 区	143.09	2.6	296.48	7.8
沾 化 区	50.89	10.3	67.88	3.3
邹 平 市	291.26	-2.0	232.50	7.7
惠 民 县	57.43	6.2	89.36	5.4
阳 信 县	86.51	6.4	103.70	4.9
无 棣 县	85.90	7.6	107.38	5.6
博 兴 县	152.07	1.2	191.19	6.5
滨州经济技术开发区	88.32	6.8	56.49	-3.0
高 新 区	16.64	16.9	18.68	1.9
北海经济开发区	68.91	11.3	22.30	-5.2

分县市区农林牧渔业总产值(一)

2019年(现行价格)　单位：万元

县市区名称	农林牧渔业总产值	农业	林业
滨 州 市	4543307	1909360	114448
滨 城 区	321366	123561	5461
沾 化 区	714012	266070	14409
邹 平 市	625127	305060	23184
惠 民 县	845142	482045	33509
阳 信 县	541125	252153	13819
无 棣 县	809966	194747	8686
博 兴 县	446161	207292	7464
滨州经济技术开发区	78077	28012	1918
高 新 区	75880	42782	5999
北海经济开发区	86452	7638	0

分县市区农林牧渔业总产值(二)

2019年(现行价格)　单位：万元

县市区名称	牧业	渔业	农林牧渔服务业
滨州市	1149638	909914	459947
滨城区	84841	74687	32816
沾化区	101466	300067	32000
邹平市	200168	17232	79483
惠民县	199933	31185	98470
阳信县	217467	30248	27438
无棣县	200464	291875	114195
博兴县	98120	99515	33770
滨州经济技术开发区	14847	9275	24025
高新区	14168	2852	10079
北海经济开发区	18164	52979	7671

分县市区主要农产品产量(一)

单位：吨

县市区名称	粮食产量		
	2018年	2019年	比上年增长%
全　市	**3846217**	**3594293**	**-6.5**
滨城区	467976	440438	-5.9
沾化区	487896	396061	-18.8
邹平市	722581	687194	-4.9
惠民县	744801	742163	-0.4
阳信县	421671	425261	0.9
无棣县	505704	427706	-15.4
博兴县	495588	475471	-4.1

分县市区主要农产品产量(二)

单位：吨

县市区名称	棉花产量		
	2018年	2019年	比上年增长%
全　市	**31514**	**22843**	**-27.5**
滨城区	3819	1837	**-51.9**
沾化区	8884	6880	**-22.6**
邹平市	1002	766	**-23.5**
惠民县	3627	2589	**-28.6**
阳信县	1256	733	**-41.6**
无棣县	8585	7749	**-9.7**
博兴县	4340	2289	**-47.3**

分县市区主要农产品产量(三)

单位：吨

县市区名称	油料产量		
	2018年	2019年	比上年增长%
全　市	**11569**	**9830**	**-15.0**
滨城区	331	174	-47.4
沾化区	1049	828	-21.0
邹平市	988	741	-25.0
惠民县	7591	6762	-10.9
阳信县			
无棣县	1435	1324	-7.8
博兴县	176		

分县市区主要农产品产量(四)

单位：吨

县市区名称	蔬菜、瓜类 2018年	蔬菜、瓜类 2019年	比上年增长%
全　市	**2530705**	**2384356**	**-5.8**
滨城区	134799	135942	**0.8**
沾化区	234433	208767	**-10.9**
邹平市	109869	86123	**-21.6**
惠民县	1741599	1603201	**-7.9**
阳信县	169104	174874	**3.4**
无棣县	39619	42615	**7.6**
博兴县	101282	132833	**31.2**

分县市区主要农产品产量(五)

单位：吨

县市区名称	水果产量 2018年	水果产量 2019年	比上年增长%
全　市	**762620**	**759809**	**-0.4**
滨城区	16695	15352	-8.0
沾化区	268310	301249	12.3
邹平市	34345	29313	-14.7
惠民县	111521	83437	-25.2
阳信县	183925	209975	14.2
无棣县	144601	117261	-18.9
博兴县	3222	3222	0.0

分县市区主要农产品产量(六)

单位：吨

县市区名称	肉类产量 2018年	肉类产量 2019年	比上年增长%
全　市	**471496**	**522403**	**10.8**
滨城区	32905	32103	-2.4
沾化区	38129	50973	33.7
邹平市	58236	61078	4.9
惠民县	82833	89332	7.8
阳信县	108325	110982	2.5
无棣县	125127	147097	17.6
博兴县	25941	30838	18.9

分县市区主要农产品产量(七)

单位：吨

县市区名称	水产品产量 2018年	水产品产量 2019年	比上年增长%
全　市	**475243**	**482570**	**1.5**
滨城区	51652	51930	0.5
沾化区	171253	174737	2.0
邹平市	3714	3750	1.0
惠民县	12747	10596	-16.9
阳信县	16332	14998	-8.2
无棣县	162173	169805	4.7
博兴县	57372	56754	-1.1

分县市区规模以上高新技术产业主要指标

县市区名称	高新技术产业总产值	
	比上年增长(%)	占规模以上工业比重(%)
全　市	**-12.80**	**31.00**
滨城区	-6.55	33.53
沾化区	46.65	16.50
邹平市	-13.49	33.80
惠民县	-15.25	20.34
阳信县	-9.37	50.81
无棣县	-7.87	22.56
博兴县	2.07	30.31
滨州经济技术开发区	-13.75	75.41
高新区	11.33	58.25
北海经济开发区	-28.93	49.71

分县市区规模以上工业增加值

县市区名称	比上年增长(%)
全　市	**3.2**
滨城区	0.5
沾化区	15.5
邹平市	1.0
惠民县	0.1
阳信县	12.1
无棣县	4.6
博兴县	15.6
滨州经济技术开发区	0.2
高新区	16.3
北海经济开发区	13.6

分县市区规模以上工业经济效益指标(一)

县市区名称	营业收入(万元)	比上年增长(%)	利润总额(万元)	比上年增长(%)
滨州市	**73769703**	**-2.21**	**1821116**	**1.50**
滨城区	4847897	-3.41	142944	-55.29
沾化区	3160650	20.13	8945	-32.51
邹平市	30341727	-11.88	727017	8.41
惠民县	3892567	21.23	132886	50.71
阳信县	4144891	-11.40	209861	9.03
无棣县	2109946	6.81	46613	75.44
博兴县	14981524	6.09	107670	222.81
滨州经济技术开发区	5057230	12.62	170605	1.37
高新区	1317835	19.42	29724	52.61
北海经济开发区	3915435	9.70	244852	-26.92

分县市区规模以上工业经济效益指标(二)

县市区名称	亏损企业亏损总额(万元)	比上年增长(%)
滨州市	**503789**	**-6.00**
滨城区	40902	266.28
沾化区	124502	24.00
邹平市	139719	-17.42
惠民县	13978	-3.92
阳信县	16912	-42.68
无棣县	29771	-5.48
博兴县	92606	-35.06
经济技术开发区	36186	45.99
高新区	7344	18.29
北海经济开发区	1869	-64.22

分县市区规模以上工业经济效益指标(三)

县市区名称	应收账款(万元)	比上年增长(%)	产成品(万元)	比上年增长(%)
滨州市	**6575779**	**19.15**	**2028778**	**-9.73**
滨城区	388075	16.40	269382	-2.83
沾化区	205258	23.65	82187	5.22
邹平市	3839033	23.23	613211	-11.58
惠民县	374132	46.12	79098	20.10
阳信县	245801	3.12	174544	-6.56
无棣县	271820	40.56	63414	-18.67
博兴县	599924	1.02	525824	-17.74
经济技术开发区	389153	12.58	151722	-8.21
高新区	131127	17.84	46760	0.84
北海经济开发区	131456	-20.46	22636	-2.08

分县市区固定资产投资

单位：万元

县市区名称	比上年增长(%)
全　市	**-23.5**
滨城区	2.7
沾化区	-16.2
邹平市	-17.9
惠民县	-17.5
阳信县	-14.6
无棣县	-15.7
博兴县	-13.5
滨州经济技术开发区	-26.8
高新区	-24.9
北海经济开发区	-67.8

分县市区社会消费品零售总额

县市区名称	比上年增长(%)
全　市	**6.8**
滨城区	5.2
沾化区	6.1
邹平市	5.9
惠民县	5.1
阳信县	4.6
无棣县	10.3
博兴县	11.2
滨州经济技术开发区	10.9
高新区	5.7
北海经济开发区	8.2

分县市区进出口总值

单位：万元

县市区名称	进出口总额	比上年增长(%)	出口总额	比上年增长(%)
全　市	**8727902**	**6.65**	**3114244**	**2.48**
滨城区	876117	0.53	794718	0.23
沾化区	439788	96.39	48977	39.53
邹平市	2419197	-4.53	573448	-11.33
惠民县	152661	13.22	143422	13.31
阳信县	118247	-31.57	102600	-4.83
无棣县	181645	27.52	114834	27.97
博兴县	4144261	12.08	1019607	11.50
滨州经济技术开发区	155527	-3.85	97985	-4.70
高新区	230226	-0.13	208700	-3.84
北海经济开发区	10158	35.35	9877	73.13
其　他	75	—	76	—

说明：本表数据由市商务局提供

分县市区利用外资情况

县市区名称	新设外商投资企业数（个）	实际利用外资（万美元）	比上年增长（%）
全　市	**21**	**21720**	**95.52**
滨城区	4	1291	-22.42
沾化区	1	753	2051.82
邹平市	2	7028	-4.98
惠民县	3	50	
阳信县	3	511	-74.43
无棣县	1	1503	3097.63
博兴县	3	7057	
滨州经济技术开发区	2	3000	
高新区	0	0	
北海经济开发区	2	525	

说明：本表数据由市商务局提供

分县市区一般公共预算收支

单位：万元

县市区名称	一般公共预算收入	比上年增长(%)	一般公共预算支出	比上年增长(%)
全　市	**2,429,629**	**1.00**	**3781259**	**9.50**
滨城区	349,371	0.40	370038	21.00
沾化区	151,006	30.10	293237	27.10
邹平市	694,778	-2.50	694135	7.80
惠民县	144,888	13.00	352582	1.00
阳信县	135,001	10.30	278061	2.90
无棣县	169,188	10.10	321227	8.80
博兴县	303,149	-2.00	396003	3.80
滨州经济技术开发区	167,669	0.20	130973	-6.00
高新区	59,119	11.40	60531	1.30
北海经济开发区	116,730	-30.70	89255	-40.90
市　直	138,730	9.90	795,217	26.80

分县市区税务系统税收收入

单位：万元

县市区名称	2019年	比上年增长(%)
全　市	**4089053**	**3.0**
滨城区	662084	2.0
沾化区	212053	10.0
邹平市	279403	35.7
惠民县	250916	14.6
阳信县	150835	17.3
无棣县	624660	15.8
博兴县	880962	-13.2
滨州经济技术开发区	256270	5.2
高新区	78787	43.8
北海经济开发区	175180	-29.6

分县市区金融机构本外币存贷款

单位：亿元

县市区名称	金融机构存款余额	住户存款余额	金融机构贷款余额
全　市	**2957.96**	**1707.19**	**2682.70**
滨城区	1078.52	479.97	1002.60
沾化区	165.61	104.74	98.41
邹平市	601.94	383.03	702.69
惠民县	252.55	183.65	189.03
阳信县	172.60	122.55	140.39
无棣县	241.38	152.52	182.06
博兴县	445.37	280.73	367.53

分县市区用电量

单位：万千瓦时

县市区名称	全社会用电	比上年增长(%)	工业用电	比上年增长(%)
全 市	**11798998**	**-6.91**	**11263867**	**-7.46**
滨城区	290462	5.11	256339	5.15
沾化区	152799	1.86	117859	-0.09
邹平市	8881496	-8.55	8785089	-8.63
惠民县	238153	10.97	177678	12.04
阳信县	111093	6.20	67189	3.92
无棣县	256665	10.62	197972	9.52
博兴县	494757	2.76	419172	2.35
滨州经济技术开发区	1185797	-8.80	1162780	-9.09
高新区	18843	5.34	13023	2.52
北海经济开发区	10741	-9.43	4437	-17.36

分县市区民营经济实交税金

单位：万元

县市区名称	2019年	比上年增长(%)
全 市	**3090822**	**-10.9**
滨城区	443500	-2.0
沾化区	137676	25.9
邹平市	739156	-12.2
惠民县	199062	10.4
阳信县	271347	40.5
无棣县	231630	17.3
博兴县	588141	15.6
滨州经济技术开发区	230464	-66.5
高新区	75681	46.8
北海经济开发区	174165	-29.6

说明：实交税金由市税务局提供

分县市区城镇居民人均可支配收入

单位：元/人

县市区名称	2019年	增减%
滨城区	38666	6.5
沾化区	36499	6.7
邹平市	37980	6.4
惠民县	36441	6.6
阳信县	36098	6.4
无棣县	36280	6.6
博兴县	37920	6.5
滨州经济技术开发区	38177	6.7
高新区	37148	6.8
北海经济开发区	38433	6.9

分县市区农村居民人均可支配收入

单位：元/人

县市区名称	2019年	增减%
滨城区	18563	8.6
沾化区	17677	9.0
邹平市	20113	8.8
惠民县	16712	8.9
阳信县	16131	9.0
无棣县	18006	8.8
博兴县	18317	8.7
滨州经济技术开发区	19551	8.7
高新区	18051	8.6
北海经济开发区	18101	9.1

2019年山东省分市统计资料

各市主要指标(一)

地　区	地　区生产总值(亿元)	比上年增　长(%)	第一产业增加值(亿元)	比上年增　长(%)
全　省	**71067.5**	**5.5**	**5116.4**	**1.1**
济南市	9443.4	7.0	343.1	1.3
青岛市	11741.3	6.5	410.0	1.6
淄博市	3642.4	3.5	149.3	1.7
枣庄市	1693.9	3.6	158.9	0.2
东营市	2916.2	4.2	145.7	0.5
烟台市	7653.5	5.5	550.4	2.6
潍坊市	5688.5	3.7	517.4	0.9
济宁市	4370.2	3.8	503.8	0.9
泰安市	2663.6	6.3	288.7	-0.2
威海市	2963.7	3.6	288.6	1.2
日照市	1949.4	7.2	167.8	0.3
临沂市	4600.3	3.0	409.5	1.1
德州市	3022.3	6.1	311.9	-0.2
聊城市	2259.8	3.7	317.6	1.3
滨州市	2457.2	4.1	230.2	0.6
菏泽市	3410.0	6.3	323.6	3.4

各市主要指标(二)

地　区	第二产业增加值(亿元)	比上年增　长(%)	第三产业增加值(亿元)	比上年增　长(%)
全　省	**28310.9**	**2.6**	**37640.2**	**8.7**
济南市	3265.2	7.8	5835.1	7.0
青岛市	4182.8	4.7	7148.6	8.0
淄博市	1817.8	0.1	1675.3	7.9
枣庄市	737.0	0.2	798.1	7.7
东营市	1675.1	4.0	1095.4	4.9
烟台市	3185.5	4.1	3917.6	7.1
潍坊市	2291.0	0.0	2880.0	7.5
济宁市	1760.0	-0.2	2106.3	8.6
泰安市	1036.2	5.7	1338.7	8.6
威海市	1196.3	0.9	1478.8	6.5
日照市	831.9	8.7	949.7	7.2
临沂市	1742.5	-1.8	2448.3	7.4
德州市	1263.7	5.7	1446.7	8.0
聊城市	806.9	4.0	1135.3	4.2
滨州市	1041.0	3.3	1186.0	5.7
菏泽市	1453.7	3.0	1632.7	10.4

各市主要指标(三)

地　区	第一产业所占比重(%)	第二产业所占比重(%)	第三产业所占比重(%)	人均地区生产总值(元)
全　省	**7.2**	**39.8**	**53.0**	**70653**
济南市	3.6	34.6	61.8	106416
青岛市	3.5	35.6	60.9	124282
淄博市	4.1	49.9	46.0	77510
枣庄市	9.4	43.5	47.1	43100
东营市	5.0	57.4	37.6	134022
烟台市	7.2	41.6	51.2	107343
潍坊市	9.1	40.3	50.6	60760
济宁市	11.5	40.3	48.2	52331
泰安市	10.8	38.9	50.3	47248
威海市	9.7	40.4	49.9	104615
日照市	8.6	42.7	48.7	66313
临沂市	8.9	37.9	53.2	43213
德州市	10.3	41.8	47.9	52295
聊城市	14.1	35.7	50.2	37129
滨州市	9.4	42.4	48.2	62639
菏泽市	9.5	42.6	47.9	38867

各市主要指标(四)

地　区	农林牧渔业增加值(亿元)	比上年增　长(%)	林牧渔业增加值(亿元)	林牧渔业增加值占总增加值的比重(%)
全　省	**5476.5**	**1.7**	**2043.1**	**37.3**
济南市	360.5	1.7	86.1	23.9
青岛市	436.2	2.0	197.4	45.3
淄博市	156.4	2.0	40.5	25.9
枣庄市	175.6	1.0	37.4	21.3
东营市	159.0	1.2	87.0	54.7
烟台市	585.7	3.0	292.1	49.9
潍坊市	557.6	1.7	186.2	33.4
济宁市	541.4	1.3	176.3	32.6
泰安市	313.9	0.5	84.7	27.0
威海市	300.5	1.5	231.5	77.0
日照市	180.3	1.0	100.1	55.5
临沂市	429.7	1.6	137.8	32.1
德州市	354.4	0.6	110.7	31.2
聊城市	337.9	1.6	76.4	22.6
滨州市	252.2	1.1	109.7	43.5
菏泽市	335.2	3.6	89.4	26.7

各市主要指标(五)

地 区	粮食产量（万吨）	棉花产量（万吨）	油料产量（万吨）
全 省	**5357.0**	**19.60**	**289.0**
济南市	285.5	0.54	6.6
青岛市	302.6	0.04	34.2
淄博市	139.7	0.14	1.5
枣庄市	176.7	0.15	7.9
东营市	132.0	1.54	0.2
烟台市	172.8	0.00	39.7
潍坊市	421.1	0.55	18.6
济宁市	475.3	4.42	13.5
泰安市	252.3	0.49	19.0
威海市	58.0	0.00	20.2
日照市	84.1	0.03	22.8
临沂市	412.7	0.39	75.5
德州市	750.2	2.70	1.6
聊城市	553.0	0.64	4.0
滨州市	359.4	2.28	1.0
菏泽市	781.6	8.55	22.7

说明：全省粮食产量数据、各市粮食产量数据分别由省级样本点调查结果和县级样本点调查结果推算汇总所得

各市主要指标(六)

地 区	水果产量（万吨）	肉类总产量（万吨）	规模以上工业增加值比上年增长(%)
全 省	**2840.2**	**704.0**	**1.2**
济南市	111.0	35.9	4.2
青岛市	118.6	52.8	0.6
淄博市	100.6	17.1	1.3
枣庄市	43.9	17.5	2.1
东营市	23.7	26.1	4.4
烟台市	708.6	71.4	5.0
潍坊市	319.1	118.5	-0.7
济宁市	131.2	51.9	1.4
泰安市	57.7	39.4	5.4
威海市	131.3	19.1	2.3
日照市	46.7	31.1	8.6
临沂市	360.3	97.0	-6.2
德州市	59.7	75.9	4.8
聊城市	138.0	63.6	1.8
滨州市	150.0	52.2	3.2
菏泽市	340.0	89.9	2.2

说明：水果产量包括果用瓜和园林水果

各市主要指标(七)

地 区	规模以上工业营业收入（亿元）	比上年增长(%)	规模以上工业利润总额（亿元）	比上年增长(%)
全 省	**84541.9**	**-0.1**	**3669.4**	**-8.9**
济南市	6803.3	3.1	310.2	-9.4
青岛市	10389.5	1.5	558.1	-0.6
淄博市	5275.1	1.0	182.0	-30.5
枣庄市	1254.2	-0.5	85.3	-7.3
东营市	7878.0	5.2	113.4	116.9
烟台市	7733.6	-0.2	415.6	1.3
潍坊市	8571.5	0.1	353.8	-12.1
济宁市	6662.5	-5.9	396.4	-9.2
泰安市	2106.3	3.0	109.6	-15.4
威海市	2808.8	1.7	200.7	6.4
日照市	3218.4	18.4	140.1	-13.1
临沂市	4608.6	-14.7	152.6	-19.8
德州市	2740.1	-1.9	140.5	-23.2
聊城市	3195.3	-2.9	92.1	-39.9
滨州市	7377.0	-2.2	182.1	1.5
菏泽市	3919.8	-1.6	236.8	-20.6

各市主要指标(八)

地 区	进出口总值（亿元）	比上年增长(%)	出口总值（亿元）	比上年增长(%)
全 省	**20420.9**	**5.8**	**11130.4**	**5.3**
济南市	1125.1	14.7	644.3	1.2
青岛市	5923.4	11.3	3409.7	7.5
淄博市	881.0	-7.2	416.9	0.0
枣庄市	146.4	38.8	139.1	41.3
东营市	1628.7	-0.6	342.3	-7.0
烟台市	2904.2	-4.7	1731.0	-2.0
潍坊市	1784.2	10.2	1128.0	8.9
济宁市	460.7	8.7	284.2	30.0
泰安市	169.9	7.9	132.2	6.4
威海市	1401.4	0.9	920.7	1.0
日照市	1052.3	17.6	406.4	0.2
临沂市	834.0	23.8	678.6	27.5
德州市	344.7	17.6	203.3	8.4
聊城市	408.1	-16.2	206.5	-15.1
滨州市	872.8	7.0	311.4	2.5
菏泽市	484.0	-5.3	175.8	16.0

各市主要指标(九)

地区	进口总值（亿元）	比上年增长（%）	实际使用外资金额（亿美元）	比上年增长（%）
全省	**9290.6**	**6.4**	**146.89**	**18.6**
济南市	480.8	39.6	22.42	23.8
青岛市	2513.7	16.9	58.42	0.7
淄博市	464.1	-12.8	2.26	38.9
枣庄市	7.3	3.4	1.45	110.8
东营市	1286.4	1.3	2.44	151.6
烟台市	1173.1	-8.3	19.41	15.0
潍坊市	656.1	12.6	6.99	4.4
济宁市	176.6	-14.0	4.52	103.6
泰安市	37.7	13.4	4.59	-14.7
威海市	480.7	0.6	12.22	42.8
日照市	645.9	31.9	1.87	309.5
临沂市	155.4	9.9	3.87	585.7
德州市	141.4	33.9	1.60	91.1
聊城市	201.7	-17.3	0.73	99.4
滨州市	561.4	9.7	2.17	95.5
菏泽市	308.2	-14.3	1.94	43.7

各市主要指标(十)

地区	一般公共预算收入（亿元）	比上年增长（%）	一般公共预算支出（亿元）	比上年增长（%）
全省	**6526.6**	**0.6**	**10736.8**	**6.3**
济南市	874.2	7.2	1197.3	7.0
青岛市	1241.7	0.8	1576.6	1.1
淄博市	368.7	-4.3	499.4	5.2
枣庄市	147.3	0.4	267.1	2.8
东营市	245.1	0.2	306.2	0.0
烟台市	595.4	-6.5	774.5	2.5
潍坊市	571.1	0.2	777.9	6.1
济宁市	405.0	1.2	667.3	7.7
泰安市	224.7	2.4	414.5	8.8
威海市	249.9	-12.2	343.2	-5.7
日照市	170.4	6.6	267.4	3.0
临沂市	330.0	5.8	710.9	11.2
德州市	206.3	1.9	437.4	5.6
聊城市	196.6	1.2	427.1	4.4
滨州市	243.0	1.0	378.1	9.5
菏泽市	221.9	7.7	618.7	12.1

各市主要指标(十一)

地区	城镇居民人均可支配收入（元）	比上年增长（%）	城镇居民人均消费支出（元）	比上年增长（%）
全省	**42329**	**7.0**	**26731**	**7.8**
济南市	51913	7.3	33439	6.7
青岛市	54484	7.2	35266	7.2
淄博市	45237	7.0	28939	7.3
枣庄市	34030	6.3	19791	6.7
东营市	51128	6.7	30730	6.3
烟台市	47977	6.9	31259	6.0
潍坊市	41664	6.7	26103	6.9
济宁市	37139	6.7	22218	6.7
泰安市	37695	7.1	22500	7.9
威海市	49044	6.9	31767	6.0
日照市	35732	7.4	21993	6.9
临沂市	37912	6.1	18495	8.2
德州市	28536	7.4	17523	7.7
聊城市	29215	7.1	17204	8.7
滨州市	37378	6.6	24384	5.6
菏泽市	28327	8.2	18179	8.3

各市主要指标(十二)

地区	农村居民人均可支配收入（元）	比上年增长（%）	农村居民人均消费支出（元）	比上年增长（%）
全省	**17775**	**9.1**	**12309**	**9.2**
济南市	19454	9.1	12300	8.0
青岛市	22573	8.4	14899	7.3
淄博市	19916	9.0	14452	10.9
枣庄市	16747	9.1	10930	8.5
东营市	19013	8.7	14344	8.2
烟台市	21218	9.2	15125	8.8
潍坊市	20369	8.8	13231	9.1
济宁市	17644	9.9	11373	8.8
泰安市	18621	9.8	12020	9.9
威海市	22171	8.6	13722	8.0
日照市	17312	9.7	9271	8.6
临沂市	14979	9.8	9557	9.9
德州市	16028	10.1	12783	9.4
聊城市	14816	9.8	10811	9.7
滨州市	17480	8.8	11961	6.6
菏泽市	14176	10.3	11274	10.1

说明：资料来源于“2020滨州市国民经济和社会发展统计公报”

（路来军）

《滨州年鉴（2020）》编写组成员名单

市委办公室

陈方明 梁 帅 郑 超 陈 晨

市委组织部

张岩春

市委宣传部

侯月亮

市委统战部

王 琼 商 月 胡 建 孔令芝

市委政法委

杜志超

市委市政府政研室（全面深化改革办公室）

魏书涛 李迎滨

市委网信办

张 松 劳维明 苏延民 赵秀瑞
刘 成

市委编办

高 迪

市委市直机关工委

张新叶 高猛猛

市委老干部局（老年大学、老干部活动中心、关工委）

吕雪晴 刘 晓 胡 磊 刘 鹏

市扶贫办

宋延武

市人大机关

何娜娜 王美健 侯学利 张岩凯
徐清涛 宋 菲 张乾坤

市政府办公室

罗俊林 陈景松 李晓钰 范国龙
赵荣新 刘树洪 谷 丰 方第政
房新天 杨正伟

市发展改革委

刘清泉 游风岐 韩 聪 伊善强
郭玉冰 杜成霞 杨召龙 张福臣
耿庆惠

市教育局

李伟光 王 蕾

市科技局

孙宇峰

市工业和信息化局

杨 静 彭庆光 雷 灿 张丙忠
周文锋 刘福磊 房冬梅 杨建刚
张彦明 张忠莹 王 涛 刘建波

市公安局

张 旭 杨 涛 张洪星 赵雪生
刘文明 赵大勇 张建滨 杨淑萍
刘敬玲 张 欣 邵前震 陈元敏

市民政局

刘振虎 付立杰 宋金泽 王长青
陈秀艳 苏章田 张 帅 王 进
宋 健 侯志清 赵 倩 任梦颖

市司法局

高海芳

市财政局

王树华 巴忠源 王 飞 徐立群
郭文斌 孙志伟 王志杰

市人力资源和社会保障局

刘 鑫 田新宇 刘娟娟 王明然
李树田 王 琪 付 峰 王铁成
张 彤 杨 磊 张雯雯 崔建伟

市自然资源和规划局

高连新

市生态环境局

牟 菲

市住房和城乡建设局（市人防办）

范宜卿 李文慧 张 婷 罗文通
王 龑 王 超 张新彬 刘 飞
陆 倩 李国华 何志强 陈 宁

市交通运输局

韩士海 徐 翔 焦红梅 李 娜
刘鑫宇 李皓阳 王井超

市水利局

李 栋 徐 鹏 赵乐乐 王贵霞

市农业农村局

高立逸 刘沙沙 张 涛 张小娣
郭燕坤

市海洋发展和渔业局

张振华 李 贞

市商务局

刘沛沛 李 敏 苗艳婷 常云川

市文化和旅游局

王 湛 李继尧 王志伟 马 艳
吴延香 苏 雅 徐倩倩 王蒙蒙
王绍进 杨 坤 封姗姗 董晓冬

市卫生健康委（滨州医学院附属医院、市人民医院、市中心医院、市中医医院、市妇幼保健院）

周 彦 蒋芳芳 王丙强 董 雪
张新云 张文娟

市退役军人局

李东辉 王书江 尚丽娜 刘春明
张倩倩 刘树松 张岩奇 李 磊
何 斌

市应急局

张晓慧 郝亚琦

市审计局

王 娇

市外办

赵 阳

市国资委

刘建国 李大鹏

市行政审批服务局

张　振

市市场监管局

高鑫磊　蔡　磊

市体育局

刘　彤　杨维海　陈文静　徐淳理

张　鹏　王成龙　李云兵　戴成方

刘春华　张晓燕　张洪叶　宋学颖

市统计局

秦景敏　田　野　胡雪苒　路来军

周　娜

市医保局

赵　菡　赵春晖　孙东华　路双喜

张　伟　李元新　庞　芳　姜　凯

丁军梅　安　宁

市地方金融监管局

赵　曦　孟庆安

市大数据局

刘青林　付　星

市信访局

刘　敏

市粮食和储备局

李福月　郭丰奎　董观利　刘贵倩

李洪岗

市城管局

郭庆收　白　洁

市政协机关

李　超　滕　洁　张岩辉　胡　冰

杨玉奎　姚振霞　丁乐民　王建新

周　红　张满堂　商　军　张　婧

市纪委监察机关

毕卫涛　李吉浩　刘　真　陈玉嗣

滨州军分区

马光俭

市中级法院

王连民

市检察院

张　顺

市总工会

李花英　杜一昕

团市委

王佩珍

市妇联

王茜茜

市文联

李建辉

市科协

孙　潇

市社科联

宗　丽

市残联

张玉波　王学强　李　伟　赵　滨

梁　川

市工商联

董兆瑞

市贸促会

张　璐

民革滨州市委

郑　珂

民盟滨州市委

盛全城

民建滨州市委

商建文

民进滨州市委

郭云洲

农工党滨州市委

李淑艳　游文娟

致公党滨州市总支

武　燕

九三学社滨州市委

刘　菲

市委党校

王　娜

市委党史研究院（市地方史志研究院）

张　侃

市档案馆

卢　艳

市传媒集团（融媒体中心、滨州电台、滨州日报社）

刘康弟　李爱民　李志武　范　娜

张　燕

市红十字会

毕燕君

市供销合作社

付元新

市住房公积金管理中心

郝书宇

市仲裁委员会办公室

刘　冰

市政府发展研究中心

刘桂杰　李静雅

黄河三角洲（滨州）国家农业科技园区管委会

孙艳刚　韩彦彦

市机关事务服务中心

孟丹丹

市财政保障中心

郭文斌

市城市建设服务中心

李艳茹　丁云松　李军帅　李建波

张　镇

市交通运输事业服务中心

吕中杰

市公路事业服务中心

杨素琳

交通发展集团

孙文贞

市畜牧兽医管理服务中心

张　涛

滨州畜牧兽医研究院

田风荣　霍　芳

滨州盐业公司

姜　浩

财金集团

高　斌

港务集团

张　扬

滨达集团

曹佳琪

滨州学院

于　伟

滨州医学院

王志远

滨州职业学院

李　倩

滨州市技术学院

王学强　刘晓飞　李　凯　花　瑞

滨州市技师学院

付艳茹　刘艳磊

滨州海关

刘建伟

市税务局

武　鹏

市气象局

孙兴菊　任田钦

市烟草专卖局（有限公司）

李　侃

市邮政管理局

魏帅帅　王诗坤

滨州海事局

李凯迪

国家统计局滨州调查队

程士彬　王希德　蒋龙辉　刘佳佳

张玉冰　丁　洋　沙雪松

滨州移动公司

苏代军

滨州联通公司

宋　鹏

滨州电信公司

张　晖　徐文静

滨州铁塔公司

夏　睿

市供电公司

傅玉强

滨州黄河河务局

成　志

市水文局

论　攀　常　成　李本厚　赵金香

于东旭

山东省调水工程运行维护中心滨州分中心

付世超

中石化滨州分公司

赵　阳

中石油滨州销售公司

王文芹

人行滨州市中心支行

梁　珍

滨州银保监局（驻滨商业银行）

任绍丰　沈　腾　李玉杰　孙云轩

董志刚　王华龙　王家琪　刘军伟

徐文娟　张　建　韩　磊　曾　洵

市农发行

邢建国

市保险行业协会

梁鹤亭

武警滨州支队

徐　斌

滨州市海警局

张　毅

市消防救援支队

赵昌征　刘　冬　王　东　李　昱

韩金华　王晓静　姜　宁　刘　恺

齐永超

鲁北监狱

徐　娜

山东省新华书店集团滨州市分公司

戴　红

胜利油田滨南采油厂

吕冰冰

山东广电网络有限公司滨州分公司

李　鑫

齐鲁集团滨州分公司

苏同辉

滨城区

吕晓路

沾化区

张爱芹

邹平市

张佃鲁　王学超

惠民县

赵　崭

阳信县

董瑶琳

无棣县

张玉春　田俊如

博兴县

段春锋

滨州经济技术开发区

张　强　李小富

高新区

陈文康

北海经济开发区

范宜纲

40 索引 Index

说　明

一、本索引设主题索引、照片索引和图表索引三类。

二、主题索引为《滨州年鉴（2020）》的内容分析索引，采用主题分析法。类目、分目、子分目作款目一般采用原称，其余款目一般采用中心词或简称。通过本索引所选的主题词条，可以对具有独立索引意义的完整资料进行检索。本索引按款目首字的汉语拼音字母（同音字按声调）顺序排列。类目、分目、子分目作款目用黑体字表明，其余用楷体字表明。数字表示该词条内容所在页码，后面的拉丁字母（a、b、c）表示栏别（左栏、中栏、右栏）。本年鉴的“特载”“专文”“大事记”“附录”均未做主题索引。

三、照片索引为内文插图索引，采用中心词或简称，仅标注所在页码，不标注分栏。图表索引按序号排列，仅标注所在页码，不标注分栏。

主题索引

C

D

E

F

G

K

照片索引

图表索引